Scagnetti-Feurer

Himmel und Erde verbinden

Tanja Scagnetti-Feurer

Himmel und Erde verbinden

Integration spiritueller Erfahrungen

Königshausen & Neumann

Die vorliegende Arbeit wurde von der Philosophischen Fakultät der Universität Zürich im Frühjahrssemester 2009 auf Antrag von Prof. Dr. med. Daniel Hell und Prof. Dr. theol. Georg Schmid als Dissertation angenommen.

Bibliografische Information der Deutschen Bibliothek

Die Deutsche Bibliothek verzeichnet diese Publikation in der Deutschen Nationalbibliografie; detaillierte bibliografische Daten sind im Internet über <http://dnb.ddb.de> abrufbar.

© Verlag Königshausen & Neumann GmbH, Würzburg 2009
Gedruckt auf säurefreiem, alterungsbeständigem Papier
Umschlag: skh-softics / coverart
Bindung: Verlagsbuchbinderei Keller GmbH, Kleinlüder
Alle Rechte vorbehalten
Dieses Werk, einschließlich aller seiner Teile, ist urheberrechtlich geschützt.
Jede Verwertung außerhalb der engen Grenzen des Urheberrechtsgesetzes ist ohne Zustimmung des Verlages unzulässig und strafbar. Das gilt insbesondere für Vervielfältigungen, Übersetzungen, Mikroverfilmungen und die Einspeicherung und Verarbeitung in elektronischen Systemen.
Printed in Germany
ISBN 978-3-8260-4123-5
www.koenigshausen-neumann.de
www.buchhandel.de
www.buchkatalog.de

Zusammenfassung

Spiritualität ist heute zu einem Trend geworden. Dabei besteht eine starke Orientierung an der eigenen spirituellen Erfahrung und oft wenig Bezug zu einem festen religiös-spirituellen Kontext. In dieser Situation begegnen Menschen, die spirituelle Erfahrungen machen, verschiedenen Schwierigkeiten: (1) Es kann zu einem isolierten spirituellen Erlebnis kommen, das keine Auswirkungen auf das Leben des Betroffenen hat. Damit bleibt die transformative Kraft einer solchen Erfahrung ungenutzt. (2) Oder die spirituelle Erfahrung wird zum Ausgangspunkt eines inneren Prozesses, in dessen Verlauf verschiedene Schwierigkeiten und Gefahren auftreten, die zu einem Hindernis für einen spirituellen Weg werden wie etwa eine entstehende Kluft zwischen Spiritualität und Alltagsleben oder gar eine spirituelle Krise. Thema dieser Studie ist die Frage, wie eine spirituelle Erfahrung zu einer tiefgreifenden Wandlung des Menschen führen kann, in der sich Spiritualität und Alltag, Spiritualität und gewöhnliches, alltägliches Menschsein miteinander verbinden lassen. Dieser Wandlungsprozess wird hier als Integration spiritueller Erfahrungen bezeichnet.

Im theoretischen Teil der Studie werden nach einer Klärung des Begriffsfeldes Religion – Mystik – Spiritualität verschiedene Möglichkeiten der Integration spiritueller Erfahrungen herausgearbeitet, wie sie sich in verschiedenen mystischen Traditionen der Weltreligionen (christliche Mystik, Sufismus, Zen, Advaita-Vedanta) und in Richtungen der Transpersonalen Psychologie (Analytische Psychologie, Psychosynthese, Initiatische Therapie) zeigen. In einer Zusammenschau wird der psychologische Ich- und Selbst-Begriff erörtert und auf die Funktion des Ich bei der Integration spiritueller Erfahrungen in den erwähnten mystischen Traditionen und transpersonalen Psychologie-Richtungen eingegangen. Dabei wird unter anderem deutlich, dass ein stabiles Ich eine Voraussetzung für einen spirituellen Weg darstellt. Es wird ausführlich auf verschiedene Schwierigkeiten eingegangen, die durch spirituelle Erfahrungen hervorgerufen werden können und die eine Integration spiritueller Erfahrungen behindern.

Im empirischen Teil der Studie wurden anhand des problemzentrierten Interviews - das Fragen zum lebensgeschichtlichen und religiös-spirituellen Hintergrund sowie Fragen zum Bereich der spirituellen Erfahrungen, deren Folgen sowie Schwierigkeiten umfasst - 12 Menschen mit spirituellen Erfahrungen interviewt. Das vollständig transkribierte Datenmaterial wurde anhand der Methodik der Grounded Theory und des zirkulären Dekonstruierens ausgewertet. Diese Datenerhebungs- und Auswertungsmethodik erlaubte zwei unterschiedliche Zugänge zu den Ergebnissen: Eine am individuellen Integrationsprozess der einzelnen InterviewpartnerInnen orientierte Zugangsweise sowie eine übergeordnete Zugangsweise, anhand derer ein Modell zur Integration spiritueller Erfahrungen entwickelt wurde.

In dem in dieser Studie entwickelten Modell zeigt sich, dass eine Integration spiritueller Erfahrungen ein vielschichtiger und tiefgreifender Prozess ist, der anhand der empirischen Datenbasis auf „Kontakt" als zentrales Phänomen zurückgeführt werden kann. Kontakt als Hauptkategorie umfasst folgende Lebensbereiche, die hier als Kontaktaspekte bezeichnet werden: Kontakt zum Hier und Jetzt, Kontakt zu sich und der eigenen Lebensgeschichte, Kontakt zu anderen Menschen, Kontakt zum alltäglichen Leben, Kontakt zur Essenz. Kontakt als zentrales Phänomen sowie die einzelnen Kontaktaspekte können in den mystischen Traditionen der Weltreligionen und in den Richtungen der Transpersonalen Psychologie, auf die in dieser Studie eingegangen wird, als wesentliche Elemente nachgewiesen werden. Dabei zeigt sich, dass die verschiedenen Kontaktaspekte unterschiedlich stark gewichtet werden. Insbesondere der Kontakt zu sich und der eigenen Lebensgeschichte wird dabei oft vernachlässigt. Für eine Integration spiritueller Erfahrungen erweist sich dieser Aspekt jedoch als zentral. So weisen die Ergebnisse dieser Studie auf einen erhöhten Bedarf an Zusammenarbeit zwischen Spiritualität und Psychotherapie hin. Das Modell „Kontakt" zur Integration spiritueller Erfahrungen wird in seinen möglichen praktischen – diagnostischen und therapeutischen – Anwendungsbereichen reflektiert.

Schlüsselwörter: spirituelle Erfahrungen, Spiritualität, Religion, Mystik, Transpersonale Psychologie, Ich, Selbst, Seele, Essenz, Schwierigkeiten, spirituelle Krisen, spiritueller Materialismus, psychische Inflation, dunkle Nacht, Integration, Wandlung, Alltag, alltägliches Leben, zwischenmenschliche Beziehungen, Psychotherapie, Achtsamkeit, Kontakt

Inhaltsverzeichnis

Vorwort..14

Dank...15

1 Einleitung 17

I. Theoretischer Teil 24

2 Das Begriffsfeld Religion – Mystik – Spiritualität...............................24

2.1 *Was ist Religion und religiöse Erfahrung?*...24
  2.1.1 Religion als Verbindung zum Heiligen oder zum Göttlichen..................24
  2.1.2 Religion als Orientierung und Transformation 28

2.2 *Was ist Mystik und mystische Erfahrung?*...30
  2.2.1 Mystik und ihr Verhältnis zur Religion...31
  2.2.2 Kulturübergreifende Muster und Themen der Mystik 32
  2.2.3 Charakteristiken mystischer Erfahrung...33
  2.2.4 Mystische Erfahrung und Wandlung..35

2.3 *Was ist Spiritualität und spirituelle Erfahrung?*.......................................36
  2.3.1 Spiritualität als eigene unmittelbare Erfahrung –
       traditionsübergreifender Kern 37
  2.3.2 Spiritualität als Lebenshaltung und Alltagsbezug..................................38
  2.3.3 Spiritualität in der Transpersonalen Psychologie 41
  2.3.4 Begriffsabgrenzung zu Spiritismus und Esoterik...................................50

2.4 *Religiosität und Spiritualität im gesellschaftlichen Wandel*........................51
  2.4.1 „Respiritualisierung" oder die Entstehung einer neuen Religiosität........51
  2.4.2 Kennzeichen der neuen Religiosität: erfahrungsorientierte,
       traditionsübergreifende, alltagsbezogene Spiritualität...........................54

2.5 *Begriffsverwendung in dieser Studie*..56

3 Möglichkeiten der Integration spiritueller Erfahrungen in der Mystik 58

3.1 *Christliche Mystik: Lieben und Loslassen* 60
  3.1.1 Spiritueller Weg: Der Weg der Gotteinung..62
  3.1.2 Integrationsprozess: Läuterung in der dunklen Nacht............................67
  3.1.3 Integrierte Spiritualität: „Gott durch Liebe gleichgestaltet" 84

3.2 *Sufismus: Hingabe an Gott* 89
  3.2.1 Spiritueller Weg: Zustände und Stationen...95
  3.2.2 Integrationsprozess: Gottes ständig gedenken.....................................106
  3.2.3 Integrierte Spiritualität: Äusserlich inmitten der Welt –
       innerlich bei Gott 114

3.3   Zen: Die Dinge sind so, wie sie sind *118*
   3.3.1   Spiritueller Weg: Der Ochs und sein Hirte 123
   3.3.2   Integrationsprozess: „Anfänger-Geist" 132
   3.3.3   Integrierte Spiritualität: Ganz wir selbst sein 141

3.4   Indische Mystik: Wer bin ich? *147*
   3.4.1   Spiritueller Weg: Der Weg zum Selbst 150
   3.4.2   Integrationsprozess: Wer bin ich? 158
   3.4.3   Integrierte Spiritualität: Das Selbst in Allem sehen 161

**4   Möglichkeiten der Integration spiritueller Erfahrungen in der
   Transpersonalen Psychologie** **165**

4.1   Analytische Psychologie: Individuation *166*
   4.1.1   Spiritueller Weg: Integration von Unbewusstem ins Bewusstsein 167
   4.1.2   Integrationsprozess: Aktive Auseinandersetzung
        mit dem Unbewussten 178
   4.1.3   Integrierte Spiritualität: Individualität 181

4.2   Psychosynthese: Selbstverwirklichung *185*
   4.2.1   Spiritueller Weg: Personale und transpersonale Psychosynthese 187
   4.2.2   Integrationsprozess: „Psychologische Bergbesteigung" 198
   4.2.3   Integrierte Spiritualität: Individueller Ausdruck von Spiritualität 215

4.3   Initiatische Therapie: Transparent werden für Transzendenz *219*
   4.3.1   Spiritueller Weg: Integration von Welt-Ich und Wesen 222
   4.3.2   Integrationsprozess: „Der Alltag als Übung" 231
   4.3.3   Integrierte Spiritualität: Der Mensch als Person 243

**5   Ich und Selbst – zentrale Aspekte bei der Integration spiritueller
   Erfahrungen** **246**

5.1   Psychologische Sichtweisen von Ich und Selbst *247*
   5.1.1   Sichtweisen der Psychoanalyse 248
   5.1.2   „Ich bin ich selber" – Dimensionen des Ich-Bewusstseins – eine
        psychopathologische Sichtweise 250
   5.1.3   Ego, personales und transpersonales Selbst – Sichtweisen der
        Transpersonalen Psychologie 252

5.2   Die Funktion des Ichs bei der Integration spiritueller Erfahrungen ... *258*
   5.2.1   Ein stabiles Ich als Voraussetzung des spirituellen Weges ... 258
   5.2.2   Das Ich löst sich auf dem spirituellen Weg auf 261
   5.2.3   Das Ich bleibt, aber es wird gewandelt 265
   5.2.4   Das Ich ist notwendig, aber es wird relativiert 268
   5.2.5   Das Ich ist nötig für die individuelle Manifestation
        des transpersonalen Selbst 269
   5.2.6   „Loslassen, immer wieder loslassen – das ist alles" 278

6   Schwierigkeiten der Integration spiritueller Erfahrungen **281**

6.1   Begleitung auf dem spirituellen Weg *282*
  6.1.1   Braucht es Begleitung? 283
  6.1.2   Sinn und Zweck einer Begleitung 284
  6.1.3   Anforderungen an eine spirituelle Begleitung 286
  6.1.4   Schwierigkeiten und Gefahren der Lehrer-Schüler-Beziehung 287

6.2   Missverständnisse bezüglich Spiritualität *288*
  6.2.1   Unterschätzung des spirituellen Weges 288
  6.2.2   Missverständnisse bezüglich Erleuchtung 290
  6.2.3   Mangelnder Kontext und mangelnde Basis für Spiritualität 291

6.3   Aussergewöhnliche Erfahrungen als Herausforderung *292*

6.4   Spirituelle Krisen *296*
  6.4.1   Merkmale und Erscheinungsformen 296
  6.4.2   Auslösende Faktoren 299
  6.4.3   Differentialdiagnose 301
  6.4.4   Umgang mit spirituellen Krisen 304

6.5   Spiritueller Materialismus *308*
  6.5.1   Erscheinungsformen 308
  6.5.2   Die Dynamik des Ego und die Problematik der Selbsttäuschung 309
  6.5.3   Wege aus dem spirituellen Materialismus 313

6.6   Problematiken des Selbstwertgefühls *321*
  6.6.1   Psychische Inflation 321
  6.6.2   Der Moseskomplex 330

6.7   Phasentypische Schwierigkeiten der spirituellen Entwicklung *331*
  6.7.1   Die existenzielle Krise vor dem spirituellen Erwachen 332
  6.7.2   Krisen, die während des spirituellen Erwachens auftreten 334
  6.7.3   Krisen nach dem spirituellen Erwachen 336
  6.7.4   Phasen des Wandlungsprozesses 339
  6.7.5   Die Dunkle Nacht der Seele 341

II.   Empirischer Teil **342**

7   Methodisches Vorgehen **342**

7.1   Qualitative Untersuchungsstrategie: Grounded Theory *342*

7.2   Die Stichprobe: theoretisches Sampling *343*

7.3   Erhebungsmethode: das problemzentrierte Interview *347*
  7.3.1   Erstellung des Interviewleitfadens 349
  7.3.2   Ablauf der Interviews 350
  7.3.3   Transkription 351

7.4   *Auswertung anhand der Grounded Theory*.. *351*

7.5   *Ergänzende Verfahren: Zirkuläres Dekonstruieren* *352*

8   Ergebnisse: Individuelle Zugänge **355**

8.1   *Patricia Patterson: „Ich habe mich über Bücher erden können" (182-183)*.................... *355*
8.1.1   Spirituelle Erfahrungen: „Alles ist eins" (788-789) 355
8.1.2   Schwierigkeiten: „Problematisch war, dass niemand mir ein
         Feedback geben konnte, weil niemand das gekannt hat" (168-169) 357
8.1.3   Folgen der Erfahrungen: „Es ist einfach eine Realität und mit der
         lebe ich" (294-295)... 357
8.1.4   Hilfreiches für die Integration: „Trust your body" (396) 361

8.2   *Adam Apfelbaum : Therapiesitzungen und spirituelle Erfahrung sind*
       „Hand in Hand gegangen" (1442-1443)... *363*
8.2.1   Spirituelle Erfahrungen: „Eine tiefe, tiefe Geborgenheit (…), ein
         Schmelzen" (989, 1007) 363
8.2.2   Schwierigkeiten: „Es ist eine Sehnsucht geworden, das wieder zu
         erleben" (1167-1168) 365
8.2.3   Folgen: „Ausgeglichener, (…) viel mehr in Ruhe" (1415) 365
8.2.4   Hilfreiches für die Integration: „Wenn Du irgendwo die innere
         Freiheit hast, geschehen zu lassen und nicht zu planen" (1185-1186) . 367

8.3   *Werner Wagner: „Ins Grab liegen" (753)*... *367*
8.3.1   Spirituelle Erfahrungen: „Ich habe mir zugeschaut von aussen,
         wie ich tot bin und wie ich zerfalle" (549-550) 367
8.3.2   Schwierigkeiten: „Das Nicht-Loslassen-Wollen" (768) 370
8.3.3   Folgen: „Weniger ausgerichtet (…) auf Leistung, Arbeiten,
         Erfolg haben, Geld verdienen, Prestige" (737-738) 370
8.3.4   Hilfreiches für die Integration: „Ganz intensiv
         Zen-Meditation gemacht" (390-391)................................... 372

8.4   *Johanna Jecklin: „Das, was ich wahrnehme, loslassen und rauflassen" (1292-1293)* ... *373*
8.4.1   Spirituelle Erfahrungen: „Du bist recht, wie du bist (…) –
         es ist alles okay" (297-298) 373
8.4.2   Schwierigkeiten: „Du bist anders" (1472)............................... 376
8.4.3   Folgen: „Mit dem Göttlichen einfach sein (…) Ich bin mehr.
         Ich kann sein." (1528-1529) 376
8.4.4   Hilfreiches für die Integration: „Dass auch das Feinstoffliche
         normal ist, dass es nicht krank ist" (605-606) 378

8.5   *Birgit Becker : „Aggression und Ärger und all solches mal zu spüren*
       und auch ausdrücken zu dürfen" (1887-1888)..................................... *379*
8.5.1   Spirituelle Erfahrungen: „Erfüllt mit Liebe" (1169).................... 379
8.5.2   Schwierigkeiten: „Das hat mich vom Leben auch abgehalten"
         (1819-1820)... 381
8.5.3   Folgen: „Und das lässt mich einfach auch mehr hier
         auf der Erde sein" (1804).. 383

8.5.4   Hilfreiches für die Integration: „Gewisse Dinge sind zu tun, und Putzen ist keine minderwertige Arbeit, sondern das ist auch spirituelle Praxis" (1890-1892)......................384

8.6   *Yolanda Yaberg: „Erdungsprozess" (2261)*......................*386*
8.6.1   Spirituelle Erfahrungen: „Es kommt von oben durch den Kopf die ganze Wirbelsäule runter bis runter ins Becken eine Energie" (1303-1304)......................386
8.6.2   Schwierigkeiten: „Es gab in mir als ein Muster die Tendenz ,raus aus dem Körper'" (2227)......................388
8.6.3   Folgen: „Ich habe meinen Körper wie noch nie zuvor gespürt" (1371)......................390
8.6.4   Hilfreiches für die Integration: „Da bleiben und weiter tun und in den Körper bringen" (2170-2171)......................392

8.7   *Katharina Kunz: „Ich muss nirgendwohin gelangen" (985)*......................*394*
8.7.1   Spirituelle Erfahrungen: „Ich war gestorben, und man hat mich beerdigt" (656)......................394
8.7.2   Schwierigkeiten: „Dass ich immer wieder mit meinen Leistungsmustern in das hineinkomme, ich sollte etwas erreichen" (987-988)....395
8.7.3   Folgen: „Ich bin autorisiert, meinen eigenen Weg zu gehen" (952-953)......................396
8.7.4   Hilfreiches für die Integration: „Diese Alltagsspiritualität eigentlich, die nicht im Grossen ist, sondern im Kleinen." (1333-1334)......................398

8.8   *Sara Sasse: „Der Boden trägt. Es ist nicht Chaos. (…) Das Selbstvertrauen, das Ich-Gefühl und das Gefühl von Grenzen" (753-755)*......................*400*
8.8.1   Spirituelle Erfahrungen: „Die Gegenwart eines Meisters ist ja oft so wie ein Katalysator" (127-128)......................400
8.8.2   Schwierigkeiten: „Eine absolute Hölle hat sich aufgetan" (460)......................401
8.8.3   Folgen: „Ich habe das Gefühl nicht mehr, die Welt retten zu müssen oder erleuchtet werden zu müssen." (763-764)......................403
8.8.4   Hilfreiches für die Integration: „Wie müssen die Beine auf dem Boden stehen, dass ich mich nach oben öffnen kann" (158-159)......................404

8.9   *Ramina Ranatov: „Meine Wahrnehmung stärken" (16)*......................*406*
8.9.1   Spirituelle Erfahrungen: „Ich habe Engel gesehen" (226)......................406
8.9.2   Schwierigkeiten: „Hör auf, das gibt es nicht. (…) Du lügst." (227, 231)......................407
8.9.3   Folgen: „Das gibt mir Sicherheit (…) und Kraft" (1308, 1310)......................409
8.9.4   Hilfreiches für die Integration: „Dort hatte ich eine Akzeptanz mit dem, was ich war" (225)......................410

8.10   *Ursula Urben: „Wenn ich da meiner Wahrnehmung vertraue, dann kommt es gut raus, und wenn ich ihr nicht traue, dann kommt es nicht gut" (368-370)*......................*412*
8.10.1   Spirituelle Erfahrungen: „Und ich hatte eine Klarheit – ich habe plötzlich angefangen, Sachen zu sehen, wie sie sind." (1505-1507)......................412
8.10.2   Schwierigkeiten: „Für mich waren das damals einfach zwei getrennte Sachen – also dieses Spirituelle, Geistige und dieses Bodenständig-Medizinische und dieses Alltagsleben" (1231-1233)......................414

8.10.3 Folgen: „Mir ist das Leben zu kostbar geworden, um es
mit Umwegen zu füllen, wenn es nicht unbedingt sein muss.
In jeder Hinsicht." (2149-2151) 416

8.10.4 Hilfreiches für die Integration: „Mir den Raum einfach möglichst
lange zu geben, in dieser Langsamkeit zu sein" (1972-1973) 418

8.11 *Bernhard Bär: „Ganz viel Aufmerksamkeit, Achtsamkeit, Aufmerksamkeit.*
Dass man einfach immer wieder schaut: Was läuft jetzt gerade?" (1598-1600) 421

8.11.1 Spirituelle Erfahrungen: „Jetzt bin ich eins mit dem Berg (…).
Eine ganz tiefe Sicherheit" (866-868) 421

8.11.2 Schwierigkeiten: „Das ist so kopfgesteuert daher gekommen" (1287). 423

8.11.3 Folgen: „Gefühlt leben" (1138) 424

8.11.4 Hilfreiches für die Integration: „Disziplin" (1544) 425

8.12 *Colin Clark: „Immer wieder in den gegenwärtigen Augenblick zurückkehren" (541)*... 427

8.12.1 Spirituelle Erfahrungen: „Dass es so in Ordnung ist,
wie es ist" (966) 427

8.12.2 Schwierigkeiten: „Die Leute um dich herum haben ein Bild"
(219-220) 428

8.12.3 Folgen: „Der neutrale Beobachter meines Lebens –
der fast unbeteiligte Beobachter des Lebens" (321-322) 430

8.12.4 Hilfreiches für die Integration: „Akzeptiere" (333) 431

9   Ergebnisse: Kategorienmodell „Kontakt" **434**

9.1 *Kontakt zum Hier und Jetzt als Grundlage der Integration* *442*

9.1.1 Sich Zeit nehmen 442

9.1.2 Wahrnehmen, was ist 444

9.1.3 Annehmen, was ist 448

9.1.4 Im Alltag üben 450

9.1.5 Schwierigkeiten: Vom Festhalten zum Annehmen, was ist 453

9.1.6 Bisherige Form integrierter Spiritualität: Einfachheit oder vom
Besonderen zum Alltäglichen 454

9.2 *Kontakt zu sich und der eigenen Lebensgeschichte* *456*

9.2.1 Wechselwirkungen zwischen dem Kontakt zu sich und spirituellen
Erfahrungen 456

9.2.2 Ausdruck der spirituellen Erfahrung 463

9.2.3 Zu sich selber stehen und sich abgrenzen 466

9.2.4 Der eigenen Wahrnehmung vertrauen 469

9.2.5 Mit den eigenen Lebensthemen Freundschaft schliessen 472

9.2.6 Schwierigkeiten durch nicht-integrierte persönliche Themen 478

9.2.7 Bisherige Form integrierter Spiritualität: Sich selber sein und
den eigenen Weg gehen 482

9.3 *Kontakt zu anderen Menschen* *483*

9.3.1 Aspekte der sozialen Einbettung 484

9.3.2 Schwierigkeiten im Kontakt zu anderen Menschen 496

9.3.3   Bisherige Form integrierter Spiritualität: Veränderungen im zwischenmenschlichen Kontakt 498

9.4   *Kontakt zum alltäglichen Leben – „Holz hacken, Wasser tragen"* *506*
9.4.1   Im Alltag verwurzelt bleiben 506
9.4.2   Schwierigkeiten: Kluft zwischen Spiritualität und Alltag 508
9.4.3   Bisherige Form integrierter Spiritualität: Verbindung von Spiritualität und beruflichem Handeln 510

9.5   *Kontakt zur Essenz* *512*
9.5.1   Den eigenen Körper wahrnehmen 512
9.5.2   Zulassen, etwas wirklich zu fühlen 515
9.5.3   Spiritualität begreifen und verstehen 516
9.5.4   Sich mit der Essenz rückverbinden 519
9.5.5   Schwierigkeiten: Den Kontakt verlieren, Erfahrungen verblassen 530
9.5.6   Bisherige Form integrierter Spiritualität: Ein verändertes „Lebensgrundgefühl" 533

10   Diskussion **537**

10.1   *Spiritualität im Kontext unserer westlichen Gesellschaft* *537*

10.2   *Kontakt* *542*
10.2.1   Kontakt als Wurzel von Religion und Spiritualität 542
10.2.2   Kontakt als Ich-Du-Beziehung 544
10.2.3   Kontakt in den mystischen Traditionen und Richtungen der Transpersonalen Psychologie 547

10.3   *Bedeutung einer (transpersonalen) Psychotherapie für die Integration spiritueller Erfahrungen* *556*
10.3.1   Psychotherapie als notwendige Voraussetzung und Begleitung bei der Integration spiritueller Erfahrungen 557
10.3.2   Kontakt zum Hier und Jetzt als Basis einer spirituell orientierten Psychotherapie 562
10.3.3   Wechselwirkung zwischen spiritueller und psychotherapeutischer Arbeit 564

10.4   *Praktische Relevanz des Kategorienmodells „Kontakt"* *565*
10.4.1   Differentialdiagnostik 565
10.4.2   Diagnostik anhand des Kategorienmodells „Kontakt" 566
10.4.3   Therapeutische Arbeit mit dem Kategorienmodell „Kontakt" 572

10.5   *„Der Alltag als Übung"* *579*

10.6   *Ausblick* *582*

11   Literaturverzeichnis **585**

12   Anhang **603**

Vorwort

Spiritualität ist heute in aller Munde. Nur: Was meint Spiritualität wirklich? Wie unterscheiden sich die verschiedenen Zugänge zu spirituellem Erleben in Mystik, Religion und Psychologie? Welche Schwierigkeiten und Krisen können bei der Suche nach Spiritualität auftreten?

Solche und andere Fragen legt Frau Tanja Scagnetti-Feurer ihrem ausserordentlichen Werk zu Grunde. Es gelingt ihr, aus der breiten Literatur die vorhandenen vielschichtigen Materialien zu bündeln und zu sichern. Vor allem aber schafft sie das Meisterwerk, die verschiedensten Zugangs- und Verständnisweisen spirituellen Erlebens so darzustellen, dass das Wesentliche und zum Teil Gemeinsame nicht verloren geht. Es macht Freude, sich der Führung der Autorin anzuvertrauen und wie an einem roten Faden durch das weite Feld der Spiritualität geführt zu werden. Dabei macht Frau Scagnetti-Feurer auch kein Hehl daraus, dass ihr die Transpersonale Psychologie besonders am Herzen liegt. In diesem Bereich sind auch die praktischen Beispiele angesiedelt, die sie mit qualitativen Analyse-Methoden sehr genau, aber auch illustrativ untersucht.

Besonders hat mir gefallen, dass es in diesem Buch nicht darum geht, spirituelle Erfahrungen nur als etwas Besonderes darzustellen, sondern Frau Scagnetti-Feurer versucht, sie wieder mit dem Alltag zu verbinden. Dabei kommen auch Schwierigkeiten zur Sprache. Aber im Zentrum des Buches steht die Integration spiritueller Ansätze ins Alltagsleben. Als hohes Ziel leuchtet immer wieder der Wandel des ganzen Menschen auf.

Diese grundlegende Thematik ist der christlichen Tradition nicht fremd. Persönlich habe ich sie am Beispiel der faszinierenden frühchristlichen Eremiten, der sogenannten Wüstenväter und -mütter, darzustellen versucht. Frau Scagnetti-Feurer geht einen anderen Weg. Sie findet moderne Worte, die scheinbar von einem personalen Verständnis der Transzendenz bzw. einem persönlichen Gott absehen. In der von ihr dargestellten zwischenmenschlichen Praxis kommt aber die Bedeutung der Ich-Du-Beziehung in aller Deutlichkeit zum Ausdruck. Im Alltag wird damit wichtig, was die jüdisch-christliche Tradition als Abbild einer transzendenten Beziehung hervorhebt.

So bin ich auch beeindruckt vom Schluss dieses Buches. Hier hebt Frau Scagnetti-Feurer den ‚Kontakt' – die Ich-Du-Beziehung – als Wurzel von Religion und Spiritualität hervor und geht darauf ein, warum die psychotherapeutische Beziehungsarbeit für die Integration spiritueller Erfahrungen so bedeutsam sein kann.

Ich freue mich, dass dieses Werk nun auch einer breiten Öffentlichkeit zugänglich ist und wünsche ihm einen verdienten Erfolg.

Meilen, 11. Juni 2009
Prof. Dr. med. Daniel Hell

Dank

Ich möchte allen Menschen von Herzen danken, die mich während meiner Arbeit an dieser Studie - die zu Beginn der Schwangerschaft mit meinem Sohn begann und gegen Ende der Schwangerschaft mit meinem zweiten Kind abgeschlossen war - unterstützt und begleitet haben:

Mein Sohn Raffael liess mich an seinem aufrichtigen Interesse an meiner Arbeit Anteil nehmen: In der Phase meiner Interview-Transkriptionen mit 1 ½ Jahren spielte er „transkribieren" und liess mich auch mal mit dem Mittagessen warten, weil er – ganz in sein Vorhaben vertieft - noch einen Abschnitt zu Ende „transkribieren" musste. Er ermutigte mich mit 3 Jahren mit einer SMS von Johannes vom Kreuz dazu, meine Darstellung seiner christlichen Mystik fortzusetzen. Und er war mit 3 ½ Jahren sofort bereit, sein sehnlichst erwartetes Mittagessen stehen zu lassen, um mich bei einem akuten Computerproblem zu unterstützen.

Mein Mann Reto hat von Anfang an – als noch völlig unklar war, ob ich dieses Projekt neben Familie und Praxis je würde durchführen können – an mich und mein Vorhaben geglaubt und mich vorbehaltlos auf allen Ebenen unterstützt. Seine alltagspraktische Unterstützung in Haushalt und Kinderbetreuung ermöglichte es mir, überhaupt die Zeit und Energie für diese Studie zu finden. Ohne ihn wäre dieses Projekt nicht möglich gewesen. Sein offenes Ohr und sein Mitdenken und Mitfühlen bei meinen sich entwickelnden Gedanken und Intuitionen zum Thema und sein unermüdliches, detailliertes Lesen der gesamten Studie mit all seinen äusserst hilfreichen Kommentaren und Anregungen waren für mich von unschätzbarem Wert. Ihm verdanke ich auch die gelungene computertechnische Umsetzung der meisten Grafiken.

Meine Eltern Olivia und Max Feurer und mein Bruder Thomas haben mich von Anfang an ermutigt, mit diesem Projekt das zu tun, was mir schon lange so sehr am Herzen lag und dabei meinem eigenen Weg treu zu bleiben. Ohne die tatkräftige Unterstützung meiner Mutter in Haushalt und Kinderbetreuung, ihr liebevolles, exzellentes Kochen an meinen Arbeitstagen und ihre unglaubliche Ausdauer von Anfang bis zum Ende meines Projekts wäre dieses Buch nie zustande gekommen. Ihr Interesse an dieser Studie, ihre lebenspraktische Anwendung inhaltlicher Aspekte und ihr Humor haben mich immer wieder sehr gefreut und motiviert.

Meiner Freundin Irène Koch – ebenfalls Psychologin und Psychotherapeutin – danke ich für ihr echtes Interesse an allen Aspekten meiner Arbeit und für viele inspirierende Diskussionen über das Thema. Auch sie hat alle Kapitel dieser Studie genaustens gelesen, und mich mit vielen anregenden Kommentaren immer wieder unterstützt. Ihre Spontaneität und Flexibilität beim Lesen und Kommentieren meiner Texte waren überaus hilfreich, wenn ich aus Zeitgründen auf eine rasche Rückmeldung angewiesen war.

Von David Boadella und Silvia Specht Boadella, den Begründern und Leitern des Internationalen Instituts für Biosynthese, habe ich viel gelernt über Kontakt als zwischenmenschliche und therapeutische Dimension.

Herr Prof. Dr. med. Daniel Hell, ärztlicher Direktor der Psychiatrischen Universitätsklinik Zürich, unterstützte diese Studie und gab mir die Möglichkeit, mich im Rahmen einer Dissertation intensiv mit der Integration spirtueller Erfahrungen auseinanderzusetzen. Ohne seine Offenheit für diese Thematik wäre dieses Projekt nicht zustande gekommen. Ich habe seine manchmal auch persönlichen Rückmeldungen sehr geschätzt und seine Menschlichkeit war für mich sehr wohltuend.

Herr Prof. Dr. theol. Georg Schmid, Titularprofessor für Religionswissenschaft, war spontan bereit, sich als zweiter Referent für meine Dissertation Zeit zu nehmen. Seine Kommentare aus religionswissenschaftlicher Perspektive waren für meine Reflexion sehr hilfreich.

Frau Prof. Dr. Susanne Maurer hat mich freundschaftlich im Bereich der Methodik unterstützt und mir ihre knapp bemessene Zeit grosszügig für anregende Diskussionen darüber zur Verfügung gestellt. Ihre Anteilnahme an meinen sich entwickelnden Gedanken und ihre ermutigenden Worte haben mich sehr gefreut.

Herrn Dr. phil. Hans-Martin Zöllner, dem leitenden Psychologen der Psychiatrischen Universitätsklinik Zürich, verdanke ich, dass ich überhaupt eine Dissertation geschrieben habe. Ohne das Wissen darum, dass er diese Studie begleiten und mich als echtes menschliches Gegenüber in dieser Zeit unterstützen würde, hätte ich diese Arbeit nicht begonnen. Seine herzliche Menschlichkeit, seine zwischenmenschliche Präsenz und seine fachliche Klarheit und Kompetenz waren für mich unglaublich kostbar. Ihm danke ich von Herzen für sein unermüdliches und präzises Lesen der ganzen Studie, seine Zuverlässigkeit, seine äusserst prompten Rückmeldungen, seine anregenden Kommentare und dafür, dass er sich auch inhaltlich wirklich auf das Thema eingelassen hat.

Nicht zuletzt möchte ich meinen InterviewpartnerInnen für ihre Offenheit und ihr Vertrauen danken und dafür, dass sie mich an ihren spirituellen Erfahrungen und ihrem Weg der Integration Anteil nehmen liessen. Dieser Dank gilt auch all meinen Klientinnen und Klienten, die ich begleite und von denen ich immer wieder lernen darf.

1 Einleitung

> Doch nur in dem Masse, als die Erfahrung nicht im ‚Erlebnis' stecken bleibt,
> sondern den Menschen vollends durchwächst, vollzieht sich die echte Wandlung.
> (Dürckheim, 1945/1992, S. 83)

Spiritualität wird heute von vielen Menschen gesucht. Verschiedene spirituelle Traditionen halten Einzug in die westliche Welt. Dabei geht es immer mehr Menschen nicht um religiöse Dogmen und theoretische Lehren, sondern um authentische spirituelle Erfahrungen – das unmittelbare Erleben einer Dimension, die über unser gewöhnliches Alltagsbewusstsein hinausgeht und es transzendiert (Baas, 2004, S. 5-7, S. 9-10; Bischof, 2003, S. 3, S. 15-16; Bochinger, 1994, S. 376-398; Elgin & LeDrew, 1997, S. 16; Fischer, 2003, S. 127-128; Hemminger, 2003, S. 135-136; Jäger, 1999, S. 150; Schmid, 1991, S. 125; Schmid, 1992, S. 151-158; Schmid, 1995, S. 11, S. 84, S. 93-95, S. 109; Schmid, 1998, S. 16-17; Walach, 2003, S. 59; Zulehner, 2003, S. 90). Dazu schliessen sich Menschen spirituellen Gruppierungen an, besuchen Workshops in transpersonalen Psychologie-Richtungen, lesen entsprechende Bücher oder gehen für sich alleine einer spirituellen Übungspraxis nach. Die Motive für diese spirituelle Suche mögen verschieden sein. Dem einen mag es um die Suche nach dem Sinn des Lebens gehen, nach einer Lebensaufgabe, dem anderen um grösseres Wohlbefinden im körperlichen, emotionalen oder seelischen Bereich, um ein erfüllteres Leben, oder wieder einem anderen um den Wunsch nach Befreiung, Erleuchtung oder einem Leben aus einer tieferen Wirklichkeit heraus.

Eine solche Auseinandersetzung mit Spiritualität kann zu irgendeinem Zeitpunkt von unmittelbaren spirituellen Erfahrungen begleitet sein. Und dann? Was geschieht nach solchen Erlebnissen im Leben der Betroffenen? Bleibt es bei einer oder mehreren spirituellen Erfahrungen, ohne dass sich etwas grundlegend im Leben des betreffenden Menschen verändert? Zieht die Erfahrung eine Wandlung nach sich? Kann die spirituelle Dimension integriert werden? Findet sie eine Erdung im ganz gewöhnlichen alltäglichen Leben? In zwischenmenschlichen Beziehungen? Verändert sich dadurch die Sicht des Lebens? Die Werthaltungen? Das alltägliche Handeln? Das Gefühlsleben des Betroffenen?

Spirituelle Erfahrungen können eine tiefgreifende Wandlung im Leben des Betroffenen nach sich ziehen. Manchmal bleibt es jedoch beim Erleben selbst, das irgendwann verblasst und dann nur noch eine Erinnerung ist. Manchmal stossen Betroffene auf Hindernisse und Schwierigkeiten auf dem begonnenen spirituellen Weg. Spirituelle Erfahrungen können uns auch erschüttern und Fragen, Themen und Reaktionen aufwerfen, denen wir uns nicht gewachsen fühlen. Oder sie können uns verführen durch die Schönheit der erlebten Dimension, immer mehr solche Erfahrungen zu suchen, ja ihnen nachzujagen. Oder wir können uns dazu verleitet fühlen, uns über den Dingen und über anderen Menschen stehend zu fühlen, etwas Besonderes zu sein, eben nicht ganz gleich wie die gewöhnlichen Menschen. Oder wir heben ein kleines Bisschen ab, interessieren uns nicht mehr so sehr für die Banalitäten des Alltags – welche Bedeutung hat schon Geschirr spülen oder Abfall entsorgen?

Bei all diesen Fragen und möglichen Folgen spiritueller Erfahrungen geht es um Aspekte der Integration spiritueller Erfahrungen. Wie kann Spiritualität von einem besonderen Lebensbereich zur gelebten Alltagswirklichkeit werden? Oder um es ein wenig poetischer auszudrücken: Wie können wir uns schrittweise dem annähern, was man eine „Verbindung von Himmel und Erde" nennen könnte?

Das vorliegende Buch befasst sich mit diesen Fragen und sucht nach Möglichkeiten der Integration spiritueller Erfahrungen in den gewöhnlichen, gelebten Alltag und ins ganz normale menschliche Leben, ins alltägliche Menschsein. Im Zentrum steht dabei der ureigene Weg des individuellen Menschen in seinem Bezug zum grösseren Ganzen. Eine ausführliche Darstellung kritischer Dynamiken in spirituellen Gruppierungen und die Lehrer-Schüler-Thematik, die bei manchen spirituellen Lehrern äusserst problematische Aspekte haben kann, würden den Rahmen dieser Studie sprengen und werden hier deshalb nur gestreift. Zu dieser Thematik sei auf die bereits bestehende Literatur verwiesen (vgl. z.B. Feuerstein, 1996; Schmid, 2000; Schuller, 1988; van der Braak, 2004).

Spirituelle Erfahrungen können drei Kategorien von Folgen nach sich ziehen:

(1) Es kann bei einem *isolierten Erlebnis* bleiben, ohne dass nachfolgend eine Wandlung im Menschen geschieht. Die Erfahrung kann nicht integriert werden. Vom Betroffenen wird sie oft nicht einmal als spirituelle Erfahrung erkannt (Dürckheim, 1945/1992, S. 67-69). Oder die Erfahrung wird zwar als solche erkannt, aber das Erlebnis alleine reicht nicht aus, um eine Wandlung einzuleiten. Spirituelle Erfahrung und Wandlung sind zweierlei (1966/2001/2004):

> Man kann schon die herrlichsten Bilder haben, in denen das Inne-werden des Seins sich ankündigt, ohne es schon wirklich zu schmecken. Man kann schon Zeugnisse des Seins erleben, im Traum oder auch in glücklichen Stunden, ohne dass es schon einen verwandelnden Einfluss gewinnt. Ja, es ist fast unvorstellbar, was ein Mensch alles an tiefgehenden Erlebnissen haben kann, ohne sich zu verändern. Der alte Adam kann täglich Neues erleben und doch ruhig der alte bleiben. Nur, wenn er den in jeder echten Seinsfühlung [spirituellen Erfahrung, Anm. der Autorin] enthaltenen Ruf hört und sich bindend dafür entscheidet, ihm zu folgen, kann die Gesamtverfassung sich im Sinn des Seins ändern und ein neuer Jemand erstehen. Alles gewinnt dann neuen Sinn und einen neuen Antrieb. (S. 63)

(2) Die spirituellen Erfahrungen können verschiedene *Schwierigkeiten* nach sich ziehen. So kann etwa eine grosse Verunsicherung durch die Andersartigkeit und Intensität einer spirituellen Erfahrung entstehen (vgl. Segal, 2000). Hier erweist sich die Integration von Erfahrungen, „die sich unterhalb oder jenseits der Schwelle dessen befinden, was wir als mit anderen teilbar ansehen" (Baker Roshi, 1999, S. 158), als schwierig, da damit gesellschaftlich normierte Bezüge und oft die eigene psychologische und spirituelle Kapazität überschritten wird. Spirituelle Erfahrungen können auch zu einer Trennung zwischen Spiritualität und Alltag führen, zu schweren Krisen, zu einem Gefühl des eigenen Besondersseins, zu einer Abwertung des Alltags, zu einem „spirituellen Abheben", zu einer grossen Sehnsucht, solche Erfahrungen wieder zu erleben etc. So können spirituelle Erfahrungen zwar einen inneren Prozess auslösen, allerdings werden sie selbst zu einem Hindernis, weil sie die eigentliche Wandlung des Menschen durch die entstehenden Schwierigkeiten letztlich verhindern. Diese Schwierigkeiten können unmittelbar als Schwierigkeiten der *Integration* spiritueller Erfahrungen verstanden werden (vgl. Kapitel 6). Die heutigen Diagnosemanuale DSM-IV (Sass et al., 2003, S. 811) und ICD-10 (Dilling, Mombour & Schmidt, 2008, S. 182-183) haben zwar

begonnen, Schwierigkeiten im Zusammenhang mit Spiritualität aufzugreifen (DSM-IV-Diagnose „religiöses oder spirituelles Problem" mit der Kodierungsziffer V 62.89 (Z71.8) und ICD-10 Klassifikationen F44.3 „Trance- und Besessenheitszustände"), unterscheiden jedoch nicht zwischen verschiedenen Phänomenen in diesem Zusammenhang und erscheinen für eine differenzierte Erfassung der spirituellen Thematik wenig geeignet.

(3) Spirituelle Erfahrungen können auch zu einer *Wandlung* des Menschen führen. Dazu reicht eine Erfahrung als *einmaliges Erlebnis* jedoch nicht. Zur Erfahrung muss ein Prozess hinzukommen, der den ganzen Menschen ergreift (vgl. Enomiya-Lasalle, 1991, S. 67). Der Zen-Lehrer Colin Clark, Interviewpartner aus dieser Studie, formuliert es so: „Das Erleben in sich selber ist vielleicht weniger wichtig als das, was es dann bewirkt oder wie es [die Menschen] verändert" (CC 1017-1019). Und Dürckheim (1945/1992) drückt dasselbe in den Worten aus:

> Zum erschütternden Erlebnis, in dem für einen Augenblick das ‚Eigentliche' aufblitzt, muss hinzukommen die den ganzen Menschen erfassende langsame Verwandlung. Ohne Seinserfahrung gibt es keine Verwandlung, aber ohne Verwandlung geht auch das als wesenhaft Erlebte verloren. Nur in dem Masse, als der Mensch das, was er in der Tiefe erfuhr, fortschreitend in sich Raum greifen lässt und mit ihm eins wird, erfüllt auch die *Grosse Erfahrung* ihren Sinn. (S. 7)

Oder wie es die zeitgenössische Muslimin Michaela M. Özelsel formuliert:

> Eine lange Zeit, vielleicht Jahre intensivsten Bemühens, werden anschliessend benötigt, um die dort [im Halvet, einer traditionellen Sufi-Klausur, Anm. der Autorin] erkannte Wirklichkeit auch ‚in dieser Welt' leben zu können. ‚Das eigentliche Halvet beginnt nach dem Halvet', heisst es im Sufitum. Denn auf das konkrete *Leben*, auf die tatsächliche ‚Verkörperung' dieses ‚exakten Wissens' kommt es an. Vielleicht ist dies das endgültige Kriterium, das eine wirkliche Transformation von Illusion und Selbsttäuschung zu unterscheiden vermag. (Özelsel, 1993, S. 214)

Wenn in diesem Buch von einer *Integration spiritueller Erfahrungen* gesprochen wird, ist diese letztere Möglichkeit von Folgen spiritueller Erfahrungen gemeint – also eine nach der Erfahrung folgende, allmähliche *Wandlung*. Eine Integration spiritueller Erfahrungen – also die Wandlung des Menschen nach einer spirituellen Erfahrung – kann sowohl eine erste als auch jede nachfolgende spirituelle Erfahrung betreffen. Der Wandlungsprozess muss nicht an die erste, initiale Erfahrung gebunden sein – oft verändert oder vertieft er sich durch weitere Erfahrungen oder beginnt überhaupt erst nach einer Folgeerfahrung, wie in diesem Buch deutlich werden wird. Damit eine Erfahrung nicht ein vorübergehendes Erlebnis bleibt, muss Innen und Aussen, Spiritualität und weltliches Leben, zusammengebracht und integriert werden. Dürckheim (1945/1992) schreibt dazu:

> Sowohl auf dem einseitigen Wege nach aussen wie auf dem einseitigen Wege nach innen kommt also die Voraussetzung echter Seinserfahrung, die integrierte Ganzheit des Menschen, nicht zustande. Wo dann hier oder dort das höhere Licht doch einmal die Wolken durchbricht, bleibt es beim vorübergehenden Erlebnis. Die gültige Erfahrung der Transzendenz jedoch ist immer nur die, die den Menschen von Grund auf *verwandelt*. Wandlung aber setzt immer die Bereitschaft

und den Einsatz des ganzen, Innerlichkeit und Welt bejahenden und vollziehenden Menschen voraus. Alle echte Integration, alles Reifen und Fruchtbringen hängt davon ab, dass der Mensch die Spannung zwischen innen und aussen nicht verneint und auflöst, sondern bejaht und einlöst. (S. 194)

Wie dieses Zusammenbringen von Innen und Aussen, von Spiritualität und weltlichem Leben sich vollziehen kann, ist Thema dieses Buches.

Welche Aspekte kann nun eine Integration spiritueller Erfahrungen umfassen? In welche Richtung geht ein solcher Wandlungsprozess?

- Eine Integration spiritueller Erfahrungen meint eine *Verankerung und Erdung der spirituellen Erfahrung im eigenen Leben*. Verschiedene Autoren sprechen hier auch von einer *Verkörperung von Spiritualität* (z.B. Almaas, 2005, S. 17-36; Boadella, 2003; Ferrer, 2007). Geerdete oder integrierte Spiritualität in diesem Sinn umfasst nach Almaas (2005, S. 17-36) eine gegenseitige Ergänzung von Transzendenz und Verkörperung: Spirituellen Erfahrungen muss eine Integration ins Leben, ins tägliche Handeln folgen. Spirituelle Erfahrungen – so häufig und intensiv sie auch sein mögen – machen noch keine Verkörperung aus. Almaas (2005, S. 17-36) weist darauf hin, dass die Persönlichkeit in diesem Prozess transformiert werden muss. Findet dieser schwierige und oft langwierige Prozess nicht statt, greifen spirituelle Erfahrungen nicht. Wird die Persönlichkeit nicht transformiert, kommt es auf dem spirituellen Weg leicht zu verschiedenen Schwierigkeiten und Gefahren, die sich zu grossen Hindernissen entwickeln können.

- Eine Integration spiritueller Erfahrungen zeigt sich in einer *Stärkung der Verbindung zwischen Spiritualität und Alltag* und führt damit zu einer inneren *Grundhaltung, die das Leben bejaht*, fördert und die sich mit dem Leben verbindet (Fischer, 2003, S. 137). Dürckheim (1966/2001/2004, S. 47) schreibt in diesem Sinn: „Die Welt, in der wir leben, ist nicht das Jammertal, das uns von den Gipfeln des Göttlichen fernhält, sondern die Brücke, die uns mit ihm verbindet". Oder Colin Clark, Zen-Lehrer und Interviewpartner aus dieser Studie, drückt es folgendermassen aus: Ziel der spirituellen Praxis ist für ihn, das menschliche Potential möglichst voll zu entfalten, ein Zurückkehren in die Einheit. Und dann geht es für ihn darum, aus dieser Einheitserfahrung heraus ins Konkrete, Alltägliche zu gehen, aber auf dem Hintergrund eines Sinnes, einer Bedeutung, die aus der spirituellen Erfahrung entstanden ist. Aus dem Spirituellen kommt die Befriedigung, der Sinn (CC 1861-1877). Colin Clark verweist auf Castaneda: Es geht darum, weder in die eine noch in die andere Welt zu fallen, sondern am Schnittpunkt der beiden Welten zu sitzen. In der Welt handeln, völlig da sein, aber immer ist auch das Absolute irgendwo dabei. Sich nicht im einen oder anderen verlieren (CC 1890-1896). Wichtig ist für ihn, die Balance dazwischen zu finden – eine Frage der Dosierung (CC 1907-1915).

- Eine Integration spiritueller Erfahrungen führt zu einer Vertiefung des spirituellen Bezuges, was sich in der *praktischen Alltagsrelevanz von Spiritualität* ausdrückt und nicht bedeutet, dass mehr oder intensivere spirituelle Erfahrungen auftreten – im Gegenteil: Spiritualität verliert durch ihre Integration an Aussergewöhnlichkeit, gewinnt jedoch an Relevanz für das praktische Alltagsleben (vgl. Kapitel 9.1.6).

▪ Eine Integration spiritueller Erfahrungen hat *konkrete Auswirkungen im täglichen Leben* wie Veränderungen in den zwischenmenschlichen Beziehungen, in den eigenen Werthaltungen und der Lebensgrundhaltung, im eigenen Denken, Fühlen und Handeln. So umfasst eine Transformation in diesem Sinn nach Fischer (2003, S. 137) den ganzen Menschen. „Ein spiritueller Prozess führt nicht zu Persönlichkeitsspaltungen, oder zu einem narzisstischen Grössenselbst, sondern zu mehr Integration und Ganzheit. Es führt zu einer wirklichen Selbstannahme und einem Sich-Dasein-Lassen". So bedeutet echte spirituelle Suche im Unterschied zu einer spirituellen Überkompensation nach Fischer (2003, S. 137) auch, sich als Mensch wahrzunehmen und ernst zu nehmen, sich nicht zu überfordern in der Intensität einer spirituellen Praxis, sondern wahrzunehmen, wie sich die Praxis auch auf die eigene Befindlichkeit und den Kontakt zu sich und anderen auswirkt.

Integration ist ein Prozess, der nie wirklich abgeschlossen ist. Er kann ständig weiter vertieft werden (Assagioli, o.J.; Dürckheim, 1966/2001/2004, S. 127; Kast, 1998, S. 9, S. 15; Kast, 2007, S. 44; Ohtsu, 2004, S. 115; Vaughan-Lee, 2004/2005, S. 10; vom Kreuz, 2007, S. 46-47). Wie weitreichend dieser Integrationsprozess ist, macht dieses Buch deutlich. So wurde auch mir als Autorin dieser Studie im Verlauf des Forschungsprozesses deutlich, dass eine Integration spiritueller Erfahrungen ein viel umfassenderer und vielschichtigerer Prozess ist, als ich ursprünglich angenommen hatte.

So breit die psychologische Forschungslandschaft mittlerweile in Bezug auf Spiritualität ist (vgl. Bucher, 2007) – Forschungen zu einer *Integration* spiritueller Erfahrungen existieren bisher kaum. Die Häufigkeit des Vorkommens spiritueller Erfahrungen und das grosse Interesse an einer erfahrungsorientierten Spiritualität fordern jedoch einen wissenschaftlich fundierten Umgang mit diesem Phänomen. Walach (2003, S. 62) weist darauf hin, dass bisher „das sorgfältige Studium von spirituellen Erfahrungen, veränderten Bewusstseinszuständen innerhalb meditativer Praktiken und ihrer Konsequenzen im Leben, etwa durch biographische Studien spirituell erfahrener Menschen … unseres Wissens noch nicht einmal in Ansätzen durchgeführt" worden ist. Van Quekelberghe (2001) fordert eine systematische Erforschung der psychospirituellen bzw. Bewusstseinsphänomene der spirituellen Traditionen. Und Kane (2006) weist in ihrer Studie über spirituelles Erwachen und spirituelle Krisen auf den grossen Bedarf hin, Möglichkeiten zur Integration spiritueller Erfahrungen ins tägliche Leben besser zu verstehen. Dabei muss eine Wissenschaft der Spiritualität eine Wissenschaft der inneren Erfahrung sein (Walach & Reich, 2005). So stellt dann auch die vorliegende Studie die innere Erfahrung von betroffenen Menschen ins Zentrum.

Das vorliegende Buch entstand als Dissertation im Fachbereich Psychopathologie an der Universität Zürich. Es berücksichtigt insbesondere eine psychologisch-psychotherapeutische Sichtweise des Phänomens und nur am Rande eine religionswissenschaftliche Betrachtungsweise, obwohl *inhaltlich* beide Fachgebiete angesprochen sind. So orientiert sich auch die methodische Vorgehensweise an einem psychologischen Stil und nicht an einer religionswissenschaftlichen oder –historischen Erforschung des Phänomens spiritueller Erfahrungen. Deshalb wurde aus methodischen Gründen auch ein Schwerpunkt auf eine Form zeitgenössischer Spiritualität gelegt, die sich weniger an kirchlichen Kreisen als vielmehr an einer Psychologie des Bewusstseins (Belschner, 2005) orientiert (vgl. dazu die Kapitel 2.3, 2.4 und 2.5). Die Grundhaltung, die ich als Autorin gegenüber der Literatur und den Aussagen der in dieser Studie interviewten Menschen einnehme, ist eine pragmatische: Der Fokus liegt darauf, welche Aspekte aus der Literatur und dem Leben der Betroffenen für eine Integration spiritueller Erfahrungen hilfreich sind und in irgendeiner Weise dafür nutzbar gemacht werden können. Es geht also um die lebenspraktische Umsetzbarkeit spiritueller Erfahrungen und nicht um deren religionshistorische Einbettung oder deren Verständnis in einem religionswissenschaftlichen Zusammenhang. So steht auch bei der Auswahl relevanter Literatur deren Inhalt und deren Potenzial für eine Integration spiritueller Erfahrungen und nicht eine kritische Reflexion der Lebens- oder Lehrweisen der jeweiligen AutorInnen im Vordergrund.

Das Buch gliedert sich in einen theoretischen und einen empirischen Teil. Um den Fragen nach Integrationsmöglichkeiten spiritueller Erfahrungen auf theoretischer Grundlage nachzugehen *(theoretischer Teil)*, wurde aus forschungsmethodischer Perspektive relevante psychologische, psychotherapeutische und religionswissenschaftliche Literatur konsultiert. Hauptquellen waren dabei mystische Traditionen der Weltreligionen und Richtungen der Transpersonalen Psychologie und Psychotherapie, die eine spirituelle Entwicklung direkt anstreben (im Unterschied zu Richtungen, die spirituelle Elemente in ihre Therapie einbeziehen, eine spirituelle Entwicklung jedoch nicht im Zentrum steht). Dabei wurde sowohl Originalliteratur mystischer Traditionen einbezogen, als auch Sekundärliteratur, zeitgenössische angewandte spirituelle und transpersonalpsychologische Literatur, poetische Texte von Menschen mit spirituellen Erfahrungen, religionswissenschaftliche Literatur, Originalliteratur der Begründer transpersonaler Psychologie- und Psychotherapie-Richtungen, wissenschaftliche Literatur aus dem Bereich der Transpersonalen Psychologie und Psychotherapie.

In diesem theoretischen Teil wird inhaltlich zunächst auf die für dieses Buch zentralen Begriffe der Spiritualität und der spirituellen Erfahrung eingegangen, Gemeinsamkeiten und Abgrenzungen zur religiösen und mystischen Erfahrung herauskristallisiert und auf die Begriffsverwendung in dieser Studie eingegangen (Kapitel 2). Anschliessend werden Möglichkeiten der Integration spiritueller Erfahrungen in den mystischen Traditionen (Kapitel 3) und in Richtungen der Transpersonalen Psychologie (Kapitel 4) aufgezeigt. Dabei steht die Sichtweise der jeweiligen Tradition oder Richtung im Vordergrund mit ihrer je eigenen Perspektive und Hinweisen zur Integration spiritueller Erfahrungen. In diesen Kapiteln steht nicht eine kritische Auseinandersetzung, sondern die Darstellung der verschiedenen Möglichkeiten der Integration spiritueller Erfahrungen im Vordergrund. Dieses breite Spektrum an Traditionen und Richtungen wurde gewählt, um eine tragfähige Basis für die nachfolgenden Überlegungen und das aus den empirischen Daten entwickelte Modell zu schaffen und um der heute in unserer westlichen Gesellschaft bestehenden Vielfalt von spirituellen Wegen, von denen sich spirituell Suchende inspirieren und beeinflussen lassen, gerecht zu werden. Immer weniger Menschen wenden sich ausschliesslich einer Tradition oder Richtung zu, sondern kombinieren verschiedene spirituelle Zugangsweisen (vgl. dazu die Ausführungen in Kapitel 2.4).

Im Zusammenhang mit spirituellen Erfahrungen und insbesondere mit der *Integration* spiritueller Erfahrungen stellt sich immer wieder die Frage nach der Funktion des Ichs und nach der Bedeutung des Selbst in diesem Prozess. Dieser Thematik wird in

Kapitel 5 in einer Zusammenschau verschiedener Sichtweisen nachgegangen. Kapitel 6 greift dann die bereits erwähnten Schwierigkeiten der Integration spiritueller Erfahrungen auf: Was wird in diesem Prozess als hinderlich erlebt? Welche Schwierigkeiten und Herausforderungen stellen sich bei der Integration spiritueller Erfahrungen und wie können sie überwunden werden?

Wie erleben Menschen hier und heute den Prozess der Integration spiritueller Erfahrungen? Was erleben sie als hilfreich? Was hindert sie? Was hat sich in ihrem Leben durch die Integration ihrer spirituellen Erfahrungen verändert? Diesen Fragen wird im *empirischen Teil* des Buches nachgegangen. Dazu wurden 12 Menschen mit spirituellen Erfahrungen anhand der Erhebungsmethode des problemzentrierten Interviews (Witzel, 2000, Januar) befragt und die Interviews anhand der Methodik der Grounded Theory (Glaser & Strauss, 1967/2005; Strauss & Corbin, 1996) und des zirkulären Dekonstruierens (Jaeggi, Faas & Mruck, 1998) systematisch ausgewertet (Kapitel 7). Für die Integration spiritueller Erfahrungen hilfreiche Aspekte können nicht wirklich greifen, wenn sie nicht möglichst konkret sind. Deshalb werden die Ergebnisse der empirischen Untersuchung möglichst lebensnah, anschaulich und konkret dargestellt. Dies geschieht anhand von Porträts der einzelnen InterviewpartnerInnen, anhand derer der je individuelle Integrationsprozess herausgearbeitet (Kapitel 8), und durch konkrete, alltagspraktische Beispiele und Zitate aus den Interviews (Kapitel 8 und 9) beschrieben wird. In Kapitel 9 werden die Daten aus den Interviews verdichtet und daraus ein Modell zur Integration spiritueller Erfahrungen entwickelt, in dessen Zentrum die Hauptkategorie „Kontakt" steht. In der anschliessenden Diskussion wird das entwickelte Modell „Kontakt" in einem weiteren Kontext reflektiert und auf Möglichkeiten zu dessen praktischer diagnostischer und therapeutischer Anwendung eingegangen (Kapitel 10).

I. THEORETISCHER TEIL

2 Das Begriffsfeld Religion – Mystik – Spiritualität

Auf der Suche nach Begriffsbestimmungen von Religion, Mystik, Spiritualität wird einerseits deutlich, wie gross die Vielfalt und Verschiedenheit der Definitionen ist. So unterschied bereits 1912 der Religionspsychologe James Henry Leuba (1912) rund fünfzig Definitionen von Religion (zit. nach Knoblauch, 2006a, S. 431; Stolz, 1997, S. 11). Andererseits zeigen sich auch Überschneidungen der Begriffe untereinander – insbesondere im Bereich religiöser, mystischer und spiritueller Erfahrung. In den folgenden Kapiteln wird das Begriffsfeld Religion – Mystik - Spiritualität dargestellt, auf Überschneidungen und Abgrenzungen eingegangen und die Begriffsverwendung in ihrem aktuellen gesellschaftlichen Wandel aufgezeigt.

2.1 Was ist Religion und religiöse Erfahrung?

Religion wird etymologisch in der Regel von zwei Begriffen abgeleitet: vom lateinischen religere, was „sorgsam beachten" bedeutet und im Gegensatz zu negligere „vernachlässigen" steht. In diesem Sinn bezeichnet „religio" die ehrfürchtige Haltung eines Menschen gegenüber einem heiligen Gegenstand (Heiler, 1959/1999, S. 17). Die zweite übliche etymologische Herleitung bezieht sich auf den lateinischen Begriff religare, was mit „wiederverbinden dessen, was getrennt war" (Heiler, 1979, S. 2) übersetzt und als „Wiederverbindung des Menschen mit Gott" (Laktanz zit. nach Berner, 1999, S. 531) gedeutet wird. Beiden Ableitungen ist eine Unterscheidung zwischen einer menschlichen und einer göttlichen Sphäre gemeinsam (Berner, 1999).

Mit „Religion" als Allgemeinbegriff wird üblicherweise der Anspruch erhoben, alle historischen Religionen zu umfassen. Dies ist nur möglich, wenn allen Religionen etwas Gemeinsames zugrunde liegt (Stolz, 1997, S. 11). Wie kann dieses Gemeinsame beschrieben werden?

Definitionen der Religion orientieren sich nach Knoblauch (2006a, S. 431) überwiegend an einem von zwei Bereichen, die als Gemeinsamkeit der verschiedenen Religionen verstanden werden: an ihrem Gegenstand oder an ihrer Wirkung, Leistung oder Funktion. *Gegenständlich* orientierte oder *substanziale Definitionen* versuchen „die Eigenheit des Religiösen ‚an sich' zu bestimmen, etwa durch Begriffe wie ‚Glaube an Gott', ‚übernatürliche Wesen', ‚jenseitige Welten' oder ‚überempirische Mächte'" (Knoblauch, 2006a, S. 431). *Funktionale Definitionen* „identifizieren das Religiöse anhand bestimmter Wirkungen (etwa Angstbewältigung) oder durch Bezogensein auf bestimmte psychologische, soziale u.a. Probleme, bei deren Lösung im Diesseits Religion hilfreich ist" (Knoblauch, 2006a, S. 431) (z.B. bei der Bewältigung persönlicher Krisen etc.). In den folgenden zwei Kapiteln wird zunächst auf gegenständliche und anschliessend auf funktionale Definitionen von Religion eingegangen.

2.1.1   Religion als Verbindung zum Heiligen oder zum Göttlichen

In gegenständlichen Definitionen werden Religion und religiöse Erfahrung meist über ihren Bezug zum Heiligen oder zum Göttlichen definiert. So bildet das Heilige im gleichnamigen Werk des Theologen und Religionswissenschaftlers Rudolf Otto

(1917/2004) die Grundkategorie religiöser Erfahrung. Er beschreibt das Heilige mit dem Begriff des „Numinosen". Diese Bezeichnung verwendet Otto (1917/2004, S. 6) für „das Heilige minus seines sittlichen Momentes und (…) minus seines rationalen Momentes". Er versteht es als den innersten Kern jeder Religion und als ihr eigentliches Wesen: Das Heilige „lebt in allen Religionen als ihr eigentlich Innerstes und ohne es wären sie gar nicht Religionen" (S. 6). Da sich das Heilige – oder eben das Numinose – nicht explizit definieren lasse, sondern sich nur über die spezielle Gefühlsreaktion charakterisieren lässt, die es im Menschen auslöst, umschreibt Otto (1917/2004) zwei zentrale Momente der Erfahrung des Numinosen: Das „mysterium tremendum" und das „mysterium fascinans". Als „mysterium tremendum" ist das Heilige zunächst ein Geheimnis, das „Ganz andere", das im Menschen ein Gefühl des Schreckens und der Ehrfurcht auslöst. Als „mysterium fascinans" zieht das Heilige den Menschen aber auch an und zieht ihn in seinen Bann. Die beiden Schlagworte des „mysterium tremendum et fascinans" haben zumindest im deutschsprachigen Raum einen unvergleichbaren Bekanntheitsgrad erreicht (Schneider, 2005, S. 105). Rudolf Ottos Werk gelangte wohl gerade durch seinen klaren Fokus auf das Heilige als *Erfahrung*sdimension zu überragender Bedeutung im Bereich der Religionswissenschaft.

Auch der Religionswissenschaftler Mircea Eliade (1949/1998) definiert in seinem grundlegenden Werk „Die Religionen und das Heilige" Religion über ihren Bezug zum Heiligen:

> Alle bisher gegebenen Definitionen des Phänomens Religion weisen ein Gemeinsames auf: jede von ihnen setzt in irgendeiner Weise das *Heilige[1]* und das religiöse Leben dem *Profanen* und dem weltlichen Leben entgegen. (S. 21)

So wird das Heilige in seinem Gegensatz zum Profanen charakterisiert: „Das Heilige manifestiert sich immer als eine Realität, die von ganz anderer Art ist als die ‚natürlichen' Realitäten" (Eliade, 1956/1998, S. 13). Kenntnis des Heiligen wird dem Menschen möglich, weil es „sich manifestiert, weil es sich als etwas vom Profanen völlig Verschiedenes zeigt" (Eliade, 1956/1998, S. 14). Die Manifestation des Heiligen zeigt sich in verschiedenen Religionen und im Verlauf der Religionsgeschichte in den unterschiedlichsten Formen: von der Manifestation des Heiligen in einem Gegenstand wie einem Stein oder einem Baum bis zur Inkarnation Gottes in Jesus Christus. Charakteristisch für diesen Vorgang der Manifestation des Heiligen ist jedoch immer, dass sich das „Ganz andere", „eine Realität, die nicht von unserer Welt ist", in Gegenständen manifestiert, die integrierende Bestandteile unserer gewöhnlichen, alltäglichen, profanen Welt sind (Eliade, 1956/1998, S. 14). Das Heilige und das Profane treffen sich also in diesem Vorgang im gleichen Gegenstand. So stellt jede Manifestation des Heiligen auch ein Paradoxon dar:

> Indem ein beliebiger Gegenstand das Heilige offenbart, wird er zu etwas anderem und hört doch nicht auf, er selbst zu sein, denn er hat weiterhin teil an seiner kosmischen Umwelt. Ein heiliger Stein bleibt ein Stein; scheinbar (genauer: von einem profanen Gesichtspunkt aus) unterscheidet ihn nichts von allen anderen Steinen. Für diejenigen aber, denen sich ein Stein als heilig offenbart, verwandelt sich seine unmittelbare Realität in eine übernatürliche Realität. Mit anderen Wor-

---

[1] Wo nicht anders vermerkt, werden die Hervorhebungen in Zitaten immer dem Original entnommen. Hervorhebungen durch die Autorin werden als solche gekennzeichnet.

> ten: für die Menschen, die ein religiöses Erlebnis haben, kann sich die ganze Na-
> tur als kosmische Sakralität offenbaren. Der Kosmos in seiner Totalität wird
> dann zur Hierophanie [zu einer Manifestation des Heiligen, Anm. der Autorin].
> (Eliade, 1956/1998, S. 15)

Derselbe Gegenstand kann also in seiner profanen, materiellen oder funktionellen Gestalt erfasst werden oder eine Verbindung zum Heiligen sein. Darin zeigt sich, welche
Kluft zwischen religiöser und profaner Erfahrung besteht. So werden das Heilige und
das Profane als „zwei Arten des In-der-Welt-Seins" verstanden (Eliade, 1956/1998, S.
17).

Religion wird also hier charakterisiert durch ihren Bezug zum Heiligen und wird
vom Religionswissenschafter Friedrich Heiler (1959/1999, S. 17) auch als „Beziehung
des Menschen zur übersinnlichen und ewigen Welt" verstanden. Auch der Psychiater
und Experte für spirituelle Krisen Christian Scharfetter (2004) definiert den Begriff religiös in Bezug auf die Ausrichtung auf das Heilige, wie immer das erfahren, vorgestellt
oder sprachlich formuliert sein mag:

> Religion ist ein sehr weiter und vielfältig verwendeter Begriff für die Beziehung
> der Menschen zu einer überindividuellen (im heutigen Sinn transpersonalen) um-
> greifenden Wesenheit, Macht, die, personal oder apersonal, als heilig erachtet
> wird. (S. 49)

Er unterscheidet dabei zwischen verschiedenen Polen, zwischen denen Religion geortet
werden kann: der Konfession einer Kirche als sozial-politischer Institution mit Dogmen, Ritualen und Geboten, einer ritualisierten Glaubenspraxis, der persönlichen Glau-
bensüberzeugung und der persönlichen Glaubenserfahrung, die nicht mit einer kollektiven Konfession konform sein muss (Scharfetter, 2004, S. 49). Hier wird also unterschieden zwischen mehr kognitiv-intellektuell vermittelten Normen und Praktiken der
konfessionell-kirchlichen Institution und persönlicher Erfahrung, die nicht unbedingt
einem konfessionellen Rahmen entspricht.

In ähnlicher Weise unterscheidet bereits der der Psychologie und Philosoph William James (1901/1902/1997, S. 61-62) in seinem klassischen Werk „Die Vielfalt religiöser Erfahrung" einen institutionellen und einen persönlichen Aspekt der Religion. Die
institutionelle Religion umfasst Gottesdienst und Opfer, Theologie, Zeremonie und kirchliche Organisation. Bei der *persönlichen Religion* hingegen treten die kirchliche Organisation und klerikale Vermittlungsinstanzen völlig in den Hintergrund. Die Beziehung zwischen dem Menschen und dem Göttlichen, „direkt von Herz zu Herz, von Seele zu
Seele" steht dabei im Zentrum (James, 1901/1902/1997, S. 62). Persönliche Religion
wird dabei als das Ursprüngliche, die kirchliche Organisation als sekundär betrachtet, da
die institutionelle Religion auf die ursprünglichen direkten Erfahrungen des Göttlichen
ihrer Gründer wie Christus, Buddha, Muhammad etc. zurückgehen. James' (James,
1901/1902/1997) umfangreiche Studie bezieht sich auf diesen Bereich der *persönlichen
Religion*. Er definiert Religion als

> die Gefühle, Handlungen und Erfahrungen von einzelnen Menschen in ihrer
> Abgeschiedenheit, die von sich selbst glauben, dass sie in Beziehung zum Göttli-
> chen stehen. (S. 63-64)

Ausschlaggebend ist also das persönliche, subjektive Empfinden eines Menschen, in
Beziehung zum Göttlichen zu sein. Dabei wird unter dem „Göttlichen" auch jedes

gottähnliche Wesen und Objekt verstanden, so dass nicht-theistische Religionen wie der Buddhismus in diesem Religionsverständnis eingeschlossen sind (James, 1901/1902/1997, S. 66-67). Das Göttliche oder Gottähnliche ist dabei das Ursprüngliche, Umfassende und Wirkliche, verstanden als höchste Wahrheit, die den Menschen „zu einer feierlichen und ernsthaften Antwort drängt" (James, 1901/1902/1997, S. 71). Als spezifisches Charakteristikum religiöser Erfahrung nennt James (James, 1901/1902/1997) das Zurücktreten des menschlichen Ichs angesichts des Göttlichen:

> Es gibt einen Bewusstseinszustand, den ausschliesslich religiöse Menschen kennen, in dem an die Stelle unseres Selbstbestätigungs- und Selbstbehauptungswillens die Bereitschaft tritt, zu verstummen und zu einem Nichts zu werden in den Fluten und Orkanen Gottes. In diesem Bewusstseinszustand wird das, was wir am meisten gefürchtet haben, zum sicheren Hort ... Die Zeiten der angespannten Seele sind vorbei, und die Zeiten froher Entspannung, tiefen und ruhigen Atems, einer ewigen, von keiner Zukunftsangst geplagten Gegenwart brechen an. Die Angst wird nicht einfach nur unterdrückt ..., sie ist definitiv ausgemerzt und weggewischt. (S. 79-80)

Mit dieser Relativierung des eigenen Ichs sind ein Erleben tiefer Sicherheit, Entspannung, Freiheit von Angst, ein aufgehobenes Zeiterleben (ewige Gegenwart) und die Präsenz im Jetzt verbunden. James betont in diesem Zusammenhang die Selbstaufgabe. Diese entsteht nicht aus einer Forderung, sondern aus einem Akzeptieren „als die einzige Situation, in der wir bleibend Ruhe finden" (James, 1901/1902/1997, S. 83). Religion wird dann zum zentralen Aspekt im menschlichen Leben:

> So macht die Religion leicht und glücklich, was ohnehin notwendig ist (...). Sie wird zu einem wesentlichen Organ unseres Lebens und nimmt dabei eine Funktion wahr, die kein anderer Teil unserer Natur so erfolgreich ausfüllen kann. (S. 84)

Religiöse Erfahrung ist, so James (1901/1902/1997, S. 80), eine „Verzauberung, die – wenn sie kommt – als ein Geschenk" ins Leben der Betroffenen kommt und die einen Zauber ins Leben bringt, der erlebt und erfahren wird, aber nicht begründbar ist. Sie wird von Betroffenen überzeugender und realer erlebt als die gewöhnliche Alltagswirklichkeit (James, 1901/1902/1997, z.B. S. 104). Bei James zeigt sich der zentrale Stellenwert der persönlichen Religion im Leben eines Menschen. Dies wird auch bei Heiler (1979, S. 1) deutlich, für den Religion mit ihrem Bezug zu Gott im Zentrum menschlichen Lebens steht: Religion ist unmittelbar „auf Gott als Urgrund und Ziel alles Seins und aller Werte bezogen".

Der Religions- und Islamwissenschaftler Jacques Waardenburg (1986, S. 15-24) hebt als wesentlichste Merkmale von Religion drei Bereiche hervor: *religiös gedeutete Wirklichkeiten*, *religiös gedeutete Erfahrungen* und *religiös gedeutete Normen*. Neben der gewöhnlichen, alltäglichen Wirklichkeit gibt es in allen Religionen andere Wirklichkeiten oder eine andere Seite der Wirklichkeit (*religiös gedeutete Wirklichkeiten*). So gehen verschiedene Definitionen von Religion vom Glauben an Wesen einer höheren oder „übernatürlichen" Wirklichkeit aus. In diesem Sinn erheben Religionen den Anspruch, Erkenntnisse über diese anderen Wirklichkeiten zu vermitteln oder mit ihnen in Kommunikation treten zu können. Die Wirkung dieser anderen Wirklichkeit auf die gewohnte, alltägliche Wirklichkeit wird ähnlich wie bei James und Heiler als etwas Entscheidendes angesehen.

Religiöse Erfahrung als weiterer wesentlicher Bereich von Religion kann sich nach Waardenburg (1986) sehr verschieden ausdrücken (*religiös gedeutete Erfahrungen*). Diese Erfahrungen werden im Rahmen der jeweiligen religiösen Tradition als Manifestation dieser anderen Wirklichkeit oder als Kommunikation mit ihr gedeutet. Dabei ist nicht die Aussergewöhnlichkeit einer Erfahrung entscheidend dafür, ob sie religiös genannt werden kann, sondern wie bei James (1901/1902/1997, S. 63-64) der subjektive Eindruck der betreffenden Person, die ihre Erfahrung mit der erwähnten anderen Wirklichkeit in Verbindung bringt. Erfahrungen dieser Art werden als religiös bezeichnet, machen aber für sich genommen noch keine Religion aus, sondern bilden ein Element unter anderen.

Jede Religion hat als absolut gesetzte Normen, Regeln und Gesetze (*religiös gedeutete Normen*), die ihren Absolutheitsanspruch mit einem Rückgriff auf eine aussergewöhnliche Instanz – meist mit dem Hinweis auf ihre göttliche Herkunft – begründen. Für die Menschen, die in einer bestimmten religiösen Tradition stehen, haben diese religiösen Normen meist einen selbstverständlichen Charakter.

So bezieht sich Religion auf etwas, was nicht „empirisch" fassbar ist, für den Menschen aber dennoch Geltung hat. Im Glauben nimmt der Mensch Bezug auf diese andere Wirklichkeit. In Waardenburgs (1986, S. 23) Worten ist der Mensch religiös, „der sich auf etwas ihm Heiliges ausserhalb des empirisch Gegebenen bezieht".

Wie bisher deutlich wurde, betonen Begriffsbestimmungen von Religion, die sich am Heiligen oder am Göttlichen orientieren, immer auch die Bezugnahme, den Kontakt oder die *Beziehung* des Menschen zu diesem Heiligen, Göttlichen. Der Mensch tritt in eine Verbindung zum Heiligen und erlebt es als ein Gegenüber.

Kritik an gegenständlichen Definitionen von Religion betrifft den Aspekt, dass der *Gottesbegriff* nicht als universell gelten kann. So führt Stolz (1997, S. 17-19) als Beispiel die für bestimmte Ethnien in Australien zentrale Gestalt Bundjil an, die nicht mit einem Gottesbegriff beschrieben werden kann und bei der insbesondere auch die Dimension des Gegenübers fehlt im Verhältnis zwischen Menschen und höheren Wesen.

An der Orientierung am Begriff des *Heiligen* kritisiert Stolz (1997, S. 21), dass sich bei Rudolf Otto, ihrem wohl zentralsten Vertreter, „psychologische und transzendentalphilosophische Argumentation mischen, und dass sich viele historische Sachverhalte seiner Deutung entziehen". Insgesamt stösst jedoch die Fokussierung auf die Universalität der *Heiligkeitserfahrung* „auf geringere Schwierigkeiten" als die Orientierung am Gottesbegriff (Stolz, 1997, S. 22).

Der Vorteil substanzialer Definitionen besteht in ihrem engen Bezug zur religiösen *Erfahrung* und in ihrer Anschaulichkeit. Sie können in unserer abendländischen Tradition leicht nachvollzogen werden. So sind sie insbesondere bei einer Fokussierung auf die Erfahrungsdimension von Religion eine geeignete Verständnisgrundlage.

2.1.2 Religion als Orientierung und Transformation

Nach diesen Möglichkeiten der Begriffsbestimmung von Religion über ihren Bezug zum Heiligen, einer „anderen Wirklichkeit" oder dem Göttlichen, die sich alle am *Gegenstand* der Religion orientieren, werden im Folgenden Definitionen dargestellt, die sich auf die *Wirkung* von Religion beziehen (funktionale Definitionen). Im Sinn dieser funktionsorientierten Begriffsbestimmungen findet der Mensch in der Religion beispielsweise Antworten auf schwierige Erfahrungen seines Alltags, persönliche Krisen und auf die Grundprobleme des Mensch-Seins wie Tod und Schicksal.

So begreift Waardenburg (1986) Religion vor allem in ihrer Funktion als Orientierung, Religionen als Orientierungssysteme. Die andere Wirklichkeit, auf die religiös Bezug genommen wird, erscheint in den Religionen als „letzter Grund menschlicher Sinngebungen, Orientierungen und Ordnungen" (Waardenburg, 1986, S. 24):

> Religionen sind … Orientierungssysteme besonderer Art. Zum einen umfassen sie, wie wir gesehen haben, ganz spezifische Elemente, etwa die Vorstellung, dass es geistige Wesen gibt, mit denen man in eine Verbindung treten kann, und besondere Erfahrungen und Verhaltensweisen, die sich auf religiöse Kräfte und Zusammenhänge beziehen, die dem Leben und der Welt zugrunde liegen sollen. Dazu kommen für absolut gültig gehaltene Normen und Werte, die der Mensch befolgen muss, wenn er die vorgeschriebene Ausrichtung ernst nimmt. Andererseits haben Religionen bestimmte jenseitige, unbedingt, ja absolut geltende Bezugspunkte, die sinngebend wirken. Religiöse Orientierungssysteme wirken aber nur dann, wenn ihre Sinngebung auch tatsächlich als objektiv, absolut geltend und somit evident hingenommen wird. Sie können dann auch selbst Veränderungen hervorrufen. (S. 34-35)

Auch Stolz (1997) betont die Orientierungsfuktion der Religion, die es dem Menschen ermöglicht, seine Welt zu ordnen und sich in ihr zurecht zu finden:

> Überall steht der Mensch vor der Aufgabe, seine Welt, die offen und nicht festgelegt ist, zu ordnen und zu kontrollieren; überall ist er mit Mächten konfrontiert, die sich dieser Kontrolle entziehen (seien es nun Mächte der Natur, einer entgegengesetzten politischen Ordnung, des unkontrollierbaren kontingenten geschichtlichen Ablaufs oder auch innerpsychischer Erfahrungen); an dieser Stelle sind die religiösen Probleme angesiedelt. Es geht darum, dem Bereich des Unkontrollierbaren eine Form zu geben, mit der sich umgehen lässt. Dabei wird einerseits Unkontrollierbares in die Kontrolle übergeführt, andererseits aber doch wieder belassen; Religion leistet also eine gleichzeitige Darstellung der unkontrollierbaren lebensbestimmenden Mächte und der kontrollierbaren Lebensordnung, die darin gründet. Dadurch ergibt sich eine grundlegende und umfassende Orientierung des Menschen – eine Orientierung derer er als ‚Mängelwesen' bedarf. Religion gehört also zum Wesen des Menschen. (S. 33)

Ebenfalls in Bezug auf ihre Funktion geht der führende Theoretiker der Transpersonalen Psychologie Ken Wilber (1997) den Religionsbegriff an. Er unterscheidet zwei Funktionen der Religion: Translation und Transformation. Dabei ist Translation „eine Sinn und Legitimität schaffende horizontale Funktion (Schriften, Mythen, Rituale, Evangelisation), die das individuelle Selbst stützt und den ‚Klebstoff' aller Kulturen bildet" (Wilber, 1997, S. 58). Die translative Funktion von Religion kann mit der institutionellen Religion bei James (1901/1902/1997) und mit der an Dogmen und ritualisierter Glaubenspraxis orientierten kirchlichen Institution bei Scharfetter (1995a; 2004, S. 49) verglichen werden. Transformation hingegen ist „eine Authentizität und Befreiung schaffende Funktion, bei der das separate Selbst transzendiert wird und ein Bewusstsein der AllEinheit entsteht" (Wilber, 1997, S. 58). Sie kann als eine spezielle Form der persönlichen Religion (James, 1901/1902/1997) betrachtet werden, die auf ein Einswerden mit dem göttlichen Urgrund ausgerichtet ist, wie es für die Mystik charakteristisch ist, oder auf Erleuchtung und Befreiung fokussieren, wie analoge Begriffe in der heutigen Spiritualitätsliteratur meist heissen.

Translation und Transformation sind beide wichtig und notwendig. Translation stellt für den grössten Teil eines menschlichen Lebens die zentrale Funktion dar: „Wer seiner Welt nicht mit einiger Integrität und Genauigkeit Sinn verleihen kann, wird schnell zum Opfer schwerer Neurosen oder gar Psychosen" (Wilber, 1997, S. 59). Translativ können auch die Übungswege von spirituellen Traditionen sein, die eine Transformation anstreben. Während translative Religion Legitimität bietet, bietet transformative Religion Authentizität. Transformative Religion geht über das individuelle Selbst hinaus und öffnet für die Unmittelbarkeit einer Erfahrung, in der man sich „in das Herz des Kosmos selbst transformiert" erleben kann (Wilber, 1997):

> Du siehst nicht die Sonne, du bist die Sonne, du hörst nicht den Regen, du bist
> der Regen, du fühlst nicht die Erde, du bist die Erde. (S. 62)

So werden Menschen, die transformative Religion in ihrem Leben verwirklichen, beide Aspekte schätzen und erkennen, dass ein Aspekt nicht genügt (Wilber, 1997):

> Authentische Spirituelle haben Herz und Seele der grossen transformativen Tra-
> ditionen erfahren und begriffen. Sie werden immer gleichzeitig die einfacheren
> translativen Übungen wertschätzen und verwenden ..., aber auch von ganzem
> Herzen verkünden, dass Translation allein nicht genügt. (S. 61-62)

Funktionale Zugänge zu Religion begegnen typischen Einwänden: So wird kritisiert, dass „eine funktionale Betrachtung der Religion sich dem spezifisch religiösen Anspruch, der Frage nach der ‚Wahrheit', nicht stelle" (Stolz, 1997, S. 33). Stolz (1997, S. 33) entgegnet diesem Einwand: „Dies ist richtig; funktionale Betrachtungsweise baut eine Distanz ein, welche diesen Anspruch zurückstellt". Ebenso wird kritisiert, dass eine funktionale Betrachtungsweise „Religion durch andere Elemente der Kultur austauschbar mache" (Stolz, 1997, S. 33). Funktionale Begriffsbestimmungen von Religion weisen den Vorteil auf, dass sie es ermöglichen, Religionen unter bestimmten Gesichtspunkten zu betrachten, die sich überall anwenden lassen. Funktionale Definitionen haben jedoch nicht die Aufgabe einer Wesensbestimmung der Religion: „Ob dabei das ‚Wesentliche' einer Religion zu Gesicht kommt, ist eine andere Frage" (Stolz, 1997, S. 34).

2.2 Was ist Mystik und mystische Erfahrung?

Der Begriff Mystik leitet sich vom griechischen „myein" ab, was „die Augen schliessen" bedeutet. Mit geschlossenen Augen richtet sich die Aufmerksamkeit nach innen, der Mystiker öffnet sich für eine innere Wahrnehmung. „Myein" bedeutet jedoch auch „die Lippen schliessen" oder „verschweigen" und war im klassisch-griechischen Verständnis auch „dasjenige, über das man nicht sprach" (Dröge, 1999).

Der Begriff der Mystik deckt ein breites Begriffsfeld ab (Wilke, 2006, S. 359): Er wird verwendet für die Bezeichnung besonders intensiver Formen persönlicher Religiosität, für Versenkungszustände und Entgrenzungserfahrungen, bei denen die übliche Wahrnehmung von Zeit und Raum, das eigene Ich-Erleben, die üblichen Sinneswahrnehmungen sowie die Sujekt-Objekt-Grenzen aufgehoben werden. Dabei geht es im wesentlichen um Erfahrungen der Einigung und des Einsseins mit einer umfassenderen Wirklichkeit. Unter dem Begriff Mystik werden auch Beschreibungen solcher Bewusstseinszustände und der Praktiken verstanden, die zu solchen Phänomenen führen sollen.

2.2.1 Mystik und ihr Verhältnis zur Religion

Das Verhältnis von Mystik und Religion zeigt sich als vielgestaltig. So sind mystische Grundhaltungen und Erfahrungsweisen nicht zwingend an Religion gebunden. Sie können auch ausserhalb von institutionalisierter Religion vorkommen (Wilke, 2006, S. 359-360). Wo mystische Erfahrung in einem religiösen Kontext auftritt, kann sie als intensive persönliche Erfahrung immer wieder zu einem Spannungsverhältnis zwischen Mystik und orthodoxer Religion führen. So beschreibt der Theologe und Religionswissenschaftler Georg Schmid (1991) in seinem Buch „Die Mystik der Weltreligionen" das spannungsgeladene Verhältnis von Mystik und Religion:

> Wenn wir Religion als Vermittlung des Unmittelbaren verstehen und Mystik als Unmittelbarkeit zur Wahrheit oder zu Gott, dann verstehen wir auch das eigenartig spannungsgeladene Verhältnis der Mystik zu den religiösen Traditionen. Mystik initiiert Religion. Aus dem mystischen Erleben Einzelner schöpfen die Vielen ihre Nähe zur Wahrheit. Mystik zerbricht religiöse Tradition. Kein Mystiker übernimmt bloss die Zeichen der anderen. ... Selbstverständlich benutzt auch der Mystiker seine Zeichen und Vorstellungen. Aber sie bleiben Zeichen für das nie Bezeichenbare und Vorstellungen für das Unvorstellbare. (S. 45)

Religion versucht also, das Unmittelbare zu *vermitteln*, während Mystik die *unmittelbare Erfahrung* von Wahrheit oder von Gott *ist*. Religion ist die Struktur, durch die der Bezug zu Gott kommuniziert wird. Mystik wird hier als primär verstanden, als unmittelbares Erleben, das auch über religiöse Tradition hinausgeht. So wird sie auch als ein „Einkehren des Menschen in seine eigene Tiefe" (Schmid, 1991, S. 24) verstanden oder als „der grosse geistige Strom, der alle Religionen durchfliesst" (Schimmel, 1975/1995, S. 16). So wird Mystik von der Islamwissenschaftlerin Annemarie Schimmel (1975/1995, S. 16) definiert als „Bewusstsein der Einen Wirklichkeit, ganz gleich, ob man diese nun ‚Weisheit', ‚Licht', ‚Liebe' oder ‚Nichts' nennt".

Allerdings wird gerade religiöse Mystik von den Mystikern selbst nicht als Gegensatz zur religiösen Tradition verstanden. Mystische Erfahrung wird als Vertiefung der religiösen Tradition erlebt. Die Religionswissenschaftlerin Annette Wilke (2006) hebt hervor, dass religiöse Mystik immer in einer Rückbindung an die religiöse Tradition stand:

> Keiner der Mystiker und Mystikerinnen verstand sich indes als traditionsverneinend, sondern Ziel war im Gegenteil die Vertiefung und Verlebendigung der Tradition durch persönliche Aneignung. Religiöse Mystik war immer rückgebunden an bestimmte Institutionen, asketisch-kontemplative Lebensweisen, im Christentum insbesondere an die Klosterwelt. (S. 360)

Wilke (2006) warnt vor der neueren und weit verbreiteten Auffassung, Mystik mit einer institutionsungebundenen Spiritualität zu verwechseln, die Ost und West vereine:

> Hingegen ist Vorsicht geboten gegenüber einer seit dem 19. Jh. verbreiteten Auffassung von Mystik als institutions- und dogmenfreier, Ost und West vereinender Spiritualität. Dahinter stand häufig das Interesse, die rationalistische Moderne und die Mechanisierung des Lebens mit einer Gegenkultur zu kontrastieren, und auch ein Unbehagen gegenüber dem Christentum. Der Häresie verdächtigte Mystiker wie Meister Eckhart wurden zum Vorbild einer modernen, individuali-

sierten Religiosität, die, frei von kirchlicher Bevormundung, den ‚Gott in mir' anstelle des vorgeschriebenen Gottes setzen will. (S. 360)

In einer Beschreibung des Verhältnisses zwischen Mystik und Religion erwähnen einige Autoren die Magie in Abgrenzung zur Mystik. So werden von der Mystik-Kennerin Evelyn Underhill (1928, S. 93-94) Mystik und Magie als zwei unterschiedliche Haltungen dem Göttlichen gegenüber verstanden: In der Magie strebt der Mensch nach übersinnlicher Erkenntnis und versucht, sein Bewusstseinsfeld so zu erweitern, bis es die übersinnliche Dimension einschliesst. Underhill (1928, S. 94) spricht im Zusammenhang mit Magie auch von „selbstsüchtigem Transzendentialismus". In der Mystik hingegen versucht der Mensch, über die Sinneswelt hinauszugelangen und sucht nach Einswerdung mit dem Göttlichen, die geprägt ist von Liebe. Der wahre Mystiker sucht nicht Befriedigung in mystischen Erfahrungen. Mystik ist nicht eine Befriedigung eines hohen Ehrgeizes und kein Streben nach aussergewöhnlichen Erlebnissen. Der Mystiker strebt nicht nach übernatürlichem Wissen oder entsprechender Macht und benutzt aussergewöhnliche Bewusstseinszustände auch nicht zur Vermehrung seines persönlichen Glücks oder seiner Heilkraft. Der Religionshistoriker Geo Widengren (1969, S. 8) verweist pointiert auf ein ähnliches machtbezogenes Charakteristikum der Magie:

> In der Religion spürt der Mensch seine Abhängigkeit von der schicksalsbestimmenden Macht in seinem Dasein; in der Magie meint er, selbst diese Macht zu sein oder sie mindestens kontrollieren zu können. (zit. nach Stolz, 1997, S. 16)

In einer Fokussierung auf die *Erfahrungsdimension* stehen Religion und Mystik in einem engen Verhältnis zueinander. Nach James (1901/1902/1997, S. 383) hat persönliche religiöse Erfahrung „ihre Wurzel und ihr Zentrum in mystischen Bewusstseinszuständen". Als „besonders intensive Formen persönlicher, v.a. innerlicher, Religiosität" (Wilke, 2006, S. 359) und in spezifischer Form als Erfahrungen der Einigung mit einer umfassenderen Wirklichkeit können mystische Erfahrungen als spezielle Formen religiöser Erfahrungen verstanden werden.

2.2.2 Kulturübergreifende Muster und Themen der Mystik

Obwohl jede Mystik als zeit- und kulturbedingt gelten kann, lassen sich dennoch deutlich kulturübergreifend verbreitete Muster in der Mystik finden (Wilke, 2006, S. 360-361). Da in der Mystik verschiedener religiöser Traditionen und Kulturkreise analoge Praktiken, Bewusstseinszustände und Metaphern existieren, „kann der Begriff Mystik als universale Kategorie verwendet werden" (vgl. dazu auch Underhill, 1928; Wilke, 2006, S. 361).

Kulturübergreifende Muster und Themen der Mystik sind nach Wilke (2006) beispielsweise die Einigung als zentrales Motiv der Mystik verschiedener Traditionen (vgl. auch James, 1901/1902/1997, S. 415) oder das Licht – sowohl als Metapher als auch in Form von Lichtvisionen. So schreibt der evangelische Theologe und Kirchenhistoriker Ernst Benz in seinem umfassenden Werk „Die Vision" (1969):

> Die Schau des Lichtes stellt wohl die ursprünglichste Form der Erfahrung Gottes, der Erfahrung der transzendenten Welt überhaupt dar. Das Licht ist mehr als ein blosses Symbol Gottes; es manifestiert das Wesen Gottes selbst. (S. 326)

In verschiedenen religiösen Traditionen zeigt sich als Gemeinsamkeit eine Liebes- und Erkenntnismystik (Christentum, Islam, Hinduismus): In der Liebesmystik strebt der

Mystiker auf einem Weg der Hingabe eine Vereinigung mit Gott an. In der Erkenntnismystik sucht er auf einem erkenntnismässigen Weg eine nichtduale Einheit mit einer personal oder apersonal vorgestellten umfassenderen Wirklichkeit. In der Einigung mit einer umfassenderen Wirklichkeit erlangt der Mystiker „ein unmittelbares Innewerden von Selbstgegenwart und von der transzendenten Quelle des Selbst" (Dupré zit. nach Wilke, 2006, S. 360). Auch Typologien wie die Unterscheidung einer Einigungs*erfahrung* und dem Zustand, „ganz und gar durch Gott" zu handeln (Schimmel, 1975/1995, S. 209), kommen traditionsübergreifend vor. Im Sufismus beispielsweise werden diese fana („Entwerden") und baqa („Bleiben in Gott") genannt (Schimmel, 1975/1995, S. 208-210).

Als Voraussetzung und Hauptmerkmal mystischer Erfahrung kann kulturübergreifend – in verschiedener Terminologie – ein leerer Geist (Buddhismus), ein Loslassen des alten Ichs oder ein „gedankenleeres Bewusstsein/gereinigter Geist" gelten (Smart (1983) zit. nach Wilke, 2006, S. 360). Dies gilt auch als eines der Paradoxe im Bereich der Mystik: Weil der Mensch nicht sucht, findet er. Weil er sein Selbst aufgibt, vollendet er es (Underhill, 1928, S. 122-123). James (1901/1902/1997, S. 415) drückt den leeren Geist und die Einigung in der Sprache von Paulus aus: „Nur wenn ich wie nichts werde, kann Gott eintreten, und es besteht kein Unterschied mehr zwischen seinem und meinem Leben".

2.2.3 Charakteristiken mystischer Erfahrung

Mystische Erfahrungen weisen charakteristische Merkmale auf, die sie zum Teil auch von anderen religiösen Erfahrungen unterscheiden. Zu den typischsten Kennzeichen mystischer Erfahrung gehören die folgenden, auf die anschliessend näher eingegangen wird:

- Erfahrung des Einsseins
- Allumfassende Liebe
- Hingabe des eigenen Willens
- Erkenntnis, tiefe Einsichten
- Erfahrung jenseits von Zeit
- Unaussprechlichkeit
- Flüchtigkeit

Erfahrung des Einsseins. Die Einigung mit einer umfassenderen Wirklichkeit kann als Hauptkriterium einer mystischen Erfahrung gelten: „In mystischen Zuständen werden wir eins mit dem Absoluten und uns zugleich dieser Einheit bewusst" (James, 1901/1902/1997, S. 415). Underhill (1928, S. 96) bezeichnet Mystik in ihrem grundlegenden Werk „Mystik" als „Wissenschaft der Vereinigung mit dem Absoluten" und den Mystiker als denjenigen, „der zu dieser Vereinigung gelangt, nicht der, der darüber redet". Kennzeichen des wahren Mystikers ist damit nicht ein Wissen um etwas, sondern das „Sein" und die Art und Weise, wie er aus diesem Sein heraus lebt. Mystik sei keine Philosophie, keine Ansicht und kein Streben nach okkultem Wissen, sondern die bewusste Verbindung zu einer umfassenderen Wirklichkeit (Underhill, 1928):

> Mystik ist der Name für den organischen Prozess, durch den die Liebe Gottes zu ihrer vollkommenen Erfüllung und der Mensch im Hier und Jetzt zu seinem unsterblichen Erbe gelangt. Oder, wenn man will – denn dies bedeutet genau dasselbe -, sie ist die Kunst, eine bewusste Verbindung mit dem Absoluten herzustellen. ... Die Mystik ist ... etwas Endgültiges und Persönliches. Sie ist nicht nur

> ein schönes und suggestives Schema des Erlebens, sondern ist die Substanz des
> Lebens selbst. (S. 108- 109)

Eine mystische Erfahrung wird als „allumfassend" erlebt (Borchert, 1997, S. 21). Es wird eine andere Dimension von Wirklichkeit erlebt, die ins Bewusstsein eindringt. Diese andere Wirklichkeit ist immer existent, der bewussten Wahrnehmung jedoch meist nicht zugänglich. In diesem Sinn kann Mystik auch als eine Form der Bewusstseinserweiterung verstanden werden:

> In einer mystischen Erfahrung dringt eine tiefere Schicht der Wirklichkeit in das
> Bewusstsein ein. Einer Wirklichkeit, die immer da war, die man aber nicht ge-
> wahrte, derer man sich nicht bewusst war. Einer Wirklichkeit, die im eigenen Ich
> und in der Wirklichkeit rundum gleichsam verborgen ist. Sie taucht aus der Tiefe
> des eigenen Ichs empor. Sie durchbricht die Grenzen des wachen Bewusstseins.
> In diesem Sinn wird Mystik auch ‚Bewusstseinserweiterung' genannt. (Borchert,
> 1997, S. 16)

Allumfassende Liebe. Oft wird im Zusammenhang mit mystischen Erfahrungen auf die Dimension einer allumfassenden Liebe hingewiesen. So kann „Liebe als Grund von allem erkannt" werden (Borchert, 1997, S. 21). Allumfassende Liebe wird in der Mystik als Weg und Ziel zugleich verstanden. Sie wird immer wieder in beschreibenden Bildern verwendet, um Mystik und mystische Erfahrung auszudrücken. Und in selbstloser Liebe richtet der Mystiker sich auch immer wieder auf das Absolute aus (Underhill, 1928, S. 113-119).

Hingabe des eigenen Willens. Mystische Zustände können plötzlich und ohne jegliche Vorbereitung eintreten oder im Rahmen religiöser Übungen und durch vorausgehende Willensleistung erleichtert werden. In welchem Kontext auch immer ein mystischer Bewusstseinszustand eintritt, so ist er doch mit dem charakteristischen Gefühl verbunden, der eigene Wille sei ausser Kraft gesetzt. Manchmal fühlen sich Betroffene von einer höheren Kraft gehalten und aufgehoben (James, 1901/1902/1997, S. 385).

Erkenntnis, tiefe Einsichten. In mystischen Erfahrungen finden Einsichten in eine höhere Wahrheit statt. Der Mensch kommt in einen Zustand tieferer Erkenntnis. Die Erleuchtungen und Offenbarungen, die ihm zuteil werden, werden als bedeutungsvoll und wichtig erlebt und haben einen Nachklang von besonderer Autorität (James, 1901/1902/1997, S. 384-385). Verbunden mit dem Erleben tieferer Erkenntnis sind auch Merkmale wie Klarheit und Evidenz (Wilke, 2006, S. 359).Der Theologe Bruno Borchert (1997, S. 17) spricht auch vom „Kern der mystischen Erfahrung", der „als die wirklichste Wirklichkeit erfahren [wird]. Der Kern der mystischen Erfahrung ist das Durchschauen aller konkreten Formen und Gestalten bis auf ihren Grund. Dieser Grund geht über alle Formen hinaus".

Erfahrung jenseits von Zeit. Als zentrales Charakteristikum gilt die Erfahrung des „nunc stans", des stillstehenden Jetzt. In der kurzen Zeit der Durchbruchserfahrung besteht kein Bewusstsein mehr für Zeit, kein Bewusstsein für Vergangenheit und Zukunft (Borchert, 1997, S. 20-21). In der mystischen Erfahrung verdichtet sich das Gewahrsein der Gegenwart zu einer Erfahrung von Ewigkeit.

Unaussprechlichkeit. Menschen mit mystischen Erfahrungen stehen immer wieder vor der Schwierigkeit, ihr Erleben nicht in Worten ausdrücken zu können (vgl. z.B. Borchert, 1997, S. 17; James, 1901/1902/1997, S. 384; Wilke, 2006, S. 359). Die Qualität des mystischen Bewusstseinszustandes muss direkt erfahren werden – er kann anderen nicht mitgeteilt werden. Wird versucht, eine mystische Erfahrung in Worte zu fassen, wird oft eine bildhafte Sprache verwendet oder es kommt zu paradoxen Formulierungen und zu Verneinungen, die im Grunde eine höhere Form von Bejahung zum Ausdruck bringen. „Der Mystiker muss die Anschauungsformen der Sprache verneinen, eingrenzen und ihnen widersprechen, weil sie alle die Wahrheit nicht treffen" (Hemminger, 2003, S. 145). In diesem Zusammenhang wird auch von einer negativen Theologie (theologia negativa) gesprochen (Hemminger, 2003, S. 145).

Flüchtigkeit. Mystische Erfahrungen sind in ihrer Zeitdauer begrenzt, sie sind flüchtig, von kurzer Dauer (vgl. Borchert, 1997, S. 20; James, 1901/1902/1997, S. 385). Irgendwann beginnt die Erfahrung zu verblassen. Manchmal bleibt sie über längere Zeit in grosser Klarheit zugänglich, manchmal kann sie nach ihrem Verblassen nur noch in eingeschränkter Qualität erinnert werden. Es bleibt jedoch immer eine gewisse Erinnerung an die Erfahrung vorhanden, begleitet von einem tiefen Gefühl der Wichtigkeit des Erlebten. Bei einem wiederholten Auftreten werden mystische Erfahrungen sofort wieder erkannt. Jede weitere mystische Erfahrung kann mit dem Gefühl einer Entwicklung an innerem Reichtum verbunden sein (James, 1901/1902/1997, S. 385).

2.2.4 Mystische Erfahrung und Wandlung

Wie auch immer eine mystische Erfahrung erlebt wird, letztlich „entscheidender als der Inhalt ist der Transformationsprozess mystischer Erkenntnis" (Wilke, 2006, S. 361). Wo eine Erfahrung nicht zu einer Wandlung des Menschen führt, bleibt sie eine Erfahrung ohne tiefgreifende Wirkung im Leben des Betroffenen.

Zum Ziel der Bestrebungen in der Mystik, einem Leben aus der Einigung mit dem Göttlichen heraus, gelangt man nicht durch eine überwältigende Vision der Wahrheit, sondern über einen mühsamen psychologischen Prozess, der sich stufenweise vollzieht und bei dem man sich dem vollständigen Einswerden mit dem Absoluten immer mehr annähert. Dieser Prozess wird als mystischer Weg bezeichnet (Underhill, 1928, S. 108). In diesem Sinn unterscheidet Underhill (1928, S. 120-121) zwei Aspekte eines „vollen mystischen Erlebens": die mystische Erfahrung im Sinne einer Vision oder einer Erkenntnis des Absoluten und die Verwandlung der Persönlichkeit, die auf den mystischen Zustand folgt. Die notwendige Brücke zwischen dem Absoluten und der Persönlichkeit ist eine ethische und geistige Erhöhung. Denn nur, indem man sich dem Absoluten anpasst, kann man mit ihm in dauerhafter Verbindung bleiben. Durch den Umwandlungsprozess der Persönlichkeit werden die unbewussten geistlichen Wahrnehmungen, die die Basis für mystische Erfahrungen bilden, dem Bewusstsein zugänglich gemacht und ins Zentrum des Lebens gestellt. Ziel und Zweck dieses Wandlungsprozesses ist die bewusste und dauerhafte Vereinigung mit dem Absoluten. Auf diesem Weg durchschreitet der Mensch bestimmte Stadien, die zusammen den mystischen Weg bilden.

Underhill (1928, S. 109-111) versteht Mystik als praktisch und nicht theoretisch, Mystik ist *Erleben und Tun.* Grosse Mystiker berichten nicht so sehr von ihren Philosophien, sondern von ihrem Tun. Das mystische Leben ist ein „wirkliches Unternehmen, das Anstrengung und Beharrlichkeit erfordert" (Underhill, 1928, S. 110). Es geht nicht um ein Wahrnehmen und ein Gefühl für die andere Wirklichkeit, sondern um deren tätige Umsetzung – ein sehr schwieriges Unterfangen (Underhill, 1928):

> Die, welche meinen, es sei nur ein angenehmes Bewusstsein des Göttlichen in
> der Welt, ein Gefühl des ,Andersseins' der Dinge, ein Sichsonnen in den Strahlen

35

des unerschaffenen Lichtes, diese spielen nur mit der Wirklichkeit. Wahre mystische Leistung ist der vollständigste und schwierigste Ausdruck des Lebens, der bis jetzt dem Menschen möglich ist. (S. 111)

Mystik bringt eine bestimmte psychologische Erfahrung mit sich, die Erneuerung und *Verwandlung der ganzen Persönlichkeit*. Mystische Erfahrung muss „eine Bewegung des ganzen Selbst auf das Wirkliche hin zur Folge" haben (Underhill, 1928, S. 120).

Auch Borchert (1997) hebt als Kennzeichen mystischer Erfahrung ihren Einfluss auf das Leben des Betroffenen hervor, wenn er schreibt, dass die unmittelbare Erfahrung zwar von kurzer Dauer ist, jedoch

tief in das Leben einschneidet und in diesem Sinn von langer Dauer ist, ein ständiger Impuls, dem Vagen Form zu geben, das Allumfassende in die Begrenztheit der konkreten Realität zu bringen … (S. 20)

Das Thema der Wandlung nach mystischen Erfahrungen – also deren Integration - wird in den Kapiteln 3 und 4 noch eingehender behandelt.

2.3 Was ist Spiritualität und spirituelle Erfahrung?

Spiritualität leitet sich vom lateinischen „spiritus" ab, was „Luft, Hauch", aber auch „Atem, Atmen", „Seele, Geist" und „Begeisterung, Mut, Sinn" bedeutet. Spiritualität steht etymologisch also in enger Verbindung mit dem Atem, was sich auch in der biblischen Tradition widerspiegelt: dort steht das hebräische Wort „ruach" für Geist, aber auch für Atem. So heisst es beispielsweise bei Hiob (27, 3): „Solange noch Atem (ruach) in mir ist" (Bucher, 2007, S. 22).

Bei einer Begriffsbestimmung von Spiritualität fällt auf, dass Definitionen von Spiritualität immer wieder die *unmittelbare eigene Erfahrung* einer wie auch immer benannten transzendenten Wirklichkeit fokussieren. Dabei werden in Abgrenzung zum Religionsbegriff das *überkonfessionelle, religionsübergreifende* Element und die Universalität der Erfahrung betont. In einigen Definitionen wird Spiritualität auch als eine *Lebensorientierung* und *Grundhaltung* verstanden, die sich im alltäglichen Leben auswirkt und zeigt.

Der Theologe und Religionswissenschaftler Christoph Bochinger (1994, S. 377-398) unterscheidet genau in diesem Sinn zwei begriffsgeschichtliche Traditionen, die dem Ausdruck „Spiritualität" zugrunde liegen: eine romanische und eine angelsächsische. In diesen beiden Traditionslinien widerspiegeln sich genau die oben erwähnten Themenbereiche.

Die *angelsächsische Traditionslinie* (engl. spirituality) orientiert sich vor allem an eigener innerer Erfahrung und ist durch eine institutionelle Offenheit, Toleranz und Freigeistigkeit charakterisiert, die sich im Gegensatz zu einer an Dogmen orientierten traditionellen Religiosität versteht. Dabei wird der Begriff der Spiritualität teilweise auch synonym mit Religion verwendet, um deren traditionsübergreifenden, „ewigen" Aspekt zu betonen (Bochinger, 1994, S. 387). Eigene Erfahrung wird als „unmittelbarer Zugang zu jenem Kern des Religiösen" verstanden (Bochinger, 1994, S. 387). So wird im Verlauf der Begriffsgeschichte verschiedentlich auch von „spiritueller Erfahrung" gesprochen anstelle des von James (1901/1902/1997) geprägten Begriffs der „religiösen Erfahrung" (Bochinger, 1994, S. 387).

Die *romanische Traditionslinie* (spiritualité, französischer Herkunft) betonte ursprünglich die persönliche Beziehung des Menschen zu Gott und den Aspekt der Frömmigkeit. Hier stehen inhaltlich die „Verknüpfung des kontemplativen Aspekts im spirituellen Leben mit der Alltagsbezogenheit und –tauglichkeit von Spiritualität" (Bochinger, 1994, S. 379), also deren weltbezogene und handlungsorientierte Seite, im Vordergrund. Dabei wird Spiritualität auch als Grundhaltung oder Lebenshaltung verstanden (Bochinger, 1994, S. 378).

Verschiedentlich wird heute eine Synthese der beiden Begriffstraditionen versucht (Bochinger, 1994).

2.3.1 Spiritualität als eigene unmittelbare Erfahrung – traditionsübergreifender Kern

Definitionen von Spiritualität, die sich - im Sinne der angelsächsischen Tradition - an eigener unmittelbarer Erfahrung einer transzendenten Wirklichkeit orientieren, sind oft auch verbunden mit dem erwähnten traditionsübergreifenden Aspekt. Der indische Jesuit Sebastian Painadath (2004) geht von Spiritualität als unmittelbarer Erfahrung aus und versteht sie als universale Erfahrung:

> Spiritualität ist die Erfahrung des Ergriffenseins durch den Spiritus, durch den Geist Gottes. Sie ist das Gespür für das Absolute, für das Alles-Transzendierende und das Alles-Durchdringende, das Betroffensein vom Heiligen (Rudolf Otto), vom Göttlichen (Meister Eckhart). Spiritualität ist die universale Erfahrung der Geborgenheit im tragenden Seinsgrund und Angezogenwerden vom letzten Ziel. (S. 17)

Der traditionsübergreifende Aspekt wird dabei oft als zentrales Kennzeichen von Spiritualität im Unterschied zu Religion verwendet. So sieht der transpersonale Psychologe und Wissenschaftstheoretiker Harald Walach (2003) das Vorhandensein des Rahmens eines traditionell religiösen Systems als entscheidendes Kriterium für die Abgrenzung zwischen religiöser und spiritueller Erfahrung:

> Als *spirituelle* Erfahrung bezeichnen wir solche Erfahrungen, die Erfahrungen einer absoluten, transzendenten Wirklichkeit sind, die aber nicht notwendigerweise im Rahmen eines traditionell religiösen Systems ausgedrückt werden. *Religiöse* Erfahrungen hingegen sind spirituelle Erfahrungen, die im Rahmen eines solchen Systems ausgedrückt werden oder ausdrückbar sind. (S. 58)

Oft wird auch die unmittelbare Erfahrung als Abgrenzungskriterium betont. So sieht der Psychiater und Mitbegründer der Transpersonalen Psychologie Stanislav Grof (2005, S. 10) die direkte Erfahrung als kennzeichnende Basis der Spiritualität, während „organisierte Religion eine institutionalisierte Gruppenaktivität" sei.

Religion wird in Abgrenzung zu Spiritualität in ihren form- und strukturgebenden Elementen wie Schriften, Riten, Glaubenssätzen und als Institution betont. So beschreibt der Jesuit und Gestalttherapeut Johannes Fischer (2003, S. 128) das Verhältnis von Spiritualität und Religion folgendermassen: „Die Spiritualität drückt den subjektiven Erfahrungsgehalt und Religion die objektive, aus der Erfahrung geronnene, jedoch auch weiter zu entwickelnde Struktur aus". Das Verhältnis von Spiritualität und Religion wird auch als das von innerem Gehalt und äusserer Form beschrieben. Religion erscheint als Gefäss der Spiritualität, das es auch ermöglicht, Spiritualität zu vertiefen und weiter zu entwickeln (Painadath, 2004):

> Religion ist der kulturbedingte und daher ambivalente Ausdruck der spirituellen Erfahrung ... Die verschiedenen Dimensionen der spirituellen Erfahrung werden durch Symbole verdichtet artikuliert. Spirituelle Erfahrung braucht Religion, um sich auszudrücken, sich mitzuteilen und von anderen Erfahrungen getragen, bereichert, aber auch kritisiert zu werden. ... So braucht [der Mensch] religiöse Symbole, Schriften, Traditionen und Strukturen, um seine Spiritualität im Umgang mit anderen zu deuten, zu vertiefen und zu entfalten. ...Spiritualität ist der Gehalt der Religion. Religion ist die Gestalt der Spiritualität. (S. 17-18)

In einer Gegenüberstellung von Religion und Spiritualität wird Spiritualität oft als primäres, religionsfundierendes Phänomen verstanden, das über institutionelle Religion hinausgeht. Diese Sichtweise wird bereits bei James (1901/1902/1997) deutlich in seiner Abgrenzung persönlicher Religion, die dem Spiritualitätsbegriff in ihrer subjektiven Erfahrungsbezogenheit entspricht, und institutioneller Religion. Ganz in diesem Sinn formuliert auch Scharfetter (2004):

> Die Stufen dieser Bewusstseinsentfaltung, die wir Entwicklung nennen und im Bild des Weges fassen, gehen von der vorkonfessionellen Spiritualität über die Ausgestaltung einer Religion als dogmatisch fundiertes Sozialsystem zum Überschreiten jeder konfessionell und rituell fixierten Religion mit verschieden religiös tingierter Spiritualität zu einer konfessionsübergreifenden ökumenischen Spiritualität. (S. 52)

Spiritualität wird dabei sowohl „vorkonfessionell" – also primär zu einem Religionssystem - als auch „konfessionsübergreifend" verstanden.

2.3.2 Spiritualität als Lebenshaltung und Alltagsbezug

Ein Spiritualitätsverständnis, das sich stark auf Spiritualität als Lebenshaltung bezieht und auf den Alltagsbezug fokussiert, scheint häufig ein integratives zu sein: So werden hier die erwähnten Aspekte der eigenen, unmittelbaren Erfahrung, die traditionsübergreifende Ausrichtung (angelsächsische Begriffstradition) sowie die Fokussierung auf das alltägliche Leben (romanische Tradition) meist in eine Definition integriert. Hier werden also die romanische und die angelsächsische Begriffstradition meist miteinander verbunden.

Ein solches Spiritualitätsverständnis vertritt z.B. Scharfetter (1997, S. 1-12; 2004, S. 23-40). Charakteristisch für seine Definition ist die starke Betonung der Lebensausrichtung und der Verbindung zum Alltag. So definiert er Spiritualität als „Leben aus und in der Ausrichtung auf das All-Eine" (Scharfetter, 2004, S. 23), wobei es über dieses All-Eine kein rational gesichertes Wissen gibt, es jedoch unmittelbar erfahren werden kann. Spiritualität wird in einem überkonfessionellen, auch religionsübergreifenden Sinn verstanden. In diesem Sinn werden für das All-Eine verschiedene Namen genannt wie Gott, Gottheit, Tao, Brahman, Maha-Atman, Purusha, Shunyata, Buddha-Natur, Grosser Geist. Dieser Bereich der Transzendenz wird als Ursprung und Ziel für den spirituellen Menschen verstanden. Der Prozess der Bewusstseinsentfaltung hin zu einem holistischen Bewusstsein wird als *spiritueller Weg* bezeichnet (Scharfetter, 2004, S. 60-63). Spirituelle Erfahrungen können diesen Weg initiieren oder bestärkend wirken für eine spirituelle Lebensorientierung. Scharfetter (1997, S. 5-8; 2004, S. 31, S. 62) betont aber, dass spirituelle Erfahrungen nicht per se Zeichen einer spirituellen Lebenshaltung sind. Er versteht Spiritualität als eine Lebenseinstellung und innere Haltung, die im Alltag gelebt wird und nicht nur verbalisiertes Bekenntnis, Lehre, Ritual oder einzelne Erfahrung ist (Scharfetter, 2004):

> Der tägliche Lebensvollzug, echt und einheitlich von der Funktionsschicht der Öffentlichkeit bis ins Privatissimum, ist der wahre Spiegel des Standes spiritueller Orientierung. (S. 29)

> Der Alltag ist voller Prüfungen, Bewährungsproben für den Menschen auf dem spirituellen Weg. Der Alltag ist die Wirkstätte des spirituellen Menschen. Mitten in der Welt verwirklicht sich Spiritualität. (S. 31-32)

In dieser Sichtweise von Spiritualität als Lebensorientierung und innerer Grundhaltung betont Scharfetter (2004) die Bedeutung der Integration von Spiritualität ins alltägliche Leben:

> Doch es geht um das ‚Hiersein', das ‚Hiesige', die ‚Dinge', die wir wert und würdig halten, sinnerfüllend lieben dürfen. … Das ist die ‚Ausbreitung der Liebe und Hingebung', von der Ramana Maharshi sprach, der ‚Liebe, weit wie die Welt'. Sie bedarf keines Ungewöhnlichen, Exzeptionellen, Ekstatischen mehr, keiner Parapsychologie, keiner Magie, keines esoterischen ‚Wissens', keiner Selbstüberhöhung. Denn das Alltägliche, der Stein, die Blume, der Baum, der Blick des Tieres, des Menschen – sie sind voller Botschaften des Einen Urhervorbringenden. (S. 48-49)

Der Theologe und Religionswissenschaftler Heinrich Dumoulin (1995, S. 12) versteht Spiritualität als „die konkrete, von Erfahrung gesättigte Seite der Religion", die er stark in geistiger Lehre verwurzelt sieht. So umfasst Spiritualität in diesem Sinn die Gesamtheit des religiösen Lebens mit den Hauptkomponenten Lehre, Erfahrung und religiöse Praxis, wobei vor allem Erfahrung und Praxis betont werden. Spiritualität geht also nach Dumoulin (1995, S. 12) über Religiosität hinaus und umfasst den „Wesenskern des religiösen Lebens".

In einem Überblick über qualitative empirische Studien zu Spiritualität kristallisiert der Theologe und Religionspädagoge Anton A. Bucher (2007, S. 24-34) folgende Aspekte einer Definition von Spiritualität heraus, die erfahrungsbezogene, traditionsübergreifende und alltags- und handlungsbezogene Elemente umfassen:

- Spiritualität als Verbunden- und Einssein (connectedness)
- Spiritualität als Beziehung zu Gott oder einem höheren Wesen
- Spiritualität als Verbundensein mit der Natur: Spiritualität wird hier in Verbindung zur Natur erlebt oder spirituelle Erfahrungen treten in der Natur auf.
- Spiritualität als Beziehung zu anderen: Spiritualität wird hier auf den Mitmenschen bezogen erlebt und zeigt sich auch in sozialem Handeln und mitmenschlichem Engagement.
- Spiritualität als Selbsttranszendenz: Sich selbst relativieren oder transzendieren zu können wird als Voraussetzung beschrieben, um sich mit anderen oder anderem verbunden fühlen zu können.
- Spiritualität als Beziehung zum Selbst: Hier stehen Aspekte einer inneren Entwicklung im Vordergrund, ein „Wachstum des eigenen Selbst" (Bucher, 2007, S. 31).

- Spiritualität als Praxis, speziell Gebet und Meditation: Die Praxis führt dabei in den dargestellten Beispielen zu einer Erfahrung und kann in diesem Sinn als eine Brücke zu einem Gewahrsein einer transzendenten Wirklichkeit verstanden werden.
- Spiritualität als paranormale Erfahrungen und Fähigkeiten, wobei Bucher (2007) darunter Visionen, Erfahrungen mit geistigen Wesen wie Engeln und Nah-Toderfahrungen versteht.

Dabei erweist sich Spiritualität als facettenreiches und vielschichtiges Phänomen, dessen Kernkomponente „Verbundenheit" (connectedness) darstellt. Diese Verbundenheit hat zwei Richtungen: eine vertikale, die sich auf ein höheres, geistiges Wesen oder transzendentales Prinzip bezieht, und eine horizontale, die zur Natur, zum Kosmos und zu anderen Menschen besteht (Bucher, 2007, S. 33-34). Auch diese Kernkomponente Verbundenheit widerspiegelt alltagsbezogene wie auch traditionsübergreifend-erfahrungsorientierte Aspekte.

Steindl-Rast (zit. nach Bochinger, 1994) vertritt ein Spiritualitätsverständnis, das sich stark am alltäglichen Handeln und einer inneren Grundhaltung orientiert. Im folgenden Zitat zeigt sich auch, in welchem Verhältnis er „RELIGION" als Grundkategorie und „Religionen" als deren historisch gewachsene Ausdrucksformen und Spiritualität sieht:

> RELIGION, wie ich sie verstehe, steht der Spiritualität sehr nahe. Sie ist die Begegnung mit dem Mysterium, mit dem Sinn. Wir brauchen uns nur unserer Gipfelerfahrungen[2] zu erinnern. In diesen Augenblicken haben die Dinge Sinn. … Es ist eine Einsicht in den Sinn des Lebens, noch bevor das zu einem klaren Bild wird. Es ist ein Erleben des Sinnes – wobei Sinn das ist, worin wir Ruhe finden. … Haben wir eines dieser ‚Das ist es'-Erlebnisse, dann ist dies der Kern von RELIGION. … In diesem speziellen Sinne wäre ‚Spiritualität' das Handeln aus dieser Erfahrung heraus, von RELIGION in jedem Aspekt des täglichen Lebens. Spiritualität lässt Sinn ins Alltagsleben einfliessen. Wer ein solches Gipfelerlebnis hat, es abschüttelt und danach weiterlebt, als hätte er nie eines gehabt, besitzt keine Spiritualität. … Spiritualität lässt RELIGION in Ihre Weise zu essen, zu schreiben, ja selbst in das Beschneiden Ihrer Fingernägel fliessen. (S. 395)

Spiritualität steht hier in enger Beziehung zu RELIGION. Die Erfahrung einer transzendenten Wirklichkeit, die mit einem Erleben von Sinn verbunden ist, wird als Kern von RELIGION verstanden. Spiritualität ist dabei das Handeln aus dieser Erfahrung heraus, also im Grunde die Erdung oder Integration der unmittelbaren Erfahrung ins tägliche Leben und Handeln. Man könnte Spiritualität hier als Brücke zwischen der Erfahrung einer transzendenten Wirklichkeit und dem alltäglichen Leben verstehen. Spiritualität ist hier die Art und Weise, wie die unmittelbare Erfahrung möglichst jede Handlung des täglichen Lebens durchdringt.

Auch Panikkar (1989) betont die „Erdhaftigkeit" von Spiritualität. Den Ausdruck „Spiritualität" empfindet er als hilfreich, da er nicht mit Dogmen und religiöser Doktrin in Verbindung gebracht und traditionsübergreifend verstanden wird. Zugleich kritisiert er an dem Begriff, dass er eine ausschliessliche Verbindung zum Geistigen implizieren kann und damit – gewissermassen über ein Abheben - auch zu einem Verlust an Alltagskontakt und realem Boden führen kann:

---

[2] Zum Begriff der Gipfelerfahrungen siehe Kapitel 2.3.3.

Das Wort Spiritualität hat gute und schlechte Beiklänge: Es ist sehr hilfreich, weil es die doktrinären Aspekte umgeht, die mit dem Wort Religion gewöhnlich verbunden sind. Spiritualität ist nicht so gebrandmarkt durch dogmatische Unterschiede und doktrinäre Spitzfindigkeiten. Zudem hat das Wort den Vorteil, dass es die Geschlossenheit der Religionen als mit faden Grenzen abgesonderter Gebiete überspringt. Z.B. gibt es eine Spiritualität der Liebe oder des politischen Engagements, die sich quer durch die verschiedenen Religionen zieht. Zugleich hat das Wort auch schlechte Beiklänge, weil es andeutet, es hätte nur mit dem ‚Spirit‘, dem Geist, zu tun, als ob wir alles andere vernachlässigen könnten. Das wäre eine falsche Spiritualität, weil sie die Materialität, die Erdhaftigkeit verloren hat. (zit. nach Bochinger, 1994, S. 396)

Sowohl bei Steindl-Rast als auch bei Panikkar zeigt sich ein Verständnis von Spiritualität, das eng mit dem verbunden ist, was in der vorliegenden Studie unter geerdeter oder integrierter Spiritualität verstanden wird. Panikkar (1989) spricht in seinem gleichnamigen Buch auch davon, „den Mönch in sich zu entdecken" (zit. nach Bochinger, 1994, S. 397). Dabei geht es insbesondere um die Verbindung von Spiritualität und alltäglichem Leben und Handeln, von Geistigem und Erdhaftem. So skizziert Bochinger (1994) Panikkars „Archetyp des Mönchs" folgendermassen:

Der ‚moderne Mönch‘, ein ‚Archetyp‘ (Panikkar), wird dadurch zur Personifikation von ‚Spiritualität‘. Er/sie braucht keinem Orden anzugehören; sein Alltagsleben ist religiös durchdrungen, wo immer er sich aufhält; er betätigt sich politisch, kennt aber die Gefahren der Veräusserlichung in blindem Aktionismus; er weiss sich aufgehoben, zugehörig zum Kosmos und seinen Gesetzen, er kennt die Balance zwischen geistigen und materiellen, erdhaften Bereichen des Lebens und kann daher ‚geistig‘ sein, ohne den Bezug zur Erde und zum ‚normalen‘ äusserlichen Leben zu verlieren. Vor allem lebt er ein Leben in Einfachheit und anerkennt die elementaren Gesetzmässigkeiten des Lebendigen. (S. 397)

Dieses innere Mönchtum ist nicht mehr auf irgendeine religiöse Institution beschränkt, sondern stellt eine „innere Qualität des Menschen" (Bochinger, 1994, S. 397) dar, die der Mensch in seinem Alltag lebt.

2.3.3 Spiritualität in der Transpersonalen Psychologie

Spiritualität spielt eine zentrale Rolle im Bereich der Transpersonalen Psychologie. Ihr Spiritualitätsbegriff scheint eng mit ihrer Geschichte verbunden zu sein. Deshalb wird zunächst ein Überblick über die Entstehung und Weiterentwicklung der Transpersonalen Psychologie gegeben, um vor diesem Hintergrund den Spiritualitätsbegriff näher zu erfassen.

Entstehung und Weiterentwicklung der Transpersonalen Psychologie

Der Begriff der Transpersonalen Psychologie wurde in den 60er Jahren von den humanistischen Psychologen Abraham H. Maslow und Anthony J. Sutich sowie dem Psychiater und Psychoanalytiker Stanislav Grof geprägt. Ziel ihrer Zusammenarbeit war es, „eine neue Psychologie ins Leben zu rufen, die das gesamte Spektrum menschlicher Erfahrung anerkennen sollte, eine Reihe nicht alltäglicher Bewusstseinszustände eingeschlossen" (Grof, 2005, S. 6). Maslow hatte 1957 den Begriff „humanistisch" gefunden für eine Psychologierichtung, deren Interesse an der Erforschung des Schöpferischen und Gesunden im Menschen lag und die sich am Wachstumspotenzial des Menschen orientierte. 1961 hatte er zusammen mit Sutich das „Journal of Humanistic Psychology" begründet, das zu einem wichtigen Sprachrohr dieser Richtung wurde. Maslow beschäftigte sich stark mit selbstaktualisierten[3] („gesunden') Persönlichkeiten, wobei ihm klar wurde, dass der Gegenstand der Forschung sich immer mehr erweitern musste. So wurde bald deutlich, dass sich aus der humanistischen Psychologie eine neue Perspektive zu entwickeln begann, die 1966/7 zunächst als „transhumanistisch" bezeichnet wurde. 1968 wurde dann der Terminus „transpersonal" gewählt, der „transhumanistisch" ersetzte (Hanefeld, 1982, S. 6-9). Im Jahre 1969 erschien der erste Band des „Journal of Transpersonal Psychology". Antony Sutich, einer der Herausgeber, bezeichnete darin die Transpersonale Psychologie als „vierte Kraft" der Psychologie neben Verhaltenstherapie, Psychoanalyse und humanistischer Psychologie (Sutich, 1969a, S. 11). Er definiert dabei Transpersonale Psychologie:

> Die entstehende Transpersonale Psychologie („vierte Kraft') befasst sich insbesondere mit der empirischen, wissenschaftlichen Erforschung und der verantwortungsvollen Anwendung jener Ergebnisse, die für folgende Bereiche von Bedeutung sind: Werden, individuelle und spezies-weite (die ganze menschliche Art umfassende) Meta-Bedürfnisse, letzte Werte, vereinigendes Bewusstsein, Gipfel-Erlebnisse, Seins-Werte, Ekstase, mystische Erfahrungen, Ehrfurcht, Sein, Selbst-Aktualisierung, innerstes Wesen (Essenz), Seligkeit, Wunder, letzter Sinn, Transzendierung (Überschreitung) des Selbst, Geist (das Spirituelle), Einssein, kosmische Bewusstheit, individuelle und spezies-weite Synergie (=das Zusammenwirken von Energien), höchste zwischenmenschliche Begegnung, Heiligung des Alltagslebens, transzendente Phänomene, kosmischer Selbst-Humor und spielerische Haltung; höchste Sinnes-Bewusstheit, Aufnahme- und Ausdrucksfähigkeit sowie verwandte Vorstellungen, Erfahrungen und Aktivitäten. Diese Definition sollte als offen für die Interpretation durch einzelne oder Gruppen verstanden werden, das Ganze oder Teile betreffend, bezüglich der Annahme ihrer Inhalte als im wesentlichen naturalistisch, theistisch, übernatürlich (supranaturalistisch) oder irgendeiner anderen kennzeichnenden Einstufung. (S. 16) [dt. Übersetzung aus: Sutich (1982a, S. 56)]

Diese breite Definition, die sich „an jenen letzten menschlichen Fähigkeiten und Möglichkeiten" (Sutich, 1969a, S. 15; dt. in Sutich, 1982a, S. 56) orientiert, die in den bisherigen Richtungen der Psychologie keinen systematischen Platz fanden, zeigt das weite Feld der Transpersonalen Psychologie auf.

Betrachtet man die Geschichte der Transpersonalen Psychologie, so erweist sich ihre völlig heterogene Herkunft als wichtiges Merkmal. Ausser dem erwähnten Gründungsakt der Zeitschrift und der Transpersonal Association (Sutich, 1969b; dt. in Sutich, 1982b) besteht keine uniforme Quelle (Walach, 2003, S. 53). Walach (2003, S. 53-57) zeigt die verschiedenen Quellen und Entwicklungsstränge der Transpersonalen Psychologie auf: So scheint Carl Gustav Jung der erste gewesen zu sein, der den Begriff „transpersonal" verwendet haben dürfte. Der Begriff wird von Jung als Charakteristikum des kollektiven Unbewussten verwendet, das ein Hinausgehen über die individuelle Psyche und den kollektiv-kulturübergreifenden Hintergrund umschreibt.

---

[3] Selbstaktualisierung bedeutet in der Humanistischen Psychologie „eine dem Menschen innewohnende Kraft zu Wachstum und authentischer Selbstverwirklichung als kreativer Ausdruck der ganzen Person" (Bolen, 2000, S. 622).

In den 60er Jahren verwendete Grof, der Experimente mit LSD durchführte, den Begriff für Erfahrungen, die über individuelle Seeleninhalte hinausreichten. Anders als Jung war Grof ein Mitinitiator der Transpersonalen Psychologie. Später ersetzte Grof den Einsatz von LSD durch eine von ihm entwickelte Hyperventilationstechnik, die holotrope Atemarbeit[4], mit dem Ziel der Evokation aussergewöhnlicher Bewusstseinszustände, deren heilsames Potenzial therapeutisch genutzt werden kann (vgl. Grof, 1987; Grof, 1994; Grof, 2005; Grof & Grof, 1990).

Maslow gelangte etwa zur gleichen Zeit zu Erkenntnissen, die noch heute eine breite Akzeptanz haben und eine wichtige Grundlage der Transpersonalen Psychologie bilden. Deshalb werden hier einige seiner Konzepte etwas ausführlicher dargestellt. So entdeckte Maslow (1982; 1982/83c), dass es ein natürliches Bedürfnis nach Selbsttranszendenz gebe, das über die bisherige Sichtweise der humanistischen Psychologie hinausgeht. Bedürfnisse transpersonaler Art treten dann in den Vordergrund, wenn grundlegende biologische Bedürfnisse wie Essen, Schlaf und Sexualität sowie personale Bedürfnisse wie Dazugehörigkeit, Macht und Anerkennung befriedigt sind. Maslow (1982/83a, S. 131) erforschte Erfahrungen der Selbsttranszendenz – „Augenblicke grosser Ehrfurcht, Momente höchsten Glücks oder gar der Verzückung, Ekstase oder Seligkeit" - die er als *Gipfelerlebnisse* („peak experiences") bezeichnete. Ursprünglich hatte er dafür den Begriff der mystischen Erfahrung verwendet. Da er aber zur Erkenntnis kam, dass es sich dabei nicht um übernatürliche, sondern um natürliche Erfahrungen handelte, gab er den Begriff mystisch auf und verwendete den Begriff „Gipfelerlebnisse". Obwohl die von Maslow untersuchten Gipfelerlebnisse „meist nichts mit Religion zu tun [hatten] – zumindest nicht in der herkömmlichen übernatürlichen Bedeutung" (Maslow, 1982/83a, S. 132), beschrieb er sie als „*wahrhaft* religiöse Erfahrungen im besten, tiefsten, umfassendsten und humanistischsten Sinne" (Maslow, 1982/83a, S. 133). Er charakterisierte sie folgendermassen:

> Dies waren Augenblicke reinen, positiven Glücks, wo alle Zweifel und Ängste, alle Hemmnisse, Spannungen und Schwächen zurückgelassen wurden. Dabei verlor sich das Selbst-Bewusstsein. Alle Getrenntheit und Entfernung von der Welt verschwand, während sie sich *eins* mit der Welt fühlten, mit ihr verschmelzen, wirklich in dieser Welt und zu ihr gehörend, statt draussen zu sein und von dort hereinzuschauen. … Vielleicht das Wichtigste von allem bei diesen Erfahrungen war jedoch der Bericht des Empfindens, dass sie wirklich die letzte Wahrheit gesehen hatten, das Wesen der Dinge, das Geheimnis des Lebens, als seien Schleier zur Seite gezogen worden. (S. 131-132)

Maslow (1982/83a, S. 133-134) stellte fest, dass nahezu jeder Mensch von Gipfelerlebnissen berichtet, wenn er „auf die richtige Art und Weise angesprochen, befragt und ermutigt wird". Gipfelerlebnisse beschränken sich auch nicht nur auf gesunde Menschen, wie er anfangs vermutet hatte. Typisch für Gipfelerlebnisse ist, dass sie mitten im Leben stattfinden. Sie kommen unerwartet, geschehen plötzlich und können nicht selbst hervorgebracht werden. Als günstigste Bewusstseinshaltung für ein Empfangen solcher Erfahrungen ist nach Maslow (1982/83a, S. 137) eine Haltung der Rezeptivität,

---

[4] Holotrope Atemarbeit ist eine Technik der Selbsterfahrung, die von Stanislav Grof entwickelt wurde. Dieser Ansatz „kombiniert kontrolliertes Atmen, evokative Musik und fokussierte Körperarbeit" (Grof & Grof, 1990). Holotrope Atemarbeit „fördert die Aktivierung des Unbewussten in einem so starken Masse, dass sich ein aussergewöhnlicher Bewusstseinszustand einstellt" (Grof, 1987).

von Vertrauen und Geschehen lassen, ohne einzugreifen. Ebenso ist für Gipfelerlebnisse typisch, dass sie vergänglich sind und nicht von Dauer – dass zwar ihre Wirkungen und Nachwirkungen andauern können, nicht aber der „Gipfel" der Erfahrung selbst (Maslow, 1982/83a, S. 139). Maslow (1982/83a, S. 139) erwähnt auch eine „höchst therapeutische Wirkung" oder Verwandlung, die auf ein Gipfelerlebnis folgen *kann*, aber nicht muss. Unter Umständen können Gipfelerlebnisse von Betroffenen auch gar nicht als solche erkannt werden, sie können auch zurückgewiesen, verleugnet oder verdrängt werden und so ohne Wirkung im Leben der Betroffenen bleiben (Maslow, 1982/83a, S. 139-145).

Von den Gipfelerlebnissen unterscheidet Maslow (1982/83b, S. 147) die *Plateau-Erfahrung*. Er beobachtete an sich selber, dass mit der Zeit seine Gipfelerlebnisse weniger intensiv und seltener auftraten und sich im Unterschied dazu eine Art „Kristallisation" von Einsichten und Erleuchtungen einstellte, die er als „eine Art vereinigendes Bewusstsein" bezeichnete (Maslow, 1982/83b, S. 147). Dieses vereinigende Bewusstsein, das er Plateau-Erfahrung nennt, beschreibt er als „das gleichzeitige Wahrnehmen des Heiligen und des Gewöhnlichen, oder des Wunderbaren und des Gewöhnlichen, das gleichförmig und ohne besondere Mühe abläuft" (Maslow, 1982/83b, S. 147). Im Unterschied zu einem Gipfelerlebnis ist die Plateau-Erfahrung dauerhafter („da es stündlich geschieht, die ganze Zeit über" (S. 148)), willentlicher und subtiler, weniger intensiv. Die Plateau-Erfahrung ist mit einem Gefühl der Gewissheit und eher mit einem Gefühl heiterer Gelassenheit verbunden als mit starken Gefühlswallungen. Sie wird erlebt als ein „Erfahren und Bezeugen der Welt" und als Gefühl, „Zeuge der Wirklichkeit zu sein" (Maslow, 1982/83b, S. 149). Plateau-Erfahrungen scheinen dann aufzutreten, wenn „das mystische Erlebnis wirklich durchschlägt" (Maslow, 1982/83b, S. 150) und Gipfelerlebnisse das eigene Leben wirklich verändern.

Die auf Maslow zurückgehenden Konzepte eines Bedürfnisses nach Selbsttranszendenz, der Gipfelerlebnisse und Plateau-Erfahrungen gehören wohl zu den Bekanntesten in der Transpersonalen Psychologie.

Etwa zur gleichen Zeit wie Maslow in Amerika zu seinen Erkenntnissen kam (60er Jahre), entwickelten in Europa Karlfried Graf Dürckheim und Maria Hippius die Initiatische Therapie, die massgeblich vom Zen-Buddhismus, aber auch von der Tiefenpsychologie von Carl Gustav Jung und von Erich Neumann inspiriert wurde (Loomans, 2000).

Ebenfalls zu den europäischen Quellen der Transpersonalen Psychologie gehört die Psychosynthese des Psychiaters Roberto Assagioli, in der östliche und westliche Spiritualität Anwendung finden (Assagioli, 1965/2004; Assagioli, 1988/1992).

In den USA entstand in den späten 60er und frühen 70er Jahren eine neue spirituelle Szene, die sich „vor allem östlichen Weisheitslehren, Meditationstechniken und esoterischen psychologischen Modellen öffnete" (Walach, 2003, S. 55). In Kalifornien entstanden Meditationszentren der Zen-Tradition mit grossem Einfluss, und das Trainingszentrum Esalen wurde für die spirituell-therapeutische Bewegung sehr bedeutsam. Eine wachsende Zahl von Therapeuten wendete sich dieser neuen Richtung zu.

In den 70er Jahren begann Wilber eine Systematik der Transpersonalen Psychologie zu entwickeln. Seine Schriften erzeugen nach wie vor eine grosse Wirkung und erreichen ein breites Publikum von Akademikern und Nicht-Akademikern. Wilber wurde zum Pionier und zu einer zentralen Gestalt, dem führenden Theoretiker der Transpersonalen Psychologie.

Wie diese Übersicht zeigt, sind die Quellen der Transpersonalen Psychologie also sehr heterogen. Diese Vielfalt von Quellen, Ansätzen und Schwerpunktsetzungen ist kennzeichnend für die Transpersonale Psychologie (Walach, 2003, S. 57). Der Kontakt zwischen den zeitlich früheren europäischen Ansätzen (Jung, Assagioli, später auch Dürckheim) und den in den 60er Jahren entstandenen amerikanischen Ansätzen (Maslow, Sutich, Grof sowie Autoren wie Charles Tart, Roger Walsh, Frances Vaughan, Arnold Mindell u.a.) scheint nicht immer problemlos zu sein (Zundel, 2000a, S. 716). Entwicklungstendenzen der beiden Ansätze beeinflussen einander. Mittlerweile ist die Transpersonale Psychologie in Amerika immer mehr zu einem „Sammelbecken geworden von allerlei Strömungen, die keine besondere Tiefe haben" (Galuska, 2005, S. 88). Das führte dazu, dass aktuell nicht nur in Amerika, sondern auch in Europa eine gewisse Distanzierung zum Begriff „transpersonal" stattfindet (Galuska, 2005, S. 88). Zwischen europäischen und amerikanischen Ansätzen besteht jedoch ein Dialog und ein Bestreben, die transpersonale Gemeinsamkeit aller Ansätze zu betonen (Zundel, 2000a, S. 716).

Spiritualität und spirituelle Erfahrung sind in der Transpersonalen Psychologie als wissenschaftliche Disziplin Gegenstand der empirischen und der begrifflichen Forschung und oft auch der persönlichen Praxis der Autoren. Spiritualität wird in der Transpersonalen Psychologie auch thematisiert als Zugangsweise zur Erforschung verschiedener Bewusstseinszustände und im Zusammenhang mit aussergewöhnlichen Erfahrungen und spirituellen Krisen (Walach, 2003, S. 62-66). Spirituelle Erfahrungen werden im Rahmen der Transpersonalen Psychologie auch bewusst intendiert und als therapeutische Intervention eingesetzt. So wird Spiritualität beispielsweise von transpersonal arbeitenden PsychotherapeutInnen als Hilfe in der Psychotherapie und Beratung erlebt, was sich sowohl auf eine spirituelle Grundhaltung der Therapeutin als auch auf therapeutische Interventionen mit spirituellem Hintergrund bezieht (vgl. dazu auch Hundt, 2007; Walach, 2003, S. 57). Dabei kann ein transpersonaler Bewusstseinsraum nach Belschner (2002) als therapeutische Generalressource aufgefasst werden. Spiritualität von PatientInnen kann auf Grund empirischer Daten als eine Ressource für ihr Wohlbefinden gelten (Belschner & Galuska, 1999; vgl. auch Findeisen, 2002, S. 280-290). So postuliert Belschner (2002) eine Erweiterung psychotherapeutischer Behandlungskonzepte um die transpersonale Dimension.

In den letzten Jahren findet eine Erweiterung des Konzepts der Transpersonalen Psychologie zum Konzept einer „Psychologie des Bewusstseins" statt, die vom Psychologen Wilfried Belschner (2005) initiiert wurde. Dabei bildet das Konzept der Transpersonalen Psychologie einen Teilbereich der umfassenderen und grundlegenderen „Psychologie des Bewusstseins", in der „grundsätzlich die Gesamtheit der Phänomene des Bewusstseins beschrieben und analysiert" werden (Belschner, 2005, S. 18).

So vielfältig die Transpersonale Psychologie sich auch gestaltet, thematische Konstante ist immer das Interesse an Spiritualität und spiritueller Erfahrung. Was wird nun aber unter Spiritualität in der Transpersonalen Psychologie verstanden?

Der Spiritualitätsbegriff der Transpersonalen Psychologie

Spiritualität, wie sie in der Transpersonalen Psychologie verstanden wird, ist nicht an eine bestimmte Religionsform gebunden. Sie orientiert sich nicht an Dogmen, sondern an der eigenen spirituellen Erfahrung (Weidinger, 2000, S. 716; Zundel, 2000a, S. 715). Dabei ist der Spiritualitätsbegriff eng mit der „philosophia perennis", der „ewigen Philosophie" verbunden, die den gemeinsamen Kern der spirituellen Erfahrungen der ganzen Menschheit betont. Schriftlich wurde sie erstmals vor ungefähr 2500 Jahren in Indien niedergelegt. Die philosophia perennis bezieht sich auf eine Wirklichkeit jenseits der gewöhnlichen Alltagswirklichkeit, die als „eigentlichere" Wirklichkeit „Ursprung und Ziel alles Seienden" ist (Zundel, 2000b, S. 516). Verschiedene Traditionen benennen diese Wirklichkeit unterschiedlich: Christen nennen sie Gott, Taoisten Tao, Hindus Brahman etc. In der philosophia perennis gibt es verschiedene Wege, um dieser Wirklichkeit nahe zu kommen: So werden beispielsweise Wege der Stille (Meditation), des Wissens, Handelns oder der Hingabe unterschieden, Wege der Ekstase (wie z.B. Derwischtänze), Wege über Atemkontrolle oder feinstoffliche Energien, Wege der Kontemplation und des Gebetes. Diese verschiedenen Wege dienen alle demselben Ziel, der All-Einheit oder dem Einswerden mit dem Urgrund allen Seins, das je nach Tradition wiederum unterschiedliche Namen kennt (Zundel, 2000b, S. 516-517).

Die Transpersonale *Psychotherapie* unterstützt wie die herkömmliche Psychotherapie „die Entwicklung einer reifen Persönlichkeit und die Ausbildung von genügend Ich-Stärke zur Bewältigung der Anforderungen des Lebens" (Weidinger, 2000, S. 716), bezieht jedoch die spirituelle Dimension im Sinne der Transpersonalen Psychologie mit ein und sieht sich als Verbindung von Psychotherapie und Spiritualität. Dabei werden das Personale und das Transpersonale „als zwei verschiedene Manifestationen ein und derselben Wirklichkeit" (Weidinger, 2000, S. 717) gesehen. Ein Transpersonaler Psychotherapeut sollte eine fundierte Ausbildung für die Arbeit mit beiden Bereichen haben, um auftauchende Phänomene richtig einordnen und begleiten zu können.

Dieses Grundverständnis von Spiritualität, bei dem es um traditionsübergreifende persönliche spirituelle Erfahrung geht, kann als Konstante oder gemeinsamer Nenner in der Transpersonalen Psychologie verstanden werden. Oft wird Spiritualität dabei auch als Lebenshaltung verstanden (z.B. Assagioli, 1965/2004; 1988/1992; Dürckheim, 1945/1992; 1966/2001/2004; 1989). In diesem Sinn widerspiegelt der Spiritualitätsbegriff der Transpersonalen Psychologie das Begriffsverständnis sowohl der angelsächsischen als auch der romanischen Traditionslinie.

Welche Erfahrungen nun konkret als spirituell gelten können, ist damit allerdings noch nicht ganz geklärt. Wie in der Entstehung und Weiterentwicklung der Transpersonalen Psychologie deutlich wurde, sind ihre Quellen sehr vielfältig und heterogen. So sind neben diesem grundlegenden Spiritualitätsverständnis verschiedene Bedeutungen mit dem Begriff verknüpft, und das Spektrum konkreter Spiritualitätsformen ist sehr weitgespannt und unterschiedlich. Es reicht „von den formalen kontemplativ-meditativen Praktiken buddhistischer und hinduistischer Tradition bis hin zum Konsumieren bewusstseinsverändernder Substanzen im brasilianischen Dschungel" (Walach, 2003, S. 58). So wird der Begriff Spiritualität „sehr verwaschen und oftmals inflationär für eine irgendwie geartete transzendente Beziehung zu einer als grösser und weiter gedachten Wirklichkeit" (Walach, 2003, S. 59) verwendet. Diese Vielfalt im Spiritualitätsverständnis scheint insbesondere folgende Bereiche zu betreffen:

- Die möglichen *Wege*, der transzendenten Wirklichkeit nahe zu kommen.
- Die Einordnung und der Stellenwert *aussergewöhnlicher Erfahrungen*.
- Die Verwendung der Begriffe „*transpersonal*" und „*spirituell*".

Wege, der transzendenten Wirklichkeit nahe zu kommen

Die möglichen *Wege*, der transzendenten Wirklichkeit nahe zu kommen, wie meditative, kontemplative, ekstatische Praktiken, sind tatsächlich sehr verschieden - wie in der obigen Darstellung zur Philosophia perennis bereits deutlich wurde. Nach der Philosophia perennis gehen sie jedoch alle vom selben Ursprung aus und haben dasselbe Ziel – die All-Einheit, „die Entwicklung des Gewahrseins der Einheit allen Seins" (Weidinger, 2000, S. 716), das „Einswerden mit dem Urgrund des Seins" (Zundel, 2000b, S. 517). Mit dem Konzept einer traditionsübergreifenden Spiritualität ist dieses breite Spektrum von Praktiken unmittelbar nachvollziehbar und einleuchtend.

Einordnung und Stellenwert aussergewöhnlicher Erfahrungen

Die Einordnung und der Stellenwert *aussergewöhnlicher Erfahrungen* wie beispielsweise von Visionen (vgl. dazu Scagnetti-Feurer, 2004) ist innerhalb der Transpersonalen Psychologie nicht einheitlich. Aussergewöhnliche Erfahrungen können spontan oder im Rahmen bestimmter spiritueller Praktiken auftreten oder durch die Einnahme bewusstseinsverändernder Substanzen intendiert werden. Die Haltungen innerhalb der Transpersonalen Psychologie gegenüber aussergewöhnlichen Erfahrungen reichen von bewusstem Hervorrufen bis zur Empfehlung, ihnen keine Beachtung zu schenken: Während beispielsweise Grof (1987) auf das heilsame Potenzial aussergewöhnlicher Bewusstseinszustände hinweist und diese in der von ihm entwickelten Technik des holotropen Atmens gezielt herbeigeführt werden, sehen Autoren, die sich an Spiritualität im traditionellen Sinn orientieren, „bei den stärker an aussergewöhnlichen Erfahrungen und Bewusstseinszuständen per se Interessierten eine Verzerrung der Bedeutung und der Einordnung solcher Zustände" (Walach, 2003, S. 65-66).

Mystische Traditionen haben solche Zustände immer gekannt. Die meisten Traditionen betrachten aussergewöhnliche Bewusstseinszustände als Nebenerscheinungen des spirituellen Weges und warnen davor, sie zum Selbstzweck zu machen, da sie sich auf dem weiteren spirituellen Weg als grosses Hindernis erweisen können (vgl. dazu z.B. Godman, 2002, S. 198-205; Kapleau, 1965/2000, S. 74; Scagnetti-Feurer, 2004, S. 72-110, S. 306-309; Underhill, 1928, S. 365-366).

Im Bereich aussergewöhnlicher Erfahrungen setzt auch Kritik an der Transpersonalen Psychologie an: So kritisiert der Psychoanalytiker und Referent für Psychologie und Religion bei der Evangelischen Zentralstelle für Weltanschauungsfragen Michael Utsch (2003, S. 161) die „zeitgemässe Erlebnissüchtigkeit" und die Tendenz zu einer „psychotechnischen Machbarkeit spiritueller Erfahrungen". Auch der Theologe, Jesuit und Therapeut Bruno Lautenschlager (2003, S. 149) spricht die Neigung der Transpersonalen Psychologie an, aussergewöhnliche Erfahrungen an sich zu kultivieren und dabei im Faszinierenden stecken zu bleiben. Woran es der Transpersonalen Psychologie in dieser Hinsicht also mangelt, ist der unspektakuläre Bezug zum Alltag – eine Spiritualität, die sich in der Gestaltung des alltäglichen Lebens vollzieht und an den Herausforderung mit den alltäglichen Kleinigkeiten wächst (Lautenschlager, 2003, S. 149; Utsch, 2003, S. 161). So ist sie herausgefordert, „auch der nüchternen Alltagserfahrung genügend Rechnung" zu tragen (Lautenschlager, 2003, S. 149).

Verwendung der Begriffe „transpersonal" und „spirituell"

Ein grosses Spektrum existiert in der Transpersonalen Psychologie auch in der Verwendung der Begriffe *„transpersonal"* und *„spirituell"*. Insgesamt werden die beiden Begriffe meist synonym verwendet. So lässt sich der Kern der verschiedenen Richtungen der *Transpersonalen* Psychologie auf ihr gemeinsames Interesse an *Spiritualität* und spirituellen Erfahrungen zurückführen (Walach, 2003; Zundel, 1989; Zundel, 1994; Zundel, 2000a). Bereits Assagioli (1988/1992) und Grof und Grof (1991), die die Transpersonale Psychologie von Anfang an stark beeinflussten, verwendeten die Begriffe synonym – allerdings mit verschiedenen Bedeutungsinhalten. Assagioli (1988/1992, S. 15) verwendete den Begriff „transpersonal" anstelle von „spirituell", „um zu bezeichnen, was man gemeinhin spirituell nennt". Dabei ging es ihm insbesondere darum, einen wissenschaftlich präziseren Begriff zu verwenden, der eine Verwechslung mit abzugrenzenden Bereichen ausschliessen würde:

> Wissenschaftlich gesehen ist es der bessere Ausdruck; er ist präziser und in einem gewissen Sinn neutraler, indem er bezeichnet, was sich jenseits oder oberhalb der gewöhnlichen Persönlichkeit befindet. Ausserdem verhindert er die Verwechslung mit vielen Dingen, die heute spirituell genannt werden, in Wirklichkeit aber pseudospirituell oder ‚parapsychologisch' sind. (S. 15)

Assagioli (1988/1992) umschreibt transpersonale - oder eben spirituelle - Erfahrungen aus der Sicht von Menschen, die solche Bewusstseinszustände erlebt haben:

> Jene Bewusstseinszustände, meinen sie, seien darauf zurückzuführen, dass sie mit einer Ebene der Realität in Kontakt getreten oder unwillkürlich in Berührung gekommen seien, die sich ‚über' oder ‚jenseits' der normalerweise als ‚real' anerkannten befinde. Diese Realität wurde oft als transzendent bezeichnet, doch wir werden diesen auf etwas Abstraktes, Entrücktes hindeutenden Begriff nicht verwenden. Die Aussagen derjenigen, denen flüchtige Einblicke in sie vergönnt waren, bezeugen, dass sie gegenüber der Alltagswelt als etwas Realeres, Dauerhafteres und Substanzielleres empfunden wird, als die wahre Wurzel und Essenz des Seins, als ‚volleres Leben'. (S. 19)

Dabei wird deutlich, dass transpersonale Erfahrungen bei Assagioli Ausdruck des Kontakts zu einer transzendenten Wirklichkeit sind und als „Essenz des Seins" erlebt werden (Assagioli, 1988/1992, S. 19).

Auch Grof und Grof (1991, S. 64) verwenden die Begriffe „transpersonal" und „spirituell" synonym: „der moderne Begriff für das direkte Erfahren von spirituellen Realitäten ist transpersonal". Der Begriff „transpersonal" wird hier jedoch für eine ganze Reihe von Phänomenen verwendet, die über die individuelle Psyche hinausgehen (Grof, 1987), jedoch nicht unbedingt eine unmittelbare Erfahrung einer überkonfessionell und religionsübergreifenden transzendenten Wirklichkeit, eines wie auch immer benannten „Heiligen" oder „Göttlichen" beinhalten. So werden als „transpersonale Erfahrungen" beispielsweise aufgeführt die „Identifikation mit toter Materie und anorganischen Prozessen" (Grof, 1987, S. 89), „ausserirdische Erfahrungen" (S. 95), „embryonale und fötale Erfahrungen" (S. 103), „Erinnerungen an frühere Inkarnationen" (S. 114), „Erfahrungen, in denen man an Handlungsabläufen aus Mythos und Märchen teilnimmt" (S. 157). So wird auch das „vollständige Wiedererleben von Ereignissen aus der Kindheit", wenn es „von einer Identifikation mit den Hauptbeteiligten der betreffenden Situation (etwa mit dem Aggressor)" begleitet ist, als transpersonal bezeichnet: „Dies weist ebenfalls eindeutig auf den transpersonalen Charakter solcher Erfahrungen hin" (Grof, 1987, S. 68). Dass es sich dabei um zeit- und raumüberschreitende und zum Teil unpersönliche Erfahrungen handelt, nicht aber um spirituelle Erfahrung im Sinne einer Bezogenheit auf eine transzendente Wirklichkeit oder den Urgrund des Seins, wird unmittelbar deutlich. Dieser transzendente Bezug wird deutlich in dem, was Grof (1987) die „Erfahrung kosmischen Bewusstseins" (S. 175) und die „supra- und meta-kosmische Leere"(S. 179) nennt. Bei Grof wird der Begriff „transpersonal" also sehr viel breiter verwendet als im Spiritualitätsverständnis, wie es in den Kapiteln 2.3.1und 2.3.2 dargestellt wurde.

An diesen Beispielen wird deutlich, dass das inhaltliche Verständnis dessen, was als transpersonal – und synonym als spirituell – bezeichnet wird, eine grosse Vielfalt umfasst. So schreibt Scharfetter (1997) in seiner Abgrenzung des Spiritualitätsbegriffs zum Begriff „transpersonal":

> Der Ausdruck *transpersonal* ist unklar und wird inflationär gebraucht (Rowan 1993). Er ist zunächst eine Negativbestimmung: nicht auf die Person, das perso-nale Ego beschränkt. Er enthält Extrapersonelles i.S. von Green (1986), d.i. ma-gische, parapsychologische, spiritistische Phänomene, Mythisches, Religiöses i.w.S. und damit auch Spirituelles, Mystik, Transzendenz. Der Ausdruck wird zu einer Sammelbezeichnung für Erfahrungen ausserhalb des Bereiches des ge-normten mittleren Tageswachbewusstseins (präkonzeptionelle, pränatale, perina-tale ‚Erfahrungen', extrakorporale Erfahrungen, Aufhebung von Raum, Zeit u.v.a.). (S. 7)

Ein Begriffsverständnis von „transpersonal", das sich auf Bewusstseinsinhalte bezieht, die über die individuelle Psyche hinausgehen, zeigt sich bereits bei Jung, der die Be-zeichnung als erster verwendet haben dürfte (Walach, 2003). Jung (1981) kennzeichnete mit dem Begriff „transpersonal" seine Psychologie des kollektiven Unbewussten und drückte damit dessen unpersönlichen, kollektiv-kulturübergreifenden Charakter aus. Die Archetypen als Grundstrukturen des kollektiven Unbewussten und Ausdruck ty-pisch menschlicher Erfahrung im Unbewussten unterscheiden sich in ihrem Erfah-rungsgehalt jedoch stark voneinander. Wilber (1988b) kritisiert bei dieser Verwendung des Begriffs „transpersonal", dass er zwar im Sinne einer Unpersönlichkeit verwendet wird, jedoch nicht ausschliesslich Inhalte bezeichnet, die einem geistig-spirituellen, überbewussten Bereich entstammen. Dabei liegt nach Wilber (1988b) eine Verwechs-lung vor, die er als Prä/Trans-Verwechslung bezeichnet. Er (1988b, S. 119) unterschei-det drei allgemeine Bereiche des Seins, die er auch als aufeinanderfolgende Stufen der menschlichen Entwicklung versteht:

- den präpersonalen (unterbewussten oder prärationalen),
- den personalen (verstandesmässig, ich-bewusst, rational) und
- den transpersonalen (geistig-spirituellen, überbewussten oder transratio-nalen) Bereich.

Jung unterscheidet jedoch nur zwischen Personalem und Kollektivem, wobei letzteres sowohl präpersonale als auch transpersonale Elemente enthält. Der Begriff „transper-sonal" wird hier also bei differenzierter Betrachtung in seinem Aspekt der Unpersön-lichkeit und seiner Eigenschaft, über die individuelle Psyche hinauszureichen, jedoch nur teilweise in seiner geistig-spirituellen Dimension gesehen (Assagioli, 1974, S. 40-41; Wilber, 1988b, S. 130-131).

Im Verständnis der Begriffe „transpersonal" und „spirituell" scheint es innerhalb der Transpersonalen Psychologie zwei unterschiedliche Ansätze zu geben: Der eine An-satz - der als Spiritualitätsverständnis im engeren Sinn verstanden werden kann - weist eine stärkere Anlehnung an Religiosität und mystische Traditionen auf, in denen Spiri-tualität erfahrungsorientiert und traditionsübergreifend verstanden wird mit einer Beto-nung von Spiritualität als Lebensausrichtung (z.B. Assagioli, 1965/2004; 1988/1992;

Dürckheim, 1945/1992; 1966/2001/2004; 1989). Die Erfahrung erscheint hier geprägt von einem Bezug zum Heiligen, Numinosen (vgl. Otto, 1917/2004).

Der andere Ansatz betont den Aspekt des Über- oder Unpersönlichen und versteht unter transpersonalen oder spirituellen Erfahrungen *auch* aussergewöhnliche Erfahrungen und Überschreitungen zeitlicher oder räumlicher Grenzen, die *nicht* als Verbindung zu einer transzendenten Wirklichkeit oder zum Heiligen erfahren werden (z.B. Grof, 1987).

2.3.4 Begriffsabgrenzung zu Spiritismus und Esoterik

Wo ein Spiritualitätsverständnis im oben beschriebenen engeren Sinn vorliegt, erweist sich eine Begriffsabgrenzung zu benachbarten Begriffen wie Spiritismus und Esoterik als klarer als in der Verwendung im Sinne eines Über- oder Unpersönlichen oder in der Betonung aussergewöhnlicher Erfahrungen. Insbesondere im Bereich aussergewöhnlicher Erfahrungen existieren Überschneidungen zum Spiritismus und dem heutigen Esoterik-Verständnis.

Beim Spiritismus (von lat. Spiritus „Geist") handelt es sich um die Überzeugung, dass „ein bestimmter Aspekt des Menschen (Seele bzw. Geist) den physischen Tod überlebt und in einer jenseitigen Welt weiterexistiert" (Hauth, 1999, S. 616). Über spiritistische Praktiken wird eine Kommunikation mit den Seelen Verstorbener hergestellt, seltener auch mit jenseitigen Geistmächten. Im Kontext der heutigen Esoterik (siehe unten) kann eine Wende vom Spiritismus zum neutraleren Channeling[5] beobachtet werden (von Stuckrad, 2006c, S. 496). Im Spiritualitätverständnis im engeren Sinn können solche Kontakte zu Verstorbenen oder Geistwesen zwar auftauchen, sie stehen aber nicht im Mittelpunkt des Interesses und werden eher als Begleiterscheinungen betrachtet.

Im Unterschied zum Spiritismus gestaltet sich eine Abgrenzung zur Esoterik als vielschichtiger und schwieriger. In den letzten Jahrzehnten ist es aus religionswissenschaftlicher Perspektive bezüglich des Begriffs Esoterik zu einer „grundlegenden Neuorientierung" (von Stuckrad, 2006a, S. 133) gekommen. Esoterik (von griech. esoteros „Inneres") bezeichnet ursprünglich Kenntnisse und Verhaltensweisen, die im Sinne einer Geheimlehre nur einem inneren Kreis durch Einweihungen zugänglich und verständlich gemacht werden. Dabei wird also ein innerer, eingeweihter Kreis im Gegensatz zu einem äusseren, nicht-eingeweihten Kreis unterschieden, der keinen Zugang zu bestimmten Kenntnissen des inneren Kreises erhält. Der Sinn dieser Geheimhaltung lag darin, „Traditionen zu erhalten und vor Verfälschung zu schützen" (Becker, 1999, S. 155). Begriffsgeschichtlich später entwickelte sich ein Verständnis von Esoterik, das einen „individuellen Weg, der prinzipiell jedem offen stehe" (Bochinger, 1994, S. 375) bezeichnet oder „eine Tradition, die die ‚innere' spirituelle Entwicklung des Menschen in den Mittelpunkt stelle" (von Stuckrad, 2006a, S. 133). Diese Betonung der inneren, spirituellen Entwicklung überschneidet sich mit dem Verständnis von Spiritualität.

Heute besteht - mit der enormen Popularisierung esoterischer Lehren im 20. Jahrhundert - die Tendenz, Esoterik als einen „Modus der Weltbeschreibung" (von Stuckrad, 2006a, S. 133) zu konzipieren. In diesem heutigen Begriffsverständnis gelten Sys-

---

[5] Channeling ist ein Begriff, der sich seit den 1970er Jahren zunehmend etabliert hat und eine Kommunikation zwischen Menschen und transzendenten Wesenheiten umschreibt. Eine speziell begabte oder ausgebildete Person dient dabei als Kanal (engl. Channel) für Botschaften von einer anderen, als „höher" verstandenen Wirklichkeitsebene (von Stuckrad, 2006b, S. 90).

teme als esoterisch, die den Kosmos in einem ganzheitlichen Sinn konstruieren und dementsprechend eine Einheit von materiellen und nichtmateriellen Wirklichkeitsebenen annehmen. Zu dieser Sicht des Kosmos gehört beispielsweise ein Entsprechungsdenken zwischen den Wirklichkeitsebenen wie z.B. in der Astrologie oder die Annahme einer lebenden Natur, die den Kosmos als dynamisches Netz von Kräften betrachtet. Es wird auch von einem Offenbarungsgeschehen ausgegangen zwischen den Wirklichkeitsebenen, in dem geistige Autoritäten wie Engel, Götter oder bestimmte Menschen eine wichtige Rolle spielen. Über Channeling wird beispielsweise versucht, Wissen aus diesen anderen Wirklichkeitsbereichen zu vermitteln und verfügbar zu machen. Oft ist von einer Tradierungskette die Rede, die ein zeitlich überdauerndes Wissen immer weiter vermittelt habe (philosophia perennis). Von der Esoterik werden immer wieder auch Erkenntnisansprüche erhoben, die über das alltäglich Fassbare und Erfahrbare hinaus gehen (von Stuckrad, 2006a, S. 133-134). Esoterik wurde damit zu einem „Ersatzwort für ‚Religion', das deren subjektivistische, auf innere Erfahrung bezogenen Elemente akzentuiert" (Bochinger, 1994, S. 376). Wo der Einbezug von Channelings oder der Astrologie nicht dem Spiritualitätsverständnis im engeren Sinn entsprechen, ist die Betonung eigener Erfahrung und traditionsübergreifender Elemente (vgl. auch philosophia perennis) in der neueren Bedeutung der Esoterik und im heutigen Spiritualitätsbegriff sehr ähnlich.

2.4 Religiosität und Spiritualität im gesellschaftlichen Wandel

Die Säkularisierung[6] der westlichen Gesellschaft schien über lange Zeit eines der wesentlichen Kennzeichen der Moderne zu sein. Seit der Aufklärung schien der „Ausgang des Menschen aus seiner selbstverschuldeten Unmündigkeit" (Kant 1784) unter anderem darin zu bestehen, dass er sich von religiösen Denkformen und Lebensweisen befreit und sich ein wissenschaftlich-vernünftiges Welt- und Menschenbild sowie entsprechende Verhaltensweisen zu eigen macht (Bischof, 2003). Im aktuellen gesellschaftlichen Wandel zeigen sich nun aber ganz andere, gegenläufige Tendenzen[7].

2.4.1 „Respiritualisierung" oder die Entstehung einer neuen Religiosität

So entstand nach dem Zweiten Weltkrieg, wie der freie Wissenschaftsautor Marco Bischof (2003, S. 3) schreibt, ein „breiter kultureller und gesellschaftlicher Wandel, der unter anderem zu einer Neubewertung des Religiösen" führte. Dieser breite Wandel hat seinen Ursprung bereits im 19. Jahrhundert und wurde nach dem Zweiten Weltkrieg von verschiedenen kulturellen und wissenschaftlichen Gruppierungen getragen wie dem Existenzialismus, der Quantentheorie, von Alternativbewegungen der 60er Jahre oder der Humanistischen und der Transpersonalen Psychologie. So sprach auch Maslow 1969 (1969, S. 5; 1982, S. 26) von den Merkmalen einer neuen Entwicklung, die er als „neue Sakralisierung (Heiligung) und Spiritualisierung" bezeichnete. Auch Bochinger (1994, S. 376-398) zeigt diesen Wandel und Erneuerungsprozess auf. Während längerer

---

6 Der Begriff Säkularisierung ist ein „zusammenfassender Begriff für eine Reihe von Hinweisen auf den Bedeutungsverlust von Religion" (Knoblauch, 2006c, S. 457) wie beispielsweise sinkende Mitgliederzahlen in religiösen Institutionen, schwindender Einfluss der religiösen Organisationen auf das gesellschaftliche Leben, geringer werdende Autorität und Akzeptanz der moralischen Vorstellungen religiöser Lehren, Abnahme der privaten religiösen Praxis wie Gebet etc. (Knoblauch, 2006c).
7 Im Zusammenhang dieser Studie wird nur auf eine dieser Tendenzen eingegangen, die Entwicklung einer „neuen Religiosität".

Zeit beschränkte sich diese Entwicklung einer Neubelebung des Religiösen auf subkulturelle Bewegungen, die von der breiten Öffentlichkeit kaum wahrgenommen wurden, bis seit etwa vor 20 Jahren die Anliegen dieser Gegenbewegung zu Themen eines grösseren Bevölkerungsteils wurden (Bischof, 2003). Es wurde eine religiöse Vertiefung deutlich, die vor allem ausserhalb der traditionellen Kirchen stattfand (vgl. Bochinger, 1994). Dieser Wertewandel wird besonders deutlich in den umfangreichen sozialwissenschaftlichen Untersuchungen und Umfragen aus aller Welt, die der Zukunftsforscher Duane Elgin (1997) in seiner Studie „Global Consciousness Change" auswertete. Dabei wird ein Bewusstseinswandel in verschiedenen gesellschaftlichen Bereichen deutlich, der auch Religiosität und Spiritualität umfasst. Die Studie zeigt, dass ein zunehmendes Interesse an religiösen und spirituellen Themen besteht, dass aber die traditionellen religiösen Institutionen nicht (mehr) die Anziehungspunkte für spirituelles Wachstum darstellen. Vielmehr wenden sich viele Menschen von traditionellen religiösen Institutionen ab und verlieren allgemein ihr Vertrauen in hierarchisch organisierte Institutionen. Dieser Wandel ist verbunden mit der Entwicklung persönlicher Formen des Glaubens, die auf die eigenen Bedürfnisse zugeschnitten sind und sich an der eigenen spirituellen Erfahrung orientieren. Diese starke Ausrichtung an praktischer Spiritualität und eigener religiöser Erfahrung wird auch in einer engen Verbindung zwischen Spiritualität und alternativen Therapien deutlich. So zeigt eine Untersuchung aus dem Jahr 1996, dass 23 % der Amerikaner regelmässig „Yoga, Meditation oder andere Stress reduzierende Übungen" praktiziert (Elgin & LeDrew, 1997, S. 16, Übersetzung durch die Autorin). Wie Elgin feststellt,

> deuten diese Trends darauf hin, dass eine erfahrungsorientierte Spiritualität („experiental spirituality") im Wachsen begriffen ist, bei der Menschen aus ihrer inneren Erfahrung Orientierung gewinnen. Für viele besteht ihr Zugang zu Spiritualität in einer komplexen und sehr persönlichen Synthese, die auf mehrere Weisheitstraditionen der Welt zurückgreift. (S. 16) [Übersetzung durch die Autorin]

Jüngste religionssoziologische Studien im deutschsprachigen Raum bestätigen diese Entwicklung: Persönliche Religiosität hat einen „hohen, stabilen Stellenwert" (Baas, 2004, S. 5) und nimmt zu. Menschen, die eine solche Religiosität leben, lassen sich „hinsichtlich religiöser Weltanschauung und Kirchenbindung nicht festlegen" (Baas, 2004, S. 5), und die Kirche verliert also trotz Wiederbelebung der Religiosität als Bezugsgrösse an Relevanz. Im Jahr 2000 gehörten in Österreich 44 Prozent der Bevölkerung in diese Gruppe einer neuen Religiosität, in Deutschland über die Hälfte der Bevölkerung (Baas, 2004, S. 5-6).

Der Pastoraltheologe Paul M. Zulehner (2003, S. 90) spricht in diesem Zusammenhang von einer „Respiritualisierung" als kreative Antwort auf den zeitgenössischen Lebensstil und die „Banalität eines unerträglich werdenden flachen, eindimensionalen Lebens". Diese „Respiritualisierung" oder auch „Wiederkehr der Religion" ist – im Gegensatz dazu – die „Suche nach dem eigenen Ich, nach der Mitte, nach der Berührung mit der eigenen Tiefe" (Zulehner, 2003, S. 90).

Der Verhaltenswissenschaftler und Beauftrage für Weltanschauungsfragen der evangelischen Landeskirche in Württemberg Hansjörg Hemminger (2003, S. 136) sieht die „Konjunktur spiritueller Erlebnisse und die Hochschätzung der Mystik – bei gleichzeitiger Abwertung rationaler und organisierter Frömmigkeit" als eine „Reaktion auf die Defizite der modernen Lebensführung und in gewissem Sinn [als] eine Vereinnahmung der Religion für profane Zwecke". Seiner Ansicht nach bleibt vielen Zeitgenossen „nur die eigene Erfahrung ... übrig als Massstab dessen, was gilt, darum suchen viele Nichtchristen und Christen gleichermassen nach Erfahrungen mit den Über- und Unterwelten jenseits der sichtbaren Wirklichkeit" (Hemminger, 2003, S. 135). So versuchten heute viele Menschen, „sich der jenseitigen Wirklichkeiten durch mystische Erfahrungen zu versichern" (Hemminger, 2003, S. 136).

Dem starken Bedürfnis nach eigener religiöser Erfahrung haben die Theologie und die pastorale Praxis der christlichen Kirchen wenig Beachtung geschenkt. Die intellektuell-kognitive Vermittlung von Glaubensinhalten und Glaubenssätzen wurde weiterhin ins Zentrum gestellt. Der Psychologe Harald Walach (2003, S. 59) stellt dazu fest: „Die Menschen haben begonnen, sich Erfahrungen, mit Hilfe derer sie ihr Leben und dessen religiöse Dimension besser verstehen können, andernorts zu suchen". So entfaltet sich diese Form der neuen Religiosität in der westlichen Gesellschaft ausserhalb der traditionell dafür zuständigen Institutionen (vgl. dazu auch Schmid, 1995a, S. 53).

Gründe für dieses Wiederaufleben der Religiosität in der säkularisierten Moderne sieht Bischof (2003, S. 11) zunächst in „einer Globalisierung der Religionen im Rahmen einer allgemeinen Globalisierung der Kulturen". Bereits in der Aufklärung des 17. Jahrhunderts begann der Einfluss östlicher religiöser Vorstellungen im westlichen Kulturkreis. In jüngerer Zeit erfolgt die Ausbreitung fremder Religionen in unserer westlichen Gesellschaft einerseits durch Immigration, andererseits durch freiwillige Annahme fremder Religionen westlicher Menschen. Dabei ist diese Annahme fremder Religionen „Ausdruck eines fundamentalen Wandels der Auffassung von Religiosität" (Bischof, 2003, S. 11).

Ein „Schlüsselereignis in der Entwicklung der Neuen Religiosität" (Bischof, 2003, S. 12) war das „Weltparlament der Religionen", das 1893 anlässlich der Weltausstellung in Chicago stattfand und an dem Vertreter verschiedenster Religionen aus allen Kulturen teilnahmen. Der indische Mönch Swami Vivekananda (1863-1902) brachte dabei ein neues Paradigma von Spiritualität in den Westen: Er machte darauf aufmerksam, dass eine blosse Toleranz der Religionen nicht ausreiche, sondern „eine Vereinigung der Religionen auf der Basis des ihnen allen eigenen gemeinsamen innersten Kerns anzustreben sei" (Bischof, 2003, S. 12). Diese Auffassung eines religiösen Universalismus scheint bis heute für viele Bewegungen der neuen Religiosität bestimmend zu sein.

Im Rahmen der Religionswissenschaften, die aus einem internationalen Interesse an einer nicht-theologischen Erforschung der Religionen im 19. Jahrhundert entstand, gab Rudolf Otto 1917 (1917/2004) in seinem Buch „Das Heilige" mit dem Begriff des „Numinosen" einen wichtigen Impuls: Er stellte die lebendige Gotteserfahrung, geprägt von Ergriffenheit und Gefühl, – im Gegensatz zu Dogmen und Glaubenssätzen – wieder ins Zentrum der Religion. Mit seinem Konzept reagierte Otto auf die Herausforderung durch nichtchristliche Religionen (Bischof, 2003). Wie bereits erwähnt, kam Rudolf Ottos Werk zu ausserordentlicher Bedeutung. So erschien die erwähnte Schrift „Das Heilige" 1931 bereits in der 17. Auflage und wird bis heute nachgedruckt. Im Bereich der Psychologie hat der Begriff des „Numinosen" vor allem in der Analytischen Psychologie C.G. Jungs einen zentralen Stellenwert bekommen und ist im Zusammenhang mit der Archetypenlehre und Jungs Konzept der Individuation (Selbstwerdung) von wesentlicher Bedeutung (vgl. z.B. Jung, 1963; Jung, 1976).

2.4.2 Kennzeichen der neuen Religiosität: erfahrungsorientierte, traditionsübergreifende, alltagsbezogene Spiritualität

Die heute von einer immer breiteren Bevölkerungsschicht unserer westlichen Gesellschaft praktizierte neue Religiosität unterscheidet sich also deutlich von der traditionellen institutionsgebundenen Religiosität. Der Benediktiner und Zen-Meister Willigis Jäger (1999, S. 150) schreibt dazu: „Wir gehen einer ganz neuen Religiosität entgegen – einer transkonfessionellen Religiosität". Bischof (2003, S. 15-16) kristallisiert unter anderen folgende Kennzeichen der neuen Religiosität heraus:

- Im Zentrum steht die eigene unmittelbare Erfahrung und Begegnung mit dem Göttlichen.
- Sie ist unabhängig von Konfessionen und Kirchen.
- Sie ist kritisch, unabhängig und nicht autoritätsgläubig. Traditionelle Überlieferungen und die Lehren heutiger und früherer religiöser Autoritäten werden ebenso reflektiert wie die eigenen Vorstellungen und Erfahrungen.
- Traditionen und Lehren werden nicht passiv hingenommen, sondern interpretiert und kreativ-schöpferisch weiterentwickelt.
- Sie tendiert zu Eklektizismus und Synkretismus[8]. Bei der Schaffung einer persönlichen Religion lässt sie sich inspirieren vom Studium, der Erfahrung und reflektierten Auseinandersetzung mit verschiedensten Religionen und Philosophien, die alle kritisch und schöpferisch-kreativ in den eigenen Weg einbezogen werden. Dabei spielt auch das wissenschaftliche Weltbild mit hinein. Hemminger (2003, S. 136) spricht auch von einer „Individualisierung und Subjektivierung religiöser Bindungen".
- Ausgehend von der Auffassung, dass alle Religionen einen gemeinsamen Kern mystischer Gotteserfahrung besitzen und den darauf basierenden wesentlichen Werten und Anschauungen besteht die Tendenz zum Universalismus, den man zuweilen mit dem Begriff der „ewigen Philosophie" (philosophia perennis) in Verbindung bringt. Dabei wird die Unterschiedlichkeit der äusseren Formen religiösen Ausdrucks als sekundär betrachtet gegenüber der Gemeinsamkeit des inneren Kerns. Die erwähnte Tendenz zu Eklektizismus und Synkretismus sind dabei vor dem Hintergrund dieses Universalismus zu verstehen.
- Die religiöse Praxis gelebter Spiritualität, die Umsetzung im alltäglichen Leben und in der Gemeinschaft spielen eine wesentliche Rolle.
- Zentral sind auch eine Heiligung des Alltags und die Erfahrung des Göttlichen im Alltag – bei der Arbeit, im Privatleben, in zwischenmenschlichen Beziehungen, in der Natur.

Diese Kennzeichen der neuen Religiosität widerspiegeln den gesellschaftlichen Wandel von einer institutionsgebundenen Religion zu einer erfahrungsorientierten Spiritualität.

---

[8] Mit Synkretismus wird die „Vermischung verschiedener Religionen" (Auffarth, 2006b, S. 507) bezeichnet. Synkretismus wird als Teilprozess kulturellen Austauschs verstanden, der zu drei möglichen Ergebnissen führen kann: (1) Zu einer Assimilation, bei der sich Elemente einer Religion eine dominante Religion einfügen; (2) zu einer Synthese, bei der ein neues System aus Elementen der zusammenlebenden Religionen entsteht, oder (3) zu einer Auflösung, bei der fremde Elemente vollständig in die neue Religion integriert werden, so dass ihre Fremdheit nicht mehr erkennbar ist (Auffarth, 2006b, S. 507).

So stellt Bischof (2003) fest, dass für diese neue Form der Religiosität der Begriff Spiritualität den Sachverhalt differenzierter trifft:

> Auf Grund der Betonung der eigenen Erfahrung und der mystischen Tendenz und wegen der nicht-institutionellen Natur der neuen Religiosität wird deshalb im Zusammenhang mit der neuen Religiosität eher dem Begriff ‚Spiritualität' der Vorzug gegeben. (S. 16)

In ähnlicher Weise betont Jäger (1999):

> Man kann durchaus einen spirituellen Weg ohne Konfession gehen. Denn jeder spirituelle Weg führt darüber hinaus. Er führt zu dem, was wir zutiefst sind und immer schon waren. (S. 150)

Diese „neue Religiosität" oder eben „Spiritualität" weist auch die in den Kapiteln 2.3.1 und 2.3.2 dargestellten Charakteristika auf mit ihrem Fokus auf die Orientierung an eigener Erfahrung, an einem traditionsübergreifenden Kern und am Alltagsbezug.

Insbesondere im Bereich der christlichen Theologie steht man diesen neueren Entwicklungen oft sehr skeptisch gegenüber (Baas, 2004, S. 6). So wird diese neue Religiosität als „Gradanzeiger modernistischer Beliebigkeiten" (Baas, 2004, S. 10) kritisiert: Der Trendforscher Matthias Horx stellt fest, dass Inhalte verschiedener religiöser Systeme beliebig zusammengefügt und auch wieder problemlos ausgewechselt werden. Im Zentrum stehe dabei nicht das, was wahr sei, sondern das, was dem Einzelnen persönlich helfe (Baas, 2004, S. 6). In der Unverbindlichkeit und Beliebigkeit der neuen Religiosität sieht Fischer (2003, S. 128) auch die Gefahr fehlender Vertiefung und Transformation, und er wirft die Frage auf, ob „spirituelle Reifung ohne einen religiösen Deutungsrahmen möglich ist".

Der katholische Fundamentaltheologe Johann Baptist Metz spricht im Zusammenhang mit dem Entstehen einer neuen Religiosität auch von einer „religionsförmigen Gotteskrise" (Polak, 2002, S. 34 zit. nach Baas, 2004, S. 6): Diese Entwicklung finde innerhalb und ausserhalb des Christentums in einer religionsfreundlichen Atmosphäre statt. Dabei werde Religion und insbesondere eine persönliche Religiosität zwar bejaht, Gott hingegen verneint - wenn auch nicht kategorisch im Sinne eines Atheismus. Eine ähnliche Tendenz zeigt auch Safranski (zit. nach Baas, 2004, S. 8-9) auf: Heute scheuen viele Menschen davor zurück, von „Gott" zu sprechen und dieses „Etwas" zu benennen, nach dem sie sich sehnen und wonach sie suchen. Das neue religiöse Gefühl ist geprägt von einer Sehnsucht nach Vereinigung, die dann als „namenlose Einheitserfahrung" (S. 9) im Zentrum des religiösen Erlebens steht.

Die Historikerin und Theologin Britta Baas (2004, S. 9) versteht die „neue Religiosität" als „massive Anfrage an den Status quo in Gesellschaft und Kirchen" und bemerkt dazu: „und das ist gut so und dringend nötig". So sei nur über das „verbindende Element der Mystik" ein Gelingen eines christlich-neureligiösen Diskurses möglich, und nur über die Mystik könne das Christentum überhaupt noch „Eigen-Stand" bewahren (Baas, 2004, S. 9). Oder wie der Theologe Karl Rahner es formuliert: „Der Christ der Zukunft wird ein Mystiker sein – oder er wird gar nicht mehr sein" (Baas, 2004, S. 9).

Die Stärke der „neuen Religiosität" besteht nach Baas (2004, S. 9) darin, eine „biophile Lebensreligion" zu sein: die „neue Religiosität" versucht, Religiosität ins konkrete Leben zu integrieren, in unser alltägliches Leben hier und jetzt. Und sie bezieht sich auf den Menschen hier und heute. Sie hinterfragt, ist autoritätskritisch und gibt der Emotion und der Praxis innerhalb der Religion ein neues Gewicht. So sieht sie in der „neuen Religiosität" neue Chancen, sich dem Göttlichen zu nähern – befreit von Dogmen und kreativ (Baas, 2004, S. 7).

2.5 Begriffsverwendung in dieser Studie

Wie in den vorausgegangenen Kapiteln deutlich wurde, werden die Begriffe nicht ganz einheitlich verwendet und es bestehen inhaltliche Überschneidungen. So erscheint es hilfreich, die Terminologie zu klären, wie sie für die vorliegende Studie sowohl für den theoretischen als auch für den empirischen Teil verwendet wird.

Die Integration spiritueller Erfahrungen ist ein Thema, das Menschen betrifft, die hier und heute leben. Menschen also, die mehr oder weniger Teil des dargestellten gesellschaftlichen Wandels sind. Da der Begriff der Spiritualität diese aktuelle Entwicklung am treffendsten einfängt, wird im Folgenden durchgängig von „spirituellen Erfahrungen" gesprochen. Dabei wird von einem Spiritualitätsverständnis ausgegangen, in dessen Kern folgende Aspekte stehen:

- Von einer spirituellen Erfahrung wird dann gesprochen, wenn der betroffene Mensch eine eigene Erfahrung *subjektiv* als Kontakt, Verbindung oder Einswerdung mit einer umfassenderen Wirklichkeit – dem Göttlichen oder Heiligen - erlebt (vgl. z.B. James, 1901/1902/1997, S. 63-64; Waardenburg, 1986, S. 20-21). Das persönliche, subjektive Empfinden, in Kontakt mit dem Göttlichen zu sein, wurde in Kapitel 2.1.1 zur Charakterisierung einer *religiösen Erfahrung* thematisiert.

- Im Unterschied zum Begriff der religiösen Erfahrung muss das Erleben jedoch nicht im Rahmen eines institutionell-religiösen Kontextes formuliert, gedeutet oder interpretiert werden. Die betroffene Person muss sich nicht als einer bestimmten Religion zugehörig empfinden. Es wird also auf das *traditionsübergreifende* Element Bezug genommen, das in der Darstellung des Spiritualitätsverständnisses der angelsächsischen Traditionslinie deutlich wurde (vgl. Kapitel 2.3.1) (vgl. z.B. Bochinger, 1994, S. 387; Fischer, 2003, S. 128; Painadath, 2004, S. 17-18; Scharfetter, 2004, S. 52; Walach, 2003, S. 58).

- Ebenfalls anlehnend an dieses Begriffsverständnis stellt die *eigene Erfahrung* ein zentrales Element dar (vgl. z.B. Bochinger, 1994, S. 387; Grof, 2005, S. 10; Maslow, 1982/83a; Painadath, 2004, S. 17; Weidinger, 2000, S. 716; Zundel, 2000a, S. 715).

- Spiritualität wird hier auch in ihrem Alltagsbezug, in ihrer Form als Lebenshaltung aufgefasst entsprechend dem Verständnis der romanischen Begriffstradition (vgl. Kapitel 2.3.2) (vgl. z.B. Assagioli, 1988/1992; Bucher, 2007, S. 30; Dumoulin, 1995, S. 12; Dürckheim, 1966/2001/2004; Scharfetter, 2004, S. 23, S. 29, S. 31-32, S. 48-49).

- Eine spirituelle Erfahrung im hier verstandenen Sinn kann auch eine *mystische Erfahrung* sein – sie kann also charakteristische Merkmale einer mystischen Erfahrung enthalten (vgl. Kapitel 2.2.3) (vgl. z.B. Borchert, 1997, S. 16-17, S. 20-21; Hemminger, 2003, S. 145; James, 1901/1902/1997, S. 385, S. 415; Underhill, 1928, S. 108-111, S. 120-121; Wilke, 2006, S. 359).

Sie muss diese Elemente aber nicht notwendigerweise aufweisen und muss auch nicht im Rahmen einer mystischen Tradition auftreten oder in einem solchen Kontext gedeutet werden.

- Innerhalb des Begriffs der Spiritualität wird auf das Spiritualitätsverständnis im dargestellten engeren Sinn Bezug genommen: Erfahrungen in einem unpersönlichen oder überpersönlichen Sinn, die *nicht* als unmittelbare Verbindung zum Göttlichen erlebt werden, werden hier also nicht eingeschlossen. Allerdings werden aussergewöhnliche Erfahrungen wie Visionen, Auditionen, Kontakte zu Verstorbenen etc. dann als spirituelle Erfahrungen verstanden, wenn von dem betroffenen Menschen subjektiv ein klares Gefühl vorhanden war, in Kontakt mit dem Göttlichen (gewesen) zu sein. In diesem Fall können die *aussergewöhnlichen Erfahrungen als Begleiterscheinungen* einer Verbindung zum Göttlichen verstanden werden (vgl. Kapitel 2.3.3 und 2.3.4) (vgl. z.B. Godman, 2002, S. 198-205; Kapleau, 1965/2000, S. 74; Scagnetti-Feurer, 2004, S. 72-110, S. 306-309; Underhill, 1928, S. 365-366).

In den folgenden Kapiteln 3 und 4 wird auf Möglichkeiten der Integration spiritueller Erfahrungen in verschiedenen Traditionen der Mystik und in Richtungen der Transpersonalen Psychologie eingegangen. Um deutlich zu machen, dass die Integrationsmöglichkeiten in verschiedenen Kontexten untersucht werden, wird entsprechend von „Mystik" oder „mystischen Traditionen" und von „Transpersonaler Psychologie" gesprochen. Die mystischen Traditionen beziehen sich dabei jeweils klar auf eine Weltreligion und sind auch in diesem Kontext zu verstehen. Ebenso nehmen die Richtungen der Transpersonalen Psychologie klar auf ihren psychologischen Kontext Bezug und wurden auch in diesem Rahmen begründet. Der Begriff der „spirituellen Erfahrung" wird dabei durchgängig beibehalten. Er soll auch deutlich machen, dass wir uns in diesem Buch auf eine Art Reise begeben: Ausgehend von spirituellen Erfahrungen von Menschen hier und heute – vielleicht von Ihnen – werden Möglichkeiten gesucht, wie diese in unserem Leben Fuss fassen können und wie sie zu etwas werden können, das uns als Menschen und unser Leben verwandelt, vertieft und ihm eine neue Richtung gibt – bis alltägliches Leben und Spiritualität nicht mehr getrennt sind, sondern wir immer mehr in diesem Bewusstsein unser Leben leben.

3 Möglichkeiten der Integration spiritueller Erfahrungen in der Mystik

In den folgenden Kapiteln 3 und 4 werden Möglichkeiten der Integration spiritueller Erfahrungen aufgezeigt, wie sie in mystischen Traditionen und in Richtungen der Transpersonalen Psychologie gefunden werden können. Dabei geht es hier nicht darum, die mystischen Wege oder Transpersonalen Psychologierichtungen umfassend darzustellen, sondern darum, Inhalte herauszukristallisieren, die im Zusammenhang mit der Integration spiritueller Erfahrungen bedeutsam erscheinen.

In der Auseinandersetzung mit dieser Thematik wird deutlich, dass in der untersuchten Literatur selten explizit davon gesprochen wird, wie man spirituelle Erfahrungen integrieren kann. Es stellt sich vielmehr heraus, dass eine Integration spiritueller Erfahrungen nicht so sehr „etwas ist, was man tun kann", sondern ein vielschichtiger, langer und oft mühevoller Prozess, der den Einbezug eines weiten Kontextes verlangt. Ein solcher Kontext lässt sich in der Darstellung der jeweiligen „spirituellen Wege" und ihrer Praktiken und Methoden finden – der Wege, die mystische Traditionen und Transpersonale Psychologierichtungen aufzeigen, um eine Wandlung des ganzen Menschen zu erreichen, die ihre Wurzeln, ihren Ausgangspunkt und ihr Ziel in der Spiritualität hat.

Auf der Suche nach Möglichkeiten zur Integration spiritueller Erfahrungen werden drei Bereiche als wesentlich erachtet, die als Grundstruktur bei der Darstellung der einzelnen mystischen Traditionen und Transpersonalen Psychologierichtungen dienen:

- *Spiritueller Weg*[9]. Hier geht es – immer im Hinblick auf eine Integration spiritueller Erfahrungen – darum, eine Art Landkarte darzustellen, wie sie die jeweilige mystische Tradition oder Transpersonale Psychologierichtung entwirft: Wo beginnt der spirituelle Weg? Durch welche Landschaften führt er? Und wohin führt er überhaupt? Eine Landkarte dient zur Orientierung und soll eine Übersicht ermöglichen über die bevorstehende oder bereits begonnene Reise. Darin spiegelt sich oft auch die Sicht des Menschen und der Welt, Ausgangspunkt und Zielbereich des Weges. Das Bild des „Weges" wurde gewählt, weil es bei Mystikern aller Religionen existiert (Schimmel, 1975/1995, S. 17-18, S. 148) und auch in Richtungen der Transpersonalen Psychologie als übliches Bild verwendet wird (vgl. z.B. Assagioli, 1988/1992, S. 34-44, S. 95-115; Dürckheim, 1966/2001/2004; Kast, 1998; Loomans, 1991). „Der Weg" ist eine Metapher für den inneren Prozess, der sich hier Schritt für Schritt vollzieht.

- *Integrationsprozess*. Praktiken, Methoden, Mittel, die auf diesem Weg für eine Integration als wesentlich erscheinen, werden hier beschrieben. Was können wir konkret tun oder was sollen wir lassen, um spirituelle Erfahrungen in unser alltägliches Leben, Sein und Handeln zu integrieren? Welche Möglichkeiten werden in einer mystischen Tradition oder Transpersonalen Psychologierichtung dazu deutlich?

---

[9] Ebenso wie durchgängig von „spirituellen Erfahrungen" gesprochen wird, wird auch der Begriff des „spirituellen Weges" einheitlich verwendet.

- *Integrierte Spiritualität.* Was ist das Ziel dieses Prozesses? Was sind die Folgen einer Integration spiritueller Erfahrungen? Diese Fragen betreffen das Bild, das eine mystische Tradition oder Transpersonale Psychologierichtung von einem Menschen entwirft, der diesen Prozess bis zu einem gewissen Grad vollzogen hat. Die Begriffe „Ziel" und „vollzogen" werden hier mit Vorbehalt verwendet, weil in der Untersuchung all dieser Wege immer wieder deutlich wird, dass ein „Ziel" nie vollständig und abschliessend erreicht werden kann, weil der Weg in sich ein Prozess ist, der nie ganz beendet ist (vgl. z.B. den Buchtitel von Verena Kast (1998) „*Wir sind immer unterwegs*").

Diese drei Bereiche werden in Kapitel 3 in den folgenden mystischen Traditionen vier klassischer Weltreligionen untersucht[10]:

- Christliche Mystik: Mystik des Johannes vom Kreuz
- Islamische Mystik: Sufismus
- Buddhistische Mystik: Zen
- Hinduistische (indische) Mystik: Ramana Maharshi

Dabei wird versucht, der jeweiligen Tradition möglichst authentisch in ihrer je eigenen Art zu begegnen. Dazu werden sowohl religionswissenschaftliche Literatur als auch Quellen der Vertreter der jeweiligen mystischen Tradition beigezogen, um deren Sichtweise und Praxis ihrer mystischen Ausrichtung in ihrer Essenz möglichst nahe zu kommen.

---

[10] Manche mystische Traditionen werden heute von spirituell Suchenden besonders favorisiert: So machen „in neuerer Zeit immer mehr Advaita-Lehrer, [die sich auf Ramana Maharshi berufen, Anm. der Autorin] von sich reden" (Schmid & Schmid, 2003, S. 355). Schmid und Schmid (2003) sprechen in ihrem Handbuch „Kirchen, Sekten, Religionen" von einem „eigentlichen Advaita-Trend in der europäischen alternativen Spiritualität der Gegenwart". Advaita wird als „einflussreichste philosophische Richtung des Hinduismus" (Schmid & Schmid, 2003, S. 355) verstanden, wobei *Ramana Maharshi* ihr wichtigster neuerer Vertreter war. Auch *Zen* gehört zu den Richtungen mit grösserem Zulauf: So bestehen im deutschsprachigen Europa nach Schmid und Schmid (2003, S. 385) 141 Zen-Zentren in Deutschland und je 16 in Österreich und der Schweiz. Zum *Sufismus* lassen sich im obenerwähnten Werk keine Zahlen finden, es wird aber auf eine Vielfalt von Sufi-Orden Bezug genommen (Schmid & Schmid, 2003, S. 297-305), was für ihren Stellenwert im Umfeld von Spiritualität spricht. So wurde in der Darstellung der Integrationsmöglichkeiten in der Mystik der Fokus auf diese drei Traditionen gelegt und auf Ausführungen zu der deutlich am wenigsten vertretenen jüdischen Mystik (vgl. dazu Humbert, 2004, S. 422; Schmid & Schmid, 2003, S. 289-292) verzichtet. Auf die *christliche Mystik von Johannes vom Kreuz* wird in dieser Studie neben den heute von spirituell Suchenden favorisierten Richtungen ebenfalls näher eingegangen, weil der auf ihn zurückgehende Begriff der „dunklen Nacht" im Zusammenhang mit Spiritualität und spirituellen Erfahrungen immer wieder thematisiert wird (vgl. z.B. Assagioli, 1988/1992, S. 143-143, S. 175; Underhill, 1928, S. 226; Wilber, 1996, S. 364) und es sich dabei um ein wesentliches – und oft wenig verstandenes - Phänomen auf einem spirituellen Weg handelt.

3.1 Christliche Mystik: Lieben und Loslassen

> Um dahin zu kommen, alles zu verschmecken,
> wolle an nichts Geschmack[11] haben.
> Um dahin zu kommen, alles zu wissen,
> wolle von nichts etwas wissen.
> Um dahin zu kommen, alles zu besitzen,
> wolle in nichts etwas besitzen.
> Um dahin zu kommen, alles zu sein,
> wolle in nichts etwas sein. (vom Kreuz, 2008, S. 190)

Johannes vom Kreuz wurde 1542 als Juan de Yepes in Fontiveros/Kastilien als Sohn einer armen Weberin geboren. Sein Vater starb früh. Mit seiner Mutter und seinen beiden Brüdern musste der Junge wegen materieller Not mehrmals den Wohnort wechseln. Er arbeitete als Pfleger in einem Seuchenhaus der Stadt und erhielt seine Schulbildung von den Jesuiten. Nach dem Noviziat studierte er Theologie und Philosophie. Kurz nach seiner Priesterweihe gewinnt Teresa von Avila ihn für ihr Vorhaben, Reformklöster des Karmel[12] zu gründen (Dobhan & Körner, 2003, S. 9). So beginnt er 1568 als Fray Juan de la Cruz (Pater Johannes vom Kreuz) mit zwei Mitbrüdern ein karmelitanisches Leben im Sinne von Teresa von Avila. Der für sein Alter sehr reife und geistlich erfahrene junge Priester wird bald als Novizenmeister und Studienleiter seiner jungen Mitbrüder beauftragt. 1572 wird er von Teresa nach Avila ins Menschwerdungskloster gerufen, um ihr bei der geistlichen Erneuerung des Klosters als Beichtvater und Spiritual behilflich zu sein. Innert kurzer Zeit bewirkt er dort sehr positive Veränderungen, für die Teresa von Avila voll des Lobes ist (Peeters, 2008a, S. 10). 1577 wird er von Mitbrüdern des Stammordens als Folge von ordens- und kirchenpolitischen Missverständnissen als „Rebell" gefangen genommen und im Kerker von Toledo während neun Monaten inhaftiert. Nach diesen für Körper und Geist sehr qualvollen Monaten gelingt ihm im August 1578 die Flucht. Diese schwierige Zeit erweist sich für sein Leben und seine geistlichen Aufgaben als sehr fruchtbar: Er geht „aus dieser Prüfung geistlich sehr gereift hervor ... Aufgrund dessen, was er selbst durchlebt hat, wird Johannes mehr noch als zuvor zu einem hervorragenden Begleiter gerade durch ‚dunkle Zeiten' und Durststrecken hindurch" (Peeters, 2008a, S. 11). Auch nach aussen folgen Jahre, in denen er vielseitig tätig ist: er übt verschiedene Leitungsämter im teresianischen („Unbeschuhten") Ordenszweig des Karmel aus; seine geistlichen Tätigkeiten umfassen Klostergründungen, Schwesternseelsorge, Predigttätigkeit und Seelenführung zahlreicher Laien- und Ordenschristen. Geistliche Schriften verfasst Johannes vom Kreuz nur sporadisch und „nebenher" (Dobhan & Körner, 2003, S. 9). Johannes vom Kreuz stirbt am 14. Dezember 1591 in Ubeda/Andalusien. Zu diesem Zeitpunkt ist er als Opfer der ersten grossen Richtungsstreitigkeiten im neuen Orden aller Ämter enthoben. 1675 wird er seliggesprochen in Rom, 1726 folgt die Heiligsprechung und 1926 nimmt ihn Pius XI. als „doctor mysticus" in die Reihe der Kirchenlehrer auf.

---

[11] Mit den Worten *„Geschmack", „Wohlgeschmack"* oder *„Wohlgefühl" (gusto)* weist Johannes vom Kreuz auf die emotionale Befriedigung hin, die wir erfahren, wenn wir nach gewissen Dingen streben und die sich auch als Folge spiritueller Erfahrungen einstellt (Dobhan, Hense & Peeters, 2003, S. 477).

[12] „Die Karmeliten sind ein Bettelorden, der sich von Einsiedlern auf dem Karmelgebirge in Palästina zu Beginn des 13. Jahrhunderts herleitet" (Haas, 1989, S. 110).

Johannes vom Kreuz war nicht in erster Linie Schriftsteller. Er war vor allem Ordensmann - mit allem, was dazugehört - wie etwa Gebetszeiten und Gemeinschaftsleben oder alltägliche Haus- und Putzarbeiten - und ein offenbar sehr beliebter geistlicher Begleiter. Seine begeisterten Schülerinnen und Schüler waren es dann auch, die ihn dazu drängten, seine wertvollen Unterweisungen aufzuschreiben. Manchmal griff er in seelsorgerisch-mystagogischer Absicht auch von sich aus zur Feder, um hilfreiche Gedanken für seine Schülerinnen und Schüler aufzuschreiben (Dobhan & Körner, 2003, S. 11; Peeters, 2008a, S. 12).

Die Schriften von Johannes vom Kreuz sollten in diesem Kontext verstanden werden, damit er nicht missverstanden wird (Dobhan & Körner, 2003, S. 11-12): So konnte er sich stundenlang mit Maurer- oder Malerarbeiten beschäftigen, die jeder andere auch hätte tun können, oder er erklärte einfachen Menschen den Katechismus, während er drei seiner Hauptwerke (*Aufstieg auf den Berg Karmel, Die Dunkle Nacht* und *Die Lebendige Liebesflamme*) unvollendet zurückliess. In seinen Schriften geht es ihm nicht um die Abhandlung eines Themas, sondern er schreibt aus eigener Erfahrung heraus unsystematisch für seine Schülerinnen und Schüler.

Johannes vom Kreuz zeigt in dem, wie er lebte und was er schrieb, einen „Gesamtentwurf von Spiritualität auf, eine Gesamtschau des menschlichen Lebensweges hin zur Vollendung in Gott" (Dobhan & Körner, 2003, S. 12). Seine Perspektive, aus der er sich und seine Mitmenschen betrachtet und die zugleich das Ziel des Weges ist, ist es, „an der Seite Gottes Gott zu sein" (Dobhan & Körner, 2003, S. 13) und zugleich allen Menschen zugewandt zu sein. In diesem Sinn soll der Mensch „himmelsfähig" (Dobhan & Körner, 2003, S. 13) – in der Vereinigung mit Gott – und das heisst auch „beziehungsfähig" (Dobhan & Körner, 2003, S. 13) im Kontakt zu Gott, zu den Menschen und zur ganzen Schöpfung werden. Es geht Johannes vom Kreuz um Mystik als „das Eingehen einer existentiell-personalen Beziehung zum verborgenen und doch gegenwärtigen dreieinigen Gott" (Dobhan & Körner, 2003, S. 14) und um die „ebenso persönlich-personale Hinwendung zum anderen Menschen und zur gesamten Schöpfung, getragen von der Beziehung zu Gott" (Dobhan & Körner, 2003, S. 14). Diese beiden Aspekte gehören untrennbar zusammen. In dieser liebenden Hinwendung zu allem besteht auch der Weg zum Ziel (Dobhan & Körner, 2003):

> Lieben heisst für ihn: in Beziehung treten, auf Zuwendung antworten, sich einlassen auf das jeweilige Gegenüber, auf jedes Er-Sie-Es als einem Du. ‚Am Abend deines Lebens wirst du nach der Liebe gefragt' (Sprüche von Licht und Liebe 59), pflegt er zu sagen. (S. 14)

Diese Liebe (*amor* bzw. *caridad*), die im Zentrum des Weges steht, ist mit Loslassen[13] verbunden – einem Loslassen, das sich auf alles bezieht, was dem Ziel der Gotteinung, dem Einswerden mit Gott, im Wege steht. Dabei geht es nicht um ein asketisches Ideal oder um Weltverachtung, sondern um ein *Freiwerden für Gott*. Es geht um ein In-

---

[13] Die Übersetzer (Dobhan et al., 2003) der Werke von Johannes vom Kreuz nennen eine Vielzahl von Begriffen, die im Zusammenhang mit dem hier als „Loslassen" bezeichneten Prozess stehen. So etwa: aufgeben, entbehren *(carecer)*, dunkle Nacht *(noche oscura)*, entleeren *(vaciar)*, Entzug *(privacion)*, freimachen, Freimachung *(desnudar, desnudez)*, nichts *(nada)*, sich lösen, Loslösung, losgelöst *(desasirse, desasimiento, desasido)*, Leere *(vacio)*, Läutern, geläutert werden, Läuterung(sprozess) *(purgar(se), purificar(se), purgacion, purificacion)*, sterbenlassen, sterben, inneres Sterben *(mortificacion)*, verzichten *(renunciar)*, zunichte machen/zunichte werden *(aniquilar(se), aniquilacion)*, zurückstellen *(negar)*, sich zurücknehmen *(negarse)*, Selbstzurücknahme *(negacion de si)*.

Kontakt-Sein mit allem im Gegensatz zu einem Festhalten, Anhaften oder Haben-Wollen.

3.1.1 Spiritueller Weg: Der Weg der Gotteinung

Gotteinung *(union con Dios)* ist ein fortschreitender Prozess und kann als Weg und Ziel zugleich verstanden werden (Dobhan, 2003, S. 213). Johannes vom Kreuz fertigte für seine Schülerinnen und Schüler eine Zeichnung[14] an (Abbildung 1), um ihnen diesen spirituellen Weg der Gotteinung als Zusammenfassung seiner Lehre zu verdeutlichen. Diese Zeichnung, die als *„Berg der Vollkommenheit"* bezeichnet wurde, war unter seinen Schülerinnen und Schülern sehr beliebt und stiess auch ausserhalb des Karmel bald auf grosses Interesse. Johannes vom Kreuz integrierte die Skizze in sein Hauptwerk *„Aufstieg auf den Berg Karmel"* und wollte, dass sie an den Anfang dieses Werkes gestellt wird.

Die Zeichnung wird von der unendlichen Weite beherrscht, auf die ein schmaler Pfad führt. Der Betrachter schaut nicht, wie man erwarten könnte, von unten auf den zu bewältigenden Bergaufstieg, sondern vom Ziel her auf den Weg zurück. Der Weg ist dabei nicht als gewöhnlicher Bergpfad dargestellt, sondern symbolisch durch die Nachbildung der Gesetzestafeln des Mose. Statt einzelner Vorschriften oder Gesetze steht auf diesen Tafeln jedoch nur immer wieder der einfache Hinweis „weder dies noch das", und der schmalste Teil, der als eigentlicher „Pfad auf den Berg Karmel – Geist der Vollkommenheit" gekennzeichnet ist, ist einzig durch die Wiederholung des Wortes „nichts" *(nada)* geprägt (Peeters, 2008b, S. 183-186). Loslassen, an nichts festhalten, nicht anhaften – das ist die zentrale Botschaft, die Johannes vom Kreuz in dieser Zeichnung ausdrückt. Loslassen ist ein Freiwerden von allem auf dem Weg zu Gott. Peeters (2008b) fasst den „Berg der Vollkommenheit" in diesem Sinn zusammen:

> Die Weisung, die in die Weite und Offenheit göttlichen Lebens führt, wird hier also auf die knappe Formel gebracht: ‚Klammere dich an nichts, damit dir alles zuteil wird'. Johannes' Skizze ist weniger eine Darstellung des mühsamen Weges als vielmehr der unendlichen Freiheit, die dem Menschen zuteil wird, wenn er sich ganz auf die Gottsuche einlässt. Ganz folgerichtig trägt der Bogen, der diese Weite symbolisiert, die Inschrift: *‚Hier gibt es keinen Weg mehr, denn für den Gerechten gibt es kein Gesetz; er ist sich selbst Gesetz.'* Ein solcher Mensch findet Gott in allem und alles in Gott. (S. 186)

Johannes vom Kreuz (2003a) drückt die Essenz des Loslassens für den spirituellen Weg in folgenden Worten aus:

> Auf diesem Weg muss man immer weitergehen, um anzukommen, das heisst seine Vorlieben immer wieder loslassen, indem man sie nicht hegt. Und wenn sie nicht alle vollständig losgelassen werden, kommt man nicht vollständig an. (S. 105)

---

[14] Johannes vom Kreuz hat seinen ursprünglichen Entwurf mehrfach ergänzt und überarbeitet. Allerdings ist von den 60-65 Exemplaren, die er eigenhändig anfertigte, keines erhalten geblieben, und bei den Kopien ist unklar, wie sich der Entwurf genau entwickelt hat (Peeters, 2008b, S. 184). Abbildung 1 orientiert sich an der deutschen Fassung der notariell beglaubigten Kopie der Zeichnung, die Johannes vom Kreuz für Sr. Magdalena del Espiritu Santo von Beas anfertigte. Diese Fassung wurde der vollständigen Neuübersetzung der Werke von Johannes vom Kreuz entnommen und um die Leitsätze unter der Zeichnung mit den entsprechenden Überschriften ergänzt (vom Kreuz, 2003a, S. 41; vom Kreuz, 2008, S. 188, S. 190-192).

Loslassen ist also ein ständiger Prozess – der Weg selbst besteht zu einem wesentlichen Teil aus Loslassen.

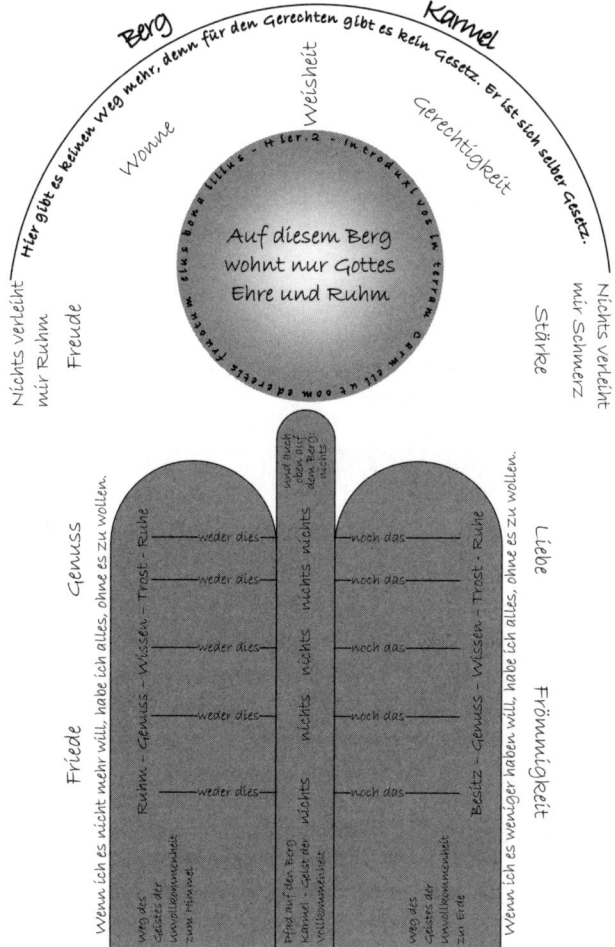

Abbildung 1: Der Berg der Vollkommenheit

Wie man den ‚Alles' hat:
Um dahin zu kommen, alles zu verschmecken, wolle an nichts Geschmack haben. Um dahin zu kommen, alles zu wissen, wolle von nichts etwas wissen. Um dahin zu kommen, alles zu besitzen, wolle in nichts etwas besitzen. Um dahin zu kommen, alles zu sein, wolle in nichts etwas sein.

Wie man zum ‚Alles' gelangt:
Um zu dem zu kommen, was du nicht verschmeckst, musst du einen Weg gehen, wo du nicht verschmeckst. Um zu dem zu kommen, was du nicht weißt, musst du einen Weg gehen, wo du nicht weißt. Um in den Besitz dessen zu kommen, was du nicht besitzest, musst du einen Weg gehen, wo du nicht besitzest. Um zu dem zu kommen, was du nicht bist, musst du einen Weg gehen, wo du nicht bist.

Wie man den ‚Alles' nicht behindert:
Wenn du bei etwas stehen bleibst, unterlässt du es, dich auf den ‚Alles' zu werfen. Um ganz zum ‚Alles' zu kommen, musst du in allem ganz von dir lassen, und wenn du dazu kommst, es ganz zu haben, musst du es haben, ohne etwas zu wollen.

Anzeichen, dass man den ‚Alles' hat:
In dieser Entblösung findet der Geist seine Ruhe, denn wenn er auf nichts versessen ist, belastet ihn nichts beim Hinauf und nichts bedrängt ihn beim Hinunter, denn er ist in der Mitte seiner Demut.

Der Weg der Gotteinung, wie ihn Johannes vom Kreuz aufzeigt, ist vor allem ein Prozess der Läuterung – wie erwähnt, vor allem durch Loslassen charakterisiert –, den er bildhaft als „dunkle Nacht"[15] bezeichnet. Dabei versteht Johannes vom Kreuz letztlich den ganzen spirituellen Weg als eine einzige Nacht, bis in der Gotteinung der Tag anbricht. Im *„Aufstieg auf den Berg Karmel"* unterscheidet er drei Phasen dieser Nacht (vom Kreuz, 2003a):

> Diese drei Nachtphasen sind alle eine einzige Nacht; doch sie hat drei Phasen, wie die Nacht. Denn die erste, welche die des Sinnenbereichs ist, ist mit dem Anbruch der Nacht zu vergleichen, das ist, wenn man der Gestalt der Dinge vollends entbehrt. Die zweite, das ist der Glaube, ist mit der Mitternacht zu vergleichen, die völlig dunkel ist; und die dritte, die Gott ist, mit der Morgendämmerung, die dem Tageslicht unmittelbar vorausgeht. (S. 60)

Der spirituelle Weg lässt sich, angelehnt an diese Dreiteilung, anhand verschiedener Phasen charakterisieren, in deren Verlauf sich auch die spirituelle Praxis verändert (Abbildung 2).

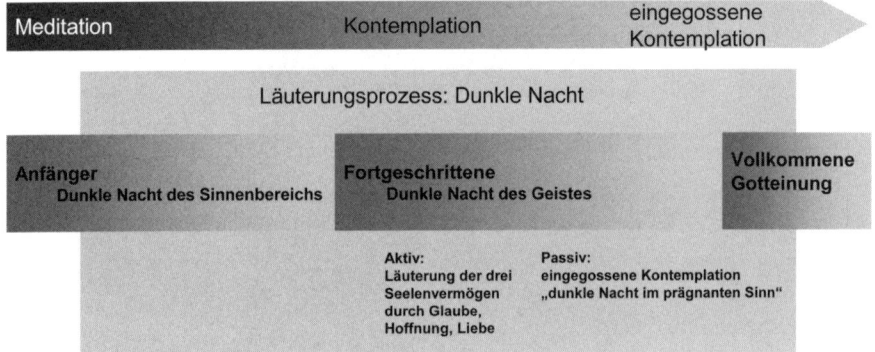

Abbildung 2: Phasen des Weges der Gotteinung

Das Stadium der Anfänger

Johannes vom Kreuz richtet sich dabei an Leser, die bereits spirituelle Erfahrungen – Erfahrungen der Liebe Gottes - gemacht haben mit der Folge, dass sie ernsthaft nach einem spirituellen Leben streben. Bei den *Anfängern (principiantes)* besteht allerdings noch eine starke Selbstbezogenheit, da sie noch nicht geläutert sind. So steht bei ihnen eine Betonung der eigenen Leistung im Vordergrund sowohl im Gebet als auch im spirituell gelebten Alltag. Sie sind noch sehr beeinflussbar durch das Wohlgefühl (dem *„Geschmack", gusto*), das durch eine spirituelle Erfahrung entsteht (Dobhan et al., 2003, S. 471; vom Kreuz, 2003b, S. 33, S. 59). Den Anfängern auf dem spirituellen Weg schenkt Gott Geschmack an der spirituellen Praxis, um sie auf ihrem Weg der Gottsuche zu unterstützen und sie zu motivieren (vom Kreuz, 2003b, S. 32). Das birgt allerdings die Gefahr, dass wir uns als Anfänger zu sehr auf dieses Schmecken und Verkosten fixieren

---

[15] Die Symbolik der Nacht hat ihre Wurzeln in der Kerkerhaft von Johannes vom Kreuz (Haas, 1989, S. 109-113; vom Kreuz, 2003a, S. 63, S. 120; vom Kreuz, 2003b, S. 109, S. 115; vom Kreuz, 2008, S. 26).

und uns zu sehr daran klammern, statt wirklich Gott um seiner selbst willen zu suchen. Deshalb nimmt Gott uns – sobald wir gefestigter sind - im Verlauf des spirituellen Weges den anfänglichen Geschmack, um uns in unserem Streben zu läutern und unsere Strebekraft auf Gott selbst auszurichten, statt dass wir beim Wohlgefühl durch spirituelle Erfahrungen stehen bleiben. Nimmt uns Gott diesen Wohlgeschmack, erleben wir das als „Trockenheit" *(sequedad)* und als „Nacht" *(noche, noche oscura)*, und wir beginnen, an diesem Zustand zu leiden (Dobhan et al., 2003, S. 471). Die Läuterung umfasst zunächst den *Sinnenbereich (sentido)* (*Nacht des Sinnenbereichs*, siehe Kapitel 3.1.2). Die Nacht des Sinnenbereichs stellt das Übergangsstadium vom Anfänger zum Fortgeschrittenen dar (Kommentar der Übersetzer in vom Kreuz, 2003b, S. 94).

Das Stadium der Fortgeschrittenen

Geläutert durch diesen Prozess kommen wir als *Fortgeschrittene (aprovechados)* in der *Nacht des Geistes (espiritu)* dazu, auf unseren eigenen Wohlgeschmack zu verzichten und unsere *Seelenvermögen* (siehe Kapitel 3.1.2) so zu läutern, dass sie von allem entlastet werden, was nicht Gott ist. Bei den Fortgeschrittenen tritt die eigene spirituelle Leistung zugunsten der Kontemplation zurück (Dobhan et al., 2003, S. 476). Die spirituelle Praxis verändert sich in diesem Prozess nach und nach von der Meditation *(meditacion)* zur Kontemplation *(contemplacion)* (siehe Kapitel 3.1.2). So wird uns das göttliche Geschenk zuteil, „Gott selbst auf lebhafte, aber uneigennützige Weise zu schmecken" (Dobhan et al., 2003, S. 477) und in immer tiefer werdender *Gotteinung* schliesslich *„Gott durch Teilhabe" (participation)* (z.B. vom Kreuz, 2003a, S. 143) zu werden.

Das Stadium der Vollkommenen

Von Menschen, die in der grösstmöglichen Gotteinung bzw. Gleichgestaltung mit Gott *(transformacion en Dios)* leben, spricht Johannes vom Kreuz als *Vollkommene (perfectos)*. Vollkommene verfügen über ein Höchstmass an selbstloser Liebe und sind ganz durchlässig für das Wirken Gottes. Allerdings sind auch sie nicht frei von Irrtümern oder gelegentlichen Fehlleistungen (Dobhan et al., 2003, S. 491).

Aktive und passive Aspekte des spirituellen Weges

Im Grunde ist der ganze Weg zu Gott *Nacht* für den ungeläuterten Menschen, „weil ihm alles entfällt bzw. er alles loslassen lernt, was ihm zwar kurzfristig Erfüllung und Sicherheit gibt, jedoch letztlich nicht Gott ist" (Dobhan et al., 2003, S. 473). Der bildhafte Ausdruck der Nacht oder der dunklen Nacht steht für eine „komplexe geistige und spirituelle Wirklichkeit, die eine aktive und eine passive Seite hat" (Dobhan et al., 2003, S. 473). Die *passive* Seite vollzieht sich durch Gottes Wirken im Menschen ohne menschliches Zutun. Bei der *aktiven* Seite wirkt der Mensch bewusst selbst mit, was insbesondere durch ein Annehmen der Prozesse der dunklen Nacht und durch ein Loslassen und Nicht-Festhalten auch spiritueller Vorstellungen, Erwartungen und Erfahrungen geschieht (Dobhan et al., 2003):

> Die *passive Seite*, die eine Folge der läuternden Kontemplation ist und sich als vorübergehender Sinnverlust im Hinblick auf alles, was den Menschen bisher erfüllte, Frustration im Hinblick auf vertraute religiöse Formen und Gottesbilder, Angst und Verlassenheitsgefühle, aber auch intensive Sehnsucht und Liebeswehen äussert, wird vor allem im Buch der ‚Dunklen Nacht' beschrieben. Ihr entspricht eine *aktive Seite*, die vor allem im ‚Aufstieg auf den Berg Karmel' zum Tragen kommt und darin besteht, dass der Mensch die passive, von Gott

bewirkte Nacht bewusst und freiwillig durch aktives Bejahen bzw. durch Loslassen der Dinge und Hergeben seiner religiösen Vorstellungen und Erfahrungen mitgestaltet. Tut der Mensch dies, dann kann sich seine Gotteinung auf wunderbare Weise in der Nacht vollziehen. (S. 473) [Hervorhebungen durch die Autorin]

Aktive und passive Aspekte lassen sich zwar schematisch trennen, sie sind aber im Grunde zwei Seiten desselben Prozesses. So wird immer wieder deutlich, dass es sich dabei um eine „künstliche Unterscheidung von zwei Aspekten ein und derselben (eben vielschichtigen!) Nachterfahrung handelt, die in der Praxis ineinander verzahnt sind" (Kommentar der Übersetzer in vom Kreuz, 2003a, S. 330). Der Weg der Gotteinung ist durch das Ineinandergreifen aktiver und passiver Aspekte charakterisiert. So ist auch die verbreitete Auffassung ein Missverständnis, Gotteinung stehe am Ende eines Weges langer, mühevoller, asketischer – eben aktiver - menschlicher Bemühungen gewisser-massen als „Krönung" oder „Belohnung" (Kommentar der Übersetzer in vom Kreuz, 2003a, S. 335). So betont Johannes vom Kreuz (2003a, S. 336) auch, dass allein durch die *aktive* Nacht „die gottgewirkte Einung nicht vollends zustande" kommt. Es braucht also die *passiven* Aspekte der Nacht, Gottes Gnadenwirken, das sich ohne menschliches Zutun vollzieht und das Johannes vom Kreuz (2003b) auch als „göttliche Heilkur" im Sinne einer Läuterung von den menschlichen Unvollkommenheiten *(imperfecciones)* ver-steht:

> Dennoch kann sich ein Mensch von diesen … Unvollkommenheiten nie voll-ständig läutern, solange nicht Gott ihn in die ohne sein Zutun stattfindende Kontemplation der dunklen Nacht stellt … Doch soll sich der Mensch bemühen, seinerseits alles zu tun, was er nur kann, um zu mehr Vollkommenheit zu gelan-gen, damit er die Gnade erhält, dass Gott ihn in diese göttliche Heilkur hinein-stellt. Da heilt dann Gott den Menschen von allem, was dieser selbst nicht in Ordnung zu bringen vermochte. Mag nämlich ein Mensch sich auch noch so sehr zu helfen wissen – aus eigener Kraft kann er sich doch nicht so sehr läutern, dass er auch nur im geringsten für die gottgewirkte vollkommene Liebeseinung zubereitet wäre, würde Gott ihm nicht die Hand reichen und ihn in diesem dunk-len Feuer läutern. (S. 41-42)

Johannes vom Kreuz (z.B. 2003b, S. 151) betont, dass der Mensch diese Läuterung nie aus sich selber heraus erreichen könnte.

Gotteinung ist also ein Weg ständiger Wechselwirkung zwischen menschlichem Bemühen (aktiv) und göttlicher Gnade, die ohne das Zutun des Menschen geschieht und wirkt (passiv). Die Gnade Gottes befähigt dabei den Menschen, sich immer mehr für die tiefer werdende Gotteinung zu bereiten, und die fortschreitende Gotteinung vertieft sich als göttliches Geschenk in dem Mass, in dem sich der Mensch dafür berei-tet. Das Mittel für diese Bereitung sind nicht selbstgewählte asketische Praktiken, son-dern die *Selbstzurücknahme*, in der sich der Mensch leer macht, um in seinem Inneren Platz für Gott zu schaffen (vom Kreuz, 2003a):

> Dazu sage ich, dass es wahr ist, dass Gott ihn [den Menschen, Anm. der Autorin] in diese übernatürliche Verfassung versetzen muss; aber er muss sich, soweit es an ihm liegt, Schritt für Schritt dafür bereit machen, was er auf der natürlichen Ebene tun kann, erst recht mit der Hilfe, die Gott immer wieder gibt. Und so versetzt ihn Gott in dem Masse, in dem er von sich aus allmählich immer mehr

in diese Selbstzurücknahme und formlose Leere eintritt, nach und nach in den Besitz der Gotteinung. Und das wirkt Gott in ihm ganz allmählich ohne sein Zutun ..., und so wird ihm Gott, wann es ihm recht ist, im Masse seiner Vorbereitung die vollkommene gottgewirkte Gotteinung schliesslich als Habitus[16] geben. (S. 335)

Wie sieht nun dieser fortschreitende Prozess der Gotteinung praktischerweise aus?

3.1.2   Integrationsprozess: Läuterung in der dunklen Nacht

Deshalb, du geistlich bemühter Mensch, wenn du dein Streben verdunkelt, deine Neigungen trocken und bedrängt und deine Seelenvermögen zu jeder inneren Übung unfähig erlebst, soll dir's darum nicht leid sein, sondern halte es für ein gutes Geschick; jetzt ist es so weit, dass Gott beginnt, dich von dir selbst zu befreien, indem er dir deine Habe aus den Händen nimmt. (vom Kreuz, 2003b, S. 159-160)

Der Weg der Gotteinung besteht nicht so sehr in bestimmten Methoden und Techniken, sondern vielmehr darin, sich selbst zurückzunehmen und alles loszulassen – wenn wir also in unserem spirituellen Bemühen Trockenheit und Unfähigkeit zu erleben beginnen, sollten wir wissen, dass es sich dabei um Anzeichen des von Gott induzierten Läuterungsprozesses handeln kann, der vom Menschen im Annehmen und durch Selbstzurücknahme beantwortet werden soll (vom Kreuz, 2003a).

So möchte ich die spirituellen Menschen davon überzeugen, dass dieser Weg zu Gott nicht in einer Vielfalt von Betrachtungen, Methoden, Praktiken, oder Wohlgefühlen besteht – mag dies alles auch auf seine Weise für Anfänger notwendig sein -, sondern nur aus einem Notwendigen, und das ist, sich in seinem innerlichen und äusserlichen Verhalten wirklich zurücknehmen zu können und um Christi willen um Hingabe im Leiden und Zunichtewerdung in allem bemüht sein, denn wenn man sich darin einübt, dann verwirklicht und findet man in ihm dies alles und noch mehr als das. (S. 155)

So tief und beglückend spirituelle Erfahrungen auch sein mögen, so geht es letztlich nicht um sie, sondern darum, an nichts festzuhalten – auch an den spirituellen Erfahrungen nicht (vom Kreuz, 2003a, S. 157). So ist ein solches Loslassen nicht nur auf Weltliches und Egozentrisches bezogen, sondern auch auf Gott. Auch bei der spirituellen Praxis ist Vorsicht am Platz, damit wir nicht dazu übergehen, Spiritualität als ein Haben-Wollen zu praktizieren (Dobhan & Körner, 2003):

Lieben heisst aber auch ... *Loslassen* und *Hergeben*. Gemeint sind nicht Weltverachtung, nicht Verneinung oder ,Abtötung' natürlicher Triebkräfte. Denn nicht Gott und Welt, vielmehr das In-Beziehung-Sein und das Auf-sich-selbst-bezogen-Sein bzw. Alles-an-sich-Binden sind Gegensätze. Johannes vom Kreuz weiss gerade als Seelsorger um das quälende Leid, das dort entsteht, wo der Mensch sein Gegenüber egozentrisch an sich bindet: die Dinge, die Menschen –

---

[16] Als *Habitus* oder Haltung *(habito)* im Sinne einer Gewohnheit werden angeborene Fähigkeiten, erworbene Erkenntnisse sowie positive oder negative Grundhaltungen (Tugenden bzw. Fehlhaltungen) bezeichnet, die durch wiederholte Übung oder gewohnheitsmässige Wiederholung zum inneren Besitz geworden sind. In konkreten äusseren oder inneren Vollzügen, die als *Akt (acto)* bezeichnet werden, findet der Habitus im Hier und Jetzt seinen Ausdruck. (Dobhan et al., 2003, S. 471).

und nicht zuletzt auch Gott! Um sich einzulassen, gilt es daher zugleich, loszulassen: nicht nur Dinge und Menschen – auch Gott! … Geistliche Übungen und religiöse Vollzüge – worum auch immer es sich handelt – sind dem Weg auf das Ziel hin nicht schon in sich förderlich; sie können auch geeignet sein, sich Gottes zu bemächtigen und am Reich Gottes in aller ‚Frömmigkeit' schnurgerade vorbeizuleben. (S. 14-15)

Johannes vom Kreuz (2003a, S. 156) rät ausdrücklich ab von einem Weg, der sich an spirituellen Erfahrungen orientiert und das Loslassen vernachlässigt. Es geht darum, dass wir unser Besitzdenken loslassen, um wirklich frei werden und zur Gotteinung gelangen zu können. Unser Besitzdenken – sei es nun materiell, geistig oder spirituell – verhindert ein Aufsteigen auf den Berg der Gotteinung (vom Kreuz, 2003a):

Wenn er [der Mensch, Anm. der Autorin] allerdings mit einem gewissen Besitzdenken beansprucht, einmal von Gott, dann von einer anderen Seite her etwas zu haben, dann hat er sich nicht von allem frei gemacht noch zurückgenommen; und so wird es ihm nicht gelingen, noch wird er es vermögen, auf diesem schmalen Pfad zum Gipfel aufzusteigen. (S. 155)

Der Weg, dieses tiefe Loslassen, „Zunichtewerden" *(aniquilacion)* oder die „Selbstzurücknahme" *(negacion de si)* zu verwirklichen, kann im Leben Christi nachvollzogen werden (vom Kreuz, 2003a, S. 150-158). Die Nachfolge Christi wird als „Tor zur Gotteinung" (Kommentar der Übersetzer in vom Kreuz, 2003a, S. 150) verstanden. „In Christus wohnt die ganze Fülle der Gottheit in leiblicher Gestalt" (Kol 2, 9 zit. nach vom Kreuz, 2003a, S. 265). So finden wir nach Johannes vom Kreuz (2003a, S. 263-264) Antwort auf unsere Fragen im Leben und Wirken Christi und sollen uns daran orientieren. Spirituelle Erfahrungen allein bewirken noch keine Wandlung des Menschen. Dobhan (2003a) sieht in der Nachfolge Christi einen wesentlichen Faktor dafür, dass diese Wandlung sich auch in der Gefühlswelt vollziehen kann. Der Weg dazu führt über die Liebe:

Damit das ganze auch in die Gefühlswelt eingreift, sie ergreift und umwandelt, bedarf es der stärksten Motivation und Kraft, die es gibt, nämlich der Liebe, und auf diese setzt Gott. Doch die Frage ist: Wie wird diese für den Menschen erfahrbar? Die Antwort lautet für Johannes vom Kreuz: Im Menschen Jesus von Nazareth! … Die Liebe zum Menschen Jesus von Nazareth soll es dem Menschen – angezogen, beeindruckt und begeistert von seiner Persönlichkeit und seiner Art, Mensch zu sein und als Mensch zu leben – möglich und lohnend erscheinen lassen, sich zurückzunehmen und alles zurückzustellen, was dem im Wege steht. (S. 30)

In diesem Sinn soll der Mensch Jesus von Nazareth uns auf dem spirituellen Weg Motivation sein, den Weg der Läuterung *(purgacion, purificacion)* und des Loslassens auf uns zu nehmen. Für Dobhan (2003a, S. 39) bedeutet das auch, dass wir uns immer wieder bemühen müssen, „diesen Menschen Jesus von Nazareth besser kennenzulernen und [uns] in sein Leben, seine Lebensumstände und seine Person zu vertiefen".

Wie können wir nun auf diesem Weg unser Besitzdenken loslassen? Wie gestaltet sich der Integrationsprozess in den verschiedenen Phasen der dunklen Nacht?

Die dunkle Nacht des Sinnenbereichs

Mit dem *Sinnenbereich (sentido)* meint Johannes vom Kreuz „den ganzen Bereich der mit der Leiblichkeit und Sinnenhaftigkeit des Menschen verbundenen Kräfte, die ihm den Kontakt mit seiner Umwelt und das Leben in ihr ermöglichen" (Dobhan et al., 2003, S. 487). Dazu gehören die fünf äusseren Sinne (Sehen, Hören, Riechen, Schmecken und Tasten) sowie die beiden inneren Sinne der Vorstellungskraft und der Phantasie. Auf dem spirituellen Weg muss der Sinnenbereich geläutert werden. Dabei ist es weder möglich noch erwünscht, diesen Bereich „hinter sich zu lassen", sondern er soll vom Geist durchdrungen werden. So sollen die Kräfte des Sinnenbereichs in den Prozess der Liebeseinigung mit Gott einbezogen werden (Dobhan et al., 2003, S. 487).

Die dunkle Nacht des Sinnenbereichs ist die Nacht der *Anfänger* auf dem spirituellen Weg. In diesem Stadium sind wir in unserer Suche noch sehr selbstbezogen (vom Kreuz, 2003b, S. 33). So machen wir etwa spirituelle Übungen und hoffen auf angenehme, beglückende oder tiefe spirituelle Erfahrungen, und wenn sie ausbleiben, sind wir enttäuscht. Motivierend erleben wir, wenn wir zu einer spirituellen Erkenntnis vordringen oder uns eine Erfahrung geschenkt wird. Wir orientieren uns in dieser Phase mehr an unserem Wohlgefühl in der spirituellen Praxis als an Gott selbst. Auf dem spirituellen Weg, wie ihn Johannes vom Kreuz aufzeigt, ist es daher notwendig, dass Gott uns diese Orientierung an unserem eigenen „Gewinn" nimmt, um uns mehr auf das wirklich Wesentliche auszurichten, auf Gott in seiner ganzen Tiefe und Liebe, die unabhängig von innerem und äusserem „Gewinn" oder Wohlbefinden ist. So gibt uns Gott *Trockenheit* – wir finden keine Befriedigung mehr über unsere spirituellen Übungen, machen keine beglückenden spirituellen Erfahrungen mehr und haben das Gefühl, wir kommen in der spirituellen Praxis nicht mehr voran. Auf diese Weise läutert uns Gott von unserer menschlichen Selbstbezogenheit, unseren selbstbezogenen Motiven – Johannes vom Kreuz (2003b, S. 31-57) spricht von verschiedenen *Unvollkommenheiten* wie etwa Überheblichkeit, spirituelle Genusssucht oder spirituelle Trägheit. In der heute üblichen Spiritualitätssprache würde man hier von Aspekten des Ego sprechen.

Die dunkle Nacht – sowohl des Sinnenbereichs als auch des Geistes – ist im Grunde eine Unterstützung von Gott, in der er uns hilft, alles abzulegen, was uns noch an der Liebeseinung mit ihm hindert. Johannes vom Kreuz (2003b) fasst diesen ganzen Prozess zusammen:

> … die Verhaltensweise der Anfänger auf dem Weg zu Gott [ist] noch sehr von Unzulänglichkeit, Eigenliebe und Wohlgeschmack durchsetzt. Gott aber will sie weiterführen und aus dieser unzulänglichen Liebe zu einer höheren Stufe der Gottesliebe heraufholen und sie von der unzulänglichen Übungsweise im Sinnenbereich und den Gedankengängen befreien, womit sie so berechnend und unangebracht Gott suchten … Er möchte sie in die Übung des Geistes stellen, wo sie sich ausgiebiger und schon mehr befreit von Unvollkommenheiten mit Gott austauschen können. Da sie sich bereits eine Zeitlang in den Weg der Tugend eingeübt haben, indem sie in Meditation und Gebet ausharrten, haben sie sich mit Hilfe des köstlichen Wohlgeschmacks, den sie dabei empfunden haben, von den Dingen dieser Welt abgeneigt und einige geistliche Kräfte in Gott erworben. Mit ihnen haben sie ihre Strebungen nach dem Geschaffenen ein wenig gebremst, so dass sie für Gott schon ein wenig Belastung und Trockenheit aushalten können, ohne gleich zurückzufallen. Im besten Augenblick nun, wenn sie an diesen geistlichen Übungen den köstlichsten Wohlgeschmack finden und

meinen, die Sonne der göttlichen Günste leuchte ihnen am hellsten, verdunkelt Gott ihnen all dieses Licht und verschliesst ihnen die Tür und die Quelle des süssen geistlichen Wassers, das sie so oft und so lange, wie sie wollten, in Gott verschmecken konnten… Jetzt aber lässt sie Gott so sehr im Dunkeln, dass sie nicht wissen, wohin sie mit ihren Vorstellungen und Gedankengängen gehen sollen. In der Meditation kommen sie keinen Schritt voran, wie sie es früher gewohnt waren, denn ihr innerer Sinn ist in diesen Nächten schon untergegangen. Gott lässt sie in solcher Trockenheit zurück, dass sie in geistlichen Dingen und guten Übungen, in denen sie früher wonniglichen Geschmack zu finden pflegten, nicht nur keinen Saft und Geschmack mehr finden, sondern im Gegenteil in diesen Dingen Unbehagen und Bitterkeit empfinden. Da Gott spürt, dass sie bereits ein klein bisschen gewachsen sind, nimmt er sie von der süssen Brust weg, damit sie nun erstarken und aus den Windeln herauskommen, lässt sie von seinen Armen herab und gewöhnt sie daran, auf eigenen Füssen zu gehen. Dabei verspüren sie etwas ganz Neues, denn für sie hat sich alles auf den Kopf gestellt. (S. 59-60)

An welchen Anzeichen erkennt man eine Nacht des Sinnenbereichs?

Die Trockenheit, die der Mensch hier erlebt, muss nicht notwendigerweise auf eine Nacht des Sinnenbereichs hinweisen. Sie kann auch von den menschlichen Unvollkommenheiten, schlechter Gemütsverfassung, von körperlichem Unwohlsein und anderem ausgehen. Um zu unterscheiden, ob diese Trockenheit Zeichen des Läuterungsprozesses ist oder ihren Ursprung in Fehlhaltungen *(vicios)* des Menschen hat, führt Johannes vom Kreuz (2003b, S. 61-67) *drei wesentliche Unterscheidungskriterien* an:

(1) Wir *verlieren unseren Geschmack sowohl an spirituellen als auch an alltäglichen, weltlichen Dingen.* Zeichen für den Läuterungsprozess ist, dass wir nicht nur an spirituellen Dingen keinen Geschmack mehr finden und dann auf weltliche Dinge ausweichen würden, sondern dass beide Bereiche keine Befriedigung mehr verschaffen. Diese Thematik findet sich allerdings auch bei einer Depression („Schwermut") wieder (zur Depression siehe z.B. Hell, 2008c; Hell, 2008d). Und so sind die beiden weiteren Anzeichen – insbesondere das nächste - für eine klare Differenzierung zentral.

(2) Wir haben eine *grosse Sehnsucht, Gott zu dienen und befürchten, das in unserem jetzigen Zustand nicht mehr tun zu können und auf unserem Weg Rückschritte zu machen.* Wäre hier nicht die läuternde Trockenheit, sondern eine depressive Verstimmung im Spiel, so würden wir hier grosse Unentschlossenheit und Nachgiebigkeit auf dem spirituellen Weg, Unmut und Missgestimmtheit empfinden, aber ohne die Befürchtung, Gott nicht zu dienen. Dass der Mensch in der läuternden Trockenheit „voll schmerzlicher Sorge dauernd an Gott denkt, weil er meint, dass er Gott nicht diene, sondern Rückschritte mache" (vom Kreuz, 2003b, S. 62), ist das wichtigste Unterscheidungskriterium zu einer Depression. Auch wenn die Stimmungslage in der läuternden Trockenheit sehr bedrückt sein kann und sich der Mensch schwach und schlapp fühlt, so ist in ihm doch die Sehnsucht oder die Sorge wach, Gott zu dienen. Die Ursache für diese Trockenheit liegt darin, dass Gott die Kraft des Sinnenbereichs auf den Geist überträgt. Die Folge davon ist, dass der Sinnenbereich „nahrungslos, trocken und leer bleibt" - der Geist hingegen, „der nach und nach diese Nahrung bekommt, stark und wachsamer und achtsamer als vorher in seiner Besorgnis, sich Gott gegenüber nicht zu verfehlen" (vom Kreuz, 2003b, S. 63).

(3) Wir können nun *nicht mehr in unserer gewohnten Weise meditieren*: Auf dem Weg der Gotteinung meditieren wir zunächst mit unserer Vorstellungskraft und über diskursives Nachdenken etwa über das Leben und Wirken Christi – mit Hilfe von Gedankengängen verbinden wir dabei Erkenntnisse miteinander und unterscheiden sie voneinander. Diese Meditationsform ist uns nun nicht mehr möglich. Gott beginnt sich uns nun auf eine andere Weise mitzuteilen, nämlich über „den reinen Geist, in dem es keine aufeinanderfolgenden Gedanken mehr gibt" (vom Kreuz, 2003b, S. 66). Es findet nun ein Übergang in der Meditationsform von der Meditation zur Kontemplation statt.

Von der Meditation zur Kontemplation

Unter Kontemplation *(contemplacion)* wird die Selbstmitteilung Gottes verstanden, die dem spirituell Fortgeschrittenen im Verlauf seines Weges immer umfassender und unmittelbarerer ohne sein eigenes Zutun zuteil wird. Johannes vom Kreuz rät dabei, von sich aus keinerlei Leistung vollbringen zu wollen, sondern still zu werden und die Selbstmitteilung Gottes in liebender Achtsamkeit aufzunehmen. In der Kontemplation werden dem Menschen keine Einzelgewahrwerdungen zuteil, sondern ihm werden vielmehr Licht und Liebe Gottes in einer Gesamteinsicht eingegossen, wodurch er allmählich geläutert und immer tiefer mit Gott geeint wird (Dobhan et al., 2003, S. 481).

Diese Übergangsphase von der Meditation zur Kontemplation ist verbunden mit dem Gefühl, von Gott verlassen zu sein und den Weg zu verlieren – er ist eine sehr schmerzhafte und leidvolle Erfahrung. In dieser Phase versuchen wir oft rastlos, in der gewohnten Weise weiter zu meditieren, aber ohne Erfolg, da sich in uns ein Übergang vollzieht, der unser ganzes bisheriges Bemühen sinnlos erscheinen lässt (vom Kreuz, 2003b):

> Während der Zeit der Trockenheiten dieser Nacht im Sinnenbereich, in der Gott die erwähnte Veränderung vollzieht, leiden die geistlich strebenden Menschen sehr. Er führt den Menschen vom Leben im Sinnenbereich weg zum Leben im Geist, das ist von der Meditation zur Kontemplation, wo der Mensch, wie gesagt, mit seinen eigenen Seelenvermögen nicht mehr zu wirken oder über die göttlichen Dinge Gedankengänge zu entwickeln vermag. Weh tun den geistlich strebenden Menschen nicht so sehr die Trockenheiten, die sie erleiden, als vielmehr ihre Befürchtung, den Weg zu verlieren. Sie denken, dass alles geistliche Gut für sie zu Ende ist und dass Gott sie verlassen hat, denn an nichts Gutem finden sie Stütze und Geschmack. So plagen sie sich ab und bemühen sich, wie sie es gewohnt waren, an irgendeinem Gegenstand zum Nachdenken eine Stütze und ein wenig Wohlgeschmack für ihre Seelenvermögen zu finden, da sie meinen, dass nichts geschieht, wenn sie dieses nicht tun und sich nicht am Werk erleben. Allerdings tun sie diese nicht, ohne in ihrer Seele grosse Unlust und grosses inneres Widerstreben zu empfinden, da ihr das Verweilen in dieser Ruhe und Untätigkeit, ohne mit den Seelenvermögen zu wirken, gefiel. Dadurch verderben sie sich das eine und ziehen keinen Nutzen aus dem anderen; denn durch das Suchen nach dem Geist verlieren sie den Geist der Gelassenheit und des Friedens, den sie hatten. (S. 68)

Bei dieser Unfähigkeit, auf die gewohnte Weise zu meditieren, stellt sich wiederum die Frage, ob sie von einer schlechten Gemütsverfassung herkommt oder ein Zeichen der läuternden Trockenheit ist. Das Unterscheidungskriterium liegt hier nach Johannes vom Kreuz (2003b, S. 66-67) darin, dass wir, sobald die schlechte Gemütsverfassung sich lichtet, mit einigem Bemühen bald wieder auf dieselbe Art meditieren können wie zuvor. Wenn es sich aber um die Läuterung des Sinnenbereichs handelt, ist das nicht mehr möglich: „denn wenn der Mensch in sie einzutreten beginnt, nimmt die Unfähigkeit zum Nachdenken mit den Seelenvermögen immer mehr zu" (vom Kreuz, 2003b, S. 67). Auch wenn auf dem Weg der Läuterung zwischendurch wieder spürbarer Geschmack an der spirituellen Praxis und diskursive Gedankengänge in der Meditation möglich sein können, so ist hier doch die Tendenz klar zu immer grösserer Unfähigkeit, diskursiv zu meditieren (vom Kreuz, 2003b, S. 68).

In diesem Übergang ist es wichtig, die Anzeichen für die beginnende Kontemplation zu erkennen und damit zu merken, wann der Übergang von der Meditation *(meditacion)* zur Kontemplation angebracht ist. Den richtigen Zeitpunkt für diesen Übergang zu erkennen, ist deshalb von Bedeutung, weil ein vorzeitiges Aufgeben der Meditation ein Zurückfallen auf dem Weg bedeuten würde, ein zu später Übergang zur Kontemplation hingegen den Weg zu Gott behindern würde (vom Kreuz, 2003a, S. 186-189).

Johannes vom Kreuz führt in seinen Werken an verschiedenen Stellen die Anzeichen auf, wie wir erkennen können, wann es Zeit ist, von der Meditation zur Kontemplation überzugehen (vom Kreuz, 2003a, S. 188-198; vom Kreuz, 2008, S. 128). Mindestens jedoch müssen die folgenden drei Anzeichen vorhanden sein, wobei dem dritten der zentralste Stellenwert zukommt:

- Wir haben keine Lust mehr, uns dem imaginativen Weg und dem der wahrnehmbaren, diskursiven Meditation zu widmen. Die Meditation verliert ihre Anziehungskraft. Gründe dafür liegen darin, dass die Befriedigung durch die Meditation gering wird, weil sie nur noch geringen Fortschritt auf dem Weg bringt und wir uns die Haltung der Meditation bereits zu eigen gemacht haben (vom Kreuz, 2003a, S. 190-194; vgl. dazu auch vom Kreuz, 2008, S. 128).

- Das zweite Anzeichen besteht darin, dass wir keinen Gefallen mehr am Nachdenken und an Bildern der Welt haben. Im Unterschied zum ersten Anzeichen, das sich auf den spirituellen Bereich bezieht, geht es hier um den weltlichen Bereich, der auch nicht mehr zu befriedigen vermag (vom Kreuz, 2003a, S. 190, S. 191, S. 196; vgl. dazu auch vom Kreuz, 2008, S. 128).

- Das wichtigste und sicherste Anzeichen jedoch ist, dass wir mehr und mehr Gefallen daran finden, „in liebender Achtsamkeit allein bei Gott zu sein" (vom Kreuz, 2003a, S. 190). Dieser Zustand zeichnet sich dadurch aus, dass wir keine ins einzelne gehende Überlegungen anstellen, nicht diskursiv nachdenken und ebenso wenig in Tätigkeiten der drei Seelenvermögen (Erkenntnis, Erinnerung, Empfindung) absorbiert sind. Es ist ein Zustand von innerem Frieden, Stille und Ruhe, eine „gesamtheitliche liebende Einsicht und Achtsamkeit" *(acvertencia bzw. atencion amorosa)* (vom Kreuz, 2003a, S. 196; vgl. dazu auch vom Kreuz, 2008, S. 128).

Allerdings wird diese liebende Einsicht zu Beginn oft kaum bemerkt, da sie sehr subtil, fein und zart ist und da wir diese Neuheit nicht verstehen und darin nicht zur Ruhe kommen, was für die Wahrnehmung dieses tiefen Friedens nötig wäre (vom Kreuz, 2003a, S. 192, S. 198). Wenn wir in diesem Stadium bei der Methode der Meditation bleiben und nicht beginnen, unserer Neigung nach Kontemplation nachzugehen, ist es, als ob wir versuchen, eine bereits geschälte Frucht, deren Kern wir nun geniessen könnten, nochmals zu schälen: Wir würden keine Schale mehr vorfinden und ein nutzloses Unterfangen betreiben, während wir uns den Geschmack des Kerns vorenthalten, den wir bereits in der Hand halten (vom Kreuz, 2003a, S. 195). Sobald wir aber in diesem neuen Zustand zur Ruhe kommen können, wird die „liebende Gesamteinsicht in Gott" (vom Kreuz, 2003a, S. 192) in uns immer mehr zunehmen und immer wahrnehmbarer werden.

Wenn also der richtige Zeitpunkt dazu gekommen ist, sollen wir uns der Kontemplation zuwenden und uns in Stille dem Wirken Gottes überlassen, damit der Friede Gottes ganz in uns eingegossen werden kann (vom Kreuz, 2003a):

> So möge der spirituelle Mensch lernen, in liebender Achtsamkeit mit beruhigtem Verstand bei Gott zu verweilen, sobald er nicht mehr meditieren kann, auch wenn es ihm vorkommt, als täte er nichts, denn so wird nach und nach, aber sehr schnell mit wunderbaren und erhabenen und von göttlicher Liebe umschlossenen Einsichten in Gott die Ruhe und der Frieden Gottes in seine Seele eingegossen. Er soll sich nicht auf Formen, Meditationen und Vorstellungen oder irgendeinen Gedankengang einlassen, um die Seele nicht zu beunruhigen … (S. 207)

Der Beginn der Kontemplation bedeutet aber nicht, dass Meditation nicht mehr wichtig wäre und vollständig durch die Kontemplation ersetzt würde. Die kontemplative Haltung ist noch nicht so vollkommen, als dass wir uns sofort in sie begeben könnten, und die meditative Haltung ist noch nicht so weit entfernt, als dass wir nicht manchmal in gewohnter Weise meditieren würden und dabei auch Neues finden können. Sich der nachdenkenden Haltung der Meditation zu bedienen, ist sogar sehr hilfreich, wenn wir einmal nicht in die Stille der Kontemplation finden können. In einem fortgeschrittenen Stadium können wir jedes Mal, wenn wir es möchten, im Frieden der Kontemplation verweilen, ohne dass dieser Frieden aktiv von uns hergestellt würde (vom Kreuz, 2003a, S. 204-205). Kontemplation hat den Charakter eines göttlichen Geschenkes und kann nicht gemacht werden. In diesem Sinn ist sie ein „passiver Aspekt" des geistlichen Weges (vom Kreuz, 2003a, S. 205): „Und dieses Empfangen des Lichts, das ihm auf übernatürliche Weise eingegossen wird, ist Verstehen ohne eigenes Zutun".

In diesem freien Empfangen ist es notwendig, nicht etwas Bestimmtes zu wollen – seien das Einsichten, greifbarere Lichter oder einzelne Dinge verstehen oder betrachten zu wollen. All das würde sich dazwischenstellen und „das reine und einfache gesamtheitliche Licht des Geistes behindern" (vom Kreuz, 2003a, S. 206). Wir können dann in diesem Licht bleiben, wenn wir ganz leer und gelautert sind. Denn im Grunde ist dieses Licht in uns immer vorhanden, aber wir sind so beladen und voll von allem Möglichen, woran wir anhaften, dass dieses Licht uns nicht wirklich ausfüllen kann (vom Kreuz, 2003a, S. 206). Was wir in der Kontemplation erfahren, geht auf eine „unmittelbare Berührung Gottes" zurück (Kommentar der Übersetzer in vom Kreuz, 2003a, S. 208).

Wie aber kann sich nun der Mensch verhalten, der die Nacht des Sinnenbereichs erfährt?

Umgang mit der Nacht des Sinnenbereichs

In dieser Nacht ist es wichtig, jemanden zu haben, der den Betroffenen versteht und weiss, worum es hier geht. Wenn das nicht der Fall ist, machen die Menschen in dieser Zeit oft Rückschritte, indem sie nachlässig werden, sich vom spirituellen Weg abwenden oder sich selbst Hindernisse in den Weg legen, weil sie – wie oben beschrieben -

weiterhin auf die gewohnte Weise meditieren wollen und sich dabei sehr anstrengen, wo doch Gott sie gerade in eine neue Richtung führt und ihr Bemühen gerade das verhindert. Es geht darum, die Seele ruhig sein und sich ausruhen zu lassen – trotz der Befürchtung, man verliere dadurch nur seine Zeit und man würde besser etwas anderes tun. Es ist wichtig, in dieser Phase einfach geduldig zu sein, auszuharren und auf Gott zu vertrauen, der den Menschen ja entgegen seinem Gefühl nicht im Stich lässt, sondern ihn in ein neues Stadium seines spirituellen Weges führt (vom Kreuz, 2003b, S. 70).

Johannes vom Kreuz rät in einem seiner 17 Leitsätze „Stufen der Vollkommenheit", auch in Zeiten der Trockenheit mit dem Gebet fortzufahren und diese Form der spirituellen Praxis nicht aufzugeben (vom Kreuz, 2008):

> Geben Sie das Beten nie auf, und wenn Sie Trockenheit und Schwierigkeiten erfahren sollten, dann halten Sie beim Beten erst recht durch; denn vielfach möchte Gott sehen, was Sie in Ihrer Seele haben, und das bekundet sich nicht, wenn es leicht und nach Ihrem Geschmack geht. (S. 171)

Die Seele soll von allen Erkenntnissen und Gedanken frei und ruhig sein können. Jeder spirituelle Leistungsdruck und das Streben nach einem Wohlgefühl durch die spirituellen Übungen ist jetzt unangebracht. Das lenkt die Seele nur von der Stille ab, die sie nun zu erfahren beginnt, und von der damit verbundenen Form von Untätigsein in der nun einfliessenden Kontemplation. Vielmehr soll diese Phase geprägt sein von einem „liebevollen und ruhigen Aufmerken auf Gott" (vom Kreuz, 2003b, S. 70). Der Mensch soll im Gebet ausharren und das „Nichts-tun- und Nichts-denken-Können" aushalten und ruhig bleiben, da es jetzt um nichts anderes geht, als die innere Ruhe zu wahren und in der Weite des Geistes zu bleiben. Wenn wir in dieser Phase mit unseren Seelenvermögen etwas bewirken wollen, stören wir den Prozess nur. Wir sollen uns nichts daraus machen, dass wir nun das Wirken mit unseren Seelenvermögen verlieren, weil genau das Raum schafft für die „eingegossene Kontemplation" (vom Kreuz, 2003b, S. 71):

> Er schaffe Raum, dass er im Geist der Liebe, die diese dunkle und geheime Kontemplation mit sich bringt und die dem Menschen anhaftet, entbrenne und sich entflamme. Kontemplation ist ja nichts anderes als ein geheimes, friedliches und liebendes Einströmen Gottes, so dass er, wenn man ihm Raum gibt, den Menschen im Geist der Liebe entflammt. (S. 71)

Diese Liebe spürt der Mensch aber am Anfang in der Regel nicht, sondern nur die Trockenheit und Leere *(vacio)*, die sie durch den Läuterungsprozess mit sich bringt (vom Kreuz, 2003b, S. 73). Der Läuterungsprozess hat in diesem Sinn zwei sehr unterschiedliche Aspekte, die als zwei aufeinanderfolgende Phasen dargestellt werden, im Grunde jedoch chronologisch nicht immer scharf zu trennen sind: „Dieselbe Kontemplation verursacht beim ungeläuterten Menschen Trockenheit und Leere (läuternde Kontemplation); je geläuterter der Mensch bereits ist, desto deutlicher äussert sie sich als Liebe und Fülle (einende Kontemplation)" (Kommentar der Übersetzer in vom Kreuz, 2003b, S. 73).

Dauer und Intensität der Nacht des Sinnenbereichs

Die Dauer und Intensität dieses Läuterungsprozesses des Sinnenbereichs ist individuell verschieden und kann im Grunde nicht vorausgesagt werden. Johannes vom Kreuz

(2003b, S. 91-92) gibt aber einige Kriterien an, die eine Auswirkung auf die Dauer dieser Nacht haben. So richtet sich die Dauer nach dem Mass an Unvollkommenheit, von der ein Mensch geläutert werden muss. Aber auch der Grad der Liebeseinung, zu dem Gott den Menschen erheben möchte, ist entscheidend: Entsprechend muss Gott den Menschen „mehr oder weniger intensiv und mehr oder weniger lang demütig machen" (vom Kreuz, 2003b, S. 91). Weiter ist die Leidensfähigkeit des individuellen Menschen ausschlaggebend: „Wer die Voraussetzung dafür hat und leidensfähig ist, den läutert [Gott] schneller" (vom Kreuz, 2003b, S. 91-92). Weniger leidensfähige Menschen, die „Schwachen", läutert Gott entsprechend mit viel Zurückhaltung und daher langsam, schrittweise und mit viel geringerer Intensität. Er gewährt ihnen immer wieder Zeiten, um sich von den Strapazen der dunklen Nacht zu erholen und auszuruhen. Und er gibt ihnen immer wieder Trost, damit sie nicht beginnen, den Trost wieder in der Welt zu suchen. Auf diese Weise dauert der Läuterungsprozess lange und gelangt vielleicht auch nie zur Vollständigkeit. Allerdings, so fügt Johannes vom Kreuz (2003b, S. 92) an, kann auch der Läuterungsprozess von Menschen, die zur vollkommenen Liebeseinung mit Gott gelangen, lange Zeiten von Trockenheiten und schwierigen Phasen beinhalten, „auch wenn Gott sie mit noch so grosser Eile führt".

Vorteile der Nacht des Sinnenbereichs

Der Geschmack und das Wohlgefühl, die aus spirituellen Erfahrungen hervorgehen, führen oft zu einer Respektlosigkeit vor Gott. Spirituelle Erfahrungen können so beglückend sein, dass wir immer mehr davon möchten. Das Streben wird also durch ein solches wohltuendes Verkosten massloser. So führen spirituelle Erfahrungen vorerst nicht in spirituelle Freiheit – so sehr wir das vielleicht zu Beginn meinen – sondern auf Grund unserer menschlichen Natur des „Haben-Wollens" vielmehr in ein Steckenbleiben in den beglückenden Erlebnissen. So binden uns die Wohlgefühle im Grunde fest. Das kann dazu führen, dass wir diese und jene spirituelle Praxis ausprobieren, bis sie uns nicht mehr den anfänglichen Geschmack verschafft und dann wechseln wir zur nächsten über. Oder wir werden masslos, indem wir nur noch in diesen Wohlgefühlen sein wollen und uns fast ausschliesslich darauf ausrichten. Da Gott uns in der Nacht des Sinnenbereichs diese Wohlgefühle nimmt und spirituelle Erfahrungen ausbleiben, führt das auch zu einer *Mässigung* unseres spirituellen Engagements, und wir verzichten auf Vieles – wie etwa ständig neue Praktiken auszuprobieren -, was wir zuvor übermässig taten (vom Kreuz, 2003b, S. 78, S. 83).

Der schmerzhafte Läuterungsprozess der Nacht des Sinnenbereichs führt zu grösserer *Selbsterkenntnis*: Wir erkennen insbesondere unsere eigenen Schwächen und Unzulänglichkeiten. Diese Selbsterkenntnis ist das Fundament für die *Erkenntnis Gottes*. Wir müssen zuerst ganz leer werden, bis Gott einströmen kann, und dann belehrt uns Gott durch tiefe Erkenntnis – wir beginnen, Gottes Grösse und Herrlichkeit zu erkennen und erfahren Gottes Grösse ganz existentiell. So ist die Nacht des Sinnesbereichs letztlich ein Geschenk tiefer Gotterkenntnis. Dabei sind nicht irgendwelche Vorstellungen, Begriffe oder Gedankengänge über Gott der Weg, um Gottes Kraft zu spüren, sondern das erfahrene Unvermögen, Gott auf einen Begriff festlegen zu können. Gott ist jenseits aller Begriffe und Vorstellungen. Diese Erkenntnis ist eine Frucht der Nacht des Sinnenbereichs und zugleich so etwas wie der Anfang der Nacht des Geistes, auf die im folgenden Kapitel eingegangen wird (vom Kreuz, 2003b, S. 76, S. 79-81).

Die in der Nacht entstandene Selbsterkenntnis führt auch zu Demut *(humildad)* und befreit von spiritueller Überheblichkeit. Demut ist eine zentrale Frucht des Läuterungsprozesses. Sie meint, dass „ein Mensch in der existentiellen Wahrheit seines Lebens verwurzelt ist" (Dobhan et al., 2003, S. 472). Demut richtet unseren Fokus weg von unserer eigenen Leistung hin auf die Liebe Gottes, aus der heraus wir letztlich leben. So kommen wir von einer spirituell anmassenden Haltung zu einem selbstkritischeren und bescheideneren Gefühl. Demut führt dazu, dass der Mensch „nicht nur Gott, sondern auch seinen Mitmenschen mit einer realistischen Selbsteinschätzung [begegnet], in der er sich weder überschätzt noch auf ungesunde Weise abwertet" (Dobhan et al., 2003, S. 473). Das bereitet den Weg zu einer Verbesserung zwischenmenschlicher Beziehungen und zur Nächstenliebe. Wir werden milder uns selbst und anderen gegenüber und ärgern uns auch nicht mehr über die eigenen Fehler und die der anderen. Und wir werden auch wieder bereit, auf andere zu hören, insbesondere auf einen spirituellen Begleiter (vom Kreuz, 2003b, S. 81-82, S. 86-87), von dem wir uns vielleicht zuvor in spiritueller Überheblichkeit distanziert hatten.

Das Durchhalten der leidvollen Phase der Läuterung stärkt in uns Qualitäten wie Geduld und Langmut. Aus der Nacht des Sinnenbereichs gehen auch Frieden, eine verstärkte Ausrichtung auf Gott, innere Reinheit und Lauterkeit hervor (vom Kreuz, 2003b, S. 84-85).

Indem wir in dieser schwierigen Zeit – voller Besorgnis – ständig an Gott denken und nicht mehr auf Grund unseres eigenen Wohlgefühls spirituelle Übungen praktizieren, üben wir uns in der Liebe zu Gott. So beginnen wir immer mehr, unsere spirituelle Praxis nicht mehr auf unser eigenes Wohlgefühl zu fokussieren und spirituelle Erfahrungen anzustreben – die ja ausbleiben -, sondern uns einzig auf Gott auszurichten (vom Kreuz, 2003b, S. 85, S. 87). Unsere Motivation verändert sich also durch den Läuterungsprozess grundlegend: Statt auf den eigenen Vorteil und das eigene Wohl bedacht zu sein, ist nun Gott unsere Motivation zu praktizieren. Das ist ein fundamentaler Wandel in der spirituellen Praxis: Der Schritt von der eigenen Selbstbezogenheit hin zu Gott.

Die dunkle Nacht des Geistes

Wenn der Sinnenbereich geläutert ist und entsprechend das „Haus der Sinnenwelt" zur Ruhe gekommen ist, beginnt der „Pfad des Geistes", der Weg des Fortgeschrittenen (vom Kreuz, 2003b, S. 89). Die dunkle Nacht des Geistes ist im Unterschied zur Nacht des Sinnenbereichs eine viel seltenere Erscheinung, da wir hier bereits den Läuterungsprozess des Sinnenbereichs durchgegangen sind und nicht alle Menschen bereit sind, all das auf sich zu nehmen (vom Kreuz, 2003b, S. 58, S. 75). Der Weg der dunklen Nacht des Geistes wird als „schmal, dunkel und fürchterlich" (vom Kreuz, 2003b, S. 75) und als „grauenvoll und schauderhaft für den Geist" (vom Kreuz, 2003b, S. 58) beschrieben. Die Nacht des Sinnenbereichs ist „mit der Dunkelheit und den Mühsalen dieser zweiten Nacht nicht zu vergleichen" (vom Kreuz, 2003b, S. 75). Johannes vom Kreuz (2003b, S. 59) weist darauf hin, dass über die Nacht des Sinnenbereichs oft gesprochen und auch viel geschrieben wird, über die Nacht des Geistes jedoch nur sehr selten die Rede ist, und „sehr wenig davon kommt aus der Erfahrung".

Zwischen der Nacht des Sinnenbereichs und der Nacht des Geistes liegt meist eine Phase, in der wir uns wohler fühlen und in der Kontemplation leicht zu Gott finden. Die Fortgeschrittenen finden „wohltuendes innerliches Verkosten … im Überfluss und mit Leichtigkeit und schmecken es in ihrem Geist überströmender als früher, da es sich jetzt vom Geist mehr auf das Reich der Sinne ergiesst, als es vor dessen Geläutertwerden normalerweise der Fall war" (vom Kreuz, 2003b, S. 94). Aber erst mit der Nacht der Geistes wird der Läuterungsprozess wirklich abgeschlossen – und das nicht so sehr aus eigener Bemühung, sondern als ein Gnadengeschenk Gottes. In ihm findet auch der Sinnenbereich zu umfassenderer Läuterung. Die Nacht des Geistes kündigt sich nach einer meist längeren Phase spirituellen Wohlgefühls und leicht zugänglicher Kontemplation durch gewisse Vorboten an (vom Kreuz, 2003b):

> Einen Menschen, den Gott weiterführen will, stellt Seine Majestät in diese Nacht des Geistes, jedoch nicht sofort, nachdem er den Trockenheiten und Mühsalen des ersten Läuterungsprozesses und der Nacht des Sinnenbereichs entkommen ist; es vergeht vielmehr für gewöhnlich viel Zeit, sogar Jahre, in denen der Mensch nach Überwindung des Zustandes der Anfänger sich in den der Fortgeschrittenen einübt. Wie einer, der aus einem engen Kerker entkommen ist, bewegt er sich dann in allem, was mit Gott zu tun hat, mit viel mehr Weite und seelischer Befriedigung und mit mehr überströmender innerlicher Wonne als am Anfang, bevor er in die besagte Nacht hineinging. Da seine Vorstellungskraft und seine Seelenvermögen nun nicht mehr vom Nachdenken und von geistlichen Anstrengungen abhängig sind wie früher, findet er in seinem Geist leicht und schnell zu ganz ungetrübter und liebender Kontemplation und geistigem Verkosten, ohne sich mit seinen Gedanken abzumühen.
>
> Trotzdem ist der Läuterungsprozess des Menschen noch nicht ganz zu Ende; es fehlt noch der wichtigste Bereich, der des Geistes, ohne den auch die Läuterung des Bereichs der Sinne nicht abgeschlossen ist, selbst wenn sie sehr stark war; denn beide Bereiche stehen, da sie der gleichen Person angehören, in Beziehung zueinander. Deshalb fehlt es dem Menschen zuweilen nicht an Notzeiten, Trockenzeiten, Dunkelheiten und Bedrängnissen, die manchmal sogar intensiver sind als früher. Sie sind Vorzeichen oder Boten für die bevorstehende Nacht des Geistes vergleichbar, sind aber nicht so dauerhaft wie die bevorstehende Nacht, denn wenn er eine Weile oder länger oder einige Tage in dieser Nacht und diesem Sturm verbracht hat, kehrt er zu seiner gewohnten Gelassenheit zurück. (S. 93-94)

So umfasst die Nacht des Geistes die Läuterung beider Bereiche: des Sinnenbereichs und des Geistes – „diese beiden Bereiche des Menschen – der geistig-geistliche und der sinnenhafte – [müssen] vollständig geläutert werden, denn der eine wird ohne den anderen nie richtig geläutert" (vom Kreuz, 2003b, S. 99). In der Nacht des Geistes findet nun eine grundlegende Wandlung des Menschen statt: Johannes vom Kreuz (2003b, S. 100) spricht davon dass „Gott sie nun tatsächlich von diesem *alten Menschen [hombre viejo]* entblössen und mit dem *neuen Menschen [hombre nuevo]* bekleiden möchte".

Man kann sich nun fragen, worin denn beim Fortgeschrittenen diese Läuterung besteht, da doch bereits in der Nacht des Sinnenbereichs eine Läuterung von den Unvollkommenheiten des Menschen stattgefunden hat. Der Läuterungsprozess der Nacht des Geistes bezieht sich – wie der Name schon sagt – vermehrt auf den Geist des Menschen und mit ihm nochmals auf die Sinne. So gehören zu den Unvollkommenheiten der Fortgeschrittenen etwa körperliche Beschwerden wie Schmerzen oder Magenbeschwerden und Schwächezustände bei geistlichen Mitteilungen – gemeint sind Berührungen des menschlichen Wesenskerns *(sustancia)* durch Gott, also spirituelle Erfahrungen. Hier zeigt sich, dass der sinnenhafte Bereich des Menschen noch zu schwach und zu ungeläutert und der Kraft des Geistes noch nicht angemessen ist (vom Kreuz, 2003b, S. 95).

Johannes vom Kreuz (2003b, S. 96-98) unterscheidet gewohnheitsmässige und gelegentliche Unvollkommenheiten der Fortgeschrittenen: Die Wurzel der *gewohnheitsmässigen* Unvollkommenheiten ist der noch verbliebene Egoismus des Menschen. Zu den *gelegentlichen* Unvollkommenheiten gehört die Anmassung, die durch besonders reichliche spirituelle Erfahrungen wie Visionen entstehen kann. Solche Erfahrungen können dazu führen, dass sich der Mensch mit allzu grosser Selbstsicherheit diesen spirituellen Wahrnehmungen hingibt und aus seiner eigenen Erfahrung, Gott oder Heilige sprechen mit ihm, kann Einbildung, Überheblichkeit, Hochmut und Arroganz hervorgehen sowie ein Verlust der Ehrfurcht vor Gott. Unvollkommenheiten dieser Art sind nach Johannes vom Kreuz (2003b, S. 98) besonders schwer zu heilen, weil man sie für spiritueller hält als andere Unvollkommenheiten. Es muss zur Läuterung der Nacht des Geistes kommen, damit der Mensch zur Gotteinung gelangen kann.

Die dunkle Nacht des Geistes umfasst im Wesentlichen zwei Seiten – eine überwiegend aktive, die eine Läuterung der drei Seelenvermögen umfasst, und eine überwiegend passive, die Johannes vom Kreuz auch als „eingegossene Kontemplation" (z.B. vom Kreuz, 2003b, S. 89, S. 103) bezeichnet.

Läuterung der drei Seelenvermögen durch Glaube, Hoffnung und Liebe

Der Mensch wird in den vorwiegend aktiven Aspekten der Nacht des Geistes in seinen *drei Seelenvermögen (potencia)* geläutert: dem Erkenntnisvermögen, dem Erinnerungsvermögen und dem Empfindungsvermögen. Dabei umfasst das *Erkenntnisvermögen (entendimiento)* unsere rationalen und intuitiven Fähigkeiten, mit denen wir Dinge erkennen, verstehen oder erahnen (Dobhan et al., 2003, S. 475). Mit dem *Erinnerungsvermögen (memoria)* können wir auf Erlebtes und Gelerntes zugreifen, es nutzen und uns auch Zukünftiges vorstellen. Über das Erinnerungsvermögen können wir uns der Gegenwart Gottes in unserem Inneren bewusstwerden und uns nach umfassender Gotteinung sehnen (Dobhan et al., 2003, S. 474-475). Unter dem *Empfindungsvermögen (voluntad)* schliesslich sind „sämtliche affektiven Kräfte des Menschen" (Dobhan et al., 2003, S. 474) zu verstehen.

Über diese drei Seelenvermögen können wir Gott nicht erreichen: „Weder wird das Erkenntnisvermögen mit seinen Gewahrwerdungen etwas ihm [Gott] Ähnliches erkennen können, noch wird das Empfindungsvermögen Wonne und Zärtlichkeit verschmecken können, die der gleicht, die Gott ist, noch wird das Erinnerungsvermögen in der Vorstellungskraft Einsichten und Bilder darbieten, die ihn wiedergeben" (vom Kreuz, 2003a, S. 163). Diese drei Bereiche müssen geläutert werden, damit wir den Weg zur Gotteinung gehen können. Eine solche Läuterung geschieht durch die *drei gottgewirkten Tugenden (virtudes teologales) Glaube (fe), Hoffnung (esperanza)* und *Liebe (amor* bzw. *caridad),* die den Menschen leer machen von allen Dingen (vom Kreuz, 2003a, S. 146). *Gottgewirkt (divino)* meint dabei, dass es sich dabei nicht um Grundhaltungen handelt oder um Leistungen, die der Mensch erbringen müsste, sondern um „Grundenergien, die Gott dem Menschen ins Herz gegeben hat, damit er sie entfalte und mit ihrer Hilfe zu ihm gelange" (Kommentar der Übersetzer in vom Kreuz, 2003a, S. 145). Sie sind also Gnadengaben oder Geschenke Gottes. Glaube, Hoffnung und Liebe ermöglichen dem

Menschen eine Sicherheit vor dem Bösen[17] *(demonio)* und dem eigenen Egoismus – beides als grosse Hindernisse auf dem spirituellen Weg bekannt (vom Kreuz, 2003a, S. 149). Diesen drei Tugenden kommt in der Lehre von Johannes vom Kreuz eine zentrale Bedeutung zu, sind sie doch „die Mittel und die Einstimmung für die Einung des Menschen mit Gott" (vom Kreuz, 2003a, S. 149). Sein umfangreichstes Werk, der „Aufstieg auf den Berg Karmel" orientiert sich in seiner Gliederung letztlich an diesen dreien. Dabei wird das Erkenntnisvermögen durch den Glauben, das Erinnerungsvermögen durch die Hoffnung und das Empfindungsvermögen durch die Liebe geläutert und frei (vom Kreuz, 2003a, S. 146-147):

(1) Läuterung des Erkenntnisvermögens durch den Glauben: Was auch immer wir durch unser Erkenntnisvermögen an Einsichten – seien das Einsichten durch rationale Erkenntnis oder aussergewöhnliche spirituelle Erfahrungen wie Visionen (vgl. vom Kreuz, 2003a, S. 168-188, S. 207-274) - erreichen können, es kann oder wird uns auf unserem Weg der Gotteinung zum Hindernis werden. Das Erkenntnisvermögen ist gebunden an Vorstellungen und Dinge, die wir schon kennen, und ist deshalb begrenzt und ungeeignet auf dem spirituellen Weg, weil dieser über unsere gewohnten Vorstellungen hinausgeht. So ist es kein geeignetes Mittel, um zur Gotteinung zu gelangen (vom Kreuz, 2003a, S. 158-165).

Das Erkenntnisvermögen ist aber ein natürlicher Teil des Menschen und kann und soll als solcher auch nicht vernichtet werden. Als Teil des Menschen wird auch das Erkenntnisvermögen in der Gotteinung mit Gott geeint. Damit das möglich ist, müssen wir als Menschen auf ein Mittel zurückgreifen, das dem Erkenntnisvermögen möglichst ähnlich ist, aber zur Gotteinung führt (vgl. vom Kreuz, 2003a, S. 159-160). Dieses Mittel ist der Glaube, der hier insbesondere ein „personales, existentielles Sich-Einlassen" auf Gott meint (Kommentar der Übersetzer in vom Kreuz, 2003a, S. 166). Der Glaube als ein tiefes Sich-Einlassen auf Gott schafft eine Leere im Erkenntnisvermögen, läutert es und befreit den Menschen, um wirklich verstehen zu können (vom Kreuz, 2003a, S. 146, S. 165-166). Ein solches tiefes Verstehen, das aus der Gotteinung entsteht, bezieht sich nie auf Einzeleinsichten, sondern ist eine begrifflich nicht fassbare Gesamtgewahrwerdung, die für ein intuitives gesamtheitliches Erfassen oder Erspüren des Wesens Gottes steht (vgl. Dobhan et al., 2003, S. 477). Göttliche Einsichten dieser Art berühren den Wesenskern des Menschen so tief und so umfassend, dass es nichts Vergleichbares gibt und sie auch vom „Bösen" nicht nachgeahmt werden können (vom Kreuz, 2003a).

(2) Läuterung des Erinnerungsvermögens durch die Hoffnung: Das Erinnerungsvermögen neigt dazu, Wahrnehmungsinhalte und Einsichten als Besitz festzuhalten. Damit ist es aber nicht mehr offen für Gott, der über all das hinausgeht. Die Hoffnung ist hier das Mittel der Läuterung. Hoffnung meint dabei die „Hoffnung auf eine grössere Erfüllung

---

[17] Mit dem „Bösen" ist eine personhaft verstandene Gegenkraft zu Gott gemeint, „die den Menschen vom spirituellen Weg abhalten und verwirren möchte" (Dobhan et al., 2003, S. 472). Der Böse kann den Menschen nur durch Wahrnehmungen des Sinnensbereichs und damit von aussen erreichen und verwirren. Er hat keinen Zugang zum Wesenskern des Menschen und kann auch die unmittelbaren Berührungen Gottes im Wesenskern des Menschen nicht nachahmen, stören oder verhindern. Seine Täuschungsversuche sind auf Einzeleinsichten beschränkt, die aber durchaus in übernatürlichen Erfahrungen wie Visionen, Offenbarungen, inneren Ansprachen ihren Ausdruck finden (Dobhan et al., 2003, S. 472). Bei aussergewöhnlichen Erfahrungen ist also immer Vorsicht geboten, ob sie göttlich gewirkt sind oder vom Bösen stammen und verwirren sowie auf dem Weg der Gotteinung hindern sollen.

in Gott". Sie „hilft dem Menschen, den angehäuften inneren Besitz zu relativieren und loszulassen" (Kommentar der Übersetzer in vom Kreuz, 2003a, S. 355-356).

Probleme durch das Erinnerungsvermögen entstehen etwa dadurch, dass wir über etwas nachdenken oder uns an etwas erinnern und dadurch aufgewühlt werden, viele Emotionen in uns haben und keine Gelassenheit mehr finden. Von Emotionen aufge-wühlt, sind wir auch spirituell nicht empfänglich – so lange wir im Erinnerungsvermö-gen gefangen sind, sind wir letztlich also nicht frei für Gott. Durch Leere im Erinne-rungsvermögen können solche Zustände vermieden oder beherrscht werden (vom Kreuz, 2003a, S. 343-344).

Was der Mensch tun muss, um aktiv am Leerwerden des Erinnerungsvermögens mitzuwirken, ist, seine Besitzneigung aufzugeben (vom Kreuz, 2003a). Es geht hier nicht darum, sich an nichts mehr zu erinnern, sondern das *Festhalten* an Erinnerungen, Einsichten oder Bildern aufzugeben und loszulassen. Johannes vom Kreuz (2003a, S. 336) spricht davon, dass wir in unserer Erinnerung „kein Archiv anlegen" sollen noch sie als „Beute speichern, sondern sie bald in Vergessenheit geraten lassen" sollen. Gott ist unfassbar, und nur durch ein Zurückstellen aller Wahrnehmungen können wir zu ihm gelangen (vom Kreuz, 2003a, S. 344).

(3) Läuterung des Empfindungsvermögens durch die Liebe: Die Liebe verpflichtet uns, Gott über allem zu lieben. Sie nimmt uns die Vorliebe für alles andere, um uns ganz auf die Liebe zu Gott auszurichten (vom Kreuz, 2003a, S. 146-147). Es geht darum, an nichts festzuhalten, um zu einer „Freiheit des Herzens" (vom Kreuz, 2003a, S. 379) zu gelangen. Es geht um ein Loslassen jeder Empfindung und um ein „Freihalten des Her-zens für Gott" (vom Kreuz, 2003a, S. 389), um es auf nichts ausser auf Gott auszurich-ten (vom Kreuz, 2003a, S. 375). Dabei geht es nicht um Weltverachtung, sondern dar-um, mit allem so umzugehen, dass es zu Gott führt und nicht zu einem Hindernis auf dem Weg zu Gott wird (Kommentar der Übersetzer in vom Kreuz, 2003a, S. 403). So-bald wir Dinge wollen, richten wir uns auf die Dinge aus: wir freuen[18] uns an ihnen, wenn wir sie besitzen und fürchten, sie zu verlieren – und wir empfinden Schmerz, wenn wir sie verlieren. Es ist also wichtig, genau zu differenzieren, wann etwas zum Hindernis wird und wann es die Gotteinung unterstützt (Kommentar der Übersetzer in vom Kreuz, 2003a, S. 402): Zum Hindernis wird etwas, wenn wir daran festhalten und es haben wollen. Im Grunde wird es mit allem erst dann bedenklich, wenn wir es nicht mehr in der richtigen Relation zu Gott sehen (Kommentar der Übersetzer in vom Kreuz, 2003a, S. 391) – also dann, wenn wir es von seinem göttlichen Ursprung ent-koppeln und die Dinge isoliert und absolut gesetzt sehen.

Der Mensch soll sich hier in seinem Empfindungsvermögen auch frei machen von seiner besitzverhafteten Freude an spirituellen Erfahrungen und spirituellen Gütern. So sind etwa der Ort der spirituellen Praxis oder Gegenstände, die eine Übung unterstüt-zen, für Anfänger hilfreich, weil sie ihnen einen Geschmack an Gott geben und ihnen helfen, sich mehr auf ein spirituelles Leben auszurichten. Im Verlauf des spirituellen Weges ist es jedoch wichtig, nicht dabei stehen zu bleiben, da sie zu einem Hindernis werden, wenn wir uns auf das damit verbundene fühlbare Verkosten ausrichten (vom

---

[18] Johannes vom Kreuz (2003a, S. 371) erwähnt vier Antriebe oder Neigungen des Empfin-dungsvermögens: Freude, Hoffnung, Schmerz und Furcht. Diese vier sind miteinander verbunden und „lassen den Menschen nicht in Ruhe und in Frieden" (vom Kreuz, 2003a, S. 373). Johannes vom Kreuz bespricht in seinem Werk *„Aufstieg auf den Berg Karmel"* (2003a) jedoch nur die Freude. Danach bricht das Werk unvollendet ab.

Kreuz, 2003a, S. 435-453). Johannes vom Kreuz (2003a, S. 452) schreibt in Bezug auf äussere spirituelle Dinge: „Der Grund dafür, dass manche spirituellen Menschen letztlich niemals in die wahren Freuden des Geistes eintreten, ist der, dass sie das Streben nach der Freude an diesen äusseren und sichtbaren Dingen nie vollständig aufgeben". Und in Bezug auf das Verkosten: „Denn wenn sich die Seele auf das Verkosten fühlbarer Frömmigkeit einstellt, wird es ihr nie gelingen, zur Kraft der Geisteswonne weiterzugehen, die man mittels der inneren Sammlung in der geistlichen Nacktheit findet" (vom Kreuz, 2003a, S. 453). Spirituelle Erfahrungen und äussere Dinge helfen also nur, wenn man sie bald vergisst und in Gott bleibt. Der Mensch soll seine Liebe einzig auf Gott ausrichten, der letztlich unfassbar ist (vom Kreuz, 2003a, S. 469).

Die drei Seelenvermögen sind dabei miteinander verbunden und voneinander abhängig: Findet etwa eine Läuterung des Erkenntnisvermögens durch den Glauben statt, „dann ist es unmöglich, dass er [der Mensch] unterwegs nicht auch die beiden anderen Seelenvermögen in die beiden anderen Tugenden einweist, da die Wirkweisen der einen von den anderen abhängig sind" (vom Kreuz, 2003a, S. 326, vgl. auch S. 284). Beim Leerwerden der drei Seelenvermögen durch die Läuterung geht es darum, dass die Seelenvermögen schweigen, „damit Gott rede" (vom Kreuz, 2003a, S. 339). Ziel ist dabei nicht, dass das Streben oder die „Strebekraft" *(apetito)* des Menschen abstirbt, sondern dass sie gebündelt auf Gott gerichtet wird und alles wegfällt, was der Gotteinung hinderlich ist. Es geht also nicht um ein Vernichten, sondern um einen inneren Befreiungsprozess (Kommentare der Übersetzer in vom Kreuz, 2003a, S. 61, S. 65).

Die dunkle Nacht des Geistes als eingegossene Kontemplation

Im Integrationsprozess der Läuterung durch die dunkle Nacht beginnt irgendwann der Wegabschnitt, den Johannes vom Kreuz (2003b, S. 89) den „Weg der Erleuchtung" nennt. Er spricht synonym auch von der „eingegossenen Kontemplation, mit der Gott den Menschen von sich aus und ohne Gedankengänge oder aktive Hilfe von seiten des Menschen weidet und erquickt" (vom Kreuz, 2003b, S. 89). Dieser *passive* Aspekt der dunklen Nacht des Geistes wird auch als die „Dunkle Nacht im prägnanten Sinn" bezeichnet (Dobhan et al., 2003, S. 473). Hier beginnt Gott, in den Menschen einzuströmen (vom Kreuz, 2003b):

> Diese dunkle Nacht ist ein Einströmen Gottes in den Menschen, das ihn von seinen gewohnheitsmässigen natürlichen und geistlichen Unkenntnissen und Unvollkommenheiten läutert; die Kontemplativen nennen sie eingegossene Kontemplation oder auch ‚mystische Theologie'. Hier belehrt Gott den Menschen geheimnisvoll und unterrichtet ihn in der Vollkommenheit der Liebe, ohne dass er dabei etwas tut noch das Wie versteht. Diese eingegossene Kontemplation, insofern sie liebende Weisheit Gottes ist, hat im Menschen hauptsächlich zwei Auswirkungen: Sie läutert und erleuchtet ihn und bereitet ihn so für die Liebeseinung mit Gott vor. (S. 103)

Wenn es hier um „Erleuchtung" und „eingegossene Kontemplation" geht, entsteht die Frage, warum dabei von „dunkler Nacht" gesprochen wird. Johannes vom Kreuz (2003b) beantwortet diese Frage so:

> Darauf ist zu antworten, dass diese göttliche Weisheit aus zwei Gründen für den Menschen nicht nur Nacht und Finsternis, sondern auch schmerz- und qualvoll ist: Erstens ist die göttliche Weisheit so erhaben, dass sie über die Begabung des

> Menschen hinausgeht, und so gesehen ist sie ihm Finsternis; zweitens wegen sei-
> ner Unzulänglichkeit und des Ungeläutertseins, und von daher gesehen ist sie
> ihm schmerzvoll und niederdrückend und ebenfalls dunkel. (S. 103-104)

Worin besteht nun das Leiden des Menschen in dieser eingegossenen Kontemplation und wie kommt es zustande? Wenn das Licht Gottes als eingegossene Kontemplation in den Menschen kommt, um ihn zu läutern, sieht der Mensch in diesem klaren Licht deutlich, wie ungeläutert er noch ist. Er sieht seine eigenen Schwächen, und seine eige-nen negativen Züge werden ihm bewusst, was sehr schmerzhaft ist (vom Kreuz, 2003b, S. 132, S. 150). In diesem Schmerz entsteht das Gefühl, Gott sei gegen ihn, Gott habe ihn verstossen und er sei Gottes nicht würdig (vom Kreuz, 2003b, S. 106).

Da die göttliche Kontemplation mit grosser Kraft in den Menschen eindringt, der Mensch jedoch noch zu schwach ist, um sie zu ertragen, kann er sich fühlen, wie wenn eine grosse unsichtbare Last ihn niederdrückt, und er hat das Gefühl, dass unter dieser Last alles, worauf er sich vorher stützte, nun nicht mehr da ist. Gott schenkt durch die eingegossene Kontemplation also Gnade, aber der Mensch erlebt es äusserst niederdrü-ckend (vom Kreuz, 2003b, S. 107).

In der eingegossenen Kontemplation beginnen sich das Göttliche und das Menschliche zu einen. Dabei wird der „alte Mensch" von all seinen angewohnten Nei-gungen und Eigenschaften entblösst und geläutert. Der Mensch fühlt sich dabei wie in einem „grausamen geistlichen Tod aufgelöst und zerschmolzen" (vom Kreuz, 2003b, S. 108). Was den Menschen hier besonders schmerzt, ist das starke Gefühl, von Gott verworfen und von ihm in Finsternis geworfen zu sein. Er glaubt, Gott habe ihn aufge-geben und ihn verlassen (vgl. auch vom Kreuz, 2003b, S. 147). All dies ruft grosses Lei-den hervor (vom Kreuz, 2003b):

> Und wahrhaftig, wenn diese läuternde Kontemplation den Menschen heimsucht,
> dann fühlt der Mensch leibhaftige Todesschatten und Todesseufzen und Höllen-
> schmerzen; sie bestehen im Gefühl der Abwesenheit Gottes, sowie von ihm ge-
> züchtigt, verworfen und seiner unwürdig und dem Zorn Gottes verfallen zu sein;
> all das spürt er hier, und das Schlimmste daran ist, dass er meint, dies sei nun
> immer so. (S. 108)

Der Mensch fühlt sich von allen verlassen und verachtet, auch von seinen Freunden. Und in all diesem Leiden hat er das Gefühl, es höre nie auf (vom Kreuz, 2003b, S. 108, S. 116-117). Der Mensch hat in dieser Zeit das Gefühl, nicht mehr beten zu können; und wenn er betet, ist sein Gebet kraftlos, und er hat das Gefühl, Gott höre es nicht (vom Kreuz, 2003b, S. 118). Das göttliche Licht macht den Menschen hier umso dunk-ler und leerer, je klarer es in ihn eindringt (vom Kreuz, 2003b, S. 120). Und der Mensch erfährt es umso dunkler, je näher er Gott kommt (vom Kreuz, 2003b, S. 162).

Schwierig für den Menschen in dieser dunklen Nacht ist es auch, dass er auf Grund der Einsamkeit und Verlassenheit, die er erlebt, in keiner Lehre und bei keinem spirituellen Lehrer mehr eine Stütze findet. Auch wenn ein spiritueller Lehrer ihm ver-sichert, dass aus seinem Leiden viel Gutes hervorgehen wird, so kann er es in seiner La-ge nicht glauben. Er fühlt sich nicht verstanden und findet statt Trost nur neuen Schmerz, was ihn darin bestätigt, dass es keine Abhilfe gibt in seinem Schmerz (vom Kreuz, 2003b, S. 114-115). Johannes vom Kreuz (2003b, S. 115) fügt hinzu, dass es in diesem Zustand auch kein Heilmittel gegen den Schmerz gibt, solange Gott diesen Läu-terungsprozess nicht zum Abschluss gebracht hat.

Die Leere, die der Mensch hier erfährt, ist Bedingung für die Gotteinung. Und alles Festhalten wird dem Menschen auf diesem Weg zum Hindernis (vom Kreuz, 2003b; vgl. auch vom Kreuz, 2008, S. 110, S. 115):

> Selbst wenn er auch nur noch eine Neigung hat oder wenn der Geist noch an einer Einzelheit festhält, gleichgültig, ob momentan oder gewohnheitsmässig, so reicht dies schon, damit er das zarte Liebkosen und das tiefinnerliche Verkosten des Geistes der Liebe, der auf ganz hervorragende Weise alles Verkosten in sich enthält, weder verspüren noch schmecken noch sich mit ihm austauschen kann. (S. 123-124)

In der dunklen Nacht leiden wir so lange, bis wir von allen Unvollkommenheiten geläutert sind. Danach ist die eingegossene Kontemplation von grossem Wohlbefinden begleitet: „Wenn die Unvollkommenheiten ein Ende nehmen, hat das Leiden für den Menschen auch ein Ende, und es bleibt nur das Geniessen" (vom Kreuz, 2003b, S. 133). Der Grund also, weshalb der Mensch in dieser Phase leidet, liegt nicht in der eingegossenen Kontemplation und dem Licht Gottes selbst, sondern in der Schwäche und Unvollkommenheit des Menschen, die er bis dahin noch hat: „Der Grund dafür sind die Schwäche und Unvollkommenheit, die dem Menschen zu diesem Zeitpunkt zu eigen sind, sowohl ihm eigene Einstellungen als auch Widerstände, sie zu empfangen, so dass der Mensch, wenn das göttliche Licht in diese hineinstösst, auf die schon erwähnte Weise leiden muss" (vom Kreuz, 2003b, S. 130).

Diese dunkle Nacht dauert einige Jahre – so stark sie auch sein mag. Je nach Stufe der Liebeseinung, zu der Gott den Menschen führen will, ist dieser Läuterungsprozess jedoch mehr oder weniger intensiv und länger oder kürzer. Dennoch gibt es Zeiten der Erleichterung, in denen der Mensch die Kontemplation erleuchtend und liebevoll spürt. In diesen Zeiten erlebt der Mensch „grosse Zärtlichkeit des Friedens und liebevolle Freundschaft mit Gott in mühelosem Überfliessen geistiger Mitteilungen" (vom Kreuz, 2003b, S. 115).

Durch die eingegossene Kontemplation, die der Mensch als dunkle Nacht erfährt, gelangt der Mensch schliesslich zu einer tiefen *Demut*. Und auch die Mitteilungen Gottes, die der Mensch nun erhalten mag, haben diese Eigenschaft: Sie machen ihn demütig, obwohl sie ihn zugleich erheben: „Denn die Mitteilungen, die wirklich von Gott stammen, haben diese Eigenschaft: Mit einem Mal erheben sie den Menschen und machen ihn demütig, da auf diesem Weg Hinabsteigen Hinaufsteigen und Hinaufsteigen Hinabsteigen ist" (vom Kreuz, 2003b, S. 171). Diese Demut schützt den Menschen vor Anmassung (vom Kreuz, 2003b, S. 157) und ist das Ergebnis einer klaren Selbsteinschätzung, zu der die Läuterung der dunklen Nacht den Menschen führt (vom Kreuz, 2003b, S. 172). Die dunkle Nacht des Geistes befreit den Menschen also von allem, was nicht Gott ist (vom Kreuz, 2003b, S. 161), sie macht ihn demütig und erhebt ihn zugleich (vom Kreuz, 2003b):

> Nun bleibt noch zu sagen, dass *diese glückselige Nacht* den Geist zwar verdunkelt, aber nur deshalb, um ihm bezüglich aller Dinge Licht zu spenden; sie macht ihn zwar demütig und erbarmenswürdig, aber doch nur, um ihn zu erheben und aufzurichten; auch macht sie ihn arm und leer von jedem Besitz und jeder natürlichen Neigung, aber nur, damit er sich auf göttliche Weise ausweiten kann, um alle Dinge von oben und alle Dinge von unten zu geniessen und zu schmecken; denn nun eignet ihm in allem die umfassende Freiheit des Geistes. (S. 123)

Die dunkle Nacht des Geistes bereitet den Menschen also zur Liebeseinung mit Gott. Mitten in seiner Bedrängnis durch die Nacht wird die *Liebe Gottes spürbar*, er wird „von einer starken göttlichen Liebe verwundet" (vom Kreuz, 2003b, S. 136). Diese „Entflammung des Geistes … [in] Liebesleidenschaft" (vom Kreuz, 2003b, S. 136) ist ein mehr passives als aktives Geschehen und ist der Gotteinung ähnlich. Der Mensch muss im Grunde nichts dazu beitragen ausser, dieses Wirken anzunehmen (vom Kreuz, 2003b, S. 136): „Trotzdem bleibt für den Menschen hier etwas zu tun, nämlich seine Zustimmung zu geben".

3.1.3 Integrierte Spiritualität: „Gott durch Liebe gleichgestaltet"

Welches Bild zeichnet Johannes vom Kreuz nun von dem, was wir hier integrierte Spiritualität nennen – in seinen Worten die Gotteinung *(union con Dios)* oder Liebeseinung mit Gott *(union de amor con Dios)*? Gotteinung besteht für ihn (vom Kreuz, 2003a) darin,

> dass aus zweien ein Wille geworden ist, nämlich der Wille Gottes, und dieser Wille Gottes ist auch des Menschen Wille. Wenn also dieser Mensch eine Unvollkommenheit möchte, die Gott nicht möchte, dann wäre nicht der eine Wille Gottes geworden, da der Mensch seinen Willen auf das gerichtet hat, auf das Gott ihn nicht gerichtet hat. Von daher ist klar, dass der Mensch zuerst alles Streben des Willens, wie klein es auch sein mag, aufgeben muss, um die Einung mit Gott vollkommen durch Liebe und Willen zu erlangen … (S. 101-102)

Für Johannes vom Kreuz (2003a, S. 143) werden in der Gotteinung Gott und Mensch ebenbürtig eins – der Mensch wird Gott durch Teilhabe, obwohl er dabei auch immer ganz Mensch bleibt. Er spricht auch von einer Gleichgestaltung mit Gott *(transformation en Dios)* (z.B. vom Kreuz, 2003a, S. 143). Notwendige Voraussetzung dafür ist der beschriebene Läuterungsprozess, in dem der Mensch sich aus Liebe zu Gott von allem befreit, was nicht Gott ist: „Man kann zu dieser (Gott)Einung nicht kommen, ohne umfassend geläutert zu werden, und dieses Geläutertsein erlangt man nicht, ohne sich ganz von allem Erschaffenen zu entblössen und lebendig zu sterben" (vom Kreuz, 2003b, S. 201). Lieben und Loslassen sind eng miteinander verbunden. Durch das Loslassen im Läuterungsprozess schafft der Mensch Raum für Gott, wobei die Gotteinung letztlich aus Gnade geschieht, also ein Geschenk Gottes ist (vom Kreuz, 2003a):

> Wenn der Mensch Raum schafft, - das ist, jeden Schleier und Flecken eines Geschöpfes von sich zu entfernen, was in der Bewahrung des Wollens und Empfindens in vollkommener Einung mit Gott besteht, denn Lieben ist, wegen Gott an sich zu arbeiten in der Entledigung und Freimachung von all dem, was nicht Gott ist -, dann wird er alsbald leuchtend und *Gott gleichgestaltet* sein, und es teilt ihm Gott sein übernatürliches Sein derart mit, dass er Gott selbst zu sein scheint und hat, was Gott selbst hat.

> Und eine solche Gotteinung ergibt sich, sobald Gott dem Menschen diese übernatürliche Gnadengabe gewährt, dass alles, was Gottes ist, und der Mensch eins werden in dieser *Gleichgestaltung durch Teilhabe*. Und der Mensch erscheint mehr als Gott denn als Mensch, ja er ist sogar *Gott durch Teilhabe, auch wenn in Wirklichkeit sein Wesen naturbedingt genauso vom Wesen Gottes unterschieden ist wie vorher*, obwohl es ihm gleichgestaltet ist, so wie auch die Glasscheibe vom Sonnenstrahl unterschieden ist, wiewohl sie von ihm zum Leuchten gebracht ist. (S. 143) [Hervorhebungen durch die Autorin]

Der Vergleich mit der Glasscheibe (die Menschenseele) und dem Sonnenstrahl (das Licht Gottes) verdeutlicht dabei, wie der Mensch in der Gotteinung Gott durch Teilhabe wird, obwohl die Natur von Gott und Mensch dennoch verschieden ist und es auch bleibt – die Glasscheibe wird nie Sonnenstrahl, auch wenn sie noch so transparent und klar ist für das durchscheinende Licht, und der Sonnenstrahl ist nicht dasselbe wie die Glasscheibe (vom Kreuz, 2003a):

> Und damit man das eine und das andere besser versteht, wollen wir einen Vergleich bringen: den Sonnenstrahl, der auf eine Glasscheibe trifft. Wenn die Glasscheibe so manche Schmutz- oder Dunstschleier hat, kann er sie in seinem Licht nicht ganz und gar zum Leuchten bringen und sich gleichgestalten, wie wenn sie von all diesen Schmutzflecken sauber und durchsichtig wäre, im Gegenteil, er wird sie um so weniger zum Leuchten bringen, je weniger sie von diesen Schleiern und Flecken frei ist, und um so mehr, je sauberer sie ist. Und das liegt nicht am Sonnenstrahl, sondern an ihr, und zwar so sehr, dass der Strahl sie sich derart gleichgestalten und zum Leuchten bringen würde, wenn sie ganz sauber und rein wäre, dass sie selbst als Strahl erschiene und genauso viel Licht abgäbe wie der Strahl. *Trotzdem behält die Glasscheibe in Wirklichkeit ihre vom Sonnenstrahl unterschiedene Natur bei, auch wenn sie dem Sonnenstrahl selbst gleicht;* doch wir können sagen, dass diese Scheibe Sonnenstrahl oder Licht durch Teilhabe ist. (S. 142) [Hervorhebung durch die Autorin]

Dass die Glasscheibe auch in ihrer Teilhabe am Sonnenstrahl ihre Glasscheiben-Natur nicht verliert, kann als Hinweis darauf verstanden werden, dass die Person des Menschen sich nicht auflöst in der Gleichgestaltung mit Gott, sondern sie im Grunde ihre wahre Bestimmung findet (vgl. Dobhan et al., 2003, S. 478). In diesem Vergleich mit der Glasscheibe und dem Sonnenstrahl zeigt sich auch, wie Läuterung und Gotteinung zwei Aspekte desselben Prozesses sind und wie die Initiative dafür letztlich von Gott kommt (Kommentar der Übersetzer in vom Kreuz, 2003a, S. 142). Gott bleibt trotz seiner Nähe zum Menschen, die auch in der Teilhabe des Menschen an Gott ihren Ausdruck findet, doch auch der ganz andere, letztlich unerreichbare: „vielmehr ist der Abstand, den es zwischen seinem göttlichen und ihrem Sein [dem Sein aller Geschöpfe, Anm. der Autorin] gibt, unendlich" (vgl. auch Schraut, 2001, S. 80; vom Kreuz, 2003a, S. 160).

Johannes vom Kreuz verweist immer wieder auf die Gotteinung, *wie sie in diesem Leben möglich ist* (z.B. vom Kreuz, 2003a, S. 159, S. 161; vom Kreuz, 2003b, S. 200). Gotteinung kann in diesem Leben erlangt werden, vollkommen wird sie jedoch erst nach dem Tod (Dobhan et al., 2003, S. 478, S. 479).

Gotteinung meint, „in höchster Gelassenheit zu leben" (vom Kreuz, 2007, S. 189), weil der Mensch an nichts mehr festhält und sein Anhaften losgelassen hat. Durch das klare, einfache und umfassende Licht Gottes, das in den Menschen eingegossen wird, ergibt sich weiter, „dass der Mensch sehr umfassend und leicht alles erkennt und durchschaut, sei es etwas von oben oder von unten" (vom Kreuz, 2003b, S. 122). Was den Menschen in der Gotteinung zutiefst begleitet, ist eine grosse Ruhe des Geistes und Demut: Der „Geist findet seine Ruhe" (vom Kreuz, 2008, S. 191), und der Mensch steht in der „Mitte seiner Demut" (vom Kreuz, 2008, S. 191). Der Mensch in der Gotteinung wird in seinem alltäglichen Tun und Handeln „in aller Regel von Gott bewegt" (vom Kreuz, 2003a, S. 337). Nicht mehr der Mensch ist es, der eigenmächtig handelt, sondern Gott handelt durch ihn.

Letztlich ist Gotteinung aber – wie in aller Mystik - ein unaussprechliches Geschehen: „Denn ich sehe klar, dass ich es nicht im geringsten zu sagen verstünde, und wenn ich es sagte, erschiene es so, als wäre das alles" (vom Kreuz, 2007, S. 190). Beschrieben werden kann diese Teilhabe an Gott kaum und wenn, dann nur, wenn etwas von dieser Erfahrung unmittelbar beim Schreiben anklingt: „Denn da sie von so innerlichen und spirituellen Dingen handeln, für die es in der Regel keine Worte gibt ... ist nur mit Schwierigkeit etwas über das Wesen zu sagen; und auch, weil man nicht leicht über die Innenseiten des Geistes spricht, es sei denn mit verinnerlichtem Geist" (vom Kreuz, 2007, S. 44-45). Johannes vom Kreuz (2007) drückt es jedoch in diesen Worten aus seinem Gedicht „Die lebendige Liebesflamme" poetisch aus, ohne das Unaussprechliche kommentieren zu wollen:

> Und in deinem köstlichen Hauch,
> von Gutem und Herrlichkeit voll,
> wie zartkosend machst du mich verliebt! (S. 190)

Gottgeeinte Menschen handeln im Einklang mit Gott, da die Regungen ihrer Seelenvermögen gottgewirkt sind (vom Kreuz, 2003a). Um sich ein plastischeres Bild des gottgeeinten Menschen machen zu können und zu verstehen, wie sich gottgewirkte Regungen der Seelenvermögen praktischerweise auswirken, sei hier folgendes Beispiel zitiert (vom Kreuz, 2003a):

> Von diesen Wirkweisen will ich einige Beispiele anführen, etwa dies eine: Es bittet jemand einen anderen, der in dieser Verfassung lebt, ihn Gott zu empfehlen. Dieser wird sich nun nicht deshalb daran erinnern, es zu tun, weil ihm irgendeine Gestalt oder Kenntnis von dieser Person in der Erinnerung haften geblieben ist, sondern wenn es angebracht ist, dass er ihn Gott empfiehlt, das heisst, *wenn Gott ein Gebet für diese Person annehmen möchte, dann wird er seinen Willen anregen und ihn Lust verspüren lassen, es zu tun;* und wenn Gott dieses Gebet nicht will, dann mag er sich zwar Gewalt antun, um für sie zu beten, doch wird er es weder vermögen, noch Lust dazu verspüren, ja, manchmal wird Gott sie ihm eingeben, um für andere zu beten, die er nie kennengelernt und von denen er nie gehört hat.
>
> Und das ist so, *weil Gott allein die Seelenvermögen dieser Menschen zu solchen Werken bewegt, die nach Gottes Willen und Anordnung angemessen sind, während sie zu anderen nicht bewegt werden können;* und *so haben die Werke und das Beten dieser Menschen immer Wirkung.*
>
> ... Ein weiteres Beispiel: Einer hat zu einer festgesetzten Zeit einer notwendigen Aufgabe nachzugehen; er wird nicht durch einen konkreten Gedanken daran erinnert werden, sondern, *ohne dass er weiss wie, setzt sich in seiner Seele fest, wann und wie es angemessen wäre, dem nachzugehen,* ohne dass etwas fehlte. (S. 333-334) [Hervorhebungen durch die Autorin]

In diesen Beispielen ist der gottgeeinte Mensch so mit Gott und dem Willen Gottes verbunden, dass sein eigener Wille unmittelbar durch Gottes Wille geführt wird. Und weil der gottgeeinte Mensch in diesem Einssein mit Gottes Wille handelt und eben auch im Einklang mit Gott Dinge weglässt, die Gott nicht will, so hat sein Tun und sein Gebet immer eine Wirkung. Diese gottgewirkten Regungen und das gottgewirkte Handeln entsteht im Menschen unmittelbar – nicht durch konkretes Denken: sondern es

„setzt sich in seiner Seele fest". Es ist ihm also unmittelbar klar, wie und wann er zu handeln hat. Und sein Handeln ist vollständig.

Der Mensch kann in diesem Leben im tiefsten Innern ständig mit Gott vereint sein, was aber nicht heisst, dass er das auch in jedem Moment bewusst so erlebt (Kommentar der Übersetzer in vom Kreuz, 2003a, S. 139). So konnte auch Johannes vom Kreuz nicht in jedem Augenblick aus einer Fülle und Intensität schöpfen, wie er sie in seinem Gedicht der lebendigen Liebesflamme beschreibt, das er in „innigster Gotteinung" (vom Kreuz, 2007, S. 48) verfasst hat (Peeters, 2007, S. 21). So schreibt Johannes vom Kreuz im Vorwort zum Kommentar seines Gedichts, dass er sein Kommentieren aufgeschoben habe, bis „der Herr nun anscheinend ein bisschen die Einsicht eröffnet und etwas innere Wärme geschenkt hat" (vom Kreuz, 2007, S. 45), also ihn einen Hauch seiner damaligen Erfahrung wieder zugänglich werden liess. Hier zeigt sich auch, dass zwischen der Erfahrung der Gotteinung, die sehr intensiv sein kann, aber vorübergehend ist, und dem überdauernden Zustand der Gotteinung, der mehr einer inneren Grundhaltung entspricht, unterschieden werden muss.

Johannes vom Kreuz (2003a, S. 139) unterscheidet in ähnlicher Weise auch zwischen dem *„Habitus der Gotteinung"*, die in einer grundsätzlichen und mehr oder weniger ständigen Einstellung besteht, und dem *„Akt"*, der eine unmittelbare äussere Handlung oder innere Regungen im konkreten Augenblick bezeichnet (vgl. die Kommentare der Übersetzer in vom Kreuz, 2003a, S. 102, S. 139). Die Gotteinung bezieht sich als Habitus auf das Innere des Menschen – auf der Oberfläche, im konkreten Akt, bleiben unwillkürliche Regungen weiterhin bestehen. Johannes vom Kreuz (2003a, S. 100) schreibt, dass „es in diesem Leben unmöglich ist, diese loszuwerden, das heisst, sie völlig zum Sterben zu bringen; diese sind nicht so hinderlich, dass man nicht zur gottgewirkten Einung gelangen könnte". Der Mensch kann also Gotteinung erlangen, ohne dass er von allen Regungen im Sinne eines Anhaftens völlig frei sein muss. So bleibt auch der Mensch in der Gotteinung ein Mensch, der nicht völlig frei ist von unvollkommenen Regungen. Er handelt nicht in jedem Moment aus dieser Gotteinung heraus und ist also auch moralisch nicht unanfechtbar (Kommentar der Übersetzer in vom Kreuz, 2003a, S. 101).

Für den Grad der Gotteinung, den ein individueller Mensch erlangt, ist letztlich dessen Fassungsvermögen ausschlaggebend. So kann ein Mensch entsprechend seinem Fassungsvermögen tiefere Gotteinung erlangen als ein anderer, obwohl beide sich zufrieden und erfüllt fühlen, da ihre individuelle Grenze ausgelotet ist (vom Kreuz, 2003a, S. 144-145).

Gleichgestaltung mit Gott ist nie wirklich zu Ende – die Liebe kann immer neue Tiefen erreichen und sich im Verlaufe der Zeit und mit Übung immer mehr „verwesentlichen" (vom Kreuz, 2007):

> Denn wenn es auch stimmt, dass das … alles die eine Verfassung der Gleichgestaltung ausmacht, und man über sie als solche nicht hinauskommen kann, so kann sich die Liebe mit der Zeit und durch Übung doch bewähren, wie ich sage, und viel mehr verwesentlichen, genauso wie das Feuer das Holz sich zwar gleichgestaltet und damit schon angeeint hat, nachdem es in es eingedrungen ist, dieses aber noch sehr viel mehr erglüht und entflammt, sobald das Feuer sich mehr erhitzt und längere Zeit auf es einwirkt, bis es von sich aus Funken sprüht und lodert. (S. 46-47)

Dann ist der Mensch nicht nur mit diesem Feuer geeint, sondern es ist schon „zur lebendigen Flamme in ihm geworden" (vom Kreuz, 2007, S. 47).

3.2   Sufismus: Hingabe an Gott

Was ist Sufismus? Er sprach: ,Freude finden
im Herzen, wenn die Zeit des Kummers kommt.' (Rumi zit. nach Schimmel,
2003, S. 132)

Sufismus *(tasawwuf)* - die Mystik des Islam - wird auf *suf*, „Wolle", zurückgeführt, weil
das besondere Kennzeichen der ersten Asketen ein grobes Wollgewand war. Von den
Sufis selbst wird der Begriff manchmal auch mit *safa*, „Reinheit", verbunden. Obwohl
diese etymologische Ableitung von *safa* nach Schimmel (1999, S. 620) im Grunde falsch
ist, spielten die Mystiker gerne damit in verschiedenen Aussagen, die essenziell für den
Sufismus sind. So heisst es: „Wer durch Liebe gereinigt ist, ist rein, *safi*, aber wer durch
den Geliebten gereinigt ist, ist ein Sufi" (Schimmel, 1975/1995, S. 34). Das bedeutet,
wer völlig absorbiert ist im göttlichen Geliebten und nur an Ihn denkt, ist ein wahrer
Sufi.

Diese *Hingabe* an Gott spielt im Sufismus immer wieder eine wichtige Rolle. Das
zeigt sich etwa in einem zeitgenössischen Erfahrungsbericht einer traditionellen Sufi-
Klausur. Darin beschreibt die moderne Muslimin Michaela M. Özelsel eine für sie
zentrale Erfahrung während dieser vierzigtägigen Klausur:

Plötzlich wird mir schmerzlichst klar, es gibt wirklich nur einen Weg: absolute
Hingabe, absolutes Aufgeben des eigenen Für-sich-Wollens. Das *freiwillige* Hingeben dessen, ,was einem am liebsten ist'. (S. 74)

Diese Hingabe kann als eine innere Haltung des Herzens verstanden werden, das sich
ganz Gott öffnet und unabhängig von äusseren Gegebenheiten und Einflüssen auch
dann noch Sicherheit und Freude findet, wenn das Leben Anlass zu Kummer gibt. Diese Haltung zeigt sich auch im obigen Zitat von Rumi, dem wohl bekanntesten Sufi-
Dichter und -Mystiker. In ähnlicher Weise beschreibt der Mystiker Junaid (gest. 910)
Sufismus als eine innere Haltung des Herzens und der Seele: „Sufismus wird nicht (erworben) durch viel Beten und Fasten, sondern ist die Sicherheit des Herzens und die
Grossmut der Seele" (zit. nach Schimmel, 1975/1995, S. 31).

Im Sufismus werden immer wieder drei Bildgruppen deutlich, um den inneren
mystischen Prozess auszudrücken. Diese drei werden im Grunde von Mystikern aller
Religionen benutzt, um ihre Erfahrung verständlich zu machen (Schimmel, 1975/1995,
S. 17-18):

- So wird das *Suchen nach Gott* durch das Bild des *Weges* oder *Pfades* symbolisiert, auf dem der Wanderer vorwärtsschreitet. So lautet etwa ein Buchtitel der modernen Sufi-Lehrerin Annette Kaiser „Der Weg hat keinen
Namen" (Kaiser, 2002).
- In der Bildwelt der *Alchemie* wird die *Transformation und Reinigung der Seele*
verdeutlicht, die oft mit schmerzhaften Erfahrungen verbunden ist. Hier
wird auf materieller Ebene etwa davon gesprochen, aus unedlem Metall
Gold zu machen, um die geistige Umwandlung zu verdeutlichen. Der
transformative Aspekt wird etwa im Buchtitel der Sufi-Lehrerin Irina
Tweedie (1907 - 1999) deutlich „Wie Phönix aus der Asche" (Tweedie,
1979/1992).

- Die Sehnsucht des Mystikers nach der *Vereinigung mit Gott* wird oft in Bildern menschlicher *Liebe* ausgedrückt. Gerade im Sufismus wird sehr oft vom Liebenden – dem Mensch auf dem Sufi-Pfad – und dem göttlichen Geliebten gesprochen. Das Element reiner Gottesliebe, einer Liebe, die weder nach Lohn noch nach Strafe fragt, wurde von einer Frau, Rabi'a von Basra (gest. 801) in den Sufismus eingeführt und blieb auch für die weitere Entwicklung des Sufismus zentral (Schimmel, 1999, S. 620). Der zentrale Stellenwert der Liebe im Sufismus wird etwa in zeitgenössischen Buchtiteln wie „Der Liebesbund" des Sufi-Lehrers Llewellyn Vaughan-Lee (1993) deutlich.

Ein Sufi versteht sich – wie jeder Mystiker – nicht als religionslos, sondern er handelt ganz klar nach den Gesetzen und Anordnungen Gottes, wie sie im Islam Bestandteil des religiösen Lebens sind. Diese Gesetze hat der Sufi in ihrer tieferen geistigen Bedeutung verstanden und praktiziert sie auch weiterhin äusserlich. So sprachen die früheren Sufis auch vom dreifachen Sinn des *tasawwuf*, der eine Reinigung auf verschiedenen Ebenen bedeutet und der zugleich die drei Hauptteile des mystischen Weges meint (Schimmel, 1975/1995, S. 33):

- Auf der Ebene des Gesetzes *(shari'a)* geht es um eine Reinigung von den niedrigen Eigenschaften und der Unreinheit der Seele. Hier heisst es auch „dein ist dein, und mein ist mein" (S. 149).
- Der mystische Pfad *(tariqa)* im engeren Sinn beinhaltet eine Reinigung vom Zwang der menschlichen Eigenschaften – auch ausgedrückt in „dein ist dein, mein ist auch dein" (S. 149).
- Und auf der Ebene der Wahrheit *(haqiqa,* manchmal auch *ma'rifa* „Erkenntnis" genannt) geht es schliesslich um eine Reinigung und Erwählung auf der Ebene der Attribute. Hier lösen sich die Unterschiede zwischen Mein und Dein im Einssein mit Gott auf: „es gibt weder mein noch dein" (S. 149).

Im Unterschied zum traditionellen Sufismus, der sich ganz klar auf den Islam bezieht, sehen Vertreter des Neosufismus „keine genetische Verbindung von Sufismus und Islam und behaupten, Sufi sein zu können, ohne Muslim zu sein" (Frei, 1998, S. 3). Sufismus wird dabei verstanden als eine Weisheit und Lebensart, die bereits vor den Hochreligionen bestanden haben soll. Diese Tendenzen werden auch im Sufismus der Naqshbandi-Mujaddidiyya-Linie deutlich, wie sie bei uns heute im Westen vertreten wird (vgl. Kaiser, 2002, S. 47-52; Vaughan-Lee, 1990, S. 19-20).

Sufismus versteht sich als Weg der unmittelbaren Erkenntnis im Gegensatz zu intellektuellem Wissen und Verständnis. Wissenschaft und rationales Wissen nützen hier nichts – sie werden als einen der grössten Schleier auf diesem Weg der Liebe betrachtet. Nur intuitives Wissen, das sich in reiner Erkenntnis zeigt, ist hilfreich auf diesem Pfad. So wurde von manchen Mystikern ein Zerreissen der Bücher für den ersten Schritt im Sufismus gehalten. Andere empfanden Bücher als gute Führer bis zu einem gewissen Punkt – wenn man das Ziel jedoch erreicht habe, sei es absurd, sich weiterhin um den Führer zu kümmern (Schimmel, 1975/1995, S. 38, S. 204).

Im Verlauf der Geschichte des Sufismus wurde im 10. Jahrhundert zunächst in Ostiran und später in fast allen Regionen das Lehrer-Schüler-Verhältnis im Sufismus sozial institutionalisiert. Nach einer Initiation in den mystischen Pfad durchschritt der Schüler nun in einer Institution (Orden) unter deren Führer *(arabisch: shaikh* oder persisch: *pir)* den mystischen Pfad dieses Ordens *(tariqa)*. Der *shaikh* liess dem Schüler im Verlauf seines Weges unterschiedliche Grade von Lehrautorisation *(igaza)* zuteil werden. Dadurch entstanden manchmal komplexe spirituelle Genealogien *(silsila,* „Kette), die später auf früheste muslimische Generationen oder gar auf den Propheten Muhammad selbst zurückgeführt wurden (Schulze, 2006, S. 514).

Die folgenden Ausführungen über den Sufismus orientieren sich überwiegend an einem der sechs grossen Orden, der bereits erwähnten Naqshbandiyya und darin der Mujaddidiyya-Linie. Die Naqshbandiyya erhielt ihren Namen von Baha'uddin Naqshband (gest. 1390), der zur zentralasiatischen Tradition gehörte, die ihren geistigen Stammbaum auf Yusuf Hamadhani (gest. 1140) zurückführt. Hamadhanis geistige Kette geht zurück auf Kharaqani und Bayezid Bistami. Einer der wichtigsten Schüler Hamadhanis war Abdul Khaliq Ghijduwani (gest. 1220). Ghijudawani soll auch die acht Prinzipien aufgestellt haben, auf denen die spätere Naqshbandiyya basiert (Schimmel, 1975/1995, S. 514-515). Diese ursprünglichen acht Prinzipien wurden von Baha'uddin Naqshband um drei Prinzipien erweitert. Diese elf Prinzipien bilden die Grundlage des Naqshbandi-Pfades der Naqshbandi-Mujaddidiyya-Linie, wie sie heute u.a. vom Golden Sufi Center (California) weltweit unter der Leitung des Sufi-Lehrers Llewellyn Vaughan-Lee vertreten wird (Vaughan-Lee, o.J.):

1. *Gewahrsein für den Atem / Gewahrsein für den Augenblick (hush dar dam).* Baha'uddin Naqshband erläutert dazu: „Das Fundament unserer Arbeit ist der Atem. Je mehr man sich des Atems gewahr zu sein vermag, desto stärker ist das innere Leben" (zit. nach Vaughan-Lee, o.J., S. 1). Dabei geht es darum, sich des eigenen Atems bewusst zu sein und dadurch zu einer Gegenwärtigkeit im Augenblick zu kommen. Im Gewahrsein des Atems soll das „Erinnern des Wirklichen" geschehen (Sa'd du-din Kashgari (gest. 1455) zit. nach Vaughan-Lee, o.J., S. 1).

2. *Seine Schritte überwachen, auf seinen Schritt achten (nazar bar qadam).* Seine Schritte zu überwachen, bedeutet für den Anfänger auf dem Pfad, in seiner Aufmerksamkeit nicht abgelenkt zu werden, damit er nicht die Sammlung auf Gott verliert und sein Geist zerstreut wird. Für die Fortgeschrittenen meint dieses Prinzip, „auf die Umstände zu achten, das heisst, zu fühlen, wann der richtige Zeitpunkt zum Handeln und wann der richtige Zeitpunkt zum Nicht-Handeln und wann der richtige Zeitpunkt für eine Pause gekommen ist" (Vaughan-Lee, o.J., S. 2). Und für diejenigen, die im Begriff sind, das Ziel des mystischen Weges zu erreichen, ist es wohl eine Anspielung auf die Reise des Wanderers „durch die Stationen seines Loslösens von der Existenz und seines Zurücklassens der Eigenliebe" (Fakhr ud-din Kashifi zit. nach Vaughan-Lee, o.J., S. 2).

3. *Reise heimwärts, innere mystische Reise (safar dar watan).* Die Reise heimwärts ist die uns verwandelnde Reise heim zu Gott, bei der wir fähig werden, unsere göttliche Bestimmung zu erfüllen. Diese Reise macht der Wanderer auf dem mystischen Pfad in seinem Innern. „Dieses Reisen innerhalb von einem Selbst heisst, sich selber zu beobachten, sich und die eigenen Reaktionen zu untersuchen und zu sehen, wie sie sich auf einen auswirken. Das zeigt, welches Gewicht der Naqshbandi-Pfad auf die inneren Stadien, Zustände und Prozesse legt" (Vaughan-Lee, o.J., S. 2).

4. *Einsamkeit in der Menge (khalvat dar anjuman).* Dieses Prinzip meint: „äusserlich bei den Menschen sein, innerlich bei Gott" (Vaughan-Lee, o.J., S. 3). Die Konzentration des Mystikers kann nicht gestört werden – sie bleibt auf Gott ausgerichtet, unabhängig von den situationalen Äusserlichkeiten (Schimmel, 1975/1995, S. 345). Es geht also nicht darum, abgeschieden von der Welt ein mystisches Leben zu führen, sondern darum, äusserlich inmitten der Welt und innerlich ständig bei Gott zu sein. „Bei all unseren äusseren Aktivitäten bleiben wir innerlich frei. Lerne, dich mit nichts, was immer es auch sei, zu identifizieren" (Vaughan-Lee, o.J., S. 3). Dieses innerliche Freisein und die völlige Ausrichtung auf Gott macht nach Schimmel (1975/1995, S. 40-42) einen echten Sufi aus: Ein Sufi sollte frei sein, „weder ermüdet vom Suchen noch enttäuscht, wenn ihm vorenthalten wird" (zit. nach Schimmel, 1975/1995, S. 32). Und die innere Ausrichtung auf Gott zeigt sich etwa in der Aussage, dass Sufis Menschen sind, „die Gott allem anderen vorziehen und die Gott allem anderen vorzieht" (zit. nach Schimmel, 1975/1995, S. 32). Diese Eigenschaft des echten Sufi, sich ganz auf Gott auszurichten, um seinem eigenen Ich zu entwerden und sich in Gott zu verlieren, wurde auch zum zentralen Unterscheidungskriterium, wenn es darum ging, einen echten Sufi von einem zu unterscheiden, der nur äusserlich vorgibt, Mystiker zu sein und mystische Erfahrungen gar vorspielt oder einfach mit mystischem Wissen glänzt. So unterscheiden die Sufis entsprechend der völligen Ausrichtung auf Gott zwischen einem *mutasawwif*, dem wahren Sufi, und dem *mustawif*, der nur vorgibt, ein Mystiker zu sein.

5. *Erinnern, Gedenken (yad kard).* Hier geht es um die Konzentration auf die göttliche Gegenwart. Die Naqshbandi-Sufis praktizieren dazu das stille Gedenken Gottes, den stillen *dhikr* (vgl. dazu Kapitel 3.2.2), bei dem die Aufmerksamkeit ständig auf Gott ausgerichtet wird.

6. *Rückkehr, zurückkehren (baz gasht).* Die Rückkehr zu Gott ist verbunden mit völliger Hingabe an den Willen Gottes und mit tiefer Bescheidenheit. Es geht um eine Ausrichtung auf das eine Ziel, die Wahrheit in Gott zu erlangen.

7. *Wachsamkeit, seine Gedanken überwachen (nigah dasht).* „Sei wachsam. Sei dir bewusst, was deine Aufmerksamkeit anzieht. Lerne deine Aufmerksamkeit von unerwünschten Dingen abzuziehen. Das wird auch folgendermassen ausgedrückt: ,sei wachsam im Denken und erinnere dich deiner selbst'" (Vaughan-Lee, o.J., S. 5). Es ist eine Form von Gewahrsein, bei dem nichts anderes als das Gedenken an Gott den Wanderer innerlich beschäftigen soll. Allerdings ist das keine einfache Sache: „In der Naqshbandiyya räumt man ein, dass es für einen Sucher bereits eine grosse Leistung ist, sein Herz für eine Viertelstunde vor schlechten Angewohnheiten zu bewahren. Dafür würde er schon als wahrer Sufi angesehen werden. Sufismus ist die Kraft, das Herz vor schlechten Gedanken zu bewahren und niedere Neigungen abzuwehren" (Vaughan-Lee, o.J., S. 5). Schon der Mystiker Ghijudawani sagte, dass es nicht so ist, dass nie Gedanken ins Herz oder den Geist gelangen – manchmal tauchen Gedanken auf, manchmal nicht. Khwaja Ala'uddin al'Attar (gest. 1400) unterstützt diese Aussage: „Die Gedanken zu besiegen ist schwierig, wenn nicht unmöglich. Ich habe mein Herz zwanzig Jahre lang vor Gedanken bewahrt, wobei sie immer noch kommen, aber sie finden dort keinen Halt" (zit.

nach Vaughan-Lee, o.J., S. 6). Gedanken hören also auch auf dem Sufi-Pfad nicht irgendwann auf, aber wir bleiben nicht darin hängen.

8. *Andauerndes Erinnern, Konzentration auf Gott (yad dasht).* Hier geht es um ein ständiges Bewusstsein der Gegenwart Gottes. Manche weisen darauf hin, dass man diese „innere Achtsamkeit erreicht, wenn im Umgang mit der Welt die innere Liebe ständig gegenwärtig ist" (Vaughan-Lee, o.J., S. 6). Andauerndes Erinnern basiert auf der Beständigkeit im Beibehalten der Wachsamkeit *(nigah dasht).*

9. *Gewahrsein des eigenen Geisteszustandes / seiner Zustände in der Zeit (wuquf-i-zamani).* Der Sucher auf dem Sufi-Pfad bleibt sich seiner sich verändernden inneren Zustände bewusst. Er beobachtet auch die feinsten Regungen seines Herzens und seiner Seele. Es geht darum, immer wieder zu einem Gewahrsein der Gegenwart zurückzukehren.

10. *Gewahrsein der Zahl (wuquf i-adadi).* Dieses Prinzip meint das Beobachten der Anzahl der gemachten Wiederholungen beim *dhikr.* Dabei dient das Beobachten der Zahl der Wiederholungen dazu, zerstreute Gedanken wieder zu sammeln. Es geht nicht so sehr darum, wie oft man den *dhikr* wiederholt, sondern vielmehr um das Gewahrsein und die innere Sammlung, mit denen man den *dhikr* wiederholt.

11. *Gewahrsein des Herzens (wuquf-i-qalbi).* Hier wird sich das Herz Gottes bewusst. Die göttliche Liebe erwacht. Es geht um eine tiefe Bewusstheit des Herzens auf Gott hin, so dass das Herz kein anderes Bedürfnis mehr hat als nach Gott. Diese Bedeutung ist der des andauernden Erinnerns *(yad dasht)* ähnlich. „Herz-Bewusstsein heisst, dass das Herz in dem Geliebten ruht, so als ob es nichts und niemand sonst gäbe" (Vaughan-Lee, o.J., S. 8). Naqshband soll dieses Prinzip von den drei von ihm hinzugefügten Prinzipien *(wuquf-i-zamani, wuquf-i-adadi* und *wuquf-i-qalbi)* als das zentralste gehalten haben, „denn es ist die Zusammenfassung und die Essenz der Intention des *dhikr"* (Naqshband zit. nach Vaughan-Lee, o.J., S. 8).

Thematisch werden in diesen elf Prinzipien vier Aspekte besonders deutlich:

- der Stellenwert eines grossen, insbesondere nach Innen gerichteten Gewahrseins, einer grossen Aufmerksamkeit oder Achtsamkeit (in den Prinzipien 1, 2, 3, 7, 9, 10, 11).
- die Ausrichtung auf das Ziel der Rückkehr zu Gott (3, 6)
- die ständige Ausrichtung auf Gott (8, 5)
- die Verbindung von innerem und äusserem Leben – von Spiritualität und dem Leben in der Welt (4)

Für die Naqshbandiyya-Methodik charakteristisch sind „nicht lange Perioden der Abtötung, sondern seelische Läuterung, nicht Training der niederen Triebseele, sondern Erziehung des Herzens" (Schimmel, 1975/1995, S. 517). Im Mittelpunkt ihres mystischen Weges stehen der schweigende *dhikr,* die intime Unterhaltung zwischen Meister und Schüler *suhbat* und *tawajjuh,* die Konzentration von Meister und Schüler aufeinander, die sich etwa in der Erfahrung geistiger Einheit oder in Phänomenen von Heilung zeigt. Die Naqshbandi-Sufis sagen von sich, ihre spirituelle Reise beginne dort, wo die der anderen Orden ende (Schimmel, 1975/1995, S. 517).

Eine weitere Eigenheit des Naqshbandi-Pfades ist die Bedeutung, die sie der „geistigen Wirklichkeit" der grossen Sufi-Meister und Heiligen zusprechen. So wird es als stärkend für die geistige Kraft auf dem spirituellen Weg angesehen, sich auf den Geist von bestimmten, verstorbenen Mystikern zu konzentrieren. Der Geist früherer grosser Meister kann auch Führer auf dem Sufi-Pfad sein (Schimmel, 1975/1995, S. 92, S. 157, S. 249, S. 288). Nicht nur bei den Naqshbandi wurde auch eine Initiation durch einen unsichtbaren Sufi-Meister oder durch einen längst verstorbenen Heiligen als gültig erachtet. Der Geist eines Heiligen gilt als lebendig, und die Sufis gehen davon aus, dass er aktiv an den Angelegenheiten dieser Welt teilnimmt, in Träumen erscheint und auch die Suchenden auf dem Weg leiten kann, denn „Gottes Freunde sterben nicht" (Schimmel, 1975/1995, S. 157; vgl. Vaughan-Lee, 2008).

Die Naqshbandiyya-Mujaddidiyya-Linie ist heute einer der bekanntesten Sufi-Pfade im Westen und eine westlich adaptierte Form des Sufismus. In dieser Tradition spielt die spirituelle Arbeit mit Träumen eine wichtige Rolle. So wird in den Meditationstreffen des erwähnten Golden Sufi Center nach einer stillen Meditation mit Träumen der Teilnehmenden gearbeitet, insbesondere mit deren spirituellen Dimension, wobei spirituelle und psychologische Aspekte miteinander kombiniert werden (Vaughan-Lee, 1990, S. 11-18).

Wichtigste westliche Vertreterin dieser *tariqa* war die gebürtige Russin Irina Tweedie (1907-1999), die vom indischen Sufi-Meister Bhai Sahib in den Sufi-Pfad initiiert wurde. Heute führen insbesondere zwei ihrer Schüler ihre Arbeit weiter: Llewellyn Vaughan-Lee – der auch in Analytischer Psychologie promoviert hat - und Annette Kaiser, deren besonderes Anliegen in einer integralen Spiritualität liegt, die Aspekte verschiedener spiritueller Wege einbezieht (z.B. in ihrem Buch „Jenseits aller Pfade. Visionen einer neuen Spiritualität" (Kaiser, 2004)).

Irina Tweedie begann nach dem frühen Tod ihres Mannes 1954 verzweifelt, nach einem neuen Lebenssinn zu suchen und beschäftigte sich dabei vor allem mit Theosophie. 1961 kam sie auf ihrer Suche nach Indien. Dort begegnete sie ihrem Sufi-Meister Bhai Sahib („älterer Bruder" in Hindi). Er forderte sie auf, ein Tagebuch zu schreiben, das später in Buchform eine Hilfe für andere Menschen sein sollte. Es sollte ein Zeichen sein dafür, dass „solche Dinge" nicht nur vor „ewigen Zeiten" geschehen sind, sondern dass sie „noch heute geschehen, so wie sie gestern geschehen sind und noch morgen geschehen werden" (Tweedie, 1979/2006, S. 15). Irina Tweedie unterzog sich bis zum Tod ihres Meisters 1966 einer harten spirituellen Schulung, die ganz anders war, als sie erwartet hatte. Statt beflügelnde Lehren zu hören, wurde sie mit ihrer eigenen dunklen Seite konfrontiert, was extrem schmerzhaft war und sie oft in tiefe Verzweiflung warf. Irina Tweedie schreibt über die Zeit bei ihrem Sufi-Meister in Indien (Tweedie, 1979/2006):

> Ich hatte gehofft, in Yoga unterwiesen zu werden, und erwartet, wunderbare Dinge zu hören. Doch was statt dessen geschah, war, dass mein Lehrer mich hauptsächlich dazu zwang, mich mit der Dunkelheit in mir auseinanderzusetzen, und das brachte mich fast um.

> Mit anderen Worten: Er hat mich dazu gebracht, ‚zur Hölle hinabzusteigen'; dieses unermessliche Drama, das sich in jedem Menschen abspielt, sobald er es wagt, sein Gesicht zum Licht emporzuwenden. (S. 16)

Neben sehr schmerzhaften Erfahrungen erlebte Irina Tweedie tiefe spirituelle Erfahrungen. Eine sei hier in ihren Worten wiedergegeben (Tweedie, 1979/1992):

Dann geschah es. Mir war, als würde in meinem Kopf etwas aufspringen und ich ganz aus mir hinausströmen…unablässig, ohne weniger zu werden…weiter und weiter. Es gab kein ‚Ich' mehr – nur noch Strömen. Nur noch Sein. Das Gefühl einer endlosen Ausdehnung, nur strömen… (S. 219)

Einige Tage nach dieser Erfahrung lag sie abends da und spürte eine tiefe Sicherheit und Einheit, und sie empfand, dass diese nur durch Zustände völliger Haltlosigkeit erreicht werden können (Tweedie, 1979/1992):

Der leichte Wind, die Sterne, der Himmel, ich, alles verschmolz in dem einen wunderbaren Gefühl der EINHEIT und VOLLKOMMENHEIT…

Das ist die ABSOLUTE Sicherheit, sagte ich zu mir. Doch um sie zu erreichen, muss man erst das Niemandsland durchqueren; man muss durch den Sumpf der Unsicherheit, der Ungewissheit waten, wo es keinen Halt gibt und man nicht einmal den Grund unter den Füssen sieht… (S. 220)

Spirituelles Leben ist das Wegreissen aller Sicherheit. Denn nur dann können wir überhaupt die letzte Sicherheit erlangen. (S. 221)

Die immer wieder sehr harte und oft auch grobe Schulung durch ihren spirituellen Lehrer führte sie schliesslich zu einer tiefen inneren Freiheit. Kurz vor Bhai Sahibs Tod schreibt sie (Tweedie, 1979/1992, S. 323): „Während ich zu seinem Haus [dem Haus ihres spirituellen Lehrers, Anm. der Autorin] ging, … dachte ich darüber nach, dass das Gefühl des Nichts nicht nur in seiner Nähe auftritt. Es ist ständig in mir… Ich fühle so vor Gott und vor dem Leben; es scheint langsam zum Kern meines Wesens geworden zu sein." Nach dem Tod ihres spirituellen Lehrers verbrachte Irina Tweedie mehrere Monate im Himalaya, wo sie die Erfahrung machte, dass sie auch nach seinem Tod in der Meditation in Kontakt mit ihrem Sufi-Meister treten konnte, wie es in der Naqshbandi-Tradition üblich ist. 1967 zog sie nach London. Dort wirkte sie bis zu ihrem Tod 1999 als spirituelle Lehrerin von vielen westlichen Suchenden und hielt zahlreiche Vorträge und Seminare in England, den USA, Deutschland und in der Schweiz.

3.2.1   Spiritueller Weg: Zustände und Stationen

Der mystische Weg der Sufis unterscheidet verschiedene Stationen *(maqam)* oder Stufen, die der Wanderer auf dem Sufi-Pfad durchläuft und innere Zustände *(hal)*, die dabei erlebt werden. Der Sufi-Pfad führt schliesslich zum letzten Ziel, dem vollkommenen *tauhid*, der „wesenhaften Bekenntnis, dass Gott Einer ist" (Schimmel, 1975/1995, S. 148).

Zustände *(hal)* sind dabei von Gott als Gnadengaben gegeben und vom Menschen nicht willentlich herbeizuführen oder zu beeinflussen. Sie sind unkontrollierbar, was sich auch daran zeigt, dass in modernen islamischen Sprachen das Wort *hal* fast gleichbedeutend mit Ekstase ist: „Zustand ist etwas, das von Gott in das Menschenherz herabgesandt wird, ohne dass er imstande ist, es durch seine eigenen Bemühungen zurückzuweisen, wenn es kommt, oder es anzuziehen, wenn es geht" (Schimmel, 1975/1995, S. 149).

Eine Station *(maqam)* ist im Unterschied dazu eine Stufe auf dem Sufi-Pfad, die vom Menschen bis zu einem gewissen Grad durch eigenes Bemühen erreicht werden kann. Der Wanderer auf dem Sufi-Weg muss die Verpflichtungen, die mit jeder Station zusammenhängen, vollständig erfüllen, damit er auf seinem Pfad weitergehen kann. Jede Station bringt ihre Anforderungen mit sich, und auf der einen Station darf der Mensch nicht so handeln, wie wenn er sich auf einer anderen Station befände. Im Unterschied zu den Zuständen sind die Stationen dauerhaft (Schimmel, 1975/1995, S. 150, S. 188-189). Das bedeutet allerdings nicht, dass diese Station ständig präsent ist. Es bedeutet vielmehr, dass eine Station dauernd verfügbar ist, wenn die Situation es verlangt (Almaas, 1997, S. 188). Die Zustände, die der Wanderer erfährt, unterscheiden sich wiederum je nach Station, auf der er sich gerade befindet. So zeigt sich etwa der Zustand *qabd*, das ein Zusammenpressen der Seele meint, auf der Station der Armut *(faqr)* anders als auf der Station der Liebe *(mahabba)* (Schimmel, 1975/1995, S. 150, S. 188-189).

Im Zusammenhang mit Zuständen und Stationen waren sich die Mystiker in verschiedenen Punkten uneinig: So waren sie sich nicht sicher, ob ein Zustand wirklich nur eine vorübergehende Erfahrung sei oder ob er nicht doch angeeignet werden und eine Zeitlang beibehalten werden kann. Uneinigkeit zeigt sich auch in der Klassifizierung und in der Abfolge der Stationen, die immer wieder ein wenig anders beschrieben werden. Manche Erfahrungen werden teilweise als Stationen, dann wieder als Zustände wiedergegeben. Wie verschieden diese Klassifizierungen auch sein mögen, die Hauptschritte sind nach Schimmel (1975/1995, S. 151) immer: „Reue, Gottvertrauen und Armut, die dann zu Zufriedenheit, zu den verschiedenen Graden der Liebe oder zur Erkenntnis führen werden – je nach der geistigen Neigung und Haltung der Wanderer".

Die Grundpflicht des Mystikers ist absolute Wahrhaftigkeit und Aufrichtigkeit *(ikhlas)*, was auf dem Sufi-Pfad bedeutet, sich mit seinem ganzen Wesen Gott zuzuwenden und selbstsüchtige Gedanken im Dienst Gottes aufzugeben. Der Mystiker sollte sich durch Achtsamkeit auszeichnen und nicht in geistigen Schlaf verfallen (Schimmel, 1975/1995, S. 160).

Eine Grundvoraussetzung des Menschen, der den Sufi-Pfad beschreiten will, ist der Wille, diesen Weg zu gehen. So wird der Schüler *murid* genannt, „der den Willen hat" (Schimmel, 1975/1995, S. 151). Ebenso ist ein Führer *(shaikh, pir)* wichtig, der dem *murid* den Weg zum Ziel zeigt und ihn durch die verschiedenen Stationen leitet. Wegen der möglichen Gefahren auf dem mystischen Weg kommt ihm fast uneingeschränkte Autorität zu (zur „Herzensbindung an den Meister" vgl. auch Meier, 1994, S. 15-241; Schimmel, 1975/1995, S. 151-154).

Im Folgenden werden Stationen des Sufi-Pfades dargestellt, wie sie Schimmel (1975/1995, S. 162-214) aufzeigt.

Reue (tauba)

Mit Reue *(tauba)* beginnt der Sufi-Pfad. Gemeint ist damit, die Aufmerksamkeit vom Weltlichen abzuwenden und sich Gott zuzuwenden. Manchmal wurde dabei von den frühen Sufis die Schlechtigkeit der Welt betont, meist aber deren Vergänglichkeit, weil sie ja immerhin von Gott geschaffen war. Sich vom Weltlichen abzuwenden ist verbunden mit Entsagung *(zuhd)*, die der Gier *(hirs)* entgegengesetzt ist. In der Entsagung *(zuhd)* geht es darum, alles aufzugeben, „was das Herz von Gott ablenkt" (Schimmel, 1975/1995, S. 164).

Tauba kann durch ein äusseres Ereignis erweckt werden – das kann ein Traum sein, eine Begegnung mit einem heiligen Menschen; ein gewöhnliches Wort, dessen tieferer Sinn sich uns plötzlich erschliesst (Schimmel, 1975/1995, S. 162). Im Grunde geht es hier um einen Prozess der Umkehr. *Tauba* meint ein „neues Ausrichten des Herzens", „ein spirituelles Erwachen" (Vaughan-Lee, 1993, S. 17). Die spirituelle Suche, die entsteht, ist die Antwort auf einen inneren Ruf, eine spirituelle Erfahrung (Vaughan-Lee, 1993, S. 18). Dass *tauba* im Sinne der Abwendung der Aufmerksamkeit von der Welt nichts Endgültiges ist, sondern immer wieder gebrochen wird, zeigen bereits ermutigende Worte Rumis: „Komm zurück, komm zurück, selbst wenn du deine Reue tausendmal gebrochen hast" (zit. nach Schimmel, 1975/1995, S. 164).

Die Umwandlung „niederer Eigenschaften" *(nafs)*

Die *nafs*, was mit Triebseele oder niederen Eigenschaften übersetzt wird, gilt als Ursache für unterlassende Handlungen und niedere Eigenschaften. Sie wird als der „schlimmste Feind" verstanden (Schimmel, 1975/1995, S. 166). Im Koran werden drei Formen der *nafs* genannt (Schimmel, 1975/1995, S. 166), die offenbar verschiedene Stadien auf dem mystischen Pfad ausdrücken:

- „Die Seele, die zum Übel aneifert" (Sura 12/53) *(an-nafs al-ammara bi's-su)* bildet den Ausgangspunkt für den Weg der Läuterung.
- Die „tadelnde Seele" (Sura 75/2) *(an-nafs al-lawwama)* entspricht etwa dem Gewissen. Sie überwacht und kontrolliert die menschlichen Handlungen.
- Schliesslich wird die *nafs* zufrieden *(mutma'inna)* (Sura 89/27), wenn sie die vollkommene Läuterung erlangt. Man „erlangt Frieden" und kehrt zu Gott zurück.

Bei der Umwandlung der *nafs* scheint es sich nicht um eine Station im eigentlichen Sinne zu handeln – die Umwandlung der *nafs* scheint den Mystiker immer wieder auf seinem Weg zu begleiten. Es wird auch davon gesprochen, dass die Triebseele „in immer neuen Kämpfen gezähmt werden muss" (Schimmel, 2003, S. 133).

Die *nafs* muss auf dem Sufi-Pfad sehr ernst genommen werden. Die innere Arbeit mit ihr umfasst ihre Reinigung von negativen Eigenschaften und ein Ersetzen dieser durch positive Qualitäten (Schimmel, 1975/1995). Es geht also um eine *Umwandlung* der *nafs*:

> Die Hauptpflicht des Novizen ist es, den Wünschen und Begierden der *nafs* entgegenzuhandeln. Es gibt nichts Gefährlicheres für den Jünger, als die *nafs* nicht ernstzunehmen, indem er ihr Erleichterungen zugesteht und Gebrauch von mildernden Interpretationen des Gesetzes macht, wie Ibn Khafif sagt. Wer den Pfad beschreitet, muss die *nafs* von ihren üblen Qualitäten reinigen und diese durch die entgegengesetzten lobenswerten Eigenschaften ersetzen. Die Heiligenlegenden sind voll von Geschichten über die Art und Weise, wie die Meister ihre Lüste zähmten und wie sie bestraft wurden, wenn ihnen das nicht gelang. (S. 167)

Dabei ist folgender Punkt von zentraler Bedeutung: Die *nafs* soll nicht getötet werden, sondern auf eine Art umgewandelt werden, dass auch sie Gott dienen kann (Schimmel, 1975/1995):

> Die niederen Eigenschaften sollen nicht getötet, sondern trainiert werden, so dass auch sie ihm [dem Sufi, Anm. der Autorin] auf dem Wege zu Gott dienen. Eine Bemerkung über den Propheten Muhammad drückt diesen Glauben an die Erziehbarkeit des niederen Selbst sehr fein aus (der hier für die *nafs* verwendete Ausdruck ist *shaitan*, ‚Satan'): Als der Prophet gefragt wurde, wie sich sein ‚Satan' benähme, antwortete er: *aslama shaitani* ‚Mein *shaitan* ist ein Muslim geworden (oder: hat sich mir ganz ergeben) und tut nur, was ich ihm befehle.' D.h. alle seine niederen Triebe und Eigenschaften waren in nützliche Instrumente für den

Dienst Gottes umgewandelt worden. Denn wenn der Mensch Gott in allen Dingen gehorcht, dann wird auch die niedere Seele ihrem Besitzer gehorchen, wie denn alles in der Welt demjenigen gehorsam ist, der seinen eigenen Willen ganz in den Willen Gottes gegeben hat. (S. 168-169)

Dabei kann der Einfluss des *pir* oder *shaikh* die *nafs* ungefährlich machen (Schimmel, 1975/1995, S. 168).

Die *nafs* muss sich nicht immer offensichtlich zeigen. Besonders gewarnt wird immer wieder vor ihren subtileren Formen, die sich in Heuchelei und falscher Frömmigkeit zeigen. Diese muss besonders sorgfältig beobachtet und „ausgerottet" werden (Schimmel, 1975/1995, S. 169). Und auch in die spirituelle Praxis kann sich die *nafs* einschleichen. Kennzeichnend für die *nafs* in der spirituellen Praxis kann es etwa sein, dass bei der Übung Vergnügen empfunden wird (Schimmel, 1975/1995):

> Selbst ständige Akte der Anbetung oder dauerndes Beten können ein Vergnügen für die *nafs* werden; der Mystiker muss daher jede Art von Gewohnheit brechen, denn sonst wird seine *nafs* ihn auf feinere Art überwältigen …. 'Das Vergnügen, das aus den Werken des Gehorsams abgeleitet ist' … sollte vermieden werden, denn es ist tödliches Gift. (S. 169)

Welche Mittel werden nun angewandt im Umgang mit der *nafs*? Die Hauptmittel, die *nafs* zu erziehen/umzuwandeln, waren traditionell wenig essen und wenig schlafen – oft auch ergänzt durch wenig reden und wenig Umgang mit anderen Menschen. Mangel an Schlaf wurde generell als eines der wirkungsvollsten Mittel auf dem mystischen Pfad angesehen. Dabei hofften die Sufis „die Vision der ‚Sonne um Mitternacht' zu haben, jener Sonne, die nicht vom Osten noch vom Westen stammt, sondern um Mitternacht aufglänzt, und so eine geistige Erleuchtung zu geniessen, die keinem weltlichen Licht vergleichbar ist" (Schimmel, 1975/1995, S. 170).

In der Praxis war aber Fasten wichtiger als Schlafentzug. Während bei den früheren Sufis Hunger als bester Weg zur Vergeistigung gepriesen wurde und sie fasteten, um den Engeln gleich zu werden, die nur aus der ständigen Anbetung Gottes lebten, betonten die grossen Sufi-Meister immer das Fasten als Mittel zu geistigem Fortschritt und nicht als eigenständiges Ziel. Die späteren Sufi-Orden lehrten dann einen Mittelweg zwischen übermässigem Hunger und übermässigem Essen als sicherste Variante für den geistigen Fortschritt des Novizen (Schimmel, 1975/1995, S. 171-173).

Auch der moderne Sufi-Lehrer Llewellyn Vaughan-Lee hatte in seiner spirituellen Schulung die Wirkung von Schlafentzug erfahren: Sein *shaikh* Bhai Sahib - den er nie in physischer Form kennen gelernt hatte, der aber der direkte Lehrer seiner Lehrerin Irina Tweedie war - liess ihn über zwei Jahre jede Nacht nicht länger als drei Stunden schlafen. Vaughan-Lee (2004) schreibt, wie damit sein Widerstand und seine spirituelle Arroganz durch die einfache Methode der Erschöpfung zerstört wurden und wie er nach dieser Zeit mit seinem tiefsten Schmerz konfrontiert wurde. Nach dieser Erfahrung erlebte er eine grosse spirituelle Offenbarung.

Bei Irina Tweedies spiritueller Schulung spielten insbesondere psychologische Methoden eine zentrale Rolle bei der Umwandlung ihrer *nafs*. So beschreibt sie in ihrem Tagebuch (1979/2006), wie ihr Sufi-Meister direkt auf der psychischen Ebene wirkte und dabei Methoden der Schulung anwandte, die heutigen psychologischen Techniken ähnlich sind. Immer wieder machte sie die Erfahrung grosser Verwirrung und erlebte ihren Verstand ausgeschaltet. Durch ihre oft sehr harte Schulung wurde sie sich Aspekte in sich bewusst, die sie ihr Leben lang verdrängt hatte - und lernte sie zu akzeptieren:

> Er tat das auf sehr einfache Weise – durch heftigen Tadel und sogar Aggression. Mein Verstand wurde in einem Zustand der Verwirrung gehalten, der so weit ging, dass er ,abgeschaltet' war. Ich bin in jeglicher Hinsicht niedergezwungen worden, bis ich das in mir akzeptierte, was ich mein Leben lang verdrängt hatte. Es ist erstaunlich, wie sehr die klassische Methode der Schulung … den modernen psychologischen Techniken ähnelt; sogar die Analyse von Träumen hat ihren Platz darin. (S. 16)

Vollkommenes Gottvertrauen und Hingabe an Gott *(tawakkul)*

> *Tawakkul* im verinnerlichten Sinne bedeutet, das *tauhid* zu verwirklichen … Diese Seite des *tawakkul* ist eine der Grundwahrheiten in der Psychologie der Sufis: sobald jedes Gefühl, jeder Gedanke des Mystikers in vollkommener Aufrichtigkeit auf Gott gerichtet ist, ohne dass er an irgendwelche sekundären Ursachen dächte, können weder Menschen noch Tiere ihm schaden. So führt *tawakkul* zu vollkommenem inneren Frieden. (Schimmel, 1975/1995, S. 175)

Tawakkul gilt als eine der wichtigsten Stationen auf dem Sufi-Pfad. Wahres *tauhid* (die Erkenntnis, dass Gott Einer ist), das Ziel des mystischen Weges, basiere auf *tawakkul*: „denn Gott, in Seiner Absolutheit, ist der einzig Handelnde, und deswegen muss der Mensch sich völlig auf ihn verlassen … muss der Mensch dieser Macht völlig vertrauen" (Schimmel, 1975/1995, S. 174). Gottvertrauen ist verbunden mit einer Hingabe an Gott und einem Annehmen des göttlichen Willens (Schimmel, 2003):

> Gottvertrauen ist die Seelenhaltung des Gereiften; denn je höher der Mensch auf der geistigen Leiter steigt, desto besser wird er erkennen, wie Gott wirkt, und wird sich immer harmonischer in den Strom dieses Wirkens einfügen, ohne sich dem Willen des göttlichen Geliebten je widersetzen zu wollen. (S. 135)

Allerdings soll *tawakkul* in diesem Sinne nicht übertrieben werden. In der Literatur der frühen Sufis werden Auswüchse von *tawakkul* beschrieben: So gibt es zahlreiche Geschichten von Sufis, die ohne Nahrung und ohne Furcht vor Räubern oder Löwen durch die Wüste zogen. „Leider wurde einer der führenden Meister des *tawakkul*, Abu Turab an-Nakhshabi, in der Wüste von Löwen aufgefressen" (Schimmel, 1975/1995, S. 175). Aber die meisten Sufis kritisierten solche Übertreibungen des *tawakkul* und hielten sie sogar für eine „Verletzung der prophetischen Tradition – hatte Muhammad nicht selbst einem Beduinen geraten: ,Erst binde dein Kamel an und dann vertrau' auf Gott!'" (Schimmel, 1975/1995, S. 177).

Im Laufe der Zeit wandelte sich das Verständnis von *tawakkul* von einer eher äusseren Praxis zu einer inneren Haltung. „Jedoch als grundlegende Station auf dem mystischen Pfad und als geistige Kraft, nämlich als unerschütterliches Vertrauen in die göttliche Weisheit, ist *tawakkul* immer noch ein wichtiger Faktor der muslimischen Frömmigkeit" (Schimmel, 1975/1995, S. 177).

Armut *(faqr)*

Armut *(faqr)* gilt als zentrale Haltung im Leben eines Sufis. Die Bezeichnungen, unter denen Sufis im Westen vor allem bekannt wurden – allerdings auch in verzerrter Form

– beziehen sich auf diese Armut: *faqir* bedeutet „arm" und *derwisch* bedeutet „arm, Bettler". Äusserliche Armut wurde als notwendige Station vor allem am Anfang des Pfades betont. Die Sufis versuchten aber, sie so lange wie möglich in ihrem Leben zu bewahren. Bekannt sind extreme Formen äusserer Armut wie die Strohmatte, auf der der Sufi schlief, als einziger Besitz. Im geistigen Sinn bedeutet Armut jedoch das Fehlen jeglichen Verlangens nach Reichtum und Besitz. „Denn etwas zu besitzen heisst, davon besessen zu werden – die Welt bezaubert diejenigen, die etwas von ihren Gütern besitzen, während der wahre *faqir* ‚nichts besitzen und von nichts besessen werden soll'. Er braucht Gott, sonst nichts" (Schimmel, 1975/1995, S. 179).

Der Mystiker Hujwiri (gest. um 1071) betonte die Bedeutung der inneren Haltung. So sei es nicht so relevant, ob der Sufi äusserlich arm oder reich sei – wichtiger sei die rechte Haltung, dass sein Reichtum und seine Macht ihm nichts bedeute und er sie jederzeit von sich aus aufgeben könne. In letzter Konsequenz gehe es dann aber darum, das „‚Aufgeben aufzugeben', *tark at-tark*, sich ganz hinzugeben und dabei Armut, Hingabe und Aufgeben völlig zu vergessen" (Schimmel, 1975/1995, S. 180). Vaughan-Lee (1990, S. 22) schreibt in diesem Sinn: „Wahre Armut besteht … im Nichtanhaften. Das ist die Armut des Herzens". Der Sufi richtet seine Aufmerksamkeit auf die innere Welt seines Herzens – unabhängig davon, wo er sich gerade befindet – und bleibt auf diese Weise „frei von jeglicher Identifikation mit seinen äusseren Aktivitäten" (Vaughan-Lee, 1990, S. 22).

In seiner höchsten Form wird diese innere Haltung der Armut mit dem Entwerden in Gott *(fana,* vgl. das entsprechende Kapitel weiter unten) – dem Ziel der Mystiker - fast gleichgesetzt. Schimmel (1975/1995) zitiert dazu Hujwiris Worte:

> Das Derwischtum in all seinen Bedeutungen ist metaphorische Armut, und inmitten all seiner untergeordneten Aspekte liegt ein transzendentes Prinzip. Die göttlichen Mysterien kommen und gehen über den Derwisch, so dass seine Angelegenheiten von ihm erworben werden, seine Handlungen ihm zugeschrieben werden und seine Gedanken ihm angeschrieben werden. Aber wenn seine Angelegenheiten von den Fesseln des Erwerbens befreit sind, werden seine Handlungen ihm nicht mehr selbst zugeschrieben. Dann ist er der Weg, nicht der Wanderer, d.h. der Derwisch ist ein Ort, über den etwas hinweggeht, nicht ein Wanderer, der seinem eigenen Willen folgt ... (S. 181)

Hier wird das völlige Aufgehen des menschlichen Willens im göttlichen Willen deutlich, die völlige Auflösung der Grenzen zwischen Mensch und Gott. Der Satz „Wenn *faqr* vollkommen wird, ist es Gott", gehört dann auch zu den Standardaussprüchen des späteren Sufismus (Schimmel, 1975/1995, S. 182). Vollkommene Armut wurde auch als Zustand beschrieben, „da man das göttliche Wesen erreicht, welches das ‚Schwarze Licht'[19] ist, durch das man schaut und das selbst unsichtbar bleibt" (Schimmel, 1975/1995, S. 182).

Geduld (sabr)

> Vollkommene Geduld ist, zu akzeptieren, was immer von Gott kommt, auch die härtesten Schicksalsschläge. (Schimmel, 1975/1995, S. 183)

---

[19] Zu Farb- und Lichterscheinungen im Sufismus vgl. Corbin (1989, zum schwarzen Licht insbesondere S. 129-153).

Die Sufis haben die Station der Geduld *(sabr)* in drei Gruppen oder Stadien unterteilt: der *mutasabbir* ist derjenige, „der versucht, geduldig zu sein"; das *sabir* ist jener, der „in Heimsuchungen geduldig ist" und der *sabur* der, „der unter allen Umständen geduldig ist" (Schimmel, 1975/1995, S. 183). Geduld wurde auch als „Schlüssel zur Freude" gepriesen (Schimmel, 1975/1995, S. 183).

Das Erlangen von Geduld *(sabr)* als einer Station auf dem Sufi-Pfad gehört zur spirituellen Reife. Auf dem spirituellen Weg braucht es Geduld und Ausdauer, auch Zeiten der scheinbaren Trennung von Gott zu ertragen. Es gibt Phasen auf dem Sufi-Weg, in denen wir nur unsere Schwächen sehen und uns alles Spirituelle sehr fern scheint. Diese Zeiten, von denen im Kapitel über die christliche Mystik von Johannes vom Kreuz ausführlich die Rede war (Kapitel 3.1.2), sind letztlich jedoch sehr hilfreich, da sie uns von vielen spirituellen Fehlhaltungen und Illusionen befreien, die den Beginn eines spirituellen Pfades prägen (Vaughan-Lee, 2004/2005):

> Auf dem Pfad müssen wir lernen, viele Jahre zu warten, Jahre, in denen wir nur unser Ego und seine Unzulänglichkeiten kennen. Das kann ein sehr schmerzhafter und uns prüfender Abschnitt unserer Reise sein, für den wir Geduld und Ausdauer brauchen. Manchmal ist es leichter, auf den Pfad und die Übungen ausgerichtet zu bleiben, wenn man deutlichen Herausforderungen in der inneren oder der äusseren Welt gegenübersteht. Die endlose Eintönigkeit von Tagen ohne Ihn, wenn es nur das normale Leben gibt, das scheinbar wenig spirituell ist, kann viel schwieriger sein. Aber gerade in dieser Zeit fallen viele unserer anfänglichen Illusionen weg, denn da ist dann kaum etwas im Aussen und im Innen, was sie nähren könnte. (S. 8-9)

Dankbarkeit *(shukr)*, Zufriedenheit *(rida)*

Dankbarkeit *(shukr)* und Zufriedenheit *(rida)* stehen in Beziehung zueinander. Auch Dankbarkeit wurde in verschiedene Stadien unterteilt: So steht zu Beginn dieser Station die Dankbarkeit für die Gabe, dann die Dankbarkeit für das Nicht-Geben und schliesslich die Dankbarkeit für die Fähigkeit zu danken. Der Sufi sollte also auch dann dankbar sein, wenn sich seine Wünsche nicht erfüllen. Auf der höchsten Ebene der Dankbarkeit wird die Fähigkeit zu danken an sich als göttliche Gabe verstanden und nicht als menschlicher Akt (Schimmel, 1975/1995, S. 184-185).

Zufriedenheit *(rida)* schliesslich ist „nicht ein geduldiges Ertragen und Erleiden aller Wechselfälle des Lebens, sondern Glücklichsein in Armut und Heimsuchung" (Schimmel, 1975/1995, S. 185). Der Mystiker Hujwiri sieht Zufriedenheit als Ergebnis der Liebe, „da der Liebende ja mit allem zufrieden ist, was der Geliebte tut" (Schimmel, 1975/1995, S. 185-186). Schimmel (1975/1995, S. 186) bezeichnet *rida* auch als „Haltung des liebenden Herzens". Im vollkommenen *rida* akzeptiert der Sufi jeden Ratschluss Gottes mit Gleichmut und Freude. Es ist eine völlige innere Übereinstimmung mit Gottes Willen, die von innerer Freude begleitet ist. Diese völlige Übereinstimmung öffnet die Türe zu einer Anteilnahme am göttlichen Willen und der Liebe (Schimmel, 1975/1995, S. 186).

Allerdings waren sich die Mystiker nicht einig, ob es sich dabei um eine Station oder um einen Zustand handelt (Schimmel, 1975/1995, S. 186).

Furcht und Hoffnung *(khauf und raja)*

Auch beim Gegensatzpaar Furcht *(khauf)* und Hoffnung *(raja)* sind sich die Sufis nicht einig, ob es sich um Stationen oder Zustände handelt. Psychologisch gesehen würden sie gut zu den Stationen passen, „denn sie gehören zu den langdauernden Grundformen mystischen Lebens in seinen Anfangsstadien, ja auch noch in späteren Tagen" (Schimmel, 1975/1995, S. 186). Während die frühen Asketen mehr den Aspekt der Furcht in Form der Gottesfurcht oder der Furcht vor dem Gericht betonten, verlagerte sich der Schwerpunkt später auf den Aspekt der Hoffnung. Wenn in späterer Zeit von der Furcht gesprochen wird, ist damit nicht mehr die Furcht vor Gottes Gericht gemeint, sondern vor *makr*, der „Ränke" Gottes (Schimmel, 1975/1995):

> Denn selbst im Augenblick vollkommener Glückseligkeit kann der Mystiker niemals gewiss sein, dass Gott diesen seinen erhabenen Zustand nicht als Schlinge benutzen wird, ihn zu fangen, um ihn noch einmal zu weltlichen Gedanken wie Stolz und Heuchelei herabzuziehen und ihn so vom höchsten Ziel abzulenken. Wunder konnten beispielsweise als göttliche Ränke erklärt werden, denn sie sind noch immer mit der Welt verbunden. Aber auch die kleinsten Freuden des Alltags konnten Gottes Ränke verbergen, die man fürchten musste. Wer konnte denn überhaupt sicher sein, von Gott gerettet oder angenommen zu sein? Man konnte darauf hoffen, gewiss, doch niemals ohne Furcht. (S. 187-188)

Furcht in diesem Sinn ist also verbunden mit der Grösse Gottes und der eigenen Kleinheit sowie der ständigen Gefahr, sich wieder zu sehr im Weltlichen zu verstricken.

Die Stationen von Furcht *(khauf)* und Hoffnung *(raja)* entsprechen als Zustände den Gefühlen, die als *qabd* und *bast* bezeichnet werden. *Bast* bezeichnet einen Zustand von Bewusstseinserweiterung mit starken Gefühlen von Freude und Glückseligkeit, in dem alles in verwandeltem Licht erscheint (Schimmel, 1975/1995):

> *Bast*, von der Wurzel ‚weiter werden, sich ausdehnen', bedeutet eine Ausweitung enthusiastischen Gefühls, vollkommene Freude und Glücksempfinden, das sich manchmal zu echtem ‚kosmischen Bewusstsein' entwickeln kann, zu dem Gefühl, am Leben alles Geschaffenen teilzunehmen, zu jener Entzückung, die die berauschten Dichter Irans und der Türkei so oft besungen haben. Es war dieser Zustand, der sie dazu inspirierte, lange Ketten von Anaphern zu entwickeln, die um die Schönheit des göttlichen Geliebten kreisen – Verse, die versuchen, die unaussprechlich leuchtende Glorie zu beschreiben und anderen jenen Zustand vollkommenen Glückes mitzuteilen, in dem die ganze Welt in verwandeltem Licht erscheint – transparent und mit schimmernden Farben von erlesener Schönheit erfüllt. (S. 188-189)

Dieser Zustand einer Ausdehnung, einer tief beglückenden spirituellen Erfahrung steht ganz im Gegensatz zum Gefühl, das durch *qabd* ausgedrückt wird. Wo *bast* Ausdehnung und Erweiterung ist, da ist *qabd* das Gegenteil: eine „Pressung", das „Zusammenpressen der Seele" (Schimmel, 1975/1995, S. 189). *Qabd* ist die „Finsternis, die bedrückende Wüste der Einsamkeit, in der der Mystiker Tage, ja Monate seines Lebens verbringen muss" (Schimmel, 1975/1995, S. 189). *Qabd* wurde von einigen führenden Mystikern als höherer Zustand angesehen als *bast*, denn „wenn Er mich durch Furcht presst, lässt Er mich von mir selbst verschwinden, aber wenn Er mich durch Hoffnung ausdehnt, gibt Er mich mir selbst zurück" (Junaid zit. nach Schimmel, 1975/1995, S. 189). Während in *bast* das Bewusstsein sich erweitert, verschwindet in *qabd* das Ich. Dieser Zustand erinnert an die „Dunkle Nacht" des christlichen Mystikers Johannes vom Kreuz (2003b), in der der Mystiker tiefen Schmerz erfährt durch die vermeintliche Abwesenheit Gottes, in der er tiefe Einsamkeit erlebt, obwohl ihm Gott näher ist als zuvor. Schimmel (1975/1995) schreibt ganz in diesem Sinn:

> Im Zustand von *qabd*, der dunklen Nacht der Seele, ist der Mensch völlig auf Gott angewiesen, ohne Spur von sich selbst, selbst ohne Kraft, noch etwas zu wünschen und zu hoffen, und eben aus dieser Dunkelheit kann plötzlich das Licht der Erfahrung der Einheit oder der Vision auftauchen – wie die ‚Sonne um Mitternacht'. (S. 189)

Liebe und Erkenntnis *(mahabba und ma'rifa)*

> Doch das allen Gemeinsame ist ein langer und schwieriger Reifeprozess des Menschen, in dem eine immer tiefere Erkenntnis der verschiedenen Tiefenschichten des Korans mit einem ständigen Wachstum des geistig-seelischen Prinzips im Menschen zusammengeht; es ist spirituelle Alchemie; es ist mühsame Wanderung, die nur unter der Leitung eines weisen Meisters geschehen kann, dessen Initiation in ununterbrochener Kette bis zum Propheten Muhammad zurückgeht. Aber mehr denn dies alles ist es der Weg, der zur Transformierung von Liebendem und Geliebtem in dem übergreifenden Prinzip der Liebe führt (Schimmel, 1989, S. 106)

Liebe und Erkenntnis sind die letzten Stationen auf dem mystischen Pfad. Die Mystiker verstanden sie manchmal als ergänzend zueinander, manchmal wurde Liebe, manchmal Erkenntnis höher gewertet. Erkenntnis *(ma'rifa)* wird dabei als ein höheres Wissen und Verständnis des Göttlichen verstanden, das jenseits des Verstandes liegt. Kommt der Mystiker in Kontakt mit dieser Erkenntnis, dann leert sich sein Herz von allem, was nicht Gott ist, so dass es ganz von Gott erfüllt ist. Diese Erkenntnis ist jenseits aller Vorstellung (Schimmel, 1975/1995, S. 191). Im Folgenden wird ausführlicher auf die Liebe als letzte Station auf dem Sufi-Pfad eingegangen.

Für die Station der Liebe *(mahabba)* verwendeten die Mystiker verschiedene Ausdrücke, die sie auch als Stufen der Liebe verstanden. Die Stufen und deren Abfolge variieren jedoch je nach der persönlichen Erfahrung des Sufi. So wurden etwa Vertrautheit *(uns)*, Nähe *(qurb)* und Sehnsucht *(shauq)* unterschieden. Eine Versunkenheit in Vertrautheit *(uns)* lässt keinen Raum mehr für ein Gefühl der Einsamkeit, des Alleinseins oder der Entfremdung von allem Geschaffenen. Nähe *(qurb)* wird als eine ethische Nähe verstanden, die durch einen inneren Gehorsam gegenüber den Geboten Gottes zustande kommt und ist nicht in einem räumlichen Sinn gemeint. Sehnsucht *(shauq)* wurde von manchen Mystikern sehr stark empfunden und betont als Sehnsucht, die kein Ende habe, weil auch der göttliche Geliebte kein Ende habe: „Je mehr sich der Mystiker dem göttlichen Geliebten nähert, desto mehr begreift er die unauslotbare Tiefe Seiner Eigenschaften, den Grund Seines Wesens, und deswegen kann seine Sehnsucht, in immer tiefere Tiefen zu tauchen, niemals enden" (Schimmel, 1975/1995, S. 195).

Manche Mystiker akzeptierten jedoch die Bezeichnungen Nähe *(qurb)* und Sehnsucht *(shauq)* nicht, weil sie noch eine Dualität zwischen Mensch und Gott ausdrücken, „während echter Sufismus aus der Verwirklichung der Einheit besteht" (Schimmel, 1975/1995, S. 195).

Der Weg zur Liebe oder zum göttlichen Geliebten ist ein ständiger Läuterungsprozess, in dem menschliche Qualitäten durch göttliche ersetzt werden (Schimmel, 1975/1995):

> Die einzige Möglichkeit, sich dem göttlichen Geliebten zu nähern, ist ständige Läuterung und Bekleidung mit göttlichen Attributen anstelle menschlicher Qualitäten. Junaid hat diese durch die Liebe bewirkte Verwandlung beschrieben: ‚Liebe ist die Vernichtung des Liebenden in Seinen Attributen und die Bestätigung des Geliebten in Seiner Essenz' … ‚Sie bedeutet, dass die Qualitäten des Geliebten an die Stelle der Qualitäten des Liebenden eintreten' (L 59). (S. 196)

Liebe wird auch als zentraler Aspekt in der Arbeit mit *nafs* betrachtet. Die Liebe wird in der Umwandlung der *nafs* als wesentlicher verstanden als asketische Mittel wie wenig essen und wenig schlafen (Schimmel, 1975/1995):

> Für die Sufis ist Liebe der einzig legitime Weg, um die niederen Instinkte zu erziehen. Asketische Regeln an sich sind rein negativ; so unerlässlich sie auch sein mögen, man muss sie aus Liebe durchführen. Nur durch eine solche Methode kann der *shaitan*, die niedere Seele, verwandelt werden – dann wird er wie Gabriel, und seine dämonischen Eigenschaften sterben … Wenn der Mensch diesen Zustand des ‚liebenden *tauhid*' erreicht hat, schaut er mit dem Auge des intuitiven Wissens und versteht die Wege Gottes. Denn nur die liebende Annahme des göttlichen Willens kann das Rätsel von freiem Willen und Vorherbestimmung in einer höheren Einheit lösen. (S. 206)

Für die Entwicklung von Liebe wurde die Bedeutung des *dhikr* betont (Schimmel, 1975/1995, S. 197). Der Schüler muss dabei den *dhikr* immer weiter führen, damit er ihn vielleicht zum Ziel – *fana* und *baqa*– bringen wird. Es braucht völliges Gesammeltsein in der Kontemplation *(muraqaba)*, von wo der Schüler vielleicht zur Schau *(mushahada)* gelangen kann (Schimmel, 1975/1995, S. 206).

Entwerden (fana)

Das Ziel des mystischen Weges ist *fana* und *baqa* (Schimmel, 1975/1995, S. 206). „Entwerden" ist dabei nach Schimmel (1975/1995, S. 207) dem Begriff *fana* näher als Worte wie „Vernichtung" oder „Verschwinden", weil es das Gegenteil von „Werden" ausdrückt. In *fana* entwird der Mensch seinen menschlichen Eigenschaften, indem er Eigenschaften Gottes annimmt. Dabei werden drei Stufen von *fana* beschrieben (Schimmel, 1975/1995, S. 207):

- Auf der ersten Stufe geht es um die *Läuterung der eigenen niederen Eigenschaften (nafs)*. Diese sollen gegen die Eigenschaften getauscht werden, die von Gott im Koran beschrieben werden.
- Beim „Entwerden in der Schau" ist die *Seele vom ewigen Licht Gottes umgeben*.
- In der dritten und endgültigen Stufe des „Entwerdens von der Schau des Entwerdens" geht man in der Existenz *(wujud)* Gottes unter. Das Wort *wujud* wird meist mit „Existenz" übersetzt, bedeutet aber ursprünglich „gefunden werden", was die unmittelbare Erfahrung des Mystikers vielleicht treffender wiedergibt: *Er findet Gott und wird von Gott gefunden* (Schimmel, 1975/1995, S. 207).

Im Zusammenhang mit der Station der Liebe findet immer wieder der Tod Erwähnung: „Denn Tod bedeutet die Vernichtung der individuellen Qualitäten, das Aufheben des

Schleiers, der den ur-ewigen Geliebten von dem zeitlich geschaffenen Liebenden trennt" (Schimmel, 1975/1995, S. 197). Der Tod kann hier einerseits als ein Sterben der individuellen Eigenschaften verstanden werden, andererseits auch als physischer Tod, „weil dieser den Liebenden zum Geliebten führt" (Schimmel, 1975/1995, S. 197). Der Tod soll als Brücke, die zum göttlichen Geliebten führt, akzeptiert werden. Eine solche Sicht des physischen Todes wurde beim Märtyrertod des Mystikers Hallaj deutlich, der in Fesseln tanzend zu seiner Hinrichtung geführt wurde (Schimmel, 1975/1995, S. 198). Die Sufis der Naqshbandiyya-Tradition brachten allerdings einer solchen Märtyrermystik wenig Sympathie entgegen (Schimmel, 1975/1995, S. 561).

Eine Gefahr des Zustandes *fana* kann darin bestehen, dass der Mystiker eine Weile in einem „unauslotbaren Ozean der Verwirrung" (Schimmel, 1975/1995, S. 208) verloren geht. In einem solchen Fall scheint der Mystiker verrückt zu sein und seinen Verstand verloren zu haben, weil er dermassen von seinen eigenen Eigenschaften losgelöst ist. Ein anderes Problem besteht darin, ob der Mystiker nach einer Erfahrung von *fana* zu seinen eigenen Eigenschaften zurückkehren kann. Schimmel (1975/1995) zitiert eine Quelle, die ein solches Zurückkehren verneint:

> Die grossen Sufis … halten es nicht für möglich, dass der Mystiker nach dem Entwerden zu seinen eigenen Eigenschaften zurückkehrt. Sie behaupten, dass Entwerden eine göttliche Gnadengabe und ein besonderes Zeichen der Gunst für den Mystiker sei, nicht eine erworbene Konditionierung; es ist etwas, das Gott denen garantiert, die Er für sich erwählt und auserlesen hat... (S. 208)

Der japanische Gelehrte Toshihiko Izutsu (1971) hat *fana* erklärt als „völlige Aufhebung des Ich-Bewusstseins, wenn nur die absolute reine Eine Wirklichkeit als absolutes Bewusstsein vor ihrer Spaltung in Subjekt und Objekt übrig bleibt" (zit. nach Schimmel, 1975/1995, S. 208). Es ist die Erfahrung „der Rückkehr zu dem Augenblick, da Gott war und nichts ausser Ihm" (Schimmel, 1975/1995, S. 208).

Bleiben in Gott (baqa)

Nach *fana* kann der Mensch den Zustand von *baqa* erreichen, das „Bleiben in Gott". Izutsu (1971) schreibt dazu: „Der Mensch wird aus seinem absoluten Nichtsein erlöst, völlig umgeformt in ein absolutes Selbst. Die Vielheit wird wieder sichtbar – doch in verwandelter Form, nämlich als Determination der einen Wirklichkeit" (zit. nach Schimmel, 1975/1995, S. 209). Im Zustand des *baqa* „handelt der Mystiker ganz und gar durch Gott" (Schimmel, 1975/1995, S. 209). *Baqa* darf nicht mit dem Zustand der Einigung *(ittihad)* verwechselt werden, weil *ittihad* die Existenz zweier unabhängiger Wesen voraussetzt (Schimmel, 1975/1995, S. 209) – genau diese Trennung ist jedoch in *baqa* nicht mehr vorhanden. Auch mit *hulul*, „Einwohnung", darf dieser Zustand nicht verwechselt werden, weil *hulul* eine göttliche Inkarnation im Menschen bezeichnet — aber nicht Gott beginnt im Menschen zu wohnen, sondern der Mystiker entwird in der göttlichen Gegenwart *(fana)* (Schimmel, 1975/1995, S. 209).

Der Zustand des *baqa* wird oft auch als „zweite Nüchternheit" bezeichnet. Der Mystiker Hujwiri definiert wahre Nüchternheit als „Erreichen des Ziels" (zit. nach Schimmel, 1975/1995, S. 190). Rausch *(sukr)* und Nüchternheit *(sahw)* sind in diesem Sinn eng miteinander verbunden (Schimmel, 1975/1995, S. 189-190). Im mystischen Rausch erfährt der Wanderer auf dem Sufi-Pfad das Entwerden in Gott *(fana)*, ein entrückter Zustand, in dem der Mystiker nur noch die göttliche Einheit sieht. Er wird von den Naqshbandi-Sufis als die Station des Heiligen verstanden im Unterschied zum Propheten, der sich durch seine Nüchternheit auszeichnet. Diese Nüchternheit erlaubt es dem Mystiker, „nach dem Erlebnis der Einheit zurückzukehren, um überall in der Welt Gottes Wort zu predigen: Prophetentum ist der Weg nach unten, ist die Seite der Wirklichkeit, die der Schöpfung zugewandt ist" (Schimmel, 1975/1995, S. 521).

Fana und *baqa* wurden von späteren Mystikern auch in der Erfahrung des „Schwarzen Lichts" geschildert, in dem das „grüne Wasser des Lebens" verborgen ist (Schimmel, 1975/1995):

> So haben die Sufis zum Beispiel von der Erfahrung des Schwarzen Lichts gesprochen – des Lichtes der Verwirrung: wenn das göttliche Licht im Bewusstsein des Mystikers ganz aufscheint, verschwinden alle Dinge und werden unsichtbar (die mittelalterlichen und Renaissance-Mystiker in Deutschland würden hier von der ,überhellen Nacht' sprechen). Das ist die Erfahrung des *fana* – ein völliges Blackout aller Dinge, bis der Mystiker existentiell erfährt, dass diese Schwärze ,in Wirklichkeit das Licht des Absoluten an sich' ist, denn die Existenz ist unsichtbar und erscheint als Nichts. Und die Klarheit des Schwarzen Lichts zu erkennen, bedeutet, das grüne Wasser des Lebens zu finden, das nach der Legende in der tiefsten Dunkelheit verborgen ist – *baqa*, ,Dauer in Gott', liegt im Herzen des *fana* verborgen. (S. 210)

„Alles ist Er" (tauhid)

Wie die Mystiker versuchten, *fana* und *baqa* in Worte zu fassen, so versuchten sie auch *tauhid* zu beschreiben. *Tauhid* meint zunächst die im islamischen Glaubensbekenntnis („Es gibt keine Gottheit ausser Gott") formulierte „Anerkenntnis, dass es keinen Handelnden als Gott gibt, und dass alles und jeder von Ihm abhängig sind" (Schimmel, 1975/1995, S. 212). Das Verständnis von *tauhid* kann sich jedoch leicht zu der Erkenntnis ausweiten, dass nur Gott wirkliche Existenz besitzt (Schimmel, 1975/1995, S. 212) und er das einzige ist, was existiert. So bedeutet es auch, dass „nichts deine Seele beschäftigen soll ausser Gott" (Schimmel, 1975/1995, S. 212). *Tauhid* wird dann auch so verstanden, dass man Gott in allem sieht: „Ich habe niemals etwas gesehen, ohne Gott darin zu sehen" (zit. nach Schimmel, 1975/1995, S. 213). Die Mystiker stützten sich dabei auf das Koranwort: „Wohin immer ihr euch wendet, dort ist das Antlitz Gottes" (Sura 2/109) (zit. nach Schimmel, 1975/1995, S. 213). Diese Erkenntnis des *tauhid* mündet in das Gefühl der allumfassenden Gegenwart Gottes, das immer wieder in den Worten ausgedrückt wurde: „Alles ist Er". Die Orthodoxie war mit dieser Interpretation des *tauhid* nicht einverstanden, weil sie in ihren Augen die Transzendenz Gottes leugne (Schimmel, 1975/1995, S. 214).

3.2.2 Integrationsprozess: Gottes ständig gedenken

> Ein Atemzug, der nicht den Namen Gottes wiederholt, ist ein verschwendeter Atemzug. (Kabir zit. nach Vaughan-Lee, 1993, S. 131)

Wie sieht nun der Weg des Sufi aus, sich Gott zu nähern, um schliesslich ganz in Gott zu bleiben *(baqa)* und zu erkennen, dass einzig Gott existiert *(tauhid)*? Welche spirituelle Praxis übt der Sufi, um die spirituelle Dimension ganz in sein Leben zu integrieren?

Schimmel (1975/1995, S. 215-265) unterscheidet verschiedene Formen der spirituellen Praxis im Sufismus, die sie als „Anbetung" (S. 215) bezeichnet:

- Das Ritualgebet *(salat)*: Es gilt als einer der fünf Pfeiler des Islam, also eine der fünf Hauptpflichten im Leben eines Gläubigen. Es wird fünfmal täglich zu vorgeschriebenen Zeiten vollzogen. Rituelle Reinheit *(tahara)* , die eine rituelle Waschung vor dem Gebet beinhaltet, ist dabei eine Vorbedingung des Gebets. Die Mystiker legten grossen Wert auf die Einhaltung des Ritualgebets, wie es die Pflicht jedes Muslim ist. Hier wird deutlich, wie essentiell für Mystiker die Religion war – Mystik also nicht als Entkoppelung von der Religion, sondern als ihr Herz.

- Das freie Gebet wird als zusätzliche Möglichkeit zum Ritualgebet erwähnt. Es wird als vertrautes Gespräch *(munajat)* zwischen Mensch und Gott verstanden. Zu seiner Ausführung existieren auch genaue Anweisungen, die von den Mystikern als sehr wichtig angesehen wurden. Allerdings wurde auch betont, dass vollkommene Aufrichtigkeit und Hingabe im Gebet wichtiger seien als dessen korrekte Form. Das echte mystische Gebet reflektiert Gottvertrauen, Liebe und Sehnsucht. Das Wesen des mystischen Gebets ist Lobpreis und Anbetung – und besteht nicht aus Flehen oder Bitten (Schimmel, 1975/1995, S. 223-238). Bittgebete werden als oberflächlich empfunden. Sie entstammen dem kleinen Ich des Beters. Echtes Gebet jedoch dient dem Entwerden und dem Loslassen des Ichs (vgl. dazu auch Schmid, 1991, S. 153).

- *Dhikr*: Das laute oder stille Gedenken Gottes, auf das im Folgenden näher eingegangen wird.

- *Sama'* („Hören"): *Sama'* ist sicher die bekannteste Äusserung des mystischen Lebens im Islam. Gemeint ist damit das Musikhören und Tanzen als Formen der Anbetung und des Ausdrucks mystischer Erlebnisse – die berühmten „tanzenden Derwische". Im Grunde wurde die kreisende Tanzbewegung jedoch einzig im Mevlevi-Orden institutionalisiert, und *sama'* war ein Hauptstreitpunkt zwischen den Schulen des Sufismus. Die gemässigten Schulen des Sufismus vertraten die Haltung, dass Anfänger diese Praxis nicht ausüben sollten, weil sie daraus eher sinnliches Vergnügen schöpften, als es als geistige Übung erfassen zu können. Je fortgeschrittener ein Sufi jedoch auf dem Pfad sei, desto mehr könne er auch über ein Lauschen auf Musik Gott unverschleiert erfahren. Die Naqshbandi-Sufis, auf die in diesem Kapitel vor allem eingegangen wird, hatten für *sama'* wenig übrig. Sie werden als eher nüchterne Sufis beschrieben (vgl. Schimmel, 1975/1995, S. 173, S. 256, S. 514, S. 516, S. 563).

Ritualgebet und freies Gebet sind Nicht-Mystikern und Mystikern im Islam gemeinsam. Was die spezifische Praxis der Sufis auszeichnet, ist neben dem umstrittenen *sama'* der *dhikr*. Der *dhikr* nimmt im Sufismus eine zentrale Stellung ein: „'Dhikr ist ein starker Pfeiler auf dem Wege zu Gott, nein, vielmehr der wichtigste Pfeiler'; denn niemand kann Gott erreichen, ohne Seiner ständig zu gedenken" (Schimmel, 1975/1995, S. 239). Der *dhikr* kann immer und überall praktiziert werden – anders als im Ritualgebet muss man sich nicht an vorgeschriebene Zeiten halten (Schimmel, 1975/1995, S. 239). Allerdings werden für einen offiziellen *dhikr* auch bestimmte vorbereitende Handlungen vorgeschrieben, und es wird auch auf die rechte Körperhaltung hingewiesen, die von Orden zu Orden verschieden sein kann, auf deren korrekte Einhaltung jedoch grosser Wert gelegt wird. Oft legt man den Kopf auf die Knie, in anderen Orden sitzen die

Mystiker in bestimmten Schneidersitzpositionen (Schimmel, 1975/1995, S. 242; Schimmel, 1994/1995, S. 193). In voll entwickelter Form ist der *dhikr* meist mit Atemkontrolle verbunden. So werden bestimmte Formeln in einem Atemzug etwa dreimal, neunmal oder achtzehnmal wiederholt (Schimmel, 1975/1995, S. 247).

Praktische Anwendung des *dhikr*

> Manchmal fühlt es sich so an, als dringe ich direkt in die Silben der heiligen Formeln ein, in den Laut, der still in mir nachklingt. Je grösser die Achtsamkeit, mit der ich dabei bin, um so intensiver das Erleben. Der *dhikr* selbst bringt mir bei, wie man *dhikr* macht! Mir fällt die alte Anweisung ein: ‚Zuerst tust du so, als machtest du den *dhikr*. Dann machst du den *dhikr*. Dann, schliesslich, macht der *dhikr* dich'. (Özelsel, 1993, S. 73)

Ein Gedenken Gottes kann laut oder still erfolgen. Ob der *dhikr* nun laut oder still praktiziert werden soll, war ein grosser Streitpunkt unter den Sufi-Orden (Schimmel, 1975/1995, S. 249). In der Naqshbandiyya-Mujaddidyya-Linie wird der stille *dhikr (dhikr khafii)* praktiziert. Sie bezeichnen sich auch als die „Schweigenden Sufis" (Vaughan-Lee, 1993, S. 132). Die Einführung des stillen *dhikr* in dieser Tradition geht auf ´Abd al-Khaliq Ghijduwani (gest. 1220) zurück, einem Schüler von Yusuf Hamadani (gest. 1140), der dem Naqshband-Orden seine Identität verlieh. Die Tradition berichtet, dass ´Abd al-Khaliq Ghijduwani von Khidr selbst in der Methode des stillen *dhikr* unterwiesen worden sei, um ihm die richtige Interpretation des Koran-Verses (7/53) „Rufet euren Herrn in Demut und im Verborgenen an" verständlich zu machen (Vaughan-Lee, 1993, S. 131-132). ´Abd al-Khaliq Ghijduwani galt als Meister aller Meister und Baha'ad-din Naqshbandi, auf den der Name des Ordens zurückgeht, habe seine mystische Unterweisung von der „spirituellen Gegenwart" von ´Abd al-Khaliq Ghijduwani erhalten, obwohl dieser ein Jahrhundert vor Naqshband gelebt hatte. Jedenfalls wurde Naqshband von ´Abd al-Khaliq Ghijduwani gelehrt, den stillen *dhikr* zu praktizieren und den öffentlich dargestellten und lauten *dhikr* zu meiden. Er selber sagte: „Gott ist Stille, und man erreicht ihn am leichtesten in der Stille" (zit. nach Vaughan-Lee, 1993, S. 131). Der Sufi-Lehrer von Irina Tweedie (1979/2006) Bhai Sahib führte das näher aus: „Wir sind frei. Wir gehen in Stille zur Absoluten Wahrheit, denn man kann sie nur in der Stille finden, und sie ist Stille. Deshalb nennt man uns die Schweigenden Sufis. Wenn bestimmte Übungen gegeben werden, führt man sie immer in der Stille aus" (zit. nach Vaughan-Lee, 1993, S. 131).

Im schweigenden *dhikr* ist die Wiederholung der Namen Gottes oder von heiligen Formeln vollkommen verinnerlicht. Für die Naqshbandis ist wahrer Gottesdienst das, was sie als eines der elf Prinzipien, *khalwar dar anguman* – „Zurückgezogenheit in der Menge" –, bezeichnen. Das bedeutet, dass der *dhikr* völlig in den Alltag integriert ist: Man gedenkt Gott ständig, auch während man seine weltlichen Pflichten tut. Schimmel (1994/1995, S. 195) verweist in diesem Zusammenhang auf Sure 24, 37, wo es heisst, dass diejenigen gelobt werden, die „Weder Geschäfte noch Werke davon abhält, Gottes, ihres Herrn zu gedenken" und die „ständig ausdauernd im Gebete" sind (Sure 70, 22).

Gerade im Zusammenhang mit dem *dhikr* nimmt der mystische Lehrer im Sufismus eine zentrale Stellung ein. So wird die Technik *tawajjuh* – die Konzentration des Schülers auf den *shaikh* – für den *dhikr* bei den Naqshbandi-Sufis als wichtig erachtet. Dabei verbindet sich der Schüler während des *dhikrs* innerlich mit seinem *shaikh*. Es wird dem Schüler auch nahegelegt, während dem offiziellen *dhikr* ein Bild seines *shaikhs* vor Augen zu haben, um von ihm seelisch unterstützt zu werden (Schimmel, 1975/1995, S. 243).

Der *dhikr* soll auch von einem Meister an den Schüler vermittelt werden. Die Bedeutung des Meisters hat in diesem Zusammenhang verschiedene Gründe: So muss der *dhikr* in einer echten Initiation vermittelt werden. Die Formel muss durch die Kette mystischer Führer bis zum Propheten Muhammad zurückgeführt werden oder sogar auf den Engel, der den Propheten inspiriert hat. Manchmal werden die unterschiedlichen *dhikr*-Techniken auch auf die Khalifen bezogen: So soll der Prophet Abu Bakr den schweigenden *dhikr* gelehrt haben, Ali dagegen den lauten. Allerdings kommt auch Khidr, der geheimnisvolle Führer der Wanderer für eine Vermittlung des *dhikr* in Frage. So führten einige Mystiker ihre Initiation auf eine Begegnung mit Khidr zurück (Schimmel, 1975/1995, S. 241).

Der Meister ist aber auch zum Schutz des Schülers bei der Wahl des *dhikr* sehr bedeutsam. Der *dhikr* muss dem Zustand des Schülers angemessen sein – sonst kann der *dhikr* in seinen vieltausendfachen Wiederholungen eines machtvollen Namens schädlich werden auf der seelischen, aber auch auf der körperlichen Ebene. Schimmel (1989, S. 102) weist darauf hin, dass ein falscher *dhikr* sogar lebensgefährlich werden kann. In der Wahl des passenden *dhikr* zeigt sich also die Weisheit des Meisters.

Der *dhikr* der Namen Gottes ist ausserordentlich wichtig. Im allgemeinen werden 99 schönste Namen Gottes gezählt, die man einen nach dem anderen wiederholen kann beginnend mit *Ya Rahman, ya Rahim*, „O Barmherziger, o Allerbarmer" und endend mit *Ya Sabur*, „O Geduldiger" (Schimmel, 1975/1995, S. 252). Zur Zählung der Namen Gottes dient ein Rosenkranz mit 33 oder 99 Perlen. Die 99 göttlichen Namen wurden von den Sufis auf Grund ihrer Eigenschaften in *lutfiyya*, „auf Gottes Schönheit und Güte bezogen" und *qahriyya*, „auf Gottes Gewalt und Majestät bezogen" eingeteilt. Diese beiden Kategorien wirken zusammen und sind auch mit dem Menschen verbunden. Manchmal wurde den Mystikern auf Grund ihrer geistigen Haltung ein göttlicher Name zugeschrieben, um ihre Unterschiede hervorzuheben (Schimmel, 1975/1995, S. 252).

Die Sufis arbeiteten auf Grund ihrer starken Wirkung auf den ganzen Menschen genaue Regeln für den Gebrauch der Gottesnamen aus (Schimmel, 1975/1995):

> Die Regeln für den Gebrauch dieses oder jenes göttlichen Namens sind von den Sufis sehr sorgfältig ausgearbeitet worden. Der Name *al-Hadi*, ‚der Leitende', soll auf den Adepten einwirken, wenn er sich in seinem *dhikr* Gott zuwendet ... Der Name *al-Latif*, ‚der Subtile, der Gütige', sollte vom Mystiker in der Klausur verwendet werden, um seinen Charakter zu verfeinern, *al-Hafiz*, ‚der Bewahrende', sollte gebraucht werden, wenn man seinen mystischen Zustand bewahren möchte, und *al-Wadud*, der ‚Liebend-Geliebte', lässt den Mystiker von allen Geschöpfen geliebt werden; wenn dieser Name in der Klausur ständig wiederholt wird, so nehmen Vertrautheit und göttliche Liebe zu. Der Name *al-Fa'iq*, ‚der Überwältigende', sollte niemals von einem Anfänger benutzt werden, sondern nur von einem Gnostiker hohen Ranges. (S. 252)

Der wichtigste Name Gottes jedoch bleibt *Allah*. „Allah ist Sein grösster Name und umfasst alle Seine göttlichen Kennzeichen" (Vaughan-Lee, 1993, S. 132). Vaughan-Lee (1993, S. 133) verweist auf eine Sufi-Tradition, die „Allah" als „das Nichts" versteht, „und das ist für die Sufis von grosser Wichtigkeit, denn die Wahrheit oder Gott wird als Nichtheit erfahren".

Das Nichts weist auf die Essenz des Sufi-Pfades, wie sie von der Naqshbandi-Mujaddidyya-Linie verstanden wird. So sagte Bhai Sahib kurz vor seinem Tod: „Es gibt nichts als das Nichts", was Irina Tweedie als Botschaft an sie verstand. Sie schreibt dazu (Tweedie, 1979/2006):

> ‚Es gibt nichts als das Nichts.' … das Nichts in dreifacher Hinsicht: Nichts, weil das kleine Selbst gehen und man zu nichts werden muss. Nichts, weil die höheren Bewusstseinszustände für den Verstand das Nichts bedeuten, denn er kann dort nicht hinreichen; sie liegen völlig ausserhalb seines Wahrnehmungsrahmens. Auf der Ebene des Verstandes kann es kein völliges Verstehen dieser Zustände geben, also ist er mit dem Nichts konfrontiert. Und im letzten, wunderbarsten Sinn heisst es, in das leuchtende Meer der Unendlichkeit einzutauchen, darin aufzugehen. Ich glaube, so ist dieser Satz zu verstehen: ‚Es gibt nichts als das Nichts', und das hat auch Bhai Sahib damit gemeint, wenn er vom Nichts und dem EINEN sprach. (S. 964)

In ganz ähnlicher Weise beschreibt Schmid (1991) „das mystische Nichts" (S. 175) als die für jeden Menschen einzigartige Leere, die auftaucht, wenn alle Vorstellung zerbricht. Dann „zeigt Gott sich uns als der, der er ist" (S. 177). Gott ist jenseits aller Vorstellungen: „Gott, so müssen wir schliessen, braucht die Leere, um sich selbst in allen seinen Möglichkeiten zu zeigen" (S. 177). Die Leere ist eine Voraussetzung für die tiefe Nähe zu Gott: „Im Nichts, im Zerbrechen aller Vorstellung ist Gott dem Menschen besonders nahe" (S. 178).

Um diese Erfahrung wirklich integrieren zu können, braucht es den ganz banalen Alltag: „Richten wir unser Augenmerk auf das normale Leben, erdet das die Energie des Pfades…" (Vaughan-Lee, 2004/2005, S. 6). Es geht darum, in unserem normalen Alltag die Aufmerksamkeit immer wieder auf Gott auszurichten – so kann unsere Spiritualität im Alltag Fuss fassen (Vaughan-Lee, 2004/2005):

> Die wahre Arbeit besteht darin, uns selbst treu zu bleiben inmitten all der Anforderungen des Alltags und die innere Aufmerksamkeit zu halten, und sei es nur für fünf Minuten am Tag, wenn noch so viele Ablenkungen da sind. Das Gott-Erinnern findet nicht mehr in der Abgeschiedenheit statt, sondern im Büro oder im Supermarkt. Der Pfad mag das Gegenteil von dem sein, was wir erwarten; er mag paradox sein, verwirrend, und im Gegensatz zu unserer Konditionierung stehen, aber er muss in dieser Welt hier gelebt werden, muss Teil des Alltags sein. (S. 6)

Wirkung des *dhikr*

> Die wahre Bedeutung des *dhikr* [ist] ein innerliches Gewahrwerden Gottes. Das Ziel des *dhikr* ist, dieses Bewusstsein zu erreichen. (Khwaja ´Ubaidullah Ahrar, (gest. 1490) zit. nach Vaughan-Lee, o.J., S. 4)

Dhikr ist eine Praxis, sich ständig an Gott zu erinnern, indem man einen seiner 99 schönsten Namen oder eine heilige Formel wie etwa das Glaubensbekenntnis *la ilaha illa Allah* („Es gibt keine Gottheit ausser Gott" (Schimmel, 1994/1995, S. 77)) ständig wiederholt. Durch *dhikr* wird der „Herzensspiegel poliert", so dass er rein genug wird, um Gottes Schönheit zu spiegeln (Schimmel, 1994/1995):

Denn der *dhikr* wird immer als Mittel zum ,Polieren des Herzensspiegels' angesehen – das Herz kann ja allzu leicht vom Rost weltlicher Beschäftigungen und
Gedanken überlagert werden; der ständige *dhikr* aber kann diesen Rost entfernen
und das Herz so reinigen, dass es das strahlende Licht Gottes empfangen, die
göttliche Schönheit spiegelgleich reflektieren kann. (S. 193)

Dass bereits im (inneren) Ruf nach Gott dieser antwortet, schildert die folgende Geschichte Rumis von einem Mann, der nicht mehr beten wollte, weil er nie eine Antwort
Gottes erhielt (zit. nach Schimmel, 1994/1995).

,O Gott!' rief einer viele Nächte lang.
Und süss ward ihm der Mund von diesem Klang.
,Viel rufst du wohl', sprach Satan voller Spott.
,Wo bleibt die Antwort ,Hier bin Ich!' von Gott?
Nein, keine Antwort kommt vom Thron herab!
Wie lange schreist du noch ,O Gott!'? Lass ab'
Als er betrübt, gesenkten Hauptes, schwieg,
sah er im Traum, wie Khidr[20] niederstieg
und sprach: ,Warum nennst du Ihn denn nicht mehr?
Was du ersehnt – bereust du es so sehr?'
Er sprach: ,Nie kommt die Antwort ,Ich bin hier!',
so fürchte ich, Er weist die Türe mir!'
,Dein Ruf ,O Gott!' ist Mein Ruf ,Ich bin hier!'
Dein Schmerz und Flehn ist Botschaft doch von Mir,
und all Dein Streben, um Mich zu erreichen –
dass Ich zu Mir dich ziehe, ist's ein Zeichen!
Dein Liebesschmerz ist Meine Huld für dich –
Im Ruf ,O Gott!' sind hundert ,Hier bin Ich!' … (S. 194)

Was hier für den Ausruf im Gebet gilt, mag sicherlich auch für den *dhikr* gelten, der
Gottes Namen ständig wiederholt. Die Geschichte zeigt also, wie im innigen Nennen
seines Namens Gott bereits präsent und anwesend ist. In unserer Ausrichtung auf Gott
ist dieser bereits da.

Die Schilderungen der Wirkung des *dhikr* führen uns aber noch weiter: „*Dhikr*
führt zu völliger Vergeistigung" (Schimmel, 1975/1995, S. 239). Durch diese ständige
Ausrichtung auf Gott soll Gott den Mystiker völlig durchdringen und ihn ganz erfüllen,
so dass er alles andere vergisst (Schimmel, 1975/1995, S. 244). Auf der letzten Stufe des
dhikr wird der Gedenkende mit Gott durch den *dhikr* vereinigt, so dass „Subjekt und
Objekt ununterscheidbar werden" (Schimmel, 1975/1995, S. 245). Auf diese Weise
wird der Mystiker auch unabhängig von der Welt, weil er sich völlig auf Gott verlässt
und mit ihm in Liebe vereinigt ist (Schimmel, 1975/1995, S. 244).

Dhikr ist auf das Ziel des Mystikers gerichtet: das Entwerden *(fana)* und schliesslich
das Bleiben in Gott *(baqa)*. Dabei kann der *dhikr* zwar zu dieser Erfahrung hinführen,
letztlich bleibt sie aber ein „freier Akt göttlicher Gnade" (Schimmel, 1975/1995, S.

---

[20] Khidr ist der Schutzheilige der Reisenden. Er gilt als unsterblich, weil er aus der Quelle des
Lebens getrunken hat. Manche Mystiker begegneten ihm auf ihren Reisen. Er konnte sie inspirieren,
aus einer Gefahr retten oder auch Fragen beantworten. Auch eine Initiation durch Khidr wurde als gültig angesehen, weil die Inspiration dadurch direkt aus der höchsten Quelle stammte (Schimmel,
1975/1995, S. 157-158).

253), der sich oft in einer Ekstase *(wajd)* ausdrückt. *Wajd* bedeutet wörtlich „finden" und meint, Gott zu finden und darin still zu werden. In der überwältigenden Glückseligkeit, die der Mensch in diesem Finden Gottes erfährt, kann er in einen ekstatischen Zustand entrückt werden. Bezeichnenderweise wurde von Nwyia vorgeschlagen, hier von *In*stase statt von *Ek*stase zu sprechen, weil der Mystiker nicht *ausser* sich gerät oder *aus* sich selbst weggetragen wird, sondern vielmehr *in* die Tiefen seiner Selbst *hinein*getragen wird und darin versinkt (Schimmel, 1975/1995, S. 253). So entwird der Mystiker sich selbst, um eins zu werden mit Gott und in diesem völligen Einssein zu bleiben.

Eine Geschichte, die vom Mystiker Sahl at-Tustari (gest. 896) berichtet wird, verdeutlicht diesen Prozess und zeigt anschaulich auf die Essenz des *dhikr* dabei (zit. nach Schimmel, 1975/1995):

> Sahl sagte zu einem seiner Schüler: ‚Bemühe dich, einen ganzen Tag lang immerfort ‚O Allah! O Allah! O Allah!' zu sagen!' Er tat das auch am nächsten und übernächsten Tag, bis er sich daran gewöhnt hatte. Dann ordnete er an, er solle dies auch zur Nacht tun, bis die Worte ihm so vertraut wurden, dass er sie sogar im Schlafe aussprach. Dann sagte er: ‚Wiederhole sie nicht mehr, sondern lass all deine Sinne damit beschäftigt sein, Gottes zu gedenken.' Der Schüler tat das, bis er ganz im Gedenken an Gott absorbiert war. Eines Tages, als er zu Hause war, fiel ihm ein Stück Holz auf den Kopf und zerschlug ihm den Schädel. Die Blutstropfen, die auf den Boden flossen, trugen die Inschrift *Allah! Allah! Allah!* ... (S. 241)

Echter *dhikr* durchdringt den ganzen Menschen und verwandelt ihn zutiefst - ganz im Sinne einer spirituellen Integration, ja Verkörperung der Spiritualität.

Warum wirkt *dhikr*?

Dhikr entfaltet also eine starke Wirkung. Die Mystiker erkannten die ausserordentliche Qualität des *dhikr* als mystische Praxis und versuchten zu verstehen, weshalb er so wunderbar auf den Menschen wirkt. Eine Antwort, die unter den Sufis weit akzeptiert ist, ist die des Mystikers Kalabadhi (gest. 990 oder 994): Für ihn geht der *dhikr* auf den Urvertrag zwischen Gott und Mensch zurück – und die Initiative kommt von Gottes Aktivität. Der Mensch antwortet mit seinem *dhikr* im Grunde auf die Worte Gottes, die ihn ursprünglich zum Menschen gemacht haben: So hörten die Menschen ihren ersten *dhikr*, als Gott sie mit den Worten ansprach: *alastu birabbikum* – „Bin ich nicht euer Herr?" „Dieser *dhikr* war in ihren Herzen eingeschlossen, ebenso wie die Tatsache selbst in ihrem Intellekt eingeschlossen war. Als sie dann den Sufi-*dhikr* hörten, erschienen die geheimen Dinge aus ihrem Herzen wieder" (Schimmel, 1975/1995, S. 244-245). Über den *dhikr* findet der Mensch zurück zu jenem Einssein mit Gott, wie es vor dem Tag seiner Erschaffung war: „Alles Geschaffene verschwindet, und das einzige wahre Subjekt, der ewige Gott, bleibt, wie Er immer war und immer sein wird" (Schimmel, 1975/1995, S. 245).

Eine moderne, psychologische Erklärung zeigt Vaughan-Lee (1993) auf. Dabei bildet die ständige Wiederholung im Sinne einer Erinnerung an Gott die Grundlage für eine Eigendynamik, die im Unbewussten arbeitet und zu Veränderungen auf der mentalen, psychischen und physischen Ebene führt. Über die ständige Ausrichtung auf Gott findet auf mentaler Ebene eine Art Umprogrammierung statt, über die die üblichen mentalen Muster und automatisierten Gewohnheiten verändert werden:

Dem *dhikr* liegt das Prinzip der Erinnerung zugrunde, denn der Sufi trachtet danach, mit jedem Gedanken, mit jedem Atemzug des Geliebten zu gedenken. Durch die ununterbrochene Wiederholung Seines Namens gedenken wir Seiner, nicht nur im Geist, sondern auch im Herzen, und schliesslich kommt die Zeit, da jede Zelle unseres Körpers endlos den *dhikr* wiederholt, endlos Seinen Namen spricht.

Zuerst müssen wir uns bewusst daran erinnern, den *dhikr* zu sprechen. ... Wann immer es uns möglich ist, wiederholen wir Seinen Namen, etwa wenn wir spazieren gehen oder Auto fahren. Wenn wir den *dhikr* beim Kochen sprechen, wird das Essen mit Seinem Namen getränkt. Wenn wir nachts wach liegen, sprechen wir den Namen unseres Geliebten, und so wird kein Augenblick verschwendet. ... im Verlauf der Zeit geschieht etwas Magisches: Sein Name beginnt sich von selbst in uns zu wiederholen. Wenn wir morgens aufwachen, sagt unser Herz den *dhikr*, während wir mit jemandem sprechen, wiederholt Sein Name sich von selbst in uns. Es heisst: ‚Zuerst machst du den *dhikr*, und dann macht der *dhikr* dich.' Es wird ein Teil unseres Unbewussten und singt in unserem Blut. ...

Der *dhikr* arbeitet im Unbewussten und verändert unseren mentalen, psychischen und physischen Körper. Auf der mentalen Ebene ist das sehr offensichtlich. Normalerweise ist unser Geist im täglichen Leben mit seinen automatischen Denkprozessen beschäftigt, über die wir oft wenig Kontrolle haben. ... Spirituelles Leben bedeutet, dass man lernt, einzielig zu werden, die gesamte Energie in eine Richtung zu lenken – zu Ihm hin. Dadurch, dass wir ununterbrochen Seinen Namen wiederholen, verändern wir die eingefahrenen Geleise, die wie bei einer Schallplatte immer wieder denselben Ton spielen und dieselben Muster wiederholen, die uns an unsere mentalen Gewohnheiten binden. Der *dhikr* ersetzt nach und nach diese alten Geleise mit der einen Spur Seines Namens. Der automatische Denkprozess wird zu Ihm hingelenkt. Wie ein Computer werden wir umprogrammiert für Gott.

Es heisst, dass man das wird, was man denkt. Wenn wir ständig an Allah denken, werden wir eins mit Allah. (S. 134-136)

Zusätzlich zu diesem mentalen Mechanismus, der sich im ganzen Menschen auswirkt, beruht die Wirkung nach Vaughan-Lee (1993, S. 136) auf einer subtileren und zugleich stärkeren Wirkung: Der *dhikr* ist ein heiliges Wort und als solches vermittelt es „das innere Wesen dessen, was es benennt" (S. 136). „... die Schwingungen des Wortes klingen mit dem mit, was es benennt, und verbinden Wort und Inhalt miteinander. So kann das Wort den Sucher direkt mit dem verbinden, den es benennt" (S. 136).

Dem *dhikr* wird die Wirkung zugeschrieben, dass er die psychische Struktur neu ausrichtet und zu einer Transformation führt, indem er die Energien des Unbewussten aktiviert, konzentriert und umwandelt. So kann er uns nach Vaughan-Lee (1993, S. 137-138) von psychischen Blockierungen und Konditionierungen befreien und Ängste und Befürchtungen auflösen oder deren Einfluss auf uns mindern. Vaughan-Lee verwendet den *dhikr* auch in psychotherapeutischer Weise: Im Umgang mit schwierigen psychischen Problemen bleibe er beim Schmerz oder beim Problem, ohne einen Versuch zu deren Lösung zu unternehmen. Stattdessen wiederholt er Seinen Namen, während er innerlich beim Schmerz bleibt. „Ich habe die Erfahrung gemacht, dass der Transformationsprozess, der dadurch ausgelöst wird, eine wesentlich grössere Dynamik besitzt als die normale psychologische Arbeit" (Vaughan-Lee, 1993, S. 138).

3.2.3 Integrierte Spiritualität: Äusserlich inmitten der Welt – innerlich bei Gott

> Im Zustand der Vereinigung erfährt der Liebende eine tiefe innere Stille, die durch sein äusseres Leben nicht gestört werden kann. All die Menschen, mit denen er in seinem Alltag zu tun hat, können – wie laut oder störend sie auch sein mögen – seinen inneren Frieden nicht beeinträchtigen. Mit welcher äusseren Aktivität er auch befasst sein mag, innerlich bleibt er immer frei. Seine wahre Aufmerksamkeit ist stets auf die innere Stille gerichtet, auf den Ort der Begegnung mit dem Geliebten. (Vaughan-Lee, 1993, S. 123)

Innerlich bei Gott und äusserlich bei den Menschen und in der Welt zu sein: Das Prinzip der „Einsamkeit in der Menge" *(khalwar dar anjuman)* spiegelt die Integration von innerem und äusserem Leben wieder. Der Sufi-Mystiker Al-Kharraz (gest. 890 oder 899) beschreibt in diesem Sinn das Ziel des Sufi-Pfades (zit. nach Vaughan-Lee, 1990, S. 4): „Vollkommenheit ist keine Zurschaustellung von Wunderkräften, sondern Vollkommenheit bedeutet, mitten unter den Leuten zu sitzen, zu kaufen und zu verkaufen, zu heiraten und Kinder zu haben. Jedoch darf dabei die Gegenwart Allahs nicht für einen Augenblick verlassen werden". Auf diese Weise wird der scheinbare Gegensatz zwischen mystischem und äusserem Leben aufgehoben. So schreibt Vaughan-Lee (1993, S. 113): „Die innere Aufmerksamkeit des Liebenden verweilt beim Geliebten, und seine äussere Aufmerksamkeit gilt der Welt; so vereint der Liebende diese scheinbaren Gegensätze".

Innerlich bei Gott zu sein, bedeutet, dass wir unsere Aufmerksamkeit immer wieder auf Gott ausrichten – der *dhikr* ist dabei die wohl zentralste Praxis. Innerlich verankert in Gott, können wir auch äusserlich unsere Aufgaben tun, ohne zu sehr abgelenkt zu werden, weil uns die uns umgebenden Äusserlichkeiten nicht mehr so sehr interessieren (Vaughan-Lee, 1993, S. 112).

Was bedeutet es aber, bei Gott zu sein? Angesprochen ist das Ziel des spirituellen Weges, *fana* und *baqa*, sowie das Erkennen, dass Gott alles ist *(tauhid)*. Schimmel (1975/1995) zeigt drei Stadien des letzten Ziels des Sufi-Pfades in der Interpretation von M. Molé auf:

> [M. Molé] erklärt das *tauhid-i wujudi* als Ausdruck des *'ilm al yaqin,* und *tauhid-i shuhudi* als Ausdruck des *'ain al-yaqin,* d.h. dass das erstere die intellektuelle Erkenntnis der Einheit des Seins oder vielmehr des Nicht-Existierens von irgendetwas ausser Gott ist, während im *tauhid-i shuhudi* der Mystiker ,mit dem Blick der Gewissheit' die Einheit erfährt, aber nicht als ontologische Einheit von Mensch und Gott. Schliesslich realisiert der Mystiker durch *haqq al-yaqin,* dass Einheit und Vielheit verschieden und doch in geheimnisvoller Weise verbunden sind. (Das *satori*-Erlebnis des Zen-Buddhismus entspricht dem genau: bei der Rückkehr vom Einheitserlebnis sieht er die Vielheit der Welt in verwandeltem Licht). (S. 520)

Diese Stufen der Erkenntnis des Einsseins werden anschaulich in der Analogie des Falters wiedergegeben. Der Schüler führt seinen *dhikr* und seine Konzentration immer weiter, so dass sie ihn vielleicht ans Ziel, *fana* und *baqa,* bringen mögen. Wenn er sich auf völliges Gesammeltsein in der Kontemplation *(muraqaba)* konzentriert, kann er von dort aus vielleicht zur Schau *(mushahada)* gelangen (Schimmel, 1975/1995):

> Doch dies ist eine solche Schau, dass man sie nur annäherungsweise als ‚Gegenwart' oder ‚Nähe' beschreiben kann, die mit *'ilm al-yaqin*, ‚gewisses Wissen' … verbunden ist. Von der Station des aufrichtigen *'ilm al-yaqin* geht es dann zum *'ain al-yaqin*, ‚Schau der Gewissheit' oder ‚Essenz der Gewissheit' (Station der Gnostiker), bis auch sie aufgeht in *haqq al-yaqin*, ‚wahrer Gewissheit' oder ‚Wirklichkeit der Gewissheit', dem Ort der Freunde Gottes. Die Ausdrücke selbst stammen aus Sura 102 und Sura 56/95, wo sie jedoch keinerlei mystischen Beiklang haben. Die Stufenleiter ist in Hallajs *Kitab at-tawasin* als das Schicksal des Falters symbolisiert worden, der *'ilm al-yaqin* erfährt, wenn er das Licht der Kerze sieht, *'ain al-yaqin*, wenn er näherkommt und die Hitze spürt und *haqq al-yaqin*, wenn er endlich von der Flamme verzehrt wird. (S. 206)

Der Mystiker durchläuft also im Entwerden in Gott drei Stadien:

- *tauhid-i wujudi* als Ausdruck des *'ilm al-yaqin*: „gewisses Wissen": intellektuelle Erkenntnis der Einheit des Seins bzw. des Nichtexistierens von etwas ausser Gott. In der Analogie des Falters sieht der Falter das Licht der Kerze.
- *tauhid-i shuhudi* als Ausdruck des *'ain al-yaqin*: „Essenz oder Schau der Gewissheit": Der Mystiker erfährt Einheit. Der Falter kommt näher an die Kerzenflamme und spürt die Hitze des Feuers.
- *haqq al-yaqin*: „wahre Gewissheit, Wirklichkeit der Gewissheit", auch der „Ort der Freunde Gottes" genannt. Der Mystiker realisiert, dass Einheit und Vielheit verschieden und doch tief verbunden sind. Der Falter wird in der Flamme verzehrt.

Dieses Aufgehen in Gott und die tiefe Erkenntnis, dass alles Gott ist oder dass Gott alles ist, beschreibt Irina Tweedie in den Monaten im Himalaya nach Bhai Sahibs Tod (Tweedie, 1979/2006):

> Heute morgen wachte ich mit dieser ruhigen Freude, mit dieser wundervollen Leichtigkeit auf, die das Einssein mit sich bringt. Alles ist ER. ER ist alles. Es gibt nichts als IHN, und das Lied in meinem Herzen dauert an. Meine Sehnsucht nach dem Unfassbaren, Unerreichbaren…ist sie etwa erfüllt? (S. 1004)

Der menschliche Wille ist ganz dem göttlichen hingegeben und wird eins mit ihm. So stehen am Ende ihres Tagebuchs die Worte (Tweedie, 1979/2006):

> Ich weiss, es bleibt für den Liebenden, der sich hingegeben hat, NICHTS MEHR ZU TUN. Denn von dem Augenblick an übernimmt ER, und der Wille des Liebenden wird der Wille des Geliebten, der der Einzige König in unserem Herzen ist.

> Die Liebe für den Grenzenlosen ist ebenso grenzenlos. Deshalb auch müssen unsere Herzen gebrochen und zu nichts werden, damit der Grenzenlose darin Herberge findet.

> All das weiss ich. Ich biete DIR mein Leben dar. DU übernimmst.

> Möge Gott mir helfen… (S. 1018-1019)

115

Die Vereinigung mit dem göttlichen Willen ist von tiefer Hingabe begleitet. Diese Hingabe betrifft unser Ich. Wenn das Ich sich ganz hingeben kann, kann sich Gott immer mehr in unserem täglichen Leben zu manifestieren beginnen (Vaughan-Lee, 1993, S. 104). Wohin Gott uns führen will, zeigt sich uns über manche Träume oder manchmal über sich verändernde äussere Gegebenheiten. Vaughan-Lee (1993, S. 100-104) beschreibt, wie wir dann äussere Ereignisse in einem anderen Licht sehen können oder sie als Wink Gottes verstehen können, jetzt eine bestimmte Richtung in unserem Leben einzuschlagen. So verlor er selbst plötzlich seine Anstellung als Englisch-Lehrer, promovierte in der Folge mit einer Arbeit in Analytischer Psychologie und lehrte vier Jahre später hauptsächlich zum Thema der Verbindung zwischen Analytischer Psychologie und Sufismus – was er sich früher überhaupt nicht gedacht hätte. Um in diesem Sinn unser Einssein mit Gott in der Welt manifestieren zu können, indem wir uns von Gott führen lassen, müssen wir ein klares Unterscheidungsvermögen haben: Wir müssen unterscheiden können zwischen der Stimme und den Wünschen unseres kleinen Ichs und der Stimme Gottes in unserem Herzen (Vaughan-Lee, 1993, S. 106).

Oft werden wir dabei Zweifel haben, ob wir der Stimme Gottes in unserem Herzen wirklich vertrauen können. So etwa, wenn wir uns innerlich gedrängt fühlen, etwas sehr Persönliches zu sagen. Tun wir es nicht, obwohl es die Stimme Gottes in unserem Herzen war, die uns dazu veranlasste, bleibt oft das „schmerzhafte Gefühl von etwas Unerledigtem" (Vaughan-Lee, 1993, S. 106). Ebenso kann uns die Befürchtung, Fehler zu machen, wenn wir auf die Stimme Gottes in uns hören, daran hindern, im Einklang mit Gott zu handeln. Vaughan-Lee (1993) sieht in dieser Angst vor Fehlern die Arroganz unseres kleinen Ichs. Wenn wir uns aber im Sinne des Sufismus innerlich auf Gott ausrichten und uns zugleich als ganz menschlich akzeptieren mit unseren Schwächen, können wir auch unsere Fehlbarkeit annehmen:

> Es ist die Arroganz des Ego, die uns Angst vor Fehlern einredet. Meine Lehrerin sagte, dass sie sich keine Gedanken mehr über mögliche Fehler mache, weil sie glücklich sei, sich bescheiden entschuldigen zu können. Sie hatte bereits alles verloren, und es gab nichts mehr zu verlieren. Wenn wir uns ganz und gar als menschlich akzeptieren wollen, müssen wir auch akzeptieren, dass wir Fehler machen, und je mehr wir im Selbst eingebettet sind, desto weniger kümmern wir uns darum, was andere denken mögen. Wir beziehen uns direkt auf den Geliebten und nicht auf die Meinung der Welt. (S. 106)

Auch hier sind wir äusserlich inmitten der Welt und innerlich bei Gott, so dass die Reaktionen unserer Umwelt auf uns nicht handlungsbestimmend für uns werden.

Im Verlauf der spirituellen Schulung vertieft sich dieses Lauschen auf die Stimme Gottes in unserem Herzen unter anderem auch dadurch, dass wir immer wieder Zeiten erleben, in denen unser gewöhnlicher Verstand und unser diskursives Denken sich für Minuten oder Stunden zurückzieht und wir kaum fähig sind zu denken, wir aber tiefere innere Einsichten erfahren. Solche Zustände können zunächst sehr beunruhigend sein, und wir fühlen uns verwirrt (Vaughan-Lee, 1993, S. 125-127). Irina Tweedie (1979/1992, z.B. S. 217-222) erlebte in der Zeit ihrer Schulung durch ihren Sufi-Meister immer wieder, wie sie sich durch solche Erfahrungen sehr verwirrt fühlte, sie aber dadurch auch lernte, auf einer tieferen Ebene Gott zu vertrauen und ihre bisherigen Vorstellungen und Erwartungen loszulassen, die sie auf ihrem spirituellen Weg sehr gehindert hatten. Wenn der gewöhnliche Verstand mit seinen Vorstellungen und Erwartungen vorübergehend still ist, werden wir auch frei für den momentanen Augenblick und sind nicht mehr gefangen in unseren Gedanken an Vergangenheit und Zukunft. So wird der Sufi auch als Sohn des gegenwärtigen Moments bezeichnet, „d.h. er überlässt sich vollkommen dem Moment, um das anzunehmen, was Gott ihm schickt, ohne über Gegenwart, Vergangenheit oder Zukunft zu grübeln" (Schimmel, 1975/1995, S. 190).

Auf diesem Weg kommen nach Vaughan-Lee (2004/2005) das Ich und das höhere Selbst in eine Balance. Wir machen Erfahrungen tiefen Einsseins, kommen aber immer wieder zurück in die reale Alltagswelt. Innerhalb der Begrenzungen der Welt ein Leben des Dienens und der Hingabe an den göttlichen Geliebten zu führen, bedeutet Spiritualität und Alltag zusammenzubringen:

> Durch die Gnade des Pfades und unsere eigenen Anstrengungen schaffen wir ein Gefäss, das uns ermöglicht, in Verbindung mit unserem höheren Selbst zu leben. Das Ego und das Selbst kommen ins Gleichgewicht. Auch wenn wir vielleicht noch immer einige innere Hindernisse haben, Widerstände, die wir im Auge behalten müssen, leben wir doch eher das Leben der Seele als nur das unseres Egos. Wir haben die Begrenzungen des Lebens akzeptiert und wissen, dass wahres Dienen heisst, auf das zu antworten, was der Augenblick von uns verlangt, und nicht irgendein zusammenphantasiertes spirituelles Schicksal leben zu wollen. Wir haben unsere Träume von Erleuchtung aufgegeben, damit wir im Alltag Fuss fassen. Vielleicht haben wir in der Meditation oder mitten im Leben gelegentlich kurze Einblicke in eine andere Wirklichkeit, erfahren ein Gefühl überwältigenden Friedens oder einer tiefen Freude, die plötzlich da ist. Gelegentlich wird unser Herz von einer unerklärlichen Süsse erfüllt; wir sehen die Liebe, die in jedem Blatt an jedem Baum ist. Doch dann senken sich wieder die Schleier herab, und wir sind zurück in der Welt des Egos. (S. 10)

Es geht also darum, unsere menschlichen Schwächen und Hindernisse und unsere Momente der Verbindung mit Gott gleichermassen im Auge zu behalten, damit wir Spiritualität und unseren gewöhnlichen Alltag zusammenbringen können. Wir müssen in der Suche nach Gott für unser ganzes menschliches Wesen offen bleiben – für unsere Schattenseiten genauso wie für unsere tiefsten spirituellen Einsichten.

Vaughan-Lee (2004/2005) betont, wie wichtig es ist, die Alltäglichkeit, Banalität und Normalität des spirituellen Weges anzunehmen und unsere Vorstellungen über spirituelle Erfahrungen und spirituelles Leben immer wieder loszulassen, um uns wieder neu hingeben zu können:

> Die Zustände der Liebe verändern sich fortwährend. Wenn wir endlich die Normalität des Pfades akzeptiert haben, lacht Er manchmal und verwirrt uns, indem Er unsere Welt auf den Kopf stellt, und sich uns plötzlich Seine Grösse und Seine Herrlichkeit erschliessen. Und wieder einmal erkennen wir, dass ein noch grösseres Mass an Hingabe und Nicht-Wissen verlangt wird. (S. 10)

3.3 Zen: Die Dinge sind so, wie sie sind

Der uralte Weiher.
Ein Frosch springt hinein.
Wasserplatschen. (Basho, 1644-1694)

Ein kleines, ja banales Ereignis in der Natur – ein Frosch springt in einen Weiher. Das Geräusch des Wassers. Was hat das mit Zen zu tun?

Zen: Erleuchtung und Alltag

Zen ist, wie wohl kaum eine andere mystische Tradition, zutiefst mit dem Alltäglichen verbunden. Das ganz Banale, Alltägliche ist im Zen nicht verschieden vom Spirituellen. Spiritualität ist hier und jetzt – und nirgends sonst. Die Welt des Alltäglichen muss nicht überwunden werden. Die Dinge sind so, wie sie sind. Und so, wie sie sind, *sind* sie Wahrheit, umfassende Wirklichkeit oder Buddha-Natur, wie es im Zen heisst (vgl. von Brück, 2006, S. 45). Die Dinge müssen nicht magisch zu leuchten beginnen, es muss nichts anderes in ihnen gesehen werden als das, was sie sind. Jetzt. Ganz konkret. Ganz unmittelbar. Schmid (1991, S. 81) spricht auch vom „Nichtgetrenntsein von Erleuchtung und Alltag".

Dieser Aspekt des Zen wird in der Haiku-Dichtung[21] so deutlich wie sonst vielleicht nirgends. Zen und Haiku sind seit dem Dichter Basho nicht mehr voneinander zu trennen (Krusche, 1999, S. 134). Um Zen anschaulich zu verstehen, lohnt es sich, einen Blick auf das Haiku als eine seiner Ausdrucksformen zu werfen: Ein Haiku gibt in der Regel ein unmittelbar gegenwärtiges Ereignis wieder, das mit einem Naturgegenstand ausserhalb des Menschen verknüpft ist und in der Gegenwart geschildert wird. Es wird als ein einmaliges Ereignis dargestellt, was nicht bedeutet, dass es als etwas Besonderes wiedergegeben wird, sondern als das, was jetzt gerade geschieht und so, wie es ist. Das Haiku ist also konkret und anschaulich (Krusche, 1999, S. 116). Wenn wir das wirklich wahrnehmen, was jetzt gerade ist, dann erfahren wir die allumfassende Wirklichkeit. Die Welt der Dinge und Erscheinungen ist im Zen nicht getrennt von der absoluten Wirklichkeit, der Leere oder der Buddha-Natur.

Die Hua-yen-Schule des Zen-Buddhismus spricht in diesem Sinn von Shih („Form", „Ereignis") und von Li („Leere"). Shih und Li sind deckungsgleich, sie durchdringen einander völlig. So lässt sich die Leere oder die absolute Wirklichkeit nicht ausserhalb der Form und Form nicht ausserhalb der Leere finden (Schmid, 1991, S. 79). So wird die zentrale Bedeutung der ganz alltäglichen, vielleicht banalen, konkreten Welt für das Zen verstehbar. Schmid (1991) betont:

> Erleuchtung ist nicht über oder jenseits der Welt der Erscheinungen zu finden, sondern in ihr. Und der Erleuchtete findet nicht zu einem höheren Bewusstsein,

---

[21] Ein Haiku ist ein japanisches Gedicht mit siebzehn Silben. Das eingangs zitierte Gedicht ist eines der berühmtesten Haiku Japans, das von Basho, dem „grössten aller Haiku-Dichter" geschrieben wurde (Krusche, 1999, S. 120). Es stammt aus der Hochblüte der „Haiku-Zeit", die im 17. Jahrhundert begann und im 19. Jahrhundert endete. Allerdings werden noch heute Haikus gedichtet. Es bestehen auch Versuche, diese typisch japanische Dichtung in den westlichen Kulturkreis zu übernehmen (Krusche, 1999, S. 128-129).

sondern zur Einsicht in die wahre Natur der Dinge. Der Erleuchtete entdeckt das Menschsein des Menschen und das Weltsein der Welt. (S. 80)

Erleuchtung ist nur im Hier und Jetzt möglich. Und die konkrete Welt ist nicht zu überwinden, sondern sie ist die Manifestation der absoluten Wirklichkeit – sie ist die sichtbare absolute Wirklichkeit und in diesem Sinn ein Schlüssel zur Erleuchtung:

> In der sichtbaren Welt oder durch die sichtbare Welt wird die letzte und absolute Wahrheit transparent. Damit erhält die ‚Welt der Unterschiede' auf einmal eine überwältigend starke positive Note. Denn das Absolute wird in ihr greifbare Wirklichkeit. Das aber gilt in gleicher Weise von jedem Teil der sichtbaren Welt, und wenn es auch nur ein Tautropfen wäre. Das wird besonders anschaulich in den Lebewesen, da sie als solche ein zeitlich beschränktes Dasein haben, vielleicht nur von wenigen Stunden. (Enomiya-Lasalle, 1991, S. 81)

Im Zen – wie im Haiku – geht es um die unmittelbare, direkte Erfahrung der Wirklichkeit. Diese Wirklichkeit kann nicht über religiöse Schriften vermittelt werden, sie muss direkt erfahren werden. So werden auch in einem Haiku die Dinge direkt benannt und nicht umschrieben. Es besteht keine Kluft zwischen Ding und dessen Bedeutung. Es geht nicht um eine symbolische Sprache. Alles, was von der Unmittelbarkeit ablenkt, wird weggelassen. Umschreibende Worte würden die Distanz zu den Dingen nur vergrössern. Im Haiku findet eine direkte Konfrontation mit den Dingen statt - so wie sie sind (Krusche, 1999, S. 119). Im konkreten und schnörkellosen Benennen dessen, was ist - dem Frosch, der ins Wasser springt - öffnet sich das Tor zum Ganzen. Im besondern Augenblick drückt es die ganze Zeit aus, „in einem Ding das ganze Sein" (Krusche, 1999, S. 118).

Dies wird bereits deutlich im eigentlichen Beginn der Zen-Tradition: Die Legende erzählt (Wuman guan 6, zit. nach Schumann, 2000, S. 285), dass Buddha (geb. ca. 500 v. Chr.) einmal versuchte, seinen Schülern wirklich zu zeigen, was Erleuchtung sei. Während alle auf seine Worte warteten, hob er schweigend eine Blume empor. Nur einer seiner Schüler, Kasyapa, verstand und lächelte. Das wird als erste „Übertragung von Herz zu Herz" geschildert – eine Belehrung ohne Worte.

Zen versteht sich als unmittelbare Überlieferung ausserhalb der Schriften[22] – eben „von Herz zu Herz". Im Zentrum steht die direkte Erfahrung und deren Verwirkli-

---

[22] Dass Zen sich als Überlieferung ausserhalb der Schriften versteht, darf nicht darüber hinwegtäuschen, dass Zen sehr wohl von verschiedenen Schriften des Mahayana-Buddhismus inspiriert wurde: Dumoulin untersuchte die Beziehung des Zen zu vier mahayanischen Sutren oder Sutrengruppen (*Prajna-paramita-, Avatamsaka-, Vimalikirti- und Lankavatara-Sutra*) und fasste diese in „Der Erleuchtungsweg des Zen im Buddhismus" zusammen (Dumoulin, 1976, S. 33-37): So wird in den *Prajna-paramita-Sutren* (Sutren der transzendentalen Weisheit) die Leere *(sunyata)* betont. Dabei ist die Erscheinungswelt mit all ihren Formen leer, substanzlos und wesenlos. Auch das Ich des Menschen ist leer und wesenlos. So geht der Mensch in die Irre, solange er an seinem Ich und an den äusseren Erscheinungsformen haftet. In der Meditation geht es darum, ganz leer zu werden von allen Erscheinungsformen und vom eigenen Ich. In den *Avatamsaka-Sutren* (Blütengirlandensutren) geht es um die „wesenhafte Heiligkeit der Dinge" (S. 35), die nicht in einem Gegensatz zum Alltäglichen, Profanen stehen. Es geht um die umfassende Wirklichkeit aller konkreten Erscheinungen und Dinge. „Ein Glanz liegt auf allen Dingen" (S. 35). Hier wird der Bezug zur Zen-Kunst wie der Haiku-Dichtung, aber auch der Malerei etc. deutlich. Im *Vimalikirti-Sutra* (der Name eines Laienjüngers) kommt die Art des Zen sehr anschaulich zur Geltung. Der Laienjünger Vimalikirti wird hier gefragt, worin das Wesen der Wirklichkeit besteht, worauf er schweigt. Diese wortlose Antwort drückt die Vollkommenheit seiner Erleuchtung aus. Das *Lankavatara-Sutra* widmet sich ausgiebig den psychischen Vorgängen und der inneren Er-

chung. Wissen, Logik, Denken und Verstand werden dabei als hinderlich gesehen (Chang, 2000, S. 16). So wird Zen in einem chinesischen Werk von 1108 (zit. nach Schumann, 2000) definiert als

> Eine besondere Überlieferung ausserhalb der Schriften, nicht gegründet auf Worte und Schriftzeichen. Indem sie direkt auf des Menschen Geist weist, zeigt sie ihm (seine wahre) Natur und die Erlangung der Buddhaschaft. (S. 285)

So wurde Kasyapa nach Buddhas Tod zum ersten Patriarchen der Zen-Linie – also dem ersten Übermittler der Zen-Tradition nach Buddha. Der 28. Patriarch Bodhidharma (geb. 470) brachte Zen von Indien nach China (dort Chan-Buddhismus genannt), und schliesslich wurde es vom chinesischen Zen-Meister Tao-hsüan (702-760) nach Japan gebracht. Die Gründung des japanischen Zen wird dem japanischen Mönch Myoan Eisai (1141-1215) zugeschrieben. Durch ihn entstand die japanische Rinzai-Schule des Zen. Die Gründung der Soto-Zen-Schule geht auf Dogen Kigen (1200-1253) zurück (Schumann, 2000, S. 286). In neuerer Zeit entstand unter der Leitung des Zen-Meisters Harada Sogaku (1871-1961) eine dritte Form des Zen in Japan, die Elemente von Soto und Rinzai verbindet (Dumoulin, 1976, S. 143; vgl. Kapleau, 1965/2000; Kapleau, 1997). Bei uns im Westen werden heute insbesondere diese *japanischen* Formen des Zen praktiziert. In den folgenden Ausführungen zum Zen wird vorwiegend auf das *Soto-Zen* Bezug genommen.

Dogen: Erleuchtung ist immer da – gerade jetzt

Dogen, der Begründer des Soto-Zen ist „wahrscheinlich die grösste Gestalt des japanischen Buddhismus überhaupt" (Dumoulin, 1976, S. 102). Er kam als Sohn eines einflussreichen Reichsverwalters in Japan zur Welt. Er machte sehr früh schmerzhafte Erfahrungen der Vergänglichkeit: Sein Vater starb, als er 2 Jahre alt war, seine Mutter etwa 6 Jahre später. „Als Dogen den Weihrauch während der Begräbnisfeiern [seiner Mutter] in den Himmel aufsteigen sah, berührte ihn zutiefst das Erlebnis der Vergänglichkeit aller Dinge" (Schmid, 1991, S. 86). Als Zwölfjähriger entschloss er sich, Mönch zu werden und trat in ein buddhistisches Kloster ein. Er studierte intensiv buddhistische Schriften, aber das Wissen befriedigte ihn nicht. „Er suchte nach mehr, nach dem Wesenskern der Wahrheit" (Dumoulin, 1976, S. 103). So verliess er jenes Kloster und begegnete im Tempelkloster Kenninji von Kyoto zum ersten Mal dem Zen. Hier hatte Eisai nach seiner Rückkehr aus China Zen gelehrt. Dogen wird hier die Kluft zwischen Lehre, Theorie, Wissen einerseits und Praxis, Übung, Erfahrung andererseits bewusst. Gedrängt durch seine Einsicht, dass nur Übung und Erfahrung ihn seinem Ziel näher bringen können, macht er sich auf den Weg zu den Quellen des Zen – nach China (1223) (Dumoulin, 1976, S. 102-103). Im berühmtesten Zen-Kloster seiner Zeit enttäuschen ihn jedoch der Abt und die erfahrensten Mönche. Bei einem alten Küchenmeister hingegen stösst er auf zentrale Erkenntnisse (Schmid, 1991):

> ‚Was sind Schriften', fragte Dogen... ‚1, 2, 3, 4, 5', antwortete der alte Mann.
>
> ‚Was ist Übung?' ‚Nichts ist verborgen, alle Dinge sind geoffenbart', erwiderte

---

fahrung, die nicht mit Worten vermittelt werden kann. Hier wird die plötzliche Wandlung durch die Erleuchtung im Zen angedeutet, die eine völlig neue Sichtweise öffnet. Dumoulin (vgl. 1976, S. 36-37) weist damit eine enge Beziehung der Zen-Lehre zu den (indischen) Mahayana-Sutren nach und sieht Zen als „Meditationsschule des Mahayana-Buddhismus" (S. 37). Zen wurde ausserdem auch durch andere Strömungen beeinflusst, so etwa durch den Taoismus (vgl. Dumoulin, 1976, S. 37-43).

der Mönch. Mit anderen Worten: Schriften sind blosses Aufzählen. Wer Schriften studiert, gleicht demjenigen, der am Zählrahmen Kugeln schiebt. Aber Übung, nicht nur in der Meditationshalle, sondern in der Küche praktiziert, führt in eine Klarheit, die die ganze Welt umschliesst. Der Weg zur Erleuchtung, so schliesst Dogen, darf von körperlicher Arbeit nicht getrennt werden. Wer zur umfassenden Wahrheit finden will, muss jeden Wunsch nach Ruhm und Reichtum aufgeben. Pflichterfüllung in den einfachsten Arbeiten ist eine Übung, die gleichzeitig der Ruhmsucht und der Gewinnsucht einen Riegel schiebt. (S. 88)

Dogens Erleuchtung, die er in einem Zen-Sesshin[23] unter dem Meister Ju-ching erfuhr, wuchs letztendlich aus jenem Gefühl der Vergänglichkeit heraus, das er als Junge beim Begräbnis seiner Mutter gehabt hatte. Die Verbindung zwischen der Erfahrung der Vergänglichkeit und Erleuchtung ist sehr bedeutsam für den Zen-Buddhismus – das Annehmen der Vergänglichkeit aller Dinge wird als „grundlegende Lehre des Buddhismus" bezeichnet (Suzuki, 1970/1997, S. 109). So soll hier diese Verbindung und Dogens Erfahrung in den Worten des Zen-Meisters Shunryu Suzuki wiedergegeben werden (1970/1997):

Dogen Zenji bekam als Junge Interesse am Buddhismus, als er den Rauch von einem Räucherstäbchen beobachtete, das neben dem Körper seiner toten Mutter brannte, und er fühlte die Vergänglichkeit unseres Lebens. Dieses Gefühl wuchs in ihm und führte schliesslich dazu, dass er Erleuchtung erreichte und seine tiefe Philosophie entwickelte. Als er den Rauch des Räucherstäbchens sah und die Vergänglichkeit des Lebens empfand, fühlte er sich sehr allein. Aber dieses Gefühl der Einsamkeit wurde stärker und stärker und entfaltete sich zu Erleuchtung, als er achtundzwanzig Jahre alt war. Und im Augenblick der Erleuchtung rief er aus: „Es gibt keinen Körper und keinen Geist." Als er das aussprach: „Keinen Körper und keinen Geist", wurde sein ganzes Sein in diesem Moment ein Aufleuchten, das alles einschloss, das alles bedeckte und welches eine ungeheure Wesenhaftigkeit in sich enthielt: die ganze Erscheinungswelt war darin eingeschlossen, eine absolut unabhängige Existenz. Das war seine Erleuchtung. Ausgehend von dem verlassenen Gefühl der Vergänglichkeit des Lebens gewann er die kraftvolle Erfahrung des Wesens seines Seins. Er sagte: ‚Ich habe Geist und Körper weggeworfen.'

Ju-ching sagte einmal zu Dogen, „man müsse, um Buddhas Erleuchtung weiterzugeben, alle Vorstellungen über Vergangenheit, Gegenwart und Zukunft hinter sich zurücklassen und erkennen, dass Erleuchtung immer da ist, gerade jetzt und niemals endend" (Schmid, 1991, S. 89). Dogen erhielt von Ju-ching das Siegel der Übertragung. Damit stellte Ju-ching ihn in seine eigene Meisterahnenreihe (Schmid, 1991, S. 89). Nach Japan zurückgekehrt (1227) schaffte Dogen schliesslich eine neue Übungsstätte. Er begann an seiner ersten Abhandlung „Allgemeine Empfehlung des Zazen[24]" zu schreiben. Zazen ist dabei nicht einfach das Mittel zur Erlangung der Erleuchtung – es ist die Erleuch-

---

[23] Sesshin: „Tage geistiger Sammlung, der intensiven Übung des Zazen" (Zazen ist das Sitzen im Zen in geistiger Sammlung und Versenkung) unter der Leitung eines Zen-Lehrers (Kapleau, 1965/2000, S. 466).
[24] Zazen ist die Bezeichnung für die sitzende Meditationsform des Zen. Sie wird eingehender in Kapitel 3.3.2 dargestellt.

tung selbst. Bei Dogen ist also die Trennung zwischen der Übung des Zazen und dem Ziel der Erleuchtung aufgehoben – sie sind eins (Dumoulin, 1976, S. 106).

Auf Grund der zunehmenden Schülerzahl entstand schliesslich ein neues Tempel-kloster, wo er während 11 Jahren viele Schüler auf ihrem Erleuchtungsweg führte. Auf dem Höhepunkt seines Einflusses und seines Erfolgs zog er sich in die Berge zurück (1243), wo ein abgeschiedenes Tempelkloster entstand, das Eiheiji „Tempel vom ewigen Frieden" genannt wurde. Dieses ist bis heute das Zentrum der Soto-Schule des Zen (Dumoulin, 1976, S. 103). Dogen starb nach langer Krankheit 1253 (Schmid, 1991, S. 90). Dogens schriftliches Hauptwerk ist das *Shobogenzo* („Die Schatzkammer des wahren Dharma-Auges"). Es ist ein umfangreiches Werk von 95 Kapiteln. Dogen schrieb es innerhalb von 25 Jahren und vollendete es kurz vor seinem Tod (Kapleau, 1965/2000, S. 402). Im Zentrum des *Shobogenzo* steht die Lehre von der Buddha-Natur, deren Essenz hier zum besseren Verständnis kurz wiedergegeben wird.

Buddha-Natur: Alles Seiende ist Buddha-Natur – hier und jetzt

Buddha-Natur ist die gängige Übersetzung des japanischen Wortes „Bussho", was „Buddha" (jap. „butsu") und „Wesen", „Essenz" oder „Natur" (jap. „sho") heisst (Dogen, 2003, S. 27). Buddha-Natur bezeichnet die All-Einheit der Wirklichkeit (Dumoulin, 1976, S. 117).

Üblicherweise wird im Buddhismus davon gesprochen, dass alle Lebewesen Buddha-Natur *haben* (Mahaparinirvana-Sutra). Diese Aussage wird in der Regel so ver-standen, dass alle Lebewesen Buddha-Natur wie einen Samen in sich *besitzen*, der zu ge-gebener Zeit wie eine Frucht zur Buddhaschaft, der Vollendung, heranreift. So gilt die Buddha-Natur in diesem Sinn als *geistig* und als unbefleckt von der materiellen Welt (Dumoulin, 1976, S. 119).

Dogen gibt nun diesem Sutra-Wort eine umfassendere Deutung, die sich von der üblichen unterscheidet. So umfasst die Buddha-Natur in seinen Augen nicht nur die Lebewesen, sondern auch die leblose Welt. Es geht also in seinem Begriffsverständnis nicht nur um die Menschen-, Tier- und Pflanzenwelt, sondern um *alles Existierende*, um die ganze Wirklichkeit (Dumoulin, 1976, S. 119). Ganz neu in seinem Verständnis der Buddha-Natur (Dumoulin, 1976, S. 120) ist seine Umwandlung des obigen Satzes: „Al-les, was existiert, *ist* die Buddha-Natur" (Dogen, 2003, S. 28, Hervorhebung durch die Autorin). Damit geht er nicht mehr davon aus, dass alle Lebewesen Buddha-Natur *besit-zen*, sondern dass eine *Identität* besteht zwischen allem Existierenden und der Buddha-Natur: Alles *ist* Buddha-Natur. Zwischen allem, was existiert, und der Buddha-Natur besteht also inhaltlich kein Unterschied. Wenn wir Berge sehen, dann sehen wir die Buddha-Natur. Das gilt bei Dogen nicht nur für die materielle Welt, sondern auch für geistige Zustände wie etwa Versenkung *(samadhi)*. Materielle Welt und geistige Zustände sind also in gleicher Weise mit der Buddha-Natur identisch (Dumoulin, 1976, S. 120-122).

Der Schlüssel zu einem echten Verständnis der Buddha-Natur liegt im gegenwärtigen Augenblick. Dogen (2003, S. 30) zitiert dazu Buddhas Worte: „Wenn ihr den Sinn der Buddha-Natur begreifen wollt, solltet ihr hier und jetzt die Ursachen und Umstände des gegenwärtigen Augenblicks erfassen. Wenn der Augenblick da ist, offenbart sich die Buddha-Natur direkt vor euch". Dabei geht es vor allem um ein Praktizieren und Er-fahren der Buddha-Natur. Ein solches Erfassen ist nichts Vorgestelltes oder Gedachtes. Ein Erfassen im gegenwärtigen Augenblick ist unabhängig vom Subjekt, das erfasst, und vom Objekt, das erfasst wird. Dogen (2003, S. 30) bezeichnet es einfach als „nichts anderes als ‚hier und jetzt erfassen'". Die Wirklichkeit liegt nicht in der Vergangenheit oder in der Zukunft, die Wirklichkeit ist immer gerade im jetzigen Augenblick. Und so „ist die Buddha-Natur jeder Augenblick des Jetzt" (Anmerkung der Übersetzer in Dogen, 2003, S. 54): „Daher ist gerade der Augenblick, der jetzt da ist, die Buddha-Natur, die sich vor euch offenbart" (Dogen, 2003, S. 31). Aus Dogens Erfahrung ist unser Handeln im gegenwärtigen Augenblick die Wirklichkeit, und das ist zugleich die Buddha-Natur (Anmerkung der Übersetzer in Dogen, 2003, S. 27). Im Hier und Jetzt sein ist also Buddha-Natur.

Wie sieht nun der spirituelle Weg des Zen aus und wie gestaltet sich der Prozess der Integration spiritueller Erfahrungen?

3.3.1 Spiritueller Weg: Der Ochs und sein Hirte

> Im Augenblick auf sich selbst zurückzukommen: darin besteht das Erwachen. Die Abwendung von sich selbst ist dagegen nichts anderes als die Abkehr von diesem Erwachen. In der Abwendung ist der Mensch an die umweltlichen Dinge und Sachen verloren und wird durch sie umgetrieben. Es geht ihm dann so, wie wenn er den Mond am Himmel suchte, ohne das Juwel in der eigenen Hand zu gewahren. (Ohtsu, 2004, S. 68-69)

Es gibt wohl keine bekanntere Darstellung des Zen-Weges und „der verschiedenen Ebenen des Satori[25] beim Zen" (Kapleau, 1965/2000, S. 407) als die zehn Ochsenbilder, die in Bildern, Lobsprüchen und Anmerkungen diesen Weg in seinen verschiedenen Stadien nachzeichnen. Mit dem Ochsen wird unser Selbst, die Buddha-Natur, unser eigenes Herz oder unser „anfängliches Wesen" symbolisiert (Ohtsu, 2004, S. 55). Die hier verwendeten Ochsenbilder bzw. deren Kommentare werden Ko-an Shih-yüan, einem chinesischen Zen-Meister des 12. Jahrhunderts zugeschrieben[26]. Vor ihm waren die Entwicklungsstadien des Zen in fünf oder acht Bildern beschrieben worden, bei denen der Ochse in seiner Farbe immer weisser wurde und im letzten Bild nicht mehr vorhanden war – das letzte Bild stellte damals einen Kreis dar, der die Erkenntnis des Einsseins ausdrückte. Mit jener Darstellung blieb aber die Unklarheit zurück, wie sich der Mensch nach der Erkenntnis des Einsseins seiner Umgebung gegenüber verhält (vgl. Kapleau, 1965/2000, S. 407; Ohtsu, 2004, S. 10). So fügte Kuo-an zwei weitere Bilder hinzu, um zu zeigen, dass der Weg nicht einfach im Einssein irgendwo auf einem einsamen Berg endet, sondern dass auch der vollendete Mensch in der irdischen Welt unter ganz gewöhnlichen Menschen lebt (Kapleau, 1965/2000, S. 407). Die zwei letzten Bilder sind also als Hinweise für eine authentisch gelebte Spiritualität im Alltag besonders wichtig. Die Integration spiritueller Erfahrungen beginnt auf dem Zen-Weg jedoch schon viel früher, was in den folgenden Abschnitten zu den zehn Ochsenbildern deutlich werden wird. Um die Stimmung des Zen-Weges einzufangen, wie er in den Bildern

---

[25] Satori ist die Bezeichnung für die Erleuchtungserfahrung im Zen, das Erwachen zum eigenen Wesen und damit auch zum Wesen in allem (Kapleau, 1965/2000, S. 82).

[26] Es ist also zu beachten, dass Dogens Ausführungen zur Buddha-Natur zeitlich nach den Darstellungen der Ochsenbilder datieren. Es wird hier jedoch kein Vergleich im Verständnis der Buddha-Natur angestrebt. Im Zentrum der folgenden Darstellung steht der spirituelle Weg, wie ihn der Zen-Buddhismus aufzeigt.

von Ochs und Hirte dargestellt wird, wird jedes Stadium des Zen-Weges mit dem Text von Kuo-an[27] eingeleitet und anschliessend inhaltlich umrissen.

Die Suche nach dem Ochsen: Wille und Entschlossenheit (1)

> Trostlos in endloser Weite bahnt er sich auf und ab den Weg in wucherndem Gras und sucht seinen Ochsen. Weites Wasser, ferne Berge, und der Weg zieht sich endlos dahin. Völlig erschöpft ist der Körper, verzweifelt ermattet das Herz; wo nur soll er suchen? Im Abendnebel hört er einzig Zikaden im Ahorn zirpen.

Im Zen geht man davon aus, dass unsere Buddha-Natur, unser wahres Wesen, immer existiert. Sie kann niemals verloren gehen. Der Ochse - als Symbol für die Buddha-Natur - wurde im Grunde gar nie vermisst. Warum sollen wir ihn dann überhaupt suchen? Weil wir den Kontakt zu unserem eigenen Wesen verloren haben und es uns dabei fremd geworden ist (vgl. Kapleau, 1965/2000, S. 408; Ohtsu, 2004, S. 13). Aber etwas in uns rüttelt uns auf, und so machen wir uns auf die Suche.

Im ersten Stadium geht es um die Entschlossenheit des Schülers, um seine Ausrichtung auf ein einziges Ziel hin, das in den 10 Ochsenbildern seinen Ausdruck findet. Sich auf die Suche nach dem Ochsen zu machen, ist ein Aufbrechen des Willens, „sich ein höchstes Ziel zu setzen und es bis zum Ende durchzuführen" (Ohtsu, 2004, S. 68). Und diese grosse Entschlossenheit, das eigene Wesen zu suchen, ist „in gewissem Sinn bereits das echte Erwachen selbst" (Ohtsu, 2004, S. 68). Wir müssen also die Entfremdung von unserem inneren Kern wahrgenommen haben, dass wir den bewussten Entschluss fassen, danach zu suchen.

Aber es gibt bereits in diesem ersten Entschluss auch hinderliche Momente: So wichtig die Kraft der Entschlossenheit auch ist, so ist ein zu starkes Suchen und Wollen auch hinderlich, da sich dadurch eine Kluft öffnen kann zwischen dem Sucher und dem Gesuchten (Ohtsu, 2004, S. 70-71). Auch eine nach aussen gewandte Suche, bei welcher der Schüler von anderen die Wahrheit erfahren möchte und nicht bei sich selbst sucht, wird zu einem Hindernis. Aber im Aussen und bei anderen gibt es nichts zu finden – und was wir suchen, ist überall dasselbe (Ohtsu, 2004, S. 71): „Dieser Ochse [die Buddha-Natur] ist bei den Heiligen oder Meistern nicht vollkommener als bei uns weltlichen Menschen". Wir können unsere wahre Natur nicht im Aussen finden – und ebenso wenig in der Vergangenheit oder in der Zukunft. Auf dem Zen-Weg geht es darum, stets dort achtsam zu sein, wo wir gerade sind – also im Hier und Jetzt. Denn der Ochse ist genau da, wo wir sind – und wenn wir ihn anderswo suchen, finden wir ihn nie.

Erblicken der Spuren: Intellektuelles Verstehen (2)

> Im Wald und am Gestade des Wassers finden sich unzählige Fussspuren; sieht er wohl das zerteilte Gras? Selbst die tiefsten Schluchten der höchsten Berge können des Ochsen Nase nicht verbergen, reicht sie doch bis in den Himmel.

Entschlossen hat sich der Schüler auf die Suche nach dem Ochsen, seinem innersten Wesen, gemacht. Er hat einen konkreten Übungsweg (Zen) begonnen. Über das Hören der buddhistischen Lehre beginnt er zu ahnen, was der Sinn der Wahrheit ist. So lernt

---

[27] Die hier jeweils einführend zu jedem „Ochsenbild" zitierten Texte wurden neu aus dem Japanischen übersetzt und sind dem Buch „Die drei Pfeiler des Zen" entnommen (Kapleau, 1965/2000, S. 408-417). Sie werden hier als Fliesstext und nicht in Gedichtform dargestellt.

er Kenntnisse über seine Buddha-Natur, sein eigenes Herz und dass die äusseren Erscheinungen der Dinge zwar völlig verschieden sind, dass sie aber alle „von dem einen Golde sind" (Ohtsu, 2004, S. 17): Er lernt also, dass er selber und alle Dinge im innersten Kern die Buddha-Natur oder das anfängliche Wesen sind (das Gold) und dass er nicht verschieden ist von den Dingen (Ohtsu, 2004, S. 74-75).

Der Hirte hat hier die *Spur* des Ochsen entdeckt, aber noch nicht den Ochsen selber. Man könnte hier von theoretischem Wissen über Spiritualität sprechen: Der Schüler versteht intellektuell, worum es auf dem spirituellen Weg geht, hat sich aber diese Kenntnisse noch nicht wirklich zu eigen gemacht. Er hat sie noch nicht selbst erfahren und verinnerlicht. Sein Wissen ist also erst ein vorläufiges (Ohtsu, 2004, S. 17).

Der Hirte beginnt also zu ahnen, dass der Ochse irgendwo ganz in der Nähe sein muss – er entwickelt eine Ahnung von seinem Selbst, verfügt aber noch nicht über das Unterscheidungsvermögen, das Echte oder Wahre (die Buddha-Natur) vom Unechten oder Unwahren differenzieren zu können (vgl. Kapleau, 1965/2000, S. 409; Ohtsu, 2004, S. 17).

In diesem Stadium könnte der Schüler den Ochsen nicht alleine finden (Ohtsu, 2004, S. 76). Zu Beginn des spirituellen Weges sind wir noch völlig in unseren weltlichen Meinungen und Leidenschaften und in den Polaritäten gefangen (z.B. angenehm - unangenehm, gut - schlecht). Wir wollen Erfolg, haben Angst vor Verlust und halten ständig an etwas fest. So braucht der Schüler in diesem Stadium Anweisungen und Begleitung auf seinem Übungsweg. Erst, wenn wir unsere Meinungen und Leidenschaften „bis in ihr Wesen durchschaut und darin die Wahrheit selbst, als das anfängliche Wesen selbst erfahren" haben, können wir diese Meinungen und Leidenschaften abwerfen (Ohtsu, 2004, S. 76).

Auf folgende Gefahr muss der Schüler in diesem Stadium besonders achten: „Wenn der Hirte meint, … er habe das Wesen der Wahrheit verstanden, gerade dann ist er schon an [ihr] vorübergegangen" (Ohtsu, 2004, S. 77). Es ist hier also ganz zentral, sich keine Vorstellungen zu machen und nicht an einer (vorläufigen) Erkenntnis festzuhalten. Im Grunde gilt das für den ganzen Zen-Weg, wird hier aber speziell betont (vgl. Ohtsu, 2004, S. 79).

Erblicken des Ochsen: Verstehen aus dem Herzen (3)

> Eine Nachtigall schlägt auf einem Zweig, warm scheint die Sonne, sanft weht der Wind, die Weiden grünen. Dort steht der Ochse, wo könnt' er sich verbergen? Das herrliche Haupt, die stattlichen Hörner, kein Maler kann solches je malen.

Was der Schüler auf der vorherigen Stufe intellektuell verstanden hat, wird jetzt vertieft, indem Wissen und Tun in Einklang gebracht werden. Was bisher erst begrifflich erfasst wurde, wird nun zu wirklichem Wissen (Ohtsu, 2004, S. 80). Wenn der Schüler seine Übung im Alltag aufrecht erhält und bei allen Verrichtungen nicht aufhört zu üben, tauchen erste Erfahrungen des eigenen Wesens auf. Dieses unablässige Üben kann z.B. beinhalten, sich bei alltäglichen Verrichtungen zu fragen: „Was ist mein eigener Geist?" oder situationsbezogen: „Wer hört diesen Ton?" (Kapleau, 1965/2000, S. 232, S. 410). Oder indem wir uns auf etwas ganz einlassen wie z.B. auf das Hören eines Klanges, erfahren wir den Kern unseres Wesens. Im Grunde können wir in allem die Freiheit gewinnen, wenn wir uns ganz darauf einlassen und bis zu dessen Ursprung durchdringen. Wir müssen also nicht irgendwohin, um zu unserem wahren Wesen zu gelangen – es wartet auf uns mitten im Alltag. So schreibt Ohtsu (2004, S. 83) zu dieser Stufe auch: „Hier ist die wahre Alltäglichkeit zuhause".

Über die Verbindung mit dem eigenen anfänglichen Wesen wird hier das Wesen in allem sichtbar und erfahrbar, und es entsteht eine Verbindung zu allem, die von reiner Freude, tiefem Verstehen und der Erfahrung von Einssein geprägt ist: Die Trennung von Ich und Gegenstand, von Subjekt und Objekt ist aufgehoben und existiert in diesem Moment nicht mehr. Hier beginnen also erste spirituelle Erfahrungen. Wenn wir das anfängliche Wesen einmal erfahren haben, dann kann es sich uns nicht mehr völlig entziehen, und wir selber können uns ihm auch nicht mehr völlig entziehen (Ohtsu, 2004, S. 81-84).

Auch in diesem Stadium lauert eine Gefahr: Sobald wir wählerisch werden oder Meinungen in uns auftauchen, die von Wollen oder Ablehnen bestimmt werden, ist der Ochse uns schon wieder entwischt (Ohtsu, 2004, S. 80).

Einfangen des Ochsen: Durchbruch oder „der grosse Tod" (4)

> Fest muss der Hirt das Leitseil packen, darf es nicht loslassen, denn noch hat der Ochse schlimme Neigungen und wilde Kraft. Bald rennt er ins Hochland hinauf, bald läuft er tief in Stätten voller Dunst und Nebel und verweilt dort.

Der Mensch macht nun eine Erfahrung seiner Buddha-Natur: Im Zen spricht man auch vom Durchbruch oder „dem grossen Tod" (vgl. z.B. Ohtsu, 2004, S. 86). Es wird als jene Stufe der Übung bezeichnet, auf der der Mensch das „Herzenswesen bis zu seinem letzten Grunde durchschaut" (Ohtsu, 2004, S. 85). Die Intensität einer solchen spirituellen Erfahrung darf aber nicht darüber hinwegtäuschen, dass es noch sehr schwierig ist, in dieser neuen Wahrheit zu verbleiben. Auch wenn der Schüler durch die Erfahrung seines anfänglichen Wesens „den grossen Tod gestorben" (Ohtsu, 2004, S. 86) ist, so ist er in seinem wirklichen alltäglichen Leben doch noch sehr abhängig von aussen und lässt sich von Lob und Tadel noch zu sehr beeinflussen. Obwohl also der Hirte den Ochsen gefangen hat, ist der Ochse noch nicht „zu seinem wirklichen Leben geworden" (Ohtsu, 2004, S. 85). Es geht nun darum, die Essenz der spirituellen Erfahrung nicht nur einfach kurz zu erleben, sondern im ganz alltäglichen Leben darin verweilen zu können. Dazu müssen wir uns diese Erfahrung aber erst noch aneignen. Jetzt ist die Übung ganz besonders wichtig. „Rechte Gedanken" sind jetzt zentral (Ohtsu, 2004, S. 86-87).

In diesem Stadium besteht eine Schwierigkeit darin, dass wir nach einer spirituellen Erfahrung möglichst schnell am Ziel sein wollen und uns vielleicht schon fast am Ziel wähnen. Aber: Der Durchbruch gelang inmitten der Meinungen und Leidenschaften des alltäglichen Lebens, und unsere weltlichen Leidenschaften und Anhaftungen reichen in der Regel auch in die Übung nach dem Durchbruch hinein. Und: Wir sind erst im vierten Stadium des Zen-Weges – ein langer Weg liegt noch vor uns. Jetzt muss die „Übung nach dem Durchbruch" einsetzen (vgl. Ohtsu, 2004, S. 87).

Nach einer Erleuchtungserfahrung muss – unabhängig davon, wie klein oder wie gross sie war – intensiv weiter geübt werden. Dabei reicht es nicht, der Form nach weiter zu üben, wie das offenbar viele Menschen tun, nachdem sie eine Erleuchtungserfahrung hatten. Wird die Erleuchtung nicht durch hingebungsvolle, intensive Übung weiter vertieft, verflacht der Zustand (Kapleau, 1965/2000, S. 217).

> Die erste Erleuchtung, die man erfährt, ist meistens noch sehr klein, und daher betonen die Zen-Meister immer wieder, dass man insbesondere nach dem baldigen Erlangen der Erleuchtung womöglich noch intensiver weiterüben muss. Nur wenigen gelingt es, sehr schnell zur absoluten Einheit zu gelangen. Über die Erleuchtung sollte man überhaupt nicht viel oder am besten gar nicht mit anderen sprechen. (Enomiya-Lasalle, 1991, S. 98)

Es braucht also – und das wird immer und immer wieder betont - „ununterbrochene Anstrengung" (Dogen zit. nach Enomiya-Lasalle, 1991, S. 98)

Zähmen des Ochsen: „Zeit der standhaften Übung" (5)

> Der Hirte darf Peitsche und Leitseil keinen Augenblick aus der Hand lassen, sonst läuft der Ochse davon in den Staub. Recht gezähmt jedoch, wird er sauber und sanft, gelöst vom Seil, folgt er willig dem Hirten.

Hier beginnt die eigentliche „Übung nach dem Durchbruch" (Ohtsu, 2004, S. 88). So jäh und plötzlich der Durchbruch kam und so leicht das vielleicht auch war – die Übung danach muss stetig sein und ist äusserst schwer: Ständig aus der Einheit heraus zu leben, ist äusserst schwierig. Wir können von unserer spirituellen Erfahrung noch sehr befangen sein, und immer besteht auch die Gefahr, wieder in unsere frühere Welt und in alte Verhaltensmuster zurückzufallen. Gerade in diesem Stadium ist es besonders wichtig, nicht stehen zu bleiben und ständig weiter zu üben (Ohtsu, 2004, S. 88-90).

Die „Übung nach dem Durchbruch" besteht darin, in all unserem Handeln und Tun, in jeder Lage und Alltagssituation den Kontakt zum Einen zu suchen. Im Unterschied zur Erfahrung unserer Buddha-Natur, die plötzlich war, beginnt hier ein äusserst schwieriger Abschnitt, der sich nur allmählich vollziehen kann: die dauerhafte Verbindung zu unserem Wesen (Ohtsu, 2004, S. 88).

Die spirituelle Erfahrung muss also wahrhaft integriert werden: Solange wir entweder nur die Welt der Verschiedenheit sehen oder auch nur in unserem anfänglichen Wesen befangen sind, können wir nicht zur Wahrheit gelangen: „Nur dort, wo das Anwesende und unser anfängliches Selbst gänzlich Eines geworden sind, das heisst wo wir in den Bereich des Alles-Eines, der einenden Sammlung eingekehrt sind, im Augenblick des ‚grossen Todes', öffnet sich die Welt des Wachseins" (Ohtsu, 2004, S. 89). So ist der Prozess in diesem Stadium, „sein Selbst und das jeweilig Anwesende stets zu Einem werden zu lassen, das heisst überall und immer den ‚rechten Gedanken währen zu lassen'. In der Freude und in der Trauer, im Zorn und beim Lachen ist er Eines mit seinem Herzens-Ochsen" (Ohtsu, 2004, S. 89). Die Einheit mit dem anfänglichen Wesen bedeutet hier kein gefühlloses, schwebendes Leben, sondern ein tiefes Erleben der eigenen Gefühle im Kontakt zum eigenen Kern.

Dass wir uns auf unserem Übungsweg bemühen müssen, stolpern und stürzen, ist dabei ganz normal. An unseren Stürzen zu wachsen, ermöglicht erst den echten Durchbruch (Ohtsu, 2004):

> Der Schüler muss gerade im Sturz auf dem Wege der Übung seine Kraft gewinnen. Im Augenblick, da er stolpert und stürzt, vergisst er seinen Ochsen und sein Selbst. In diesem Augenblick des Vergessens verliert nicht nur die Weide ihr Grün und die Blume ihr Rot, sondern dieses Verlieren verliert sich selbst. Erst wenn der Schüler durch dieses Stürzen und Sichverlieren hindurchgegangen ist,

gewinnt er ein echtes und grosses Wachsein, wird der Durchbruch zum echten Durchbruch. (S. 92)

Die Zeit des Zähmens des Ochsen wurde auch als „Zeit der standhaften Übung" und als „langmütiges Wachsenlassen des heiligen Leibes" bezeichnet (Ohtsu, 2004, S. 92). Frühere Zen-Meister lebten in dieser Phase z.B. 20 Jahre lang als Bettler unter Brücken oder als Knecht in einem entlegenen Bergdorf. Das mag die Mühsal und die „Knochenarbeit" dieses Stadiums beschreiben.

Heimkehr auf dem Ochsen: „Zeit der wahren, grossen Ruhe" (6)

> Er reitet auf dem Ochsen heim in heiterer Gelassenheit. Den fernhinziehenden Abendnebel begleitet weithin der Klang seiner Flöte. Ein Klatschen, der Takt eines Liedes ist von unumschränktem Sinn. Wer diesen Sinn kennt, braucht der denn noch Worte?

Hier wird ein gelassen-heiteres Bild gezeichnet. Es verweist darauf, dass uns auf dieser Stufe alles „rein, frisch und offen" ist (Ohtsu, 2004, S. 94). Ohtsu (2004, S. 94) spricht hier von der „Sammlung im Erwachen" und der Zeit „der wahren, grossen Ruhe". Wo zu Beginn des Weges manchmal von einem „Schlachtfeld" (Ohtsu, 2004, S. 13) der Meinungen und Leidenschaften gesprochen wird, die uns beherrschen, kehrt in diesem Stadium Frieden ein. Der Kampf ist zu Ende. Im Grunde gibt es keine Sorgen mehr, weil der Hirte in seinem Wesen ruht. „Himmel und Erde sind [jetzt] Eines" (Ohtsu, 2004, S. 97) und für den Hirten „ist überall Heimat" (Ohtsu, 2004, S. 100). Er tut, was ihm gefällt, aber dabei kann er nicht gegen seinen wahren Kern verstossen – das heisst, er handelt ethisch und sittlich. Sein äusseres Aussehen verändert er nicht, auch wenn er die grosse Wahrheit gewonnen hat (Ohtsu, 2004, S. 100).

Der Hirte ruht nun in sich selbst. So bringen ihn die Turbulenzen des täglichen Lebens nicht aus der Ruhe. Unabhängig von äusseren Begebenheiten geht er durch sein Leben (vgl. Ohtsu, 2004, S. 96-97).

Obwohl hier davon gesprochen wird, dass „das grosse Erwachen" nun vollbracht ist (Ohtsu, 2004, S. 96), ist noch kein „wahres Wachwerden" erreicht, weil die Wahrheit hier erst gewonnen wurde, aber noch nicht vergessen. Der Ochse ist hier noch da – das eigene Wesen wird als solches noch subtil getrennt wahrgenommen - und dies wird als Hindernis für die echte Freiheit des Menschen verstanden (Ohtsu, 2004, S. 101).

Der Ochse ist vergessen, der Mensch bleibt: „das vollendete Erwachen wird dem Noch-nicht-Erwachen gleich" (7)

> Heimkehren konnte er nur auf dem Ochsen, nun gibt es den Ochsen nicht mehr. Allein sitzt der Hirte, heiter und ruhig. Die rote Sonne steht schon hoch am Himmel, doch er träumt friedlich weiter. Unter dem Strohdach liegen nun Peitsche und Leitseil nutzlos herum.

Hier beginnen wir nun wahrhaft, uns unser eigenes Herz, unser inneres Wesen anzueignen (Ohtsu, 2004, S. 58). Hier wird auch die Einheit mit dem Ochsen überschritten – er wird vergessen. In der Erfahrung gibt es also keine Zweiheit mehr. Der Mensch hat sein ureigenes Wesen erkannt. Der Ochse, auf dem er zuvor noch heimgeritten ist, existiert nun nicht mehr – der Mensch ist einsgeworden mit ihm (vgl. Kapleau,

1965/2000, S. 414). Dennoch bleibt noch ein Aspekt von Selbst-Bewusstsein vorhanden.

Der Ochse war nur ein vorübergehender Wegweiser oder ein Floss, um über den Fluss zu kommen. In einem gewissen Sinn ist jetzt die Lehre nutzlos geworden (Ohtsu, 2004, S. 102-106) – die Mittel, mit denen der Hirte den Ochsen gezähmt hat, liegen nutzlos herum. Es gibt nun nicht mehr uns selber und die Buddha-Natur, sondern nur noch eines. Hier werden wir als Erwachte „unabhängig von Allem" und stehen als unser „eigener Herr zwischen Himmel und Erde" (Ohtsu, 2004, S. 101). Hier beginnen wir, in einen Bereich einzukehren, in dem „das vollendete Erwachen dem Noch-nicht-Erwachen gleich wird" (Ohtsu, 2004, S. 101).

Im alltäglichen Leben herrscht nun eine grosse Ruhe: Der Hirte tut einfach, was gerade angebracht ist: Wenn er Hunger hat, dann isst er; wenn er müde ist, dann schläft er. Ein klares Bild von diesem Zustand zu zeichnen, ist schwierig, weil wir hier innerlich frei sind und dieses Freisein keine Regel mehr zulässt. Wir können nun hier frei den Weg des Aufstieges oder des Abstieges wählen – d.h. auf den Gipfel des vollkommenen Erwachens oder ins Tal des menschlichen Tätigseins in der Unterstützung anderer. Der Zen-Weg führt auf den Gipfel und dann aber einen Schritt darüber hinaus, nämlich zum Abstieg ins Tal (Ohtsu, 2004, S. 106-107).

Hier lebt der Mensch unter Menschen, aber er lässt sich nicht mehr „menschlich färben" (Ohtsu, 2004, S. 108) – er lebt also in der Welt, ohne von dieser Welt zu sein (um mit Paulus zu sprechen). Äussere Begebenheiten beeinflussen den inneren Zustand nicht mehr. Auch im äussersten Gedränge der Stadt bleibt er in sich verankert. In ihm „herrscht Ruhe den ganzen Tag" (Ohtsu, 2004, S. 107). Ohtsu (2004, S. 108) betont aber, dass der Mensch aber auch hier nicht stehen bleiben darf und es weiterhin der „unendlichen Übung" bedarf.

Ochse und Mensch sind vergessen: die „Abgeschiedenheit von Allem" (8)

> Peitsche und Leitseil, Ochs und Hirte gehören gleichermassen der Leere an. Der blaue Himmel ist so allumfassend weit, dass alles Mitteilen in ihm beinah endet. Über loderndem Feuer kann keine Schneeflocke bestehen. Ist diese Geistesverfassung erreicht, begegnet er endlich dem Geist der Patriarchen alter Zeit.

Der Mensch, der eins geworden ist mit seinem Wesen, vergisst nun auch alle Vorstellungen von Heiligkeit, er verliert auch den leisesten Stolz über seinen Zustand. Alle trügerischen Gedanken verschwinden, auch solche über „Erleuchtung" und Verblendung" (Kapleau, 1965/2000, S. 415, S. 418). Dieses Stadium wird als „Abgeschiedenheit von Allem" (Ohtsu, 2004, S. 109) bezeichnet und wird als die „wahre und echte Zen-Erfahrung" verstanden (Ohtsu, 2004, S. 110).

Auf dem Zen-Weg löschte der Mensch bisher seine weltlichen Leidenschaften aus, brach im siebten Stadium (*„das vollendete Erwachen wird dem Noch-nicht-Erwachen gleich"*) in den „Bereich der Heiligkeit" ein, um nun in einen Bereich jenseits aller Heiligkeit zu gelangen. Eine Zen-Sage verdeutlicht diese Stufe: Ein Zen-Meister sass in einer Steinhöhle an einem Berg und übte unentwegt. Da kamen viele Vögel und weihten ihm Blumen. Als der Meister später das wirkliche Wesen des Zen erlangt hatte, brachte ihm kein Vogel mehr Blumen. Wenn uns die Vögel noch Blumen weihen, so heisst das, dass wir noch an unserer Heiligkeit hängen und Ochs und Hirte noch nicht völlig vergessen sind (Ohtsu, 2004, S. 110-112). Wir müssen sozusagen „niemand" werden. In diesem achten Stadium geht es darum, sich selbst, alle anderen und die Welt zu vergessen – also die völlige Leere zu verwirklichen. Wir sollen bei nichts verweilen – auch nicht bei Gedanken an Buddha oder die Erleuchtung. Aber wir sollen auch nicht stolz sein auf einen Zustand, in dem uns all diese spirituellen Themen nichts mehr angehen (Kubota, o.J.).

Gelangt der Mensch in dieses Stadium, so ist sein Wesen weit geöffnet. Er hängt an nichts mehr. Wie die Schneeflocke über dem Feuer schmilzt alles dahin und nichts bleibt übrig. Der Mensch ist weder weltlich noch heilig. Wo der Mensch bis hierher noch alle Menschen retten wollte, erkennt er nun, dass alles schon seit Ewigkeiten Buddha geworden ist und alles schon die ganze Wahrheit in sich birgt – und er schämt sich seines anmassenden Strebens (Ohtsu, 2004, S. 109, S. 113).

Auf dieser Stufe verschwinden die zeitlichen und wertenden Grenzen. Alles ist klar und durchsichtig. Unser Denken kann diesen Bereich nicht erfassen. Es geht um das vollkommene Hier und Jetzt, um vollkommene Unmittelbarkeit. Im Grunde kann niemand diesen Weg überliefern, und wer hierher gelangt, geht immer einen Weg des „Unbegangenen" (Ohtsu, 2004, S. 115) – und hier geschieht eine Wendung, und es eröffnet sich plötzlich ein neuer-alter Weg. Dieses Stadium wird als letzte Stufe des Aufstieges verstanden (Ohtsu, 2004, S. 112). Und auch hier betont Ohtsu (2004, S. 115), dass das Üben nie aufhört – bis zu seinem Tod und darüber hinaus muss der Mensch unablässig üben.

Zum Ursprung zurückgekehrt: Alles ist, so wie es ist (9)

> Er ist zum Ursprung zurückgekehrt, doch waren seine Schritte umsonst. Besser ist es für ihn, wie blind und taub zu sein. In seiner Hütte sitzt er, sieht von all dem da draussen nichts. Die Ströme fliessen, wie sie fliessen, und rote Blumen blühen von selber rot.

Die letzten zwei Ochsenbilder sind der Beschreibung des Zustandes in Bezug auf die Aussenwelt, dem Abstieg ins Tal, gewidmet (vgl. Kapleau, 1965/2000, S. 407).

Wo es im vorherigen Stadium um das völlige Einssein mit dem Wesen ging, verlagert sich hier der Schwerpunkt auf die Dinge und Erscheinungsformen der Welt. Wo der Mensch zuvor sich von äusseren Erscheinungen abwendete und sich dem inneren Einssein zuwendete, geht es nun um das „grosse Ja zu allem Anwesenden" (Ohtsu, 2004, S. 116). In der inneren Erfahrung des Einsseins mit allem wendet sich der Mensch nun seiner Aussenwelt ganz zu und anerkennt alles, wie es ist. Der Zen-Meister Ching Yuan (8. Jh.)(zit. nach Schumann, 2000) drückte das in folgenden Worten aus:

> Bevor du Zen studierst, sind Berge Berge und Flüsse Flüsse. Während du Zen studierst, sind Berge keine Berge und Flüsse keine Flüsse mehr. Hast du dann die Erleuchtung gewonnen, sind Berge wieder Berge und Flüsse Flüsse. (S. 285)

Wo immer wir sind, sind die Dinge, wie sie sind – unvollkommen und doch, in ihrem Kern, vollkommen. Der Zen-Meister Shunryu Suzuki (2003) sagt in diesem Sinn:

> Nichts von dem, was wir hören oder sehen, ist vollkommen. Aber da, mitten in der Unvollkommenheit, ist die vollkommene Wirklichkeit. (S. 148)

Der Mensch, der nun auch als „Mensch des formlosen Herzens" (Ohtsu, 2004, S. 117) bezeichnet wird, lebt nun in tiefer Ruhe, Freude und Freiheit. Er bleibt stets in seinem Wesen verankert – egal, was aussen geschieht. „Hier wird die wirkliche Welt gerade in ihrer Wirklichkeit gross bejaht" (Ohtsu, 2004, S. 117).

Unechtes Zen wäre hier, im Nichts hängen zu bleiben und darin zu versinken. Nach dem achten Stadium können wir dazu neigen, am Ergebnis unseres Bemühens, der „erreichten" Spiritualität oder entsprechender Erfahrungen festzuhalten. Hier in Stadium neun erfahren wir durch weiteres Üben, dass die Erfahrung des achten Stadiums nichts Aussergewöhnliches, nichts Besonderes ist und sie ganz einfach zum Menschsein gehört. Durch diese Erkenntnis kehren wir zum Ursprung zurück – dorthin, wo alles seinen Anfang nahm. Hier ist in diesem Sinn dann auch keine Spur mehr von „Buddha" da (Kubota, o.J.).

In diesem Stadium sind wir aus dem Einssein mit seinem Wesen heraus tätig und deshalb nicht reaktiv. In diesem Sinn sieht und hört der Mensch natürlich nach wie vor gut, aber was er sieht und hört, hat keinen Einfluss und keine weitere Wirkung mehr auf ihn. Alle Einflüsse enden einfach in seinem leeren und weiten Geist. Sein Zustand kann mit einem Spiegel verglichen werden: Was auch immer er spiegelt, so bleibt doch „keine Spur von Farbe oder Form" auf ihm zurück (Kapleau, 1965/2000, S. 418). Er ruht gelassen in sich und schaut dem Strom sich verändernder Dinge zu (Kapleau, 1965/2000, S. 416). Er ist gewissermassen zu einem Zuschauer des Lebens geworden. Er handelt hier, ohne zu handeln (Ohtsu, 2004, S. 118). Er ist nicht mehr in seinem Tun befangen, nicht darin verstrickt. Er sieht die Dinge äusserlich genauso wie alle anderen Menschen, aber er sieht sie auch als reine Wirklichkeit.

Betreten des Marktes mit offenen Händen: „frei spielendes Leben" (10)

Mit entblösster Brust kommt er barfuss zum Markte. Schmutzbedeckt und mit Asche beschmiert, lacht er doch breit übers ganze Gesicht. Ohne Zuflucht zu mystischen Kräften bringt er verdorrte Bäume schnell zum Blühen.

Als Vollendete hört das Leben nicht auf. Wir sind mit anderen Menschen zusammen und leben unseren Alltag. Im Zen wird das Bild eines „tief Erleuchteten" gezeichnet, der sich äusserlich überhaupt nicht von anderen Menschen unterscheidet – er gibt „keinen ‚Geruch' von Erleuchtung mehr von sich, keine Aura von Heiligkeit" (Kapleau, 1965/2000, S. 419). Das bedeutet auch, dass alles Festhalten an der Erleuchtung aufgehört hat und der Mensch frei ist von Konzepten wie Erleuchtung, Buddha-Natur etc. Ein solcher Mensch gibt keine Anzeichen seines Bewusstseinszustandes von sich (Kubota, o.J.). Im Gegenteil: Würde man ihm seinen inneren Zustand von weitem anmerken, würde man seine Erleuchtung noch für mangelhaft halten. Ohtsu (2004, S. 122) spricht hier auch vom „frei spielenden Leben". Dieses ungehinderte Leben kann nicht in einen Rahmen gepresst werden – so gibt es bei den Zen-Meistern gewohnte Wege, aber auch sehr ungewöhnliche, spezielle, ja zum Teil exzentrische Wege (vgl. dazu Besserman & Steger, 1999). Jegliches Nachahmen eines Weges wäre hier Unsinn (Ohtsu, 2004, S. 124). So hält dieser Mensch sich nicht von der gewöhnlichen Welt fern, er distanziert sich nicht von anderen Menschen, sondern hilft ihnen, ihre Verblendung zu überwinden. Er kann ihnen Hoffnung und Licht bringen, „da sein ganzes Wesen von innerer Strahlkraft durchleuchtet ist" (Kapleau, 1965/2000, S. 419). Er wendet sich niemals vom Einen ab und wird durch nichts aufgehalten. In seinem Anwesend-Sein lehrt er jeden, der ihm begegnet (Ohtsu, 2004, S. 125). Der Mensch ist zu einem unabhängigen, wahren, offenherzigen und freien Menschen geworden. In seiner unermesslichen inneren Freiheit handelt er völlig spontan, uneingeschränkt und stützt sich dabei auf seine eigenen Fähigkeiten. Er verschwendet keinen Gedanken daran, was andere denken mögen. Er ist von grossem Mitgefühl für alles Seiende erfüllt. Besondere

Kräfte sind nicht nötig. Sein ganzes Tun und sein alltägliches Leben gehen unmittelbar aus seinem Wesen hervor (Chang, 2000, S. 17; Kubota, o.J.; Ohtsu, 2004, S. 126-127).

3.3.2   Integrationsprozess: „Anfänger-Geist"

> Des Anfängers Geist hat viele Möglichkeiten, der des Experten hat nur wenige. (Suzuki, 1970/1997, S. 21)

> Im Bewusstsein des Anfängers gibt es keinen Gedanken: ‚Ich habe etwas erreicht.' Alle egozentrischen Gedanken begrenzen unser umfassendes Bewusstsein. Haben wir keinen Gedanken an Erfolg und Ansehen, denken wir nicht an uns selbst, so sind wir richtige Anfänger. Dann können wir tatsächlich etwas lernen. Die Geisteshaltung des Anfängers ist die des Mitgefühls. Wenn unser Geist mitfühlend ist, dann ist er grenzenlos. ... Dann sind wir immer uns selber treu, im Einvernehmen mit allen Wesen, und können tatsächlich praktizieren. (Suzuki, 1970/1997, S. 22)

Zen soll mit dem Geist des Anfängers praktiziert werden: „Der Geist des Anfängers ist leer, frei von Verhaltensweisen der Erfahrung und Routine, bereit anzunehmen, zu zweifeln, offen gegenüber allen Möglichkeiten. Es ist die Geistesart, welche die Dinge sehen kann, wie sie sind, die Schritt für Schritt und blitzschnell das ursprüngliche Wesen eines jeglichen Dinges erkennen kann" (Baker, 1970/1997, S. 13). Dogen benutzte den Ausdruck „Anfänger-Geist" gerne für die Art, wie Zen praktiziert und im Alltag gelebt wird. Mit „Anfänger-Geist" tun wir die Dinge „in der allerdirektesten, einfachsten Weise ..., als ob Ihr Anfänger wärt, ohne dass Ihr versucht, etwas gewandt oder schön zu machen" (Baker, 1970/1997, S. 13). Es ist die Weise, etwas mit voller Aufmerksamkeit zu tun – gerade so, wie wenn wir es das allererste Mal täten. Dann ist unsere ganze Natur in dem, was wir gerade tun. Und das ist, in jedem Augenblick neu, die Praxis des Zen (Baker, 1970/1997, S. 13).

„Anfänger-Geist" ist also eine Grundhaltung der Übung des Zen. Worin besteht nun aber diese schon oft erwähnte Übung konkret? Kapleau (1965/2000, S. 76-81) erwähnt fünf verschiedene Arten des Zen, deren Gemeinsamkeiten in der aufrechten Sitzhaltung, der Regelung des Atems und in geistiger Konzentration bestehen, die aber in ihrem Gehalt und Ziel sehr verschieden sind:

- *Bonpu-Zen* („gewöhnliches Zen"): Es wird als frei von jedem religiösen und philosophischen Gehalt beschrieben und dient der Förderung der körperlichen und geistigen Gesundheit. Beim Üben von Bonpu-Zen lernt man sich zu konzentrieren und die seelisch-geistigen Vorgänge zu überwachen.
- Beim *Gedo-Zen* („Weg ausserhalb") geht es um ein Zen, das kein buddhistisches Zen ist – das also ausserhalb der buddhistischen Lehre anzusiedeln ist. Ziel dieses Zen sind oft das Erlangen übernatürlicher Kräfte oder die Wiedergeburt in verschiedenen Himmeln.
- Beim *Shojo-Zen* (kleines Fahrzeug) geht es um die eigene Erleuchtung. Dieses wird aus der Sicht des Mahayana-Buddhismus als unvollständig betrachtet, weil es sich nur auf sich selbst bezieht. Ziel ist es hier, alle Gedanken anzuhalten und einen Zustand zu erreichen, bei dem alle Sinneswahrnehmungen aufhören und das Bewusstsein aussetzt.

- Beim *Daijo-Zen* („grosses Fahrzeug") ist das zentrale Anliegen Kensho-godo, d.h. die „Schau ins eigene innerste Wesen und Verwirklichung des Grossen Weges im Alltag" (S. 80). Das erste Ziel ist es hier, zum eigenen Wesen zu erwachen. Zazen ist das Mittel dazu, aber Zazen geht auch dar-über hinaus: „Es ist vielmehr selbst schon die Vergegenwärtigung des uns innewohnenden Wahren Wesens" (S. 80). Dogen sagte einmal: „Je tiefer man Satori erlebt, desto mehr begreift man die Notwendigkeit zu üben" (S. 80). Es ist das Zen, das in der Rinzai-Schule vorwiegend praktiziert wird.

- *Saijojo-Zen* („höchstes Fahrzeug") ist das Zen, das Dogen lehrte und in der Soto-Schule die höchste Form des Zen darstellt. „Hier gibt es kein Ringen um irgendetwas, nicht einmal um Satori" (S. 81). Es wird auch Shikantaza genannt, was soviel heisst wie „einfach sitzen". Bei dieser Form der Übung sind Weg und Ziel dasselbe. Kennzeichnend ist dabei, dass Zazen als Vergegenwärtigung der eigenen Buddha-Natur gilt. Zazen ist hier nicht das Mittel, um Erleuchtung zu erlangen – Zazen *ist* bereits Erleuch-tung.

Auf diese letzte Form des Zen – das Saijojo-Zen – wird im Folgenden näher eingegangen.

Zen geht nicht davon aus, dass wir eine Buddha-Natur *haben* und uns dahin ent-wicklen müssen, um erleuchtet zu werden. Im Zen *sind* wir Buddha-Natur. Es gibt nichts zu suchen oder zu entwickeln. Und Zazen, die Praxis des Zen-Buddhismus, ist nicht so sehr eine Methode, um erleuchtet zu werden. Zazen ist bereits der rechte Geis-teszustand und als solcher bereits Erleuchtung. Es geht also nicht darum, irgendetwas zu erreichen, sondern allein darum, seine wahre Natur möglichst frei zum Ausdruck zu bringen. Diesem Zweck dienen auch alle Regeln des Zazen (vgl. Dumoulin, 1976, S. 108-109; Suzuki, 1970/1997, S. 25-29).

Zazen ist im Zen also nicht nur eine Vorbereitung, um Erleuchtung zu erlangen und ein Mittel, sie zu vertiefen und auszuweiten – es ist die Vergegenwärtigung unserer wahren Natur selbst (Kapleau, 1965/2000, S. 49). In diesem Sinn ist Zazen Übungsweg, - manchmal auch spirituelle Erfahrung - Integrationsprozess und integrierte Spiritualität zugleich.

Zazen oder die Kunst, ganz da zu sein

Wie sieht nun die konkrete Praxis von Zazen aus?

Voraussetzungen für Zazen

Um Zazen praktizieren zu können, müssen drei wesentliche Voraussetzungen erfüllt sein. Sie werden beschrieben als (vgl. Kapleau, 1965/2000, S. 96-99; Ohtsu, 2004, S. 67-68):

- *starker Glaube (dai-shinkon)*: Um Zazen üben zu können, müssen wir nach der höchsten Verwirklichung streben und den tief verwurzelten Glauben haben, dass wir sie auch erreichen werden. Ohne diesen beharrlichen Glauben, unerschütterlich wie ein riesiger Felsblock, können wir mit der Übung nicht weit kommen.

- *starker Zweifel (dai-gidan)*: Gemeint ist damit nicht Skepsis, sondern ein „Zustand der Bestürzung, sondierenden Forschens, der intensiven Selbst-Erforschung" (Kapleau, 1965/2000, S. 97). Dieser Zweifel lässt uns nach dem Sinn unserer eigenen Unvollkommenheit und jener der Welt fragen – wo doch der starke Glaube uns das Gegenteil zeigt. Der starke Zweifel lässt uns keine Ruhe. Aus dem Zweifel wächst auch die Entschlossenheit, die Wahrheit zu finden.

- *starke Entschlossenheit (dai-funshi)*: Entschlossenheit und Mut sind die Basis dafür, uns immer wieder in die Übung zu vertiefen. Sie fördern in uns die Stärke und den Durchhaltewillen, die Übung immer weiter zu führen und bringen uns zur Hingabe an die Übung.

Beim Saijojo-Zen ist das Glaubenselement das zentralste – der Zweifel tritt demgegenüber in den Hintergrund. Hier geht es nicht um ein ehrgeiziges Streben nach Erleuchtung, sondern um einen natürlichen Reifungsprozess, der in die Erleuchtung mündet. Saijojo-Zen gilt als die schwierigste aller Zen-Arten und erfordert grosse Entschlossenheit und Hingabe im Zazen. Im Unterschied dazu wird im Daijo-Zen der Zweifel am stärksten betont und findet seine stärkste Form in der Übung mit Koans, wie sie für das Rinzai-Zen typisch ist (Kapleau, 1965/2000, S. 98). Als Koans verwendet werden Wechselgespräche zwischen Schüler und Meister, pointierte Formulierungen der Meister, Anekdoten aus dem täglichen Leben in Zen-Klöstern oder gelegentlich auch Sutren-Verse. Ein Zen-Schüler bekommt ein solches Koan von seinem Lehrer zugewiesen mit der Aufgabe, es zu „lösen": Er beschäftigt sich innerlich so lange intensiv damit, bis er mit dem Koan als Mittel über das rationale Denken hinausgelangt und zu einer Erleuchtungserfahrung durchbricht (Dumoulin, 1976, S. 78). So sind Koans Hilfsmittel, um „den Geist für die Wahrheit des Zen zu öffnen" (Suzuki, 2001, S. 142). Die beiden wichtigsten Koan-Sammlungen sind das Hekiganroku und das Mumonkan (Dumoulin, 1976, S. 82; Yamada, 1989). Eines der bekanntesten Koans lautet: „Kaiser Wu von Liang fragte den grossen Meister Bodhidharma: ‚Was ist der höchste Sinn der heiligen Wahrheit?' Bodhidharma antwortete: ‚Offene Weite. Nichts Heiliges!" (vgl. Ohtsu, 2004, S. 134; Schumann, 2000, S. 292).

Koans werden oft als paradox bezeichnet. Sie bleiben aber nur so lange paradox, als man sie von aussen betrachtet. Ruth Fuller Sasaki (Miura & Fuller Sasaki, 1965) schreibt dazu „Wenn das Koan gelöst ist, so erweist es sich als eine einfache und klare Aussage, von dem Bewusstseinszustand aus gemacht, zu dessen Erweckung es geholfen hat" (zit. nach Dumoulin, 1976, S. 77). Im Soto-Zen kann je nach Veranlagung des Schülers auch mit Koans gearbeitet werden, im Zentrum steht aber ganz klar die Übung des Zazen (Dumoulin, 1976, S. 143).

Im Zentrum des Zen steht, die Dinge anzunehmen, wie sie sind – hier und jetzt. „Der wahre Zweck ist, die Dinge so zu sehen, wie sie sind, die Dinge zu beobachten, wie sie sind, und alles gehen zu lassen, wie es geht. Dies bedeutet im weitesten Sinne, alles unter Kontrolle zu haben" (Suzuki, 1970/1997, S. 33). Im Zazen haben wir die Kraft, „die Dinge anzunehmen, wie sie sind, ganz gleich, ob sie angenehm oder unangenehm sind" (Suzuki, 1970/1997, S. 41).

Zazen als Ausdruck unserer wahren Natur - der Körper im Zazen (Haltung, Atmung)

Die Körperhaltung im Zazen dient nicht dazu, die richtige Geisteshaltung zu *bekommen*, sondern sie *ist* bereits die richtige Geisteshaltung. Es geht also nicht darum, einen besonderen Zustand zu erreichen, weil die richtige Körperhaltung bereits dieser Zustand ist und dieser ist als solcher schon Erleuchtung (Suzuki, 1970/1997, S. 25-29). In der Zazen-Haltung sitzt man wenn möglich in der vollständigen Lotoshaltung auf einem Sitzkissen auf dem Boden – dabei ruht der linke Fuss auf dem rechten Oberschenkel und der rechte Fuss auf dem linken Oberschenkel. Varianten bestehen in der halben oder viertel Lotos-Haltung – dabei liegt der linke Fuss auf dem rechten Schenkel oder der rechten Wade und der rechte Fuss unter dem linken Schenkel – oder auch in der burmesischen Haltung, bei der die Beine nicht verschränkt werden, sondern ein Fuss locker vor dem anderen liegt und beide Knie den Boden berühren. Aber auch kniende Sitzhaltungen oder zur Not auch auf einem Stuhl zu sitzen, sind möglich (Kapleau, 1965/2000, S. 421-426). Wichtig bei all diesen Körperhaltungen ist es, die Wirbelsäule gerade zu halten, Ohren und Schultern in einer Linie, die Schultern entspannt. Das Kinn soll angezogen sein und der Hinterkopf zur Decke geschoben. Das Zwerchfell soll nach unten zum Hara drücken, um Kraft in der Haltung zu haben und ein physisches und psychisches Gleichgewicht halten zu können (Suzuki, 1970/1997, S. 26). Diese Haltung mag zunächst unüblich sein, aber mit der Zeit gewöhne man sich daran und könne wieder besser atmen. Die Hände bilden in der Zazen-Haltung ein „kosmisches Mudra" (Suzuki, 1970/1997, S. 26): die linke Hand liegt in der rechten, so dass die Mittelglieder der Mittelfinger zusammen sind und die Daumen einander leicht berühren. Es wird empfohlen, die Handhaltung mit grosser Achtsamkeit beizubehalten, wie wenn man etwas sehr Kostbares in den Händen hält. Die Daumen sollen auf Nabelhöhe sein, die Arme etwas entfernt vom Körper. Es ist wichtig, möglichst gerade zu sitzen – so, wie wenn man „den Himmel mit … [dem] Kopf stützen" würde (Suzuki, 1970/1997, S. 26).

Neben der Körperhaltung ist die Atmung zentral für die Praxis des Zazen. Beim Zazen folgt man immer seiner Atmung. Um den Atembewegungen zu folgen, muss der Geist sehr ruhig sein. Wenn man auf diese Weise Zazen praktiziert, existiert nur die Bewegung des Atems und dieser Bewegung ist man sich bewusst. Ist die Aufmerksamkeit auf diese Weise ganz beim Atem, „dann gibt es nichts: kein ‚Ich', keine Welt, weder Geist noch Körper" (Suzuki, 1970/1997, S. 29).

Normalerweise sind wir in unserem Leben ständig in Dualitäten gefangen – im Zazen nicht: Indem wir der Bewegung des Atems folgen, gibt es weder Raum noch Zeit. „Wir tun Dinge, eins nach dem anderen. Das ist alles" (Suzuki, 1970/1997, S. 30). Diese Praxis des Zazen ist für den Zen-Weg ganz zentral. Es ist eine Praxis, die den jetzigen Augenblick ins Zentrum stellt – nichts existiert ausserhalb. Und in dieser Praxis sind wir, während alles andere von uns abfällt, ganz auf unsere umfassende Natur ausgerichtet und in diesem Sinn zwar mitten in der Welt, aber doch ganz unabhängig von ihr (Suzuki, 1970/1997):

> Wir sind immer im Mittelpunkt der Welt, Augenblick für Augenblick. So sind wir vollständig abhängig und unabhängig. Wenn Ihr diese Art von Erfahrung habt, diese Art von Existenz, dann habt Ihr die vollständige Unabhängigkeit; nichts wird Euch mehr aus der Ruhe bringen. Deshalb sollt Ihr, wenn Ihr Zazen praktiziert, Euch auf Euren Atem konzentrieren. Diese Art der Aktivität ist die grundlegende Aktivität des allumfassenden Seins. Ohne diese Erfahrung, ohne diese Übung ist es unmöglich, absolute Freiheit zu gewinnen. (S. 31-32)

Der Weg, mit unserem Geist bei unserem Atem zu bleiben, ist, alles sonst zu vergessen und einfach zu sitzen und unseren Atem zu fühlen. Die Bezeichnung für diese Praxis *Shikantaza* bedeutet genau das: „einfach sitzen". Beim Shikantaza muss man „fest verwurzelt und massiv in sich gesammelt" sein (Kapleau, 1965/2000, S. 90). Es ist ein Zustand sehr grosser Geistesgegenwart, in dem man weder zu angespannt noch zu schlaff sein darf. Gehetzten Geistes kann man diese Praxis nicht üben. Beim *Shikantanza* fallen Hilfsmittel wie ein Zählen von Atemzügen weg. Es wird als sehr anspruchsvolle Praxis beschrieben: Einfach da sitzen und Zazen zu üben „ist die herausforderndste Aktivität, die es überhaupt gibt" (Beck, 2000, S. 49).

Annehmen, was ist – vom Umgang mit Gedanken und Gefühlen

Einfach nur da zu sitzen und ganz beim eigenen Atem zu sein, ist – so einfach es sich anhört – unglaublich schwierig. Gedanken tauchen auf wie „das sollte ich noch erledigen und dann das und das" oder wir verstricken uns in Gefühlen – und sind irgendwo anders, nur nicht hier und jetzt bei der eigenen Atembewegung. Wie gehen wir beim Zazen mit auftauchenden Gedanken und Gefühlen um?

Im Zazen nehmen wir die Haltung ein, die Bilder in unserem Kopf, unsere Gedanken und Gefühle einfach kommen und gehen zu lassen. So lange wir versuchen, unsere Gedanken oder Gefühle zu unterdrücken oder zuzudecken, können wir keine innere Ruhe finden. Wenn man kommen und gehen lässt, was gerade kommt und geht, dann kommen Gedanken und Gefühle unter unsere Kontrolle und es wird möglich, eine tiefe Ruhe im Zazen zu gewinnen. Wenn wir unseren Geist lassen können, wie er ist, dann wird er ruhig. Im Grunde ist auch unser Geist nicht getrennt von unserer umfassenden Natur (Suzuki, 1970/1997):

> Dass alles in Eurem Geist enthalten ist, ist das innerste Wesen des Geistes. Dies gewahr zu werden, muss man ein religiöses Gefühl haben. Selbst wenn Wellen entstehen, ist das Wesen Eures Geistes rein: es ist wie klares Wasser mit ein paar Wellen. In der Wirklichkeit hat Wasser immer Wellen. Wellen sind die Praxis des Wassers. Von Wellen zu sprechen ohne Wasser oder von Wasser ohne Wellen, ist eine Täuschung. Wasser und Wellen sind Eines. Grosser Geist und kleiner Geist sind Eines. Wenn Ihr Euren Geist in dieser Weise versteht, habt Ihr einige Sicherheit in Euren Gefühlen. Nachdem Euer Geist nichts von aussen erwartet, ist er immer erfüllt. Ein Geist mit Wellen in sich ist nicht ein gestörter, sondern tatsächlich ein verstärkter Geist. Was auch immer Ihr erfahrt, es ist ein Ausdruck des Grossen Geistes. (S. 36)

Tauchen also Gedanken oder Gefühle während des Zazen auf, was sie unwillkürlich tun werden, geht es darum, sie einfach aufsteigen zu lassen, sie wahrzunehmen, sie liebevoll anzuerkennen („aha, jetzt überlege ich wieder, was ich als nächstes zu tun habe") und dann wieder zur direkten Erfahrung des Augenblicks zurückzukehren (Beck, 2000, S. 22). Dabei sollen wir unsere Gedanken genau und sorgfältig etikettieren und uns nicht nur sagen „ich denke nach", sondern z.B. „ich denke, dass ich nachher noch einkaufen muss, das Essen vorbereiten und mein Zeitplan zu knapp ist". Wenn wir unsere Gedanken auf diese Weise benennen, beginnen sie sich zu beruhigen. Wenn wir einen Gedanken genau benennen, lösen wir unsere Identifikation mit ihm auf – wir schaffen einen Abstand zwischen uns und unserem Gedanken. Und dann löst sich auch die Überlagerung mit dem Emotionalen allmählich auf. Das wird im Zazen geübt, „bis es uns in Fleisch und Blut übergegangen ist. Üben heisst nicht, im Kopf zu einer blitzartigen Erkenntnis zu kommen. Es muss wirklich unser Fleisch, unser Blut, unsere Knochen, wir selbst geworden sein" (Beck, 2000, S. 56). Und dann kehren wir wieder zur unmittelbaren Erfahrung des Körpers und des Atems zurück (Beck, 2000, S. 50-51, S. 56).

Wenn wir nicht bei dem bleiben, was jetzt gerade ist, und nachzudenken beginnen und uns etwas vorstellen, dann verlieren wir die Wirklichkeit. Unsere Gedanken führen uns also ständig weg von der unmittelbaren Wahrnehmung dessen, was jetzt ist – von der Wirklichkeit, wie sie hier und jetzt ist. Sehr konkret. Sehr fassbar. Aber innerlich rennen wir ständig weg von diesem konkreten, wirklichen Augenblick (Beck, 2000, S. 50).

Im Umgang mit Gefühlen ist es ebenfalls zentral, sie nicht zuzudecken. Es geht darum, unsere Gefühle wahrzunehmen und anzunehmen, weil sie die Wirklichkeit im Augenblick sind (Beck, 2000, S. 104). Wenn wir uns also gerade ärgern, geht es nicht darum, sich zu sagen: „Ärgere dich nicht" oder „das ist doch halb so schlimm", sondern unseren Ärger zu spüren und wahrzunehmen, wie er ist – er ist die Wirklichkeit dieses Augenblicks. Ihn wahrnehmen bedeutet dabei jedoch nicht, damit herauszuplatzen und ihn auszuagieren, sondern ihn als die eigene Realität hier und jetzt einfach anzunehmen. Wenn wir uns also ärgern, stellen wir es fest, halten den Ärger aber nicht fest und lassen auch nicht Gedanken darum herum kreisen (vgl. Beck, 2000, S. 92-104). Es geht darum, uns selbst treu zu sein – besonders unseren Gefühlen gegenüber. Ziel ist es nicht, keine Gefühle mehr zu haben. Wenn wir uns also gerade ärgern, kann dieser Ärger kurz, offen und direkt kommuniziert werden – ohne eine bestimmte Absicht: „Ich bin gerade ärgerlich". Zen-Meister sind auch offen und direkt (Suzuki, 1970/1997, S. 94).

Beim Üben des Zazen beginnen wir allmählich, unsere Muster zu erkennen. Und es ist ein schwieriger und langwieriger Prozess vom schmerzhaften Erkennen unserer Muster bis zu deren Auflösung (Beck, 2000):

> Das Grauenhafte am Zazen (und es ist grausam, glauben Sie mir) ist, dass wir allmählich sehen, was sich in unserem Kopf wirklich abspielt. Es ist für uns alle ein Schock. Wir sehen, dass wir gewalttätig, von Vorurteilen geprägt und egoistisch sind. Wir sind es, weil ein konditioniertes Leben, das auf falschem Denken beruht, dazu führt. Die Menschen sind im Grunde gut, freundlich, mitfühlend, aber man muss schon lange graben, um diesen verborgenen Schatz zutage zu fördern. (S. 23-24)

Wenn wir weiter üben, beginnen die Muster allmählich zu schwinden, weil wir merken, dass wir sie aufgeben können, da wir sie als vergänglich und leer erkennen. Dann beginnt sich allmählich das Nicht-Selbst zu zeigen und unser innerer Friede wächst schrittchenweise (Beck, 2000, S. 77).

Die innere Grundhaltung im Zazen ist von Absichtslosigkeit geprägt. Ohne Erwartungen und ohne Vorstellungen von Ziel oder Zweck der Übung sollen wir praktizieren. Üben hat *nicht* zum Ziel, irgendwelche psychologischen Veränderungen zu bewirken oder einen Zustand von Glückseligkeit, Visionen, Joriki (persönliche Kraft), angenehme Empfindungen, physische Gesundheit, gute Eigenschaften zu erreichen oder „spirituell" zu sein – es geht also nicht darum, irgendetwas zu erreichen (Beck, 2000, S. 72-73). „Das Bemühen in unserer Praxis sollte von Leistung auf Nicht-Leistung gelenkt sein" (Suzuki, 1970/1997, S. 62). Etwas erreichen zu wollen, ist immer mit unserem Ich und mit egozentrischen Vorstellungen verbunden. Im Zen versuchen wir Schritt für Schritt, uns aus dieser Identifikation zu lösen – auch indem wir absichtslos üben (Suzuki, 1970/1997):

Dem traditionellen buddhistischen Verständnis nach ist unsere menschliche Natur ohne Ego. Wenn wir keine Vorstellung vom Ego, vom Ich haben, dann haben wir Buddhas Ansicht vom Leben. Unsere egoistischen Vorstellungen sind Täuschungen, die unsere Buddha-Natur zudecken. Immer wieder erzeugen wir sie und folgen wir ihnen, und indem wir diesen Prozess wieder und wieder wiederholen, wird unser Leben vollständig mit egozentrischen Ideen ausgefüllt. Dies nennt man karmisches Leben oder Karma. Das Leben des Buddhisten sollte kein karmisches Leben sein. Der Zweck unserer Praxis ist, den karmisch spinnenden Geist abzuschneiden. Wenn Ihr versucht, Erleuchtung zu gewinnen, dann ist das ein Teil von Karma, dann erzeugt Ihr Karma und werdet von Karma getrieben, und Ihr verschwendet Eure Zeit auf Eurem schwarzen Kissen. Nach der Auffassung von Bodhidharma ist eine Praxis, die auf der Idee beruht, etwas zu gewinnen, geradezu eine Wiederholung Eures Karmas. Viele spätere Zen-Meister haben diesen Punkt vergessen und bestimmte Entwicklungsstufen betont, die durch die Praxis gewonnen werden können.

Wichtiger als jede Stufe, die Ihr erreicht, ist Eure Aufrichtigkeit, Euer rechtes Bemühen. (S. 106)

Es geht also nicht um irgendein äusseres Ziel, es geht im Grunde nur um uns selbst: „Seien Sie einfach das, was sie wahrnehmen. Das ist alles, was Sie zu tun haben, wirklich alles: erleben Sie es, und bleiben Sie dabei" (Beck, 2000, S. 49). Indem im Zen alle Aspekte des Lebens angenommen werden so, wie sie jetzt gerade sind, und nicht ein Streben nach einer aussergewöhnlichen Freude im Zentrum steht, entwickelt sich durch Zazen eine „unerschütterliche Gelassenheit" (Suzuki, 1970/1997, S. 37).

Zen im Alltag ist Zazen in Bewegung

Zazen auf dem Kissen zu praktizieren mag einen Teil der Zeit unseres Tages ausmachen. Den grössten Teil unseres Tages verbringen wir jedoch nicht auf dem Kissen, sondern mit einer Form von Tätigsein oder Arbeit – das ist auch in Zen-Klöstern so (Kapleau, 1965/2000, S. 52). Körperliche Arbeit (Samu) wird dort als Zazen in Bewegung betrachtet und dient auch der Mobilisierung und dynamischen Nutzung von Joriki, der durch Zazen bewirkten Kraft, in jeder Handlung (Kapleau, 1965/2000, S. 279). Zazen soll also im konkreten Alltag umgesetzt werden. Dabei wird nicht von einem Ideal ausgegangen, sondern von den natürlichen Beschränkungen, die unser Leben nun einmal hat: So geht es beim Üben darum, „unter gewissen Beschränkungen den eigenen Weg zu finden" (Suzuki, 1970/1997, S. 43). „Übung bedeutet nicht, dass alles, was Ihr tut, sogar das Hinlegen, Zazen ist. Was wir unter Übung verstehen, ist, wenn die Beschränkungen, die Ihr habt, Euch nicht mehr beschränken" (Suzuki, 1970/1997, S. 43).

Im Augenblick sein als Schlüssel

Der Schlüssel, Zen im Alltag zu praktizieren, liegt im Hier und Jetzt. Dogen (2001, S. 74-80) betonte den im chinesischen Buddhismus viel zitierten Satz „Soku shin ze butsu" – „Geist hier und jetzt ist Buddha". Damit stellt er ganz konkret diesen Augenblick „jetzt" und diesen Ort „hier" als wahre Wirklichkeit ins Zentrum. „Geist hier und jetzt ist Buddha" ist die Wirklichkeit, die wir im alltäglichen Leben und in der Praxis des Zazen unmittelbar verwirklichen sollen. Es geht nicht darum, an einen übernatürlichen oder spirituellen „Geist" zu glauben, sondern um die ganz konkrete Verwirklichung „hier und jetzt" im täglichen Leben. „Das Universum existiert ‚hier und jetzt': es wartet nicht auf die Verwirklichung" (Dogen, 2001, S. 76-77). „Dieser ... Geist ist der ‚eine Geist' aller Dinge und Phänomene und alle Dinge und Phänomene sind dieser eine Geist" (Dogen, 2001, S. 77). Oder wie ein alter Patriarch sagte: „Was ist der reine, klare und wunderbare Geist? Er ist Berge, Flüsse und die Erde, Sonne, Mond und Sterne" (Dogen, 2001, S. 77). Solche Aussagen sind nicht symbolisch gemeint, sondern ganz konkret:

> Der ‚Geist' der Berge, Flüsse und Erde ist nichts anderes als Berge, Flüsse und Erde (so wie sie sind). Darüber hinaus gibt es keine Wellen, keine Gischt, keinen Wind und keinen Rauch. Der ‚Geist' der Sonne, des Mondes und der Sterne ist nichts anderes als Sonne, Mond und Sterne (so wie sie sind). Darüber hinaus gibt es keinen Nebel und keinen Dunst. Der ‚Geist' als Leben und Sterben, Kommen und Gehen ist nichts anderes als Leben und Sterben, Kommen und Gehen (so wie sie sind). Darüber hinaus gibt es keine Täuschung und kein Erwachen ... (Dogen, 2001, S. 77)

„Geist hier und jetzt ist Buddha" existiert von Augenblick zu Augenblick. In jedem Augenblick können wir dieses Bewusstsein erneuern und es konkret erfahren (Dogen, 2001):

> Wenn ihr auch nur in einem einzigen Bewusstseinsmoment den Willen zur Wahrheit erweckt und (Zazen) praktiziert und erfahrt, ist dies ‚Geist hier und jetzt ist Buddha'. Wenn ihr auch nur in einer (kurzen) konkreten Tat den Willen zur Wahrheit erweckt und (Zazen) praktiziert und erfahrt, ist dies ‚Geist hier und jetzt ist Buddha'". (S. 78)

In der Einführung zum Shobogenzo (Dogen, 2001) beschreibt Gudo Wafu Nishijima Roshi vier Prinzipien zum Handeln im Alltag, das den „Geist hier und jetzt ist Buddha" verwirklicht. Er nennt es „wirkliches Handeln im Hier-und-Jetzt":

> 1. Wirkliches Handeln ist eine völlig andere Dimension als das begriffliche Denken und Wahrnehmen.
> 2. Wirkliches Handeln wird hier und jetzt vollzogen.
> 3. Im wirklichen Handeln sind Körper und Geist, Subjekt und Objekt eine Einheit.
> 4. Wirkliches Handeln geschieht immer im gegenwärtigen Augenblick, und dieser nie wiederkehrende Augenblick ist zeitlos, d.h. er hat das Wesen der Ewigkeit. (S. 18)

Es geht also darum, „dass wir immer nur in der momentanen Situation des gegenwärtigen Augenblicks leben und handeln" (Nishijima Roshi in Dogen, 2001, S. 17). Lebenspraktisch gesehen ist es aber sehr schwierig, ganz im jetzigen Augenblick zu sein, weil es oft nicht angenehm ist und uns meist nicht passt. Unsere Gedanken kreisen und versuchen ständig, uns ein angenehmes Leben zu verschaffen – angenehmer als es gerade jetzt in dem Moment ist (Beck, 2000, S. 27-29):

> So geht es beim Zazen also darum: alles, was wir tun müssen, ist, immer wieder von dieser sich in unseren Köpfen drehenden Gedankenwelt Abstand zu nehmen, um ins Hier und Jetzt zurückzukehren. Darum geht es bei unserem Üben. Die Intensität und Fähigkeit, wirklich im gegenwärtigen Augenblick zu sein, ist es, was wir entwickeln müssen. ... Diese Entscheidung müssen wir immer wieder

treffen. In jedem Augenblick besteht unser Üben in dieser Entscheidung. Wir sind andauernd an einer Weggabelung. Wir können den einen Weg nehmen, aber auch den anderen. Immer müssen wir den richtigen Weg wählen, Augenblick für Augenblick, müssen uns entscheiden zwischen der rosaroten Welt, die wir uns in unserem Kopf zurechtdenken, und dem, was wirklich ist. (Beck, 2000, S. 30)

Es ist ein hartes Arbeiten, immer wieder die Entscheidung für den Augenblick zu treffen. Aber irgendwann bekommen wir „die erste kleine Ahnung davon, was dieser gegenwärtige Augenblick ist. … Und das ist der Anfang. Dieser kleine Blick, diese Ahnung, die eine Zehntelsekunde währt. Das allein aber ist nicht genug. Das erleuchtete Leben besteht darin, es immer zu sehen. Es bedarf vieler, vieler Jahre der Arbeit, in denen wir uns selbst verwandeln, um so zu werden, dass wir das können" (Beck, 2000, S. 34).

Das echte Erleben des Augenblicks ist auch ein Schlüssel zu einer Wandlung, die zu einem Annehmen dessen führt, was ist (Beck, 2000).

Wenn ich beginne, diesen einen Augenblick, die Gegenwart zu erleben, den wahren Lehrer, wenn ich aufrichtig jeden Augenblick meines Lebens sein kann, was ich denke, was ich fühle – dann wird sich dieses Erlebnis verwandeln zu dem annehmen dessen, was ‚gerade jetzt' ist … dem Wort Gottes. Und das ist der Zen-Übungsweg. Wir müssen das Wort ‚zen' dazu nicht einmal in den Mund nehmen. (S. 39)

Ungeteilte Aufmerksamkeit

Das wichtigste Werkzeug, immer wieder zum jetzigen Augenblick zurückzukehren, ist Aufmerksamkeit – nicht nur im Zazen, sondern auch im ganz gewöhnlichen Alltag (Beck, 2000, S. 57, S. 59). Aufmerksamkeit bei allen Einzelheiten unseres täglichen Lebens. Diese Aufmerksamkeit ist ein „Ganz-da-Sein", bei dem wir versuchen, uns dem, was wir gerade tun, ganz hinzugeben (Kapleau, 1965/2000, S. 204). Das kann WC putzen sein, Gemüse schneiden oder einkaufen. Zen soll mit unseren täglichen Verrichtungen übereinstimmen – sonst ist es nur eine Verzierung (Kapleau, 1965/2000, S. 120).

Ungeteilte Aufmerksamkeit und ganz im Augenblick zu sein können zu der Wandlung führen, die Dinge so anzunehmen, wie sie sind. Das muss nicht heissen, dass wir jubelnd zum WC-Besen greifen und unsere Freizeitgestaltung auf WC putzen ausrichten. Die Dinge anzunehmen, wie sie sind, würde hier heissen: zu wissen, dass das WC geputzt werden muss, weil es einfach nötig ist und es mit Aufmerksamkeit zu tun, wie wenn wir es zum ersten Mal täten, mit dem Interesse eines kleinen Kindes (vgl. z.B. Baker, 1970/1997).

Auf dem Zen-Weg werden zwei Stadien unterschieden in Bezug auf Aufmerksamkeit: Zuerst baut man Achtsamkeit auf, also einen „Zustand, in dem man sich jeder Lage voll bewusst ist und dadurch stets entsprechend reagieren kann. Aber man ist sich bewusst, dass man sich bewusst ist" (Kapleau, 1965/2000, S. 280). Später geht es darum, Achtlosigkeit zu entwickeln: Sie wird auch als „Abgeschiedenheit des Geistes" bezeichnet (Kapleau, 1965/2000, S. 280) und ist eine „Verfassung von so vollständiger Versunkenheit, dass es keinen Rest von Selbstbewusstsein mehr gibt" (Kapleau, 1965/2000, S. 280). Diese „Abgeschiedenheit des Geistes" wird allerdings erst in sehr fortgeschrittenem Stadium bedeutsam – im Kapitel 3.3.1 über die zehn Ochsenbilder wird dieser Zustand beim achten Bild beschrieben.

3.3.3 Integrierte Spiritualität: Ganz wir selbst sein

> Wenn wir überhaupt nichts erwarten, dann können wir wir selbst sein. Das ist unsere Weise, voll und ganz in jedem Augenblick der Zeit zu leben. (Suzuki, 2003, S. 17)

Im Zen werden drei „Ziele" – insofern man von solchen sprechen kann – genannt (Kapleau, 1965/2000, S. 81-84):

- Die Entwicklung von *Joriki* (Stärke)
- Erleuchtungserfahrung: *Satori (Kensho-godo)*
- Verwirklichung im täglichen Leben: *Mujodo-no taigen*

Diese drei „Ziele" bilden im Grunde eine Einheit und sind wechselseitig voneinander abhängig, was im Folgenden noch deutlich wird.

Die Entwicklung von *Joriki*

Joriki ist eine Stärke, die durch die Zazen-Praxis entwickelt wird, wenn der Geist in völliger Konzentration gesammelt ist. Dennoch ist es mehr als Konzentrationsfähigkeit im üblichen Sinn: „Es ist eine dynamische Kraft, die uns, einmal in Bewegung gesetzt, dazu befähigt, in gänzlich unvorhergesehenen Situationen blitzschnell zu handeln, wie es den Gegebenheiten am besten entspricht, ohne erst nachsinnend innezuhalten" (Kapleau, 1965/2000, S. 82). Diese Kraft ermöglicht es auch, sich mit grosser Gelassenheit in turbulenten Situationen zu bewegen. Und sie kann auch zu übernatürlichen Fähigkeiten führen.

Von den fünf erwähnten Zen-Arten fokussieren die ersten beiden völlig auf die Entwicklung von *Joriki*. *Joriki* kann durch ständiges Üben immer weiter wachsen, nimmt jedoch bis zum völligen Verschwinden ab, wenn man nicht mehr praktiziert. Für das hier vor allem dargestellte *Saijojo-Zen* ist *Joriki* jedoch nicht ausreichend. Die beiden anderen Ziele müssen hinzukommen (Kapleau, 1965/2000, S. 82).

Die Entwicklung eines gewissen Masses von *Joriki* ist meist die Basis für eine Erleuchtungserfahrung. Mit mangelhaftem Joriki sind wir zu rastlos und unsicher, um beständig Zazen zu praktizieren. *Joriki* ist jedoch auch nötig für eine Integration von Zen in den Alltag: Ohne Joriki ist es schwierig, eigene Muster und gewohnheitsmässige Handlungen so zu verändern, dass man in Einklang mit der spirituellen Erfahrung leben kann. Nach Erleuchtungserlebnissen *(Satori)* muss man mit Zazen und der Entwicklung von *Joriki* fortfahren (Kapleau, 1965/2000, S. 166).

Erleuchtungserfahrung: *Satori (Kensho-godo)*

Mit *Satori (Kensho-godo)* wird das Erlebnis der Erleuchtung oder auch das Erwachen zum eigenen wahren Wesen und damit zum Wesen in allem bezeichnet. Es wird beschrieben als

> die Schau des eigenen Wahren Wesens und gleichzeitig die Schau in den Wesensgrund des Weltalls mit ‚all den zehntausend Dingen' darin. Es ist die plötzliche Erkenntnis: ‚Ich bin von allem Anbeginn an ganz und vollkommen. Wie wunderbar, wie voller Wunder!' (Kapleau, 1965/2000, S. 82)

Satori oder *Kensho-godo* ist als das unmittelbare Erkennen, dass man eins ist mit allem (Kapleau, 1965/2000, S. 195). „Wenn dann eine Glocke läutet, gibt es nur die Glocke, die auf den Klang der Glocke horcht. Oder anders ausgedrückt: Sie erklingen selbst in diesem Ton. Das ist der Augenblick der Erleuchtung" (Kapleau, 1965/2000, S. 218). Erleuchtung ist wesentlich dadurch gekennzeichnet, dass dabei „das Ich zunichte wird" (Kapleau, 1965/2000, S. 261).

Wenn es sich um ein echtes *Kensho* handelt, ist die Erfahrung ihrer Substanz nach immer gleich. In der Tiefe, Klarheit und Vollständigkeit der Erfahrung gibt es aber grosse Unterschiede (Kapleau, 1965/2000, S. 82). Das zeigt sich teilweise auch in den japanischen Begriffen, die für die Erfahrung verwendet werden: Oft werden die Begriffe *Satori* und *Kensho* (wörtlich: *ken* = schauen; *sho* = Natur, Wesen) synonym verwendet. Tendenziell wird *Kensho* aber auch für eine geringe Tiefe der Erfahrung verwendet. So kann sich ein schwaches *Kensho* darin äussern, dass „die Welt der Leere noch als verschieden von der Welt der Form aufgefasst wird" (Kapleau, 1965/2000, S. 391) und man ihre gegenseitige Durchdringung noch nicht erkannt hat.

Das Wort *Satori* bezeichnet im Unterschied zu *Kensho* ein tieferes Erlebnis und wird üblicherweise verwendet, um die Erleuchtung des Buddha und der Patriarchen zu bezeichnen. Wird der Begriff godo (wörtlich: „der Weg der Erleuchtung") hinzugefügt, so wird Kensho stärker betont und bekommt einen „subjektiveren und eindringlicheren Sinn" (Kapleau, 1965/2000, S. 453). Mit *Daigo tettei* (wörtlich: „Grosses Satori, das bis zum Boden reicht") wird schliesslich die „vollkommene Erleuchtung" bezeichnet (Kapleau, 1965/2000):

> Zu ihrem wesentlichsten Gehalt gehört das Erlebnis der Leere, der Leeren-Weite; die Aufhebung von jeglichem Antagonismus; das Erlebnis, dass die Form (Jap. *sugata*) des Weltalls und die eigene Form identisch sind, und das Zunichtswerden des kleinen Ich. (S. 436)

Bei Dogen kommt Erleuchtung in zweifacher Bedeutung vor: einerseits als das beschriebene „Ereignis des plötzlichen Erwachens hier und jetzt" (Dumoulin, 1976, S. 109), das sich im Grunde überall - beim Zazen, aber auch im gewöhnlichen Alltag - ereignen kann (vgl. Kapleau, 1965/2000, S. 139; Schumann, 2000, S. 288); andererseits als „die immer und überall gegenwärtige Erleuchtung, die das Wesen der Wirklichkeit ausmacht" (Dumoulin, 1976, S. 109). Zazen bezieht sich dabei auf beide Aspekte: Auf Kensho als plötzliche Wesensschau und auf die erleuchtete Wirklichkeitssicht, die Übung und Erleuchtung als identisch sieht.

Dogen (2001, S. 114-115) betont, dass Erwachen sich immer auf den Augenblick bezieht und in diesem Sinn nichts Absolutes und Beständiges ist. Erwachen ist also immer hier und jetzt.

Im Zen kommt der Bestätigung einer Erleuchtungserfahrung durch den *Roshi* (wörtlich: „verehrungswürdiger, geistlicher Lehrer oder Meister") eine wichtige Bedeutung zu, weil Menschen oft allzu schnell dazu neigen, eine Erfahrung als Kensho zu bezeichnen und die Gefahr einer solchen Selbsttäuschung möglichst gering gehalten werden soll. Wenn mit einem *Koan* gearbeitet wird, so kann der Schüler aufgefordert werden, den geistigen Gehalt seines *Koans* dem Roshi zu zeigen. Bei dieser Demonstration, die Worte, Gebärden, Bewegungen, Schweigen beinhalten kann, wird insbesondere Wert darauf gelegt, ob sie „spontan aus tiefster Tiefe des gesamten Seins aufsteigen" (Kapleau, 1965/2000, S. 141). Wesentlich ist nicht nur der Inhalt, sondern die „Gewissheit und Sicherheit, von denen sie beseelt sind" (Kapleau, 1965/2000, S. 140), also auch die Spontaneität und Lebendigkeit des Ausdrucks. Ein erfahrener Roshi kann die Echtheit und Tiefe eines *Kensho* oft durch eine einzige Frage, manchmal sogar nur durch einen Blick beurteilen (Kapleau, 1965/2000, S. 141).

Unabhängig davon, wie schwach oder tief eine Erleuchtungserfahrung ist, ist es ganz zentral im Zen, nicht an der eigenen Erleuchtung zu haften – also sie weder als Besitztum zu erklären, noch sich damit zu schmücken noch sie zur Referenz und impliziten Vorstellung für allfällige weitere Erfahrungen zu machen (vgl. Kapleau, 1965/2000, S. 394).

Satori erfahren zu haben ist auch kein Kriterium dafür, ein guter Mensch zu sein. Man kann Satori erleben und dennoch moralisch jenen unterlegen sein, die nie Satori erlebt haben. Warum? Weil man sich in diesem Fall noch nicht von den eigenen verblendeten Neigungen und Gefühlen befreit hat, die tief im Unbewussten wurzeln. Und so kann man nicht im Einklang mit der Erfahrung der eigenen Wesensnatur handeln. Man soll dann intensiv mit Zazen fortfahren, damit sich ein innerer Reinigungsprozess vollziehen kann (Kapleau, 1965/2000, S. 155).

In Bezug auf den Stellenwert von *Kensho* oder *Satori* wird vor allem am Rinzai-Zen Kritik geübt: *Satori* werde zu sehr als Endzweck betrachtet und Joriki und die Verwirklichung im Alltag werde viel zu wenig Beachtung geschenkt. Die Notwendigkeit der Übung nach einer Erleuchtungserfahrung werde zu sehr in den Hintergrund gestellt, so dass die Arbeit mit weiteren *Koans* nach *Satori* nicht so sehr zu dessen Vertiefung und Stärkung diene, sondern eher zu einem intellektuellen Spiel verkomme und kaum mit Zazen und dem Alltag in Verbindung stehe (Kapleau, 1965/2000, S. 84).

Am Soto-Zen wird im Unterschied dazu kritisiert, dass es zu wenig wert auf Kensho lege und die Betonung zu sehr auf die Verwirklichung im Alltag liege. Ohne aber ein Kensho selber erfahren zu haben, sei es schwierig, im Alltag wahrzunehmen, ob man im Einklang mit seiner wahren Natur handle (Kapleau, 1965/2000, S. 84-85).

Verwirklichung im täglichen Leben: *Mujodo-no Taigen*

Integrierte Spiritualität soll sich in unserem täglichen Handeln und Tun ausdrücken. *Kensho* soll sich in unseren Handlungen auswirken – dann spricht man von *Mujodo-no Taigen*. Hier geht es um die „Verwirklichung des Erhabenen Weges mit unserem gesamten Sein in all unseren täglichen Verrichtungen" (Kapleau, 1965/2000, S. 83). Dieses „Ziel" wird am stärksten vom Soto-Zen betont *(Saijojo-Zen)*. Weg und Ziel werden hier als Eines betrachtet. Wenn das beschriebene Zazen in Bewegung, also im täglichen Handeln praktiziert wird, entfaltet sich unsere wahre Natur in dem, was wir tun (Kapleau, 1965/2000, S. 83).

Dogen betonte, dass Erleuchtung kein statischer Zustand ist. Er behielt die Alltagswelt und ihre wechselnden Erscheinungen immer im Blick. Für ihn steht die Buddha-Natur nicht in einem Gegensatz zum Geist, der mit Denken, Vorstellen und Erfassen beschäftigt ist. Für ihn sind auch die Bewusstseinstätigkeiten Buddha-Natur, weil die Buddha-Natur die ganze Wirklichkeit ist – sie ist Bewegung und reine Klarheit. Sowohl die sich ständig verändernden Naturerscheinungen als auch unsere wechselnden Bewusstseinszustände sind für ihn die Buddha-Natur: „Diese unbeständige Erscheinungswelt ist, so wie sie ist, die wahre, offen daliegende Wirklichkeit" (Dumoulin, 1976, S. 139).

Dogen (2001, S. 62-69) sprach in diesem Zusammenhang auch von „einer leuchtenden Perle" (*ikka no myoju*), wenn wir die wirkliche Welt hier und jetzt unmittelbar erfahren. Damit wird die leuchtende Natur des Seins ausgedrückt, die sich offenbart, wenn wir ganz im Hier und jetzt sind: „Jetzt, in diesem Augenblick, ist alles im ganzen Universum ‚eine leuchtende Perle‘" (Dogen, 2001, S. 65). So umfasst die leuchtende Perle auch unsere Meinungen, Sorgen, Gedanken und Handlungen: „Selbst Meinungen und Sorgen unterscheiden sich nicht von der leuchtenden Perle. Keine Handlung und kein Gedanke wurde jemals durch etwas anderes verursacht als durch die leuchtende Perle" (Dogen, 2001, S. 65-66). Diese Wirklichkeit liegt jenseits unserer Vorstellungen und Begriffe – das wirkliche Leben ist unfassbar, aber erfahrbar im Hier und Jetzt und wird in unserem Alltag verwirklicht.

Mit dieser Verwirklichung im täglichen Leben sind keine besonderen Taten gemeint, sondern das Wie in unserem gewöhnlichen Alltag: „Buddhaschaft ist nichts anderes, als: wie man mit seinem Chef oder seinem Kind, seinem Geliebten oder seinem Partner umgeht. Ihr Leben ist immer absolut: das ist alles. Die Wahrheit liegt nicht irgendwo anders" (Beck, 2000, S. 61).

Es geht auch nicht darum, ein zurückgezogenes Leben zu führen, sondern Spiritualität in unserem konkreten Alltag zu leben – denn die ganz reale, konkrete Welt mit all ihren Erscheinungen ist die sichtbar gewordene Wirklichkeit:

> Wenn Menschen sich zurückziehen und nur noch meditieren, wirkt sich auch das aus und hat einen Wert für die Menschheit. Aber gerade die Zen-Meditation oder der Zen-Weg sollte konkret in den Alltag integriert werden. Zen führt nicht aus der Welt, sondern in die Welt hinein. Im Zen gilt es, die phänomenale Welt – das ist unser Alltagsbewusstsein – und die absolute Welt als *eins* zu erfahren. Und das ist ein langwieriger Prozess. (Enomiya-Lasalle, 1991, S. 87)

Im Zen bedeutet Leben im Zustand der Erleuchtung, „das Leben wahrzunehmen, wie es ist. Es ist nichts Geheimnisvolles daran" (Beck, 2000, S. 53). So ist es ein Zeichen von Reife auf dem Zen-Weg, wenn man mit beiden Beinen auf dem Boden steht und die Dinge so annimmt, wie sie sind – „dann regt uns nichts mehr sonderlich auf" (Beck, 2000, S. 31). Dieses „Annehmen, was ist" ist Weg und Ziel zugleich und ist, wie bereits deutlich wurde, eng verbunden damit, mit ungeteilter Aufmerksamkeit im Augenblick zu sein (Beck, 2000):

> Wir müssen bereit sein, ganz aufrichtig in uns selbst hineinzuschauen. Wenn wir vollkommen aufrichtig demgegenüber sein können, was jetzt, in diesem Augenblick, geschieht, dann werden wir ihn [den Buddha, Anm. der Autorin] sehen. Wir können nicht einfach ein kleines Stückchen des Buddha erwischen. Der Buddha kommt ungeteilt. Unser Üben hat nichts mit Dingen zu tun wie: ‚Oh, ich sollte gut sein, ich sollte freundlich sein, ich sollte dieses oder jenes sein.' Ich *bin,* was ich in diesem Augenblick bin. Und genau dieses So-sein ist der Buddha. (S. 33)

Im Augenblick zu sein und anzunehmen, was ist, bedeutet auch, nicht festzuhalten. Denn jeder Augenblick ist wieder neu (Beck, 2000):

> Der Buddha ist nichts ausser dem, was Sie gerade jetzt in diesem Augenblick sind: Sie lauschen dem Geräusch der Autos, Sie fühlen den Schmerz in Ihren Beinen, Sie hören meine Stimme. Das ist der Buddha. Sie können das nicht festhalten; in dem Augenblick, wo Sie es festzuhalten versuchen, hat es sich schon verändert. (S. 32)

So leben Zen-Meister „in der verblüffend einfachen Wirklichkeit des Augenblicks" (Dreisbach, 1999, S. 28). Wenn wir ganz im Augenblick leben und nicht festhalten, schwinden auch unsere Identifikationen – insbesondere jene mit unserem eigenen Ich. So geht es auf dem Zen-Übungsweg darum, „allmählich zu sterben, Schritt für Schritt, und uns nach und nach mit all dem nicht mehr zu identifizieren, in dem wir gefangen sind" (Beck, 2000, S. 69).

Leben in einem ichfreien Zustand, in dem wir uns nicht mehr identifizieren, bedeutet nicht, dass man ausgelöscht oder inexistent ist. Aber man ist weder egozentrisch noch auf die anderen ausgerichtet, sondern einfach zentriert. Man ist auf nichts Besonderes ausgerichtet, sondern auf alles – das heisst, man hängt an nichts. Das bedeutet im Alltag, dass man nicht ängstlich ist, sich Sorgen macht oder dass man sich nicht leicht aufregt oder verwirrt wird. Es ist ein Grundton von Freude und Leichtigkeit. Es braucht geduldiges Üben, allmählich das Selbst [gemeint ist die Identifikation mit dem eigenen Ich, Anm. der Autorin] aufzulösen (Beck, 2000, S. 75). Ohne diese Identifikation mit dem Ich zu leben, bedeutet beispielsweise, Enttäuschungen, die im Leben unvermeidlich sind, nicht mehr so verletzend zu erleben. Auch werden Angriffe, Beleidigungen etc. von anderen Menschen zwar gefühlt, aber sie bringen uns dann nicht mehr aus der Fassung (Enomiya-Lasalle, 1991, S. 114).

Leben aus einer Verwirklichung des Einsseins heraus ist ein „frei spielendes, ungehindertes Leben" (Ohtsu, 2004, S. 122) und deshalb auch schwierig zu beschreiben. Es wird eine Lebendigkeit und Spontaneität deutlich: „Mit der Ungezwungenheit und Freude von spielenden Kindern leben können" (Kapleau, 1965/2000, S. 126). Aus diesem Sein heraus wendet man sich nie vom Absoluten ab und bleibt darin verankert, auch wenn die äussere Situation herausfordernd ist (Ohtsu, 2004, S. 117, S. 125). Das Absolute ist auch in den Dingen spürbar, so dass von der „Durchsichtigkeit" (Enomiya-Lasalle, 1991, S. 75) der Dinge gesprochen wird. Ein Mensch, der Erleuchtung im Alltag verwirklicht, wird als unabhängiger, wahrer, offenherziger, aber ganz gewöhnlicher Mensch beschrieben (Ohtsu, 2004, S. 122, S. 126-127).

Ichfrei zu leben bedeutet jedoch nicht, keine Persönlichkeit zu haben. Der Zen-Meister Shunryu Suzuki (2003) unterscheidet klar zwischen Persönlichkeit (die er synonym mit Charakter verwendet) und Ego (Ich):

> Ich denke, Ihr könnt verstehen, worin der Unterschied zwischen Persönlichkeit und Ego besteht. Das Ego ist etwas, das eure gute Persönlichkeit überdeckt. Jeder Mensch hat einen Charakter, aber wenn ihr euch nicht schult, dann wird euer Charakter vom Ego überdeckt. Ihr könnt eure Persönlichkeit nicht voll würdigen. (S. 107-108)

Er nennt ein eigenes Beispiel, das diesen Unterschied verdeutlichen soll (Suzuki, 2003):

> Meine eigene Gewohnheit ist Zerstreutheit [im Sinne eines Persönlichkeitsmerkmals, Anm. der Autorin]. Ich bin von Natur aus sehr vergesslich. Auch wenn ich schon begonnen habe, daran zu arbeiten, als ich mit dreizehn Jahren zu meinem Meister ging, habe ich nicht viel daran ändern können. Es liegt nicht an meinem Alter, dass ich vergesslich bin; es ist meine Neigung. Aber nachdem ich daran gearbeitet hatte, stellte sich heraus, dass ich mich von meiner egoistischen Weise, mit den Dingen umzugehen, befreien konnte. Wenn der Zweck der Übung und der Schulung nur darin bestünde, unsere Schwachpunkte zu korrigieren, dann wäre es fast unmöglich, Erfolg dabei zu haben. Trotzdem ist es not-

wendig, dass wir daran arbeiten, denn während ihr daran arbeitet, wird euer Charakter geschult, und ihr werdet frei vom Ego. (S. 109)

Hier wird auch deutlich, dass ein sich verwandelndes Leben kein Leben ohne Probleme und eigenen Schwächen ist. „Es wird sie [die Probleme, Anm. der Autorin] immer geben. Eine Zeitlang mag unser Leben sogar schwieriger sein als vorher, denn das, was wir unterdrückt und verborgen haben, tritt nun zutage. Doch selbst, wenn das geschieht, haben wir das Gefühl wachsender Gesundheit und Einsicht, und unsere Basis ist Zufriedenheit" (Beck, 2000, S. 78). So geht es nicht darum, keine Beschränkungen mehr zu haben, sondern durch unsere Beschränkungen nicht mehr beschränkt zu werden (Suzuki, 1970/1997, S. 43). Durch Zen verlieren wir nicht unsere neurotischen Sonderlichkeiten – sie sind okay, wie sie sind – sie sind in ihrer Weise vollkommen. In schwierigen Lebensphasen und an Krisenpunkten versuchen wir, z.B. den eigenen Kummer ganz anzunehmen und ihn ganz und gar zu sein – und das ganz auf die eigene Weise, jeder tut es auf seine Art. In der Übung des Zen wird es immer Punkte geben, die uns begrenzen – je differenzierter unser Üben wird, desto stärker nehmen wir unsere Schwächen und Mängel wahr. Wichtig ist in jedem Stadium, einfach in uns vorgehen zu lassen, was gerade in uns vorgeht (Beck, 2000, S. 96-98).

So geht es nicht darum, nach Glück zu suchen, sondern unser Leben so zu nehmen, wie es ist: „Nicht in der Erfüllung persönlicher Bedürfnisse, sondern in der Erfüllung der Notwendigkeiten des Lebens; nicht im Vermeiden von Schmerz, sondern im Hineingehen in den Schmerz, wenn es notwendig wird" (Beck, 2000, S. 78). Es geht einfach darum, das Sitzen, das Leben und andere Menschen zu schätzen. „Nichts Überstiegenes" (Beck, 2000, S. 99). Wir werden nach Jahren auf dem Zen-Weg nicht zu einem „gefühllosen Wunderwesen … Ganz im Gegenteil. Wir haben dann viel ursprünglichere Emotionen und stärkeres Mitgefühl für die Menschen" (Beck, 2000, S. 24). „Wir versuchen nicht, eine Art Heiliger zu werden, sondern reale Menschen zu sein, mit all unseren kleinen Problemchen und mit der Grosszügigkeit, all das auch bei anderen zuzulassen" (Beck, 2000, S. 99).

3.4 Indische Mystik: Wer bin ich?

Verehre das Göttliche, verehre es gestalthaft oder gestaltlos, bis du begreifst, dass
du selber es bist! (Zimmer, 1997, S. 109)

Indische Mystik, „der Hinduismus", ist alles andere als einheitlich. Die indische Spiritualität hat in den letzten rund 3000 Jahren eine unglaubliche Fülle von Formen hervorgebracht. Indische Mystik ist eng mit der Praxis der Meditation verbunden, „mit all jenen Methoden der Bewusstseinsschulung und der Bewusstseinsveränderung, die das
mystische Erleben vorbereiten, einleiten und vertiefen können" (Schmid, 1991, S. 125).
Nach Schmid (1991, S. 125) hat sich das mystische Erleben in keiner anderen Kultur so
eng mit der Meditation verbunden wie in der indischen. So begegnet uns diese Verbindung von meditativer Schulung und mystischem Erleben „in fast allen Zeugnissen indi-
scher Spiritualität" (Schmid, 1991, S. 126). Besonders greifbar und eindrücklich zeigt
sich diese Verbindung im Leben und Werk von Ramana Maharshi (1879-1950), einem
indischen Mystiker des 20. Jahrhunderts. In seiner eigenen Erfahrung und seiner Lehre,
die er auf Wunsch anderer Menschen weiterzugeben begann (vgl. Zimmer, 1997, S. 35),
steht die Erfahrung und Verwirklichung des Selbst im Zentrum[28]. Der Weg zum Selbst,
den Ramana Maharshi aufzeigte, ist eng mit der Frage „Wer bin ich?" verbunden, die
als Meditationshilfe tiefer und tiefer ins eigene Innere, zur ureigenen Wirklichkeit des
Selbst führt.

Da seine eigene Erfahrung des spirituellen Erwachens seine Lehre deutlich geprägt
hat und diese Erfahrung zu einer vollständigen und dauerhaften Selbstverwirklichung
führte, soll sie hier in seinen eigenen Worten wiedergegeben werden. Er war ein
16jähriger Schuljunge namens Venkata-Raman ohne irgendwelche spirituellen Ambitionen und ohne Vorwissen zu dem, was ihm eines Tages ganz unvermittelt geschah
(Zimmer, 1997):

---

[28] Ramana Maharshis Lehre wird von ihrer Einordung im Hinduismus als „Vedanta-
Interpretation" verstanden (Fischer-Tiné, 2006a) und innerhalb dieser Richtung dem Advaita-Vedanta
(„Lehre der Nicht-Zweiheit") zugeordnet (vgl. Ramanan, 1994, S. 2). Diese monistische Lehre geht auf
den indischen Philosophen Samkara zurück, der im 7./8. Jahrhundert gelebt hat. Für Samkara ist *atman*,
das innerste Sein oder Selbst des Menschen, identisch mit *brahman*, der Realität und letztem Prinzip des
Universums, dem alles zugrunde liegt. Für ihn ist *brahman* absolut und eigenschaftslos – der Verstand
kann ihm kein Attribut zuschreiben. Manchmal wird aber doch versucht, *brahman* näher zu charakterisieren und es wird dann als reines Sein (*sat*), reines Bewusstsein (*chit*) und Glückseligkeit (*ananda*) verstanden (Michaels, 1998, S. 296). Manchmal werden ihm hingegen ganz explizit auch diese Qualitäten
abgesprochen (Thannippara, 1999a, S. 691). Das ganze System des Advaita-Vedanta beruht darauf,
dass *brahman* die einzige Wirklichkeit ist und die Welt mit all ihren Erscheinungen illusorisch und un-
wirklich sei. Wichtig in Samkaras Sicht des Menschen ist, dass der Mensch nicht zu *brahman werden*
kann, sondern dass er es *ist* und immer schon *war*. Bis wir zur Erkenntnis von *brahman* erwacht sind,
identifizieren wir Menschen uns aber dauernd mit dem Vergänglichen, der Welt der Illusion. Unsere
Identifizierungen „Ich bin dies" (*aham idam*) oder „Dies ist mein" (*mana idam*) halten die ständige Identifikation mit Ungeistigem aufrecht. Auf diese Weise wird dem Ich eine Existenz zugeschrieben, die es
nicht haben kann. Erst, wenn wir über eine geoffenbarte Erkenntnis erfahren, dass wir als Einzelseele
(*atman*) mit der allem zugrundeliegenden Wirklichkeit (*brahman*) eins sind, erfahren wir Befreiung. So
spielt die Aussage „Ich bin *brahman*" eine wichtige Rolle. Auf diesem Weg der Erkenntnis der Einheit
spielt unmittelbare Offenbarung (*sruti*) eine zentrale Rolle - logisches Denken kann nicht zur tiefsten
Erkenntnis führen (Michaels, 1998, S. 296-297; Schreiner, 1998, S. 157; Thannippara, 1999a, S. 691).

Eines Tages also sass ich allein und fühlte mich keineswegs schlecht, - da packte mich jäh und unzweideutig der Schrecken des Todes. Ich fühlte, ich müsse sterben. Warum ich das fühlte, lässt sich durch nichts, was ich in meinem Körper empfand, erklären. Ich konnte es mir auch nicht erklären. Aber ich bemühte mich auch gar nicht, herauszufinden, ob meine Todesangst begründet sei. Ich fühlte einfach: ‚ich muss jetzt sterben' und überlegte sofort, was ich tun solle. Ich dachte gar nicht daran, einen Arzt oder Verwandte oder gar Fremde zu fragen. Ich fühlte: Diese Frage musste ich selber lösen, hier und jetzt, auf der Stelle.

Dieser Schreck des Todes wandte mich nach innen. Ich sagte innerlich zu mir selbst, ohne einen Laut zu sprechen: ‚Jetzt ist der Tod da. Was hat das zu bedeuten? Was ist das: Sterben? Mein Leib hier stirbt.' Sogleich fing ich an, meine Sterbeszene zu spielen. Ich streckte meine Glieder lang und hielt sie steif, als wäre die Todesstarre eingetreten. Ich ahmte einen Leichnam nach, um meinem weiteren Erforschen den äusseren Schein der Wirklichkeit zu leihen, hielt den Atem an, schloss den Mund und hielt die Lippen fest aufeinander gepresst, dass mir kein Laut entfahren konnte. Lass nicht das Wort ‚Ich' oder irgendeinen Laut dir entschlüpfen! – ‚Gut', sprach ich dann zu mir selber, ‚dieser Leib ist tot. Starr, wie er ist, werden sie ihn zur Leichenstätte tragen; dort wird er verbrannt und wird zu Asche. Aber wenn er tot ist, - bin dann ‚Ich' tot? Ist der Leib ‚Ich'? – Dieser Leib ist stumm und dumpf. Aber ich fühle alle Kraft meines Wesens, sogar die Stimme, den Laut ‚Ich' in mir, - ganz losgelöst vom Leibe. Also bin ich ein ‚Geistiges', ein Ding, das über den Leib hinausreicht. Der stoffliche Leib stirbt, aber das Geistige, über ihn hinaus, kann der Tod nicht anrühren. Ich bin also ein todlos ‚Geistiges".

All das aber war nicht bloss ein Vorgang in meinem Denken, es stürzte als lebendige Wahrheit in Blitzen auf mich ein: ich ward es unmittelbar gewahr, ohne Überlegen oder Folgern. ‚Ich' war ein höchstes Wirkliches, das einzige Wirkliche in diesem Zustande, und alles bewusste Geschehen, das an meinem Leibe hing, war darauf versammelt. Dieses ‚Ich' oder mein ‚Selbst' blieb von diesem Augenblick an mit allmächtiger Anziehungskraft im Brennpunkt meiner wachen Aufmerksamkeit. Die Furcht vor dem Tode war ein für allemal vergangen. Dieses Verschlungensein ins ‚Selbst' hat von jener Stunde an bis heute nicht aufgehört. Andere Vorstellungen und Gedanken mögen kommen und gehen wie viele Töne einer Musik, aber dieses Ich dröhnt als Grundbass fort, der sie alle begleitet und sich mit ihnen verbindet. Ob mein Körper mit Sprechen, Leben oder sonst etwas befasst war, immer blieb dieses ‚Ich' versammelt.

Vor dieser Wandlung hatte ich keine klare Erfahrung von meinem Selbst, ich war nicht bewusst darauf gerichtet. Ich empfand kein unmittelbares merkliches Interesse daran, geschweige denn eine dauernde Verfassung, darin zu verweilen. Die Folgen meiner neuen Einstellung wurden bald an meiner veränderten Lebensweise sichtbar. (S. 23-25)

Nach dieser Todeserfahrung verlor er sein letztes Interesse an seinen Freunden, Verwandten und seinem Lernen und brachte sich in der Schule mehr schlecht als recht über die Runden. So machte er sich sechs Wochen nach seinem spirituellen Erwachen auf den Weg zum Arunachala, einem heiligen Berg und Pilgerzentrum in Südindien. Dort angekommen warf er all seinen Besitz weg und gab sich ganz dem neu erfahrenen

Gewahrsein hin, dass sein wahres Wesen reines Bewusstsein war. Er lebte völlig zu-rückgezogen. Er vergass seinen Körper und die Welt und ging völlig in diesem Ge-wahrsein auf. Sein Körper, mit dem er sich nun nicht mehr identifizierte, verwahrloste, und Ramana Maharshi verharrte in völligem Schweigen. Erst nach etwa 2-3 Jahren kehrte er wieder zu normalerem körperlichen Verhalten zurück. Innerlich blieb er dau-erhaft in diesem Gewahrsein des Selbst.

Nach einigen Jahren sammelten sich vermehrt Schüler um ihn, und er begann zu lehren. Von einem seiner frühesten Anhänger stammte auch die Bezeichnung Ramana Maharshi: Ramana ist von Venkata-Raman abgeleitet, Maharshi bedeutet „grosser Se-her". Da der Name auch bei anderen Anklang fand, wurde er bald zu dem Namen, un-ter dem er noch heute bekannt ist (Godman, 2002, S. 7-9; Zimmer, 1997, S. 13-67).

Ramana Maharshi war ein unauffälliger Mystiker. Er blieb sein Leben lang trotz vielen Schülern und Verehrern ein armer Einsiedler. Im Unterschied zu anderen spiri-tuellen Lehrern Indiens wie beispielsweise Osho reiste er nie in den Westen, und es in-teressierte ihn auch nicht, wie viele oder wie wenige Schüler in seinem Ashram[29] waren (vgl. Zimmer, 1997, S. 13-67). Er lehnte auch die Verehrung seiner Person entschieden ab, die verschiedene Menschen um ihn immer wieder zu praktizieren versuchten (Chadwick, 2004, S. 65).

Man kann sich fragen, was bei Ramana Maharshi dazu führte, dass er nach seiner ersten spirituellen Erfahrung zu so tiefer Verwirklichung gelangte. Und nicht nur die Selbstverwirklichung nach der ersten spirituellen Erfahrung erstaunt, sondern auch, dass er sich zuvor nicht mit spirituellen Fragen beschäftigt hatte und seinen Weg auch völlig ohne Lehrer ging. Erst lange Zeit nach seinem Erwachen begann er spirituelle Schriften des Hinduismus zu lesen, die ihm die Leute brachten und von ihm erklärt ha-ben wollten. In solchen Schriften fand er seine eigene Erfahrung zum Teil wiederge-spiegelt (vgl. Chadwick, 2004, S. 16; vgl. Zimmer, 1997, S. 27). Was also könnte seinen direkten Weg aus psychologischer Sicht begünstigt haben? In seiner eigenen Schilde-rung seines spirituellen Erwachens wird deutlich, dass er sich sehr auf seine Erfahrung einliess. Er hätte auch versuchen können, den plötzlich auftauchenden Schrecken zu-rückzuweisen, er hätte Hilfe holen können. Aber er wandte sich nicht nach aussen, sondern nach innen – er wandte sich ganz der subjektiven Wahrheit seiner persönlichen Erfahrung zu und liess sich ganz darauf ein. Er gab der Erfahrung sogar so viel Raum, dass er seine „Sterbeszene spielte", wie er formuliert. Er begann also, seine innere Er-fahrung auch zu verkörpern, sie in seinem Körper lebendig werden zu lassen, um sie ganz zu erleben. In seiner Erfahrung *war* er tot, und dabei spürte er, dass da etwas ist, was nicht stirbt – das „todlos Geistige". Die Erfahrung selber wird als intensiv be-schrieben („es stürzte als lebendige Wahrheit in Blitzen auf mich ein") und war ein völ-lig unmittelbares Erleben. Durch diese tiefe Erfahrung des Selbst verschwand auch alle Furcht vor dem Tod. Und er blieb darin verankert. Vermutlich war nach der Erfahrung die Zeit des völligen Rückzugs, des Schweigens und der fast ausschliesslichen Nach-Innen-Wendung zentral für die Integration seines Erwachens und die „Festigung" sei-

---

[29] Ashrama bedeutet hier ein „Zentrum für spirituelle Studien" und ein „Ort, an dem spirituelle Anstrengungen unternommen werden". Die Schreibung Ashram ohne abschliessendes „a" stammt sprachlich aus dem Hindi (Neuindisch) und wird nur in der Sekundärliteratur verwendet (Tworuschka, 1999, S. 44).

nes inneren Zustandes[30]. Dabei war sicherlich der kulturelle Kontext sehr hilfreich: Ein Rückzug und völliges Schweigen, selbst die Verwahrlosung des eigenen Körpers, werden in der indischen Kultur in religiösem Zusammenhang nicht nur toleriert - für Menschen, die der äusseren Welt ganz entsagt haben und als „Heilige" leben, sind solche Erscheinungsbilder unter anderen „normal" (vgl. dazu z.B. Michaels, 1998, S. 347-357; Schreiner, 1998, S. 167).

3.4.1 Spiritueller Weg: Der Weg zum Selbst

Schüler: Wie kann ich Selbstverwirklichung erlangen?

Ramana Maharshi: Verwirklichung braucht nicht neu erlangt zu werden, sie ist bereits da. Es ist nur notwendig, den Gedanken ‚Ich habe das Selbst noch nicht verwirklicht' loszuwerden. Stille oder Frieden ist Verwirklichung. Es gibt keinen Augenblick, in dem das Selbst nicht ist. Solange Zweifel oder das Gefühl der Nicht-Verwirklichung vorhanden sind, sollte man versuchen, diese Gedanken loszuwerden. Sie entstehen, weil man das Selbst mit dem Nichtselbst identifiziert. Wenn das Nichtselbst verschwindet, bleibt das Selbst allein zurück. Um Platz zu schaffen, genügt es, Gegenstände zu entfernen. Der Platz braucht nicht von anderswo herbeigeholt werden. (Ramana Maharshi zit. nach Godman, 2002, S. 30)

Ramana Maharshi betonte immer wieder, dass im Grunde nichts gesucht werden muss. Wir sind bereits das Selbst – es ist unsere wahre Natur. Wir müssen uns nur dem Gewahrsein unseres Selbst zuwenden. Wie kann das geschehen und was ist das Selbst?

Das Selbst als die eine Wirklichkeit

Es gibt nur ein Wirkliches. (Zimmer, 1997, S. 135)

Der Kern von Ramana Maharshis Lehren zeigt sich in seiner immer wiederkehrenden Feststellung, dass es „eine einzige, immanente Wirklichkeit gibt, die von jedermann direkt erfahren wird und die gleichzeitig die Quelle, die Substanz und das wahre Wesen von allem ist, das existiert" (Godman, 2002, S. 16): „What exists in truth is the Self alone. The world, the individual soul, and God are appearences in it" (Ramanan, 1982, S. 6). Zur Bezeichnung dieser Wirklichkeit verwendete er verschiedene Namen, die Godman (2002, S. 16-28) in einer Aufstellung herausarbeitete, auf die im folgenden Bezug genommen wird. Dabei verdeutlicht jeder dieser Namen einen anderen Aspekt dieser einen Wirklichkeit:

- das Selbst
- Herz *(hridayam)*[31]
- Zustand jenseits der alltäglichen Bewusstseinszustände *(turiya* und *turiya-atita)*
- Sein-Bewusstsein-Seligkeit *(sat-chit-ananda)*

---

[30] Chadwick (2004, S. 15-16) verweist darauf, dass Ramana Maharshis Verwirklichung von Anfang an vollkommen und endgültig war. Er habe aber Zeit gebraucht, um seine „Verwirklichung mit der Welt, an die er nicht wirklich glaubte, in Einklang zu bringen, bevor er überhaupt dazu in der Lage war" (S. 16), wieder in der Welt zu leben.

[31] Sanskrit-Begriffe werden durchgängig kursiv wiedergegeben, auch wenn sie im Original teilweise nicht so gekennzeichnet werden. Auf eine Wiedergabe von Akzenten und Betonungen wurde dabei verzichtet.

- Erkenntnis *(jnana)*
- Gott, Brahman, Shiva
- natürlicher Zustand *(sahaja-sthiti)*, wahres Wesen *(svarupa)*
- Schweigen *(mouna)*

Am häufigsten benutzte Ramana Maharshi den Begriff des *Selbst*. Das wahre Selbst, wirkliche ICH oder auch ICH-ICH ist im Gegensatz zu unserer gewöhnlichen Wahrnehmung keine Erfahrung der Individualität, sondern ein unpersönliches, umfassendes Gewahrsein (Godman, 2002, S. 16). Ramana Maharshi erfuhr dieses umfassende Gewahrsein, wie eingangs beschrieben, erstmals bei seinem spirituellen Erwachen. Er bezeichnete das Selbst auch als „Stätte des Bewusstseins, des Sichselbergewahrseins" (Zimmer, 1997, S. 123). Das wahre Selbst ist immer gegenwärtig – aber man wird sich dessen nur bewusst, wenn die Identifizierungen mit Geist und Körper verschwinden. Dieses wahre Selbst darf nicht verwechselt werden mit dem individuellen Selbst, dem Ich oder Ego, auf das im folgenden Kapitel näher eingegangen wird. Der Begriff der *Selbstverwirklichung* bezeichnet ein dauerndes und bleibendes Selbst-Gewahrsein (Godman, 2002, S. 16-17), von dem Ramana Maharshi als Folge seines Erwachens ebenfalls berichtete.

In Beschreibungen des Selbst wird immer wieder deutlich, dass es im Grunde nicht in Wort zu fassen ist und jenseits aller Gegensätze ist. So verwendete auch Ramana Maharshi die für mystische Erfahrungen typischen Paradoxe (vgl. Kapitel 2.2.3):

> Das Selbst ist seiend. Aber da es das Unbedingte und Allumfassende ist und nichts ausser ihm existiert, würde seine Beschreibung als ‚seiend' der Möglichkeit Raum geben, seinen Gegensatz, das ‚Nichtseiende' vorzustellen, - das ‚Nichtseiende' als etwas Zweites, das nicht ‚Sein' wäre, und damit wäre man in die Vorstellung der Zweiheit, in einen Dualismus verwickelt. Um es deutlich auszudrücken: das Selbst ist ewig, allumfassend und unbedingt, wird es als etwas anderes beschrieben als ‚Sein' und ‚Nichtsein'. (Zimmer, 1997, S. 215)

In enger Verbindung mit dem Selbst erwähnt Ramana Maharshi immer wieder das Herz *(hridayam)*. Das Herz wird dabei als Sitz des Selbst, als „höchste Stätte des Selbst" (Zimmer, 1997, S. 122) verstanden. Wenn Ramana Maharshi darauf angesprochen wurde, wo das Selbst im Leibe sei, verwies er jeweils rechts auf seine Brust, auf sein Herz (z.B. Zimmer, 1997, S. 122, S. 199-200). Diese Lokalisierung des Selbst im Leib ist etwas irreführend, weil das Selbst als eine Wirklichkeit ausserhalb der Grenzen von Raum und Zeit im Grunde nicht mit räumlichen Begriffen festgelegt werden kann. So betonte Ramana Maharshi auch, dass mit dem Herzen weder das körperliche Herz noch das Herzchakra des Kundalini-Yoga[32] gemeint waren (Zimmer, 1997, S. 200). Die Kundali-

---

[32] Der Begriff „Kundalini" wird abgeleitet von „*kundala*" (sanskrit), was „zusammengerollt" bedeutet. Als Kundalini wird die „göttliche kosmische Energie" im menschlichen Körper verstanden, deren Gestalt an eine an der Basis der Wirbelsäule eingerollte Schlange erinnert. Diese Energie wird durch bestimmte Körperübungen und Meditationen erweckt, die charakteristisch sind für den Kundalini-Yoga (Avalon, 1975, S. 9). Wenn diese spirituelle Energie geweckt wird, steigt sie entlang der Wirbelsäule von einem Energiezentrum (sanskrit *Chakra*) zum nächsten auf. Der Kundalini-Yoga kennt sechs Chakren entlang der Wirbelsäule *(muladhara, svadhisthana, manipuraka, anahata, visuddha, ajna)* und ein siebtes Zentrum über dem Scheitel *(sahasrara)*, das das Absolute repräsentiert (Schreiner, 1998). Der Prozess des Aufstiegs kann den Beginn eines spirituellen Erwachens bezeichnen (Sanella, 1990, S. 147). Wenn Kundalini ihren Weg durch alle Chakren aufgestiegen ist, findet im Scheitelchakra „die Vereini-

ni ist nach Ramana Maharshi mit dem Ich verbunden: „In Wahrheit ist Kundalini nichts anderes als das Gemüt" (Zimmer, 1997, S. 177). „Gemüt und Ich sind dasselbe" (Zimmer, 1997, S. 179). Das Selbst jedoch ist jenseits des Ich. Als die eine Wirklichkeit ist es also jenseits der Chakren und kann mit keinem der Chakren gleichgesetzt werden. Als die allem zugrunde liegende Wirklichkeit kann es aber als Basis des ganzen Kundalini-Prozesses verstanden werden: „Aber das Selbst, das den ganzen Gang dieser Kraft vom tiefsten Lotos hinauf zum höchsten trägt, wohnt nicht in ihm, sondern trägt das Ganze vom Herzen her" (Zimmer, 1997, S. 124).

Das Selbst wird auch in seiner Beziehung zu den Bewusstseinszuständen Wachen, Träumen oder Tiefschlaf charakterisiert. Unabhängig davon, in welchem dieser drei Bewusstseinszustände wir uns gerade befinden, bleibt das Selbst unverändert bestehen. So haben wir im Tiefschlaf zwar keinerlei Bewusstsein für unser Ich, das *Selbst* besteht jedoch davon unberührt weiter. Das Selbst ist also die zugrundeliegende Wirklichkeit, die unabhängig existiert und ein Auftauchen aus diesen drei Bewusstseinszuständen überhaupt ermöglicht. So bezeichnete Ramana Maharshi das Selbst auch als *turiya*, als „der vierte Zustand", der von den drei Bewusstseinszuständen verschieden ist. Er spricht in diesem Zusammenhang auch vom Selbst als „unberührter Zeuge", „schauendes Auge" oder „zuschauender Zeuge" (Zimmer, 1997, S. 219). Wer Vollendung in diesem vierten Stand *(turiya)* erreicht hat, ist über die drei Zustände hinausgelangt. Dann kann das Selbst nicht mehr als vierter Zustand bezeichnet werden, sondern wird dann als „über den Vierten hinaus" *(turiya-atita)* bezeichnet. *Turiya-atita* verweist auf das Selbst als transzendenten Zustand (Godman, 2002, S. 18). Dabei sind „Wachen, Traum und traumlos tiefer Schlaf ein Schein" (Zimmer, 1997, S. 168) – da sie nicht das Selbst sind - und das Innesein des Selbst die einzige wahrhaft existierende Wirklichkeit.

Manchmal sprach Ramana Maharshi im Zusammenhang mit der einen Wirklichkeit auch von *sat-chit-ananada* – Sein-Bewusstsein-Seligkeit - drei Aspekten des Selbst, die als eine Einheit und nicht als getrennte Eigenschaften erfahren werden. Das Selbst wird als reines Sein *(sat)* erfahren, als ein Gewahrsein des Seins und da dieses Gewahrsein bewusst ist, wird es auch Bewusstsein *(chit)* genannt. Die unmittelbare Erfahrung dieses Seins ist ein Zustand tiefen Glücks und der Seligkeit *(ananda)* (Godman, 2002, S. 17).

Die Erfahrung des Selbst kann auch mit Erkenntnis *(jnana)* verbunden sein. Dieser Aspekt wird auch in Ramana Maharshis eingangs zitierter Todeserfahrung deutlich. Er betont dort, dass seine Erfahrung „nicht bloss ein Vorgang in meinem Denken" war, sondern er es als eine „lebendige Wahrheit" und „unmittelbar gewahr" ward, „ohne Überlegen oder Folgern" (Zimmer, 1997, S. 24). Erkenntnis in der Erfahrung des Selbst ist also keine intellektuelle Erkenntnis, sondern ein unmittelbares und wissendes Gewahrsein der einen Wirklichkeit. In diesem Gewahrsein ist die Dualität von Subjekt und Objekt aufgehoben – es gibt nicht eine Person, die erkennt und etwas, was erkannt wird (Godman, 2002, S. 18). Ramana Maharshi betonte im Zusammenhang mit dem Erkenntnisaspekt, dass es darum geht, den Schleier *falscher* Erkenntnis zu beseitigen und dass diese falsche Erkenntnis die Identifikation des Selbst mit Körper und Geist ist. Sobald diese Identifikation verschwindet, tritt das Selbst ins Gewahrsein (Godman, 2002, S. 31).

---

gung der individuellen Kraft mit dem Absoluten" statt, die als „Erlösung" und „Vollendung" verstanden wird (Schreiner, 1998, S. 158).

Ramana Maharshi verwendete zur Verdeutlichung der einen Wirklichkeit des Selbst auch die Begriffe Gott, *brahman* (die höchste Wirklichkeit im Hinduismus) oder *shiva* (eine hinduistische Gottheit). Dabei versteht er Gott nicht als persönlichen oder als Schöpfergott, sondern als „das formlose Sein, das das Universum erhält" (Godman, 2002, S. 17). Er bezeichnete das Selbst auch – ganz im Sinne der allem zugrundeliegenden, einen Wirklichkeit - als natürlichen Zustand *(sahaja-sthiti)* und als wirkliche Form oder wahres Wesen *(svarupa)*.

Der Ausdruck des Schweigens *(mouna)* schien für ihn ein besonders zentraler Aspekt des Selbst zu sein. Er bezeichnet das Gewahrsein des Selbst als Zustand völliger Stille, als schweigender, gedankenfreier Friede, in dem das Ich verschwindet (vgl. Godman, 2002, S. 19). Hier klingt auch Ramana Maharshis eigenes äusseres Schweigen an, in dem er nach seinem spirituellen Erwachen lange Zeit verharrte. Dieses äussere Schweigen mag in dieser Zeit Ausdruck seines inneren Schweigen, seines inneren Friedens gewesen sein und vermutlich auch der Verankerung und Integration seiner inneren Stille gedient haben. Wie wesentlich für Ramana Maharshi der Aspekt des Schweigens war, kommt auch in folgenden Worten zum Ausdruck (Ramana Maharshi zit. nach Godman, 2002):

> Die Heiligen sagen, dass der Zustand, in dem der Ich-Gedanke ... sich nicht im geringsten regt, allein das Selbst *(svarupa)* ist, welches Schweigen *(mouna)* ist. Dieses schweigende Selbst ist allein Gott. (S. 21)

> Wer im Selbst lebt, in der Schönheit bar allen Denkens, der hat nichts, woran er denken müsste. Woran man sich halten sollte, ist allein die Erfahrung des Schweigens, denn in diesem höchsten Zustand gibt es nichts, was man erreichen könnte, ausser sich selbst. (S. 21)

Obwohl verschiedene Aspekte des Selbst umschrieben werden können, ist es ganz wesentlich, dass Vorstellungen oder (Buch-)Wissen über das Selbst nicht zum Selbst führen, sondern auf diesem Weg sogar hinderlich sind. So riet Ramana Maharshi immer wieder davon ab, sich irgendwelche Vorstellungen darüber zu machen (vgl. Zimmer, 1997, S. 122-123, S. 145, S. 164, S. 166-167). Irgendwann komme eine Zeit, wo man alles vergessen müsse, was man gelernt habe (Ramanan, 1982, S. 7). Das Selbst – und auch seine Stätte, das Herz - ist jenseits aller Vorstellungen und des Denkens und kann nur unmittelbar erfahren werden (Zimmer, 1997):

> Mit deinem Denken wirst du das nicht erkennen. Mit deiner Phantasie kannst du es dir nicht vorstellen ... - der einzige unmittelbare Weg, es zu erfahren, ist, dass du dir gar nichts vorzustellen versuchst, sondern es selber zu erleben trachtest. Dann erfährst du es und fühlst es ganz von selbst ... (S. 122-123)

Sich Vorstellungen vom Selbst zu machen, ist auch deshalb hinderlich, weil sie alleine schon wieder eine Form des Festhaltens ist und der Mensch auf dem Weg der Selbstergründung frei von inneren Bindungen werden sollte (Zimmer, 1997, S. 170). Eine Vielheit von Vorstellungen wirkt auch zerstreuend und lenkt ab von der wesentlichen Fokussierung auf das Selbst, und letztlich ist nur diese befreiend (Zimmer, 1997):

> Die Vielheit der Vorstellungen zerstreut uns; sammeln wir uns ständig auf die Betrachtung des Selbst, das selber Gott ist, so wird diese Anschauung im Lauf der Zeit an die Stelle der Zerstreuung treten und zuletzt selber verschwinden, -

> das reine Innesein, das schliesslich übrig bleibt, ist die Wirklichkeit Gottes und wir sind ihrer wirklich inne. Das ist Befreiung. (S. 177)

Ramana Maharshi passte seine Art zu lehren seinen Schülern an. Wann immer möglich, fokussierte er auf den wesentlichsten Inhalt, die alleinige Existenz der Wirklichkeit des Selbst. Vielen Menschen war dieser Ansatz zu theoretisch, so dass Ramana Maharshi ihnen auf der Ebene zu begegnen suchte, die sie verstehen konnten und die ihnen auch wirklich weiterhalf. Diese Form, seine Unterweisungen den Bedürfnissen seiner Schüler anzupassen, führte teilweise zu Widersprüchen. So konnte er dem einen Schüler sagen, dass kein individuelles Selbst existiert, und einem anderen führte er aus, wie das individuelle Selbst funktioniert (Godman, 2002, S. 10-11).

So lehrte er zunächst, dass nur Bewusstsein allein existiere - aber für die wenigsten führte diese Unterweisung direkt zur Verwirklichung des Selbst. Für die meisten waren konkrete Übungen nötig, um diese Wirklichkeit selber zu erfahren und bestenfalls darin zu verweilen (vgl. Godman, 2002, S. 60). Den Kern all dieser Übungen bildet die Praxis der Selbstergründung.

Um das Wesen der Selbstergründung zu verstehen, muss zunächst ein Blick auf die Natur des Ichs gerichtet werden.

Das Ich als Wurzel alles Leidvollen

> Wenn das Ich erscheint, tritt alles andere in Erscheinung. Wenn kein Ich da ist, ist auch sonst nichts da. Das Ich allein ist Alles, - das Ich allein ergründen, was es wahrhaft ist, heisst aller Dinge ledig werden. (Zimmer, 1997, S. 157)

> Das Wirkliche ist der Stand ohne Ich. (Zimmer, 1997, S. 176)

Unsere Vorstellung von Individualität und Identität, unser Ich, sind uns selbstverständlich. Aus der Grundhaltung der einen Wirklichkeit sind aber alles, was wir mit unserem Ich oder mit „mein" verbinden, Identifizierungen, die nicht der einen Wirklichkeit entsprechen. Ramana Maharshi sprach daher vom Ich-Gedanken *(aham-vritti)*, wenn er diese Identifizierungen meinte, die mit unserem Ego, unserem Intellekt und unseren Erinnerungen verknüpft sind. Die meisten Identifizierungen können darauf zurückgeführt werden, dass wir uns als Ich auf unseren Körper begrenzen. So kann die Identifikation mit dem Körper („Ich bin der Körper") als Hauptursache aller falschen Identifizierungen gelten (Godman, 2002, S. 60-61).

Ramana Maharshi beschrieb das Ich auch in engem Zusammenhang mit dem Gemüt. Dabei wird das Ich zum Teil mit dem Gemüt gleichgesetzt (Zimmer, 1997, S. 179). Zugleich ist das Ich die Basis aller Regungen des Gemüts, und das Gemüt wiederum bildet allein „das wurzelhafte Wesen, das sich als einzelne Person (Individuum) darstellt" (Zimmer, 1997, S. 179). Es ist also die Wurzel der persönlichen Identität und Individualität. Dazu gehören auch Verstand, Wille und Persönlichkeit (Zimmer, 1997, S. 179). Ramana Maharshi sieht das Ich ebenfalls eng verbunden mit dem Geist (mind): „That which rises as ‚I' in this body is the mind" (Ramanan, 1982, S. 4).

Das Ich wird auch als Lebenskern charakterisiert, der die Individualität des einzelnen Menschen ausmacht und über den wir uns mit unserem Körper und unserem Tun identifizieren (Zimmer, 1997):

> Der Schüler: Was ist das Ich oder die Ich-Regung *(aham-kara)*?

> Der Meister: Der Lebensfunke oder der individuelle Lebenskern *(jiva)*, der allen
> einzelnen Geschöpfen innewohnt und ihnen ihre Eigenständigkeit verleiht, setzt
> sein eigenes Dasein mit dem Leben des physischen Leibes gleich, er nennt sich
> ‚Ich', davon heisst er ‚Ich' und ‚Ich-Machen' *(aham-kara)*. Das Selbst, rein geisti-
> ges Bewusstsein in sich selbst, hat keinen Ich-Sinn, so wenig wie der stoffliche
> Leib, der an sich träg und reglos ist. Aber zwischen diesen beiden: dem Selbst
> rein geistiger Bewusstheit und dem stofflichen reglosen Leib, erhebt sich höchst
> geheimnisvoll die Ich-Funktion oder das Ichbewusstsein. Unecht in sich, nicht
> Selbst noch Leib, blüht sie als Lebensprinzip *(jiva)* der Individuation. Der *‚jiva'* ist
> der tiefste Grund, in dem alles, was vergänglich und unerfreulich am Leben ist,
> seine Wurzel hat, daher: wenn sein Prinzip mit allen möglichen Mitteln vernich-
> tet wird, bleibt in einsamem Lichte, was von ewig her ist. Das ist in der Tat Be-
> freiung oder Loslösung. (S. 192-193)

Das Ich ist also mit unserer Individualität verbunden und die Wurzel dessen, was in unserem Leben unangenehm und leidvoll ist. Das Ich wird hier auch als das charakterisiert, was zwischen Selbst und Leib ist – als ein Weder-Noch oder vielleicht auch als eine Art Bindeglied zwischen beiden. Im Gegensatz zum Ich ist das Selbst oder ICH-ICH
die eine Wirklichkeit. Im Gewahrsein des Selbst erleben wir uns von nichts getrennt –
die Vorstellung, dass wir es sind, die denken und handeln, die Vorstellung unserer Individualität, existiert nicht (Godman, 2002, S. 60-61).

Der spirituelle Weg, den Ramana Maharshi lehrte – und den er in seiner Todeserfahrung und den Jahren danach selber durchschritten hatte – ist das Aufgeben der Vorstellung eines individuellen Ichs, das von anderen getrennt existiert und durch Körper
und Geist tätig ist, und die dauerhafte Erfahrung des Selbst als der einen Wirklichkeit.

> Für den Weisen, der das Selbst in sich gefunden hat, gibt es nichts anderes als
> das Selbst. Warum? Weil das Ego, das die Form eines Körpers für das ‚ICH' hält,
> ausgelöscht ist und er formloses Sein-Bewusstsein ist. Der *Jnani* weiss, dass er das
> Selbst ist und dass nichts als das Selbst existiert – weder der Körper noch sonst
> etwas. Welchen Unterschied macht für so jemanden die Anwesenheit oder Ab-
> wesenheit eines Körpers? (Ramana Maharshi zit. nach Godman, 2002, S. 22)

Das Ich steht also in einem Gegensatz zur einen Wirklichkeit. Es ist das Zentrum unserer Identifizierungen mit der Welt der Erscheinungen. Um zur Erlösung zu finden,
muss die Ich-Vorstellung erlöschen (vgl. z.B. Zimmer, 1997, S. 169). Das Ich muss
„vom Selbst als reinem Innesein aufgesogen" werden, es muss im Selbst untergehen
und sich auflösen (Zimmer, 1997, S. 179). Manchmal wird auch in noch stärkerer Formulierung davon gesprochen, dass die Ichvorstellung „vernichtet" werden soll (vgl. z.B.
Zimmer, 1997, S. 169). Wird also das Selbst erfahren, löscht das Ich (zunächst vorübergehend) aus (Zimmer, 1997):

> Wenn das Gemüt, einwärts forschend „Wer bin ich?", ans Herz gelangt, offen-
> bart sich von selbst ein „ICH-ICH", vor dessen Gegenwart das Ich sich neigt und
> auslöscht. Trotzdem es sich so offenbart, hat es keine Ichnatur, es ist Vollkom-
> menheit und nichts anderes als das Selbst. (S. 157)

Diesem Zweck dient die Übung der Selbstergründung. Dabei erweist sich jedoch bei
genauerem Hinschauen die Vernichtung des Ichs als wichtiger, aber nicht einziger As-

pekt in Bezug auf das Ich. Das wird im folgenden Kapitel über die Selbstergründung als Weg vom Ich zum Selbst deutlich werden.

Selbstergründung oder der Weg vom Ich zum Selbst

> Das Forschen nach dem Selbst in Gestalt innerer Sammlung und gläubiger Hingabe an das Göttliche steigert sich zur Entrückung des Gemüts in das Selbst und führt zur Befreiung: zu unaussagbarer Seligkeit. Die grossen Weisen haben gelehrt: nur durch hingebungsvolles Forschen nach dem Selbst erlangst du Befreiung. (Zimmer, 1997, S. 171)

Die Grundlage der Selbstergründung *(vichara)* liegt im Gegensatz, aber auch in der Verbindung zwischen dem Ich und dem Selbst. Auf dem Weg der Selbstverwirklichung soll sich der Ich-Gedanke und mit ihm das Gefühl von Individualität auflösen und ein anstrengungsloses Einssein mit dem Selbst entstehen. Damit das geschehen kann, müssen die Identifizierungen mit allem anderen als dem Selbst - und insbesondere mit dem Körper - aufhören.

Dazu ist es notwendig, zwischen dem Ich als Subjekt und dem Inhalt des Denkens, dem Objekt, unterscheiden zu können. Denn der individuelle Ich-Gedanke kann ohne ein Objekt nicht existieren (Godman, 2002, S. 60-61). Im Grunde geht es darum, über diese Differenzierung zu einer Erfahrung der Non-Dualität zu gelangen, dem Einssein mit dem Selbst.

Warum wird aber nun in der konkreten Übung der Selbstergründung die Aufmerksamkeit so sehr auf das Ich gelenkt über die Frage „wer bin ich?", wenn doch das Ich im Grunde die Wurzel unseres Getrenntseins vom Selbst ist? Nach Ramana Maharshi ist das Ich neben seiner Gegensätzlichkeit zum Selbst auch mit diesem verbunden. Diese Verbindung ist für die Übung der Selbstergründung sehr zentral, denn das Ich ist dabei gewissermassen der rote Faden, der zum Selbst führt - der Ausgangspunkt, ohne den ein Eintauchen und Aufgehen im Selbst nicht möglich ist. Ramana Maharshi verglich diese enge Beziehung zwischen Ich und Selbst auch mit der Glut und der Kugel einer rotglühenden Eisenkugel, wobei die rotglühende Eisenkugel die Individuation darstellt, die Glut das „still zuschauende Selbst" und das Eisen das Ich (Zimmer, 1997, S. 180):

> Zusammen mit dem Ich tritt das Gemüt in Erscheinung, vereint mit dem Spiegelbild des Selbst. Ich und Selbst sind so untrennbar voneinander wie bei einer rotglühenden Eisenkugel Glut und Kugel. Es ist kein anderes Selbst, das dem Ich als unberührter Zeuge zuschaut, als das persönliche Ego, das sich als Ich betätigt, d.h. als das Gemüt, in dem das Innesein des Selbst sich spiegelt.

> Eben dasselbe Selbst leuchtet unberührt im Herzen und ist grenzenlos wie der weite Raum. Wie die Glut der glühenden Kugel unberührt bleibt von den Hammerschlägen des Schmiedes, die auf die Gestalt der Kugel treffen und sie verändern, treffen die Schläge des Lebens in Lust und Qual das Selbst ebenso wenig. (S. 179-180)

An anderer Stelle beschreibt Ramana Maharshi die Verbindung zwischen Ich und Selbst in folgenden Worten (Zimmer, 1997):

> Aus dem Selbst in seinem reinen und ursprünglichen Stande des Seins strahlt an erster Stelle der gespiegelte Schein des Inneseins *(chit-abhasa)*, und aus ihm steigt

die Ich-Vorstellung auf; sie ist die Wurzel aller Vorstellungen und Regungen. Dieses Ich, das Ego, stellt mit dem, was aus ihm folgt und an ihm hängt – Welt und Sinneswahrnehmungen – den Seher der gesehenen Gegenstände dar. (S. 201)

Der Ich-Gedanke steigt also aus dem Selbst auf und führt dann auch wieder zum Selbst zurück, sobald er sich nicht mehr identifiziert mit irgendwelchen Objekten. So besteht die Übung darin, den Ich-Gedanken immer weiter zurückzuverfolgen, bis er sich in seinem Ursprung auflöst, dem Selbst (Godman, 2002, S. 63; Ramanan, 1982, S. 4).

Ramana Maharshi verwendete dafür auch das Bild eines Tauchers, der ganz fokussiert vom Ich hinabtaucht zu seinem Ursprung, dem Selbst (Zimmer, 1997):

> Wie ein Taucher, der finden will, was ins Wasser fiel, musst du gesammelten Gemütes einwärts tauchen, musst Atem, Rede und jede Regung hemmen, um die Stätte zu finden, aus der das Ich, das aufsteigt, seinen Urstand nimmt. (S. 157)

Über die ständige Aufmerksamkeit, die auf „Ich bin" oder „wer bin ich?" gelenkt wird, verschwindet also das individuelle Ich, und an seine Stelle tritt die unmittelbare Erfahrung des Selbst. Ramana Maharshi verstand diese Übung als wirkungsvollsten und direktesten Weg zur Selbstverwirklichung. Andere Methoden könnten den Geist (mind) zwar ruhig werden lassen und damit das Ich kontrollieren, aber es nicht auslöschen (Ramanan, 1982, S. 5). So wird etwa durch Techniken der Atemkontrolle der Geist zwar ruhig, aber nur so lange, wie der Atem kontrolliert wird. Sie löschen Geist und Ich nicht aus. Ebenso können Meditationen über göttliche Gestalten oder Mantras[33] den Geist ruhig und fokussiert machen (one-pointed), aber er wird weiter umherwandern. Allerdings ist die Methode der Selbstergründung einfacher zu praktizieren für einen ruhigen Geist (Ramanan, 1982, S. 5), womit diese Techniken allenfalls eine vorbereitende Rolle für die Selbstergründung spielen können. Verschiedene spirituelle Übungen können zwar schöne und beglückende Erfahrungen hervorbringen, da sie aber in der Dualität stecken bleiben und kein Auslöschen des Ich-Gedankens bringen, sind sie nur Umwege, die letztendlich in irgendeine Form der Selbstergründung führen müssten, wenn sie zur Befreiung führen sollten (Godman, 2002, S. 62-63).

Einzig die Übung der Hingabe an Gott fand Ramana Maharshi ebenso wirksam wie die Selbstergründung. In einer völligen Hingabe an Gott löst sich der Ich-Gedanke ebenfalls auf (Godman, 2002, S. 105). Ramana Maharshi war der Ansicht, dass eine endgültige Auslöschung des Selbst nur geschehen kann, wenn die Hingabe an das Selbst ohne Motiv erfolgt. Solange noch ein Wunsch nach Selbstverwirklichung vorhanden sei, könne die Verwirklichung nur partiell sein (Godman, 2002, S. 106).

---

[33] Das Wort Mantra (sanskrit) kann etymologisch auf zwei Arten verstanden werden: als heiliger Spruch oder Gebet (abgeleitet von *mantr* = sprechen) oder als „etwas, das befreit und schützt, wenn richtig meditiert wird" (abgeleitet von *man* = denken und trai = schützen, befreien) (Thannippara, 1999b, S. 389). Ein Mantra wird als formelhafte, sprachliche Äußerung verstanden, die in einem Gebet oder als Anrufungsformel rezitiert, leise gemurmelt oder auch nur im Geiste gesprochen wird. Einem Mantra wird eine besondere Wirksamkeit und Kraft zugeschrieben. Mantras sind wesentliche Elemente der hinduistischen Religiosität und finden in Ritualen, in der Meditation und im Gebet Anwendung (Gengnagel, 2006, S. 323). Der wohl bekannteste Mantra besteht in der Silbe OM, der als Lautsymbol für das Höchste Wesen verstanden wird (Thannippara, 1999b, S. 389).

Ramana Maharshi war klar, dass sein Weg nicht für jeden Menschen geeignet ist. So sagte er, dass es manchmal vorbereitende Übungen brauche, die eine Meditation auf Gott beinhalten (Zimmer, 1997, S. 194).

Wie sieht nun aber diese Selbstergründung in der praktischen Übung aus und wie kann eine Erfahrung des Selbst schliesslich zu dauerhafter Selbstverwirklichung führen, dem Ziel des Weges, den Ramana Maharshi lehrte?

3.4.2   Integrationsprozess: Wer bin ich?

> Das Fragen ‚wer bin ich?' ist das einzige Verfahren, allem Leid ein Ende zu machen und höchste Seligkeit an sich zu ziehen. (Zimmer, 1997, S. 177)

Die Übung der Selbstergründung kann sowohl als Weg zur Erfahrung des Selbst verstanden werden als auch als Praxis, einen dauerhaften Bezug zum Selbst herzustellen, die Erfahrung zu vertiefen und in diesem Gewahrsein zu leben. Sie unterstützt also sowohl ein spirituelles Erwachen als auch eine Integration der spirituellen Erfahrung ins tägliche Leben. So wird hier näher auf die praktische Anwendung der Selbstergründung eingegangen.

Praxis der Selbstergründung und Stadien der Integration

Die Übung der Selbstergründung hat ihren Kern darin, über ein tiefes Sich-Einlassen auf das Ich zu seiner Quelle, dem Selbst, hinabzusinken. Dazu soll zunächst die Aufmerksamkeit auf die Frage „wer bin ich?" gerichtet werden. Von dieser zentralen Frage gibt es die verschiedensten Spielarten, die Ramana Maharshi situationsgerichtet empfahl. Wenn ein Schüler beispielsweise sagte, er wisse nicht weiter oder er zweifle, nahm er diese Aussage als Leitfrage zur Ergründung des Selbst: „*Wer* weiss nicht weiter?" oder „*Wer* zweifelt?" (z.B. Zimmer, 1997, S. 93). Oder er wies dazu an, auftauchende Gedanken nicht weiter zu verfolgen, sondern zu fragen: „*Wem* tauchen diese Gedanken auf?" Dabei spielt es keine Rolle, wie viele Gedanken auftauchen und welcher Art diese sind. Statt auf ihren Inhalt einzugehen, sollen sie zu ihrer Quelle, dem Selbst, zurückverfolgt werden. Auf diese Weise kann der Schüler auch anhand seiner eigenen Gedanken zum Kern der Selbstergründung gelangen (vgl. Helg, 2000, S. 79; Ramanan, 1982, S. 4). Was sich also üblicherweise in der Meditation als hinderlich erweist, wird hier zu einem Mittel, zum Selbst zu gelangen. In gewissem Sinn werden hier Schwierigkeiten zu Ressourcen auf dem Weg zum Selbst. Besonders hinderliche Gedanken für die Praxis der Selbstergründung wie „das kann ich nicht" oder „das hilft ohnehin nichts" sollte man allerdings weglassen oder bewusst beiseite legen, sobald sie auftauchen (Ramanan, 1982, S. 5), weil sie die Praxis sonst sabotieren.

Ramana Maharshi stellte das Erkennen des Selbst und damit eine Nach-Innen-Wendung in den Mittelpunkt seines spirituellen Weges: „Ich unterstreiche das Erkennen des Selbst; denn du bist allererst mit dir selbst befasst, ehe denn du dazu übergehen kannst, die Welt und ihren Herrn zu erkennen" (Zimmer, 1997, S. 114).

Als kurze Beschreibung des Weges, dem der Schüler bei seinen Übungen folgen solle, empfahl Ramana Maharshi (Zimmer, 1997, S. 193):

- Zunächst muss man begreifen, dass das Selbst „kein Ding ausserhalb und verschieden [ist] von dem, der es sucht". Er beschreibt damit eine Grundvoraussetzung des Weges: Das Selbst ist in uns. Es kann nicht im Aussen gefunden werden. Um das Selbst zu finden, müssen wir uns nach Innen wenden.

- Um das Selbst in uns von Anderem zu unterscheiden, charakterisiert Ramana Maharshi es mit den Worten: „Es gibt nichts Höheres und Zarteres" als das Selbst.

- Der Schüler muss lernen, zwischen Vergänglichem und Unvergänglichem zu unterscheiden. Auf diese Weise soll er erkennen, was er wirklich ist, worin also sein wahres Wesen besteht. Hier kommt die Selbstergründung als praktizierte Meditation ins Spiel. Sie soll den Schüler darin unterstützen, die Wirklichkeit des Selbst zu erfahren.

- Wenn der Schüler das Selbst in seiner Wirklichkeit erfährt, so soll er darin verweilen. Diese Bemerkung Ramana Maharshis klingt kurz und einfach, aber es handelt sich dabei wohl um den längsten Abschnitt des Weges. Auch in diesem Stadium wird die Praxis der Selbstergründung angewendet.

In der praktischen Übung mit der Frage „wer bin ich?" geht es nicht um einen Denkvorgang und auch nicht um eine ständige Wiederholung der Frage wie bei einem Mantra. Ebensowenig geht es darum, eine Antwort auf diese Frage zu finden beispielsweise in der Form mystischer Erkenntnis „ich bin Gott" oder „ich bin *brahman*". Ramana Maharshi lehnte auch die Übung ab, die auf Negationen beruht: „Ich bin nicht der Körper" oder „ich bin nicht das Denken". Diese verneinende Übung sah er als intellektuelle Aktivität an, die den Ich-Gedanken durch die ständige Anwendung des Unterscheidungsvermögens aufrechterhalte und damit nicht über den Geist hinausführe (Godman, 2002, S. 91). Solange man über das Nicht-Selbst nachsinne, vergeude man sein Denken. Es habe keinen Sinn, die Elemente detailliert zu erforschen, die das Selbst verschleiern. Im Gegenteil: Man soll diese Elemente nicht beachten und sich statt dessen ganz auf die Ergründung des Selbst ausrichten (Zimmer, 1997, S. 146, S. 204).

Da das Herz, wie bereits erwähnt, als „Sitz des Selbst" oder als Selbst verstanden wird, könnte es naheliegend sein, sich in der Meditation auf das Herzchakra zu fokussieren. Ramana Maharshi riet jedoch davon ab, weil das Selbst jenseits der Chakren liege und eine Meditation auf ein Chakra der umfassenden Natur des Selbst nicht gerecht werde (Godman, 2002, S. 92). Solche Anwendungen gehen am Kern der Übung vorbei, der auf ein unmittelbares Gewahrsein des Selbst gerichtet ist.

Die einzige wirkliche Antwort auf die Frage „wer bin ich?" besteht „in der *Erfahrung* der Abwesenheit des Geistes" (Godman, 2002, S. 91, Hervorhebung durch die Autorin). Die wahre Antwort auf die Frage „wer bin ich?" steigt spontan auf. Das Ich selber kann keine Antwort darauf geben, die nicht wieder zur selben Frage führen würde (Nanyar, 2007, S. 50). Man soll sich der Erforschung des Selbst widmen, *so wie es ist* und sich keine Vorstellungen darüber machen (Zimmer, 1997, S. 205).

Praktischerweise ist es in den Anfangsstadien aber so, dass die Beschäftigung mit der Frage „wer bin ich?" für den Suchenden zunächst eine Art geistige Betätigung ist. Mit der Zeit wird sie jedoch abgelöst durch ein subjektiv erfahrenes Gefühl von „Ich". Und irgendwann, wenn wir aufhören, uns mit irgendwelchen Objekten und Gedanken zu identifizieren, verschwindet dieses Gefühl von „Ich". Was dann bleibt, ist eine Erfahrung des Seins. Das Erleben eines individuellen Ichs und unserer Individualität insgesamt ist dabei ausgelöscht (Godman, 2002, S. 72).

Leider ist dieser Zustand jedoch nicht von Dauer. Unser Ichbewusstsein kehrt immer wieder zurück. *Eine* Erfahrung reicht nicht aus, um volle Selbstverwirklichung zu erlangen. Das Ich löscht nicht sofort aus. Es tauchen immer wieder Gewohnheiten auf, Neigungen des Gemüts, die wohl auch als Persönlichkeitsmuster verstanden werden können, die hindernd wirken. Das Mittel, damit umzugehen, liegt für Ramana Maharshi in lange fortgesetzter Meditation (Zimmer, 1997):

> Aber das Ich, das so sein Selbst vergessen hat, gelangt nicht gleich zur Befreiung, nämlich zum wirklichen Erlebnis des Selbst, wenn es das Selbst einmal gewahr wird; - da stehen lang angesammelte Neigungen und Gewohnheiten des Gemüts hemmend im Wege, und häufig bringt es den Leib und das Selbst durcheinander und vergisst, dass es in Wahrheit das Selbst ist. Langgehegte Neigungen und Triebe wollen entwurzelt sein, das kann nur durch lange fortgesetzte Meditation geschehen: ,ich bin nicht der Leib, bin nicht die Sinne, nicht das Gemüt... - ich bin das Selbst.' Das Ich, d.h. das Gemüt, das nichts anderes ist als ein Bündel oder Komplex von Neigungen, Trieben, Gewohnheiten und das den Leib für das Ich nimmt, muss gemeistert werden. Auf diesem Weg lässt sich der höchste befreite Stand erreichen: die wirkliche Erfahrung des Selbst, wenn man lange in gläubiger Hingabe das göttliche Selbst verehrt hat, das die wahre Wesenheit aller Götter ist. (S. 171)

Ramana Maharshi nimmt hier nun doch Bezug auf eine negierende Übung („ich bin nicht der Leib …"), die er an anderer Stelle als intellektuelle Aktivität kritisiert hatte (vgl. Godman, 2002, S. 91). Die Übung scheint hier nicht im intellektuellen Sinn, sondern als eine erfahrungsbezogene Auflösung der Identifizierung mit Körper, Sinnen und Gemüt gemeint zu sein – also als eine Distanzierung zu allem, was Nicht-Selbst ist mit dem Ziel einer Identifikation mit dem Selbst („ich bin das Selbst").

Mit zunehmender Übung wird die Erfahrung des Selbst leichter erreicht und wird dauerhafter. In solchen Augenblicken entsteht ein Gewahrsein des Seins, das ohne Anstrengung erlebt wird. Denn das Ich, das sich normalerweise anstrengt, ist vorübergehend verschwunden. Dieses Stadium kann allerdings noch nicht als Selbstverwirklichung bezeichnet werden, weil der Ich-Gedanke immer wieder auftaucht. Aber es ist die fortgeschrittenste Übung. Wenn dieses Gewahrsein des Seins immer wieder erfahren wird, hören mit der Zeit die Denkneigungen auf, die den Ich-Gedanken erneut auftauchen lassen, und schliesslich löscht das Selbst die Reste so umfassend auf, dass der Ich-Gedanke nicht mehr erlebt wird. Ist jeglicher Ich-Gedanke völlig ausgelöscht, spricht man von vollständiger Selbstverwirklichung (Godman, 2002, S. 72-73).

Zunächst ist viel Anstrengung und sehr ernsthaftes Bemühen des Suchenden nötig, um das Gewahrsein des Selbst zu erlangen. Ist dieses Gewahrsein jedoch genügend gefestigt, kann weitere Anstrengung eher kontraproduktiv sein. Von diesem Stadium weg geht es vielmehr um anstrengungsloses Sein als um angestrengtes Handeln. Im Grunde ist das Sein ständig gegenwärtig, und irgendwann braucht es keine Anstrengung mehr, um zu sein, wer wir sind. Auf höheren Stufen des Weges verdeckt also Anstrengung die Seinserfahrung, während das Aufhören der Anstrengung das Gewahrsein des Selbst enthüllt. Das Selbst wird letztlich entdeckt und verwirklicht durch *Sein* und nicht durch *Tun* (Godman, 2002, S. 73).

Wahre Selbstverwirklichung kann nur erreicht werden, wenn das Ich ausgelöscht ist. Und ständiges Üben der Meditation ist der Weg dazu: „… solange die Bande des Gemüts nicht zerschnitten sind dank langer anhaltender Meditation ,ich bin das Selbst, das Unbedingte', bleibt der jenseitige Stand der Seligkeit unerreichbar" (Zimmer, 1997, S. 172).

Als wohl einzige Empfehlung im äusseren Lebenswandel riet Ramana Maharshi dazu, „Mässigung im Essen, Schlafen und Reden" zu halten (Zimmer, 1997, S. 205). Er stimmte einer Klassifizierung von Nahrungsmitteln zu, die Nahrung verschiedenen Denkzuständen zuordnet, die sie bewirken. So riet er dazu, Gemüse, Getreide, Früchte und Molkereiprodukte (*sattva* = Harmonie, Reinheit) gegenüber Fleisch, Fisch und scharfen Gewürzen (*rajas* = Aktivität) oder fermentierter, abgestandener Nahrung (*tamas* = Trägheit) zu bevorzugen. Sattvische Nahrung soll im Unterschied zu den anderen beiden Nahrungskategorien dabei helfen, einen ausgeglichenen, ruhigen Geist zu entwickeln (Godman, 2002, S. 164; Ramanan, 1982, S. 5). Ramana Maharshi ging davon aus, dass der „Geist völlig auf der Nahrung basiere" (Chadwick, 2004, S. 51), weshalb er auch zu vegetarischer Ernährung riet. Er mischte sich jedoch auch bei seinen Schülern nicht ein und wollte niemandem etwas aufzwingen.

Selbstergründung wird nicht als eine Meditationsform verstanden, die zu bestimmten Zeiten in einem Rückzug von der Aussenwelt geübt wird, sondern als eine möglichst ununterbrochene Übung, „stetig wie ein Strahl Öl aus dem Kruge" (Zimmer, 1997, S. 161). Ohne ständige Übung geht es nicht: „Unablässige Übung ist erforderlich, bis du ohne die leiseste Anstrengung den natürlichen, ursprünglichen Stand des Gemüts erreichst, der frei von Vorstellungen und Regungen ist -, bis Vorstellungen wie ‚ich', ‚mich' und ‚mein' völlig ausgerodet und vernichtigt sind" (Zimmer, 1997, S. 206).

Umgang mit möglichen Hindernissen der Integration

Im Umgang mit Hindernissen, die in der Meditation auftauchen, verweist Ramana Maharshi darauf, bei nichts zu verweilen und sich ganz auf das Selbst hin zu sammeln. So umfasst die Übung der Selbstergründung im Grunde zweierlei: Sie schafft ein Gewahrsein der Quelle, aus der die Geistesfunktionen entstehen, ein Gewahrsein des Selbst. Dieses Gewahrsein dessen, was wir wirklich sind, ist das eigentliche Ziel der Übung. Was jedoch auch geschieht dabei, ist ein implizites Abwenden der Aufmerksamkeit von allem, was wir nicht sind – nämlich von unserem Geist und unserem Körper (vgl. Godman, 2002, S. 73):

> Der Weg, alle Hindernisse zu überwinden, die dir in der Meditation begegnen können, ist, dem Gemüt zu verbieten, bei ihnen zu verweilen, ist weiter, das Gemüt einwärts ins Selbst zu kehren und alles, was um dich herum geschieht, teilnahmslos vorübergleiten zu lassen; - es gibt keinen anderen. (Zimmer, 1997, S. 176)

Diese Anweisung ist auch wichtig, weil verschiedene Phänomene auftauchen können, wenn der Meditierende aus dieser gesammelten Aufmerksamkeit auf das Selbst abschweift: Es können Visionen von Licht oder von gesichthaft erscheinenden Gestalten der Gottheit auftauchen, die im eigenen Inneren oder im Aussen wahrgenommen werden. Es kann auch ein feiner, zarter Ton auftauchen *(nada)*. Egal, was da auftaucht, der Übende soll das alles, wie oben zitiert, „teilnahmslos vorübergleiten" lassen und sich ganz auf das Selbst hin sammeln (Zimmer, 1997, S. 204)(vgl. dazu Kapitel 6.3).

3.4.3 Integrierte Spiritualität: Das Selbst in Allem sehen

> Der Schüler: Worin besteht der Unterschied zwischen dem Erlösten *(mukta)* und dem Gebundenen *(baddha)*?

> Der Meister [Ramana Maharshi]: ... Das Weltkind lebt in seinem Hirn und ge-
> wahrt nicht sich selbst im ‚Herzen'. Der in Erkenntnis Vollendete *(jnana-siddha)*
> lebt im ‚Herzen'. Geht er umher und befasst sich mit den Menschen und Dingen,
> so weiss er: was er sieht, ist nicht verschieden von der einen Höchsten Wirklich-
> keit, dem Brahman, das er in seinem Herzen als sein eigen Selbst, als seine Wirk-
> lichkeit erfährt.

> Der Schüler: Und das Weltkind...?

> Der Meister: Ich sagte eben: es empfindet die Dinge als ausser sich selbst. Es ist
> gesondert von der Welt und von seiner eigenen tieferen Wirklichkeit, von der
> Wahrheit, die es trägt und die alles trägt, was es rings um sich gewahrt. Wer die
> höchste Wahrheit seines eigenen Daseins erlebt hat, erlebt, dass sie die eine
> höchste Wirklichkeit ist, die hinter ihm selbst und hinter der Welt steckt. Er ist
> des Einen gewiss als des Wirklichen, des Selbst in allen Selbsten und in allen
> Dingen, des Ewigen Unwandelbaren in allem Vergänglichen und Wandelbaren.
> (Zimmer, 1997, S. 125)

Der Zustand, dauerhaft im Selbst zu verweilen und aus diesem Gewahrsein im Alltag
zu leben, lässt sich nach Ramana Maharshi charakterisieren als ein Zustand, in dem Unterschiede in der äusseren Welt sehr wohl gesehen, aber als Schein erkannt werden, weil
alle Dinge und Wesen in ihrem Kern nur eines sind: die höchste Wirklichkeit des Selbst.
Er sieht also die „Einheit in allem Unterschiedlichen" (Zimmer, 1997, S. 134). Ramana
Maharshi nennt dies „Gleichsein" (Zimmer, 1997, S. 134). Der selbstverwirklichte
Mensch weiss sehr wohl um die Unterschiede, da er aber über sein eigenes Einssein mit
dem Selbst mit dem Kern in allem eins ist, sieht er in diesen Unterschieden nur ver-
schiedenartige Wellen ein und desselben Meeres (vgl. Zimmer, 1997, S. 134).

Ramana Maharshi beschreibt das Ziel des Weges als ein „Leben völliger Reinheit
in Gedanken, Worten und Werken", das nicht auf das Ergebnis oder den Erfolg des eigenen Tuns ausgerichtet ist: „voll des Glaubens und der Hingabe, die keinerlei Verlangen kennen, sich an den Früchten seiner Mühen zu erfreuen". „...in unmittelbarem
und fraglosem Erleben und im Verschmelzen mit dem Göttlichen" erlebt der Mensch
schliesslich „die Wahrheit ..., dass all sein Tun wahrhaft vom Höchsten Wesen geleitet
und gewirkt ist" (Zimmer, 1997, S. 191). Durch sein Einssein mit dem Selbst wirkt das
Selbst also im selbstverwirklichten Menschen in seinem alltäglichen Handeln und Tun.
Die letzte Stufe besteht „in der völligen Vernichtung der ich-haften Vorstellung ‚ich
bin's, der handelt' *(kartritva)* oder der Vorstellung des Ich *(aham-kara)*, wenn einer die
Wirklichkeit vollzieht, dass er vom Höchsten Wesen nicht verschieden ist, vielmehr
sein wahres Ich und das Höchste ein und dasselbe sind" (Zimmer, 1997, S. 192).

Dass dieses Einssein mit dem Selbst, dieses Selbst-Sein, nicht einfach ein liebevoll
schmelzender Zustand ist, sondern dass dieses Sein auch durch eine unerschütterliche
Kraft und Verankerung charakterisiert ist, zeigt Ramana Maharshi in seiner Beschreibung des Guru, des spirituellen Lehrers, der volle und dauerhafte Selbstverwirklichung
erlangt hat (Zimmer, 1997):

> Der Schüler: An welchen Zeichen erkennt man den Lehrer und Meister (Guru)?

> Der Meister [Ramana Maharshi]: Ein Guru ist allzeit in den tiefsten Tiefen des
> Selbst daheim. Nie gewahrt er einen Unterschied zwischen sich und anderen, er
> ist nicht im leisesten von irrigen Vorstellungen, die Unterschiede setzen, beses-

sen: etwa dass er selber ein ‚*jnanin*‘, einer ‚im Besitz erleuchtender Erkenntnis‘
(*jnana*) sei, dass er die Wahrheit an sich selber verwirklicht habe und ein Erlöster
(*mukta*) ist, indes die Anderen rings um ihn in Banden schmachten und vom mit-
ternächtlichen Dunkel ahnungslosen Nichtwissens umfangen sind. In Festigkeit
und Gewalt über sich ist er unerschütterlich; nichts, was ihm begegnet, kann ihn
irre machen. (S. 188)

Selbstverwirklichung ist also mit einer starken inneren Verankerung verbunden, mit einem Ruhen im Selbst, das unabhängig von äusseren Bedingungen existiert.

Ein Ruhen im Selbst darf aber nicht damit verwechselt werden, keine Gefühle zu
haben. So beschreibt Chadwick, der lange in Ramana Maharshis Ashram gelebt hatte,
wie er Ramana Maharshi einmal wirklich ärgerlich erlebt hatte. „Die Atmosphäre in der
Halle war so geladen, dass man sich fürchten musste" (Chadwick, 2004, S. 51). Zwei
Männer hatten im Gespräch mit Ramana Maharshi auf sehr unverschämte Art versucht,
seine Lehre als unrecht auszulegen. Nachdem Ramana Maharshi lange Zeit sehr bereit-
willig und geduldig geantwortet hatte, wurden sie schliesslich so unverschämt, dass er
aufbrauste. Unmittelbar nachdem die beiden Männer die Halle verlassen hatten, konnte
man keinerlei Unruhe oder Ärger mehr an ihm feststellen und er war, wie wenn nichts
geschehen wäre (Chadwick, 2004, S. 51-52). Sein Gefühl wirkte offenbar nicht nach,
sondern war in einem Moment da und danach auch wieder verschwunden. Ramana
Maharshi lachte auch mit den Glücklichen und weinte manchmal auch mit Menschen,
die sehr litten. „Er scheint auf diese Weise die Gefühle anderer zu erwidern"
(Chadwick, 2004, S. 21). Aber sein innerer Friede schien durch jegliche Gefühle nicht
beeinträchtigt zu werden. Ruhend im Selbst kamen die Gefühle und gingen wieder, ohne
festgehalten zu werden, wie die Wellen des Meeres.

Auf einen zentralen Punkt wies Ramana Maharshi immer wieder mit Nachdruck
hin (Godman, 2002, S. 163-164; Zimmer, 1997, S. 115-116, S. 173, S. 186, S. 209-212):
Selbstergründung und später das Gewahrsein des Selbst sind nicht an bestimmte Umstände gebunden. Selbstergründung und Selbstverwirklichung kann überall geübt werden – egal, was man gerade tut. So riet er auf die häufige Frage von seinen Schülern, ob
sie ihr bisheriges Leben aufgeben und sich ganz ihrem meditativen Leben widmen sollten, immer wieder dazu, ihr bisheriges äusseres Leben weiterzuführen. Er riet sogar
ausdrücklich davon ab, die gegebenen Lebensumstände zu verlassen[34]. Zur Selbstverwirklichung sei kein zurückgezogenes meditatives Leben nötig – was wirklich wichtig
sei, ist die innere Haltung (Zimmer, 1997):

Weltentsagung (*sannyasa*) besteht nicht darin, dass man die äusseren Dinge ab-
streift, aber dass man das Aufsteigen des Ich austilgt. (S. 186)

Mit solchen Fragen seiner Schüler waren auch Fragen nach dem Tätigsein eines Selbstverwirklichten verbunden (Zimmer, 1997):

Der Schüler: Kann einer, der die Vollendung (*siddhi*), wie du sie beschreibst, erlangt hat, sich bewegen, handeln und reden?

Der Meister: Warum nicht? Meinst du, die Wirklichkeit des Selbst erleben heisst
zu Stein werden oder zu nichts? ... von grossen Wesen, Erlösten (*mukta*) und

---

[34] Dazu sei vermerkt, dass sich seine Empfehlung auf gewöhnliche Lebensumstände bezog und
nicht auf Situationen, in denen eine Person durch ihr Umfeld litt (z.B. durch Misshandlung o.ä.).

Vollendeten *(siddha)* heisst es: sie waren sehr tätig und waren in Wahrheit tatlos. … Stillsein bedeutet nicht Verneinung des Tätigseins oder trägen Stillstand. Stille ist nicht blosse Verneinung von Gedanken und Regungen, sondern etwas Positiveres, als du dir vorstellen kannst. (S. 115-116)

Ramana Maharshi sah Selbstverwirklichung auch nicht an eine bestimmte Lebensphase gebunden, wie sie in der alten Hindu-Tradition vorgeschrieben wird[35]. Selbstergründung und Selbstverwirklichung sind an keinerlei äussere Umstände gebunden – weder an bestimmte Lebensphasen noch an bestimmte Lebensumstände. Ramana Maharshi beschreibt das so: „Man muss dem Selbst inne wohnen, ohne das Gefühl, irgendwie handelnd zu sein, auch wenn man Aufgaben vollziehen muss, die das Schicksal einem zugebracht hat, und man dabei schafft wie ein Verrückter" (Zimmer, 1997, S. 173).

Vollendung und Handeln, Stille und Tätigsein, Selbstverwirklichung und äusseres Leben sind keine Gegensätze. Entscheidend ist allein das innere Ruhen im Selbst – ohne Ich, aber lebendig, tätig, präsent. Innere Erfahrung und äusseres Leben sollen zu einer ganzheitlichen Existenz werden. Das Selbst soll inmitten des Alltags verwirklicht werden – da, wo wir gerade sind und in dem Umfeld, in dem wir leben. Im ganz normalen Leben sollen wir inneren Weltverzicht praktizieren (vgl. Godman, 2002, S. 74; Sundaresa Iyer, 2007, S. 75; Zimmer, 1997, S. 132, S. 206-208). Und dabei einfach das sein, was wir im Grunde schon immer waren (Ramana Maharshi zit. nach Godman, 2002):

Der Zustand, den wir Verwirklichung nennen, besteht einfach darin, man selbst zu sein, und nicht darin, etwas zu erkennen oder zu werden. Wenn man verwirklicht, ist man das, was allein ist und was allein immer war. Man kann diesen Zustand nicht beschreiben; man kann nur Das sein. Natürlich sprechen wir leichthin von Selbstverwirklichung, weil es keinen besseren Begriff gibt. Wie etwas ver-wirklichen oder wirklich machen, was allein wirklich ist? (S. 21)

---

[35] Traditionell werden im Hinduismus vier Lebensstadien mit entsprechenden Lebenszielen unterschieden (vgl. dazu auch Frager & Fadiman, 1975, S. 66-70): die Zeit als Schüler und Student *(brahmacarya)*, als Hausvater mit Berufsleben und Familiengründung *(grhastha)*; nachdem die eigenen Kinder verheiratet sind, folgt das Stadium als Waldeinsiedler mit Unterhalt eines Hausfeuers *(vanaprastha)* und schliesslich Entsagung und Wanderschaft ohne Hausfeuer *(sannyasa)*. Die letzten beiden Stadien sind als „zweistufiger Rückzug in die Askese" zu verstehen (Michaels, 1998, S. 108).

4 Möglichkeiten der Integration spiritueller Erfahrungen in der Transpersonalen Psychologie

In den folgenden Kapiteln wird der Frage nachgegangen, welche Möglichkeiten der Integration spiritueller Erfahrungen in verschiedenen Richtungen der Transpersonalen Psychologie und Psychotherapie bestehen.

Wie bereits in Kapitel 2.3.3 ausführlich dargestellt wurde, bezieht die Transpersonale Psychologie die spirituelle Dimension als Form der persönlichen menschlichen Erfahrung ein, ohne sich auf eine bestimmte Religion festzulegen. Die Transpersonale Psychotherapie, die sich als Umsetzung der Transpersonalen Psychologie auf den Bereich der Psychotherapie versteht, verbindet moderne Psychotherapie mit der Essenz spiritueller Wege. Neben der Ausbildung einer reifen Persönlichkeit – wie es auch Ziel der herkömmlichen Psychotherapie ist – strebt sie ein Bewusstsein der All-Einheit an, die Erfahrung des innersten Wesenskerns als eins mit dem Göttlichen. Die Transpersonale Psychotherapie betrachtet das Personale und das Transpersonale als zwei Manifestationen derselben tieferen Wirklichkeit (Weidinger, 2000, S. 717).

Wie gestaltet sich die Integration spiritueller Erfahrungen und die damit verbundenen spirituellen Wege in Richtungen der Transpersonalen Psychologie? Und wie verstehen sie integrierte oder geerdete Spiritualität als „Ziel" des Weges? Diesen Fragen wird anhand

- der Analytischen Psychologie Carl Gustav Jungs,
- der Psychosynthese Roberto Assagiolis und
- der Initiatischen Therapie Karlfried Graf Dürckheims nachgegangen.

Diese drei Ansätze gehören zu den frühen Strömungen der Transpersonalen Psychologie und Psychotherapie in Europa. Sie wurden für die folgenden Ausführungen ausgewählt, weil sie alle eine spirituelle Entwicklung direkt anstreben – im Unterschied zu psychotherapeutischen Richtungen, die spirituelle Elemente einbeziehen oder berücksichtigen, ihre Arbeit jedoch nicht direkt auf ein spirituelles Ziel beziehen.

4.1 Analytische Psychologie: Individuation

… ein Weg …, wie man ohne Vorschriften, allein und frei zu seinem eigenen inneren Wesen gelangen kann. (von Franz, 1994, S. 368)

Die Analytische Psychologie wurde vom Schweizer Psychiater Carl Gustav Jung (1875-1961) begründet und vorerst 1911 noch als Tiefenpsychologie bezeichnet. Jungs bekannte Auseinandersetzung mit Freud und die daran anschliessende Phase im Leben Jungs sei hier in einigen Punkten ausführlicher erwähnt, weil sie einen wesentlichen Aspekt deutlich werden lässt, der im Individuationsprozess eine zentrale Rolle spielt: der Kontakt zu eigenen Ideen und dem eigenen Unbewussten, der den Menschen seinen ureigenen Weg – auch gegen äussere Widerstände – finden lässt.

Jung (1961/2007, S. 151-153) hatte als Psychiater Übereinstimmungen eigener Ideen mit Theorien von Sigmund Freud entdeckt zu einer Zeit, da Freud in der akademischen Welt noch „ausgesprochen persona non grata, und die Beziehung zu ihm … jedem wissenschaftlichen Ruf abträglich" war (Jung, 1961/2007, S. 152). Jung entschloss sich jedoch - trotz Warnungen aus der akademischen Welt, er würde seine Karriere ruinieren - für seine Ideen einzustehen und dabei auch die übereinstimmenden Punkte zu Freud zu erwähnen. Zwischen Jung und Freud entstand mit der Zeit eine intensive Freundschaft. Jung war sehr angetan von Freuds Theorien, stimmte jedoch nicht mit ihm überein in der zentralen Bedeutung, die Freud der Sexualität gab („Das ist das Allerwesentlichste" (Jung, 1961/2007, S. 154)) und seiner verneinenden Einstellung zu allem, was mit Religion zusammenhing (z.B. Jung, 1961/2007, S. 155). An diesen Themen zerbrach dann schliesslich auch ihre Freundschaft: Als Jung an seinem Buch „Wandlungen und Symbole der Libido" schrieb, war ihm bewusst, dass seine Auffassung der geistigen Bedeutung der Sexualität ihn „die Freundschaft mit Freund kosten würde" (Jung, 1961/2007, S. 171). Zwei Monate rang er mit sich: „Soll ich verschweigen, was ich denke, oder soll ich die Freundschaft riskieren? Schliesslich entschloss ich mich zu schreiben, und es hat mich Freuds Freundschaft gekostet" (Jung, 1961/2007, S. 171). Durch dieses Einstehen für seine eigenen Ideen verlor er auch seine Beziehungen zu seinen Freunden und Bekannten – sie wandten sich von ihm ab, und sein Buch wurde als „Schund erklärt" (Jung, 1961/2007, S. 171). „Ich galt als Mystiker und damit war die Sache erledigt" (Jung, 1961/2007, S. 171).

Jung liess sich in dieser Phase der Unsicherheit und Desorientiertheit nach dem Bruch mit Freud intensiv auf eine persönliche Auseinandersetzung mit dem Unbewussten ein. Er nahm seine Träume sehr ernst, sie beschäftigten ihn oft lange Zeit und sie wurden zum Teil wichtige Wegweiser für seine Entwicklung der Analytischen Psychologie – z.B. für die Archetypenlehre (Jung, 1961/2007, S. 174-176). So führten ihn auch spontane „Gesichte", die er vor Ausbruch des Ersten Weltkrieges mehrmals von einer schrecklichen nationenübergreifenden Katastrophe mit Tausenden von Toten hatte, nach Ausbruch des Krieges dazu zu forschen, wie „mein eigenes Erleben mit dem der Kollektivität zusammenhing" (Jung, 1961/2007, S. 180).

In der Zeit nach 1913 arbeitete Jung die Grundkonzeptionen der Analytischen Psychologie weiter aus. Aus Erfahrungen wie den oben erwähnten kamen neben den Konzeptionen der späteren Archetypenlehre auch die der kollektiven Schicht des Unbewussten zustande. Jung beschäftigte sich in den 20er bis 40er Jahren intensiv mit östlichem, indianischem und afrikanischem Denken und mit der Alchemie. Daraus entwickelte er Erkenntnisse über kollektive Bewusstseinsmuster (Mythen) und die Symbolik von Individuationsprozessen. Viele seiner Hauptwerke entstanden erst nach einer schweren Erkrankung Jungs im Jahr 1944. Jung behandelte und lehrte in Zürich. 1948 wurde das C.G. Jung-Institut Zürich (Küsnacht) gegründet (von Heydwolff, 2000, S. 26-27).

Jungs grosse Leistungen müssen in seiner intensiven – auch persönlichen (siehe dazu Jung, 1961/2007) – Auseinandersetzung mit dem Unbewussten gesehen werden, in seiner „Entdeckung" des kollektiven Unbewussten, der Archetypenlehre und vor allem auch in der zentralen Stellung, die er in seiner Psychologie dem Geistigen, also der Spiritualität zuspricht – in einer Zeit, in der das vor allem in der akademischen Welt sehr verpönt war. Heute kann Jung wohl als klassischer Vertreter einer Psychologie gelten, deren Ziel ein spirituelles ist. Und seine Analytische Psychologie wurde zu einer der wohl angesehensten psychologischen Schulen überhaupt.

Jung bezeichnete den Weg der spirituellen Entwicklung als Individuation, was oft mit Selbstverwirklichung oder Selbstwerdung übersetzt wird. Diesem Prozess kommt in seinem Werk eine zentrale Stellung zu, und er gilt als Ziel menschlicher Entwicklung.

4.1.1 Spiritueller Weg: Integration von Unbewusstem ins Bewusstsein

> Individuation wird oft mit Selbstverwirklichung übersetzt, doch suggeriert dieses Wort leicht falsche Zusammenhänge. Man denkt dabei an Stärkung der Ich-Persönlichkeit und der eigenen Identität. Jung versteht aber unter Individuation etwas ganz anderes, nämlich die Begegnung mit einem göttlichen inneren Seelenkern, den Jung das Selbst nennt, und die Unterordnung unter ihn. Der Initiationsweg des Schamanen, die Queste des Helden und der innere Weg der Mystiker beschreiben das, was unter Individuation gemeint ist. (von Franz, 1977/1992, S. 9)

Als Individuation wird in der Analytischen Psychologie der Weg bezeichnet, auf dem der Mensch zum „Einzelwesen" (Jung, 1995, S. 183) wird. „Insofern wir unter Individualität unsere innerste, letzte und unvergleichbare Einzigartigkeit verstehen, [meint Individuation,] zum *eigenen Selbst [zu] werden*" (Jung, 1995, S. 183) – also die erwähnte „Begegnung mit einem göttlichen inneren Seelenkern". Individuation ist ein Entwicklungsprozess, ein „Reifungs- bzw. Entfaltungsprozess" (Jacobi, 1993, S. 169) in dessen Verlauf der Mensch immer mehr zu „*dem* bestimmten Einzelwesen (…) [wird], das er nun einmal ist" (Jung, 1995, S. 184) und was er immer schon war (Jung, 1976, S. 49). Der Mensch gelangt immer mehr zu seinem inneren Zentrum, das ganz er selber ist. Das Selbst und der damit verbundene Individuationsprozess sind dabei ein „Modell für ein Leben, das spirituell gelebt wird" (Kast, 2007, S. 99). Es ist ein ständiger Prozess und letztlich ein Ziel, das man nie ganz erreicht – „wir sind bestenfalls auf dem Weg" (Kast, 2007, S. 44). Individuation ist eine „lebenslange Entwicklung" (Kast, 1998, S. 11).

Dieser Prozess braucht eine bewusste Auseinandersetzung. In der Regel geschieht er nicht einfach von selbst. So „ist es nicht so, dass wir uns in jeder Situation bewusst entscheiden zu Haltungen und Taten, die – mehr oder weniger – Ausdruck unseres Wesens sind" (Kast, 1998, S. 8). Um mehr zu sein, wer wir wirklich sind und aus unserem Wesen heraus zu leben, braucht es einen ständigen Prozess der Bewusstwerdung.

Dabei wird das Einzigartige und Individuelle dieses Weges für jeden Menschen betont. So schreibt von Franz (1994, S. 368), dass Jung einen Weg aufzeigt, wie man

„ohne Vorschriften, allein und frei zu seinem eigenen inneren Wesen gelangen kann". Individuation ist für jeden Menschen sein ureigener Weg. Er kann nicht nachgeahmt und somit auch von niemandem „gestohlen" werden (von Franz, 1994, S. 369, S. 374). So wird in Bezug auf spirituelle Wege auch nicht empfohlen, grosse religiöse Führer nachzuahmen in deren eigenem Weg. Die Nachahmung grosser religiöser Führer wie Christus, Buddha, Muhammad etc. „sollte vielmehr darin bestehen, dass man mit gleichem Mut und Aufrichtigkeit den eigenen inneren Weg gehe, wie jene es taten" (von Franz, 1994, S. 374). Jeder Mensch muss „sein eigenes Kreuz, seinen eigenen Konflikt auf sich … nehmen" (von Franz, 1994, S. 251). Die wegleitenden Impulse stammen dabei nicht aus dem bewussten Ich, sondern aus dem eigenen seelischen Wesenskern, dem Selbst (von Franz, 1994, S. 321).

Trotz des ureigenen, individuell verschiedenen Charakters der Individuation können verschiedene Stadien unterschieden werden, die sich für den Prozess als charakteristisch erweisen:

- Akzeptieren des eigenen Schattens
- Integration von Animus oder Anima
- Erfahrung des Selbst und Beziehung zum Selbst

In diesen Stadien wird deutlich, dass Individuation auch ein Befreiungsprozess ist: dass es darum geht, das Selbst einerseits zu befreien von Vorstellungen darüber, wie „man" zu sein hat und andererseits von der Macht unbewusster Bilder (Jung, 1995, S. 184). Was hier einfach als drei Stufen erscheint, ist in Wirklichkeit ein „unendlich langwieriger Prozess" (von Franz, 1994, S. 392), der von Mensch zu Mensch unterschiedliche Formen annimmt: So brauchen manche Menschen eine lange Anlaufzeit, bis sie beginnen, ihre Träume ernst zu nehmen. Andere kommen bereits mit sehr bedeutsamen Träumen in eine Analytische Therapie und wünschen sich Unterstützung darin, diese Träume besser zu verstehen. Bei wieder anderen sind die Träume jahrelang geprägt von persönlichen Themen wie Minderwertigkeitsgefühlen, Hochmut, mangelnde Affektbeherrschung etc. (von Franz, 1994, S. 392).

Im Folgenden wird ausführlicher auf die drei typischen Stadien des Individuationsprozesses eingegangen.

Akzeptieren des eigenen Schatten

In Beschreibungen des Individuationsprozesses wird die Auseinandersetzung mit dem eigenen Schatten in der Regel als erstes Stadium genannt. Dieser Prozess konfrontiert uns mit Aspekten unserer Persönlichkeit, denen wir eigentlich lieber aus dem Weg gehen würden. Unser Schatten geht Hand in Hand mit unserer Persona. Schatten und Persona bedingen einander (Kast, 2001, S. 9). So ist es hilfreich, zunächst auf die Persona einzugehen, um den Schatten besser zu verstehen.

Die *Persona* entspricht dabei einerseits unserem Ichideal – dem, wie wir gerne sein würden - andererseits unserer Vorstellung davon, wie andere Menschen uns sehen wollen (Kast, 2001, S. 15). Die Persona kann als Maske dienen, hinter der wir uns verstecken, wir können sie als eine Art Schutzwall aufbauen, um auf die eine oder andere Art nach aussen zu erscheinen (Jung, 1995, S. 184). Sie regelt in diesem Sinn unsere Beziehungen zur Aussenwelt und garantiert uns Akzeptanz von unseren Mitmenschen. In der Regel nehmen wir jene Personahaltung ein, die uns im Augenblick am meisten Akzeptanz verschafft. Diese Bestätigung von aussen wirkt regulierend auf unser Selbstwertgefühl. Manchmal kann uns allerdings bewusst werden, dass wir eine bestimmte

Personahaltung nicht einnehmen können, weil „wir damit unsere wahre Persönlichkeit verraten" (Kast, 2001, S. 15). In solchen Momenten wird die Spannung zwischen dem, was wir in dem Augenblick gerne wären und dem, was wir wirklich sind, unmittelbar spürbar. In manchen Fällen kann aber die Identifikation mit der Persona so stark sein, dass wir glauben, wir *seien* das, was wir nach aussen *darstellen* wollen. Solche Identifikationen mit einer sozialen Rolle können grosse Quellen für Neurosen sein (Jung, 1995, S. 202). Die Persona ist also das schöne Bild, das wir von uns selbst haben möchten und das andere von uns haben sollen.

Aspekte, die nicht zum angenehmen und schönen Bild von uns selber im Sinne unserer Persona passen, verdrängen wir – und daraus entsteht der *Schatten*, also alle Aspekte, die wir an uns nicht akzeptieren können und zu denen wir nicht stehen können. Diese verdrängten Seiten gehören aber dennoch zu unserer Persönlichkeit und tauchen auch immer wieder gegen unseren Willen auf (Kast, 2001, S. 12-17). „Der Schatten ist inhaltlich nicht definiert. Alles, was wir nicht oder noch nicht akzeptieren können, kann zum Schatten werden" (Kast, 2001, S. 24). Zum persönlichen Schatten gehören Schattenanteile, die uns bewusst sind, aber auch solche, die wir nur erahnen oder die uns selber noch verborgen sind. Träume sind sehr hilfreich, um uns Schattenaspekte bewusst zu machen, die uns selber noch unbekannt sind (Kast, 2001, S. 24).

Da unser Schatten per definitionem all jene Anteile sind, die wir an uns nicht haben wollen, ist uns der Schatten sehr peinlich, und wir schämen uns, wenn unser Schatten für andere sichtbar wird – und wir uns eben gerade so verhalten, wie wir es an uns ganz und gar nicht mögen. So haben wir die Neigung, unsere Schattenaspekte auf andere Menschen zu projizieren, sie also an anderen Menschen wahrzunehmen – und sie dort meist auch entsprechend zu kritisieren (Kast, 2001, S. 25).

Vielen Menschen – insbesondere spirituell Interessierten – ist heute der Begriff des Schattens vertraut – man weiss, dass man einen Schatten hat und zu ihm stehen sollte. So begegnet man immer wieder denjenigen, die einen „Vorzeigeschatten" (Kast, 2001, S. 30) aufzuweisen haben – also einen Schattenaspekt, der nicht allzu peinlich ist und zu dem man einigermassen stehen kann. Die Vermutung liegt hier nahe, dass ein Vorzeigeschatten auch eine echte Auseinandersetzung mit dem eigenen Schatten verhindern kann.

Abgesehen von einem solchen Vorzeigeschatten sind alltägliche Schattenaspekte meist verdrängt und Inhalt des persönlichen Unbewussten. Diese verdrängten Schattenanteile bleiben in der Regel nicht voneinander separierte Aspekte, sondern sie verbinden sich im Unbewussten zu einem Schattenkomplex. Damit eine Arbeit mit dem eigenen Schatten überhaupt möglich wird, werden in einer Psychotherapie die einzelnen Anteile eines Schattenkomplexes analysiert und separiert (Kast, 2001):

> Deshalb ist die Technik der Analyse in der Psychotherapie so wichtig. Was im Komplex verbunden ist, muss wieder in Einzelaspekte zerlegt werden, denn nur die einzelnen Schattenaspekte können wir wirklich in ihrer Bedeutung für unser Leben wahrnehmen, und nur für sie können wir auch die Konsequenzen tragen. Erfahren wir uns als durch und durch verschattet, können wir nicht an unserem Schatten arbeiten, weil er zu überwältigend und zu diffus ist. Wir können aber lernen, mit ihm umzugehen, wenn wir die einzelnen Schattenerfahrungen, die präzise geschildert werden können, berücksichtigen. (S. 30)

Durch eine solche Differenzierung und Fokussierung auf einzelne Apskete in der Psychotherapie kann eine Auseinandersetzung mit dem eigenen Schatten stattfinden. Meist wird dabei von einer *Integration* des Schattens gesprochen (z.B. Jung, 1951, S. 22; von Franz, 1994, S. 266). Kast (2001) hält dem entgegen, dass eine Integration des Schattens wohl wünschenswert wäre, diese Zielsetzung jedoch zu hoch gegriffen ist und sie sich kaum praktisch umsetzen lässt:

> Noch 1945 ist er [Jung] der Ansicht, dass der Schatten integrierbar ist und dass ein Mensch durch die Integration des Schattens seiner Ganzheit näherkommt. Es ist unbestreitbar so, dass der Schatten zum Menschen gehört und dass man durch Integration von Verdrängtem Zugang zu Aspekten der Persönlichkeit hat, die zu einem gehören. Schattenintegration setzt aber voraus, dass der Schatten auch wirklich vollständig zu integrieren ist, also in keiner Weise mehr abgelehnt werden muss. Das scheint mir etwas idealistisch gedacht zu sein – als Hypothese natürlich bestechend, denn damit bekämen wir sehr viele Probleme des menschlichen Lebens in den Griff. Was die praktische Umsetzung betrifft, ist diese Vorstellung aber wenig dem Wesen des Menschen nachempfunden; mir scheint es schon eine grosse Tat zu sein, wenn wir *unseren jeweils konstellierten Schatten wahrnehmen und annehmen, mit ihm rechnen und Verantwortung dafür übernehmen*. (S. 21) [Hervorhebung durch die Autorin]

Kast (2001) konkretisiert und detotalisiert in diesem Sinn auch das riesige Konstrukt der Schattenintegration:

- in eine zeitliche Komponente, indem sie vom im Moment und durch die gegebene Situation gerade ausgelösten („konstellierten") Schatten spricht;
- in verschiedene Aspekte des Schattens, die im Prozess einer Psychotherapie voneinander separiert werden und die sich je in verschiedenen Situationen konstellieren können;
- und in verschiedene Einzelschritte im Umgang mit dem jeweiligen Schattenaspekt: Es geht darum, ihn im jeweiligen Augenblick wahrzunehmen, ihn anzunehmen; ein Gefühl oder ein Wissen für die Bedingungen zu bekommen, wann er auftaucht, und Verantwortung für ihn zu übernehmen – also zu ihm als einem Aspekt unserer Persönlichkeit zu stehen, wie sie sich im Augenblick gerade zeigt.

So spricht Kast (2001, z.B. S. 11) statt von einer Integration des Schattens lieber von *„Schattenakzeptanz"* und *„Schattensensibilität"*.

Den Schatten zu integrieren oder eben zu akzeptieren bedeutet aber nicht, ihn einfach auszuleben – das wäre ein grosses Missverständnis. Andere z.B. zu betrügen mit dem Verweis „Ich stehe halt zu meinem Schatten", wäre ein blosses, rücksichtsloses Ausagieren und weit von der Idee der Schattensensibilität und –akzeptanz entfernt. Schattenakzeptanz bedeutet viel mehr, sich der eigenen Schattenaspekte bewusst zu sein, sie anzunehmen und allenfalls auch das eigene Verhalten zu modifizieren (Kast, 2001):

> Schattenakzeptanz bedeutet, dass wir in einer bestimmten Situation die Schattenqualität unseres eigenen Verhaltens erkennen und, vielleicht vermittelt durch einen Traum, allenfalls das Verhalten korrigieren. Dass wir uns aber in jedem Fall fragen, was es bedeuten würde, wenn wir diesen Schattenaspekt voll ausleben oder in eine Beziehung einbringen, was das Ausleben eines bestimmten Schat-

tenaspekts für Konsequenzen hat. Wir müssen eine Schattensensibilität entwickeln, in Bezug auf unseren Schatten wie auch in Bezug auf den Schatten der anderen. Schattenakzeptanz und Schattensensibilität bringen eine Zunahme von Selbsterkenntnis, Toleranz uns selber und den anderen gegenüber sowie eine Abnahme der Heuchelei mit sich. (S. 22-23)

Betrachten wir die Auseinandersetzung mit unserem Schatten im Zusammenhang mit dem Individuationsprozess, also einem spirituellen Weg, so wird deutlich, wie essentiell diese Arbeit ist. Indem wir unsere verdrängten Persönlichkeitsaspekte akzeptieren lernen, werden wir echter, authentischer und nehmen Anteile zu uns zurück, die wir zuvor anderen Menschen angelastet haben. Wir nehmen unsere Grenzen an und finden mehr Frieden mit uns selber (Kast, 2001):

> Schattenakzeptanz bringt auf der individuellen Ebene Frieden mit sich selbst: Ich akzeptiere meine Begrenztheit, ich weiss, ich bin mir selber immer für eine Überraschung gut, auch für eine unangenehme. Wenn wir unsere Begrenztheit akzeptieren, so heisst das nicht, dass wir nicht unsere Grenzen ausschreiten und gelegentlich auch verantwortlich überschreiten sollen. Psychologisch gesehen, geht es bei der Schattenakzeptanz um mehr Echtheit, um Authentizität, und darum, dass wir nicht die anderen Menschen für das verantwortlich machen, was in unserer Verantwortung liegt. (S. 166)

Die Arbeit mit unserem eigenen Schatten hat eine starke Wirkung auf unseren Umgang mit anderen Menschen. Durch das Wahrnehmen und Akzeptieren unseres Schattens verändern sich unsere zwischenmenschlichen Beziehungen, und wir werden bescheidener und echter (von Franz, 1994):

> Dadurch [durch die Wahrnehmung unseres Schattens, Anm. der Autorin] verändern sich unsere menschlichen Beziehungen ganz erheblich. Vor allem werden wir immer von unseren grössenwahnsinnigen idealistischen Ideen geheilt, die Gesellschaft und unsere Mitmenschen zu ‚verbessern', wir werden bescheidener und zugleich weniger naiv in Bezug auf bösartige Angriffe von aussen. (S. 265)

Eine ehrliche Schattenarbeit erweist sich also als unumgängliches Element jedes Individuationsprozesses und ist ein hilfreicher Gegenpol zu selbstüberschätzenden und – überhöhenden unrealistischen Tendenzen auf dem spirituellen Weg. Schattenakzeptanz heisst, in Kontakt zu sein mit unseren Schwächen und Ungereimtheiten – oder ganz einfach: menschlich zu sein wie alle anderen Menschen auch.

„Sich innerlich mit Animus / Anima herumschlagen" (von Franz, 1994, S. 351): Assimilierung der gegengeschlechtlichen Mächte

Je stärker wir uns mit unserer Persona identifizieren, desto unbewusster bleibt nicht nur der Schatten, sondern auch die Anima oder der Animus (Jung, 1995, S. 203). Die Anima ist das innere Bild, das der Mann „von allem Weiblichen (Mutter, Tochter, Schwester, Geliebte, Gattin) in sich trägt" (von Franz, 1994, S. 244). Ursprünglich handelt es sich dabei um eine Ableitung vom Bild der Mutter als der ersten Frau, der er begegnet. „Die Charakterzüge dieser Figur entsprechen den Eigenschaften, welche die weibliche Seite eines Mannes hat, den Stil seiner unbewussten Lebensgestimmtheit" (von Franz, 1994, S. 244-245). Analog ist der Animus das innere Bild, das die Frau vom Männlichen hat und das von ihrem Bild des Vaters geprägt ist.

Wenn wir uns unserer Anima oder unseres Animus nicht bewusst sind, zeigen sich ihre negativen Seiten: Beim Mann beispielsweise in irrationalen Stimmungen, hysterischem Ausbruch, sentimentalen oder gefühlskalten Tendenzen, realitätsfernen sexuellen Phantasien, weinerlichen, depressiven oder eifersüchtigen Zügen. Bei der Frau zeigt sich ein unbewusster Animus z.B. als Streitbarkeit, Starrköpfigkeit, dem Festhalten und heftigen Äussern von starken Überzeugungen und Meinungen oder in der Tendenz, am Wesentlichen vorbei zu reden oder zu handeln (von Franz, 1994, S. 267-268, S. 345).

Auf dem Weg der Individuation ist es nicht nur unerlässlich, sich seiner Persona und seines Schattens bewusst zu werden und sich mit ihnen auseinanderzusetzen, sondern auch, sich der eigenen Anima oder des eigenen Animus bewusst zu werden – oder wie von Franz (1994, S. 351) es bodenständig formuliert: „sich innerlich mit Animus / Anima herumzuschlagen". Eine Auseinandersetzung mit Animus / Anima ist dabei jedoch ungleich schwieriger als jene mit der eigenen Persona und dem eigenen Schatten. So bezeichnete Jung die Auseinandersetzung mit dem eigenen Schatten auch als Gesellenstück, die mit der eigenen Anima oder dem eigenen Animus als Meisterstück (von Franz, 1994, S. 394).

> Wie es nun für den Zweck der Individuation, der Selbstverwirklichung, unerlässlich ist, dass sich einer davon zu unterscheiden weiss, als was er sich und anderen erscheint, so ist es zu demselben Zweck auch nötig, dass er sich seines unsichtbaren Beziehungssystems zum Unbewussten, nämlich der Anima, bewusst wird, um sich von ihr unterscheiden zu können. Von etwas Unbewusstem kann man sich nicht unterscheiden. In der Frage der Persona ist es natürlich leicht, jemandem klarzumachen, dass er und sein Amt zwei verschiedene Dinge sind. Von der Anima dagegen kann man sich nur schwer unterscheiden, und zwar darum so schwer, weil sie unsichtbar ist. Ja, man hat sogar zunächst das Vorurteil, dass alles, was von innen komme, aus dem ureigensten Wesensgrund stamme. (Jung, 1995, S. 204)

Eine solche Unterscheidung ist auch deshalb so schwierig, weil jeder relativ autonome Komplex die Tendenz hat, „sich unmittelbar zu personifizieren" (Jung, 1995, S. 205). Das gilt sowohl für die Persona, die oft „dermassen ‚persönlich' auftritt, dass das Ich ohne allzu grosse Schwierigkeiten darüber in Zweifel geraten kann, welches seine ‚wahre' Persönlichkeit ist" (Jung, 1995, S. 205), als auch für die Anima und den Animus. Aus diesem Grund werden letztere auch sehr leicht auf einen Menschen des Gegengeschlechts projiziert (Jung, 1995, S. 205). Wann immer Mann und Frau sich in einer Liebessituation begegnen, sind eigentlich vier Gestalten beteiligt: die beiden Ichs und die unbewussten Persönlichkeitsanteile von Anima und Animus (von Franz, 1994, S. 253). Eine Projektion erweist sich meist als schwierig für die betroffene Beziehung (Jung, 1995, S. 206-209). So kann beispielsweise ein Mann seine Anima auf eine Frau so projizieren, dass sie ihm als wirkliche Eigenschaften dieser Frau erscheinen. Ein solcher Projektionsvorgang bewirkt, dass man sich Hals über Kopf verliebt und sofort das Gefühl hat: Das ist sie! Solche leidenschaftliche Anziehungen können bestehende Beziehungen stören (von Franz, 1994, S. 339-340). Oder sie können nach einem Nachlassen der Projektion zur bitteren Erkenntnis führen, dass diese Frau gar nicht so ist, wie sie zu Beginn erschien. Und so kann eine nächste Projektion auf eine andere Person erfolgen mit ähnlichem Resultat.

Diese unbewussten Persönlichkeitsanteile werden aber nicht immer auf gegengeschlechtliche Partner übertragen, sie können auch auf religiöse Figuren projiziert werden wie etwa die Anima auf die Jungfrau Maria. Letzteres hat den Vorteil, dass es die Menschen davor bewahrt, das andere Geschlecht zu überschätzen – das schafft Raum für gewöhnliche angemessene menschliche Beziehungen. Der Nachteil einer solchen Projektion auf religiöse Figuren besteht allerdings darin, dass dabei nur der kollektive Aspekt von Animus oder Anima wahrgenommen wird und nicht dessen individuelle Seiten.

In der heutigen Zeit besteht jedoch eher das Problem, dass die religiösen Symbole, die als Gefäss für eine Animus- oder Anima-Projektion dienen könnten, für viele an Bedeutung verloren haben. So fallen diese Anteile ins persönliche Unbewusste von Mann und Frau zurück und erschweren Liebesbeziehungen (von Franz, 1994, S. 267).

Um solche Projektionen zurückzunehmen und sich aus einer Identifikation mit Anima /Animus zu befreien, schlägt Jung (1995, S. 209-213) eine Objektivation der Anima / des Animus vor: In dieser Technik wird die eigene Anima oder der eigene Animus als eine autonome Persönlichkeit aufgefasst und direkt angesprochen, indem wir persönliche Fragen an sie stellen wie z.B. „Warum willst du diese Trennung von meiner Partnerin?". Dadurch wird versucht, mehr über die Inhalte und Dynamiken zu erfahren, die der Anima zugrunde liegen. Die Kunst bei dieser Technik besteht darin, die Anima laut werden zu lassen und ihr zuzuhören. Eine solche Objektivation kann als wichtiger Schlüssel zur Bewusstwerdung und zur Desidentifikation mit der Anima gelten. Zugleich wird so gewissermassen das Unsichtbare sichtbar und direkt erfahrbar. Und dadurch verringert sich sein innerer Einfluss (Jung, 1995):

> Weil die Dinge der inneren Welt uns subjektiv um so mächtiger beeinflussen, als sie unbewusst sind, so ist es für den, der einen weiteren Fortschritt in seiner eigenen Kultur machen will (und fängt nicht alle Kultur beim einzelnen an?), unerlässlich, dass er die Animawirkungen objektiviere und dann zu erfahren versuche, welche Inhalte jenen Wirkungen zugrunde liegen. (S. 213)

Auf die Technik der Aktiven Imagination, die Jung hier anspricht, wird in Kapitel 4.1.2 noch näher eingegangen. Wichtig ist an dieser Stelle, dass der starke Einfluss der personifizierten Figur von Animus oder Anima in dem Mass verschwindet, in dem sich der Mensch ihrer bewusst wird und aktiven Anteil nimmt. Diese Haltung stellt auch von Franz (1994, S. 343) ins Zentrum, indem sie zur Auseinandersetzung mit Anima oder Animus empfiehlt, eine „Hingabe an das Unbewusste" zu üben. Beim Mann bedeutet das, dass er seine Gefühle, unbewussten Erwartungen, Phantasien und Launen ernst nimmt und sie in irgendeiner Form festhält – z.B. durch Malen, Aufschreiben, Modellieren, Musik oder Tanz. Durch diese bewusste Kontaktaufnahme tauchen mehr und mehr Inhalte aus dem Unbewussten auf, die in derselben Form festgehalten werden. Analog bedeutet das bei der Frau, dass sie bereit ist, ihre eigenen „heiligen Überzeugungen" (von Franz, 1994, S. 350) in Frage zu stellen und Impulse aus ihren Träumen aufzunehmen, auch wenn sie nicht mit ihren Überzeugungen übereinstimmen. Auf diese Weise kann das Selbst zum Menschen durchdringen und eine innere Führung übernehmen.

Indem die Anima oder Animus als autonome Komplexe überwunden werden, verwandeln sie sich von „Störungsfaktoren" und „Störenfrieden" (Jung, 1995, S. 239) in eine „Funktion der Beziehung des Bewussten zum Unbewussten" (Jung, 1995, S. 234). Im Grunde entsteht also durch diese aktive Bewusstwerdung aus einer Schwierigkeit –

also der unbewussten Identifikation oder Projektion – eine Ressource in Form einer Verbindung von Unbewusstem und Bewusstem.

Wenn Menschen mehr Kenntnis über ihre Anima oder ihren Animus haben, entwickeln sie positive „weibliche" oder „männliche" Eigenschaften: So kann ein Mann Eigenschaften entwickeln wie Sensibilität, schöpferische und künstlerische Begabungen und persönliche Bezogenheit. Die positive Anima kann die Bedeutung einer Seelenführerin annehmen, da sie als Brücke zwischen rationalem Bewusstsein und den tieferen Schichten des Unbewussten wirkt. Analog kann eine Frau über ihren Animus Initiative, Stärke; geistige Inspiration, Klarheit, Tiefe und Verinnerlichung; Wahrhaftigkeit, Kreativität, Mut und Standhaftigkeit entfalten (von Franz, 1994, S. 268, S. 350). So können Animus und Anima Brücken zur Erfahrung des Selbst schlagen und auch sehr schöpferisch wirken (von Franz, 1994, S. 347).

Während eine Schattenakzeptanz zur Folge hat, dass man mit Menschen des eigenen Geschlechts besser umgehen kann, bewirkt eine Integration von Anima oder Animus verbesserte Beziehungen zum anderen Geschlecht (von Franz, 1994, S. 268-269).

Wenn Inhalte wie der Schatten und Anima / Animus unbewusst bleiben, kann ein Mensch nicht individuieren, Individuation ist deshalb „nicht nur wünschenswert, sondern unerlässlich" (Jung, 1995, S. 232), weil das Individuum von jeder unbewussten Vermischung wie durch einen Zwang bestimmt wird, auf eine Weise zu sein und zu handeln, die es selber nicht ist. Und diese Uneinigkeit mit sich selber ist der „neurotische und unerträgliche Zustand, aus dem man sich erlösen möchte. Eine Erlösung aus diesem Zustand aber ergibt sich erst dann, wenn man so sein und so handeln kann, wie man fühlt, dass man ist" (Jung, 1995, S. 233). Individuation bedeutet in diesem Sinn, von sich sagen zu können: „Das bin ich, so handle ich" (Jung, 1995, S. 233).

Beziehung zum Selbst

> Wer … auf diesem inneren Weg selber geht, der hat auf ihm innere Erlebnisse
> des Selbst, die ihn definitiv prägen. Diese Erlebnisse schlagen ein wie der Blitz,
> sie sind lebenslänglich unvergesslich und man ist nie mehr derselbe Mensch wie
> zuvor. Für einen selbst haben sie Absolutheitscharakter, undiskutable Wahrheit,
> die einem niemand je mehr umstossen kann. … Für den Erlebenden selbst ist
> daher das eigene innere Erlebnis absolut, in keiner Hinsicht relativ oder relati-
> vierbar, und auch in diesem selben Sinn moralisch verpflichtend. (von Franz,
> 1994, S. 398)

Bisher ging es auf dem Weg der Individuation überwiegend darum, Projektionen zurückzunehmen und Vorurteile über andere Menschen aufzugeben (von Franz, 1994, S. 269). Gehen wir weiter in diesem Prozess, so taucht ein archetypischer Faktor auf, der „die Menschheit aktiv vereinigt" (von Franz, 1994, S. 269): das Selbst. Das Selbst als innere Wesenheit und Kern des Menschen wird aktiviert, sobald wir über eine Auseinandersetzung mit Animus oder Anima an tiefe Konflikte kommen, für die es keine Lösung zu geben scheint und wenn das Ich diesem Leiden standhält, ohne davonzulaufen. Was ist nun aber gemeint, wenn Jung von Ich und Selbst spricht und wie gestaltet sich die Erfahrung des Selbst?

In der Analytischen Psychologie wird das *Ich* als Zentrum des Bewusstseins verstanden und damit als ein Teil der Gesamtpersönlichkeit. Jung spricht auch von Ich-Komplex. Damit wird „die Vielzahl von seelischen Elementen und Funktionen [angedeutet], die in diesem Teilkomplex der Gesamtpersönlichkeit enthalten sind" (Hark, 1994, S. 72).

> Unter ‚Ich' verstehe ich einen Komplex von Vorstellungen, der mir das Zentrum meines Bewusstseinsfeldes ausmacht und mir von hoher Kontinuität und Identität mit sich selber zu sein scheint. Ich spreche daher auch von *Ich-Komplex.* … Insofern aber das Ich nur das Zentrum meines Bewusstseinsfeldes ist, ist es nicht identisch mit dem Ganzen meiner Psyche, sondern bloss ein Komplex unter andern Komplexen. Ich unterscheide daher zwischen *Ich* und *Selbst*, insofern das Ich nur das Subjekt meines Bewusstseins, das Selbst aber das Subjekt meiner gesamten, also auch der unbewussten Psyche ist. In diesem Sinne wäre das Selbst eine (ideelle) Grösse, die das Ich in sich begreift. (Jung, 1971a, S. 471)

Das Ich koordiniert und steuert Erinnerungsbilder und die Sinnesfunktionen und gilt damit als „verbindender Faktor des Bewusstseins" (Hark, 1994, S. 72). Es ist zuständig für die persönliche Identität sowie Aufrechterhaltung der Persönlichkeit und deren Kontinuität. Weitere Funktionen des Ichs sind Realitätsprüfung, Assimilation unbewusster Inhalte und deren Übersetzung in die Erfahrungsmöglichkeiten des Bewusstseins. Ihm kommt eine Mittlerfunktion zu Strukturen des kollektiven Unbewussten zu (Hark, 1994, S. 72).

Im Unterschied zum Ich umfasst das *Selbst* bei Jung „das Ganze des menschlichen Wesens und der Seele" (Hark, 1994, S. 72). Das Selbst „drückt die Einheit und Ganzheit der Gesamtpersönlichkeit aus" (Jung, 1971a, S. 512). Es bezeichnet den „Gesamtumfang aller psychischen Phänomene im Menschen" (Jung, 1971a, S. 512). Jung (1951, S. 382) beschreibt es als Vereinigung von Bewusstsein und Unbewusstem, als psychische Ganzheit. Im Selbst vereinen sich die Gegensätze, es wird als eine coincidentia oppositorum bezeichnet, die Licht und Finsternis zugleich enthält (Jung, 1971b, S. 641). Es ist Zentrum jener Totalität, die Bewusstsein und Unbewusstes einschliesst (Jung, 1972, S. 59). Sich das Selbst in seiner Totalität vorzustellen, übersteigt unser Vorstellungsvermögen, denn dazu müsste „der Teil das Ganze begreifen können" (Jung, 1995, S. 187). So postuliert Jung (1995, S. 187), dass das Selbst stets eine übergeordnete Grösse bleiben wird. Dabei wird es jedoch nicht als Objekt, sondern als Prozess verstanden – als „Bildensprozess des Psychischen" (Kast, 2007, S. 46). Jungs Konzeption des Selbst wird gelegentlich vorgeworfen, dass es sowohl als Gesamtpersönlichkeit wie auch als zentraler Archetyp verstanden wird und damit eine ähnliche Widersprüchlichkeit aufweist wie der Ich-Begriff bei Freud (z.B. Zöbeli, 2001, S. 34).

Das Selbst hat eine regulierende Wirkung auf das ganze psychische System des Individuums. Das Selbst stellt auch einen zentralen Archetypus dar, der sich in verschiedenen Symbolen ausdrücken kann wie dem Kreis oder in Mandalas (Jung, 1971a, S. 513). So beobachtete Jung, dass in gravierenden Notlagen, grossen Konflikten und bei Orientierungslosigkeit häufig ein Symbol auftaucht, das Ganzheit ausdrückt. Diese quadratische oder runde Struktur nannte er Mandala. Dieses Symbol bringt eine innere Ordnung und ein Gleichgewicht mit sich und wird dem Selbst zugeschrieben. Der innerste Kern kann in Träumen oder Imaginationen jedoch auch als Person auftreten – in der Regel dann in einer Gestalt des eigenen Geschlechts: Beim Mann als göttliches oder halbgöttliches Wesen, als alter Weiser oder Lehrer; bei der Frau als kosmische Mutterfigur, weise Erdmutter oder als Sophia. Häufig trägt das Selbst hermaphroditische Züge – es vereinigt die Gegensätze und also auch männlich und weiblich (von Franz, 1994, S. 270). Das Selbst kann auch in kindlicher Gestalt erscheinen als Verkörperung eines zeit-

175

losen Aspekts oder im Symbol des Steines, Edelsteines oder Kristalles, in dem Geist und Materie sich verbinden (von Franz, 1994, S. 352, S. 364). Jung (1995, S. 247) versteht das Selbst dabei als „etwas übermächtig Lebendiges, dessen Deutung jedenfalls meinen Möglichkeiten nicht gelingt".

Eine Erfahrung des Archetypus des Selbst ist verbunden mit einer Erfahrung des Numinosen, einem Erleben von Zeitlosigkeit und Ewigkeit. Der Archetypus des Selbst ist mit dem Gottesbild und dem „inneren Christus" verbunden (Hark, 1994, S. 151): Symbole des Selbst sind den Symbolen für das Gottesbild sehr nahe: So schreibt Jung (Jung, 1951 §73; zit. nach Kast, 2007, S. 47) „Wie schon des öfteren betont, lassen sich die spontanen Symbole des Selbst (der Ganzheit) von einem Gottesbilde praktisch nicht unterscheiden"(zit nach. Kast, 2007, S. 47). Jung bevorzugte den Begriff des Selbst, weil mit dem Begriff „Gott" historische und vielleicht negative Assoziationen verbunden sein können. Der Ausdruck „Selbst" eignet sich auch deshalb, weil er Gotteserfahrungen anderer Religionen mit einschliesst (von Franz, 1994, S. 396-397). Die Analytische Psychologie kann dabei zwar die Existenz von Gottesbildern in der Seele und ihre Wirkung beschreiben und beobachten, aber sie sagt nichts über einen „Gott an sich" aus (von Franz, 1994, S. 402). Jungs Gottesbild, das sich im Selbst ausdrückt, ist eine Vereinigung der Gegensätze, es hat eine helle und eine dunkle Seite, ist bewusst und unbewusst. Diese „notwendigen inneren Gegensätze des Schöpfergottes können in der Einheit und Ganzheit des Selbst versöhnt werden, als coniunctio oppositorum der Alchemisten oder als unio mystica" (von Franz, 1994, S. 409). „In der Erfahrung des Selbst wird nicht mehr der frühere Gegensatz – Gott und Mensch – überbrückt, sondern der Gegensatz im Gottesbild selber" (von Franz, 1994, S. 409).

Das Selbst ist als das Göttliche in uns Anfang und Ziel unseres seelischen Lebens und steht zum Ich wie die Sonne zur Erde (Jung, 1995):

> Ich habe diesen Mittelpunkt als das *Selbst* bezeichnet. Intellektuell ist das Selbst nichts als ein psychologischer Begriff, eine Konstruktion, welche eine uns unerkennbare Wesenheit ausdrücken soll, die wir als solche nicht erfassen können, denn sie übersteigt unser Fassungsvermögen, wie schon aus ihrer Definition hervorgeht. Sie könnte ebenso wohl als ‚der Gott in uns' bezeichnet werden. Die Anfänge unseres ganzen seelischen Lebens scheinen unentwirrbar aus diesem Punkt zu entspringen, und alle höchsten und letzten Ziele scheinen auf ihn hinzulaufen. Dieses Paradoxon ist unausweichlich, wie immer, wenn wir etwas zu kennzeichnen versuchen, was jenseits des Vermögens unseres Verstandes liegt. Ich hoffe, es sei dem aufmerksamen Leser hinlänglich klargeworden, dass das Selbst mit dem Ich genau soviel zu tun hat wie die Sonne mit der Erde. Die beiden können nicht verwechselt werden. (S. 245)

Jung hatte selbst intensive Erfahrungen des Selbst, die eine tiefe Glückseligkeit mit sich brachten. So erlebte er in der Rekonvaleszenz nach einem Herzinfarkt im Jahre 1944 unter anderem folgende Visionen (Jung, 1961/2007):

> Ich selber befand mich – so schien es mir – im Pardes rimmonim, dem Granatapfelgarten, und es fand die Hochzeit des Tifereth mit der Malchuth statt[36]. Oder

---

[36] „'Pardes rimmonim' ist der Titel eines kabbalistischen Traktates des Mose Cordovero aus dem 16. Jahrhundert. Malchuth und Tifereth sind nach kabbalistischer Auffassung zwei der zehn Sphären göttlicher Manifestationen, in denen Gott aus seiner Verborgenheit hervortritt. Sie stellen ein weibli-

ich war wie der Rabbi Simon ben Jochai, dessen jenseitige Hochzeit gefeiert wurde. Es war die mystische Hochzeit, wie sie in den Vorstellungen der kabbalistischen Tradition erscheint. Ich kann Ihnen nicht sagen, wie wunderbar das war. Ich konnte nur immerfort denken: ‚Das ist jetzt der Granatapfelgarten! Das ist jetzt die Hochzeit der Malchuth mit Tifereth!' Ich weiss nicht genau, was für eine Rolle ich darin spielte. Im Grunde genommen war ich es selber: ich war die Hochzeit. Und meine Seligkeit war die einer seligen Hochzeit.

Allmählich klang das Erlebnis des Granatapfelgartens ab und wandelte sich. Es folgte die ‚Hochzeit des Lammes' im festlich geschmückten Jerusalem. Ich bin nicht imstande zu beschreiben, wie es im einzelnen war. Es waren unbeschreibbare Seligkeitszustände. Engel waren dabei und Licht. Ich selber war die ‚Hochzeit des Lammes'. (S. 297-298)

In diesen Visionen erlebte Jung das Selbst auf verschiedene Weise in seiner Vereinigung der Gegensätze und als mystische Hochzeit.

Eine Erfahrung des Selbst bringt oft eine heilsame Wende mit sich (von Franz, 1994):

Wann immer im Unbewussten eines Menschen das Selbst konstelliert ist, bringt es eine einzigartige und kreative Lösung seines Problems mit sich. Es veranlasst so einen grossen Sprung nach vorne zu Bewusstsein und Freiheit. Deshalb sah Jung darin das Herzstück jeder menschlichen Entwicklung. Mit dem Selbst in Berührung zu kommen, ist wohl das höchste Ziel des Individuationsprozesses. (S. 271)

Eine Schwierigkeit in der Erfahrung des Selbst tritt auf, wenn das Ich mit dem Selbst gleichgesetzt wird. Wird das Ich mit dem Selbst identifiziert, kommt es zu einer Inflation des Bewusstseins, zu einer Aufblähung des Ichs und zu Grössenphantasien - und damit zu Anpassungsschwierigkeiten an die Realität (Hark, 1994, S. 81-82). Daraus wird deutlich, dass das Ich in einer ergänzenden Funktion zum Selbst stehen sollte:

Deshalb erscheint es mir von einiger Wichtigkeit zu sein, wenn wenigstens Einzelne oder die Einzelnen einzusehen beginnen, dass es Inhalte gibt, die der Ichpersönlichkeit mindestens nicht zugehören, sondern einem psychischen Non-Ego zuzuschreiben sind. Diese Operation muss immer vollzogen werden, wenn man eine bedrohliche Inflation vermeiden will. (Jung, 1972, S. 547)

Auf diesen Prozess, der auf dem spirituellen Weg nicht selten auftritt, wird in Kapitel 6.6 näher eingegangen.

In der richtigen Relation zueinander vergleicht Jung das Selbst hingegen mit der Sonne, um die das Ich als Erde kreist und von dem es abhängt. Er spricht von einer Empfindung des Selbst, um damit den Wahrnehmungscharakter der Beziehung zwischen Ich und Selbst aufzuzeigen. Dabei ist das Ich „der einzige Inhalt des Selbst, den wir kennen. Das individuierte Ich empfindet sich als Objekt eines unbekannten und übergeordneten Subjektes" (Jung, 1995, S. 247). Das Selbst lässt sich nicht rational erkennen, sondern nur unmittelbar erfahren oder eben empfinden. Die Erfahrung des

---

ches und ein männliches Prinzip innerhalb der Gottheit dar" (Fussnote von Aniela Jaffé in Jung, 1961/2007, S. 297)

Selbst und das Leben aus dieser Verbindung heraus ist das Ziel der Individuation (Jung, 1995):

> Mit der Empfindung des Selbst als etwas Irrationalem, undefinierbar Seiendem, dem das Ich nicht entgegensteht und nicht unterworfen ist, sondern anhängt, und um welches es gewissermassen rotiert, wie die Erde um die Sonne, ist das Ziel der Individuation erreicht. (S. 246)

Individuation ist ein Weg der Integration unbewusster Inhalte (Schatten, Animus/Anima) ins Bewusstsein und schliesslich der Erfahrung und Vertiefung der Beziehung zum Selbst. Wie sehen nun konkrete Schritte einer solchen Integration aus?

4.1.2 Integrationsprozess: Aktive Auseinandersetzung mit dem Unbewussten

> Wie aber kann dieses Neue wahrgenommen und aufgenommen werden? ‚Man muss psychisch geschehen lassen können' (Jung, 1929, S. 14). Jung spricht dann in der Folge von Fantasiefragmenten, auf die man sich einlassen muss. Das klingt etwas harmlos, und er korrigiert dann auch: es geht darum, ‚sich selbst als ernsthafteste Aufgabe sich vorsetzen' (Jung, 1929, S. 15). (Kast, 2007, S. 40)

Was Jung und Kast hier in Bezug auf Menschen beschreiben, die im Verlaufe einer Analytischen Psychotherapie ihre „Schwierigkeiten wirklich überwuchsen" (Kast, 2007, S. 40) und Neues von innen oder von aussen an sie herantrat, das sie annehmen und an dem sie wachsen konnten, kann wohl auch für den Prozess der Integration spiritueller Erfahrungen gelten. Diesem psychischen Geschehenlassen kommt eine besondere Rolle in der Arbeit mit dem Unbewussten zu. Und die Arbeit mit Unbewusstem und dessen Bewusstwerdung hat eine zentrale Bedeutung im ganzen Individuationsprozess. Von Franz (Zundel, 1998, S. 6) sprach davon, dass Bewusstwerdung der „einzige Gottesdienst" sei, der zu tun sei.

Träume, Symbole, Märchen und Aktive Imagination sind Möglichkeiten, mit Unbewusstem und mit dem Selbst in Kontakt zu kommen und diese Verbindung für die eigene Lebensgestaltung und den Alltag bestimmend zu machen. Im Grunde geht es bei all diesen Techniken darum, Unbewusstes bewusst werden zu lassen, zwischen dem Ich und den Figuren des Unbewussten zu unterscheiden und den Kontakt zum Unbewussten als Ressource im Individuationsprozess zu nutzen (vgl. Kast, 2007, S. 99). All das sind Mittel, um den ganz eigenen und individuellen Weg der Individuation zu gehen und mit sich selbst in Kontakt zu sein. Damit unterstützen sie letzten Endes eine authentische Spiritualität.

So können Träume Aufschluss darüber geben, wie der Träumer in einer persönlichen Krise weitergehen kann. Wenn wir uns vorurteilslos dem eigenen Unbewussten widmen, taucht oft eine Fülle von hilfreichen Symbolen und Bildern auf – aber manchmal tauchen auch schmerzhafte Einsichten auf, oder ein Traum durchkreuzt in unangenehmer Weise unsere Ichabsichten. So möchten wir vielleicht abends mit Freunden essen gehen und ein Traum verbietet das und fordert eine kreative Tätigkeit (von Franz, 1994, S. 325, S. 375). Die Berücksichtigung des Unbewussten kann das eigene Leben auch unerwartet in grössere Zusammenhänge rücken und die Sinnhaftigkeit des eigenen Lebens wieder spürbar machen. Wie sich das Unbewusste zeigt, nimmt es den individuellen Menschen bis in Einzelheiten seines täglichen Tuns hinein ernst (von Franz, 1994, S. 375).

Jung (1995, S. 221) betont, dass im Umgang mit dem Unbewussten „nicht die Deutung und das Verstehen der Phantasien, sondern vielmehr ihr *Erleben*" wesentlich ist. Dabei ist entscheidend, dass wir unserem Unbewussten nicht passiv erleidend gegenüberstehen oder einfach davon mitgerissen werden, sondern dass wir einen bewussten Standpunkt dabei behalten können: „Eine wirkliche Auseinandersetzung mit dem Unbewussten verlangt aber einen dem Unbewussten gegenübergesetzten bewussten Standpunkt" (Jung, 1995, S. 221). Diese Bedingung ist eng verbunden mit der von Jung (1995) vorgeschlagenen Technik, aktiv am Phantasiegeschehen teilzunehmen. Dieses aktive Teilnehmen am Unbewussten hat zur Folge, dass das Bewusstsein sich erweitert, indem Unbewusstes bewusst und in gewissem Sinn auch kontrollierbar wird. Damit verliert das Unbewusste auch seine zum Teil überwältigende Tendenz, und es kann eine wirkliche Wandlung eintreten:

> Fortlaufendes Bewusstmachen der sonst unbewussten Phantasien mit aktiver Anteilnahme hat … die Folge, dass erstens das Bewusstsein erweitert wird, indem zahllose unbewusste Inhalte bewusst werden, dass zweitens der dominierende Einfluss des Unbewussten allmählich abgebaut wird und dass drittens eine Persönlichkeitsveränderung stattfindet. (S. 227)

Diese Persönlichkeitsveränderung, die durch eine Auseinandersetzung mit dem Unbewussten eintritt, hat Jung (z.B. 1971a, S. 515-523; z.B. 1995, S. 227) als transzendente Funktion bezeichnet.

Aus Jungs Erörterungen zum Unbewussten wird ganz klar, dass es darum geht, das Unbewusste ernst zu nehmen und ihm „unbedingten Realitätswert" (Jung, 1995, S. 224) beizumessen. Jung (1995, S. 225) betont auch, dass wir das Unbewusste im *Erleben* wörtlich nehmen sollten, nicht aber in seiner *Deutung*. Und dass es nicht darum geht, eine Phantasie zu konkretisieren und eins zu eins auszuleben. Jung spricht mit dem Ernstnehmen des eigenen inneren Erlebens die *Wirkung* einer solchen Arbeit mit dem Unbewussten an: Die inneren Bilder, Träume, Symbole haben eine grosse Wirkung auf uns, und sie wirken verändernd.

Im Folgenden wird exemplarisch auf eine dieser verändernden Techniken eingegangen, die Jung als besonders geeignet empfand zur selbständigen Weiterarbeit nach einer Analyse (Kast, 1995, S. 167-168): die Aktive Imagination.

Aktive Imagination

Ursprünglich fällt bei Jung jede Gestaltung eines Symbols unter den Begriff der Aktiven Imagination: die bildnahe Weiterführung eines Symbols in der Vorstellung oder gestalterische Umsetzungen in ein gemaltes Bild, einer modellierten Skulptur oder einem darstellenden Tanz. Im Lauf der Zeit ergab es sich mehr, dass damit die „Entwicklung eines Phantasiebildes im Wachen und die bewusste Auseinandersetzung damit" (Kast, 2007, S. 37) bezeichnet wurde. Jung (zit. nach Kast, 2007) schildert in einem Brief von 1947 genau, was er unter Aktiver Imagination versteht:

> Bei der Aktiven Imagination kommt es darauf an, dass Sie mit irgend einem Bild beginnen [z.B. mit einem Symbol oder einem inneren Bild des Selbst, einem Traumbild, einer Phantasie oder einem Bild von Anima oder Animus, Anm. der Autorin] … Betrachten Sie das Bild und beobachten Sie genau, wie es sich zu entfalten oder zu verändern beginnt. Vermeiden Sie jeden Versuch, es in eine bestimmte Form zu bringen, tun Sie einfach nichts anderes als zu beobachten, wel-

179

che Wandlungen spontan eintreten. Jedes seelische Bild, das Sie auf diese Weise beobachten, wird sich früher oder später umgestalten, und zwar auf Grund einer spontanen Assoziation, die zu einer leichten Veränderung des Bildes führt. Ungeduldiges Springen von einem Thema zum andern ist sorgfältig zu vermeiden. Halten Sie an dem einen von Ihnen gewählten Bild fest und warten Sie, bis es sich von selbst wandelt. Alle diese Wandlungen müssen Sie sorgsam beobachten und müssen schliesslich selbst in das Bild hineingehen; kommt eine Figur vor, die spricht, dann sagen auch Sie, was Sie zu sagen haben, und hören auf das, was er oder sie zu sagen hat. Auf diese Weise können Sie nicht nur Ihr Unbewusstes analysieren, sondern Sie geben dem Unbewussten auch eine Chance, Sie zu analysieren. Und so erschaffen Sie nach und nach die Einheit von Bewusstsein und Unbewusstem, ohne die es überhaupt keine Individuation gibt. (S. 37)

Hier werden verschiedene Aspekte deutlich, die für die Methode der Aktiven Imagination bedeutsam sind: Ausgangspunkt ist ein Bild, das einfach möglichst unvoreingenommen wahrgenommen wird. Es geht nicht darum, es zu analysieren, zu bewerten oder es kritisch zu betrachten. Unsere kritische Aufmerksamkeit sollte dabei sogar möglichst ausgeschaltet sein. Das Bild wird einfach möglichst in einer Haltung psychischen Geschehenlassens aufmerksam betrachtet. Es geht um ein „'Fliessenlassen' der inneren Bilder" (Kast, 1995, S. 157).

Neben der bildhaften spielt die sprachliche Auseinandersetzung mit inneren Gestalten in Jungs Beschreibung der Aktiven Imagination eine wichtige Rolle. In seiner Schilderung zeigt sich auch, wie das Modell der Symbolbildung bei der Aktiven Imagination direkt erlebbar wird: „Das Unbewusste zeigt sich, muss wahr- und angenommen werden, und im Dialog mit dem Bewusstsein, mit dem wachen Ich, verändern sich beide, Bewusstes und Unbewusstes, erfahrbar in den sich verändernden Symbolen oder in neuen Symbolbildungen" (Kast, 1995, S. 158).

Es wird auch deutlich, was das aktive Element in dieser Technik ist: Der Imaginierende geht selbst in das Bild hinein, spricht mit den inneren Gestalten und hört, was sie zu sagen haben. Das Ich tritt also „verändernd-verwandelnd ins imaginative Geschehen" ein (Kast, 1995, S. 159). Auf diese Weise wird Unbewusstes mit dem Bewusstsein verbunden. In einem Brief von 1950 schreibt Jung dazu (zit. nach Kast, 1995):

Man muss nämlich selber in die Phantasie eintreten und die Figuren zwingen, Rede und Antwort zu stehen. Dadurch erst wird das Unbewusste dem Bewusstsein integriert, nämlich durch ein dialektisches Verfahren, das heisst durch den Dialog zwischen Ihnen und den unbewussten Figuren. Was in der Phantasie geschieht, muss *Ihnen* geschehen. Sie dürfen sich nicht durch eine Phantasiefigur vertreten lassen. Sie müssen das Ich bewahren und nur modifizieren durch das Unbewusste, wie auch letzteres in seiner Berechtigung anerkannt und nur daran gehindert werden muss, das Ich zu unterdrücken und zu assimilieren. (S. 159)

Die Schwierigkeit der Aktiven Imagination besteht darin, dass sich das Ich dem Fluss der Bilder überlassen muss und so sehr viel Kontrolle aufgibt. Damit gesteht es den inneren Gestalten viel Autonomie zu (Kast, 1995, S. 159). Dabei wird deutlich, dass diese Methode ein gut strukturiertes Ich erfordert, das dem Unbewussten auch etwas entgegensetzen kann und nicht von ihm überflutet wird (Kast, 1995, S. 162-163).

Die Aktive Imagination wird als Methode beschrieben, die sich besonders eignet, sich mit irritierenden Affekten auseinanderzusetzen oder Traumbilder imaginativ zu bearbeiten. Sie kann als eine Möglichkeit zum „Probehandeln" dienen und kann bei längerer Anwendung immer wieder den Eindruck bestärken, dass wir unsere innere Welt auch gestalten können (Kast, 1995, S. 166-167). Dabei geht es nicht um ein gewaltvolles Eingreifen des Bewussten ins Unbewusste, sondern um eine „Wandlung durch den Dialog" (Kast, 1995, S. 167).

Die Aktive Imagination wird insbesondere gegen Ende einer Analyse empfohlen. Sie bietet dem Analysanden die Möglichkeit, unabhängiger zu werden und sich selbständiger mit dem Unbewussten auseinandersetzen zu können. „Anstelle des Analytikers/der Analytikerin, der/die das Unbewusste analysiert, analysiert das Ich des Analysanden/der Analysandin das Unbewusste" (Kast, 1995, S. 167). Ziel ist es also, dass die Analysandin den inneren Dialog ohne äussere Hilfe selber führen kann und die beiden wesentlichen Techniken der Aktiven Imagination, das Fliessenlassen der Bilder und die Möglichkeit, diese Bilder zu kontrollieren, selbständig anwenden kann (Kast, 1995, S. 168).

Wichtig ist für Jung (1995), dass es bei dieser Technik nicht um einen Rückzug von der Welt geht, sondern dass die Arbeit mit der Aktiven Imagination und Individuation als Ganzes im Leben und in der Welt Früchte tragen sollen – ganz im Sinne einer Integration innerer Erfahrungen:

> Auch darf man unter keinen Umständen glauben, dass ein derartiger Weg identisch sei mit einem psychischen Anachoretentum, einer Entfremdung von Leben und Welt. Ganz im Gegenteil sogar ist ein solcher Weg überhaupt nur möglich und erfolgreich, wenn die eigenartigen weltlichen Aufgaben, die sich solchen Individuen stellen, auch in Wirklichkeit in Angriff genommen werden. Die Phantasien sind nicht Ersatz für Lebendiges, sondern Früchte des Geistes, die dem zufallen, der dem Leben seinen Tribut zahlt. (S. 231)

4.1.3 Integrierte Spiritualität: Individualität

> Ziel des Individuationsprozesses ist es, im Laufe des Lebens immer mehr der oder die zu werden, die wir eigentlich sind, immer echter, immer mehr wir selbst, immer stimmiger mit uns selbst. (Kast, 2007, S. 41)

Wie wir bereits gesehen haben, ist die Individuation ein Differenzierungsprozess, der die „Entwicklung der individuellen Persönlichkeit zum Ziele hat" (Jung, 1971a, S. 477). Der Mensch wird immer mehr, wer er wirklich ist – er kommt in Kontakt mit seiner Individualität, wird sich seiner Eigenart und Einzigartigkeit bewusst und gestaltet sein Leben aus diesem inneren Kontakt heraus. „Individuation bedeutet, im gelebten Alltag zu entdecken, wer wir wirklich sind, was an ganz spezifischen Möglichkeiten in uns angelegt ist" (Kast, 1998, S. 9). Dieser Prozess ist nicht irgendwann abgeschlossen: „Es gehört zum menschlichen Leben, dass wir immer neu herausfinden müssen, was wirklich für uns stimmig ist" (Kast, 1998, S. 8).

Als Individuum ist der Mensch jedoch nicht nur Einzelwesen, sondern auch in einen kollektiven Zusammenhang eingebettet. Der Prozess der Individuation führt also nicht in eine Vereinzelung, „sondern in einen intensiveren und allgemeineren Kollektivzusammenhang" (Jung, 1971a, S. 477). Jung (1995) betont, dass Individuation keinen Individualismus meint. Es geht nicht darum, sich vom Kollektiven abzuspalten, sondern darum, die individuelle Eigenart zur Entfaltung zu bringen, was dem Kollektiven wiederum zu gute kommt. Die eigene Einzigartigkeit soll nicht als Trennung vom Kollektiven und von anderen Menschen zu verstehen sein, sondern als ureigener Ausdruck von Aspekten, die im Grunde universal sind. Individuation kann also als Weg verstanden werden, auf ganz eigene Weise das auszudrücken, was uns Menschen allen gemeinsam ist:

> *Individualismus* ist ein absichtliches Hervorheben und Betonen der vermeintlichen Eigenart im Gegensatz zu kollektiven Rücksichten und Verpflichtungen. *Individuation* aber bedeutet geradezu eine bessere und völligere Erfüllung der kollektiven Bestimmungen des Menschen, indem eine genügende Berücksichtigung der Eigenart des Individuums eine bessere soziale Leistung erhoffen lässt. Die Eigenartigkeit des Individuums ist nämlich keineswegs als eine Fremdartigkeit seiner Substanz oder seiner Komponenten zu verstehen, sondern viel eher als ein eigenartiges Mischungsverhältnis oder als gradueller Differenzierungsunterschied von Funktionen und Fähigkeiten, die an und für sich universal sind. (S. 184) [Hervorhebungen durch die Autorin]

Es geht also nicht um eine gesuchte Besonderheit und schon gar nicht um ein Gefühl des eigenen Besondersseins im Sinne einer Selbstüberhöhung, sondern um die ureigene Einzigartigkeit jedes individuellen Menschen. Die Individuation führt zu einer „natürlichen Wertschätzung der Kollektivnormen" (Jung, 1971a, S. 478), die den Boden für die Entfaltung der individuellen Einzigartigkeit jedes Menschen darstellen.

Jung (1971a) betont, dass der Individuationsprozess nicht das erste Ziel einer psychologischen Entwicklung sein kann. Der Individuation vorausgehen muss eine Anpassung an ein Minimum von Kollektivnormen, die für die Existenz notwendig ist: „eine Pflanze, die zur grösstmöglichen Entfaltung ihrer Eigentümlichkeit gebracht werden soll, muss zuallererst in dem Boden, in den sie gepflanzt ist, auch wachsen können" (Jung, 1971a, S. 478). Dass dennoch eine gewisse Spannung zwischen Individuation und kollektiven Normen bestehen bleibt, zeigt Kast (1998) im folgenden Abschnitt auf:

> Zum einen wissen wir in keinem Moment unseres Lebens abschliessend, wer wir sind und wer wir sein können; zum anderen steht das Individuationsprinzip in steter Auseinandersetzung mit dem, was man in einer bestimmten Kultur von einem Menschen erwartet. Das, was man so tut und denkt, wie man zu fühlen hat, das entspricht gerade nicht dem Individuationsprinzip. Sich selbst werden heisst also zum einen, immer mehr herauszufinden, was denn eigentlich stimmig ist für uns, und zum anderen den Konflikt auszuhalten zwischen unseren persönlichen Bedürfnissen und den gesellschaftlichen Erwartungen. (S. 9)

Individuation ist kein Prozess, der sich nur im stillen Kämmerlein auswirkt. Sie hat eine Auswirkung auf unser tägliches Leben und insbesondere auf unsere zwischenmenschlichen Beziehungen. Individuation und unsere Verbindung zum Selbst führen zu einer grösseren Verbundenheit mit unseren Mitmenschen. Das Selbst ist individuell und kollektiv zugleich. Im Grunde ist Individuation die Basis echter menschlicher Beziehungen (von Franz, 1994):

> Praktisch bedeutet das: je mehr wir uns individuieren, desto besser können wir uns auf unsere Mitmenschen beziehen, desto näher kommen wir ihnen. Wir können, wie Jung betonte, innere Ganzheit nur durch die Seele erreichen, und die Seele des Menschen kann nicht ohne Beziehung zu anderen Menschen existieren. Aber der Mensch kann keine echte Beziehung zu einer anderen Person

haben, bevor er nicht durch einen innerpsychischen Prozess der Gegensatzvereinigung ganz er selbst geworden ist. (S. 277)

Der Wirklichkeit des Selbst tägliche Beachtung zu schenken, bedeutet, in unserem Alltag auf zwei Ebenen zu leben: Während wir uns wie zuvor unseren täglichen Aufgaben und Pflichten widmen, achten wir auf alle Zeichen und Winke in Träumen und Geschehnissen, durch die sich das Selbst zeigt und uns eine bestimmte Richtung weist (von Franz, 1994, S. 368). Das impliziert eine grosse Aufmerksamkeit dem Selbst und dem Unbewussten gegenüber und eine grosse Offenheit, diese Winke auch ernst zu nehmen und ihnen im Alltag zu folgen. Von Franz (Zundel, 1998) schien sehr in diesem Sinne gelebt zu haben. Sie nahm das Selbst im Sinne eines nur subjektiv erfahrbaren Göttlichen sehr ernst. In einem Gespräch mit der Psychologin Edith Zundel (Zundel, 1998, S. 5) äusserte sie: „Wenn ich eine Gottesvision habe, ist das für mich absolut gültig, und ich bin dafür zu sterben bereit. Aber es muss nicht jeder daran glauben."

Kast (2007) betont die tiefe Verbindung zu sich selbst, den Mitmenschen und der Natur als wesentliche Aspekte integrierter Spiritualität:

> Unter Spiritualität verstehe ich das Bedürfnis nach Einheitserfahrung: Einheit mit sich selbst, mit der Natur, mit der Umwelt, mit der Mitwelt, und zwar im aktuellen Leben, mit dem aktuellen Leib, den Freuden und Leiden, die damit verbunden sind. In einer mystisch-sozialen Dimension der Spiritualität möchte diese Einheitserfahrung mit Menschen geteilt werden, man fühlt sich verantwortlich auch für andere Menschen. Spiritualität so besehen ist nüchtern, auch dem Leib verbunden, als Sehnsucht nach Sinn zu verstehen, nach Lebensfülle, nach Lebendigkeit. (S. 98)

Vollständige Individuation ist jedoch nicht möglich – das wird immer wieder betont (z.B. Kast, 1998, S. 9, S. 15; Kast, 2007, S. 44). Sie ist ein lebenslanger Prozess und bedeutet zu jedem Zeitpunkt etwas anderes. Es geht nicht darum, ein spiritueller Mensch zu werden, der über allem steht. Vielmehr geht es darum, ein echter, natürlicher Mensch zu werden – in Kontakt mit der eigenen Einzigartigkeit, den eigenen Gefühlen und Emotionen, den eigenen Schwierigkeiten und inneren Widersprüchen und in Kontakt mit einer inneren Tiefe, die uns mit dem grösseren Ganzen verbindet. Jung sprach in diesem Sinn auch vom wahren Menschen (von Franz, 1994, S. 283).

> Das Selbst wird auch verstanden als Antrieb zu einer lebenslangen Entwicklung, einer kontinuierlichen Auseinandersetzung zwischen dem Ich und dem Unbewussten hin zur angestrebten Ganzheit. Dies bedeutet natürlich nie die totale Verwirklichung des Selbst, das ist in unserem Menschsein nicht möglich. Ganzheit heisst zu jeder Zeit etwas anderes. Sie kann dahingehend verstanden werden, dass immer mehr Aspekte der eigenen Persönlichkeit gesehen und gelebt werden können, dass immer mehr von dem, was zu leben ansteht, auch wirklich gelebt werden kann, dass wir immer echter, immer authentischer, immer mehr wir selbst werden können. Das heisst aber auch, dass wir Widersprüche in unserer Persönlichkeit besser auszuhalten vermögen. Es heisst weiter, dass wir Treue zu unseren Gefühlen und Emotionen entwickeln, überhaupt immer mehr entdecken, welche Gefühle wir im gegebenen Moment haben, und dass wir unsere echten Gefühle von denen unterscheiden lernen, die wir glauben, ‚haben zu müssen'. Es bedeutet aber auch, dass wir in etwas wurzeln, das über uns hinausgeht.

Der Mensch ist in der Jungschen Sicht vernetzt – letztlich auch mit dem Kosmos. (Kast, 1998, S. 11)

4.2   Psychosynthese: Selbstverwirklichung

Die Psychosynthese wurde vom italienischen Psychiater Roberto Assagioli (1888-1974) begründet. Als Schüler von Sigmund Freud war er einer der ersten, welche die Psychoanalyse in Italien einführten. Bereits 1909/1910 begann er das Konzept der Psychosynthese – die er zunächst „Psychoagogik" nannte - zu formulieren, das Eingang in seine Dissertation fand. Er empfand die Psychoanalyse als unvollständig, weil sie spirituelle Aspekte nicht einbezog (Assagioli, 1974, S. 35; Giovetti, 1995/2007, S. 29-33, S. 52).

Roberto Assagioli entstammte einem jüdischen Elternhaus. Seine Mutter und auch seine spätere Frau waren Theosophinnen und auch Assagioli schloss sich dieser Geistesströmung an, ohne den Kontakt zum Judentum zu verlieren (Giovetti, 1995/2007, S. 56, S. 85-88). Der Bezug zur Theosophie und dabei insbesondere zu Schriften von Alice A. Bailey (1880-1949) wird etwa in Assagiolis „Typologie der Psychosynthese" (Assagioli, 1992) deutlich, die im wesentlichen die Theorie der „Sieben Strahlen" (Bailey, 1936/1993) widerspiegelt. Assagioli erwähnte diesen Bezug zur Theosophie in seinen Schriften nicht, weil er seine spirituellen Interessen von seinen wissenschaftlichen getrennt halten (Giovetti, 1995/2007, S. 55) und die Psychosynthese als wissenschaftliche Methode in der Psychologie verankern wollte (vgl. Schuller, 1988). Er hielt Spiritualität für „genau so grundlegend wie den physischen Bereich des Menschen" (Assagioli, 1965/2004, S. 229). Die Psychosynthese verstand er als eine Möglichkeit, die den Zugang zu unmittelbaren spirituellen Erfahrungen öffnen kann und als Unterstützung zur spirituellen Verwirklichung. Gegenüber institutioneller Religion sah er sie als neutral (Assagioli, 1965/2004):

> ‚Neutral' bedeutet nun nicht ‚indifferent'. Religion kann auf zwei verschiedenen Ebenen betrachtet werden: Erstens die ‚existentielle religiöse oder spirituelle Erfahrung', d.h. die direkte Erfahrung spiritueller Realitäten. Diese wurden von Religionsstiftern erkannt, von Mystikern, Philosophen und in verschiedenen Graden von vielen anderen Menschen. Zweitens die theologischen oder metaphysischen Formulierungen solcher Erfahrungen und die Institutionen, die in verschiedenen Zeitepochen und Kulturen gegründet wurden, um den Menschen, die diese direkte Erfahrung nicht hatten, ihre Früchte und Ergebnisse zu vermitteln. Weiterhin die Methoden, Formen und Rituale, durch welche allen Menschen geholfen werden soll, indirekt an der ‚Offenbarung' teilzuhaben.

> … Psychosynthese bejaht die Wirklichkeit spiritueller Erfahrungen, das Bestehen höherer Werte und einer noetischen oder noologischen Dimension, wie Viktor Frankl den spirituellen Kern des Menschen nennt (Frankl 1974). Ihre Neutralität bezieht sich ausschliesslich auf die zweite Ebene, die der Formulierungen und der Institutionen. Die Psychosynthese schätzt, respektiert und anerkennt sogar die Notwendigkeit solcher Formulierungen und Institutionen; ihr primäres Ziel ist jedoch, den Zugang zu direkten Erfahrungen zu öffnen. (S. 230-231)

Assagioli befasste sich intensiv mit mystischen und religiösen Schriften verschiedener Weltreligionen. In seinem Arbeitszimmer standen etwa die Bhagavad Gita, Schriften über Zen, Meditation und christliche Mystik, die Bibel und jüdische Studien (Giovetti,

1995/2007, S. 13) und in seinen Werken finden sich immer wieder Hinweise darauf[37] (z.B. Assagioli, 1965/2004, S. 219, S. 242-243; z.B. Assagioli, 1988/1992, S. 68, s. 109, S. 113, S. 142-143, S. 145, S. 270-289; Assagioli, 1994, S. 117-118).

Assagioli gründete 1926 in Rom das „Institut für Kultur und Psychotherapie". 1933 übernahm das Institut den Namen „Institut für Psychosynthese" (Giovetti, 1995/2007, S. 62-63). Durch den Zweiten Weltkrieg wurden seine Aktivitäten unterbrochen und sein Institut von den Faschisten geschlossen (Assagioli, 1992, S. 117). 1940 wurde er wegen seiner humanitären Aktivitäten, die der faschistischen Regierung ein Dorn im Auge waren, verhaftet und für einen Monat in Einzelhaft gehalten. In seiner Gefängniszeit machte er sich umfangreiche Notizen, die er mit der Überschrift „Freiheit im Gefängnis" versah (Assagioli, 1940). Assagioli (1940) beschreibt in dieser Zeit verschiedene spirituelle Erfahrungen, und er kommt schliesslich während seiner Gefangenschaft zu einer Erkenntnis, die sein Leben und Werk entscheidend prägte:

> Ich erkannte, dass ich frei war, diese oder eine andere Einstellung gegenüber der Situation einzunehmen, ihr diesen oder einen anderen Wert zuzuschreiben, sie zu benutzen oder auch nicht zu benutzen, in der einen oder anderen Weise. Ich konnte mich widersetzen. Ich konnte mich passiv unterwerfen, vegetieren. Oder ich konnte dem unzuträglichen Vergnügen des Selbstmitleids frönen und die Märtyrerrolle annehmen. Oder ich konnte die Situation mit einem Sinn für Humor annehmen, oder ich konnte sie zu einer Liegekur machen, oder ich konnte mich mir selbst für psychologische Experimente zur Verfügung stellen. Oder ich konnte letztendlich ein spirituelles Retreat daraus machen endlich weit weg von der Welt. Da gab es keinen Zweifel in mir, ich war verantwortlich. (S. 3)

Diese grundlegende Erfahrung, trotz äusserer Gefangenschaft frei zu sein und eine innere Wahl zu haben, spiegelt sich in seiner Konzeption des Willens in der Psychosynthese wieder (siehe Kapitel 4.2.2). 1944 eröffnete Assagioli in Florenz wieder ein Institut, in dem er seine äussere Arbeit fortsetzen konnte. 1957 wurde mit der „Psychosynthesis Research Foundation" in New York das erste Institut in den Vereinigten Staaten eröffnet (Assagioli, 1992, S. 118), weitere folgten. Assagiolis Idee war, dass die Psychosynthese in unabhängigen Instituten weiterentwickelt würde. Er wollte der individuellen Sichtweise der jeweiligen Institutsbegründer freien Raum lassen. Diese Institute sollten in freundschaftlicher Weise zusammenarbeiten, ohne dass eine Schule – einschliesslich seiner eigenen – eine zentrale Stellung einnehmen sollte (Assagioli, 2003):

> Es gibt keine Orthodoxie in der Psychosynthese und niemand, bei mir selbst angefangen, kann in Anspruch nehmen, ihr wahrer Repräsentant, Kopf oder Führer zu sein. Jeder Vertreter der Psychosynthese versucht sie so gut auszudrücken und anzuwenden, wie er kann, und alle, die die Botschaft lesen oder hören, oder Unterstützung durch Psychosynthese-Methoden erhalten, können entscheiden, wie erfolgreich einer der Vertreter darin war oder sein kann, den Geist der Psychosynthese zum Ausdruck zu bringen. (S. 3)

Assagioli selbst hat wenig veröffentlicht[38]. Er schrieb vor allem Abhandlungen und Lektionen, die grösstenteils noch nicht veröffentlicht sind – es werden etwa 300 Titel geschätzt (Giovetti, 1995/2007, S. 53).

---

[37] Zu Einflüssen von mystischen und religiösen Traditionen auf die Psychosynthese siehe Hardy (1989, v.a. S. 93-190).

Assagioli wird als humorvoller, bescheidener Mensch beschrieben – wobei eine Qualität immer wieder erwähnt wird, die besonders charakteristisch für ihn zu sein schien: „eine Heiterkeit, die er jederzeit, auch in den schwierigsten Augenblicken, ausstrahlte" (Giovetti, 1995/2007, S. 64, vgl. auch z.B. S. 69, S. 79).

4.2.1 Spiritueller Weg: Personale und transpersonale Psychosynthese

Für ein Verständnis des spirituellen Weges, wie ihn die Psychosynthese sieht, und der Integration spiritueller Erfahrungen ist es sinnvoll, zunächst das Bewusstseinsmodell darzustellen, das der Psychosynthese zugrunde liegt.

Das Bewusstseinsmodell der Psychosynthese

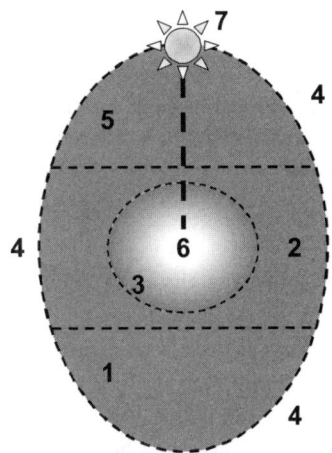

Abbildung 3: Bewusstseinsmodell nach Assagioli (1965/2004, S. 60)

Assagioli unterscheidet in seiner Struktur des Menschen, die in der Psychosynthese auf Grund ihrer Form auch als das „Ei-Modell" bezeichnet wird, folgende Bewusstseinsbereiche:

1. das tiefere Unbewusste
2. das mittlere Unbewusste
3. das Bewusstseinsfeld
4. das kollektive Unbewusste
5. das höhere Unbewusste oder Überbewusste
6. das Ich oder bewusste Selbst
7. das transpersonale (höhere) Selbst

Das tiefere Unbewusste

Das tiefere Unbewusste umfasst die elementaren psychischen Aktivitäten, die das Leben des Körpers in Gang halten sowie die Koordination der körperlichen Funktionen. Es ist der Bereich der fundamentalen Antriebe und primitiven Impulse. Es enthält

---

[38] In Buchform veröffentlicht wurden bisher (vgl. Giovetti, 1995/2007, S. 52-53) (wo vorhanden, hier in deutscher Übersetzung): „Handbuch der Psychosynthese" (1965/2004), „Die Schulung des Willens" (1994), „Psicosintesi. Per l'armonia della vita" und das posthum veröffentliche Buch „Psychosynthese und transpersonale Entwicklung" (1988/1992).

Komplexe, die starke Gefühle gespeichert haben und ist der Bereich von Träumen, Vorstellungsbildern und einfachen, unkontrollierten parapsychologischen Prozessen (Assagioli, 1965/2004, S. 60-61).

Das mittlere Unbewusste

Das mittlere Unbewusste ist dem Bereich unseres Wachbewusstseins sehr ähnlich und ist diesem deshalb auch leicht zugänglich. „In diesem Bereich werden die verschiedenen Erfahrungen aufgenommen, die gewöhnlichen mentalen und imaginativen Aktivitäten in einer Art ‚seelischen Schwangerschaft' herausgearbeitet und entwickelt, bis sie in das Licht des Bewusstseins hineingeboren werden" (Assagioli, 1965/2004, S. 61). Bei diesem „Licht des Bewusstseins" handelt es sich um das Bewusstseinsfeld, das einen eigenständigen Bereich innerhalb des mittleren Unbewussten bildet.

Das Bewusstseinsfeld

Mit dem Begriff „Bewusstseinsfeld" wird jener Teil unserer Persönlichkeit bezeichnet, dessen wir uns unmittelbar bewusst sind: „dem ununterbrochen fliessenden Strom von Empfindungen, Bildern, Gedanken, Gefühlen, Wünschen und Impulsen, die wir beobachten, analysieren und beurteilen können" (Assagioli, 1965/2004, S. 61).

Das kollektive Unbewusste

Der Bewusstseinsbereich des kollektiven Unbewussten wurde von Carl Gustav Jung intensiv erforscht. Jung (1981) - und ebenso Assagioli - verstanden darunter einen Bereich ausserhalb der individuellen Persönlichkeit des Menschen, der alle Menschen miteinander verbindet:

> Die tiefste Schicht, die wir in unserer Erforschung des Unbewussten erreichen können, ist diejenige, auf der der Mensch nicht mehr ein abgegrenztes Einzelwesen ist, sondern wo er sich ausweitet und mit dem Wesen der Menschheit verschmilzt – nicht mit ihrem Bewusstsein, sondern mit ihrem Unbewussten, mit dem, was uns allen gemeinsam ist ... Auf dieser kollektiven Ebene sind wir nicht mehr individuelle Einzelwesen; wir sind alle eins. (S. 53-54)

Anders als Jung, der vom kollektiven Unbewussten „en bloc" spricht, differenziert Assagioli (1965/2004, S. 63; 1974, S. 40-42) analog zum Bereich der Persönlichkeit verschiedene Ebenen des kollektiven Unbewussten: So unterscheidet er ein tieferes, mittleres und höheres kollektives Unbewusstes. Die Inhalte dieser kollektiven Bewusstseinsbereiche gleichen den entsprechenden Ebenen der individuellen Persönlichkeit, sind jedoch nicht persönlich gefärbt, sondern haben allgemeinmenschlichen Charakter.

Das höhere Unbewusste oder Überbewusste

„In diesem Bereich sind die latenten, höheren psychischen Funktionen und spirituellen Energien beheimatet" (Assagioli, 1965/2004, S. 61). Das höhere Unbewusste ist die Quelle höherer Gefühle wie bedingungsloser Liebe, genialer Kreativität oder Zustände von Kontemplation, Erleuchtung oder Ekstase. Aus diesem Bereich tauchen unsere Inspirationen oder höhere Intuitionen künstlerischer, philosophischer oder wissenschaftlicher Art auf. Es ist der Bereich der Ethik und unser Antrieb zu humanitären Handlungen (Assagioli, 1965/2004, S. 61).

Das Ich oder bewusste Selbst

Das *Ich* oder *bewusste Selbst* wird oft mit dem Bewusstseinsfeld verwechselt. Im Unterschied zu den wechselnden Inhalten des Bewusstseinsfeldes (Empfindungen, Gefühle, Gedanken etc.) ist das Ich jedoch der „Punkt reiner Selbstbewusstheit" (Assagioli, 1965/2004, S. 61), das „Zentrum des Bewusstseins" (Assagioli, 1965/2004, S. 62). Assagioli (1965/2004, S. 62) vergleicht die Beziehung zwischen dem Ich und dem Bewusstseinsfeld mit einer „weiss beleuchteten Fläche eines Bildschirmes und den verschiedenen Bildern, die darauf projiziert werden". Normalerweise identifiziert sich der Mensch mit den ständig wechselnden Inhalten des „Bewusstseinsstromes" (William James), also mit dem Teil seiner Persönlichkeit, die als Bewusstseinsfeld bezeichnet wird. Das Ich oder bewusste Selbst darf mit dieser Persönlichkeit jedoch nicht verwechselt werden.

Das Ich ist ein Reflex des transpersonalen Selbst und „im wesentlichen vom gleichen Stoff, so sehr dieser auch durch die Inhalte der mittleren Ebene der Persönlichkeit abgeschwächt und gefärbt sein mag" (Assagioli, 1988/1992, S. 47). Es ist die Widerspiegelung und Manifestation des transpersonalen Selbst.

Hier wird die spirituelle Natur des Ich-Begriffs von Assagioli deutlich. Das Ich wird hier nicht mit der Gesamtpersönlichkeit des Menschen gleichgesetzt, sondern es steht in direkter Verbindung zum transpersonalen Selbst und wird als Manifestation des transpersonalen Selbst im individuellen Menschen verstanden (die Thematik von Ich und Selbst wird ausführlich in Kapitel 5 diskutiert).

Das transpersonale (höhere) Selbst

Das *transpersonale oder höhere Selbst* wird als fortdauerndes Zentrum beschrieben, das jenseits des Ich liegt. „Dieses Selbst steht über dem Bewusstseinsstrom oder den körperlichen Zuständen und wird davon nicht berührt" (Assagioli, 1965/2004, S. 62-63). Das Ich (oder bewusste Selbst) wird als Spiegelbild des transpersonalen Selbst im Bereich der Persönlichkeit betrachtet. Es ist ständig vorhanden; was fehlt, ist „die direkte Bewusstheit seiner Gegenwart" (Assagioli, 1965/2004, S. 147). Die Annäherung an das transpersonale Selbst, eine Verlagerung des Identifikationsschwerpunktes, ist Ziel der Selbstverwirklichung in der Psychosynthese.

Das transpersonale Selbst ist sowohl individuell als auch universell, was durch seine Stellung in Assagiolis Bewusstseinsmodell (siehe Abbildung 3) an der Grenze zwischen individuellem Menschen und höherem kollektivem Unbewussten deutlich wird.

Stadien der Selbstverwirklichung – personale und transpersonale Psychosynthese

Klassischerweise wird von zwei Hauptstadien der Selbstverwirklichung in der Psychosynthese gesprochen: der *personalen* und der *transpersonalen* Psychosynthese. Ziel der *personalen Psychosynthese* ist die Entwicklung einer integrierten Persönlichkeit. Es geht dabei um eine Auseinandersetzung mit der eigenen Persönlichkeit, um ein Aufarbeiten der eigenen Lebensgeschichte oder der heute noch wirksamen Lebensthemen und Muster. Assagioli sieht die personale Psychosynthese als Basis für eine transpersonale Psychosynthese. Die Arbeit mit der eigenen Persönlichkeit beugt dabei auch Schwierigkeiten und Gefahren auf dem spirituellen Weg vor (Assagioli, 1988/1992, S. 38). Bei der *transpersonalen Psychosynthese* geht es um eine allmähliche Verlagerung des Bewusstseinszentrums hin zum transpersonalen Selbst und ein Leben aus dieser inneren Verbindung heraus. *Selbstverwirklichung* meint hier also eine Verwirklichung des *transpersonalen* Selbst.

In der praktischen Anwendung der Psychosynthese folgen die beiden Hauptstadien aber nicht notwendigerweise nacheinander, und so richtet sich die psychosyntheti-
sche Arbeit nach den jeweiligen Bedürfnissen des individuellen Menschen (Assagioli,
1965/2004):

> Der lebendige Mensch ist kein Gebäude, bei dem zunächst das Fundament gelegt
> werden muss, bevor die Mauern errichtet werden und schliesslich das Dach auf-
> gesetzt wird. Die Durchführung des grossen Vorhabens der Psychosynthese
> kann von verschiedenen Punkten und Enden zugleich angefangen werden, und
> die verschiedenen Methoden und Aktivitäten können in längeren oder kürzeren
> Perioden abwechselnd eingesetzt werden, entsprechend den Umständen und in-
> neren Bedingungen. (S. 74)

Die Psychosynthese unterscheidet folgende Stadien der Selbstverwirklichung, die nach
Pfluger-Heist (2000) im Wesentlichen mit Wilbers Entwicklungsstufen des Bewusstseins übereinstimmen[39]. Die verschiedenen Stadien und Methoden, die in diesem Zusammenhang beschrieben werden, stehen in einer engen Verbindung miteinander. Sie
müssen – wie oben deutlich wurde - nicht in strenger Abfolge angewendet werden,
sondern sind als strukturierte Beschreibung eines dynamischen Prozesses gedacht
(Assagioli, 1965/2004, S. 74).

Gründliche Kenntnis der eigenen Persönlichkeit

Eine gründliche Kenntnis unserer Persönlichkeit kann als Basis für jede weitere Arbeit
verstanden werden. Im Bewusstseinsmodell der Psychosynthese meint dies zunächst
eine ausgedehnte Erforschung des tieferen und mittleren Unbewussten – eine Arbeit
mit unseren Ängsten, inneren Konflikten und persönlichen Schwierigkeiten (Assagioli,
1965/2004, S. 65-66). Die Kenntnis der eigenen Persönlichkeit umfasst auch das Erkennen und Aufarbeiten von Entwicklungsdefiziten und Schwierigkeiten, die ihren Ursprung in der Kindheit haben.

Es geht in diesem Stadium darum, die Fähigkeit zur Introspektion und zur Selbst-
reflexion zu stärken und zu vertiefen und sie für eine gründliche Kenntnis der eigenen
Persönlichkeit zu nutzen. Parallel dazu werden bisher vernachlässigte Neigungen und
Fähigkeiten verfügbar gemacht, um sie für den Entwicklungsprozess nutzen zu können
(Dönges & Brunner Dubey, 2005, S. 279)

Methoden, die in der Psychosynthese in diesem Stadium vor allem angewandt
werden, sind etwa: Erforschung des tieferen und mittleren Unbewussten über Schreiben einer Autobiographie, Schreiben eines psychologischen Tagebuchs, freies Malen,
Selbstreflexion, Selbstbeobachtung, Arbeit mit verschiedenen Persönlichkeitsaspekten
(in der Psychosynthese wird dabei auch von „Teilpersönlichkeiten"[40] gesprochen)
(Dönges & Brunner Dubey, 2005, S. 279-280).

---

[39] In Assagiolis eigener Darstellung der Stadien der Selbstverwirklichung, wie er sie in seinem
„Handbuch der Psychosynthese" aufzeigt, endet die systematische Strukturierung beim Stadium „Psychosynthese – die Bildung oder Wiederherstellung der Persönlichkeit um das neue Zentrum". Die Stadien, die die Autorin hier als „Vereinigung" (vgl. Dönges & Brunner Dubey, 2005, S. 308-309; Pfluger-
Heist, 2000, S. 58-60) und als „Inneres und äusseres Wirken" bezeichnet, lehnen sich an weiterführen-
de Darstellungen Assagiolis an (siehe Literaturangaben in den entsprechenden Kapiteln) und an die
Strukturierung von Pfluger-Heist (2000, S. 58-62) und Dönges (2005, S. 308-312).

[40] Der Begriff der „Teilpersönlichkeit" stellt in der Psychosynthese einen oft verwendeten Fach-
begriff dar. Gemeint sind damit die vielen „verschiedenen Aspekte oder psychologischen Formationen

Das ist der Bereich der klassischen Psychotherapie. In der Psychosynthese wird dieses Stadium zusammen mit dem nächsten, der Kontrolle der verschiedenen Elemente der Persönlichkeit, als *personale Psychosynthese* bezeichnet.

Kontrolle der verschiedenen Elemente der Persönlichkeit: Desidentifikation

Die Elemente unserer Persönlichkeit, die wir auf diese Weise kennen gelernt haben, müssen wir in einer nächsten Phase in Besitz nehmen und lernen, sie liebevoll zu leiten. Dabei sind verschiedene Methoden hilfreich: die Arbeit mit Persönlichkeitsaspekten (Teilpersönlichkeiten) und deren Integration, die Methode der Desidentifikation, die Schulung des Willens (siehe Kapitel 4.2.2) und die Entwicklung unserer Beziehungsfähigkeit mit der Erweiterung unserer Möglichkeiten zu mehr Nächstenliebe und Selbstbestimmung (Dönges & Brunner Dubey, 2005, S. 281). Die Übung der Desidentifikation wird dabei als „wirksamste Methode" verstanden (Assagioli, 1965/2004, S. 66), weshalb hier näher darauf eingegangen wird.

Die *Desidentifikationsübung* beruht auf dem grundlegenden psychologischen Prinzip, das Assagioli (1965/2004, S. 67) folgendermassen formuliert: „Wir werden beherrscht von allem, womit sich unser Selbst identifiziert. Wir können alles beherrschen und kontrollieren, von dem wir uns desidentifizieren." Eine einfache Möglichkeit zur Desidentifikation im Alltag besteht beispielsweise darin, dass wir auf unsere Formulierungen achten – auch auf jene, die wir bloss denken. Wenn wir uns in einer Gefühlsaufwallung von Ärger sagen: „Ich ärgere mich" sind wir stärker mit der Emotion identifiziert als wenn wir sagen: „Da ist sehr viel Ärger". In der zweiten Formulierung gibt es zwei Kräfte, die einander gegenüber stehen: unser wachsames Selbst und die Emotion – in diesem Fall der Ärger.

Die Desidentifikationsübung – auch *Selbstidentifikation* genannt – ermöglicht es, zwischen den Inhalten des Bewusstseinsfeldes und seinem Zentrum, dem Ich oder bewussten Selbst, aktiv zu unterscheiden und eine Identifikation mit dem bewussten Selbst zu fördern. Dabei wird eine indirekte Technik angewendet, die darin besteht, „alle Teilidentifikationen des Selbst auszuschalten" (Assagioli, 1965/2004, S. 147). Es geht darum, das Ich in seiner Essenz zu erleben, die im wesentlichen dieselbe ist wie die des transpersonalen Selbst. Können wir uns von den Inhalten unserer Persönlichkeit desidentifizieren, hat das bewusste Ich die Tendenz, sich mit seiner Quelle, dem transpersonalen Selbst, zu vereinigen (Assagioli, 1988/1992, S. 47).

In der inneren Haltung eines Beobachters wird die Aufmerksamkeit dabei auf drei Bereiche gerichtet: auf die vom Körper hervorgebrachten Empfindungen, auf den ständigen Wechsel von Emotionen und Gefühlen und auf die Verstandesaktivitäten, die mentalen Inhalte. In der ruhigen und leidenschaftslosen Beobachtung des Flusses

---

innerhalb der Persönlichkeit" (Vargiu, 1974, S. 2, Übersetzung durch die Autorin). Man könnte auch von verschiedenen, relativ klar umrissenen Persönlichkeitsaspekten oder inneren Rollenmustern sprechen, die wir in unserem Leben innehaben und die in verschiedenen Situationen mehr oder weniger stark aktiviert werden. So können wir beispielsweise mit der „fürsorglichen Mutter" in uns identifiziert sein, in anderen Momenten mit der „Berufsfrau" oder dem „Geschäftsmann", während wieder andere Situationen in uns das „ängstliche Kind" aktivieren. Das Konzept steht den Komplexen bei Carl Gustav Jung nahe. Ähnlich wie in der Aktiven Imagination von C.G. Jung können in der Arbeit mit Teilpersönlichkeiten persönliche Aspekte bildhaft personifiziert werden, um aktiv mit ihnen arbeiten zu können. Ursprünglich verwendete Assagioli den Begriff „subpersonalità" im Italienischen, was zunächst als Subpersönlichkeit übersetzt wurde. Später etablierte sich der Begriff der „Teilpersönlichkeit" (Dönges & Brunner Dubey, 2005, S. 44).

wechselnder Körperempfindungen, Gefühle und Gedanken lässt sich erkennen, wie flüchtig und vorübergehend diese Bewusstseinsinhalte sind. Wichtig für die Übung der Desidentifikation ist es, dass es einen inneren Beobachter gibt, der die vergänglichen Bewusstseinsinhalte beobachtet und dass dieser Beobachter von ihnen losgelöst und nicht mit ihnen identisch ist. Die Erfahrung dieses Unterschieds zwischen Beobachter und Bewusstseinsinhalten bringt spontan ein Erleben von Desidentifikation von den beobachteten Empfindungen, Gefühlen und Gedanken hervor. Durch die Erfahrung dieses Unterschieds wird die Dauerhaftigkeit und Beständigkeit des Beobachters erkannt (Assagioli, 1965/2004, S. 147-149).

Die konkrete Übung besteht darin, sich in drei Schritten zu desidentifizieren und sich bewusst zu machen: „Ich habe einen Körper, aber ich bin nicht mein Körper." „Ich habe ein emotionales Leben, aber ich bin nicht meine Gefühle und Emotionen." „Ich habe einen Verstand und Gedanken, aber ich bin nicht mein Verstand und meine Gedanken." Dadurch werden die Unterschiede zwischen Bewusstseinsfeld und Ich bewusst (Assagioli, 1965/2004):

> Diese Tatsachen beweisen uns, dass der Körper, die Gefühle und der Verstand Instrumente der Erfahrung, Wahrnehmung und des Handelns sind: Instrumente, die wandelbar und nicht von Dauer sind, die jedoch durch das ‚Ich' beherrscht, diszipliniert und gezielt eingesetzt werden können, während das Wesen des ‚Ich' etwas völlig anderes ist. Das ‚Ich' ist einfach, unveränderlich, konstant und selbstbewusst. (S. 150-151)

Nach dieser Phase der Desidentifikation folgt die Selbstidentifikation, in der bekräftigt wird: „Ich bin ‚Ich', ein Zentrum reinen Bewusstseins" (Assagioli, 1965/2004, S. 151). Die Erfahrung reinen Selbst-Bewusstseins ist dabei „nichts Ekstatisches" – es ist vielmehr eine „stille, subtile Sache" (Assagioli, 2008, S. 4). Es ist kein Gipfelerlebnis, sondern eine Erfahrung des Seins (Assagioli, 2008, S. 7). Um die Charakteristiken des Ich oder bewussten Selbst zu verdeutlichen, sei die Phase der Selbstidentifikation ausführlicher dargestellt (Assagioli, 1965/2004):

> Es ist das Wesen meiner Selbst – ein Zentrum reiner Selbst-Bewusstheit und Selbst-Verwirklichung. Es ist der dauerhafte Faktor in dem sich ständig verändernden Fluss meines persönlichen Lebens. Es ist das, was mir das Gefühl der Existenz, der Dauer und der inneren Sicherheit gibt. Ich erkenne und bestätige mich selbst als ein Zentrum reinen Selbst-Bewusstseins. Ich realisiere, dass dieses Zentrum nicht nur in einem statischen Selbstgewahrsein besteht, sondern auch dynamische Kraft hat; es ist fähig, alle seelischen Prozesse und den physischen Körper zu beobachten, zu beherrschen, zu lenken und einzusetzen. Ich bin ein Zentrum von Bewusstheit und Kraft. (S. 153)

Ziel der Übung ist es, ein „Gefühl von Identität und inneren Seins, das Gefühl eines Zentrums, eines Wesenskerns in uns" (Assagioli, 1965/2004, S. 155) zu entwickeln.

Die Übung weist dabei Ähnlichkeiten mit der von Ramana Maharshi (Zimmer, 1997, S. 171) erwähnten Übung auf, die er vorschlägt zur Überwindung von Neigungen des Gemüts („ich bin nicht der Leib…") (siehe Kapitel 3.4.2). Beide umfassen eine Aufhebung der Identifizierung mit allem, was nicht das Selbst ist und streben die Identifizierung mit dem Selbst („ich bin das Selbst") an. Der zugrundeliegende Ich-Begriff unterscheidet sich jedoch wesentlich (vgl. Kapitel 5.2).

Können wir uns also von unseren Emotionen, Gedanken und Körperempfindungen desidentifizieren, sind wir fähig, unsere inneren Vorgänge, Muster, Bilder oder Komplexe klar und auf unpersönliche Weise zu beobachten. Das schafft eine psychologische Distanz, die es ermöglicht, den Ursprung und das Wesen dieser Komplexe zu erforschen (vgl. Assagioli, 2008, S. 11). „Das bedeutet nicht eine Unterdrückung oder Verdrängung der darin enthaltenen Energien, sondern ihre Kontrolle und Neuausrichtung in konstruktive Kanäle" (Assagioli, 1965/2004, S. 68). Um eine solche Neuausrichtung zu erreichen, müssen wir vom vereinigenden Zentrum in uns ausgehen.

Verwirklichung unseres wahren Selbst – die Entdeckung oder Schaffung eines vereinigenden Zentrums
Hier beginnt die *transpersonale* oder *spirituelle Psychosynthese* und damit im engeren Sinne das, was Assagioli als Selbstverwirklichung bezeichnet. Ausgehend von einer stärkeren Zentrierung im Ich oder bewussten Selbst - einem Ziel der Desidentifikationsübung - geht es nun darum, das persönliche Bewusstsein ins transpersonale Selbst zu erweitern. Im Bewusstseinsmodell der Psychosynthese bedeutet das, sich entlang der Verbindungslinie zwischen dem Ich und dem transpersonalen Selbst nach oben zu bewegen, um das Ich mit dem transpersonalen Selbst zu vereinen. Was hier sehr einfach klingt, ist ein langer und oft mühevoller Weg – „und nicht jeder ist dazu bereit" (Assagioli, 1965/2004, S. 69). In günstigen Fällen findet dieser Prozess spontan statt, aber er vollzieht sich dann meist sehr langsam. Durch das Einsetzen geeigneter Techniken kann der Weg bewusster gegangen und beschleunigt werden.

Die Entdeckung oder Schaffung eines vereinigenden Zentrums, also des transpersonalen Selbst, ist verbunden mit Erfahrungen des transpersonalen Selbst. Solche Erfahrungen können spontan auftreten oder willentlich intendiert werden durch spirituelle Praktiken wie Gebet oder Meditation oder durch andere Methoden der Bewusstseinserweiterung. So kann mit Visualisierungen von Symbolen des transpersonalen Selbst gearbeitet werden, die als Vermittler bestimmter Aspekte und Qualitäten des transpersonalen Selbst wirken. Mittels einer Imagination kann auch ein Dialog mit dem transpersonalen Selbst aufgebaut werden (Dönges & Brunner Dubey, 2005, S. 290-292; Ferrucci, 1981/1986, S. 185-186).

Das transpersonale Selbst ist Teil des individuellen Menschen und steht mit der „transzendenten Wirklichkeit in Verbindung" (Assagioli, 1988/1992, S. 44). Es ist individuell und universell. Erfahrungen des transpersonalen Selbst werden als Bewusstseinszustand beschrieben,

> der in gewissen Momenten der Erhebung, des ,Heraustretens' aus dem begrenzten Raum des gewöhnlichen Bewusstseins, erlebt werden kann und erlebt wurde. Dabei stellt sich ein von intensiver Freude und Glückseligkeit durchströmtes Gefühl der Erweiterung, der grenzenlosen Expansion ein. Es ist ein Zustand, der sich grundsätzlich nicht in Worte fassen lässt. (Assagioli, 1988/1992, S. 33)

Ein solches spirituelles Erwachen – wie erste spirituelle Erfahrungen bezeichnet werden - ist von grossem Wert für den betroffenen Menschen und läutet oft eine Wandlung ein (Assagioli, 1988/1992):

> Das Erwachen der Seele, der erste grelle Blitz des spirituellen Bewusstseins, der das ganze Wesen transformiert und erneuert, ist ein Ereignis von fundamentaler Bedeutung und von unvergleichlichem Wert für das innere Leben des Menschen. (S. 159)

In diesem Stadium beginnen wir also, ein neues Identifikationszentrum zu erkennen: das transpersonale Selbst. Mit der Erfahrung des transpersonalen Selbst treten unsere Probleme (vorübergehend) in den Hintergrund, wir erleben eine tiefe Sicherheit und fühlen uns in einer alles durchdringenden Liebe mit allem verbunden. Dabei scheint unsere Persönlichkeit mit ihren Schwächen wie aufgehoben zu sein (Assagioli, 1965/2004):

> Wie schon gesagt, ist ein harmonisches inneres Erwachen durch ein Gefühl der Freude und geistigen Erleuchtung gekennzeichnet, welches Einsicht in Sinn und Zweck des Lebens mit sich bringt. Viele Zweifel werden zerstreut, die Lösung vieler Probleme geboten und ein Gefühl der Sicherheit vermittelt. Gleichzeitig erwacht die Erkenntnis, dass Leben Einheit ist und ein Strom von Liebe zu den Mitmenschen und der ganzen Schöpfung fliesst durch den erwachenden Menschen. Die frühere Persönlichkeit mit ihren scharfen Ecken und unliebsamen Charakterzügen scheint in den Hintergrund getreten zu sein, und ein neues liebevolles und liebenswertes Wesen lächelt uns und die ganze Welt an, voller Eifer, zu erfreuen, zu dienen und den neuerlangten geistigen Reichtum, dessen Überfluss es allein gar nicht zu fassen scheint, mit anderen zu teilen. (S. 88-89)

Dieser Zustand kann unterschiedlich lange andauern, irgendwann hört er jedoch wieder auf. Die eigene Persönlichkeit wird wieder spürbar, weil sie sich nicht aufgelöst hat, sondern nur in den Hintergrund getreten ist (Assagioli, 1965/2004, S. 89). So ist im nächsten Stadium eine Arbeit auf der Ebene der Persönlichkeit zentral – es geht um die Bildung der Persönlichkeit um das neue Identifikationszentrum, das transpersonale Selbst. Dabei steht eine Wandlung der Persönlichkeit im Vordergrund.

Psychosynthese – die Bildung oder Wiederherstellung der Persönlichkeit um das neue Zentrum

Für Assagioli scheint dieses Stadium besonders zentral gewesen zu sein, da er davon sprach, dass dies die „eigentliche Psychosynthese" ist (Assagioli, 1965/2004, S. 71): „Wenn das vereinigende Zentrum gefunden oder geschaffen worden ist, sind wir in der Lage, um dieses eine neue Persönlichkeit aufzubauen – klar strukturiert und einheitlich. Dies ist die eigentliche Psychosynthese ..."

Um diese neue Persönlichkeit zu entwickeln, werden zwei Methoden erwähnt, die nach eigener Veranlagung gewählt werden können:
- ein Idealbild von sich zu entwerfen
- sich innerlich mit dem transpersonalen Selbst zu verbinden und sich von ihm führen zu lassen

Entwerfen wir ein *Idealbild von uns selbst*[41], so sollte dieses Bild verwirklichbar sein, also realistisch und in Übereinstimmung mit unseren natürlichen Fähigkeiten und unserer Entwicklung stehen. Es sollte unserem eigenen Potential entsprechen, das bereits in uns vorhanden, aber noch nicht entfaltet und umgesetzt ist. „Ein wirkliches ‚Idealbild' hat eine dynamische, kreative Kraft; es erleichtert die Aufgabe, indem es Ungewissheiten und Fehler beseitigt; es konzentriert die Energien und nutzt die grosse suggestive und schöpferische Kraft von Bildern" (Assagioli, 1965/2004, S. 71). Die Arbeit mit einem Idealbild in diesem Stadium der Psychosynthese ist besonders für Menschen geeignet, die bereits eine klare Vorstellung ihres Ziels und einen Plan zu dessen Verwirklichung haben. Dabei sollte das Idealbild nicht starr werden, sondern wir sollten immer wieder

---

[41] Die Technik des Idealmodells wird in Kapitel 4.2.2 ausführlicher beschrieben.

bereit sein, es zu modifizieren oder gar vollständig zu verändern, wenn neue Erfahrungen einen solchen Wandel nötig machen (Assagioli, 1965/2004, S. 71-72).

Für Menschen, die lieber ihrer Intuition als einem klaren Plan folgen, eignet sich die zweite Methode besser: Hier geht es darum, *sich immer wieder bewusst mit dem transpersonalen Selbst zu verbinden und aus diesem Kontakt die innere Führung zu beziehen,* die dann das eigene Handeln im Alltag lenkt und die Entwicklung leitet. Dem Kontakt zum transpersonalen Selbst können verschiedene Aspekte der „alten" Persönlichkeit im Wege stehen, die es zu überwinden gilt. Folgen wir diesem zweiten Weg, verlangt dies ein gutes Unterscheidungsvermögen zwischen Intuitionen oder Inspirationen des transpersonalen Selbst und Bedürfnissen oder Wünschen unseres tieferen Unbewussten. Ebenso brauchen wir eine gute Standfestigkeit, um unvermeidbare Zeiten durchzustehen, in denen wir uns von unserem Kontakt zum transpersonalen Selbst abgeschnitten fühlen (Assagioli, 1965/2004, S. 71-72).

Der Aufbau einer neuen Persönlichkeit kann in drei Stadien gegliedert werden:

- In der Nutzbarmachung verfügbarer Energien geht es darum, unbewusste Komplexe zu analysieren und aufzulösen und bisher vernachlässigte, aber hilfreiche Neigungen zu nutzen. Dazu müssen unbewusste Kräfte oft umgewandelt werden. Eine solche Umwandlung kommt beispielsweise in Heinrich Heines Worten zum Ausdruck: „Aus meinen grossen Schmerzen mach' ich die kleinen Lieder" – er sublimierte Schmerz in Dichtung und damit in Schönheit (Assagioli, 1965/2004, S. 72-73).

- In einem zweiten Schritt sollen Persönlichkeitsaspekte entwickelt werden, die bisher nur latent vorhanden waren oder in ihrem Kontext unangemessen waren. Dazu stehen grundsätzlich zwei Methoden zur Verfügung: Autosuggestion oder positives Denken (Arbeit mit Affirmationen) und systematisches Training der wenig entwickelten Aspekte wie z.B. des Willens, der Imaginationsfähigkeit oder des Gedächtnisses.

- In einem dritten Stadium geht es um eine Koordination der verschiedenen Persönlichkeitsaspekte und damit um die Schaffung einer fest organisierten, neuen Persönlichkeit (Assagioli, 1965/2004, S. 73-74).

Psychosynthese versteht sich als „dynamischer Entwurf des Seelenlebens" (Assagioli, 1965/2004, S. 74-76). In uns findet ein ständiges Wechselspiel und ein dauernder Konflikt zwischen verschiedenen, widersprüchlichen Kräften und dem vereinigenden Zentrum statt, das versucht, die unterschiedlichen Aspekte in uns nutzbar zu machen und zu harmonisieren. So geht es in der Psychosynthese um eine Arbeit mit der Persönlichkeit, um deren Wandlung und Neugestaltung; um die Desidentifikation von ihr und um eine zunehmende Vereinigung mit dem transpersonalen Selbst (Assagioli, 1965/2004, S. 75):

> Verallgemeinert gesagt bedeutet dies, dass alle Unreinheiten des Kanals beseitigt werden müssen, der das persönliche Ich mit dem transpersonalen Selbst verbindet. Es geht also um die Läuterung der ganzen Persönlichkeit und um die bewusste Auflösung der Identifikation mit ihr – was man durch Kultivieren einer ‚göttlichen Gelassenheit' gegenüber ihren Ansprüchen erreicht – und schliesslich den Übergang zur Identifikation mit dem Selbst. (Assagioli, 1988/1992, S. 191)

Vereinigung

Der Weg der Psychosynthese führt also zu einer Verlagerung unseres Identifikationszentrums hin zum transpersonalen Selbst und zur Vereinigung mit ihm. Die Erfahrung der Identifikation mit dem Selbst wird als ein Zustand des reinen Seins beschrieben (Assagioli, 1994):

> Wie wir gesehen haben, ist die fundamentale existenzielle Erfahrung des Menschen, wenn sie nicht mit all den verschiedenen psychischen Elementen identifiziert ist, das bewusste ‚Sein' – *ein lebendiges Selbst zu sein*. Das ist ein Aspekt des Universalen SELBST oder Seins. (S. 115)

Die erfahrungsmässige Verwirklichung der Vereinigung erfolgt nach Assagioli (1994, S. 115-117) in drei Graden (Abbildung 4):

- Die Strahlung des transpersonalen Selbst ist fast vollständig auf die individuelle Persönlichkeit ausgerichtet. Die Aufmerksamkeit des transpersonalen Selbst ist also vor allem auf das Ich oder bewusste Selbst gerichtet. Hier geht es darum, dass das transpersonale Selbst durch seine Strahlung den ganzen Menschen beeinflusst.

- Die Aufmerksamkeit und Aktivität des transpersonalen Selbst ist gleichmässig zur Persönlichkeit hin und zur transzendenten Realität hin verteilt. Hier könnte man davon sprechen, dass das Bewusstsein auf Individualität und Universalität zugleich gerichtet ist: Hier „hat sich der Mensch eine gewisse Einsicht von seiner Teilnahme an einem universalen Zustand des Seins angeeignet, während er gleichzeitig einen lebendigen, ja sogar geschärften Sinn der individuellen Identität des vollen ‚Sich-selbst-Seins' bewahrt" (Assagioli, 1994, S. 116).

- Schliesslich richtet sich das Bewusstsein noch stärker auf den universellen Aspekt und das Gefühl der individuellen Identität wird noch geringer. Bei diesen „höchsten Transzendenzzuständen" ist das „Gefühl der individuellen Identität geschwächt" – es scheint „sogar vorübergehend verlorengegangen zu sein" (Assagioli, 1994, S. 116). „Dies sind Zustände, die verschiedentlich *samadhi, prajna, satori,* Ekstasen, kosmisches Bewusstsein usw. genannt werden" (Assagioli, 1994, S. 116). Assagioli (1994, S. 116) betont jedoch, dass „selbst in diesen Zuständen das Gefühl der Individualität nicht ganz verloren" ist. Er zitiert Lama Anagarika Govinda (1966/1973), der schreibt: „Die Individualität ist nicht nur das notwendige und komplementäre Gegenstück der Universalität, sondern der Brennpunkt, durch den allein Universalität erlebt werden kann" (zit. nach Assagioli, 1994, S. 116).

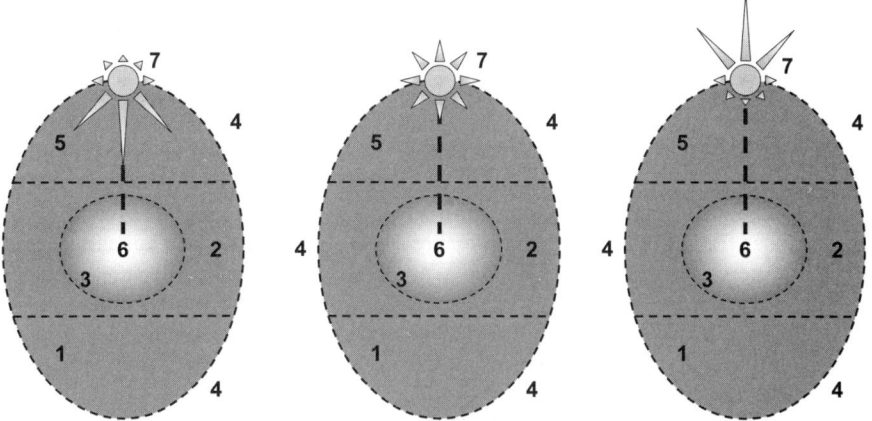

Abbildung 4: Grade der Verwirklichung (Assagioli, 1994, S. 115)

Die Individualität des Menschen geht nach Assagioli also in all diesen Stadien der Vereinigung nicht ganz verloren – der Mensch bleibt in diesem Sinn auch in der Vereinigung mit dem transpersonalen Selbst sich selbst – ein individueller Mensch.

Ein weiteres Charakteristikum der Vereinigung ist die Verschmelzung des persönlichen Willens mit dem universalen Willen (Assagioli, 1994):

> Die Harmonisierung, Verbindung, Vereinigung und Verschmelzung der beiden Willen war – und ist – das tiefe Verlangen, und man könnte sagen: das höchste, wenn auch oft nicht erkannte Bedürfnis der Menschheit. Dies wurde auf verschiedene Arten gefühlt und ausgedrückt, je nach den Vorstellungen von Realität der verschiedenen Menschentypen. Es bedeutet wesentlich ein Einstimmen auf und ein williges Teilnehmen am Rhythmus des Universalen Lebens. … [Es ist] die Verbindung und schliesslich die Vereinigung des menschlichen Willens mit dem Willen Gottes. … Die unmittelbarste und höchste Aussage über den Willen-zur-Vereinigung wurde von Christus gegeben: ‚Nicht mein Wille, sondern dein Wille geschehe' (Matt. 26,39). Die Vollendung dessen liegt in seiner triumphierenden Versicherung: ‚Ich und der Vater sind eins' (Joh. 10, 30). (S. 117-118)

Diese Vereinigung von persönlichem und universalem Willen führt zu einem tiefen Gefühl von innerem Frieden, Sicherheit, Freude und Glückseligkeit (Assagioli, 1988/1992, S. 320).

„Inneres und äusseres Wirken"

> Nach alldem, aber praktisch auch schon während des Assimilations- und Erneuerungsprozesses, kommt es zur Anwendung, zur Nutzung der neuen Energien und Fähigkeiten, die durch die Erweiterung und Erhebung des Bewusstseins erschlossen wurden. Diese Nutzung kann auf zwei Arten geschehen: durch inneres und durch äusseres Wirken. (Assagioli, 1988/1992, S. 56)

„Inneres und äusseres Wirken" findet im Grunde im ganzen Verlauf der Selbstverwirklichung statt und sollte diesen Prozess auch begleiten. Es geht hier um die Umsetzung im täglichen Leben – handelnd oder in der Art, hier zu sein – also um die Integration spiritueller Erfahrungen im engsten Sinn. Assagioli (1988/1992, S. 56-57) versteht unter *innerem Wirken* die Ausstrahlung eines Menschen, die im Verlauf der Selbstverwirklichung zunimmt und mit einer Lichtquelle verglichen wird, deren Strahlen sich in der Umgebung verbreiten. Er beschreibt dies als spontanen Prozess, der unvermeidlich ist, wenn wir uns unserem transpersonalen Selbst stärker annähern. Nach Assagioli (1988/1992, S. 57) wird dadurch auch erklärbar, weshalb Menschen in diesem Stadium durch ihre blosse Anwesenheit eine starke Wirkung auf ihre Umgebung haben.

Äusseres Wirken entsteht aus dem natürlichen Impuls heraus, andere Menschen am Reichtum des transpersonalen Selbst teilhaben zu lassen. Es kann sich äussern in einer direkten Unterstützung anderer auf dem Weg der Erweiterung des Bewusstseins und der Selbstverwirklichung. Oft zeigt es sich auch in sozialem Wirken, das darauf ausgerichtet ist, bestehende Strukturen und Bedingungen in der Gesellschaft zu verändern, um neue Formen des Zusammenlebens zu schaffen, deren Werte einer transpersonalen Ausrichtung entsprechen (Assagioli, 1988/1992, S. 57).

Dieses Stadium wird auch als „Rückkehr in die Welt" (Assagioli, 1988/1992, S. 113) bezeichnet:

> Es gibt noch eine andere ‚Rückkehr', die höchste Form der Rückkehr: das In-die-Welt-Zurückkehren jener Wesen, die aus Liebe und Mitleid beschlossen haben, denen zu helfen, die noch blind, schlafend und gefangen sind. Es ist die Wiederkehr jener befreiten, spirituellen Wesen, für die es auf dieser Welt nichts mehr zu lernen, zu fragen und zu begehren gibt, die aber trotzdem herabsteigen, um andere zu erlösen und dadurch zu Mithelfern Gottes, zu ‚befreiten Befreiern' werden. Im Buddhismus nennt man dies dem Nirvana entsagen, im Christentum bezeichnet man es als das Werk der gemeinsamen Erlösung. (Assagioli, 1988/1992, S. 113)

Der Weg der Selbstverwirklichung ist sehr anstrengend und oft mühevoll, und sein Ziel wird nie abschliessend erreicht. Auch wenn Assagioli von „befreiten Befreiern" spricht, so ist dieser Ausdruck nicht endgültig zu verstehen. Es ist ein ständiger Prozess ohne ein Ziel, nach dessen Erreichen man sich zur Ruhe setzen könnte: „Die Freiheit muss jeden Tag, ja man könnte sagen, in jedem Augenblick aufs Neue erobert und behütet werden; es ist nicht möglich, sich ‚ein für allemal' zu befreien" (Assagioli, 1988/1992, S. 112).

4.2.2 Integrationsprozess: „Psychologische Bergbesteigung"

> Was widerfährt einem Menschen, nachdem seine Augen sich für die Sicht des Spirituellen geöffnet haben? Vielfältig, komplex und wunderbar sind die Abenteuer, die seiner harren. Nach ihrem Erwachen, jenem feierlichen und einschneidenden Ereignis, beginnt die Seele ein wahrhaft neues Leben: Sie wird von einem brennenden Willen zum Guten beflügelt und verspürt die Notwendigkeit, mit dem universellen Leben in eine vollständige Harmonie zu treten und in allem dem göttlichen Willen zu gehorchen. In der ersten Zeit, solange sie noch unter dem Eindruck ihrer Verbindung mit dem Geist steht und daraus ihre Kraft schöpft, glaubt sie, dies leicht, ohne Umwege und durch einen einfachen Willensakt vollbringen zu können. Später, wenn sie sich erst einmal ans Werk gemacht hat, erfährt sie bald eine herbe Enttäuschung. Die niedrige menschliche Natur mit all ihren Gewohnheiten, Neigungen und Leidenschaften erhebt sich wieder, und der Mensch begreift, dass er noch eine lange, geduldige und komple-

xe Arbeit der Läuterung an sich zu vollziehen hat. Er muss sich auf eine Pilger-
reise begeben, die ihn durch die Abgründe seiner niedrigen Natur führt, um diese
kennenzulernen, zu bezwingen und zu verwandeln. Die Früchte dieser langen
und harten Arbeit sind wertvoll und wunderbar. Noch grössere Enthüllungen
und neue und stärkere Erleuchtungserlebnisse erwarten die geläuterte Seele.
(Assagioli, 1988/1992, S. 174)

Auf welche Weise auch immer spirituelle Erfahrungen auftreten – ob spontan oder
durch spirituelle Praktiken vorbereitet und beabsichtigt – sie kommen früher oder später mit der alltäglichen Realität in Kontakt: mit unseren Alltagssituationen und unserer
Art, damit umzugehen. Assagioli beschreibt hier anschaulich, wie wir uns nach einem
spirituellen Erwachen oder auch späteren spirituellen Erfahrungen sehr beflügelt fühlen
können und wie ernüchternd es sein kann, zu merken, dass die konkrete Realisierung
dieses Potentials ein mühevoller Weg ist und uns immer wieder auf uns selbst zurück-
wirft. Wir müssen uns mit Persönlichkeitsaspekten auseinandersetzen, die uns unangenehm sind, und die wir als hinderlich auf unserem Weg erleben. Die Notwendigkeit
dieser Arbeit auf der personalen Ebene wurde bereits im vorangehenden Kapitel 4.2.1
deutlich: Wir müssen unsere Persönlichkeit gründlich kennen lernen und ihre Aspekte
in einer liebevollen Haltung leiten lernen, sie umwandeln. Ohne diese personale Arbeit
ist eine Selbstverwirklichung im Sinne der Psychosynthese nicht möglich. Der spirituelle
Weg in der Psychosynthese wird immer als Weg auf zwei Ebenen verstanden: auf der
personalen und der transpersonalen.

Welche Möglichkeiten bestehen nun in der Psychosynthese, spirituelle Erfahrungen zu integrieren? Hier erscheinen vor allem drei Konzepte der Psychosynthese wesentlich:

- die *personale Arbeit* mit den Stadien der „gründlichen Kenntnis der Persönlichkeit" und der „Kontrolle der verschiedenen Elemente der Persönlichkeit"
- die überwiegend *transpersonale* Arbeit mit dem *Überbewussten*, der möglichst
  eine personale Arbeit vorausgehen sollte (Assagioli, 1988/1992, S. 38)
- die Entwicklung des *Willens*, der personale und transpersonale Aspekte
  umfasst

Im Folgenden wird auf die Arbeit mit dem Überbewussten und auf die Entwicklung
des Willens näher eingegangen. Die personale Arbeit wurde bereits in Kapitel 4.2.1 dargestellt.

**Arbeit mit dem Überbewussten: Von der spirituellen Erfahrung zur dauerhaften
Verwirklichung**

Assagioli (1988/1992, S. 46-53) beschreibt drei Richtungen, in die das Bewusstsein
grundsätzlich erweitert werden kann:

- Eine Erweiterung *„in die Tiefe"* umfasst eine Arbeit mit dem tieferen Unbewussten und ist von therapeutischem Wert.
- *„In die Horizontale"* wird das Bewusstsein zu anderen Wesen und Menschen, zur Natur und den Dingen, zum Kollektiven hin erweitert. Aspekte davon können ein Sich-eins-Fühlen mit der Natur und ein Gefühl von
  Teilhaben am Leben umfassen.

- Bei der Bewusstseinserweiterung *„in die Höhe"* ist die Arbeit mit dem Überbewussten und dem transpersonalen Selbst angesprochen. Auf diese Richtung wird im Folgenden Bezug genommen.

Die Bezeichnung „überbewusst" ist weitgehend synonym für „spirituell" (Assagioli, 1965/2004, S. 229). Unter *spiritueller Entwicklung* versteht Assagioli (1965/2004, S. 81) entsprechend „alle Erfahrungen, die mit einem Erkennen der Inhalte des Überbewussten in Beziehung stehen, die eine Erfahrung des Selbst einschliessen können, aber nicht müssen". Dabei legt Assagioli (1988/1992, S. 31) Wert darauf, dass zwischen dem Überbewussten und dem transpersonalen Selbst ein „fundamentaler Unterschied" besteht – eine Unterscheidung, die oft nicht gemacht wird, da die Inhalte des Überbewussten dem transpersonalen Selbst „sehr nahestehen und in gewissem Mass an dessen Eigenschaften teilhaben":

> Im Überbewussten gibt es Elemente oder ‚Inhalte' verschiedener Art, die aktiv, dynamisch und wechselhaft sind und mit dem Strom des psychischen Lebens fliessen. Das Selbst hingegen ist unveränderlich, unbeweglich, stabil; deshalb ist es unbedingt vom Überbewussten zu unterscheiden. (S. 31)

Das Überbewusste und das transpersonale Selbst unterscheiden sich also voneinander, in ihrer Qualität sind beides jedoch *spirituelle Erfahrungen*, die Assagioli umschreibt als „Bewusstseinszustände …, die sich – in ihrer Qualität, in ihrer Intensität und in ihren Auswirkungen – weitgehend von jenen unterscheiden, die normalerweise ihr Licht oder ihre Schatten auf die Bildfläche der menschlichen Wahrnehmung werfen" (Assagioli, 1988/1992, S. 19). Betroffene beschreiben, dass diese Bewusstseinszustände darauf zurückzuführen seien, dass sie mit einer Bewusstseinsebene in Berührung gekommen seien, die „über" der gewöhnlichen liege (Assagioli, 1988/1992, S. 19).

Assagioli (1965/2004, S. 231; 1988/1992, S. 24) sieht die Realität des Überbewussten als eine Erfahrung an, die für Menschen, denen sie zuteil geworden ist, eine Tatsache darstellt, die keines Beweises bedarf, weil sie für die Betroffenen eine psychische Realität darstellt und Auswirkungen auf ihr äusseres Verhalten hat. Grundsätzlich stellt das Überbewusste einen *unbewussten* Bereich der menschlichen Psyche dar – das wird in der ebenfalls gängigen Bezeichnung „höheres Unbewusstes" deutlich. Im Unterschied zum tieferen Unbewussten, bei dem es sich überwiegend um verdrängtes, biografisches Material handelt, stellen überbewusste Inhalte etwas Neues dar, das wenig Beziehung zu vorhergehenden biografischen Erfahrungen hat (Assagioli, 1965/2004, S. 234). Wie kann nun etwas, was ausserhalb der bewussten Wahrnehmung liegt, bewusst werden? Assagioli (1988/1992) schreibt dazu:

> Die Antwort ist einfach und gilt ebenso für jeden anderen Aspekt und jede andere Ebene des Unbewussten. Psychische Elemente, Vorgänge und Inhalte, die gewöhnlich ausserhalb unseres Bewusstseins liegen, können wir dann bewusst erleben, wenn sie in gewissen Momenten oder unter gewissen Bedingungen ins Bewusstsein treten. (S. 24)

Wie können wir erkennen, ob es sich bei Bewusstseinsinhalten um Aspekte des Überbewussten handelt? Erfahrungen des Überbewussten sind begleitet von einem Gefühl tiefen Friedens, der unabhängig von inneren und äusseren Umständen erlebt wird; von Gefühlen der Harmonie, Schönheit, Freude und Seligkeit; von einem Gefühl einer grossen geistigen Kraft und einer Erfahrung von unendlicher Weite, Grösse, Universalität und Ewigkeit. Ebenso können Empfindungen von Licht auftreten, die oft mit einem Erkennen der Bedeutung von Problemen und Situationen verbunden sind (Assagioli, 1988/1992, S. 43).

Assagioli (1988/1992, z.B. S. 25, S. 34, S. 51-53) unterscheidet zwei Möglichkeiten, wie überbewusste Inhalte ins Bewusstsein treten können: die eine bezeichnet er als „herabsteigende", die andere als „aufsteigende" Form:

> Die erste und häufigere kann man als die ‚herabsteigende' bezeichnen; sie ist das Eindringen von Elementen des Überbewussten in den Bereich des Bewusstseins, wie es bei Intuitionen, plötzlichen Erleuchtungen oder Inspirationen der Fall ist. Dies geschieht oft spontan und unerwartet, kann aber auch die Antwort auf einen bewussten oder unbewussten Appell sein. Die zweite Art, die man die ‚aufsteigende' nennen kann, besteht in der Anhebung unseres Bewusstseinszentrums, des seiner selbst bewussten Ichs, zu höheren Ebenen bis hin zur Sphäre des Überbewussten. (S. 25)

Im Folgenden wird auf diese zwei Möglichkeiten näher eingegangen.

„Herabsteigen" überbewusster Inhalte

Ein Herabsteigen von Inhalten des Überbewussten oder des transpersonalen Selbst kann spontan erfolgen oder durch bestimmte Übungen hervorgerufen werden (Assagioli, 1988/1992, S. 89-90). Die einfachste Form, in der überbewusste Inhalte herabsteigen können, ist die Intuition. „Man kann sie mit einem Lichtblitz vergleichen, der für einen Augenblick oder für eine gewisse Zeitspanne das Wachbewusstsein erhellt" (Assagioli, 1988/1992, S. 48). Intuition kann in den verschiedensten Bereichen – so beispielsweise in der Naturwissenschaft - auftreten und plötzliche Klarheit oder ein inneres Wissen über bestimmte Zusammenhänge ermöglichen. Einstein sprach davon, dass die Intuition ein „Wissen jenseits aller Werte der Logik" (zit. nach Assagioli, 1988/1992, S. 48) ermögliche.

Überbewusste Inhalte können auch in Form von Inspirationen – oft im musikalischen und künstlerischen Bereich - herabsteigen und hier in verschiedenen Stufen der Vollendung ins Bewusstsein treten: Sie können noch fast formlos sein und gewissermassen im Rohzustand, oder sie können bereits in fast endgültiger und klar strukturierter Form vorliegen. Als typisches Beispiel für die letztere Variante erwähnt Assagioli (1988/1992, S. 48) Mozart, dessen musikalische Inspirationen bereits in vollständiger Form ins Bewusstsein traten und die nicht weiter ausgearbeitet werden mussten. Intuitionen und Inspirationen können aber auch anschliessend mit Hilfe des Verstandes weiter ausgearbeitet werden.

Interessant für die Integration spiritueller Erfahrungen ist hier, dass ein Herabsteigen überbewusster Inhalte die Persönlichkeit zwar mit der Zeit verändern kann, aber nicht muss. Assagioli (1965/2004, S. 236) bringt wiederum das Beispiel Mozarts ein, dessen musikalische Inspirationen (in seinem Fall die herabsteigenden überbewussten Inhalte) zu genialen musikalischen Werken führten, dessen Persönlichkeit jedoch nicht im selben Masse vom Kontakt zum Überbewussten profitierte.

Assagioli (1965/2004, S. 237) verdeutlichte diesen Prozess im Bewusstseinsmodell der Psychosynthese folgendermassen:

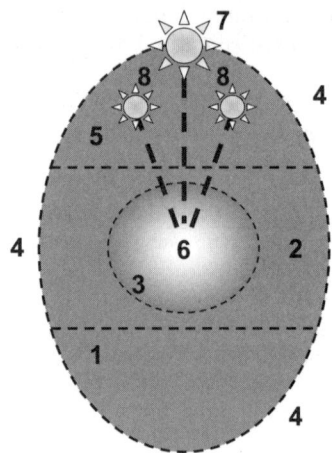

Abbildung 5: Herabsteigen überbewusster Inhalte (Assagioli, 1965/2004, S. 237)

Im Bewusstseinsmodell[42] zeigt sich der Prozess des Herabsteigens überbewusster Inhalte ohne verwandelnde Wirkung auf die Persönlichkeit dadurch, dass die Inhalte des Überbewussten (8) und des transpersonalen Selbst (7) über einzelne Aktivitäten ins normale Bewusstsein des Ichs (6) dringen. Das Ich bleibt dabei im wesentlichen unverändert und nimmt lediglich diese Inhalte auf, auch wenn es vielleicht gelegentlich davon verwirrt wird (Assagioli, 1965/2004, S. 236-237).

Welche Möglichkeiten gibt es nun, ein Herabsteigen überbewusster Inhalte hervorzurufen oder zu erleichtern? Einfache, aber sehr wirkungsvolle Methoden, um ein *Herabsteigen* transpersonaler Inhalte ins Wachbewusstsein aktiv zu unterstützen, sind das freie Zeichnen, bei dem sich das Überbewusste vor allem in Form von Symbolen mitteilt, und das Schreiben, bei dem während des Schreibens plötzlich neue Einsichten entstehen können. Bei diesen Methoden findet eine mehr oder weniger intensive Zusammenarbeit zwischen Unbewusstem und Bewusstem statt. Assagioli (1988/1992, S. 50-51) warnt dabei vor Techniken, die ein „automatisches Schreiben" unterstützen, bei dem das bewusste Ich nahezu ausgeschaltet wird und die Hand einfach schreibt, während das Ich in einer Art Hypnose oder Trance ist. Problematisch und mitunter auch gefährlich ist dabei, dass eine Türe geöffnet wird, „und man weiss nicht, was eintreten wird" (Assagioli, 1988/1992, S. 50). Was eintritt, können zwar Inhalte des höheren Unbewussten oder des kollektiven höheren Unbewussten sein, häufiger werde die Hand des automatisch Schreibenden jedoch vom tieferen persönlichen oder kollektiven Unbewussten geführt. Es braucht ein sehr klares Unterscheidungsvermögen, um den Ursprung solcher Texte richtig einordnen zu können. Allerdings sagt auch die Herkunft einer Botschaft wenig über deren Wert aus.

Wesentlich für Methoden, die ein Herabsteigen überbewusster Inhalte unterstützen, ist also die Stärkung der *Beziehung* zwischen dem bewussten Ich und diesen Inhalten. Auf diese Weise findet eine Integration der bisher unbewussten Inhalte ins Bewusstsein statt.

---

[42] Zum Bewusstseinsmodell der Psychosynthese siehe Kapitel 4.2.1.

„Aufsteigen" als Verlagerung des Bewusstseinsschwerpunktes zum transpersonalen Selbst

Bei Methoden des „Aufsteigens" wird das Überbewusste aktiv erforscht. Es geht um eine gewollte Erhebung des bewussten Ichs auf die Ebene des Überbewussten und den Kontakt bzw. die Verlagerung des Bewusstseinsschwerpunktes in Richtung des transpersonalen Selbst. Assagioli (1988/1992, S. 34-44) verwendete für diesen Aufstieg das Symbol der Bergbesteigung und sprach entsprechend von „psychologischer Bergbesteigung". Abbildung 6 verdeutlicht diesen Prozess des „Aufsteigens" anhand des Bewusstseinsmodells der Psychosynthese.

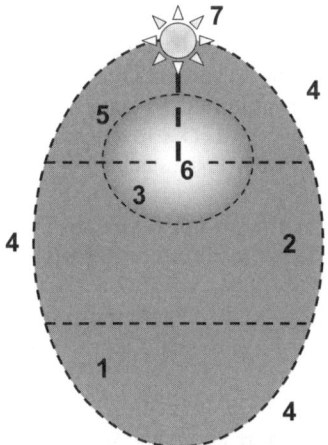

Abbildung 6: „Aufsteigen" als Verlagerung des Bewusstseinsschwerpunktes (Assagioli, 1965/2004, S. 235)

Positive Wirkungen[43] eines solchen Aufstiegs können in vorübergehende und mehr oder weniger dauerhafte Wirkungen eingeteilt werden. Bei den vorübergehenden handelt es sich um eher „ekstatische Zustände" (Assagioli, 1988/1992, S. 54): Es sind „lebhafte Augenblicke der Erleuchtung", des tiefen Verbundenseins mit „der Wirklichkeit im weitesten Sinn", der inneren Expansion und Kontemplation dessen, „was in höheren Welten existiert"; Momente allumfassender Liebe, Freude, Kraft und tiefen Verstehens. „Sie führen zu einer spontanen Hingabe an die höhere Realität, mit der man in Kontakt gekommen ist" (Assagioli, 1988/1992, S. 55). Der eigene Wille verschmilzt in solchen Augenblicken mit dem universalen oder göttlichen Willen. Diese Erfahrungen sind jedoch nicht von Dauer. Unweigerlich folgt auf sie die Rückkehr zur gewöhnlichen Alltagsrealität, und sie hinterlassen die meist schmerzhafte Sehnsucht, diesen Bewusstseinszustand wieder zu erleben. Bewusstseinszustände dieser Art nannte Maslow Gipfelerfahrungen (siehe Kapitel 2.3.3). Assagioli vergleicht diese Erfahrungen mit einem Flug im Flugzeug auf den Gipfel eines Berges. Da das Flugzeug auf dem Gipfel nicht landen kann, muss es zum Fuss des Berges zurückkehren. „Doch wiederholte Flüge, die allmähliche Ausweitung des wachen Bewusstseins und der Kontakt mit den höheren Inhalten bewirken, dass das allgemeine Niveau der Persönlichkeit allmählich angehoben wird" (Assagioli, 1988/1992, S. 55). Wenn wir also einen solchen Weg des Aufstiegs

---

[43] Auf mögliche negative Wirkungen wird allgemein in Kapitel 6 und im Modell der Psychosynthese in Kapitel 6.7 ausführlich eingegangen.

gehen, wird es der Persönlichkeit mit der Zeit möglich, für immer längere Zeit in einem höheren Bewusstseinszustand zu verweilen. Maslow sprach hier von Plateauerfahrungen (siehe Kapitel 2.3.3).

Weitere Auswirkungen des Aufstiegs zeigen sich in nach aussen gerichteten Aktivitäten etwa künstlerischer, musikalischer, literarischer, philosophischer oder wissenschaftlicher Kreativität (Assagioli, 1988/1992, S. 54-55).

Mögliche *Wege des Aufstiegs* sind Meditation, Gebet oder eine Technik, die in der Psychosynthese breite Anwendung findet: eine Imaginationsarbeit mit Symbolen des transpersonalen Selbst (Assagioli, 1988/1992, S. 51). Diese Symbole können dabei als äussere vereinigende Zentren dienen, die den Zugang zum Überbewussten und zum transpersonalen Selbst erleichtern. Sie bilden eine „äussere", bildhafte Brücke zwischen dem Ich und dem transpersonalen Selbst (Abbildung 7 aus Assagioli, 1988/1992, S. 40). Sie übernehmen somit eine Vermittlerfunktion und sind eine wichtige Methode für die Öffnung für das transpersonale Selbst. Die Imaginationsarbeit mit Symbolen wird als äusserst wirksam erachtet und kann erstaunliche Veränderungen bewirken (vgl. dazu Ferrucci, 1981/1986, S. 149-163).

In der Psychosynthese wird etwa mit folgenden Symbolen im Sinne eines „Aufstiegs" zum transpersonalen Selbst gearbeitet, wobei jedes Symbol eine bestimmte Qualität verkörpert (Assagioli, 1965/2004, S. 238-239; Assagioli, 1988/1992, S. 113-115; Dönges & Brunner Dubey, 2005, S. 291-292; Ferrucci, 1981/1986, S. 149-163):

- Sonne, Stern und Flamme, die Licht, Erleuchtung, Klarheit und Wärme symbolisieren
- Quelle als Symbol für die Aspekte des Ursprungs, der Reinheit, des Fliessens und der Reinigung und Läuterung
- Rose oder Lotosblüte, die nicht so sehr in ihrer „statischen" Form, sondern vielmehr in ihrem Prozess des Erblühens visualisiert werden und damit Entwicklung, Wachstum, Entfaltung symbolisieren
- Diamant als Symbol für Unzerstörbarkeit und Unüberwindbarkeit
- Leuchtturm oder Berg als Symbole strahlender Kraft, Stärke, Festigkeit und Gelassenheit
- Himmel, der für den unendlichen, allumfassenden Aspekt steht

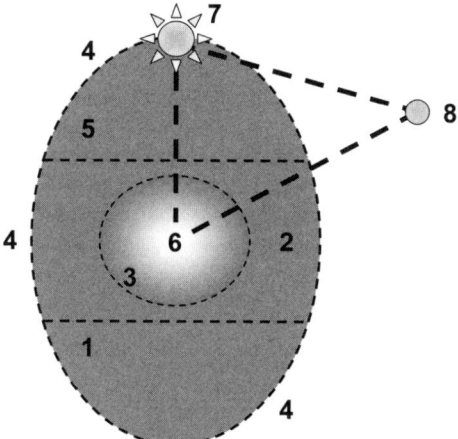

Abbildung 7: Symbole als Vermittler zwischen dem Ich und dem transpersonalen Selbst

Sieben Wege der Selbstverwirklichung

In der Psychosynthese werden neben diesen allgemeinen sieben individuell orientierte Wege des Aufstiegs oder der Selbstverwirklichung unterschieden. Dieses Modell kommt der menschlichen Individualität entgegen und zeigt Möglichkeiten auf, uns dem transpersonalen Selbst auf unsere je eigene Weise zu nähern. Diese sieben Hauptwege lassen sich nicht streng voneinander abgrenzen. Sie überlagern sich teilweise, und wir können uns auch mehreren dieser Wege zur gleichen Zeit widmen (Assagioli, 1992; Ferrucci, 1994):

- *Der Weg des Willens:* Der Weg führt hier von Aspekten des persönlichen Willens zu einer schrittweisen Sublimierung in den transpersonalen Willen, der seine Aufgabe als Dienst an der Menschheit sieht. Schliesslich geht es um eine Verschmelzung von transpersonalem und universalem Willen (Assagioli, 1992, S. 23-24).

- *Der Weg der Liebe und der Erleuchtung:* Hier geht es darum, sich von persönlicher Anhaftung und egozentrischen Elementen zu befreien, damit sich wirkliche Nächstenliebe entwickeln kann, die in einer grösseren Einheit aufgeht (Assagioli, 1992, S. 41-42).

- *Der Weg der Handlung:* Dieser Weg orientiert sich am praktischen, aktiven Handeln in der Welt und ist stark auf den Umgang mit der Materie ausgerichtet. Hier geht es darum, im Handeln immer wieder den tieferen Sinn, den transpersonalen Aspekt und die Verbindung zu einer höheren Wirklichkeit zu suchen (Assagioli, 1992, S. 45-59).

- *Der Weg der Schönheit:* Dies ist der Weg der künstlerisch Orientierten. Assagioli sieht die Funktion dieses Weges darin, „die verborgene Schönheit, den Ausdruck des Göttlichen in allen Dingen zu enthüllen. Der Künstler akzentuiert gleichsam diese Schönheit, hebt sie hervor und enthüllt sie, so dass jene, die sie von sich aus in der Natur nicht erkennen, durch die Kunst eine Hilfe erhalten" (Assagioli, 1988/1992, S. 296).

205

- *Der Weg der Wissenschaft:* Der Mensch auf dem Weg der Wissenschaft sieht die unparteiische Suche nach objektiver und konkreter Erkenntnis als seine Aufgabe. Alles Messbare interessiert ihn. Hier geht es darum, dass zur starken intellektuellen Ausrichtung die Entwicklung von Intuition und einer liebevollen Haltung dazu kommen. So kann der Weg der Wissenschaft zu einer umfassenden Erkenntnis des Lebens führen (Assagioli, 1992, S. 76, S. 85)

- *Der Weg der Hingabe:* Dieser Weg führt über die Hingabe an ein Ideal, das in Form einer Person oder eines unpersönlichen Ideals verehrt wird, zur Selbstaufgabe. Hier geht es darum, die Hingabe zunehmend auf transpersonale Werte auszurichten. Damit diese Hingabe nicht fanatische Züge annimmt, muss sie mit Liebe und Weisheit verbunden werden (Assagioli, 1992, S. 89, S. 98-99)

- *Der Weg von Ritual und Organisation:* Dieser Weg orientiert sich am Prinzip der Ordnung und an einer Qualität innerer und äusserer Disziplin. Sein Weg ist die Schaffung von „richtigen Beziehungen" – das kann die Organisation von Gruppen, von gesellschaftlichen Strukturen oder abstrakten Zusammenhängen betreffen. Dabei ist es wichtig, dass Organisation nicht zu lebloser Organisiertheit verkommt, sondern dass man sich auf diesem Weg der vitalen Aspekte bewusst bleibt (Assagioli, 1992, S. 107-108, S. 113).

Umgang mit Erfahrungen der Bewusstseinserweiterung

Auf welche Weise auch immer spirituelle Erfahrungen oder Erfahrungen der Bewusstseinserweiterung zustande kommen – ob herabsteigend oder aufsteigend, spontan oder durch bestimmte Übungen hervorgerufen - wir müssen irgendeinen Umgang damit finden. Assagioli (1988/1992, S. 56) kristallisiert für den Umgang mit Erweiterungen des Bewusstseins folgende Aspekte heraus:

- „*Richtiges Verstehen und Interpretieren des Geschehenen*", um eine Selbstüberhöhung (siehe Kapitel 6.6.1) zu vermeiden. Dabei ist es eine grosse Unterstützung, die Erfahrungen anderer kennenzulernen – insbesondere über Schriften oder Lebensberichte von Menschen, die eine solche Erweiterung des Bewusstseins für sich verwirklicht haben.

- „*Assimilieren der neuen Inhalte*": Die neuen Inhalte müssen „in die bewusste Persönlichkeit integriert werden, die dadurch bereichert, aber auch komplexer wird". Um eine solche Integration zu erreichen, müssen die Aspekte der *personalen Psychosynthese* Anwendung finden: es muss an einer Auflösung der Komplexe gearbeitet werden – also Probleme, Schwierigkeiten und Schwächen der eigenen Persönlichkeit müssen aufgearbeitet werden – mit dem Ziel der oben beschriebenen Erneuerung der gesamten Persönlichkeit. Assagioli (1988/1992) beschreibt diesen Prozess in seiner Gesamtheit als „Tod und Auferstehung".

- Bereits während des Assimilations- und Erneuerungsprozesses und ebenso danach sollen die neuen Qualitäten und Fähigkeiten, die durch die Erweiterung des Bewusstseins zugänglich wurden, genutzt und angewendet werden. Diese Nutzung soll durch das in Kapitel 4.2.1 beschriebene „*innere und äussere Wirken*" geschehen.

Bei all diesen aufsteigenden Arten und in all den Phasen des Aufstiegs, aber auch im Assimilieren der neuen Inhalte ist der Gebrauch des Willens erforderlich: Er ist die Grundlage für unsere Motivation und unseren Antrieb, beständig an der Erhebung unseres Bewusstseins zu arbeiten. Die Kraft des Willens ist erforderlich, um unser Bewusstsein schliesslich auf einer höheren Ebene zu stabilisieren und die auf diesem Weg frei werdende Energie zu nutzen und zu kanalisieren. Und er ist wesentlich dafür, auftauchende Hindernisse auf diesem Weg zu überwinden und den Zustand der inneren Empfänglichkeit aufrecht zu erhalten. Insgesamt liegen Hindernisse auf dem Weg des Aufsteigens sehr oft im Bereich des Willens: So kann dem Ich die Motivation für den Aufstieg fehlen, oder es leistet Widerstand aus Angst vor dem Unbekannten. Dieser Widerstand wurde auch als Verdrängung des Erhabenen („repression of the sublime") bezeichnet (Haronian, 1967). Widerstand kann auch auftreten, weil die Erschliessung der Spiritualität mit Anstrengung und Verantwortung verbunden ist oder weil der innere Konflikt oder mitunter auch Kampf zwischen egozentrischen Aspekten der Persönlichkeit und dem transpersonalen Selbst stark erlebt wird. Auch kritische Stimmen aus dem näheren sozialen Umfeld oder das Leistungsdenken unserer westlichen Gesellschaft können als Hindernisse empfunden werden. Assagioli betont, dass äusseren Hindernissen nicht zu viel Beachtung geschenkt werden sollte und sie mittels des Willens überwunden werden sollten (Assagioli, 1988/1992, S. 51-52) – was natürlich leichter gesagt als getan ist. Der Wille nimmt in der Psychosynthese eine zentrale Stellung ein.

Der Wille: Die konkrete Realisierung im täglichen Leben

Nach einer spirituellen Erfahrung muss früher oder später der Wille einsetzen, damit das Erleben integriert werden kann und wir uns wirklich wandeln (Assagioli, 1988/1992):

> Das Wissen, das Gefühl, die Vision und die Liebe werden nun auch vom Willen unterstützt: Das ganze Wesen tut spontan seine Absicht kund, sich entsprechend dem neuen, erschauten Ideal zu wandeln, sich zu reinigen und von allen Rückständen zu befreien, sich völlig zu erneuern und von nun an immerfort und in allem den Willen des Geistes zu erfüllen. (S. 167-168)

Der Wille im Sinne der Psychosynthese kann als eine konkretisierende Kraft bei der Integration spiritueller Erfahrungen verstanden werden, die wesentlich dazu beiträgt, Spiritualität im Alltag auch handelnd umzusetzen. Die Anwendung und systematische Schulung des Willens wurde von Assagioli wie kaum irgendwo in der Psychologie und Psychotherapie betont. Er selber bezeichnete den Willen als den „in der modernen Psychologie, Psychotherapie und Erziehung am meisten vernachlässigten Faktor" (Assagioli, 1965/2004, S. 159). Wie eingangs aufgezeigt, war Assagiolis eigenes Erleben in seiner Gefangenschaft für sein Leben und die Entwicklung der Psychosynthese zutiefst bedeutsam. Er hatte erfahren, dass er trotz äusserer Gefangenschaft innerlich frei war. Er hatte eine Wahl, wie er der Situation innerlich begegnen wollte (Assagioli, 1940). Assagiolis Willensverständnis ist geprägt von diesem Grundton der Freiheit und der Wahl. Der Wille hat hier nichts mit einer rigiden Disziplin oder Härte zu tun, sondern ist eine leitende und regulierende Kraft (1994):

> Die wahre Funktion des Willens liegt nicht im Handeln gegen die Persönlichkeitstriebe, um die Erfüllung bestimmter Zwecke zu erzwingen. Der Wille hat ei-

ne leitende und regulierende Funktion; er gleicht aus und benutzt auf konstruktive Weise alle anderen Tätigkeiten und Energien des Menschen, ohne irgendeine von diesen zu unterdrücken. (S. 19)

Im Bewusstseinsmodell der Psychosynthese steht der Wille dem Ich als Zentrum des Bewusstseins sehr nahe: „der Wille ist die Funktion, die am direktesten mit dem Selbst verbunden ist" (Assagioli, 1965/2004, S. 160). „Durch den Willen wirkt das Ich auf die anderen psychologischen Funktionen, reguliert und leitet sie" (Assagioli, 1994, S. 21). Der Wille kann also als Verbindung zu unserem Ich und damit indirekt zu unserem transpersonalen Selbst verstanden werden. Und zugleich dient er als zentrales Instrument zu dessen Verwirklichung und aktiver Umsetzung in unserem täglichen Sein und Handeln (Assagioli, 1994):

> Die fundamentale Kraft, die vor allem anderen vorrangig sein sollte, ist die ungeheure, unerkannte Potenz des eigenen menschlichen *Willens*. Seine Schulung und sein Gebrauch bilden die Grundlage aller Bemühungen. Dafür gibt es zwei Gründe: der erste ist die zentrale Lage des Willens in der Persönlichkeit des Menschen und seine enge Verbindung mit dem Kern seines Wesens – seinem eigentlichen Selbst. Der zweite Grund liegt in der Funktion des Willens, zu entscheiden, was zu tun ist, alle notwendigen Mittel zu seiner Verwirklichung anzuwenden und die Aufgabe trotz aller Hindernisse und Schwierigkeiten beharrlich weiterzuführen. (S. 15)

Der Wille wird für die gesamte Psychosynthesearbeit benötigt (Assagioli, 1965/2004, S. 160). Zunächst steht der Wille jedoch meist nicht unmittelbar zur Verfügung. Er ist oft vermischt mit anderen psychischen Funktionen und kann so beim einen etwa stark über das Denken, beim anderen über die Emotionen zum Ausdruck kommen. Eine solche Verknüpfung geschieht unbewusst. Es braucht eine Bewusstwerdung des Willens als eigenständige Kraft und eine bewusste Unterscheidung von anderen psychischen Funktionen wie dem Denken oder den Emotionen, damit er frei wird und bewusst eingesetzt werden kann (Pfluger-Heist, 1998, S. 44).

In der Arbeit mit dem Willen geht es nicht um ein theoretisches Verständnis, sondern darum, „die Realität und Natur des Willens zu *entdecken*, und zwar durch *seine direkte existentielle Erfahrung*" (Assagioli, 1994, S. 16). Dabei geht Assagioli davon aus, dass jeder die existentielle Erfahrung des „Wollens" machen kann oder sie in seinem Leben (mehrfach) gemacht hat – aber meist ohne klares Erkennen und Verständnis dafür (Assagioli, 1994, S. 7). „Die Erfahrung des Willens ist sowohl eine feste Grundlage als auch ein starker Antrieb der anstrengenden, aber höchst lohnenden Aufgabe seiner Schulung" (Assagioli, 1994, S. 17). Ziel einer Entwicklung des Willens ist die „Kultivierung der Aspekte, die mangelhaft … ausgeprägt sind" (Assagioli, 1994, S. 92). Die Schulung des Willens geschieht in drei Phasen (Assagioli, 1994, S. 17):

- Zunächst geht es um die Erkenntnis, dass der Wille *existiert*.
- Dann steht die Einsicht im Zentrum, dass wir einen Willen *haben*.
- Und schliesslich entdecken wir, dass wir ein Wille *sind*. Dieses dritte Stadium kann in Analogie zur Selbstidentifikation bei der Desidentifikationsübung verstanden werden.

Aspekte des Willens

In einer Entwicklung des Willens werden vier Aspekte des Willens unterschieden, die je nach individueller Veranlagung gestärkt werden. Tabelle 1 gibt eine Übersicht über die Willensaspekte. In seinem Werk „Die Schulung des Willens" zeigt Assagioli (1994, S. 41-111) eine Vielzahl von konkreten Übungen auf zur Entwicklung der einzelnen Willensaspekte. Im Anschluss an die Tabelle werden zwei dieser Techniken exemplarisch dargestellt, die als besonders bedeutsam in der Psychosynthese gelten können und für die Integration spiritueller Erfahrungen ins tägliche Handeln besonders hilfreich scheinen: Die Technik des Idealmodells und das „Handeln als ob". Diese beiden Techniken können auch miteinander kombiniert werden: So kann dem „Handeln als ob" eine Visualisierung des Idealmodells vorausgehen (Assagioli, 1994, S. 78).

Die Entwicklung des Willens gipfelt im Sinne des spirituellen Weges der Psychosynthese in der Vereinigung des individuellen Willens mit dem universalen Willen, der als Synonym für Gott oder das Göttliche verwendet wird (Assagioli, 1994, S. 113-118) (vgl. dazu das Stadium der *Vereinigung* in Kapitel 4.2.1).

Tabelle 1: Aspekte des Willens und ihre Entwicklung

Willensaspekt	Eigenschaften	Möglichkeiten zur Entwicklung des Willensaspekts
Starker Wille (Assagioli, 1994, S. 41-48): Tatkraft	Die Stärke des Willens ist sein wohl vertrautester Aspekt. Ein starker Wille zeichnet sich durch seine Kraft und Energie aus, die uns die nötige Intensität gibt, in Tat umzusetzen, was wir uns vorgenommen haben.	*Technik des Idealmodells.* Diese Technik wird in der Psychosynthese oft angewendet - im Folgenden wird näher auf sie eingegangen.
Geschickter Wille (Assagioli, 1994, S. 49-79): Effektivität, Effizienz	„Die wesentliche Funktion des geschickten Willens, die wir kultivieren müssen, ist die Fähigkeit, anstelle einer Strategie, die am deutlichsten und offensichtlichsten ist, eine solche zu entwickeln, die am wirksamsten ist und am meisten Mühe erspart" (S. 49). Es geht also um differenzierte Wirksamkeit und Effizienz des Willens.	*Die Technik des „Handelns als ob":* „Diese Technik besteht darin, zu *handeln, als ob* man tatsächlich den erwünschten inneren Zustand erreicht hätte" (S. 75). Auf diese in der Psychosynthese sehr wichtige Technik wird unten ausführlicher eingegangen.
Guter Wille (Assagioli, 1994, S. 81-85): ethischer und sozialer Aspekt	Die vorherigen Willensaspekte betonten die individuellen Eigenschaften des Willens. Als Menschen leben wir aber nicht isoliert, sondern in ständiger Interaktion mit anderen Menschen und der Gesellschaft. Unser Wille kann nicht einfach isoliert wirken, sondern muss mehr oder weniger mit dem Willen aller daran Beteiligten harmonisiert werden. Mit dem guten Willen „steht der individuelle Wille einer anderen und höheren Aufgabe gegenüber, nämlich der, *sich selbst zu disziplinieren* und solche Ziele zu *wählen*, die mit dem Wohlergehen anderer und dem allgemeinen Wohl der Menschheit im Einklang stehen" (S. 82). „Der gute Wille ist ein *Wille*, Gutes zu tun; er ist ein Wille, der das Gute wählt und will" (S. 85).	In der Entwicklung des guten Willens geht es um eine Beseitigung der Hindernisse in Form von Selbstsucht, egozentrischer Einstellung und mangelndem Verständnis für andere. Dabei soll vor allem Empathie und ein grösseres Verständnis für andere Menschen gefördert werden durch Wissen um ein ganzheitliches Menschenbild, wie es das Bewusstseinsmodell der Psychosynthese aufzeigt; um ein differentielles Wissen um Unterschiede zwischen verschiedenen Menschen und um die Entwicklung von Empathie oder Einfühlung.
Transpersonaler Wille (Assagioli, 1994, S. 99-111): spiritueller Aspekt	Wenn der transpersonale Wille aktiv wird, kommt er in einer Suche nach Sinn oder Erleuchtung zum Ausdruck. Nicht selten wird er in krisenhaften Lebensphasen spürbar, die von Gefühlen der Sinnlosigkeit und Leere geprägt sind. In seiner entwickelten Form zeigt er sich als „fundamentaler Wille, die Persönlichkeitsbegrenzungen durch die Vereinigung mit jemandem oder mit etwas Grösserem und Höherem zu transzendieren" (S. 106). Dabei ist immer die Vereinigung von Liebe und Wille zentral, auf die im Folgenden noch eingegangen wird.	Wenn der transpersonale Wille spürbar wird, können sich verschiedene, oft schwierig erlebte Auswirkungen aus der Wechselwirkung zwischen ihm und dem Willen des persönlichen Selbst ergeben. Auf diese krisenhaften Prozesse wird in Kapitel 6.7 ausführlich eingegangen. Der transpersonale Wille wird etwa über die sieben Wege der Selbstverwirklichung in der Psychosynthese entwickelt (Assagioli, 1992; Ferrucci, 1994).

Handeln als ob

Diese Technik besteht darin, „zu *handeln, als ob* man tatsächlich den erwünschten inneren Zustand erreicht hätte" (Assagioli, 1994, S. 75). „Handeln als ob" basiert auf der Beobachtung, dass der Wille auf unsere körperlichen Haltungen und äusseren Handlungen direkter und voller einwirken kann als auf unsere Emotionen und Gefühle. So ist es in einer Situation, in der wir Angst haben, schwierig, durch den Willen direkt Mut zu erzeugen. Aber indem wir unseren Körper bewusst aufrecht halten und unsere Bewegungen kraftvoll und bestimmt ausführen, tun wir so, als ob wir mutig wären. „Diese Technik wird tatsächlich unseren emotionalen Zustand verändern. Nach und nach – manchmal sogar sehr schnell – folgt der emotionale Zustand der Einstellung und dem äusseren Benehmen und gleicht sich an diese an" (Assagioli, 1994, S. 76).

Assagioli erwähnt das „Handeln als ob" als wichtige Übung zur Selbstverwirklichung – auch wenn die Umsetzung nicht einfach ist. So empfiehlt er seinen Schülern in einem Gespräch (Assagioli, 2008):

> Ihr könnt beginnen, indem ihr die Technik des Handelns-als-ob benutzt. Lasst uns so gut wie möglich versuchen zu handeln, als ob wir mit dem Selbst identifiziert wären. Und nachdem wir uns imaginativ mit dem Selbst identifiziert haben, stellen wir uns vor, wie wir uns in verschiedenen Situationen verhalten würden. Sehr einfach zu verstehen, nicht so leicht zu tun... (S. 10)

Der imaginative Teil dieser Empfehlung ist mit der Technik des Idealmodells verbunden.

Idealmodell

Die Technik des Idealmodells findet in der Psychosynthese sehr umfassende Anwendung und kann in praktisch jedem Psychosynthese-Prozess eingesetzt werden (Assagioli, 1965/2004, S. 210). In dieser Imaginationstechnik werden Bilder als kreative und formende Kraft verwendet. Das zugrundeliegende Prinzip dieses Vorgehens ist „die Anwendung und der Nutzen des psychologischen Gesetzes, dass jedes Bild ein vorwärtsdrängendes Element hat, das zur Umsetzung in eine Handlung tendiert" (Assagioli, 1965/2004, S. 204).

In der konkreten Anwendung dieser Technik geht es zunächst darum, ein Bild von dem zu finden, was wir werden *wollen* und tatsächlich auch werden *können*. Es geht also nicht um ein idealisiertes Bild von sich als vollkommen verwirklichter Mensch, sondern um ein zum aktuellen Zeitpunkt effektiv realisierbares Bild von sich selbst. So liegt der Fokus zunächst darauf, eine oder mehrere Eigenschaften zu finden, deren Entwicklung im aktuellen Prozess gewünscht ist und deren Aufbau als nächster, dringlicher Schritt notwendig erscheint. Ziel der Technik des Idealbildes ist das Entwickeln einer bisher unentwickelten Eigenschaft. Ist eine solche Eigenschaft gefunden, stellen wir uns so lebhaft und plastisch wie möglich vor, dass wir diese Eigenschaft haben, sie aktiv gebrauchen und in unserem täglichen Handeln umsetzen. In einer Art inneren „Dramaturgie" (Assagioli, 1965/2004, S. 207) können wir uns verschiedene Situationen vorstellen, in denen wir diese Eigenschaft haben und in dieser Weise handeln. Für die Anwendung dieser Technik wird eine sitzende Haltung empfohlen und von einer liegenden Position eher abgeraten, weil es nicht um ein Hervorrufen unbewusster Elemente geht, sondern um ein bewusstes Aufbauen einer Eigenschaft – ein Prozess, bei dem das Ich die Kontrolle hat und auch leitend seinen Willen einsetzt. Wichtiger als eine bestimmte

Dauer der Imagination ist die Lebhaftigkeit und Lebendigkeit der Vorstellung. Ein lebendiges, spontanes Bild hat oft eine sehr unmittelbare und einprägende Wirkung. Eine solche lebendige kurze Evokation eines Bildes sollte häufig wiederholt und über längere Zeit täglich durchgeführt werden. Die Technik des Idealmodells kann im Grunde während des ganzen Lebens Anwendung finden, indem man in Abständen das Modell den neuen Bedürfnissen und Notwendigkeiten anpasst und mit dem neuen Modell weiter übt. In einem fortgeschrittenen Stadium kann die Technik des Idealmodells auch zur Visualisierung der neuen, umgewandelten Persönlichkeit dienen (Stadium *Bildung oder Wiederherstellung der Persönlichkeit um das neue Zentrum*, vgl. Kapitel 4.2.1). Dazu braucht es jedoch vorheriges Training, ein Vertrautsein mit der Methode und mehr Zeit für die Visualisierung und für den Prozess der Umsetzung (Assagioli, 1965/2004, S. 202-210).

Eine konkrete Anwendung der Technik des Idealmodells auf die Entwicklung eines starken Willens kann etwa folgendermassen aussehen: Wir stellen uns möglichst lebendig eine Situation vor, in der unsere Willensstärke gering war. Dabei erleben wir die entsprechenden (negativen) Gefühle und den Drang, diese Zustände mangelnder Willensstärke zu ändern. In einem zweiten Schritt stellen wir uns so lebhaft wie möglich die Vorteile vor, die ein wirksamer starker Wille mit sich bringt – aus eigener Erfahrung oder als kreatives inneres Bild. Auch hier lassen wir den dadurch auftauchenden Gefühlen Raum und nehmen sie bewusst wahr. Wir nutzen diese positiven Gefühle auch zur Stärkung unserer Motivation zur Willensentwicklung. In einem dritten Schritt kommt nun konkret die Technik des Idealmodells zur Anwendung: Wir stellen uns lebendig vor, im Besitz eines starken Willens zu sein. Wir sehen uns etwa mit festen Schritten, Entschiedenheit, Klarheit und Beharrlichkeit in einer konkreten Situation handeln, und stellen uns auch vor, wie wir möglichen Einschüchterungen erfolgreich begegnen. Wir stellen uns vor, wie wir sein werden, wenn wir in unserem Leben mit starkem Willen handeln (Assagioli, 1994, S. 42).

In manchen Situationen kann das Idealmodell nicht wirklich gewinnbringend eingesetzt werden. So etwa, wenn intensive hindernde Gefühle vorhanden sind wie Angst oder Furcht vor dem Ausführen der Handlung. Es wird vermutlich nicht gelingen, sich ein inneres Bild heiterer Gelassenheit vorzustellen, wenn man gerade starke Prüfungsangst hat. Assagioli empfiehlt dann vorausgehend oder im flexiblen Wechsel mit dem Idealmodell die Technik des imaginativen Trainings und der Desensibilisierung. Dabei stellt man sich zunächst die Situation vor, die man fürchtet oder zu meiden versucht. Dabei geht es zunächst um eine Bewusstwerdung der Schwierigkeit, dann um eine Katharsis und Eliminierung, indem die entsprechenden Gefühle einfach wahrgenommen werden, ohne sie zu bekämpfen und indem man sich diese Gefühle erlaubt und sie erfährt. Dieser Prozess muss oft wiederholt werden, bis sich eine spontane Befreiung von den negativen Gefühlen einstellt. In einem dritten Schritt kann dann die aktive Entwicklung der entgegengesetzten Tendenzen beginnen anhand des Idealmodells (Assagioli, 1965/2004, S. 211-212).

Wie kann nun das Idealmodell in konkrete Handlung umgesetzt werden, und wie können die inneren Bilder Wirklichkeit werden? Assagioli (1965/2004, S. 209) erwähnt als ersten Schritt den aktiven Willen des Klienten, der durch Ermutigung des Therapeuten unterstützt wird. Nach Bedarf kann ein graduelles Vorgehen in der Umsetzung unterstützend sein: Dem wiederholten Erleben in der Imagination können zunächst Handlungen folgen, die einem leichter fallen, bis wir mehr Vertrauen in unsere Umsetzung gewonnen haben. Danach können wir uns an schwierigere Situationen heranwagen. So kann ein Künstler, der vor Publikum auftreten möchte, zunächst ein kleines, vertrauteres Publikum wählen, um später dann vor grösserem Publikum aufzutreten. Bei der Umsetzung in konkretes Handeln ist eine experimentierende, gelöste Einstellung und wenn möglich spielerische Haltung am hilfreichsten, die nicht so sehr auf die Ergebnisse fixiert ist. Assagioli ermutigt: „Machen Sie das Experiment in einer gelösten Haltung. Wenn es Ihnen diesmal nicht gelingt, dann das nächste Mal" (Assagioli, 1965/2004, S. 209).

Der Frage nach einer konkreten Umsetzung in konkretes Handeln geht Assagioli ausführlicher nach in seiner „Schulung des Willens" (Assagioli, 1994, S. 121-170), in der er verschiedene Stadien des Wollens unterscheidet:

Stadien der Umsetzung

Neben einer Entwicklung der vier *Aspekte des Willens* kann eine Integration spiritueller Erfahrungen durch die Arbeit mit den *Stadien des Wollens* unterstützt werden. Beide Vorgehensweisen sind eng miteinander verbunden und ergänzen einander. Assagioli (1994) schreibt dazu:

> Die höchste Stufe des Willens, seine Verschmelzung mit dem Universalen Willen selbst, ist der Höhepunkt unserer Reise: wir haben die Kulmination und die Vollkommenheit des Willens erblickt. Aber, um am besten mit der wirksamen Schulung des Willens anzufangen, damit dieser stetig durch Erlangen von Stärke, Geschicklichkeit, Güte und Universalität aufsteigt, müssen wir jetzt zur Untersuchung der Willenstat weitergehen. (S. 121)

Die Willenstat wird als Prozess in sechs Phasen dargestellt. Dabei ist nicht jedes dieser Stadien für jede Willenstat gleich wichtig. Wo aber Schwierigkeiten in der Umsetzung bestehen, können diese auf die eine oder andere Phase der Willenstat zurückgeführt und kann entsprechend damit gearbeitet werden (Assagioli, 1994, S. 121-124):

1. *Ziel, Zweck.* Eine Willenstat geht in der Regel von einem klaren Bild eines Zieles aus, das uns wertvoll und sinnvoll erscheint und das wir erreichen möchten. Solange dieses Bild jedoch in unserer Vorstellung bleibt und nicht in zielgerichtetes Handeln umgesetzt wird, bleibt es relativ nutzlos.

2. *Erwägung.* Ein Ziel muss oft aus einer Vielzahl möglicher Ziele zunächst gewählt werden. In der Phase der Wahl werden die Ziele, die Möglichkeiten, sie zu erreichen; die Erwünschtheit und die Folgen für uns und allenfalls für andere abgewogen.

3. *Entscheidung, Wahl.* Schliesslich entscheiden wir uns für eines dieser Ziele und treffen damit eine klare Wahl, die immer auch ein Zurückstellen oder Ablehnen anderer Möglichkeiten bedeutet.

4. *Bekräftigung, Selbstversicherung.* Unsere Wahl wird durch eine innere Bekräftigung gefestigt, die unsere Motivation zur Umsetzung stärkt. Dabei kann etwa mit der Vorstellung des Gewünschten gearbeitet werden im Sinne des Idealmodells und des Handelns als ob (Assagioli, 1994, S. 151).

5. *Planen des konkreten Vorgehens.* Hier geht es um eine detaillierte und realistische Planung unserer Umsetzung: Welche Möglichkeiten haben wir zur Erreichung unseres Ziels? Was brauchen wir, um unser Vorhaben durchzuführen? Welchen Zeitrahmen setzen wir uns? Wie wirken die äusseren Umstände auf unsere Durchführung? Was könnte uns hier behindern und wie könnten wir damit umgehen?

6. *Leitung der Durchführung.* Interessanterweise spricht Assagioli (1994, S. 124) hier nicht von der direkten Durchführung, sondern von deren Leitung: Der Wille wird in einer Analogie mit dem Willen eines Theaterdirektors verglichen, der die ganze Produktion leitet, aber selbst nicht als Schauspieler auf der Bühne steht. Diese innere Haltung bei der Durchführung betont im Grunde die Haltung als Beobachter und unterstützt die Haltung der Desidentifikation gegenüber dem eigenen Handeln. Unser Wille leitet die Durchführung unseres Vorhabens, indem er sich der psychologischen und körperlichen Funktionen bedient, die in unserer Persönlichkeit existieren: unseres Denkens, Fühlens, Wahrnehmens, unserer inneren Vorstellungskraft, Intuition, Impulse sowie unseres körperlichen Handelns. Die Leitung der Durchführung beinhaltet auch ein ständiges Überwachen, ob die Umsetzung unserem Vorhaben entspricht und ob es effektiv ist. Sie beinhaltet also auch eine ständige Anpassung der Durchführung an sich verändernde Bedingungen.

Die Verbindung von Liebe und Wille

Der Wille ist für eine Verbindung von Spiritualität und Alltag ganz zentral. Aber das Bild wäre unvollständig ohne die Liebe. Dem Willen werden Eigenschaften zugeschrieben wie dynamische Kraft, Disziplin, Aufmerksamkeit und Konzentration, Entschlossenheit und Unerschütterlichkeit, Beharrlichkeit, Ausdauer und Geduld, Initiative und Mut, Organisation und Integration (Assagioli, 1994, S. 27). Wenn diese nicht in Verbindung der Liebe stehen, können sie zu einer Verhärtung und einem Mangel an Herzlichkeit führen. Das Wesen der Liebe wird dabei verstanden als ein „Streben nach Vervollständigung, nach Vereinigung und nach Verschmelzen mit etwas oder mit jemand anderem als man selbst" (Assagioli, 1988/1992, S. 302). In ihrer „horizontalen" Form ist die Liebe auf andere Menschen gerichtet, in ihrer „vertikalen" auf das Spirituelle (Assagioli, 1988/1992, S. 304-305). Liebe ohne Wille hingegen kann uns überemotional und wirkungslos in unserem Handeln machen (Assagioli, 1994, S. 87).

So geht es in der Psychosynthese um eine Vereinigung von Liebe und Wille: Dann ermöglicht uns der Wille eine bewusste Wahl, und die Liebe hilft uns, ein Ziel zu wählen, das unseren inneren Werten entspricht und das uns und anderen dient und nicht schadet. Dann wird die Liebe „individualisiert durch den Willen, und der Wille wird sozialisiert und wissend durch die Liebe" (Pfluger-Heist, 1998, S. 53). Die Liebe braucht den Willen, „damit ihre zusammenfügende Kraft keine Verschmelzung erzeugt, sondern ein Miteinander" (Pfluger-Heist, 1998, S. 53). Und der Wille braucht die Liebe, um ein Wille mit Herz oder Liebe in Aktion zu sein.

Liebe und Wille sind beim Einzelnen meist in einem umgekehrten Verhältnis vorhanden: wer einen stark ausgeprägten Willen hat, dem mangelt es häufig an der beschriebenen Qualität von Liebe und umgekehrt (Assagioli, 1994, S. 90). In einer Arbeit mit Liebe und Wille geht es um deren Zusammenspiel und letztlich um deren Vereinigung. Zu diesem Zweck schlägt Assagioli (1994, S. 92-94) folgende Methoden vor:

- Die schwächere der beiden Qualitäten entwickeln, damit Liebe und Wille in gleicher Weise verfügbar werden.
- Die Entwicklung der höheren – also der spirituellen – Aspekte von beiden unterstützen.

- Mit Liebe und Wille abwechselnd arbeiten, damit sie einander gegenseitig stärken und allmählich eine Verbindung zwischen ihnen entsteht.

Diese Methoden klingen sehr klar und einfach – „wer sich jedoch daran macht, sie zu praktizieren, wird bald erkennen, wie schwer das ist!" (Assagioli, 1994, S. 94).

Bei der Arbeit an einer Vereinigung von Liebe und Wille im täglichen Handeln braucht es sehr viel Bewusstheit und Achtsamkeit von Augenblick zu Augenblick. Bei dieser Art der Aufmerksamkeit bleiben wir nicht nur in der Haltung des Beobachters stehen, der betrachtet, was in ihm selbst und in der Aussenwelt geschieht – sondern sie ist auch im Sinne einer aktiven Einmischung des Selbst gemeint, das mit dem Willen leitend und regulierend einwirkt. Diese innere Haltung kann über die Selbstidentifikation geübt werden (siehe Kapitel 4.2.1).

4.2.3 Integrierte Spiritualität: Individueller Ausdruck von Spiritualität

> So kann man den Bewusstseinszustand einer selbstverwirklichten Persönlichkeit vorausnehmen und eine immer klarere Vorstellung davon erhalten. Es ist ein Bewusstseinszustand, der durch Freude, Heiterkeit, innere Sicherheit, ein Gefühl ruhiger Kraft, klaren Verstehens und strahlender Liebe gekennzeichnet ist. In ihren höchsten Ausformungen ist es die Realisierung des eigentlichen Seins, der Vereinigung und Identifizierung mit dem universellen Leben. (Assagioli, 1965/2004, S. 96)

Integrierte Spiritualität aus der Sicht der Psychosynthese besteht in einer Verlagerung des Identifikationsschwerpunktes zum transpersonalen Selbst, einer Vereinigung mit dem „universellen Leben", ein Leben aus dem Bewusstseinszustand des Seins heraus. Integrierte Spiritualität ist geprägt von einer Verbindung von Immanenz und Transzendenz (Assagioli, 1988/1992, S. 298-299): Beide sind wahr und notwendig. Wenn der Aspekt der Immanenz überwiegt, besteht die Gefahr, dass das Göttliche auf seine einzelnen Erscheinungsformen reduziert wird: Das kann sich in einer personalen Gottesliebe äussern, in der Gott allzu sehr zum Menschen gemacht wird. Überwiegt der Aspekt der Transzendenz, kann es zu einem extremen Dualismus und einer Polarisierung zwischen Materie und Gott kommen und auf einem spirituellen Weg wohl zu einer starken Ablehnung des Materiellen, Physischen. Integrierte Spiritualität zeigt sich in einer Synthese beider Aspekte. Um diese im täglichen Leben zu verwirklichen, müssen wir jenen Aspekt in uns stärker betonen und entwickeln, der uns ferner liegt.

Assagioli (1994, S. 110-111) unterscheidet drei Stadien der Selbstverwirklichung:

> Das erste Stadium ist die Aktivierung und der Ausdruck der Entwicklungsmöglichkeiten, die im Überbewussten wohnen: es umfasst die verschiedenen Arten der Transzendenz … Das zweite Stadium der SELBST-Verwirklichung ist das *direkte Gewahrsein* des SELBST, das in der Vereinigung des Bewusstseins des persönlichen Selbst oder des ‚Ich' mit dem des transpersonalen Selbst kulminiert. … Das dritte Stadium der SELBST-Verwirklichung ist die Verbindung des transpersonalen Selbst mit dem Universalen Selbst und dementsprechend des individuellen Willens mit dem Universalen Willen. (S. 110-111)

Als Beispiele für das zweite Stadium nennt Assagioli Menschen, die ihr eigenes Leben in selbstaufopfernder Arbeit ganz einer wohltätigen Sache gewidmet haben wie Gandhi, Florence Nightingale, Martin Luther King, Albert Schweitzer. Das dritte Stadium findet sich bei „höchsten Mystikern aller Zeiten und Gegenden" (Assagioli, 1994, S. 111).

Die konkreten Ausdrucksformen integrierter Spiritualität sind in der Psychosynthese letztlich auch individuell. Wie beim Stadium der *Vereinigung* deutlich wurde, bleibt in den drei Graden der erfahrungsmässigen Verwirklichung der Vereinigung die Individualität bis zu einem gewissen Mass bestehen und wird als Mittel verstanden, durch das Universalität überhaupt erlebt werden kann (vgl. Lama Anagarika Govinda, zit. nach Assagioli, 1994, S. 116). So wird integrierte Spiritualität individuell verschieden zum Ausdruck gebracht. Die äusseren Formen können sich dabei stark voneinander unterscheiden. Gemeinsam ist jedoch allen, dass sich durch die individuelle Persönlichkeit das transpersonale Selbst manifestiert. So stellt Assagioli (1992) seinem Buch „Typologie der Psychsynthese" die Worte voran:

> Jeder von uns kann und muss aus dem lebendigen Material seiner Persönlichkeit
> – sei diese Silber, Marmor oder Gold – etwas Schönes gestalten, das sein Höheres Selbst angemessen ausdrückt. (S. 11)

Der Ausdruck integrierter Spiritualität ist also verbunden mit dem Persönlichkeitstyp des einzelnen Menschen bzw. dessen spirituellem Weg (Assagioli, 1992; Ferrucci, 1994). In einem kurzen Überblick lassen sich folgende Formen integrierter Spiritualität im Zusammenhang mit den sieben Wegen der Selbstverwirklichung herauskristallisieren (Assagioli, 1992):

- *Willenstyp:* Integrierte Spiritualität ist hier verbunden mit moralischem Mut und einer Bereitschaft, grosse Verwantwortung zu übernehmen. Der Willenstyp kann in tiefem Selbstvertrauen und innerer Unabhängigkeit sein eigenes Wohl und manchmal auch sein eigenes Leben aufs Spiel setzen für eine Sache, die es wert ist. Die höchste Ausdrucksform des Willenstyps ist die Vereinigung des individuellen mit dem universalen Willen, in der ein völliges Aufgeben des eigenen Willens stattfindet (Assagioli, 1992, S. 20-21).

- *Liebestyp:* Integrierte Spiritualität zeigt sich hier in einer stark entwickelten Intuition und einem liebevollen Verständnis für andere Menschen. Ein hoch entwickelter Liebestyp kann das transpersonale Selbst in anderen Menschen erfahrbar machen. Ekstatische Einheitserlebnisse und Zustände universaler Liebe sind ihm nahe. Sein innerer Zustand lässt sich durch weise Liebe beschreiben (Assagioli, 1992, S. 35-36).

- *Aktiv-praktischer Typ:* Die integrierte Spiritualität des aktiv-praktischen Typs ist mit seiner Geschicklichkeit im Handeln, seiner Schnelligkeit, Tüchtigkeit und Erfindungsgabe verbunden: Hier steht die praktische Umsetzung menschlicher Ideen im Zentrum. Er schafft eine Verbindung zwischen dem Immateriellen und dem Materiellen, indem er dem Immateriellen Ausdruck gibt (Assagioli, 1992, S. 49). Hier ist wichtig, dass die inneren Beweggründe ein Handeln zu einem spirituellen Handeln machen. Integrierte Spiritualität drückt sich hier auch dadurch aus, dass äusseres Handeln und inneres Leben in Einklang sind und sich im Handeln die innere Erfahrung manifestieren kann (Assagioli, 1988/1992, S. 287).

- *Kreativ-künstlerischer Typ:* Die Qualitäten dieses Typs sind tiefes menschliches Verstehen, Solidarität und eine „göttliche Unzufriedenheit" (Assagioli, 1992, S. 71), die ihn ständig zur Entwicklung antreibt und ihn veranlasst, immer schönere Formen zu schaffen – seien das literarische, musikalische oder künstlerische. Hier kann sich grosse geistige Inspiration ausdrücken. Der kreativ-künstlerische Typ sieht die Einheit und tiefere Bedeutung, die allen äusseren Erscheinungsformen zugrunde liegt (Assagioli, 1992, S. 71-72).

- *Wissenschaftlicher Typ:* Die integrierte Spiritualität des wissenschaftlichen Typs zeigt sich in einem Verständnis, das Schritt für Schritt zunimmt, einer grossen Ehrlichkeit und einer geistigen Offenheit, die ihn auch zu Fehlern in seinem wissenschaftlichen Forschen stehen lässt. Er ist sehr objektiv und unparteilich, innerlich und äusserlich unabhängig. Er kann eine Sache unter Aufbietung aller Kräfte erforschen, ohne sich von Zweifeln von aussen beeinträchtigen zu lassen. Hier zeigt sich wahre Demut gegenüber dem „Mysterium des Lebens" (Assagioli, 1992, S. 78).

- *Idealistisch-devotionaler Typ:* Die Hingabe an ein Ideal, die für diesen Typ charakteristisch ist, zeigt sich hier in grosser Loyalität, Treue, Selbstlosigkeit, Ausdauer und Furchtlosigkeit. Eine stark ausgeprägte Intuition kann sich hier ausdrücken (Assagioli, 1992, S. 89-99).

- *Organisationstyp:* Integrierte Spiritualität kann sich hier in einer Aufmerksamkeit für Details, in Genauigkeit, Beharrlichkeit, Geduld und klarem Denken äussern. Insbesondere aber schafft der Organisationtyp „richtige Beziehungen" (Assagioli, 1992, S. 113): Damit sind Beziehungen sowohl zwischen menschlichen als auch nicht-menschlichen Lebensformen gemeint. Es geht dabei sowohl um ein Schaffen neuer Beziehungen von Objekten oder lebenden Geschöpfen, die bisher in keiner Beziehung zueinander standen, als auch um ein Regulieren von unstimmigen Beziehungen (Assagioli, 1992, S. 113).

Für Assagioli war es immer wieder ein Anliegen, die Wichtigkeit zwischenmenschlicher Beziehungen als Ort der Umsetzung zu betonen. Er bezeichnete die psychosynthethische Arbeit, die ihren Schwerpunkt auf die Gestaltung zwischenmenschlicher Beziehungen legt, als interpersonale Psychosynthese (z.B. Assagioli, 1965/2004, S. 261-268). Spiritualität muss sich in der Art und Weise äussern, wie wir mit anderen Menschen umgehen, wie wir mit anderen zusammenarbeiten.

Integrierte Spiritualität ist für Assagioli mit einer inneren Freiheit verbunden, die er selbst erlebt hatte (Assagioli, 1940): Wir können innerlich frei sein, auch wenn wir äusserlich bestimmte Funktionen und Rollen ausfüllen müssen. Wir haben eine innere Wahl, auch wenn wir äusserlich scheinbar keine haben (Assagioli, 1994, S. 162-163).

Spiritualität äussert sich vor allem in der Grundhaltung, in der wir dem Leben, unseren Schwierigkeiten, anderen Menschen und letzendlich allem begegnen, was ist. Diese Haltung ist geprägt von einer liebevollen und klaren, desidentifizierten Sichtweise, die sich am Kern der Dinge orientiert und sich selbst treu bleibt (Assagioli, 1988/1992):

> Spiritualität besteht vor allem darin, die Probleme des Lebens von einem erhöhten, verständnisvollen und vereinigenden Standpunkt aus zu betrachten; sie besteht darin, alles auf der Grundlage der wahren Werte zu prüfen; sie besteht im Bemühen, jedem Ding auf den Grund zu gehen, ohne sich mit dem äusseren Anschein aufzuhalten, ohne sich durch konventionelle Meinungen, kollektive Einflüsse, Tendenzen, Gefühle und persönliche Vorurteile blenden zu lassen. Dies zu verwirklichen ist freilich nicht leicht, und wir wären überheblich, wenn wir glauben würden, dies könne uns vollständig gelingen. (S. 246)

Psychosynthese ist keine Aufgabe, die je beendet oder vollständig wäre. Sie führt nicht zu etwas Abgeschlossenem oder Statischem. Sie ist ein ständiger dynamischer Prozess, der uns immer weiter führt (Assagioli, o.J.).

4.3 Initiatische Therapie: Transparent werden für Transzendenz

Die Bestimmung des Menschen ist: In seiner Weise zu zeugen vom göttlichen Sein. In *seiner* Weise, das heisst mit *Bewusstsein* und *frei*. (Dürckheim, 1966/2001/2004, S. 61)

Der Sinn des Mensch-Seins ist wie der aller anderen Wesen das Sichtbarwerden des Göttlichen in der Welt. (Dürckheim, 1966/2001/2004, S. 13)

Die Initiatische Therapie wurde vom Psychologen Karlfried Graf Dürckheim (1896-1988) und seiner Frau Maria Hippius-Gräfin Dürckheim (geb. 1909), die ebenfalls Psychologin war, entwickelt. Karlfried Graf Dürckheim studierte nach seinem Einsatz im Ersten Weltkrieg - als Fahnenjunker und später als Offizier - Philosophie und Psychologie in München und Kiel. Er begann 1932 seine Lehrtätigkeit als Professor für Psychologie an der Pädagogischen Akademie und als Dozent für Philosophie an der Universität in Kiel. 1937-1947 hielt er sich in Japan auf und beschäftigte sich dort intensiv mit Zen-Buddhismus und praktizierte neben Zazen (siehe Kapitel 3.3.2) vor allem die Zen-Kunst des Bogenschiessens und des Malens. Seit 1948 leitete er zusammen mit Maria Hippius-Gräfin Dürckheim die existential-psychologische Bildungs- und Begegnungsstätte Todtmoos-Rütte im Schwarzwald (vgl. Dürckheim, 1945/1992, S. 10-59).

Die Initiatische Therapie wurde massgeblich durch den Zen-Buddhismus, die christliche Mystik Meister Eckharts und durch die Tiefenpsychologie C.G. Jungs und E. Neumanns inspiriert und wurde auch durch die Gestaltpsychologie von Friedrich Sander und die Ganzheitspsychologie von Felix Krueger beeinflusst. Den Grundcharakter der Therapie bestimmen die „universalen, allgemeinmenschlichen Erfahrungsgrundlagen jeder lebendigen Religiosität" (Dürckheim, 1945/1992, S. 10). Das Ernstnehmen spiritueller Erfahrungen wird als Weg zu Gesundung und Erneuerung des Menschen verstanden (Dürckheim, 1945/1992).

Eine der Grundvorstellungen der Initiatischen Therapie ist, dass eine spirituelle Erfahrung, die Dürckheim als Seinserfahrung[44] bezeichnet, einen inneren Prozess auslösen kann, der als „*initiatischer Weg*" bezeichnet wird. Ausgangspunkt des initiatischen Weges – von lateinisch „*initiare*", was „den Anfang machen, einführen, einweihen" bedeutet (zu lat. „*in-ire*" „hineingehen, beginnen") – ist also eine Seinserfahrung. In Seinserfahrungen besteht eine Durchlässigkeit für die immanente Transzendenz. Der Bezug zu dieser Dimension soll als Ziel des initiatischen Weges dauerhafter werden. Die beiden Hauptmedien, mit denen in der Initiatischen Therapie gearbeitet wird, sind das „Geführte Zeichnen" und die „Personale Leibtherapie", auch „Initiatische Leibtherapie" genannt. Transparent zu werden für die immanente Transzendenz bedeutet, das Unendliche, Himmlische, Göttliche im Endlichen, Irdischen oder auch Menschlichen zu erfahren und im eigenen Leben von dieser Verbindung zu zeugen (Dürckheim, 1973/2005):

Das Unendliche im Endlichen zu bezeugen – das hat eine auch nur in meditativer Grundhaltung zu gewinnende Einsicht zur Voraussetzung: dass die ganze ‚Welt', die wir erfahren, in ihrer Mitte wir selbst, wahrgenommen werden kann

---

[44] Dürckheim verwendet verschiedene Synonyme für die Seinserfahrung so z.B. Grosse Erfahrung, Erfahrung der Transzendenz, initiatische Erfahrung.

als ein unendlicher Versuch des Unendlichen, im Endlichen zu erscheinen! Jedes Ding, jede Blume, jeder Baum, jedes Tier, jeder Mensch, als das, was ist und lebt, ist prall von der Kraft des LEBENS, das offenbar werden will ohne Unterlass, in ihm hervorkommen und erscheinen in besonderer Gestalt. Irgendwann einmal kann der zum Wesen Erwachende in einer ihn zugleich bestürzenden und beglückenden Sternstunde als Gewissheit erleben, dass auch er teilhat an diesem LEBEN, das als das Göttliche selbst in ihm und durch ihn sich fortzeugen möchte in einmaliger menschlicher Weise. (S. 246)

In praktischer Umsetzung geschieht eine grössere und dauerhaftere Durchlässigkeit für die Transzendenz durch eine „Bereinigung des Unbewussten" (z.B. Dürckheim, 1989, S. 288; Loomans, 2000, S. 310), durch Zazen und durch ergänzende Exerzitien wie z.B. Aikido, Yoga, Tai-Chi. Die Meditationspraxis des Zazen und deren Umsetzung im alltäglichen Handeln nimmt dabei einen zentralen Stellenwert ein[45]. Auch Träumen wird besondere Beachtung geschenkt, weil sie die relevanten Themen des Individuationsprozesses ausdrücken können (vgl. Analytische Psychologie C.G. Jungs). Der Alltag spielt als „Übungs- und Bewährungsfeld der Rückbindung an jene ‚andere Dimension'" (Loomans, 1999, S. 143) eine wesentliche Rolle. Dabei wird die eigene Lebensgestaltung explizit miteinbezogen. So kann der Prozess stagnieren, wenn äussere Lebensveränderungen nicht gewagt werden, die über den Kontakt zur Transzendenz als notwendig wahrgenommen werden (Loomans, 1994, S. 139).

Die Initiatische Therapie versteht sich vor allem als transpersonale Therapie - und damit als ein spiritueller Weg. Sie bietet Unterstützung und Begleitung in spirituellen Erfahrungen und insbesondere in deren Integration. So schreibt Dürckheim (1945/1992, S. 59), dass ein grosser Teil der nach Rütte kommenden Menschen ihren Weg dorthin finden, „weil sie, von einer Seinserfahrung getroffen, jemanden suchen, der diese Erfahrung annimmt und aufschliesst und einen Weg weist, auf dem der Mensch der werden kann, der in bleibendem Kontakt mit der Wirklichkeit bleiben kann, die er unabweislich für einen Augenblick erfuhr". In den letzten Jahren hat sich das Anwendungsspektrum erweitert, und die Initiatische Therapie wird auch im personalen Bereich und in der Behandlung psychischer Störungen angewendet (Loomans, 1999, S. 139; Loomans, 2005).

Seinserfahrungen, die in der Initiatischen Therapie eine so wesentliche Rolle spielen, waren auch in Dürckheims Leben prägend und wirkten sich auf die Entwicklung der Initiatischen Therapie aus (Dürckheim, 1945/1992, S. 16). Im autobiografischen Kapitel „Mein Weg zur Initiatischen Therapie" aus seinem Buch „Erlebnis und Wandlung" erinnert sich Dürckheim an Seinserfahrungen aus seiner Kindheit ebenso wie aus der Zeit als Offizier im Ersten Weltkrieg – dort „vor allem durch die Begegnung mit dem Tod" (Dürckheim, 1945/1992, S. 27), die für Dürckheim schwierig, aber letztendlich auch eine „befreiende Erfahrung" (S. 29) war. Die zentralste Erfahrung, die er als „für mein Leben entscheidende Grosse Erfahrung" bezeichnet (Dürckheim, 1945/1992, S. 35), stammt aus der Nachkriegszeit, in der er nach dem Ende seiner Soldatenzeit ein Studium begonnen hatte. Diese ihn tief verwandelnde Erfahrung sei hier

---

[45] Die Praxis des Zazen und deren Umsetzung im alltäglichen Handeln wurde bereits ausführlich in Kapitel 3.3.2 dargestellt. Für ein besseres Verständnis der initiatischen Therapie sind die Kapitel über Zen-Buddhismus (0) sehr zu empfehlen.

in seinen Worten wiedergegeben. Er war damals 24jährig, als jemand den elften Spruch aus Laotses Tao-te-king vorlas (Dürckheim, 1945/1992):

> ‚Dreissig Speichen treffen die Nabe, aber das Leere in ihnen erwirkt das Wesen des Rades; aus Ton entstehen Töpfe, aber das Leere in ihnen wirkt das Wesen des Topfes...'

> Und da geschah es: ‚Beim Hören des elften Spruches schlug der Blitz in mich ein. Der Vorhang zerriss, und ich war erwacht. Ich hatte *Es* erfahren. Alles war und war doch nicht, war diese Welt und zugleich durchscheinend auf eine andere. Auch ich selbst war und war zugleich nicht. War erfüllt, verzaubert, ‚jenseitig' und doch ganz hier, glücklich und wie ohne Gefühl, ganz fern und zugleich tief in den Dingen drin. Ich hatte es erfahren, vernehmlich wie ein Donnerschlag, lichtklar wie ein Sonnentag und das, was war, gänzlich unfassbar. Das Leben ging weiter, das alte Leben, und doch war es das alte nicht mehr. Schmerzliches Warten auf mehr ‚Sein', auf Erfüllung tief empfundener Verheissung. Zugleich unendlicher Kraftgewinn und die Sehnsucht zur Verpflichtung – auf was hin -?'[46]

> Der ausserordentliche Zustand dauerte den Tag über bis hin in die Nacht, aber ich war ein für allemal gezeichnet. Ich hatte das erlebt, wovon alle Zeiten künden: von Menschen, die irgendwann einmal eine Erfahrung hatten, die wie ein Blitz einschlug und sie ein für allemal dem Stromkreis des eigentlichen Lebens anschloss, besser gesagt, ihn bewusst machte, nicht nur als Quelle eines grossen Glücks, sondern auch des Leidens, das der Mensch empfindet, wenn dieser Stromkreis dann immer wieder unterbrochen wird. Aber zugleich enthält diese Erfahrung den unbedingten Auftrag zum inneren Weg. Viele Jahre später erst sollte mir dieses Erleben und einige, wenn auch weniger starke Wiederholungen zum Wegweiser gültiger Erkenntnis und Arbeit an mir und anderen werden. (S. 35-36)

In der Folge klang ihm in der Auseinandersetzung mit verschiedenen Schriften wie der christlichen Mystik Meister Eckeharts, Texten von Rilke oder buddhistischen Schriften immer wieder diese Erfahrung an, und er begann sich zu fragen: „Eckehart – Laotse – Buddha – war die grosse Erfahrung, die sie bewegte, nicht im Grunde die gleiche?" (Dürckheim, 1945/1992, S. 37). Aus solchen bewussten Seinserfahrungen kristallisierte sich mit der Zeit allmählich das heraus, was Dürckheim als seine Bestimmung erlebte: die Arbeit am Menschen (Dürckheim, 1945/1992, S. 37).

Die zentralsten Erkenntnisse für die Entwicklung einer solchen Arbeit am Menschen – die er später als Initiatische Therapie bezeichnete - stammen aus seinem langjährigen Aufenthalt in Japan, wo er selber ja neben Zazen vor allem Bogenschiessen und Malen praktizierte. Zu dieser Übungspraxis schreibt er (Dürckheim, 1987):

> Der Sinn des Übens, im Dienst des inneren Weges, ist nicht die Gewinnung eines grösseren weltlichen Wissens oder Könnens, sondern die Verwirklichung eines höheren *Seins*. Es geht in der Übung auf dem Weg um die allmähliche Entwicklung einer Verfassung, in der der Mensch seiner höchsten Bestimmung genügen kann, das in seinem Wesen anwesende göttliche Sein offenbarwerden zu lassen in der Welt! (S. 105)

---

[46] Dürckheim zitiert hier seine Erfahrung aus der Festschrift zu seinem 70. Geburtstag: Transzendenz als Erfahrung.

In diesem Üben geht es darum, auf Transzendenz bezogen zu bleiben und das eigene Handeln als „sakrales Tun" (Dürckheim, 1945/1992, S. 45) zu vollziehen. Das führt auch zu einer „Sakralisierung der inneren Verfassung" (Dürckheim, 1945/1992, S. 45).

Die Orientierung an der Seinserfahrung und das Bezogenbleiben auf Transzendenz im alltäglichen Tun – und dabei ganz Mensch zu sein - sind wesentliche Elemente auf dem Weg, den Dürckheim im Verlauf seines Lebens entwickelte: dem initiatischen Weg.

4.3.1 Spiritueller Weg: Integration von Welt-Ich und Wesen

Der initiatische Weg kann als Integration von zwei Polen verstanden werden, die einander zunächst entgegengesetzt sind, auf dem Weg immer wieder eine Spannung erzeugen und schliesslich in eine dynamische Balance finden: Das Welt-Ich und das Wesen, das eng mit dem Sein verbunden ist. Im Folgenden wird zunächst auf die Natur von Welt-Ich, Sein und Wesen eingegangen und anschliessend der initiatische Weg in seinen wesentlichen Stadien aufgezeigt.

Welt-Ich und Wesen

Der Mensch wird in der Initiatischen Therapie als Bürger zweier Welten verstanden (Dürckheim, 1973/2005): die eine Welt ist bezogen auf sein Welt-Ich, die andere auf sein Wesen und das sich darin offenbarende Sein. Das Ich ist dabei zentral durch das Prinzip der Identität geprägt (Dürckheim, 1945/1992):

> Der Mensch, der ‚ich' sagt, sagt nicht nur ‚ich bin', sondern ‚ich bin ich'. Er nimmt sich als ein mit sich selbst Identisches. Er nimmt sich als etwas, das in allem Wandel von Raum und Zeit in sich selbst feststeht. An diesem Feststehen in sich selbst hängt nicht nur das ‚Ich', sondern die ganze Wirklichkeitsstruktur, Wirklichkeitsbedeutung und –valenz seiner Welt! (S. 186)

Dürckheim unterscheidet zwei Aspekte des Ich oder der Ichwirklichkeit: ein gegenständliches und ein zuständliches Bewusstsein. Das gegenständliche Ichbewusstsein ist dadurch charakterisiert, dass alles Erlebte, was nicht Ich ist, zu einem ihm gegenüberstehenden Gegenstand wird. Das Ich als Bewusstseinsform fasst alles Erlebte „*gegenständlich* und *gegensätzlich*" auf (Dürckheim, 1945/1992, S. 187). Es teilt alles auf in das, was ich *bin* und das, was ich *habe*. Es geht um ein aktives Fixieren wie z.B. das Festhalten von etwas gegenständlich Vorgestellten in einem Begriff. In diesem Aspekt der Ichwirklichkeit geht es um ein Einordnen in ein „bestehendes Gefüge von Bildern, Vorstellungen und Begriffen" (Dürckheim, 1945/1992, S. 188).

Da das Gesamtbewusstsein des Menschen jedoch auch mitbestimmt ist von gefühlsmässigem oder triebhaftem Erleben, das den Charakter von Zuständen hat, spricht Dürckheim neben dem gegenständlichen auch von einem *zuständlichen* Bewusstsein. Wird sich der Mensch z.B. seines Gefühls bewusst (zuständlich), so kann er es auch fixieren und einordnen. In diesem Unterscheiden und Fixieren macht er die zuständliche Ichwirklichkeit, also hier das Gefühl, zu einer gegenständlichen (Dürckheim, 1945/1992, S. 188).

Das Ich ist also charakterisiert durch das Erleben unserer Identität und durch das Festhalten und Einordnen von Vorstellungen, Begriffen, Gefühlen etc. Wenn das Ich im Bewusstsein des Menschen allzu viel Raum einnimmt, schränkt es die Weiterentwicklung des Bewusstseins ein, weil menschliches Erleben eben auch über die genannten Formen der Ichwirklichkeit hinausgeht. Die Ichwirklichkeit „ist also ein Schema, das wir, wenn es um volle Selbstwerdung geht, als solches zu erkennen und zurückzunehmen haben" (Dürckheim, 1945/1992, S. 192). Geschieht dies nicht, dann bleibt der Mensch in der einengenden Fixierung und Spaltung der Ichwirklichkeit hängen und kann keinen echten Bezug zur Transzendenz entwickeln, weil Transzendenz sich den Kategorien der Ichwirklichkeit entzieht (Dürckheim, 1945/1992):

> Aber in dem Masse, als er Wirklichkeit *nur* mit ichbedingten Kategorien, wie: Gegenständlichkeit, Gegensätzlichkeit, Raum und Zeit, Kausalität und Finalität, angeht, schliesst er, wenn schon nicht den gelegentlichen Einbruch der Transzendenz in sein Leben, so doch das *Ernstnehmen des Erlebten* und die von ihm her mögliche *Wandlung* aus. Warum? Weil Transzendenz sich solchen Kategorien schlechtweg entzieht. Und weil das, was der Mensch nicht ernst zu nehmen vermag, für ihn keine *Wirklichkeit* gewinnt. (S. 192)

Das Ich kann also zum wohl wesentlichsten Hindernis auf dem spirituellen Weg werden, weil es die Transzendenz nicht verstehen kann und damit die Verbindung zur Transzendenz blockiert. Das Ich reduziert die Wirklichkeit auf das, was es feststellen, festhalten und einordnen kann. Transzendenz jedoch ist Leben – und Leben kann nicht fixiert werden (Dürckheim, 1945/1992, S. 195).

Allerdings gibt es Momente, wo der Mensch auch bei einer Befangenheit im Ichbewusstsein etwas erfahren kann, das über die Ichwirklichkeit hinausgeht: Wenn wir etwas erschaffen, was uns wirklich wichtig ist und wir dabei nach dem Gesetz oder der Idee dahinter suchen, zielen wir in unserem Handeln und Suchen auf eine Dimension, die hinter der gegenständlichen Ichwirklichkeit liegt. Im Grunde beginnt sich in diesem Suchen bereits Transzendenz zu manifestieren. Diesem Suchen innerhalb der Ichwirklichkeit ist aber eine Grenze gesetzt, weil das Ichbewusstseins sich immer am Festgelegten und am Statischen orientiert und immer versucht ist, sich dem Leiden und der Veränderung zu entziehen. Transzendenz hingegen ist mit Wandlung verbunden und wird für den Menschen oft erst dort erfahrbar, wo er an seine persönliche Grenze gelangt (Dürckheim, 1945/1992):

> Von seinem Ich her kann der Mensch aber das Leben nur bejahen, wo es kein Leiden gibt und keine ,Veränderung', die sich seinem Einfluss entzieht. Das Grössere Leben jedoch bringt dem in seinem Ich befangenen Menschen *Leiden*, treibt ihn, sich zu *verwandeln*, und begegnet ihm gerade dort, wo seine Macht am Ende ist. (S. 198)

Von der beschriebenen Ichwirklichkeit unterscheidet Dürckheim (1945/1992, S. 201) das *inständliche* Bewusstsein, in dem das gegenständlich-zuständliche aufgehoben ist. Das inständliche Bewusstsein ist unser Bezug zur Transzendenz. Im Ichbewusstsein ist der Mensch abhängig von seinen Gefühlen und von der Welt. Im inständlichen Bewusstsein dagegen wird er frei von dieser Abhängigkeit und lebt aus der „Einheit des Grundes" heraus (Dürckheim, 1945/1992, S. 203). Im inständlichen Bewusstsein er-*innern* wir uns an unsere „Einheit im Grunde" (Dürckheim, 1945/1992, S. 201).

Entsprechend den Begriffen der Ichwirklichkeit und dem inständlichen Bewusstsein spricht Dürckheim in seinen meisten Werken von Welt-Ich und Wesen.

Betrachten wir die Relevanz des Welt-Ichs (auch Ichselbst genannt) im täglichen Leben, so erleben wir uns in unserem Welt-Ich in einem Dasein verankert, das durch Raum und Zeit begrenzt ist und sich zwischen Geburt und Tod abspielt. Dürckheim (z.B. 1945/1992, S. 87) nennt es auch das „kleine Leben". Der Mensch muss sein Leben im Alltag vollziehen können, er muss in gewissem Mass „funktionieren" können. In seinem Welt-Ich fängt der Mensch das Leben in festen Ordnungen und Begriffen ein, er nimmt die Welt rational wahr, unterscheidet, fixiert, und sein Interesse kreist um seine Weltanliegen wie Leistung, Erfolg, Ansehen, Reichtum etc. In dieser Bewusstseinsform ist das Sein wie oben beschrieben verhüllt, es wird nicht wahrgenommen (Dürckheim, 1966/2001/2004, S. 14). So steht das Welt-Ich in einem Gegensatz zum Wesen und dem sich darin manifestierenden Sein – und in dieser Spannung bewegen wir uns als Menschen (Dürckheim, 1966/2001/2004):

> Von früh bis spät ruft die Welt uns nach aussen, will als Welt erkannt und ge-
> meistert werden. Das Wesen ruft uns fortgesetzt von innen und nach innen. Die
> Welt verlangt von uns Wissen und Können. Das Wesen verlangt von uns, dass
> wir das Gewusste und Gekonnte immer wieder im Dienste des Reifens verges-
> sen. Die Welt verlangt von uns, dass wir fortgesetzt etwas machen. Das Wesen
> verlangt von uns, dass wir das Recht einfach nur zulassen. Die Welt treibt uns
> und hält uns, ohne Ruhe zu geben, in Gang, auf dass wir zu etwas Feststehen-
> dem kommen. Das Wesen verlangt von uns, dass wir, ihm zugewandt, nirgend-
> wo haften, damit wir uns nicht im Stehenbleiben verfehlen. Die Welt hält uns an
> zum Reden und unablässigen Wirken. Das Wesen verlangt, dass wir stille werden
> und tun, ohne zu tun. Die Welt zwingt uns, an Sicherungen zu denken. Das We-
> sen ermuntert uns, uns ständig aufs Neue zu wagen. Die Welt fügt sich uns,
> wenn wir sie verstehen und begreifen. Das Wesen öffnet sich uns, wenn wir das
> Unbegreifliche aushalten. Die Tragkraft des Wesens bewährt sich, wenn wir das,
> was uns in der Welt hält, wieder lassen, und das Wesen erneuert und verwandelt
> uns nur, wenn wir uns von dem, was uns in der Welt reich macht, wieder tren-
> nen. (S. 36-37)

In unserem *Wesen* – dem anderen Ursprung des Menschen – sind wir also in einem *Sein* zu Hause, das über Raum und Zeit hinausgeht und uns mit dem Übernatürlichen verbindet – dem „Grossen Leben[47]" (z.B. Dürckheim, 1945/1992, S. 87; Dürckheim, 1954/2006, S. 53), das nicht durch Tod und Geburt begrenzt ist. Es ist das Nicht-Endliche, das alles endliche Leben durchdringt.

Die Erfahrung dieses Seins ist die Basis des initiatischen Weges. Das Sein ist das, „was wir in unserem Wesen *sind*" (Dürckheim, 1966/2001/2004, S. 61). Dieses Sein in unserem zeitlich begrenzten Leben zu leben und auszudrücken, ist der Sinn unseres Daseins (Dürckheim, 1954/2006):

> Der Sinn des in Raum und Zeit sich entwickelnden persönlichen Selbst ist es,
> fortschreitend das unendliche Wesen in der ihm eigenen individuellen Weise in
> der Endlichkeit seines Daseins offenbar werden zu lassen. (S. 54)

Dürckheim (1954/2006, S. 53) spricht auch davon, „das ‚Grosse Leben' in unserem kleinen Leben zu offenbaren". Dabei geht es nicht darum, das „Grosse Leben" in einer

---

[47] Dürckheim spricht synonym vom überweltlichen Leben, überraumzeitlichen Sein, göttlichen Sein, überraumzeitlich Wirklichen, dem Absoluten, der anderen Dimension, dem Grossen Leben, dem LEBEN, der Transzendenz – und bezeichnet damit im Grunde immer das Göttliche oder Gott. Dürckheim (1973/2005, S. 30-32) verwendet den Begriff Gott bewusst nicht, weil er feststellte, dass dieser Begriff eine Erneuerung des religiösen Lebens bei vielen Menschen erschwert, wenn nicht sogar verunmöglicht, weil gerade die Sinnentleerung theologischer Begriffe die Glaubenskrise seiner Zeit hervorgerufen habe.

unpersönlichen Weise auszudrücken, sondern in ganz eigener, individueller Form. Dürckheim (1966/2001/2004) spricht in diesem Zusammenhang vom *Wesen*: Es ist die Art und Weise, in der das Sein im individuellen Menschen seinen Ausdruck findet und sich manifestiert – mitten im Alltag:

> Das Wesen eines jeden von uns ist die Weise, in der er teil hat am göttlichen Sein, die Weise also, wie dies Sein in ihm darauf drängt, offenbar zu werden in der Welt. In der Welt – also nicht abseits in weltabgewandter, nur geistiger Innerlichkeit, sondern im leibhaftigen Da-Sein. Menschwerdung erfüllt sich im Raum des weltlichen Schicksals und in der Gebundenheit an das tägliche Werk, also mitten im Alltag. (S. 10)

> Diese besondere Weise, in der in einem Menschen das nicht endliche Leben verkörpert ist, macht sein individuelles Wesen, seine Individualität aus. (Dürckheim, 1954/2006, S. 54)

Die bereits erwähnte Spannung durch die Zugehörigkeit zum Welt-Ich und zum Wesen begleitet uns in unserem Leben immer wieder mehr oder weniger spürbar. Auf dem initiatischen Weg geht es nun darum, diese zwei Welten in uns zu integrieren, so dass wir in unserem alltäglichen Leben das allem zugrundeliegende Sein manifestieren und ausdrücken können. Dazu muss unser Welt-Ich durchlässig werden (Dürckheim, 1966/2001/2004, S. 91).

> Es ist der Sinn des menschlichen *Reifens,* diese Spannung in einer *Verfassung* ‚einzulösen' (nicht aufzulösen!), in der er dann auch in seinem im Ich verankerten, natürlichen ‚kleinen Leben' das in seinem Wesen lebendige, übernatürliche ‚Grosse Leben' zu manifestieren vermag. Er manifestiert es dort, wo er inmitten seiner raumzeitlichen Wirklichkeit als ein *Erlebender* im Glanz des Übernatürlichen steht, als ein *Erkennender* die natürliche, sichtbare Welt in ihrer Transparenz als das ‚in den Geheimniszustand erhobene Innere' (Novalis) wahr-nimmt, als ein *Handelnder* und *Gestaltender* ohne Unterlass das natürliche Dasein im Sinne des Übernatürlichen vollzieht und von diesem in allem Tun als ein *Liebender* von der Einheit des Grundes zeugt. (Dürckheim, 1945/1992, S. 87)

Der initiatische Weg führt „nicht in eine blutleere, weltabgewandte Vergeistigung (…), sondern [er ist] einer ganz und gar sinnlich und leiblich rückgebundenen Spiritualität verpflichtet und [zielt] auf eine welthaltige, weltzugekehrte und auch insofern ‚immanente Transzendenz' [ab]" (Weis, 1996, S. 9). Das Ziel der Initiatischen Therapie ist also eine integrierte oder geerdete Spiritualität, die sich in der Welt und auch über den Leib ausdrückt.

Stadien des initiatischen Weges

Als Menschen sind wir zunächst mit dem Welt-Ich identifiziert, im Verlauf des initiatischen Weges verlagert sich diese Identifikation immer mehr auf unser Wesen. Aber erst aus der Integration von Welt-Ich und Wesen heraus werden wir zur *Person*, die „das Wesen im transparent gewordenen Welt-Ich" ausdrückt (Dürckheim, 1966/2001/2004, S. 50). Es geht also darum, auf dem initiatischen Weg eine Daseinsform zu entwickeln, in der wir unser Welt-Ich behalten und zugleich durchlässig bleiben für unser Wesen – dann werden wir ein „rechter Mensch, im wahren Sinn eine Person, durch deren Erleben und Wirken das Sein im Dasein hindruchtönt (Personare = hindurchtönen)"

(Dürckheim, 1966/2001/2004, S. 15). Dieser Weg kann in folgenden Stadien umrissen werden (vgl. Dürckheim, 1945/1992, S. 87-93, S. 236-253; Dürckheim, 1975/2001, S. 145-152):

- Entfremdung vom Wesen
- Seinserfahrung
- Einsicht und Bereinigung des Grundes
- Übung

Die letzten beiden Stadien betreffen die eigentliche Wandlung des Menschen, deren Basis die Seinserfahrung bildet.

Entfremdung vom Wesen

Als Bürger zweier Welten haben wir Menschen schon immer Anteil am Sein. Und auf dieser Verbindung zum Sein basiert unser Wesen. Unser individueller Ausdruck des Seins würde uns aber kaum bewusst, wenn wir uns nicht zuvor davon entfremdet hätten[48] (Dürckheim, 1945/1992, S. 88). So bewegen wir uns zunächst aus unserem Seinsgrund heraus und leben in einem Zustand, in dem wir uns von unserem Wesen und vom lebendigen Sein entfremdet haben. Diese Verankerung im Welt-Ich – und die Entfremdung vom eigenen Wesen – führt irgendwann zu einer Krise, welche die Spannung zwischen Welt-Ich und Wesen widerspiegelt (vgl. Dürckheim, 1945/1992, S. 87-88): Wir mögen zwar ein gut funktionierendes Leben leben - ein glückliches Familienleben, Erfolg im Beruf etc. – aber wir empfinden plötzlich oder schleichend eine unbegreifbare Leere, Schuld oder Angst. Wir beginnen uns aus unserem Wesen heraus wie gefangen zu fühlen (Dürckheim, 1945/1992, S. 87-93). In dieser Krise sehen wir uns mit der Frage konfrontiert: Wer bin ich wirklich – im Kern meines Wesens (Weis, 1995, S. 87)? Unser Wesen beginnt gegen alles allzu Geordnete und Festgelegte - also gegen die Hauptbereiche des Welt-Ichs - zu rebellieren, weil es dem inneren Leben nicht entspricht, das nach Verwandlung sucht. Je stärker die Entfremdung vom Sein, desto heftiger meldet sich meist das eigene Wesen. Wir müssen den Ruf unseres Wesens auf irgendeine Weise hören, damit es zu einer Umkehr kommt. Meist müssen wir dazu an die Grenze unserer Möglichkeiten im Welt-Ich und in unserer bisherigen Lebensform gelangen. Meist müssen wir Leid und Not erfahren, damit wir zu einer Umkehr bereit sind (Dürckheim, 1945/1992, S. 87-93). Dabei hat das Leiden den Sinn, uns „von der Herrschaft des *Ichs* zu läutern und [uns] bereit zu machen zur Erfahrung des *Wesens*" (Dürckheim, 1954/2006, S. 57). Das kann aber nur geschehen, wenn wir bereit sind, den Zusammenbruch unserer bisherigen Lebensform anzunehmen und uns der unausweichlichen Veränderung hinzugeben. Resignieren wir an dieser Grenze oder halten wir

---

48 Diese Entfremdung vom Wesen ist auch die Basis von Neurosen. Dürckheim (1945/1992, S. 72) versteht Neurosen als eine „Getrenntheit vom tragenden, ordnenden und ganzmachenden Grund". Sie gründen in Verhinderungen und Enttäuschungen der ursprünglichen Impulse des Wesens des Kindes, die fixiert werden. Durch diese Getrenntheit vom ganzmachenden Grund, dem Kontakt zum Sein im eigenen Wesen, „geschieht eine Verhinderung der eigentlichen existentiellen Entwicklung, eine Blockierung der Integration von Bewusstseinsform und Wesen, also der wahren Individuation, und dies ist dann das eigentliche Leiden" (Dürckheim, 1945/1992, S. 73-74). Entsprechen dagegen die Bedingungen und der Umgang der Bezugspersonen mit dem Kind dem Wesen des Kindes, so kann es sich im Einklang mit dem Grund entwickeln. Das zeigt sich in einer natürlichen Selbstsicherheit und Durchsetzungskraft, einem natürlichen Selbstwertgefühl. Das ermöglicht ein Gefühl für die Grundordnung des Lebens, ein Eingehen von direktem Kontakt und hingegebener Liebe.

an unserer alten Lebensform fest, so verhindert das eine tiefere Erfahrung (Dürckheim, 1945/1992, S. 89).

Seinserfahrung

Die Seinserfahrung ist die Voraussetzung für eine Umkehr und Wandlung, unsere Heimkehr ins lebendige Sein. Alle echte Wandlung hängt mit dieser Erfahrung zusammen (Dürckheim, 1945/1992, S. 87-88).

Wie aber zeigt sich ein solches Erleben? Die Seinserfahrung ist nicht eine Erfahrung irgendeiner besonderen Wirklichkeit oder einer übersinnlichen Welt von Engeln oder Geistwesen, und sie führt auch nicht zum Auslöschen unserer diesseitigen Wirklichkeit. Das Sein ist auch nicht identisch mit der Gesamtheit der psychischen Wirklichkeit der Archetypen. Es wird nicht als eine Wirklichkeit erlebt, die dem Menschen gegenüber steht oder gegenständlich fassbar ist. „In der echten Wesens- und Seinserfahrung ist der Erfahrende und das Erfahrene eins, richtiger gesagt: ‚Nicht-Zwei'" (Dürckheim, 1945/1992, S. 85). In der Seinserfahrung geht es nicht um ein Entwickeln irgendwelcher höheren Fähigkeiten wie Hellsehen etc. Es geht nicht um die Vermehrung eines Könnens, sondern um die Verwandlung dessen, was wir als Menschen sind, hin zu dem, was wir in Kontakt mit unserem Wesen sein können (Dürckheim, 1945/1992, S. 85).

Seinserfahrungen können uns in ihrer Gewalt, in ihrem Strahlen und ihrer Fülle tief erschüttern. Wo eine Verbindung zum Sein entsteht, verändert sich die Grundstimmung. Wir können eine Liebe, Kraft und Fröhlichkeit erleben, die aus der Perspektive der äusseren Situation völlig unmotiviert und manchmal unverständlich auftritt (Dürckheim, 1966/2001/2004):

> Es gibt erleuchtende und massstabsetzende Augenblicke in unserem Leben, in denen wir etwas erfahren, das uns in der Tiefe berührt und von Grund auf erschüttert. Da ist etwas, auf das wir hinhorchen und dem wir gehorchen und treu bleiben müssen, und dies, obwohl, ja gerade weil das hier Erlebte ‚unerhört' ist und von unserem rationalen Ich eigentlich nicht zugelassen werden kann. (S. 28)

Wann und in welchen Situationen können solche Erfahrungen auftauchen? Im Grunde kann jeder, auch der unscheinbarste Inhalt unseres Erlebens, uns mit einer tieferen Dimension verbinden, wenn wir uns in der rechten Verfassung befinden. Diese Verfassung meint einen Moment, in dem das Ich nicht da ist. Solche Momente können Augenblicke grosser Erschütterung sein, die die bisherigen Werte und Ordnungen zu Fall bringen. Aber auch jede innere Situation, in der das Ich einen Moment lang nicht da ist, kann solche Seinsfühlungen ermöglichen (Dürckheim, 1945/1992, S. 70).

Wie im Kapitel 2.2.3 über mystische Erfahrungen bereits deutlich wurde, lässt sich eine Seinserfahrung nicht wirklich beschreiben, sie ist nichts Gegenständliches oder Fassbares. Von Seinserfahrungen wissen wir nur durch bestimmte Erlebnisse, die unsere gewöhnliche Bewusstseinsordnung transzendieren und das Potential haben, unser Leben zu verwandeln (Dürckheim, 1945/1992, S. 85).

Seinserfahrungen sind unabhängig von jeder Religion. Sie können als etwas Allgemeinmenschliches verstanden werden. Allerdings werden sie vom Menschen, der eine Seinsfühlung erlebt, in eine enge Beziehung zu den Inhalten der Religion gestellt, in deren Überlieferung der Betroffene steht (Dürckheim, 1945/1992, S. 86).

Das *Erlebnis* der Seinserfahrung kann in unterschiedlicher Tiefe, Dauer und Qualität auftreten. Zunächst geht es darum, eine Seinserfahrung ernst zu nehmen und den

Sinn zu schärfen zum Wahrnehmen solcher Augenblicke, in denen ein Erleben des Wesens geschieht. Solange eine Seinserfahrung andauert, ist der Mensch in seiner Mitte. „In der rechten Mitte sein" (Dürckheim, 1975/2001, S. 147) bedeutet hier, zentriert zu sein auf Transparenz, auf die Erfahrung des Seins, das sich im Wesen offenbart. Dieses Zentriertsein ist kein fester Zustand, den man sich einmal erwerben kann, sondern ein ständiger Prozess. In der rechten Mitte zu sein kann als ein Geöffnetsein und ein Geschlossensein zugleich verstanden werden: Es ist auch ein *Geöffnetsein* für die Erfahrung des Seins und ein *Geschlossensein* in der Weise, dass gewahrt werden kann, was in der Erfahrung nicht verloren gehen soll. Dieses Geschlossensein ist eine Form, ein Gefäss für das Sein. Und darin ist ein Kontakt zum Unsagbaren, das nicht gefasst werden kann, sondern nur im „Haben als hätte man nicht" (Dürckheim, 1975/2001, S. 147) bei einem bleibt. In der Mitte sein ist ein Wachsein mit allen Sinnen. Und es ist immer vorübergehend.

Mit einer Seinserfahrung beginnt also der eigentliche initiatische Weg. Aber Seinserfahrungen sind nur der Anfang. Sie führen nicht unbedingt zu einer tiefen Verwandlung aus dem Sein. „Seinserfahrung und Verwandlung aus dem Sein ist zweierlei" (Dürckheim, 1975/2001, S. 148). Wir können sehr tiefgehende Erlebnisse haben, ohne uns wirklich zu verändern. Damit das Sein uns nicht nur für einen Augenblick berührt, sondern wir dauerhaft damit in Verbindung bleiben können, braucht es eine überdauernde Lebensform, die durch ständige Übung gekennzeichnet ist. Wir müssen den Ruf unseres Wesens hören und uns verbindlich dafür entscheiden, ihm zu folgen (Dürckheim, 1966/2001/2004). Erst dann kann sich eine Wandlung vollziehen (Dürckheim, 1945/1992)

> Die *Seinserfahrung* im vollen Sinne des Wortes ist eine Erfahrung, die die ganze Ordnung unseres natürlichen Weltbewusstseins zu einem neuen Lebensgrund hin durchbricht, der auf dem Hintergrund des natürlichen Welt-Daseins als ein übernatürliches divines Sein erfahren wird. Wo der Mensch es vermag, diese Erfahrung so tief ernst zu nehmen und in sich Raum greifen zu lassen, dass sich sein natürliches Leben in der Welt, in dem da erfahrenen Übernatürlichen verankert, weiss er sich fortan getragen und gespeist, geformt und gerufen, gerichtet und geborgen von einem tieferen Sein, das ihn umfängt und im Grunde seines Wesens selbst mit ausmacht. Doch nur in dem Masse, als die Erfahrung nicht im ‚Erlebnis' stecken bleibt, sondern den Menschen vollends durchwächst, vollzieht sich die echte *Wandlung*. Der Mensch fühlt sich und seine Welt dann fortschreitend von einer Wirklichkeit her bestimmt, die ihn im Unterschied zu den Nöten und Werten seines natürlichen raumzeitlichen Daseins fortan als ein übernatürliches, überraumzeitliches, divines Sein und Leben in Dienst nimmt. Beglückt und zugleich von einer neuen Verantwortung erfüllt, weiss er sich dann mit einem Male dazu bestimmt und gerufen, die Welt und sich selbst von diesem Sein her in einem tieferen Sinn erkennend, liebend und gestaltend zu erschliessen. (S. 83-84)

Eine Seinserfahrung für sich genommen macht also noch keine Verwandlung aus. Damit eine Seinserfahrung nicht eine blosse Erfahrung bleibt, muss sich eine Verwandlung des Menschen vollziehen, ohne die eine Seinserfahrung wieder verloren geht und nicht integriert werden kann. Zum blossen Erleben müssen Erkenntnis, eine Arbeit mit unseren neurotischen Mechanismen und Übung dazukommen, damit eine Wandlung daraus entsteht.

Einsicht und Bereinigung des Grundes

Nach einer Seinserfahrung muss die *Einsicht* entstehen, dass das Erlebnis nur der Ausgangspunkt für eine Verwandlung ist, die lebenslanges Üben erfordert. Einsicht bedeutet insbesondere, die Hindernisse auf dem Weg dieser Verwandlung zu erkennen. Einerseits muss verstanden werden, dass das „statische Ich-Weltbewusstsein" (Dürckheim, 1975/2001, S. 149) der bewussten Seinserfahrung im Weg steht. Andererseits ist die Einsicht zentral, dass unser Schatten die Verbindung zum Wesen verhindert. Der Schatten wird hier im jungianischen Sinn als all das verstanden, was wir in uns nicht zulassen und statt dessen verdrängen. Auf dem initiatischen Weg geht es einerseits darum, Einsicht in die Natur unseres Schattens zu gewinnen: also in seinen Ursprung und die Blockaden, aus denen er hervorgeht, ebenso wie in seine Art, wie er sich uns in unserem alltäglichen Leben zeigt. Andererseits geht es um die Möglichkeit seiner Überwindung.

Es ist ganz zentral zu erkennen, dass eine erste Seinserfahrung nicht bedeutet, dass schon eine psychologische „Bereinigung des Grundes" (Dürckheim, 1975/2001, S. 149) vollzogen ist. Aber oft erleichtert die bewusste Fühlung mit unserem Wesen ein Erkennen und Auflösen unserer neurotischen Mechanismen oder macht eine Arbeit mit unserer Struktur überhaupt erst möglich (Dürckheim, 1945/1992, S. 34). Die Arbeit mit der eigenen neurotischen Struktur (das Lösen neurotischer Verhärtungen oder von Persönlichkeitsmustern) – meist im Rahmen einer initiatischen Therapie - nimmt auf dem initiatischen Weg einen wichtigen Stellenwert ein. Je stärker solche neurotischen Mechanismen in uns sind, desto wichtiger ist eine tiefenpsychologische Arbeit für ihre Auflösung. Dabei kann eine solche Arbeit sowohl

- einen Durchbruch zum Wesen *vorbereiten*
- als auch nach einer Seinserfahrung für deren *Integration* zentral sein.

Ein *Durchbruch zum Wesen* über eine Arbeit an unseren neurotischen Mechanismen wird in dem Masse erleichtert, als es der Therapeutin gelingt, die Klientin in ihrem Wesen anzusprechen. Dabei muss unterschieden werden zwischen dem Vorbereiten eines Durchbruches und dem Durchbruch selbst: Das Vorbereiten ist Aufgabe der Therapeutin, der Durchbruch selbst jedoch bleibt ein Geheimnis und ist immer eine Gnade (Dürckheim, 1945/1992, S. 76-80).

Die Arbeit mit unserer neurotischen Struktur ist aber auch für die *Integration* von Seinserfahrungen zentral – also für die Wandlung durch die Erfahrung. Gerade hier wird ein menschliches Gegenüber besonders wichtig – meist eine Therapeutin, die uns auf unserem Weg begleitet. Denn eine Wesens- oder Seinserfahrung geschieht zwar im Herzen des Einzelnen – damit eine solche Erfahrung jedoch aufblühen und sich entfalten kann, brauchen wir ein menschliches Gegenüber (Dürckheim, 1945/1992, S. 95). In einer solchen therapeutischen Beziehung geht es für Dürckheim (1945/1992, S. 76-80) neben der Arbeit mit unseren neurotischen Strukturen darum, dass die Therapeutin versucht, unseren latenten Wesenskern stetig anzusprechen. Dazu braucht die Therapeutin eine unbeirrbare Liebe zum Wesenskern der Klientin. Dies ist jedoch nur in dem Masse möglich, als die Therapeutin aus eigener Erfahrung des Seins diese tiefe Liebe erleben und ausdrücken kann. Unser Kontakt zu unserer personalen Mitte erwacht nicht von selbst, er erwacht Schritt für Schritt im Antworten auf ein Angesprochenwerden. Unser Wesen tritt allmählich hervor, wenn es mit Beständigkeit und in liebender Zuwendung angesprochen wird. Dazu braucht es die personale Begegnung mit der Therapeutin. Wo dies gelingt, kann eine tiefe Heilung beginnen, indem sich die seelischen Kräfte neu um die erwachende Mitte zu konstellieren beginnen.

Die Arbeit in der Initiatischen Therapie beinhaltet also zwei Ebenen, die miteinander verbunden sind: Die tiefenpsychologische Arbeit mit unseren neurotischen Mechanismen oder unseren Persönlichkeitsmustern sowie das Vorbereiten und Integrieren des Kontaktes zu unserem Wesen. Eine tiefenpsychologische Arbeit ist also ein unerlässlicher Bestandteil der Initiatischen Therapie.

Nach einer Seinserfahrung sind also Einsicht und die Arbeit mit unseren Mustern für eine Wandlung zentral. Wie gestaltet sich der initiatische Weg nun weiter? Die Antwort ist kurz und lebenslang: Üben.

Übung

Ziel des initiatischen Weges ist im Grunde der nie endende Weg der Wandlung selbst: „Es ist ein Weg, auf dem man nicht ankommt" (Dürckheim, 1975/2001, S. 151). Es kann wohl nicht genug betont werden, dass der Mensch immer wieder seinen derzeitigen Zustand, das „Erreichte" loslassen muss und sich auf die unbekannte Seite seines Wesens einlassen muss. Immer wieder muss die bekannte und derzeitige Form aufgegeben werden, da sonst die Verwandlung stagniert (Dürckheim, 1975/2001, S. 150). Allerdings kommt ein Mensch schon dann in seine Mitte, wenn er „endgültig auf den Weg zu ihr gelangt ist" (Dürckheim, 1975/2001, S. 151). Ein derartiges In-der-Mitte-Sein ist aber keineswegs ein Leben ohne Leiden. Der Mensch kommt dadurch überhaupt erst in die Lage, Leiden ganz zuzulassen. „Ein Kriterium dafür, dass der Mensch in seine Mitte gelangt ist, besteht darin, dass er leiden *kann*, nicht darin, dass er nicht mehr leidet! Vom Wesen her meint Überwindung des Leidens: das Leiden im Leiden durchleiden zu *können*" (Dürckheim, 1975/2001, S. 151).

Tiefe Seinserfahrungen führen oft dazu, dass der Mensch darin bleiben möchte – aber es braucht die Begegnung mit der Welt und die Auseinandersetzung mit dem Leiden, damit der Mensch lernt, in seiner Mitte zu bleiben. Dazu braucht es ständiges Üben (Dürckheim, 1975/2001):

> Es möchte der Mensch, der dieses Sein wahrhaft geschmeckt hat, sich wohl gerne weltabgewandt ganz im erlösenden Sein verlieren. Doch fällt er gerade dann wieder aus ihm heraus, wenn er nicht immer wieder die nur lichte Seite seiner Seinsfühlung in der Begegnung mit den Dunkelmächten des Lebens aufs Spiel setzt. Nur im Wagnis der gefahrvollen Hingabe bildet sich die Form, in der ein Mensch dann vollbewusst, verantwortlich und frei die Fühlung mit seinem Wesen bewahren und so nicht nur vorübergehend, sondern bleibend in seiner Mitte sein kann. Der Mensch bleibt auch in seiner höchsten Form Mensch. Er ist also dann, wenn er ‚abseits von der Welt' in sein Wesen gelangt, noch nicht in der Mitte seiner selbst als Person. Diese Mitte findet er nur in der Re-Integration von Wesen und Welt. Dies erfordert planmässige Übung. (S. 151)

Übung ist nicht nur die Art und Weise, wie wir innerlich in Verbindung mit unserem Wesen kommen, sondern auch wie wir in der Welt aus dieser Mitte heraus handeln können. Im Folgenden wird auf die Übung als zentrales Mittel zur Integration von Seinserfahrungen, zur Verwandlung im Sinne des initiatischen Weges, näher eingegangen.

4.3.2   Integrationsprozess: „Der Alltag als Übung"

> Übung im Alltag bedeutet immerzu Einkehr und Umkehr, Loslassen der Welt
> und Zulassen des Wesens. Und wenn wir den innersten Kern unseres Selbst
> einmal fühlen und in uns das Wesen erwacht – dann spüren wir auch das Wesen
> der Dinge, und mitten im weltlichen Dasein begegnet uns allenthalben das Sein.
> (Dürckheim, 1966/2001/2004, S. 37)

Die Übung hat einen doppelten Sinn: den Menschen bereit zu machen für die Erfahrung des eigenen Wesens und die Verwandlung zu einem dauerhaften Kontakt zum Sein (Dürckheim, 1945/1992, S. 42). Dabei ist es wichtig, sich bewusst zu bleiben, dass die Übung eine Seinserfahrung *nicht erzeugt* und eine solche Erfahrung nicht *machbar* ist. Die Übung macht uns dazu bereit, und ein Kontakt zum Sein entsteht schliesslich aus einem *Zulassen* dessen, was ohnehin da ist, aber für uns nicht immer spürbar wird. „Üben bedeutet letzten Endes nur: Lernen, die Bedingungen zu schaffen, unter denen eine immanente Seinswirklichkeit, das ‚Wesen', hervorkommen und seine Welt-Gestalt gewinnen kann" (Dürckheim, 1987, S. 106).

Üben bedeutet hier nicht eine Beschränkung auf besondere oder formale Übungen, sondern „alles und jedes wird Gelegenheit zum Üben auf dem inneren Weg" (Dürckheim, 1966/2001/2004, S. 33-34). Es geht nicht um ein Üben eines Könnens oder einer geforderten Leistung, sondern um ein ständiges Praktizieren auf dem inneren Weg. Leistungsbezogenes Üben erledigt sich, wenn man das Geübte kann. Üben auf dem inneren Weg beginnt erst dann und besteht in seiner ständigen Wiederholung. Jede Wiederholung spiegelt dann die innere Haltung des Übenden wieder. Dabei müssen wir entschlossen und bereit sein, unser Leben aus unserem eigenen Wesen heraus zu leben (Dürckheim, 1966/2001/2004, S. 13): „So geht es am Ende um das Gewinnen derjenigen Verfassung, in der der Mensch offen und gehorsam wird für Stimme und Auftrag des Wesens und zugleich fähig, es sichtbar und wirksam werden zu lassen mitten im weltlichen Leben und Werk".

In ständiger Übung wird das Sein immer wieder neu erkannt und die eigene Entscheidung zum Sein immer wieder neu bejaht. Übung bedeutet auf dem initiatischen Weg immer auch Arbeit mit dem Leib. Dürckheim (1975/2001, S. 152) spricht vom „Einleiben erleuchtender Erkenntnisse". Die Arbeit am Leib ist ein Kernstück des initiatischen Weges.

Die Bedeutung des Leibes für die Integration

Die personale Leibtherapie ist eines der beiden Hauptmedien der Initiatischen Therapie. Es ist eine Form der Leibbehandlung, in der die Klientin über Berührung durch die Therapeutin in der Entwicklung ihres Leibbezuges unterstützt wird. „Ziel dieser Arbeit ist es, das Hindurchwirken des innersten Wesenskernes durch alle Schichten des menschlichen Seins bis in das vergänglich Körperliche hinein zu erfahren" (Helke, 1989, S. 291).

Auch das zweite Hauptmedium, mit dem in der Initiatischen Therapie gearbeitet wird, das Geführte Zeichnen, bezieht sich auf den Leib. Das meditative Hineinspüren in den Leib, mit geschlossenen Augen, ist dabei Ankerpunkt für die entstehenden Zeichnungen (Loomans, 1991). Der Name „Geführtes Zeichnen" bezieht sich dabei auf eine innere Haltung der Hingabe, einem Loslassen des fixierenden Ichs, „um immer deutlicher die zunächst kaum bewussten Bewegtheiten [des eigenen Wesensgrundes] zu vernehmen, sich von ihnen ‚führen' zu lassen bis in nach aussen sich fortsetzende Bewegung hinein" (Deuser, 1989, S. 308).

Dürckheim (1945/1992) unterscheidet zwischen dem Körper, den man *hat* und dem Leib, der man *ist*. Der Leib ist dabei eng mit einer Durchlässigkeit für das eigene Wesen verbunden:

> Der Leib, der man ist, ist die Weise, in der man *in der Welt da ist*. Der Leib, der man ist, ist die Einheit der Gebärden, in denen man sich als Person ausdrückt und darstellt, in der Welt verwirklicht oder verfehlt. Man kann in diesem Leibe richtig da sein oder falsch: richtig, wenn man als Leib durchlässig ist für sein Wesen, das heisst für die Weise, in der das ‚Leben' in unserer Individualität Gestalt gewinnen und sich manifestieren möchte in der Welt. Falsch ist man da in dem Masse, als man das Werden und sich Bezeugen der wesensgemässen Gestalt verhindert. (S. 46)

So spricht Dürckheim in der Initiatischen Therapie vom Leib und nicht vom Körper. Unser Leib spiegelt uns also in seiner Haltung, in seiner Spannung und Gelöstheit, im Rhythmus unseres Atems und in seiner Bewegung, in welchem Ausmass wir transparent sind für unser Wesen. „Er zeigt an, wie und wo er sich in seinem Ich festgesetzt und an die Welt verloren oder seinem Wesen geöffnet und in lebendiger Bewegung geblieben ist" (Dürckheim, 1966/2001/2004, S. 25).

In diesem Sinn spricht Dürckheim auch von der „reinen Gebärde", wenn sich das Wesen ungehindert in unseren Bewegungen ausdrücken kann (Dürckheim, 1966/2001/2004):

> Die Gebärde eines Menschen ist umso reiner, als sie ohne gewohnheitsmässige oder situationsbedingte Hemmung unmittelbar und frei aus dem Wesen kommt. Je befreiter von den Schranken des Welt-Ichs, desto reiner die Gebärde. Und je reiner die Gebärde, um so heiler wird in ihr und durch sie der Mensch. So kann man von der heilenden Kraft der reinen Gebärde sprechen. (S. 51-52)

Hier wird eine Wechselwirkung deutlich: Je durchlässiger wir für unser Wesen werden, desto reiner werden unsere Gebärden. Und je reiner unsere Gebärden, desto heilender wirken sie auf uns zurück. Arbeit über den Leib ist also Ausdruck und Heilung zugleich.

Um auf dem initiatischen Weg und im Integrationsprozess immer mehr in diese Mitte zu kommen, sind drei Stadien notwendig, die sich auf verschiedene Bereiche des Leibes beziehen (Dürckheim, 1975/2001, S. 152-164):

- die „Erdmitte"
- die „Himmelsmitte"
- das Herz

Die Erdmitte - Hara

Von zentraler Bedeutung ist auf dem Weg zur Transparenz der Bereich des Unterbauchs und des Beckens: Hara, die „Erdmitte des Menschen" (Dürckheim, 1987). Die Verbindung zum Hara „kennzeichnet den ersten Schritt auf dem Wege vom Welt-Ich zur Person" (Dürckheim, 1975/2001, S. 155). Hara hat dabei eine zweifache Bedeutung, die seine Funktion als Bindeglied zwischen Welt-Ich und Wesen verdeutlicht: Im Hara verankert zu sein verleiht uns „eine besondere Kraft zum Leben in der *Welt*" (Dürckheim, 1987, S. 99). Diese Kraft entsteht aber daraus, dass wir in Kontakt sind mit den „überweltlichen Kräften" unseres Wesens (Dürckheim, 1987, S. 99). So ist die Erdmitte, Hara, ein Kernstück zur „Integration mit der Transzendenz" (Dürckheim, 1975/2001, S. 155). Hara bezeichnet dabei nicht nur einen Bereich im Leib, sondern eine Gesamtverfassung des Menschen, „in der er immer freier wird vom Bann des kleinen Ichs und sich gelöst und gelassen in einer Wirklichkeit zu verankern vermag, die ihn befähigt, von woanders her das Leben zu fühlen und die Welt zu meistern und ohne Rest dem zu dienen, was seine Aufgabe in der Welt ist" (Dürckheim, 1975/2001, S. 156). Verankert im Hara sind wir mit dem „Atem des Lebens" verbunden. Wir ruhen im „Quellraum nie versiegender Kräfte und nie endender Verwandlung und eben damit im Wurzelraum [unseres] personalen Seins und Werdens" (Dürckheim, 1975/2001, S. 156). In unserem Hara ruhend haben wir die Voraussetzung zur Integration von Welt-Ich und Wesen.

Da die Verankerung im Hara im Werk Dürckheims einen zentralen Stellenwert einnimmt, wird hier ausführlicher auf Möglichkeiten des konkreten Übens *des Sitzens im Hara* eingegangen als Veranschaulichung dessen, was Dürckheim meint, wenn er immer wieder von „Üben" spricht. Unabhängig davon, ob Hara im Sitzen, Stehen oder Gehen geübt wird, so geht es immer um die Art, da zu sein und sich zu verhalten und nicht um eine ausgefeilte Technik (Dürckheim, 1987, S. 123). So bedeutet Hara „im Sitzen nicht weniger als im Stehen oder Gehen eine Kraft der zentralen inneren Führung, in der aller Eigenwille aufgelöst ist und eine Form entsteht, die nicht gemacht ist, sondern organisch aus der Zentrierung hervorwächst" (Dürckheim, 1987, S. 124). Im Hara sitzen ist mit Präsenz verbunden: Das bedeutet, *da* zu sein – bei dem momentan anwesenden Menschen, bei der aktuellen Sache -, *gegenwärtig* zu sein im jetzigen Augenblick und aus dem eigenen *Wesen* heraus da zu sein (Dürckheim, 1987, S. 126). „Je mehr der Mensch im Hara zentriert ist, umso leichter fällt ihm die Präsenz im Hier und Jetzt[49]. Er ist das Gegenteil von verstreut – er ist versammelt" (Dürckheim, 1987, S. 126). Wenn Dürckheim nun vom „Sitzen als Übung" spricht, beinhaltet das drei Schritte:

- die Einübung der rechten Sitzhaltung,
- die Bewährung dieser Sitzhaltung, wo und wann auch immer wir sitzen,
- das Sitzen als Exerzitium.

Die *rechte Sitzhaltung* meint dabei einen aufrechten, im Hara verankerten Sitz, der nicht an bestimmte Sitzgelegenheiten gebunden ist. Wichtig ist dabei nur, dass die Knie tiefer sind als die Hüftknochen, da mit hochgestellten Knien die Kraft der Leibesmitte nicht voll zugelassen werden kann. Beim rechten Sitzen bilden Ohr, Schulter und Hüftknochen eine Senkrechte. Bei diesem Sitzen liegt der Schwerpunkt im Unterbauch. So ist es wichtig, den Unterbauch nicht anzuspannen, sondern ihn frei zu geben und etwas Kraft hineinsinken zu lassen. Dabei fühlt sich der Oberkörper frei und leicht an, die Schultern sind gelöst, die Arme hängen schwer herab, im Beckenraum entsteht ein Gefühl von fester Verankerung. In diesem festen Zentrum sind wir aber nicht starr fixiert, sondern aufrecht und ohne unser Zutun in Form gehalten und leise schwingend „um eine geheimnisvolle Mitte" (Dürckheim, 1987, S. 128). Um diese Mitte in der rechten Sitzhaltung zu spüren, empfiehlt Dürckheim (1987, S. 128) ein Einpendeln auf diese Mitte, indem wir die Arme auf der Brust kreuzen und uns im Rhythmus des Atems vor und zurück schwingen. Wir schwingen auf diese Art immer wieder dank unserer Verankerung im Hara in die Senkrechte zurück. Wir lassen uns dabei zunächst weit vor und zurück

---

[49] Dieser Aspekt wurde bereits im Kapitel über Zen-Buddhismus im Zusammenhang mit der Ausbildung von Joriki deutlich (vgl. Kapitel 3.3.3).

schwingen, verringern dann allmählich die Bewegung, bis sie von selbst still steht. Das ist der Punkt der richtigen Sitzhaltung. „Hat man diesen Punkt gefunden, dann fühlt man im ganzen Leib eine geheimnisvolle, wohltuende leise Schwingung, ein wundersames Leben… entscheidend ist das Erlebnis dieser beglückenden Qualität in sich schwingenden Lebens" (Dürckheim, 1987, S. 128). In dieser Haltung sind wir zu unserem eigenen Wesen hin transparent (Dürckheim, 1987, S. 129). Auch ein Anlehnen in der Sitzhaltung stört das Sitzen im Hara nicht: „Wer Hara beherrscht, wahrt ihn wie im Vorbeugen so auch im Zurücklehnen, also auch ‚angelehnt', z.B. am Steuer, aber auch sonst" (Dürckheim, 1987, S. 129).

Diese Sitzhaltung können wir üben, wann und wo auch immer wir sitzen. Sitzen ist allerdings auch eine formale Übung: „Seine höchste Funktion erfüllt das Sitzen in der Übung der Stille, verstanden als Exerzitium … das Sitzen selbst wird zur Übung" (Dürckheim, 1987, S. 130). Dieses Sitzen im Stile des Zazen (vgl. Kapitel 3.3.2), also das Sitzen als *Exerzitium*, ist der Weg zu einer Vereinigung mit dem Grund und der Verwirklichung des Wesens im Alltag (Dürckheim, 1987):

> … denn es bedeutet Erneuerung von Grund auf und dies umso gewisser, als man lernt, sich gedanken- und bilderleer ausschliesslich im Sitzen zu versammeln. Wo der Mensch die Grundbedingung aller Übung erfüllt, in seiner Gesamteinstellung auf zunehmende Transparenz gerichtet zu sein, führt das Sitzen in Stille zur Vereinigung mit dem Grund und über diesen zur Verwirklichung jener Verfassung, in der der zur Person herangereifte Mensch auch in der Welt des Alltags transparent bleibt. (S. 130)

Die Übung des Sitzens hat neben dem rechten Schwerpunkt auch die rechte „gespannte Gelöstheit" (Dürckheim, 1987, S. 131) und den rechten Atem zur Voraussetzung. Beide können auch als Übungen für sich genommen wiederum praktiziert werden. Im Üben des rechten Verhältnisses von Spannung und Lösung liegt ein Hauptfokus darauf, weder in Verspannung noch in Auflösung zu fallen, sondern in einen Spannungs-Lösungs-Zustand, in dem wir wie in der oben beschriebenen rechten Sitzhaltung frei werden für das Wesen (Dürckheim, 1987, S. 131). Dasselbe Prinzip gilt für den Atem, bei dem es insbesondere darum geht, „bewusst richtig zu atmen, d.h. den natürlichen Atem voll zuzulassen" (Dürckheim, 1987, S. 146). Im Grunde wird beides auch wiederum durch das Sitzen im Hara begünstigt.

Im Hara zu sein bedeutet noch nicht unbedingt, dass wir ganz in unserer Mitte sind, es garantiert nicht die „Mitte der Person", wie Dürckheim (1975/2001, S. 156) an anderer Stelle aufzeigt. Damit wir ganz in unserer Mitte sind, muss zur Erdmitte die Erfahrung der „Himmelsmitte" (Dürckheim, 1975/2001, S. 156) dazukommen.

Die Himmelsmitte

Die Himmelsmitte ist die Verbindung zum Geist. Damit diese Verbindung möglich wird, ist der Kontakt zur Erdmitte nötig. Die Himmelsmitte hat auf leiblicher Ebene ihren Sitz um den Kopf herum und weiter im Brust-Hals-Kopfraum und seiner „Aura" (Dürckheim, 1975/2001, S. 157). Die Himmelsmitte ist die Quelle von Seinserfahrungen. In einer Erfahrung der Himmelsmitte erleben wir eine andere Dimension und sind in einem Zustand jenseits der alltäglichen Welt. Dürckheim (1975/2001) legt Wert darauf, dass dieser Zustand uns zwar einen Vorgeschmack von unserer Mitte gibt, uns aber auch nicht in unserer Mitte sein lässt – wir wechseln gewissermassen nur von der Erdmitte zur Himmelsmitte:

Wo der Mensch in sich diese Himmelsmitte erfährt und dort verweilt, ist er der Welt entrückt. In dieser Entrücktheit kann er sich, ganz von seinem Wesen erfüllt, vorübergehend in ihm als Mitte *fühlen*. Aber weil er ein Mensch ist, an seinen Leib und in Raum und Zeit gebunden, *ist* er, wenn er im Wesen allein ruht, noch nicht in seiner wahren Mitte. Und doch geben ihm die Augenblicke, in denen er ganz von seinem Wesen erfüllt und getragen ist, einen Vorgeschmack vom Dasein in der wahren Mitte. (S. 157-158)

Herz

Um in unsere wahre Mitte zu gelangen, müssen wir Himmel und Erde in uns verbinden. Der leibliche Raum dieser Verbindung ist das Herz (Dürckheim, 1975/2001, S. 158): „In seine wahre Mitte gelangt der Mensch erst kraft einer Integration von Himmel und Erde, und diese Mitte ist – raumsymbolisch gesehen – das *Herz*. Und erst, wenn in ihm dieses Herz aufgeht, kommt er, als der Sohn von Himmel und Erde, in seine wahre Mitte". Die Mitte des Menschen ist somit weder das Hara noch der Raum um den Kopf herum, sondern das Herz. Damit ist nicht ein gefühlsmässiges Haften am Guten oder Bösen gemeint, sondern „das Herz, das erst aufgeht, wo er als Ich alles gelassen hat, eingegangen ist in die Erde, aufgegangen in den Mächten des Himmels und endlich hingefunden hat zu dem Punkt, der in ihm selbst beide verbindet" (Dürckheim, 1975/2001, S. 159).

Mit *Erde* ist das „Leben in seiner Bedingtheit" (Dürckheim, 1975/2001, S. 160) gemeint – unser Leben mit unserer individuellen Geschichte, mit unseren Lebensumständen, unserem Schicksal, unserem Leid, unserem Tod – kurz die begrenzte Einmaligkeit eines menschlichen Lebens. Im Unterschied dazu symbolisiert der *Himmel* das göttliche Sein jenseits von Zeit und Raum, also ein unbedingtes Sein. Die Integration von Himmel und Erde, „von Wesen und Welt-Ich, von unbedingtem Sein und bedingtem Dasein" (Dürckheim, 1975/2001, S. 161) - und damit unsere wahre Mitte - entwickelt sich nur im Feld dieser Spannung.

Person werden wir erst in der Verbindung von Himmel und Erde – und dazu braucht es ständiges Üben, in dem wir nicht irgendwann endgültig an einem festen Punkt ankommen, sondern das durch eine nie endende Bewegung und Verwandlung gekennzeichnet ist (Dürckheim, 1975/2001, S. 161-162). Wie gestaltet sich nun dieses Üben konkret?

Das Üben im Alltag

Dürckheim (1966/2001/2004) unterscheidet zwei Formen des Übens: die gesonderte Übung beispielsweise in Form des meditativen Sitzens oder als Übung des rechten Atems, in der sich der Übende abseits des Alltags Zeit nur für diese Übung nimmt. Daneben – und dieses Übungsfeld ist viel weiter – gibt es den „Alltag als Übung" (Dürckheim, 1966/2001/2004). Dabei kann jede Alltagssituation, jede Handlung zum Anlass zur Übung werden. So kann etwa jede alltägliche Situation, in der wir *sitzen*, zu einer *Übung des Sitzens* werden, indem wir uns in der rechten Haltung, dem rechten Verhältnis von Spannung und Lösung und im rechten Atem üben. Dabei geht es bei all diesem Üben nicht darum, es „äusserlich korrekt" zu tun, sondern darum, transparent zu werden für das Wesen und aus diesem Sein heraus unseren gewöhnlichen Alltag zu leben. Die Übung beinhaltet also, in jedem Augenblick wieder neu zu üben, aus unserem Wesen heraus in der Welt präsent zu sein. Dieses ständige Üben im Alltag, eine

„Verwandlung ohne Aufenthalt" (Dürckheim, 1966/2001/2004, S. 74), die Dürckheim auch als „Rad der Verwandlung" bezeichnet, besteht aus fünf Schritten (Dürckheim, 1966/2001/2004, S. 73-130):

- „Kritische Wachheit"
- Loslassen dessen, was den Kontakt zum Wesen behindert
- „Einswerden mit dem Grund"
- Neuwerden aus dem Grund
- Bezeugung und Bewährung im Alltag

Um diese fünf Schritte im alltäglichen Handeln – etwa in sitzender Arbeit am Computer - immer wieder zu vollziehen, braucht es ein grosses Mass an Entschiedenheit für das Üben und Aufmerksamkeit für die inneren Übergänge zwischen der Erfahrung, in der Mitte und im Kontakt mit dem Wesen zu sein und wieder aus der Mitte herauszufallen oder sie zu verlieren.

Kritische Wachheit

Die *kritische Wachheit* „bezieht sich auf all das, was der Wesensfühlung und der Integration mit dem Wesen, aber ebenso auf alles, was der Artikulation aus dem Wesen im Wege steht" (Dürckheim, 1966/2001/2004, S. 75). Dabei geht es um ein differenziertes Spüren der „Mitte" und ein inneres Erkennen all dessen, was von ihr abweicht. Dieses Spüren ist eng mit einem Bewusstsein für den eigenen Leib und dem Üben einer Durchlässigkeit für das Wesen verbunden. Einem „In-der-Mitte-Sein" entgegengesetzt ist eine Haltung, die sich allein an der Welt orientiert und um die Anliegen des Welt-Ichs kreist. Auf der Ebene des Leibes ist damit die „Erdmitte des Menschen" gemeint, das Hara. Die Verankerung im Hara wird, wie oben veranschaulicht, in der Initiatischen Therapie über verschiedene Praktiken immer wieder geübt und steht auch im Zentrum der Übung der reinen Gebärde, also der leiblichen Bewegung aus der Durchlässigkeit für das Wesen heraus. Das Üben der kritischen Wachheit ermöglicht es dem Menschen, in seinem alltäglichen Leben immer wieder zu spüren, ob er jetzt gerade in seiner Mitte ruht oder von ihr abweicht (Dürckheim, 1966/2001/2004, S. 75-83).

Loslassen

Das *Loslassen dessen, was den inneren Weg behindert,* bezeichnet Dürckheim (Dürckheim, 1966/2001/2004, S. 83-89) auch einfach als „Lassen". Dieses Lassen ist im wesentlichen ein Sich-Lassen im Sinne eines ständigen Loslösens von der Identifikation mit dem Welt-Ich. Das Lassen des Ichs meint auch ein Lösen der Starre, die durch die Orientierung des Ichs an allem Feststehenden entsteht. Das Ich versucht ja, alles in statische Ordnungen einzufangen und festzuhalten, die das Leben undurchlässig werden lassen für einen lebendigen Sinn, der sich am Wesen orientiert. Ein Lassen des Ichs „bedeutet ein Loslassen einer Einstellung, in der wir uns allein auf das verlassen, was wir fest haben, wissen und können" (Dürckheim, 1966/2001/2004, S. 85). Es ist ein Loslassen einer im Welt-Ich verankerten inneren Haltung und Sichtweise, aber auch das Aufgeben des praktischen, alltagsbezogenen Verhaltens, das dieser inneren Haltung entspricht. Dem Ich entspricht die Einstellung, dass alles „gemacht" werden muss. Das Ich ist an gegenständlichen Zielen orientiert und stets von Vorstellungen bestimmt, wie das Leben sein müsste. Lassen bedeutet in diesem Zusammenhang ein „*Zulassen und Geschehen-Lassen*" (Dürckheim, 1966/2001/2004, S. 86) dessen, was uns unmittelbar in der Welt und in uns selbst begegnet - ungeachtet unserer Vorstellungen, Erwartungen und Wünsche. Das „Machen-Wollen" (Dürckheim, 1966/2001/2004, S. 86) steht diesem Lassen im Weg. Das Festhalten an Vorstellungen, wie etwas zu sein hat, „ist eine der Hauptblockaden auf dem Weg zur Einswerdung mit dem Sein" (Dürckheim, 1966/2001/2004, S. 86). Das Loslassen von Vorstellungen ist dabei absolut zentral: „Erst wo wir von unseren eingefleischten Vorstellungen zu lassen vermögen, können wir zulassen und annehmen, was ist, und uns ohne Zurückhaltung dem hingeben, was uns begegnet" (Dürckheim, 1966/2001/2004, S. 86).

Das in seinen Fixierungen gefangene Ich manifestiert sich auch im Leib und ist dort zu spüren. So ist das Lassen auch ein Prozess auf leiblicher Ebene und ein Loslassen von leiblichen Fehlhaltungen wie hochgezogenen Schultern, starrem Unterkiefer und Stirn, einem gegenständlich fixierenden Auge, einem eingezogenen Bauch zugunsten einer breit verwurzelnden Leibesmitte, die auch mit der Erde verbunden ist. Dabei geht es nicht um ein technisches Loslassen der entsprechenden Muskelpartien, sondern um ein Loslassen des Ichs, das sich auf diese Weise im Leib manifestiert, und um ein Vertrauen ins Leben selbst. Dabei verschiebt sich der leibliche Schwerpunkt von den oberen Bereichen ins Hara. Für den Atem bedeutet es ein Verschieben des Akzentes vom Machen auf das Zulassen und von einer Brustatmung zu einer Zwerchfellatmung, bei der der Atem frei schwingen kann (Dürckheim, 1966/2001/2004, 87-88).

Lassen ist stark mit Vertrauen verbunden und damit, sich seinem Wesen anzuvertrauen und sich darin gehalten zu wissen:

> Sich lassen bedeutet daher vor allem ein Zulassen des Vertrauens darauf, dass man auch, wenn man sich in seinem Welt-Ich loslässt, keineswegs in ein Nichts fallen wird. Man wird aufgefangen in einer Verfassung, in der man sich nicht mehr nur auf sich und sein Können verlässt und nicht mehr nur von der Welt her und auf sie hin da ist, sondern vom Wesen her, darin man teilhat am weltüberlegenen Sein. Wer gelernt hat, sich zum Wesen hin loszulassen, hat die Angst vor der Welt überwunden. (Dürckheim, 1966/2001/2004, S. 88)

Zunehmendes Loslassen hängt auch von einer stärker werdenden Festigkeit der Seinsfühlung ab – und umgekehrt wird die Verbindung zum Sein stärker, je mehr wir loslassen können (Dürckheim, 1966/2001/2004, S. 91).

Einswerden mit dem Grund

Ein *Einswerden mit dem Grund* ist also eng mit dem Lassen, einem Durchlässig-Werden des Welt-Ichs verbunden (Dürckheim, 1966/2001/2004):

> Erst in dem Masse, als wir lernen, die Starre der festgelegten und uns autoritär festgelegten Ordnungen und der eingefleischten Vorstellungen, wie ,man' in der Welt sein und handeln sollte, zu lösen, und lernen, die eigenläufig gewordenen Formen weltangepassten Sich-Verhaltens preiszugeben, kann unser eigentliches Wesen bleibend ins Innesein treten. (S. 91)

Auf diesem Weg ist eine Arbeit mit dem Unbewussten, ein Erkennen und Annehmen des Schattens eine grundlegende Notwendigkeit (Dürckheim, 1966/2001/2004, S. 93-94).

Ein Einswerden mit dem Grund ist nicht „machbar", kann nicht willkürlich herbeigeführt werden, aber man kann sich dafür bereit machen. Ein wesentliches Element ist dabei eine Meditation, „in der es wirklich zum Loslassen des Welt-Ichs kommt" (Dürckheim, 1966/2001/2004, S. 97). Vorbereitend kann alles sein, „was dem Welt-Ich den gewohnten Boden entzieht" (Dürckheim, 1966/2001/2004, S. 100). Neben der ständigen inneren Übung können auch das alltägliche Leiden und schwere Schicksalsschläge ein Einswerden erschliessen, wenn sie dazu führen, frei zu werden vom Ich und sich dem Leiden und seinem Schicksal zu stellen und es anzunehmen (Dürckheim, 1954/2006, S. 99).

Bewusstseinsverändernd für das alltägliche Leben ist aber nicht nur oder nicht unbedingt ein Eingehen in den Grund, sondern die kleinen Funken der „Grossen Erfahrung", die in jeder Situation des Lebens vorhanden sind. Je mehr wir imstande sind, loszulassen und zuzulassen, was ist, desto mehr können Funken der Grossen Erfahrung in unserem Leben spürbar werden und zu einer überdauernden Grundstimmung führen, die zur Entstehung eines neuen Bewusstseins führt. In diesem neuen Bewusstsein verlagert sich der Schwerpunkt vom Welt-Ich zum Wesen und zum Sein. Daraus entsteht auch eine Kraft, Schwieriges anzunehmen und die Verbindung zum Sein noch mehr zuzulassen (Dürckheim, 1966/2001/2004):

> Ein Funke dessen, was in der Grossen Erfahrung leuchtend in uns aufgeht, kann in jeder Situation unseres Lebens aufglimmen, in die man sich wirklich hineingibt, es also wagt, sein Ich mit all seinen Vorurteilen, Sicherungen und Vorbehalten hinzugeben und, so schwer es auch fallen mag, eingehen zu lassen, um in die Wahrheit zu kommen. In dem Masse, als die grosse Verwandlungsformel im Menschen wirklich Platz greift, so dass er endlich loszulassen, seine Tiefen und Untiefen zuzulassen und sich hinzugeben gelernt hat, kann der lösende, erleuchtende und erwärmende Funke des Grossen Lichtes immer häufiger aufglimmen und schliesslich zu einer Komponente der Grundstimmung unseres Lebens werden. Dies geschieht um so eher, als der Mensch auch den Mut zum unbefangenen Zulassen der aus dem Wesen kommenden ‚reinen', das heisst noch nicht dem Ich-Gehäuse eingeordneten, ursprünglichen Antriebe gewinnt. Mit dieser den Augenblick überdauernden Grundstimmung wächst eine neue und höhere Weise des In-der-Welt-Seins, das sein wirkendes und sinngebendes Zentrum nicht mehr in der Welt, sondern im Sein, nicht in dem sich wahrenden Welt-Ich, sondern im verwandelnden Wesen hat. Dies bedeutet dann auch das Sichbilden eines *neuen Bewusstseins;* denn während das Bewusstsein des Welt-Ichs sich an feststehenden Begriffsordnungen, im gegenständlichen Fixieren, im Unterscheiden und Einordnen, im Haften und Denken in Gegensätzen bildet und auswirkt, bekundet sich das Wachsen des höheren, im Wesen zentrierten inständlichen Bewusstseins sowohl im Entstehen einer Kraft zum Annehmen der Untiefen, Abgründe und Widersprüche des In-der-Welt-Seins als auch im Zulassen überweltlicher Mächte und Ordnungen und damit im Zunehmen der Kraft zur Verwirklichung der wesenseigenen Gestalt – auch unter den Bedingungen der Welt. (S. 97-99)

Dürckheim (1966/2001/2004, S. 101) betont, dass das „erschütternd beglückende" Eingehen in den Grund kein Selbstzweck sein darf: Die Erfahrung und Entgrenzung ist nicht das Ziel. Ziel ist die neue Gestaltwerdung und ein Person-Werden, die transparent ist für das Sein und dieses in der Welt lebt und zum Ausdruck bringt:

> Die Seinserfahrung darf nicht im Zustand der Aufhebung des Welt-Ichs vereben, so gross auch die Verlockung zum Verweilen dort ist; denn der Sinn der Entgrenzung erfüllt sich erst dort, wo die in der Einswerdung mit dem Grund erfolgende Erlösung vom Alten in den schöpferischen Impuls zu neuer Gestalt-

werdung umschlägt. Der Sinn der Auflösung der leidvollen Spannung zwischen Welt-Ich und Wesen ist die Einlösung ihres Sinnes: den Menschen von seinem Irrweg auf den rechten Weg zu ziehen, ihn also nicht heimgehen und eingehen zu lassen in ‚ewige Ruhe', sondern ihn erst richtig aufgehen zu lassen zu jener nie endenden Verwandlungsbewegung, in der allein er sich der Erfüllung seiner Bestimmung zu nähern vermag, ‚Person' zu werden, in der und durch die das Sein sich im Dasein offenbart. (S. 102)

Es geht also darum, dass wir eine Daseinsform entwickeln, in der wir einerseits unser Welt-Ich bewahren und andererseits durchlässig bleiben für das Sein, das in unserem Wesen anwesend ist. Auf diese Weise werden wir ein echter Mensch, eben eine *Person* (vgl. Dürckheim, 1966/2001/2004, S. 15).

Neuwerden

In der Grossen Erfahrung, in der es zu einem *Neuwerden* kommt, sind immer zwei Aspekte enthalten: die Erfahrung des All-Einen, des einen Seins, und die Erfahrung der Weise, wie wir als individuelles Wesen am Sein teilhaben. Im Neuwerden aus dem Grund geht es darum, das Sein in unserer eigenen Individualität in unserem eigenen Dasein und in unserem alltäglichen Leben auszudrücken. Was in der Erfahrung als inneres Bild gespürt wird, bezeichnet Dürckheim (1966/2001/2004, S. 102-119) als Inbild. Unter dem Inbild wird „der uns eingeborene Weg zu uns selbst" (Dürckheim, 1966/2001/2004, S. 108) verstanden. Er ist zugleich allgemein menschlich als auch zutiefst individuell (Dürckheim, 1966/2001/2004, S. 108). Dem Inbild entgegengesetzt kann die „Passform" (Dürckheim, 1966/2001/2004, S. 112) gesehen werden, die sich im Verlauf des Lebens als Schutz entwickelt und die Entfaltung des individuellen Wesens verhindert. „Je mehr die Passform sich verhärtet, desto mehr wird das Selbstbewusstsein des Menschen auf seine eigene Leistung, auf sein Haben, Wissen und Können gestellt" (Dürckheim, 1966/2001/2004, S. 112).

Dieses Inbild zu erfahren, es in uns zu bewahren, es immer klarer zu spüren und uns in ständiger Übung im Alltag und in formeller Übung immer mehr zur Transparenz auf das Sein hin zu verwandeln, sind wichtige Voraussetzungen für die Erkenntnis und Entfaltung des wahren Selbst (Dürckheim, 1966/2001/2004, S. 106). Wenn wir unserem Inbild begegnen und die innere Aufforderung, den Ruf danach spüren, dieses Inbild in unserem Leben zu verwirklichen, müssen wir diesem inneren Ruf folgen. Dabei reicht es nicht, dass wir uns davon ergreifen lassen – wir müssen diesem Ruf von uns aus zustimmen und uns bewusst für ihn entscheiden. Diese Entscheidung für den Weg der Verwandlung scheint ein zentraler Faktor auch für den nächsten Schritt zu sein, die Bezeugung und Bewährung im Alltag (Dürckheim, 1966/2001/2004):

Hat der Mensch erst begriffen, worum es eigentlich geht, und sich wirklich entschlossen, den Weg der Verwandlung zu gehen, wird alles, was ihm begegnet, zum Anlass, sich zur rechten Verfassung zu üben. (S. 115)

Bezeugung im Alltag

Wir können in einer Seinserfahrung nicht einfach verweilen und nur die „reine Idee" (Dürckheim, 1966/2001/2004, S. 119) sein. Wir sind und bleiben Menschen mit unserer je eigenen Geschichte. Person werden bedeutet, ständig den Widerspruch zwischen der ewigen Verwandlung, die aus dem Kontakt mit unserem Wesen entsteht, und dem

Festhalten an unserer Passform zu überwinden. Es geht nicht darum, unsere individuelle Geschichte abzulegen, sondern darum, dass wir in unserem In-der-Welt-Sein *transparent* werden für das Wesen. Diese Transparenz ist der Sinn aller Übung.

Transparenz ständig im Alltag zu üben, ist sehr schwierig. Was in der formellen Übung z.B. der Meditation vielleicht leicht fällt, ist im alltäglichen Leben nur schwer umzusetzen. Es geht darum, im tagtäglichen Scheitern einfach weiter zu üben (Dürckheim, 1966/2001/2004):

> Im alltäglichen Tun geht es darum, unter den jeweiligen Bedingungen der augenblicklichen Situation zu bezeugen, was in der Stille der besonderen Übung in Reinheit gespürt und geübt wurde. Die Übung ist leicht, aber es ist schwer, ein Übender zu werden. Und was dem Übenden in der besonderen Übung gelingt, steht ihm noch nicht ohne weiteres in der Welt zur Verfügung. Es ist der ewige Schmerz des Übenden, dass er die Haltung, die ihm in der besonderen Übung gelang und ihm vielleicht zu ersten Seinsfühlungen verhalf, so leicht wieder verliert. Es geschieht diese nicht erst unter dem Druck besonders widriger Umstände, sondern überhaupt ,draussen in der Welt'. Dies ist das Leid des tagtäglichen Versagens im Scheitern an der Aufgabe, das Unbedingte des Wesens und Seins im geschichtlichen Dasein Gestalt werden zu lassen. Dies ist jedoch immer nur in einem bestimmen Ausmass möglich. (S. 120)

Neben der ständigen Übung, transparent zu werden für das eigene Wesen, ist es notwendig, sich mit den eigenen Schwierigkeiten und Schwächen auseinanderzusetzen und sich der Welt, wie sie ist, zu stellen und ihr offen zu begegnen – sich also nicht aus der Welt zurückzuziehen. „Das Wesen im Dasein bewähren kann vielmehr nur, wer auch das Dunkle, das in ihm und um ihn ist, gelassen auf sich zukommen lässt und der vorhandenen Bedrohung nicht ausweicht" (Dürckheim, 1966/2001/2004, S. 128). Dies ist nur möglich, wenn wir immer wieder bereit sind, das Erreichte loszulassen und uns wieder neu dem Unbekannten öffnen. Auch der Zustand der Erfahrung des Wesens muss immer wieder losgelassen werden. Damit das Wesen in uns lebendig bleiben kann, müssen wir bereit sein, es immer wieder loszulassen und neu zu werden. Wenn wir an Augenblicken der Seinserfahrung festhalten, fallen wir zurück. Wir müssen immer wieder neu wagen und offen sein – mitten in der Welt. „Unwillkürlich baut ja der Mensch, dem der Kern seines Wesens innegeworden, einen Tempel um ihn. Aber gerade dieser muss immer wieder zerstört werden, damit das Heilige selbst in uns lebendig bleiben und neu aufleuchten kann" (Dürckheim, 1966/2001/2004, S. 128).

Mögliche Schwierigkeiten der Integration

> Je grösser die Bereitschaft, dem Ruf aus dem Wesen zu gehorchen, desto notwendiger die Erkenntnis all dessen, was sich diesem Weg entgegenstellt. (Dürckheim, 1989, S. 288)

Was sich dem Menschen auf dem initiatischen Weg entgegenstellt, sind insbesondere das Welt-Ich und die „im Unbewussten wirkenden Schattenkräfte" (Dürckheim, 1989, S. 288). Welchen Schwierigkeiten kann hier der Mensch begegnen?

Warum Seinserfahrungen wieder verloren gehen

> Die wesenhafte Wirklichkeit, in der die Fülle des Seins uns fraglos trägt und formt und birgt, hat, um überhaupt wahrgenommen werden zu können, eine Verfassung zur Voraussetzung, in der das gegenständlich fragende Ich ausgeschaltet ist. Und sie verschwindet unserem inneren Blick, sobald sich das in seiner Weise objektiv fragende Ich einschaltet. (Dürckheim, 1945/1992, S. 68-69)

Auch sehr tiefe Seinserfahrungen gehen oft wieder verloren und führen nicht zu einer umfassenden Verwandlung des Menschen – sie werden nicht integriert. Bei Menschen beispielsweise, die in Todesnähe eine Seinserfahrung erlebten, kann die erfahrene Wahrheit wieder vorübergehen, sobald die Todesgefahr vorbei ist. Warum ist das oft so? Eine Seinserfahrung geht wieder verloren, wenn sie in die „Ordnungen des alten Bewustseins eingestuft wurde, das die kurze aber echte Erfahrung des Wesens zu einer seltsamen und verwunderlichen Stimmung ummünzte" (Dürckheim, 1945/1992, S. 67). Viele Menschen, denen solche Erfahrungen unvermittelt widerfahren, wissen nicht, dass das, was sie für einen Augenblick berührte, die eigentliche Wirklichkeit ist. Mit rationalem Erkennen und Ordnen droht die Gefahr, das tiefe Wandlungspotential einer solchen Erfahrung zu verlieren. Das Welt-Ich verwandelt das, was in einer Seinserfahrung erlebt wird, sofort in einen gegenständlichen Inhalt. Durch dieses Fixieren, Benennen und Einordnen geht oft das Wesentliche verloren (Dürckheim, 1966/2001/2004, S. 100). Auch TherapeutInnen und PsychologInnen können der Gefahr erliegen, solche Wesenserfahrungen in ihrem Wirklichkeitsgehalt nicht ernst zu nehmen und ihren Sinngehalt nicht zu erfassen (Dürckheim, 1945/1992, S. 69).

Die Öffnung für eine Seinsfühlung und das Erleben des eigenen Wesens wird im voraus verhindert oder im nachhinein abgewertet durch die Ordnungen des Ichs (Dürckheim, 1945/1992, S. 70). So ist es zentral, sich auf das Unbekannte einzulassen und das Unerklärliche auszuhalten (Dürckheim, 1966/2001/2004):

> Zum Zulassen des Grundes gehören der Mut zum Unerhörten, der Verzicht auf verstehendes Einordnen, das Aushalten-können des begrifflich nicht Fassbaren, kurz, ein Innehalten und inständliches Verweilen in der ungewohnten Strahlung des Seins. (S. 100)

Mangelnde Verankerung im Leib

Eine weitere Schwierigkeit auf dem initiatischen Weg besteht darin, dass der Mensch zu viel oder zu wenig Welt-Ich haben kann (vgl. dazu auch Dürckheim, 1987, S. 82-88). Dies ist mit einem falschen oder fehlenden Schwerpunkt im Leib verbunden. Ist der Mensch zu stark in seinem Welt-Ich verankert, dann ist der Schwerpunkt im Leib zu weit oben (vor allem in Kopf- und Brustbereich), was zu einer Verspannung und einem flachen Atem führt und mit einem mangelnden Erdkontakt und geringer Durchlässigkeit für das Wesen verbunden ist. In dieser Haltung drückt sich mangelndes Vertrauen in den Fluss des Lebens aus und das Fehlen einer Gelassenheit, die sich durch einen Kontakt zum Wesen einstellen würde. Der Mensch versucht, sich selbst zu schützen und verharrt in einer inneren Abwehrhaltung (Dürckheim, 1966/2001/2004, S. 79-81). Er orientiert sich ausschliesslich an dem, „was er kann, hat und weiss" (Dürckheim, 1987, S. 83) und hält sich an allen äusseren Sicherheiten fest. Er erstarrt in seinem eingespielten Funktionieren in der Welt und ist dem Sein gegenüber verschlossen

(Dürckheim, 1966/2001/2004, S. 79-81) – er ist also weder der Welt gegenüber zugänglich noch durchlässig für sein Wesen – und damit kann auch keine spirituelle Integration stattfinden (Dürckheim, 1987):

> Der im Ich gefangene Mensch ist auch seiner eigenen Tiefe gegenüber fremd und verschlossen. Er ist abgeriegelt gegen das in seinem eigenen Wesen anwesende Sein und so auch gegen die erneuernde Fülle, sinnverleihende Ordnung und Einigungskraft aus dem in seinem Wesen lebendigen Sein. So ist er, weil er nur zulässt, was seine eigensinnig festgehaltene jeweilige Position nicht stört, nicht nur gegenüber den ihm von der Welt her freundlich zuströmenden Kräften verstellt, sondern auch den eigenen Quell- und Formkräften bis zur Sterilität verschlossen. *Und dies bedeutet: Die Integration mit dem Wesensgrund ist ihm verwehrt.* (S. 84) [Hervorhebung durch die Autorin]

Wenn das Welt-Ich hingegen zu schwach ist, hat der Mensch geringe Verbindung zum tragenden und formgebenden Zentrum (Dürckheim, 1966/2001/2004, S. 79-81). Das Ich ist zu wenig stark entwickelt, um sich im Funktionieren in der Welt genügend behaupten zu können. Der Mensch ist zu offen und so kann alles herein, „aber er kann nichts halten" (Dürckheim, 1987, S. 85). Dadurch fehlt auch ein Minimum an Gehaltenheit, das nötig ist, um das einströmende Sein in der Form aufzufangen und in der Welt ausdrücken zu können. Diesem Menschen fehlt – wie Dürckheim (1945/1992, S. 179) es ausdrückt – „das Organ, das erforderlich ist, das eigene Wesen zu vernehmen, wie auch das Gefäss, es ins Weltdasein aufzunehmen und darin zu bewahren". Mit zu wenig Ich fehlen entweder die „klar konturierten Wände, dann sind sie gestaltlos, oder aber der Boden, und dann sind sie haltlos" (Dürckheim, 1945/1992, S. 179). Der Ich-arme Mensch kann tiefe spirituelle Erfahrungen haben, die er aber nicht integrieren kann, weil ihm der Boden dazu fehlt (Dürckheim, 1987):

> Tragisch ist für den ich-armen Menschen das Verhältnis zu den in ihm zur Verwirklichung drängenden Kräften des Wesens und Seins. Sie brechen in ihn ein und bringen ihm zwar oft Zustände tiefer Beglückung, aber sie können bei ihm nicht Wurzel schlagen. Das Erlebte zerrinnt an der Unfähigkeit, es innere Gestalt werden zu lassen. Und so stürzt er immer wieder aus dem Licht ins Dunkel, aus der Freude in tiefe Traurigkeit. Nach aussen und innen allzu widerstandslos und offen, wird er von innen und aussen her im Glück und Schmerz überwältigt, aber beides hinterlässt keine bleibende oder formende Spur. (S. 86)

In beiden Fällen fehlt die Verankerung im Leib und damit auch in der Erde, die Verbindung zur „Wurzelkraft" (Dürckheim, 1966/2001/2004, S. 79).

Negative Transzendenz

> Der Erfolg aller dem inneren Weg dienenden Praktiken, insbesondere auch meditativer Übungen, ist immer gefährdet, solange die Kräfte des Unbewussten unerkannt und verdrängt sind oder womöglich durch eine auf unbereinigtem Grunde geleistete Übung noch tiefer verdrängt werden. (Dürckheim, 1989, S. 288)

Eine Erfahrung der Transzendenz kann auch zu einer Gefahr werden – zur „negativen Transzendenz" (Dürckheim, 1975/2001, S. 164; Hippius, 1996, S. 52-59). Dieser Begriff wurde von Maria Hippius-Gräfin Dürckheim geprägt und in der initiatischen Therapie eingeführt (Weis, 1995, S. 89). Unter negativer Transzendenz sind verschiedene Weisen zu verstehen, wie der Mensch die Transzendenz verfehlt. Maria Hippius spricht auch von Fehlformen der Transzendenz (Weis, 1995, S. 89).

Der Mensch kann durch eine Seinserfahrung versucht sein, stehen zu bleiben und damit seinen weiteren Weg verbauen. „Und dann ist er, gerade im Glauben, nun in seine Mitte gelangt zu sein, aus ihr herausgefallen, weil er stehen blieb" (Dürckheim, 1975/2001, S. 164). Der Mensch bleibt in der Vollkommenheit und im Überirdischen der Erfahrung hängen und ist nicht bereit, sich auf ein Mittelmass einzulassen – auf das, was ihn mit allen Menschen verbindet. So bleibt der Mensch hier diffus und unklar, lebensuntüchtig und „verfehlt sein Menschsein" (Hippius, 1996, S. 56). In dieser Situation kann die „Stimme des Meisters[50]" (Dürckheim, 1975/2001) ihn aufschrecken und wachrütteln, so dass er sich wieder auf den Weg der Verwandlung begibt.

Der Mensch kann die Transzendenz auch verfehlen, weil er noch zu sehr an seinem Ich haftet, während er bereits mit der Transzendenz in Berührung gekommen ist. Er bleibt dabei in einer Spannung von Trieb und Intellekt und kommt zu keiner echten Vergeistigung (Hippius, 1996, S. 56). Im Extremfall kann der Mensch hier mit der Transzendenz in Verbindung treten oder sie mobilisieren und dadurch Ungewöhnliches vollbringen. Da er aber seinem Ich verhaftet ist, missbraucht er diese Verbindung zu seinen eigenen Zwecken. „Was hier ein Meister zu sein scheint, ist in Wahrheit ein Mensch mit einem unbereinigten Grund, der die Fühlung mit der anderen Dimension in den Dienst seines gewöhnlichen Ich stellt und magisch missbraucht" (Dürckheim, 1975/2001, S. 68).

Es kann auch eine Verhaftung an der Leistung beobachtet werden. Hier versucht der Mensch auch im Bereich der Transzendenz ständig aufzutrumpfen und macht sein Lebensgebäude durch intellektuelle Argumentation immer höher und höher, damit er nicht fällt (Hippius, 1996, S. 56-57).

Verbunden mit all diesen Formen negativer Transzendenz scheint die Vermeidung der Schattenbegegnung zu sein und eine fehlende oder mangelhafte „Bereinigung des Grundes". So entsteht eine „Art ‚Himmelei': Scheinheiligkeit und mangelnde Kraft, wirklich zu leben und da zu sein" (Hippius, 1996, S. 57).

So ist die „tiefenpsychologische Bereinigung des Unbewussten und die Wahrnehmung und Anerkennung vorhandener Schattenkräfte" (Dürckheim, 1989, S. 288) für ein zuverlässiges Vorankommen auf dem initiatischen Weg ein absolutes Muss.

4.3.3 Integrierte Spiritualität: Der Mensch als Person

> In allem, was er sagt oder tut, ist er ganz einfach er selbst. Er gibt sich so, wie er ist, unbehindert und ohne kontrollierende Instanzen eines konventionellen Ichs. (Dürckheim, 1975/2001, S. 67)

> Der Mensch bleibt auch in seiner höchsten Form Mensch. (Dürckheim, 1975/2001, S. 151)

Ein Mensch ist immer beides: das Wesen, das er ist, und ein Mensch mit seiner Lebensgeschichte und dem Leid, das er durchlitten hat. Und gerade im *Annehmen* dessen, was ihn vielleicht durch die Lebensumstände geformt hat wie einen Baum, der ständigem

---

[50] Mit Meister kann ein äusserer Meister, aber auch eine innere Instanz des Meisters, die aus dem Kontakt mit dem eigenen Wesen spürbar wird, gemeint sein.

Wind ausgesetzt ist, wird er in seinem Wesen sichtbar. Genau in diesem Hiersein mit seinen Schwächen wird der Mensch ein *echter* Mensch (Dürckheim, 1966/2001/2004):

> Es ist, als bezeuge der Mensch bisweilen gerade in seiner Unvollkommenheit un-verstellt und in überzeugender Weise die leibhaftige Einheit dessen, was einem Menschen zugleich *aufgegeben* und *möglich* ist. Dann anerkennen wir in ihm den, der nicht weniger zu sein vorgibt, als er ist, aber auch nicht mehr sein will, als es ihm gelang zu sein. Und das eben ist das Eigenartige: Gerade dort, wo ein um das Rechtsein bemühter Mensch ohne Anspruch ganz einfach zu seinem Lebens-leib steht, wird dieser, auch gerade dort, wo er nicht ganz dem Inbild gemäss ist, auf seine Wesensform hin transparent. So leuchtet in unserem Dasein das uns eingeborene übergeschichtliche Sein auch in einem unter den widrigen Bedin-gungen vom Raum und Zeit entstandenen und vielfach verwundeten Lebensleib auf, wenn der Mensch in seiner Wahrheit steht. Dies geschieht immer dort, wo ein Mensch sich um das Rechtsein bemüht, zugleich aber schlicht und gerade zu dem steht, was nun einmal aus ihm geworden ist, und sich selbst auch *in* seiner Schwäche und Unvollkommenheit annimmt. (S. 122)

Auf diese Weise werden wir immer mehr zur Person, die transparent wird für ihr We-sen. Immer mehr zur Person werden bedeutet auch, dass wir in grosser Offenheit dem Leben begegnen, wie es gerade ist und wir die Dinge um uns von Augenblick zu Au-genblick unbefangen und frei wahrnehmen. Person-Sein heisst auch, dass sich unser Wesen immer freier von Moment zu Moment in unseren Gebärden ausdrückt. In der reinen Gebärde sind wir auf „rechte" Weise da, wobei mit „recht" die Durchlässigkeit unserer Wesens-Individualität gegenüber gemeint ist (Dürckheim, 1945/1992):

> Die ‚reine Gebärde' bedeutet eine *lebendige Daseinsform, in der der Mensch, weil er aus seinem Wesen heraus lebt, die Welt unbefangen wahr-nimmt.* Je eindeutiger ein Mensch aus seinem Wesen heraus da ist, *um so freier und unvoreingenommener begegnet er allem, was von Augenblick zu Augenblick auf ihn zukommt. Er ist wirklich offen für das Leben, das sich ja nie wiederholt.* Auch das Bekannteste erscheint ihm immer wie erstmalig und neu. Er selbst ist nicht festgelegt und kann sich geben, wie er jetzt gerade ist. So bedeutet Arbeiten an der reinen Gebärde ein dauerndes Erkennen, Zurück-nehmen und Einschmelzen von eingefahrenen Gleisen, Vorurteilen, Sicherungs-haltungen und Schablonen, mit denen wir uns um die Wahrheit des Lebens betrügen. (S. 72) [Hervorhebungen durch die Autorin]

Ein Mensch, der auf diese Weise übt, weiss auch, dass er sich seinem Inbild immer nur annähern kann, seine Bemühungen aber nie zu Ende sind. Einen endgültig gewonne-nen Zustand beglückender Präsenz aus dem Sein gibt es nicht – und es gibt auch keinen endgültig Vollendeten (Dürckheim, 1966/2001/2004, S. 126-127). Auf dem spirituellen Weg kann das nicht genug betont werden. „Das Wesen im Dasein bewähren kann nur ein Mensch, der sich nie einbildet, ‚fertig' zu sein. Nur wenn er weiss, dass er nie fertig ist, kann er mit der Welt fertig werden, wie sie ist" (Dürckheim, 1966/2001/2004, S. 127). Auf diesem Weg ständigen Übens muss sich der Übende immer wieder bewusst machen, dass das, was er an Seinserfahrung erlebt und in der Welt artikuliert, nie von ihm *gemacht* ist, sondern immer nur von ihm *zugelassen* wird (Dürckheim, 1966/2001/2004):

Ja, die wichtigste Voraussetzung für alles, was wir ‚übend' vermögen, ist die in die Tat umgesetzte Erkenntnis, dass alles, was wir Menschen mit Bezug auf die Transzendenz vermögen, nie ein *Machen*, sondern immer nur ein *Zulassen* dessen ist, worauf der Seinsgrund in uns hindrängt. (S. 123-124)

Der Prozess der Integration von Welt-Ich und Wesen endet nicht an einem bestimmten Punkt. Der Mensch auf dem initiatischen Weg erreicht nicht etwas und hat es dann. So ist auch integrierte Spiritualität als ständiges Werden zu verstehen. Auf dem initiatischen Weg wird der Mensch zur Person, die transparent ist für die Transzendenz. Der Integration mit dem Wesen (z.B. Dürckheim, 1945/1992, S. 66) folgt auch die Artikulation aus dem Wesen im gewöhnlichen alltäglichen Handeln. Die Artikulation aus dem Wesen im Menschen als Person zeigt sich darin – wie oben zitiert - dass er „ganz einfach er selbst ist". Er wird ein echter Mensch, der in seinem Dasein vom Sein, in seinem kleinen Leben vom Grossen Leben zeugt. Als Merkmale des Menschen, der zu einer Integration mit dem Wesen gelangt ist, nennt Dürckheim (1945/1992, S. 66) die „Grosse Gelassenheit", die „Grosse Heiterkeit" und die „Grosse Liebe".

Je mehr es dem Menschen gelingt, in seinem alltäglichen Dasein immer wieder in seiner Mitte zu sein, desto stärker wird seine „Transparenz zur Transzendenz" spürbar und wirkt sich auch auf seine Umgebung aus (Dürckheim, 1945/1992):

Hat der Mensch diese Mitte gefunden, d.h. diese Transparenz zur Transzendenz hin, dann steht sein Erleben in einem besonderen Glanz; eine besondere Strahlung geht von ihm aus, und was auch immer er wirkt und wem auch immer er begegnet, es wird seinerseits transparent. Denn wie mit sanfter Gewalt rückt er alles, was ihm begegnet, in seine Mitte. (S. 251)

5 Ich und Selbst – zentrale Aspekte bei der Integration spiritueller Erfahrungen

So ähnlich sich mystische Traditionen und Richtungen der transpersonalen Psychologie in manchen Aspekten auch sind, so sehr ist doch jede dieser Traditionen und Richtungen in ihren je eigenen Kontext eingebettet und ganz auf ihn bezogen. So gemeinsam auch Aspekte wie die Ausrichtung auf eine absolute Wirklichkeit und Erfahrungen des Einswerdens mit ihr, ein Loslassen oder Zurücktreten des Weltlichen oder die Betonung eines nie endenden Weges auch sind, so sehr ist doch etwa die christliche Mystik christlich geprägt, genauso wie im Sufismus dessen islamische Wurzeln spürbar werden. Und bei den Richtungen der Transpersonalen Psychologie lassen sich deren psychologische Wurzeln sowie deren Beeinflussung durch bestimmte mystische Traditionen nicht verleugnen. Das zeigt sich in der Unterschiedlichkeit des spirituellen Weges, den jede Richtung und Tradition für ihren Kontext aufzeichnet – wie etwa bei Johannes vom Kreuz die dunkle Nacht oder im Zen die Ochsenbilder – sowie in zentralen spirituellen Praktiken wie dem *dhikr* im Sufismus, dem Zazen im Zen oder der Desidentifikationsübung in der Psychosynthese, die den Sucher auf seinem Weg näher zu seinem Ziel führen.

Psychologisch gesehen kann man bei all diesen spirituellen Wegen ähnliche Grundprozesse festmachen wie ein

- Loslassen des Anhaftens an einer ichbezogenen Identität. Damit ist eine Auseinandersetzung mit der eigenen Persönlichkeit, den eigenen Schwierigkeiten, der eigenen Lebensgeschichte gemeint. Exemplarisch wird dieses Loslassen besonders deutlich bei Johannes vom Kreuz (Kapitel 3.1) und

- eine Ausrichtung auf einen alles verbindenden göttlichen Kern in allem (was sich beim *dhikr* besonders deutlich zeigt, vgl. Kapitel 3.2.2). Dieser Kern in allem wird in psychologischer Terminologie bisweilen als Selbst, höheres Selbst oder transpersonales Selbst bezeichnet. Auch der Begriff der Essenz wird hier verwendet (vgl. Almaas, 1997; 1999; 2001; 2002; 2005; o.J.).

Almaas spricht im Zusammenhang mit diesen zwei Grundprozessen jedes spirituellen Weges von *essentieller Befreiung* (1999) und *essentieller Verwirklichung* (2002). Er (1999) fasst die Arbeit auf diesen beiden Ebenen folgendermassen zusammen:

> Man kann den Prozess der Selbstbefreiung aus zwei Blickwinkeln betrachten, die sich ergänzen und zusammenhängen. Der erste sieht diesen Prozess als Selbstverwirklichung, die man auch ‚Selbstaktualisierung' oder ‚essentielle Entwicklung' nennen kann. Die andere Perspektive sieht diesen Prozess als Befreiung oder Freiheit. Welche Perspektive ihr betont, hängt davon ab, wessen ihr in euch selbst bewusst seid. Es gibt zwei Bewerber um Eure Aufmerksamkeit: Essenz und Persönlichkeit, eure wahre Natur und eure erworbene Identität. Aus der Perspektive von Essenz bedeutet ‚Selbstverwirklichung': die eigene Essenz verwirklichen und entwickeln. Aus der Perspektive der Befreiung ist dies ein Prozess, in dem man von der Persönlichkeit frei wird. ... in Wirklichkeit ist [dies] ein einziger Prozess. (S. 9)

Wie verschiedentlich deutlich wurde, spricht eine Integration spiritueller Erfahrungen beide Aspekte an. Eine echte Wandlung ist nur möglich, wenn sowohl eine (Neu-) Ausrichtung auf die (immanente) Transzendenz als auch ein Loslassen persönlichen Anhaftens geschieht. Diese Thematik wird in den folgenden zwei Kapiteln 5 und 0 noch deutlicher werden: In Kapitel 5 durch die Dynamik von Ich und Selbst auf dem spirituellen Weg, in Kapitel 6 durch die Thematisierung von Schwierigkeiten der Integration spiritueller Erfahrungen und einem möglichen Umgang damit.

In der Dynamik von Ich und Selbst (Kapitel 5) spiegeln sich auch viele der erwähnten kontextbezogenen Unterschiede: Obwohl die Thematik von Ich und Selbst ein Grundthema aller spirituellen Wege ist, so ist doch das Verständnis davon, was „Ich" und was „Selbst" sind, je nach mystischer Tradition oder transpersonaler Psychologie-Richtung sehr unterschiedlich. Besonders deutlich wird die Breite der Begriffsverwendung, wenn der Fachbereich hinzugezogen wird, der sich neben der Philosophie vielleicht am intensivsten mit den Begriffen von „Ich" und „Selbst" auseinandergesetzt hat: die Psychologie. Vielleicht geht es jedoch trotz der Vielfalt des Begriffsverständnisses und der Unterschiedlichkeit der Aussagen zu „Ich" und „Selbst" auf dem spirituellen Weg letztlich um dieselben *Erfahrungen,* die sich in verschiedenen Facetten ausdrücken, umschreiben und verstehen lassen.

In den Schwierigkeiten der Integration spiritueller Erfahrungen (Kapitel 6) und dem Umgang damit wird im Unterschied dazu vielmehr das Gemeinsame und Verbindende aller untersuchten spirituellen Wege deutlich.

5.1 Psychologische Sichtweisen von Ich und Selbst

In der Psychotherapie geht es klassischerweise um eine Stärkung des Ichs. Auf dem spirituellen Weg hingegen gilt das Ich als *das* grosse Hindernis – es geht um ein Loslassen des Ichs. Sind diese beiden Wege einander diametral entgegengesetzt oder lassen sie sich vereinbaren? Und wie sind Äusserungen wie die des Analytischen Psychologen Erich Neumann zu verstehen, der dem Loslassen des Ichs in spirituellen Traditionen entgegenhielt, dass die „Iche der Zen-Meister ja stark wie Löwen sind" (zit. nach Zöbeli, 2002, S. 155)? Begibt man sich auf die begriffliche Suche dessen, was auf dem spirituellen Weg losgelassen und in der Psychotherapie – und vielleicht auch in der Spiritualität? - gestärkt werden soll, wird bald einmal deutlich, wie vielfältig die Begriffe verwendet werden. In den folgenden Kapiteln wird zunächst versucht, dem Leser einen vereinfachten Überblick über die psychologische Verwendung der Begriffe zu verschaffen (siehe dazu auch Tabelle 2). Dabei werden Sichtweisen der Psychoanalyse und der Psychopathologie aufgegriffen und auf das in den vorherigen Kapiteln bereits dargestellte Begriffsverständnis in Richtungen der Transpersonalen Psychologie zusammenfassend eingegangen. Diese Kapitel werden möglichst knapp gehalten – die Thematik ist so weit und umfassend, dass sich darüber eine eigenständige Studie verfassen liesse. Anschliessend (Kapitel 5.2) wird der Frage nachgegangen, was mit dem Ich auf dem spirituellen Weg geschieht und welche Rolle es bei der Integration spiritueller Erfahrungen spielt.

5.1.1 Sichtweisen der Psychoanalyse

Ich-Funktionen und Gesamtpersönlichkeit

Bereits bei Freud (Freud, 2007a, Originaltext aus dem Jahr 1900; Freud, 2007b, S. 251-295, Originaltext aus dem Jahr 1923) gestaltet sich der *Ich*-Begriff vielfältig und komplex. So wird der Begriff einerseits für die Persönlichkeit in ihrer Gesamtheit verwendet und auch – in Freuds zweiter Theorie[51] des psychischen Apparates, für die sich der Name „Strukturmodell" eingebürgert hat (vgl. Freud, 2007b, S. 251-295) – als eine ihrer Substrukturen, als eine Instanz, die Freud vom Es und vom Über-Ich unterscheidet (Laplanche & Pontalis, 1998, S. 184). Der Psychoanalytiker Jean Laplanche und der Philosoph Jean-Bertrand Pontalis (1998) weisen darauf hin, dass sich – entgegen der geläufigen Annahme – bei Freud keine zeitlich festgelegte klare Wende in der Verwendung des Ich-Begriffs aufzeigen lässt und dass die Verknüpfung beider Bedeutungen die Problematik des Ichs widerspiegelt:

> Schliesslich erscheint uns der Versuch nicht wünschenswert, von vornherein eine fertige Unterscheidung zwischen dem Ich als *Person* und dem Ich als *Instanz* zu treffen, denn die Verknüpfung dieser beiden Bedeutungen steht genau im Zentrum der Problematik des Ichs. (S. 185)

Wird von Freuds zweiter Theorie - dem Strukturmodell - ausgegangen, so bildet das Ich neben dem Es und dem Über-Ich eine der drei Instanzen der Persönlichkeit (Freud, 2007b, S. 251-295). Das Ich wird als weitgehend bewusster Anteil der Persönlichkeit verstanden (vgl. Freud, 2007b, S. 257-259), mit dem sich das Individuum als eigenständig existierend und von der Umwelt abgegrenzt erlebt. Neben dem körperlichen Ich-Erleben und dem psychischen Ich-Erleben bilden sich im Verlauf der Entwicklung kognitive Ich-Leistungen (Ich-Funktionen) heraus. Dazu gehört, dass eigene Gefühle, Wünsche, Impulse und Befindlichkeiten wahrgenommen werden und Vorgänge in der Umgebung differenziert beobachtet werden können. Denkvorgänge wie beschreibendes, vorstellendes und abstrahierendes Denken ebenso wie Urteilsfähigkeit und Vorausplanung dienen der Auseinandersetzung mit und der Anpassung an die Umwelt. Zu den Ich-Funktionen gehört auch die Steuerung von Impulsen und Affekten, die damit nicht sofort ausgelebt werden müssen, sondern dem Ich als Entscheidungsinstanz unterstehen. Dem Ich kommt eine wichtige Vermittlerfunktion zu sowohl zwischen innerer und äusserer Realität als auch zwischen den intrapsychischen Strukturen Es und Über-Ich (Hohagen et al., 1999, S. 163-165).

Nach dem Psychoanalytiker Erwin Bartosch (2007) wird das Ich heute zum Erleben, ein Subjekt zu sein:

> ‚Das Ich' wird heute ersetzt durch das Erleben, ein Subjekt zu sein – was bedeutet: Erleben (besonders auch unbewusst) zu organisieren – in der Weise der eigenen Geschichte und des Kontextes, in dem wir stehen. (S. 289)

Damit wird das Ich in seiner Funktion, Erleben zu organisieren, angesprochen. Diese Ansicht vertreten auch Blanck und Blanck (1979/1989). Das Ich wird als „Synonym für den Organisierungsprozess" verstanden (Blanck & Blanck, 1979/1989, S. 29; vgl. Freud, 2007b, S. 257).

---

[51] In seiner ersten Theorie – der Topik des seelischen Apparats - unterschied Freud 1900 (2007a) zwischen den Systemen Bewusstsein, Vorbewusstes und Unbewusstes.

Der Begriff des *Selbst* kommt in der Psychoanalyse erst spät auf und bezeichnet im Unterschied zum Ich die Gesamtheit der Person. Er wird von Freud selber nicht verwendet – ausser im Zusammenhang mit einer Stärkung des Selbstwertgefühls in „Das Unbehagen in der Kultur" (1930) (Pawlowsky, 2000, S. 618). Der Psychoanalytiker Heinz Hartmann führte den Begriff des Selbst ein und bezeichnete damit die Gesamtpersönlichkeit (Laplanche & Pontalis, 1998, S. 186; Pawlowsky, 2000, S. 618; Zöbeli, 2001, S. 34). So unterschied Hartmann im Zusammenhang mit dem Begriff des Narzissmus zwischen dem Selbst als eigener Person und dem Ich als psychologischem System (Laplanche & Pontalis, 1998, S. 185-186). In Weiterführung seiner Narzissmustheorie entwickelte dann der Psychoanalytiker Heinz Kohut die Selbstpsychologie, in welcher der Begriff des Selbst eine zentrale Stellung einnimmt. Das Selbst wird hier verstanden als eine „psychische Struktur, die phänomenologisch in zeitlicher und räumlicher Kontinuität erlebt wird" (vgl. Kohut, 1977/1981; Pawlowsky, 2000, S. 618).

Falsches und wahres Selbst

Der englische Kinderarzt und Psychoanalytiker Donald Wood Winnicott führte die Begriffe des falschen und wahren Selbst ein. Diese Unterscheidung taucht auch im Zusammenhang mit Spiritualität immer wieder auf (z.B. Galuska, 1995; Scharfetter, 1997; Scharfetter, 2004). Dabei kann klassische Psychotherapie im günstigsten Fall zur Entwicklung des wahren Selbst beitragen (Scharfetter, 2004, S. 79-81), spirituelle Wege hingegen führen in Bereiche *jenseits* des wahren Selbst (Galuska, 1995; Scharfetter, 2004, z.B. S. 83).

Um vorläufig aber noch *im* Bereich von Ich und Selbst zu bleiben: Was bedeutet es, aus seinem wahren Selbst heraus zu leben und wodurch unterscheidet sich das wahre vom falschen Selbst?

Ein *falsches Selbst* beginnt sich bereits in der Säuglingszeit zu entwickeln, indem den spontan geäusserten Bedürfnissen des Säuglings nicht „gut genug" begegnet wird. Gelingt es der nächsten Bezugsperson „nicht gut genug", auf seine Bedürfnisse und Gesten zu antworten und setzt die Bezugsperson stattdessen wiederholt ihre eigene Geste ein, beginnt sich der Säugling den Umweltbedingungen einfach zu fügen. Winnicott (2001a, S. 191) beschreibt „Sich-Fügen" als „Hauptmerkmal" des falschen Selbst und Nachahmung als spezielle Ausprägung. Hierin liegt auch die Funktion des falschen Selbst: nämlich „das wahre Selbst zu verbergen, was es dadurch tut, dass es sich den Umweltanforderungen fügt" (Winnicott, 2001a, S 191). Das falsche Selbst entsteht als eine Abwehr gegen die Verkennung des wahren Selbst.

In der weiteren Entwicklung des Menschen kann das falsche Selbst einen Spielraum einnehmen vom gesunden, höflichen Aspekt des Selbst im Sinne sozialer Anpassung bis zum abgespaltenen gefügigen falschen Selbst, das fälschlicherweise für das Kind bzw. den Erwachsenen gehalten wird. Wurde ein falsches Selbst aufgebaut, so verbindet es sich nicht selten mit dem Intellekt. So besteht bei Menschen mit einem grossen intellektuellen Potential eine starke Tendenz, dass der „Intellekt der Ort des falschen Selbst" (Winnicott, 2001a, S. 187) wird. In diesem Fall versucht das Individuum, sein persönliches Problem des falschen Selbst über den Intellekt zu lösen, und oft zeigt sich dabei ein Bild, dass der Mensch grosse intellektuelle Leistungen vollbringt und sich dabei leer und leidend fühlt (Winnicott, 2001a, S. 187-188).

Das *wahre Selbst* ist im Gegensatz dazu eng mit der Erfahrung des eigenen Lebendigseins verbunden, der eigenen Spontaneität und dem Gefühl, selbst real zu sein. Es ist im frühesten Stadium „die theoretische Position, von der die spontane Geste und die persönliche Idee ausgehen" (Winnicott, 2001a, S. 193). Man könnte es als *lebendiges Echtsein* bezeichnen. Winnicott (2001a) schreibt in diesem Sinn:

> Die spontane Geste ist das wahre Selbst in Aktion. Nur das wahre Selbst kann kreativ sein, und nur das wahre Selbst kann sich real fühlen. Während ein wahres Selbst sich real fühlt, führt die Existenz eines falschen Selbst zu einem Gefühl des Unwirklichen oder einem Gefühl der Nichtigkeit. (S. 193)

Das wahre Selbst erscheint sehr früh – „sobald es auch nur irgendeine psychische Organisation des Individuums gibt" (Winnicott, 2001a, S. 194). In dieser frühen Erscheinungsweise zeigt es sich insbesondere in der Gesamtheit der sensomotorischen Lebendigkeit des Säuglings. Das wahre Selbst entwickelt dann rasch an Komplexität und „jeder neue Lebensabschnitt, in dem das wahre Selbst nicht ernsthaft unterbrochen worden ist, führt zu einer Verstärkung des Gefühls, real zu sein" (Winnicott, 2001a, S. 194-195). Die Entwicklung des wahren Selbst wird möglich durch die Anpassung der nächsten Bezugspersonen an die Lebensbedürfnisse des Säuglings. Es ist also eng mit dem verbunden, was Winnicott immer wieder mit „good enough mother" bezeichnete. „Gut genug" meint dabei keine „perfekte" Mutter, sondern eine Mutter, die sich darum bemüht, wirklich in Kontakt und in einer Beziehung zu ihrem Kind zu sein. „Gut genug" meint, dass die Mutter die Bedürfnisse ihres Säuglings spürt und ihnen adäquat begegnen kann (Winnicott, 2001a):

> Die Mutter, die gut genug ist, begegnet der Omnipotenz des Säuglings und begreift sie in gewissem Mass. Sie tut dies wiederholt. Durch die Stärke, die das schwache Ich des Säuglings dadurch bekommt, dass die Mutter die Omnipotenzäusserungen des Säuglings praktisch zur Wirkung bringt, beginnt ein wahres Selbst zum Leben zu erwachen. (S. 189)

Wenn das wahre Selbst „eine lebendige Realität" (Winnicott, 2001a, S. 195) geworden ist, hat der Säugling eine gesunde Fähigkeit, sich anzupassen, ohne preisgegeben zu werden. In diesem Sinn entwickelt sich auch eine Form der sozialen Anpassung, die beim gesunden Menschen einen Kompromiss darstellt. Wenn es um entscheidende Fragen geht, dann ist beim Gesunden dieser Kompromiss nicht mehr zulässig. Dann setzt sich das wahre Selbst gegenüber dem gefügigen durch (Winnicott, 2001a, S. 195). Das bedeutet, echt und lebendig, mit seinen eigenen Bedürfnissen in Kontakt zu sein.

5.1.2 „Ich bin ich selber" – Dimensionen des Ich-Bewusstseins – eine psychopathologische Sichtweise

Scharfetter (1996, S. 72) definiert das Ich als „Gewissheit der Selbsterfahrung". Ich-Bewusstsein ist die „Gewissheit des wachen bewusstseinsklaren Menschen: ‚Ich bin ich selber'" (Scharfetter, 1996, S. 72). Dabei werden folgende Dimensionen des Ich-Bewusstseins unterschieden, die Scharfetter (1996, S. 74-81) als Hypothesen formuliert, die sich aber insbesondere im Bereich der Psychopathologie oft sehr deutlich unterscheiden lassen:

- *Ich-Vitalität:* Gewissheit der eigenen Lebendigkeit
- *Ich-Aktivität:* Gewissheit der Eigenbestimmung, des Erlebens, Denkens, Handelns
- *Ich-Konsistenz:* Gewissheit, einheitlich und zusammenhängend im eigenen Selbstsein zu sein

- *Ich-Demarkation:* Gewissheit, abgegrenzt und unterschieden von anderen Wesen und Dingen zu sein
- *Ich-Identität:* Gewissheit der eigenen Identität im Verlauf des Lebens und in verschiedenen Lebenslagen
- *Selbstbild oder Selbstkonzept:* Es umfasst, „was einer von sich persönlich hält, was er von sich weiss, wie er sich in seiner Stellung unter anderen Menschen fühlt, auffasst und begreift" (Scharfetter, 1996, S. 77). Zum Selbstbild gehört auch das Selbstwertgefühl. Die Entwicklung des Selbstbildes ist eine Wechselwirkung zwischen der Person und ihrer sozialen Umwelt.
- *Ich-Stärke:* Sie kann gewissermassen als ein Resultat der vorherigen Dimensionen betrachtet werden und ist ein sehr globales Konstrukt. Scharfetter (1996, S. 77) zählt zur Ich-Stärke: Durchsetzungsvermögen, Standfestigkeit im Leben, Sicherheit und Selbständigkeit (Autonomie), eigene Wünsche und Strebungen in die eigene Persönlichkeit integrieren können, Ansprüche an andere Menschen und die Umwelt stellen können, Schwieriges bis zu einem gewissen Grad (er-)tragen können; sich im sozialen Kontakt nicht selbst aufzugeben.

In Scharfetters (1996, S. 75) „Zwiebelschalenmodell des Ich-Bewusstseins" (Abbildung 8) werden die erwähnten Dimensionen als konzentrische Kreise dargestellt, in deren Mitte die grundlegendste Dimension der Ich-Vitalität steht: die im Kreis weiter innen liegenden Dimensionen durchdringen dabei jeweils alle anderen und stellen auch deren Vorbedingungen dar. Die Dimensionen von Ich-Vitalität bis Ich-Identität werden als grundlegend betrachtet, Selbstbild und Ich-Stärke stellen weitere Dimensionen dar.

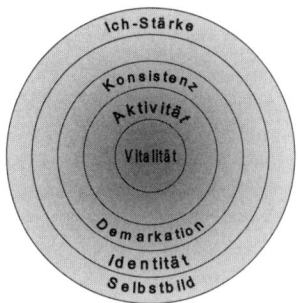

Abbildung 8: Scharfetters Zwiebelschalenmodell des Ich-Bewusstseins

Während das *Ich* im Sinne Scharfetters (2004) die Erfahrung „ich bin ich selbst" bezeichnet sowie die „Fähigkeit zur Beobachtung und Kontrolle zahlreicher Funktionen" (S. 79), wird das *Selbst* als ein „substantiviertes Abstraktum für den Komplex ‚ich bin ich selbst'" (S. 79) beschrieben. Scharfetter (2004, S. 79-80) verweist auf die verschiedenen Bedeutungen des Begriffs des Selbst im Sinne der Psychoanalyse und des falschen und wahren Selbst von Winnicott (vgl. oben) und bezieht auch die transpersonale Dimension des Selbst ein als einen „überpersönlichen Kern" (S. 80). Als solcher ist das Selbst „der Ermöglichungsgrund von Lebendigkeit, Bewusstsein und individueller Ausprägung, entspricht dem Atman, dem göttlichen Funken im innersten Innern" (Scharfetter, 2004, S. 80).

5.1.3   Ego, personales und transpersonales Selbst – Sichtweisen der Transpersonalen Psychologie

Die Unterscheidung zwischen personalem und transpersonalem Selbst ist charakteristisch für Richtungen der Transpersonalen Psychologie. In der Transpersonalen Psychologie „transzendiert das transpersonale Selbst die Grenzen der Persönlichkeit" (Walch, 2000, S. 621). Das transpersonale Selbst „dient als Brücke zwischen dem existentiellen Selbstbewusstsein und dem transpersonalen Einheitsbewusstsein" (Walch, 2000, S. 622). Im Unterschied dazu ist das personale Selbst „im transpersonalen aufgehoben (in einem doppelten Sinn: beherbergt und überschritten)" (Walch, 2000, S. 622).

In Tabelle 2 werden die Begriffe Ich (personales Selbst) und Selbst (transpersonales Selbst) von Richtungen der Transpersonalen Psychologie zusammenfassend dargestellt, auf deren Begriffsverständnis bereits in den Kapiteln 4.1.1, 4.2.1, 4.3.1 ausführlicher eingegangen wurde: auf Ich und Selbst in der Analytischen Psychologie Carl Gustav Jungs, der Psychosynthese Roberto Assagiolis und der Initiatischen Therapie Karlfried Graf Dürckheims[52].

---

[52] Die Richtungen der Transpersonalen Psychologie werden in Tabelle 2 zur Verdeutlichung grau schraffiert dargestellt.

Tabelle 2: Psychologische Sichtweisen von Ich und Selbst

	Ich	*Selbst*
Psychoanalyse (Bartosch, 2007, S. 289; Blanck & Blanck, 1979/1989, S. 29; Freud, 2007a; Freud, 2007b, S. 251-295; Hohagen et al, 1999; Kohut, 1977/1981; Laplanche & Pontalis, 1998, S. 184-186; Pawlowsky, 2000, S. 618; Winnicott, 2001a, S. 182-199)	• Gesamtpersönlichkeit (Freud) • Substruktur des psychischen Apparates (Freud) (weitgehend bewusster Anteil der Persönlichkeit, der sich als eigenständig existierend und von der Umwelt abgegrenzt erlebt; Vermittlungsfunktion zwischen innerer und äusserer Realität und intrapsychischen Strukturen, körperliches Ich-Erleben, psychisches Ich-Erleben, kognitive Ich-Leistungen: Wahrnehmung eigener Gefühle, Wünsche, Impulse und Befindlichkeiten; Beobachtung von Vorgängen in der Umwelt, verschiedene Denkleistungen; Steuerung von Impulsen und Affekten; Anpassung und Auseinandersetzung mit der Umwelt) • Synonym für Organisierungsprozess des eigenen Erlebens; Erfahrung, ein Subjekt zu sein	• Gesamtpersönlichkeit (Hartmann) • Psychische Struktur, durch die das Gefühl zeitlicher und räumlicher Kontinuität vermittelt wird (Kohut) • *Falsches Selbst* (Winnicott): Sich-Fügen als Hauptmerkmal • *Wahres Selbst* (Winnicott): Erfahrung des eigenen Lebendigseins, der eigenen Spontaneität und dem Gefühl, selbst real zu sein (lebendiges Echtsein)
Psychopathologie (Scharfetter, 1996, S. 74-81; Scharfetter, 2004, S. 79-80)	„Ich bin ich selber". Dimensionen des *Ich-Bewusstseins*: Vitalität, Aktivität, Konsistenz, Demarkation, Identität, Selbstkonzept, Ich-Stärke	• Substantiviertes Abstraktum für das Erleben „ich bin ich selber"; • transpersonale Dimension des Selbst als „überpersönlicher Kern", Atman
Analytische Psychologie (Hark, 1994, S. 72; Jung, 1951, S. 382; Jung, 1971a, S. 471, S. 513; Jung, 1995, S. 245; Kast, 2007, S. 47; von Franz, 1994, S. 396-397, S. 409)	*Ich-Komplex*: Teil der Gesamtpersönlichkeit, Zentrum des Bewusstseinsfeldes, zuständig für persönliche Identität und Aufreciterhaltung der Persönlichkeit sowie deren Kontinuität; Funktionen: Realitätsprüfung, Assimilation unbewusster Inhalte und deren Übersetzung in Erfahrungsmöglichkeiten des Bewusstseins, Mittlerfunktion zu Strukturen des kollektiven Unbewussten.	• Einheit und Ganzheit der Gesamtpersönlichkeit; Vereinigung von Bewusstsein und Unbewusstem • Zentraler Archetyp, dabei Erfahrung des Numinosen, Erleben von Zeitlosigkeit und Ewigkeit; Ausdruck des Göttlichen
Psychosynthese (Assagioli, 1965/2004, S. 61-62, S.	*Ich* oder *bewusstes Selbst* als Zentrum des Bewusstseins und Ort reiner Selbstbewusstheit, Wiederspiegelung und Manifestation	*Transpersonales* oder *höheres Selbst*: individuell und universell; fortdauerndes Zentrum jenseits des

	Ich	*Selbst*
147-149, S. 151-155; Assagioli, 1988/1992, S. 47; Assagioli, 2008, S. 4, S. 7)	des transpersonalen Selbst, Reflex und Spiegelbild des transpersonalen Selbst im Bereich der Persönlichkeit. Erfahrung des Ichs kann über die Desidentifikationsübung unterstützt werden und ist eine stille Erfahrung des Seins. Hier ist das Ich gerade *nicht* das Bewusstseinsfeld und auch *nicht* die Gesamtpersönlichkeit.	Bewusstseinsstromes oder körperlicher Zustände und davon unberührt.
Initiatische Therapie (Dürckheim, 1945/1992, S. 87, S. 186-203; Dürckheim, 1954/2006, S. 53-54; Dürckheim, 1966/2001/2004, S. 10, S. 14, S. 61, S. 91)	*Ich, Ichwirklichkeit, Ichbewusstsein, Welt-Ich:* Identität und Kontinuität. Zwei Aspekte: gegenständliches Ichbewusstsein (Festhalten, Einordnen in ein bestehendes Gefüge von Vorstellungen und Begriffen), zuständliches Ichbewusstsein (Bewusstwerden von gefühlsmässigem Erleben). Das Ich reduziert alles auf das, was es festhalten und einordnen kann. Das Ich ist notwendig, um im Alltag „funktionieren" zu können.	*Inständliches Bewusstsein, Sein, Wesen:* verbindet uns mit dem Übernatürlichen, geht über Raum und Zeit hinaus, ist unser eigentlicher innerer Kern, was wir in unserem Wesen *sind.* Durch das Wesen manifestiert sich das Sein in jedem Menschen auf individuelle Art und Weise.

Zum Ich-Begriff

In Tabelle 2 wird deutlich, wie vielfältig und unterschiedlich die Verwendung der Begrifflichkeiten von Ich und Selbst sind. Gemeinsam ist dem Verständnis des Ichs in allen dargestellten Richtungen, dass es sich um einen Aspekt innerhalb der menschlichen Person handelt. Das Ich hat etwas zu tun mit unserem konkreten Dasein in der Welt, mit unserem Menschsein und unserem Bezug zur konkreten Umwelt. Innerhalb dieses Grundverständnisses des Ichs bestehen jedoch wesentliche Unterschiede: Wo das Ich als Gesamtpersönlichkeit (Psychoanalyse) oder als Substruktur der Gesamtpersönlichkeit (Psychoanalyse, Analytische Psychologie), als Erleben von Identität und Kontinuität (Psychoanalyse, Psychopathologie, Analytische Psychologie, Initiatische Therapie) verstanden wird, liegt der Psychosynthese ein anders gelagertes Begriffsverständnis zugrunde, das jedoch auch die Aspekte der Kontuität und in gewissem Sinn auch der Identität beinhaltet: Hier ist das Ich ein stabiles und dauerhaftes Zentrum, der dauerhafte Faktor im sich ständig verändernden Lebensfluss (Kontinuität) – aber das Ich wird hier bereits spirituell verstanden, wenn es auch persönlich gefärbt bleibt. Die Art von Identität, die hier gemeint ist, ist ebenfalls eine spirituell verstandene: „Ich bin ‚Ich', ein Zentrum reinen Bewusstseins" (Assagioli, 1965/2004, S. 151) oder ein „Zentrum reiner Selbst-Bewusstheit" (Assagioli, 1965/2004, S. 153). Das Ich ist hier eng verbunden mit der Erfahrung von Existenz als solcher (Assagioli, 1965/2004, S. 153). Beim Ich (bewusstes Selbst) der Psychosynthese handelt es sich um die Manifestation des transpersonalen Selbst im Bereich der Persönlichkeit. Das Ich ist Ausdruck des transpersonalen Selbst im individuellen Menschen. Es geht dabei ausdrücklich *nicht* um bewusste Inhalte des Bewusstseinsfeldes, mit denen wir uns identifizieren können oder nicht, und ebenso wenig um die Gesamtpersönlichkeit.

In der Gegenüberstellung des psychoanalytischen und des transpersonalen Ich-Begriffs wird hier auch deutlich, dass das transpersonale Begriffsverständnis überwiegend auf die Aspekte von Identität und Kontinuität fokussiert, wo das Begriffsverständnis von Psychoanalyse und Psychopathologie sehr viel breiter ist. Almaas (1997) hebt diesen Unterschied zwischen dem Ich, wie es üblicherweise auf dem spirituellen Weg verstanden wird, und dem psychoanalytischen Verständnis hervor:

> ‚Ich' in diesem Sinn ist nicht das gleiche wie das Ich, das Freud definiert hat. Beide Begriffe überschneiden sich, aber es sind zweifellos zwei verschiedene Begriffe. Bei Freud hat das Ich zum Beispiel die Funktionen der Wahrnehmung, der Motilität, des Realitäts-Testens und so weiter. Diese Funktionen sind im Begriff ‚Ich', wie er in der Literatur über Arbeit am Selbst gebraucht wird, nicht enthalten. Letzterer bezeichnet vor allem die Identifikation des Individuums, die ihm das Gefühl eines Selbst oder einer Identität gibt. (S. 58)

Zum Begriff des Ego

Geht es also um das Ich auf dem spirituellen Weg, so liegt der Hauptfokus implizit meist auf der Thematik der Identität und der damit verbundenen Identifikationsprozesse. Allerdings wird das selten auf diese Weise formuliert. Ein damit verbundener Aspekt des Ichbegriffs auf dem spirituellen Weg liegt in der häufigen Verwendung des Wortes

„Ego[53]". Walch (1999, S. 78) sieht das Ego als „Schattenaspekt des Ich". Die Haupteigenschaft des Ego ist eine starke Selbstbezogenheit:

> Untransformierte, starre und abgegrenzte Ich-Anteile sind die Bausteine des Ego, von denen loszulassen eine absolute Notwendigkeit in der menschlichen Entwicklung darstellt. Wie zeigt sich das Ego: In Spannungen und Verkrampfungen, in Neid, Verbissenheit, Gier, Eifersucht, Druck, Härte, Abwertung, Unversöhnlichkeit. In Allmachtsphantasien, Anerkennungssucht und Machtansprüchen … Ego ist also Einengung, Abwertung, Anhaftung und Schwere: *vor allem aber zeigt sich das Ego im tiefen Misstrauen gegen alles, was einfach passiert* und baut somit eine Barriere gegen das transpersonale Selbst auf. (S. 78)

Das Ego[54] in diesem Sinn kann als eine Art verhärtete Identifikation verstanden werden (vgl. z.B. auch Bach, 2003).

Identifikationsprozesse als Wurzel des Ich - Desidentifikation als Weg zur Selbstverwirklichung

Als kurze Veranschaulichung der erwähnten Identifikationsprozesse und der entsprechenden Desidentifikationsprozesse auf dem spirituellen Weg sei auf die Darstellung des Psychotherapeuten und Psychiaters Joachim Galuska (1995, S. 40-50; vgl. auch 2003a, S. 8-10) verwiesen: Er zeigt auf, wie das *Ich* durch Identifizierungsprozesse als Form eines Anhaftens und Festhaltens entsteht und durch eine Identifikation mit einem Selbst-Konzept zu etwas Festem, einem Ding wird. So wird aus dem Erleben von sich selbst das Ich. Durch spirituelle Praxis wird die Identifizierung mit dem Ich geringer – das Ich wird vermehrt als Prozess und weniger als „Ding" erlebt (vgl. dazu das Bewusstsein als Prozess bei von Brück, 2005, S. 32). Durch Desidentifizierungsprozesse, die durch Loslassen und durch ein Üben des Zeugenbewusstseins – vgl. dazu die Zuschauer-Haltung bei Ramana Maharshi (Kapitel 5.2.2) - möglich werden, entsteht auf dem spirituellen Weg eine Bewusstheit des *Selbst*, des eigenen Wesens (wahres Selbst, transpersonales Selbst). Eine solche Erfahrung des Selbst-Bewusstseins ist aber immer noch eine subtile Identifizierung. Um auf dem spirituellen Weg zu einer letztlichen Verwirklichung des *Seins* zu gelangen, muss sich auch dieses subtile Selbstgefühl auflösen. In diesem Sinn differenziert Galuska (1995, S. 50) auch den Begriff der *Selbstverwirklichung* auf drei Ebenen:

- Auf der Ebene des *Ichs* wird sie im Grunde als „Ich-Verwirklichung" verstanden. Gemeint ist eine „aktive, kreative und selbstverantwortliche Gestaltung" des eigenen Lebens.
- Auf der Ebene des *Selbst*, im Sinne des transpersonalen Selbst, geht es darum, im Dienst eines grösseren Ganzen, Göttlichen zu stehen.

---

[53] Eine zusätzliche Schwierigkeit in der Verwendung des Begriffs „Ego" ergibt sich dadurch, dass im Englischen „ego" im psychologischen und philosophischen Sprachgebrauch für den deutschen Ich-Begriff verwendet wird. Wenn in deutschen Übersetzungen englischer (spiritueller) Texte der Begriff „Ego" verwendet wird, ist nicht in jedem Fall klar, ob es sich dabei auch im Deutschen um das „Ego" oder um das „Ich" handelt. Die Bezeichnung „Ego" impliziert im Deutschen eine deutlich anders gefärbte Bedeutung und tendiert zu einer negativ empfundenen übermässigen Ich-Bezogenheit und Egozentrik. Diese Aspekte sind charakteristisch für den hier erläuterten Ego-Begriff, jedoch nicht für den neutraleren Ich-Begriff (vgl. Kapitel 5.1).

[54] Auf Grund der Unterschiedlichkeit der Begriffe wird hier im Folgenden der Begriff des „Ego" verwendet, wenn in der entsprechenden Quellenliteratur dieser Begriff verwendet wurde.

- Auf dem spirituellen Weg bedeutet Selbstverwirklichung „*Seins*-Verwirklichung, Gotteserfahrung und Erlösung, Erleuchtung und Befreiung".

Galuskas Verständnis von Selbst und Sein entspricht etwa dem transpersonalen Selbstbegriff.

Zum Selbstbegriff

In Tabelle 2 wird deutlich, wie sich der *Selbstbegriff* bereits innerhalb der Psychoanalyse unterscheidet, und insbesondere zeigt sich darin auch die Differenz zwischen psychoanalytischer und transpersonaler Perspektive. Wo der Begriff des Selbst von Freud noch gar nicht verwendet wird ausser im Zusammenhang mit Selbstwertgefühl und erst von Hartmann als Bezeichnung für die Gesamtpersönlichkeit eingeführt wurde, wird in Winnicotts „wahrem Selbst" bereits eine grundlegende Änderung im Begriffsverständnis deutlich: Das *wahre* Selbst meint nicht mehr neutral die Gesamtheit der Persönlichkeit, sondern beinhaltet eine neu in den Selbstbegriff eingeführte *Qualität*: Es geht hier um Authentizität, Echtheit, Lebendigsein, Spontaneität. Es geht um einen Kontakt zu den eigenen inneren Bedürfnissen und zum eigenen individuellen Menschsein. Das wahre Selbst ist also mit dem Kontakt und dem Ausdruck der eigenen Individualität verbunden.

Der Selbstbegriff der Richtungen der Transpersonalen Psychologie geht über die Persönlichkeit hinaus, ist von numinoser, überpersönlicher (eben trans-personaler) Natur und wird explizit oder implizit verwendet, um eine höhere Wirklichkeit, das Göttliche oder Gott religionsneutraler begrifflich zu fassen. Die Analytische Psychologie scheint in dieser Konzeption zunächst eine Übergangsrolle übernommen zu haben: Sie scheint einerseits den Selbstbegriff im Sinne der Gesamtpersönlichkeit (Psychoanalyse) zu übernehmen mit Formulierungen, die bereits eine transpersonale Orientierung deutlich werden lassen wie der „Einheit und Ganzheit der Gesamtpersönlichkeit" (Jung, 1971a, S. 512). Andererseits vertritt sie jedoch einen deutlich transpersonalen Standpunkt in ihrem Verständnis des Selbst als zentralem Archetypus mit numinoser Qualität, dem Erleben von Raum- und Zeitlosigkeit sowie dem Selbst als Ausdruck des Gottesbildes.

Tabelle 2 verdeutlicht auch die unterschiedliche Terminologie von Ich und Selbst: So wird vom Ich als Ich-Bewusstsein, Ich-Komplex, bewusstes Selbst, Ichwirklichkeit, Welt-Ich etc. gesprochen. Die Terminologie zum Selbst ist ebenso vielfältig (Selbst, transpersonales Selbst, höheres Selbst, instandliches Bewusstsein, Sein, Wesen), insbesondere umfasst der Selbstbegriff jedoch inhaltlich in Psychoanalyse und Transpersonaler Psychologie völlig verschiedene Inhalte. Wird also vom Selbst gesprochen, muss klar differenziert werden, um welchen Selbstbegriff es sich handelt – um einen psychoanalytischen oder einen transpersonalen[55].

---

[55] Allerdings werden auch die Begriffe innerhalb einer Richtung nicht unbedingt konsequent einheitlich verwendet, so dass eine Vergewisserung der Begriffsverwendung unter Umständen auch aus dem Kontext heraus erschlossen werden muss. Als Beispiel sei hier auf Schriften von Assagioli verwiesen: In der Psychosynthese Assagiolis wird zwischen dem Bewusstseinsfeld, dem Ich (oder bewusstem Selbst) und dem höheren (oder transpersonalen) Selbst unterschieden. Die Begriffe werden dabei jedoch nicht durchgängig gleich verwendet. Manchmal spricht Assagioli vom Selbst und meint dabei das Ich (bewusste Selbst) (z.B. 1965/2004, S. 143-154), manchmal das höhere oder transpersonale Selbst (z.B. 1988/1992, S. 32-33). Mitunter spricht er auch vom „höheren Ich" (Assagioli, 1988/1992, S. 32), wenn er das transpersonale Selbst meint. In der Psychosynthese sind sich allerdings der (personale)

Zum Begriff der Seele

Im Zusammenhang mit dem transpersonalen Selbstbegriff ist auch der Begriff der Seele zu erwähnen, der heute „eine erstaunliche Renaissance" (Hell, 2008a, S. 53) erlebt. In unserer eigenen Kultur hatte der „Seelenbegriff immer eine religiös-spirituelle Dimension" (Galuska, 2005, S. 90) und kann in diesem Sinn mit dem Selbstbegriff der Transpersonalen Psychologie verglichen werden. Die Seele wird mit symbolischen Begriffen wie Wahrheit, Vertrauen und Offenheit in Verbindung gebracht, teilhabend am ganzen Sein – aber letztlich weder abstrakt definierbar noch verdinglicht fassbar, weil „ihre Unmittelbarkeit auf diese Wiese nicht eingefangen werden" kann (Hell, 2008a, S. 53). Hell (2008a, S. 53) formuliert es pointiert: „Die Seele, die es – als verdinglichtes Objekt – gibt, gibt es nicht" (vgl. dazu Hell, 2008b). Die Seele hatte „immer den Anteil des Göttlichen" (Galuska, 2005, S. 90). „Sie spürt ... ihr Gewirktsein, ihr Geschaffensein, als ein Grenzwesen zwischen der manifesten Welt des Individuellen, Persönlichen und dem Ungeschaffenen, Unmanifestierten, Ungewirkten, Absoluten und Unbekannten" (Galuska, 2006, S. 68). In diesem Sinn wird die Seele verstanden als die individuelle Art und Weise, in der sich das Absolute manifestiert (vgl. dazu auch Kapitel 5.2.5).

Auf dem wissenschaftlichen Weg erfuhr die Seele nach Galuska (2005, S. 90) allerdings eine Reduktion, die sie etwa in Zusammenhang mit inneren Konflikten der verschiedenen Persönlichkeitsanteile (psychodynamische Sichtweise) oder als Ort innerer Einstellungen, Haltungen oder Kogitionen (kognitive Theorie) verstand. Heute bestehen jedoch Bestrebungen, den Seelenbegriff wieder zu öffnen für seine ursprüngliche Bedeutung (Galuska, 2005; Galuska, 2006; Hell, 2008a).

5.2 Die Funktion des Ichs bei der Integration spiritueller Erfahrungen

Was bedeutet der Prozess der Integration spiritueller Erfahrungen für das Ich? Was geschieht mit dem Ich[56] auf dem spirituellen Weg – oder was soll mit ihm geschehen? Welche Funktion nimmt es bei der Integration spiritueller Erfahrungen ein? Auf der Suche nach einer Antwort lassen sich verschiedene Ansätze aufzeigen, die sich zunächst grundsätzlich zu widersprechen scheinen: Das Spektrum reicht vom Ich als Voraussetzung des spirituellen Weges über eine komplette Auflösung des Ichs bis zur Ansicht, das Ich sei zur Bewältigung des Alltagslebens und gar als individuelle Manifestation des Seins notwendig. Wie ist das zu verstehen?

5.2.1 Ein stabiles Ich als Voraussetzung des spirituellen Weges

Was geschieht nun also mit dem Ich auf dem spirituellen Weg? Sind da alle psychotherapeutischen Bemühungen um eine Stärkung des Ichs hinfällig? Oder braucht es sie? Was soll man jetzt tun: Das Ich stärken oder es loslassen?

Ein genügend starkes Ich gilt als Voraussetzung für einen spirituellen Weg (vgl. z.B. Assagioli, 1988/1992, S. 38; Dürckheim, 1945/1992, S. 179; Dürckheim, 1966/2001/2004, S. 79-81; Dürckheim, 1987, S. 85-86; Engler, 1988; Jäger, 2006, S. 4; Lautenschlager, 2003, S. 148; Reincke, 2002; Steurich, 2003; Wilber, 1988a; Zöbeli,

---

Ich- und der (transpersonale) Selbstbegriff auch sehr nahe, was vielleicht die erwähnte Begriffsverwirrung erklären kann.

[56] In den mystischen Traditionen wird oft nicht explizit vom „Ich" gesprochen, sondern es werden andere Begriffe verwendet, die unter einander nicht völlig identisch sind.

2001, S. 45; Zöbeli, 2002; Zöbeli, 2007, S. 48-49, S. 53). Ein ausreichend starkes Ich ist dabei „die Grundlage für eine befriedigende Lebensbewältigung und eine weitere spirituelle Entwicklung" (Zöbeli, 2001, S. 45). „Wir müssen jemand werden, um dann als solcher ‚aufgehoben', d.h. als ein ‚differenzierter Jemand' bewahrt und gleichzeitig i.S. eines ‚Niemand' negiert und in eine höhere Ebene des Bewusstseins integriert zu werden" (Zöbeli, 2001, S. 45). „Psychotherapie will sozusagen den (neurotischen) Albtraum in einen (gewöhnlichen) Traum verwandeln, spirituelle Praxis will helfen, aus diesem Traum zu erwachen" (Zöbeli, 2002, S. 162).

Ein stabiles Ich als Voraussetzung auf dem spirituellen Weg: Diese Thematik erscheint im Zusammenhang mit der Integration spiritueller Erfahrungen so zentral, dass hier näher auf diese Perpektive eingegangen werden soll. Im Umfeld von Spiritualität und Transpersonaler Psychologie wird oft auf einen Artikel von Jack Engler zurückgegriffen, der diese Thematik besonders eingehend und klar darstellt: Als klinischer Psychologe und buddhistischer Meditationslehrer greift Jack Engler (1988) diese Thematik aus zwei Perspektiven auf: Einerseits auf seinem Wissens- und Erfahrungshintergrund als klinischer Psychologe, andererseits aus der Perspektive eines Meditationslehrers der Vipassana-(Einsichts-)Meditation des Theravada-Buddhismus. Er verweist dabei zunächst auf die Schwierigkeit, dass zentrale Begriffe wie „Ego" (Ich) und „Selbst" „in der psychodynamischen und der buddhistischen Psychologie in sehr verschiedenen Zusammenhängen und mit sehr unterschiedlicher Bewertung der Entwicklung eines Egos und der Bildung einer stabilen Selbststruktur verwendet werden" (S. 32). Das Ich zu transzendieren macht dabei für einen klinischen Psychologen genauso wenig Sinn (Engler, 1988, S. 32) wie für einen spirituellen Lehrer ein Verbleiben im Ich. Klinische und meditative Sichtweisen des Ichs scheinen einander entgegengesetzt zu sein: Wo aus psychopathologischer Perspektive das grösste Problem das Fehlen eines Ich-Gefühls/Selbstgefühls ist (wie in Psychosen und Borderline-Zuständen), ist die grösste Schwierigkeit und tiefste Quelle von Leiden im Buddhismus gerade das Bestehen eines Selbst, das Anklammern an die Existenz eines separaten Ichs. Wo sich die klinische Frage um das Thema dreht, wie man ein grundlegendes Selbstgefühl unterstützen kann, stellt sich im Buddhismus die Frage, wie man das Konstrukt des Selbst durchschauen und sich davon desidentifizieren kann (Engler, 1988, S. 37-38).

Engler beobachtete als klinisch ausgebildeter Meditationslehrer bei vielen Meditationsschülern eine „besondere Verletzlichkeit und Störung in ihrem Identitäts- und Selbstwertgefühl" (Engler, 1988, S. 43). Bestenfalls könnte das Entwicklungsprobleme bei der Identitätsbildung in gewissen Lebensphasen widerspiegeln, was sich bei jungen Meditierenden in der Übergangsphase zum Erwachsenenalter oder in der Übergangsphase der Lebensmitte besonders zeige. In diesen Fällen wurde die Meditationspraxis oft als „Abkürzungsweg zur Lösung der Entwicklungsprobleme" (S. 44) angesehen, die sich in dem jeweiligen Lebensstadium gerade zeigten. Hier liegt allerdings ein Missverständnis der buddhistischen Lehre vor:

> Die buddhistische Lehre, dass ich weder ein dauerhaftes Selbst habe noch bin, wird oft folgendermassen missverstanden: Man glaubt, man brauche erst gar nicht mit den Aufgaben der Identitätsbildung zu ringen, es sei nicht nötig herauszufinden, wer ich bin, was meine Fähigkeiten, meine Bedürfnisse, meine Verantwortlichkeiten sind, wie ich zu anderen Menschen in Beziehung stehe und was ich mit meinem Leben tun sollte oder könnte. Die Anatta-Lehre, die besagt,

> dass es kein Selbst gibt, wird als Rechtfertigung für eine verfrühte Abkehr von wesentlichen psychosozialen Aufgaben angesehen. (S. 44)

Bei Englers Beobachtungen zeigte sich allerdings auch, dass es sich in manchen Fällen auch um ein Fehlen eines kohärenten, integrierten Selbstgefühls handelte, also um klinische Formen fehlenden Ich-Gefühls. In diesen Fällen erachtet er das Praktizieren einer Meditationsform, die auf eine Loslösung vom Ich hinzielt, als schwierig, wenn nicht gar als unmöglich (Engler, 1988, S. 47).

Spirituelle Praxis setzt ein intaktes Ich voraus. Wenn ein solches nicht oder sehr mangelhaft vorhanden ist, kann je nach Meditationstechnik die Gefahr bestehen, dass das Ich weiter fragmentiert (Engler, 1988, S. 51). Auch Fehldeutungen psychischer Zustände mit spirituellen Erfahrungen können dann vorkommen (Engler, 1988):

> Offenkundig besteht eine Gefahr, wenn diese Voraussetzung eines normal entwickelten Selbst nicht vorhanden ist … Schüler können subjektive Gefühle der Leere fälschlich für *‚shunyata'* oder Leere halten und die Erfahrung, sich innerlich nicht kohärent oder integriert zu fühlen, für *‚anatta'* oder Selbstlosigkeit. (S. 49)

In diesem Sinn wird ein fehlendes oder mangelhaftes Ich-Gefühl mit dem spirituellen Zustand von Nicht-Ich verwechselt – ein Missverständnis, das auf dem spirituellen Weg nicht selten vorzukommen scheint (vgl. dazu Caplan, 2002, S. 53-54).

Engler (1988) rät also, dass es für bestimmte Meditationspraktiken zentral ist, zunächst ein kohärentes Ich-Gefühl aufzubauen:

> *Ich habe die Erfahrung gemacht, dass es zum Praktizieren einer ‚aufdeckenden Technik' wie Vipassana und zum Erreichen der strukturellen Veränderungen, auf die diese Praxis abzielt, entwicklungsmässig notwendig ist, zuerst ein kohärentes und integriertes Selbst zu erwerben,* eines, das sich von anderen unterscheidet und einen gewissen Grad von Autonomie besitzt. (S. 53)

Spirituelle Praxis setzt dort an, wo bereits ein intaktes Ich besteht. Dann ist die Frage nicht, ob man ein Ich oder kein Ich haben soll, sondern es geht letztlich um ein sowohl als auch (Engler, 1988):

> Doch man muss zuerst jemand sein, ehe man niemand werden kann. Das Problem bei der personalen Entwicklung, wie ich es heute verstehe, ist nicht Selbst *oder* kein-Selbst, sondern Selbst *und* kein-Selbst. Sowohl ein Selbstgefühl als auch die Einsicht, dass dessen scheinbare Kontinuität und Substantialität letztendlich illusorisch sind, sind notwendige Leistungen. Gesundheit und vollständiges psychologisches Wohlbefinden *schliessen beides ein, jedoch in einer phasenangemessenen Entwicklungsabfolge* in verschiedenen Stadien der Entwicklung der Objektbeziehungen. Der Versuch, die Entwicklungsaufgaben der Identitätsbildung und Objektkonstanz durch einen fehlgeleiteten spirituellen Versuch zu umgehen, ‚das Ich zu vernichten', hat fatale und pathologische Folgen. Dies wird von vielen Schülern, die sich zur Meditation hingezogen fühlen, und sogar von einigen Meditationslehrern versucht. (S. 64-65)

Was nach Englers (1988, S. 65) Ansicht fehlt, ist eine „Entwicklungspsychologie, die das volle Entwicklungsspektrum umfasst": „Aus klinischer Sicht fehlt es der buddhistischen Psychologie daran. Sie hat wenig zu sagen über die früheren Stadien der Persönlichkeitsorganisation und die Arten von Leiden, die aus ihrem Scheitern resultieren. Das ist gefährlich, wenn es nicht verstanden wird" (Engler, 1988, S. 65). Andererseits setzt der Theravada-Buddhismus am anderen Pol des Entwicklungsspektrums an.

Engler (1988, S. 38) kommt in seiner Untersuchung zum Schluss, dass das eine die Vorbedingung des anderen sei: „Sie müssen zuerst jemand sein, ehe Sie niemand werden können". Und etwas ausführlicher (Engler, 1988):

> Die eine Tradition hat die Wichtigkeit betont, *jemand* zu werden; die andere die Wichtigkeit, *niemand* zu werden. Wie mir als Psychologe in beiden Traditionen klargeworden ist, scheinen sowohl ein Selbstgefühl als auch ein Gefühl von ‚kein Selbst' – in dieser Reihenfolge – notwendig zu sein, um jenen Zustand optimalen psychologischen Wohlbefindens zu erreichen, den Freud einmal als ‚ideale Fiktion' beschrieb und den der Buddha schon lange vor ihm als ‚Ende des Leidens' … und einzigen Inhalt seiner Lehre bezeichnet hatte. (S. 66)

Wilber (1988a) bringt in seinem Modell zum Spektrum der Entwicklung beide Perspektiven zusammen, indem er ein Kontinuum von präpersonaler, personaler und transpersonaler Entwicklung aufzeigt. Vorherige Stufen sind dabei jeweils die Basis für die nächsten Stufen der Entwicklung. Auch hier ist die Entwicklung eines stabilen Ichs die Basis für einen spirituellen Weg.

5.2.2 Das Ich löst sich auf dem spirituellen Weg auf

Die Auflösung des Ichs wird in spirituellen Kreisen oft sehr betont, und ein Leben ohne Ich gilt als ein Ziel des spirituellen Weges. Aber nicht bei jeder mystischen Tradition oder Transpersonalen Psychologie-Richtung besteht der Fokus in der Auflösung des Ichs. Von den in diesem Buch untersuchten Traditionen und Richtungen ist die Auflösung des Ichs Bestandteil des Advaita-Vedanta von Ramana Maharshi und des Zen-Buddhismus – also von zwei nicht-theistischen, östlichen mystischen Traditionen.

Ramana Maharshi: Das Ich vernichten

Im Vergleich mit den dargestellten mystischen Traditionen und transpersonalen Richtungen scheint die indische Mystik Ramana Maharshis eine „Vernichtung des Ichs" am stärksten zu betonen. Ramana Maharshi spricht auch immer wieder von „Auslöschen", „Vernichten", „Schwinden" des Ichs. Wie ist das zu verstehen?

Chadwick (2004, S. 47) – ein langjähriger Schüler von Ramana Maharshi - legt Wert darauf, dass man das Ich bei Maharshi nicht etwa als etwas Transzendentes versteht, sondern dass damit das Ego gemeint ist. In der Selbstergründung soll man „kein transzendentes absolutes Ich suchen, sondern das Ego und den Punkt, wo es entspringt. Wenn man es findet, fällt das Ego von alleine ab und man weiss, es gibt nur das Selbst" (Chadwick, 2004, S. 47). Das Ich ist hier also nichts Transzendentes, aber ein notwendiges Mittel, um in der Praxis der Selbstergründung zum Selbst zu gelangen.

Das Ich ist dann aber auch das wohl zentralste Hindernis dafür, dass auch tiefe spirituelle Erfahrungen oft nicht zu einer nachhaltigen Wandlung des Menschen führen. So wurde Ramana Maharshi gefragt, warum oft von plötzlichen spirituellen Erfahrungen und Erleuchtungserlebnissen berichtet wird, die jedoch vorübergehend sind und die dann nicht zur vollständigen Selbstverwirklichung führen. Da während der Erfahrung eine Spur des Ichs zurückbleibt, und es sich nicht völlig auflöst, kehrt das Ich wieder zurück, was Selbstverwirklichung verhindert (Chadwick, 2004):

> Ich fragte Bhagavan, wie das sein konnte, und er erklärte mir, dass das, was blitzartig kommt, auch wieder blitzartig verschwindet. Was sie erlebt haben, ist nicht Selbstverwirklichung, sondern kosmisches Bewusstsein, in dem sie alles als eines sehen und sich mit der Natur und dem kosmischen Herzen identifizieren. Im Hinduismus wird dies ‚Mahat' genannt. Dabei bleibt auch während des Erlebnisses eine Spur des Egos und ein Körperbewusstseins des Sehers bestehen. Dieses falsche Ich-Bewusstsein muss aber endgültig verschwinden, da es die Begrenzung ist, die sich als Gebundenheit auswirkt. Die Befreiung ist die endgültige Freiheit von diesem falschen Ich-Bewusstsein. (S. 21)

Und an anderer Stelle sagte er, dass man den Zustand einer spirituellen Erfahrung wieder verlieren kann, da unsere latenten Neigungen, die mit dem Ich verbunden sind, weiter bestehen (Chadwick, 2004):

> In den frühen Stadien des *sadhana* [methodische spirituelle Übung, Anm. der Autorin] war dies [der Verlust eines spirituellen Zustandes, Anm. der Autorin] gut möglich und sogar wahrscheinlich. Solange noch der kleinste Wunsch oder die geringste Bindung bestehe, würde es den Menschen wieder in die phänomenale Welt zurückziehen, erklärte er. Letztlich sind es nur unsere *vasanas* [latente Tendenzen, Vorlieben, Neigungen, Anm. der Autorin], die uns daran hindern, immer in unserem natürlichen Zustand zu sein. Die *vasanas* wird man aber nicht plötzlich oder durch ein blitzartiges Erleben von kosmischem Bewusstsein los. ... sie müssen in jedem Fall zuerst vernichtet werden. (S. 40)

Das Mittel, das in der Tradition von Ramana Maharshi dazu verwendet wird, das Ich zu „vernichten", ist ständige Selbstergründung *(vichara)* (vgl. dazu Ramanan, 1994, z.B. S. 6) (vgl. auch Kapitel 3.4.2):

> ‚Woher kommt dieses ‚Ich'?'
> Wer so fragt…
> AHA!...dessen ‚Ich' fällt ab.
> Das ist Selbst-Ergründung. (Ramana Maharshi in Nanyar, 2007, S. 37)

Dabei ist ununterbrochene Meditation, die „wie flüssige Butter und wie ein Strom beständig fliesst … einer Meditation mit Unterbrechungen überlegen" (Ramana Maharshi in Nanyar, 2007, S. 20). „*Vichara* muss die Grundeinstellung des Geistes während der täglichen Beschäftigung werden" (Nanyar, 2007, S. 29). So wird es möglich, das Ich ganz zu vernichten und ständig im Zustand der Selbstverwirklichung zu verweilen, denn: „Was zeitweise aufgelöst ist, kommt wieder, nicht aber das, was vernichtet wurde" (Ramana Maharshi in Nanyar, 2007, S. 29).

Das Ich schwindet, wenn man seinen Ursprung erforscht. Durch das Forschen nach dem Ursprung des Ichs in der Selbstergründung leuchtet das Selbst auf. Ständiges Wiederholen dieses Prozesses führt dazu, dass das Ich schwindet (Zimmer, 1997):

> Woher steigt dieses ‚Ich' auf? – das erforsche nach innen, dann schwindet das Ich. Das ist Erforschen der wahren Erkenntnis. Schwindet das Ich, so strahlt das Herz auf: ‚ICH-ICH', - vollkommene Fülle seines Seins. (S. 162)

Erlöscht das Ich auf diese Weise – also indem wir zu seinem Ursprung zurückkehren in ständiger Meditation -, „bleibt nur das Selbst als reines völliges Innesein" (Zimmer, 1997, S. 168).

Ramana Maharshi betont, dass die hauptsächliche Identifikation mit dem Ich über die Identifikation mit unserem Körper geschieht. Können wir uns von unserem Körper und in der Folge auch von unseren Vorstellungen, Gedanken und Gefühlen desidentifizieren, indem wir in der Selbstergründung den Ursprung des Ichs erforschen, erfahren wir das Gewahrsein des Selbst (‚Ich-Ich'). Im Grunde lösen wir auf diese Weise im Verlauf der Zeit immer mehr unsere Identifikation mit dem Ich und verlagern sie auf das Selbst. Zentral ist dabei, nicht an Vorstellungen über das Selbst festzuhalten. Wir sollen wie ein neutraler Zuschauer einfach beobachten, was geschieht. Durch ein ständiges Üben dieser Zuschauer-Haltung lösen wir die Identifikation mit dem Ich. Im Unterschied zum Ich, das ständiger Veränderung unterworfen ist und an den Körper gebunden ist – das heisst auch abhängig von den ständig sich verändernden Bedingungen wie Wohlbefinden, Krankheit, Schmerz, Leid etc. – ist das Selbst „wandellos" und das, was wir wirklich sind (Zimmer, 1997):

> Alle heiligen Schriften haben die Ergründung des Selbst zum Gegenstand, sie erklären: die Vernichtung der Ich-Vorstellung bedeutet Erlösung.

> Kann der Leib, bewusstlos wie ein Stück Holz, Licht sein und sich als Ich betätigen? – nein, darum lass den leichnamgleichen beiseite als wäre er ein Leichnam. Flüstere nicht einmal ‚Ich', aber frage angespannt nach innen: was ist's, das dir im Herzen als ‚Ich' leuchtet? Kannst du hinausgelangen über den zeitweiligen und stossweisen Strom der Vorstellungen und Regungen, so erhebt sich vor dir stumm und unwillkürlich ein Ständiges und Wandelloses in deinem Herzen: ein Gewahrsein ‚Ich-Ich'.

> Kannst du es erfassen und ganz still bleiben, so wird es die Vorstellung ‚Ich' in deinem Leibe ganz auflösen und zunichte machen, und selber wird es verschwinden wie eine weisse Flamme brennenden Kampfers, die erlischt. Weise und heilige Bücher sagen: das sei die Befreiung.

> Das Ego in Gestalt der Ich-Vorstellung ist die Wurzel des Baumes aller Wahnvorstellungen; wird sie vernichtet, ist aller Wahn gefällt. Klebe nicht am Vielerlei der Vorstellungen, die dir beim Forschen nach dem Selbst in den Anfangsstadien deiner Übungen kommen. Halte dich abseits von ihnen: ein leidenschaftlos und gleichgültig Zuschauender, der zu sich spricht: ‚lass geschehen was mag, ich schaue nur zu.' Übst du ständig diese Haltung und verweilst ohne Wanken in ihr, so löscht das Selbst die Ich-Vorstellung im Leibe aus, sie ist die Wurzel aller Schwierigkeiten, fortzuschreiten auf der geistigen Bahn. Dieser leichte Weg, das Ich auszulöschen, verdient allein die Namen ‚bhakti' (gläubige Hingabe), ‚jnana' (Erkenntnis), ‚yoga' (Übung der Vereinigung mit Gott) oder ‚dhyana' (Sammlung in innerer Schau). (S. 169-170)

> Das Wirkliche ist der Stand ohne Ich. (S. 176)

Ein Leben ohne Ich zeigt sich äusserlich völlig normal. So schreibt Chadwick (2004, S. 8) über Ramana Maharshi, dass dieser äusserlich alles normal tat, sich aber sein Ich nicht mehr damit verband. Wie in der beschriebenen Zuschauer-Haltung beobachtete er alles wie in einer Filmvorführung. Es ist ein Zustand, in der Welt zu sein, ohne festzuhalten.

Der spirituelle Weg bei Ramana Maharshi fokussiert auf ein völliges Aufgehen im Selbst, der einen Wirklichkeit. Das Ich, das mit der Welt des Leidens und dem Vergänglichen verbunden ist und im Gegensatz zur einen Wirklichkeit steht, muss dabei „ausge-löscht" und „vernichtet" werden.

Begriffe wie „auslöschen" und „vernichten" implizieren dabei jedoch mehr aktive, gegen das Ich gerichtete Aktivität, als Ramana Maharshi vermutlich gemeint hat – zumindest, wenn man die Aufmerksamkeit auf den Weg richtet, den er postuliert hat: die Selbstergründung. Hier ist das Ich ja gerade der Weg, der rote Faden zum Selbst – über das innere Fragen nach dem Ich gelangen wir zur Erfahrung des Selbst. Das Ich ist der Ausgangspunkt, der Ort, an dem wir etwas Greifbares zu fassen kriegen, um schliesslich zum Selbst zu gelangen. Es geht also im Grunde vorerst nicht ohne Ich. Es ist ein wichtiges Mittel und Instrument. In der Praxis der Selbstergründung schliesslich richtet sich *nichts gegen* das Ich, sondern alles auf das Selbst. Und durch ein ständiges Praktizieren dieser Ausrichtung auf das Selbst löst sich unsere Identifikation mit dem Ich eher beiläufig auf und geht über in ein reines Gewahrsein im Selbst, das nicht mehr mit Festhalten verbunden ist, sondern als ein Zustand des Seins beschrieben wird, in dem wir den Veränderungen des Lebens in der Haltung eines neutralen Zuschauers begegnen.

„Wer bin ich?" ist sowohl der Weg zum Selbst als auch der Weg zur Integration. Durch die ständige Selbstergründung im Alltag wird die Verbindung zum Selbst zunächst vertieft und mit fortschreitender Übung die Identifikation mit dem Ich gelöst – der Mensch geht ganz im Selbst auf und IST das Selbst. Ramana Maharshi legte Wert darauf, dass seine Schüler ihren gewöhnlichen Alltag fortsetzten – in welchem Kontext auch immer sie lebten – als Familienvater, Geschäftsmann etc. Die Pflichterfüllung im Sinne der sozialen oder beruflichen Rolle wurde also als wichtig erachtet (vgl. Godman, 2002, S. 74; Sundaresa Iyer, 2007, S. 75; Zimmer, 1997, S. 132, S. 173, S. 186, S. 206-208). Ein ganz normales Funktionieren im Alltag bleibt vorhanden, aber der Mensch identifiziert sich nicht mehr damit. Er handelt, aber er identifiziert sich nicht mehr mit seinem Handeln. In seinem Tun ist er in der inneren Haltung eines Zuschauers und nicht innerlich involviert oder verstrickt.

Zen: Wenn wir ganz im Augenblick sind, verschwinden unsere Identifikationen

Im Zen geht es darum, ganz im Hier und Jetzt zu sein. Von Augenblick zu Augenblick zu sein ist verbunden mit einem Loslassen vom Gedanken an etwas Beständiges – alle Phänomene sind augenblicklich. Dabei tritt das Ich völlig in den Hintergrund. Jedes Festhalten wird losgelassen in der Unmittelbarkeit und im Präsentsein im Augenblick:

> Den Buddha-Weg ergründen heisst sich selbst ergründen. Sich selbst ergründen heisst sich selbst vergessen. Sich selbst vergessen heisst eins mit den zehntausend Dingen sein. Eins mit den zehntausend Dingen sein heisst Körper und Geist von uns selbst und Körper und Geist der Welt um uns fallen zu lassen.

> … wenn Körper und Geist verwirrt sind und wir versuchen die zehntausend Dinge (der Welt) zu verstehen, dann denken wir irrtümlich, dass unser Geist und unser Wesen etwas Beständiges sind. Wenn wir jedoch unmittelbar handeln und zur konkreten Situation im gegenwärtigen Augenblick zurückkommen, wird die Wahrheit klar, dass die zehntausend Dinge unabhängig vom Ich sind. (Dogen, 2001, S. 58)

Auf dem Zen-Weg geht es darum, uns nach und nach nicht mehr mit all dem zu identifizieren, in dem wir gefangen sind (Beck, 2000, S. 69). Wir verlieren also allmählich unsere Identifikation mit unserem abgegrenzten, separaten Ich. Dieses Ich ist nach traditioneller buddhistischer Lehre eine Täuschung, die wir immer wieder selber erzeugen (vgl. Suzuki, 1970/1997, S. 106). In einem Zustand „ohne Ich" zu leben, bedeutet, an nichts mehr festzuhalten oder anzuhaften und einfach zentriert zu sein (Beck, 2000, S. 75). Der Theologe und Religionswissenschaftler Georg Schmid (1991) schreibt in diesem Sinn:

> … Nirvana[57] – dies haben alle Versuche, Nirvanakonzepte zu entwerfen und zu vergleichen, gezeigt – ist das unmittelbare Innewerden der Wahrheit, unmittelbar, weil kein Ich mehr den Menschen von der Wahrheit trennt. Das Ich, das heisst alle Vorstellungen, die sich der Mensch von sich selbst, von seiner Welt, von seinem Weg und von der Wahrheit macht, sind im Nirvana aufgehoben. Dieses ist deshalb auch Anatta, Nicht-Ich, Erleben, dass alles vorgestellte Sein erlischt. (S. 82)

Die Zen-Meisterin Jiyu Kennet Roshi (1975, S. 56) weist darauf hin, dass es dabei nicht darum geht, das Ich loszuwerden, sondern darum, es zu reinigen, zu transzendieren und zu sehen, dass der „Herr im Hause" jetzt von der entgegengesetzten Seite gesehen werden kann als zuvor.

Die Eigenheiten unserer Persönlichkeit im Sinne unseres Charakters bleiben dabei jedoch im Wesentlichen bestehen (Suzuki, 2003, S. 107-109). Wir werden dabei also nicht formlose Übermenschen, sondern bleiben reale Menschen mit unseren individuellen Eigenheiten, aber frei, an nichts festhalten zu müssen.

In diesen Aussagen zeigt sich, dass es im Zen-Buddhismus einerseits darum geht, die Identifikation mit dem Ich ganz zu lösen, um in einem Zustand von „Nicht-Selbst" (Beck, 2000, S. 75) (gemeint ist Nicht-Ich) zu sein. Andererseits wird hier auch ein individueller Anteil hervorgehoben – indem die Persönlichkeit oder der Charakter bestehen bleiben, ist der Mensch ohne Ich kein unpersönliches Wesen, sondern immer noch ein realer Mensch mit seiner Eigenart. Es klingen hier Aspekte an, auf die in Kapitel 5.2.5 eingegangen wird.

5.2.3 Das Ich bleibt, aber es wird gewandelt

Es gibt aber auch Sichtweisen, die darauf hinweisen, dass sich das Ich auf dem spirituellen Weg nicht dauerhaft auflöst – auch wenn *Erfahrungen* von intensiver Ich-Auflösung vorkommen. Das Ich bleibt aus diesen Perspektiven existent –aber es wandelt sich im Verlauf des spirituellen Pfades: es wird von Gott durchdrungen, gibt sich dem Willen Gottes hin, wird zu einem Diener Gottes.

Eine Betonung dieser Perspektive wurde in der christlichen Mystik von Johannes vom Kreuz und im Naqshbandi-Sufismus gefunden, wie ihn Irina Tweedie und einer ihrer Schüler, Llewellyn Vaughan-Lee, im Westen vertreten haben bzw. vertreten – also in theistischen, westlichen oder westlich-adaptierten mystischen Traditionen.

Christliche Mystik: Die Person muss vom Geist durchdrungen werden

In der christlichen Mystik von Johannes vom Kreuz soll sich der Mensch auf seinem Weg zu Gott von seiner Ichverhaftung *(asimiento)* lösen. Gemeint ist mit der Ichverhaftung „eine mit Besitzdenken verbundene seelische Fixierung auf Personen, Dinge oder

---

[57] Nirvana ist das höchste Heilsziel im Buddhismus. Mit dem Eingehen in Nirvana ist der Mensch von allen weltlichen Bindungen befreit (Buss, 2006, S. 377-378).

auch spirituelle Erfahrungen, wobei diese nicht mehr in der richtigen Relation zu Gott gesehen, sondern vereinnahmt werden" (Dobhan et al., 2003, S. 490). Solange wir uns übermässig an etwas oder jemanden klammern, engen wir uns ein und verlieren unsere Freiheit des Geistes, die wir für die Gotteinung brauchen. Für Johannes vom Kreuz ist nicht entscheidend, was wir an Dingen, Beziehungen oder spirituellen Erfahrungen haben oder nicht haben – entscheidend ist dass wir die innere Haltung des Besitzens, unser Besitzdenken und das seelische Verhaften an etwas aufgeben, da diese uns auf dem Weg zur Gotteinung hindern (Dobhan et al., 2003, S. 472).

Dabei soll die Person des Menschen auf dem Weg der Gotteinung nicht aufgelöst werden, „vielmehr findet sie in Gott zu ihrer wahren Gestalt und Bestimmung" (Dobhan et al., 2003, S. 478). Johannes vom Kreuz unterscheidet drei Bereiche des Menschen oder der Menschenseele *(alma)*: den Wesenskern (auch Grund, Zentrum genannt), den Geist mit den drei Seelenvermögen (Erkenntnis-, Erinnerungs- und Empfindungsvermögen) und den Sinnenbereich. „Die Begegnung mit Gott geschieht im Wesenskern des Menschen und wirkt sich dann in allen Bereichen seines Wesens aus, wobei nichts, was zum Menschen gehört, ausgeklammert wird" (Dobhan et al., 2003, S. 484). Solche Begegnungen mit Gott führen zu einer Läuterung des Menschen und führen dazu, dass der Mensch in allen Bereichen seines Wesens „immer transparenter wird für Gott" (Dobhan et al., 2003, S. 484). Der Geist mit den drei Seelenvermögen und der Sinnenbereich sollen in diesem Läuterungsprozess nicht hinter sich gelassen, sondern vom göttlichen Geist durchdrungen werden (Dobhan et al., 2003, S. 487; vom Kreuz, 2003a; 2003b). Es geht hier nicht um irgendeine Form von Vernichten oder Abtöten eines Teils des Menschen, sondern um ein Loslassen allen Festhaltens und Haben-Wollens und eine umfassende Ausrichtung auf Gott. So soll auch die Strebekraft *(apetito)* – eine vitale Kraft, die uns nach Erfüllung im materiellen und spirituellen Bereich suchen lässt - nicht beseitigt werden. Sie soll durch den Läuterungsprozess von allem lassen, was nicht Gott ist, und ganz auf ihr eigentliches Ziel hingelenkt werden – auf Gott (Dobhan et al., 2003, S. 488).

Sufismus: Das Ich bleibt, wenn auch gewandelt

Auch wenn Erfahrungen vollständiger Ich-Auflösung existieren, müssen wir auch nach solchen intensiven spirituellen Erfahrungen in die alltägliche Realität zurückkehren. Nach Vaughan-Lee (2004/2005) bleibt das Ich auch nach starken Erfahrungen der Auflösung eines Ich-Gefühls existent, aber es ist gewandelt. Ein spirituell reifer Mensch ist in seinem Alltag mit seinen Verpflichtungen verankert und übernimmt dafür die Verantwortung, auch wenn er in inneren Erfahrungen erlebt haben mag, dass die Welt eine Illusion ist:

> Und dennoch kehrt man zum ‚alltäglichen Leben' zurück, und obwohl sich das Ich verändert hat, bleibt es. Spirituelle Reife heisst, als Mystiker in der Welt zu sein, voll verantwortlich für unseren Alltag, auch wenn man weiss, dass die Welt eine zerbrechliche Illusion ist. (S. 12)

Das Ego bleibt auf dem spirituellen Weg in irgendeiner Form erhalten, und es ist ständige Arbeit, unser Ego mit der tieferen Wirklichkeit zu balancieren (Vaughan-Lee, 2004/2005):

> Das Ego bleibt, denn wir können in dieser Welt nicht leicht ohne ein Ego, ohne irgendein Gefühl eines separaten ‚Ichs' leben. Und mit dem Ego bleiben auch

unser Bündel psychologischer Probleme, die Schwierigkeiten des Lebens, die Konflikte dieser Welt. Vielleicht dürfen wir einen kurzen Blick in eine andere Wirklichkeit werfen, wo diese Probleme nicht existieren, vielleicht erahnen wir die ewige Präsenz einer Dimension, wo es keinen Konflikt gibt, sondern nur all-umfassenden Frieden und Liebe. Aber so wie wir in dieser Welt im physischen Körper mit seinen Beschwerden und Schmerzen bleiben, so bleiben wir auch mit einem unvollkommenen Ego. Die wirkliche Arbeit auf dem Pfad besteht darin, das Ego mit dieser grösseren Wirklichkeit auszubalancieren, die in uns und über-all um uns ist. (S. 7-8)

Das Ich löst sich nicht auf. Der Sinn der spirituellen Schulung besteht darin, das Ich kontrollieren zu lernen (Tweedie, 1990):

> Es ist nicht leicht zu verstehen, dass der Zweck der spirituellen Schulung darin liegt, menschlichen Wesen zu helfen, ihr Ego unter Kontrolle zu bringen und zu verringern. ... Das Zähmen des Ich ist ein schmerzhafter Prozess. Es ist eine Kreuzigung. Man verliert nichts, man wird nichts los. ... Wir müssen lernen, un-ser niederes Selbst zu kontrollieren, so dass es unser Diener wird, nicht unser Meister. Der Meister ist das Wirkliche Wir, unsere Seele, und die wirkliche Weis-heit *ist* in der Seele. (S. 9)

Das Ego wird also nicht ausgelöscht, sondern umgewandelt, so dass es neben dem Selbst existieren kann und immer mehr zu einem Diener und Vermittler des Selbst wird (Vaughan-Lee, 2004/2005):

> Die völlige Unterordnung des Egos unter das wahre Selbst braucht viele Jahre, und nicht jeder Suchende erreicht diesen Zustand. Besser gesagt: Es wird die Struktur des Egos verändert, so dass es lernt, neben dem Selbst zu existieren. Es bekämpft oder unterminiert nicht mehr ständig unsere wahre Natur, und es wird auch nicht mehr so stark von unbewussten Mustern beeinflusst. Es hört auf, ein autonomes Bewusstseinszentrum zu sein, sondern beginnt ein Leben des Die-nens in Bezug auf das höhere Selbst zu führen. Wir lernen zu lauschen, zu unter-scheiden und uns von dem leiten zu lassen, was wirklich ist. Das Ego verändert sich auch subtil, indem es mit dem Licht des Selbst durchdrungen wird. Dadurch wird es durchlässiger und bekommt die Fähigkeit, unser höheres Bewusstsein weiterzuleiten statt es zu verdecken. (S. 9)

So verändert sich unser Ich und wird von der Qualität des Selbst durchdrungen. Bereits Muhammad hat diesen Zusammenhang verdeutlicht, indem er sagte, dass sein Satan (damit meinte er die *nafs*, die für die niederen Aspekte steht) ein Muslim geworden sei - sich also Gott ganz hingegeben habe (Schimmel, 1975/1995, S. 168-169)(vgl. dazu Ka-pitel 3.2.1). In diesem Ausspruch Muhammads wird deutlich, dass die *nafs* nicht ver-nichtet wird – obwohl sie im Sufismus als Feind auf dem spirituellen Weg gilt, weil sie den Sufi vom Weg abzubringen droht - sondern so gewandelt wird, dass sie schliesslich als *Diener* Gottes fungiert. Sie gibt sich also Gott hin, ordnet sich ihm unter und bringt *seinen* Willen zum Ausdruck.

Diese Veränderung findet über lange Zeit statt, so dass wir sie oft nicht wirklich bemerken. Sie ergibt sich wie beiläufig – einfach und selbstverständlich (Vaughan-Lee, 2004/2005):

> Mitten im Leben verändert sich unser Ego, ja, unsere ganze Natur, und wird sub-
> til von der Präsenz des wahren Selbst durchdrungen, und zwar mit einer Energie,
> die nicht voller Ansprüche und Wünsche ist, sondern von einer völlig anderen
> Qualität. Zu Beginn erkennen wir wahrscheinlich dieses Andere noch nicht, weil
> es so einfach und selbstverständlich ist. Das ist unsere wahre Natur, die in jedem
> Augenblick lebendig ist. … Das geschieht so allmählich, dass es eine Weile dau-
> ern kann, bis wir überhaupt erkennen, dass etwas Grundlegendes anders gewor-
> den ist. So viele Erwartungen vom Pfad sind abgefallen. Andere mussten wir auf
> schmerzvolle Weise aufgeben. Und dann wird der wahre Pfad in uns lebendig:
> Wir haben ein Gefühl dafür entwickelt, wer wir wirklich sind, ein Gefühl, das
> nicht mehr auf dem Ego mit seinen Ängsten und Unsicherheiten basiert, sondern
> auf tieferen, echteren Qualitäten. (S. 10)

5.2.4   Das Ich ist notwendig, aber es wird relativiert

Neben den Sichtweisen, dass sich das Ich auf dem spirituellen Weg auflösen soll oder
dass es im Gegensatz dazu bestehen bleibt, aber sich wandelt, wird insbesondere im
psychologisch-psychiatrischen Umfeld die Ansicht vertreten, dass das Ich nicht nur als
Mittel zur Bewältigung unseres realen Alltagslebens wichtig und notwendig ist, sondern
auch auf dem spirituellen Weg (vgl. Hell, 2005, S. 12; Scharfetter, 2004, S. 79, S. 94-96;
Walach, 2001, S. 66-67). Diese Perspektive liegt relativ nahe an jener, dass das Ich
bleibt, aber gewandelt wird. Auch hier wird davon ausgegangen, dass das Ich bestehen
bleibt und es sich in bestimmter Weise verändert. Allerdings liegt hier die Betonung
darauf, dass das Ich nicht nur existent bleibt, sondern wirklich gebraucht wird. Es ist
für eine Realisierung des Alltags und der Spiritualität notwendig. Die Notwendigkeit des
Ich bezieht sich dabei auf seine psychologischen Funktionen. Die Wandlung und Relativierung des Ich betrifft den Aspekt der Egozentrik. Das Ich tritt hier in seiner zentralen Stellung zurück (Scharfetter, 2004):

> Diese elementare mentale Gestalt Ich heisst also: Selbsterfahrung als lebendig da,
> eigenaktiv, einheitlich und zusammenstimmend, abgegrenzt und bezogen, selbst-
> identisch im Quer- und Längsschnitt. Diese funktionelle Konstellation Ich brau-
> chen wir als Instrument der Lebensbewältigung, als Fahrzeug, Boot, Floss durch
> die Alltagsrealität – und auf dem spirituellen Weg. (S. 79)

Auf dem spirituellen Weg bildet das Ich auch unsere Verankerung in der konkreten
Welt. Hier geht es nicht darum, dass sich das Ich auflöst. Es tritt jedoch in seiner Fokussierung auf sich selbst zurück und richtet sich auf das All-Eine aus. Dabei findet
auch ein prozesshaftes Loslassen der engen Identifikation mit dem Ich statt. Scharfetter
(2004) spricht in diesem Zusammenhang von *Ich-Relativierung*:

> Ich-Relativierung heisst das eigene unabwerfbare und unentbehrliche Ich in eine
> individuumsübergreifende Perspektive einordnen, also andere Proportionen
> herstellen: Das Ich rückt aus der Mittelpunktständigkeit (das Ich als Weltmitte im
> Egozentrismus) in eine Ausrichtung auf das person-, ich-übergreifende Eine.
> Dabei kann das Ich als Funktionskomplex zur Bewältigung der Alltagsrealität in
> der Zielorientierung auf das Eine stärker, markanter, einheitlicher werden.
> Überwunden wird der Narzissmus (sich in sich selbst spiegeln, Selbstverliebtheit,
> -Fixation, Grössenselbst und Verletzlichkeit, Unreife mit kindlichen Wünschen),
> überschritten wird der Egoismus (die Welt bin ich, die Welt gehört mir,

Rücksichtslosigkeit) und der Egozentrisums (ich bin der Mittelpunkt der Welt, das Wichtigste darin, die Welt soll sich nach meinen Wünschen richten). Die nächsten Schritte des Reifeprozesses sind dann das Loslassen von der Zentrierung der Welt auf das Ich, d.h. das Indienstnehmen der ‚Welt' für Ziele des Ich. Der Kern der Person ist nicht mehr so eng identifiziert mit dem Ich: der Weg zum ‚Überselbst' wird frei. Das Ich steht der Selbstentwicklung nicht mehr im Wege. (S. 94-95)

Ich-Relativierung impliziert einen ständigen Prozess, der nicht irgendwann zu Ende ist oder durch einen wie auch immer gearteten Effort „erreicht" werden kann. Er ist eng mit einer inneren Haltung und einer Ausrichtung der Lebensführung, des eigenen Menschseins verbunden.

Scharfetter (2004) hebt hervor, dass der Ausdruck „Ich-Relativierung" im Unterschied zum Begriff „Ich-Tod", der in spirituellen Kreisen meist verwendet wird, der häufig auftretenden Gefahr eigener Grandiosität und Selbstüberhöhung entgegensteht. Man könnte auch von einer präventiven Wirkung des Begriffs Ich-Relativierung sprechen:

> Der Ausdruck Ich-Relativierung ist weniger verführerisch, den Adepten auf dem Weg zur Illusion zu verführen, er habe sein Ich überwunden, sich vom Ich befreit, es abgeworfen, er habe den Ich-Tod erreicht. Das wäre eine Gefährdung für den spirituellen Ego-Trip, die Grandiosität, der der Absturz (wie Ikarus) folgte. In dieser Verführung liegt eine der Fallen für Krisen auf dem spirituellen Weg. Der Weg ist nicht einfach zu gehen, er erfordert Ausdauer, Durchhaltevermögen, ‚Einspitzigkeit des Geistes' zur Zielerreichung, Bescheidenheit und Selbstrelativierung, Demut. (S. 96)

Auch Walach (2001, S. 66) spricht von der „Relativität des Ichs". Das Ich tritt in diesem Sinn auf dem spirituellen Weg immer mehr in den Hintergrund: „Es ist Gegenstand und Ziel einer jeden spirituellen Tradition, dass die zentrale Rolle, die das Ich im Alltagsverstehen einnimmt, aufgelöst werden muss, wenn eine tiefere spirituelle Wirklichkeit erfahren werden soll, oder dass sie zwangsläufig aufgelöst wird, wenn diese Erfahrung absichtlich oder zufällig hereintritt" (Walach, 2001, S. 66-67).

5.2.5 Das Ich ist nötig für die individuelle Manifestation des transpersonalen Selbst

Die Transpersonalen Psychologie-Richtungen, die in diesem Buch dargestellt werden, gehen noch einen Schritt weiter:

- Das Ich bleibt auch auf dem spirituellen Weg existent (vgl. Kapitel 5.2.3). Es löst sich also nicht auf (vgl. Kapitel 5.2.2).
- Es ist nötig für das Alltagsleben und den spirituellen Weg, tritt aber mehr und mehr in den Hintergrund, es wird relativiert (vgl. Kapitel 5.2.4).
- Besonders hervorgehoben wird von diesen Transpersonalen Psychologie-Richtungen die wichtige Rolle, die das Ich in der Manifestation und Verkörperung des transpersonalen Selbst oder Seins spielt. Das Ich ist hier zwar zunächst ein wesentliches Hindernis auf dem spirituellen Weg. Im Verlauf des spirituellen Weges wird das Ich dann aber zum „Ort" des individuellen Ausdrucks des transpersonalen Selbst. Auf diese Weise ge-

langt das transpersonale Selbst auf individuelle Weise in die Welt und ins alltägliche Leben.

Wie bereits erwähnt, werden in Aussagen im Zen-Buddhismus ansatzweise ähnliche Aspekte deutlich: Im Zen wird betont, dass der Mensch ganz Mensch bleibt – auch ohne Ich – und die Persönlichkeit mit ihrer Eigenart und ihrem persönlichen Ausdruck bestehen bleibt, auch wenn kein Ich mehr vorhanden ist. In diesen Transpersonalen Psychologie-Richtungen wird ebenso das ganz gewöhnliche Menschsein hervorgehoben, es bekommt hier jedoch noch einen stärkeren Stellenwert, indem durchgängig betont wird, dass das Ich nicht aufgelöst wird, sondern nötig ist, um das Sein zu manifestieren.

Analytische Psychologie: Bewusstwerdung eines neuen Identifikationszentrums

In der Analytischen Psychologie Jungs bleibt das Ich auf dem spirituellen Weg – der Individuation – wichtig. Die inneren Gegensätze – zwischen Ich und Selbst – auf diesem Weg zusammenzuhalten, gilt als wesentliche und eine der schwierigsten Aufgaben der Individuation. Die Analytikerin Marie-Louise von Franz (1994), die eng mit Jung zusammenarbeitete, spricht dabei das Ich insbesondere in seiner Reflexionsfähigkeit und Besonnenheit an sowie in seiner Funktion, den Menschen auf dem spirituellen Weg auf dem Boden zu behalten. Wir stehen dabei vor der schwierigen Aufgabe, Erfahrungen des Einsseins mit unserem alltäglichen irdischen Sein zusammen zu bringen oder zu balancieren – denn beides ist ja wahr. Von Franz schreibt, ohne die Gabe der Reflexion bestehe

> … die Gefahr, im Unbewussten zu versinken und sich in den eigenen Emotionen zu verlieren. Denn um die Winke des Unbewussten zu verstehen, darf man nicht ‚ausser sich' geraten; das Ich muss seine Besonnenheit bewahren, denn nur wenn ich ein bewusster Mensch bleibe, kann ich die bedeutungsvollen Inhalte und Winke des Unbewussten realisieren. Doch wie kann ein Mensch diese höchste Erfahrung eines Einsseins mit dem Universum erleben und sich zugleich bewusst bleiben, dass er nur ein kleines Ich ist? Wenn ich mich als statistische Nummer verachte, hat mein Leben keinen Sinn mehr, und wenn ich mich als Teil des Weltganzen erfahre, wie kann ich da meinen irdischen Standpunkt behalten? Diese inneren Gegensätze in sich zusammenzuhalten, ist eine der schwierigsten Aufgaben der Individuation. (S. 374)

Aber wie bringen wir das zusammen? Jung (1972, S. 59) spricht von einem „Zentrierungsvorgang" bzw. der „Herstellung eines neuen Persönlichkeitszentrums" im Laufe des Individuationsprozesses. Dabei wird sich der Mensch eines „neuen Mittelpunktes" (Jung, 1972, S. 60) bewusst, der nicht mehr mit dem Ich zusammenfällt. Dieser „Mittelpunkt der Persönlichkeit" (Jung, 1995), dessen Erreichung ein Ziel des Individuationsprozesses darstellt, liegt zwischen Bewusstsein und Unbewusstem.

> Wenn man sich das Bewusstsein mit dem Ich als Zentrum dem Unbewussten gegenübergestellt denkt, und wenn man sich nun den Prozess der Assimilation des Unbewussten dazu vorstellt, so kann man sich diese Assimilation als eine Art von Annäherung zwischen Bewusstsein und Unbewusstem denken, wobei das Zentrum der totalen Persönlichkeit nicht mehr mit dem Ich zusammenfällt, sondern ein Punkt in der Mitte zwischen Bewusstsein und Unbewusstem ist. Dies wäre der Punkt des neuen Gleichgewichts, eine neue Zentrierung der Gesamt-

persönlichkeit, ein vielleicht virtuelles Zentrum, welches der Persönlichkeit wegen seiner zentralen Lage zwischen Bewusstsein und Unbewusstem eine neue sichere Grundlage gewährt. (S. 229)

Das Zentrum der Identifikation verschiebt sich also vom Ich zum Mittelpunkt der Persönlichkeit. Jung spricht hier *nicht* davon, dass das Ich dabei „sterben" oder „ausgelöscht" würde. Der Mensch verschiebt lediglich sein Identifikationszentrum. Jung (1995, S. 229) drückt dies auch in den Worten von Paulus aus: „(…) nicht ich lebe, sondern Christus lebt in mir". Für diesen Prozess ist die Arbeit mit dem Schatten zentral als wesentliche Basis des spirituellen Weges.

Kast (2007, S. 66) spricht davon, sich auf dem Weg der Individuation mehr der Persönlichkeit zu nähern, die wir sein können – auf unsere ganz individuelle Art und Weise. Das bedeutet, dass unser Ichkomplex in Beziehung zu unserem Selbst steht und wir mehr unsere Mitte, Sinn und Tiefe erleben und wir immer mehr Aspekte an uns zulassen können. In der Analytischen Psychologie ist dieser Prozess sehr individuell, obwohl auch er verschiedene Stadien kennt (vgl. Kapitel 4.1.1). So weist Wehr (1995) auf Ähnlichkeiten des psychotherapeutisch begleiteten Individuationsprozesses der Analytischen Psychologie mit einem spirituellen Exerzitium hin. Der Mensch durchlebt verschiedene Stadien und Stufen wie der Mystiker auf dem dreistufigen Weg der Reinigung, der Erleuchtung und der Unio mystica. Während sich diese mystischen Wege jedoch mit vorgegebenen Meditationen und Übungen befassen, „bestimmt die Psyche im tiefenpsychologischen Prozess die zu bearbeitenden Motive selbst" (S. 210).

Psychosynthese: Die Persönlichkeit wandeln – höhere Qualitäten verkörpern

Eine der Hauptübungen in der Psychosynthese, die Desidentifikationsübung oder Selbstidentifikation, zeigt exemplarisch den spirituellen Weg in bezug auf Ich und Selbst auf: Dabei wird eine Desidentifikation vom eigenen Körper, den eigenen Gefühlen und den eigenen Gedanken praktiziert und das Zentrum der Identifikation auf das Selbst gerichtet. Ziel der Desidentifikationsübung ist die Ausrichtung auf den eigenen Wesenskern, das Ich und schliesslich das transpersonale Selbst, und die damit verbundene Erfahrung des Seins (vgl. Assagioli, 1965/2004, S. 155; vgl. Assagioli, 1994, S. 155; Assagioli, 2008, S. 7). Das Ich oder persönliche Selbst ist dabei „der integrierende Faktor in der Persönlichkeit… Ohne diesen integrierenden, synthetisierenden Faktor gäbe es keine reale Persönlichkeit, keine Integration" (Assagioli, 2008, S. 12). In diesem Sinn führt der Weg in der Psychosynthese weg von einer Identifikation mit den *Inhalten* des eigenen Bewusstseins hin zum *Bewusstsein selbst*. Dabei darf die im Vergleich mit anderen Traditionen und Richtungen unterschiedliche Terminologie nicht verwirren: Das Ich (oder bewusste Selbst) ist hier ja nicht die Gesamtpersönlichkeit und ein Ort der Identifizierung mit persönlichen Belangen, ebenso wenig die wechselnden Inhalte des Bewusstseins, sondern die Manifestation des transpersonalen Selbst im Bereich der Persönlichkeit und eng mit diesem verbunden. Als Zentrum der Selbst-Bewusstheit ist es „stabil, unveränderlich, dauerhaft" (Assagioli, 2008, S. 4). In der Psychosynthese findet also auf dem spirituellen Weg eine Ausrichtung auf das Ich als Zentrum des Bewusstseins statt. Im weiteren Verlauf erfolgt über die Zentrierung im Ich eine Bewegung hin zum transpersonalen Selbst und schliesslich die Vereinigung von Ich und transpersonalem Selbst (vgl. Assagioli, 1965/2004, S. 66-68, S. 147-155).

Aber auch hier wird die Persönlichkeit nicht etwa ausgelöscht oder vernichtet. Assagioli (2008, S. 4) verweist auf das häufige Missverständnis, dass das „Ego" zerstört werden solle: „Natürlich provoziert das eine heftige Reaktion der Persönlichkeit. Hier werden die Inhalte der Persönlichkeit und die Identifikation mit diesen Inhalten mit dem Zentrum verwechselt, mit der Selbst-Bewusstheit". Wir sollten von den Inhalten unserer Persönlichkeit, kurz gesagt, „nicht besetzt werden, sondern ohne Anhaftung besitzen ist der richtige Weg" (Assagioli, 2008, S. 5). Basierend auf der Kenntnis der eigenen Persönlichkeit mit ihren individuellen Eigenheiten, Stärken und Schwächen und der bewussten Kontrolle der Elemente der Persönlichkeit durch das Mittel der Desidentifikation in der personalen Psychosynthese findet im weiteren Prozess eine Verlagerung der Identifikation auf das Ich und das transpersonale Selbst statt. Die Persönlichkeit wird dabei um dieses vereinigende Zentrum herum neu gebildet. Es findet also eine Wandlung und bewusste Neugestaltung der Persönlichkeit statt. Die Persönlichkeit wird dabei als *Verkörperung höherer Qualitäten* verstanden. Im Prozess der transpersonalen Psychosynthese wird die Persönlichkeit also immer mehr zu einem Ort der Manifestation überbewusster Inhalte und des transpersonalen Selbst. Transpersonales soll immer mehr seinen individuellen Ausdruck über die Persönlichkeit finden (vgl. Assagioli, 1965/2004, S. 71-75; Assagioli, 1992, S. 11).

Initiatische Therapie: Identifikation mit der Ichwirklichkeit aufheben – Manifestation der Transzendenz

Die „Ichwirklichkeit" (Dürckheim, 1945/1992, S. 179-217) in der Initiatischen Therapie verstellt (zunächst) zwar einerseits den Weg zur Transzendenz, ist andererseits aber auch notwendiges Instrument zur *Manifestation der Transzendenz* (Dürckheim, 1945/1992):

> Wenn es so wäre, dass die Ichwirklichkeit die Transzendenz nur verstellte, so wäre es schlimm um den Menschen bestellt. Denn als ‚Erwachsene', d.h. als voll entwickelte Menschen, sind wir auf Gedeih und Verderb mit ihr verwoben. Und in der Tat, die transzendentale Bedeutung der Ichwirklichkeit ist noch eine ganz andere! Diese ist nicht nur die Verhüllung der Transzendenz, sondern sie wird, weil die Wirklichkeit des Seins, die sie verhüllt, uns im *Grunde unseres Wesens* mit ausmacht, gerade als die leidvolle Schranke der Transzendenz zur *Voraussetzung* für das *Aufgehen* der Transzendenz im Bewusstsein. Ist *diese* einmal aufgegangen, d.h. ins Innesein der Menschen getreten, dann gewinnt die Ichwirklichkeit eine neue Bedeutung: Sie wird zum *Feld der Manifestation* der Transzendenz. (S. 183)

Für Dürckheim (1945/1992, S. 214) ist die Ichwirklichkeit nicht etwas, was sich auflöst auf dem spirituellen Weg, sondern die *Identifikation* damit muss enden: Im Menschen muss eine Wandlung geschehen, „in der er seine Identifikation mit der Ichwirklichkeit in einer fortschreitenden Integration mit dem Wesen und Sein aufhebt". Für Dürckheim ist die Ichwirklichkeit gewissermassen eine Brücke zur Transzendenz. So spricht er auch von *drei transzendentalen Bedeutungen der Ichwirklichkeit* (1945/1992, S. 213-217):

- Die Ichwirklichkeit wird im Menschen zum „Hintergrund" (Dürckheim, 1945/1992, S. 213), auf dem das Sein sich zeigen kann – gerade weil sich das Sein in den Ordnungen der Ichwirklichkeit verhüllt.
- Die Ichwirklichkeit wird selbst zum Feld der Manifestation des Seins im täglichen Dasein, in dem Masse, wie die Integration mit dem Wesen fortschreitet.

- Indem die Ichwirklichkeit die Quelle des menschlichen Leidens ist, wird sie auch zur Quelle des Antriebes auf dem Weg, „der ihn immer wieder heimführt ins Sein" (Dürckheim, 1945/1992, S. 216-217).

Dürckheim (1945/1992, S. 216) betont, dass es nicht darum geht, sich in seinem Menschsein immer mehr auszuschalten, wie man es auf einem spirituellen Weg annehmen könnte. Der Mensch komme dem Absoluten nur in dem Masse nahe, „als er sich gerade *in* seiner Menschlichkeit bejaht und im Erkennen und Handeln voll zulässt". Der Mensch muss also *ganz Mensch sein*, um das Wesen in seinem Leben wirklich zu manifestieren:

> Das Absolute ist in allen Wesen gegenwärtig nur in ihrer Weise zu sein, d.h. teilzuhaben an ihm: in der Rose *in* ihrem Rosesein, in der Heuschrecke *in* ihrem Heuschreckesein, im Menschen nur in seinem Ganz-Menschsein. Das Absolute kann den Menschen nur ansprechen, wo er als Mensch, als ganzer Mensch ‚anspricht', nicht nur mit seinem Kopf, sondern ebenso mit seinem Herzen und seinem Leibe. Es kann dem Menschen nur begegnen und aufgehen, wenn er sich selbst in seiner Ganzheit zulässt und ernst nimmt. Und insofern zum Menschen die Ichwirklichkeit bleibend gehört, ist auch sie dazu da, in ihrer Weise das Sein zu manifestieren. (Dürckheim, 1945/1992, S. 216)

Ein starkes Ich ist in diesem Sinn die Voraussetzung dafür, dass sich die Verbindung zum Wesen entfalten kann. Dies ist aber nur möglich, wenn das Ich dem Menschen dient und ihn nicht beherrscht. Wo das Ich herrscht, haben höhere Ideen keine verwandelnde Kraft. Wo das Ich *dient*, ist es ein *zentrales Werkzeug* (Dürckheim, 1954/2006):

> So ist auch ein kräftiges Ich, das die natürlichen Lebensgrundlagen wahrnimmt und schützt, die Voraussetzung dafür, dass sich im Reiche des Menschen das Höhere sinnennah, wurzelecht und wahrhaft lebendig entfalte. Die Frage ist nur, ob das Ich im Reiche des Menschen herrscht oder dient. Nur als Diener hat es sein Recht. Wo es herrscht, erzeugt es Widerstand und Zwiespalt. (S. 50)

Die unschätzbare Perle – die Verkörperung des Seins in der Person

Die Verbindung von transpersonalem Sein und individueller Manifestation hat der spirituelle Lehrer und Autor Almaas[58] (2001) in seinem Buch „The pearl beyond price" besonders deutlich herausgearbeitet. Die Verwirklichung dieser Verbindung zwischen transpersonalem Sein und dem Leben als individuellem Menschen, die Almaas die „unschätzbare Perle" nennt, „ist die Auflösung des scheinbaren Gegensatzes zwischen dem weltlichen und dem geistigen Leben" (Almaas, 1997, S. 8). Diese Thematik ist im Zusammenhang mit einer Integration spiritueller Erfahrungen und einem Zusammenbringen von Spiritualität und Alltag ganz zentral. Aus diesem Grund wird nachfolgend ausführlicher auf die wesentlichen Aspekte im Zusammenhang mit der unschätzbaren Perle eingegangen.

---

[58] A.H. Almaas ist der Schriftstellername von A-Hameed Ali. Almaas studierte in den USA Physik und Mathematik und promovierte in Psychologie (Olson, 2003). In der von ihm entwickelten „inneren Arbeit" verbindet er ein breites Wissen verschiedener mystischer Traditionen (mit einem Schwerpunkt in Sufismus) mit psychologisch-psychotherapeutischem Gedankengut (vgl. Almaas, 1997; 1999; 2001; 2002; 2005; o.J.).

Die Grundlage für ein Verständnis der unschätzbaren Perle sind die „Persönlichkeit" und die „Essenz": Almaas (1997, S. 58) versteht unter der Persönlichkeit „die gewöhnlichen Identifikationen eines Menschen, sein Selbstbild, das manchmal auch falsche Persönlichkeit und in spiritueller Redeweise das ‚Ego' oder ‚Ich' genannt wird". Die Persönlichkeit gründet auf dem Prozess der Identifikation. „Im Gegensatz dazu hat Essenz nichts mit Identifikation zu tun. Sie existiert rein als sie selbst" (Almaas, 1997). Essenz ist unsere wahre Natur, unser Wesen, das Göttliche in uns, das Sein (Almaas, o.J., S. 59), „der wirkliche Mensch, das wirkliche und wahre Selbst" (Almaas, 1997, S. 59). Essenz ist also das, was in transpersonalen Psychologie-Richtungen als Selbst, transpersonales Selbst, Sein, Wesen etc. bezeichnet wird. Essenz ist charakterisiert durch das Fehlen einer Identifikation mit einem Selbstbild. Eine solche Desidentifikation von der Persönlichkeit führt zu einer Erfahrung von Raum und Leere, die auf dem spirituellen Weg oft ins Zentrum gestellt wird. Diese Leere ist bei Almaas (1997) jedoch nicht Ziel an sich, sondern sie ist lediglich die Bedingung dafür, dass Essenz auftauchen und entfaltet werden kann:

> Es gibt [bei Essenz] nicht die geringste Identifikation mit vergangener Erfahrung oder mit irgendeinem Selbstbild. *Ihre Präsenz ist sogar mit dem Fehlen von Identifikation mit einem Selbstbild oder einer psychischen Struktur gebunden.* Wenn wir mit einem Selbstbild identifiziert sind, das wir in der Vergangenheit erworben haben, dann leben wir nicht unsere wahre Natur. *Das bedeutet, dass der erste Schritt zur Verwirklichung der Essenz darin besteht, diese Identifikationen aufzuheben und zu erkennen, dass wir nicht mit irgendeinem Selbstbild* (Selbstrepräsentation) *oder irgendeinem Inhalt, den wir vielleicht finden, sei es physischer, emotionaler oder geistiger Art, identisch sind. Dieses Loslösen der Identifikation lockert die feste Struktur der Persönlichkeit.* Es entsteht mehr Raum in uns.
>
> *Das Ergebnis dieses Prozesses der Desidentifikation ist schliesslich die Erfahrung der Auflösung der psychischen Struktur oder des Selbstbildes. Das ist die Erfahrung des Raumes oder der Leere,* wie sie manchmal genannt wird – wenn das Selbstbild aufgelöst ist, erlebt man den Verlust physischer oder geistiger Begrenzungen. … Leere und Abwesenheit von Identifikationen, die die psychische Struktur bilden, sind ein und dasselbe. …
>
> … die *Erfahrung der Leere* [setzt] nicht notwendigerweise das Ende des Selbstbildes oder der Persönlichkeit [voraus]. Es ist nur so, dass *während dieser Erfahrung die Persönlichkeit nicht da ist oder nicht die Hauptrolle spielt.* Diese Erfahrung der Leere ist von grösster Wichtigkeit, denn *sie zeigt uns, dass wir nicht die Persönlichkeit sind.* Sie schafft Raum für Ausdehnung und Entwicklung der Essenz. (S. 61-62) [Hervorhebungen durch die Autorin]

Auf dem spirituellen Weg entsteht oft der Eindruck, diese Leere oder die Auslöschung des Ichs sei eine „einmalige Erfahrung, die die Ich-Identität ein für allemal beendet. Das ist falsch und irreführend. Der Ich-Tod ist eine wiederholte und, mit der Zeit, eine ununterbrochene Erfahrung" (Almaas, 1997, S. 62-63). Leere oder Erfahrungen der Desidentifikation vom Ich sind zentrale Erfahrungen auf dem spirituellen Weg, weil sie einen Übergang markieren von der Identifikation mit der Persönlichkeit hin zur Essenz. Damit ist aber die Identifikation mit der Persönlichkeit nicht ein für allemal beendet. Desidentifikation, die mit der Erfahrung von Raum und Leere verbunden ist, ist zwar die Bedingung für eine Erfahrung von Essenz, aber Essenz ist nicht diese Leere, sondern eine starke, substanzvolle Präsenz (Almaas, 1997, S: 64).

Eine Auslöschung des Ichs so zu beschreiben, als wäre sie ein einmaliges und abschliessendes Ereignis, ist für den Schüler auf dem spirituellen Weg sehr problematisch, da sie das Ziel einer unrealistischen Vollkommenheit impliziert und ein Festhalten von Identifikationen nur vergrössert (Almaas, 1997, S. 63).

Der lange Prozess der Auflösung der Identifikation mit der Persönlichkeit und die Entfaltung von Essenz ist nie zu Ende. Die Desidentifikation von der Persönlichkeit und die Entwicklung von Essenz sind dabei Prozesse, die nebeneinander stattfinden und chronologisch nicht nacheinander verlaufen (Almaas, 1997):

> Jeder verwirklichte Mensch arbeitet weiter an seiner inneren Entwicklung. Entwicklung und Entfaltung der Essenz haben kein Ende. Diese Entwicklung schreitet voran, indem immer mehr, mit der Zeit vielleicht sehr subtile Aspekte der Persönlichkeit freigelegt werden. Nachdem die Identifikation mit der Persönlichkeit grundsätzlich durchbrochen ist, wird die Auflösung dieser subtilen Aspekte des Selbstbildes normalerweise leichter. Dieser Prozess ist eine fortschreitende Auflösung von Begrenzungen, die mit dem Selbstbild gegeben sind und führt zu immer mehr Ausdehnung. Es ist aber nicht so, dass erst die Persönlichkeit nicht mehr da ist und sich dann Essenz entwickelt. Vielmehr wird in dem Mass, in dem sich Essenz entwickelt, Persönlichkeit freigelegt und ihre Grenzen aufgelöst. Erfüllung und Ausdehnung der Essenz sind ohne Ende und grenzenlos. (S. 63)

Essenz ist unveränderlich und grenzenlos. Sie ist in verschiedenen Aspekten erfahrbar, vergleichbar mit den Facetten eines Diamantes. So können etwa essentielle Aspekte oder Qualitäten von Freude, Kraft, Stärke oder verschiedene Formen von Liebe erfahren werden. Essenz ist immer da. Als Baby sind wir noch auf natürliche Weise mit unserer Essenz verbunden. Im Verlauf der Entwicklung der Persönlichkeit und der Ich-Identität wird Essenz allerdings von der Persönlichkeit zugedeckt. Persönlichkeit tritt an die Stelle von Essenz und beginnt, die Essenz zu ersetzen. „Am Ende des Prozesses vergessen wir, dass wir überhaupt einmal Essenz hatten. Wir enden bei der Erfahrung, dass es nur unsere Persönlichkeit gibt und dass wir diese Persönlichkeit sind, als ob es immer so gewesen wäre" (Almaas, 1997, S. 106). „Alle Sektoren und alle Qualitäten und Charakteristika der Persönlichkeit sind Ersatz für essentielle. Die Persönlichkeit ist eine genaue Kopie der Essenz. Sie ist erfunden, eine Reaktion, ein Kunstprodukt, und hat nicht die Realität der Essenz" (Almaas, 1997, S. 181).

Die „innere Arbeit", wie Almaas den von ihm entwickelten Prozess des spirituellen Weges nennt, führt entsprechend dazu, die Identifikation mit der Persönlichkeit und mit unserem Gefühl von Ich-Identität zu lösen und Essenz zu entfalten. In diesem Prozess spielt nun ein eng mit dem Ich als Ganzem verbundener essentieller Aspekt eine zentrale Rolle: die „Unschätzbare Perle" oder persönliche Essenz (Almaas, 1997):

> Die Ich-Struktur als ganze ist ein Ersatz für einen zentralen Aspekt von Essenz, der eine zentrale Stellung ähnlich der des Ich hat. Diesen zentralen Aspekt von Essenz nennen wir die persönliche Essenz – in der Literatur zur Arbeit am Selbst nennt man sie gewöhnlich die ‚Unschätzbare Perle'. (S. 194)

Die unschätzbare Perle ist die Person in ihrer Essenz. Sie wird als das erfahren, was wir in unserem individuellen Sein sind. Die Erfahrung der persönlichen Essenz ist ein sehr tiefes Gefühl von Identität und Ganzsein (Almaas, 1997):

> Diese ‚Unschätzbare Perle', die unvergleichliche Perle, der persönliche Aspekt von Existenz, ist aus vielen wichtigen Gründen zentral. Sie ist wirklich die wahre essentielle Persönlichkeit. Sie ist die Person. Sie erfährt man als sich selbst. Wenn der einzelne Mensch sie schliesslich wahrnimmt, dann lautet der zutiefst zufriedene Ausdruck oft: ‚Aber das bin ja ich!' Man fühlt sich selbst als ein kostbares Wesen. Dann empfindet man Fülle, Vollständigkeit und Zufriedenheit. Es ist, als ob der Mensch sich voll und vollständig verwirklicht fühlte. Nichts fehlt mehr. Kein Suchen mehr, kein Begehren oder Bedürfnis nach irgend etwas. Man fühlt: ‚Jetzt habe ich mich selbst. Ich bin ein vollständiger Mensch. Ich bin voll. Ich bin Fülle. Ich bin ganz. Ich brauche nichts mehr.' (S. 194-195)

Der Kontakt zur persönlichen Essenz ist „die Erfahrung, man selbst zu sein und nicht eine Antwort oder eine Reaktion auf etwas. Man ist nicht mehr etwas für irgend jemanden. In gewissem Sinn ist es vollkommene Freiheit, die Freiheit zu sein" (Almaas, 1997, S. 195). Oft sprechen Menschen davon, dass sie einfach sie selbst sein und ihre persönliche Freiheit haben möchten. Meist meinen sie damit aber ihre Persönlichkeit. Aber als Persönlichkeit frei zu sein, ist ein Widerspruch, weil die Persönlichkeit selbst aus spiritueller Sicht unser grösstes Gefängnis ist, da sie unsere wahre Natur, Essenz, verdeckt. Nur wenn wir ganz uns selbst sind im Sinne unserer persönlichen Essenz, sind wir dabei auch frei. „… die ‚Unschätzbare Perle' sein heisst in Wahrheit sein, vollständig und endgültig, frei, um man selbst zu sein. Jetzt kann der Mensch ‚Ich bin' erfahren und meint nicht seine Persönlichkeit" (Almaas, 1997, S. 195).

Persönliche Essenz und das Ich scheinen also gelegentlich verwechselt zu werden – und vielleicht sprechen manche Psychologen im Grunde von der persönlichen Essenz, wenn sie vom Ich sprechen. Ich und persönliche Essenz sind zwar eng verbunden, aber das Ich ist nur die Kopie unserer wahren Natur, während persönliche Essenz unsere wahre Natur selbst ist. Und zwar unsere wahre Natur in individueller Form. Persönliche Essenz ist der einzige Aspekt von Essenz, der ganz individuell ist (Almaas, 1997):

> Die Perle ist die wirkliche, vollständige, ausgewogene und abgerundete Persönlichkeit, von der Psychologen zu sprechen meinen, wenn sie über das Ich sprechen. Wir müssen uns daran erinnern, dass das Ich eine Struktur oder ein strukturierter Prozess ist, während die Perle Essenz, das heisst eine Präsenz als Sein selbst ist. Wir nennen sie die persönliche Essenz, weil unter allen essentiellen Aspekten dieser allein persönlich ist. Man erfährt ihn mit einem persönlichen Aroma, im Unterschied zu einem nicht persönlichen. Die Perle aber ist persönlich. Und das ist ihre wunderbare, vollkommen unerwartete und unergründliche Qualität. (S. 195)

Auf dem spirituellen Weg versuchen die meisten Menschen, objektiv und unpersönlich zu werden, um sich von der Identifikation mit der Persönlichkeit zu lösen. Es besteht ein grosses Misstrauen allem Persönlichen gegenüber, weil man sich ja von der Persönlichkeit auf dem spirituellen Weg lösen muss. „Die ‚Unschätzbare Perle' aber fühlt sich persönlich an, ohne die Persönlichkeit zu sein. Sie hat die Fähigkeit, in persönlichem Kontakt zu einem anderen Menschen zu treten und doch frei zu sein, vollkommen frei von Konditionierung, frei von der Vergangenheit und ihren Einflüssen" (Almaas, 1997, S. 196).

Die persönliche Essenz nimmt unter allen Aspekten von Essenz eine zentrale Stellung ein: „Die ganze essentielle Entwicklung ist letztlich die Entwicklung der Perle. Bei der Verwirklichung aller essentiellen Aspekte geht es letztlich um die Perle, das Leben, den Gebrauch, den Genuss und die Erfüllung der Perle" (Almaas, 1997, S. 196). Die persönliche Essenz wird auch als Basis für die Verwirklichung „formloser Dimensionen des Seins" (Almaas, 2001, S. 419-472) verstanden wie etwa der Erfahrung des unpersönlichen Zeugen (S. 426-429), des kosmischen Bewusstseins (S. 430-444) oder des Einsseins und des reinen Seins (S. 445-459). Diese formlosen Dimensionen des Seins werden schliesslich sowohl unpersönlich als auch als persönliche Essenz erfahren. Wir sind auch auf dem spirituellen Weg letztendlich nicht nur unpersönliches, reines Sein, sondern auch zutiefst persönliches Sein. Spirituelle Entwicklung bewegt sich in diesem Sinn nicht weg von unserem individuellen Menschsein, sondern ganz in es hinein. Almaas (2001) formuliert diese Erfahrung – hier im Zusammenhang mit dem Einssein und dem reinen Sein - auf diesen beiden Ebenen in folgenden Worten:

> Manchmal ist man der kosmische Körper, der Zustand von Einssein selbst. Zu anderen Zeiten ist man eine Zelle in diesem Körper, als eine personale Präsenz. Diese zwei Realitäten, das Einssein und die Person, sind beide Sein [engl. Being]; sie ergänzen einander. *Man ist beides.* Das ist wichtig zu verstehen, weil viele glauben, dass kein Empfinden der Person mehr vorhanden ist, wenn sich Ich-Grenzen einmal auflösen – dass dann nur noch Einssein übrig bleibt, für immer. … in unserem Verständnis *erlaubt das menschliche Potential die Möglichkeit von beiden Zuständen ohne Widerspruch*" (S. 457) [Hervorhebungen und deutsche Übersetzung des Zitats durch die Autorin]

Diese zwei Arten des Seins unterscheiden sich darin, dass Einssein Transzendenz des Körpers ist und die Person die Verkörperung des Seins ist. Die Person in ihrer Essenz ist dabei nicht der Körper, aber die eigene essentielle Präsenz und Bewusstheit ist im Körper lokalisiert. So ist die Person in ihrer Essenz die Verkörperung des Seins in Raum und Zeit – auf individuelle Weise. So sind wir als Person die Präsenz des Seins in der Welt – als menschliches Wesen (Almaas, 2001, S. 458). In der Verkörperung sind wir beides: unpersönliches Sein und eine Person, ein menschliches Wesen. Wir sind die Fülle des Seins, manifestiert als einzigartige Person, als die wir ein menschliches Leben in der gewöhnlichen Welt leben (Almaas, 2001, S. 459).

Die persönliche Essenz oder „Unschätzbare Perle" ist also das zentrale Bindeglied zwischen Spiritualität und Alltag, zwischen der Erfahrung formloser Dimensionen des Bewusstseins und unserem geerdeten Menschsein, zwischen Spiritualität und Individualität. Sie ist die Verwirklichung von Spiritualität im eigenen Leben (Almaas, 1997):

> Die Station der ‚Unschätzbaren Perle' ist deshalb so bedeutsam, weil sie nicht ein Bewusstseinszustand oder ein Seinszustand ist; sie ist eher der Zustand der Aktualisierung der Verwirklichung von sich selbst im eigenen Leben. Sein und Wesen wird persönliches Sein, ein vollständiges menschliches Wesen, das das Leben objektiver Wahrheit in seiner ganzen Fülle lebt. (S. 200)

Der spirituelle Weg führt hier also in keiner Weise weg aus der Welt und auch nicht zu einer Auflösung unseres individuellen Selbstseins. Der spirituelle Weg führt hier zu einer Manifestation und Verkörperung des Seins in unserem ganz eigenen Leben. So ist das Ziel hier auch, „ein wahrer und wirklicher erwachsener Mensch" (Almaas, 1997, S. 188) zu werden.

5.2.6 „Loslassen, immer wieder loslassen – das ist alles"[59]

> Das Hauptcharakteristikum der Persönlichkeit *ist* Anhaften, und das ist die Hauptursache allen Leidens. (Almaas, 1997, S. 185)

So verschieden das Schicksal des Ichs auf dem spirituellen Weg auch gesehen werden mag – ein zentraler Aspekt ist bei aller Unterschiedlichkeit gemeinsam: Es geht um einen Prozess der Desidentifikation, des Nicht-Anhaftens, des Nicht-Festhaltens, des Loslassens. Dabei steht nicht so sehr der Inhalt dieses Loslassens im Vordergrund, sondern vielmehr das Loslassen selbst. Etwas provokativ gesagt: Wie auch immer wir das Ich auf dem spirituellen Weg verstehen – wichtig ist vielleicht weniger, dieses Ich loszulassen als vielmehr unsere Tendenz, überhaupt an etwas festzuhalten. Diese Aussage ist prozesshaft zu verstehen. Es geht darum „loszulassen, immer wieder loszulassen – das ist alles". Unsere Tendenz, „Haben zu wollen" oder eben „Nicht haben zu wollen", unsere Tendenz, festzuhalten oder anzuhaften, muss sich auflösen.

Oder man könnte es auch so formulieren: Das Ich, wie es auf dem spirituellen Weg gemeint ist, ist das „Haben-Wollen" von Positivem und das „Nicht-Haben-Wollen" von Negativem sowie das „Nicht-Loslassen-Können" – es hat mit Festhalten, Anhaften, sich anklammern zu tun – sei das an materielle Güter, an eigene Leistungen, sozialen Rang, Gedanken, Vorstellungen, Erwartungen, frühere Erlebnisse – und seien das jene von heute morgen -, aber auch an spirituelle Gegenstände und nicht zuletzt auch an spirituelle Vorstellungen, Gottesbilder, innere Bilder und spirituelle Erfahrungen!

Loslassen ist vor allem eine innere Haltung, nicht so sehr eine äussere Tat oder Handlung – obwohl eine innere Haltung in irgendeiner Weise natürlich auch äusserlich zum Ausdruck kommt. Dieses Loslassen meint kein Wegwerfen oder Geringschätzen von äusseren Dingen oder inneren Erfahrungen, sondern einfach den Krampf des Festhaltens daran zu lösen. So bedeutet Loslassen auch nicht, unsere berufliche Tätigkeit zu beenden oder gar unsere Familien und Kinder zurückzulassen und sich in die Einsamkeit zurückzuziehen – gewissermassen allem zu entsagen. Es meint auch nicht einen Verzicht auf Wohlstand oder beruflichen Erfolg. Loslassen im hier gemeinten Sinn kann sehr wohl heissen, sich in der Familie, beruflich, politisch etc. zu engagieren, etwas verändern und bewirken zu wollen. Aber die innere Haltung des Loslassens in diesem Engagement meint, innerlich nicht verloren zu gehen, indem wir uns durch unser äusseres Handeln und Wirken definieren und uns daran klammern und nur noch darauf fokussiert sind. Sondern es meint, durch eine spirituelle Rückverbindung zu fühlen, dass wir innerlich auch dann getragen sind, wenn unser äusseres Wirken erfolglos ist, wir keine Anerkennung finden etc. und im Extremfalll alles Äussere zusammenbricht. Loslassen in diesem Sinn meint ein inneres Freiwerden oder Freisein – nicht, weil wir uns von allem lossagen und uns zurückziehen, sondern weil wir uns innerlich nicht mehr davon abhängig machen. Dieses Loslassen kann nicht über den Kopf geschehen, indem wir uns sagen: „Ich bin doch unabhängig. Warum machen mir die Geschehnisse etwas aus?" Dieses Loslassen ist ein unmittelbar gefühltes Loslassen und stellt sich – wenn wir Glück haben – nach langer Lebenserfahrung und langem spiritu-

---

[59] anonymes Zitat auf einer Ansichtskarte

ellen Weg ganz allmählich ein. Loslassen bedeutet auch nicht, keine Gefühle mehr zu haben. So sind etwa Trauer über einen Verlust oder Wut über einen heftigen Eingriff anderer in eigene Angelegenheiten ganz natürlich und wichtig. Was ein Loslassen hier meint, ist etwa, sich in und nach unseren Gefühlen nicht in unendlichen Folgegedanken zu verheddern und zu verstricken, in denen wir das Geschehene ständig wach halten, wo es längst vorüber ist. Wo es möglich ist, etwa einen Eingreifenden zurechtzuweisen oder sonst in irgendeiner Weise zu handeln, soll das selbstverständlich geschehen. Wo wir über einen Verlust nicht hinwegkommen, ist es wichtig, das ernst zu nehmen und Unterstützung zu finden, um diesen Verlust zu verarbeiten. So bedeutet Loslassen nicht, über allem zu stehen, sondern ein ganzer Mensch zu sein mit seinem Handeln, seinen Gedanken und Gefühlen und mit dem *gefühlten* Wissen darum, dass es eine tiefere Wirklichkeit gibt, die von all dem unbeeinträchtigt und frei bleibt und den Menschen auch in seinen schwersten Momenten trägt.

Spirituelle Wege, die den jetzigen Augenblick in den Fokus rücken, haben hier den Vorteil, dass dieses Loslassen darin bereits enthalten ist: wann immer ich im Jetzt bin, dann spielt die Vergangenheit mit ihren Erfahrungen und Errungenschaften, unsere persönliche Geschichte mit all dem Schönen und Leidvollen keine Rolle mehr, und auch die Zukunft mit unseren Vorstellungen und Erwartungen darüber wird bedeutungslos (vgl. dazu die Ausführungen zu Zen in Kapitel 3.3) (vgl. auch Tolle, 1997). Das heisst nun nicht, dass wir dabei verschwinden und für andere Menschen nicht mehr spürbar sind, sondern im Gegenteil: eine starke Präsenz im Jetzt ist verbunden mit einer Hingabe, alles andere loszulassen.

Bleibt der innere Prozess des Haben-Wollens und Anhaftens bestehen, so beginnen wir zu irgendeinem Zeitpunkt auf unserem spirituellen Weg, auch das transpersonale Selbst oder spirituelle Erfahrungen festzuhalten und daran anzuhaften, sie haben zu wollen und alles andere nicht mehr haben zu wollen. Und sobald wir das tun, stecken wir im Grunde am selben Ort fest, wie wenn wir Reichtum, weltlichen Erfolg, Schönheit oder was Materielles auch immer, haben wollen. Einer der „bekanntesten, aber auch umstrittensten Vertreter des tibetischen Buddhismus im Westen" (Schmid, 2001, S. 1), Chögyam Trungpa[60] (1989, S. 165) schreibt in diesem Sinn:

> … viele Menschen [denken] fälschlicherweise, da das Ego die Wurzel des Leidens sei, müsse das Ziel der Spiritualität in seiner Unterwerfung und völligen Vernichtung bestehen. Sie sind daher angestrengt bemüht, den Zugriff des Ego von sich abzuwehren, doch … ist auch diese Anstrengung nur eine weitere Ausdrucksform des Ego. Wir drehen uns immer weiter im Kreis, bis wir erkennen, dass unser ehrgeiziges Streben, uns selbst um jeden Preis verbessern zu wollen, bereits in sich das Problem darstellt. Einsichten können nur dann auftreten, wenn es zu einer Unterbrechung in unserem Kampf kommt … (S. 165)

---

[60] Wie in der Einleitung (Kapitel 1) bereits erwähnt, geht es in dieser Studie nicht um eine kritische Reflexion oder Beurteilung der Lebens- oder Lehrweisen der zitierten AutorInnen – seien es nun WissenschaftlerInnen, transpersonale TherapeutInnen oder spirituelle LehrerInnen -, sondern ausschliesslich darum, inwiefern der *Inhalt* ihrer Forschungen, Aussagen oder Lehren für eine Integration spiritueller Erfahrungen hilfreich ist, nutzbar gemacht und umgesetzt werden kann. So wird hier auch nicht näher eingegangen auf umstrittene Lehrmethoden wie etwa diejenigen von Trungpa, seinen Alkohol- und Drogenkonsum und seine teilweise problematischen Verhaltensweisen seinen Schülerinnen und Schülern gegenüber (vgl. z.B. Feuerstein, 1996, S. 134-143; Schmid, 2001). Dasselbe gilt für andere zitierte spirituelle LehrerInnen oder transpersonale TherapeutInnen.

So gehen die dargestellten mystischen Traditionen und transpersonalen Psychologie-Richtungen die Thematik des Ichs auch nicht auf direkte Weise an im Sinne eines Vernichtens, Auslöschens, obwohl es auf den ersten Blick in manchen Fällen so scheinen mag. Wenn wir uns aktiv gegen das Ich richten, bleiben wir mit dem Prozess des „Haben-Wollens" bzw. seines Gegenstücks des „Nicht-Haben-Wollens" identifiziert und reagieren in einem gefangenen tiefen Muster. Das Ich wird nicht aktiv vernichtet, sondern tritt durch dieses Loslassen von selbst in den Hintergrund. Wenn wir das Festhalten am Ich – an unserer Identität, an vergangenen und möglichen zukünftigen Erfahrungen, an unseren Gefühlen, Gedanken und Vorstellungen, Bildern etc. – loslassen und das bedeutet, dies immer wieder neu loszulassen! – dann wird das Ich unwichtig, tritt in den Hintergrund (vgl. z.B. Ruch, 2005, S. 84-85). So geht es im Grunde in all diesen Traditionen und Richtungen darum, an nichts festzuhalten und immer und immer wieder loszulassen.

Die Notwendigkeit, immer wieder loszulassen, zeigt sich auch, wenn wir uns nun Hindernissen bei der Integration spiritueller Erfahrungen zuwenden. Im Wesentlichen sind auch sie Schwierigkeiten loszulassen.

6 Schwierigkeiten der Integration spiritueller Erfahrungen

Spirituelle Erfahrungen führen meist nicht unmittelbar zu einer tiefgreifenden Wandlung des betroffenen Menschen. Sie können oft nur teilweise oder zunächst noch nicht integriert werden. Warum? Hier öffnet sich ein weites Themenfeld von möglichen Hindernissen und Schwierigkeiten der Integration spiritueller Erfahrungen, deren gemeinsamer Kern darin liegt, dass zwei Dimensionen aufeinandertreffen – und im schlechtesten Fall aufeinander prallen: Die Persönlichkeit mit ihrer Geschichte und ihren Eigenheiten – wir mit unseren menschlichen Stärken und Schwächen – und das Spirituelle, Transzendente, die Essenz, die absolute Wirklichkeit. Die Schwierigkeiten und Hindernisse, auf die im Folgenden eingegangen wird, sind in ihrem Kern auf die Dynamik zwischen diesen beiden Polen zurückzuführen und sind damit im Grunde auch mit der Thematik des Loslassens verbunden (vgl. Kapitel 5.2.6). So wird auch von Vertretern spiritueller Wege angesprochen, dass Hindernisse für eine Integration etwa in einer mangelnden Auseinandersetzung mit eigenen emotionalen und biografischen Themen sowie in einer lückenhaften psychologischen Reinigung bestehen können. Wenn Erfahrungen nicht integriert werden können, also kein Gefäss für eine Erdung spirituellen Erlebens vorhanden ist, kann daraus wiederum grosses Leiden entstehen (Vaughan-Lee in Caplan, 2002, S. 197).

Eine grosse Problematik in der Dynamik zwischen unserer persönlichen und transzendenten Natur besteht auch darin, Spiritualität zur Verdrängung psychologischer Themen zu benutzen. Dabei liegt die Gefahr darin, die eigene Menschlichkeit und die eigenen Schwächen zu verneinen und sich mit einem Ideal zu identifizieren, das de facto nicht dem eigenen Entwicklungsstand entspricht (Caplan, 2002, S. 237). Caplan (2002, S. 237) betont, dass die grösste persönliche Schwäche auf dem spirituellen Weg nicht weg geht, sondern grösser wird. So bedeutet Spiritualität auch eine manchmal sehr unangenehme Auseinandersetzung mit der eigenen Persönlichkeit. Werden nur die schönen Seiten der Spiritualität angeschaut, besteht die Gefahr einer grossen Selbsttäuschung, in deren Gefolge der weitere spirituelle Weg blockiert wird.

Allerdings muss auch angemerkt werden, dass die hier dargestellten Schwierigkeiten in ihren ausgeprägten Formen nicht jede spirituelle Entwicklung begleiten müssen. Es soll mit einer Schilderung der Schwierigkeiten auch nicht der Eindruck erweckt werden, dass der Mensch auf dem spirituellen Weg mehr psychologische Probleme hätte als Menschen, die diesen Weg nicht gehen. Der Prozess kann sich auch viel langsamer und harmonischer vollziehen. Schwierigkeiten und Krisen können in ihrem Verlauf individuell sehr verschieden sein und sich in ihrer Ausprägung, Intensität und Dauer sehr unterscheiden. So erleben nicht alle Menschen die nachfolgend dargestellten, zum Teil akuten Verläufe oder nur in sehr abgeschwächter Form (vgl. Assagioli, 1988/1992, z.B. S. 133, 143-144). Assagioli (1988/1992, S. 144) betont, dass Leiden und Schwierigkeiten des spirituellen Weges nur vorübergehende Reaktionen sind und es sich dabei „gewissermassen [um] Abfallprodukte eines organischen Prozesses inneren Wachstums und der Erneuerung" handelt.

Schwierigkeiten, die sich im Verlauf eines spirituellen Weges einstellen, und auch allfällig auftauchende psychische oder körperliche Symptome können jenen Schwierigkeiten von Menschen, die nicht primär auf einer spirituellen Ebene ringen, äusserlich stark ähneln. Es wird jedoch immer wieder betont, dass sie sich in ihrer Ursache und Bedeutung sehr unterscheiden und eine Behandlung sich entsprechend auch anders gestalten muss (vgl. dazu z.B. Assagioli, 1965/2004, S. 96-101; Assagioli, 1988/1992, S. 119-150; Scagnetti-Feurer, 2004; Scharfetter, 1997, S. 84-90).

Wo es sich um klassische psychische Beeinträchtigungen oder Störungen handelt, ringt der Mensch in der Regel darum, seinen Alltag (wieder) bewältigen zu können und eine gewisse Normalität und Funktionsfähigkeit in seinem alltäglichen Leben zu erreichen (Scharfetter, 2004, S. 126). Im Unterschied dazu stehen die Schwierigkeiten und Krisen, die Thema dieses Kapitels sind, in einem Zusammenhang mit einem „starken ‚Ruf nach oben'", mit einem Erwachen überbewusster Bewusstseinszustände, durch die „Anziehungskraft des höheren Selbst" (Assagioli, 1965/2004, S. 97). Sie werden bestimmt durch die „sich darauf ergebende Fehlanpassungen und Konflikte der ‚mittleren' und ‚tieferen' Aspekte der Persönlichkeit" (Assagioli, 1965/2004, S. 97). Assagioli (1965/2004, S. 96-98) spricht in diesem Zusammenhang auch von psychischen Symptomen regressiven (im Zusammenhang mit klassischen psychischen Störungen) oder progressiven Charakters (im Zusammenhang mit Schwierigkeiten der spirituellen Entwicklung).

In manchen Fällen mag eine solche Differenzierung klar und deutlich sein, in anderen Fällen wird ein klares Erkennen der Ursachen und entsprechend eine Behandlung dadurch kompliziert, dass eine Mischung progressiver und regressiver Symptome vorliegt (Assagioli, 1965/2004, S. 100). Mit dem Aufwind, den Spiritualität in der heutigen Zeit erlebt, und mit der Zugänglichkeit spiritueller Übungen und Techniken über Bücher oder über kurze, nicht weiter begleitete Workshops, die jedem zugänglich sind, dürfte die von Assagioli erwähnte Vermischung von Symptomen wohl eher die Regel als die Ausnahme darstellen. So dürfte es für einen Menschen auf dem spirituellen Weg hilfreich sein, wenn ein Begleiter sowohl über fundiertes psychologisch-psychotherapeutisches Wissen wie auch über spirituelle Erfahrung und Kompetenz verfügt.

6.1 Begleitung auf dem spirituellen Weg

> Das, was wir Gott nennen, ist für die Mystik nicht ein kultisches Objekt, das man verehren müsste – leider haben das die Menschen immer wieder getan. Sie haben ihre Weisen auf die Altäre gehoben, um sie anzubeten, aber diese wollten nur einen Weg zeigen. So ging es Buddha, so ging es Jesus, so ging es Zoroaster. Die Gefahr besteht heute noch, dass man sich an einen Guru hängt und nicht an die Lehre, die er bringt. Gott will nicht verehrt werden, Gott will erkannt werden. Gott will gelebt werden, hier und jetzt. Er ist der Prozess, der sich in uns und durch uns vollzieht. Dies ist ein ganz neues religiöses Selbstverständnis. (Jäger, 1999, S. 151)

Der spirituelle Weg kann in verschiedener Weise verwirklicht werden. Eliade (1985; zit. nach Scharfetter, 1997, S. 12) unterscheidet einen autonomen, einen heteronomen und einen interaktiven Weg, die sich auf den Grad und die Form der Begleitung durch einen Lehrer beziehen. Dabei wird der *autonome* Typus in selbständiger Lebensentfaltung praktiziert, der Mensch lässt sich vom eigenen Selbst als innerem Führer leiten und ist im inneren Dialog mit ihm. Beim *heteronomen* Typus des spirituellen Weges lässt sich der Suchende von einem spirituellen Lehrer, Meister, Heiligen, also einer äusseren spirituellen Autorität anleiten. Der dritte, *interaktive* Typus wird im Umgang mit einem Meister verwirklicht, der auf die selbständige Erfahrung fokussiert. Hier spielt der Umgang mit Gegenständen wie beim Blumenstecken, Schwertkampf oder Bogenschiessen eine wichtige Rolle, oder der Weg wird über Malen, Zeichnen oder mit Koans beschritten. Der Zen-Weg ist das bekannteste Beispiel für einen interaktiven Weg.

Für die Praxis eines spirituellen Weges stellt sich die Frage, ob eine Begleitung durch einen äusseren Lehrer oder Begleiter notwendig ist – eine Frage, die auch in der Literatur immer wieder diskutiert wird. Dabei spielen Bedenken über die Integrität spiritueller Lehrer eine zentrale Rolle (Vaughan, 1998). Diskussionen über die Integrität spiritueller Autoritäten wurden insbesondere durch Berichte über Lehrer entfacht, die ihre Machtposition in irgendeiner Weise zum Schaden ihrer SchülerInnen ausnutzten und diese auf irgendeiner Ebene - sei das physisch, emotional, sexuell oder finanziell – ausbeuteten (Caplan, 2002, S. 128-137; Kapleau, 1997, S. 191-196; vgl. auch Schuller, 1988; van der Braak, 2004; Zöbeli, 2007, S. 49-50). Auch die Voraussetzungen für die Übernahme einer Lehrtätigkeit stellen dabei wichtige Themen dar. So etwa die Frage, ob ein Lehrer selber erleuchtet sein müsse, um für seine Rolle wirklich qualifiziert zu sein – und falls man diese Bedingung stellen will, wie tief die Erleuchtung sein müsste (Caplan, 2002, S. 217-219).

6.1.1   Braucht es Begleitung?

Alle in diesem Buch dargestellten mystischen Traditionen betonen die Bedeutung eines spirituellen Lehrers (z.B. Caplan, 2002; Dreisbach, 1999; Godman, 2002, S. 118-119, S. 131-132; Meier, 1994, S. 15-241; Özelsel, 1993, S. 150; Trungpa, 1989, S. 41-60; Vaughan-Lee, 1990, S. 24; vom Kreuz, 2003a, S. 265; vom Kreuz, 2008, S. 107-108; Zimmer, 1997, S. 188-193). In der Transpersonalen Psychologie wird weniger die Person eines Lehrers betont, als vielmehr die Notwendigkeit, dass sich der Suchende auf dem spirituellen Weg mit seinem Schatten und den Themen seiner Persönlichkeit auseinandersetzt (vgl. z.B. Almaas, 1997, S. 187; Assagioli, 1965/2004, S. 65-68; Dürckheim, 1945/1992, S. 76-80, S. 95; Dürckheim, 1989, S. 288; vgl. z.B. Jung, 1951, S. 22; Kast, 2001; von Franz, 1994, S. 166, S. 265-266; Wilber, 2007, S. 169-198). Dazu ist allerdings auch eine Begleitung hilfreich, wenn nicht sogar notwendig.

Bisweilen wird darauf hingewiesen, dass ein spiritueller Weg ohne Lehrer nicht möglich ist oder sehr gefährlich werden kann (z.B. Schimmel, 1975/1995, S. 102; Trungpa, 1989, S. 98). So heisst es im Sufismus: „Wer keinen *shaikh* hat, dessen *shaikh* ist Satan" (Schimmel, 1975/1995, S. 154). Ohne spirituellen Lehrer würde eine Reise von zwei Tagen zweihundert Jahre dauern und man könne alle Lehrbücher 1000 Jahre lang lesen und würde nichts erreichen (Schimmel, 1975/1995, S. 154).

Andere betonen, dass ein spiritueller Lehrer auf den inneren eigenen Lehrer hinweisen, diesen unterstützen sollte und es im Wesentlichen um die Entwicklung des inneren Lehrers geht (Dürckheim, 1975/2001; Scharfetter, 1997, S. 15-16). So schreibt die Leiterin des San Diego Zen-Centers Charlotte Joko Beck (2000, S. 37), dass wir einen Begleiter brauchen, der uns klar macht, dass wir selber unser wirklicher Lehrer sind. Um diesen inneren Lehrer zu entdecken, sind meist eine „Vorarbeit" und ein klares Unterscheidungsvermögen nötig (Enomiya-Lasalle, 1991):

> Wenn Sie wirklich bis zu einem hohen Grad vollständig von allen Dingen losgekommen sind, dann werden Sie die Stimme des inneren Meisters hören. Wer bislang nur wenig an sich gearbeitet hat, dem fehlt die Aufnahmebereitschaft für die

Stimme des ‚inneren Meisters'. Er verwechselt möglicherweise zu schnell den inneren Meister mit sich selbst. (S. 50)

In sehr seltenen Fällen kann aber auch eine eigene tiefe spirituelle Erfahrung die innere Führung freilegen, so dass ein Weg ohne äussere Begleitung möglich ist. So fand Ramana Maharshi ohne jegliche äussere Führung zu grosser spiritueller Vollendung. Er ist eine der ganz wenigen überragenden spirituellen Gestalten, die keine spirituelle Begleitung auf ihrem Weg hatten. Allerdings betonte Ramana Maharshi dann als spiritueller Lehrer den Wert einer spirituellen Begleitung. Seine eigene, sehr frühe spirituelle Vollendung begründete er mit seinem Karma und damit mit seinem ganz eigenen Schicksal, das in diesem Sinn nicht verallgemeinert werden kann (vgl. z.B. Godman, 2002, S. 7-13; Zimmer, 1997, S. 13-67).

6.1.2 Sinn und Zweck einer Begleitung

Ein Lehrer wird etwa als notwendig erachtet, weil Übungen und Erfahrungen auf dem spirituellen Weg oft eine gewisse Reihenfolge haben oder weil konkrete Gefahren aus der Übung resultieren können. So besteht im tibetischen Buddhismus z.B. eine gewisse Gefahr, wenn man ohne die Erfahrung von Shunyata (Leere) mit Tantra (Umgang mit Energien) zu arbeiten beginnt (Trungpa, 1989, S. 233). Im Sufismus muss der *dhikr* (spirituelle Praxis, vgl. Kapitel 3.2.2) vom *shaikh* oder *pir* (dem spirituellen Führer) gegeben werden, da ein falscher *dhikr* unter Umständen lebensgefährliche Konsequezen haben kann (Schimmel, 1989, S. 102).

Auch Formen der „schweigenden Unterweisung" (Godman, 2002, S. 131) durch einen Lehrer werden zum Teil grosse Bedeutung beigemessen. So ging Ramana Maharshi davon aus, dass die Ausstrahlung des Guru, der in seinem Sein ruht, der wirkungsvollste Weg zur direkten Erfahrung des Selbst sei (vgl. Maharshi, 2006, z.B. S. 13). Dabei kann für ihn der Guru oder spirituelle Lehrer nur jemand sein, der völlige Selbstverwirklichung erreicht hat und anderen beistehen kann auf ihrem Weg zum Selbst. In dieser Tradition wird der Guru, weil er ja eins ist mit dem Selbst, das wiederum Gott ist, mit Gott gleichgesetzt. Für die erwähnte direkte Form der schweigenden Unterweisung muss kein physischer Kontakt zum Guru bestehen, es reicht eine geistige Verbindung - etwa indem man an ihn denkt. Diese Art des Kontaktes zum spirituellen Lehrer erinnert an die Ausführungen zum Sufismus, wo der Schüler sich etwa beim *dhikr* mit seinem *shaikh* verbindet. Die Präsenz des *shaikhs* soll auch den Einfluss der *nafs* (des Ichs oder der niederen Eigenschaften) eindämmen (Schimmel, 1975/1995, S. 168, S. 243).

Diese Aufmerksamkeit, die auf den Guru oder das Selbst gerichtet wird, wird bei Ramana Maharshi auch *sat-sanga* genannt, was „Verbindung mit dem Sein" bedeutet. So zentral hier ein spiritueller Lehrer ist, so wichtig ist auch eine sehr ernsthafte Anstrengung des Schülers – ohne diese kann der Guru nicht viel bewirken (Godman, 2002, S. 118-119, S. 131-132). Ramana Maharshi sah den Kontakt zu einem Guru als eine Art Katalysator für die eigene Selbstergründung: „[Selbstverwirklichung] magst du heut und hier erlangen, wenn du vom Umgang mit Heiligen beschwingt, dich einwärts wendest und dein Selbst ergründest …" (Zimmer, 1997, S. 164). Im Grunde geht es hier zentral um das Selbst, das der eigentliche Lehrer ist – der Guru ist durch seine Präsenz im Selbst ein manifestierter Vermittler des Selbst, der den Weg wesentlich erleichtert.

In der Geschichte der christlichen Mystik bestand eine der Aufgaben eines spirituellen Lehrers – hier des Beichtvaters und insgesamt kirchlicher Autoritäten - darin, auftauchende Visionen ihrer anvertrauten Mystiker zu überprüfen. Dadurch wurde die Echtheit einer Vision gesichert – also die Frage nach einem göttlichen Ursprung der Vision - und dabei natürlich insbesondere auch ihre Übereinstimmung mit dem kirchlichen Kanon (Benz, 1969, S. 282-283, S. 301 ff.). So wandte sich auch Hildegard von Bingen, die ihre Visionen lange Zeit für sich behalten hatte, zunächst an einen vertrauten Mönch, ihren Lehrer und schliesslich an den geistlichen Mentor und Mystiker Bernhard von Clairvaux, der schliesslich die Echtheit ihrer Visionen als vom Heiligen Geist stammend anerkannte und sich in aller Öffentlichkeit zu Hildegard von Bingen bekannte (Beuys, 2001, S. 104-105, S. 118 ff.; Riedel, 1999, S. 6-7).

Johannes vom Kreuz (2003a, S. 228, S. 265) verwies auf die Bedeutung des geistlichen Begleiters, indem er sagte, Gott wolle, dass wir uns von Menschen leiten lassen – auch wenn diese Fehler machen können. Er sah die Aufgabe des geistlichen Begleiters unter anderem auch darin, aussergewöhnliche Erfahrungen auf dem mystischen Weg zur Kenntnis zu nehmen, sie jedoch nicht zu ermutigen, um die alleinige Ausrichtung auf Gott nicht zu gefährden.

Auch im Zen kommt dem Lehrer in seinen Führungsaufgaben auf dem spirituellen Weg unter anderem die Aufgabe zu, den Schüler durch *makyo* (sog. „Teufelsbereich" mit täuschenden Empfindungen und Erscheinungen) hindurch zu begleiten und ihn dazu anzuhalten, nicht an solchen aussergewöhnlichen Phänomenen festzuhalten, sondern in seiner Übung weiterzufahren (Kapleau, 1965/2000, S. 74; Kapleau, 1997, 171; Rhyner, 1997, S. 91). Hier kommt insbesondere die Schutzfunktion des spirituellen Lehrers zum Tragen.

Die Funktion spiritueller Lehrer besteht also zu einem wesentlichen Teil in einer Wegbegleitung und Führung durch die verschiedenen Phasen des spirituellen Weges sowie im Schutz bei auftauchenden kritischen Phänomenen und in der Unterstützung bei Schwierigkeiten. Darüber hinaus kann die Gegenwart eines spirituellen Lehrers als eine Art Katalysator auf dem spirituellen Weg gelten.

Die wesentlichste Aufgabe eines Begleiters auf dem spirituellen Weg dürfte darin bestehen, seine SchülerInnen darin zu unterstützen, in Kontakt mit ihrem wahren Wesen zu kommen (Kennett et al., 1975, S. 48). So schreibt die Zen-Lehrerin Uta Dreisbach (1999, S. 29), dass die Begleitung im Zen einzig auf „die Begegnung des Schülers mit seinem tiefsten Wesen" ausgerichtet ist. „Aber würden wir dabei die Bedürfnisse und Schmerzen unseres Ich völlig links liegen lassen, wäre es ein unmenschlicher Weg". „Begleiten heisst auf weite Strecken hin: Mut machen, damit der Betreffende sich selbst vertrauen lernt" (Dreisbach, 1999, S. 29). Der Lehrer sollte also motivieren, aber auch einen inneren Reinigungsprozess in Gang bringen, der auf dem spirituellen Weg sehr zentral ist (Dreisbach, 1999, S. 30). Der Lehrer kann dabei bildhaft als Bergführer verstanden werden, der den Schüler auf seinem spirituellen Weg sicher führt und begleitet (Scharfetter, 1997):

> Im Idealfall wirkt der Lehrer wie ein Lotse oder Bergführer, der anleitet, begleitet, ermutigt, warnt, und weckt dabei die Entfaltung des grösseren Bewusstseins. Dabei mag der Lehrer schlicht als ein Instrument der Tradition fungieren, er braucht persönlich nichts Spektakuläres oder Sensationelles aufzuweisen. (S. 16)

Gerade diese Schlichtheit und der natürliche Kontakt zu sich selber sind wohl Aspekte, die besonders hilfreich für den eigenen Kontakt zu sich selber sein können (Suzuki, zit. nach Jäger, 2006):

... letzten Endes ist es nicht die Aussergewöhnlichkeit des Meisters, welche den Schüler verblüfft, fesselt oder in seine eigene Tiefe treibt, *es ist die völlige Schlichtheit. Weil er wirklich er selbst ist*, ist er für seine Schüler ein Spiegel. Wenn wir mit ihm zusammen sind, fühlen wir unsere eigenen Stärken und Schwächen ohne irgendein Gefühl von Lob oder Kritik seinerseits. *In seiner Gegenwart sehen wir unsere ursprüngliche Erscheinung und das Ausserordentliche, das wir sehen, ist unser eigenes, echtes Wesen.* (S. 8) [Hervorhebungen durch die Autorin]

In der Transpersonalen Psychologie übernimmt die Therapeutin bis zu einem gewissen Grad auch Funktionen eines spirituellen Lehrers. Sie wird aber im Wesentlichen als psychologisch-psychotherapeutische Begleiterin verstanden. Eine transpersonale Psychologin ist einerseits psychologisch-psychotherapeutisch ausgebildet und durchläuft eine lange Zeit der Selbsterfahrung. Andererseits werden spirituelle Kompetenz und Erfahrung vorausgesetzt; spirituelle Schulung in der jeweiligen Transpersonalen Psychologie-Richtung ist integraler Bestandteil der Ausbildungen. Wie in den vorangegangenen Kapiteln deutlich wurde, liegt in den hier dargestellten Transpersonalen Psychologie-Richtungen neben der spirituellen Ausrichtung eine stärkere Gewichtung auf der Arbeit mit dem Schatten oder der psychologisch-psychotherapeutischen Arbeit auf der Ebene der Persönlichkeit, als das in den mystischen Traditionen der Fall ist.

6.1.3   Anforderungen an eine spirituelle Begleitung

Welche Voraussetzungen sollte ein spiritueller Lehrer mitbringen - und welche Aspekte sind für eine Lehrer-Schüler-Beziehung zentral? Kriterien für einen spirituellen Lehrer beziehen sich meist auf folgende Bereiche:

- seine spirituelle Kompetenz und Erfahrung
- seine Persönlichkeit und seinen Lebenswandel
- seine Beziehungsfähigkeit

(1) Spirituelle Kompetenz und Erfahrung. Einig sind sich wohl die meisten darin, dass ein spiritueller Lehrer aus *eigener Erfahrung* Schwierigkeiten des spirituellen Weges und spirituelle Erfahrungen kennen sollte und über spirituelles *Wissen und Kompetenz* verfügen sollte (vgl. z.B. Dreisbach, 1999, S. 29-30; vgl. z.B. Jäger, 2006, S. 7; Kennett et al., 1975, S. 48, S. 50). Diskutiert wird dabei, wie weit fortgeschritten ein Lehrer selber sein muss, um eine Lehrtätigkeit übernehmen zu können und insbesondere, ob er als „erleuchtet" gelten müsse oder nicht. Dabei scheint eine gewisse Einigkeit verschiedener spiritueller Traditionen darin zu bestehen, dass „Erleuchtung ... nicht der Massstab [ist], den sie anlegen, um die Lehrbefähigung des Einzelnen zu bewerten" (Caplan, 2002, S. 217). Vielmehr werden „Integrität" und eine „Verpflichtung" dem eigenen Weg gegenüber betont (Lee Lozowick zit. nach Caplan, 2002, S. 218).

(2) Persönlichkeit und Lebenswandel. Neben spiritueller Erfahrung stellen also *Persönlichkeit*saspekte wichtige Kriterien für einen Lehrer dar. So wird beispielsweise gefordert, dass ein spiritueller Lehrer ein reifer Mensch und in seiner Persönlichkeit integriert sein sollte (Haack, 2005, S. 32-34; Jäger, 2006, S. 7). Das zu erkennen, ist für Aussenstehende jedoch meist schwierig. Der *Lebenswandel* des Lehrers kann einen gewissen Aufschluss darüber geben. Manche Aspekte werden im direkten Kontakt vielleicht spürbar. So schreibt Scharfetter (1997):

> Die Lebensführung eines Meisters sollte seinen Entwicklungsstand, seine Gabe der Unterscheidung und Anweisung erkennen lassen. Das ist nicht an äusseren

Kriterien ermessbar. Jedenfalls wird man Transparenz einer echten Bescheidenheit, Demut, Güte, Toleranz, Geduld erwarten dürfen. (S. 15)

Ein weiteres Kriterium liegt in einer gewissen inneren Kraft und Stärke – und einem
stabilen Ich (vgl. dazu Kapitel 5.2.1). Die Psychotherapeutin und spirituelle Begleiterin
Rosmarie Jäger (2006, S. 5) schreibt: „Alle guten spirituellen Lehrer haben ein starkes
Ich! Aber ihr Ich ist durchlässig und flexibel für das Lebendige, das Hier und Jetzt". Sie
fügt als Kriterium für unsere westliche Kultur an, dass spirituelle Begleiter neben spiritueller Kompetenz auch eine fundierte psychologische Ausbildung brauchen.

(3) Beziehungsfähigkeit. Ein Lehrer ist im Grunde über eine Beziehung definiert – die
Beziehung zu seinen Schülern – und damit ist *Beziehungsfähigkeit* gefragt (vgl. z.B.
Schmid, 1995, S. 93-105; Schmid, 1995a, S. 56). Die Beziehung zwischen Lehrer und
Schüler ist – vielleicht sogar noch stärker als eine psychotherapeutische Beziehung - an-
fällig für gewisse Schwierigkeiten und Gefahren. Auch in einer spirituellen Begleitung
müssten daher von Seiten des spirituellen Lehrers diese Dynamiken aufmerksam berücksichtigt und bewusst mit ihnen umgegangen werden. In einer psychotherapeutischen Ausbildung gehört diese Arbeit zu den Grundlagen einer therapeutischen Bezie-
hungsgestaltung.

6.1.4 Schwierigkeiten und Gefahren der Lehrer-Schüler-Beziehung

In einer Lehrer-Schüler-Beziehung muss ein Augenmerk auf die Dynamik der Übertragung gelegt werden (zu Folgen, wenn diese Dynamik zu wenig berücksichtigt wird, siehe van der Braak, 2004). So schreibt der Psychotherapeut und buddhistische Meditationslehrer Jack Engler (1988, S. 41), dass westliche Meditationsschüler oft starke Übertragungen auf ihre spirituellen Lehrer entwickeln: Oft wünschen sich die Schüler vom
Lehrer akzeptierendes, bestätigendes Spiegeln. Es kann auch eine idealisierende Übertragung auftauchen, in der er als Quelle idealisierter Ruhe oder Stärke gesehen wird, mit
der der Schüler verschmelzen möchte. Es gibt aber auch chaotischere Formen von
Übertragung, in denen starke Schwankungen zwischen Allmachtszuschreibungen an
den Lehrer im Wechsel mit Entwertungen vorkommen.

Oder der Schüler macht beglückende spirituelle Erfahrungen und hat dann die
Tendenz, diese in Verbindung zu sehen mit der Person seines Lehrers. Die Zen-
Lehrerin Uta Dreisbach schreibt dazu (1999):

> Wenn ich jene tiefe Dimension des Lebens, das sog. Numinose, noch nie erfah-
> ren habe und es mich jetzt zum ersten Mal in der Gestalt des Meisters anrührt,
> dann bin ich versucht, es mit seiner Person zu verbinden, mich an ihn zu binden,
> ihn zu verehren und allein von ihm mein Heil zu erwarten. (S. 30)

In all diesen Fällen ist es wichtig, wie der Lehrer mit dieser Übertragung umgehen kann.
Insbesondere die stark aufwertenden Übertragungen bergen eine gewisse Brisanz für
den spirituellen Lehrer (Jäger, 2006):

> Nutzt der Begleiter Gelegenheiten zur Aufwertung der eigenen Persönlichkeit,
> zum Stillen narzisstischer Kränkungen oder ist er frei und in der Lage, gerade in
> solchen Situationen sich als Bruder oder Schwester auf dem Weg zu zeigen und
> somit die energetische Ladung zu entschärfen, zu erden. (S. 3)

Zur Beziehung zwischen einem spirituellen Lehrer und seinen SchülerInnen gehört
auch eine gewisse innere Distanz, Respekt vor den Grenzen des Schülers. Jäger (2006,

S. 13) zitiert dazu Dreisbach: „Zu einer spirituellen Beziehung gehört persönliche Distanz. Distanz meint weder Unnahbarkeit auf der einen noch Verschlossenheit auf der anderen Seite, sondern Wahrung von Grenzen aus Respekt vor dem Freiraum der anderen Person". „Es geht um das Hineinwachsen des Schülers in seine Freiheit, nicht um eine neue Bindung" (Dreisbach, 1999, S. 31). Der Schüler soll in seiner zunehmenden Autonomie unterstützt werden und nicht von seinem Lehrer abhängig werden. So macht sich ein echter spiritueller Lehrer „nach und nach überflüssig" (Dreisbach, 1999, S. 31), damit irgendwann das eigene tiefste Wesen des Schülers dessen Führung übernehmen kann. Der Lehrer muss dazu seinem Schüler auch immer wieder deutlich machen, dass niemand sein Heil im Aussen suchen kann, sondern nur in sich selbst (Dreisbach, 1999, S. 31). Ein Lehrer sollte in der Beziehung zu einem Schüler auch ein Gespür dafür haben, wie intensiv dieser begleitet werden muss: Braucht dieser individuelle Schüler viel Führung oder nur kleine Impulse und Korrekturen? Schickt ein Lehrer einen Schüler auch zu einem anderen Lehrer weiter, wenn er das Gefühl hat, dieser sei passender für diesen Schüler als er selbst (Jäger, 2006, S. 4)?

Ein Thema der Beziehung zwischen Lehrer und Schüler, jedoch auch eines der Persönlichkeit des Lehrers, ist die Grundhaltung des Lehrers, dass er sich von seinen Schülern nicht (dauerhaft) auf einen Sockel stellen lässt und auch zeigt, dass er ein Mensch ist - dass er auch Fehler macht und selber immer weiter lernt (Kennett et al., 1975, S. 48-49, S. 52, S. 54, S. 62; Schmid, 1995, S. 105). Die innere Haltung, selber immer am Lernen zu sein und nicht damit fertig zu sein, kann als wichtiges Mittel zur Prävention einer Selbstüberhöhung gesehen werden. Leider werden selbstüberhöhende Tendenzen des Lehrers oft auch von der Seite der Schüler eher gefördert, indem sie denken, der Lehrer müsse ja bereits perfekt und fertig sein (Kennett et al., 1975, S. 48). Wenn der Schüler den Lehrer auf einen Sockel stellt – und sich der Lehrer auf einen solchen stellen lässt - können (im Grunde beidseitige) Abhängigkeiten entstehen.

Problematisch ist auch die Haltung von Schülern, von der Wichtigkeit und dem Glanz profitieren zu wollen, den der spirituelle Lehrer abstrahlt: Der Glanz des Lehrers strahlt auf einen ab, so dass man selber ebenfalls wichtig wird (Kennett et al., 1975, S. 52). All diese narzisstisch geprägten Themen können als besonders problematisch in einer Schüler-Lehrer-Beziehung gelten. In solchen Fällen sind meist psychische Dynamiken von beiden aktiv, und es braucht sowohl von Seiten des Lehrers als auch von Seiten des Schülers immer wieder „unbarmherzige Ehrlichkeit, kompromisslose Wachsamkeit und die Bereitschaft, Fehler einzugestehen und mit Gewohnheiten zu brechen" (Caplan, 2002, S. 149), um sich vor solchen Projektionen oder Übertragungen zu schützen oder sie wieder aufzulösen (vgl. dazu auch Galuska, 2003, S. 19-20).

Trungpa (1989, S. 49) betont in einer gelungenen Lehrer-Schüler-Beziehung den Aspekt der „wechselseitigen geistigen Begegnung zwischen zwei Menschen" und findet daher die Bezeichnung des „spirituellen Freundes" treffender als die des Lehrers.

6.2 Missverständnisse bezüglich Spiritualität

6.2.1 Unterschätzung des spirituellen Weges

Einer der grössten Irrtümer der Menschen besteht darin, dass sie die spirituelle Reise als einen Urlaubstrip betrachten. (Trungpa zit. nach Caplan, 2002, S. 21)

Der spirituelle Weg wird in der heutigen Zeit oft unterschätzt und in seinen mühevollen, beschwerlichen und anstrengenden Aspekten zu wenig wahrgenommen. Oder Spiritualität wird gar als Möglichkeit zur Flucht vor sich selbst und dem Alltag benutzt (Baumeister, 1991). Der spirituelle Weg ist jedoch nicht primär etwas Angenehmes und Erfreuliches, sondern eine „Konfrontation mit den Tatsachen des Lebens" (Trungpa, 1989, S. 100). Da wir auf dem spirituellen Weg als ganze Menschen in unserem umfassenden Wesen angesprochen sind, werden wir auch mit all unseren Identifikationen konfrontiert, mit unseren Schwächen und Schwierigkeiten. Und das ist nicht immer einfach, sondern oft eine grosse Herausforderung. Der Prozess der Desidentifikation von unserem Ego kann sehr schmerzhaft sein. Dieser Vorgang der „Demaskierung" (Trungpa, 1989) muss selbst erlebt werden – intellektuelles Verstehen allein reicht hier nicht aus. Damit eine wirkliche Wandlung geschehen kann, muss der Weg in all seinen Facetten selbst beschritten werden.

Caplan (2002, S. 21-22) betont, dass es wichtig ist, zwischen traditionellen, lebenslangen spirituellen Wegen und den Psychologien des New Age zu unterscheiden. In letzteren werde oft gelehrt, wie man angenehmer leben oder wie man sich im Leben besser fühlen kann – ohne eine wirkliche „Transzendierung des Ego" (Caplan, 2002) und eine entsprechende Wandlung des Lebens zu erreichen. Authentische spirituelle Wege lehrten jedoch, wie man die Illusion des Ego durchbricht, auf dem Wünsche nach einem besseren Leben basieren.

Ein solcher authentischer spiritueller Weg erfordert viel disziplinierte Übung und Arbeit, wie in den vorausgehenden Kapiteln wiederholt deutlich wurde. Aber viele Menschen wollen schnelle Befreiung und sind nicht dazu bereit, diese Anstrengungen und Disziplin auf sich zu nehmen. Dabei geht es nicht einfach darum, Anweisungen zu befolgen oder darum, dass ein Meister sich um einen kümmert. „Es erfordert eine ausserordentliche Anstrengung, sich durch die Schwierigkeiten des Weges hindurchzukämpfen und eine wirkliche Verbindung zu den Lebenssituationen herzustellen" (Trungpa, 1989, S. 88). Dabei braucht es sehr viele Bemühungen, den Prozess der Demaskierung durchzumachen. Wichtig ist aber gerade auch hierbei, dass die Schwierigkeiten des Weges nicht wiederum zu einem Heroismus führen, indem wir uns einen harten Lebensstil auferlegen oder einen, den wir für spirituell halten, weil er unserem bisherigen Lebensstil entgegengesetzt ist: Beispielsweise, wenn wir etwa früher gerne Fleisch gegessen haben und uns nun einen vegetarischen Lebensstil aneignen und die damit verbundene selbstauferlegte Härte heroisieren. Ein solcher Heroismus ist wieder eng mit dem Ego verbunden, und das einzige, was dabei profitiert, ist das Ego. Mit solchem Heldentum nähren wir nur die eigene Selbstbezogenheit (Trungpa, 1989, S. 88).

Oft wird die Tiefe der Veränderung unterschätzt, die für eine Transformation erforderlich ist. Unsere früheren Gewohnheiten sind tief verwurzelt, und es braucht viel Zeit, bis spirituelle Erfahrungen wirklich gelebt und integriert werden können. Dazu der Psychotherapeut und buddhistische Meditationslehrer Jack Kornfield (zit. nach Caplan, 2002):

> Aus meiner eigenen buddhistischen Schulung und weil ich viele Jahre lang selbst die traditionelle Form der Übung gelehrt habe, meine ich, dass die Leute die Tiefe der Veränderung unterschätzen, die für eine Transformation im spirituellen Leben erforderlich ist. Wahre Befreiung erfordert eine grosse Perspektive – vom Zen-Meister als ‚lang andauernder Geist' bezeichnet. Ja, das Erwachen geschieht in einem Augenblick, aber es kann viele Monate, Jahre oder Leben lang dauern,

es zu leben, zu stabilisieren. Die Neigungen oder konditionierten Gewohnheiten, die wir haben, sind so tief verwurzelt, dass selbst äusserst fesselnde Visionen sie nicht nachhaltig verändern. (S. 199)

Eine solche Veränderung braucht nicht nur viel Zeit, Disziplin und Übung - sie braucht auch das Wissen darum, *auf welche Weise* tiefverwurzelte Gewohnheiten verändert werden können und Neues integriert werden kann.

6.2.2 Missverständnisse bezüglich Erleuchtung

Erleuchtung ist heute ein Begriff, der in aller Munde ist. Allerdings bestehen bezüglich des Zustandes der Erleuchtung viele Missverständnisse. Am weitesten verbreitet ist wohl die Vorstellung, dass Erleuchtung mit Befreiung von Leiden und von Schmerz und mit Glückseligkeit und immerwährendem Frieden verbunden ist. Wir gehen davon aus, dass Erleuchtung Leiden lindert oder verhindert. Erleuchtung hilft zwar, Leiden zu erkennen und zu akzeptieren - aber unsere Probleme sind nicht gelöst, wenn wir erleuchtet sind. Phantasiebilder von Erleuchtung loszulassen ist eine grosse spirituelle Herausforderung (Caplan, 2002, S. 31-32).

Viele Menschen glauben, dass aussergewöhnliche Fähigkeiten wie z.B. Medialität mit Erleuchtung zu tun hätten (Caplan, 2002, S. 131-132). Phänomene wie aussergewöhnliche Bewusstseinszustände und –inhalte, intensive spirituelle Erlebnisse wie Visionen, Auditionen oder Ekstasen, Körpersensationen und parapsychologische oder okkulte Phänomene wie Mediumismus oder auch Kundalini-Phänomene können zwar mit Spiritualität zusammen auftreten, aber sie sind kein Zeichen für Spiritualität und keine Indikatoren für spirituelle Entwicklung oder gar für Erleuchtung (Scharfetter, 2004, S. 47, S. 119). Solche Erfahrungen werden von den meisten spirituellen Traditionen mit grosser Skepsis betrachtet und als Hindernisse auf dem spirituellen Weg erachtet (vgl. z.B. Almaas, 1997, S. 28-32, S. 40ff., S. 188; Benz, 1969, S. 294-295, S. 299, S. 305; Eliade, 1962/1999, S. 99; Godman, 2002, S. 198-205; Kapleau, 1965/2000, S. 74; Rahner, 1958, S. 81; Rhyner, 1997, S. 91; Scagnetti-Feurer, 2004, S. 74-81; Soni & Soni, 1997, S. 52; Underhill, 1928, S. 349, S. 364-367; von Avila, 1979; Zimmer, 1997, S. 204). Aussergewöhnliche Erfahrungen können dazu verführen, dieses Erleben überzubewerten, daran festzuhalten, das eigene Ego zu sehr ins Zentrum zu stellen und damit jede weitere Entwicklung zu blockieren. So warnt etwa Ramana Maharshi (Godman, 2002) davor, Siddhis[61] zu suchen, weil sie Produkte des Geistes seien und die Selbstverwirklichung im Sinne des Einsseins letztlich verhinderten. Die Gefahr bei Siddhis besteht darin, dass sie das Ego eher aufblasen statt es auszulöschen. Er weist sogar darauf hin, dass ein Streben nach Siddhis und Selbstverwirklichung einander ausschliessen:

> Das Selbst ist das vertraute, innere Wesen, während die Siddhis etwas Fremdes sind. Siddhis werden durch Anstrengung erlangt, das Selbst nicht. Die Kräfte werden vom Geist gesucht, der angespannt bleiben muss, während das Selbst nur verwirklicht wird, wenn der Geist verschwunden ist. Die Kräfte manifestieren

---

[61] Als Siddhis werden übernatürliche Kräfte bezeichnet (Godman, 2002, S. 280). In der Regel werden acht grosse Siddhis erwähnt (Thannippara, 1999, S. 612): 1. die Fähigkeit, so winzig wie ein Atom zu werden; 2. die Fähigkeit, nach Wunsch gross zu werden; 3. die Fähigkeit, schwerelos zu werden; 4. die Fertigkeit, nach Wunsch schwer zu werden; 5. die Fähigkeit, alles zu erlangen und überall zu sein; 6. der unwiderstehliche Wille; 7. die Macht, alles zu kontrollieren; 8. die Herrschaft über alles. Weitere Siddhis sind beispielsweise die Fähigkeit, extremer Hitze oder Kälte zu widerstehen; die Sprache der Tiere zu verstehen oder das Vorherwissen des eigenen Todes.

sich nur, wenn es auch ein Ego gibt. Das Selbst ist jenseits des Ego und wird nur erkannt, wenn das Ego ausgelöscht ist. (S. 198-199)

Im Grunde kann jede Suche nach aussergewöhnlichen Erfahrungen oder nach Erleuchtung Ausdruck eines Strebens nach Macht oder Kontrolle sein, bei dem sich das Ego gerne als unsterblich oder mächtig sehen möchte (Caplan, 2002, S. 129-132). Das Erstreben jeder spirituellen Erfahrung oder jedes Stadiums kann in diesem Sinne zu einer Ausrichtung auf deren Form und auf die Intensität oder Häufigkeit von spirituellem Erleben führen – dabei geht der wirkliche Gehalt der Erfahrung verloren, weil wir sie instrumentalisieren. Dieser Prozess entsteht, wenn unsere Ambitionen auf dem spirituellen Weg zu gross sind. Trungpa (1989) schildert diesen Zusammenhang in Bezug auf den tibetischen Buddhismus, bei dem auf das Erreichen von Shunyata (Leerheit) grosser Wert gelegt wird:

> …Leerheit ist auch Form. Das heisst, dass wir auf dieser Ebene des Verstehens zuviel Gewicht darauf legen, Form frei von jeglichen Vorstellungen darüber zu sehen. Wir möchten diese Einsicht gern erlangen, so als sei die Wahrnehmung von ‚Form als leer' ein Geisteszustand, der sich erzwingen liesse. Wir suchen nach Leerheit, und damit wird sie gegenständlich und ebenfalls zu einer Form, anstatt wirklich leer zu sein. Dieses Problem besteht, weil unsere Ambitionen zu gross sind. Als nächstes müssen wir daher unser ehrgeiziges Streben aufgeben, Form als leer wahrnehmen zu wollen. Erst dann taucht sie wirklich hinter dem Schleier unserer Vorstellungen auf. (S. 221)

So geht es auch hier um ein Loslassen von Begrifflichkeiten und ein Aufgeben unseres (übermässigen) Strebens. Hier begegnen wir einer der grossen Paradoxien auf dem spirituellen Weg, die in der Darstellung der mystischen Traditionen bereits mehrfach angeklungen ist: Einerseits braucht es sehr viel Disziplin, unermüdliches Üben und Anstrengung, ernsthaft einen spirituellen Weg zu gehen. Andererseits müssen wir aber auch gerade dieses Wollen loslassen und nicht daran festhalten. Eine Aufhebung dieser Paradoxie bietet ein Erklärungsansatz, der auf Hingabe basiert. In der Hingabe an einen spirituellen Weg lassen wir uns ganz auf diesen Weg ein, praktizieren ernsthaft und bleiben innerlich doch offen und frei, werden nicht verbissen, ehrgeizig oder fixiert auf etwas Bestimmtes wie bestimmte spirituelle Erfahrungen, auf spirituelle Begriffe oder Konzepte. Hingabe beinhaltet in sich bereits ein Loslassen, ein Nicht-Anhaften und ein Sich-Einlassen.

6.2.3 Mangelnder Kontext und mangelnde Basis für Spiritualität

Spiritualität braucht eine Basis, einen Boden, in den sie sich verwurzeln kann – oder aus dem sie im Idealfall hervorgeht. Caplan (2002, S. 23) vertritt die Ansicht, dass bei uns im Westen eine solche Basis in Form einer kulturellen Matrix fehlt, die als Quelle und Nahrungsgrundlage für Spiritualität dient[62]. Spirituelle Übungen könne man importieren, nicht aber die kulturelle Matrix, die die Grundlage des jeweiligen Weges und seine Vernetzung im Alltag darstellt. In östlichen spirituellen Traditionen schützen oft lange Traditionslinien vor Anmassung und vor einem Missbrauch der Spiritualität. So wird beispielsweise im Zen dem Schüler bei entsprechendem Fortschritt auf dem spirituellen

---

[62] Caplan geht hier nicht darauf ein, dass auch der Westen eine spirituelle Tradition hat - vermutlich deshalb, weil sich wohl die meisten zeitgenössischen Suchenden östlichen spirituellen Richtungen zuwenden.

Weg Erleuchtung von seinem Zen-Meister bestätigt, und eine allfällige Lehrerlaubnis wird explizit erteilt. Dabei bleibt klar, von welchem Meister die Lehrbefugnis erteilt wurde und in welcher Tradition der Schüler steht (Kapleau, 1965/2000, S. 463). Werden nun spirituelle Praktiken aus anderen Kulturkreisen in den Westen importiert, fehlt nach Caplan (2002, S. 23-26) eine solche Tradition und dadurch auch eine wichtige Möglichkeit der Verwurzelung der Spiritualität im Alltag. Ebenso stehe dadurch zu wenig Wissen um die spirituelle Entwicklung im täglichen Leben zur Verfügung und mangelnder Schutz vor möglichen Fallgruben oder vor Korruption und Machtmissbrauch auf dem Weg.

Zum Schutz vor einer verfrühten Anmassung von Erleuchtung scheint eine spirituelle Erziehung notwendig. Eine spirituelle Erziehung zu fördern, bedeute auch, die kulturellen Normen der Spiritualität anzuheben, mehr Integrität in die zeitgenössische Spiritualität zu bringen und die tiefe Essenz spiritueller Systeme zu bewahren (Caplan, 2002, S. 26).

6.3   Aussergewöhnliche Erfahrungen als Herausforderung

Spirituelle Erfahrungen – und insbesondere aussergewöhnliche Erfahrungen - können manchmal zu einem Hindernis im Prozess der Selbstverwirklichung werden, so dass wir das eigentliche Ziel unseres Weges aus den Augen verlieren (Assagioli, 1965/2004):

> Die Wunder im Bereich des Überbewussten können uns so faszinieren, so gefangen nehmen mit bestimmten Aspekten oder Manifestationen, dass das Verlangen, den Gipfel der Selbstverwirklichung zu erreichen, dabei verlorengehen oder geschwächt werden kann. (S. 81)

So ist es wichtig, sich auch von Gipfelerfahrungen desidentifizieren zu können – aber gerade das ist manchmal sehr schwierig (Assagioli, 2008, S. 7). Eine solche Desidentifikation ist deshalb nötig, weil Gipfelerlebnisse nicht identisch sind mit dem Sein des Selbst und wir durch eine Identifikation mit solchen Erfahrungen den eigentlichen spirituellen Weg behindern. Assagioli (2008) macht diesen Unterschied zwischen Gipfelerfahrungen und dem Selbst durch einen Vergleich mit der Sonne deutlich:

> Die natürliche, unvermeidliche Konfusion zwischen transpersonalen Erfahrungen und Gipfelerlebnissen einerseits und dem Selbst andererseits kann durch ein Beispiel aus der Astronomie illustriert werden. Wir sagen häufig, dass wir die Sonne sehen. Aber wir sehen die Sonne nicht. Wir sehen das Licht, das die Sonne ausstrahlt. Aber das ist etwas anderes. Die Sonne selbst sehen wir nicht. Wir wissen nicht, was die Sonne hinter ihrem leuchtenden Vorhang von Strahlen eigentlich ist. Wenn wir über den See zu den Lichtern und Lampen am anderen Ufer schauen, sagen wir natürlich, dass wir Lampen sehen. Aber wir sehen nichts dergleichen. Die Lampen sind unsichtbar, wir sehen das Licht, das von diesen Glühbirnen ausstrahlt, aber die Glühlampen selbst sehen wir nicht. Wir sehen also von dieser Ebene aus niemals den Kern, die eigentliche Quelle, die unbewegt ist, nur ausstrahlt und leuchtet. Was ihr seht, sind allein die Strahlen, die von dort kommen. Alles Werden ist eine Ausstrahlung des Seins. (S. 7)

Aus demselben Grund warnte der indische Mystiker Ramana Maharshi seine Schüler davor, Visionen oder *siddhis* zu suchen, „weil sie Produkte des Geistes seien und die Selbstverwirklichung eher hinderten als förderten" (Godman, 2002, S. 198) und den

Schüler nur vom wirklichen Pfad ablenken würden (Chadwick, 2004, S. 50). Das Streben nach übernatürlichen Kräften wurde auch damit verglichen, sich noch mehr hindernde Ketten anzulegen und eiserne gegen goldene Ketten zu tauschen. Die Ketten könnten aber nur durch echte Selbstverwirklichung wahrhaft gebrochen und man selbst befreit werden (Sundaresa Iyer, 2007, S. 64).

Ramana Maharshi wies darauf hin, dass Visionen oft dann auftauchen, wenn der Meditierende aus seiner Sammlung in der Meditation abweicht. In diesem Sinn sah er sie auch als Störungsphänomene, von denen man sich nicht in die Irre führen lassen soll. Unabhängig, ob der Meditierende nun Licht sieht oder Raum, einen feinen zarten Ton vernimmt oder Gesichter der personhaft erscheinenden Gottheit, soll er das alles nicht beachten (Zimmer, 1997, S. 204).

Manchmal bestätigte Ramana Maharshi Visionen als Zeichen eines Fortschrittes – aber nur, wenn sie spontan auftraten. Und er fügte jeweils hinzu, dass sie nur vorübergehende Erscheinungen seien, keine Zeichen für Selbstverwirklichung und auch nicht mit ihr identisch seien (Godman, 2002, S. 198; Ramanan, 1982, S. 8). Besondere Kräfte sah er nicht als Hilfen zur Erkenntnis des Selbst, weil man diese zwar erlangen, gleichzeitig aber in völligem Nichtwissen in Bezug auf das Selbst verharren kann (Zimmer, 1997, S. 127). Er sprach aber auch von einer zweiten Art „wunderbarer Kräfte *(siddhi)*" (Zimmer, 1997, S. 127): „Das sind Offenbarungen der Kraft und Erkenntnis, die dir ganz natürlich sind, wenn du das Selbst erlebt hast" (Zimmer, 1997, S. 127). Sie tauchen also als Begleiterscheinungen der spirituellen Entwicklung auf (vgl. Scagnetti-Feurer, 2004, S. 72-110, S. 306-309). Diese zweite Art von auftauchenden Erscheinungen berührt den Selbstverwirklichten jedoch nicht: „der Vollendete *(siddha)* des wahrhaft Wirklichen, im höchsten Frieden geborgen, bleibt davon unverstört. Er weiss um das Selbst, und das ist die unerschütterliche Vollendung *(siddhi)*" (Zimmer, 1997, S. 128). Die Gefahr bei besonderen Kräften besteht vor allem darin, ihnen verhaftet zu sein und das Ich aufzublasen statt es auszulöschen. So wies Ramana Maharshi darauf hin, dass das Streben nach Selbstverwirklichung und der Versuch, *siddhis* zu erlangen, einander entgegengesetzt sind und sich ausschliessen (Godman, 2002, S. 198-199).

Auch in der Analytischen Psychologie wird auf die Gefahr hingewiesen, wenn ausserordentliche Erfahrungen und Fähigkeiten wie Hellsehen um ihrer selbst willen angestrebt werden, ohne dass „gleichzeitig für den Erhalt des seelisch-geistigen Gleichgewichts gesorgt ist" (Wehr, 1995, S. 211). Wehr (1995, S. 211) betont hier, dass Psychohygiene und Psychopathologie besonders beachtet werden müssen. Wo Ramana Maharshi vorschlagt, das ganze Streben bei solchen Phänomenen auf die Selbstverwirklichung auszurichten, wird hier die psychologisch-psychotherapeutische Arbeit hervorgehoben.

In diese Richtung zielt auch der Umgang mit negativer Transzendenz in der Initiatischen Therapie (vgl. Kapitel 4.3.2). Hier wird auf die Gefahr von Seinserfahrungen verwiesen, am Überirdischen hängen zu bleiben (Hippius, 1996, S. 56) oder durch Seinserfahrungen auf dem spirituellen Weg stehen zu bleiben (Dürckheim, 1975/2001, S. 164). Erfahrungen der Transzendenz können auch dazu verführen, damit auftrumpfen zu wollen (Hippius, 1996, S. 56-57) oder mit der Transzendenz Ungewöhnliches vollbringen zu wollen, da die Verhaftung im eigenen Ich noch zu stark ist (Dürckheim, 1975/2001, S. 68). In all diesen Fällen ist es zentral, sich mit den eigenen Schattenaspekten auseinanderzusetzen und diese in psychologisch-psychotherapeutischer Weise aufzuarbeiten (Dürckheim, 1989, S. 288).

Auch im Sufismus werden Erfahrungen der Glückseligkeit mit einer gewissen Gefahr assoziiert: Man konnte nie sicher sein, ob Gott einen nicht auch in Augenblicken vollkommener Glückseligkeit nochmals zu weltlichen Gedanken wie Stolz oder Hochmut herabziehen würde und den Sufi so von seinem höchsten Ziel ablenken würde. Wunder wurden auch als „Gottes Ränke" verstanden, weil sie immer noch mit der Welt verbunden sind (Schimmel, 1975/1995, S. 187-188).

Der Zen-Buddhismus vertritt die Grundhaltung, aussergewöhnlichen Erfahrungen keine Beachtung zu schenken, da sie nicht erstrebenswert sind und dem eigentlichen Ziel des spirituellen Weges hinderlich sind (Kapleau, 1965/2000, S. 74; Kapleau, 1997, S. 171; Rhyner, 1997, S. 91). Aussergewöhnliche Erfahrungen und Erleuchtungserlebnisse verleiten uns dazu, an ihnen festzuhalten – und genau dadurch werden sie zu einem Hindernis (Beck, 2000, S. 103). So sind für den Zen-Meister und Begründer der Soto-Zen-Richtung Dogen sogenannte übernatürliche Kräfte nichts Erstrebenswertes, und er bestätigte auch Aussagen nicht, die davon ausgehen, dass ein Erwachter übernatürliche Kräfte bekommen kann. Er sieht die allgemein als übernatürlich beschriebenen Kräfte als klein an, weil sie durch Zeit und Raum begrenzt sind und sie sich zwar im Immateriellen zeigen, aber sich doch nie im wirklichen Jetzt offenbaren können (Dogen, 2003, S. 100). Er betont, dass die wahre übernatürliche Kraft die eigentliche Wirklichkeit selbst ist, so wie sie ist (Dogen, 2003, S. 102). Um das zu veranschaulichen verweist Dogen auf die Worte von Ho-on: „Wasser holen und Brennholz tragen, welch übernatürliche Kraft und welch wunderbares Wirken." (Dogen, 2003, S. 101). Die Welt ist, wie sie ist – es gibt nichts, was den erwachten Menschen darin stören könnte, da er unabhängig davon lebt (Dogen, 2003, S. 104). Dogen spricht in diesem Zusammenhang davon, „jenseits der übernatürlichen Kräfte" (Dogen, 2003, S. 105) zu sein, was bedeutet, „dass ein solcher Mensch sein Leben völlig frei lebt, ohne von materiellen Dingen und abstrakten Vorstellungen abhängig zu sein. Kurz gesagt, er ist ein lebendiger Buddha" (Anmerkung der Übersetzer in Dogen, 2003, S. 109). So „hinterlassen" die übernatürlichen Kräfte im Sinne Dogens (2003, S. 105) „keine Spuren" – dabei werden Sinnesempfindungen nicht mit Gefühlen oder mit dem bewertenden Bewusstsein gekoppelt. „Es ist reines Gewahrsein, Augenblick für Augenblick" (Kommentar in Dogen, 2003, S. 109).

Auch der christliche Mystiker Johannes vom Kreuz (2003a, S. 180, S. 358) sieht aussergewöhnliche Erfahrungen wie Ekstasen oder Visionen nicht als erstrebenswert auf dem spirituellen Weg an, da sie für ihn keine Mittel sind, um zur Gotteinung zu gelangen. Sie stellen für ihn Begleiterscheinungen und Randphänomene des geistlichen Weges dar (vom Kreuz, 2003a, S. 175, S. 213, S. 214). Er sieht sie als Anpassungsschwierigkeiten, die bei vollkommener Gotteinung verschwinden und die keineswegs Zeichen besonderer Heiligkeit sind (vom Kreuz, 2003a, S. 274, S. 331-332; vom Kreuz, 2003c, S. 91-92, S. 113). Wenn solche aussergewöhnlichen Erfahrungen willentlich zugelassen werden, können sie zu Quellen vieler Täuschungen und Gefahren auf dem spirituellen Weg werden wie etwa (vom Kreuz, 2003a, S. 173, S. 176-177, S. 184-185):

- Gefahr der Selbstüberhöhung.
- Entwicklung von Vorstellungen von Gott, die zwar für den Anfänger auf dem spirituellen Weg hilfreich sind, für den Fortgeschrittenen jedoch zu einem grossen Hindernis werden.
- Der Glaube im Sinne eines Sich-Einlassens auf Gott verringert sich.

- Aussergewöhnliche Erfahrungen werden zu einem Hindernis für den Geist, weil er an ihnen festhält.
- Entwicklung eines Besitzanspruchs und einer Erwartungshaltung in Bezug auf solche Erfahrungen, die Johannes vom Kreuz der Leere und Demut des Geistes entgegengesetzt sieht.
- Fixierung auf die sinnenhafte Erfahrung selbst statt auf deren Auswirkungen.
- Verlust der Gnadengaben Gottes, weil der Mensch sie mit Besitzanspruch betrachtet und sie auf diese Weise nicht richtig nutzen kann.
- Aussergewöhnliche Erfahrungen öffnen oft die Türe für (weitere) Täuschungen durch „den Bösen".

So wird Johannes vom Kreuz nicht müde zu betonen, dass man aussergewöhnliche Erfahrungen meiden, von sich weisen und kein Verlangen nach ihnen haben soll. Wenn welche auftreten, soll man kein Aufhebens darum machen und auch nicht nach ihrer Echtheit fragen (vom Kreuz, 2003a, S. 172, S. 174, S. 177, S. 210-212, S. 214, S. 223-225 S. 283, S. 299, S. 303, S. 318, S. 365). Johannes vom Kreuz weist auch darauf hin, sich tiefen Gottesmitteilungen nicht näher zu widmen, da sie von sich aus und ohne unser Zutun wirken. Mit unserem eigenen menschlichen Willen würden wir das Ganze eher behindern (vom Kreuz, 2003a, S. 359-360). Allerdings sieht er es als hilfreich, sich an die Liebe aus einer Erfahrung zu erinnern, um die Liebe auf dem Weg der Gotteinung zur Auswirkung zu bringen (vom Kreuz, 2003a, S. 364). Dabei soll allerdings ein Festhalten der Erfahrung vermieden werden (vom Kreuz, 2003a):

> Was das Thema anbelangt, wie sich das Erinnerungsvermögen in bezug auf sie verhalten soll, um zur Gotteinung zu gelangen, sage ich nur, dass sich der Mensch an sie erinnern darf, wenn sie eine gute Auswirkung hervorrufen, allerdings nicht um sie in sich feshalten zu wollen, sondern um die Liebe und Einsicht in Gott zu beleben. (S. 366)

Erfahrungen der Gotteinung sollten so oft wie möglich erinnert werden, was allerdings nicht durch irgendeine Form, Abbildung oder Gestalt geschieht, sondern durch die Auswirkung im Menschen wie Liebe, geistliche Erneuerung, Licht. Wann immer wir uns an solche Auswirkungen von Erfahrungen der Gotteinung erinnern, wird etwas davon in uns erneuert (vom Kreuz, 2003a, S. 366-367).

Johannes vom Kreuz sieht den Wunsch nach aussergewöhnlichen Erfahrungen wie Visionen, Erscheinungen oder anderen spirituellen Erfahrungen als unnütz und gar als Affront Gott gegenüber, da solche Erfahrungen nur Teilaspekte vermitteln können. Gott hingegen habe in Christus eine vollständige Antwort gegeben für den spirituellen Weg (vom Kreuz, 2003a):

> Wer deshalb jetzt noch Gott befragen oder eine Vision oder Offenbarung von ihm wünschen wollte, beginge nicht nur eine Dummheit, sondern er würde Gott eine Beleidigung zufügen, weil er seine Augen nicht ganz und gar auf Christus richtet, ohne noch etwas anderes oder Neues zu wollen.

> Gott könnte ihm nämlich folgendermassen antworten und sagen: Wenn ich dir doch schon alles in meinem WORT, das mein Sohn ist, gesagt habe und kein anderes mehr habe, was könnte ich dir dann jetzt noch antworten oder offenbaren, was mehr wäre als dieses? Richte deine Augen allein auf ihn, denn in ihm habe

ich dir alles gesagt und geoffenbart, und du wirst in ihm noch viel mehr finden, als du erbittest und ersehnst. Du bittest nämlich um innere Ansprachen und Offenbarungen über Teilbereiche, doch wenn du deine Augen auf ihn richtest, wirst du es im Ganzen finden, denn er ist meine ganze Rede und Antwort, er ist meine ganze Vision und Offenbarung. ... Du wirst nichts finden, was du von mir erbitten, noch was du an Offenbarungen oder Visionen von mir ersehnen könntest. Schau ihn dir nur gut an, denn dort in ihm wirst du all das schon getan und gegeben finden, und noch viel mehr. (S. 262-263)

Was Johannes vom Kreuz hier formuliert, kann auch als Hinweis darauf verstanden werden, dass wir uns auf unserem spirituellen Weg nicht im Aussergewöhnlichen verlieren sollen, sondern unser Augenmerk auf das Ganze richten sollen: auf die Verkörperung des Spirituellen im alltäglichen Menschen – für den Christen zunächst manifestiert in Christus und im Menschen Jesus von Nazareth. Denselben Gedanken drückt auch Teresa von Avila (1979, S. 213-214) aus, wenn sie erklärt, dass „der Satan manchmal den Wunsch nach gewaltigen Taten in uns erregt, damit wir nicht nach dem Nächstliegenden greifen". So versäumen wir es, Gott mit dem Nächstliegenden zu dienen und begnügen uns damit, das Unmögliche zu ersehen, ohne etwas zu verwirklichen. Um Gott zu dienen, sollen wir das Nächstliegende in einer Haltung von Demut tun.

Insgesamt warnen also die spirituellen Wege davor, aussergewöhnlichen Erfahrungen und Fähigkeiten besondere Beachtung zu schenken, weil sie die Gefahr in sich bergen, dass wir daran hängen bleiben und das eigentliche Ziel aus den Augen verlieren.

6.4 Spirituelle Krisen

Spirituelle Krisen gehören zu den Schwierigkeiten bei der Integration spiritueller Erfahrungen, die in ihren ausgeprägten Erscheinungsformen einer Psychopathologie oder psychiatrischen Erkrankungen am nächsten kommen. Für Menschen auf dem spirituellen Weg ist es daher wichtig, dass eine sorgfältige Differentialdiagnose erfolgt und ihre Symptome nicht vorschnell pathologisiert werden. Im Folgenden werden zunächst Merkmale und Erscheinungsformen spiritueller Krisen charakterisiert, auf mögliche Auslöser eingegangen und aufgezeigt, wie auf Grund der neueren Forschung differentialdiagnostisch zwischen spirituellen Krisen und psychiatrischen Erkrankungen unterschieden werden kann. Anschliessend werden Möglichkeiten zum Umgang mit spirituellen Krisen dargestellt und damit auch zu einer Integration der zugrundeliegenden spirituellen Erfahrungen.

6.4.1 Merkmale und Erscheinungsformen

Während ich durch meine Augen nach draussen schaute, nahm ich tatsächlich wahr, wie sich die Form meines Körpers verwandelte und von einer weiten, nebligen Helligkeit erfüllt wurde, die alle bis dahin vorhandenen klaren Grenzen auslöschte. Die Luft bestand aus der gleichen Helligkeit, die sich in alle Richtungen ausbreitete, so weit das Auge reichte. Ich fühlte mich immer weniger lokalisierbar, so als ob ‚Ich' an keinem bestimmten Platz in diesem strahlenden Nebel war, sondern überall zur gleichen Zeit.

Als ich Claude neben mir anschaute ... schien er sehr weit entfernt und in dieser unendlichen Helligkeit unerreichbar zu sein. ... Langsam stieg Panik in mir auf, und ich konnte nicht weiterreden. Die Panik verstärkte sich, und fürchterliche

Gedanken durchblitzten meinen Verstand. Ich werde wahnsinnig, dachte ich, ich verliere den Bezug zur Realität und kann nicht mehr funktionieren. (Segal, 2000, S. 62)

Was Suzanne Segal (2000) hier als Anfangsstadium einer spirituellen Krise beschreibt, wurde schliesslich ein mehrjähriger Prozess, in dem sie mit starken Ängsten kämpfte und auf verschiedenste Weise versuchte, damit zurechtzukommen – bis sie das Potential in dieser Erfahrung eines dauerhaften Verlustes ihres individuellen Selbst erkannte und schliesslich in einem inneren Zustand unendlicher Weite leben konnte. Zeitweise ähnliche Erfahrungen machte auch Bernadette Roberts (1997).

Spirituelle Krisen sind im Unterschied zu Krisen nicht-spiritueller Art charakterisiert durch ihren Bezug zum religiös-spirituellen Bereich. Es handelt sich dabei um Erfahrungen im Bereich des Bewusstseins, des Affekts, der Empfindungen, des eigenen Ich-Erlebens, die verunsichernd oder gar bedrohlich erlebt werden. Dabei wird immer wieder auf ihr transformierendes Potential hingewiesen (Assagioli, 1965/2004; Assagioli, 1988/1992; Bragdon, 1991; Grof & Grof, 1990; Grof & Grof, 1991; Scharfetter, 1997; Scharfetter, 2004). Scharfetter (2004) verweist auf den religiös-spirituellen Charakter und den doppelten Sinn der Krise als risikoträchtigen Zustand und als Ausgangspunkt von Wandlung und Entfaltung:

> ‚Spirituelle Krisen' – der Ausdruck grenzt diese Krisen von den ‚nicht-spirituellen', den profanen und existentiellen, ab durch den Bezug zu religiösen, spirituellen (im weiten Sinn doch auch existentiellen) Themen, Inhalten und/oder Anlässen. Nach den Erscheinungsbildern geht es bei solchen spirituellen Krisen um besondere Bewusstseinsphänomene, Stimmungen, Sensationen, Ich-Zustände u.ä., spontan oder provoziert, welche den Menschen und eventuell auch seine Umgebung verunsichern, beängstigen, hilfsbedürftig machen. Das Wort Krise hat auch hier einen doppelten Sinn: Einerseits bezeichnet es einen risikoträchtigen, notvollen, unter Umständen zum Helfen auffordernden Zustand (emergency), andererseits einen Wendepunkt mit der Möglichkeit positiver Auswirkung (emergence), Wandlung, Wachstum und Entfaltung. (S. 106)

Das Potential einer Krise kann in einer Wandlung und Neuorientierung gesehen werden, negative Aspekte können in einer (vorübergehenden) Verschlechterung der Funktionsfähigkeit im Alltag oder einem Rückfall in alte Verhaltensmuster liegen (Scharfetter, 2004, S. 106).

Das Erleben während der Krise ist meist von negativen Stimmungen und Gefühlen geprägt wie Unsicherheit, Ratlosigkeit, Zweifel, Angst, Mutlosigkeit, Schwäche, Erschöpfung, Verletztsein, Enttäuschung, Wut, Ärger, Scham, Schulgefühlen, Unklarheit, Unentschlossenheit oder Wertkonflikten (Scharfetter, 2004, S. 107).

Scharfetter (2004, S. 116-123) schlägt mit Grof (vgl. Grof & Grof, 1990, S. 38-54) eine Gliederung spiritueller Krisen nach folgenden Erscheinungsformen vor:

- *Bewusstseinsphänomene*, schamanische Reise (Gefühl, die Seele verlasse vorübergehend den Körper und trete in andere Welten ein), Manifestation parapsychologischer Phänomene wie telepathische Phänomene, Präkognition, Visionen.
- *Vegetativ-energetische Phänomene* wie Erregungen, Zittern, Beben, Schwitzen, Frösteln; Schmerzen in Kopf, Herzbereich, Bauch, Beckenbereich; Körpergefühlsveränderungen; Auftreten von Licht-, Farb-, Ton- oder Vibra-

tionsempfindungen; Stimmungsveränderungen zwischen depressiv und manisch. Diese Phänomene werden dem Kundalini-Erwachen zugeordnet.

- *Affektdominante Phänomene:* vorwiegend negative Veränderungen der Grundstimmung wie Niedergeschlagenheit, Mutlosigkeit, Angst, Zweifel, Verlassen- und Verlorenheitsgefühle, Gefühl der eigenen Nichtigkeit.
- *Mnestische Phänomene* wie ein Erinnern früherer postnataler, dann auch perinataler und antenataler Lebensabschnitte, Reinkarnations-Erinnerungen
- *Besessenheitszustände:* Gefühl, von fremden Mächten, Geistern oder Dämonen besessen und im eigenen Verhalten von ihnen bestimmt zu sein.
- *Ich-desintegrative Krisen:* schwerste Form der Krisen auf dem spirituellen Weg. Gefühl der Desintegration des Ich, angstvolle Ich-Auflösung, Gefühl des Ich-Verlusts, Gefühl des Wertverlusts, Gefühl in einer Sonderwelt zu sein, in der der Kontakt zur „gewöhnlichen" Welt und zu anderen Menschen verloren geht.

Dabei handelt es sich um eine didaktische Gliederung. Kombinationen der erwähnten Formen sind häufig.

Galuska (2003) unterscheidet in Anlehnung an Wilbers Entwicklungsmodell (mit den drei Hauptbereichen präpersonal, personal, transpersonal) drei Formen religiös-spiritueller Krisen und Störungen:

- *Religiöse Störungen:* Störungen im Übergang von präpersonalen zu personalen Formen von Religiosität und Spiritualität, von kindlicher zu erwachsener Religiosität. Hier siedelt Galuska die DSM-IV-Diagnose „religiöses oder spirituelles Problem" mit der Kodierungsziffer V 62.89 (Z71.8) an (Sass et al., 2003, S. 811).
- *Psycho-spirituelle Störungen:* Störungen der Integration subtiler Erfahrungen im personalen Bewusstsein. Dabei werden Störungen in der Integration energetischer Empfindungen (z.B. Lichterlebnisse, Strömungsempfindungen, motorische Phänomene, akustische Phänomene – die als sog. Kundalini-Erfahrungen bezeichnet werden (Sannella, 1987)), aussersinnlicher Wahrnehmungen (z.B. Hellsichtigkeit, Präkognition mit einer Krise der sensitiven Öffnung) sowie von Transzendenz- und Gipfelerfahrungen unterschieden.
- *Transpersonale Störungen:* Störungen im Übergang von personaler zu transpersonaler Spiritualität, der spirituellen Entwicklung im engeren Sinn.

In unserem Zusammenhang sind v.a. der Bereich der transpersonalen Störungen und der Transzendenz-Erfahrungen bei psycho-spirituellen Störungen relevant.

Transzendenzerfahrungen bei psycho-spirituellen Störungen können eine Krise der spirituellen Öffnung beinhalten, wenn diese Phänomene erstmals auftauchen und die Persönlichkeitsstruktur erschüttern. Solche Transzendenzerfahrungen können auch einen spirituellen Materialismus des Betroffenen begünstigen (vgl. Kapitel 6.5). Wenn Erfahrungen dieser Art dissoziativ verarbeitet werden, können sie zu einer Verachtung und zu einer Vernachlässigung des weltlichen Lebens und zu einem Workshop-Hopping führen. Auf dieser Ebene ist neben einer Arbeit, die das Strukturniveau und die Bearbeitung der üblichen Persönlichkeitsprobleme berücksichtigt, der Einbezug einer spirituellen Praxis wie der Meditation sehr hilfreich, weil die transpersonalen Erfahrungen die spirituelle Suche und Entwicklung sehr fördern können (Galuska, 2003, S. 17-22). Die

Grade der Störungen variieren und werden bei den verschiedenen psycho-spirituellen Störungen bis zu psychotischem Ausmass geschildert – jeweils abhängig vom Strukturniveau der Gesamtpersönlichkeit. Bei den psycho-spirituellen Störungen (energetische Empfindungen, aussersinnliche Wahrnehmungen) werden Übungen zur Integration empfohlen, die vor allem damit zu tun haben, dass die Person sich von den Wahrnehmungen ab- oder sich ihnen zuwenden kann. Es geht auch darum, dass der Betroffene Unterscheidungsfähigkeit entwickeln kann und mehr Steuerungsfähigkeit oder Dosierung bezüglich der Wahrnehmungen (Galuska, 2003, S. 12, S. 16-17).

Bei den eigentlichen *transpersonalen Störungen* (Galuska, 2003, S. 22-25) entstehen Ungleichgewichte in der Regel durch eine unbalancierte spirituelle Praxis – also wenn zu Meditation oder Gebet zu wenig Ausgleich durch Praktisches geschieht. In der Folge können Überempfindlichkeit, Reizbarkeit und zu grosse Offenheit auftreten.

Nach einer intensiven spirituellen Erfahrung kann es hier schwierig sein, sich erneut für diesen Bereich zu öffnen. Auch die gegenteilige Reaktion ist möglich, die Wilber (1988c, S. 133-134) Pseudo-Nirvana nennt: Dabei werden transpersonale Erfahrungen für die Erleuchtung selbst gehalten. Hier wird auf Grund narzisstischer Bedürfnisse die Erfahrung als Erleuchtung fehlinterpretiert. Auch nach einer nondualen Erfahrung, also der Auflösung des Ich-Bewusstseins, taucht das Ich-Empfinden wieder auf, und es kann passieren, dass die narzisstische Seite der Persönlichkeit sich damit schmücken will.

Ähnlich wie bei den psycho-spirituellen Störungen durch Transzendenzerfahrungen kann es auch hier zu einer Spaltung von Spiritualität und Alltag kommen – alles Spirituelle wird hochgeschätzt, die Alltagswelt wird abgewertet. Wilber (1988c, S. 131) spricht von Pseudo-Dukkha[63].

Es kann auch zu einer Verabsolutierung des eigenen spirituellen Weges oder des eigenen Lehrers kommen: hier vermischen sich dann narzisstische Elemente mit der Erfahrung.

6.4.2 Auslösende Faktoren

Spirituelle Krisen können *spontan* auftreten in Zeiten der Neuorientierung oder *reaktiv* in erschütternden, leidvollen Lebensphasen. Sie können *unabsichtlich* induziert sein durch bewusstseinsverändernde Substanzen oder *absichtlich* induziert durch pharmakologische oder andere Techniken. Sie können auch als Störung einer *spirituellen Praxis* auftreten (Scharfetter, 1997, S. 60).

In den meisten Fällen lassen sich für eine spirituelle Krise auslösende Faktoren festmachen. Dabei zeigt sich eine grosse Bandbreite möglicher Auslöser (Bragdon, 1991, S. 16; Grof & Grof, 1990, S. 30-31; Grof & Grof, 1991, S. 52-53):

- *physische Faktoren* wie Krankheit, Unfall, Operationen, langandauernde Schlafunregelmässigkeiten und Schlafmangel, Erschöpfung; starke sexuelle Erfahrungen; Geburt, Fehlgeburt, Abtreibung;
- *starke emotionale Faktoren* wie Verlust einer wichtigen Beziehung, Verlust des Arbeitsplatzes, materieller Verlust;

---

[63] Der Begriff *dukkha* (von sanskrit *duhkha* und pali *dukkha*) bedeutet Leiden und gehört zur Grundlehre des Buddhismus über die Vier Edlen Wahrheiten (1. die Wahrheit vom Leiden *(dukkha)*, 2. die Wahrheit von der Entstehung des Leidens, 3. die Wahrheit von der Aufhebung des Leidens, 4. die Wahrheit von dem zur Aufhebung des Leidens führenden achtgliedrigen Weg). Die buddhistische Lehre sieht alles Leben als leidhaft an, weil es vergänglich und nicht beständig ist (Schumann, 2000, S. 24-26, S. 44-46).

- *Umbruchsphasen,* grosse Veränderungen in der Lebensgeschichte;
- *bewusstseinsverändernde Substanzen.*

Grof und Grof (1991, S. 54) vermuten auf Grund dieses breiten Spektrums möglicher Auslöser, dass die Bereitschaft zu einer inneren Wandlung wesentlicher ist als bestimmte äussere Faktoren.

Die neuere empirische Forschung hebt folgende zwei Hauptthemen als Auslöser für eine spirituelle Krise hervor (Belschner & Galuska, 1999, S. 84-85): Betroffene Personen beschreiben für die Zeit vor der spirituellen Krise, dass sie das Gefühl hatten, ihr Leben sei an einem Wendepunkt angekommen. Oder die Lebenssituation war im Vorfeld bereits sehr belastend gewesen, und die spirituelle Krise war dann noch das Tüpfelchen auf dem „i". Eine nähere Datenanalyse ergab schliesslich sechs auslösende Bedingungskonstellationen für den Beginn der Krise (Belschner & Galuska, 1999, S. 85-86):

- *Gefangenheit in der Lebenssituation:* Die betroffene Person erlebt sich seit längerer Zeit in einer belastenden Lebenssituation gefangen. Bemühungen, sich daraus zu befreien, schlagen fehl, und die Situation spitzt sich weiter zu. Die Belastung mündet in die Krise.
- *Aktives Bemühen um einen alternativen Lebensentwurf:* Die Person merkt, dass ihr Leben an einem Wendepunkt angekommen ist, und sie begibt sich auf eine aktive Suche nach einer grundlegenden Veränderung. Die Krise ist hier eine Begleiterscheinung des begonnenen Wandlungsprozesses.
- *Öffnung für einen alternativen Bewusstseinsraum:* Hier ist die Person bereits auf einem selbstgewählten, inneren Veränderungsweg und erfährt dabei eine plötzliche Öffnung in einen bisher nicht bekannten Bewusstseinsraum. Diese Erfahrung ist nicht unmittelbar integrierbar in den bisherigen Lebensentwurf und löst so krisenhafte Irritationen aus.
- *Kontrollverlust auf Grund äusserer Ereignisse:* Hier ist die Krise Ausdruck eines erlebten Kontrollverlusts durch äussere Ereignisse – etwa durch die Diagnose einer unheilbaren Krankheit, die als extrem belastender Schicksalsschlag erlebt wird, über den die Person keine Kontrolle zu gewinnen glaubt.
- *Verunsicherung im Glauben:* Hier ist die Krise Ausdruck einer kognitiven und gefühlsmässigen Dissonanz zu einer religiösen Praxis, die als Verpflichtung erlebt wird. Die Person hat bis zum Eintritt der Krise noch keine Veränderung angestrebt.
- *Drogenerfahrung:* Die Person denkt, dass ihre Krise auf Drogeneinnahme zurückzuführen ist.

Elemente, die das Auftreten einer spirituellen Krise begünstigen, können im Grunde jeden Lebensbereich betreffen, der eine gewisse mangelnde Stabilität aufweist. So beschreibt Scharfetter (1997, S. 60-63; 2004, S. 110-114) als Ursprungsbereiche spiritueller Krisen den Leibbereich (z.B. mangelnde Verankerung im eigenen Körper), den psychologisch-intrapsychischen Bereich (z.B. rigide oder schwache Ich-Struktur), den psychosozialen (z.B. problematische Beziehungen) und den transpersonalen Bereich (z.B. Verlust des Kontaktes mit dem Körper oder mit dem inneren oder äusseren Meister).

Im transpersonalen Bereich kann auch die Intensität und der Zeitpunkt einer spirituellen Erfahrung ausschlaggebend für eine spirituelle Krise werden. So kann eine starke spirituelle Erfahrung zu früh auftreten – zu einem Zeitpunkt, zu dem die betroffene

Person noch nicht genügend auf eine solche Erfahrung vorbereitet ist. Dann wirkt eine spirituelle Erfahrung unter Umständen nicht befreiend, sondern der Betroffene kann sich durch die ungeheure Kraft wie ausgelöscht fühlen (Beck, 2000, S. 66). Ebenso kann ein zu rasches Tempo auf dem spirituellen Weg gefährlich sein, weil wir dann aus dem Gleichgewicht fallen können. Persönliche Schwierigkeiten und Probleme lösen sich auf dem spirituellen Weg nicht einfach auf, sondern können sich zeitweise gar verstärken. So sollte der Prozess verlangsamt werden, wenn er zu schnell und zu heftig wird (Beck, 2000, S. 67, S. 86).

Auch bestimmte Vorstellungen des spirituellen Weges wie, dass dabei unser Ich sterben müsse, können eine Gefahr darstellen: So beobachtet etwa Jäger (2006, S. 4) in ihrer Arbeit mit Menschen in spirituellen Krisen immer wieder, wie sie durch diese Vorstellung nach Meditationen, schamanistischen Ritualen etc. in „verheerende Auflösungszustände geraten".

6.4.3 Differentialdiagnose

Grundlegend für eine Differentialdiagnose spiritueller Krisen sind nach Scharfetter (2004, S. 123):

- der lebensgeschichtliche Kontext und die Situation einer spirituellen Erfahrung,
- der Bewusstseinszustand, in dem die Erfahrung auftauchte,
- der Kontext der gesamten Erlebnis- und Verhaltensweisen sowie der Folgen für die Funktionsfähigkeit in elementaren Lebensbelangen wie Realitätsprüfung, Selbstkontrolle etc.

So kann eine Diagnose nie auf Grund einzelner Symptome erfolgen, sondern nur aus dem Gesamtkontext heraus. Bei einer sehr schweren spirituellen Krise ist eine Abgrenzung zu einer psychotischen Krise wichtig, da sich die beiden erscheinungsbildlich ähnlich sind (vgl. dazu auch Lukoff, 1985; Lukoff, 1988). Scharfetter (2004, S. 123) sieht ein Hauptkriterium in der Intensität der Erlebnisse und der Art der Reaktion des Betroffenen darauf, insbesondere darin, ob daraus auch eine Dysfunktionalität resultiert: „Sofern der Inhalt ein religiös-spiritueller ist, wird die Intensität der Erlebnisse, die Ergriffenheit der Person und deren Fähigkeit, die Erfahrungen zu integrieren und daran zu wachsen, oder deren Disposition, daran zu scheitern und dysfunktionell, infirm, d.h. krank zu werden, über die Zuordnung entscheiden". Scharfetter (2004, S. 129) kritisiert eine „Umdeutung von Krisen von Krankheitsgewicht zu ‚transformativen', spirituellen Krisen", wie sie etwa von Grof und Grof (1990) verstanden werden.

Für eine adäquate Einschätzung ist es zentral, nicht vorschnell zu pathologisieren – insbesondere, wenn die Lebensumstände und die Lebensgeschichte nicht ausreichend berücksichtigt worden sind. Ein Einordnen der Krise in die Lebensgeschichte und aktuelle Lebenssituation ist für eine Gesamtbeurteilung und eine Differentialdiagnose unerlässlich. Ausserdem muss berücksichtigt werden, dass spirituelle Erfahrungen und transpersonale Phänomene innerhalb und ausserhalb von psychiatrischen Erkrankungen vorkommen können. Nur eine Gesamtbeurteilung, die die ganze Lebenssituation des Betroffenen mit seiner Lebensgeschichte, der aktuellen Konstellation, seine Persönlichkeit und seinen Bezug zum Spirituellen umfasst, ermöglicht eine klare Differentialdiagnose (Scharfetter, 2004, S. 124, S. 129). So gehören zu einer Klärung der aktuellen Probleme nach Inhalt, Anlass und Ausmass etwa auch Fragen zu den Begleitumständen, die allenfalls als Auslöser von aussergewöhnlichen Bewusstseinszuständen in Frage kommen: So etwa Qualität und Ausmass des Schlafes mit Erschöpfung und Ermüdung als mögliche Auslöser, Zustände von Müdigkeit mit dissoziierter Wachheit; Ernährungsgewohnheiten, Einnahme von Pharmaka, psychedelischer Drogen; körperlicher Gesundheitszustand. Bei Meditierenden ist auch die Art der Meditationspraxis, deren Häufigkeit und Dauer sowie begleitende Themen wie innerer Erwartungsdruck, Abhängigkeit von einem spirituellen Lehrer oder eigenes Üben ohne formelle Führung einzubeziehen. Im aktuellen Zustand des Klienten ist insbesondere auf Ängste zu achten wie Desintegrationsangst, Angst vor Kontrollverlust oder vor Realitätsverlust, aber auch auf Verunsicherung oder Desorientierung im Zusammenhang mit einer Realitätsunsicherheit (Scharfetter, 2004, S. 127-132).

Auch Brunnhuber und Wagner (2006, S. 36) beziehen zur Differentialdiagnostik spiritueller Krisen einen weiteren Kontext ein. Sie schlagen ein mehrstufiges (dreigliedriges) diagnostisches Vorgehen vor, das „den Diskussionsstand der Bewusstseinspsychologie, eine strukturdiagnostische Zuordnung und eine Abgrenzung gegenüber psychiatrischen Erkrankungen umfasst". Dieses diagnostische Vorgehen soll auch den Anschluss an die psychiatrische Diagnostik gewährleisten (ICD-10, DSM-IV). Obwohl in den internationalen Klassifikationssystemen ICD-10 und DSM-IV mit den Klassifikationen F44.3 „Trance- und Besessenheitszustände" (ICD-10 (Dilling et al., 2008)) und V 62.89 „Religiöses oder spirituelles Problem"[64] (DSM-IV (Sass et al., 2003)) bereits Versuche in diese Richtung gemacht wurden, steht nach Brunnhuber und Wagner (2006, S. 35) „ein angemessener und unbefangener Umgang mit dem Konstrukt der Religiosität" noch aus und „eine differenzierte operationalisierte Diagnostik fehlt".

Im Rahmen der *Bewusstseinspsychologie* lassen sich in diesem Modell zur Differentialdiagnostik spirituelle Krisen in einem ersten Schritt gut innerhalb einer Landkarte abbilden, nach der sich Entwicklung in verschiedenen Stufen und Ebenen vollzieht (Brunnhuber & Wagner, 2006, S. 36-37). Dabei zeigt sich eine Dreiteilung in einen präpersonalen, personalen und transpersonalen Bereich (vgl. Wilber, 1988a). Spirituelle Krisen sind dabei im transpersonalen Bereich anzusiedeln und sind aus einer Progression der Bewusstseinsentwicklung heraus erklärbar und nicht aus einer Regression wie klassische psychiatrische Erkrankungen (Brunnhuber & Wagner, 2006, S. 37).

Der zweite Schritt zur Diagnostik spiritueller Krisen bezieht sich auf den *strukturellen Organisationsgrad* der Gesamtpersönlichkeit. Da spirituelle Erfahrungen in der Regel nicht von Dauer sind, fällt die Person früher oder später wieder in ihren gewohnten Alltag zurück und „interpretiert jene Erfahrungen vor dem Hintergrund ihres gewohnten Interpretationsmusters" (Brunnhuber & Wagner, 2006, S. 38). Hier spielt der erwähnte Organisationsgrad der Gesamtpersönlichkeit eine entscheidende Rolle: Die spirituelle Erfahrung trifft auf die Struktur der Persönlichkeit, in die sie integriert werden soll. Dabei werden eine neurotische, narzisstische, borderline und prä-psychotische Organisationform unterschieden (vgl. Brunnhuber & Wagner, 2006, S. 38).

Der dritte Schritt bezieht sich auf die *Abgrenzung von spirituellen Krisen gegenüber psychiatrischen bzw. psychosomatischen Erkrankungen*. Brunnhuber und Wagner (2006) zeigen charakteristische Abgrenzungskriterien auf, die in Tabelle 3 zusammengefasst werden.

---

[64] Zum Hintergrund und zur Entstehung dieser diagnostischen Kategorie vgl. Lukoff, Lu und Turner (1998).

Tabelle 3: Klinische Abgrenzung spiritueller Krisen gegenüber psychiatrischen Erkrankungen nach Brunnhuber und Wagner (2006, S. 40-41)

	Spirituelle Krisen	*Psychiatrische/psychosomatische Erkrankungen*
medizinische Diagnostik	keine organischen Befunde	organische Befunde vorhanden
Impulskontrolle	keine Selbst- oder Fremdgefährdung	häufig Selbst- oder Fremdgefährdung
Affekte	zeitgleiches Auftreten komplementärer Affekte wie Geborgenheit und Verlassenheit, Freude und Sinnlosigkeit; charakteristische „reife Affektprofile" wie Demut, Würde, Verzicht, Empathie	häufig isolierte Affektmuster, Spitzaffekte (Wut, Ärger, Angst)
Abwehrmechanismus	Des-Identifikationen /Identifikationen: es geht um ein Festhalten oder Loslassen von bestimmten biografischen Themen wie beruflicher Erfolg oder Lebensentwürfe. Diese sind im Sinne einer Progression zu verstehen.	Projektionen, Verdrängungen, Spaltungen, Regressionen
Selbst	Spirituelle Krise wird als intrapsychischer Vorgang wahrgenommen und nicht primär als interpersoneller Konflikt ausagiert. Introvertierte Anteile überwiegen meist gegenüber extravertierten.	interpersonelle Beziehungsprobleme klinisch führend
Kognitionen	Im Unterschied zu psychiatrischen Erkrankungen mehr abstrakte, allgemeinere Wertinhalte, Sinnfragen. Fragen nach dem Sinn des Lebens, die Beziehung zum Ganzen.	schlecht organisiert, oft keine inhaltliche Entwicklungslinien erkennbar
Ich-Funktionen	erhalten, biografisch nachweisbar bzw. verfügbar	gehen verloren
soziale Interaktion	geprägt durch Offenheit, Vertrauen, Kooperationsbereitschaft	misstrauisch, paranoides Verhalten
spirituelle Praxis	Bewusstseinserweiterung gebunden an kontemplative Praxis	Flucht vor Realität, Vermeidung von Problemlösungen

Brunnhuber und Wagner (2006, S. 41-42) kristallisieren eine Symptomhierarchie heraus, die eine Differentialdiagnose und einen Anschluss an die internationalen Klassifikationssysteme ermöglicht: sie unterscheiden zwischen Brückensymptomen und Items 1. und 2. Ordnung. Die Brückensymptome bleiben dabei noch relativ unspezifisch und geben die generelle Richtung im Sinne einer Progression/Regression an. Sie zeigen an, dass sich bisherige Formen der Wahrnehmung, der Bewertung und des Verhaltens zu verändern beginnen, die um einen gegebenen Bewusstseinsschwerpunkt organisiert sind. Durch die Items 1. und 2. Ordnung lassen sich spirituelle Krisen in ihrem klinischen und psychopathologischen Profil näher charakterisieren:

> *Brückensymptome:* Verändertes Körperschema, psychomotorische Entladungen; psychovegetative Erregbarkeit (innere Unruhe, Schlafstörungen, Zittern, grundloses Weinen); akustische/optische Wahrnehmungen (Licht- und Klangerlebnisse), Angst, die ,Kontrolle zu verlieren', ,verrückt zu werden', Erstickungsgefühle, grundloses intensives Leiden, unerträgliche Langeweile, Sterilität, Hoffnungslosigkeit, Schuldgefühle.

> *Items 1. Ordnung:* kein organischer Befund, kontemplative Praxis, erhaltene Ich-Funktionen, spezifische Affektprofile

> *Items 2. Ordnung:* Des-Identifikationen, spezifische Wertinhalte, keine Fremd- und Eigengefährung, Introversion. (S. 42)

Brunnhuber und Wagner (2006) betonen bei diesem Vorgehen insbesondere die differentialdiagnostische Bedeutung der Prä-Trans-Differenz (vgl. die Prä/Trans-Verwechslung bei Wilber (1988b) in Kapitel 2.3.3).

6.4.4   Umgang mit spirituellen Krisen

Als Bewältigungsstrategien einer spirituellen Krise geben nach Belschner und Galuska (1999, S. 86-87) 68% der Betroffenen an, psychotherapeutische Hilfe gesucht zu haben, 66% haben Gott oder ihre geistige Führung um Hilfe gebeten. Sich zu Hause zurückzuziehen und dort Ruhe zu finden, erlebten 63% als angemessen. 60% versuchten, sich anhand von Büchern über spirituelle Krisen kundig zu machen. Dem engeren Freundeskreis vertrauten sich 56% an. 50% fanden im Meditieren oder in einer ärztlichen Hilfe Unterstützung. Professionelle Hilfe durch eine Psychotherapeutin ist also die am häufigsten gewählte Bewältigungsstrategie. Sie wird deutlich vor der Kontaktierung eines Seelsorgers (13,5%) bevorzugt, die auf dem zweitletzten Platz rangiert. Belschner und Galuska (1999, S. 87) interpretieren diesen Befund als Ausdruck der Säkularisierung: „Der psychotherapeutischen Hilfe wird mehr fachliche Kompetenz und Attraktivität zugesprochen gegenüber dem Berufsstand, den man qua Amt als für den spirituellen Bereich zuständig ansehen könnte".

Allerdings wurde die professionelle Hilfe oft nicht als hilfreich empfunden: So sagten 58% der Befragten aus, dass die Professionellen mit der Krise überfordert waren, bei 55% traf die Behandlung nicht den Kern der Krise, und 45% der Betroffenen fühlten sich falsch behandelt (Belschner & Galuska, 1999, S. 89-90). Hier besteht also dringender Handlungsbedarf, um die Qualität professioneller Hilfe bei spirituellen Krisen zu verbessern. Welche Aspekte sollten also ein hilfreiches psychotherapeutisches Setting bei spirituellen Krisen auszeichnen?

- Die therapeutische Beziehung ist ein entscheidender Faktor: So ist es zentral, eine offene, vertrauensvolle Beziehung aufzubauen, die von echter menschlicher Anteilnahme, persönlicher Integrität und grundlegender Ehrlichkeit geprägt ist (Grof & Grof, 1990a, S. 230).
- Die begleitende Person oder Therapeutin muss über solide Kenntnisse von aussergewöhnlichen Bewusstseinszuständen aus eigener Erfahrung

und der Arbeit mit KlientInnen verfügen (Belschner & Galuska, 1999, S. 92; Grof & Grof, 1990a, S. 230). So geben 81% der Betroffenen nach spirituellen Krisen an, sie fänden eine Unterstützung durch „eine Therapeutin oder einen Arzt mit religiöser oder spiritueller Erfahrung und Offenheit" als angemessen (Belschner & Galuska, 1999, S. 91). Oder es wird eine spirituelle Lehrerin (Frauen 73%, Männer 55%) für weitergehende Hilfe als passend erlebt (Belschner & Galuska, 1999, S. 90). Die Ergebnisse der empirischen Studie von Belschner und Galuska (1999, S. 92) zeigen auf, dass „die Begleitung von Menschen mit spirituellen Krisen spezifischer Kompetenzen bedarf, die – auf der professionellen Ebene – nicht mit denen einer (herkömmlichen) psychotherapeutischen Qualifikation identisch sind".

- In Grofs (1990a, S. 231) Arbeit spielt das Grundkonzept eine wichtige Rolle, dass die Schwierigkeiten des Betroffenen, wie sie aus der spirituellen Krise resultieren, „nicht Manifestationen einer Krankheit sind, sondern eines heilenden und transformativen Prozesses" (vgl. Perry, 1999). Wie bereits erwähnt, wird diese Sichtweise nicht von allen Fachpersonen im Umgang mit spirituellen Krisen geteilt, sondern nur für spirituelle Krisen ohne Krankheitsgewicht für adäquat erachtet (vgl. Scharfetter, 2004, S. 129). Einigkeit besteht aber darin, dass spirituelle Krisen nicht vorschnell pathologisiert werden dürfen (Belschner & Galuska, 1999, S. 92; Fahlberg, Wolfer & Fahlberg, 1992; Grof & Grof, 1990, S. 13, S. 29-30; Scharfetter, 1995a, S. 70-71).

- Für den Betroffenen ist es sehr bedeutsam, seine Erfahrungen verstehen und einordnen zu können. Dazu braucht er ausreichend Information und Aufklärung. Literatur über spirituelle Krisen und die Möglichkeit, mit Menschen zu sprechen, die Ähnliches erlebt haben, werden als sehr heilsam empfunden (Grof & Grof, 1990a, S. 228; Scharfetter, 2004, S. 130-131). Das Spiritual Emergency Network (SEN) wurde zu diesem Zweck von Christina Grof am Esalen Institute in Big Sur, Kalifornien, gegründet und bietet neben Auskunftsdiensten die Vermittlung von Therapie-Adressen und Seminaren zum Thema der spirituellen Krisen an. Es versteht sich als weltweites Netzwerk zur Unterstützung in spirituellen Krisen (Prevatt & Park, 1990).

- Gemeinsame Suche des persönlich gültigen, lebensgeschichtlichen Sinns der Krise. Worauf verweist die Krise? Was wäre präventiv wichtig gewesen, um eine Krise zu verhindern? Was hat gefehlt? Was war im Übermass vorhanden? Wo wurden die eigenen Kräfte über- oder unterschätzt? Welche Botschaft hat die Krise für die eigenen Werthaltungen und Zielsetzungen (Scharfetter, 2004, S. 131)?

Grundsätzlich kann mit einer Kombination von *zwei Strategien* in einer spirituellen Krise gearbeitet werden: mit einer *Unterstützung des ablaufenden Prozesses* oder mit dessen *Verlangsamung*. Auf diese beiden Möglichkeiten wird im Folgenden näher eingegangen (Grof & Grof, 1990a, S. 231-235; Scharfetter, 2004, S. 130-131):

(1) Zu den Massnahmen, die den *Prozess unterstützen oder sanft beschleunigen*, gehören verschiedene Arten spiritueller Praxis wie Meditation – still oder in Bewegung -, rhythmisches Singen in der Gruppe; die Arbeit mit Träumen, Ausdruckstanz, Zeichnen, Ma-

len oder Tagebuch schreiben, um die inneren Erfahrungen zu assimilieren (Grof & Grof, 1990a, S. 232). Eine regelmässige spirituelle Praxis ist für den Umgang mit spirituellen Krisen nicht zu unterschätzen: So gelingt es den Personen, die täglich eine spirituelle Praxis ausüben nach ihrer eigenen Einschätzung besser, ihre Krise konstruktiv zu bewältigen. Menschen mit regelmässiger spiritueller Praxis berichten in stärkerem Umfang, dass die Krise ihnen zur Klärung wichtiger Lebensfragen geholfen hat und sie sich und ihre Themen häufiger in einem neuen Licht sehen. Belschner und Galuska (1999, S. 92) folgern daraus: „Einer regelmässigen spirituellen Praxis kommt somit eine gesundheitsförderliche Wirkung ... zu, indem sie die Person bei einem Perspektivenwechsel unterstützt".

Es kann entsprechend dem Zustand des Betroffenen auch mit intensiveren Formen des Ausdrucks gearbeitet werden, indem sich der Betroffene zunächst etwa mit Musik nach innen wendet und dann allen auftauchenden Emotionen oder körperlichen Energien Ausdruck verleiht etwa durch Schreien, Weinen, Zittern oder Bewegung des ganzen Körpers. Beunruhigende emotionale oder körperliche Zustände können auch durch körperliche Aktivitäten wie harte körperliche Arbeit oder Joggen aufgelöst werden. Wenn man sich Zeiten schaffen kann, in denen man bewusst mit der Thematik aus der spirituellen Krise arbeitet, dringt das Thema oft weniger ungebeten in den gewöhnlichen Alltag ein.

In einer prozessorientierten Arbeit mit einem entsprechend geschulten Psychotherapeuten sollte insbesondere die transpersonale Thematik, aber auch Körperarbeit integrierter Bestandteil sein (Bragdon, 1991, S. 312-318; Grof & Grof, 1990a, S. 232-233). Formen der transpersonalen Körperpsychotherapie nehmen den Betroffenen in seinem spirituellen Erleben wahr und unterstützen zugleich eine Erdung und Verankerung der Spiritualität im Körper.

Auch Kunsttherapie und Sandspiel werden zur Therapie in spirituellen Krisen empfohlen (Watson, 1994, S. 39). Die Symbolik, die in diesen Therapien unmittelbar erlebt werden kann, wird als besonders hilfeich in spirituellen Krisen erfahren. Über künstlerischen Ausdruck oder Sandspiel finden Betroffene eine Möglichkeit, ihrem bewegten Innenleben Ausdruck zu verleihen, wodurch eine Integration der Erfahrungen gefördert wird.

Grof und Grof (1990a, S. 232) geben den unterstützenden Massnahmen grundsätzlich den Vorzug und empfehlen die verlangsamenden Strategien, wenn die Umstände unterstützende Massnahmen nicht zulassen. Auch dann sollte man zu unterstützenden Strategien zurückkehren, sobald die Situation es zulässt. Scharfetter (2004, S. 130-131) rät zu verlangsamenden Strategien, wenn die Krise gefährlicher in Psychose-Nähe ist und eine weitere Dekompensation vermieden werden soll.

(2) Will man den *Prozess verlangsamen*, so sollte man vorübergehend mit jeder Art spiritueller Praxis aufhören. Eine Umstellung der Ernährung wird als sehr wirksam erachtet: So sollte schwererem Essen wie Fleisch, Käse oder Getränken mit Honig oder Zucker der Vorzug gegeben werden vor leichterer vegetarischer Kost. Einfache Haus- und Gartenarbeiten können hilfreich sein, um sich wieder zu erden. Wenn man weiss, welche Situationen kritische Zustände auslösen können, sollten diese vorübergehend möglichst vermieden werden. Das können etwa grosse Menschenansammlungen sein, alleine sein oder Lärm. Auch der ärztlich verordnete Einsatz von Neuroleptika oder Tranquilizern kann angebracht sein (Grof & Grof, 1990a, S. 234-235; Scharfetter, 2004, S. 130-131).

Für den Umgang mit spirituellen Krisen und die Integration der Erfahrung ist Erdung zentral. Menschen in spirituellen Krisen sind oft nicht wirklich in Kontakt mit ihrem Körper, ihren Gefühlen, mit der Erde und mit anderen Menschen. Eine Herstellung dieses Kontaktes kann für die nötige Erdung sorgen. So können Bewegung an der frischen Luft und in der Natur oder Arbeit im Garten hilfreich sein, sozialer Kontakt oder wenn die betroffene Person lernt, die Verbindung zu ihrem Körper, ihren Gefühlen und der Erde stärker zu spüren (Bragdon, 1991, S. 304, S. 308).

Das therapeutische Vorgehen richtet sich auch nach dem Ursprungsbereich der spirituellen Krise: So weist Scharfetter (2004, S. 111-114) auf den Nutzen einer vorbereitenden und begleitenden Psychotherapie hin bei spirituellen Krisen, die ihren Ursprungsbereich im psychologisch-intrapsychischen und im psychosozialen Bereich haben. Für den Leibbereich sind eine verbesserte Körperwahrnehmung, Zentrierungsübungen, Yoga-Übungen, Erden, Atemarbeit, körperliche Arbeit, erdende Ernährung und genügend Schlaf unterstützend. Liegt der Ursprungsbereich im transpersonalen Bereich wie beim Verlust des Kontakts zum eigenen Körper, zur eigenen inneren Führung oder zum äusseren spirituellen Lehrer, so soll die menschliche Einbettung – im Leib, auf der Erde, in sich selbst und in der menschlichen Gemeinschaft – stärker unterstützt werden.

Schraut (2002, S. 403) betont die Bedeutung eines spirituellen Bezugsrahmens für spirituelle Erfahrungen. Bei punktuellem Konsum von verschiedenen Methoden und Übungspraktiken - der heute weit verbreitet ist (vgl. Kapitel 2.4.2) - fehlt ein Bezugsrahmen. Das kann bei herausfordernden Übungen und persönlicher Vulnerabilität des Meditierenden zu Dekompensationen führen, die auf Grund des fehlenden Bezugsrahmens schlecht integriert werden können (Schraut, 2002, S. 403). So empfiehlt Schraut (2002, S. 403), das spirituelle System unserer Wahl möglichst umfassend kennenzulernen und darin zu leben. Innerhalb eines solchen Rahmens sind auftretende Phänomene viel besser deutbar und damit auch integrierbar.

Auch das soziale Umfeld des Betroffenen spielt im Umgang mit einer spirituellen Krise eine wesentliche Rolle. Akzeptanz und Toleranz der Umgebung sowie Beistand nahestehender Menschen sind dabei zentrale Aspekte (Scharfetter, 1997, S. 84). „Ob eine schwere Krise bewältigt wird, hängt entscheidend von der Integrationsfähigkeit des Ichs und einer guten Unterstützung durch die Aussenwelt ab" (Fischer, 2003, S. 131).

In der empirischen Studie von Belschner und Galuska (1999, S. 90) veränderte sich für 96% der Betroffenen im Integrationszeitraum bereits etwas Bedeutsames. Die spirituelle Krise hat insgesamt eine „umfassende Veränderungsdynamik in Gang gesetzt". Betroffene gehen aus einer bewältigten spirituellen Krise mit gesteigertem Wohlbefinden und Mitgefühl hervor und bewältigen ihren Alltag besser als zuvor (Bragdon, 1991, S. 32; Fahlberg et al., 1992, S. 49; Grof & Grof, 1990, S. 22). Spirituellen Krisen wird ein grosses Heilungspotential zugeschrieben (Grof & Grof, 1990, S. 22; Grof & Grof, 1991, S. 58-59). Ob sich dieses Potential einer spirituellen Krise tatsächlich manifestieren kann, hängt auch davon ab, ob und in welchem Ausmass es einem Menschen gelingt, alte Wunden im Bereich seiner Persönlichkeit zu verarbeiten und seine spirituellen Erfahrungen in sein alltägliches Leben zu integrieren (Bragdon, 1991, S. 34).

6.5 Spiritueller Materialismus

> Den spirituellen Weg richtig zu gehen, ist ein sehr schwieriges Unterfangen – und keines, auf das man sich naiv einlassen kann. Er enthält zahllose Irrwege oder Sackgassen, die zu einer verzerrten, egozentrischen Auslegung von Spiritualität führen. Wir können uns selbst der Täuschung hingeben, dass wir uns geistig weiterentwickeln, während wir statt dessen nur unsere Ich-Bezogenheit durch spirituelle Techniken stärken. Dieser grundlegende Irrtum lässt sich als spiritueller Materialismus bezeichnen. (Trungpa, 1989, S. 11)

Spiritueller Materialismus ist sehr weit verbreitet. Er ist ein Phänomen, das allen geistigen Lehren gemeinsam ist (Trungpa, 1989, S. 12). Da es sich bei diesem weit verbreiteten und universellen Phänomen vermutlich auch um eine der hartnäckigsten Schwierigkeiten auf dem spirituellen Weg handelt, werden im folgenden Kapitel ausführlich auf seine Erscheinungsformen und die zugrunde liegende Dynamik eingegangen sowie Wege aus dem spirituellen Materialismus aufgezeigt.

6.5.1 Erscheinungsformen

Im Hinduismus wird eine alte Legende erzählt von *Rishis* (Sehern, Weisen), die Aspekte des spirituellen Materialismus anschaulich wiedergibt (Nanyar, 2007):

> Obwohl sie [die *Rishis*] mit dem Karma Kanda (dem rituellen Teil der Veden[65], der von den heiligen Riten u.ä. handelt) sehr vertraut waren und die vedischen Rituale und Zeremonien mit Intensität ausübten, hatte sich gerade dadurch ihr Egoismus zu einer enormen Aufgeblasenheit gesteigert. Tatsächlich wirkten die Rituale kontraproduktiv, da sie lediglich das grosse Feuer des Stolzes nährten, das die Rishis in ihre egozentrischen Fähigkeiten setzten. Sie waren süchtig nach diesen Handlungen geworden. Was auch immer sie erlangen mochten, beschwor den Wunsch herauf, noch etwas Grösseres und Besseres zu erreichen.
>
> Daran hat sich bis heute nichts geändert. Die menschliche Natur ergötzt sich weiterhin an den Schatten, ohne die ausserordentlich wichtige Quelle des Lichts wahrzunehmen. (S. 5)

Spiritueller Materialismus ist das „Benutzen von Spiritualität zur Befriedigung des Ego" (Reginald Ray zit. nach Caplan, 2002, S. 84). Das Ego kann alles zu seinem Nutzen verdrehen – selbst Spiritualität. „Es unternimmt ständig den Versuch, sich die geistigen Lehren zu seinem eigenen Vorteil anzueignen" (Trungpa, 1989, S. 21). Dabei wird auch der Ehrgeiz nach Macht auf den spirituellen Weg übertragen. Im Grunde können alle persönlichen Sehnsüchte, welcher Art auch immer diese sein mögen, auf den spirituellen Weg übertragen werden (Caplan, 2002, S. 85). So können Menschen mit unerfüllten sexuellen Wünschen dazu neigen, Spiritualität dazu zu benutzen, für mögliche SexualpartnerInnen attraktiver zu sein. Menschen mit einem Mangel an Familiengefühl können die spirituelle Gemeinschaft als Ersatzfamilie benutzen. Jemand, der ein grosses Defizit an Anerkennung hat, kann versucht sein, in seinem Umfeld mit spirituellen Wahrheiten und mit besonders tiefgreifenden Erfahrungen zu glänzen, um sich die ent-

---

[65] *Veda* (dt. Veden): Altindische geoffenbarte Textsammlung, bestehend aus vier Schriften und zugehörigen exegetischen Texten (Michaels, 2006, S. 550).

sprechende Bewunderung seiner Umgebung zu sichern. Im Grunde wird Spiritualität hier benutzt, um persönliche Defizite auszugleichen.

In unserer materiell- und leistungsorientierten Gesellschaft besteht eine grosse Neigung, alles nach materiellen oder leistungsbezogenen Kriterien zu bewerten. Auf den spirituellen Bereich übertragen, können wir versucht sein, spirituelle Titel zu erwerben oder uns einen hohen spirituellen Status zuzulegen und durch spirituelles Wissen andere zu beeindrucken. Oder wir möchten einer spirituellen Gemeinschaft wie einem Club beitreten, weil wir Mangel empfinden und uns wertlos fühlen (Trungpa, 1989, S. 64).

Im Buddhismus kann man die letzte Versuchung des historischen Buddhas als Verlockung des spirituellen Materialismus verstehen: Die erste Versuchung war die Angst vor körperlicher Vernichtung. Die letzte Versuchung trat in Gestalt von Maras Töchtern auf, die versuchten, den Buddha zu verführen. Die Verlockung des spirituellen Materialismus ist sehr effektiv und stellt eine besonders grosse Gefahr auf dem spirituellen Weg dar. Wann immer wir auf dem spirituellen Weg das Gefühl haben, etwas erreicht zu haben, sind wir dem spirituellen Materialismus erlegen (Trungpa, 1989):

> Diese Verführung, die Verlockung des spirituellen Materialismus, ist besonders wirkungsvoll, weil sie zu dem Glauben verleitet, dass das ‚Ich' etwas erreicht habe. Wenn wir denken, etwas erreicht und es ‚geschafft' zu haben, dann sind wir von Maras Töchtern verführt worden und dem spirituellen Materialismus in die Falle gegangen. (S. 130)

Durch spirituellen Materialismus wird eine echte Weiterentwicklung höchst unwahrscheinlich (Trungpa, 1989, S. 16). Der Betroffene bleibt in den Klauen seines Ego gefangen. Und es handelt sich dabei nach wie vor um das Ego, auch wenn es sich einen spirituellen Mantel umgelegt hat, sich spirituell ausdrückt und gebärdet. Problematisch ist dabei insbesondere, dass ein solches spiritualisiertes Ego ein „kugelsicheres Ego" (Caplan, 2002, S. 89) und für andere sehr schwierig zu erkennen ist. Ein „spiritualisiertes Ego ist eines der gefährlichsten Dinge" auf dem spirituellen Weg (Vaughan-Lee zit. nach Caplan, 2002, S. 87).

6.5.2   Die Dynamik des Ego und die Problematik der Selbsttäuschung

Spirituelle Erfahrungen als Ausgangspunkt des spirituellen Materialismus

Ein für spirituellen Materialismus besonders gefährdeter Aspekt des spirituellen Weges ist der Bereich der spirituellen Erfahrungen. So schildert Trungpa (1989, S. 75), wie auf Abhisheka (buddhistische Einweihung) häufig ein Gefühl folgt, erleuchtet zu sein. Man ist gewissermassen „high" und fühlt sich euphorisch. Weltliche Dinge beunruhigen einen in dieser Phase oft nicht mehr und man kann jederzeit in einen tieferen Zustand der Meditation gehen. Nicht wenige Menschen verlassen in dieser Phase ihren spirituellen Lehrer, weil sie denken, sie brauchen jetzt keine Führung mehr. Um die Erfahrung zu festigen, versucht man, das Erfahrene im Tagebuch festzuhalten oder mit Zeugen der Erfahrung zu sprechen.

Trungpa (1989, S. 76-78) schildert in diesem Zusammenhang einen Prozess, der nach spirituellen Erfahrungen oft eintritt: Menschen, die etwa nach Ostasien gereist sind, um zu meditieren, haben vielleicht tiefe spirituelle Erfahrungen gemacht. Nach ihrer Rückkehr werden sie von ihrer Umgebung als verändert erlebt und vielleicht auch in spirituellen Dingen um Rat gefragt. Zu Beginn können sie von ihren Erlebnissen erzählen und alles ist frisch und authentisch, was für die Zuhörer und auch für den Betroffenen sehr inspirierend sein mag. Doch irgendwann – manchmal früher, manchmal später – beginnt die Erfahrung zu verblassen. Sie dauert nicht an, weil der Betroffene sie als etwas ausserhalb seiner selbst erlebt. Irgendwann ist dann die Erfahrung nicht mehr lebendig, sondern nur noch eine Erinnerung. Da der Betroffene aber sein Wissen und seine Erfahrung im sozialen Kontakt eingebracht hat, kann er nun nicht mehr zurück. Er glaubt auch selber, dass etwas Tiefgreifendes durch seine Erfahrung geschehen ist. Doch die Erfahrung ist verblasst, sie ist nicht mehr gegenwärtig und präsent. Denn der Betroffene hatte sie gewertet und in der Folge versucht, sie festzuhalten. Damit beginnen die Probleme. Wenn man eine spirituelle Erfahrung für wertvoll hält, wird sie zu etwas von uns Getrenntes. Aus dieser Bewertung der Erfahrung, deren Basis die Angst vor dem Verlust dieser Erfahrung ist, entsteht der Prozess des Festhaltens (Trungpa, 1989):

> Die Bewertung entsteht aus der Angst, von etwas getrennt werden zu können und gerade dadurch bleiben wir auch getrennt davon. Wir sehen eine plötzliche Inspiration als ausserordentlich bedeutsam an, weil wir fürchten, sie wieder zu verlieren. Genau an diesem Punkt, in eben diesem Augenblick setzt die Selbsttäuschung ein. Mit anderen Worten, wir haben den Glauben an die Erfahrung von Offenheit und an ihre Verbindung mit uns verloren. Das Gefühl von Einheit zwischen der Offenheit und uns selbst ist uns irgendwie abhanden gekommen. (S. 77)

Festhalten und Wiederhaben-Wollen

So ist der Bereich spiritueller Erfahrungen manchmal der erste und der letzte Ort, wo Menschen auf dem spirituellen Weg stecken bleiben. Wir glauben, dass spirituelle Erfahrungen das sind, worum es auf dem spirituellen Weg wirklich geht. Diese Annahme führt jedoch in eine Sackgasse, in der wir immer wieder neu spirituellen Erfahrungen nachjagen und ständig darum bemüht sind, neue, andere und mehr Erfahrungen zu haben (Caplan, 2002, S. 91). Wohl jeder spirituell Suchende wird mit der Tatsache konfrontiert, dass Erfahrungen kommen und gehen. Manche klingen länger nach, andere weniger lange. Dass spirituelle Erfahrungen vorübergehen, ist unangenehm – aber Realität (Caplan, 2002, S. 91-94).

So liegt die grosse Gefahr nach einer tiefen spirituellen Erfahrung darin, sie wiederhaben zu wollen (vgl. Kapitel 6.3). Auch ein Aufschreiben der Erfahrung, ein Darüber-Reden und ein Erklären des Erlebens können Varianten des Festhaltens sein (Caplan, 2002, S. 93). Zu einem Versuch, das Erlebte festzuhalten, kommt es, wenn der Verstand eingreift, die Erfahrung als „wunderbar", „toll", „super" bewertet und sie als erstrebenswert einstuft. Besonders gross ist die Versuchung, eine spirituelle Erfahrung festzuhalten, wenn es sich um Erlebnisse handelt, die als aussergewöhnlich oder besonders eingestuft werden wie z.B. Visionen, Kundalini-Phänomene etc. oder wenn sich dabei aussergewöhnliche Fähigkeiten wie Hellsichtigkeit zeigen (Soni & Soni, 1997, S. 52)(vgl. Kapitel 6.3). Manchmal mag sich ein spiritueller Stolz einschleichen über die Erfahrung, und wir können dazu neigen, über das Erleben zu reden oder offensichtlich oder subtil damit zu prahlen und uns mit der Erfahrung zu schmücken. Die Problematik besteht hier auch darin, dass die Erfahrung ihre Integrität verliert, wenn wir nach ihr greifen und versuchen, sie festzuhalten (Caplan, 2002, S. 94).

Ein Festhalten von Erfahrungen kann auch Ausdruck eines Strebens sein, einen gewissen spirituellen Status zu erreichen, sich dadurch abzusichern und sich auf dem Erreichten auszuruhen (Caplan, 2002, S. 100-102).

Im Grunde geht es bei jedem Festhalten darum, dass sich das Ego der Erfahrung bemächtigt und sie zu eigenen Zwecken – z.B. zum Erreichen eines spirituellen Status – verwendet. Jede Erfahrung oder Übung kann letztendlich zum Selbstzweck verkommen (Scharfetter, 2004, S. 43).

Dieser Impuls, nach der Erfahrung zu greifen und sie nicht verlieren zu wollen, ruft oft grosses Leiden hervor und kann zu einer starken Verzweiflung führen (Caplan, 2002, S. 91-94). Hier ist es sehr wichtig, sich einzugestehen, dass man die Erfahrung verlieren kann. Nur so kann man auf dem spirituellen Weg weitergehen (Caplan, 2002, S. 96-97).

Die Dynamik der Selbsttäuschung

Die entstehende Dynamik der Selbsttäuschung führt dazu, dass wir nach dem Verlust einer spirituellen Erfahrung nicht zugeben können, dass wir die Offenheit verloren haben und die Erfahrung nicht mehr unmittelbar zugänglich ist. In diesem Stadium beginnen wir, Geschichten zu erzählen. Die Geschichten über spirituelle Erfahrungen sind sehr lebendig und unterhaltsam und täuschen über den Schmerz hinweg, der dadurch entstehen mag, dass die Erfahrung nicht mehr erlebt wird und verloren ist. Das Erzählen von Geschichten und damit die an sich tote Erinnerung an das einst tiefe Erlebnis ersetzt die Erfahrung von Offenheit, die eigentlich für den spirituellen Weg zentral wäre, aber auch ein Loslassen von früheren Erfahrungen bedeuten würde. Dieses Festhalten an vergangenen Erfahrungen und der Versuch, sie ständig neu zu beleben und zu erschaffen, ist die Dynamik der Selbsttäuschung, die hier entsteht (Trungpa, 1989):

> Selbsttäuschung heisst in diesem Falle, dass wir versuchen, eine vergangene Erfahrung immer wieder neu zu erschaffen, anstatt diese Erfahrung tatsächlich selbst in eben diesem Augenblick zu machen. Dass dies jetzt und auch weiterhin möglich ist, müssen wir jede Bewertung darüber aufgeben, wie herrlich jenes kurzzeitige Erlebnis war, weil gerade diese Erinnerung eine Distanz dazu schafft. Würden wir diese Erfahrung ununterbrochen machen, so würde sie uns als etwas Alltägliches erscheinen, und das können wir nicht hinnehmen. Das Spiel der Selbsttäuschung hält uns damit beschäftigt, dasselbe Erlebnis zu verhindern und uns nur daran zu erinnern. (S. 78)

Wir lassen hier also den Verdacht nicht zu, dass wir etwas Wichtiges verloren haben. Sobald sich ein Verlustgefühl einstellt, ruft uns der Abwehrmechanismus des Ego sogleich angenehme Erinnerungen oder tröstende Worte ins Gedächtnis, die uns beruhigen sollen. Das Ego hält damit ständig Ausschau nach einer Erfahrung aus der Vergangenheit und nicht nach etwas, was jetzt in der Gegenwart präsent ist. Dieser Mechanismus der Selbsttäuschung lässt nach dem Verlust einer Erfahrung keine Niedergeschlagenheit und Traurigkeit aufkommen, da man sich sagt, dass man eine wunderbare spirituelle Erfahrung gemacht hat und man da doch gar nicht deprimiert sein kann (Trungpa, 1989, S. 78).

Ein weiterer Schritt auf dem Weg der Selbsttäuschung ist dann, dass man Wunder erleben und aussergewöhnliche Fähigkeiten erlangen möchte. Wenn wir dann solche

Wunder erleben, glauben wir – obwohl wir vielleicht noch nicht ganz hunderprozentig sicher sind – dass wir der Erleuchtung nahe sein müssen (Trungpa, 1989).

Basis des spirituellen Materialismus ist die Dynamik des Ego, dass es nur imitieren kann – und so versucht es auch, Spiritualität nachzuahmen (Trungpa, 1989, S. 21). Was das Ego mit der Spiritualität versucht, hat keine wirkliche Substanz und Tiefe. Ein echtes Sich-Einlassen auf Spiritualität würde nämlich das Loslassen des Ego umfassen (Trungpa, 1989):

> Das Ego ist dazu in der Lage, alles, selbst die Spiritualität, zu seinem Nutzen umzuwerten. Wenn wir beispielsweise in der spirituellen Praxis eine uns besonders zuträgliche Meditationstechnik erlernt haben, dann nimmt das Ego die Haltung ein, diese zunächst als faszinierendes Objekt zu betrachten und sie dann genaustens zu untersuchen. Da das Ego aber als etwas Feststoffliches erscheint und es nichts wirklich aufnehmen kann, bleibt ihm schliesslich nur die Nachahmung. Daher versucht es, die Meditationspraxis und eine meditative Lebensweise zu ergründen und zu imitieren. Wenn wir sämtliche Tricks und Antworten im spirituellen Spiel erlernt haben, suchen wir Spiritualität unbewusst nur noch nachzuäffen. Ein echtes Engagement würde nämlich die völlige Aufgabe des Ego erfordern – und das ist wirklich das Allerletzte, war wir uns wünschen. Wir können das jedoch nicht erfahren, was wir nur zu imitieren versuchen. (S. 15)

Das Ego behandelt spirituelle Lehren als etwas, was von aussen kommt. Dabei versucht es ständig, sich Spiritualität zu erwerben wie ein Gut, das man sich aneignen, besitzen und mit dem man sich identifizieren kann. Es beobachtet sehr genau, wie man sich auf dem spirituellen Weg zu verhalten hat und wie sich spirituell Fortgeschrittene oder Erleuchtete verhalten. So unternimmt es Nachahmungsversuche, macht entsprechende Schritte und passende Gebärden, die es für spirituell hält. So werden wir zu versierten Schauspielern auf dem spirituellen Weg und empfinden Zufriedenheit beim Gedanken, auf dem Weg zu sein. Wir versuchen, bestimmte spirituelle Wege zu kopieren und ihren Anforderungen zu entsprechen. In Wirklichkeit wollen wir aber unsere gewohnte Lebens- und Denkweise nicht aufgeben – genau das wäre jedoch für einen echten spirituellen Weg notwendig (Trungpa, 1989, S. 21-22).

Diese Form der Selbsttäuschung, bei der wir vorgeben, etwas zu sein, was wir nicht sind, etwas zu imitieren, was nicht unserer eigenen Erfahrung entspringt, ist ein ständiges Problem auf dem spirituellen Weg (Trungpa, 1989, S. 73). Selbsttäuschung beginnt in der Regel dann, wenn wir nach einem spirituellen Höhenflug erkennen, dass wir noch immer hier sind mit unseren Alltagsproblemen und persönlichen Schwierigkeiten. Diese Tatsache bringt uns auf den Boden zurück, was oft sehr schmerzhaft ist – und eigentlich würden wir gerne auf unserem Höhenflug bleiben. An diesem Punkt setzen die Mechanismen der Selbsttäuschung ein (Trungpa, 1989, S. 81). Diese Selbsttäuschung ist im Grunde eine Abwendung von den Tatsachen und der Realität des Lebens, wie es nun einmal ist (Trungpa, 1989):

> Diese [die Selbsttäuschung] scheint immer auf einer Traumwelt zu beruhen, weil wir lieber das sehen möchten, was wir noch nicht gesehen haben, als das, was es jetzt tatsächlich zu sehen gibt. Wir wollen weder das akzeptieren, was hier und jetzt wirklich *da ist,* noch sind wir bereit, uns auf die Situation so einzustellen, wie sie ist. Selbsttäuschung zeigt sich daher stets in Form des Versuchs, eine Traumwelt, die nostalgische Sehnsucht nach einer Traumerfahrung, zu schaffen oder

wieder zu erschaffen. Das Gegenteil von Selbsttäuschung ist, nur mit den Tatsachen des Lebens umzugehen. (S. 79)

Die Gefahr der Selbsttäuschung ist dann besonders gross, wenn wir nur die schönen Seiten der Spiritualität anschauen und in diesem Zusammenhang zu sehr auf spirituelle Erfahrungen fokussieren. Dann nimmt das Ego alles in Beschlag (Trungpa, 1989, S. 144).

Die Dynamik der Selbsttäuschung ist eng gekoppelt mit spirituellem Ehrgeiz. Dieser kann einen wichtigen Ausgangspunkt für den Prozess der Selbsttäuschung bilden. Vorsicht vor dem eigenen Ehrgeiz auf dem spirituellen Weg ist hier angebracht. Aber auch diese Vorsicht kann echt sein oder nur eine weitere Form der Selbsttäuschung: indem man weiss, dass eine solche Vorsicht erwünscht wäre und man sie dann ohne authentische Basis imitiert (Trungpa, 1989, S. 101). Im Grunde kann die Dynamik der Selbsttäuschung nicht vom Ego getrennt werden, da das Ego mit den geistigen Abläufen der Selbsttäuschung identisch ist. Das Ego *ist* die Angst vor der Offenheit, die eine Basis des spirituellen Weges bildet (Trungpa, 1989, S. 79).

Eine solche vom Ego dominierte Spiritualität ist nie echt und ein grosses Hindernis für einen authentischen spirituellen Weg. Der Wunsch nach einem Fortschreiten oder gar nach Erleuchtung hält uns auf dem spirituellen Weg zurück, weil dabei immer die Dynamik des Ego ins Spiel kommt und wir den beschriebenen Formen des spirituellen Materialismus in die Falle gehen. Damit wirkliche Spiritualität in die Praxis umgesetzt werden kann, muss diese Form der Selbsttäuschung „durchschnitten" werden, wie Trungpa (1989) es ausdrückt. Dabei geht es nicht darum, spirituelle Lehrer oder Meister nachzuahmen, sondern um authentische Erfahrung. In diesem Sinne ist der spirituelle Weg „einsam und ganz und gar individuell" (Trungpa, 1989, S. 26).

Wie kann nun aber dieses weit verbreitete und äusserst hartnäckige Phänomen des spiritueller Materialismus bei jedem einzelnen Menschen „durchschnitten" werden?

6.5.3 Wege aus dem spirituellen Materialismus

Die Basis jeder Arbeit mit spirituellem Materialismus setzt beim Ego an (Trungpa, 1989):

> Es ist wichtig zu erkennen, dass das Hauptziel jeder spirituellen Praxis darin besteht, sich der Bürokratie des Ego zu entziehen. Das heisst, das ständige Verlangen des Ego nach einer höheren, spirituelleren, transzendenteren Version von Wissen, Religion, Tugend, Einsicht, Trost oder was immer dieses besondere Ego auch suchen mag, nicht mehr zu unterstützen. Wir müssen aus dem spirituellen Materialismus aussteigen. Wenn wir dies nicht tun, sondern diesen sogar noch praktizieren, werden wir uns schliesslich möglicherweise im Besitz einer riesigen Kollektion von spirituellen Wegen wieder finden. Wir werden diese spirituelle Sammlung vielleicht sogar noch für sehr kostbar halten. (S. 23)

Im Folgenden werden verschiedene Möglichkeiten herauskristallisiert, wie mit spirituellem Materialismus umgegangen werden kann. Sie alle spiegeln dabei lediglich verschiedene Facetten, wie mit dem Ego gearbeitet werden kann.

Vom Gefühl des Besondersseins zum Einfachen, Natürlichen

Ein wichtiger Weg, sich von spirituellem Materialismus zu verabschieden, ist, sich mit dem eigenen Gefühl, etwas Besonderes zu sein, auseinanderzusetzen und zum Gewöhnlichen, Natürlichen, Einfachen zurückzukehren. Es geht darum, seine Spiritualität nicht besonders hervorzuheben und die eigene Beziehung zur Erde, zur eigenen Familie, zur eigenen Menschlichkeit und den eigenen Schwächen nicht zu leugnen. „Wenn man sich weder auf spirituellen noch auf physischen Materialismus einlässt, erfährt auch keines der beiden Extreme eine Überbetonung" (Trungpa, 1989, S. 50). Solange wir Spiritualität noch faszinierend finden, toll und etwas Besonderes, sind wir in den Klauen des spirituellen Materialismus gefangen. Was immer wir als besonders heilig erachten – etwa eine spirituelle Handlung wie eine Einweihung, die an uns vollzogen wird – kann in diesem Sinne zu einer Falle werden (Trungpa, 1989, S. 69).

Auf dem spirituellen Weg machen sich Menschen immer wieder Gedanken darüber, wie schwierig es ist, spirituelle Erfahrungen mit den einfachen und praktischen alltäglichen Dingen in Einklang zu bringen. Dabei geht es nicht darum, sich und sein Leben nach einem Idealbild auszurichten und zu versuchen, sich so zu verhalten, wie alles sein sollte. Ein Mittel, das Alltägliche mit dem Spirituellen zu verbinden, ist, Dinge einfach zu tun und nichts vorzutäuschen – einfach sich selbst zu sein und nicht zu versuchen, etwas Besonderes oder ein besonders spiritueller Mensch zu sein. Basis eines solchen Handelns ist es auch, nicht ständig spirituellen Erfahrungen nachzujagen und Erlebnisse nicht dauernd zu bewerten und zu klassifizieren. Allerdings muss durch eine Bewertung wie „toll" der Gehalt einer Erfahrung nicht notwendigerweise zerstört werden. Entscheidend ist dabei auch, was nach einer solchen Bewertung folgt: „ob man damit beschäftigt ist, sich an diese Erfahrung zu klammern und sie immer wieder neu erschaffen zu wollen, oder ob man sie einfach als das belässt, was sie ist, und nicht versucht, jenen Anfangsrausch wieder aufzufrischen" (Trungpa, 1989, S. 82). So kann wie oben beschrieben, die Dynamik der Selbsttäuschung unterbrochen werden, wenn wir erst gar nicht dazu übergehen, die spirituelle Erfahrung wiederhaben zu wollen oder diesen inneren Zustand festzuhalten.

Dabei kann ein gewisser Sinn für Humor sehr hilfreich sein. Humor im Sinne einer allumfassenden Freude bedeutet auch, von sich und den Dingen nicht allzu viel Aufhebens zu machen (Trungpa, 1989, S. 123-125). Eine solche freudige Selbstrelativierung kann auch in Momenten der feierlichen Ernsthaftigkeit, wenn sich das Ego eines spirituellen Geschehens zu bemächtigen beginnt, helfen, dass wir nicht in die Klauen des Ego geraten. Zentraler Aspekt ist es hier also, Abschied zu nehmen von der spirituellen Erfahrung und vom Gefühl des eigenen Besondersseins: „Letztlich müssen wir es aufgeben, noch irgend etwas Besonderes sein zu wollen" (Trungpa, 1989, S. 69).

Akzeptieren, was da ist – hier und jetzt

Eng verbunden mit einer Auseinandersetzung mit dem Gefühl des eigenen Besondersseins ist die Tendenz, etwas anderes haben zu wollen als das, was gerade da ist. So schreibt Trungpa (1989) in seinem Buch über spirituellen Materialismus absichtlich nicht zuerst vom Ziel des spirituellen Weges, von Befreiung oder von Erleuchtung, sondern zunächst vom Ausgangspunkt - dem Ego. Ebenso habe Buddha in seinen Lehrreden nicht zuerst darüber gesprochen, wie schön und erstrebenswert Erleuchtung sei, sondern habe damit begonnen, über das Leiden zu sprechen und über den Weg zur Befreiung vom Leiden. Diese Rückbesinnung auf den Ausgangspunkt erweist sich als zentral, wenn wir uns dabei beobachten, wie wir uns auf spirituelle Erfahrungen fokussieren oder versucht sind, sie festzuhalten. Dabei ist es im täglichen Leben wesentlich, die Aufmerksamkeit auf die realen Dinge des Augenblicks zu lenken (Trungpa, 1989):

Wirkliche Erfahrung, jenseits der Traumwelt, ist daher die Schönheit und Farbig-
keit und Aufregung, die wir im *Jetzt* unserer Alltagswelt authentisch erleben.
Wenn wir uns den Dingen so stellen, wie sie wirklich sind, geben wir die Hoffnung auf etwas Besseres auf. (S. 80)

Almaas (1999, S. 69-85) spricht in diesem Zusammenhang von „Hoffnungslosigkeit"
und meint damit ein Aussteigen aus unserem ständigen inneren Prozess des Haben-
Wollens und seines Gegenteils des Ablehnens: „Obwohl es schwer zu sehen ist, ist dies
die einfachste und grundlegendste Wahrheit über unser Denken: Solange man Freiheit
begehrt, solange man Glück begehrt, werden sie sich einem entziehen" (Almaas, 1999,
S. 69). Das ist zugleich ein grosses Dilemma auf dem spirituellen Weg, das bereits
mehrfach deutlich wurde: Einerseits muss eine grosse Motivation vorhanden sein, diesen Weg zu gehen und sich ständig weiter zu üben. Zugleich soll dabei aber nichts begehrt werden – also auch das Ziel des spirituellen Weges nicht. Dieses Dilemma ist eng
mit der Thematik des Ich (Almaas verwendet den Begriff der „Persönlichkeit[66]") verbunden (vgl. Kapitel 5.2): „Diese Haltung, dass man etwas ablehnt, was da ist, und dass
man etwas anderes will – was dieselbe Bewegung ist -, ist eigentlich die Haltung der
[Ich-]Persönlichkeit selbst. ... Die Grundstruktur der Persönlichkeit ist nichts als ein
Ablehnen dessen, was da ist, und eine Hoffnung auf etwas Besseres" (Almaas, 1999, S.
71). Solange wir versuchen, etwas zu erreichen, stellen wir uns auf dem spirituellen Weg
selbst ein Bein: „Ihr könnt Berge von Essenz ansammeln und Berge davon haben, aber
wenn ihr eine Haltung von Haben-Wollen, Leistung, Erreichen eines Ziels habt, dann
stärkt ihr eure Persönlichkeit; sie wird nur grösser" (Almaas, 1999, S. 78). Es geht darum, nichts zu erwarten und das anzunehmen, was gerade da ist: „Die richtige Perspektive ... ist die, sich immer bewusst zu sein, ob ihr an der Wahrheit dessen interessiert
seid, was gerade jetzt geschieht, oder ob ihr versucht, etwas zu erreichen" (Almaas,
1999, S. 77). Das ist die Essenz des spirituellen Weges, den Almaas als „innere Arbeit"
bezeichnet:

> Wir versuchen nicht, irgendwohin zu gelangen. Bei der Arbeit geht es nicht dar-
> um, Freiheit oder Glück zu bekommen. Es geht auch nicht darum, dass ihr euer
> Leiden loswerdet. Die Arbeit ist da, um euch zu helfen, die Dinge so zu sehen,
> wie sie sind. Die Arbeit ist da, um euch zu helfen, schliesslich zu erkennen, wie
> die Dinge wirklich sind. Die Arbeit ist da, damit ihr, mit der Zeit, mit der Wahr-
> heit in Einklang seid, damit ihr auf der Seite der Realität seid. (Almaas, 1999, S.
> 79)

Mit Akzeptieren dessen, was da ist, ist weder eine aktive Haltung noch ein Festhalten an
etwas gemeint. Almaas (1999, S. 78) spezifiziert: „Ich meine nur mit der Erfahrung dasein, ohne zu urteilen. Es ist Präsenz mit Offenheit für das, was immer sich in eurem
Bewusstsein zeigt".

Zu akzeptieren, was jetzt gerade da ist und nicht zu versuchen, einem Idealbild zu
entsprechen, bezieht sich auch auf die Eigenheiten unserer Persönlichkeit (Trungpa,
1989):

> Niemand kann unsere Persönlichkeit gänzlich verändern, niemand kann uns völ-
> lig umkrempeln. Wir müssen mit dem vorhandenen Material arbeiten, das bereits
> da ist. Wir müssen das akzeptieren und bejahen, was wir sind und nicht, was wir

---

[66] Zum Begriff der Persönlichkeit bei Almaas siehe das entsprechende Unterkapitel von 5.2.5.

gerne sein möchten. Dies ist gleichbedeutend damit, jede Selbsttäuschung und jedes Wunschdenken aufzugeben. Wir müssen unsere gesamten Persönlichkeitsmerkmale erkennen und akzeptieren, nur dann können wir vielleicht eine gewisse Inspiration erfahren. (S. 74)

Diese Offenheit, das zu sein, was man ist, soll aufrechterhalten werden unabhängig vom allfälligen Vorhandensein einer äusseren Spiegelung oder Anerkennung durch einen anderen Menschen (Trungpa, 1989, S. 113).

Bejahen und Akzeptieren, was da ist, ist auch ein wesentlicher Bestandteil der buddhistischen Meditationspraxis. In der spirituellen Übung geht es nicht darum, sich auf Erleuchtung, eine besondere Erfahrung oder das Erlangen aussergewöhnlicher Fähigkeiten zu konzentrieren, sondern die Meditationspraxis gründet im Wesentlichen auf dem Hier und Jetzt. So schreibt Trungpa (1989, S. 168): „Unsere gesamte Praxis sollte auf unserer Beziehung zur Gegenwart begründet sein." Diese Verwurzelung im Hier und Jetzt kann jederzeit praktiziert werden: Sei es beim Gehen, Atmen oder Tee eingiessen – es geht darum, einfach im Moment zu sein. Ganz im Moment zu sein und in einem inneren Einverstandensein zu verweilen mit dem, was gerade ist, sind sehr eng miteinander verbunden. Es bedeutet, „mit jeder eintretenden Situation völlig zufrieden sein und nach keiner Ablenkung von aussen suchen" (Trungpa, 1989, S. 170).

Wenn es uns gelingt, ganz im Hier und Jetzt zu sein, hört das Festhalten von Erfahrungen auf und es bleibt kein Platz mehr für spirituellen Materialismus. „Wenn wir uns nur den reinen Augenblick vergegenwärtigen, bleibt kein Raum für irgend etwas anderes ausser Offenheit und Frieden" (Trungpa, 1989, S. 170).

Im Hier und Jetzt zu sein bedeutet, in unseren Alltagsaktivitäten präsent zu sein. Trungpa (1989) antwortet auf die Frage, wie man mit praktischen Lebenssituationen fertig wird, „wenn man versucht, einfach zu sein und den offenen Raum zu erfahren":

> Damit man die Erfahrung des offenen Raumes machen kann, muss man auch die Festigkeit von Erde, von Form, wirklich erlebt haben. Beides ist wechselseitig voneinander abhängig. Oft haben wir romantische Vorstellungen über den offenen Raum und geraten damit in eine Falle. Solange wie wir den offenen Raum nicht zu einem phantastischen Ort verklären, sondern ihn statt dessen in seiner Verbindung mit der Erde sehen, werden wir diese Fallen vermeiden. Die Weite des Raumes kann nicht ohne die begrenzenden Umrisse der Erde als Kontrast erfahren werden. Wollten wir ein Bild des offenen Raumes malen, so müssten wir darauf die Horizontlinie der Erde darstellen. Es ist daher notwendig, dass wir zu den Problemen des Alltagslebens, sozusagen zu den Problemen des ‚Küchenausgusses', zurückkehren. Deshalb sind die Alltagsaktivitäten in ihrer Einfachheit und Genauigkeit von so grosser Bedeutung. Nach der Wahrnehmung des offenen Raumes sollten wir uns in unsere alten, wohlvertrauten und klaustrophobischen Lebenssituationen zurückversetzen und diese eingehender betrachten, sie überprüfen und sie ganz in uns aufnehmen, bis uns plötzlich die Absurdität ihrer Festigkeit auffällt und wir auch die Qualität des offenen Raumes in ihnen wahrnehmen können. (S. 172-173)

Die buddhistische Meditationspraxis bezieht sich auf die Arbeit mit der aktuellen Situation und dem augenblicklichen Geisteszustand (Trungpa, 1989, S. 167). So versucht man auch nicht, während der Meditation bestimmte Gedanken zu fördern oder zu unterbinden. Sobald wir nur bestimmte Gedanken haben wollen und andere nicht, sind wir gefangen in einer Wertung und in einer Haltung des Nichtakzeptierens dessen, was ist. Die Grundhaltung in der Meditation sollte sein, alles erforschen zu wollen – auch wenn es vielleicht unerfreulich, schwierig oder abstossend ist (Trungpa, 1989, S. 173-175). Es geht darum, die Dinge so gelten zu lassen, wie sie jetzt gerade sind, sich an nichts festzuhalten, bei nichts zu verweilen und die Offenheit des Raumes zu empfinden zwischen uns und den Dingen in jeder Situation (Trungpa, 1989, S. 183-191). Die Welt soll so wahrgenommen werden, wie sie ist, ohne sie beschönigen zu wollen und ohne das ständige Streben, etwas besonders Spirituelles darin zu sehen (Trungpa, 1989):

> Es geht darum, die Welt auf eine unmittelbare Art und Weise zu sehen, ohne den Wunsch nach einem ‚höheren' Bewusstsein, nach mehr Bedeutungsschwere oder Tiefgründigkeit zu haben. Die Dinge werden direkt und so wahrgenommen, wie es ihnen ihrer eigenen Berechtigung nach zukommt. (S. 204)

Ein solches unvoreingenommenes Akzeptieren dessen, was ist, ohne etwas festhalten oder wegschieben zu wollen, ist verbunden mit einer Offenheit sich selbst gegenüber, die auch zu einer grösseren Öffnung gegenüber der Welt und den Mitmenschen führt (Trungpa, 1989, S. 177).

Ein solches Annehmen kann auch als Hingabe umschrieben werden, die Trungpa (1989, S. 33-39) als zentral für den spirituellen Weg erachtet. Wenn wir uns hingeben und uns öffnen, landen wir auf dem, was wirklich ist und nicht auf etwas Wunderbarem. Das kann eine harte Erkenntnis sein, wenn wir dazu neigen, spirituelle Erfahrungen zu stark zu gewichten.

Sich erlauben, etwas ganz zu fühlen

Das Bejahen einer Erfahrung im Hier und Jetzt ist die Basis dafür, dass wir eine wirkliche Beziehung zu unserem Erleben herstellen können (Trungpa, 1989, S. 27). Es geht nicht darum, möglichst viel von etwas anzusammeln – wie von spirituellen Erfahrungen -, sondern das Einzelne voll und ganz zu würdigen und zu erleben. Trungpa (1989, S. 24) betont diesen Prozess, denn wenn wir etwas wirklich schätzen, identifizieren wir uns damit und vergessen dabei uns selbst. Hindernis dafür, uns darauf einzulassen, etwas richtig zu fühlen, ist die Tendenz, auf dem spirituellen Weg ständig zu kämpfen, nicht wir selber sein zu können und uns keine Ruhe zu gönnen. Deshalb ist der erste Schritt in der Meditationspraxis, dass wir einfach innehalten, zur Ruhe kommen und eine Unterbrechung zulassen (Trungpa, 1989, S. 145): „Ruhend ist man wirklich gegenwärtig" (Trungpa, 1989, S. 115).

Etwas ganz zu fühlen und offen zu sein, bedeutet nicht, seinen Emotionen freien Lauf zu lassen. Emotionen einfach auszuagieren wirkt sich eher stärkend auf das Ego aus und ist im Grunde nur eine Variante, den Emotionen zu entkommen und sie zu unterdrücken. Durch Handeln entkommen wir unseren Emotionen. Hier geht es jedoch um ein unmittelbares Spüren, und dann findet eine echte Transformation statt (Trungpa, 1989, S. 250-254). Beim Umgang mit Emotionen geht es darum, sie aufzudecken und ihre lebendige Qualität wahrzunehmen, die darunter liegt. Wir müssen ihre innere Beschaffenheit und ihre wirkliche Qualität spüren lernen. Dadurch kann echte Transformation geschehen. Für diese Arbeit mit den eigenen Emotionen braucht es Mut. Doch wenn wir uns darauf einlassen, erleben wir, dass Emotionen nicht das sind, was wir geglaubt hatten, sondern dass sie viel Weisheit und offenen Raum enthalten. Das Problem ist nur, dass wir uns selten erlauben, Emotionen auf diese Weise zu erleben (Trungpa, 1989, S. 250). In einem solchen Spüren der eigenen Emotionen geht es auch nicht darum, die Emotionen verändern zu wollen, sondern darum, sie richtig zu erfahren. „Es geht darum, die grundlegende Qualität der Situation, wie sie ist, zu erkennen und nicht darum, etwas damit anfangen zu wollen" (Trungpa, 1989, S. 97).

Spüren bedeutet aber nicht nur, eine *Emotion* wirklich zu fühlen. Sich die Offenheit des Fühlens zu erlauben umfasst auch, die *Dinge* in ihrem Sosein zu spüren – sie zu fühlen, wie sie sind und nicht irgendeine Begrifflichkeit darüberzulegen - und sei es auch noch so ein spirituelles Konzept wie dasjenige der Leerheit. Dass das Fühlen auch deshalb zentral ist, um unseren eigenen Schlussfolgerungen und neuen Begriffsbildungen auf dem spirituellen Weg zu entgehen, beschreibt Trungpa (1989) in folgenden Worten:

> Es wäre auch allzu einfach, jede Begrifflichkeit zu beseitigen und daraus den Schluss zu ziehen, alles sei einzig und allein das, was es ist. Das könnte nur eine weitere Fluchtmöglichkeit sein, um sich selbst zu beruhigen. Wir müssen aber die Dinge tatsächlich so *fühlen*, wie sie sind: die Qualitäten vom Gehäuft*sein* des Mülls und vom Blättrig*sein* des Ahorns, das *Sosein* der Dinge. Wir müssen sie richtig spüren und nicht versuchen wollen, einen Schleier der Leerheit darüber zu legen, denn das bringt überhaupt nichts. Wir müssen die Dinge in ihrem ‚Sosein', in ihrem Naturzustand und ihren ungeschliffenen Eigenschaften genauso sehen, wie sie sind. Das ist eine sehr unverstellte Sichtweise der Welt. Daher entfernen wir zuerst unsere groben vorgefassten Ansichten und danach auch die Spitzfindigkeiten solcher Begriffe wie ‚Leerheit', so dass wir mit nichts dastehen – ausschliesslich mit dem, was ist. (S. 203)

Loslassen und offen werden

> Wir drehen uns immer weiter im Kreis, bis wir erkennen, dass unser ehrgeiziges Streben, uns selbst um jeden Preis verbessern zu wollen, bereits in sich das Problem darstellt. Einsichten können nur dann auftreten, wenn es zu einer Unterbrechung in unserem Kampf kommt, wenn wir nicht mehr versuchen, uns von allem Denken zu befreien, wenn wir damit aufhören, gute und fromme Gedanken gegen schlechte und unreine Gedanken auszuspielen, wenn wir es uns selbst einfach nur zugestehen, die Natur unseres Denkens zu erkennen. Allmählich wird uns bewusst, dass in uns eine geistig gesunde und erwachte Qualität existiert, die tatsächlich nur im Zustand der Kampflosigkeit zutage tritt ... Wir müssen nur die Anstrengung aufgeben, uns selbst abzusichern und unsere Position zu festigen - und schon ist der erwachte Zustand präsent. Wir bemerken jedoch bald, dass jenes einfache 'Loslassen' nur jeweils für eine kurze Zeitspanne möglich ist. Wir benötigen irgendeine Disziplin, die uns dorthin bringt, und dafür müssen wir einen spirituellen Weg gehen. (Trungpa, 1989, S. 165)

Loslassen von Begrifflichkeiten, Vorstellungen und von einem Streben nach spirituellen Erfahrungen oder Erleuchtung ist die Basis dafür, dass wir uns einer authentischen Spiritualität öffnen können. Das Mittel, um loszulassen, ist auf dem spirituellen Weg die Meditation. Trungpa (1989, S. 91) betont, wie der Impuls, nach etwas zu suchen, erlahmen muss und dass sich Abhisheka dann ereignet, wenn wir gezwungen sind, irgendwann wirklich loszulassen. Es geht darum, jede Anstrengung aufzugeben, etwas zu suchen oder sich etwas beweisen zu wollen. Es geht darum, uns hinzugeben, uns zu öffnen, die Rüstung abzulegen und ungeschützt zu sein. Den Kampf aufzugeben und ganz loszulassen, ist dabei wesentlich (Trungpa, 1989):

Wenn man einmal den Weg betreten hat und den Kampf an sich aufgibt, ist das ganze Problem damit erledigt. Dann geht es nicht mehr um die Frage, ob man in irgendwelche Lebenssituationen hineingezogen werden möchte oder nicht … Kampf ist Ego. Sobald wir den Kampf aufgeben, bleibt nichts mehr übrig, wofür zu kämpfen wäre; es verschwindet einfach. Es geht also nicht darum, einen Sieg über den Kampf zu erringen. (S. 97)

Loslassen bedeutet auch Nicht-Anhaften und schliesslich geht es darum, auch am Nicht-Anhaften nicht festzuhalten (Trungpa, 1989, S. 209).

Loslassen ist auch damit verbunden, die Hektik und den Druck aufzugeben, etwas erreichen zu wollen. Wir versuchen unaufhörlich, irgendwohin zu gelangen. Diese Hektik müssen wir aufgeben. Erst wenn wir jede Hoffnung auf irgendeine Art von Erleuchtung aufgegeben haben, beginnt sich ein Weg zu öffnen. Es geht darum, jede Erwartung abzulegen. Wo dieser Druck aufhört, können wir uns ganz entspannen. Und weil wir uns ganz entspannen, können wir es uns leisten, mit uns selbst Freundschaft zu schliessen und uns und unseren Mitmenschen liebevoller und freundlicher zu begegnen (Trungpa, 1989, S. 115).

Selbsttäuschung erkennen

Selbsttäuschung als zentralen Mechanismus des spirituellen Materialismus aufzudecken ist ein sehr zentraler, wenn auch meist schmerzhafter Prozess. Trungpa (1989, S. 65) betont, dass es auf dem spirituellen Weg nicht darum geht, einen Guru zu finden und sich spirituelles Wissen zu kaufen, sondern darum, Selbsttäuschung aufzudecken, sich hinzugeben und den Charakter des Ego blosszulegen. Dann können wir uns öffnen und beginnen, ein solides Gefäss zu werden.

Die Entdeckung und das eigene Eingeständnis von Selbsttäuschung sind für den weiteren spirituellen Weg sehr wichtig (Trungpa, 1989):

> ‚Es stimmt zwar, dass ich einen kurzen Augenblick der Erleuchtung erlebt habe, doch gleichzeitig habe ich versucht, danach zu greifen und ihn zu besitzen, und damit hat er sich verflüchtigt'. Wir machen die Entdeckung, dass Selbsttäuschung nichts bewirkt und nur den Versuch darstellt, in inneren Kontakt zu sich selbst zu kommen und sich etwas beweisen zu wollen, anstatt sich wirklich zu öffnen. (S. 103)

Das Erkennen einer Selbsttäuschung führt oft dazu, dass sich Betroffene danach viel stärker hinterfragen. Dieser leidvolle Prozess kann jedoch dazu führen, dass sich die Haltung gegenüber der Spiritualität wandelt und eine wirkliche Öffnung beginnen kann (Trungpa, 1989):

> Nach der Entdeckung von Selbsttäuschung leiden wir stark unter Verfolgungswahn und Selbstkritik, was ganz heilsam ist. Es ist gut, die Aussichtslosigkeit unseres Ehrgeizes zu erkennen, die Sinnlosigkeit des Versuchs, offen sein und uns selbst aufheitern zu wollen, denn damit wird der Grundstein für eine andere Haltung gegenüber Spiritualität gelegt. Es geht um nichts anderes, als an den Punkt zu gelangen, wo wir uns *wirklich* öffnen. (S. 103)

Um Selbsttäuschung aufdecken zu können, ist es hilfreich, ein Gegenüber zu haben, das die Rolle des Spiegels übernimmt. Wenn wir uns in diesem Prozess verfangen haben, brauchen wir meist jemanden, der uns liebevoll darin unterstützt, das zu sehen und die

Tendenz des Festhaltens sichtbar machen kann (Trungpa, 1989, S. 74). Dann kann eine Öffnung stattfinden.

Mitgefühl

Ein solches Sich-Öffnen auf dem spirituellen Weg ist mit der Entwicklung von Mitgefühl verbunden (Trungpa, 1989):

> Mitgefühl hat überhaupt nichts damit zu tun, irgend etwas leisten oder erreichen zu wollen, denn es ist ein Gefühl von Weite und Freigebigkeit. Wenn jemand echtes Mitgefühl entwickelt, ist er sich einer Freigebigkeit anderen oder sich selbst gegenüber nicht bewusst, denn Mitgefühl ist eine allumfassende Freigebigkeit, die weder auf 'mich' noch auf 'andere' ausgerichtet ist. Sie ist voller Freude, einer spontan existierenden und ständigen Freude, die gleichbedeutend mit Vertrauen ist, mit einem Gefühl von Fülle und Reichtum. (S. 109)

Mitgefühl beginnt in der Meditationspraxis dann eine Rolle zu spielen, wenn man nicht nur geistige Ruhe und Frieden spürt, sondern eine freudige und offene Wärme. Ein grundlegender Wesenszug ist dabei eine furchtlose Offenheit und ein tiefes Vertrauen zu sich selbst. Mitgefühl ist dabei nicht irgendein himmlischer Zustand, sondern meint, mit einer Situation so umzugehen, wie sie gerade ist (Trungpa, 1989, S. 115): „Mitgefühl ist die irdische Qualität der Meditationspraxis, ein Gefühl von Erde und festem Boden. Die Botschaft der mitfühlenden Wärme lautet, nichts zu überstürzen und sich auf jede Situation so einzustellen, wie sie ist."

In dieser Atmosphäre von grundlegender Wärme beginnen wir, Freundschaft zu schliessen mit uns selbst und uns liebevoll zu begegnen. Dieses Mitgefühl für uns selbst wird zu einem Ausgangspunkt für unsere Beziehung zur Welt (Chödrön, 2007). Das bedeutet nicht, dass wir nett sind, sondern dass wir völlig wir selbst sind. In diesem Zustand der Offenheit brauchen wir keine Angst mehr zu haben, uns selber oder unsere Mitmenschen zu verletzen. Wir versuchen dann nicht mehr, ein Ziel zu erreichen. Kampf wird uns fremd (Trungpa, 1989, S. 108-110). Mitgefühl in diesem Sinn ist eine Synthese von grosser Wärme und Weichheit verbunden mit der Qualität von Erde und festem Boden.

Spirituelle Erfahrungen sind also ein besonders anfälliger Bereich für die menschliche Tendenz zu spirituellem Materialismus. Wir versuchen, die Erfahrung festzuhalten, wollen sie nicht verlieren, wollen weitere Erfahrungen hamstern und behandeln sie damit wie einen materiellen Besitz. Festhalten und Anhaften sind aber der spirituellen Arbeit genau entgegengesetzt (vgl. Kapitel 5.2.6). Deshalb ist es zentral, die Tendenz unseres Anhaftens und des spirituellen Materialismus auf dem spirituellen Weg an die Oberfläche zu bringen und sie nicht zu ignorieren (Almaas, 1997, S. 184-185). Spiritueller Materialismus ist eine Schwierigkeit, mit der auf dem spirituellen Weg unbedingt gearbeitet werden muss: „Es ist wirklich so, dass die tiefsten essentiellen Aspekte nicht verwirklicht und befreit werden können, ohne die Themen von Anhaften und spirituellem Materialismus zu bearbeiten" (Almaas, 1997, S. 186).

6.6   Problematiken des Selbstwertgefühls

Bereits Jung (1995) unterscheidet zwei mögliche Erscheinungsformen im Zusammenhang mit der Assimilation des Unbewussten: Eine, die sich in einem „unangenehm gesteigertem" Selbstwertgefühl und eine, die sich in Gefühlen der Minderwertigkeit ausdrückt:

> Der Prozess der Assimilation des Unbewussten führt zu merkwürdigen Erscheinungen: die einen bauen damit ein unverkennbares, ja unangenehm gesteigertes Selbstbewusstsein oder Selbstgefühl auf; sie wissen alles, sie sind vollständig auf dem laufenden in Bezug auf ihr Unbewusstes. Sie glauben, ganz genau Bescheid zu wissen über alles, was aus dem Unbewussten auftaucht. Auf jeden Fall wachsen sie mit jeder Stunde dem Arzt weiter über den Kopf. Die anderen aber werden heruntergestimmt, ja erdrückt von den Inhalten des Unbewussten. Ihr Selbstgefühl vermindert sich, und sie betrachten mit Resignation all das Ausserordentliche, welches vom Unbewussten produziert wird. Die ersteren übernehmen, im Überschwang des Selbstgefühls, eine Verantwortlichkeit für ihr Unbewusstes, die viel zu weit reicht, über jede wirkliche Möglichkeit hinaus; die letzteren lehnen schliesslich jede Verantwortlichkeit für sich ab in der erdrückenden Erkenntnis der Machtlosigkeit des Ich gegenüber dem durch das Unbewusste waltenden Schicksal. (S. 147)

Was Jung hier im Zusammenhang mit einem Therapieprozess der Analytischen Psychologie beschreibt, wird im Zusammenhang mit spirituellen Wegen jeder Art häufig beobachtet. Im Zusammenhang mit Spiritualität handelt es sich um Reaktionen auf *transpersonale* Bewusstseinsinhalte. Von diesen zwei Reaktionsweisen soll im Folgenden die Rede sein: von dem übersteigerten Selbstwertgefühl der psychischen Inflation und den Gefühlen der eigenen Minderwertigkeit im Zusammenhang mit dem, was Walach (2000) als Moseskomplex bezeichnet.

6.6.1   Psychische Inflation

Erscheinungsformen

Psychische Inflation kann als eine Hauptgefahr beim Kontakt mit transpersonalen Inhalten verstanden werden (Jung, 1995, S. 240; vgl. auch Scharfetter, 2004, S. 113). Psychische Inflation ist ein „Zustand einer Art ‚Aufgeblasenheit', eines Aufgeblähtseins. Eine Überschwemmung mit überpersönlichen, nichtindividuellen psychischen Gehalten" (Häcker & Stapf, 1998, S. 396). Jung (Walach, 2000, S. 53) verstand unter Inflation die Tendenz, dass jemand, der eine starke spirituelle Erfahrung gemacht hat, dazu neigt, sich mit diesen transpersonalen Inhalten zu identifizieren und dabei seine eigenen persönlichen Schwächen und Begrenztheiten aus den Augen verliert. Dabei geht auch der Blick für die Notwendigkeit der eigenen kontinuierlichen Entwicklung und Entfaltung verloren. Der Betroffene distanziert sich dabei von der Notwendigkeit von vielen, kleinen und oft mühsamen und sehr irdischen Schritten, die für die Umsetzung und Integration einer solchen spirituellen Erfahrung nötig sind. Dadurch besteht die Gefahr, dass ein fragiles Ich die spirituelle Erfahrung benutzt, um eigene Mängel zu kaschieren, statt sich der Arbeit mit den eigenen Schattenseiten zu stellen. Jung (1972, S. 547) bezeichnet Inflation in diesem Sinn auch als ein „Unbewusstwerden des Bewusstseins", bei dem sich das Bewusstsein „an Inhalten des Unbewussten übernimmt und die Unterscheidungsfähigkeit, diese conditio sine qua non aller Bewusstheit, verliert". In diesem Sinne kann das Ich hier die Erfahrung erweiterten Bewusstseins zur Abwehr einer vertieften und vielleicht unangenehmen persönlichen Auseinandersetzung verwenden und dabei die eigenen Schwächen und Schwierigkeiten aus dem Bewusstsein verdrängen.

Im spirituellen Bereich wird darunter die Tendenz verstanden, sich aufgrund von transpersonalen Erfahrungen als etwas Besonderes zu fühlen. Zentrales Merkmal ist dabei das Gefühl der übermässigen Wichtigkeit der eigenen Person. Die Problematik besteht dabei an der Schnittstelle zwischen der spirituellen Erfahrung und der Umgebung. So kann der Betroffene sich veranlasst sehen zu glauben, dass die spirituelle Erfahrung etwas ist, was nur ihm widerfährt und in der Folge ein übermässiges Gefühl von Berufung und Auserwähltheit entwickeln (Scharfetter, 1995b, S. 41).

Die dadurch entstehende Tendenz, sich als etwas Besonderes zu fühlen und über andere erhaben und ihnen überlegen zu sein, ist auf dem spirituellen Weg eine grosse Gefahr (Tart zit. nach Caplan, 2002, S. 239). Aussergewöhnliche Erlebnisse können das Ich verführen zu Stolz, Hochmut und Selbstüberhöhung (Scharfetter, 1995b, S. 40). Dieses Phänomen ist auch und gerade bei Fortgeschrittenen weit verbreitet und kommt auch bei spirituellen Lehrern vor, die sich von ihren Schülern auf ein Podest heben lassen oder sich selbst überhöht darstellen (Scharfetter, 1997; Scharfetter, 2004, S. 113).

Der Betroffene sieht sich auf dem spirituellen Weg als weiter fortgeschritten und als viel bedeutsamer, als er eigentlich ist. Nicht selten geht er davon aus, erleuchtet zu sein. Diese Aufblähung des eigenen Egos oder die Anmassung von Erleuchtung geschieht manchmal ganz offensichtlich, manchmal sehr subtil und insgeheim. Wie alle Schwierigkeiten auf dem spirituellen Weg stellt auch die psychische Inflation ein Hindernis für echte spirituelle Entwicklung dar und verunmöglicht gewisse innere Wachstumschancen (Caplan, 2002).

Im Zusammenhang mit spirituellen Erfahrungen findet bei einer psychischen Inflation eine Identifikation der Ich-Persönlichkeit mit den subtil wahrgenommenen Energien statt. Rosenthal (1998, S. 85) spricht hier auch von transpersonaler Inflation oder von einer Inflation „durch den höheren Geist". Dabei werden das transpersonale Erleben falsch interpretiert und die Ebenen zwischen der Ich-Persönlichkeit und dem transpersonalen Selbst verwechselt (Assagioli, 1988/1992, S. 134; Rosenthal, 1998, S. 95). Eine Differenzierung der Ebenen des persönlichen Ichs und des transpersonalen Selbst ist daher von zentraler Bedeutung (Vaughan, 1990):

> Wenn das Ich versehentlich mit dem [transpersonalen] Selbst identifiziert wird, ergeben sich daraus leicht pathologische Zustände, meist in der Form einer Inflation des Ich, einer aufgeblasenen Selbstüberschätzung. Nach Jungianischem Verständnis ist diese Ich-Inflation eine der grundlegenden Gefahren einer Identifizierung mit dem transpersonalen Selbst. Das Selbst muss daher deutlich vom Ich unterschieden werden. (S. 49)

Bei der psychischen Inflation besteht die Tendenz, die eigene spirituelle Erfahrung zu verabsolutieren und als Mass aller Dinge zu betrachten. Andere Menschen, die diese Erfahrung nicht nachvollziehen können oder im spirituellen Bereich andere Ansichten vertreten, können leicht mit Aussagen wie „sie seien eben noch nicht so weit" oder sie hätten eben noch nicht „diese hochstehende Erfahrung gemacht" abgekanzelt werden. Mit einem solchen grandiosen Absolutheitsanspruch geht auch eine Weigerung einher, sich selbst und die Auslegung der eigenen Erfahrung zu relativieren (Walach, 2000, S. 60-61).

Werden spirituelle Gruppen von Menschen mit entsprechender narzisstischer Verzerrung geführt, können solche Gruppierungen sehr problematisch werden. Walach (2000) beschreibt Kennzeichen solcher Systeme:

> Kennzeichen einer narzisstisch geschwächten Person ist es geradezu, dass sie starke Personen in ihrem Umfeld nicht erträgt, weil sie Kritik anmelden und damit die eigene Grandiosität schmälern könnten. Ein inflationär-narzisstisches System ist einem Sonnensystem vergleichbar: es kann nur ein Zentralgestirn geben. Andere können nur in mehr oder weniger nahem Abstand kreisen, sobald sie in das Gravitationsfeld des Zentralgestirns geraten. Planeten mit genügend eigener Masse werden durch die Gravitation abgedrängt und müssen anderswo ihren Platz suchen. Erkennbar sind solche Systeme sehr leicht daran, dass es eine unangefochtene Führerperson gibt, dass Kritik praktisch nicht vorkommt und dass es in dem System um die Auslegung und Bedeutung der Leitungsfigur mindestens genauso geht wie um die Sache selbst. Wenn das System einen stark dogmatisch-faschistoiden Charakter hat, kommt auch noch die Dämonisierung der anderen hinzu und die Spaltung der Welt in Gute (die zu uns gehören) und Böse (alle anderen) ... (S. 59)

Auswirkungen solcher narzisstischer Verzerrungen sind oft dogmatische Selbstverherrlichung, Betonung der eigenen Führungsposition und ausbeuterisches Verhalten, das den finanziellen, sexuellen oder psychischen Bereich betreffen kann (Walach, 2000, S. 58-60).

Die Identifikation mit der Mana-Persönlichkeit

Das Konzept der psychischen Inflation wird in der Analytischen Psychologie ausführlich geschildert. Jung (1995, S. 234-247) spricht dabei von einer psychischen Inflation durch die Mana-Persönlichkeit. Da seine Erörterungen dieses Prozesses hilfreich für das Verständnis einer psychischen Inflation im spirituellen Bereich und deren Überwindung erscheinen, wird an dieser Stelle näher auf Jungs Konzept eingegangen.

Die Identifikation mit der Mana-Persönlichkeit stellt eine typische Schwierigkeit dar im Prozess der Überwindung der Anima oder des Animus. Das bewusste Ich eignet sich dabei das Mana – eine Art Zauberkraft, Macht und magische Kenntnisse – der Anima an und kommt dadurch zum Schluss, dass es somit bedeutend geworden ist (Jung, 1995, S. 235). Diese Thematik taucht nach Jung (1995) in praktisch jedem Entwicklungsprozess auf:

> Insofern nun das Ich anscheinend die der Anima zugehörige Macht an sich zieht, wird das Ich direkt zur Mana-Persönlichkeit. Diese Entwicklung ist eine fast regelmässige Erscheinung. Ich habe noch keinen mehr oder weniger fortgeschrittenen Entwicklungsprozess dieser Art gesehen, wo nicht wenigstens vorübergehend eine Identifikation mit dem Archetypus der Mana-Persönlichkeit stattgefunden hätte. Und es ist das Allernatürlichste von der Welt, dass es so geschieht, denn man erwartet es nicht nur selber, sondern alle anderen erwarten es ebenfalls. Man kann es kaum hindern, dass man sich nicht ein bisschen bewundert, weil man tiefer hineingesehen hat als andere, und die anderen haben ein solches Bedürfnis, irgendwo einen tastbaren Helden oder einen überlegenen Weisen, einen Führer und Vater, eine unzweifelhafte Autorität zu finden, dass sie mit der grössten Bereitwilligkeit auch Duodezgöttern Tempel bauen und weihräuchern. (S. 240)

Die Mana-Persönlichkeit ist ein Archetypus: Bei Männern jener des Helden, des Zauberers, Häuptlings, Medizinmannes und Heiligen, „des Herrn über Menschen und Geister, des Freundes Gottes" (Jung, 1995, S. 235). Bei Frauen ist es eine mütterlich-überlegene Figur, die grosse Mutter, „die Allerbarmerin, die alles versteht und alles verzeiht und immer das Beste gewollt hat, die stets für andere gelebt und niemals das Ihre gesucht hat, die Entdeckerin der grossen Liebe, so wie er der Verkünder der letzten Wahrheit ist" (Jung, 1995, S. 235). Hier taucht also eine Kollektivfigur auf, die von der bewussten Persönlichkeit Besitz ergreift (Jung, 1995):

> Diese seelische Gefahr ist subtiler Natur, sie kann durch Inflation des Bewusstseins alles vernichten, was durch die Auseinandersetzung mit der Anima etwa gewonnen wurde. Es ist daher praktisch von nicht geringer Wichtigkeit, zu wissen, dass in der Hierarchie des Unbewussten die Anima bloss die unterste Stufe ist und eine der möglichen Figuren, und dass ihre Überwindung eine andere Kollektivfigur konstelliert, welche nunmehr ihr Mana übernimmt. In Wirklichkeit ist es nämlich die Figur des Zauberers – wie ich sie kurzweg benennen will -, die das Mana, das heisst den autonomen Wert der Anima an sich zieht. Nur insofern ich unbewusst mit dieser Figur identisch bin, kann ich mir einbilden, selber das Mana der Anima zu besitzen. Aber ich werde es unter diesen Umständen unfehlbar tun. (S. 235)

In diesem Prozess ist das Ich nicht bedeutender geworden – wie der Betroffene glaubt – sondern es ist nur eine erneute Vermischung und Identifikation mit einem Archetypus aufgetreten. Statt die eigene Individualität zu entfalten, verliert der Mensch durch diese Identifikation seine Individualität gerade und wird wieder innerlich kollektiv – ohne es zu merken (von Franz, 1994, S. 258). Jung betont, dass die Mana-Persönlichkeit nur vom Ich Besitz ergreifen konnte, weil „das Ich von einem Sieg über die Anima träumte" (Jung, 1995, S. 236). Wenn das Ich seinen Anspruch auf Sieg fallen lässt, hört auch die Identifikation mit der Mana-Persönlichkeit auf. Das Mana fällt dann dem Mittelpunkt der Persönlichkeit zu – jenem Etwas, das die Gegensätze vereinigt (Jung, 1995, S. 236-237) – also dem Selbst. Die Thematik der Mana-Persönlichkeit ist also jene eines unbewussten Machtanspruchs. Hier wird besonders deutlich, wie eng psychische Inflation und spiritueller Materialismus miteinander verbunden sind. Man könnte die Ich-Inflation als eine Ausdrucksform des spirituellen Materialismus verstehen.

Wenn nun eine solche psychische Inflation fast jeden Individuationsprozess begleitet – wie kann man eine solche Besessenheit durch einen Archetypus verhindern oder mit ihm umgehen? Wichtig ist, sich der Gefahr, der Mana-Persönlichkeit zu verfallen, bewusst zu sein. Denn wenn der Mensch durch einen Archetypus besessen ist, wird er zu einer „bloss kollektiven Figur, zu einer Art Maske, hinter der das Menschliche sich nicht mehr entwickeln kann, sondern zunehmend verkümmert" (Jung, 1995, S. 241). Dabei besteht die Gefahr nicht nur darin, dass man sich selber mit der Mana-Persönlichkeit identifiziert, sondern dass man ihr auch verfällt, wenn jemand anderer diese Maske trägt. Jung (1995, S. 241) spricht damit einen problematischen Aspekt einer Schüler-Meister-Beziehung an.

Jung (1995, S. 241) empfiehlt, sich im Individuationsprozess bewusst zu halten, dass die Auflösung der Anima nur heisst, dass wir Einsicht gewonnen haben ins kollektive Unbewusste, nicht aber, dass wir diese Mächte selber unwirksam gemacht hätten. So können sie uns jederzeit wieder anfallen, wenn unsere bewusste Haltung eine Lücke hat. Wir müssen die Notwendigkeit erkennen, uns dem Selbst zu nähern, uns ihm zu unterstellen und unseren Weg unter seiner Führung zu gehen – ohne uns mit ihm zu identifizieren (von Franz, 1994, S. 260).

Wenn das Ich sich Macht anmasst, taucht auch Macht aus dem Unbewussten auf – eben die Mana-Persönlichkeit. Das Einzige, was man dagegen tun kann, ist, sich die eigene Schwäche gegenüber den Gestalten des Unbewussten völlig und echt einzugestehen. Dadurch stellen wir dem Unbewussten keine Macht entgegen und provozieren es dadurch auch nicht. Es ist also von grosser Wichtigkeit – wie bereits geschildert -, das Ich von der Mana-Persönlichkeit zu unterscheiden. Durch diese Unterscheidung machen wir uns die unbewussten Inhalte bewusst, die spezifisch für die Mana-Persönlichkeit sind. Das bedeutet nach Jung (1995, S. 241-242) für den Mann auch die zweite und wahrhafte Befreiung vom Vater und bei der Frau analog von der Mutter – und damit die „erstmalige Empfindung der eigenen Individualität" (Jung, 1995, S. 242).

Nach diesem Prozess besteht nun die Möglichkeit, dass man die Mana-Persönlichkeit konkretisiert und auf einen Gott im Himmel projiziert, der mit der Eigenschaft der Absolutheit ausgestattet ist: „Damit würde dem Unbewussten ein ebenso absolutes Übergewicht verliehen ..., wodurch aller Wert dort hinüber abströmt. Die logische Folge davon ist, dass hier bloss ein elendes, minderwertiges, untaugliches und sündenbeladenes Häuflein Mensch zurückbleibt" (Jung, 1995, S. 242). Parallel dazu bewirkt eine solche Konkretisierung eines höchsten Wertes auf der Seite des Unbewussten auch, dass wir in die unangenehme Lage geraten, ein ebenso absolutes Negativum zu konstruieren – einen Teufel – der dem höchsten Guten gewissermassen die psychologische Balance hält. Jung (1995, S. 242-243) empfiehlt deshalb, aus der Mana-Persönlichkeit keinen Gott aufzubauen, ihn also nicht zu konkretisieren. Damit vermeiden wir die Projektion der eigenen Werte und des Negativen in Gott und Teufel.

Durch die Auflösung der Mana-Persönlichkeit – indem wir uns ihre Inhalte bewusst machen – kehren wir zu uns selbst zurück und kommen unserem eigenen Mittelpunkt näher, den Jung das Selbst genannt hat (Jung, 1995, S. 244).

Ursachen für die Entstehung einer psychischen Inflation

Rosenthal (1998) kristallisiert entscheidende Faktoren heraus, welche die Entstehung einer psychischen Inflation begünstigen:

1. eine charakterliche Prädisposition (die wir mit dem ‚Samen' der Inflation vergleichen könnten);

2. eine echte transpersonale Erfahrung (der Same geht auf, er erwacht zum Leben);

3. Identifikation der Ich-Persönlichkeit mit dem Einfliessen transpersonaler Energien (‚Ich bin dieses Aufblühen');

4. die Wirkung eines Lehrers oder einer Gruppe, die die ichhafte Identifikation mit ‚höheren Zuständen' fördert, bestätigt oder perpetuiert (so wie der Boden, der die Wurzeln der jungen Pflanze hält und nährt);

5. das Fehlen oder das aktive Vermeiden von kritischem Feedback; dies kann einhergehen mit einem Ignorieren oder mit völliger Unkenntnis der eigenen Charakterfixierungen (die alle als ‚Zaun' dienen, welcher die Pflanze davor schützt, durch ‚deflationär' wirkende Kräfte zertrampelt zu werden). (S. 91-92)

Auch Assagioli (1988/1992) nennt als mögliche Ursachen für eine psychische Inflation die Prädisposition des Betroffenen und ein echtes transpersonales Erleben, das das innere Gleichgewicht des Betroffenen stören kann. Er zeigt ausserdem auf, dass mangelnde Vorbereitung auf eine spirituelle Erfahrung ein Risikofaktor für die Entwicklung einer psychischen Inflation darstellt und wie es zu einer Verwechslung der Ebenen von persönlichem Ich und transpersonalem Selbst kommt:

> Es [das spirituelle Erwachen] kann seinerseits Anlass zu Komplikationen, Störungen und Gleichgewichtsverlusten geben. Diese treten vor allem bei Menschen auf, deren Psyche nicht gefestigt ist, deren Gefühle überschäumend und unbeherrscht sind oder deren Nervensystem zu sensibel ist. Sie können auch auftreten, wenn der Ansturm der spirituellen Energie in seiner Plötzlichkeit und Heftigkeit zu überwältigend ist. Wenn die Psyche zu schwach und nicht ausreichend vorbereitet ist, um dem spirituellen Licht standhalten zu können, oder wenn der betreffende Mensch zu Anmassung und Egoismus neigt, kann es sein, dass er das innere Erlebnis falsch interpretiert. Es kommt sozusagen zu einer ,Verwechslung der Ebenen': Der Unterschied zwischen dem Absoluten und dem Relativen, zwischen dem höheren Geist und der Persönlichkeit wird nicht erkannt, und die spirituelle Kraft kann dann zu einer Schwärmerei, zu einer ,Aufblähung' des persönlichen Ichs führen. (S. 134)

Als begünstigende charakterliche Prädisposition kann dabei insbesondere eine narzisstisch-fragile Persönlichkeitsstruktur gelten (Walach, 2000).

Spirituelle Gemeinschaften oder spirituelle Lehrer können unter Umständen eine psychische Inflation bestätigen oder fördern. Fördernd wirken sich dabei etwa aus, wenn wenig Kontakt zu möglichen Kritikern besteht, wenn der Betroffene dem System, das die eigene Inflation aufrechterhält, zu nahe ist und sich nicht davon distanzieren kann oder wenn ein möglicher Kritiker als nicht zur Kritik berechtigt hingestellt wird, weil er etwa allgemein als Gegner spiritueller Systeme gilt (Rosenthal, 1998, S. 85).

Ebenso problematisch kann es sein, wenn keine Möglichkeiten zu einem Austausch mit spirituell Gleichgesinnten bestehen oder kein Lehrer vorhanden ist, der einem helfen kann, die eigene Erfahrung zu verstehen. So besteht eine grosse Gefahr, nach tiefen Erlebnissen des spirituellen Erwachens die eigene Erfahrung und über die Identifikation damit sich selbst zu überschätzen. Manche Menschen fühlen sich in einem solchen Stadium berufen, eine spirituelle Lehrtätigkeit zu übernehmen. Eine solche zu frühe Übernahme einer Lehrerposition kann die spirituelle Entwicklung jedoch sehr hemmen (Caplan, 2002, S. 151-161).

Wege aus der psychischen Inflation

Aus einer psychischen Inflation herauszufinden, ist nicht einfach. Das eigene Ich kann so aufgebläht sein, dass es von aussen kaum noch erreicht werden kann. Jung (1972) verweist auf diese Schwierigkeit:

> Ein aufgeblasenes Bewusstsein ist immer egozentrisch und nur seiner eigenen Gegenwart bewusst. Es ist unfähig, aus der Vergangenheit zu lernen, unfähig, das gegenwärtige Geschehen zu begreifen, und unfähig, richtige Schlüsse auf die Zukunft zu ziehen. Es ist von sich selber hypnotisiert und lässt darum auch nicht mit sich reden. Es ist daher auf Katastrophen angewiesen, die es nötigenfalls totschlagen. (S. 547)

Welche Wege gibt es – abgesehen von „totschlagenden Katastrophen" – aus einer psychischen Inflation heraus?

Narzisstische Verletzbarkeiten erkennen

Für den Umgang mit einer psychischen Inflation lehnt sich Walach (2000) an die therapeutische Vorgehensweise bei Personen mit narzisstischer Problematik an, wie sie Kohut vertritt. Dabei geht Walach (2000) von der These aus, dass psychische Inflation und Moseskomplex (Kapitel 6.6.2) dieselbe Wurzel haben – den Narzissmus. In dieser Auffassung (Walach geht dabei vor allem von Kohuts und Kernbergs Konzepten aus) ist es genau die Kombination von geduldigem und angemessenem Spiegeln und Bestätigen bei einer gleichzeitigen Zurückweisung überbordender Wünsche, die einer narzisstisch verletzten Persönlichkeit soviel Struktur und Stütze geben kann, dass sie ein Gespür für das eigene Selbst aufbauen kann. Ebenso wird es hier besonders wichtig sein, eine innere Nähe und Beziehung aufrechtzuerhalten. Narzisstische Thematiken scheinen in spirituellen Kontexten besonders häufig aufzutreten (Walach, 2000, S. 63). Daher wird einer Selbsteinschätzung bezüglich des eigenen Narzissmus eine grosse Bedeutung beigemessen. Auf dem spirituellen Weg ist es wichtig, sich darin zu üben, eigene narzisstische Tendenzen zu erkennen (Walach, 2000, S. 63-65). Dabei können folgende Anzeichen als bewährte Indikatoren für narzisstische Schwierigkeiten gelten (Walach, 2000):

> Wann immer man sich schnell von anderen beleidigt fühlt oder Neid auf andere bemerkt, sind narzisstische Verletzungen im Spiel. Wenn man sich dabei beobachtet, lustlos vor sich hinzudümpeln und irgend etwas macht, um Gefühle der inneren Leere und Langeweile zu verscheuchen, lohnt es sich zu überlegen, welche Kratzer am Lack des Selbstwertgefühls es kürzlich gegeben hat oder möglicherweise dauerhaft gibt. Wenn man sich dabei ertappt, Impulsen – übermässig viel zu trinken, zu essen, sexuell aktiv zu sein – vor allem dann nachzugeben, wenn man vorher eine Schlappe einstecken musste oder irgendwie in seinem Selbstwertgefühl verletzt wurde, dann sind narzisstische Verwundbarkeiten das Thema. Wenn man andere Menschen distanziert, d.h. von sich aus bewusst räumliche Distanz hält oder aber innerlich abwertet, dann ist man höchstwahrscheinlich von diesen narzisstisch verletzt worden. Die Trias Neid-Wut-Distanzierung ist für narzisstische Probleme charakteristisch. (S. 64)

Es ist bereits sehr hilfreich, wenn wir uns solcher Verletzbarkeiten bewusst werden. Dies kann helfen, die entsprechenden Verletzungen nicht durch depressive, aggressive oder impulsenthemmte Verhaltensweisen auszuagieren. Durch eine solche Selbsterkenntnis können narzisstische Verletzungen bewusst erlebt werden, und wir können beginnen, nach konstruktiven Möglichkeiten zur Stärkung des Selbstwertgefühls zu suchen. Dazu können stabile und stützende Beziehungen gehören, in denen wir uns wohl fühlen können, oder Dinge zu tun, die uns Anerkennung verschaffen und uns die eigene Kompetenz spüren lassen (Walach, 2000, S. 64).

Das Erkennen der eigenen narzisstischen Verletzbarkeiten kann auch dabei helfen, dass wir uns selber realistischer einschätzen lernen und uns schrittweise bewusster werden, wo eigene Fähigkeiten und Stärken liegen und wo wir uns in Grössenphantasien selbst überschätzen (Walach, 2000, S. 64-65).

Werden wir uns bei uns selber Tendenzen der psychischen Inflation gewahr, ist es hilfreich, uns bewusst Handlungsweisen anzueignen, die die eigene Demut fördern – z.B. selber abzuwaschen, statt es zu delegieren, oder jemandem bei Alltagsverrichtungen zu helfen. Gerade, wenn wir bei einer Tätigkeit das Gefühl haben, sie sei unter der eigenen Würde, kann diese ein hilfreiches Übungsfeld bei Inflation sein. Auch ein Akzeptieren der kleinen Kränkungen, die im Alltag oft vorkommen und auf die wir oft mit Ärger oder Wut reagieren, können in einer Phase von psychischer Inflation nützlich sein (Walach, 2000, S. 65).

Psychologische Verzerrungen durcharbeiten, während man mit dem Transpersonalen verbunden bleibt

Insgesamt ist es bei einer psychischen Inflation wichtig, die Beziehung zum Transpersonalen aufrechtzuerhalten und zugleich die psychologischen Verzerrungen durchzuarbeiten und zu beseitigen, die durch den transpersonalen Kontakt entstanden sind. Wichtig ist es dabei zu erkennen, dass Erfahrungen auf der personalen Ebene – wie unsere Beziehungen zu frühen Bezugspersonen – unsere Beziehung zum Transpersonalen färben können und umgekehrt. So kann nach Rosenthal (1998, S. 88-90) etwa eine Entfremdung von den persönlichen Eltern die Beziehung zum Transpersonalen beeinträchtigen. Bei einer psychischen Inflation kann somit eine Arbeit mit biografischen Beziehungsthematiken sehr hilfreich sein. Ebenso können jedoch auch transpersonale Interventionsstrategien unterstützend sein: So kann es heilsam sein, eine positive, liebevolle Beziehung zum „himmlischen Vater" zu unterstützen, bevor wir eine unaufgelöste Beziehung zum realen Vater oder zur realen Mutter aufarbeiten. In einer solchen transpersonalen Beziehung kann sich der Betroffene uneingeschränkt unterstützt, geliebt und wertgeschätzt fühlen, was vielleicht in den betreffenden menschlichen Beziehungen nicht der Fall sein konnte.

Hilfreich in der Prävention oder Behandlung einer psychischen Inflation sind auch ein richtiges Interpretieren und Verstehen der spirituellen Erfahrung, um einer Verwechslung der Ebenen vorzubeugen. Hierbei kann es sehr unterstützend sein, die Erfahrungen anderer kennenzulernen und Lebensberichte oder andere Schriften von Menschen zu lesen, die „die Erweiterung des Bewusstseins für sich verwirklicht haben" (Assagioli, 1988/1992, S. 56).

Bei einer psychischen Inflation ist es ausserdem sehr wichtig, mit verschiedenen Möglichkeiten der Erdung zu arbeiten. Mystische Traditionen wie Zen arbeiten in solchen Situationen – und auch präventiv - damit, den Betroffenen körperlich hart arbeiten zu lassen und jede Regung des „Sich-wichtig-Fühlens" zu unterbinden (Rosenthal, 1998, S. 90-91).

Generell geht es darum, lieber *einen* Aspekt unseres Potentials zu verwirklichen, statt ein ungeerdetes, irreales Ganzes zu bleiben. Die Bereitschaft zu fördern, sich in einer konkreten Form zu erden, ist dabei von grosser Bedeutung. In einer Phase psychischer Inflation ist das schwierig und nach Rosenthal (1998, S. 89) umso schwieriger „je stärker sie [die Person] in einer negativen Reaktion auf ihren persönlichen Vater fixiert ist".

Wieder auf den Boden kommen

Rosenthal (1998) führt Faktoren auf, die der Entstehung einer psychischen Inflation entgegenwirken können:

1. kritische Äusserungen Aussenstehender oder entsprechenden inneren Regungen, denen es gelingt, in das von der Inflation betroffene System einzudringen und es zu öffnen;

2. die Phase des Umwandelns der inflationär wirkenden Verzerrungen, Blockierungen oder Überzeugungen, die jetzt als das gesehen werden, was sie sind;

3. die Rückkehr zum ‚Anfängergeist'. (S. 92)

Der Prozess der Deflation – einem „Auf-den-Boden-Kommen" nach einer psychischen Inflation – kann durch verschiedene Faktoren ausgelöst werden. Eine Deflation erfolgt in der Regel dann, wenn die Konfrontation mit der Realität so unangenehm und unvermeidlich wird, dass wir unsere verzerrte Sichtweise aufgeben müssen. Im Grunde handelt es sich dabei um eine einfache Umkehrung des Prozesses, der zur Inflation geführt hat. So können eine Reihe von Verunsicherungen, die zu einer schockierenden Selbsterkenntnis führen, den Prozess der Deflation einleiten. Bei manchen Meditierenden mit einer psychischen Inflation kann die Tatsache, dass Meditationen nicht mehr „high" machen, zu einer Deflation führen. War die Person in einer inflationär gestörten Gruppe, kann die Erkenntnis, dass der Führer oder die Gruppe so unübersehbar gestört sind, dazu führen, dass die Betroffene klar zu sehen beginnt (Rosenthal, 1998, S. 98-99). Wir können auch mit der Zeit zu erkennen beginnen, dass das persönliche Selbst nur zeitweilig ausser Funktion war, dass es jedoch nicht dauerhaft transformiert wurde. Dieser Prozess führt dazu, dass wir plötzlich die eigenen Problematiken wieder sehen, die zuvor von der eigenen Grandiosität verdeckt waren (Assagioli, 1988/1992, S. 138-139).

Der Prozess der Deflation kann sehr schockierend und belastend sein. Unter Umständen reagieren wir mit einer Ablehnung der früheren spirituellen Ideale oder mit Verbitterung und Zynismus gegenüber dem spirituellen Weg. Wir können das Gefühl bekommen, noch nie so tief gefallen zu sein. Frühere Problematiken können nun wieder verstärkt auftauchen und reaktiviert werden. Deflation kann eine entsetzliche Erfahrung sein (Rosenthal, 1998, S. 99).

Hilfreich kann es hier sein, wenn Menschen aus dem sozialen Umfeld oder eine begleitende Therapeutin selber persönliche spirituelle Erfahrungen mitteilen und einen Sinn für Humor haben. Es kann in dieser Phase wichtig sein, den Umgang mit auftauchenden aggressiven Energien zu unterstützen. Hauptziel aller Interventionsstrategien ist es, die transpersonale Dimension der Erfahrung zu assimilieren, ohne das Ich der Gefahr der Inflation auszusetzen. Bei einer Bewältigung dieses Prozesses kann die alte, für Inflation anfällige Identität einer Rückkehr zum Anfängergeist weichen und in den Hintergrund treten oder sich gar auflösen. Nach einer solchen psychologischen Reinigung kann ein Gefühl von grosser Offenheit entstehen oder wieder auftauchen, die ein wichtiger Begleiter auf dem weiteren spirituellen Weg sein kann (Rosenthal, 1998, S. 100).

„In späteren Entwicklungsphasen wird der Zustand der Inflation bewusst als Verzerrung und Störung nicht nur unserer ‚Verbindung zum Göttlichen', sondern auch unserer Beziehungen zu Menschen und Dingen durchlitten" (Rosenthal, 1998, S. 100). Bei bewusster Arbeit an sich selbst bzw. in einer entsprechenden Therapie kann eine Sensibilisierung bezüglich eines späteren Rückfalls in den Zustand der psychischen Inflation stattfinden, oder wir können durch eine solche Arbeit auch immunisiert sein (Rosenthal, 1998).

Psychische Inflation als Chance

Psychische Inflation kann als ein unvermeidlicher und wichtiger Bestandteil der menschlichen Erfahrung betrachtet werden und als eine natürliche und manchmal notwendige Phase in einem Wachstumsprozess. Sie kann uns nach ihrer Überwindung helfen, auf dem Weg der Selbstverwirklichung weiterzuschreiten. Psychische Inflation kann als Versuch betrachtet werden, eine gerade erreichte Bewusstseinserweiterung aufrechtzuerhalten und zu stabilisieren (Rosenthal, 1998, S. 101). Sie kann als Gefahr und Chance zugleich verstanden werden und ist eng mit unserer Tendenz des Festhaltens verbunden (Rosenthal, 1998):

> Die Gefahr liegt in der Tendenz, an der Erweiterung [des Bewusstseins] zu haften oder die erreichte Erweiterung höher zu schätzen als die Quelle, der alle Expansionen und Kontraktionen entspringen. All dies deutet darauf hin, dass Inflation eine notwendige Dynamik im Prozess der Reifung des Bewusstseins ist, in späteren Phasen jedoch zu einem Hindernis werden kann, wenn das Ich schliesslich durch jenen höheren Imperativ aufgelöst oder abgelöst werden muss, welcher Gott ist. (S. 101)

Ein gelungener Umgang mit narzisstischen Tendenzen führt Walach (2000, S. 66) am Beispiel der drei Versuchungen Jesu in der Wüste an: Die erste Versuchung - auf Grund grossen Hungers aus Steinen Brot zu machen - zeigt die Wichtigkeit, auch Zeiten spiritueller Dürre aushalten zu können, in denen wir keine tiefen spirituellen Erfahrungen machen. Dann geht es nicht darum, irgendetwas zu tun, um den inneren Hunger nach einer spirituellen Erfahrung zu stillen. Hier kann eine spirituelle Rückverbindung hilfreich sein, auch in Zeiten innerer Dürre. In der zweiten Versuchung – jener vom Tempel hinabzuspringen und dabei unverletzt zu bleiben - geht es um den Umgang mit narzisstischer Grandiosität. Schlüssel des Umgangs damit ist ein Zurückgelangen zu einer natürlichen Bescheidenheit – Jesus verweist darauf, dass man Gott nicht auf die Probe stellen soll. Bei der dritten Versuchung - der Teufel will Jesus alle Macht geben, wenn er ihn anbetet - geht es darum, die eigene Macht nicht auszuagieren. Hier ist es wichtig, klar die Natur dieser Versuchung zu erkennen - dass es um Macht geht und deren Ausagieren - und es nicht zu tun.

Wo die psychische Inflation mit dem Gefühl der übermässigen eigenen Bedeutsamkeit einhergeht, ist der Moseskomplex (Walach, 2000) mit Gefühlen der eigenen Minderwertigkeit verbunden.

6.6.2   Der Moseskomplex

Der Moseskomplex kann als eine Art Gegenstück zur psychischen Inflation verstanden werden. Der Begriff wurde von Walach (2000) geprägt und bezieht sich auf die Geschichte der Berufung Moses im Buch Exodus im Alten Testament. Moses lehnt dabei seinen göttlichen Auftrag zunächst ab mit einem Verweis auf seine Unfähigkeit zu sprechen. Schliesslich übernimmt er dann seinen Auftrag doch, verhandelt aber mit Gott, dass er den Part des Sprechens nicht selber übernehmen muss.

Beim Moseskomplex handelt sich um die Tendenz, „sich einer deutlich empfundenen Berufung oder einem Auftrag mit Verweis auf seine persönlichen Schwächen entziehen zu wollen. Eine subtilere Form des Moseskomplexes ist die falsche Demut oder die Weigerung, seine innere Grösse anzunehmen, vielleicht aus Angst vor Verletzung" (Walach, 2000, S. 54).

Hierbei besteht die Gefahr, die eigene Erfahrung als zu gering zu erachten und sie dadurch nicht zu integrieren, sondern sie zu neutralisieren (Walach, 2000):

> Die Gefahr des Moseskomplex ist es, seine eigene Erfahrung nicht ernst genug zu nehmen, seinen inneren Auftrag herunterzuspielen und damit seine wahre Natur zu verfehlen. Man sagt sich dann etwa selber, dass vielleicht doch alles nur eine Art komischer Traum war. Oder dass man sich möglicherweise getäuscht hat, wenn doch so viele andere Menschen das alles ganz anders sehen. Die falsche Demut bemächtigt sich dann der Erfahrung und sucht sie zu neutralisieren. (S. 61)

Die Ursachen für den Moseskomplex mögen vielseitig sein, meist wird sich jedoch wie bei der psychischen Inflation (Kapitel 6.6.1) eine narzisstische Thematik als Grundlage herausstellen. Varianten sind dabei Ängste vor möglichen Konsequenzen wie die Angst, ausgelacht zu werden, von wichtigen Bezugspersonen nicht mehr beachtet zu werden oder Angst vor dem Scheitern, wenn man dem eigenen inneren Berufungsgefühl folgen würde (Walach, 2000, S. 61).

Im Umgang mit der Thematik des Moseskomplexes bewährt sich die Faustregel: „lieber zu viel als zu wenig, lieber zu hoch als zu tief" (Walach, 2000, S. 65). Walach (2000) schlägt dabei folgende Massnahmen zur Selbstregulation vor:

> Meistens sind in dem Fall kleine Rituale der Selbstaufmerksamkeit wichtig: sich morgendlich die eigene Schönheit bestätigen; abends jeweils eine kleine Liste dessen machen, was gut gelungen ist; sich bei Anzeichen narzisstischer Unlust eine kleine Auszeit gönnen; ins Kino oder Theater gehen, mit Freunden ins Restaurant gehen, einen Tag Pause einlegen etc. Wichtig bei all diesen Dingen ist nicht nur das automatische Durchführen, sondern das Einbetten in das grössere Verständnis. In einem weiteren Sinne kann man sich dann an Dinge wagen, die man zwar immer schon gerne gemacht hätte und die man auch als tief innen als zugehörig spürt, die man aber immer mit Hinweis auf das eigene Ungenügen oder die eigene Inkompetenz nie in Angriff genommen hat. Dies mögen schlummernde künstlerische oder schriftstellerische Talente sein, Neigung zu öffentlichem oder politischem Engagement, Bewerbung auf eine anspruchsvolle Stelle oder ähnliches. (S. 65)

Um das Selbstgefühl zu unterstützen, sind nach Walach (2000, S. 65) dieselben Massnahmen wichtig, die auch bei einem heranwachsenden Kind zu einem optimalen Selbstgefühl führen: liebevolle Anerkennung und Bestätigung einerseits und klares Begrenzen übermässiger Ansprüche andererseits. Dabei geht es darum, zwischen Anerkennung und Frustration von Wünschen eine ausgewogene Balance zu halten.

Beim Moseskomplex geht es also darum, die Betroffenen darin zu unterstützen, mehr Wertschätzung für sich selber und ein realistischeres Gefühl für sich selbst und für die eigenen Fähigkeiten zu entwickeln.

6.7 Phasentypische Schwierigkeiten der spirituellen Entwicklung

Assagioli (vgl. auch 1965/2004, S. 77-101; 1988/1992, S. 130-150) zeigt typische Schwierigkeiten für die verschiedenen Phasen des spirituellen Weges auf und dadurch eine Chronologie möglicher Schwierigkeiten der Integration spiritueller Erfahrungen. Er unterscheidet Schwierigkeiten in folgenden Phasen des spirituellen Weges:

- Vor dem spirituellen Erwachen
- Während des spirituellen Erwachens
- Nach dem spirituellen Erwachen
- Schwierige Phasen des Wandlungsprozesses und der Integration der Erfahrungen
- Die Dunkle Nacht der Seele als Schwierigkeit einer fortgeschrittenen Phase

Assagioli (1965/2004, S. 82) verwendet den symbolischen Ausdruck „Erwachen", „da er klar auf das Bewusstwerden einer neuen Erfahrungsebene hinweist, auf das Öffnen der bisher geschlossenen Augen für eine innere Realität, die vorher ignoriert wurde". Assagioli bietet hier einen Überblick über besonders wichtige und kritische Phasen des spirituellen Weges. Da diese Übersicht und die daraus ersichtlichen chronologischen Zusammenhänge für ein Verständnis möglicher Schwierigkeiten bei der Integration spiritueller Erfahrungen besonders hilfreich erscheinen, wird im Folgenden ausführlicher auf Assagiolis Darstellung eingegangen.

6.7.1 Die existenzielle Krise vor dem spirituellen Erwachen

Die typische Krise, die dem spirituellen Erwachen vorausgeht, wird als *existenzielle Krise* bezeichnet (Dönges & Brunner Dubey, 2005, S. 252-258). Ausgangspunkt dieser Krise ist ein ganz gewöhnliches Leben, wie es in unserem westlichen Kulturkreis üblich ist: Wir arbeiten, haben vielleicht eine Familie mit Kindern, haben einen gewissen beruflichen oder privaten „Erfolg", das Leben gelingt uns mehr oder weniger. Die existenzielle Krise, die in einer solchen Lebensphase auftreten kann, zeichnet sich durch einen tiefen Schmerz aus, „der durch die Dissonanz entsteht, dass wir wissen, wie wir sein *könnten*, während wir gleichzeitig immer wieder erleben, wie wir *sind*" (Dönges & Brunner Dubey, 2005, S. 252). Das zu erkennen ist äusserst schmerzhaft und führt oft zu einem eindrücklichen Phänomen: Wir erreichen unsere persönlichen und beruflichen Ziele und stellen fest, dass wir nie die Befriedigung dadurch erreichen, die wir uns vorgestellt haben. Auch wenn wir uns neue Ziele setzen und auch diese erreichen, kann sich ein zunehmendes Gefühl der „Nutzlosigkeit und Leere des gewöhnlichen Lebens" (Assagioli, 1988/1992, S. 132) einstellen. Alles, was uns früher interessiert und fasziniert hat, scheint zu verblassen, seine Bedeutung und seinen Wert zu verlieren. Und es tauchen neue Probleme auf: Wir beginnen, uns nach dem Sinn des Lebens zu fragen, nach dem Ursprung und Ziel unserer menschlichen Existenz (Assagioli, 1988/1992, S. 132). Wir mögen uns vielleicht fragen, ob wir an Hirngespinsten leiden: Jetzt, wo wir so Vieles erreicht haben, erscheint uns alles leer zu sein.

Die existenzielle Krise kann aber auch als Folge von Verlusterlebnissen, schweren Enttäuschungen oder eines emotionalen Schocks auftreten. Wir beginnen, aufgerüttelt oder erschüttert durch diese Erfahrungen, nach dem Sinn des eigenen Leidens und dem anderer zu fragen (Assagioli, 1965/2004, S. 83).

Manche Menschen stürzen sich dann noch stärker ins materielle Leben und suchen nach neuen Aufgaben, Beschäftigungen oder Sensationen. Durch die Angst, das innere Gleichgewicht zu verlieren, versuchen wir umso mehr, uns an die „Realität" des Alltags anzupassen. Vielleicht wird dadurch die innere Unruhe und das Gefühl der Leere ein wenig vertagt, schwelt aber in der Tiefe weiter und taucht irgendwann plötzlich wieder auf. Dieser Zustand kann immer qualvoller und vernichtender werden, die innere Leere immer unerträglicher. Dieser Zustand kann noch dadurch verschlimmert werden, dass in uns ein stärkeres ethisches Bewusstsein erwacht und wir uns schuldig fühlen für frühere Ungereimtheiten unseres Verhaltens. Hier können auch Suizidgedanken auftreten: „Es scheint dem Menschen, als wäre die physische Vernichtung die einzig logische Konsequenz des inneren Zusammenbruchs und der inneren Auflösung" (Assagioli, 1988/1992, S. 133).

Die Ausprägungen sind dabei sehr unterschiedlich. Manche Menschen erleben dieses akute Stadium nie, bei anderen mag es sich dramatisch zeigen. Manche werden mehr von intellektuellen Zweifeln geplagt oder ringen mit metaphysischen Problemen, während bei anderen emotionale Zustände von Depression überwiegen oder eine ethische Krise das ausgeprägteste Merkmal darstellt (Assagioli, 1965/2004, S. 84).

Leo Tolstoi beschreibt in seinem Werk „Meine Beichte" seine eigene existenzielle Krise sehr eindrücklich. In einer Lebensphase, in der er sich hätte sehr glücklich schätzen können, in der er beliebt und sehr erfolgreich war, begannen immer wieder Fragen nach dem Sinn aufzutauchen, die in ihm ein Gefühl entstehen liessen, nicht mehr weiter leben zu können (zit. nach Assagioli, 1988/1992):

> Vor fünf Jahren begann in mir etwas Sonderbares vorzugehen: zuerst überkamen mich Augenblicke des Bedenkens, als stehe mein Leben still, als wisse ich nicht, wie zu leben, was zu tun. Ich konnte mich nicht fassen und wurde missgestimmt. Jedoch diese Stimmungen gingen vorüber und ich fuhr fort zu arbeiten. Dann aber überfielen mich diese Augenblicke der Missstimmung immer häufiger und häufiger und immer in gleicher Form. Dieses Stillstehen in meinem Leben drückte sich immer in den gleichen Fragen aus: ‚Wozu? Und was dann?'

> … Ich fühlte, dass das, worauf ich stand, einbrach, dass ich keinen Stützpunkt mehr hatte, dass das, wovon ich lebte, verschwunden war, dass ich nichts zum Leben hatte.

> … Es war dahin gekommen, dass ich – ein gesunder, glücklicher Mensch – fühlte, dass ich nicht mehr weiterleben könne: Eine unbestimmbare Macht zog mich dahin, mich irgendwie meines Lebens zu entledigen. Ich kann nicht eben sagen, dass ich mich töten wollte. Die Macht, die mich vom Leben fortriss, war stärker, vollständiger, weitgehender als der blosse Wunsch. Es war das eine Macht, die dem vormaligen Streben nach Leben ähnlich war, nur in umgekehrter Beziehung.

> … Und das geschah zu einer Zeit, in der mir von allen Seiten das geworden war, was als vollkommenes Glück angesehen wird: … ich hatte eine gute, liebende und geliebte Ehefrau, gute Kinder, ein grosses Gut, welches ohne Mühe meinerseits anwuchs und sich vergrösserte. Ich wurde von mir Nahestehenden und Bekannten mehr als je früher geachtet, von Freunden hoch gelobt, und ohne besondere Selbstüberhebung konnte ich sagen, dass mein Name berühmt sei. Bei alledem war ich nicht nur nicht geistesgestört oder auch nur im geringsten Grade geistig leidend, - im Gegenteil, ich erfreute mich solcher geistiger und körperlicher Kraft, wie ich sie selten bei meinesgleichen gesehen habe … Und in dieser Lage und in solcher geistiger und körperlicher Verfassung gelangte ich soweit, dass ich glaubte, nicht weiter leben zu können, und da ich den Tod fürchtete, musst ich allerlei List gegen mich selbst anwenden, um mich nicht des Lebens zu entledigen. (S. 160-163)

Eine solche existenzielle Krise wird oft auch begleitet von nervösen oder körperlichen Symptomen wie Erschöpfung, nervöse Anspannung, Depression, Schlaflosigkeit, Verdauungs- und Kreislaufstörungen etc. (Assagioli, 1988/1992, S. 133-134).

Assagioli (zit. nach Dönges & Brunner Dubey, 2005) sieht die Ursachen für die existenzielle Krise in einem vergrösserten Einfluss des Höheren Selbst auf die Persönlichkeit:

> Vom Standpunkt des Höheren Selbst aus gesehen, wird die Existenzkrise ausgelöst durch einen wachsenden Fluss von überbewusster oder transpersonaler Energie, die vom Höheren Selbst auf die Persönlichkeit hingelenkt wird. Wenn die Energie des Höheren Selbst zunimmt, übt es eine Anziehungskraft auf das Persönliche Selbst oder das Ich aus. Vor der existenziellen Krise fühlte sich das Ich vorwiegend vom Leben der Persönlichkeit und von seiner Umgebung angezogen. Die existenzielle Krise tritt ein, wenn die wachsende Anziehungskraft des Höheren Selbst genauso intensiv wird wie die Anziehungskraft von Persönlichkeit und Umgebung und sie daher neutralisiert. Das ist eine Zeit des Übergangs. Es ist, als schwebe man im Raum an einem ‚schwerelosen' Punkt; der frühere Sinn des Lebens der Persönlichkeit ist verschwunden, und ein neuer Sinn ist noch nicht erschienen. (S. 256)

Im optimalen Fall wird diese Krise durch ein spirituelles Erwachen überwunden, durch das der Betroffene einen neuen Sinn findet.

6.7.2 Krisen, die während des spirituellen Erwachens auftreten

Wo der Mensch in der existenziellen Krise vor dem spirituellen Erwachen um einen Lebenssinn rang, findet durch das spirituelle Erwachen eine Öffnung statt: „Das Sich-Öffnen einer Verbindungstür zwischen Persönlichkeit und Seele und die Wogen von Licht, Freude und Energie, die diese Öffnung begleiten, führen zu einem wunderbaren Gefühl der Befreiung" (Assagioli, 1988/1992, S. 134). Ein harmonisches spirituelles Erwachen ruft nach Assagioli (1988/1992)

> ein Gefühl der Freude und der Erleuchtung des Geistes hervor, ein Gefühl, das Bedeutung und Ziel des Lebens erkennen lässt, viele Zweifel verjagt, Lösungen für viele Probleme anbietet und innere Sicherheit gibt. Gleichzeitig kommt es zu einem lebhaften Gefühl der Einheit, Schönheit und Kraft des Lebens, und aus der erwachten Seele strömt eine Woge der Liebe hin zu den anderen Seelen und zu allen Geschöpfen. (S. 138)

Tolstois Erwachen ging graduell und mühsam vor sich: Er empfand viele Male die Gegenwart Gottes, doch verschleierten ihm immer wieder Zweifel und intellektuelle Widerstände den Blick, wühlten ihn auf und liessen ihn wieder in die Verzweiflung zurückfallen. Doch eines Tages hatte er ein entscheidendes Erlebnis, dessen Essenz ihn nie wieder verliess (zit. nach Assagioli, 1988/1992)

> Ich erinnere mich, es war im zeitigen Frühling, ich war allein im Walde und horchte auf die Töne des Waldes. Ich horchte und dachte immer an das Eine, wie ich beständig während der letzten drei Jahre immer nur das Eine dachte. Wiederum suchte ich Gott ... Ich erinnerte mich, dass ich nur dann lebte, wenn ich an Gott glaubte. Wie es früher war, so war es auch jetzt: Erkenne ich Gott an, werde ich belebt, vergesse ich ihn, glaube ich an ihn nicht, sterbe ich. Was ist das aber, dieses Beleben und Absterben? Ich lebe doch nicht, wenn ich den

Glauben an die Existenz Gottes verliere, ich hätte mir ja schon längst das Leben genommen, würde ich nicht die dunkle Hoffnung hegen, ihn zu finden. Und ich lebe, ich lebe wirklich nur dann, wenn ich ihn fühle und ihn suche: ‚Nun dann, was suche ich noch?' rief eine Stimme in mir. Da ist er ja. Er, ohne den man nicht leben kann. Gott erkennen und leben – ist ein und dasselbe. Gott ist das Leben. Lebe, indem du Gott siehst, und dann wird es kein Leben ohne Gott geben. Und wiederum und stärker als je wurde Alles in mir und um mich her hell und dieses Licht verliess mich nie mehr. (S. 169-170)

Das spirituelle Erwachen hat oft den Effekt, dass „die inneren Konflikte und Leiden und die psychischen und körperlichen Störungen … manchmal erstaunlich schnell wieder [verschwinden], was als Beweis dafür gelten kann, dass sie nicht in der gewöhnlichen, materiellen Welt ihren Ursprung haben, sondern dass sie eine direkte Folge des spirituellen Leidensweges waren. In solchen Fällen führt das spirituelle Erwachen zu einer echten Heilung" (Assagioli, 1988/1992, S. 134).

Das spirituelle Erwachen vollzieht sich jedoch oft nicht so harmonisch, wie die unmittelbare Erfahrung nahelegen würde. Es kann als besonders kritische Phase verstanden werden und kann zu verschiedenen Schwierigkeiten und Komplikationen führen. Gründe dafür können in der Intensität oder Plötzlichkeit der spirituellen Erfahrung liegen, in mangelnder Vorbereitung darauf und in zu grosser Sensibilität oder auch emotionaler Unausgeglichenheit (Assagioli, 1988/1992, S. 134). So können in der Folge typische Schwierigkeiten auftreten:

- psychische Inflation
- starke Gefühlsreaktionen
- Tendenz, eine Prophetenrolle zu übernehmen
- Anspruch an sich, das spirituelle Erwachen schon im Alltag verwirklicht zu haben
- Auftauchen paranormaler Phänomene wie Visionen, Auditionen etc.

Das spirituelle Erwachen kann zu einer *psychischen Inflation* führen, wenn wir den Unterschied zwischen der eigenen Person und der spirituellen Erfahrung nicht erkennen, sondern die erlebte Dimension auf uns selbst beziehen und uns dabei als besonders bedeutsam zu fühlen beginnen. Auf die Dynamik der psychischen Inflation wurde bereits in Kapitel 6.6.1 ausführlich eingegangen.

In anderen Fällen kann die unmittelbare spirituelle Erfahrung zu *starken Gefühlsreaktionen* führen, die unkontrollierte Formen annehmen können wie Schreien, Weinen, Singen oder andere emotionale Ausbrüche (Assagioli, 1988/1992, S. 136).

Wenn wir eher zu Aktivismus und dynamischem Handeln neigen, kann das spirituelle Erwachen auch dazu führen, dass wir dazu verleitet werden, die *Rolle eines Propheten zu übernehmen* oder beginnen, unsere Erkenntnisse anderen aufzudrängen (Assagioli, 1988/1992, S. 136-137).

Wir können auch zu einem übermässigen *Anspruch an uns selbst neigen und die Erwartung haben, das spirituelle Erwachen bereits in unser Leben integriert und im Alltag verwirklicht zu haben*. Ein solcher Prozess ist aber ein Ergebnis eines langen und schrittweisen Weges der Transformation und Erneuerung der Persönlichkeit. Ein solch hoher Anspruch führt zwangsläufig zu Enttäuschung, Deprimiertheit oder kann gar aus Verzweiflung selbstzerstörerische Akte nach sich ziehen (Assagioli, 1988/1992, S. 137).

Spirituelles Erwachen kann auch damit verbunden sein, dass wir paranormale *Phänomene* wahrnehmen wie Visionen von höheren oder engelgleichen Wesen oder beginnen, Stimmen zu hören oder andere auditive Phänomene uns begleiten (Assagioli, 1988/1992, S. 137). Der Inhalt solcher paranormaler Wahrnehmungen kann von sehr unterschiedlicher Wirkung für unser Leben sein. Er kann zu einer grossen Quelle und zu einer lebensverwandelnden Ressource werden, oder er kann uns erschüttern, destabilisieren oder sogar zu einer wahnhaften Verarbeitung führen (Scagnetti-Feurer, 2004).

Insgesamt ist in diesem Stadium der emotionalen Erregung oder Ekstase, in dem wir von einer grossen Begeisterung mitgerissen werden und das Gefühl haben, wir haben eine bleibende Verwirklichung erreicht, eine leise Warnung einer uns begleitenden Person nötig, die uns aufzeigt, dass dieser beglückende Zustand zwar wichtig, aber dennoch vorübergehend ist. Assagioli (1965/2004, S. 99) empfiehlt, dass eine Therapeutin ihrem Klienten in diesem Stadium eine Beschreibung der Geschehnisse gibt, die noch vor ihm liegen. Dies soll ihn auf die unvermeidlichen Reaktionen des dritten Stadiums vorbereiten und kann ihm viel Leid und Entmutigung ersparen.

6.7.3 Krisen nach dem spirituellen Erwachen

Diese Reaktionen treten in der Regel erst nach einer gewissen Zeit nach dem Erwachen auf. Sie haben damit zu tun, dass *die spirituelle Erfahrung vorübergehend und nicht von Dauer ist* (vgl. dazu auch z.B. Dürckheim, 1945/1992, S. 36; Schraut, 2001, S. 82; von Franz, 1994, S. 369). Im Zustand des spirituellen Erwachens scheint unsere frühere Persönlichkeit mit ihren Ecken und Kanten (zunächst) verschwunden zu sein. Wir scheinen völlig neu zu sein – liebenswert, offen, in Verbindung zur Welt, lächelnd und vielleicht voll Wille, die neuen Reichtümer mit anderen zu teilen (Assagioli, 1988/1992, S. 138). Wie lange auch immer ein solcher Zustand andauert – irgendwann geht er vorüber (Assagioli, 1988/1992):

> Dieser freudige Zustand kann von unterschiedlicher Dauer sein, er wird aber früher oder später zu Ende gehen. Die alltägliche Persönlichkeit mit ihren niedrigen Elementen ist nur vorübergehend überwältigt und eingeschläfert, nicht für immer ausgelöscht oder endgültig verwandelt worden. Auch der Fluss des spirituellen Lichts und der spirituellen Liebe ist rhythmisch und zyklisch wie alles im Universum; er wird also früher oder später abnehmen oder aufhören: Auf den Zustrom folgt der Rückstrom. (S. 138)

Die innere Erfahrung des Verlusts dieses spirituellen Zustroms ist äusserst schmerzhaft und kann zu starken Reaktionen führen. Unangenehme Persönlichkeitsaspekte und unverarbeitete, früher vielleicht nur latent vorhandene Persönlichkeitsmuster können wieder auftauchen oder erstmals hervorbrechen und im Kontrast zur Erfahrung des spirituellen Erwachens noch schwieriger empfunden werden. Oft urteilen wir auch mit grösserer Strenge über uns selbst, weil unser Streben nach Vollkommenheit mit dem Erwachen stärker geworden ist. Es kann ein Gefühl entstehen, tiefer gefallen zu sein als je zuvor (Assagioli, 1988/1992, S. 138-139).

Manchmal beginnen wir, an der Realität und am Wert der erlebten inneren Erfahrungen zu zweifeln. Kritik und Zweifel tauchen auf, und wir können versucht sein, das spirituelle Erwachen als eine Phantasie und Illusion abzutun. Sarkasmus, Bitterkeit und Abwerten der eigenen und anderer spiritueller Erfahrungen können sich einschleichen. Aber was auch immer wir tun, wir können nicht mehr zu unserem früheren Zustand zurückkehren – aber wir können ihn auch nicht vergessen. Wir können uns nicht mehr mit unserem „kleinen, gewöhnlichen Leben zufrieden geben" (Assagioli, 1988/1992, S. 139). Die tiefe Sehnsucht nach dem Göttlichen, die uns erfasst hat, lässt uns keine Ruhe mehr. Assagioli (1965/2004, S. 90) spricht von „göttlichem Heimweh". In manchen Fällen kann der Schmerz so überwältigend sein, dass eine tiefe Verzweiflung oder sogar Suizidtendenzen auftreten (Assagioli, 1988/1992, S. 139).

In dieser Phase ist es wichtig, zu wissen oder von einer erfahrenen Person vermittelt zu bekommen, dass der Zustand des Erwachens, Augenblicke des Einsseins und der Glückseligkeit nicht von Dauer sind. Es kann sehr unterstützend sein zu wissen, dass diese Phase völlig normal ist – dass der Verlust der Erfahrung bereits zur Erfahrung dazu gehört und nicht vermieden werden kann (Assagioli, 1988/1992):

> Es ist, als hätte er einen grandiosen Flug unternommen, bis nahe heran an die von der Sonne erleuchteten Gipfel, und hätte dabei die weite Landschaft, die sich bis zum Horizont erstreckt, bewundern können. Doch jeder Flug muss früher oder später ein Ende finden: Man landet wieder in der Ebene und muss dann langsam, Schritt für Schritt, den steilen Hang erklimmen, um die Gipfel endgültig zu erobern. Die Erkenntnis, dass dieser Abstieg oder ‚Fall' ein natürliches Ereignis ist, das jedem von uns widerfährt, tröstet und erleichtert den Pilger und ermutigt ihn, den Aufstieg beherzt in Angriff zu nehmen. (S. 139-140)

Dieser bildhaft angesprochene „Aufstieg", der allmählich, mit Geduld, Ausdauer und Disziplin erfolgt, ist Thema der Phasen des Wandlungsprozesses, dem eigentlichen Kernstück der Integration spiritueller Erfahrungen.

Bevor näher auf diese Wandlungsphase eingegangen wird, sei hier noch auf eine Krise verwiesen, die als eine Art Gegenstück zur existenziellen Krise verstanden werden kann: die *Dualitätskrise* (Dönges & Brunner Dubey, 2005, S. 262). Wenn die existenzielle Krise auftaucht, während wir uns vor allem mit unseren persönlichen und weltlichen Anliegen beschäftigen, zeichnet sich die Dualitätskrise dadurch aus, dass wir unser Leben ausschliesslich auf unsere spirituelle Entfaltung ausrichten und dabei unser gewöhnliches weltliches Leben aus den Augen verlieren oder aus unserem Bewusstsein zu verdrängen versuchen. Spirituelle Erfahrungen können uns tiefe Freude, Glück und Lebendigkeit spüren lassen und es kann eine Art Sog in die spirituelle Dimension entstehen, in dessen Folge wir einen „Widerwillen gegen die Ansprüche und Erwartungen des banalen Alltags entwickeln und [uns] von der Welt, der Gesellschaft, [unserer] Familie" abzuwenden beginnen (Dönges & Brunner Dubey, 2005, S. 263; vgl. dazu auch Schraut, 2002, S. 398). Der Kontrast zwischen der Wirklichkeit, die in spirituellen Erfahrungen wahrgenommen wird, und der Alltagsrealität wird äusserst schmerzhaft erlebt. Die folgenden autobiografischen Worte Carl Gustav Jungs (1961/2007) bringen in typischer Weise das Erleben eines unglaublichen Kontrasts zwischen spiritueller Erfahrung und Alltagsleben zum Ausdruck:

> All diese Erlebnisse waren herrlich, und ich war Nacht für Nacht in lauterste Seligkeit getaucht, ‚umschwebt von Bildern aller Kreatur'. Allmählich vermengten sich die Motive und wurden blasser. Meist dauerten die Visionen etwa eine Stunde; dann schlief ich wieder ein, und schon gegen Morgen fühlte ich: Jetzt kommt der graue Morgen wieder! Jetzt kommt die graue Welt mit ihrem Zellensystem! Was für ein Blödsinn, was für ein schrecklicher Unsinn! Denn die inneren Zustände waren so phantastisch, dass im Vergleich zu ihnen diese Welt geradezu lächerlich erschien. In dem Masse, wie ich mich dem Leben wieder annäherte, knapp drei Wochen nach der ersten Vision, hörten die visionären Zustände auf.

> Von der Schönheit und der Intensität des Gefühls während der Visionen kann man sich keine Vorstellung machen. Sie waren das Ungeheuerste, was ich je erlebt habe. Und dann dieser Kontrast, der Tag! Da war ich gequält und mit den Nerven vollständig herunter. Alles irritierte mich. Alles war zu materiell, zu grob und zu schwerfällig, räumlich und geistig beschränkt, zu unerkennbarem Zwecke künstlich eingeengt, und besass doch etwas wie eine hypnotische Kraft, an sich glauben zu machen, wie wenn es die Wirklichkeit selber wäre, während man doch ihre Nichtigkeit deutlich erkannt hatte. (S. 298-299)

Die erfahrene „andere Wirklichkeit" ist oft so überwältigend und von solcher „unaussprechlicher Heiligkeit" (Jung, 1961/2007, S. 299), dass der Alltag als unüberwindlicher Gegensatz dazu wahrgenommen wird. Der Alltag wird als schwerfällig, dicht, banal, grau, unerträglich empfunden im Gegensatz zur spirituellen Erfahrung. Oft möchten Menschen aus diesen Zuständen gar nicht mehr „zurückkehren" in ihr gewöhnliches Alltagsbewusstsein, möchten immer „dort bleiben". Diese Tendenz ist sehr verständlich, kann aber bei längerer Dauer zu einer Spaltung zwischen Spiritualität und Alltag - zwischen personaler und transpersonaler Entwicklung - und zu einer inneren Weigerung führen, sich mit dem alltäglichen Kleinkram zu beschäftigen.

Wir können versucht sein, den entstandenen Graben durch verstärkte spirituelle Anstrengungen zu überbücken und in Momenten von Einssein mit dem Höheren Selbst scheint diese Spaltung vielleicht gefühlsmässig auch verschwunden zu sein. „Doch früher oder später wird sich die Wahrnehmung wieder einstellen, dass der Graben so tief ist wie zuvor, dass sich keine dauerhafte Integration eingestellt hat, weil das nur durch ständige bewusste Verarbeitung auf der persönlichen Ebene möglich ist. Die Folge ist ein verzweifeltes und schmerzhaftes Verlustgefühl" (Dönges & Brunner Dubey, 2005, S. 263).

Aus einer Dualitätskrise heraus führt wohl nur die schmerzhafte Erkenntnis, „wie notwendig und auch weise es ist, die eigene Persönlichkeit und die Welt, in der wir leben, zu akzeptieren" (Dönges & Brunner Dubey, 2005, S. 264). Nur unsere Persönlichkeit und unser konkretes alltägliches Leben können die Mittel sein, um unsere spirituellen Erfahrungen in der Welt zum Ausdruck zu bringen und unser Leben danach zu leben. Die gewöhnliche Realität einzubeziehen, erfordert in dieser Phase sehr viel Ausdauer und Geduld und kann von starken Gefühlen des Scheiterns begleitet sein. Wichtig ist es wohl immer wieder, sich bewusst zu sein, dass es eine Sache ist, „in einer Gipfelerfahrung Liebe zu erleben und uns vorzustellen, dass es die einfachste Angelegenheit der Welt ist, sie zum Ausdruck zu bringen. Es ist jedoch etwas ganz anderes, die eigene Persönlichkeit und das eigene Leben zu einem Ausdruck von Liebe zu machen, wenn wir nicht vorher unsere Ängste vor dem Lieben und Geliebtwerden überwunden haben" (Dönges & Brunner Dubey, 2005, S. 265).

Wie in Assagiolis obigem Zitat müssen wir den Gipfel langsam und mühsam selbst besteigen und können ihn nicht in einem oder mehreren Höhenflügen erobern. In diesem Stadium erweist es sich als sehr hilfreich, wenn eine Therapeutin ihrem Klienten vermittelt, dass sein „gegenwärtiger Zustand vorübergehend und weder andauernd noch hoffnungslos" ist (Assagioli, 1965/2004, S. 99), ihn immer wieder ermutigt und ihm aufzeigt, dass es sich lohnt, den spirituellen Weg fortzusetzen.

6.7.4 Phasen des Wandlungsprozesses

> Der Aufstieg, von dem wir gesprochen haben, ist seinem Wesen nach die Wandlung und Erneuerung der Persönlichkeit – ein langer und komplexer Vorgang, der aus verschiedenen Phasen besteht: Phasen der aktiven Reinigung, in denen die Hindernisse beseitigt werden, die dem Zustrom und dem Wirken der spirituellen Kräfte im Wege stehen; Phasen der Entwicklung der inneren Fähigkeiten, die bislang nur latent vorhanden oder zu schwach gewesen waren; Phasen, in denen die Persönlichkeit stillhalten und gefügig sein muss, um sich vom Geist ‚bearbeiten' zu lassen, und in denen sie mit Mut und Geduld die unvermeidlichen Leiden ertragen muss. Es ist eine Periode beständiger Veränderungen, des unentwegten Wechsels zwischen Licht und Finsternis, zwischen Freude und Schmerz. (Assagioli, 1988/1992, S. 140)

In dieser Beschreibung der „Phasen des Wandlungsprozesses" (Assagioli, 1988/1992, z.B. S. 140) werden folgende Aspekte des Prozesses spiritueller Erdung oder der Integration spiritueller Erfahrungen deutlich:

- Es ist ein langer, komplexer und schwieriger Vorgang, der Mut und Geduld braucht und der aus vielen Wechseln besteht – aus zahlreichen „ups and downs". Assagioli (1965/2004, S. 99) spricht vom „längsten und kompliziertesten Abschnitt".
- Im Zentrum dieser Wandlung steht die Persönlichkeit: Es geht nicht darum, mehr spirituelle Erfahrungen zu machen, diese wieder zu haben oder neuen nachzujagen – wie das leider viele Suchende immer wieder meinen.
- Die Wandlung und Erneuerung der Persönlichkeit, wie sie Assagioli hier beschreibt, integriert zwei Ebenen: Die aktive Arbeit an der eigenen Persönlichkeit – also eine klassische psychotherapeutische Arbeit – und ein Offensein für den Bereich der Spiritualität, der auch Einfluss auf die Wandlung der Persönlichkeit nimmt.

In dieser Phase sind wir durch unser inneres Ringen oft so in Beschlag genommen, dass es uns schwer fallen mag, den Anforderungen unseres Alltags zu entsprechen. Es kann sein, dass unsere Leistungsfähigkeit zeitweise abnimmt und unsere praktische Alltagsbewältigung unter unserer inneren Absorption leidet. Menschen aus unserer persönlichen Umgebung mögen denken, dass wir uns zum Negativen verändert haben. Umso hilfreicher ist in dieser Phase eine verständnisvolle und unterstützende Umgebung, die uns das zusätzliche Leiden durch zwischenmenschliches Unverständnis erspart (Assagioli, 1988/1992, S. 140-141).

Im Grunde ist diese Phase mit derjenigen einer Raupe vergleichbar, die sich im Übergangszustand zum Schmetterling befindet – mit dem Unterschied, dass wir uns nicht in einen geschützten Kokon zurückziehen können, sondern uns in diesem Wandlungszustand auch mit unserer Umwelt und unserem Alltagsleben auseinandersetzen müssen (Assagioli, 1988/1992, S. 141).

In dieser Phase kommt es oft zu nervösen und psychischen Beeinträchtigungen wie Erschöpfung, Schlaflosigkeit, Depression, Reizbarkeit und Rastlosigkeit – und es können verschiedene körperliche Symptome in ihrem Gefolge auftreten (Assagioli, 1988/1992, S. 141). Medikamente gegen die einzelnen Beschweren können hier zwar Linderung verschaffen, jedoch verständlicherweise nicht bei der Ursache ansetzen (Assagioli, 1988/1992, S. 141).

Die beschriebenen Probleme können sich hier noch verstärken, wenn wir durch übertriebene Anstrengung versuchen, unsere innere Entwicklung zu beschleunigen. Das Bestreben, die eigene Entwicklung voranzutreiben, führt oft dazu, dass unangenehme Elemente der Persönlichkeit eher verdrängt als transformiert werden und sich dadurch der „innere Kampf" (Assagioli, 1988/1992, S. 142) nur noch verstärkt und die innere Spannung noch grösser wird. Assagioli (1988/1992, S. 142) rät hier, sich aktiv mit seiner Persönlichkeit auseinanderzusetzen, sich dem Spirituellen zu öffnen und dann „mit Geduld und Vertrauen darauf zu warten, dass dieses Wirken sich spontan in seiner Seele vollzieht".

Eine entgegengesetzte Thematik besteht in Zeiten, in denen uns die spirituelle Kraft reichlich zufliesst. Oft überschiesst diese wertvolle Kraft dann in Aktivismus oder überschäumenden Gefühlen. Oder sie wird vielleicht allzu sehr gezügelt und kann nicht im Leben umgesetzt werden, so dass sie sich immer mehr aufstaut und zu einer starken inneren Spannung führt. In beiden Fällen ist es wichtig zu lernen, den Fluss der spirituellen Energien „auf angemessene und kluge Weise zu regulieren, indem man deren Verzettelung vermeidet und sie edlen und fruchtbaren, inneren und äusseren Werken zuführt" (Assagioli, 1988/1992, S. 142).

Nach Assagioli (1965/2004, S. 98-100) handelt es sich bei den Phasen des Wandlungsprozesses um den kompliziertesten Abschnitt, und entsprechend gestaltet sich auch die Arbeit einer Therapeutin hier komplexer. Wichtige Aspekte sind in diesem Stadium:

- Dem Klienten erklären, was sich in ihm abspielt, damit er eine adäquate Sichtweise seines Prozesses entwickeln kann.
- Ihn in seiner Unterscheidungsfähigkeit zu unterstützen, wo es sich um Energien des Überbewussten und des Selbst handelt und wo es sich um ungelöste Themen des tieferen Unbewussten handelt.
- Dabei soll nichts verdrängt werden, sondern mit den auftauchenden Aspekten gearbeitet werden: durch den richtigen Gebrauch des Willens kann der Klient lernen, aufsteigende Impulse des tieferen Unbewussten liebevoll zu leiten, zu kontrollieren oder über Techniken der Sublimation umzuwandeln. Es geht hier um eine Integration aller Impulse in die Gesamtpersönlichkeit.
- Ihn unterstützen, Kontaktmomente mit dem Selbst und dem Überbewussten zu erkennen und zu assimilieren, um sie in Form von Nächstenliebe und Dienst im Alltag ausdrücken und leben zu können. Gerade letzteres erweist sich nach Assagioli (1965/2004, S. 99) als besonders hilfreich, um der „Neigung zu exzessiver Introversion und Ichbezogenheit zu begegnen, die oft während diesem Stadium der Selbstentwicklung auftauchen".
- Die soeben angesprochene Integration der Persönlichkeit kann durch die Aktivierung überbewusster Funktionen wesentlich erleichtert werden (Assagioli, 1965/2004, S. 94).
- Ihn in den verschiedenen Phasen der Neuformung seiner Persönlichkeit um ein „höheres inneres Zentrum" (Assagioli, 1965/2004, S. 100) begleiten – also der transpersonalen Psychosynthese.

6.7.5 Die Dunkle Nacht der Seele

Die dunkle Nacht der Seele, wie sie Assagioli (1988/1992) versteht, kann in einem fort-geschrittenen Stadium des spirituellen Weges auftreten. Sie ist ein Zustand intensiven Leidens, der stark einer Depression ähnelt:

> Die Merkmale dieses Zustands ähneln stark denjenigen einer Depression: eine tiefe Niedergeschlagenheit bis hin zur Verzweiflung; ein heftiges Gefühl der ei-genen Würdelosigkeit; eine starke Tendenz zur Selbstkritik und Selbstverdam-mung, die manchmal bis zu der Überzeugung reichen kann, verloren und verur-teilt zu sein; ein qualvolles Gefühl der geistigen Ohnmacht; die Schwächung des Willens und der Selbstbeherrschung; ein Widerwille und eine weitgehende Hand-lungsunfähigkeit. (S. 142-143)

Einige dieser Symptome können auch in vorangehenden Stadien auftreten – jedoch in weniger ausgeprägter Form. Assagioli spricht dann aber nicht von einer dunklen Nacht der Seele. Die dunkle Nacht der Seele beschreibt Assagioli (1988/1992, S. 143) als „seltsame und schreckliche Erfahrung", die „allem Anschein zum Trotz kein pathologi-scher Zustand [ist]; sie hat spirituelle Hintergründe und einen grossen spirituellen Wert". Assagioli (1988/1992, S. 143) versteht sie auch weniger als eine zu vermeidende Schwierigkeit als vielmehr als ein Stadium des spirituellen Weges, das auch als „mysti-sche Kreuzigung" oder „mystischer Tod" bezeichnet wird. In seinem Kapitel „Spiritu-elle Entwicklung und neuro-psychische Störungen" (Assagioli, 1988/1992, S. 130-150) erwähnt Assagioli diese dunkle Nacht dann auch nur in kurzer Form. Er orientiert sich in seinen Ausführungen wesentlich an der dunklen Nacht des Geistes, wie sie von Jo-hannes vom Kreuz (2003b) aufgezeigt wurde (vgl. Kapitel 3.1.2).

II. Empirischer Teil

Wie gehen nun Menschen hier und heute mit ihren spirituellen Erfahrungen um? Was unterstützt sie in deren Integration? Welchen Hindernissen und Schwierigkeiten begegnen sie dabei – und wie überwinden sie diese? Welche Folgen haben diese Erfahrungen für ihr alltägliches Leben? Wie wandeln sich Menschen durch die Integration ihrer spirituellen Erfahrungen? Um Antworten auf diese Fragen zu finden, wurden Menschen mit spirituellen Erfahrungen interviewt und diese Interviews anhand zwei verschiedener qualitativer Methoden ausgewertet: anhand der Grounded Theory (Glaser & Strauss, 1967/2005; Strauss & Corbin, 1996) und ergänzend mit der Methode des zirkulären Dekonstruierens (Jaeggi et al., 1998). Auf diese Weise entstanden individuelle Porträts der InterviewpartnerInnen (zirkuläres Dekonstruieren) und ein Modell, in dem wesentliche Aspekte für die Integration spiritueller Erfahrungen herauskristallisiert wurden (Grounded Theory).

In den folgenden Kapiteln wird zunächst das methodische Vorgehen dargestellt und begründet und anschliessend auf die Ergebnisse dieser Untersuchung in Form der erwähnten individuellen Zugänge und des Modells zur Integration spiritueller Erfahrungen eingegangen.

7 Methodisches Vorgehen

7.1 Qualitative Untersuchungsstrategie: Grounded Theory

Verschiedene Forschungsthemen lassen unterschiedliche Forschungsstrategien angemessen erscheinen. So begründen Strauss und Corbin (1996) eine qualitative Methode wie folgt:

> Einige Forschungsgebiete sind ihrem Wesen nach angemessener mit qualitativen Methoden zu beforschen. So zum Beispiel *Forschungen über die Art der persönlichen Erfahrung* mit Phänomenen wie Krankheit, Glaubenswechsel oder Sucht. Qualitative Methoden können verstehen helfen, was hinter *wenig bekannten* Phänomenen liegt. Sie können benutzt werden, um überraschende und neuartige Erkenntnisse über Dinge zu erlangen, über die schon eine Menge Wissen besteht. Darüber hinaus können qualitative Methoden Aufschluss geben über verwickelte Details von Phänomenen, die mit quantitativen Methoden schwierig aufzuzeigen sind. (S. 4-5) [Hervorhebungen durch die Autorin]

Die vorliegende Studie beschäftigt sich mit der Erforschung persönlicher und subjektiver Erfahrungen – mit dem Bereich spiritueller Erfahrungen und deren Integration. Beim bereits dargestellten Forschungsstand (siehe Kapitel 1) wird deutlich, dass zum hier untersuchten Forschungsgegenstand kaum Studien vorliegen. Aus diesen Gründen wurde ein qualitatives Forschungsdesign gewählt, um den Anforderungen eines kaum beforschten Bereiches und dem Aspekt subjektiver Erfahrungen möglichst optimal gerecht zu werden.

Das Forschungsdesign dieser Studie wurde nach der Methodik der Grounded Theory gestaltet. Die Grounded Theory ist ein prozesshaftes Verfahren, das von Glaser und Strauss entwickelt wurde (1967/2005) und verschiedene Weiterentwicklungen erfuhr (z.B. Strauss & Corbin, 1996). Es handelt sich dabei um ein qualitatives methodisches Vorgehen, das es erlaubt, neue Theorien zu entwickeln (vgl. auch den entsprechenden Titel bei Krotz, 2005). Eine Theorie, die mittels der Methodik der Grounded Theory generiert wurde, ist nach Strauss und Corbin (1996)

> eine gegenstandsverankerte Theorie, die induktiv aus der Untersuchung des Phänomens abgeleitet wird, welches sie abbildet. Sie wird durch systematisches Erheben und Analysieren von Daten, die sich auf das untersuchte Phänomen beziehen, entdeckt, ausgearbeitet und vorläufig bestätigt. Folglich stehen Datensammlung, Analyse und die Theorie in einer wechselseitigen Beziehung zueinander. Am Anfang steht nicht eine Theorie, die anschliessend bewiesen werden soll. Am Anfang steht vielmehr ein Untersuchungsbereich – was in diesem Bereich relevant ist, wird sich erst im Forschungsprozess herausstellen. (S. 7-8)

Das methodische Vorgehen anhand der Grounded Theory kann allerdings nicht als ausschliesslich induktive Forschungsstrategie betrachtet werden. Vielmehr stellt es einen Prozess einer ständigen Wechselwirkung zwischen induktiver und deduktiver Vorgehensweise dar. Dabei spielt die *theoretische Sensibilität* als deduktiver Aspekt ebenso eine Rolle wie eine *grundsätzliche Haltung der Offenheit und Unvoreingenommenheit* der Forscherin in Bezug auf das untersuchte Phänomen. Der Begriff der theoretischen Sensibilität kennzeichnet hierbei „ein Bewusstsein für die Feinheiten in der Bedeutung von Daten" (Strauss & Corbin, 1996, S. 25). Die Ausprägung theoretischer Sensibilität hängt von verschiedenen Faktoren ab, die sowohl die Vorerfahrung der Forscherin als auch den Prozess der wissenschaftlichen Auseinandersetzung selbst beinhalten: So können Quellen theoretischer Sensibilität das vorangehende oder den Forschungsprozess begleitende Literaturstudium sein, allfällige berufliche und auch persönliche Erfahrung in Bezug auf den untersuchten Forschungsgegenstand sowie der analytische Prozess der Datenauswertung selbst, in dessen Verlauf Verständnis und Einsicht für das untersuchte Phänomen ständig zunehmen und sich weiter differenzieren.

Theoretische Sensibilität ist ein wichtiger kreativer Aspekt der Grounded Theory. Sie beruht auf der Fähigkeit, fachliches Vorwissen, persönliche und berufliche Erfahrung und im Forschungsprozess entstehendes Wissen kreativ zu nutzen und anzuwenden. Die dabei entstehenden Ideen, theoretischen Erklärungen, Kategorien, Hypothesen über die Daten – egal, ob sie aus persönlicher oder beruflicher Erfahrung oder aus der Fachliteratur stammen - müssen dabei immer als provisorisch betrachtet werden. Sie müssen laufend am Datenmaterial überprüft werden. Im Verlauf des Forschungsprozesses werden auf diese Weise ständig Hypothesen entwickelt, die immer wieder überprüft und gegebenenfalls revidiert oder fallengelassen werden.

7.2 Die Stichprobe: theoretisches Sampling

Die Stichprobe wurde nach der Methodik des *theoretischen Samlings* erhoben (Strauss & Corbin, 1996). Beim theoretischen Sampling handelt es sich um ein Verfahren der Auswahl von Fällen im Rahmen der Grounded Theory, das schrittweise im Verlauf des Forschungsprozesses vorgenommen wird. Dabei werden Fälle auf der Basis von Konzepten ausgewählt, die eine bestätigte *theoretische Relevanz* für die sich entwickelnde Theorie besitzen. Eine bestätigte theoretische Relevanz liegt vor, wenn bestimmte Konzepte für bedeutsam erachtet werden, weil sie beim Vergleichen bei einem Vorfall nach dem anderen entweder immer wieder auftauchen oder ganz offensichtlich abwesend sind. Die betreffenden Konzepte sind von ausreichender Bedeutsamkeit, um ihnen den Status von Kategorien zu geben. (Strauss & Corbin, 1996, S. 148)

Theoretisches Sampling wird als Aspekt einer vergleichenden Analyse verstanden, „der das gezielte Suchen und Erkennen von Indikatoren für die Konzepte in den Daten ermöglicht" (Strauss & Corbin, 1996, S. 148). Diese Form der Stichprobenauswahl ermöglicht ein sehr gezieltes und genau auf den Forschungsgegenstand abgestimmtes Vorgehen.

Analog zu den verschiedenen Auswertungsschritten[67] der Grounded Theory werden drei Arten des theoretischen Samplings unterschieden, die in verschiedenen Phasen des Forschungsprozesses zur Anwendung kommen (Strauss & Corbin, 1996):

- Beim *offenen Sampling*, das mit dem Verfahren des offenen Kodierens verknüpft ist, leitet eher Offenheit als Spezifität die Stichprobenauswahl.
- Das *Sampling von Beziehungen und Variationen* ist verknüpft mit dem axialen Kodieren. Zielsetzung ist es hier, das Finden von Unterschieden innerhalb von Kategorien zu ermöglichen.
- Beim *diskriminierenden Sampling*, das mit dem selektiven Kodieren verbunden ist, geht es darum, den in der bisherigen Auswertung herauskristallisierten roten Faden und Beziehungen zwischen Kategorien zu verifizieren und wenig entwickelte Kategorien auszubauen.

Grundlegendes Auswahlkriterium für alle StichprobenteilnehmerInnen (zur Stichprobe siehe Tabelle 4) war das Vorhandensein spiritueller Erfahrungen sowie das Vorliegen psychischer Gesundheit[68] im Zeitraum der Kontaktaufnahme und des Interviews. Die Kontaktaufnahme mit einem Teil der InterviewpartnerInnen fand während und nach einer Fortbildung mit einem Schwerpunkt in transpersonaler Psychologie statt, an der die Autorin ebenfalls als Teilnehmerin anwesend war. SeminarteilnehmerInnen wurden von der Autorin mündlich oder per e-mail kontaktiert und für eine Teilnahme an der Studie angefragt[69]. Auf diese Weise wurden 11 Personen kontaktiert, 10 stimmten einem Interview zu. Eine Person konnte aus Zeitgründen nicht teilnehmen.

Die weiteren InterviewpartnerInnen waren der Autorin im Voraus nicht bekannt. Ein Interview wurde von einer Befragten vermittelt, ein weiteres kam durch den Hinweis einer Bekannten zustande. Insgesamt wurden 12 Personen interviewt.

Dieses Vorgehen ermöglichte im Verlauf des Forschungsprozesses eine differenzierte Auswahl der Stichprobe, da gewisse Eckdaten wie etwa das Vorliegen kritischer Ereignisse im Zusammenhang mit Spiritualität oder das Leben in einer spirituellen Ge-

---

[67] Als Auswertungsschritte werden in der Grounded Theory vorwiegend Kodier-Verfahren eingesetzt, anhand derer Konzepte und Kategorien aus den Daten herauskristallisiert werden. Diese Kategorien bilden die Grundlage für die Entwicklung einer gegenstands- oder datenverankerten Theorie. Die Analyseschritte der Grounded Theory werden ausführlicher in Kapitel 7.4 dargestellt.

[68] Auf Grund der Operationalisierbarkeit psychischer Gesundheit wurde dabei insbesondere die Funktionsfähigkeit im Alltag berücksichtigt. Das hier zugrunde liegende Gesundheits- und Krankheitsverständnis orientiert sich an der Definition von Scharfetter (1996, S. 12-13). Vgl. dazu auch Scagnetti-Feurer (2004, S. 33-34).

[69] Sie wurden dabei informiert über den Hintergrund und den Zweck der Studie, über die Themenbereiche und die voraussichtliche Dauer des Interviews sowie über die Datenschutzbestimmungen.

meinschaft der Autorin als wichtige Information für das theoretische Sampling zur Verfügung standen.

Die InterviewpartnerInnen, die der Autorin aus der Fortbildung bereits bekannt waren, erlebten diese gemeinsame Basis als sehr hilfreich in Bezug auf ihre Offenheit und ihre Bereitschaft, auch sehr Persönliches und Schwieriges zu erzählen. Viele äusserten sich spontan, dass sie sonst kaum über ihre spirituellen Erfahrungen, deren Bezug zu ihrem Leben und über ihre Biografie sprechen und der gemeinsame Bezugspunkt es ihnen sehr erleichtert, frei davon zu erzählen. Das zeigte sich auch während der Interviews, in denen eine sehr offene Atmosphäre herrschte und viele sich auch gefühlsmässig sehr auf ihr eigenes Erleben einliessen. Die bestehende Bekanntheit erwies sich für die vorliegende Studie als grosser Vorteil, da dadurch eine Vertrauensbasis möglich war, die das Erzählen persönlicher und sonst kaum kommunizierter Erfahrungen sehr unterstützte.

Die Auswahl der InterviewpartnerInnen erfolgte in einem mehrstufigen Verfahren: Nach den ersten vier Interviews, bei denen offenes Sampling für die Fallauswahl angewendet wurde, wurden die nächsten sechs InterviewpartnerInnen mit dem Ziel des Findens von Unterschieden innerhalb der sich entwickelnden Kategorien und von allfälligen unentdeckten Kategorien (Sampling von Beziehungen und Variationen) ausgewählt. Dabei wurden Auswahlkriterien einbezogen wie unterschiedlich starke spirituelle Einbindung und Ausrichtung (z.B. Leben in einer spirituellen Gemeinschaft), Unterschiede bezüglich des Vorliegens besonders kritischer oder krisenhafter Erfahrungen im Zusammenhang mit Spiritualität bzw. im biografischen Verlauf, das Vorhandensein eigener psychologischer Auseinandersetzung. Diskriminierendes Sampling war ausschlaggebend für die Auswahl der letzten zwei Interviewpartner. Dabei war die berufliche Distanz zum psychologischen Bereich ausschlaggebend, beim letzten Fall zusätzlich das Kriterium, dass Spiritualität als Beruf ausgeübt wird.

Für die Auswahl der Stichprobe erwies es sich als besonders vorteilhaft, dass ein differenzierter Zugang zum Forschungsfeld gegeben war. Das vorhandene Kontextwissen war die Basis für eine gezielte und begründete Auswahl und Anfrage der InterviewpartnerInnen, die ohne dieses Vorwissen nicht möglich gewesen wäre.

Theoretisches Sampling wird im Rahmen der Grounded Theory so lange durchgeführt, bis eine theoretische Sättigung erreicht ist. Dieses Kriterium ist erfüllt, wenn „keine neuen oder bedeutsamen Daten mehr in bezug auf eine Kategorie aufzutauchen scheinen, die Kategorienentwicklung dicht ist" und „die Beziehungen zwischen Kategorien gut ausgearbeitet und validiert sind" (Strauss & Corbin, 1996, S. 159), d.h. am empirischen Datenmaterial laufend überprüft wurden. In der vorliegenden Studie wurden mit den letzten drei durchgeführten Interviews keine grundlegend neuen Daten in Bezug auf die bis dahin gebildeten Kategorien mehr gewonnen und die Kategorienentwicklung erwies sich als ausreichend dicht.

Tabelle 4: InterviewpartnerInnen

InterviewpartnerIn[70]	Alter	berufliche Tätigkeit[71]	ursprüngliche Religion oder spirituelle Ausrichtung	heutige Religion oder spirituelle Ausrichtung
Patricia Patterson (PP)	45	Musikerin	katholisch	keine spezifische Ausrichtung, das Einzelne ist in eine Ganzheit eingefügt (Universalismus)
Adam Apfelbaum (AA)	51	Marktfahrer, Geschäftsinhaber	jüdisch	jüdisch, universell mit buddhistischer Sichtweise
Werner Wagner (WW)	56	Psychologe	reformiert	Zen, aber auch andere
Johanna Jecklin (JJ)	57	Lehrerin für F.M.Alexander-Technik	katholisch	glaubt an eine geistliche Führung und daran, dass sie gewählt hat, wohin sie geboren wird, um in diesem Leben ihr Bewusstsein zu erweitern
Birgit Becker (BiB)	33	Psychologin, Beratung, Seminarleitung	evangelisch	christlicher Hintergrund, Offenheit für tibetischen Buddhismus, aber vor allem eine Spiritualität der Essenz im Sinne dessen, dass das Herz aller Religionen / spirituellen Ausrichtungen eins ist
Yolanda Yaberg (YY)	44	früher: Architektin heute: Familienbetreuerin und somatische Psychotherapeutin	katholisch	freie religionsübergreifende Spiritualität mit starker Orientierung am Buddhismus
Katharina Kunz (KK)	46	früher: Familienfrau heute: Psychotherapeutin	reformiert	christlich (evangelisch-reformiert, mit Orientierung zur christlichen Mystik wie auch der Mystik anderer Religionen wie Buddhismus, Schamanismus, Chassidismus, Sufi-Bewegung)
Sara Sasse (SS)	42	Ärztin für Psychiatrie und Psychotherapie	katholisch	lehnt es für sich ab, eine bestimmte Ausrichtung zu benennen. Themen wie innere Stille, Achtsamkeit und sich Verbinden mit der Essenz sind für sie wichtig

---

[70] Bei allen Namen handelt es sich um Pseudonyme. Die Abkürzungen in Klammern werden im Kategorienmodell zur Quellenbezeichnung der Zitate verwendet.

[71] Die Anonymisierung persönlicher Angaben fand in Absprache mit den InterviewpartnerInnen statt.

Ramina Ranatov (RR)	52	Biomedizinische Analytikerin	reformiert	das Göttliche in allem zu finden, das Einssein mit allem
Ursula Urben (UU)	41	früher: Hebamme heute: Therapeutin in eigener Praxis	katholisch	glaubt an eine grössere Ordnung oder Gesetzmässigkeit des Lebens, an einen göttlichen Teil in jedem Menschen, an ein Eingebettetsein in diese Ordnung; Rituale im Alltag, innere Gebete und Dankbarkeit
Bernhard Bär (BB)	47	Hotelier	katholisch	glaubt an die kosmische Wahrheit, die Buddha, Jesus, Mohammed etc. lehrten
Colin Clark (CC)	59	Zen-Lehrer / Zen-Priester und Tierschützer	katholisch	Zen, praktiziert auch mit einem christlichen Lehrer

In dieser Übersicht über die InterviewpartnerInnen wird in Bezug auf ihre religiös-spirituelle Ausrichtung der in Kapitel 2.4.2 dargestellte aktuelle gesellschaftliche Wandel sehr klar wiederspiegelt. Die religiös-spirituelle Ausrichtung stellte jedoch kein Auswahlkriterium für die Stichprobe dar. Die meisten InterviewpartnerInnen haben einen christlichen Hintergrund, sehen ihre heutige Ausrichtung aber nicht mehr in diesem Rahmen, sondern unabhängig von Konfession oder Kirche und mit einem Einbezug verschiedener religiöser oder mystischer Traditionen, die in einer persönlichen Synthese miteinander verbunden werden.

7.3 Erhebungsmethode: das problemzentrierte Interview

Als Erhebungsmethode wurde das problemzentrierte Interview (Witzel, 2000, Januar) eingesetzt. Dieses Erhebungsverfahren wurde gewählt, weil es einen Zugang zum Forschungsgegenstand ermöglicht, der eine unvoreingenommene Offenheit mit grösstmöglicher Präzision verbindet. Bei diesem teilstrukturierten Interview handelt es sich um ein

> theoriegenerierendes Verfahren, das den vermeintlichen Gegensatz zwischen Theoriegeleitetheit und Offenheit dadurch aufzuheben versucht, dass der Anwender seinen Erkenntnisgewinn als induktiv-deduktives Wechselspiel organisiert. (S. 1)

Die Kommunikationsstrategien des problemzentrierten Interviews zielen auf eine möglichst unvoreingenommene Erfassung individuellen Erlebens und subjektiver Wahrnehmungen und Verarbeitungsweisen ab. Das problemzentrierte Interview lehnt sich weitgehend an das theoriegenerierende Verfahren der Grounded Theory an (Glaser & Strauss, 1967/2005; Strauss & Corbin, 1996), bei dem ebenfalls ein Wechselspiel zwischen theoretischem Vorwissen und dem Prinzip der Offenheit gegenüber dem erforschten Phänomen den Forschungsprozess kennzeichnet.

> Mit dieser elastischen Vorgehensweise soll gewährleistet werden, dass die Problemsicht des Interviewers/Wissenschaftlers nicht diejenige der Befragten über-

deckt, und den erhobenen Daten nicht im nachhinein einfach Theorien ‚überge-
stülpt' werden. (Witzel, 2000, Januar S. 2)

Das problemzentrierte Interview lässt sich durch *drei Grundpositionen* charakterisieren:

- Unter dem Aspekt der *Problemzentrierung* arbeitet die Interviewerin parallel
  zum Generieren von breitem und differenziertem Datenmaterial bereits
  an möglichen Interpretationen des subjektiven Erlebens der Befragten
  und führt die Kommunikation immer präziser auf differenziertere Aspekte der Forschungsthematik hin.

- Durch die *Gegenstandsorientierung* wird die Flexibilität der Methode gegenüber verschiedenen Anforderungen des untersuchten Forschungsgegens-
  tandes betont. So werden die Gesprächstechniken flexibel eingesetzt und
  die Interviewerin kann entsprechend der unterschiedlich ausgeprägten
  Eloquenz, Reflexivität und Differenziertheit der Interviewpartnerin und
  entsprechend der aktuellen Gesprächssituation im Interview eher Techniken anwenden, die mehr Raum für freie Erzählungen lassen oder sie kann
  eher ein Dialogverfahren mit unterstützendem Nachfragen einsetzen.

- Durch die *Prozessorientierung* wird der Kommunikationsprozess „sensibel
  und akzeptierend" (Witzel, 2000, Januar S. 3) auf die subjektiven Schilderungen der Befragten zentriert. Da sich die Interviewten dadurch auch
  ernst genommen fühlen, entsteht Vertrauen und Offenheit. „Dieses Ver-
  trauensverhältnis fördert die Erinnerungsfähigkeit und motiviert zur
  Selbstreflexion" (Witzel, 2000, Januar, S. 3). So wird der Interviewpartnerin ermöglicht, ihre subjektive Schilderung individuellen Erlebens und
  Wahrnehmens im Gespräch zu entfalten. Auf diese Weise angeregte Erzählungen bauen die Künstlichkeit der Forschungssituation ab und verhindern, dass das Interview auf eine Frage-Antwort-Situation reduziert
  wird.

Der *Interviewablauf* wird durch verschiedene Kommunikationsstrategien gestaltet. Dabei
werden erzählungsgenerierende und verständnisgenerierende Kommunikationsstrategien unterschieden: zu den *erzählungsgenerierenden* gehören eine offene Einleitungsfrage
(„Erzählen Sie doch mal…"), die den Interviewpartner zum Erzählen anregt, allgemeine Sondierungen und Ad-hoc-Fragen.

Durch *allgemeine Sondierungen* soll sich im Gesprächsverlauf die subjektive Sichtweise der Befragten sukzessive entfalten und Themen detaillierter geschildert werden können. Ein Erfragen von konkreten Erfahrungsbeispielen oder lebensgeschichtlichen Epi-
soden wirkt dabei anregend auf die Erinnerungsfähigkeit der Befragten und stellt konkrete Kontextbezüge her. Allgemeine Sondierungen können auch zur Verdeutlichung
unklarer Begriffe verwendet werden.

Ad-hoc-Fragen werden zur Sicherung der Vergleichbarkeit der Interviews gestellt,
wenn Themenbereiche von den Interviewten im Verlauf des Gesprächs nicht erwähnt
wurden. Ad-hoc-Fragen können sich aus Stichworten aus dem Interviewleitfaden ergeben oder sie können einzelne standardisierte Fragen beinhalten, die meist am Schluss
des Interviews gestellt werden, um im Gesprächsverlauf eine Frage-Antwort-Situation
zu vermeiden.

Spezifische Sondierungen werden als *verständnisgenerierende* Kommunikationsstrategien
eingesetzt. Dabei nutzt die Interviewerin vorgängiges oder im Interview selbst erwor-
benes Wissen für Frageideen, wodurch ein deduktiver Aspekt zur Anwendung kommt.

So werden Kommunikationsstrategien zur Anregung von Erzählungen und zur Entfaltung der Schilderungen der Befragten in einem Wechselspiel kombiniert mit Dialogen, die „Resultat ideenreicher und leitfadengestützter Nachfragen sind" (Witzel, 2000, Januar, S. 1).

7.3.1 Erstellung des Interviewleitfadens

Bei der Erstellung des Interviewleitfadens wurde der Fokus auf zwei thematische Hauptbereiche gelegt:

- die spirituellen Erfahrungen, deren lebensgeschichtlicher Kontext und deren Integration ins Leben der Betroffenen und
- der lebensgeschichtliche und religiös-spirituelle Hintergrund der Betroffenen.

Auf Grund des Vorwissens der Autorin wurden in Anlehnung an das Kodierparadigma der Grounded Theory (Strauss & Corbin, 1996) daraus differenziertere Themenbereiche herauskristallisiert (Abbildung 9). Das Kodierparadigma stellt ein Raster dar, das es ermöglicht, ein untersuchtes Phänomen vertiefter und differenzierter zu erfassen. Es werden dabei neben dem Phänomen selbst (die Integration spiritueller Erfahrungen) die ursächlichen Bedingungen, der Kontext, Strategien im Umgang mit dem Phänomen, intervenierende Bedingungen als mögliche fördernde oder hemmende Einflussfaktoren auf die Strategien sowie die Konsequenzen einbezogen.

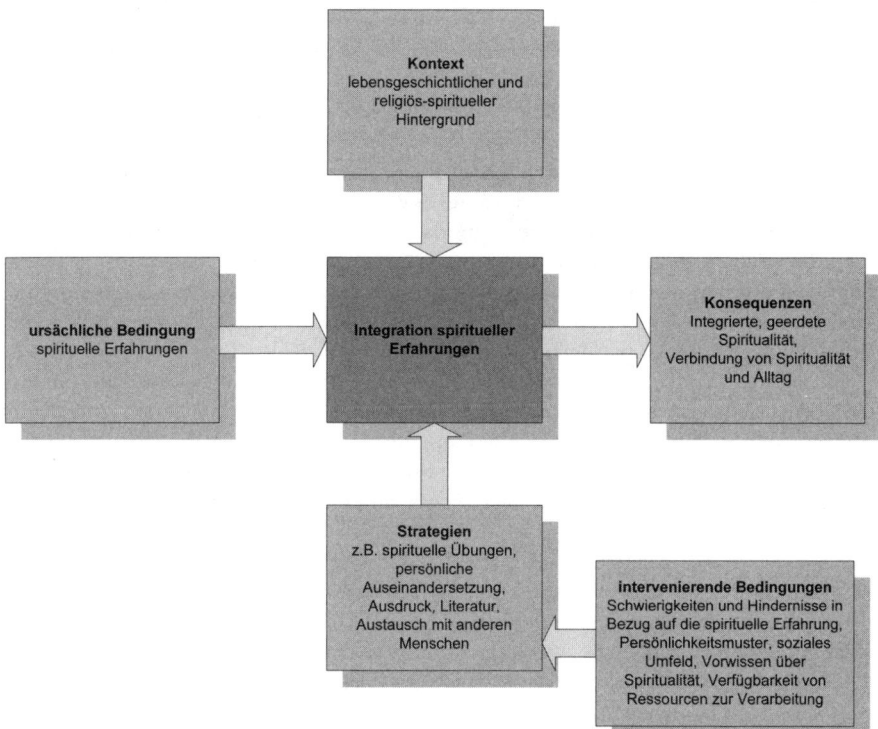

Abbildung 9: Themenbereiche des Interviewleitfadens

Anschliessend wurden auf dieser Basis prägnante Fragen formuliert. Der Interviewleitfaden wurde auf Grund des Kriteriums der Prozessorientierung der Grounded Theory (Strauss & Corbin, 1996) ständig überarbeitet, weiter entwickelt und ausdifferenziert. Es entstand der Interviewleitfaden, der im Anhang dokumentiert ist.

7.3.2 Ablauf der Interviews

Da die InterviewpartnerInnen aus verschiedenen Ländern des deutschsprachigen Europas stammen, wurden die Interviews in unterschiedlichen Räumlichkeiten durchgeführt: Meist fanden sie in privaten oder beruflich genutzten Räumlichkeiten der Interviewten statt. Ein Gespräch fand in Räumlichkeiten eines psychotherapeutischen Ausbildungsinstituts statt, zwei Interviews wurden in privaten und eines in den Praxisräumlichkeiten der Autorin durchgeführt.

Die Interviews wurden nach entsprechender Information über die Datenschutzbestimmungen mit Einwilligung der InterviewpartnerInnen digital aufgenommen[72]. Alle Interviews wurden gemäss den Datenschutzbestimmungen anonymisiert und vertraulich behandelt.

Der Interviewleitfaden diente während den Interviews als Orientierung und als Möglichkeit zur Konkretisierung und Differenzierung der verschiedenen Themenbereiche und wurde flexibel dem Interviewverlauf angepasst. Der Hauptfokus lag in den Gesprächen darauf, den InterviewpartnerInnen Raum zu geben für die Schilderung ihres Erlebens, ihrer spirituellen Erfahrungen und deren Integration. So flossen die Themen des Leitfadens meist organisch in den Gesprächsverlauf ein. Themenbereiche und Fragen, die auf diese Weise nicht zur Sprache kamen, wurden von der Autorin anschliessend als Ad-hoc-Fragen gestellt (Witzel, 2000, Januar).

Der Raum zu erzählen, worüber sonst nur selten gesprochen wird, wurde von den meisten InterviewpartnerInnen sehr geschätzt. Manche bedankten sich spontan nach dem Interview dafür, dass sie durch diesen Raum ganz neue Zusammenhänge in ihrem Leben erkannten. Für manche war das Interview selbst nochmals eine Form von Integration, oder es wurde im Zusammenhang damit ein hilfreicher innerer Prozess ausgelöst. Alle erlebten das Interview positiv und die meisten als sehr bereichernde Erfahrung. Den meisten wurde durch das Gespräch bewusster, wie wichtig und kostbar der Bereich der Spiritualität für ihr Leben ist und wie viel ihnen diese Rückverbindung bedeutet. Einige InterviewpartnerInnen erlebten beim Erzählen ihrer Erfahrungen eine Verbindung zur Tiefe ihres damaligen Erlebens unmittelbar wieder, wenn auch nicht in derselben Intensität wie in der ursprünglichen Erfahrung. Oft entstanden in den Gesprächen sehr berührende Momente – meist im Zusammenhang mit den spirituellen Erfahrungen, aber auch beim Schildern lebensgeschichtlicher Themen. Für fast alle InterviewpartnerInnen war mit dem Gespräch auch eine vertiefte Bewusstwerdung verbunden – sei das von Aspekten ihres spirituellen Erlebens, von biografischen Themen oder von Zusammenhängen zwischen ihrer Lebensgeschichte und ihrer Spiritualität.

Die Interviews dauerten zwischen zweieinhalb und fünf Stunden, die durchschnittliche Interviewzeit betrug drei Stunden. In zwei Fällen wurde das Interview aus organisatorischen Gründen in zwei Etappen durchgeführt.

Im Anschluss an jedes Interview wurde von der Autorin ein Postskriptum erstellt (vgl. Witzel, 2000, Januar), in dem allfällige Auffälligkeiten bei der Kontaktaufnahme mit den InterviewpartnerInnen, Anmerkungen zu situativen und nonverbalen Aspekten

---

[72] Zum Umgang mit digitalen Aufnahmen siehe Kruse und Wenzler-Cremer (2006, Juli).

während des Interviews, sowie inhaltliche Auffälligkeiten und spontane Interpretationsideen festgehalten wurden.

7.3.3 Transkription

Die Interviews wurden von der Autorin eigenhändig transkribiert und für eine transkriptbasierte Analyse (Kuckartz, 2005) vorbereitet, d.h. es wurde eine vollständige Transkription aller Interviews erstellt. Dabei wurde nach den Transkriptionsregeln von Hoffmann-Riem (Kuckartz, 2005, S. 46-47) vorgegangen. Da in der vorliegenden Studie immer wieder Interviewpassagen zitiert werden, soll mit Tabelle 5 eine verkürzte Übersicht über die Regeln gegeben werden, die manche Zitate plastischer verständlich machen werden.

Tabelle 5: Transkriptionsregeln nach Hoffmann-Riem

Zeichen	Bedeutung
..	kurze Pause
…	mittlere Pause
….	lange Pause
((Ereignis))	nicht-sprachliche Handlungen, z.B. ((zeigt auf ein Bild))
((lachend))	Begleiterscheinungen des Sprechens (die Charakterisierung steht vor den entsprechenden Stellen)
sicher	auffällige Betonung, auch Lautstärke
()	unverständlich
(so berührend?)	nicht mehr genau verständlich, vermuteter Wortlaut

Die Transkription ergab 446 Seiten auszuwertendes Datenmaterial. Die Transkripte sind bei der Autorin einsehbar.

Die eigenhändige Transkription erwies sich für den Forschungsprozess und die Auswertung als sehr gewinnbringend und bereichernd. So tauchten bereits während der Transkription verschiedene Interpretationsideen auf, die in Form von Memos (siehe Kapitel 7.4) festgehalten wurden. Durch die wiederholte Arbeit mit den digitalen Aufnahmen blieb auch während der Auswertung der entstandenen Texte die Nähe zum gesprochenen Wort und der ursprünglichen Satzmelodie in vielen Fällen erhalten, so dass die Autorin die Texte während des Lesens in der Erinnerung nochmals „hörte". Die Texte blieben so für die Autorin trotz der Verschriftlichung lebendig und unmittelbar. Subjektiven Verzerrungen durch eine Orientierung an der statischen schriftlichen Form konnte so vorgebeugt werden.

7.4 Auswertung anhand der Grounded Theory

Die transkribierten Interviews wurden anhand der Methodik der Grounded Theory (Glaser & Strauss, 1967/2005; Strauss & Corbin, 1996) ausgewertet. Die Analyse des erhobenen Datenmaterials erfolgt dabei durch ein mehrstufiges Kodierverfahren, durch welches das Datenmaterial „aufgebrochen, konzeptualisiert und auf neue Art zusammengesetzt" wird (Strauss & Corbin, 1996, S. 39). Die Kodierschritte sollen dabei als flexibel einzusetzende Leitlinien verstanden werden, die entsprechend dem untersuchten Forschungsgegenstand variiert werden können. Kodieren ist die zentrale Vorge-

351

hensweise in der Grounded Theory, durch die aus den Daten gegenstandsverankerte theoretische Konzepte oder Kategorien entwickelt werden, die die Vorstufe einer formalen Theorie bilden. Eine formale Theorie zeichnet sich durch einen hohen Allgemeinheitsgrad aus.

Im Kodierprozess können drei Auswertungsschritte unterschieden werden: das offene, das axiale und das selektive Kodieren (Strauss & Corbin, 1996):

Das *offene Kodieren* stellt den ersten Schritt im „Prozess des Aufbrechens, Untersuchens, Vergleichens, Konzeptualisierens und Kategorisierens von Daten" (Strauss & Corbin, 1996, S. 43) dar. Dieser Teil der Auswertung bezieht sich vor allem auf das Benennen und Kategorisieren der zu untersuchenden Phänomene anhand einer ausführlichen Analyse.

> Während des offenen Kodierens werden die Daten in einzelne Teile aufgebrochen, gründlich untersucht, auf Ähnlichkeiten und Unterschiede hin verglichen, und es werden Fragen über die Phänomene gestellt, wie sie sich in den Daten widerspiegeln. Durch diesen Prozess werden die eigenen und fremden Vorannahmen über Phänomene in Frage gestellt oder erforscht, was zu neuen Entdeckungen führt. (Strauss & Corbin, 1996, S. 44)

Für das offene Kodieren stehen verschiedene Herangehensweisen zur Verfügung, die auch kombiniert werden: Man kann Wort für Wort oder Zeile für Zeile kodieren, man kann einzelne Sätze oder Abschnitte oder zunächst auch das Dokument als Ganzes anschauen und dann in die Einzelheiten gehen.

Beim *axialen Kodieren* werden Verbindungen zwischen den Kategorien hergestellt und auf diese Weise die Daten nach der Phase des offenen Kodierens auf neue Weise zusammengesetzt. Grundlage dieses Kodierschrittes ist der Einsatz eines Kodierparadigmas, das aus ursächlichen Bedingungen, Kontext, Handlungs- und interaktionalen Strategien und Konsequenzen besteht.

Beim *selektiven Kodieren* wird eine Kernkategorie ausgewählt und diese systematisch mit anderen Kategorien in Beziehung gesetzt. Bei der Kernkategorie handelt es sich um das zentrale Phänomen, auf das sich alle anderen Kategorien zurückführen lassen. Die Beziehungen zwischen Kernkategorie und den anderen Kategorien werden ständig am Datenmaterial validiert und überprüft. Ausserdem werden in dieser Kodierphase Kategorien weiter entwickelt und differenziert.

Während der gesamten Auswertungsphase wird mit *Memos und Diagrammen* gearbeitet als grundlegenden Verfahren der Grounded Theory, ohne die die Forscherin auf keine schriftlichen Aufzeichnungen der Datenanalyse zurückgreifen könnte. In Memos und Diagrammen werden Analyseschritte, Interpretationsideen, Erkenntnisse von Zusammenhängen der Daten, Ergebnisse der drei Formen des Kodierens wie konzeptuelle Begriffe, Eigenschaften der entstehenden Kategorien, Beziehungen von Kategorien und theoretische Notizen schriftlich festgehalten.

7.5 Ergänzende Verfahren: Zirkuläres Dekonstruieren

Ergänzend zum hauptsächlichen Auswertungsverfahren der Grounded Theory wurden Elemente aus der *Methodik des Zirkulären Dekonstruierens* (Jaeggi et al., 1998) angewendet. Zirkuläres Dekonstruieren lässt sich charakterisieren als ein Wechselspiel zwischen theoriegeleiteten, kreativ-intuitionsgeleiteten Gedankengängen und einer ständigen Überprüfung der neu gewonnenen Einsichten am konkreten Datenmaterial:

Damit ‚dekonstruieren' wir zirkulär und rekursiv den Text und setzen ihn anschliessend so zusammen, dass implizite Sinngehalte sichtbar werden können. Auf diese Weise findet ein mehrfacher Perspektivenwechsel statt, durch den wir Bausteine für eine Theorie über unseren Forschungsgegenstand finden, die neuartige Erkenntnisse verspricht. (S. 6)

Dieses Vorgehen ermöglicht es, einen idiographischen Zugang zu den Daten einzubeziehen. Ein Zugang, der mehr am Einzelfall orientiert ist, wurde gewählt, weil sich bereits nach den ersten durchgeführten Interviews zeigte, wie individuell verschieden sich spirituelle Erfahrungen und deren Integration zeigen. Elemente des Zirkulären Dekonstruierens wurden vor der Auswertungsmethode der Grounded Theory angewendet, um zunächst individuelle Sinnzusammenhänge herauszuarbeiten und diese nicht durch vorschnelle Generalisierung zu entkräften.

Bei der Anwendung des Zirkulären Dekonstruierens wurde folgende Vorgehensweise angewendet: Zunächst wurden die persönlichen Daten aus den Interviews *anonymisiert* und die Namen der Interviewten durch *Pseudonyme* ersetzt, die von der Autorin intuitiv gewählt wurden. Dann wurde ein *Hauptmotto* für jedes Interview herauskristallisiert, das einen für die betreffende Person zentralen Aspekt bei der Integration ihrer spirituellen Erfahrungen zusammenfasst. Für jeden Interviewten wurde eine *zusammenfassende Nacherzählung* verfasst, die die wesentlichen Aspekte des Gesprächs enthält und diese mit ausgewählten Interviewpassagen veranschaulicht. In einer mimetischen Annäherung (Gebauer & Wulf, 1992) an den Forschungsgegenstand wurde versucht, auch sprachlich möglichst nahe an den individuellen Ausdrucksweisen der einzelnen Interviewten zu bleiben und den persönlichen Stil der Betroffenen zum Ausdruck zu bringen. Dieses Vorgehen ermöglicht es, den Menschen in seiner Einzigartigkeit noch mehr in Erscheinung treten zu lassen. Auf Grund dieser methodischen Annäherung an die individuelle Erfahrung der interviewten Personen gestalten sich die einzelnen Texte stilistisch unterschiedlich.

Die zusammenfassende Nacherzählung wurde dabei in folgender Weise systematisch strukturiert:

- Im Abschnitt *Spirituelle Erfahrung* werden nach einem kurzen Einblick in den religiösen Hintergrund der interviewten Person in der Regel alle im Interview erzählten Erfahrungen zusammengefasst. Bei einzelnen InterviewpartnerInnen, die viele spirituelle Erfahrungen schilderten, werden Erlebnisse, die nur kurz erwähnt wurden, für die Nacherzählung weggelassen - für die weitere Auswertung mit der Grounded Theory jedoch verwendet.
- Im darauf folgenden Abschnitt werden *Schwierigkeiten*, die im Zusammenhang mit den spirituellen Erfahrungen auftraten, wiedergegeben.
- Anschliessend wird auf die *Folgen* und Auswirkungen der spirituellen Erfahrungen im Leben der Betroffenen eingegangen.
- Im Abschnitt *Hilfreiches für die Integration* werden Elemente und Strategien dargestellt, die von der betreffenden Interviewpartnerin unterstützend für die Integration der Erfahrung erlebt wurden.

Die Ausführlichkeit, Konkretheit, Differenziertheit und Detailliertheit der einzelnen Abschnitte wiederspiegelt im Wesentlichen die Aussagen der jeweiligen Interviewpartnerin.

Für die einzelnen Abschnitte der zusammenfassenden Nacherzählung wurden wiederum treffende Mottos herauskristallisiert. Für den Abschnitt *Hilfreiches für die Integration* wurde neben dem Hauptmotto ein weiterer zentraler Aspekt für die Integration spiritueller Erfahrungen ausgewählt, der im Gesamtzusammenhang jedoch untergeordneter erschien. Bei allen Mottos wurden prägnante Zitate aus den Interviews verwendet, um den Prozess der Integration möglichst authentisch wiederzugeben.

Die Grundhaltung in dieser Studie zur Integration spiritueller Erfahrungen besteht darin, von spirituellen Erfahrungen als einem Phänomen subjektiv erlebter Wahrheit auszugehen und zu untersuchen, wodurch diese Erfahrungen zu einer Ressource im Leben der Betroffenen wurden und eine Wandlung einleiten konnten, die den individuellen Menschen und sein Leben umfassten. Dabei geht es weder um eine Analyse der von den Betroffenen erlebten Phänomene noch um ein Hinterfragen oder eine kritische Reflexion des Auftretens oder des Inhalts der spirituellen Erfahrungen. Dem Leser und der Leserin wird deutlich werden, dass die Wandlungstiefe, -intensität und – nachhaltigkeit bei den verschiedenen InterviewpartnerInnen durchaus unterschiedlich ist. Auch das soll hier nicht kritisch reflektiert oder beurteilt werden. Der Fokus liegt auf dem Prozess der Integration der spirituellen Erfahrungen und der von den Betroffenen erfahrenen subjektiven Veränderung – so verschieden oder ähnlich sowohl die spirituellen Erfahrungen selbst als auch die individuell betroffenen Menschen und deren Veränderung auch sein mögen.

8 Ergebnisse: Individuelle Zugänge

In den folgenden Kapiteln werden die individuellen Wege der Integration spiritueller Erfahrungen der verschiedenen InterviewpartnerInnen dargestellt. Dabei wird - neben gemeinsamen Elementen - deutlich, dass jede und jeder einen ganz persönlichen und individuellen Prozess erlebt bei dieser Integration. Die Mottos, die den verschiedenen Abschnitten vorangestellt sind, charakterisieren dabei wesentliche Elemente auf diesem je individuellen Weg.

8.1 Patricia Patterson: „Ich habe mich über Bücher erden können" (182-183)

Patricia Patterson (45) leitet als Musikerin eine eigene Schule. Sie ist verheiratet und Mutter einer Tochter.

8.1.1 Spirituelle Erfahrungen: „Alles ist eins" (788-789)

Patricia Patterson wuchs katholisch auf. Für sie war es als Kind ganz klar, „es gibt einen Gott" (954-955), Engel und den Teufel. In ihren ersten Schuljahren fing ihr kindlicher Glaube an „zu bröckeln" (965), weil sie die Art, wie ihr Pfarrer sich damals verhielt, nicht zusammenbringen konnte mit der Botschaft, die er vermittelte. Damals begann sie „zu zweifeln an dem Ganzen" (971-972). Sie hatte immer mehr Diskussionen mit der Mutter, „weil sie so papstgläubig war" (978). Für Patricia Patterson war diese Papstgläubigkeit nicht stimmig, weil sie fand, „der macht doch auch Fehler" (979). Sobald sie weg war von zu Hause, ging sie nicht mehr in die Kirche. Sie hatte das Gefühl: „Es war mir auch plötzlich egal, ob es einen Gott gibt oder nicht" (999-1000). Sie merkte, dass sie nicht anders leben würde, ob es einen Gott gibt oder nicht – sie würde nichts anders machen. „Die Hauptsache ist, wie ich lebe" (1101-1102).

Ihre beiden zentralen spirituellen Erfahrungen traten dann vor etwa 10 Jahren auf, einige Monate nach dem plötzlichen Tod ihres Vaters. Auf Grund eines zwischenmenschlichen Konfliktes mit einer Berufskollegin und einer unglücklichen Liebesgeschichte setzte sie sich in dieser Zeit sehr intensiv mit sich selber auseinander und praktizierte aus sich selbst heraus eine Technik, von der sie viel später las, dass es sich um die Desidentifikationsübung von Assagioli (1965/2004) handelte (vgl. Kapitel 4.2.1). Sie beobachtete sich selber und andere aufmerksam. Sie wollte bei sich selber „hinschauen" (711) und „der Sache auf den Grund gehen" (708-709). Dieses innere Bedürfnis führte sie in eine Psychotherapie. Während dieser Therapie hatte sie viele Träume, die sie in einem Zusammenhang sieht mit ihrer inneren Auseinandersetzung, mit dem Formulieren und Aufdecken gewisser Themen in ihrem Leben.

In ihrer beruflichen Tätigkeit als Musikerin machte sie auf Grund präziser Selbstwahrnehmung und Körperwahrnehmung wichtige Entdeckungen. So merkte sie, dass sich Körperwahrnehmung und körperliche Disposition beim Spielen direkt auf den Instrumentenklang auswirken. Solche Entdeckungen gaben einen ersten Anstoss für eine neue musikalische Entwicklung, und sie denkt, dass sie zu ihren spirituellen Erfahrungen beigetragen haben.

In ihrer ersten spirituellen Erfahrung erwachte sie aus einem Traum, in dem ihre Berufskollegin als eine weise Person auftrat, und hatte das tiefe Gefühl, auf dem Grund ihrer Seele angekommen zu sein:

> Und da hat sie [die Berufskollegin] so den weisen Aspekt verkörpert. Ich war im Traum bei einem Felsen. Sie sagte: ‚Du kannst den Felsen aufbrechen, dann beginnt er zu sprechen'. Und dann weiss ich noch, ich hörte das so und erwachte in dem Moment und spürte, wie sich meine Beine aufrichteten und ((lachend)) ich lag dann plötzlich mit den Beinen in der Höhe. Und ich hatte die Bettdecke über mir – sonst hätte ich es vielleicht nicht geglaubt, weil alles ganz schwerelos war. Und hatte mit ((lachend)) diesen Beinen in der Luft das Gefühl: Jetzt bin ich auf dem Grund.. meiner Seele...[73] (51-60)

Sie beschreibt, wie sie nach diesem Erlebnis bei einem musikalischen Engagement ein Maximum an Transparenz zu sich selber erlebte und wie sie alles einfach betrachten konnte und dabei ein klares Gefühl hatte, dass alles so sein darf, wie es ist und alles Platz hat. Eine Kollegin sprach sie bei diesem Anlass darauf an, dass sie anders aussehe – so schön, transparent und irgendwie leuchtend. Zwei Tage nach diesem ersten Erlebnis nahm sich Patricia Patterson Zeit, ihre unglückliche Liebesbeziehung zu klären, indem sie sich in einem Schreibprozess den schwierigen Aspekten dieser Beziehung widmete. Dabei entdeckte sie, dass problematische Emotionen und Handlungen dieser Person direkt verbunden sind mit den Qualitäten, die sie an diesem Menschen geschätzt hat. Es wurde ihr bewusst, dass sie im anderen nur erkennen kann, was auch in ihr selbst vorhanden ist. Mit einem Mal war ihr klar: „Das bin ja auch ich" (79). Sie erlebte einen Bewusstseinszustand von grosser Offenheit, Wachheit und Klarheit. In diesem Zustand begann ihre Hand unwillkürlich zu zeichnen. Es entstanden etwa 50 Zeichnungen in rascher Folge, die Patricia Patterson in Verbindung sah mit schwierigen Aspekten ihrer frühen Kindheit und mit Erfahrungen von Gewalt durch ihren Vater. Teilweise tauchten dabei Situationen auf, an die sie keine bewusste Erinnerung hatte. Während dieses Zeichnen geschah, kam sie mit einer Dimension in Verbindung, die sie als ausserhalb von Raum und Zeit erlebte. In diesem ganzen Prozess begleitete sie ein tiefes Bewusstsein für ihren eigenen Wert. Sie fühlte sich durchströmt von einer enormen Energie und hatte das Gefühl, dass der Schlüssel von den problematischen Emotionen zu ihrem eigenen Inneren die Liebe im Sinne von Erkennen und Klarheit ist. Sie fühlte sich in Verbindung mit einem Strom von Liebe und hatte das Gefühl: „Das ist etwas Göttliches" (777).

Die zweite grundlegende spirituelle Erfahrung fand 4 ½ Monate nach dieser ersten statt. Dieser Erfahrung ging eine eigene psychologische Arbeit mit dem Thema Grenzen und Abgrenzung in zwischenmenschlichen Kontakten voraus, das für sie immer wieder schwierig war. Über einen logischen Denkprozess wurde ihr bewusst, dass sie selber eine Grenze setzen kann, wenn ihr Gegenüber keine Grenze zieht. Diese Erkenntnis, die sie im Nachhinein als „eigentlich banal" (355) bezeichnet, war im Kontext ihres Lebens „bahnbrechend" (356): Ihr wurde mit einem Mal bewusst, dass sie selber die Verantwortung trägt, und sie erkannte plötzlich, indem sie eine Grenze zog: „Alles ist eins. Ich kann nichts trennen von mir" (360).

---

[73]Die verwendeten Zitate wurden der besseren Lesbarkeit halber z.T. sprachlich geglättet (vgl.Kuckartz, 2005). So wurden beispielsweise Füllwörter wie „also", „eigentlich", „so" etc. weggelassen. Für die Übertragung vom Schweizerdeutschen ins Hochdeutsche wurden die Zeitformen angepasst.

8.1.2 Schwierigkeiten: „Problematisch war, dass niemand mir ein Feedback geben konnte, weil niemand das gekannt hat" (168-169)

Für Patricia Patterson war besonders problematisch, dass ihre spirituellen Erfahrungen völlig unvorbereitet auftraten und sie dadurch keine Interpretationsmöglichkeiten für das Geschehen und für manche der Folgen zur Verfügung hatte. Da die Erfahrungen für sie sehr intensiv waren, hatte sie das Bedürfnis, sie jemandem mitzuteilen, ein Gegenüber darin zu haben und ein Feedback zu bekommen. Stattdessen wurde ihr bald klar, dass „kaum jemand das nachvollziehen konnte" (153). Sogar ihr Psychotherapeut begegnete ihren Erfahrungen mit Unverständnis, Skepsis und Zweifel und versuchte, sie zu beschwichtigen. Sie war mit ihren sehr bewegenden Erfahrungen und deren Folgen völlig auf sich alleine gestellt.

Die Möglichkeit, unwillkürlich zu zeichnen, die im Zusammenhang mit ihrer ersten spirituellen Erfahrung aufgetaucht war, begleitete sie über mehrere Jahre. Sie merkte, dass sie Fragen stellen konnte und übers Zeichnen deutliche Antworten kamen. Für sie war es problematisch zu bemerken, dass sie auf diese Weise mit anderen Menschen in Verbindung treten und Dinge über sie erfahren konnte, die ihr im gewöhnlichen Alltagsbewusstsein nicht zugänglich waren. So fragte sie übers Zeichnen nach jemandem, von dem sie dachte, er sei in Amerika und bekam die Antwort, er sei in Europa – was dann auch tatsächlich stimmte.

Wenn sie Fragen zu ihrem eigenen Leben stellte, warfen die Zeichnungen sie auf sie selbst zurück und antworteten ihr unerbittlich und unbestechlich, spiegelten ihr für sie oft unangenehme Wahrheiten über sich selbst. Diese Feststellungen und die Erkenntnis, dass sie die Verantwortung trägt für das, was in ihrem Leben ist und was sie daraus macht, waren für sie im ersten Moment ein Schock.

Sie merkte auch, dass es für sie „verführerisch" (236) war, sich dieser Fähigkeit mehr zu widmen. Eine Weile lang probierte sie das mit Freunden zusammen aus, wenn jemand dazu bereit war. Es hat ihr aber „ein wenig Angst gemacht" (234-235). Und sie konnte es in dieser Zeit „nicht ganz einordnen" (235). Obwohl ihr klar war, dass sie nicht die Einzige ist, die solche Dinge erlebt, wäre es für sie sehr wichtig gewesen, ein Gegenüber zu haben, das ihr gesagt hätte, dass jeder Mensch „heilende Kräfte" (794) hat.

8.1.3 Folgen der Erfahrungen: „Es ist einfach eine Realität und mit der lebe ich" (294-295)

Phänomene erweiterter Wahrnehmung, körperliche und „feinstoffliche" Veränderungen

Patricia Patterson spürte, dass etwas Positives mit ihr geschieht durch ihre Erfahrungen. Sie nahm wahr, dass sie sich damals in einem ausserordentlichen Bewusstseinszustand befand. Kurz nach ihren Erlebnissen wurde sie sich Phänomenen erweiterter Wahrnehmung bewusst: So war ihr Geschmackssinn gesteigert und sie schmeckte z.B. Trinkwasser viel differenzierter, was sie als sehr unangenehm erlebte, weil sie die chemischen Zusätze im Wasser dadurch sehr deutlich schmeckte. Sie nahm Energiefelder anderer Menschen wahr, spürte deren Gedanken und begann, mit dieser zusätzlichen Form der Wahrnehmung für sich zu arbeiten. Nach der ersten Erfahrung (nach dem Prozess unwillkürlichen Zeichnens) beobachtete sie an sich während einer Stunde Pseudohalluzinationen, die sie mit klarem Bewusstsein und „mit Erstaunen" (872) konstatierte. So sah sie an der weissen Wand und auf ihrer Hose „Menschen und

Figürchen" (845-846) und wusste dabei genau, dass diese Wahrnehmung gar nicht real ist. „Und ich habe gestaunt, wie ich das jetzt sehe und es ist doch gar nicht da." (872-873). Ebenfalls nach dieser ersten Erfahrung war sie während drei Tagen so voller Energie, dass sie kaum schlief.

Während mehrerer Jahre begleiteten sie verschiedene „körperliche und feinstoffliche Phänomene" (541-542), die nach der zweiten Erfahrung auftauchten. So spürte sie Vibrationen die Wirbelsäule hoch, im ganzen Rücken, in den Füssen und in den Beinen, was zum Teil optisch deutlich sichtbar war. Diese Erscheinungen wurden ihr von einer Fachperson später als Kundalini-Phänomene bestätigt (vgl. Fussnote 32, S. 151).

Jahrelang spürte sie nachts oft ein starkes Strömungsgefühl im Körper, manchmal begleitet von Muskelzucken oder Vibrationen. Sie nahm eine Art magnetischen Wind um ihre Körpergrenzen herum wahr und hatte das Gefühl, dass ihre Knochen summten und surrten. Manchmal fühlte sich ihr Körper schwerelos an, und sie beobachtete sich, wie sie spontan bestimmte Körperhaltungen einnahm, von denen sie später erfuhr, dass es sich um Yogastellungen handelt.

Nach Tagesgeschehnissen, in denen sie „bewusst ein altes Verhaltensmuster durchbrach" (551-552) und in irgendeiner Form für sich und ihre Wahrnehmung eingestanden war, hatte sie intensive Träume und manchmal Alpträume.

Nach der zweiten Erfahrung hatte sie das deutliche Gefühl, „es kommt Ordnung in mein Gehirn" (1387). Als Folge dieser neuen Ordnung beschreibt sie eine andere Sichtweise und ein verändertes Verhalten in zwischenmenschlichen Beziehungen.

Zwischenmenschliche Beziehungen: „Nicht, dass es keine Probleme mehr gäbe, aber dass es Probleme gibt, ist nicht mehr ein Problem" (1447-1448)

Veränderungen in ihren zwischenmenschlichen Beziehungen haben für Patricia Patterson einen sehr klaren Zusammenhang zu ihren spirituellen Erfahrungen. So erlebt sie mehr Gelassenheit, eine neue Lebensqualität und eine Freiheit von früheren Denkmustern in ihren Beziehungen dadurch, dass sie akzeptieren kann, dass es Schmerz und Enttäuschung gibt. Sie hat viel mehr Handlungsmöglichkeiten in ihrem Alltag:

> Einfach viel mehr Möglichkeiten – Handlungsmöglichkeiten. Und viel weniger in einer Opferrolle als früher. Und das nur durch die spirituelle Ausrichtung. Dass ich weiss, alles ist eins. Also… Dass ich in diese Art denken reingehen kann oder auch nicht.. Es braucht dann immer wieder eine Brücke zum Leben. Ich kann auch nicht alles mit Denken lösen. Manchmal geht es auch darum, eine Enttäuschung zu erleben oder einen Schmerz zu erleben oder zu riskieren. Also nicht den Schmerz zu suchen, aber zu riskieren, dass ich enttäuscht werde. Dass ich etwas auf den Punkt bringe und… Und dann werde ich vielleicht enttäuscht. Vielleicht geht es nicht. Und das war früher für mich fast nicht verdaulich, weil ich mich immer schuldig fühlte oder inkompetent, unfähig dann in solchen Momenten.

> Und in den Beziehungen, die ich jetzt habe, - nicht, dass es keine Probleme mehr gäbe, aber dass es Probleme gibt, ist nicht mehr ein Problem. So. Es hatte früher noch das drauf gehabt – so diese Schuld und „sollte ich nicht?" und so. Und dadurch bin ich viel gelassener. Also mir hat es sehr viel gebracht so an Lebensqualität. Befreiung von Denkmustern, die nirgends hin führten, Phantasien, Einbildungen. (1434-1452)

Mehr Handlungsmöglichkeiten zu haben bedeutet für Patricia Patterson, mehr Möglichkeiten zu haben, nicht innerhalb eines früheren Musters zu handeln, sondern frei wählen zu können, wie sie sich verhalten möchte.

Sie kann heute im zwischenmenschlichen Kontakt Grenzen setzen und besser formulieren, wenn etwas für sie nicht stimmt. Sie empfindet sich weniger in einer Opferrolle und weist sich und anderen weniger Schuld zu. Sie übernimmt weniger Verantwortung für andere und fühlt sich nicht mehr verpflichtet, anderen zu helfen, dass sie sich verändern oder Lösungen finden. Sie fühlt sich nicht mehr verpflichtet, Kontakte aus moralischen Gründen aufrecht zu erhalten, wenn sie sich dabei selber nicht wohl fühlt. Sie achtet mehr auf ihre eigenen Gefühle, Empfindungen und Bedürfnisse im zwischenmenschlichen Kontakt, kann mehr in Übereinstimmung damit handeln und authentischer sein anderen gegenüber. In Beziehungen kann sie viel mehr sein, wie sie ist und dem anderen dasselbe auch zugestehen.

Berufliche Veränderungen

Patricia Patterson setzte viele Erkenntnisse aus ihren spirituellen Erfahrungen beruflich um, indem sie ständig wahrnahm, was in ihrem Körper geschieht und wie das ihr musikalisches Spiel beeinflusste. Durch ihre genauen Beobachtungen begann sie, immer freier zu spielen: „Ich begann immer freier zu spielen. Ich merkte immer mehr: Da bin ich eng – da könnte ich ja beweglich bleiben. Ich wurde flüssiger" (1301-1303).

Erste Ansätze zu dieser Veränderung ihres Spielens zeigten sich bereits im Vorfeld der ersten Erfahrung, wurden durch ihr spirituelles Erleben jedoch vertieft und erweitert und auf Grund ihrer präzisen Körperwahrnehmung bis heute ständig weiterentwickelt.

Sie begann nach ihren spirituellen Erfahrungen, mit dieser körperorientierten Selbstbeobachtung als zusätzlicher Wahrnehmung zu arbeiten. Sie setzte ihre Erkenntnisse auch in ihrer beruflichen Tätigkeit als Musikerin um und hinterfragte dabei auch konventionelle und allgemein anerkannte Sichtweisen aus ihrem Beruf. Die daraus resultierende Veränderung ihres Spiels fiel anderen Menschen auf und sie bekam positives Feedback dazu:

> Ich beobachtete auch Dinge mit der Atmung. Es atmete mich einfach – also auch beim Spielen [als Musikerin]. Früher sagte man immer: [Du musst zu einem bestimmten Zeitpunkt während des Spielens] einatmen (...). Und dann merkte ich: Nein, das ist ganz anders. Das fühlt sich anders an – also es läuft einfach. Es ist etwas ganz Unmittelbares. Und es ist ganz unabhängig vom Spielen. Realisierte ich. Es ist etwas, es läuft einfach ab. Man muss sich nicht darum bemühen. Und bekam dann auch Echos darüber, wie das anders klingt. Das habe jetzt ganz anders geklungen. Ich realisierte – das waren alles Dinge, die ich für den Beruf verwenden konnte. Ich konnte nie vorhersagen, wie ich tönen werde. Sonst hatte ich immer ein Gefühl von meinem Klang. Und dass das sehr von der momentanen Muskelspannung abhängt, dass das sehr den Klang beeinflusst. Ich merkte, dass die normale Stellung [beim Spielen] (...) – dass ich da etwas anderes suchen muss, weil das einfach weniger gut klingt. Und dass da etwas frei sein muss. Und das habe ich dann alles weiterverfolgt. Später. Beruflich. Also übers [Spielen] erfuhr ich sehr viel. Und über die Zusammenhänge vom [Spielen] mit dem Körper. (268-284)

Durch ihre spirituellen Erfahrungen wurde ihr bewusst, dass sie im musikalischen Bereich nicht bei der früheren und konventionellen Art des Spielens und Lehrens bleiben kann und dass sie sich selbst verleugnen würde, wenn sie ihren neuen Erkenntnissen nicht folgen würde. Diese innere Verpflichtung ihrer eigenen Wahrnehmung gegenüber führte dazu, dass sie das Gespräch mit ihrem damaligen Vorgesetzten an einer Musikhochschule suchte, der von ihr die konventionelle Art des Unterrichtens verlangte und für ihre neue Art nicht offen war. Die Auseinandersetzung mit ihm verlief sehr klar, ohne Machtkampf und mit gegenseitigem Respekt. Sie kündigte schliesslich ihre Stelle, um ihre eigene Arbeit zu entwickeln, weiterzuführen und unterrichten zu können. In diesem ganzen Prozess waren ihre spirituellen Erfahrungen wegweisend sowohl für die respektvolle Art der Auseinandersetzung mit ihrem Vorgesetzten, für ihr Vertrauen in ihre eigene Wahrnehmung und deren Folgen für ihr Spiel sowie für die Entwicklung ihrer eigenen Art des Spielens.

Ihre berufliche Neuorientierung führte zur Eröffnung ihrer eigenen Schule.

Verblassende Erfahrungen, bleibende Erkenntnisse

Die veränderten Bewusstseinszustände hielten etwa 2-3 Tage nach der spirituellen Erfahrung an, andere aussergewöhnliche Erfahrungen wie das Vibrieren im Körper blieben über etwa 7 Jahre bestehen. Das unwillkürliche Zeichnen ist heute noch möglich, aber oft nicht mehr unmittelbar verständlich und ist in den Hintergrund getreten. Die aussergewöhnlichen Erfahrungen sind also mit der Zeit verblasst. Erkenntnisse aus ihren spirituellen Erfahrungen und das Wissen um die Existenz dieses anderen blieben jedoch bestehen und sind ihr noch heute sehr präsent. So hatte Patricia Patterson während ihren Erfahrungen die Wahrnehmung, dass es keine räumlichen und zeitlichen Grenzen gibt, dass es keine Vergangenheit und Zukunft gibt, sondern nur den gegenwärtigen Moment. Diese Erfahrung ist für sie aktuell nicht mehr so intensiv präsent, wie sie damals war, aber sie weiss darum und erlebt heute gewissermassen zwei parallele Realitäten:

> Es hilft mir zu wissen, das ist eine Ebene [die Erfahrung des Jetzt, Anm. der Interviewerin], es gibt aber auch eine menschliche, alltägliche Ebene und da gibt es eben Vergangenheit und Zukunft. Und.. es koexistiert. Das sind Realitäten, die beide sind. Und ich glaube schon, das ist eine Erweiterung für mich um eine spirituelle Dimension. Das hilft mir, anders zu denken oder die Sache auch wieder von diesem Standpunkt anzuschauen, wenn ich hier irgendwie festgefahren bin (…). Man kann auch festgefahren sein in diesem ‚Jetzt ist alles jetzt' und Vergangenheit und Zukunft nicht mehr leben. Man kann auch dort irgendwie festhalten. Und dann sagen, wieder das Leben zu wagen und auszuprobieren, Fehler, Irrtum, so. Ich glaube, das hat mir mehr Freiheit gegeben darin, Sachen anzuschauen oder eben einfach zu leben - das Leben zu wagen. (820-832)

In der Folge ihrer Erfahrungen bekam Patricia Patterson einen ganz neuen Zugang zur Bibel und zu verschiedenen Stücken der Weltliteratur (z.B. Dante). Sie verstand für sich die Essenz darin und merkte, dass es dabei nicht so sehr um äussere Begebenheiten ging, sondern vielmehr innere Erfahrungen beschrieben werden. Diese neuen Erkenntnisse versetzten sie zeitweilig in Wut über die Institution Kirche – insbesondere darüber, dass in der Kirche nichts darüber gesagt wird, dass die Bibel von inneren Erfahrungen handelt. Sie war erzürnt darüber, dass die Gläubigen in der Meinung gelassen werden, solche Erfahrungen bleiben nur ganz bestimmten Menschen vorbehalten und dass keine Unterstützung geboten wird dabei, solche Erfahrungen im Alltag zu leben.

In ihrer zweiten Erfahrung wurden ihr auch Vorgänge der menschlichen Geburt bewusst erfahrbar, über die sie zuvor keine Kenntnisse hatte – z.B. dass das Neugeborene imstande ist nach der Geburt, die Muttermilch selber zu finden.

Eine wichtige Erkenntnis aus ihren Erfahrungen war das Bewusstwerden ihres eigenen Wertes und ihres eigenen inneren Reichtums. Sie erkannte ihre eigene Bedeutung für ihr Leben und die Verantwortung, die sie für ihre inneren Werthaltungen, Einstellungen trägt und dafür, wie sie mit Situationen in ihrem Leben umgeht.

Seit ihren spirituellen Erfahrungen weiss sie, dass es da etwas gibt, das „über den Körper hinausgeht" (266-267).

Patricia Patterson fasst zusammen, was für sie persönlich die wichtigste Essenz aus ihren Erfahrungen ist:

> Also mir Wert geben, also mich um meine Gefühle zu kümmern, an mich zu glauben, meiner Wahrnehmung zu vertrauen, meinen Qualitäten, also zu wissen, das ist in mir und nicht zu meinen, ich müsse das in anderen suchen. Also das ist wahrscheinlich das Allerwichtigste, was ich von dem Ganzen mitnehmen konnte. (419-423)

Vieles aus ihren spirituellen Erfahrungen ist für sie zur Gewissheit geworden und nichts Besonderes mehr.

8.1.4   Hilfreiches für die Integration: „Trust your body" (396)

Patricia Pattersons spirituelle Erfahrungen traten für sie völlig unerwartet auf. Sie hatte damals keine Erklärung für das, was sie erlebt hatte. Gerne hätte sie damals Informationen darüber gehabt, um ihr Erleben einzuordnen und zu verstehen. Sie hätte ihre Erfahrungen gerne jemandem mitgeteilt, mit dem sie sich darüber hätte austauschen können, der ihr eine Antwort auf ihre Fragen hätte geben können und der ihr gesagt hätte, dass solche Erfahrungen jedem Menschen möglich sind. Ihr mangelndes Vorwissen war für sie die grösste Schwierigkeit im Umgang mit ihrem Erfahrungen. Andererseits konnte sie sich auch gerade aus diesem Grund vorbehaltlos und urteilsfrei auf ihr eigenes Erleben einlassen, ohne dass sie dabei „Kopfwissen" oder Interpretationen behinderten.

Die Suche nach jemandem, der ihr in diesen Erfahrungen hätte ein Gegenüber sein können, verlief sehr unbefriedigend. So begegnete ihr der damalige Psychotherapeut ihr nach ihrer ersten Erfahrung mit grosser Skepsis, er stellte ihre eigene Interpretation der unwillkürlich entstandenen Zeichnungen in Frage und beschwichtigte sie in der Intensität ihres Erlebens. Patricia Patterson merkte, dass diese Haltung ihren Erfahrungen gegenüber für sie nicht stimmig war, sie blieb sich und ihrer Wahrnehmung treu und entschied sich, die Therapie zu beenden: „Und ich fand: Nein. Und ich spürte eine solche Power[74] in mir, dass ich merkte, er kann dem auch nichts entgegensetzen. Und ich merkte dann auch, ich kann nicht mit ihm weiterarbeiten" (161-164).

Auch als sie zu einem späteren Zeitpunkt zu einer Probesitzung bei einer Körpertherapeutin war und merkte, dass ihr Körper während der Behandlung „zumachte",

---

[74] In den Zitaten werden Textstellen unterstrichen wiedergegeben, die von der Interviewpartnerin im Gespräch besonders betont wurden (vgl. dazu Tabelle 5 mit den Transkriptionsregeln in Kapitel 7.3.3).

nahm sie diese Körperreaktion ernst und entschied sich gegen diese therapeutische Begleitung.

Aus Mangel an Menschen, die ihre Erfahrungen nachvollziehen konnten, begann sie schliesslich, nach Literatur zu suchen, in der sie eine Bestätigung für ihr Erleben finden konnte: „Was mich über Wasser gehalten hat, waren Bücher" (170-171). So stiess sie in einer Buchhandlung auf das erste Buch von Gerda Boyesen (Boyesen, 1987) und auf David Boadellas Buch „Befreite Lebensenergie" (Boadella, 1991). Als sie darin zu lesen begann, hatte sie „das Gefühl, (…) da hat mein Erlebnis Platz (…). Und habe mich dann über diese Bücher erden können" (180-183). Auch andere Literatur war für sie hilfreich, um ihr Erleben einordnen und verstehen zu können so z.B. Bücher über Yoga, Zen-Buddhismus und Literatur von Stanislav Grof (Grof, 1987; Grof & Grof, 1990). Nach der zweiten Erfahrung wurden auch Texte von Krishnamurti für sie wichtig, in denen sie Ähnlichkeiten mit ihrem Erleben fand: „Ich finde ihn [Krishnamurti] zwar ein wenig streng – aber er spricht von einer ähnlichen Ebene, von was ich jetzt erlebe – von einem ähnlichen Ort her, wo ich jetzt Kontakt habe" (409-411).

Hilfreich war für Patricia Patterson ein Gespräch mit einer Person, die ähnliche Phänomene aus eigener Erfahrung kannte und ihr bei ihrer Erzählung neutral zuhörte.

Nach einiger Zeit war sie bei einer Sitzung am Gerda Boyesen-Institut. Die Therapeutin hörte ihr ganz ruhig zu und bestätigte ihr, dass es sich bei ihren körperlichen Wahrnehmungen (z.B. den Vibrationen) um Kundalini-Phänomene handelt. Während der biodynamischen Behandlung wurden diese Phänomene stärker, was zunächst Angst auslöste. Als sich Patricia Pattersons körperliche Phänomene nach dieser Sitzung weiter verstärkten, sagte die Therapeutin, sie solle ihrem Körper einfach vertrauen. Diese Ermutigung war für sie sehr hilfreich und liess sie auch mit einer grossen Selbstverständlichkeit mit dem unwillkürlichen Auftreten bestimmter Körperpositionen umgehen, die z.B. nach dem morgendlichen Erwachen auftauchten.

Patricia Patterson hatte von Anfang an in sich eine grosse Gewissheit, dass etwas Wichtiges mit ihr geschah, und sie vertraute ihren Wahrnehmungen: „Ich war einfach so klar, dass es nicht durch etwas Schlimmes ausgelöst wurde beide Male, sondern durch Erkenntnisse, die sehr wichtig waren für mein Leben" (417-419).

Sie nahm sich während Jahren in ihrer Freizeit viel Zeit, um einfach wahrzunehmen, was ist: Sie legte sich hin und beobachtete ihre Körperwahrnehmungen, ohne zu urteilen. Sie konnte auch in Alltagssituationen mit klarem Geist beobachten, was in ihr geschah. So nahm sie z.B. sehr differenziert wahr, wie ihre Gedankengänge einen Einfluss auf unmittelbare Bewegungen ihres Darmes haben. Oder sie beobachtete ihre Gefühle und Körperwahrnehmungen im zwischenmenschlichen Kontakt und dass sie durch Verändern ihrer Körperhaltung ihre eigene Reaktion auf Aussagen anderer Menschen positiv beeinflussen kann. In ihren Beobachtungen gab sie sich die ausdrückliche Erlaubnis, keinen Erfahrungsbereich auszuschliessen – so liess sie etwa zu, dass sie ihre Emotionen ganz wahrnehmen darf (ohne sie ausagieren zu müssen) und dass es auch Zeiten gibt, in denen sie mit die Essenz ihrer spirituellen Erfahrungen überhaupt nicht spürt.

8.2 Adam Apfelbaum : Therapiesitzungen und spirituelle Erfahrung sind „Hand in Hand gegangen" (1442-1443)

Adam Apfelbaum (51) hat ein Geschäft auf einem Markt und arbeitet heute auch als Assistent in einer körperpsychotherapeutischen Ausbildung. Er ist dabei, eine eigene Praxis aufzubauen. Er ist verheiratet und lebt mit seiner Frau in einer Stadt in Deutschland.

8.2.1 Spirituelle Erfahrungen: „Eine tiefe, tiefe Geborgenheit (…), ein Schmelzen" (989, 1007)

Adam Apfelbaum wuchs jüdisch auf. Seine Eltern waren dem Holocaust entkommen und hatten die meisten Familienmitglieder durch den Holocaust verloren. Religiosität wurde in seiner Familie nicht in einem engen Rahmen gelebt. Dennoch war „das wesentliche Gefühl (…) religiös" (112). Es war klar, „es gibt Gott, es gibt ein Wesen" (113), aber Adam Apfelbaum war „nicht in irgendwelcher Form indoktriniert, daran zu glauben" (114).

Adam Apfelbaums zentrale spirituelle Erfahrung trat vor 5 Jahren auf während einer therapeutischen Selbsterfahrungsarbeit in seiner körperpsychotherapeutischen Ausbildungsgruppe. Er war seit einiger Zeit getrennt von seiner Ex-Frau und empfand noch viel Wut auf sie. In der Trennungszeit hatte er sich psychotherapeutische Unterstützung geholt. Zu seiner heutigen Frau hatte er schon damals eine sehr gute, stabile, angenehme und unterstützende Beziehung und einen guten Kontakt zu ihren Kindern.

Emotional war er so etwas wie eine „Zeitbombe" (774): Er beschäftigte sich schon längere Zeit obsessiv mit Nachkriegsjustiz und den Ungerechtigkeiten, die in diesem Zusammenhang geschehen waren. Es war ihm damals klar, dass seine intensive Auseinandersetzung mit diesem Thema Suchtcharakter hatte und für ihn nicht gesund war.

Er begann eine Ausbildung in einer körperpsychotherapeutischen Richtung. Zu Beginn stand er der Ausbildungsgruppe mit grosser Skepsis gegenüber und fürchtete auf Grund einer früheren Gruppenerfahrung in Deutschland, dass das Thema des Holocaust, das in seinem Leben zentral war, negative Reaktionen von Seiten der Gruppenteilnehmer auslösen könnte. Mit den Gruppenleitern hatte er einige Auseinandersetzungen gehabt und nach der ersten Ausbildungswoche den Entschluss gefasst, diesen Kampf beizulegen und einen verständnisvolleren Umgang mit ihnen zu pflegen. In der zweiten Kurswoche, in deren Verlauf seine spirituelle Erfahrung auftrat, war er noch mit einem sehr angespannten Grundgefühl im Ausbildungstraining und hatte auch Gewaltphantasien, die damals Teil seines psychologischen Denkmusters waren.

Seiner spirituellen Erfahrung gingen zwei Selbsterfahrungssitzungen voraus. In der einen ging es um eine Arbeit mit der Beziehung zu seiner Mutter. Nach dieser Sitzung erlebte er grenzüberschreitende Bemerkungen von anderen Gruppenmitgliedern zu seiner Selbsterfahrung, und es entstand eine heftige Auseinandersetzung. Die Atmosphäre war für ihn – wie in der erwähnten früheren Gruppe – „vergiftet" (883). In einer nachträglichen Selbsterfahrungssitzung mit einem der Gruppenleiter entdeckte er eine kleine Handbewegung, die ihn an Qualitäten seines Vaters erinnerte und die für ihn Beruhigung ausdrückte. Diese Handbewegung stellte eine zentrale Ressource für ihn dar.

Die spirituelle Erfahrung fand dann in einer dritten Selbsterfahrungssitzung statt. Er beschreibt, dass seine therapeutische Begleiterin für ihn sehr wichtig war, weil er ihr vertraute, und das ihm die Basis gab, sich zu entspannen. Die Therapeutin (auch eine Teilnehmerin der Ausbildungsgruppe) hatte zuvor etwas geäussert, was ihn tief berührte und wo er sich in einem für ihn sehr schwierigen Thema sehr verstanden und ernst genommen fühlte. „Dass mich ernsthaft jemand hört" (1205-1206) war für ihn sehr heilsam. Die „spirituelle Präsenz" (916) und die „ruhige, zärtliche Art" (917) seiner begleitenden Therapeutin haben ihm die Möglichkeit zu einem Selbstkontakt gegeben, wo er sich nicht unter Druck fühlte, irgendetwas erklären zu müssen. Zu Beginn dieser Selbsterfahrungssitzung hatte er ein Erlebnis, das für ihn sehr peinlich, aber schliesslich trotzdem stimmig war, weil es im therapeutischen Kontakt überwunden wurde.

Zu Beginn der Selbsterfahrung erlebte er für ihn physisch spürbar einen Bogen zwischen dem Unterbauch und der Stirne, ohne je eine Vorerfahrung ähnlicher Art gemacht zu haben. Seine anschliessende spirituelle Erfahrung schildert er wie folgt:

> (…) ich hatte ein Gefühl… ich war schon in einem Stadium… wo mir etwas sehr Besonderes passiert, aber es war noch nicht der Höhepunkt von dem, was später kam, aber ein Stadium von… eine Form von Erfahrung, dass ich mich sehr dankbar fühle – einfach dankbar… und dieses Gefühl hat mich irgendwie dazu gebracht, mich zu beugen… für mich war das… Beugung als eine Form von… ich weiss nicht… von… Demut… einfach Demut… (…). Das war ein Gefühl, dass ich dankbar bin… in Demut beuge ich mich… also ich weiss nicht, ob das dann war oder kurz danach… kam ich mit der Stirne auf den Boden. Und ich hatte ein Gefühl von Verbundenheit… mit der Erde… und zwar in so einer Form. (…) Das Gefühl… ich habe noch nie in meinem Leben das Gefühl… es ist nicht behutsam… es ist ein anderes Wort… es war auch nicht ein Gefühl von Ankommen oder so.. auch nicht ein Gefühl von Sehnsucht und plötzlich habe ich es gefunden oder so was… aber… Geborgenheit… eine tiefe, tiefe Geborgenheit… Ich habe noch nie in meinem Leben mit allem, was meine Mutter mir gegeben hat – und das war viel Geborgenheit, was mir meine Mutter gegeben hatte in ihrer Art… Das war richtig Geborgenheit, im Kosmos zu sein. (970-992)

> Es war einfach eine tiefe Verbundenheit mit der Erde… Und Geborgenheit, wie ich sie nie in meinem Leben – nicht davor und nicht danach – gespürt habe. Also eine… Berührung… ja, eine Berührung… dafür gibt es eigentlich ein Wort… ein Schmelzen… ich war einfach Teil dieser Erde und trotzdem… Adam geblieben - trotzdem eine Person. Es war mir klar, wie ich weiss nicht was, dass..: Ich hatte überhaupt keine Angst vor dem Tod. Es ist sogar etwas Schönes. (1004-1011)

> Das war für mich die tiefste Begegnung in irgendeiner Form. (1024-1025)

> Ich habe das einfach als Gotteserfahrung genommen. Das ist auch eine Gotteserfahrung – nur habe ich mich gar nicht an Gott gewendet gehabt in diesem Moment. Aber Teil von Gott war diese Erfahrung.. Dieser Erdball.. dieser.. ich kann das nicht.. einfach nicht beschreiben. Einfach dieses Gefühl von.. Das Wesentliche aber in Allem war diese Geborgenheit. Ein… ein… ein unbeschreibliches Geschenk.. einfach von Dankbarkeit, von Tiefe. (1031-1037)

Adam Apfelbaum war nach dieser Erfahrung sehr tief bewegt, Tränen strömten über sein Gesicht.

8.2.2 Schwierigkeiten: „Es ist eine Sehnsucht geworden, das wieder zu erleben" (1167-1168)

Für Adam Apfelbaum war diese Erfahrung das „Grossartigste, was ich je erlebt habe" (1280). Die unbeschreibliche „Süsse" (1166) der Erfahrung wurde zu einer tiefen Sehnsucht, das wieder zu erleben. Unter dem massiven Eindruck dieser Erfahrung versuchte er danach einige Male in Selbsterfahrungssitzungen, die Erfahrung zu wiederholen – ohne Erfolg:

> Und diese Sehnsucht hat mich manchmal von guten Meditationen oder guten Tänzen [Formen der Selbsterfahrungsarbeit] abgehalten. Ich glaube, ich habe danach drei Mal oder zwei Mal danach sicherlich – immer mich im Tanz gebeugt in diese Position, um das zu erfahren. Aber ich habe überhaupt nichts erfahren davon. Überhaupt nichts. Im Gegenteil. Einmal habe ich mich so geärgert, weil ich war in einem sehr.. in Rückenlage war ich.. in einem Tanz. Ich war sehr gut verbunden. Und ich habe gedacht, ja, jetzt ist die Möglichkeit, die Gelegenheit – ich bin gut verbunden. Dreh dich um. Tja, der Tanz war weg und futsch. Ich habe einen ziemlich ekligen Boden gespürt (...) Also das hat nicht die Erfahrung in ihrer Einzigartigkeit reduziert oder ihre Qualität, wenn ich sie nicht wiederholen konnte. Aber … der Eindruck dieser Erfahrung auf mich war so massiv …, dass ich einfach den tiefen Wunsch hatte, das wieder zu erleben. (1166-1181)

Die Einsicht darin, dass er die Erfahrung nicht wieder haben konnte, führte schliesslich auch dazu, dass er aufhörte, nach dieser spezifischen Erfahrung weiterhin zu suchen.

Die Tiefe des Eindrucks der spirituellen Erfahrung war für Adam Apfelbaum während einiger Zeit noch stark spürbar und verringerte sich dann allmählich. Wo er unmittelbar nach seiner Erfahrung regelmässig zu meditieren begann, verlagerten sich seine Prioritäten und seine Motivation durch dieses Verblassen, und er meditierte unregelmässiger. Frühere Verhaltensmuster traten teilweise wieder auf, wenn auch in geringerem Ausmass. Auch seine dadurch wieder auftretende „Faulheit" (1458) und seine „Unentschlossenheit" (1459) sowie seine Tendenz, Meditation auf später zu verschieben, führten dazu, dass seine spirituelle Praxis unregelmässiger wurde.

8.2.3 Folgen: „Ausgeglichener, (…) viel mehr in Ruhe" (1415)

Unmittelbar nach seiner spirituellen Erfahrung stand er sehr stark unter dem Einfluss dieses Erlebens. Er brauchte Zeit für sich und für einen unmittelbaren Austausch mit seiner begleitenden Therapeutin. Während dieses Austausches erlebte er ein tiefes Gefühl von Wahrheit und einer Wahrnehmung, wie wenn keine Schichten mehr dazwischen sind. Er beschreibt ein Gefühl, mit der Wurzel der Dinge in Kontakt zu sein: „Das war hier nicht nur das Gefühl, dass ich von der Wurzel der Dinge her spreche, ich hatte das Gefühl, dass ich mit dieser Wurzel in Kontakt bin" (1082-1083). In dieser Zeit begleitete ihn ein Gefühl, im Ursprung mit anderen Menschen tief verbunden zu sein. Wo er während seiner spirituellen Erfahrung und unmittelbar danach sehr tief berührt war und Tränen hatte, folgte darauf eine Phase, in der er einfach wahrnehmend war und Dinge sah, die zur Welt gehörten, die er aber vorher nicht gesehen hatte. Seine Wahrnehmung veränderte und erweiterte sich: Er sah eine geometrische Blume von milchigem Weiss in seinem Herzbereich, die für ihn so real war wie alles andere auf der Welt. Sein Kopf und sein Denken waren in diesem Moment überhaupt nicht aktiv.

Nachträglich denkt er, dass er damals durch „irgendwelche Schichten durchgegangen" (1312-1313) war und es „einfach keine Schichten" (1313) mehr gab. Diese Schichten waren weg und alles war „undifferenziert" (1314) – es gab keinen Unterschied mehr zwischen dem Kern der Welt und seinem eigenen Kern. „Es ist alles eins. Alles, alles eins" (1317).

In diesem Zustand von Bewusstseinserweiterung sprach er das Wort Liebe aus und sah mit einer Art inneren Augen Liebe in Form von Schwingungen.

In den Tagen nach seiner spirituellen Erfahrung war seine Veränderung für andere Menschen deutlich sicht- und spürbar, und er bekam entsprechende Rückmeldungen. Er sprach aber nur mit einzelnen, ihm sehr nahestehenden Menschen darüber.

Für Adam Apfelbaum war die spirituelle Erfahrung eine „Wende" (1038) in seinem Leben: Sein Umgang mit sich selber und mit der Welt hat sich dadurch völlig verändert. Die Erfahrung „erlaubte eine Veränderung in meinem Muster. Also diese tiefe, starke Erfahrung" (1042-1043). Er schildert ein Beispiel seines früheren psychologischen Musters und wie die Erfahrung ihn verändert hatte:

> Wenn ich in der Werkstatt um 5 Euro betrogen wurde, hatte ich das Gefühl – das Gefühl, ich hätte das nicht gemacht. Ich hatte das Gefühl, ich könnte ein Messer nehmen und diese Person töten, was.. in meinem eigenen Bild schrecklich war – aber gefühlsmässig war das so (…). Und das hatte ich nicht mehr. Ich hatte das einfach nicht mehr. Ich hatte dieses Explosionsartig-Sein nicht mehr gehabt. Und das war – das war seit dem Tag danach. (1254-1261)

> Das war für mich eine Deeskalation von einem psychopathischen Zustand zu einem normalen, im Prinzip. In dem Sinne hat es sich natürlich wesentlich verändert. (1265-1267)

Seither fühlt er sich in einem ganz anderen Friedenszustand mit sich selber. Sein Leben ist anders geworden. Wo er früher auf Rache fokussiert war und sich explosiv fühlte, war und ist er heute noch viel ruhiger und spürt einen inneren Frieden: „Und dieser Frieden (…) hat mich einfach beherrscht" (1224-1225).

Nach dieser Erfahrung veränderte er die Prioritäten in seinem Tagesablauf und begann regelmässig zu meditieren – eine Stunde pro Tag. Er begann wieder zu beten und ging wieder in die Synagoge, wo er heute ein aktives Mitglied der Gemeinde ist.

Meditation und Gebet verstärkten seine feinstoffliche Wahrnehmung, die mit dem Gefühl einherging, eine Lampe auf der Stirne zu haben – der Stelle, mit der er in der spirituellen Erfahrung den Boden berührt hatte. Wenn er nur schon an Meditation dachte, spürte er diese Stelle physisch ganz deutlich und empfand sie wie einen Leuchtturm. In der ersten Zeit bekam er dadurch eine grosse Klarheit und war in einem solchen Frieden, dass man neben ihm hätte eine „Atombombe" (1289) zünden können und er hätte sich deswegen nicht aufgeregt.

> Ich war in einer Ruhe wie… alles ist gleichgültig. Aber gleichgültig auf einer positiven Ebene – tatsächlich gleich. Du konntest neben mir eine Atombombe werfen und das hätte mich emotional nicht aufgeregt – okay, dann ist es halt eine Atombombe. Eine Ruhe auf einer Ebene, dass wenn Du immer so lebst, dann ist das Leben komplett anders, aber komplett anders. (1287-1292)

Vieles, was auf der Erde passiert, hat seither für ihn an Gewicht verloren – auch wenn Ungerechtigkeiten geschehen, muss er sich nicht mehr so obsessiv und suchtartig damit beschäftigen. Wo früher Vieles für ihn gedanklich klar war, er es aber gefühlsmässig nicht umsetzen konnte, erlebt er seither Ungerechtigkeiten auch auf der Gefühlsebene anders und kann gelassener damit umgehen.

Der starke Effekt der Erfahrung ist mit der Zeit verblasst. Heute ärgert er sich hin und wieder über etwas, ist aber nicht mehr explosiv. Er ist nachhaltig ruhiger und ausgeglichener.

In zwischenmenschlichen Beziehungen hat die Erfahrung dazu geführt, dass er achtsamer ist sich selbst gegenüber. Er richtet sich weniger nach aussen und auf andere aus und hat das Gefühl, seit seiner spirituellen Erfahrung irgendwie „erwachsener" (749) geworden zu sein.

Die Erfahrung ist für ihn mehr als eine Ressource in seinem Leben – sie ist Teil seines Wesens geworden. Noch heute empfindet er eine tiefe Demut und Dankbarkeit dafür, dass er das erleben durfte. Für ihn ist seine spirituelle Erfahrung ein „riesiges Geschenk" (1404), das er „gegen nichts anderes eintauschen" (1274) würde.

8.2.4 Hilfreiches für die Integration: „Wenn Du irgendwo die innere Freiheit hast, geschehen zu lassen und nicht zu planen" (1185-1186)

Die spirituelle Erfahrung war eingebettet in eine psychotherapeutische Arbeit. Selbsterfahrung fand sowohl vor der Erfahrung als auch danach noch über mehrere Jahre statt. Adam Apfelbaum schildert, wie spirituelle Erfahrung und psychotherapeutische Arbeit „Hand in Hand" (1442-1443) gingen und sich gegenseitig unterstützten.

Unmittelbar nach der Erfahrung war es für Adam Apfelbaum ganz wichtig, seinem Erleben über Malen Ausdruck zu geben und der begleitenden Therapeutin seine Erfahrung zu schildern. Er sprach nur mit sehr wenigen Menschen über sein Erleben und fand es dabei sehr schwierig, Worte dafür zu finden, weil es für ihn nichts gab, was mit dieser Erfahrung vergleichbar war. Im Kontakt mit den eng Vertrauten, denen er von der Erfahrung erzählte, fühlte er sich verstanden und wahrgenommen.

Seine starke Sehnsucht, die Erfahrung wieder zu erleben, begleitete ihn einige Zeit, hinderte ihn in einigen Situationen an seinem natürlichen Selbstkontakt und verunmöglichte andere, positive Erfahrungen. Hilfreich dabei, sich von diesem Wiederholungswunsch zu lösen, war für ihn, dass es ihm sehr unangenehm bewusst wurde, dass er die Erfahrung nicht wiederholen kann. Er merkte, dass es für eine solche Erfahrung Spontaneität braucht und sie sich nicht erzwingen lässt. Ärger und Enttäuschung bei seinen erfolglosen Versuchen waren für ihn Hinweise, von diesem Bestreben abzulassen. Er merkte, je mehr er der Erfahrung hinterher rennt, desto weniger würde er sie bekommen. Mittlerweile weiss er aus Erfahrung, dass tiefe Erfahrungen unerwartet kommen und Geschehenlassen dabei zentral ist.

8.3 Werner Wagner: „Ins Grab liegen" (753)

Werner Wagner (56) arbeitet als Psychologe. Er lebt mit seiner Partnerin in einem Haus in einer Stadt.

8.3.1 Spirituelle Erfahrungen: „Ich habe mir zugeschaut von aussen, wie ich tot bin und wie ich zerfalle" (549-550)

Werner Wagner wuchs reformiert auf. Lachend sagt er „Wenn ich irgendwo in meinem Leben etwas Unproblematisches habe, dann ist es bezüglich Religiosität" (887-888). Religion und Religiosität habe ihm „nie wirklich etwas bedeutet" (891). Nach seiner Konfirmation sei er dann auch nie in die Kirche gegangen. „Ich habe es mehr mit der Natur gehabt" (896-897). Tiere und Bäume waren für ihn der „Inbegriff für Inspirationen" (899-900).

Werner Wagners erste spirituelle Erfahrung liegt etwa 30 Jahre zurück. Damals studierte er Psychologie, lebte alleine und war in einer sehr schwierigen Lebensphase. Er hatte Kontaktschwierigkeiten, war im Studienkollegium nicht integriert, fragte sich nach dem Sinn in seinem Tun und fühlte sich selber irgendwie krank: Er litt unter einer starken Deprimiertheit, mangelndem Selbstwertgefühl, rauchte und trank. Er stand unter Druck, eine wichtige Prüfung abzulegen in seinem Studium und hatte das Gefühl, diese sowieso nicht zu schaffen. In dieser düsteren Lebenssituation besuchte er einen Vortrag von Karlfried Graf Dürckheim. Er hat an den Vortrag weder positive noch negative Erinnerungen, hat sich das einfach angehört und ist dann nach Hause gegangen:

> Dann träumte ich zu Hause Ausschnitte aus seiner [Dürckheims] Lebensgeschichte. Ich hatte <u>nichts</u> von ihm gewusst. Ich träumte Ausschnitte aus seiner Lebensgeschichte, die stimmten – ich habe das nachher nachgeschaut. Also wie wenn etwas von seiner Lebensgeschichte bei mir rübergekommen wäre. Ich weiss nicht mehr genau, was das war, aber sehr, sehr eindrücklich. Er stand so wie als Person ganz plastisch da, nicht mehr unbedingt, was er damals gesagt hatte, sondern einfach seine Biografie. Und dann erwachte ich am Morgen und war schlagartig.. ich merkte: Ich bin irgendwie völlig anders. Ich hatte eine <u>völlig</u> andere Stimmung. Heitere Grundstimmung, optimistische Grundstimmung – also komplett anders als einen Tag vorher. Und rauchte dann an diesem Tag nicht mehr. Ich hatte plötzlich wieder das Gefühl, ich sehe eine Zukunft, wie wenn eine Nebelwolke sich irgendwie gelichtet hätte. Und dann kann ich mich nur noch erinnern.. drei Monate dauerte das. Das war irgendwie so im August oder im September, als dieser Vortrag gewesen war, und das ging dann so bis Ende Jahr. Und ich hatte ein.. absolutes Hoch in diesen 3 Monaten und schaffte problemlos diese Prüfung, hatte plötzlich wieder Selbstvertrauen, ich nahm Kontakt auf mit den Leuten. Das war wie.. Ich spürte einfach Klarheit. Ich hatte einfach wieder so das Gefühl, es hat alles wieder einen Sinn. Ich holte unheimlich viel auf in dieser Zeit, und es war für mich ein Rätsel, weil ich das Gefühl hatte (…) [diese Prüfung]: Das schaffe ich nie. Das war wie.. es fiel mir wie etwas zu. Ich konnte mich wieder hinsetzen, ich konnte lesen, ich konnte studieren.. Also das war ganz speziell. Und nach drei Monaten fiel es dann wieder zusammen. (70-94)

20 Jahre später begann er in einer Phase mit einer ähnlichen Aussichtslosigkeit, Verzweiflung und depressiver Stimmung eine Körperpsychotherapie. Damals hatte er das Gefühl gehabt, sein „Leben ist gelaufen" (230) – „nicht dramatisch" (231), aber wie ein „langsames, inneres Absterben" (231). Er hatte dann plötzlich die Idee, er könnte eine Einführung in Zen-Meditation machen. Nach drei Tagen Einführung hatte er das Gefühl, „es ging so wie auf. Ich hatte das Gefühl: Das ist es jetzt. Also eine ganz starke Öffnung. Sehr wohltuend. Also eine ganz starke Öffnung" (237-239).

Er begann dann intensiv zu meditieren. Während der vier jährlichen Sesshins (vgl. Fussnote 23, S. 121), die er besuchte, machte er verschiedene spirituelle Erfahrungen wie z.B. die folgende Erfahrung mit einer Fliege:

> Es gab schon zum Beispiel so Momente.. Also ich schaute einmal beim Mittagessen einer Fliege zu während dem Meditieren und nahm dann… plötzlich… eine ganz andere Qualität dieser Fliege wahr als sonst… (470-473)

(…) eben ich beobachtete, wie diese Fliege sich putzte. Das war irgendwie unbeschreiblich. Ein Glücksgefühl. Ein ganz momentanes Glücksgefühl, wie diese Fliege sich putzt. Und sonst sagt man, die Fliege putzt sich, oder. Und seither könnte ich keine Fliege töten. Also mir gibt's etwas, wenn jemand eine Fliege tötet. Das ist so ein Wunderding, eine solche Fliege, wenn man es aus dieser Sicht anschaut. Es bekommt wie eine Qualität. Und… Ja. (…) also auch das Thema angenehm – unangenehm, schön – nicht schön ist weg. Es ist eine andere Qualität. (490-498)

Eine für ihn sehr wichtige spirituelle Erfahrung tauchte dann vor etwa 6 Jahren auf. Er nahm an einer einwöchigen Männergruppe zum Thema Tod teil. Bereits im Voraus ahnte er, dass sie einmal in einem Ritual begraben würden. Diese Vorstellung machte ihm grosse Angst und er hatte „totale Panik vor dieser Vorstellung" (517-518): „Und ich hatte das Gefühl, ich gehe drauf, ich halte das nicht aus, ich raste aus, da laufe ich Amok" (518-520). In einer Zweierarbeit musste sich dann der eine in ein vorbereitetes Grab legen und der andere las ein Begräbnisritual und die vorher individuell vorbereitete Sterbensurkunde vor. Die Vorbereitungen für dieses Ritual empfand er als „hochintensiv" (528), und es war für ihn eine „ganz eigenartige Stimmung dort" (539). „Und ich hatte wirklich das Gefühl, jetzt sterbe ich" (535). Trotz dieser intensiven Gefühle entschied er sich, das Ritual mitzumachen: „Ich habe wie gewusst, das muss jetzt irgendwie sein" (543-544). Noch als er im Grab drin lag, hatte er das Gefühl, er flippe aus, doch dann kam es anders:

Und dann lag ich dort drin und kam innert kürzester Zeit in eine totale Ruhe rein. Und.. schaute mir zu. Ich war tot und schaute mir zu. Ich schaute mir zu von aussen, wie ich tot bin und wie ich zerfalle. Ich spürte, wie ich zum Skelett werde, und am Schluss spaltete sich der Kopf.. teilte sich so. Und kam irgendwie noch ein.. irgendein Tier. Es war irgendein Rabe oder Adler, der irgendetwas nahm. Also der irgendetwas nahm, ich weiss nicht was. Der kam zu mir ins Grab, flog wieder auf und flog, flog, flog, flog und hatte etwas im Schnabel und ich wusste nicht, was das war. Und trug das dann rüber an einen Felsen und legte.. es wie ab an diesem Felsen. Und ich verlor <u>absolut</u> das Zeitgefühl. Das dauerte offenbar dann 4 oder 5 Stunden. Ich verlor <u>absolut</u> das Zeitgefühl. Offenbar schwatzten die anderen dann rundherum miteinander und hatten es lustig und hatten das Gefühl, das sei jetzt eine wunderbare Pfadfinder-Übung gewesen. Ich hörte nichts. Und ich beobachtete mich einfach. Ich schaute mir einfach, wie ich zerfalle. Und… das war weder.. also am Anfang hatte ich gefroren. Aber hatte ich weder gefroren noch geschwitzt, noch war es angenehm noch war es unangenehm, also das waren irgendwelche Dimensionen jenseits von Gefühlen und Stimmungen. Das war wie irgendetwas anderes… Es war auch weder eindrücklich noch nicht-eindrücklich, weder spannend noch nicht-spannend. Sondern er <u>war</u> einfach. Und <u>völlig</u> das Zeitgefühl verloren. Und dann irgendwann einmal ist dann der Moment gekommen.. das war noch eigenartig: Ich war dann so als Skelett. Ich schaute mir dann als Skelett zu. Und dann langsam setzte sich dieses Skelett wieder wie zusammen. Es kam wieder Fleisch dran an dieses Skelett. Und dann.. tauchte ich dann ein wenig auf aus dieser Tiefe. (…) das <u>vitalisierte</u> mich <u>unglaublich</u>. Den Tod zu erleben ist die beste Form von.. von Vitalisiert-Werden. Ich habe mir dann später einmal sagen lassen, dass es viele Schamanen gibt, die ein Skelett angehängt haben. (546-583)

8.3.2 Schwierigkeiten: „Das Nicht-Loslassen-Wollen" (768)

Werner Wagners erste spirituelle Erfahrung tauchte völlig unvorbereitet auf und kam aus „heiterhellem Himmel" (311). Während drei Monaten befand er sich in einem Zustand, den er als „Flash" umschreibt (103; 146; 367; 452). Dann merkte er, dass die Wirkung allmählich nachliess und konnte nichts dagegen tun: „Also ich war dem ausgeliefert" (177-178). Für ihn war es ein Gefühl wie: „Also das war es jetzt gewesen, dieses Licht. Jetzt kommt der Schatten wieder" (178-179). Es war für ihn schwierig, dass er dabei nichts steuern konnte. Diesem „Eintrüben" (325) einfach nur zuschauen zu können, war für ihn sehr schwierig. Er hätte sich damals Unterstützung darin gewünscht, wie er die Veränderungen hätte halten können, die damals in seinem Leben passiert sind.

In bestimmten Momenten in seinem Leben knüpfte er an seine Sterbeerfahrung an, indem er sich einen Ort in seinem Haus suchte, wo er sich „ins Grab" (753) legen konnte. Manchmal gab es dabei Situationen, wo er wusste, dass ein Anknüpfen an sein Erleben sehr hilfreich wäre und es ihm Schwierigkeiten bereitete, so weit loszulassen, dass eine Verbindung zur Erfahrung möglich wurde:

> Also es gab Momente, wo ich wusste, jetzt muss ich ins Grab – jetzt habe ich irgendwie keine anderen Möglichkeiten mehr. Das gibt es immer wieder. Und das Nicht-Loslassen-Wollen. Also das… ähm.. also mich jetzt committen mit dem, ins Grab zu gehen – das war immer sehr schwierig. (766-770)

> Aber vorher der Kampf.. auch zu wissen, jetzt muss ich mich ins Grab legen, mich dort einlassen. Das ist schwierig… (790-791)

Wenn er den Einstieg schafft in diese Sterbeübung, sind es aber immer sehr gute Erfahrungen, in denen er eine tiefe Klärung und eine enorme Vitalisierung erlebt.

8.3.3 Folgen: „Weniger ausgerichtet (…) auf Leistung, Arbeiten, Erfolg haben, Geld verdienen, Prestige" (737-738)

Nach der ersten Erfahrung fühlte er sich schlagartig verändert und hatte ein „absolutes Hoch" (85). Er begann damals, über Dürckheim nachzulesen und Zen-Übungen zu machen, was ihm sehr gut getan habe.

Die Veränderungen, die durch die erste Erfahrung entstanden waren, dauerten drei Monate an, danach waren sie weg und wirkten auch nicht weiter nach. Erst als er 20 Jahre später einen Einführungskurs in Zen-Meditation (Zazen) machte und ihm das sehr gut tat, erinnerte er sich an die Erlebnisse von damals. Dieser Einführungskurs in Zen mit dem Erlebnis einer sehr starken Öffnung veränderte viel in seinem Leben. Er begann, intensiv zu meditieren und nahm jährlich an mehreren Sesshins teil. Er wurde Zen-Schüler und praktizierte während fast 10 Jahren unter einem Lehrer. Heute übt er seine spirituelle Praxis überwiegend alleine.

Nach den Erfahrungen, die mit seiner Zen-Praxis verbunden waren, veränderte er sich beruflich grundlegend und ist seither sehr erfolgreich. Er lernte seine jetzige Partnerin kennen und kaufte ein Haus. Sein Leben veränderte sich für ihn sehr zufriedenstellend, und er merkt, wie er sich in einer ganz anderen Grundstimmung fühlt.

Die erste spirituelle Erfahrung und die Erfahrungen, die aus dem Zazen entstanden, hatten ähnliche Folgen: Bei beiden hatte er das Gefühl einer Öffnung, er sah wieder einen Sinn in seinem Leben, er konnte wieder eine Zukunft für sich erkennen, erlebte ein Gefühl des eigenen Fähigseins und Erfolgs und sein Selbstwertgefühl verändderte sich grundlegend.

Seine spirituellen Erfahrungen durch Zazen und sein Erleben des eigenen Sterbens wirken heute noch nach. Die Erfahrung des eigenen Todes habe dazu geführt, dass sich seine Lebensprioritäten verschoben haben:

> (…) dass ich mich weniger ausgerichtet habe auf Leistung, Arbeiten, Erfolg haben, Geld verdienen.. Prestige. Sondern ich habe mehr wieder angefangen mit (…) [einer kreativen Betätigung]. Also mehr Sachen gemacht für mich, die mich im Innersten auch.. beglücken. Nicht, wo ich das Gefühl habe, da habe ich Erfolg, da bin ich gut, die anderen finden ‚wow' und so. Sondern wirklich mehr Sachen wieder gemacht aus mir selbst heraus - unabhängig davon, wie das dann von aussen angeschaut wird. (737-744)

Seither erlebt er auch eine neue Sensibilität gegenüber Menschen und Tieren. Oft empfindet er ein „Berührtsein" (749), das er früher kaum kannte.

In seinem Alltag knüpft er immer wieder an seine Sterbeerfahrung an und praktiziert ein „ins Grab liegen" (753) als eine Form spiritueller Übung. Er sucht sich dazu einen Platz in seinem Haus – in der Regel immer denselben – legt sich auf den Boden, ohne Kissen und liegt bewegungslos da. Irgendwann verliert er dabei das Zeitgefühl und spürt wieder Leben in sich, das ihn sehr vitalisiert.

Dieses Anknüpfen an seine ursprüngliche spirituelle Erfahrung führt zu einer grossen Klärung und ermöglicht ihm einen starken Selbstkontakt:

> Ins Grab liegen.. gibt so wie eine Klärung der Grundstimmung, der Grundgefühle. Also ich merkte, wenn ich so in einer diffusen Stimmung bin und nicht recht weiss, bin ich jetzt wütend oder gekränkt oder verletzt oder bin ich traurig, dann so ins Grab liegen und dann in den Tod reingehen und dann klar wahrnehmen, wo ich jetzt bin und wer ich bin. Meine Gefühle wahrnehmen. Eine Art.. der Tod als eine Art Katalysator. (753-759)

In dieser Übung erlebt er eine noch tiefere Dimension als in der Meditation, manchmal praktiziert er sie anstelle einer Meditation. Es stellt sich dabei ein völliger Rückzug von der Aussenwelt ein, eine Leere. Und indem er diese Leere ganz erlebt, erfährt er eine grosse Fülle:

> (…) es konstelliert sich dann so eine Art Entreizung von aussen. Ich kopple mich dann immer mehr ab auch von aussen. Ich nehme nichts mehr wahr. (…) Es ist wie ein Mich-Entziehen von dieser realen Welt und von diesen Reizen. (615-624)

> Es ist nicht ein Abbrechen von Kontakt, es ist ein.. ein Zurückbesinnen auf.. aufs Nichts. Es ist wirklich ein Nichts. Diese Leere. Die dann unmittelbar.. wenn ich diese Leere unmittelbar erlebe, habe ich nachher eine unglaubliche Fülle. Aber ich muss wie.. es geht dann darum, mit der ganzen Konsequenz in diese Leere reinzugehen. Und das mache ich nicht mit dem Kopf. Das spüre ich einfach, es ist jetzt angezeigt, sonst weiss ich nicht, wo ich bin… (632-638)

Wo es früher sein Ziel war, erleuchtet zu werden, geht es ihm heute viel mehr darum, sich im Herzen berühren lassen zu können und sein Leben auf sinnvolle, verantwortungsbewusste Weise zu führen:

> Also vor 10 Jahren wollte ich erleuchtet werden, oder. Und heute sage ich mir: Erleuchtet, was heisst das? Meditieren ist für mich.. der Sinn des Meditierens ist für mich auch eine gute, sinnvolle und auch verantwortungsvolle Art, mein Leben noch zu Ende führen zu können. ((lachend)) Das ist für mich heute Spiritualität. Es hat für mich heute viel mehr eine Ebene von Begrenztheit, die drin ist und nicht weiss Gott das Gefühl von.. ähm… oder. Mich auf der Herzebene berühren lassen von etwas – das ist für mich eigentlich Spiritualität. (1031-1038)

Diese veränderte Grundhaltung zeigt sich auch in seinen zwischenmenschlichen Beziehungen. Er ist ausgeglichener und toleranter geworden im Kontakt mit anderen Menschen. Früher sei er sehr unberechenbar gewesen in Beziehungen und habe auch sehr viele wechselnde Beziehungen gehabt. Heute habe er längerdauernde Beziehungen, mit seiner Partnerin ist er seit über 10 Jahren zusammen. Gute Freunde sind ihm sehr wichtig. Er hat neue Seiten an sich entdeckt, die ihn früher wohl zu stark verunsichert hätten – so hat er gemerkt, dass er auch eine sehr schüchterne und eine unsichere Seite hat, die er früher nicht habe zulassen können. Wenn er heute jemanden verletzt, tut es ihm sehr weh – das sei anders als früher. Er merkt heute, dass er viele Menschen sehr gerne hat und sie ihm wirklich etwas bedeuten, ihm wichtig sind. Heute kann er das auch äussern, was er früher nicht getan hätte. In Bezug auf sich selber kann er „einfach auch mehr von dem akzeptieren, wie ich halt bin, als ich das früher konnte" (1167-1168).

8.3.4 Hilfreiches für die Integration: „Ganz intensiv Zen-Meditation gemacht" (390-391)

Werner Wagners erste spirituelle Erfahrung war sehr spektakulär, liess sich aber nicht nachhaltig in sein Leben integrieren. Die Veränderungen in seinem Leben verschwanden nach drei Monaten wieder:

> Beim ersten Mal ist es mir einfach passiert. Und da habe ich es einfach genommen, so lange es da ist und konnte es aber nicht anwenden oder damit arbeiten, damit es länger andauert. (334-337)

Bei den Erfahrungen während seiner Zen-Praxis habe er dann im Unterschied dazu eine „Handhabe" (334) dafür gehabt. Die Erfahrung war ihm nicht mehr fremd, als Zen-Schüler bewegte er sich in einem selbst gewählten spirituellen Kontext, und die Erfahrungen fanden im Rahmen seiner spirituellen Schulung statt. Er setzte seine spirituelle Praxis der Meditation über längere Zeit regelmässig und intensiv fort.

In dieser Zeit und auch bei seiner spirituellen Erfahrung des Sterbens hatte er sich über psychotherapeutische Arbeit bereits intensiv mit sich selbst auseinander gesetzt. Die Todeserfahrung fand in der Zeit statt, als er regelmässig und intensiv meditierte. Er denkt, dass das Meditieren diese Erfahrung überhaupt erst ermöglicht habe – die Erfahrung hat ihm eine tiefere Dimension erschlossen, als er sie bis dahin in der Meditation erlebt hatte.

Hilfreich für die Integration der Sterbeerfahrung ist für ihn auch, dass er daran anknüpfen kann, indem er sich gewissermassen ins Grab legt. Diese Übung, die zu einer Art spirituellen Praxis geworden ist, die er allerdings eher selten ausübt, hat seine damalige Erfahrung stark und lebendig in ihm verankert.

8.4 Johanna Jecklin: „Das, was ich wahrnehme, loslassen und rauflassen" (1292-1293)

Johanna Jecklin (57) arbeitet als Lehrerin für F.M.Alexander-Technik. Sie lebt von ihrem Partner getrennt auf dem Land.

8.4.1 Spirituelle Erfahrungen: „Du bist recht, wie du bist (...) – es ist alles okay" (297-298)

Johanna Jecklin wuchs streng katholisch auf. Der Glaube an eine Hölle, den Teufel und Sündhaftigkeit prägte sie in dieser Zeit und war mit Angst verbunden. Ihre Eltern gingen mit Religion sehr unterschiedlich um: Während die Mutter sehr katholisch war und sich streng nach der Kirche richtete, distanzierte sich ihr Vater eher von der Kirche, studierte aber die Bibel. Als Kind löste das zwiespältige Gefühle in Johanna Jecklin aus, weil ihr das Bild vermittelt wurde, dass die Religiosität ihrer Mutter gut, die ihres Vaters schlecht sei. Lange Zeit richtete sich Johanna Jecklin nach kirchlichen Geboten und Verboten, bis ihr als verheiratete Erwachsene schliesslich bewusst wurde: „die Kirche ist etwas anderes als Gott" (223). Sie merkte, dass Vieles im Zusammenhang mit der Institution Kirche „eigentlich unecht" (220) ist. Für sie begann eine „riesige Veränderung" (221). Sie ging nicht mehr in die Kirche und „begann zu suchen, was denn für mich Gott ist" (230).

Sie begann eine Ausbildung in Alexander-Technik und fing dabei an zu spüren, „dass es da auch noch etwas Anderes gibt" (236-237). So begann Johanna Jecklin während ihrer Ausbildung in Alexander-Technik vor etwa 10 Jahren Erfahrungen zu machen, die ihr bis dahin fremd gewesen waren. So geschah es beispielsweise, dass sie an jemanden dachte und unmittelbar an ihrem eigenen Körper wahrnahm, wie es dieser Person gerade geht. Das erlebte sie auch bei ihrer besten Freundin Beatrice, die sie in der Ausbildung in Alexander-Technik kennen gelernt hatte: Beatrice hustete oft und Johanna hatte dabei, ein „wahnsinnsungutes Gefühl" (839-840), ein „Beklemmen" (843) und Mühe mit dem Atmen. Sie sagte ihr, dass ihr der Husten gar nicht falle und sie unbedingt zum Arzt gehen soll. Als Beatrice schliesslich dem Rat folgte, spürte Johanna noch in derselben Nacht „irgendwie wie eine Art Erleichterung" (849) und „konnte besser atmen" (849-850). Beatrice rief Johanna dann an und teilte ihr mit, dass sie inoperablen Lungenkrebs habe und bald sterben werde. Beatrice ging sehr offen und akzeptierend mit ihrem bevorstehenden Tod um. Sie redeten oft miteinander über den Tod und über das, was vielleicht nachher kommt. Oft lachten sie auch zusammen und hatten Momente eines unbeschwerten Umgang mit dem Tod. Als Johanna einmal in den Ferien war, hatte sie einen Traum, der ganz anders war als andere Träume:

> Und dann ging ich in die Ferien und besuchte sie vorher noch. Und dann wusste sie schon, dass es nicht mehr lange geht, bis sie stirbt. Denn ich sagte: ‚Ich gehe jetzt in die Ferien.' Und dann sagte sie zu ihrem Mann – das war der [Albert].: ‚Du, [Johanna] geht jetzt weg.' Und das kam mir erst in den Ferien in den Sinn, wie sie das gesagt hatte – sie hatte es anders gesagt als sonst. Und dann schrieb ich ihr noch einen Brief, dass ich die gleiche Sonne sehe wie sie und alles so. Ich schickte ihr den dann noch, aber sie bekam ihn nicht mehr. Aber ich träumte in der Nacht – am Mittwoch in der Nacht träumte ich, dass ich bei [Beatrice] war und [Albert] die Türe aufmachte und sagte: ‚Komm nur rein.' Und [Beatrice] stand dort in der Nacht, und es war ein Traum, der ganz, ganz klar war. Also

ganz – wie wahr - also nicht ein richtiger Traum. Und dann sagte sie: ‚Schau, es ist jetzt so weit und in 4 Tagen werde ich sterben.' Und ich wachte am Morgen auf und wir plauderten und spielten: ‚Wir müssen die Zeit noch nutzen' – also im Traum - ‚also gehen wir noch zusammen spazieren und blödeln und so'. Und das machten wir im Traum alles. Und am Morgen erwachte ich und dachte: ‚Hä, in 4 Tagen? Also in 4 Tagen, das ist komisch.' Ich rief dann in der Klinik an und [Albert] sagte mir, sie sei in der Nacht jetzt bewusstlos geworden und sei nicht mehr ansprechbar, also ich solle sie nicht mehr besuchen. Also sie sei überhaupt nicht mehr ansprechbar. Und dann wartete ich und wartete. Und nach diesen 4 Tagen rief ich an, weil ich dachte, vielleicht ist es wahr, was ich geträumt habe. Und sie war dann tatsächlich gestorben an diesem Tag. Und das war für mich ein Erlebnis von Tatsachen, dass es wirklich noch etwas anderes gibt. Das war für mich ein schönes Erlebnis. (880-905)

Im Traum selber war es wie wahr. Wie wenn ich wirklich durch diese Türe gegangen wäre. Es war wahr. Es war wahr. Und es war gleich, wie wenn ich lebte. (970-972)

Johanna Jecklins Ausbildung in Alexander-Technik führte auch dazu, dass sie Wahrnehmungen hatte, die ihr Angst machten. So erlebte sie nachts oft, dass jemand neben ihrem Bett war, sie erschrak, schrie und sprang auf. Und die Erfahrungen wiederholten sich. Eines Tages nahm sie sich vor, sich dem, was sie da nachts neben ihrem Bett wahrnahm, trotz ihrer Angst zu stellen. Als sie das nächste Mal nachts erwachte und wieder voll Angst etwas neben dem Bett wahrnahm, dachte sie bei sich: „Jetzt bleibe ich da" (278). Was sie da neben sich sah, berührte sie sehr:

(…) also es war so ein Bub, so in Römerkleidern, so in Römerstiefeln. Und er hatte ein weisses Kleid an. Und das war einfach eine Tatsache. (…) der hatte so einen Lorbeerstrauss in der Hand und… es berührt mich jetzt… ((hat Tränen)), weil es so ein schönes Erlebnis war. Und dann hatte ich keine Angst mehr vor diesen Nächten. (280-287)

(…) für mich war das ein Engel, der gekommen ist in der Nacht. (1553-1554)

Für mich hatte ich dann das Gefühl – so ein Friedensgefühl. Oder so auch ein Gefühl in mir drin, ich darf sein. Das hat mir ganz viel gegeben von ‚du bist recht, wie du bist'. Also ganz viele Gefühle von ‚es ist alles okay'. Das war so das Gefühl. (…) ich habe gewusst, es ist alles okay. (295-301)

Als Johanna Jecklin dann vor etwa 3 Jahren an einer Esoterik-Messe war, sagte ihr ein Wahrsager, es werde etwas mit ihrer Tochter sein, aber es werde alles wieder gut. Einen Monat später war sie bei ihrer Tochter eingeladen und merkte, dass diese sich merkwürdig bewegte. Kurze Zeit später kam die Tochter in ein Krankenhaus, wo ein blutender Hirntumor festgestellt wurde. Während der Tumor noch blutete, konnte nicht operiert werden, und die Operation würde mit grosser Wahrscheinlichkeit stark invalidisierende Folgen haben. In den Tagen, bis die Blutung stoppen würde, sollte die Tochter überlegen, ob sie trotz den verheerenden Folgen operiert werden wolle oder ob sie sterben möchte. In diesen Tagen des Wartens redeten Johanna Jecklin und ihre Tochter oft über den Tod.

Die Folgen der Hirnblutung schritten voran und die Tochter litt unter spastischen Schmerzen und einer Lähmung. Von einer Freundin der Mutter erhielt die Tochter

dann Asche von Sai Baba[75] mit der Anweisung, sie solle die Asche auf die schmerzen-
den Stellen legen. Das taten sie dann auch, während ihre Tochter auf der Überwa-
chungsstation im Krankenhaus lag. Johanna Jecklin und C., der Ehemann der Tochter,
waren bei ihr und hielten ihre Hand.

> Und dann sassen wir so und waren mit ihr. Und plötzlich begann diese Asche zu
> rauchen. Und C. erschrak – also sie hatte sie auf den Kleidern, also auf dem Spi-
> talhemd – und C. sagte: ‚Es brennt.' Er packte die Asche und warf sie weg, aber
> irgendwie rauchte sie dort weiter auf dem Boden. Und ich dachte schon, das ist
> etwas nicht Natürliches.
>
> Und dann gab das eine unheimliche Stimmung dort drin. Ich kann das nicht be-
> schreiben. Alles war still. Kein Mensch ging. Das dauerte eine ganze Viertelstun-
> de und niemand kam rein. Niemand. Keine Schwester. Niemand. Das war eine
> unheimliche Fülle von Energie. In dem Bett. Und sie begann.. Sie war in einer
> Trance. Bewegte sich. Sie war nicht mehr gelähmt, hatte keine Schmerzen und
> nichts. Und sie sagte: ‚Ich bin ganz feurig an den Armen. Ich bin ganz feurig an
> den Armen. Ich bin ganz heiss. Bekomme ganz rote Arme.' Ich fragte sie: ‚Wo
> bist du denn?' Ich wusste nicht sicher, soll ich jetzt etwas sagen. Bekam aber wie
> so die Erlaubnis: Ich darf reden. Und dann sagte sie: ‚Ich bin in Australien und
> ich bin im roten Sand.' Und dann nachher sagte ich: ‚Ja.' Und sie sagte: ‚Es ist
> sauheiss.' Und sie bewegte sich aber ständig. Und ich fragte sie: ‚Was machst du
> dort?' Dann sagte sie: ‚Ich sehe [Aborigines] (…). Und ich bin ihr Führer. Also
> ich bin ihr Führer und ich habe eine Aufgabe zu erledigen.' Und nachher fragte
> ich sie: ‚Ja, was hast du zu erledigen?' Und dann sagte sie: ‚Ich habe ihnen früher
> nicht die Wahrheit gesagt, als die Weissen kamen und sie sind gestorben.' Und
> sagte ich: ‚Okay. Dann sagst du ihnen halt jetzt die Wahrheit oder was machst
> du?' Dann sagte sie: ‚Nein, ich muss nicht damals die Wahrheit sagen, sondern
> ich muss die Wahrheit sagen in der heutigen Zeit. Ich muss zu mir stehen.' So
> kamen die Worte. Und dann irgendwann erwachte sie wieder, kurz nachdem sie
> das gesagt hatte. Die Energie war wieder weg. Es war wieder Leben. Alles lief
> wieder. Alles kam wieder. Sie war wieder gelähmt. Aber sie sagte nachher diese
> Worte: ‚Ich werde nicht sterben. Ich werde noch eine Aufgabe haben.' Und das,
> dass sie das sagte, nahm ihr die Entscheidung ab, dass sie eigentlich die Operati-
> on <u>macht</u>. Das war noch nicht sicher, dass sie <u>operiert</u>. Weil sie nicht wusste, wie
> es rauskommt, ob sie sterben will. Das hätte sie mit sich abmachen müssen in
> dieser Woche, ob sie sterben oder operieren will. Dann sagte sie: ‚Ich darf nicht
> sterben. Ich habe eine Aufgabe.' Und das, das war für mich ein Wahnsinns-
> Erlebnis. Und ob jetzt das Sai Baba war oder ob das, wer das war, was das war,
> war egal. Aber all diese Abläufe: Diese Freundin, die sagt, sie müsse diese Asche
> bringen. Die Energie, die dort drin war. Dass sie beweglich war. Sie ist ja heute
> wieder beweglich. Das sagte alles. M., der gesagt hatte: ‚Es kommt aber alles wie-
> der gut.' Der auch etwas gesehen hatte. Das gab mir unheimlich Kraft, dass alles
> wieder gut kommt. Und ich keine Angst mehr hatte vor all dem, was kommt.
> (1082-1132)

---

[75] (Satya) Sai Baba, geb. 1926, ist ein populärer Guru aus dem südindischen Puttaparthi, der in
Indien, aber auch im Westen über eine grosse Anhängerschaft verfügt. Er betrachtet sich als eine Inkarnation Gottes (Fischer-Tiné, 2006b, S. 467; Schmid, 2000, S. 55-79).

Nach dieser Erfahrung entschied sich die Tochter für die Operation, die leicht beeinträchtigende Konsequenzen hatte, jedoch nicht die zuvor vermuteten verheerenden Folgen.

8.4.2   Schwierigkeiten: „Du bist anders" (1472)

Die erweiterte Wahrnehmungsfähigkeit, die im Zusammenhang mit Johanna Jecklins Ausbildung in Alexander-Technik auftauchte, machte ihr zunächst Angst. So spürte sie im Voraus, wenn jemand starb oder sie nahm nachts „Energien" (265) wahr. Über längere Zeit nahm sie nachts auch einen Mann ohne Kopf neben ihrem Bett wahr, was beängstigend war. Sie fragte dann eine Berufskollegin um Rat. Diese empfahl ihr, den Mann einfach wegzuschicken, was Johanna Jecklin dann auch tat. Seither erschien ihr dieser Mann nicht mehr. Im Nachhinein bereute sie jedoch, auf den Rat gehört zu haben, weil sie so nie herausfand, was er für sie zu bedeuten hatte. Gerne hätte sie ihn das noch gefragt, bevor er verschwand.

Nach ihrer ersten spirituellen Erfahrung – jener im Zusammenhang mit dem Tod ihrer besten Freundin – fühlte sie sich sehr alleine mit dem, was sie erlebt hatte. Niemandem von ihrer Erfahrung erzählen zu können, war schwierig für sie. Sie hätte gerne in ihrer Ausbildung in Alexander-Technik davon erzählt oder sich mit anderen ausgetauscht – nicht zuletzt, um zu merken, dass solche Erfahrungen etwas Normales und nichts Krankhaftes sind. Schliesslich konnte sie ihrem damaligen Therapeuten davon erzählen, der ihr das Gefühl gab, dass sie normal und richtig ist mit dem, was sie wahrnimmt. Das war für sie sehr hilfreich.

Auch bei ihrer Erfahrung mit dem Engel nachts neben ihrem Bett vertraute sie sich nur ihrem Therapeuten an, weil sie fürchtete, ihre Wahrnehmungen seien pathologisch: „Und ich traute mich nie, jemandem das zu sagen ausser meinem Therapeuten, dem traute ich es zu sagen. Ich dachte immer, das ist vielleicht nicht normal" (282-284).

Ihre erste spirituelle Erfahrung führte dazu, dass sie mehr Erfahrungen dieser Art machen wollte, und sie hätte sich aus diesem Grund gerne einer spirituellen Gruppe angeschlossen. Ihren Wunsch nach mehr Erfahrungen erlebte sie als hinderlich und negativ: „Ich drängte mich wie dazu, jetzt noch mehr zu erfahren. Das war aber negativ. Ich kam so wie ins Machen rein. Das war nicht gut" (1540-1541).

Die Erfahrung während der Krankheit ihrer Tochter wurde für Johanna Jecklin ein verbindendes Element in der Beziehung zu ihrer Tochter. Sie versuchte darauf, ihrem Mann davon zu erzählen, um dieses wichtige Erlebnis mit ihm zu teilen Dass er überhaupt nicht nachvollziehen konnte, was damals geschehen war und abwertete, was sie erzählte, entfernte das Ehepaar innerlich stark voneinander. Johanna Jecklin war über die fehlende Offenheit ihres Mannes auch wütend und sehr enttäuscht, zu erleben, dass sie ganz anders ist als er und dass sie nicht zusammen passen.

Diese schmerzhafte Erfahrung, anders zu sein, prägte sie auch in Bezug auf ihre Familie und insbesondere auf ihre Geschwister und aktivierte alte Verletzungen aus ihrer Kindheit. „Jetzt bin ich wieder anders. Und das war nicht so einfach" (1476-1477). So erfuhr sie durch ihre spirituellen Erfahrungen auch eine Distanzierung von ihren Geschwistern, denen Erlebnisse dieser Art fremd sind.

8.4.3   Folgen: „Mit dem Göttlichen einfach sein (…) Ich bin mehr. Ich kann sein." (1528-1529)

Als Johanna Jecklin am Morgen nach dem Traum von ihrer besten Freundin erwachte, distanzierte sie sich zunächst von dessen Inhalt und versuchte, ihn zu verdrängen, da sie ja nicht wollte, dass Beatrice stirbt. Und doch merkte sie, dass dieser Traum anders war als andere Träume und dass er sehr bedeutsam war. Sie bemerkte, dass sich nach diesem Traum ihre Verbindung zu Beatrice veränderte. Wo sie zuvor eine sehr enge Bindung an ihre beste Freundin gehabt hatte, war dieses Band am Morgen nach dem Traum nicht mehr vorhanden. In der Nacht hatte ein Loslassen stattgefunden.

Nach Beatrices Tod tauchten Phänomene erweiterter Wahrnehmung auf, die Johanna Jecklin zunächst merkwürdig fand, die sich aber schliesslich als stimmig erwiesen:

> An dem Tag, an dem sie starb, hörte ich immer Stimmen und hörte sie sagen: ,Du musst P. anrufen.' – das ist eine Kollegin, mit der wir zusammen in die Schule gegangen waren – ,du musst ihr sagen, dass ich sterbe'. Und das war in den Ferien (…) und ich sagte: ,Aber P. ist nicht da. Sie ist auf der Alp. Und ich kann doch da nicht privat anrufen.' Und die Stimme kam immer wieder: ,Ruf an, ruf an, ruf an.' Und irgendwie dachte ich: ,So, jetzt rufe ich an.' Und dann rief ich P. an, und sie sagte: ,Oh, das ist schön. Denn ich habe mal mit ihr abgemacht, dass, wenn es dann mal so weit ist, dass ich dann für sie beten würde. Dass ich an sie denken würde.' Und dann merkte ich wieder, wie wichtig es ist, dass man auf sich hört. Und wie wichtig es war – sie teilte mir wirklich mit, dass das so ist. Dass sie jetzt stirbt und dass sie das sagen muss. Und das war so eine Mühe für mich, dort anzurufen und das zu sagen, weil ich dachte: ,Ich kann die doch nicht anrufen in den Ferien. Und irgendwie mache ich das nicht gerne. Ich habe gar nicht so eine Bindung zu der. Irgendwie.' Und dann sagte sie so, wie sie froh ist, dass ich sie jetzt angerufen habe, weil sie versprochen hatte, dass, wenn es mal so weit ist, dass sie dann für sie beten würde. Und irgendwie erreichte sie mich dann damit, [Beatrice], und ich musste es mitteilen. (907-927)

Der Traum erwies sich in ihrer Trauer um ihre Freundin als sehr wichtig: Zu der Wut, die sie zunächst darüber empfand, dass ihre Freundin tot war, gesellte sich eine Freude, dass Beatrice ihr vor ihrem Tod noch mitgeteilt hatte, dass sie jetzt geht und sie nicht einfach wortlos verliess. Für Johanna Jecklin war es sehr heilsam, dass Beatrice ihr das sagte, wie wenn sie an einen anderen Ort geht und es sie noch gibt. Erst während des Interviews wurde Johanna Jecklin bewusst, dass es für sie sehr wichtig gewesen war in ihrem Trauerprozess, dass sie im Traum noch Zeit verbracht hatte mit Beatrice, wo das ja nachher nicht mehr möglich gewesen war, weil Beatrice in derselben Nacht das Bewusstsein verlor und sie einander nicht mehr sehen konnten vor ihrem Tod. Der Traum war von solch einer Leichtigkeit, Heiterkeit und von gemeinsamem Spiel geprägt gewesen, dass Johanna Jecklin sich davon auch in ihrer Trauer getragen fühlte.

Unmittelbar nach der spirituellen Erfahrung während der Krankheit ihrer Tochter fühlte sich Johanna Jecklin tief „erfüllt" (1196). Sie war voller Freude, „voller Energie" (1191-1192) und „voller Farben" (1193). Für sie war es ein grosses Geschenk, dass sie das hatte erleben dürfen. Von diesem Moment an machte die Krankheit ihrer Tochter für sie Sinn, was ihr grosses Vertrauen gab.

Ihre spirituellen Erfahrungen bestärken Johanna Jecklin in ihrem Glauben. Sie verbindet sich heute immer wieder mit dem Göttlichen und bezieht diese Dimension auch in ihre Arbeit mit Menschen ein. So fühlt sie sich in ihrer Arbeit geführt und kann auch Verantwortung für Bereiche abgeben, auf die sie keinen Einfluss nehmen kann. Sie nimmt eine „energetische Verbindung" (1401) wahr, die immer da ist und die sie auch um Rat fragen kann. In dieser Verbindung spürt sie dann oft, wie sie eine Klientin durch ihre therapeutische Arbeit besser unterstützen kann. Dabei erlebt sie sich als

Werkzeug für das Göttliche und spürt eine Demut, dass sie nicht alleine entscheidet, was geschehen wird. Dieses Vertrauen ins Göttliche unterstützt sie auch in ihrem Vertrauen, mit Menschen arbeiten zu können.

Mittlerweile erlebt sie ihre erweiterte Wahrnehmungsfähigkeit als hilfreiches Instrument in ihrer beruflichen Tätigkeit, weil sie auf diese Weise viel umfassender spürt, wie es einem Klienten geht und wie sie ihn hilfreich unterstützen kann.

Durch ihre eigenen Erfahrungen fällt es ihr viel leichter, mit Menschen zu arbeiten, die selber auch spirituelle Erfahrungen gemacht haben. So kann sie dann vermitteln, dass solche Erlebnisse normal sind und dass sie auftreten, wenn man dafür offen ist. Sie kann auch nachvollziehen, dass jemand Angst davor haben kann und sich besser darin einfühlen, was unterstützend sein könnte für jemanden.

Sehr prägend für ihr Leben ist ein inneres Wissen darum, nie alleine zu sein und einfach sein zu können: „Ich bin nicht alleine auf dieser Welt. Ich muss nicht alleine sein" (1206-1207) und „ich kann sein" (1529).

8.4.4 Hilfreiches für die Integration: „Dass auch das Feinstoffliche normal ist, dass es nicht krank ist" (605-606)

Für Johanna Jecklin war es sehr wichtig zu lernen, wie sie mit ihrer erweiterten Wahrnehmungsfähigkeit umgehen kann. Zunächst war es für sie sehr verunsichernd, z.B. zu spüren, wie es anderen Menschen geht. Sie war einerseits unsicher, ob diese Wahrnehmungen nun ihren eigenen Zustand widerspiegelten oder ob sie tatsächlich einen anderen Menschen betrafen. Andererseits fühlte sie sich verantwortlich dafür, jemandem zu helfen, wenn sie wahrnahm, dass es dieser Person nicht gut ging. Johanna Jecklin begann dann eine körperpsychotherapeutische Ausbildung, die ihr eine Basis dafür gab, mit diesen Phänomenen einen anderen Umgang zu finden: So entwickelte sie ein Unterscheidungsvermögen dafür, wann Wahrnehmungen sie selber betrafen und wann sie Befindlichkeiten anderer Menschen spürte: „Und ich spürte, es ist einfach ein ((lachend)) anderes Material, das kommt, als wenn ich es bin. Ich fragte mich, bin ich es, bin ich es nicht. Ist es etwas bei mir, ist es etwas bei jemand anderem? Und dann spürte ich, es ist nicht meines" (380-384).

Wichtig war für sie auch, sich abzugrenzen und den Betroffenen zuzugestehen, dass sie selber Verantwortung für sich übernehmen können und ihren eigenen Umgang mit ihren Themen finden müssen.

Sie begann auch, ihre Wahrnehmungen zu überprüfen, indem sie die Betroffenen selber fragte, wie es ihnen zum betreffenden Zeitpunkt gegangen war.

Vor der Erfahrung des Engels nachts neben ihrem Bett hatte Johanna Jecklin sich gedrängt, mehr spirituelle Erfahrungen zu machen. Die Erkenntnis, dass sie zu diesem tief berührenden Erlebnis mit dem Engel überhaupt nichts hatte beitragen können, es einfach geschehen war ohne ihr Zutun, war sehr heilsam für sie. Das führte zu einem inneren Loslassen und bewirkte, dass sie sich nicht mehr zu spirituellen Erfahrungen drängte (1555-1567).

In ihrer Psychotherapie erlebte Johanna Jecklin, dass ihre spirituellen Erfahrungen normal sind. Ihr Therapeut vermittelte ihr, dass sie darüber reden darf und er nichts Krankhaftes daran findet.

In ihrer Psychotherapie lernte sie auch, „auf mich zu hören, was ich will, was ich kann, was ich mache" (626). Das gab ihr auch für ihren Umgang mit ihren spirituellen Erfahrungen eine andere Basis.

Ihre geschulte Körperwahrnehmung unterstützte sie sowohl während als auch heute noch nach ihren spirituellen Erfahrungen, indem sie ständig wahrnimmt, was bei ihr geschieht und wie sie mit sich und dem, was sie erlebt, umgeht. Diese Haltung ist geprägt von einem Wahrnehmen dessen, was in ihrem Körper geschieht. So nimmt sie z.B. wahr, wie sich irgendwo im Körper Spannung aufbaut. Und indem sie diese Spannung wahrnimmt, kann sie diese auch wieder loslassen. Das ist ein Prozess, mit dem sie täglich, ja stündlich arbeitet.

Diese ausgeprägte Wahrnehmung ihres Körpers und ihrer Gefühle ermöglicht es ihr auch, sich bei ihrer Arbeit bewusst mit dem Göttlichen zu verbinden, indem sie an eine Erfahrung von „Ganzsein" (1420) anknüpft, die sie vor einigen Jahren hatte. Sie verbindet sich dabei mit dem damaligen Körpergefühl und einem Bild, das sie an diese Erfahrung erinnert und nimmt die Verbindung mit dem Göttlichen dann über ihren Körper wahr: Dann erlebt sie wie einen Kanal in ihrem Körper und eine grosse Fülle. In dieser Verbindung erfährt sie viel Unterstützung für ihre Arbeit mit Menschen.

8.5 Birgit Becker : „Aggression und Ärger und all solches mal zu spüren und auch ausdrücken zu dürfen" (1887-1888)

Birgit Becker (33) macht sich gerade selbständig als Psychologin. Sie lebt mit ihrem Partner zusammen in einer Stadt.

8.5.1 Spirituelle Erfahrungen: „Erfüllt mit Liebe" (1169)

Birgit Becker wuchs in einer evangelischen Familie auf. Ihre Mutter war in Kirchenkreisen sehr engagiert, und auch Birgit Becker war als Kind und Jugendliche sehr am religiösen Leben beteiligt. Prägend waren für sie Themen wie „einander zu helfen, wirklich einander Hilfe zu leisten und für andere da zu sein" (151-152). Als Jugendliche begann für sie eine Auseinandersetzung, in der sie begann, das religiöse Handeln ihrer Mutter und auch des Pfarrers zu hinterfragen: „Was ist eigentlich authentisch, also wo leben sie im grossen Stil etwas im aussen hin, was sie unter den Deckmantel des christlichen Handelns stellen oder legen.. und wo stimmt es aber im Persönlichen überhaupt nicht?" (207-210).

In jener Zeit hat ihr oft der Bezug einer Predigt zu ihrem „Innenleben" (238) gefehlt, zu ihrer „Lebenswirklichkeit" (238): „Aber das hat mir gefehlt: Der Bezug zu meinem Leben, zu meiner inneren Realität und auch zum Göttlichen in uns. Das habe ich nicht vermittelt gefühlt. Also nicht vermittelt bekommen. Und vor allem auch nicht gefühlt, dass da so ein Verständnis ist letztendlich" (244-247). Fragen dieser Art brachten sie mit der Zeit schliesslich „mehr zum Psychologischen" (259) und führten auch dazu, dass sie sich auch für andere religiöse Richtungen zu öffnen begann.

Birgit Becker hatte nie das Gefühl, dass spirituelle Erfahrungen für sie überraschend auftraten. Für sie war es immer „so normal oder Realität, dass es auch etwas anderes gibt als das, was wir hier so sehen und fühlen" (1133-1134). Der Bereich der Spiritualität existiert für sie im Hintergrund ihres Lebens, seit sie sich erinnern kann.

In manchen Momenten in ihrer Lebensgeschichte spürte sie diese Dimension jedoch stärker. So auch vor ein paar Jahren während einer Meditation in einer schwierigen Lebensphase, in der es für sie stark um das Thema Vertrauen ging. Während dieser Meditation nahm sie vor sich ein gleissendes Licht wahr:

Das war für mich auch keine Frage, dass da ein Engel vor mir stand. Also das war wirklich fast wie ein – ich weiss gar nicht mehr, wann das genau war – es war auf jeden Fall nach einer Meditation — da war nicht so viel Liebe, aber ein immenses Licht, also ich konnte gar nicht reingucken sozusagen. Das war eine Begegnung, wo mir sozusagen symbolisch, energetisch - wie auch immer - etwas in die Hand gelegt worden ist. Das war eine Begegnung mit – würde ich dann schon sagen – mit einer Engelkraft oder einem Engel, . Das war schon auch tief bewegend. Das habe ich so dann auch noch nicht erlebt. (1483-1492)

Das war … sehr bewegend, sehr berührend, aber das hat nicht mein Leben so verändert. Also das ist einfach dieses Grundgefühl. Das ist da und es gibt einfach Momente, wo ich mehr die Möglichkeit habe, damit in Kontakt zu kommen. (1517-1521)

(…) so ein ganz.. ja tiefes Gesehenwerden, .. in meiner Essenz und eine unglaubliche Präsenz da habe ich dann wirklich.. da habe ich gezittert, ich habe.. …... ich habe total geweint vor lauter.. Das war so ergreifend, dass ich.. . wie einen Segen bekomme für dieses Leben. … vom Gefühl her, von diesem Gesehenwerden: Es ist gut, dass du da bist und es ist gut – es ist alles richtig.. (1551-1558)

Wenige Jahre später starb ihr Vater nach längerer schwerer Krankheit. Als sie einige Stunden nach seinem Tod in der Wohnung ihrer Eltern eintraf, nahm sie eine so tiefe Liebe wahr, wie sie sie nie zuvor erlebt hatte:

Und das war… immens, was da für eine ungeheure, ungeheure Liebesenergie spürbar war. …Das hat mich so tief berührt. Also das war.. In jedem Raum war Licht und.. der war erfüllt mit Liebe. Das war noch nicht mal so sehr, als ich dann vor meinem Vater stand. Das war wie – ich habe auch noch im Nachbarzimmer gesessen – ich weiss den Ablauf nicht mehr, es war ja auch ein sehr intensiver Moment – aber ich habe auf jeden Fall im Nachbarzimmer gesessen, und habe.. also das war noch so intensiv, dass ich das Gefühl hatte.. also nicht nur dieses Licht und diese Liebe spürbar waren, sondern auch, auch, dass mein Vater mir in mein Herz einfach noch etwas mitgegeben hat. So wie ein Stück seiner Essenz. Also ich kann das auch gar nicht selber (…) mehr in Worte.. mehr in Worte fassen als wie: Da war einfach ein totaler Strom von Herz zu Herz, von.. also in einer Dichte und in einer.. trotzdem unheimlicher Ruhe. Also es war wie ohne Zeit und Raum. Es war, es war... also ich war total da, ich war ganz… Es war so eine fühlbare Dichte von Energiestrom. (…) . es war überall spürbar. In jedem Raum hat sich das ausgebreitet. Und das war für mich – klar, ich habe im Hospiz gearbeitet und ich wusste und ich habe viel gelesen über Prozesse, aber mein Kopf war total ausgeschaltet, und ich habe einfach gemerkt, dass – also das war schon noch mal ein Moment, wo mein [innerer] Kritiker komplett weg war, weil: es war einfach Realität. Es war einfach da. Da war eine Seelenkraft… ein Seelenstrom, Liebe und Licht.. Und das habe nicht nur ich gespürt. Meine Mutter hat es auch gespürt. (1166-1190)

Diese Erfahrung begleitet sie heute oft noch.

Eine tiefe Verbundenheit mit dem Göttlichen erfuhr Birgit Becker auch immer wieder über Musik, spirituelle Gesänge und verschiedene Klanginstrumente. In solchen Momenten erlebte sie oft ein Verbundensein mit sich selber, eine grosse Zentrierung, eine Dimension der Zeitlosigkeit und Stille, sie fühlte sich verbunden mit dem Universum, in sich selber und „auch zwischen den Welten" (1722).

8.5.2 Schwierigkeiten: „Das hat mich vom Leben auch abgehalten" (1819-1820)

Während ihres Psychologie-Studiums absolvierte Birgit Becker während eines Jahres ein Studium an einer amerikanischen Universität, bei dem Spiritualität ein zentrales Thema war. In dieser Zeit „habe ich mich so gut wie noch nie in meinem Leben gefühlt" (591-592). Sie kam damals – sie war anfangs 20 – mehr an ihre Zukunftsvisionen heran und spürte, was sie eigentlich in ihrem Leben machen möchte. Von ihren amerikanischen Freunden und ihren Uni-Lehrern wurde sie in ihren Ideen bestärkt. Eine berufliche Tätigkeit mit spiritueller Ausrichtung war für sie ein selbstverständliches Ziel. Nach ihrer Rückkehr war es für sie „unglaublich schwer" (508), ihr Studium wieder aufzunehmen und weiterzumachen. Während eines Jahres schaffte sie fast nichts mehr an der hiesigen Uni. Und wo sie bereits vor ihrem Ausland-Aufenthalt Zweifel an der methodisch-trockenen Art ihres Studienfachs hatte und sich mit ihren Fragen nach dem Sinn des Menschseins oft fremd gefühlt hatte, nahmen ihre Fremdheitsgefühle und Zweifel nun massiv zu. Sie kämpfte mit einer grossen Deprimiertheit, fühlte sich orientierungslos und völlig abgeschnitten von ihren früheren Kräften. Sie zog sich aus sozialen Kontakten zurück – nicht zuletzt deshalb, weil sie das Gefühl hatte, die anderen schafften alle ihr Studium und ihr Leben – nur mit ihr sei etwas falsch. Es gelang ihr nicht, eine Brücke zu schlagen zwischen ihren Erlebnissen während ihres Ausland-Studienjahres und ihrem Leben an ihrem Wohnort und in ihrem früheren Kontext. Sie machte verschiedene Kurse wie Yoga und Reiki[76] und versuchte, sich anderen Menschen mit ähnlichen Interessen anzuschliessen, aber es ging nicht wirklich: „Es war für mich ein ganz tiefes Loch" (521-522). „Ich habe keine Brücke hinbekommen. Ich habe nicht für mich irgendetwas gefunden hier (…), wo ich mich zu Hause gefühlt habe oder wo ich Menschen gefunden habe, wo ich gemerkt habe: Das passt da" (514-517).

In ihrem Umfeld konnte niemand ihren Zustand so recht nachvollziehen. Sie fühlte sich in ihren Visionen gebremst durch Aussagen wie: „Also du hast jetzt das Studium angefangen und jetzt musst du irgendwie gucken, dass du es beendest und so ist halt die Welt jetzt hier und das ist die Realität" (534-536). Durch dieses Bremsen von „den Impulsen, die mir ganz wichtig waren" (608-609) fand sie nicht die Stärke, sich gegen Einwände von aussen abzugrenzen und passte sich an, indem sie sich bemühte, ihr Studium abzuschliessen und „Boden unter die Füsse" (614) zu kriegen.

Aus ihrer heutigen Perspektive sieht sie, dass sie die amerikanische Universität idealisiert hatte und sie nicht genügend Fundament dafür hatte, ihre eigenen Ideen zu verfolgen und ihren eigenen Weg zu gehen. Sie denkt, dass es ihr im Verlaufe ihres Lebens vielleicht schon auch hätte passieren können, dass sie sich irgendwo einer Gemeinschaft angeschlossen hätte und dadurch „lebensunfähiger" (1961) geworden wäre, weil man in manchen spirituellen Gemeinschaften doch sehr beschützt und abgekapselt sei.

Birgit Becker spürt dennoch immer wieder die Sehnsucht in sich, sich einer spirituellen Gruppe, einem Lehrer anzuschliessen. Einerseits hat sie das Gefühl, es ist rich-

---

[76] Das Wort Reiki stammt aus dem Japanischen und wird mit „universelle Lebensenergie" übersetzt. Es handelt sich dabei um ein Heilungs-System der Energieübertragung, bei dem die universelle Lebensenergie durch Handauflegen einer speziell darin eingeweihten Person vermittelt wird (Klatt, 2005).

tig, ihren ganz eigenen Weg zu gehen. Andererseits merkt sie immer wieder, wie es doch auch ein Bedürfnis wäre, einen spirituellen Lehrer zu finden. Sie ist sich bewusst, dass ihre Bestrebungen diesbezüglich bisher wohl an ihren hohen Ansprüchen gescheitert sind:

> Aber das war bis jetzt eben noch nicht so, dass ich jemanden gefunden habe, wo ich das Gefühl hatte: Der ist geerdet , authentisch, wissend, sehr verbunden, sehr weit in der Entwicklung und trotzdem auch als Mensch spürbar und.. also ich habe da unheimliche Ansprüche an jemanden. (803-808)

Über viele Jahre war in ihrem Leben eine grosse Sehnsucht nach dem Geborgenheitsgefühl, dem Aufgehobensein und der Verbundenheit in spirituellen Erfahrungen prägend, die „schon eine Bewegung raus aus dem Leben immer wieder gewesen" (1759-1760) ist. So fragte sie sich oft, warum sie denn zur Arbeit gehen soll und so banale, grundlegende Dinge in ihrem Leben tun soll, wenn doch das Wahre, Tiefere etwas anderes ist und sie sich lieber dem widmen wollte. Sie erlebte ein starkes Gefühl von Getrenntsein und ein Abwerten des Alltäglichen, Irdischen, Banalen und hatte das Gefühl, das Alltägliche „ist nicht richtig, ist nicht gut" (1768). Sie erlebte sich auch getrennt von anderen Menschen, die nicht ähnliche Erfahrungen wie sie gemacht hatten. Am liebsten wäre sie nur noch mit Leuten zusammen gewesen, die sich intensiv mit Spiritualität befassten.

Besonders schwierig waren für sie die Übergänge nach spirituellen Workshops, wenn es darum ging, wieder in ihr Alltagsleben zu finden. Sie wertete Menschen ab, die so banale Hobbies hatten wie Carrera-Bahn fahren oder die ein Haus bauten oder ihren Garten pflegten. Sie schnitt sich stark vom Irdischen ab und fokussierte sich nur auf ihre geistige Entwicklung:

> Also ich habe ja Menschen abgewertet, die als Hobby hatten, wie jetzt z.B. P.: Carrera-Bahn fahren. Da denke ich mir: Das ist ja so etwas Banales. Man muss sich jetzt – man muss sich dem Geistigen widmen und der spirituellen Entwicklung und man.. oder ((lachend)) die ein Haus gebaut haben oder die einen Garten gepflegt haben – also so. – ausser sich vielleicht ins Kloster zu begeben und zu singen und zu meditieren oder.. war nichts richtig. Und das hat mich natürlich von Vielem selber auch abgeschnitten. Von vielen menschlichen Freuden oder ja, man kann einfach mal zusammen Spass haben oder tanzen gehen . Da habe ich mich abgeschnitten, weil ich gehe doch nicht tanzen – das ist doch.. Ausser in der Jugend. Da gab es zwischendurch die 20er Jahre, da war ich dann mal tanzen, aber dann war das natürlich in einer was weiss ich, Baghwan-Disco (…). Also das war sowieso nur ganz, ganz selten. Aber was ich damit sagen möchte, ist, das hat mich vom Leben auch abgehalten. . Vom Geniessen und vom Irdischen auch. Weil ich das sicherlich durch meine christliche Erziehung auch sanktioniert habe. Das darf jetzt nicht sein, weil.. das bringt mich nicht weiter auf meinem Pfad. Sondern ich muss zum Satsang[77] gehen und hören, was Gangaji[78] mir sagt (…). Oder ich darf nur solche Kassetten hören zu Hause oder nur solche Bücher lesen. Also das war schon bei mir so. (1806-1826)

---

[77] Satsang, von *sat* (Wahrheit) und *sang* (Zusammenkunft) (Schmid & Schmid, 2003, S. 355). Zusammenkunft spirituell Suchender, insbesondere im Beisein eines spirituellen Lehrers. Speziell im Advaita-Vedanta wird es als wichtig und für die spirituelle Entwicklung als besonders förderlich erachtet, in der Präsenz des spirituellen Lehrers zusammenzusein.

[78] Amerikanische Lehrerin des Advaita-Vedanta (vgl. Schmid & Schmid, 2003, S. 355-358).

Diese Thematik war für sie über viele Jahre – bis vor Kurzem – ein grosses Hindernis dafür, ihre Spiritualität mehr in ihr Leben zu integrieren.

Was Birgit Becker auch immer wieder als schwierig erlebt, ist ein kritischer Anteil in ihr, der ihre spirituellen Erfahrungen und ihr inneres Wissen um das Göttliche in Frage stellt. Dieser Aspekt existiert neben ihrer tiefen Gewissheit um die Existenz „von den anderen Dimensionen" (1603-1604).

8.5.3 Folgen: „Und das lässt mich einfach auch mehr hier auf der Erde sein" (1804)

Birgit Becker versucht, Spiritualität in ihre Lebensgestaltung einzubeziehen und in ihrer Grundhaltung zu leben – so z.B. in ihrem Umgang mit der Natur, mit Lebensmitteln und indem sie achtsam ist für äussere Zeichen, die ihr für ihren Lebensweg Hinweise geben können. Sie versucht, sich mit der Natur zu verbinden und eine innere Haltung von Achtsamkeit, Wertschätzung und Dankbarkeit zu praktizieren im Umgang mit sich selber und mit anderen. In ihrer aktuellen beruflichen Neuorientierungsphase sehnt sie sich danach, ihrer Spiritualität „mehr Raum zu geben in meinem Alltag" (778-779) und mehr davon ins Leben einfliessen zu lassen.

Sie hat heute mehr Menschen in ihrem sozialen Umfeld, für die Spiritualität etwas Selbstverständliches ist. Früher hatte sie wenige Kontakte dieser Art und hatte sich oft alleine gefühlt in ihrer Spiritualität.

Im Verlauf ihres Lebens merkte sie, wie sich ihre Spiritualität auch in ihrem Kontakt zu anderen Menschen zeigte: So wurde ihr bewusst, dass sie offener auf andere Menschen zugeht, mit mehr Freude, Herzlichkeit, Präsenz und Wachheit für ihr Gegenüber in Zeiten, in denen sie sich spirituell genährt gefühlt hatte und sehr in Kontakt mit sich selber war. Durch eine buddhistische Meditation von Mitgefühl, die sie während ihres Ausland-Aufenthaltes übte, entwickelte sie mehr Mitgefühl für sich selber, für andere Menschen und Wesen. Auch ihr Verständnis für verschiedene Menschen nahm zu, nachdem sie in einer spirituellen Weiterbildung eine Typologie kennen gelernt hatte, die Grundeigenschaften verschiedener Menschen und ihre Wege erklärte. Diese Typologie half ihr auf einer intellektuellen Ebene, andere Menschen nicht so sehr abzuwerten, weil sie andere Präferenzen hatten als sie selber. Sie fand darin eine Orientierung.

Ihre spirituellen Erfahrungen haben sie immer wieder darin versichert, dass andere „Dimensionen" (1604) existieren und sie sich auch in schwierigen Zeiten in „etwas Grösseres" (1607), „eine grössere Weisheit" (1607) hineinbegeben kann. Das hat „mehr Boden geschaffen für mehr Vertrauen in mein Leben, in meinen Lebensweg" (1605-1606). Besonders wichtig war dabei auch ihre Erfahrung des Engels, die ihr Grundgefühl eines Vertrauens ins Göttliche verstärkt hat und auch ein Gefühl völligen Akzeptiertseins in ihr wachrief. „Ich fühle mich nicht so alleine letztendlich" (1615).

Durch die spirituelle Erfahrung nach dem Tod ihres Vaters hallte die tiefe Liebe, der Friede und die Stille von damals lange Zeit nach. Sie fühlte sich durch diese veränderte Grundstimmung auch sehr in ihrer Trauer um ihren Vater unterstützt. „Dieser Abschied" (1305) ermöglichte es ihr, sich mit ihrem Vater auf eine sehr freie Art tief verbunden zu fühlen. Während etwa zwei Monaten nach seinem Tod spürte sie einen starken direkten Kontakt zu ihm, der dann allmählich nachliess. In einem sehr bewegenden Moment spürte sie an seinem Geburtstag, dass er da ist und erlebte einen „energetischen Austausch" (1318) mit ihm. Sie hatte das Gefühl, dass er sie wissen liess, dass er da ist, sie begleitet und sie sieht, was sie zutiefst berührte.

Es gibt heute noch Momente in ihrem Leben, wo sie mit ihm bewusst in Kontakt tritt und ihn um Unterstützung bittet. Dann spürt sie eine Verbindung zu ihm und fühlt sich zugleich auch in Frieden damit, dass er nicht mehr da ist.

Ihre Erfahrung prägt sie heute sehr in ihrer beruflichen Tätigkeit, in der sie auch schwerkranke Menschen begleitet. Durch ihr eigenes Erleben hat sie in ihrer Arbeit einen anderen Boden und eine andere Reife bekommen. Sie erlebt eine stärkere Kraft und Sicherheit im Umgang mit Schwerkranken und deren Angehörigen.

Nach dem Tod ihres Vaters begann sie sich mit Engeln zu beschäftigen über eigenes Gebet, Literatur und über den Kontakt zu einer Heilerin, die ihren Vater während seiner Krankheit begleitet hatte:

> (…) dass ich mich nachher mehr beschäftigt habe mit Kontakt nach dem Tod und mit Engeln und mit… der Ebene von Engel-Energien und habe dann viel gelesen und mich mit dieser Heilerin unterhalten. Und eben, dass die auch die Brücken zu den Verstorbenen sein können. Ich habe das versucht, mit aller Vorsicht mehr einzubeziehen. Ich habe dann mehr gebetet und versucht , mich mehr mit Engeln zu verbinden oder eben auch da irgendwie um Unterstützung gebeten habe. Das hat sich schon, glaube ich, ein bisschen verstärkt. Das hatte ich vorher nicht so. Dass ich da mehr versucht habe, diese Energien – also damit in Kontakt zu kommen oder ja, es kam einfach von mehreren Seiten der Hinweis, dass ich manchmal einfach bitten <u>muss</u> so – (…) einfach anfragen muss, weil sie sind da und sie wollen auch helfen. Und ich denke, das hat sich schon verändert. Denke ich schon, auch durch die Todeserfahrung. manchmal ist das auch so – dann kommt das von aussen, und das nehme ich einfach ernst. Wenn von verschiedenen Seiten unabhängig voneinander mir Hinweise gegeben werden, dann nehme ich das ernst und dann.. und das war jetzt in dem Fall so, und dann habe ich mich da ein bisschen vorsichtig angetastet . (1436-1454)

Dieser Zugang ist für sie noch heute wichtig, und sie nähert sich diesen Dimensionen mit grossem Respekt und Vorsicht, weil sie findet, dass viele Menschen leichtfertig mit den Energien der Engel umgehen.

8.5.4 Hilfreiches für die Integration: „Gewisse Dinge sind zu tun, und Putzen ist keine minderwertige Arbeit, sondern das ist auch spirituelle Praxis" (1890-1892)

Rückblickend denkt Birgit Becker, dass es für sie nach ihrem Ausland-Aufenthalt sehr wichtig gewesen wäre, Menschen zu haben, die wirklich an sie geglaubt hätten und die sie ermutigt hätten, ihren eigenen Weg zu gehen. Es wäre ihr ein grosses Bedürfnis gewesen, damals jemanden gehabt zu haben, der ihr gespiegelt hätte, dass sie in einer schwierigen Übergangsphase ist und sie in ihrem Ausland-Jahr ganz viel Schönes und Intensives erlebt hatte. Sie hätte jemanden gebraucht, der ihr Sicherheit und Orientierung vermittelt und der anerkannt hätte, dass ihr Bedürfnis nach Spiritualität normal ist.

Nach ihrer spirituellen Erfahrung im Zusammenhang mit dem Tod ihres Vaters war es für sie sehr wichtig, sich eine Zeit des Spürens zu nehmen, um sich bewusst mit ihrer Erfahrung verbinden zu können. Sie hatte sich damals eine Meditationsecke eingerichtet, um dem Abschied und der Trauer um ihren Vater auch Raum zu geben und eine Hinwendung zu ihren Gefühlen zu ermöglichen – den schmerzhaften Gefühlen und auch ihrer „Gewissheit, dass alles gut ist" (1412-1413).

Für Birgit Becker war es wichtig, im Verlauf ihres Lebens mehr Kontakte zu Menschen aufzubauen, die sich ebenfalls mit Spiritualität befassten und mit denen sie sich austauschen konnte. So konnte sie sich nach dem Tod ihres Vaters mit ihrer Mutter austauschen, die sehr Ähnliches erlebt hatte wie sie. Ihre beste Freundin ist für sie ein Vorbild in der Verbindung von Spiritualität und Erdung. Von ihr kann sie auch Rückmeldungen gut annehmen. Ihre Freundin sagte ihr beispielsweise immer wieder, dass wir hier nun einmal auf der Erde sind und der Bezug zur Erde wichtig sei. Sie zeigte Birgit Becker auch deutlich auf, wenn sie sich von ihren Gefühlen und ihrem Bezug zum Irdischen abtrennte.

Allerdings war es für Birgit Becker gerade auch zentral, dass sie über ihre berufliche Tätigkeit in Kontakt kam mit Menschen, für die Spiritualität überhaupt kein Thema war, um sich mit der ganz gewöhnlichen, alltäglichen Realität auseinanderzusetzen und zu sehen, dass alles Menschen sind. Das unterstützte sie darin, sich zu erden und sich in ihrer Spiritualität nicht von anderen zu trennen:

> Da hatte ich einen Bauern, einen Handwerker vor mir sitzen...alle verschiedenen Menschen. Und da hatte ich eintauchen können, Gott sei Dank, in deren Realität und gemerkt, letztendlich sind wir ja alle Menschen,. Das war etwas ganz Basales. Ja, da gibt es menschliche Erfahrungswelten, und die sind teilweise auch sehr spirituell, . Und das war für mich total wichtig, mich zu erden. Also ganz basale Arbeit zu tun. Also ich meine jetzt, meine psychologische Arbeit war ja nicht basal, aber so.. mich nicht abzuschneiden von anderen Realitäten. (1964-1973)

Bei ihrer Arbeit daran, das Irdische nicht mehr so abzuwerten und nicht ausschliesslich ihre spirituelle Verbindung zu betonen, waren für sie verschiedene Impulse hilfreich, bei denen es darum ging, dem momentanen Tun, der momentanen Situation Aufmerksamkeit zu schenken. Dabei erlebte sie Achtsamkeitsmeditation, die Arbeit mit „Ein Kurs in Wundern" (*Ein Kurs in Wundern. Textbuch, Übungsbuch, Handbuch für Lehrer*, 1994) und ihre körperpsychotherapeutische Selbsterfahrung als sehr hilfreich.

Zu Beginn ihrer eigenen Körperpsychotherapie ging es sehr stark darum, dass sie ihre Verwurzelung und starke Gefühle abwertete. Sie wurde von ihrem Therapeuten ermutigt, jeden Tag eine halbe Stunde spazieren zu gehen, um sich mehr zu erden - oder sich an einen Baum zu stellen und sich mit seiner Wurzelkraft zu verbinden. Mit der Zeit stand dann im Vordergrund, dass sie sich erlaubte, ihre Aggression und ihren Ärger zu spüren und sie auch ausdrücken zu dürfen. Das erdete sie stärker und half ihr, mehr Verbundenheit in sich selber herzustellen. Birgit Becker sieht das auch als Ausgangspunkt dafür, dass sie darauf aufmerksam wurde, dass es Dinge gibt im Leben, die einfach getan werden müssen und dass z.B. Putzen keine minderwertige Arbeit ist, sondern auch spirituelle Praxis sein kann. Ihre Auseinandersetzung betraf oft ihren Bezug zum Weltlichen und Irdischen, Banalen, Alltäglichen: „Was kann ich an Irdischen tatsächlich auch mögen und geniessen und darf ich mir auch gönnen und was tut mir gut?" (1976-1978). Das hat sehr zu ihrer Erdung beigetragen. Im Grunde ging es für sie immer wieder darum, für sich herauszufinden, was ihr hilft, das „Leben zu leben" (1991) – das ganz gewöhnliche, alltägliche Leben.

8.6   Yolanda Yaberg: „Erdungsprozess" (2261)

Yolanda Yaberg (44) ist vor kurzem aus einer spirituellen Gemeinschaft ausgezogen, in der sie während 10 Jahren gelebt hat. Sie lebt mit einer Freundin zusammen und ist auf der Suche nach einem Arbeitsfeld.

8.6.1   Spirituelle Erfahrungen: „Es kommt von oben durch den Kopf die ganze Wirbelsäule runter bis runter ins Becken eine Energie" (1303-1304)

Yolanda Yaberg wuchs katholisch auf und hatte als Kind und Jugendliche einen sehr positiven Bezug zu ihrer Religiosität. In der Lebensphase zwischen 20 und Mitte 30 wandte sie sich dann völlig von ihrer früheren religiösen Prägung ab und wollte ihr „Eigenes machen" (226-227) und ihre „eigenen Ideen entwickeln" (227). Zeitweise lehnte sie damals auch das „Gefühl, dass es etwas anderes gibt" (228) völlig ab. Sie wollte alles mit ihrer Ratio verstehen und „durch Analysieren in Einzelteile zerlegen" (238). Sie habe damals alles nur mit ihren Kopf begreifen wollen. Was sie in dieser Zeit jedoch ständig begleitete, war eine Sehnsucht, die sie nicht verstehen konnte und mit der sie nichts anzufangen wusste. Wenn sie diese Sehnsucht spürte, dachte sie bei sich: „Na, du bist immer traurig oder irgendetwas kriegst du nicht gebacken in deinem Leben" (262-263).

Mitte 30 fuhr sie mit ihrer Schwester nach Indien, was seit ihrer Jugend ihr Wunsch gewesen war – eigentlich, um die indische Kultur kennen zu lernen. Sie besuchte auf ihrer Reise den Ashram (vgl. Fussnote 29, S. 149) von Sri Aurobindo[79] und machte dort eine Erfahrung, die sie überhaupt nicht verstehen konnte:

> Und ich kann mich erinnern an ein ganz starkes Erlebnis in Pondicherry. Das ist, wo Sri Aurobindo (…) seinen Ashram hatte. Da gibt es auch diese Lebensgemeinschaft, die heisst Auroville, wo viele Leute leben. Und da hatte ich in dieser Meditationshalle ein – ich würde es heute als energy happening bezeichnen. Ich sass da in dieser Meditationshalle und hatte das Gefühl, ein Lichtstrahl kommt runter und chuit! geht wie in mein Herz rein. Es hat alles vibriert, und ich dachte: ‚Was war das jetzt?' und konnte es irgendwie gar nicht fassen. Ich war dann aber damit, habe mir keine grösseren Gedanken gemacht, sondern war einfach damit. Und dann waren wir noch am Grab von Sri Aurobindo, und da hatte ich auch das Gefühl, da ist irgendwie Kontakt da. Damals war ich energetisch nicht so geschult (…) - heute bin ich da an einem ganz anderen Punkt. Aber damals habe ich einfach gespürt, irgendetwas ist da und ich spüre den, der da drin liegt, und da ist irgendwie eine Verbindung, und das war ganz eigenartig. (284-298)

Diese Erfahrung brachte auf subtile Weise eine grosse „Irritation" (1960) in ihr Leben. Sie begann, Vieles in ihrem Leben in Frage zu stellen, begann eine Psychotherapie und beendete schliesslich eine langjährige Beziehung. Etwa ein Jahr nach ihrer Indien-Reise lernte sie dann ihren zukünftigen spirituellen Lehrer kennen. In den ersten Tagen in seiner spirituellen Gemeinschaft kam sie in Kontakt mit einem anderen Bewusstseinszustand:

---

[79] Sri Aurobindo war ein spiritueller Lehrer, „im Bewusstsein des gebildeten Indiens neben Gandhi und Tagore immer noch der Meister und Denker des 20. Jahrhunderts" (Schmid, 2000, S. 15). „Er selbst verstand sich als Avatar, als Inkarnation des Göttlichen mit der Aufgabe, der Menschheit den Weg zu einem neuen Bewusstsein zu weisen, zu einem spirituellen Erwachen" (Aurobindo, 1975).

Das war eine Abendmeditation, die jeden Abend mit ihm stattgefunden hat. Und ich habe da drin gesessen, und es hat wusch! gemacht. Mein ganzer Seinszustand hat sich geändert, also ich habe mich nicht mehr als festen Körper erlebt, sondern eher so als Wabbelmasse, habe Lichter gesehen und - wie ich es heute verstehe -Aura oder Blitze. Also ich bin irgendwie mit meinem Bewusstsein scheinbar in so eine andere Dimension reingerutscht. (344-350)

Nach kurzer Zeit in der spirituellen Gemeinschaft war für sie klar, dass sie hier bleiben wird. Zunächst waren 3 Monate geplant, dann entschied sie sich, ganz dort zu leben. Nach ein paar Jahren in dieser Gemeinschaft stand sie eines morgens auf der Terrasse vor dem Haus des Ashrams und merkte plötzlich, dass ihre Sehnsucht, die sie über viele Jahre begleitet hatte, einfach weg war. Für sie war klar, dass sie auf dem richtigen Weg war:

(…) da hatte ich ein entscheidendes Erlebnis. Wir waren damals schon in S., und da habe ich morgens auf der Terrasse gesessen und da war der Blick auf den (…) See. Das war ganz oben auf dem Berg. Und dann habe ich gespürt, bin in eine Stille reingefallen, und dann dachte ich auf einmal: ‚Die Sehnsucht ist weg.' Und dann habe ich das realisiert, dass diese Sehnsucht weg war, die ich all die Jahre gespürt habe, und immer versucht habe, dagegen zu kämpfen und etwas zu machen und zu tun. Da dachte ich ((flüsternd)): ‚Die ist weg. Wo ist die?' Die ist einfach nicht mehr da. Und das war für mich so wie ein Indiz: Ja, das ist der richtige Weg. Das ist der richtige Weg. (374-384)

Ein paar Jahre später, sie lebte weiterhin in der spirituellen Gemeinschaft, begleitete sie ihren Lehrer zu einem grossen Seminar. Sie hatte viel zu tun mit Organisieren und war „völlig im Stress" (1088), als sie ganz plötzlich in einen anderen Bewusstseinszustand kam:

Da bin ich mitgefahren, und ich habe einkassiert. Also ich sass (…)vorne in der Eingangshalle [des Hotels] und hatte da einkassiert, Geld einkassiert, Zimmer zugewiesen, aufgeschrieben. Und da ist es passiert, dass es auf einmal wie witsch! gemacht hat, und im Nachhinein habe ich auch das Gefühl, dass die Zeit da still gestanden ist. Und vom Gefühl war das total irre, weil es auf einmal komplett still war, also komplett still, aber ich habe alles gehört. Und das war aber gleichzeitig da. Also das hat sich angefühlt wie: Ich bin total weit weg, und alles, was um mich herum passiert, ist einfach weit weg von mir, auf der anderen Seite aber total präsent, aber in allem. Also das heisst, ich habe mitgekriegt: Ganz hinten war ein Paar, die haben sich geküsst; ich habe gespürt, was jeder einzelne fühlt; ich habe die auch gesehen. Ich habe vorne abkassiert. Also ich habe funktioniert. Das war jetzt nicht so, dass ich da gesessen habe und… Sondern ich war komplett da. Ich habe aufgeschrieben. (…) Dann habe ich da ganz hinten mitgekriegt, ich habe die ganze Stimmung mitgekriegt – also das heisst, ich war eigentlich mit jedem total connected. Ich habe die auch gesehen, aber ich hatte wie das Gefühl, ich sehe die alle gleichzeitig und dachte: ‚Wie geht das?' Also im Nachhinein dachte ich: ‚Wie geht das?' Ich habe alles genau mitgekriegt und habe geschrieben. Ich habe alles exakt gemacht. Und gleichzeitig war ein Gefühl da: komplett still. Da war Null. Ich habe mich zwar bewegt, aber ich hatte das Gefühl, ich bin komplett still… und hatte Null Gefühl für die Zeit. Und dann habe

> ich nachher so überlegt und gedacht, das müssen 3, 4 Minuten gewesen sein. Aber ich hätte nicht sagen können, wie [lange] diese Zeit war. (757-782)

> (...) da war wie das Gefühl, dass es gar keinen Unterschied gibt zwischen mir und dem anderen, der 20 Meter weiter weg lacht. Also das hat sich angefühlt wie: Der bin ich auch. (1073-1076)

Im Anschluss an diese Erfahrung entschloss sie sich, eine Psychotherapie-Ausbildung zu beginnen. Nach einer Trainingswoche in der körperpsychotherapeutischen Richtung, die sie wählte, hatte sie eine sehr tiefgreifende spirituelle Erfahrung, deren Folgen sie noch heute begleiten. In einem Selbsterfahrungsprozess hatte sie mit dem Körperbereich ihrer Hüften gearbeitet, und es ging darum, was in ihren Hüften steckt. Über eine starke Bewegungsarbeit mit ihren Beinen befreite sich dabei „Energie (...), die in meinem Beckenbereich festgehalten war" (1292-1293). Im Anschluss an diese körperpsychotherapeutische Trainingswoche fuhr sie zurück in ihre spirituelle Gemeinschaft, wo sie in einem Seminar eine Erfahrung machte, die sie als „Inkarnationsprozess" (1288) erlebte:

> Ich bin zurückgefahren [in die spirituelle Gemeinschaft], und dann hatten wir ein Seminar, und dann ging dieser Prozess weiter. Und da war ich in einer Situation, wo ich das Gefühl hatte, es kommt von oben – also dieses Mal nicht aus dem Hüftbereich, sondern es kommt von oben durch den Kopf die ganze Wirbelsäule runter bis runter ins Becken eine Energie. Und es hat mich total – wie soll ich sagen – es hat mich hin und hergeschleudert, also ich habe total angefangen zu zittern am ganzen Körper. Ich habe so stark vibriert, dass die Leute mich festhalten mussten. (...) Das hat sich also dann von alleine auch wieder beruhigt durch Gehaltenwerden und halt einen Container bilden um mich herum. Und danach hatte ich wie das Gefühl, ich bin inkarniert. Und hatte das Gefühl, ich spüre auf einmal Bereiche in meinem Körper, die ich vorher noch nie gespürt hatte. Das heisst, ich habe Regionen im Körper gespürt - im Becken und in den Beinen – da hatte ich auf einmal ein Gefühl und einen Zugang und ein Bewusstsein dafür und wusste zwar vorher theoretisch: Ja, ich habe da ein linkes Bein.' Aber von Innen habe ich das nicht gespürt in der Form. Da hatte ich auf einmal das Gefühl: ‚Pah, ich habe ja <u>Stellen</u> in mir, die habe ich noch nie gespürt.' Und wo ich einfach das Gefühl hatte, dass durch diese Vorbereitung in der [Körperpsychotherapie], durch dieses Lösen, wo ich denke, dass diese Energieblockade im Becken wie etwas Abgeschottetes und Abgespaltenes war. Und dass durch diese Integration etwas geöffnet wurde und befreit wurde. Und dass dann bei diesem Seminar bei [meinem spirituellen Lehrer] eine Offenheit war für Energie und dass ich empfänglich war für eine Energie, die von meinem Empfinden eher von aussen kam und dass ich die aber auf Grund der Arbeit in der [Körperpsychotherapie] einfach durchlaufen lassen konnte. Und dann nicht wieder abgeklemmt habe. (1300-1326)

8.6.2 Schwierigkeiten: „Es gab in mir als ein Muster die Tendenz ‚raus aus dem Körper'" (2227)

Ihre ersten spirituellen Erfahrungen in Indien brachten Yolanda Yaberg „in eine Unruhe" (316). Sie hatte das Gefühl, es begann subtil in ihr zu arbeiten und hat „langsam mein ganzes System penetriert" (321) und „aufgeweicht" (322). „Dieses starre Festhalten an den Ideen ‚das bin ich, so soll es sein‘" begann sich ein wenig aufzulösen. Sie stellte alles in ihrem Leben in Frage und fühlte sich in ihren Strukturen aufgerüttelt: Es war „halt nichts mehr irgendwie am rechten Platz (...). Sondern wie so ein bisschen durcheinander gewürfelt und durcheinander gerührt" (1962-1963). Sie beschreibt, dass die Erfahrungen wie einen „Putzeffekt" (1936) in ihr hatten. Heute hat sie das Gefühl, dass sie ohne diesen Prozess sich gegenüber Spiritualität nicht hätte öffnen können und sie wohl auch nicht ihren spirituellen Lehrer kennen gelernt hätte. Damals war dieser Prozess für sie aber nicht einfach:

> Ich habe einfach alles in Frage gestellt. Ich habe gemerkt, mein Leben, wie ich lebe, in welchen Beziehungen ich lebe – irgendwie so dieses Gefühl: ‚Das stimmt einfach alles nicht. Es fühlt sich alles ungut an. Das ist irgendwie nicht richtig.' Und dann hatte ich zu vielen Sachen ein ganz distanziertes Verhältnis. Also das heisst, ich konnte es wie nicht mehr einbetten in eine Realität, die ich vorher hatte. Also vorher hatte ich ein bestimmtes Bild von Sachverhalten oder von Leuten und habe gesagt, das ist so und so und so und so. Das hat sich auf einmal aufgelöst, und dann dachte ich: ‚Hä, das ist gar nicht so. Das fühlt sich anders an. Aber wie ist es denn jetzt?' Und dann war wie so eine Irritation. Oder ‚Wer bin ich eigentlich?' Und dann tauchten in mir auf einmal Fragen auf, wo ich gemerkt habe, das ist alles irgendwie ein bisschen durcheinander. Und ich habe dann auch ein Jahr, nachdem ich dieses Erlebnis hatte, [meinen spirituellen Lehrer] kennengelernt.

> Und wo ich auch wieder das Gefühl habe, ich hätte den vorher nicht kennen lernen können, weil da einfach etwas zu war. Und jetzt halt durch diese Erfahrung wie eine Irritation oder ein Infragestellen auch von einem Selbstbild passiert ist. Und das hat zwar auf der einen Seite ein Gefühl von Unsicherheit gebracht, aber auf der anderen Seite die Möglichkeit eröffnet, etwas Neues rein zu lassen. Und dass halt vorher das Bild von mir und wie die Welt zu sein hat, so festgelegt war, dass da gar nichts anderes möglich war.

> Von daher würde ich sagen, dass diese spirituelle Erfahrung ein Aufrütteln war oder ein .. ja, ein Aufrütteln von Strukturen. (1971-1997)

Sie begann dann eine Psychotherapie und hatte den starken Impuls, Dinge zu verändern – so plante sie, sich beruflich selbständig zu machen und beendete schliesslich ihre damalige Beziehung.

Nach ihrer spirituellen Erfahrung während des Einkassierens an einem Seminar ihres Lehrers beschäftigte sie sich noch wochenlang mit ihrem Erleben und versuchte, über Meditation die Erfahrung wieder zu erlangen, was aber nicht funktionierte. Sie kannte es von sich, dass sie über Meditieren einen Zustand der Verbundenheit mit Dingen, Pflanzen oder anderen Menschen herstellen konnte. Bei dieser Erfahrung war das aber nicht möglich. Durch ihre kognitive Einsicht, dass sie diesen Zustand nicht willentlich herbeiführen kann, konnte sie sich wieder von ihrem erfolglosen Bemühen distanzieren, die Erfahrung zurückzuholen.

Über lange Zeit hatte sie das Gefühl, dass ihre spirituellen Erfahrungen sie aus der Struktur „völlig raus blasen" (2184-2185). Sie kam dann in einen Zustand, in dem sie das Gefühl hatte, „es löst sich alles auf" (2185) und hatte dann keinen Impuls mehr, irgendetwas tun zu müssen. Mit der Zeit wurde ihr bewusst, dass sie die Tendenz hatte, „raus aus dem Körper" (2227) zu gehen. Sie kam durch ihre spirituellen Erfahrung in

Euphorie-Zustände, die sehr angenehm waren, aber bald wieder „verpufften" (2239). Ihr wurde bewusst, dass sie ihre spirituellen Erfahrungen nicht in ihre Alltagsrealität einbauen konnte: „Sondern es hat sich eher angefühlt wie: Ich habe die, aber dann werden die wieder überlagert von – ich nenne ich es einmal – alten Geschichten in irgendeiner Form" (1230-1232).

Sie merkte: Wenn der Raum für eine Erfahrung in ihr nicht geschaffen ist, kommt zwar spirituelle Energie rein, hat aber keinen Raum, und schliesslich fühlt sie sich durch eine solche spirituelle Erfahrung überflutet – es wird ihr dann zu viel und sie will die Energie wieder loswerden. Sie hatte auch das Gefühl, dass die durch die spirituellen Erfahrungen freigesetzte Energie wieder in Strukturen flossen, die bereits in ihrer Persönlichkeitsstruktur vorhanden sind und diese Struktur noch mehr verstärkten, wenn sie sich nicht mit ihrer Persönlichkeit auseinandersetzte. So beschloss sie, eine Psychotherapie-Ausbildung zu beginnen, weil „ ich einfach an <u>mir</u> noch arbeiten wollte" (1225-1226).

Seit ihrem Weggang aus der spirituellen Gemeinschaft macht sie nun die Erfahrung, dass es „in der Welt" (1723) „ein Stück weit schwieriger wird" (1723), mit der inneren Offenheit, die sie als ein wesentliches Merkmal ihrer Spiritualität erlebt, verbunden zu bleiben. Im Ashram sei immer eine „unterstützende Energie – nenne ich jetzt mal das Göttliche – so präsent, die ganze Zeit, dass das einfach geholfen hat, das immer wieder zu spüren" (1730-1732). In ihrer neuen Lebenssituation ist sie oft mit Menschen zusammen, die – wie sie selber früher – „einfach nichts mitkriegen" (1727). Dadurch verringert sich auch ihre eigene Wahrnehmung, und sie merkt, wie sie sich im Kontakt zu schützen beginnt und ihre Offenheit sich schmälert.

Ihre differenzierte Wahrnehmungsfähigkeit, insbesondere eine sehr verfeinerte Körperwahrnehmung, mit der sie seit ihrer Inkarnationserfahrung auch oft Stimmungen und Befindlichkeiten anderer Menschen wahrnimmt, hat sich seit ihrem Weggang aus der spirituellen Gemeinschaft etwas verringert. Sie merkt, dass wieder häufiger Persönlichkeitsmuster die Zustände von innerer Befreiung, Fliessen und Lebendigkeit „dumpf machen" (1465). Früher war es in solchen Momenten so, dass sie dann in einer depressiven Stimmung hängen blieb und sich nicht mehr davon distanzieren konnte. Heute erfährt sie einen Aspekt von sich, der weiterhin frei und im Fluss bleibt und der eigentlich immer in ihr präsent ist. Mit diesem Teil in sich versucht sie sich zu verbinden, wenn sie wahrnimmt, dass sie in einen dumpferen Zustand gerät. Manchmal gelingt es ihr leichter, manchmal ist es schwieriger, mehr Distanz zu ihren Emotionen zu finden.

8.6.3 Folgen: „Ich habe meinen Körper wie noch nie zuvor gespürt" (1371)

Mit ihren spirituellen Erfahrungen in Indien begann für Yolanda Yaberg ein Prozess, während dem sie sich zunächst in ihren bisherigen Vorstellungen von sich selbst und der Welt sehr verunsichert fühlte. Diese „Irritation" (1960) führte dazu, dass sie merkte, dass Vieles in ihrem Leben nicht stimmt für sie. In einer Psychotherapie begann sie, sich Themen aus ihrem Leben bewusst zu machen und zu verarbeiten. Sie versuchte, authentischer zu sein in ihren Beziehungen und mehr in Kontakt zu sein mit dem, was sie ihre „Wahrheit" (2025) nennt. Sie hatte damals den starken Impuls, Dinge in ihrem Leben zu verändern und wollte sich z.B. beruflich selbständig machen. Sie beendete ihre damalige Beziehung.

Heute denkt Yolanda Yaberg, dass diese Prozesse wichtig dafür waren, dass sie sich gegenüber Spiritualität überhaupt öffnen konnte. Sie lernte ihren spirituellen Lehrer kennen und entschied sich nach einer spirituellen Erfahrung und einer Phase in seiner spirituellen Gemeinschaft, dort zu bleiben. Sie schildert, dass in dieser Zeit alles komplett „upside down" (417) war, dass „total viel Bewegung" (428) da war „auf allen Ebenen" (428), dass „einfach unheimlich viel Leben aus mir heraus gesprüht" (420) ist und sie eine „grössere Freiheit" (429) erlebte. Sie erlebte auch „heftige Prozesse mit Schmerz" (429-430), alte Verletzungen wurden wieder spürbar, Vieles war aufgewühlt. Sie veränderte sich sehr positiv, was auch ihre Freunde und ihre Mutter sahen. Sie merkte, dass sie nicht mehr in ihr bisheriges Leben zurück wollte, das ihr nun sehr beengt schien. Dieser Schritt bedeutete eine grundlegende Lebensveränderung und entsprach damals gar nicht ihrer sonstigen Art. Früher hatte sie sich für Jahre im Voraus Pläne gemacht, was sie in dieser Zeit erreichen wollte und wie ihr Leben aussehen sollte. Mit ihrer Entscheidung, in die spirituelle Gemeinschaft zu ziehen, gab sie ihr bisheriges soziales Umfeld, ihren Beruf und ihre bisherige Wohnform auf.

Während der Zeit in der spirituellen Gemeinschaft nahm sie an „Energie-Trainings" (368) teil, machte eine körperpsychotherapeutische Ausbildung und machte verschiedene spirituelle Erfahrungen, die sich wesentlich in ihrem Leben auswirkten. So merkt sie beispielsweise, dass sie früher im Kontakt mit anderen Menschen diese oft nach ihren Äusserlichkeiten verurteilte. Heute, wenn sie „tief verankert" (511) ist, nimmt sie andere Menschen anders war, sieht dann mehr das Gemeinsame an allen Menschen und hat „auch einfach eine grössere Offenheit" (512). Im Verlaufe ihres Lebens hatte sie ein grosses Misstrauen anderen Menschen gegenüber aufgebaut, baute eine „Schutzburg" (530) um sich herum auf und machte zu, um den „permanenten Stress" (564) anderen Menschen gegenüber nicht mehr aushalten zu müssen.

Mit ihrem spirituellen Lehrer arbeitete sie stark am spirituellen Urgrund und Urvertrauen. In ihrer Persönlichkeit wurde alles aufgeweicht – der Urgrund wurde stabiler. Über ihre körperpsychotherapeutische Selbsterfahrung setzte sie sich mit ihrem Misstrauens-Thema auseinander und konnte in diesem Bereich viel Neues aufbauen. Heute fühlt sie sich viel spielerischer in zwischenmenschlichen Beziehungen. Wenn es Dinge gibt, die sie wütend machen oder die ihr unangenehm sind, merkt sie auch, dass da auch dieser Urgrund ist in ihr und in anderen, der von diesen Emotionen nicht berührt wird. Dadurch hat sie die Möglichkeit, mit mehr Leichtigkeit in Beziehungen zu sein und Dinge auch mal anders zu tun, ihr Verhalten zu ändern.

Früher war sie sehr gefangen in ihren Gefühlen und konnte aus einem emotionalen Zustand schlecht wieder raus kommen. Heute hat sie die Möglichkeit, sich von ihren Gefühlen zu desidentifizieren, indem sie sich mit einer inneren Instanz verbindet, die sie als Beobachter bezeichnet. In diesem Zustand erlebt sie eine innere Stille und nicht mehr den Lärm ihrer Emotionen: „Und das war früher einfach anders. Früher war ich dann involviert in das, was passiert und das hat mich gehalten und gezerrt" (499-500).

Nach ihrer Inkarnationserfahrung hat sich sehr viel verändert für Yolanda Yaberg: Unmittelbar danach spürte sie ihren Körper so intensiv wie nie zuvor. Sie erlebte eine „irrsinnige Freude" (1372), sie sprühte vor Leben und Vitalität. Über Monate war ihr Körper „vollkommen energetisiert" (1387), in ihrem Körper war alles wie bewegt, sehr offen und sehr tief. Sie erlebte eine Freude am Sein, an Bewegung, alles ging leicht. Sie fühlte sich kraftvoll und hatte unglaublich viel Energie. Sie war sehr offen und kontaktfreudig, bekam viele Rückmeldungen zu ihrer positiven Ausstrahlung. Sie erlebt seither mehr Lebendigkeit, Fluss und Befreiung in sich. Seither hat sich ihr Selbstwertgefühl nachhaltig positiv verändert. Sie ist selbstbewusster geworden, mutiger, autonomer. Ihre Körperwahrnehmung ist seitdem auch verändert: Sie kann heute viel differenzierter wahrnehmen, was in ihrem Körper geschieht. Wenn sie mit anderen Menschen zusammen ist, fragt sie sich oft, was in ihr gerade geschieht und nimmt in ihrem Körper dann wahr, wie sich die andere Person gerade fühlt. Dadurch fühlt sich ihr Gegenüber von ihr ganzheitlicher wahrgenommen. Oft spürt sie Dinge und findet es schwierig zu unterscheiden, ob diese Wahrnehmung nun mit ihr selber oder mit ihrem Gegenüber zu tun hat. Zur Zeit versucht sie, für sich herauszufinden, wie sie diese Wahrnehmungen unterscheiden kann.

8.6.4 Hilfreiches für die Integration: „Da bleiben und weiter tun und in den Körper bringen" (2170-2171)

Für Yolanda Yaberg war es wichtig, einen spirituellen Lehrer zu haben, der sie auch immer wieder auf den Boden zurück brachte nach spirituellen Erfahrungen. Wenn sie sich nach einer Erfahrung wie aufgelöst gefühlt hatte, sagte ihr Lehrer etwa: „Mach mir doch mal einen Kaffee" oder „geh ins Büro zur Arbeit". Dadurch unterstützte er sie darin, nicht in ihren Erfahrungen hängen zu bleiben, sondern sie mehr in den Alltag einzubringen.

Sie machte die Erfahrung, dass einfache Tätigkeiten wie spülen, putzen oder im Garten hacken nach spirituellen Erlebnissen erdend wirken. Sie findet es wichtig, aus dem veränderten Bewusstseinszustand weiter zu gehen, im Tun zu bleiben; zu versuchen, im Handeln zentriert zu bleiben und über die Handlung den inneren Zustand im Körper zu integrieren. Für sie geht es dabei auch darum, einfach wahrzunehmen, was in ihr passiert – was sie spürt, wo sie etwas spürt, was sie fühlt etc. – und dem Raum zu geben und trotzdem im Handeln zu bleiben. Komplexe Tätigkeiten auszuführen sieht sie nach spirituellen Erfahrungen als kontraproduktiv, weil sie einen eher wieder von der Erfahrung weg führen.

Bei manchen Erfahrungen war sie sehr froh, ein Gegenüber zu haben in ihrem spirituellen Lehrer oder in anderen Mitgliedern ihrer Gemeinschaft, um ihnen ihre Erfahrungen mitteilen zu können. Wenn sie ihre Erfahrungen jemandem erzählte, war es für sie besonders wichtig, dass ihr Gegenüber ihr Erleben nachvollziehen konnte aus eigener Erfahrung und ihr nicht irgendwelche Ratschläge dazu machen wollte und auch keine „Story" (2155) daraus machte.

Sie stellte aber für sich fest: „Je stärker die Erfahrungen waren, desto weniger habe ich mich ausgetauscht" (2304-2305). In diesen Fällen war es für sie hilfreicher, die Erfahrung für sich zu behalten – die so mehr in ihr selber wirken konnten - oder erst zu einem viel späteren Zeitpunkt mit jemandem darüber zu reden. Stattdessen schrieb sie ihre Erfahrung in ihr Tagebuch. Dieses Aufschreiben ihrer Erfahrungen tat ihr sehr gut. Es half ihr, während des Schreibens nochmals anzuschauen, was da passiert ist. Sie fand es auch spannend, später nachlesen zu können, weil sie merkte, dass sich ihre Interpretation von Erfahrungen und die Art, wie sie Erfahrungen schildert, mit zunehmendem Alter veränderte.

Manchmal fand sie es hilfreich, ein Bild zu malen im Zusammenhang mit ihrer spirituellen Erfahrung.

Meditation ist für sie ein zentraler Teil und eine feste Struktur ihres Alltages. Sie praktiziert Meditationen, die sie von ihrem spirituellen Lehrer gelernt hat und verbindet sie mit kleinen Bewegungen, die ihr persönlich helfen, sich leichter mit der Seins-Dimension zu verbinden. Meditation hat für sie viel mit Wahrnehmen zu tun, „den

Körper wahrnehmen und das Tun wahrnehmen und beobachten" (2179). Diese Übung sieht sie nicht auf die fixen Zeiten der formalen Meditation beschränkt, sondern es bedeutet für sie, das in jedem Moment zu praktizieren und den inneren Beobachter auf diese Weise zu kultivieren. Ziel ist es für sie dabei, „dass ich an einen Punkt komme, wo ich mir immer bewusst bin, was gerade ist. Und dass ich aber trotzdem nicht das <u>bin</u>, was gerade ist" (2197-2199). Um sich dieser Präsenz im Moment anzunähern bei allen Tätigkeiten im Alltag, fragt sie sich im Verlauf des Tages immer wieder: Was spüre ich jetzt gerade in meinem Körper?

Yolanda Yaberg erlebte früher eine Tendenz in sich, „raus aus dem Körper" (2228) zu gehen. Für sie war es ganz wesentlich, sich zu erden und ihren Körper stärker wahrzunehmen:

> Das heisst, es gab in mir als ein Muster die Tendenz ‚raus aus dem Körper'. Und letztendlich ist es aber so, dass die Energie rein in den Körper will. Und sich im Körper dann im Sein ausdrücken will. Und da denke ich, ist es einfach notwendig, eine Erdungsarbeit zu machen. Das also im Körper halten zu können. Ich glaube, das hat mir am Anfang gefehlt. Und dann hat mich das immer wieder so in Euphorie-Zustände versetzt, aber das ist dann wieder wie verpufft. (2227-2234)

Dieser Prozess der Erdung geschah in intensiver Form in ihrer Inkarnationserfahrung. Seither hat sie das Gefühl, viel stärker im Körper präsent und verankert zu sein. Die Intensität und nachhaltigen Folgen dieser Erfahrung sieht sie in engem Zusammenhang mit der körperpsychotherapeutischen Arbeit, die unmittelbar davor stattgefunden hatte und die Bereiche in ihrem Körper befreit hatte, so dass der Inkarnationsprozess überhaupt möglich war.

Seit sie nicht mehr in der spirituellen Gemeinschaft ist, merkt sie, dass es viel schwieriger ist, in ihrer spirituellen Offenheit zu bleiben. Unterstützend in diesem Zusammenhang ist für sie, sich mit ihrem spirituellen Lehrer über ein Bild zu verbinden und in die Meditation oder in die Stille zu gehen. Dabei gelangt sie in einen Zustand der Stille, indem sie die „kosmische Energie" (1786) einlädt, sie zu bewegen und dann diesen Bewegungen folgt, bis sie zu einem Punkt kommt, wo die Bewegung einmündet in eine Stille. Sie stellt fest, dass ihr innerer Zustand vor dieser Meditation wesentlich dafür ist, ob und wie sie in eine Stille finden kann:

> Je leerer ich bin und je mehr ich loslasse von Form, desto reiner kann die sich ausdrücken. Und je mehr ich mit der Form identifiziert bin, desto stärker läuft diese Energie in die Form rein. Und wenn diese Form dann irgendein Charaktermuster oder eine Panzerung ist, dann läuft sogar diese Energie in diese Panzerung rein und gibt der Panzerung Kraft. Und wo ich sehe, dass ich letztendlich die Weichenstellung - wo die jetzt hinläuft – die kann ich machen mit Bewusstseinsarbeit. (1878-1885)

Dafür braucht sie einen Kontakt zu einer höheren inneren Instanz in sich, dem Beobachter. Dann kann sie wählen, wohin sie ihr Bewusstsein lenkt. Die Kontaktaufnahme mit ihrem inneren Beobachter praktiziert sie immer wieder. Yolanda Yaberg erlebt diese Praxis jetzt als besonders wichtig, da sie sich ausserhalb der spirituellen Gemeinschaft wieder sehr mit weltlichen Themen auseinandersetzen muss.

8.7 Katharina Kunz: „Ich muss nirgendwohin gelangen" (985)

Katharina Kunz (46) arbeitet als Psychologin und Psychotherapeutin in einer psychiatrischen Klinik und in einer ambulanten Praxis. Sie ist verheiratet und lebt mit ihrem Mann und ihren Kindern in einem Haus auf dem Land.

8.7.1 Spirituelle Erfahrungen: „Ich war gestorben, und man hat mich beerdigt" (656)

Katharina Kunz wuchs reformiert auf. Religiosität erlebte sie als etwas Positives. Als kleines Kind betete sie neben den Gebeten in der Familie auch ihre ganz eigenen Gebete, in die sie Fürbitten für die Tiere im Wald und für ihre Stofftiere einschloss. Als Jugendliche schloss sie sich einer Bibelgruppe an, deren Ansichten ihr aber mit der Zeit zu eng wurden. Sie setzte sich in ihrem Leben über viele Jahre sehr bewusst mit Religiosität auseinander, beschäftigte sich auch mit Buddhismus, Hinduismus und Schamanismus. Um mehr über ihre ursprüngliche Religion, das Christentum, zu erfahren, besuchte sie auch theologische Kurse.

Nachdem ihre Kinder etwas älter waren, kam für sie die Frage nach ihrer Berufung auf, die sie stark mit einem Dienst für Gott verband: „Deinen Beruf musst du machen für Gott" (636-637). Um ihre Berufung für sich zu entdecken, begann sie vor etwa 9 Jahren eine Psychotherapie, die stark auf holotrope Atemarbeit ausgerichtet war. Dabei machte sie immer wieder die Erfahrung, „ich bin mit Gott oder dem Göttlichen (…) in Kontakt" (649-650). In einer dieser Atemsitzungen erlebte sie „Spiritualität oder so etwas Göttliches sehr körperlich" (652-653):

> (…) es war irgendeine Szene – ich hatte das Gefühl, im Rahmen eines indigenen Volkes. Es waren irgendwelche rituellen Sachen passiert, und ich war gestorben, und man hatte mich beerdigt, aber man hatte nur meinen Körper quasi wie 10 cm oder so dick er eben ist, in den Boden gelegt, so dass meine Oberfläche des Körpers dann gerade war mit der Erde. Und dann lag ich in diesem Körper unter der Erde, und oben war es noch offen, und alle Leute standen so rundherum. Und ich spürte, wie mein Körper zerbröselt, wie der wie Erde wurde. Und es war einfach so ein Bild, das ich zu dieser Körperempfindung hatte – es war ein Kribbeln und ein ‚Es löst sich etwas auf'. Sehr entspannt. Ich hatte auch das Gefühl, ich spürte meinen Körper gar nicht mehr in seiner Hülle, sondern ich spürte nur noch diesen Zersetzungsprozess. Es kam mir so vor wie Erde, die zerbröselt. Das kam von den Füssen her rein in meinen Körper und herauf. Und ich lag da, und es war immer die Struktur, dass jemand einen begleitete, man hatte so eine Sitterin in der Atemsitzung, und sie fragte immer: Ja, wo bist du jetzt gerade?, Dann sagte ich: ‚Du musst noch warten, es ist noch nicht vorbei. Jetzt ist es erst da' ((zeigt auf eine Stelle an ihrem Körper)). Es stieg so langsam hoch. Es war ein Zustand von grosser Wachheit, von einer Leichtigkeit, von Präsenz, Entspannung -Heiterkeit auf eine Art war auch da. Ich konnte auch reden mit meiner Sitterin, und ich konnte auch lachen. Ich fand diesen Zustand eigentlich noch lustig. Und dort hatte ich das Gefühl, es geht ums Thema Verwandeln, mich verwandeln lassen, mitfliessen im Prozess von Werden und Vergehen. (654-677)

In ihren Atemsitzungen erlebte sie oft ein Eintauchen in „Schichten" (1894), die jenseits ihrer eigenen Person waren. So sah sie einmal während einer solchen Atemarbeit

eine riesige blaue Lichtsäule in einer Berglandschaft. Sie ging langsam auf diesen leuchtenden Turm zu und merkte, dass sie nicht näher als etwa 10 Meter darauf zugehen
sollte und so der Abstand stimmig war. Sie schaute diesen blauen Leuchtturm einfach
an. Sie merkte, dass die Farbe blau für sie ganz viel mit Heilung zu tun hat und Heilung
in ihrem Leben für sich selber und in ihrer beruflichen Tätigkeit eine ganz wichtige Rolle spielt.

Vor einigen Jahren hatte sie dann während einer Autofahrt – sie kann die genaue
Stelle auf der damaligen Fahrtstrecke noch heute erinnern – den plötzlichen Gedanken:
„Wie wäre jetzt das, wenn Gott zu meinen Augen rausschauen würde?" (813-814):

> Ich würde ihm jetzt die Welt zeigen, würde ihm sagen: ‚Schau, Gott, (…) da ist
> die Kurve. Und schau, ich fahre jetzt da durch und jetzt gehen wir nach Hause.
> Jetzt kommt dann O., das Ortschild.' Wie würde ich leben, wenn das so wäre?
> Und ich merkte: ‚Wow, so einen Gast bei mir zu haben – so quasi Gott himself
> bei mir im Auto. Und Gott himself bei mir, überall, wo ich bin und ich würde
> ihm das Leben zeigen so, wie ich es erlebe.' Da habe ich gemerkt: ‚Wow, was ist
> jetzt das?' Und ich merkte: Ich habe schon lange die Vorstellung, Gott ist nicht
> ausserhalb von mir. Gott ist überall, und Gott ist in mir. Und Gott ist auch mein
> Kern. Und dort schoss das in einem Moment ein in einer völlig banalen Alltagssi-
> tuation. (814-824)

Dieses Erlebnis war geprägt von einer Heiterkeit, aber auch von einem Gefühl der Befreiung, der Sicherheit und Ehrfurcht:

> Und es war so etwas Befreiendes. Es ging eine Welt auf. Eine Befreiung beim
> Herzen. Und ich dachte: ‚Es kann mir ja gar nichts passieren.' Und: ‚Wow, was
> für eine schöne Aufgabe, so einen Gast durch mein Leben hindurch zu beglei-
> ten.' Also auch neben dem: ‚Oh, es ist lustig und heiter' war da auch etwas von
> Ehrfurcht. (834-839)

8.7.2 Schwierigkeiten: „Dass ich immer wieder mit meinen Leistungsmus-
tern in das hineinkomme, ich sollte etwas erreichen" (987-988)

Katharina Kunz hatte lange Zeit immer wieder das Gefühl, sie müsse die „ultimative
Erleuchtung" (1265) erleben, sie „müsse das so spüren und das müsse dann so
wahnsinnig sein" (1226-1227). So erlebte sie immer wieder Momente, wo sich eine
grosse Erwartungshaltung bezüglich einer spirituellen Erfahrung aufbaute, die sich
dann aber nicht in dem Ausmass erfüllte, wie sie es sich erhofft hatte. Als Jugendliche
hatte sie deswegen oft das Gefühl, sie sei falsch und mit ihr stimme etwas nicht, wenn
sie nicht eine Erfahrung mache, aus der sie völlig gewandelt herausgeht. Allmählich
merkte sie, wie sich langsam eine gewisse „Ernüchterung" (1292) einstellte. Sie merkte,
dass bei ihr spirituelle Dinge ganz unspektakulär im Alltäglichen geschehen – z.B. beim
Salat waschen oder eben beim Autofahren.

In ihrer Meditations- und Gebetspraxis, die sie seit etwa 4 Jahren regelmässig übt,
bemerkte sie gleich zu Beginn, dass sich eine Leistungshaltung einschlich, die sie gut
von sich kennt, und wie sie immer wieder das Gefühl hatte, sie müsse etwas erreichen
in ihrer Spiritualität:

> Und das war für mich auch eine grosse Entlastung, irgendwann zu merken: Ich
> muss nirgendwohin gelangen. Ich muss mich nicht vervollkommnen. Das ist

nicht nötig. Ich weiss eigentlich, es ist schon da.' Ich meine zwar oft, es sei nicht da, und ich weiss, dass ich immer wieder mit meinen Leistungsmustern in das hineinkomme, ich sollte etwas erreichen. Oder ich ertappe mich auch manchmal dabei, dass ich denke: ,Oh, war das eine schöne Meditation. Jetzt war ich so richtig schön bei mir.' Oder dass ich während einer Meditation denke: ,Oh, Scheisse, was ist auch das für ein Bienenhaus in meinem Kopf, und es kommt nicht zur Ruhe und ach.' Wo ich so merke: Aversion. Das eine Mal Anhaften wollen und wunderbar – und das andere Mal Aversion. Und zu merken: ,Ja, genau, das ist es halt.' Aber so zu merken: Ich praktiziere einfach. Es gehört zu meinem Leben, wie ich Wasser trinke, und wie ich meine Zähne putze, so mache ich das jetzt auch für meinen Geist. (984-997)

Während eines religiös-spirituellen Anlasses wählte sie sich einmal einen Kraftort[80] als Schlafplatz für eine Nacht aus in der Hoffnung, dass es ihr gut tun würde und sie Kraft tanken könne. Sie war damals in einer Lebensphase, in der sie grosse Ängste hatte, in ihrem Studium nicht zu genügen und ihr Leben nicht zu schaffen. Sie erlebte in dieser Nacht statt der erhofften heilsamen Wirkung eine grosse Destabilisierung mit einem „Gefühl von Auseinandergerissen-Sein und dieser Angst, ich werde wahnsinnig" (472-473):

Und ich hatte mich ja eigentlich auf diesen Kraftplatz gelegt in der Hoffnung – ich hatte wieder vermehrte Ängste damals – und ich war in der Hoffnung dorthin gegangen, ich hole mir wie ein wenig Medizin, um mich wieder zu sortieren und zu strukturieren. Und merkte, es verstärkte diesen Zustand noch. Und in dieser Nacht erlebte ich so einen Horror – eben, wie innerlich gehen Falltüren auf, ich falle durch. Ich komme nie mehr an da im Leben. So wie: ,Hallo, ist da noch jemand?' Ich rufe wie von weit hinten her in den Raum hinaus: ,Hallo, es soll jemand da sein und mir sagen: Da ist die Realität.' Also so etwas von Entgrenzung auch, was sehr Angst machte. Und ich hatte auch schon spirituelle Erfahrungen gemacht, wo ich diese Art von Kontrollverlust gemacht hatte, aber es war wie eingebettet und ich war vielleicht in einem besseren Zustand gewesen allgemein. Und damals war ich einfach wirklich in neurotischen Geschichten drin und destabil, so dass es dann schwierig war für mich, mich dem auszusetzen. Und ich noch mehr Kontrollverlust oder noch mehr Entgrenzung nicht vertrug. Was für mich vielleicht wirklich gefährlich war. (490-506)

Diese Erfahrung sensibilisierte sie sehr dafür, für sich genau zu unterscheiden, wann, in welchem Befindlichkeitszustand und in welchem Ausmass sie sich auf Kraftorte begibt.

8.7.3 Folgen: „Ich bin autorisiert, meinen eigenen Weg zu gehen" (952-953)

Durch ihre spirituellen Erfahrungen – insbesondere durch ihre Sterbe-Erfahrung - hat Katharina Kunz „ein Stück weit (…) gelernt" (687-688), auf einer tieferen Ebene als der biografischen vertrauen zu können:

Und dort hatte ich das Gefühl, es geht ums Thema Verwandeln, mich verwandeln lassen, mitfliessen im Prozess von Werden und Vergehen. Und das ist ein

---

[80] „Orte der Kraft sind natürliche Energiezonen" (Merz, 2004, S. 9), deren feinstoffliche Energien sich nicht mit festen Analysemethoden oder Messinstrumenten messen lassen. Gewissheit, an einem Kraftort zu sein, gibt erst das „starke persönliche Erlebnis", „dass an einem Ort etwas in uns passiert ist, das eine innere Veränderung hervorgerufen hat" (Merz, 2004, S. 9).

Thema, bei dem ich immer wieder merke in der Spiritualität, es ist so wichtig. Ich wohne auch an diesem Fluss, dieses panta rhei – das geht vorbei. Das ist für mich so wichtig. Und ich glaube, es hat auch einen starken Bezug zu meinen Lebensverletzungen, zum Urvertrauen, das ich eben oft nicht habe, wenn ich in einen emotionalen Stress komme, dann klemmt es bei mir sofort an diesem Ort: dass ich nicht vertrauen kann. (675-683)

Es gibt immer wieder Momente, wo sie ihre Erfahrung, dass Gott in allem ist, vergisst und wieder von biografischen Ängsten eingeholt wird. Sie erlebt aber eine tiefe Orientierung in ihrem Erleben „Wie wäre jetzt das, wenn Gott zu meinen Augen rausschauen würde?" (813-814). Auch mit ihrer Erfahrung der blauen Lichtsäule verbindet sie sich immer wieder und erlebt dadurch eine Rückverbindung zum Thema der Heilung, das sie in ihrem Leben sehr begleitet.

Zwischenmenschliche Beziehungen haben sich in den letzten Jahren für Katharina Kunz sehr verändert, was sie ihrer Psychotherapie und ihren spirituellen Erfahrungen zuschreibt. So merkt sie, dass sie anderen Menschen „freier" (1953) und „unvoreingenommener" (1955) begegnet. Sie kann mit Konflikten anders umgehen, indem sie „weniger konfliktscheu" (1985) ist und mehr Vertrauen hat, dass auch Konflikte in Ordnung sind und einen Sinn haben. Dabei hat sie auch nicht mehr den Anspruch, alles lösen zu müssen und weiss aus Erfahrung, dass sich auch Gutes entwickeln kann, wenn es zwischendurch schwierig ist im Kontakt mit anderen Menschen. Sie hat mehr Respekt und Einfühlungsvermögen in verschiedene menschliche Zustände entwickelt. Sie spürt in sich eine grössere Bereitschaft, mit anderen Menschen auch Schwieriges auszuhalten, ohne unbedingt selber aktiv werden zu müssen, sondern indem sie einfach mit Betroffenen zusammen ist.

In ihrer Arbeit mit KlientInnen versucht sie, mit ihrer eigenen spirituellen Einbettung und derjenigen ihrer KlientInnen Kontakt aufzunehmen.

(…) dass ich manchmal versuche, Kontakt aufzunehmen mit unserer je spirituellen Einbettung. Dass ich quasi meine Wesen, meine Engelbegleiter zu spüren versuche und merke, der andere hat auch einen solchen Hintergrund. Und dass diese Welten auch miteinander kommunizieren. Dass wir nicht alles machen müssen miteinander. Dass da wie eine riesige Welt auch hintendran ist, und die ist auch wichtig. (1966-1971)

Dies öffnet ihr Bewusstsein und ihr Gewahrsein für „was da alles sein kann im Kontakt" (1974), „es relativiert, entlastet" (1976) und „stellt das wie in einen grösseren Kontext hinein" (1979-1980).

Besonders zentral ist für Katharina Kunz, dass ihre spirituellen Erfahrungen ihr immer mehr ermöglicht haben, ihr Eigenes zu entwickeln in Bezug auf ihre Spiritualität und diesem auch in ihrem Alltag zu folgen:

Und ich glaube, eine wichtige Folge von all diesen Erlebnissen ist, dass ich immer mehr auch das Gefühl bekommen habe von ‚Ich bin autorisiert, meinen eigenen Weg zu gehen'. Ich muss nicht mehr in eine Schule gehen, um das zu lernen oder in ein Kloster. Ich hatte ja lange das Gefühl gehabt, ich müsse ausbrechen, meine Familie verlassen und in ein Kloster gehen. Oder eben in den Wald, um Wurzeln zu essen. Und irgendwann merkte ich: ‚Nein, das ist nicht mein Weg. Ich bin so verbunden mit meiner Familie und mit den Menschen und mit dem Alltag. Dem normalen Alltag, den Menschen leben – von Arbeiten und

Freizeit und Liebe und Konflikten und so. Ich will mich dem gar nicht entziehen.' Und diese Selbstverständlichkeit, dass ich meine eigene Praxis machen kann. Diese Autorisation, die spüre ich immer mehr eigentlich durch diese Erlebnisse. (951-962)

Und ich glaube, das ist eigentlich die Hauptkonsequenz aus diesen Erfahrungen, dass ich mir die Erlaubnis gegeben habe, meine eigene Praxis zu machen. (974-976)

8.7.4 Hilfreiches für die Integration: „Diese Alltagsspiritualität eigentlich, die nicht im Grossen ist, sondern im Kleinen." (1333-1334)

Für Katharina Kunz war es sehr wichtig, Zeit und Raum zu finden für ihre spirituelle Praxis. Nachdem sie sich vor etwa 4 Jahren ein Zimmer in ihrem Haus einrichten konnte, in dem sie ungestört meditieren kann, praktiziert sie regelmässig an 5 Tagen pro Woche ihre eigene Meditations- und Gebetspraxis zu einer festen Tageszeit. Dabei half ihr auch, den Rahmen für ihre Meditation vernünftig abzustecken und sich ihre Übung nicht unrealistisch häufig vorzunehmen. Dadurch praktiziert sie jetzt gerne – es ist ihr ein Bedürfnis und keine Pflicht. Zuvor ist es ihr über Jahre nicht gelungen, regelmässig zu meditieren.

Ihre spirituelle Praxis hat sich organisch entwickelt und ist ihre ganz eigene, persönliche Form geworden, in die sie Aspekte verschiedener spiritueller Traditionen einfliessen lässt – sie enthält christliche, buddhistische, schamanistische Elemente.

An ihrem Meditationsplatz und an Orten in ihrem Haus liegen verschiedene Gegenstände, die sie an ihre spirituellen Erfahrungen erinnern oder die sie mit spiritueller Symbolik verbindet. So liebt sie Kerzen, die für sie ein „Symbol [sind] von Transformation, wo einfach Materie sich in Licht und Wärme transformiert" (946-947). Ein klarer Bergkristall auf ihrem Meditationsplatz erinnert sie an die Erfahrung der blauen Lichtsäule. Dabei ist es für sie nicht so wichtig, sich beim Anblick dieser Gegenstände immer bewusst an deren spirituelle Dimension zu erinnern. Sie denkt, dass ihre Erfahrung ohnehin darin verankert ist und sie wieder präsent wird, sobald sie den Gegenstand anschaut.

Unmittelbar nach einer spirituellen Erfahrung war es für Katharina Kunz jeweils wichtig, „Zeit und Raum zu haben (…), um es noch nachwirken zu lassen" (1721-1722). Erfahrungen aus Atemsitzungen hat sie für sich aufgeschrieben, um sie „nochmals sortieren zu können" (1707) und sie „auch mehrmals lesen" zu können (1708). Manche Erfahrungen hat sie für sich gemalt, um sie zu erden.

Für Katharina Kunz war es im Verlauf ihrer spirituellen Erfahrungen immer wieder hilfreich, sie mit jemandem teilen zu können – oft erzählte sie ihrer Therapeutin davon, manchmal tauschte sie sich mit einer ihrer Freundinnen aus. Gespräche mit ihrer Therapeutin gaben ihr Sicherheit, wenn einmal eine Erfahrung beängstigend war. Sie bekam Hilfe, Erlebtes einordnen zu können und in ihrem Lebenskontext zu verstehen. Sie merkte, dass sie sich ihrer Therapeutin nur so weit hatte öffnen können, weil sie sich verstanden fühlte und sie den Eindruck hatte, ihr Gegenüber konnte das verstehen und aus eigener Erfahrung auch nachvollziehen. Oft fand sie es unterstützend, wenn ihre Therapeutin ihr auch einen kollektiven Kontext für eine Erfahrung, die sie nicht ganz verstehen konnte, über eine traditionell-religiöse Geschichte vermitteln konnte. So imaginierte sie in einer Atemsitzung einmal ein Bild von einem Affen. Über Geschichten von Hanuman, einer hinduistischen Figur in Affengestalt, konnte sie ihre Erfahrung in einem grösseren, allgemein-menschlichen Kontext sehen und für sich persönlich besser einordnen.

Es war für sie wichtig, dass ihre Therapeutin ihren Erfahrungen mit Wertschätzung begegnete. Spirituelle Erfahrungen sind für sie „solche Kostbarkeiten. Und das ist für mich wichtig, das auch so zu behandeln (…). Dass das auch als etwas Kostbares angeschaut wird" (1740-1743).

Nach ihrer beängstigenden Erfahrung nach der Übernachtung auf einem Kraftplatz redete sie am Morgen mit einer Freundin, die bei diesem Anlass auch dabei war, was ihr half, „um mich wieder zu erden im Kontakt, um wieder anzukommen. Und mich auch wieder distanzieren zu können" (512-514).

Katharina Kunz hat in Bezug auf ihre Spiritualität das Gefühl, dass ihre Lebensthemen ihr hier oft hinderlich sind.. Der bewusste Umgang mit diesen Lebensthemen ist dabei für sie sehr unterstützend. So nimmt sie mittlerweile genau wahr, wann sie im Alltag in ihr Leistungsmuster hineingerät, und hat für sich Möglichkeiten entwickelt, wie sie sich wieder daraus lösen kann. So war es für sie auch wichtig, zu merken, als sich dieses Leistungsmuster im Bereich ihrer Spiritualität zeigte und sie sich unter Druck setzte, mit ihrer spirituellen Übung etwas zu erreichen:

> Und irgendwann habe ich auch herausgefunden, es geht nicht darum, in dieser Praxis irgendwo hin zu kommen, irgendwelche Erleuchtung zu erleben, sondern es ist einfach eine Praxis, wie ich Zähne putze – so meditiere ich jeden Tag. Weil ich überzeugt bin, dass das meinem Geist gut tut: meiner inneren Hygiene und meiner inneren Verbindung zum Göttlichen. Dass ich das besser spüre, wenn ich regelmässig meditiere. Und das war für mich auch eine grosse Entlastung, irgendwann zu merken: ‚Ich muss nirgendwohin gelangen.' (976-984)

In der Lebensphase, in der sie mit starken biografischen Ängsten konfrontiert war und sie keinen Bezug zum grösseren Ganzen mehr erlebte, war ihre Spiritualität für sie oft eine grosse Ressource. So war für sie die Praxis der Desidentifikation (vgl. dazu Kapitel 4.2.1), die sie einst in ihrer Psychotherapie kennen gelernt und lange Zeit geübt hatte, in solchen Momenten sehr hilfreich. Als sie unter grossen Versagensängsten während ihres Studiums litt, wusste sie auf Grund ihrer früheren Erfahrungen mit Desidentifikation, dass sie im Moment einfach ihren biografisch bedingten „Film" sieht, dieser aber nicht realistisch ist, sondern nur „Geflunker" ihres Bewusstseins. In solchen Momenten half es ihr, zu sich selbst zu sagen: „(…) das ist alles Geflunker deines Bewusstseins. Das ist das Geflunker deiner Pragung. (…) einfach atmen, atmen, geh einfach durch. Es wird vorbei gehen. Es ist zwar fast nicht zum Aushalten, aber es ist nicht wirklich. Es ist Geflunker" (1634-1637). Das gab ihr die Kraft, ihr Studium fortzusetzen und es nicht vorzeitig abzubrechen.

Ausserdem war es für sie in solchen Momenten sehr unterstützend, ihren Körper wieder zu spüren, um dadurch wieder einen Zugang zu ihrer Spiritualität zu bekommen. Spaziergänge in der freien Natur, Gartenarbeit, Kontakt zu Bäumen und Sexualität halfen ihr in solchen Zeiten, ihren Körper wieder zu erleben. Heute hat sie für sich auch eine Methode gefunden, bei der sie sich während der Meditation wieder mit ihrem Körper verbinden kann, wenn sie sich in einem emotional aufgewühlten Zustand nicht mehr auf ihre Meditation fokussieren kann: Sie nimmt dann ihren Körper wahr in diesem aufgewühlten Zustand – urteilsfrei wahrnehmend und ohne ihn verändern zu wollen. Wenn sie eine Weile ihren Körper auf diese Weise gespürt hat und so wieder mit ihm in Kontakt gekommen ist, atmet sie einige Male tief und wendet sich wieder ihrer Meditation zu, bei der sie ebenfalls mit der Atmung arbeitet.

Vor etwa 10 Jahren begann sie sich anzugewöhnen, ihre Hausarbeit mit Achtsamkeit zu machen. Damals war sie auf der Suche nach ihrem Beruf und ihrer Berufung, die sie sehr mit ihrer Spiritualität verbindet und sagte sich dabei: „So lange du nicht dein WC mit Achtsamkeit putzen kannst, musst du gar nicht in irgendeinen Beruf einsteigen." (1313-1314). Sie merkte, dass ihre Haltung wesentlich ist, mit der sie etwas tut – was auch immer das ist. So nahm sie sich in jener Lebensphase viel Zeit für sich und begann ihre „Praxis mit dem Hier und Jetzt" (1359) und mit Achtsamkeit für das, was sie gerade tut – auch wenn sie es nicht besonders gerne tut.

Über diese Achtsamkeit in Haushaltsarbeiten kann sie sich gut erden, was für sie heisst, weniger im Kopf zu sein, mehr ihre Sinne wahrzunehmen, ihren Körper zu spüren und in der Bewegung, im Tun in einem Austausch mit der Materie zu sein. Sie merkt, dass sie sich mehr bei sich selber und glücklich fühlt, wenn sie Dinge in dieser Weise tut. Diese „Alltagsspiritualität" (1333) ist für sie das Wesentliche.

8.8   Sara Sasse: „Der Boden trägt. Es ist nicht Chaos. (…) Das Selbstvertrauen, das Ich-Gefühl und das Gefühl von Grenzen" (753-755)

Sara Sasse (42) arbeitet als Psychiaterin mit psychotischen Menschen. Sie lebt alleine in einer Wohnung in einer Stadt.

8.8.1   Spirituelle Erfahrungen: „Die Gegenwart eines Meisters ist ja oft so wie ein Katalysator" (127-128)

Sara Sasse ist katholisch aufgewachsen. Ihr Elternhaus beschreibt sie als nicht sehr religiös. In ihrer Familie wurden die üblichen christlichen Feste gefeiert, „aber mehr aus der Tradition heraus" (30-31). In ihr selber war aber „die Sehnsucht nach Gott oder dem Göttlichen (…) immer schon (…) da, und der Drang, mich auf die Suche zu machen" (57-59). Ihre erste spirituelle Erfahrung hatte sie bei ihrer Erstkommunion als kleines Mädchen. Sie stellte sich plastisch vor, als Engel zu entschweben und hatte dabei ein erstes Gefühl, „durch etwas sehr Grosses geliebt zu sein" (47). Als Jugendliche engagierte sie sich in einer katholischen Gruppe. Später rebellierte sie gegen den kirchlichen Rahmen, in dem es ihr „zuviel Gut und Böse, Schuld und Sühne, Moral, Himmel und Hölle, zuwenig Liebe zu den Tieren und zur Natur" (61-63) gab.

Anfangs 20 reiste sie durch Indien und lebte 2 Monate im Ashram von Sai Baba. Auf ihrer Reise dorthin war sie krank und konnte nicht mehr sprechen. Bei ihrer Ankunft im Ashram sagte man ihr, sie solle sich zuerst ausruhen und schlafen. Als sie erwachte, war sie gesund und konnte wieder sprechen. Sie ging zum ersten Darshan[81] ganz offen und neugierig und erwartete nichts Besonderes. Sie hatte eher Angst davor, etwas tun oder sagen zu müssen. Sai Baba schaute sie an. Kurze Zeit bestand ein Blickkontakt. Dieser Blickkontakt löste ein ganz tiefes, umfassendes Gefühl von Erkanntsein, einer tiefen Liebe und einem vollkommenen Angenommensein in Sara Sasse aus.

---

[81] Darshana bedeutet in der indischen Philosophie „wahre Einsicht in die Wirklichkeit" (Waldenfels, 1999, S. 120) und wird allgemein auch für ein Anschauen einer Gottheit im Tempel oder eines heiligen Menschen verwendet. Darshana kann als Weg verstanden werden, um zur geistigen Verwirklichung zu gelangen (Waldenfels, 1999, S. 120).

Nach dieser Begegnung weinte sie während 9 Tagen fast ununterbrochen, bewegt von diesem tiefen Gefühl von Angenommen- und Erkanntsein. Sara Sasse erlebte ein tiefes Erwachen und eine grosse Öffnung.

Gerne wäre sie länger im Ashram geblieben. Die Menschen dort rieten ihr aber, wieder in ihr bisheriges Leben zurück zu gehen und ihr Medizinstudium fortzusetzen - sie habe noch eine Aufgabe.

Etwa 10 Jahre später war Sara Sasse bei einem spirituellen Lehrer in Indien, bei dem sie in einer kleinen Gruppe von Menschen viele Stunden am Tag meditierten mit der Frage „Wer bin ich?" und dem Thema der Realisierung des Selbst. Sie erlebte einen Zustand von „ganz tiefer Glückseligkeit" (361), ein „Gefühl von totalem Frieden... und Liebe – so Einssein mit den anderen" (398-399). Sie beschreibt ihren Zustand in dieser Zeit als tiefen Frieden, Sein und einer Erfahrung von Zeitlosigkeit:

> Und das war so dieses ‚Alles ist gut'. Und dieses Gefühl von diesem Unterwegssein, ohne etwas Spezielles tun zu müssen. Einfach in diesem Sein. (...) dass es nicht wichtig ist, womit du dich identifizierst und wer du glaubst zu sein, wie du heisst, woher du kommst, was du machst, ob du studiert hast oder nicht. (...) dass es etwas gibt, das war schon immer da und das wird immer sein. So hat sich das geäussert in diesem Frieden von immer gewesen sein und immer sein werden. (408-417)

Diese Erfahrung erlebte Sara Sasse auch als eine Bestärkung ihrer Erfahrung mit Sai Baba: „Ja, das war für mich eine sehr, sehr starke spirituelle Erfahrung auch bei ihm. Sehr glücksvoll. Also wo sich das nochmals gefestigt hat als Erfahrung, dass Gott etwas ist, was in einem selber ist, was in mir ist" (343-346).

8.8.2 Schwierigkeiten: „Eine absolute Hölle hat sich aufgetan" (460)

Nach der spirituellen Erfahrung mit Sai Baba kamen Sara Sasse bei ihrer Ankunft zu Hause Erlebnisse sexualisierter Gewalt durch eine nahe Bezugsperson zu Bewusstsein, die von früher Kindheit bis ins Alter von 20 Jahren stattgefunden hatten. An diese Erlebnisse hatte sie bis dahin keinerlei Erinnerung gehabt. Die Bewusstwerdung dessen, was über Jahre geschehen war, löste eine sehr schwere Krise aus. Aus heutiger Sicht würde sie ihre damaligen Zustände zum Teil als psychotisch bezeichnen.

Sie suchte in dieser Krise Hilfe bei zwei Therapeuten und erlebte durch beide wiederum sexualisierte Gewalt, was ihren Zustand weiter verschlimmerte.

Einer dieser beiden Therapeuten hatte einen „wahnsinnigen spirituellen Ehrgeiz" (204-205). Er pushte sie, Dinge im Zusammenhang mit der erlebten sexualisierten Gewalt auszusprechen, die für sie sehr schwierig und schambesetzt waren. Indem sie darüber sprach, ging sie weit über ihre persönlichen Grenzen hinaus. Aus ihrer heutigen Sicht sieht sie, dass sie damals sehr unter Druck und Stress war und das Gefühl hatte, möglichst schnell erleuchtet werden und alle ihre biografischen Themen und Traumata aufräumen zu müssen. Sie hatte das Gefühl – sehr gefördert von ihrem Therapeuten – sie müsse ganz schnell ihre Lebensaufgabe wissen und könne erst dann etwas Positives in die Welt hinaustragen. Dieser spirituelle Leistungsdruck und Ehrgeiz führte zu einer Strenge mit sich selber und einem starken Empfinden der Differenz zwischen dem, wie sie sein müsste und dem, wie sie wirklich war. Aus ihrer heutigen Perspektive sieht sie, dass sie sich damals oft selber übergangen und ihre eigenen Grenzen nicht gewahrt hat, indem sie Aspekte ihrer traumatischen Erfahrungen geschildert hat, für die sie noch nicht bereit war. Sie hat sich damals auf Grund von therapeutischem Druck von aussen auch gedrängt gefühlt, Wut auszudrücken und alles rauszulassen und auszusprechen, was belastend war, damit sie schneller vorwärts komme auf ihrem spirituellen Weg. Dieses grenzüberschreitende Verhalten sich selbst gegenüber hat zu extremen Schamgefühlen geführt, zu Verzweiflung und Selbstabwertung und hat sie auf ihrem Weg zurückgeworfen.

Sara Sasse besuchte in dieser Zeit aus „Erfahrungsgier" (708) sehr viele spirituelle Workshops, um ihre Entwicklung voranzutreiben.

Etwa ein halbes Jahr nach ihrer Rückkehr aus Indien hatte sie einen schweren Autounfall, bei dem sie im Sturz mit dem Auto die Sonne sah und wusste, dass sie und die anderen Insassen den Unfall überleben würden. Das Auto überschlug sich, und sie landeten nach einem Sturz aus grosser Höhe in einem Acker tief in der Erde drin. Nach diesem Erleben fand ihre damalige schwere Krise ein plötzliches Ende.

Während ihres zweiten Indienaufenthalts bei einem spirituellen Lehrer, als sie Zustände tiefer Glückseligkeit erlebte, war ihr bewusst, dass es parallel zu diesen lichtvollen Zuständen eine „absolute Dunkelheit" (368) in ihr gibt, die mit ihren biografischen Erfahrungen zu tun haben. Sie wusste, dass es da Dinge gab, die noch nicht erlöst waren in ihr, die sie nicht aussprechen konnte und die völlig desintegriert waren. Sie hatte das Gefühl, dass die Glückseligkeit und die absolute Dunkelheit überhaupt nicht vereinbar sind und sie diese beiden Pole nicht zusammen bringt.

Nach ihrer Rückkehr aus Indien verliebte sie sich. Dadurch wurde das Thema der sexualisierten Gewalt wieder ausgelöst, und sie kam in einen sehr schwierigen Zustand, den sie heute phasenweise auch als psychotisch bezeichnen würde. Damals kam sie erstmals in wirklich gute therapeutische Begleitung:

> Und dann hat sich wieder das ganze Thema ausgelöst von der Angst und mein ganzes Lebensthema von der sexuellen Gewalt. Und zwar auf eine Art, die so schlimm war (...), dass... und da bin ich dann in wirklich gute therapeutische Begleitung gekommen - das erste Mal in meinem Leben – also ziemlich spät -, dass ich gar nicht weiss, wie ich das überlebt habe. Also so eine absolute Hölle hat sich aufgetan. Also was ich schon gespürt habe in Indien, dass es diesen Abgrund gibt. Das war dann auch so. Und da hatte ich dann so Bilder – so wirklich von der Hölle und so. Ich glaube auch wieder, dass man das Psychose nennen kann. (454-463)

> Und ich hatte dann immer die Angst, dass ich gar nicht mehr wirklich lebe, dass ich nicht mehr wirklich da bin. Es war so wirklich die allerdunkelste Nacht, die ich jemals erlebt habe.. in meinem Leben... (472-474)

Sara Sasse erlebte in Krisenzeiten auch Zwangsimpulse, sich selber zu verletzen und dies religiös zu begründen, ohne allerdings diesen Impulsen nachzugeben. In diesem Zusammenhang wurde ihr bewusst, dass Spiritualität in diesen Momenten für sie schädlich ist und sie sich dann von solchen religiösen Begründungen absolut distanzieren muss, um nicht eine Psychopathologie zu bekräftigen. In diesem Sinn ist es ihr wichtig, zwischen konstruktiver und destruktiver Spiritualität zu unterscheiden.

Sara Sasse sieht selber einen Sinn in ihren schweren Krisen. Nach den zwei erwähnten, heftigsten folgten noch viele Krisen, die aber nicht mehr so intensiv und bedrohlich waren.

> Und ich habe wirklich das Gefühl, dieses Licht und diese Dunkelheit – dass das zusammen gehört. Und dass man das eine ohne das andere nicht haben kann.

Und die Integration vom Licht – also ich glaube nicht, dass man so krasse Erfahrungen machen muss. Das glaube ich nicht. Aber wenn man so krasse Erfahrungen gemacht hat oder so gebrochen ist von klein auf, glaube ich, dass so eine starke Lichtenergie diesen Schatten auch so extrem hervorholt. Ich kann es irgendwie nicht anders ausdrücken. (476-482)

8.8.3 Folgen: „Ich habe das Gefühl nicht mehr, die Welt retten zu müssen oder erleuchtet werden zu müssen." (763-764)

Unmittelbar nach ihren beiden Erfahrungen in Indien war sie sehr erfüllt von einem spirituellen Bewusstsein, das nach ihrer Rückkehr teilweise auch für ihre Umgebung spürbar wurde. So hatten ihre Freundin und ihre Schwester nach ihrer zweiten Rückkehr aus Indien das Gefühl, sie sei damals zumindest für kurze Zeit erleuchtet gewesen. Selber hatte sie damals das Gefühl, dass sie in dieser ersten Zeit nach ihrer Rückkehr sehr stark im Sein verankert war. Sie richtete sich nach ihrem Herzen und es war ihr egal, wo sie gerade war: „Und das war schon ein bisschen abgehoben" (444-445).

Die Erfahrung mit Sai Baba veränderte ihr Leben grundlegend: „Dieser eine Blick von Sai Baba, wo ich wirklich das Gefühl habe, das hat mein Leben verändert" (893-894). Auch ihr Verständnis von Gott verwandelte sich dadurch stark:

Das [Bewusstsein der Gegenwart Gottes] hat sich geändert mit dem Erleben. Nämlich, dass es etwas ist, was ich nach Innen verlagert habe sozusagen. Dass Gott nicht mehr etwas war, was ich im Aussen gesucht habe, sondern im Innern. Das war nach diesem Erlebnis anders. Das hat wie einen Wechsel gegeben in dem, was ich über Gott verstehe oder vom Gottesbegriff verstehe. (245-249)

Auf beide starken spirituellen Erfahrungen in Indien folgten nach ihrer Rückkehr schwere Krisen – die schlimmsten in ihrem Leben. Beide Male suchte sie sich therapeutische Unterstützung.

Sara Sasse denkt, dass ihre spirituelle Erfahrung mit Sai Baba die Grundlage dafür war, dass sie sich den biografischen Themen in ihrem Leben überhaupt stellen konnte und dass dadurch ein wichtiger innerer Prozess initiiert wurde:

Das, was ich spüre, ist, dass etwas in Bewegung gekommen ist durch die Erfahrung vom Angenommensein und durch die Liebe. (…) Dass das in mir so wie ein Vertrauen gemacht hat, mich weiter zu öffnen dem Leben gegenüber. (115-119)

Und ich glaube auch, dass er [Sai Baba] etwas gemacht hat, dass er so wie einen Energieschub gegeben oder etwas initiiert hat. So wie eine Initialzündung für einen Prozess. Wie ein Katalysator. So die Gegenwart eines Meisters ist ja oft so wie ein Katalysator. (125-128)

Eine wichtige Folge ihres Erlebens mit Sai Baba ist ein Wissen um die ständige Gegenwart Gottes:

(…) ich habe ein konstantes spirituelles Bewusstsein – sagen wir mal so: (…) die Gegenwart Gottes, also dass ich an Gott glaube und dass das Göttliche in uns ist. Das ist etwas, was eigentlich konstant vorhanden ist. Nicht etwas, woran ich zweifle. Da ist ein gutes Vertrauen da. (232-236)

Ihr inneres Wissen um die göttliche Gegenwart hat Sara Sasse auch in ihre berufliche Tätigkeit einfliessen lassen. So hat sie in einer Zeit, in der sie mit sterbenden Menschen gearbeitet hat, den Sterbenden indische Mantras (vgl. Fussnote 33, S. 157) vorgesungen, um sie auf ihrem Weg zu begleiten.

Durch körperpsychotherapeutische Selbsterfahrung hat sehr viel Stress und Leistungsdruck in ihrem Leben nachgelassen – auch im spirituellen Bereich: „Ich habe das Gefühl nicht mehr, die Welt retten zu müssen oder erleuchtet werden zu müssen" (763-764).

Durch die Integration ihrer spirituellen Erfahrungen sieht Sara Sasse ihre spirituelle Aufgabe heute verbundener als früher. Wo sie früher danach strebte, möglichst schnell erleuchtet zu werden, und sie das Gefühl hatte, erst nach der Bewältigung ihrer Traumata etwas Positives bewirken zu können, sieht sie heute ihre Aufgabe überwiegend mit ihrem Beruf verbunden. Als Psychiaterin möchte sie sich im Bereich der Arbeit mit psychotischen Menschen und deren spirituellen Erfahrungen weiter entwickeln, weil sie merkt, dass diese Menschen wirkliche spirituelle Erfahrungen gemacht haben. Mit der konventionellen Dopaminhypothese im Zusammenhang mit der Entstehung einer Psychose kann sie sich je länger je weniger zufrieden geben. In diesem Bereich möchte sie noch viel forschen und verstehen.

In ihrer Arbeit mit psychotischen Menschen verbindet sie sich mit ihrer eigenen spirituellen Essenz und der Essenz des Patienten. Dabei kommt sie oft in einen starken Liebeszustand im Sinne einer Liebe aus ihrer spirituellen Essenz heraus. Dieses Bewusstsein sei kein abgehobener Zustand - sie redet normal mit ihren PatientInnen, lacht oder blödelt auch mit ihnen. Sie hat das Gefühl, dass ihre PatientInnen diese Form des Kontakts spüren, da sie auch in schwierigen Situationen einen guten Zugang zu ihnen findet.

8.8.4 Hilfreiches für die Integration: „Wie müssen die Beine auf dem Boden stehen, dass ich mich nach oben öffnen kann" (158-159)

Für Sara Sasse war es hilfreich, sich mit Modellen von Spiritualität wie z.B. mit Kundalini (vgl. Fussnote 32, S. 151) zu beschäftigen, um eine Art Landkarte zu erstellen, mit der sie sich orientieren konnte:

> Was wirklich hilfreich und unterstützend war, war, dass ich begonnen habe, mich auch auf der mentalen Ebene mit Spiritualität zu beschäftigen. Also z.B. mit dem Modell der Kundalini. Wo ich versucht habe, Ordnung zu schaffen in was Spiritualität überhaupt ist und wie spirituelle Prozesse funktionieren. Dass ich das so ein bisschen wie rational runtergebrochen habe. Also verstandesgemäss. Wo ich dann gesagt habe: Gut, also, wenn man auf einem ganz hohen Chakra eine Erfahrung macht, muss man die unteren Chakren als Gefäss parat machen und wenn dort Dinge nicht in Ordnung sind oder ungelöst, muss man die lösen. Und ich habe mir eine ganz klare Ordnung gemacht (…) von der Kundalini. Und das hat mir sehr geholfen. Das ist für mich wie eine Landkarte, um mich zu orientieren. (135-146)

Durch ihren ersten Therapeuten hat sie viel Wissen vermittelt bekommen über Spiritualität und über Prozesse, die in diesem Zusammenhang ablaufen können. Er brachte ihr das Modell der Kundalini nahe. Dieses Wissen ermöglichte ihr, mit ihrem Therapeuten zusammen eine Art „energetischer Landkarte" (153-154) zu entwickeln für ihre damaligen Prozesse.

In verschiedenen Therapierichtungen, in denen sie sich ausbilden liess, hat sie viel über spirituelle Modelle gelernt. Sie hat sich unter anderem mit holotropem Atmen beschäftigt und mit der spirituellen Arbeit von Indianern. Sie begann, sich mit verschiedenen Religionen und Philosophien auseinanderzusetzen wie Buddhismus, Hinduismus und Sufismus. Sie stiess auch auf das Thema der Reinkarnation, was ihre philosophische Ausrichtung völlig veränderte. Sie hat sich aus den verschiedensten Richtungen geholt, was für sie wichtig war: „Ich habe mir so von allem ein bisschen was geholt. Das war wichtig" (172-173). Mit dieser Auseinandersetzung bekam sie die Möglichkeit, eine Ordnung und ein Raster für sich zu entwickeln, die ihr halfen, sich zu orientieren.

Nach ihrer spirituellen Erfahrung mit Sai Baba hielt sie mit ihm einen inneren Dialog und trug immer ein Bild von ihm bei sich. Auch in ihrer Wohnung hatte sie eines aufgestellt. Dadurch fühlte sie sich weiterhin mit ihm und mit ihrer tiefen Erfahrung des Erkannt- und Angenommenseins verbunden.

Auch Kontakte zu Gleichgesinnten waren für sie wichtig. Dabei ging es um ein „Aufgehobensein in einer Gruppe, die sich mit den gleichen Dingen beschäftigt" (178-179). „Also ich war da nicht alleine damit und konnte das kommunizieren, und durch Kommunikation entsteht ja auch Erdung" (179-180). So hat sie sich während des Studiums regelmässig mit anderen MedizinstudentInnen getroffen. Zusammen forschten sie z.B. über Bach Blüten, machten Lichtmeditationen, legten Tarotkarten und tanzten. In diesem Austausch ging es ihr weniger um ein Gespräch über ihre eigenen spirituellen Erfahrungen – diese teilte sie nur eng Vertrauten mit. Über ihre Erfahrung mit Sai Baba sprach sie lange Zeit gar nicht. Erst viel später erzählte sie ihrer besten Freundin davon.

Bei der Integration ihrer Erfahrungen ging es im Grunde weniger darum, die spirituellen Erlebnisse zu integrieren als vielmehr den ganzen krisenhaften Prozess, der dadurch ausgelöst worden war. Dabei war psychologisch-psychotherapeutische Arbeit zentral und auch, dass sie trotz Krisen immer versucht hat, ihr Studium weiter zu machen und schliesslich auch abzuschliessen.

Durch die psychologisch-psychotherapeutische Arbeit, die vorwiegend körperpsychotherapeutisch orientiert war, lernte sie einen liebevolleren Umgang mit sich selber, entwickelte ein Bewusstsein und eine Wahrnehmung für ihre Grenzen. In ihrem Prozess war die Arbeit mit ihrem Ich, die Stärkung ihres Ichs und ihrer Grenzen zentral. Je besser sie ihr Ich spürte und ihre Grenzen wahrnahm, desto klarer wurde ihr, wie sehr sie grenzüberschreitendes Verhalten über die erlebte sexualisierte Gewalt introjiziert hatte. Dadurch erlaubte sie sich, langsamer zu werden, ihre Grenzen zu wahren und wurde damit auch selbstbewusster. Neben der therapeutischen Arbeit halfen ihr dabei auch äussere Faktoren wie ihr beruflicher Erfolg. All diese Faktoren unterstützten sie in ihrem Prozess, mehr Vertrauen ins Leben zu bekommen und zu merken, dass ihr gute Dinge entgegenkommen - dass der Boden trägt und nicht alles Chaos ist:

> Dass ich merke, ich kann ins Leben vertrauen. Der Boden trägt. Es ist nicht Chaos. Es hält alles. Es geht vorwärts. Das Selbstvertrauen, das Ich-Gefühl und das Gefühl von Grenzen. Das hat mir geholfen zu sagen: Ich erzähle so viel ich will und mehr nicht. Dieses Gefühl von Ich. (752-756)

Mit der Stärkung ihrer eigenen Grenzen wurde ihr auch bewusst, dass sie sich Zeit lassen muss, um schwierige biografische Ereignisse zu erzählen und dass sie sich früher in spirituellem Leistungsdruck und dem Stress, erleuchtet zu werden, damit überfordert und geschadet hatte:

> Also bis ich verstanden habe, dass ich nicht schneller gehen kann, als ich gehe, und wenn es mein ganzes Leben dauert, dass ich bestimmte Sachen erzählen kann. Ich habe immer noch nicht alles erzählt. Aber ich lasse mich nicht mehr drängen. Mein jetziger Therapeut würde es auch gerne hören. Aber ich habe ihm das ganz klar gesagt. Ich kann ihm das portionsweise sagen, und so sind wir verblieben, und so mache ich es auch. (725-732)

In einer früheren Therapie hat sie oft die Erfahrung gemacht, absolut geliebt zu sein „von etwas Grösserem" (899), dessen tiefe Liebe sich im therapeutischen Kontakt durch den Therapeuten und sie selbst „inkarnieren" (905) konnte. Dieses bedingungslose Geliebtsein war für sie sehr heilsam und ein Stück Integration.

8.9 Ramina Ranatov: „Meine Wahrnehmung stärken" (16)

Ramina Ranatov (52) arbeitet als biomedizinische Analytikerin in einem Krankenhaus. Sie hat einen Lebenspartner und lebt alleine in einer Wohnung.

8.9.1 Spirituelle Erfahrungen: „Ich habe Engel gesehen" (226)

Ramina Ranatov wuchs evangelisch auf. Mit einer nahen Bezugsperson der Familie ging sie jeweils in katholische Gottesdienste, was sie als Kind sehr faszinierte: „der Weihrauch, diese Farben dort drin" (221). Ihre Mutter tolerierte ihre Freude, liess sie aber spüren, dass sie das Katholische schon „ein wenig extrem" (203) fand. Ramina Ranatov ging als Kind auch sehr gerne zu den Nonnen eines nahegelegenen Klosters, das für sie eine Art Zufluchtsort war. Im Alter von etwa 5 Jahren war für sie klar, dass sie einmal Nonne werden möchte.

Für Ramina Ranatov spielen spirituelle Erfahrungen eine wesentliche Rolle in ihrem Leben, seit sie denken kann. Bereits als Kind hat sie Engel gesehen und um sich herum gespürt:

> Meistens im Zimmer bei mir zu Hause. Meistens, wenn ich alleine war. Ich hatte manchmal das Gefühl – so wie Stofftiere, die einem etwas geben - hatte ich das Gefühl, es ist ein Schutz um mich herum. Ich hielt mich auch oft so, weil ich das Gefühl hatte, die sind da. Es ist noch jemand da. Und ich sah sie nicht als Engel mit Flügeln, überhaupt nicht. Sondern ich spürte sie wie etwas Liebevolles, Warmes und Umhüllendes. Ich redete auch viel mit ihnen. Ich redete immer mit ihnen. Ich hörte auch, wie sie mit mir redeten. Das habe ich auch jetzt noch. Ich habe das Gefühl, ich höre das. Manchmal sagen sie mir etwas. Das hatte ich schon als Kind ganz stark. (617-627)

Durch problematische Reaktionen ihrer Eltern, die ihre Engelwahrnehmungen als Lügen bezeichneten und sie aufforderten, damit aufzuhören, distanzierte sie sich von ihrem natürlichen spirituellen Zugang und lebte ihre Spiritualität zwischen ihrem 10. und 29. Lebensjahr nicht mehr.

Während einer schweren, lebensbedrohlichen Krankheit trat dann im Alter von 28 Jahren eine spirituelle Erfahrung auf, die sie damals gar nicht als solche verstand, die aber einen Genesungsprozess einleitete und ihr Leben wesentlich veränderte:

> Es ging wirklich um ein Überleben. Und dann sah ich ein ganz helles Licht und hörte einen Ton – also eine ganz leichte Melodie, die kam. Ich wusste nicht - also ich weiss jetzt noch nicht - was das für eine Musik war, aber es war in dem Raum

ja still – wo etwas passierte. Ich weiss wirklich nicht, was passierte. Aber für mich kam da die Entscheidung (...) [zu leben]. (...) Dort veränderte es sich mit einem Mal. Ich hatte das Gefühl, das war eine Todeserfahrung. Was ich mich noch erinnern kann, ist, dass ich eine wahnsinnige Todessehnsucht hatte. Ich wollte eigentlich gehen. Ich hatte das Gefühl, das ist gut, ich wollte gehen, ich spürte eine solche Wärme dorthin. Und dann doch wieder das andere. Das war eine Zerrissenheit, die ich ganz stark spürte. Und dann kam die Entscheidung. (...) Die habe nicht ich gefällt. Das ist einfach gekommen. (314-328)

Nach diesem Erlebnis hatte Ramina Ranatov das Bedürfnis, „mehr in die Tiefe zu blicken" (1557) und sich über Kurse mit spirituellen Themen zu beschäftigen.

Etwa zwei Jahre später erschien ihr in der Nacht nach dem Tod ihres Vaters der Vater mit einer roten Laterne und übergab ihr dieses Licht schweigend. Dieses Licht enthält für Ramina Ranatov eine tiefe Botschaft und hat für sie damit zu tun, aus ihrem spirituellen Kern heraus zu leben und diesen zu verwirklichen.

Als ihr früherer Lebenspartner vor einigen Jahren nach langer schwerer Krankheit starb, erschien er ihr auf einer Wanderung in den Bergen. Durch seinen Tod war sie damals tief verzweifelt und nahe daran, sich das Leben zu nehmen:

Und dann sagte er: ‚Zurück! Jetzt gehst du augenblicklich zurück!' Also wirklich. Und ich sah das wirklich. Und ich weiss noch genau wo. Wenn man bei B. oben drüber geht, oben auf der Krete - dort ist das passiert. ‚Und du bleibst da! Deine Zeit ist nicht abgelaufen. Und du bleibst da! Du hast noch Aufgaben zu lösen! Und ich bin da für dich, aber du gehst zurück!' (820-825)

Ihren verstorbenen Vater und ihren verstorbenen Lebenspartner nimmt sie bis heute immer wieder als wichtige Begleiter wahr, in deren Gegenwart sie Sicherheit und Unterstützung erlebt. Auch zu Engeln hat sie noch heute einen Zugang und erlebt sie als Führung in ihrem Leben.

In einer weiteren, für sie wichtigen Vision sah Ramina Ranatov eine alte Frau, die ihr eine rote Kugel gab und ihr mitteilte: „Nimm diese Kugel jetzt in deine Hand. Da drin liegt das, was du weitertragen musst. Da drin ist deine Botschaft. Und du kannst nicht ausweichen. Du musst diese Kräfte zu dir nehmen, sonst wirst du krank" (448-451).

Diese Vision trat während einer gewissen Zeit immer wieder auf. Für Ramina Ranatov war klar, dass es bei dieser Botschaft um die Wahrheit ihres inneren Kerns geht und darum, danach zu leben.

8.9.2 Schwierigkeiten: „Hör auf, das gibt es nicht. (...) Du lügst." (227, 231)

Der starke spirituelle Zugang, den Ramina Ranatov von Kindheit an hatte, stiess bei ihren Eltern auf vehemente Ablehnung: „Ich habe immer Engel gesehen als Kind. Und es hiess [von den Eltern] immer: ‚Hör auf, das gibt es nicht.' (...) Und dann hiess es irgendwann: ‚Du lügst. Solche Sachen musst du einfach nicht erzählen.'" (226-232).

Diese Ablehnung hinterliess in ihr ein tiefes Gefühl, falsch zu sein. Sie hatte das Gefühl, mit ihr und ihrer Wahrnehmung stimme etwas nicht, ihre spirituellen Erfahrungen seien Ausdruck dafür, dass sie krank sei.

Nachdem sie zu Beginn von ihren Erfahrungen erzählt hatte, begann sie nun, darüber zu schweigen. Damit konnte sie sich einige Jahre relativ gut über Wasser halten, bis sie mit 9 Jahren plötzlich für 3 Monate erblindete. Aus ihrer heutigen Sicht bringt sie diese Erkrankung in Zusammenhang mit ihrer Spiritualität, für die es in ihrem Umfeld keinen Platz gab und die nicht sein durfte: „‚Nichts mehr erleben oder nichts mehr sehen, was nicht wahr ist.' Also das war das, womit ich es dann auch in einen Zusammenhang gebracht habe: ‚Ich darf das nicht sehen.'" (259-262).

Ramina Ranatov beschreibt, wie sie das Vertrauen in ihre eigene Wahrnehmung verlor und wie sie sich in der Folge vom Kontakt zu sich selber und zum Göttlichen abschnitt - und wie sie spürte, dass sie sich dadurch selber verriet.

In ihrem Leben folgte eine längere Phase, in der sie immer das Gefühl hatte, auf der Suche zu sein, ohne zu wissen, wonach sie damals suchte. Sie begann, übermässig Alkohol zu trinken, ass immer weniger und verletzte sich selber. Sie spürte sich überhaupt nicht mehr und hatte das Gefühl, sich betäuben zu müssen: Das war wie eine „Flucht, nicht spüren zu müssen – auch die Spiritualität wie abzuschneiden" (1011-1012). Schliesslich wurde sie in eine psychiatrische Klinik eingewiesen und erhielt die Diagnose einer Schizophrenie. Sie beschreibt, wie ihre Wahrnehmung dadurch wieder in Frage gestellt wurde und sie sich in ihren Erfahrungen völlig missverstanden fühlte. Eine gewisse Angst, dass ihre Erfahrungen wieder pathologisiert werden könnten, begleitete sie über lange Zeit ihres Lebens.

Da sie sich immer wieder mit der Botschaft aus ihrem Umfeld konfrontiert sah, dass ihre Spiritualität nicht sein darf und sie damit falsch sei, sie aber dennoch einen starken spirituellen Zugang hat, erlebte sie sich immer wieder in zwei Teile gespalten: Einen Angepassten, bei dem Spiritualität nicht sein durfte, keinen Platz hatte und als krank angesehen wurde, und einen Spirituellen, bei dem sie sich in ihrem innersten Kern angesprochen und aufgehoben fühlte. So erlebte Ramina Ranatov oft Momente, in denen sie aus der Verbindung zu sich und ihrer Spiritualität heraus kippte. In solchen Momenten spürte sie nichts mehr und konnte auch den Bezug zu ihrer Spiritualität nicht mehr herstellen. In diesen Augenblicken erlebte sie grossen seelischen Schmerz, verbunden mit einer tiefen Sehnsucht nach dem Göttlichen.

Ramina Ranatov merkt immer wieder, dass eine gewisse Angst sie daran hindert, das in ihrem Leben umzusetzen, was sie aus ihren spirituellen Erfahrungen heraus für sich weiss. Einerseits fühlt sie sich oft sehr mit sich und ihrem Kern verbunden, spürt aber, dass die Angst, falsch zu sein, sie daran hindert, mehr in Verbindung mit ihrem Wesenskern zu leben und danach zu handeln.

Lange Zeit konnte Ramina Ranatov mit niemandem über ihre Erfahrungen reden, hätte sich das aber sehr gewünscht.

Nach der Erscheinung ihres Lebenspartners nach dessen Tod begann eine Zeit, in der sie aus einem inneren spirituellen Kontakt heraus malte und schrieb. Dabei fühlte sie sich sehr aufgehoben, hatte sehr viel Energie und fühlte sich wie durchströmt, was von wunderschönen Gefühlen begleitet war. Dieses inspirierte Malen und Schreiben hörte dann plötzlich auf: „Plötzlich kam nichts mehr. Ich konnte nicht mehr schreiben. Ich malte nicht mehr. Es hörte alles wieder auf. Und ich probierte immer und dachte: ‚Das muss doch wieder gehen.' (…) Es kam einfach nichts mehr. (…) Und ich kann es auch nicht machen" (851-857).

Dieser Prozess dauert zur Zeit noch an, und es ist schwierig für sie, zu akzeptieren, dass dieser intensive Zugang nicht mehr selbstverständlich da ist. Sie merkt, dass in diesem Prozess Vieles im Geschehenlassen und Annehmen liegt. Das fällt ihr im Moment noch schwer, und sie hat die Tendenz, die entstehende Leere sofort wieder zu füllen.

8.9.3   Folgen: „Das gibt mir Sicherheit (…) und Kraft" (1308, 1310)

Ramina Ranatovs erste spirituelle Erfahrung im Erwachsenenalter und die Erscheinung ihres Vaters nach dessen Tod hatten grosse gesundheitliche Folgen – sie fühlte sich grundlegend besser, die Erfahrungen leiteten einen Genesungsprozess ein.

Nach jener ersten Lichterfahrung, die im Zusammenhang ihres eigenen Überlebens auftauchte, erlebte sie eine innere Entscheidung fürs Leben. Dieses tragende Gefühl spielte während ihrer Genesungszeit eine wesentliche Rolle. Sie begann, Kurse wie Aurasehen zu besuchen, mit dem Bedürfnis, dem tieferen Sinn, mit dem sie über ihre spirituelle Erfahrung in Kontakt gekommen war, mehr Platz in ihrem Leben zu geben. Sie erlebte diese Seminare jedoch nicht als stimmig für sich selber und merkte, dass sie ihren eigenen Weg finden muss. Dazu sind für sie der Kontakt zur Natur und zu Tieren sehr wichtig.

Durch die Erscheinung ihres verstorbenen Vaters, der ihr ein Licht übergab, erlebte sie eine tiefe Verbindung und Versöhnung mit ihrem Vater, die für sie sehr heilsam waren. Sie spürt immer wieder, dass er da ist und sie unterstützt. Diese Verbindung gibt ihr Sicherheit und Kraft im Alltag. Manchmal, wenn sie bei ihrer beruflichen Tätigkeit ein schwieriges Problem lösen muss, fragt sie ihn innerlich um seinen Rat und erlebt dadurch grosse Unterstützung.

In der Zeit nach der Erscheinung ihres verstorbenen Vaters begann sie eine sehr erfüllende Beziehung zu ihrem späteren Lebenspartner, mit dem sie bis zu dessen Tod durch eine schwere Krankheit zusammen war. In dieser Beziehung fand sie auch viel Unterstützung für ihre Spiritualität. Ihr Partner war selbst sehr interessiert in diesem Bereich, und sie lasen beide viel zu spirituellen Themen und setzten sich gemeinsam intensiv damit auseinander. Dadurch kam Ramina Ranatov mit verschiedenen Religionen in Kontakt, ihr spirituelles Verständnis wurde viel breiter und reicher.

Nach dem Tod ihres Partners konnte sie mit ihrem verstorbenen Partner innerlich in Kontakt treten und ihn um Unterstützung bitten. Er ermutigte und bestärkte sie sehr auf ihrem eigenen Weg:

> Bei [meinem verstorbenen Partner] war es so, dass er mich einfach bestärkte: ‚Geh jetzt du deinen Weg. Du bist geschützt. Du bist umsorgt. Es ist wirklich eine gute Energie da. Und du musst keine Angst haben.' Und irgendwo eher so in dem Bestärkenden drin. (841-844)

Später entstanden Texte in Form von Geschichten, die sie in einem meditativen Zustand in der Natur sitzend niederschrieb und die sie als Buch publizierte. Schliesslich empfing sie Texte in Briefform, die mit dem Namen eines weiblichen Engels unterzeichnet wurden. Von ihr erlebte sie viel innere Führung und Unterstützung. Sie empfand diese Briefe als Weg zur Verbindung mit einer Art inneren Therapeutin:

> (…) sie führte mich dann wirklich eine Zeit lang, indem sie sagte: ‚Deshalb und deshalb ist das passiert.' Oder: ‚Diese Botschaft musst du so und so anschauen.' Oder: ‚Mach das und das. Schau mal dorthin.' Also wie eine innere Therapeutin. (…) Ich habe ein ganzes Buch darüber. Es kamen so viele Sachen damals, die mir eine innere Führung waren. (846-851)

Diese Verbindung gab ihr eine innere Sicherheit und stärkte ihr Vertrauen.

Später begann sie, für sich selber mit Engelkarten zu arbeiten. Sie stellte innerlich eine Frage und erhielt über eine gezogene Karte Antworten, die für sie oft sehr stimmig waren und sie darin bestärkten und ermutigten, sich bewusst für das Göttliche zu öffnen. In ihrer beruflichen Tätigkeit kontaktiert sie oft die Engel, die sie um sich wahrnimmt und versucht dann, in dieser Verbindung zu sein und danach zu handeln. Dadurch fühlt sie sich ruhiger, mehr bei sich, sie ist sich ihrer selbst viel bewusster und ohne Angst. Sie erlebt dann eine innere Leichtigkeit und nimmt eine Veränderung ihrer Atmung und ihres Körpererlebens wahr:

> Ich atme wieder tief durch. Und vorher ist es so angespannt. Und dann spüre ich die Verbindung wieder viel mehr. Ich spüre das auch stark körperlich. (…) [in diesem Kontakt mit] den Engeln, (…) habe ich das Gefühl, der Körper wird dann ganz weit. Ich spüre ihn dann wie eine Hülle rundherum, die wie ein Schwamm ist. Und der füllt sich und füllt sich. Und das ist ein so schönes Gefühl. Ich spüre mich dann schon noch – es ist aber wie ein Raum, in dem ich stehe, der enorm weit ist. Darin spüre ich einen angenehmen Fluss, einen Strom, der meinen ganzen Körper erfüllt und ausfüllt. Es ist eine Weite, ein Zusammenfliessen mit dem Universum. (1355-1363)

Durch ihre spirituellen Erfahrungen und durch die psychologische Arbeit mit ihren biografischen Themen veränderten sich auch Ramina Ranatovs zwischenmenschliche Beziehungen: Sie beschreibt, wie sie sich früher im Kontakt zu anderen Menschen verloren hat und immer wieder das Gefühl hatte, nicht zugehörig zu sein, nicht zu genügen und nicht da sein zu dürfen. Heute kann sie sich und ihre Fähigkeiten besser einschätzen. Sie hat gelernt, Themen, die sie in zwischenmenschlichen Beziehungen stören, bei sich selber anzuschauen und sie nicht so sehr bei anderen zu suchen. Am Vorbild ihrer ehemaligen Psychotherapeutin lernte sie, ganz authentisch zu sein und sie sein darf, wie sie ist. Dadurch erlebt sie mehr Boden im Kontakt zu anderen Menschen.

8.9.4 Hilfreiches für die Integration: „Dort hatte ich eine Akzeptanz mit dem, was ich war" (225)

Für ihre Spiritualität als Kind fand Ramina Ranatov einzig von den Nonnen des nahegelegenen Klosters Unterstützung:

> Und ich merkte dann dort im Gespräch mit der Nonne: Dort hatte ich eine Akzeptanz mit dem, was ich war. Auch mit meinen Visionen. (…) Und dann erzählte ich das diesen Nonnen und die sagten: ‚Das kann ich mir vorstellen. Ich glaube dir das.' Das war meine erste Erfahrung, bei der ich das Gefühl hatte: ‚Also dann gibt es das trotzdem.' Und dort hörte ich dann auf, darüber zu reden in der Familie und auch aussen. Ich hatte das Gefühl: ‚Ich weiss, dass es das gibt. Und wenn ich es nochmals wissen will, dann gehe ich dorthin.' (224-226; 236-241)

Für Ramina Ranatov war es ganz wesentlich, in zwischenmenschlichen Kontakten Bestärkung für ihre Wahrnehmung zu finden. So erfuhr sie in der therapeutischen Beziehung zu ihrer Psychotherapeutin, dass ihre spirituellen Erfahrungen Platz haben, dass dabei nichts ausgegrenzt wird - dass alles sein darf und es einen Boden gibt für ihre Erfahrungen. In dieser Beziehung erlebte sie, dass ihre spirituellen Erfahrungen nicht bewertet wurden – sie wurden weder als etwas Besonderes hervorgetan noch wurden sie abgewertet. Ramina Ranatov erlebte es als sehr hilfreich, dass ihre Erfahrungen einfach so stehen gelassen wurden und einfach sein durften.

Mit ihrer Therapeutin konnte sie auch die Texte besprechen, die durch inspiriertes Schreiben entstanden waren. Sie fand dabei Unterstützung, ihr Schreiben zu vertiefen und Vertrauen in diese Botschaften zu finden. In ihrer Psychotherapie konnte sie schliesslich auch die schwierigen biografischen Themen verarbeiten, die zu einer Abspaltung ihrer Spiritualität geführt hatten.

Mit der Zeit konnte Ramina Ranatov mehr Kontakte zu Menschen knüpfen, die selber spirituelle Erfahrungen gemacht hatten und ihre Erfahrungen und den für sie damit verbundenen Schmerz und ihre Sehnsucht verstehen konnten. Durch den Kontakt mit anderen wurde ihr heilsam bewusst, dass sie nicht die Einzige ist, die solche Erfahrungen macht und dass spirituelles Erleben nicht krankhaft ist. Mit einer Freundin, die sie in dieser Zeit kennenlernte, traf sie die Vereinbarung, dass sie einander gegenseitig in Krisen unterstützen. In diesem Kontakt fühlt sie sich sehr verstanden und ermutigt.

Eine Stärkung ihrer eigenen Wahrnehmung erlebte sie auch durch sehr offene Gespräche mit anderen Menschen, in denen es möglich war, eine ehrliche Rückmeldung zu ihren Wahrnehmungen zu bekommen, so dass sie diese überprüfen und einordnen konnte. Diese Möglichkeit des aufrichtigen Austausches unterstützt sie darin, mit sich und ihrer Spiritualität in Kontakt zu bleiben. Dabei ist es für sie wichtig, sich selber treu zu bleiben und auch Grenzen setzen zu können.

Malen und Schreiben waren für sie eine wichtige Möglichkeit, sich in ihrer spirituellen Verbindung auszudrücken und ihre Gefühle zu erden. Dabei war es für sie zentral, dass sie damit auch gesehen und von anderen wahrgenommen wurde. Sie sieht diese Thematik in Verbindung mit ihrer Biografie, in der sie nie in dem gesehen wurde, was sie macht. Gesehen zu werden im Ausdruck ihres Wesenskerns war für sie eine heilsame Erfahrung.

Wesentlich ist für Ramina Ranatov, immer wieder zu sich und ihrem Körper zurückzufinden. Dabei hilft ihr der Kontakt zur Natur: Sie nimmt sich Zeit, einfach in der Natur zu sitzen, einfach sein zu können, wahrzunehmen, zu spüren, bewusst zu atmen. Auch Massage, Sauna oder Baden hilft ihr, sich und ihren Körper bewusst zu erleben. Für sie ist klar: Wenn sie ihren Körper wieder wahrnimmt, dann ist auch die Verbindung zum Spirituellen wieder da.

Die Bedeutung des Körpers für ihren persönlichen und für ihren spirituellen Weg wurde ihr erst vor ein paar Jahren bewusst: Sie hat über ihre aktuelle Beziehung und durch das Wiedererleben ihrer Sexualität gemerkt, dass ohne bewusste Verbindung zu ihrem Körper auch eine Erdung ihrer Spiritualität nicht möglich ist.

Meditieren, die Arbeit mit Meditations-CDs oder Engelskarten und Engelskassetten unterstützen sie dabei, sich im Alltag immer wieder auf das Göttliche auszurichten und sich damit verbunden zu wissen. Auch die bewusste Verbindung zu früheren spirituellen Erfahrungen hilft ihr, diese Ausrichtung wieder zu stärken.

Bei ihrer Erfahrung, dass Schreiben und Malen aus einem inneren Kontakt heraus plötzlich nicht mehr möglich war, erlebt sie es als unterstützend, darauf zu vertrauen, dass der Kontakt nach einer gewissen Zeit wieder entstehen wird, es sich bei dessen Verlust um eine zeitlich begrenzte Phase handelt und er aktuell in einer anderen Form vorhanden ist, die sie nicht mehr in der früheren intensiven Art erlebt. Auch Meditation, die sie auf eine andere Art etwas Ähnliches erleben lässt, ist für sie in dieser Phase hilfreich.

Sie denkt, dass ihre starken Erfahrungen auch eine Form von Konsumieren waren – jetzt die entstehende Leere zu akzeptieren, ist schwierig, aber im Grunde auch eine neue Form von Qualität. In diesem Prozess ist der Kontakt zu einer Frau hilfreich, die mit Engelwesen arbeitet und die sie in ihrer Spiritualität unterstützt. Sie ermutigt Ramina Ranatov, darauf zu vertrauen, dass die Engel immer da sind und sie sich jederzeit mit ihnen verbinden kann. Über diese Arbeit ist ihr bewusst geworden, dass sie selber den Kontakt zu den Engeln aktiv suchen und selber formulieren muss, was sie braucht und wo sie Unterstützung haben möchte. Dadurch gewinnt sie mehr Vertrauen darin, dass der Zustand der Nicht-Verbundenheit nicht dauerhaft ist, sondern dass ein lebendiger Wechsel besteht zwischen Nicht-Verbundenheit und Verbundenheit.

8.10 Ursula Urben: „Wenn ich da meiner Wahrnehmung vertraue, dann kommt es gut raus, und wenn ich ihr nicht traue, dann kommt es nicht gut" (368-370)

Ursula Urben (41) arbeitet im psychotherapeutischen Bereich. Sie hat einen Lebenspartner und lebt auf dem Land.

8.10.1 Spirituelle Erfahrungen: „Und ich hatte eine Klarheit – ich habe plötzlich angefangen, Sachen zu sehen, <u>wie sie sind</u>." (1505-1507)

Ursula Urben wuchs katholisch auf, Religion wurde im Elternhaus aber nie wirklich praktiziert und war ihr persönlich auch nie besonders wichtig. So wählte sie Religion als Schulfach ab, sobald sie konnte.

Während ihrer Ausbildung als Hebamme wurde sie mit Phänomenen konfrontiert, für die es in ihrem wissenschaftlich-medizinischen Weltbild keine Erklärungen gab: Wenn Schwangere ins Krankenhaus eintraten, wusste sie manchmal spontan, wie sie gebären und welche medizinischen Eingriffe nötig werden würden. Diese Phänomene verunsicherten sie sehr, weil sie nicht wusste, ob sie sich das einbildete und dann entsprechend handelte oder ob sie es einfach wusste – aber woher sollte sie es wissen? Was von dem, was sie wahrnahm, war ihr Eigenes und was stand mit dem Patienten in einem Zusammenhang? Solche Fragen haben sie lange beschäftigt, „bis ich es irgendwann einfach mal als Fähigkeit angenommen habe, dass ich eben <u>weiss</u>" (322-323). Das eröffnete sich ihr erst, als sie begann, sich mit alternativer Medizin zu beschäftigen und sie dabei auf den Gedanken an Reinkarnation stiess, mit dem sie für sich viel anfangen konnte. Das gab ihr einen Rahmen, um ihren Wahrnehmungen zu vertrauen: „Und indem ich wie für mich den Rahmen weiter aufgemacht habe, konnte ich dem, was ich gespürt habe, viel mehr vertrauen und da bin ich einfach ganz oft richtig gelegen" (330-333). Mit der Zeit merkte sie in ihrer beruflichen Tätigkeit, dass sie immer „gut beraten" (351) war, wenn sie auf solche Eingebungen hörte und sie ernst nahm.

Durch eine Berufskollegin wurde sie später auf Reiki aufmerksam. Sie machte einen Kurs, von dem sie nicht besonders viel verstand, aber sie begann darauf, bei ihrer Arbeit ihren PatientInnen einmal eine Hand auf eine schmerzende Stelle zu legen, was diesen sehr wohl tat. Eines Morgens erwachte sie und wusste, dass sie ihre Reiki-Lehrerin anrufen müsse. Sie hatte aber keine Ahnung, weshalb sie das jetzt tun sollte und zögerte den Anruf einige Tage hinaus. Da sie aber jeden Tag mit dieser inneren Aufforderung erwachte, nahm sie diesen Impuls schliesslich ernst. Nachdem sie ihrer Lehrerin erzählt hatte, was seit dem Reiki-Kurs in ihrem Leben war, fand diese, es könnte nun um den zweiten Reiki-Grad gehen. Ursula Urben entschied sich schliesslich, diesen zweiten Kurs zu besuchen, in dem es unter anderem um das Erlernen von Fernheilung ging. Sie war ziemlich skeptisch.

Kurze Zeit später bekam sie Bescheid, dass ihr Vater in einem lebensbedrohlichen Zustand im Krankenhaus sei. Da sie weit weg wohnte und nicht oft frei nehmen konnte, um ihren Vater zu besuchen, begann sie, ihn mit der Fernheilungsmethode zu behandeln. Zunächst wendete sie das Reiki sehr medizinisch an, indem sie bestimmte geschädigte Organe damit behandelte. Mit den Tagen ergab es sich immer mehr, dass „ich ihm das Reiki zur Verfügung gestellt habe für das, wofür er es braucht" (848-849). „Und ich habe irgendwann aufgehört, ihn behandeln zu wollen und habe dann festgestellt: ‚Ich weiss nicht, ob du die Energie brauchst fürs Leben oder fürs Sterben. Ich weiss nicht, was du brauchst. Ich stelle es dir einfach zur Verfügung'" (849-852).

Aus medizinischer Sicht war mit der Zeit klar, dass ihr Vater bald sterben würde. Ursula Urben versuchte, sich von der medizinischen Ebene zu lösen und ihren Vater zu spüren, wo er ist. Sie hatte das Gefühl, übers Reiki habe sie ihn manchmal innerlich getroffen und „ich habe damit einen Loslassprozess gemacht und er auch" (864). Schliesslich erholte sich ihr Vater so weit, dass er hätte weiterleben können. Und dann starb er ganz unvermittelt von einem Tag auf den anderen. Ursula Urben fühlte sich auch im Tod ihres Vaters sehr mit ihm verbunden, war für sich sehr klar und bezogen auf ihren Vater.

> Es war für mich einfach plötzlich ganz klar: Es gibt noch etwas anderes als das, womit ich im Alltag, (…) mit dem Medizinischen zu tun habe. (…) Ich hatte ganz das Gefühl trotz aller mechanischer, medizinischer, körperlicher Geschichten: Mein Vater hatte eine Entscheidung im Sterben. Er ist nicht einfach so gestorben. Da war ein Teil, wo für mich ganz klar wurde, dass, indem ich bin, wie ich bin, es einfach eine Ebene gibt, auf der es nicht nur um das Körperlich-Medizinische ging. Und das war ja damals mein Beruf. Das war ja auch eine Basis, auf der ich funktioniert habe. (1035-1045)

Diese Erfahrung veränderte Vieles in ihrem Leben.

Jahre später zog sie sich für einige Wochen an einen Ort zurück, den sie von früher kannte und der zufälligerweise ein Wallfahrtsort war, um ein Buch zu schreiben. Sie begann ihre Schreibarbeit auf einer sehr rationalen Ebene. In Schreibpausen ging sie jeden Tag spazieren und begann, sich in die Wallfahrtskirche des Ortes zu setzen, die tagsüber immer offen war – „schon am ersten Tag. Und bin einfach jeden Tag mal da hin und habe mich einfach mal da in die Kirche gesetzt" (1457-1458).

> Und ich bin also jeden Tag da in der Kirche gesessen, und es fängt einfach an zu weinen, und ich wusste nicht wieso. Jeden Tag. Nicht schluchzend, nicht emotional bewegt. Irgendetwas hat mich berührt, und ich wusste nicht, was es war. Ich habe einfach gemerkt, es tut mir gut, habe das Gefühl gehabt, das ist ein Ort der Sammlung. Ich komme sehr zu mir, wenn ich da sitze. Ich habe auch nicht gebetet, sondern ich bin einfach da gesessen. Und so nach drei Tagen sehe ich, dass da, wo ich immer hinschaue, die Mutter Gottes steht. Die habe ich bis dahin wohl gesehen, aber ich habe sie nicht gesehen. (1468-1476)

Sie setzte sich weiterhin jeden Tag in diese Kirche und kam dabei über das anfängliche Berührtsein in einen Zustand der Weite, Klarheit und Liebe, den sie nur schwer in Worte fassen kann:

> Und was sich einfach in den (…) Wochen ergeben hat: Ich sass in dieser Kirche und mir haben sich Räume aufgemacht, die ganz viel zu dem beigetragen haben,

wie ich heute bin. Über diese Mutter-Gottes-Energie. Das hat eine Berührung im Herzen gemacht und eine Weite im Herzen. Anfänglich erst übers Berührtsein, über die Tränen, und dann bin ich einfach in einen Zustand gekommen, in dem war ich dann einfach auch praktisch jeden Tag von einer Weite und einer Klarheit und von einer Liebe auch. Es war ein Zustand, und ich kann es schlecht beschreiben. (1492-1499)

In dieser Klarheit nahm sie plötzlich eine andere Dimension der Dinge wahr, wie sie sie zuvor noch nie gesehen hatte und die sie wie den Kern in allem erkennen liess:

Und ich hatte eine Klarheit – ich habe plötzlich angefangen, Sachen zu sehen, wie sie sind. (1505-1507)

Ich bin wirklich in einen anderen Raum gekommen, der war sehr, sehr weit und ich habe plötzlich gesehen und gefühlt, wie die Dinge sind, und zwar ohne Wertung. Da war ich vorher noch nie.. Einfach sehr klar und sehr genau. Und ich konnte die Sachen nebeneinander stehen lassen. Ich habe für mich ein Wort gefunden: Das war für mich die Seelenebene. (1513-1517)

Diese Klarheit und dieses Sehen, wie die Dinge sind, fand statt, ohne dass sie selber emotional betroffen oder involviert war. Sie konnte einfach schauen und erkannte, was war:

(...) ich habe Manches früher gespürt und dann hat es mich emotional auch durcheinander gemacht. Und das war da überhaupt nicht. Ich habe dort wirklich gesehen. Ich hatte wirklich das Gefühl gehabt: Ich kann dort hin schauen und sehe, was dort ist. Und es betrifft mich nicht. (1528-1532)

Das war unglaublich. (...) Ich bin manchmal wirklich nur gesessen und habe vor mich hingeguckt und ich habe das Gefühl gehabt im dritten Auge[82], es öffnet sich ein Raum, und ich kann plötzlich sehen, was da läuft in diesen Themen – wie das zusammenhängt. (1535-1539)

Diese Erfahrungen begleiteten sie während den ganzen Wochen ihres Buchschreibens.

8.10.2 Schwierigkeiten: „Für mich waren das damals einfach zwei getrennte Sachen – also dieses Spirituelle, Geistige und dieses Bodenständig-Medizinische und dieses Alltagsleben" (1231-1233)

Als zu Beginn ihrer medizinischen Tätigkeit die Phänomene auftraten, in denen sie medizinische Dinge voraussah, fühlte sich Ursula Urben sehr verunsichert. Was sie da erlebte, passte überhaupt nicht in ihr medizinisch orientiertes Weltbild. Sie konnte damals nicht zuordnen, womit diese Phänomene zu tun haben könnten und hatte keinen Erklärungsrahmen dafür. Diese Zeit war für sie schwierig. Die Verunsicherung hörte erst auf, als sie für sich eine Erklärung fand, die sie annehmen konnte.

Damals begann die Zeit, in der sie sich mehr mit alternativen Heilmethoden zu beschäftigen begann und auch mit Reiki in Kontakt kam. Als sie ihren Vater mit dieser Heilmethode in seiner Krankheit und seinem Sterben begleitete, war es für sie schwierig, dass sie mit niemandem aus ihrer Familie über das reden konnte, was sie damals erlebte. „Das hätte auch keiner verstanden" (976-977). Auf der medizinischen Ebene hat-

---

[82] Das dritte Auge, Stirnchakra oder ajna (sanskrit) sind Bezeichnungen für das Chakra zwischen den beiden Augenbrauen (Gamborg, 1998; Schreiner, 1998).

te sie damals viele Möglichkeiten „zu reden, zu verstehen, zu begreifen" (991) und sich mit anderen Menschen auszutauschen. Auf der Ebene, in der es um ihr spirituelles Erleben ging, war sie sehr alleine: „Und auf der anderen war ich sehr allein. Ich habe echt das Gefühl gehabt, ich begebe mich in etwas hinein, da war ich noch nie. Und ich hätte auch nicht gewusst, mit wem ich es teilen soll" (991-994).

In dieser Zeit merkte sie auch, dass sie sich nicht mehr so sehr in ihrer medizinischen Berufsrolle erlebte, da sie sich von einem rein wissenschaftlich-medizinischen Verständnis distanziert hatte. Zugleich war der andere Bereich des Geistig-Spirituellen noch nicht recht greifbar für sie. In dieser „Entwicklungszeit" (1216) erlebte sie ihre Spiritualität und das Alltägliche, Berufliche als zwei getrennte Bereiche. Sie funktionierte im Alltag und hatte ihre spirituelle Nische, aber keine Verbindung dazwischen, was sie als sehr schwierig erlebte.

> Und eine Zeit lang war das sehr getrennt. Ich habe da ein Funktionieren im Alltag gehabt und eine Ecke, wo ich dann angefangen habe, einfach Reiki zu praktizieren. Ich habe einfach einen Bereich unten gehabt und einen Bereich oben und keine Verbindung dazwischen. Und das fand ich total mühsam. (1247-1251)

Ihre neue Sichtweise löste in ihr ethische Konflikte bezüglich ihrer Arbeit aus. Sie merkte, dass sie nicht mehr so weiter arbeiten kann, wenn sie den spirituellen Bereich ernst nimmt und weiss, „dass es da noch mehr gibt" (1260). Schliesslich führte das dazu, dass sie sich ein neues Arbeitsfeld erschloss und sich beruflich neu orientierte.

Schwierige Momente erlebte Ursula Urben nicht nur in der Verbindung zwischen Spiritualität und Alltag, sondern auch in der Tiefe und Intensität ihrer Erfahrung. In der Wallfahrtskirche spürte sie einmal, dass sie in Bereiche kommt, mit denen sie nicht umgehen kann und die ihr Angst machen. Damals war es hilfreich für sie, genau einschätzen zu können, was sie ertragen kann in ihrer aktuellen Situation – sie war alleine und weit weg von ihren Freunden. Sie liess sich so weit ein, wie sie es für sich angemessen hielt:

> In einem Teil war ich ganz ruhig und klar und in einem anderen Teil hat es mich total erschreckt. Ich weiss noch, ich bin einmal an einem Vormittag, sass ich da.. und ich weiss nicht genau mehr um welches Thema es da ging. Ich habe plötzlich das Gefühl gehabt, wenn ich mich da rein traue und mir anschaue, was da läuft, dann werde ich verrückt. Ich habe wirklich das Gefühl gehabt, es macht mir wie den Kopf so weit, dass ich es nicht mehr kontrollieren kann. Und dann habe ich mich zurückgezogen. Ich habe das Gefühl gehabt, (…) ich weiss nicht, wo ich da hingekommen wäre, wenn ich mich da hätte reinfallen lassen. Ich habe mich schlicht nicht getraut. Wenn ich Begleitung gehabt hätte, dann hätte ich es gemacht. Aber alleine zu wissen, ich bin wirklich alleine und habe auch nur übers Telefon eine Möglichkeit, ((lachend)) Hilfe zu holen, dann habe ich einfach das Gefühl gehabt, dann ist mir das zu heftig. (1539-1552)

In jenen Wochen kam sie nach einer Erfahrung, durch die lebensgeschichtliche Themen in ihr anklangen, in einen Prozess, wo es ihr gut getan hätte, Kontakt zu haben. Es ging ihr damals nicht um ein Mitteilungsbedürfnis, sondern sie hätte die Anwesenheit einer Freundin gebraucht, weil sie in einen Selbsterfahrungsprozess kam – und es war niemand da. Diese Tage waren schwierig für sie, und es ist ihr heute sehr wichtig, in einer ähnlichen Situation jemanden in erreichbarer Nähe zu wissen.

8.10.3 Folgen: „Mir ist das Leben zu kostbar geworden, um es mit Umwegen zu füllen, wenn es nicht unbedingt sein muss. In jeder Hinsicht." (2149-2151)

Ihre Beschäftigung mit Reiki setzte einen Prozess in Gang, der sehr viel veränderte. Dinge begannen sie zu interessieren, und sie sah Bücher in Regalen, die sie zuvor nicht gesehen hatte.

Dieser Prozess wurde durch ihre Erfahrung in der Sterbebegleitung ihres Vaters noch verstärkt. Damals erschloss sich ihr „einfach eine andere Welt" (1034-1035) und eröffnete ihr eine ganz neue Sichtweise, die ihr bisheriges Weltbild und ihre berufliche Basis in ein anderes Licht rückte:

> Und da hatte ich das erste Mal das Gefühl: ‚Ich bin eingebunden.' Es ist irgend-
> jemand da oben - wer auch immer – der schaut für mich oder ich habe einen
> Kontakt und spüre es. Ich kann nicht sagen, gehe ich da rauf oder kommt von da
> oben etwas runter. Aber ich habe deutlich das Gefühl gehabt, das Leben funkti-
> oniert nicht nur mit dem, was ich mir ausdenke und den Plänen, die ich schmiede
> und dem, was ich mache, sondern da gibt es eine andere Ebene, auf der das
> Ganze sichtbar ist. Und wenn ich mich da hineinfallen lasse in diesen Fluss, dann
> kann sich etwas ergeben, was ich als einzelner Mensch nie machen könnte. An
> dem Erlebnis habe ich begriffen, dass es so ist. Für mich war das immer Schöp-
> fung. Ich habe es nie als lieben Gott im weissen Rauschebart tituliert, sondern
> für mich war es das, wie das Leben funktioniert. Das Leben ist einfach mehr als
> das, was wir sehen oder die Gesetzmässigkeiten vom Leben. (938-951)

Sie begann damals zu erleben, „es gibt etwas Höheres, was auf mich schaut" (1076). Sie fühlte sich mit desem Höheren in einem Dialog. Dieses „Gottvertrauen" (1075) beglei- tete sie weiter in ihrem Leben. Seither redet sie mit „der Schöpfung" (1081). Sie stellt in ihrem Alltag innerlich Fragen zu Themen, die sie gerade beschäftigen wie z.B. zu wich- tigen Entscheidungen in ihrem Leben und wartet, bis eine Antwort kommt von der Schöpfung. Das tut sie, indem sie sehr differenziert wahrnimmt, was in ihr geschieht in Bezug auf das erfragte Thema und indem sie ernst nimmt, was sie da wahrnimmt: „die Art und Weise, wie ich damit umgehe, da habe ich wirklich das Gefühl: ‚ich bin im Dia- log mit da oben'" (1179-1180).

Nach ihrer Erfahrung in der Sterbebegleitung ihres Vaters und nach seinem Tod hatte sie eine grosse Klarheit und fühlte sich das erste Mal frei zu schauen, was sie sel- ber will. Sie wurde sich damals bewusst, „dass ich wirklich dem folgen muss, was ich wahrnehme. Das bekommt mir einfach besser" (965-967). Sie zog an einen anderen Ort, arbeitete noch zwei Jahre in ihrem medizinischen Beruf, wobei sie für sich in ethi- sche Konflikte kam und sich schliesslich entschied, ihr Arbeitsfeld zu wechseln. Sie be- gann eine Psychotherapie und schliesslich eine psychotherapeutische Ausbildung. Der innere Prozess, den sie damals mit ihrem Vater erlebt hatte, wurde für ihre heutige Ar- beit im psychotherapeutischen Bereich sehr wichtig. Sie erlebt heute noch einen tiefen Kontakt zu ihrem Vater, ohne das Gefühl zu haben, sie halte seine Seele fest.

Ihre Erfahrung in der Wallfahrtskirche Jahre später öffnete wie einen „Innen- raum" (1671) auf der Ebene des „Herzens" (1672) und des „dritten Auges" (1672). Der „Herzöffnungsprozess" (1567), den sie damals erlebt hatte, machte sie sehr weich und war mit einer tiefen Dankbarkeit verbunden. Diese innere Öffnung begleitet sie bis heute: „Meine Herzfähigkeit – hat sich einfach verändert seitdem. (…) Die Sicherheit, dass ich da drin im Herzen spüren kann, ob etwas richtig ist und wie die Dinge sind. Das weiss ich einfach jetzt. Und da finde ich auch immer wieder hin" (1643-1652).

Sie hatte damals das Gefühl, es hätte ihr nichts ausgemacht zu sterben – sie war erfüllt von einem dankbaren Gefühl für ein reiches Leben. Wo sie früher in einer sehr schwierigen Lebensphase oft eine Todessehnsucht gehabt hatte, die mit einem Gefühl verbunden war von „ich will weg hier", wich diese Todessehnsucht einer grossen Dankbarkeit.

Ihr damaliger Zustand der Herzöffnung und die Klarheit hielten lange an. Sie fühlte sich sehr im Hier und Jetzt. Sie kam in einer tiefen Ruhe und Klarheit in ihren Alltag zurück. Dieser Zustand hielt über etwa vier Monate an. In dieser Zeit schrieb sie noch viele Gedichte, die einfach kamen und viel mit ihrem damaligen Zustand zu tun hatten. Noch heute verwendet sie Gedichte aus dieser Zeit beruflich, und viele Menschen sind sehr berührt davon. Nach einer gewissen Zeit hörte dieses Schreiben auf. Ihre damalige Langsamkeit wich ihrem schnelleren Alltagstempo: „Dann hatte mich der Alltag wieder aufgefressen gehabt" (1588-1589). Sie merkte, dass sie die Gedichte nicht *machen* kann: „Wenn ich nicht dort bin, passiert es nicht" (1967-1968).

Ihre Erfahrung in der Wallfahrtskirche eröffnete ihr auch eine andere „Art, die Dinge zu sehen" (1673). Ihre Wahrnehmung gewann sehr an Klarheit. Seither hat sie auch bei ihrer psychotherapeutischen Arbeit eine andere Wahrnehmung: Wenn ein Klient etwas erzählt, hat sie oft eine Wahrnehmung einer Energiebewegung. Daraus ergibt sich ein Bild, das sie dem Klienten beschreiben kann und von diesem meist bestätigt wird.

Manchmal ist ihre Wahrnehmung so klar, dass sie für sich selber auch dabei bleibt, wenn ein Klient etwas anderes sagt. Manchmal zweifelt sie und merkt dann, dass sie versucht, eine Wahrnehmung selber zu machen oder irgendwie emotional involviert ist. Ihre emotionale Beteiligung ist für sie ein hilfreiches Kriterium dafür, ob ihre Wahrnehmung klar ist oder ob ihr Eigenes mit hinein spielt. Hier hat sie gelernt zu unterscheiden.

Grosse Folgen hatte ihre Erfahrung in der Wallfahrtskirche auch in zwischenmenschlichen Beziehungen, insbesondere in ihrer Partnerschaft. Einige Wochen nach ihrer Rückkehr begann sie eine neue Beziehung. Sie hatte zuvor über mehrere Jahre in einer Beziehung gelebt, die für sie sehr schwierig gewesen war und stark mit Abhängigkeit verbunden war. Durch die spirituelle Erfahrung „habe ich mir ein Stück von Unabhängigkeit selber geschaffen und das hat mich auch ein Stück weit in Unabhängigkeit gefühlt, bei der heute in einer Partnerschaft für mich manche Sachen, die vorher selbstverständlich waren, überhaupt nicht mehr gehen" (2012-2015).

Mit der Klarheit, die in ihrer spirituellen Erfahrung so zentral gewesen war, begann sie die neue Beziehung. So war sie von Anfang an sehr klar in dieser Beziehung und klärte an den ersten beiden Abenden, was sie in der Beziehung will und was sie nicht will: „Und es war auch wenig romantisch und wenig irgendwie – ja, halt ohne den üblichen Schmus" (2087-2088). Wo sie früher „immer das Gefühl gehabt [hatte], ja ich muss schauen und wie das geht und was weiss ich, mich dem anderen irgendwie positiv darstellen und so. Habe ich alles weggelassen" (2042-2045). Für ihren heutigen Partner war das eine ungewohnte Situation. Aber durch ihre Klarheit besteht nun in der Beziehung eine starke Verbindlichkeit, obwohl jeder auch sein eigenes Leben führen kann.

Sie merkt, dass sie in zwischenmenschlichen Beziehungen „sehr kompromisslos" (2113) geworden ist. Die damit verbundene grössere Ehrlichkeit sich selber und anderen gegenüber bekommt ihr und den Menschen um sie herum sehr gut: „Je klarer wir sind, desto einfacher geht es" (2106-2108). Dazu gehört auch, dass sie sich seit jener spirituellen Erfahrung auch anders ausdrückt: Sie redet viel weniger und drückt sich klarer und „unmissverständlicher" (2131) aus. Sie braucht für das, was sie sagen will, weniger Worte. Die „höflichen Umwege" (2133) macht sie nicht mehr und ist auch „nicht sehr diplomatisch" (2132-2133) – dafür hat sie „weniger Missverständnisse" (2134). Ihre klarere Sprache zeigt sich auch in ihrer beruflichen Tätigkeit, wo sie ihren Klienten direktere und klarere Fragen stellt.

Klarheit ist nach jener Erfahrung in alle Bereiche ihres Alltags gekommen – so hat sie Ordnung in ihrer Wohnung, erledigt Finanzielles zur Zeit und hat auch in ihrem inneren Prozess „keine grossen Baustellen mehr" (2158). Wenn sie Schwierigkeiten hat, bemüht sie sich um Klarheit und geht die Dinge an, ohne sie aufzuschieben:

> (…) dann bin ich halt mit den Themen beschäftigt. Aber ich verschiebe sie dann nicht, sondern ich beschäftige mich dann damit und dann bin ich damit, so wie ich es dann kann. Aber ich gehe die Sachen an, egal, was es dann ist. Also ich schiebe die Schwierigkeiten nicht ewig auf die lange Bank. (2170-2174)

> Mir ist das Leben zu kostbar geworden, um es mit Umwegen zu füllen, wenn es nicht unbedingt sein muss. In jeder Hinsicht. (2149-2151)

8.10.4 Hilfreiches für die Integration: „Mir den Raum einfach möglichst lange zu geben, in dieser Langsamkeit zu sein" (1972-1973)

Grundlegend war für Ursula Urben, ihrer eigenen Wahrnehmung vertrauen zu lernen. Dabei halfen ihr sowohl die Suche nach Erklärungsmöglichkeiten für ihre Phänomene zu Beginn ihrer medizinischen Tätigkeit als auch die Erfahrung, dass sich ihre damaligen Vorahnungen immer wieder bewahrheiteten. Sie merkte: „Wenn ich meiner Wahrnehmung vertraue, dann kommt es gut raus, und wenn ich ihr nicht traue, dann kommt es nicht gut" (368-370).

Nach ihrer Erfahrung in der Sterbebegleitung ihres Vaters begann sie eine Psychotherapie. Ihre spirituellen Erfahrungen hatten etwas in Gang gesetzt, was sie überhaupt erst auf Therapie gebracht hatte. Dabei ging es nicht um ein Verarbeiten des spirituellen Erlebnisses, sondern ihres biografischen Hintergrunds und ihrer psychologischen Muster (1382-1385).

Sie merkte in diesem Prozess, dass das, was ihr bezüglich Spiritualität wichtig ist, in ihr selber liegt und sie dazu Zugang bekommen muss. Eine Weile fragte sie sich: „Müsste ich jetzt spirituell irgendeine Praktik üben? Und dann habe ich irgendwann einfach rausgefunden, das ist es nicht. Wenn ich es nicht schaffe, das im Alltag zu sein, dann nützt mir ein Altar nichts – der macht es dann nicht" (1306-1310).

Durch diese Erkenntnis wurde ihr klar, dass sie nicht irgendeine bestimmte spirituelle Praktik üben muss und ihr auch Rituale oder äussere Hilfsmittel nicht wirklich und über längere Zeit weiter helfen. Dass sie diese äusseren „Krücken" (1323) wieder abbauen konnte, war ein Resultat ihrer Therapie. Hilfreich war dabei auch der „berühmte stinknormale Alltag" (1326). Auch hier war es für sie wichtig, dass sie einfach ihrer eigenen Wahrnehmung vertraut, sie ernst nimmt und danach handelt.

Ursula Urben übt keine regelmässige spirituelle Praxis. Wichtig ist ihr aber, eine „spirituelle Heimat" (2392-2393) zu haben, die für sie das Reiki ist. Durch dieses Gefühl von Heimat habe sie auch kein Bedürfnis nach einem spirituellen Lehrer. Reiki habe einfache Lebensregeln, die eine Lebenshaltung charakterisieren – Dankbarkeit, Ehrlichkeit, Respekt und Friedfertigkeit und der Umgang mit den eigenen Emotionen gehören dazu. Das widerspreche ihrem christlichen Hintergrund nicht, aber sei nicht so festgenagelt. Die wenigen Regeln, die es darin gibt, entsprechen Ursula Urben. Im Prinzip gehe es beim Reiki einfach darum, „dass du dich in deinem Entwicklungsprozess damit [begleitest], in Frieden zu sein mit dem Leben und den Menschen" (2430-2431). Reiki und dessen Anwendung im Alltag ist für sie ganz selbstverständlich geworden. „Also das ist mir so in Fleisch und Blut übergegangen wie das Zähne putzen" (2459-2460). Sie behandelt sich selber nach Bedarf mit Reiki und wendet es oft auch bei KlientInnen an. Indem sie sich selber behandelt, „schliesse ich mich [an den spirituellen Bereich] an. Und damit verbinde ich mich. Und dazu gehören auch meine Gespräche (…), wenn ich mit dem Leben rede" (2463-2465).

In ihrer Psychotherapie ging es für sie lange Zeit stark darum, „in die Gefühle [zu] kommen" (1284). Sie hatte gemerkt, dass sie ganz viel wahrnahm – auch bei anderen Menschen. In der Therapie wurde ihr bewusst, dass sie das zwar *wahrnahm*, aber nicht *fühlte*. „Also ich habe in mir die Gefühle nicht so erschlossen gehabt oder nicht so an mich rangelassen, dass ich sie wirklich hätte fühlen können" (1281-1283). Dieser Prozess hat für sie „ewig gedauert" (1302) und war die „härteste Arbeit", „aber es hat sich gelohnt" (1301).

Während mehreren Jahren lebte Ursula Urben in einer sehr schwierigen Beziehung, die sie an ihre persönlichen Grenzen brachte. Sie fragte sich damals oft nach dem Sinn darin und wie sie mit dieser Situation umgehen sollte. „Das hat mich ziemlich beschäftigt und hat mich sehr auch auf die Suche gehen lassen" (2337-2339). Sie fragte sich damals immer wieder, ob ein Umgang mit ihren Schwierigkeiten in einer spirituellen Sichtweise des Problems liege oder ob sie einfach ganz auf der pragmatischen Ebene zum Handeln herausgefordert ist:

> Gibt es eine Möglichkeit, das mit dem spirituellen Bereich zu vernetzen oder zu verbinden oder geht es um etwas ganz Handfestes hier, also muss ich mich einfach trennen und aufhören mich zu sträuben? Oder geht es darum, darin irgendeine Wahrheit oder Verbundenheit zu sehen? (2333-2337)

Bei ihrer spirituellen Erfahrung in der Wallfahrtskirche war es für sie wichtig, in den Wochen dort jeden Tag an diesen Ort gehen zu können und dort einfach zu sitzen. Sie hatte damals Zeit und Raum, dort einfach nur zu sein. In dieser Zeit erlaubte sie sich, einfach eines nach dem anderen zu machen. Sie führte auch ihren Haushalt, aber nicht so einen „durchgestylten" (1979) wie in ihrem gewöhnlichen Alltag. Nichts Leistungsmässiges tun zu müssen und die Abwesenheit von Pflichten habe ihr damals sehr geholfen. Sie war in jener Zeit in einem Zustand der Langsamkeit und gab sich auch nach ihrer Rückkehr möglichst lange noch den Raum, in dieser Langsamkeit weiter zu sein – so gut es in ihrem Alltag dann eben ging.

Bereits während der Zeit am Wallfahrtsort und auch nach ihrer Rückkehr war Schreiben für sie ein wichtiges Medium für die Integration. Schreiben war für sie zentral, weil sie sich dann mitteilen konnte, ohne ein Gegenüber haben zu müssen. Auch nach ihrer Rückkehr half es ihr, Zeiten zu haben, wo sie alleine ist, um in Ruhe Dinge aufschreiben zu können – das konnten Sätze sein oder die genannten Gedichte.

Ursula Urben hatte damals mehrere Wochen Zeit, um in der Wallfahrtskirche ihren Ausdruck zu finden. Täglich ging sie an diesen Ort, manchmal mehrmals. Nach ihrer Rückkehr schrieb sie auf, wie es damals war und wie es sich angefühlt hat.

> (...) für mich war es wichtig, es irgendwo greifbar oder sichtbar zu machen – auch damit ich es begreifen kann. Weil (...) ich habe mich total schwer getan, den Zustand zu beschreiben. Und ich habe ihn sehr gut gefühlt. Ich habe einfach für den Zustand fast keine Worte. Aber deswegen ist er ja trotzdem meine Realität. Und irgendwie muss ich ihn für mich griffig, spürbar, sichtbar, begreifbar machen. Das hat eine Weile gedauert, bis das mal runtergesunken ist. Und dafür war Ausdruck wichtig. (2203-2210).

Vertrauen in ihre eigenen Erfahrungen, deren Wichtigkeit anzuerkennen und ihnen Raum zu geben, war für die Integration sehr wichtig – und zugleich auch, sich abzugrenzen gegen alles, was für sie nicht hilfreich gewesen wäre in ihrem damaligen Zustand. So erzählte sie auch nur ihrer besten Freundin von ihrer Erfahrung, von der sie wusste, dass diese gut damit umgehen konnte.

Nach ihrer Rückkehr hatte sie zunächst eine Art Übergangsraum von einer Woche, wo eine Mischung zwischen irdischem Sein und dem spirituellen Aspekt möglich war und sie nicht sofort in ihren gewohnten Alltag zurückkehren musste.

Heute noch unterstützt sie ein Bild der Mutter Gottes aus jener Wallfahrtskirche als ein Stück Erinnerung, sich wieder mit sich selber und mit dem zu verbinden, was damals war. Für Ursula Urben ist das Bild auch eine Unterstützung, emotional anzuknüpfen. So kann sie leichter in Kontakt zu jener Erfahrung gehen. „Er hält nicht so tief und nicht so stabil, wie ich das damals erfahren habe" (1663-1664) – die Erfahrung ist blasser als damals. Aber durch das Bild bekommt sie eine Resonanz dazu. Dann ist sie wieder da und bei sich. Für Ursula Urben ist es klar, dass sich Erfahrungen nicht wiederholen lassen und sie sich nicht gleich anfühlen, wenn sie sich jetzt heute über das Bild damit verbindet. Sie denkt auch, dass sie den Zustand von damals nicht ständig halten müsste.

Wichtig war für Ursula Urben die Frage, was die Essenz aus ihrer Erfahrung gewesen ist. Für sie war „die Essenz aus der Erfahrung eben das Sehen und die Klarheit" (2225). Diese Essenz zu integrieren heisst für sie auch,

> dass ich heute meinen Wahrnehmungen traue, dass ich sie äussere, wenn sie gefragt werden und dass ich mich bemühe, wirklich Klarheit in mein Leben zu bringen in allen Bereichen. Das hilft mir, das auch ein Stück lebendig zu halten. Also ich kann nicht auf der einen Seite sagen, ich habe da ein spirituelles Erlebnis und dann lebe ich im absoluten Saustall. Das passt einfach für mich nicht zusammen. (2226-2232)

Klarheit ist für Ursula Urben ein wichtiges Kriterium dafür, ob sie etwas integriert hat oder nicht. Wenn sie in ihrem Alltag merkt, dass sie unklar wird, nimmt sie das ernst und geht der Sache auf den Grund: „Und daran merke ich, ob Sachen integriert sind oder nicht. Da wo ich wischiwaschi werde, da liegt irgendetwas drunter. Mit dem Ding beschäftige ich mich dann als Nächstes" (2183-2185).

8.11 Bernhard Bär: „Ganz viel Aufmerksamkeit, Achtsamkeit, Aufmerksamkeit. Dass man einfach immer wieder schaut: Was läuft jetzt gerade?" (1598-1600)

Bernhard Bär (47) arbeitet als Hotelier in seinem eigenen Betrieb. Er ist geschieden, hat zwei Kinder und lebt in einer festen Partnerschaft.

8.11.1 Spirituelle Erfahrungen: „Jetzt bin ich eins mit dem Berg (…). Eine ganz tiefe Sicherheit" (866-868)

Bernhard Bär wuchs katholisch auf. Religion war in seinem Elternhaus etwas, wofür man „eigentlich keinen Raum reserviert hatte" (87-88). „Es war einfach etwas, was zu einem gehörte wie ein Muttermal" (88-89). Sein Vater stand „mit der Religion eher auf Kriegsfuss" (90-91). Seine Mutter war religiösen Richtungen und Ausrichtungen gegenüber „sehr offen, tolerant" (114). Bernhard Bär denkt, dass die Haltung der Mutter „massgeblich meinen Geist auch geprägt [hat] in der kindlichen Entwicklung, indem ich einfach durch sie einen freien Horizont bekommen habe" (115-116). Er erlebte Religion mehrheitlich positiv. Als Jugendlicher und Erwachsener machte er teilweise negative Erfahrungen mit der Institution Kirche. So erlebte er eine ausschliessende Haltung des Gemeindepfarrers Anderskonfessionellen gegenüber, als er eine Frau anderer Konfession heiratete, und empfand diese Erfahrung mit einem Geistlichen sehr unangenehm.

Aus einem Gefühl heraus, von den Eltern nicht wirklich verstanden zu werden, zog es Bernhard Bär als Kind oft in die Natur. Dort draussen wurde alles einfach klar, es machte sich eine Fröhlichkeit breit, und er begann zu singen. Manchmal sass er an einem Bächlein und schaute nur dem Wasser zu. Er begann dabei, das Wasser zu verstehen, was dahinter ist und wie es seinen Lauf findet. Diese Momente gaben ihm viel Erfüllung, und er hatte das Gefühl, von Innen heraus genährt und erfüllt zu sein. Er erlebte ein Einssein mit allem, eine tiefe Freude. Auf diese Weise gestärkt ging er wieder nach Hause und konnte „dann das Leben so auch wieder aushalten" (552-553).

Nachts sah er als Kind immer wieder verschiedene Gestalten. Mit manchen dieser Gestalten fühlte er sich nicht wohl, und Erlebnisse mit ihnen konnten bedrohlich sein. Mit anderen erlebte er eine tiefe Geborgenheit, ein Verstandensein und hatte das Gefühl, er könne etwas von ihnen lernen.

Im Erwachsenenalter begannen spirituelle Erfahrungen vor ein paar Jahren aufzutreten, nachdem er von seiner Frau geschieden war und eine neue Beziehung einging mit einer Frau, die sich selber sehr mit Spiritualität auseinander setzte. Diese Beziehung war für ihn „die Initialzündung, die Inspiration, das Gefäss, um mich wieder zu öffnen und da wieder einzutauchen" (323-324).

Als er vor einigen Monaten auf einer Wanderung durch einen kleinen Wald ging und den Wind durch seine Hände streifen spürte, erlebte er ein Gefühl von Einssein und tiefer Verbundenheit mit allem, was ihn umgab:

> Da wanderten wir mal auf einer Wanderung von hier nach A. und kamen dann durch ein Wäldchen hindurch. Das war der letzte Herbsttag. Am folgenden Tag gab es Schnee. (…) Und alle Bauern waren am Reinräumen. Es hatte ziemlich viel Wind. Und die Blätter waren immer noch an den Bäumen, weil wegen des trockenen Sommers die Bäume wie die Blätter nicht fallen lassen konnten. Und durch den starken Wind lösten sich die Blätter und purzelten zu Boden. Und wir

> gingen durch dieses Wäldchen (…) so auf einem kleinen Katzenpfad. Und dann
> streifte mir so der Wind durch die Finger, und gleichzeitig fielen so golden im
> letzten Licht die Blätter zu Boden. Und ich hatte in diesem Moment das Gefühl,
> ich könne durch alles hindurchlangen – ich könne alles greifen. (573-584)

Er hatte das Gefühl,

> ich könne durch die Bäume hindurchlangen, und ich könne sie greifen. Und ich
> sei mit dem Boden verwachsen, ich sei eins. Ich spüre, wie er mich nährt. Ich
> spüre das Licht, wie es von oben kommt, mich auch nährt und durch mich hin-
> durch strömt. Also wirklich eine Erfahrung von völlig – alle Grenzen lösten sich
> auf, und ich war mit allem, was mich umgab, verbunden – ein völliges Fliessen
> ineinander. (590-595)

Bei einer anderen spirituellen Erfahrung vor einiger Zeit war er mit einem Freund auf
einer Wanderung in den Bergen. Sie mussten eine gefährliche Stelle passieren, die von
ihm völlige Konzentration und einen klaren Kopf abverlangte:

> Als wir mal auf [eine Wanderung] gingen, da kamen wir (…) auf eine Krete. Es
> hatte schon Schnee. Das war so ein ganz schmaler Grat. Wirklich so ein Grät-
> chen. Der ging ganz, ganz weit nach vorne so auf einen Felskopf. Und da auf die
> linke Seite ging es runter – also genügend weit runter, um nicht mehr zu stoppen.
> Über eine Wand auch nachher noch. Und auf diese Seite ging es so auf ein Cou-
> loir runter – also auch im Schnee nicht gut, um ins Rutschen zu kommen. Und
> ich bin jetzt nicht speziell – also ich bin ein guter Berggänger – aber ich habe mit
> Klettern und so nichts am Hut. Und jetzt ging ich auf dem Grätchen von uns
> beiden voraus. Und ich ging vorne voraus und setzte einfach Fuss vor Fuss. Und
> dann dachte ich – dann kommen ja Gedanken: ‚Was ist jetzt, wenn du abstürzst?
> Was ist jetzt, wenn du den Halt verlierst?' Dann sagte ich: ‚Nein, ich verliere den
> Halt nicht. Nein, ich spüre den Boden. Ich spüre den Fels. Ich spüre den Halt.'
> Und dann ergab sich auch wieder diese Verbindung – wie ich es beschrieben ha-
> be mit dem Durch-den-Wald-Gehen. Dass ich das Gefühl hatte: Ich bin wie eins
> mit dem Felsen und Verwachsen und meine Bewegungen sind auch ganz kon-
> zentriert, völlig fokussiert. Es hat aber immer wieder reingedrängt – der Gedanke
> kommt rein, und der Gedanke kommt rein. Dann musste ich schon daran arbei-
> ten, um zu sagen: ‚Das weg, das weg. Jetzt geht es um das. Jetzt geht es um das.
> Jetzt geht es um das.' Oder dann auch immer wieder vor mich hersagen: ‚Ich
> kann das. Ich kann das. Ich kann das.' Und dann mit der Zeit, wie gesagt, hatte
> ich das Gefühl: Jetzt bin ich eins mit dem Berg, und ich bin wie festgesaugt, wie
> angemacht. Da kann gar nichts passieren. Eine ganz tiefe Sicherheit. (…) Ja, und
> das – einfach so ein Teil des Ganzen sein wieder dort draussen – das war wieder
> so eine Erfahrung, wo ich sagen muss: Ja, das macht es aus. (844-874)

Aus dieser tiefen Sicherheit, diesem Einssein mit dem Berg, entstand ein grosses Vertrauen in sich und seine Fähigkeiten.

Seine jüngste Erfahrung trat in einer Körpertherapie-Sitzung eine Woche vor dem
Interview auf. Ausgehend vom Thema Erdung erfuhr er über seinen Körper plötzlich
den Zustand vor der Zeugung.

> Ich war in dieser Therapiesitzung plötzlich in der Zeugung – also in der Phase
> der Zeugung, sprich einfach dort, wo der Mensch die Einheit verlässt und quasi

durch die Zellteilung in die Dualität wechselt – körperlich. Und das körperliche Empfinden erfuhr ich in dieser Sitzung. Also ich ging bewusst zurück an diesen Ort, wo man eben noch als Einheit unterwegs ist mit allen anderen. (998-1004)

Er hatte das körperliche Empfinden, dass alles gleich ist, alles gleich-gültig. Alles wurde in seinem Empfinden ganz einfach, und er erlebte es auf einer Ebene des Seins: „Ganz selbstverständlich. Ohne Fragen. Es waren keine Fragen mehr da. Es war einfach" (1009-1010).

8.11.2   Schwierigkeiten: „Das ist so kopfgesteuert daher gekommen" (1287)

Bernhard Bär hatte vor ein paar Jahren Kurse in verschiedenen Arten psychologischer Prozessarbeit begonnen. Frisch zurück aus seinen Kursen, versuchte er, seine neuen Erkenntnisse in seinem Leben umzusetzen, was teilweise auf eine so entkoppelte Art geschah, dass seine Umgebung unwillig reagierte. Seine kleine Tochter gab ihm einige Zeit nach seiner Kursrückkehr deutlich zu verstehen, was sie von seinen Veränderungsbemühungen hielt:

> Etwa 3 Wochen, nachdem ich zurück war, oder 4, hat [meine Tochter], die in dieser Hinsicht gnadenlos ist, die hat dann irgendwann gesagt: ‚Papi' – ich habe irgendeine Session mit ihr gehabt, wo ich ihr erklärt habe, wie es jetzt nicht mehr sein soll, sondern wie es jetzt neuerdings sein soll – und ich habe das auf eine so entkoppelte Art – also ich war so nicht verbunden mit mir selber, das ist so kopfgesteuert daher gekommen, dass sie dann darauf die Reaktion gemacht hat: ‚Du, Papi, jetzt habe ich gedacht, du bist in den Kurs gegangen, um ein besserer Papi zu werden. Jetzt bist du ein viel blöderer Papi.' ((beide lachen)) Und das hat mich dann wieder wach gerüttelt, um zu sagen: ‚He, so geht es nicht.' (1281-1291)

Dass er anfänglich nach solchen Kursen kopfgesteuert Dinge verändern wollte, zog auch in seinem weiteren Umfeld Reaktionen nach sich, die sein früheres Gefühl, nicht verstanden zu sein, wieder aktivierten:

> Das hat dann in meinem Umfeld natürlich bewirkt: ‚Jetzt spinnt er, glaube ich, total. Klar, jetzt ist er so auf einem esoterischen Trip gewesen. Janu, er ist jetzt halt einfach abgehoben und ist weg in die Esoterik.' Das musste sich so unverbunden anfühlen für die Leute im Vis-a-Vis - weil nicht integriert bei mir, weil nicht verinnerlicht – dass sie mir das gar nicht abgenommen haben. Und dass das so etwas von fake und unecht geschienen hat, dass sie nur auf Distanz gehen konnten. Und das hat so wieder das Gefühl genährt von nicht verstanden sein. (1773-1780)

So beschloss Bernhard Bär schliesslich, nicht gleich „mit der Brechstange" (1291) vorzugehen bei der Veränderung seiner Lebensthemen, sondern Schritt für Schritt mit den Mustern zu arbeiten, die ihn jeweils gerade sehr beschäftigten.

Nach intensiven spirituellen Erfahrungen erlebte er oft, dass er eine Zeit lang wie weg war und eine Weile innerlich so beschäftigt, dass er für seine tägliche Arbeit keinen Fokus hatte. Manchmal brauchte er mehrere Tage, bis er wieder ganz bei der Arbeit war. Diese Thematik kennt Bernhard Bär auch von anderen Übergängen. So braucht er auch nach freien Tagen wieder Zeit, bis er sich auf seine Arbeit konzentrieren kann. Mittlerweile hat er gemerkt, dass ihm eine sehr strukturierte Arbeit wie Buchhaltung, wo er sehr genau und wenig kreativ sein muss, sehr hilfreich dafür ist, sich wieder auf seine Arbeit einlassen zu können.

8.11.3 Folgen: „Gefühlt leben" (1138)

Die stärksten unmittelbaren Auswirkungen hatte für Bernhard Bär seine Erfahrung auf der Bergwanderung. Er spürt seither ein tiefes Vertrauen und kann in diesem Vertrauen und in dieser Sicherheit in seinem Alltag nun oft die Dinge Schritt für Schritt, fokussiert und konzentriert, wie auf einer neuen Basis angehen:

> Und zwar, indem ich an mich glaube. Indem ich ganz fest an meine Fähigkeiten glaube, und indem ich fest darauf vertraue, dass ich getragen bin, dass ich gehalten bin, gelingt es mir. Und das habe ich auch – das ist jetzt etwas, was ich in den Alltag übernommen habe. Dass ich sage: Aha, das habe ich jetzt gelernt. Schritt für Schritt. Ganz fokussiert. Ganz konzentriert. Und einfach gehen – im Vertrauen, dass der Boden, auf dem ich stehe, dass der mich trägt. Dass ich mich selber trage – im Grunde genommen. Und das habe ich im Alltag. (886-893)

Die Erfahrung auf der Bergwanderung hat zu einer Verlangsamung in seinem Alltagsleben geführt. In täglicher Übung merkt er, dass er sein Tempo reduzieren muss, damit er bei seinen Alltagstätigkeiten wirklich präsent sein kann:

> Also die Erfahrung, dass ich, wenn ich Schritt für Schritt vorwärts gehe, fokussiert bin und auf das, was ich mitbringe an Fähigkeiten, vertraue anstatt zu zweifeln, dann gibt es eigentlich nichts, was mich aufhalten kann. Dann geht das durch. Dann werde ich Erfolg haben. Das hat im Alltag zu einer Entschleunigung geführt. Wobei: Das ist auch tägliche Übung. Das hat dazu geführt, dass ich merke, ich muss langsamer machen, damit ich auch Zeit habe zu fokussieren. Damit ich wirklich in ein Tempo komme innerlich, das es mir erlaubt, wirklich gesammelt zu sein und auch – und das kann die kleinste alltägliche Verrichtung sein – mich zu fokussieren und genau mit dem in Kontakt sein, worum es jetzt und im Moment geht. (908-918)

Er merkt, dass wenn er sich einlässt auf das, was er gerade tut, ein Gefühl von grosser innerer Befriedigung und Zufriedenheit entsteht. In solchen Momenten ist er sehr produktiv und konzentriert und sein jeweiliges Tun ist oft sehr erfolgreich. So hat er festgestellt, dass Briefe und Offerten, die er aus diesem Zustand heraus schreibt, beim Empfänger auf eine andere Resonanz stossen. Er verbindet sich beim Schreiben innerlich mit dem Menschen und lässt sich auf ihn und sein Bedürfnis ein. In solchen Momenten erlebt er sich sehr authentisch, fühlt sich mit sich verbunden und merkt auf Grund von Rückmeldungen seiner Briefempfänger, dass das auch so ankommt.

Seine kürzliche Erfahrung aus der Körpertherapie hat ihn bisher vor allem gestärkt in seiner Motivation, sich auf solche Erfahrungen wirklich einzulassen. Es beflügelt ihn, dass es möglich ist, so etwas in dieser Tiefe zu erfahren.

Bernhard Bär bemerkt, dass spirituelle Erfahrungen seine zwischenmenschlichen Beziehungen stark beeinflusst haben, viele Veränderungen aber auch auf seine psychologische Prozessarbeit zurückzuführen sind. Als Kind hatte er sich oft nicht verstanden, nicht erkannt, alleine und isoliert gefühlt. Er hatte damals wenige Kollegen und Freunde. Er habe immer darauf gewartet, dass andere Menschen auf ihn zukommen und ihn sehen. Er sei ein fröhliches Kind gewesen, und wenn er draussen in der Natur war, fehlte ihm nichts. Er sieht heute seine damalige Fröhlichkeit und seine Anständigkeit auch als einen Versucht, die Leute einzuladen, ihn gerne zu haben. Wenn er dann merkte, dass sie ihn nicht wirklich sahen, war er enttäuscht und zog sich wieder zurück.

Veränderungen in zwischenmenschlichen Beziehungen sind für ihn wohl auch deshalb massiv, weil er sich vertieft mit dieser Thematik auseinander setzt und sehr bestrebt ist, seine Erkenntnisse in den Alltag umzusetzen. In psychologischer Prozessarbeit hat er Muster im Umgang mit anderen Menschen entdeckt und herausgearbeitet, die er in seinem Alltag immer wieder beobachtet. So hat er gemerkt, dass er immer wieder das Gefühl hat, sein Gegenüber habe bestimmte Erwartungen an ihn, die er glaubt erfüllen zu müssen. Wenn er diese nicht erfüllt, kommen Schuldgefühle auf. Er hat nun einige Zeit damit gearbeitet, im Alltag zu erkennen, wann entsprechende Gefühle auftauchen. In einem Prozess des ständigen Übens grenzt er sich immer wieder gegen diese vermeintlichen oder realen Erwartungen ab. Je länger er jetzt mit diesem Prozess übt, desto einfacher und fast schon automatischer kann er sich gegen solche Erwartungen abgrenzen. Das Gefühl, dass die andere Person etwas von ihm erwartet, trete mittlerweile nur noch selten auf.

Durch seine spirituellen Erfahrungen hat sich die Wahrnehmung seines jeweiligen Gegenübers verändert und mehr Tiefe bekommen: „Ich [kann] das Vis-a-Vis viel besser wahrnehmen, viel besser erfassen. Ich sehe hinter das, was sich vordergründig manchmal zeigt, und dahinter liegt ja immer oder oftmals etwas ganz Anderes und etwas ganz Gutes. Und das macht es einfach viel, viel leichter" (476-479).

Auch sein Freundeskreis hat sich verändert, und es tauchen andere Menschen in seinem Leben auf: „Zwischenmenschliche Beziehungen sind völlig andere geworden. Mein Freundeskreis hat sich auch verschoben. Ich habe heute ein ganz anderes Sozialnetz als noch vor Jahren" (488-490). In zunächst eher belanglosen Gesprächen kann sich heute plötzlich wie eine tiefere Dimension eröffnen, die er vielleicht zuvor noch gar nicht erlebt hat. Solche Momente gehören für ihn zu den Highlights im Alltag. „Da gibt es ganz andere Tiefen" (495).

8.11.4 Hilfreiches für die Integration: „Disziplin" (1544)

Bernhard Bär erlebt, dass er durch die Umsetzung und Integration seiner spirituellen Erfahrungen in sein Alltagsleben in eine erweiterte Wahrnehmungsfähigkeit kommt. Diese eröffnet dann den Raum für tiefere Erfahrungen, die ihn wiederum weiter tragen in seinem Alltag. Spirituelle Erfahrungen und deren Integration sind für ihn ein wechselseitiger Prozess, bei dem sich beide Elemente gegenseitig unterstützen und zu einer ständigen Vertiefung des Erlebens führen.

Erste Versuche zur Umsetzung kommen oft etwas holperig daher, und es braucht für Bernhard Bär Geduld, „bis es wirklich verinnerlicht ist, bis es auch verkörperlicht ist" (1228-1229). Wenn er immer wieder an einem Thema dran bleibt und sich dem widmet, stellt er fest, dass eine Umsetzung im Alltag immer leichter geht:

> Und dann merke ich, ich stelle je länger je mehr fest, dass solche Sachen einfach irgendwann selbstverständlich werden und automatisch funktionieren – wie die Muster auch automatisch funktionieren, funktioniert es auf diese Seite auch plötzlich ganz automatisch, ohne dass man gross etwas dazu beitragen muss. (1228-1232)

Seine Erfahrung auf der Bergwanderung, als er Schritt für Schritt vorwärts ging im Vertrauen auf seine eigenen Fähigkeiten und in Verbindung mit dem Fels und dem Boden, hat ihm deutlich gemacht, dass er auch im Alltag Schritt für Schritt vorwärts gehen muss. Indem er sein Tempo reduziert und sich wie bei seiner Berg-Erfahrung Schritt für Schritt auf das einlässt, was gerade ist, kann er in manchen Momenten ganz bei seiner jetzigen Verrichtung sein.

Seine spirituellen Erfahrungen als Kind in der Natur und seine Erfahrung des Einsseins auf der Wanderung durch das Wäldchen haben dazu geführt, dass er sich heute im Alltag immer wieder ins Bewusstsein bringt, dass er mit seinem Gegenüber tief verbunden ist. Er erinnert sich dabei an das Gefühl des Einsseins und der Verbundenheit und an sein inneres Bild, als er durch den Wald geht auf der Wanderung. Er spürt dann wieder, wie der Wind durch seine Hand streicht, ihn liebkost und ihn streichelt. Dann versucht er, sein Herz zu öffnen und sein Gegenüber in seinem Wesenskern zu spüren, damit ein tieferer Kontakt zu seinem jetzigen Gegenüber wirklich entstehen kann. Wenn eine solche Verbindung entsteht, sind es sehr berührende Momente.

Bernhard Bär arbeitet für seine innere Entwicklung bewusst auf verschiedenen Ebenen und holt sich dafür auch verschiedene Arten von Unterstützung: er schaut, „dass jeder Teil von mir Seines bekommt" (1738-1739). So meditiert er regelmässig, was ihm zur Sammlung und Ruhe, zum Leerwerden dient. Er arbeitet mit seinen psychologischen Mustern, unterstützt durch gelegentliche Einzelsitzungen und Kurse. Um Blockaden in seinem Körper und Energiekörper zu lösen, geht er in eine Körpertherapie, die ihn auch dabei unterstützt, sich besser zu spüren und eine bessere Haltung zu bekommen. Auf Körperebene erlebt er eine Arbeit an seiner Wirbelsäule als hilfreich.

Bernhard Bär versucht, seine Erkenntnisse und Erfahrungen konsequent umzusetzen. In seinem Alltag fragt er sich immer wieder: „Was läuft jetzt gerade?" (1600). Er nimmt immer wieder wahr, was gerade in ihm vorgeht. Das braucht „ganz viel Aufmerksamkeit, Achtsamkeit, Aufmerksamkeit" (1598-1599). Dabei hilft ihm, dass er sich in einer früheren Lebensphase eine starke Disziplin angeeignet hat. Er habe sich in jener Zeit sehr übergangen, habe nicht auf seinen Körper gehört, sehr viel Sport getrieben und sei über seine Grenzen hinaus gegangen. Da er damals kaum mit sich in Kontakt gewesen ist, betrachtet er jene Zeit auch als nutzlos. Was ihm aber geblieben ist, ist die Fähigkeit zu einer grossen Disziplin, die er heute für die Umsetzung und Integration seiner Erfahrungen nutzt. Er denkt auch, dass seine Bereitschaft, Widerstände zu überwinden, die immer wieder auftauchen in der Umsetzung im Alltag, und dass er sich von Misserfolgen nicht entmutigen lässt, wesentlich zur Integration beitragen. Ihm ist es auch wichtig, sein eigenes Schwachsein akzeptieren zu können und nicht zu streng zu sich selbst zu sein.

Sein Umfeld betrachtet Bernhard Bär als grosse Unterstützung in seiner Integration: Einerseits habe er in seinem beruflichen Kontext ein sehr herausforderndes Umfeld, wo sehr wenig Bewusstsein ist, wo er stark gefordert ist und er sehr darauf achten muss, bei sich zu bleiben. Hier ist er sehr gefordert, bei Auseinandersetzungen sein Herz nicht zu verschliessen, sondern es offen zu behalten und dann auch klar zu argumentieren. In diesem Umfeld ist er ständig mit seinen eigenen Mustern konfrontiert, was ihn sehr fordert, ihm aber auch hilft, sich weiter zu entwickeln und zu üben. Andererseits hat er in seinem privaten Kontext auch ein sehr nährendes Umfeld, wo er auftanken und sich erholen kann. Hier merkt er, dass es auch ein Sein mit Menschen geben kann, das nicht oberflächlich ist, sondern Tiefe hat, wo ein gegenseitig nährender Austausch stattfindet. Zu seinem nährenden Umfeld gehören seine Partnerin, das Zusammensein mit Freunden, aber auch Kurse oder spirituelle Sachbücher, in denen er eine innere Nahrung für sich findet. Wenn er nur sein herausforderndes Umfeld hätte, würde er sich zu stark isolieren und wäre zu stark auf sich alleine gestellt.

Manchmal merkt Bernhard Bär, dass er eine Erfahrung nicht sofort umsetzen kann. Das sind für ihn Situationen, in denen er zwar eine Erkenntnis hatte, diese aber noch nicht wirklich verstanden und begriffen hat. Dann braucht es Zeit, und irgendwann – nach Monaten vielleicht – hat er ein Aha-Erlebnis durch eine andere Erfahrung, die ihm die frühere plötzlich erschliesst. Dann könne er die ursprüngliche Erfahrung integrieren, weil er sie erfühlen und mit dem Herzen verstehen kann.

8.12 Colin Clark: „Immer wieder in den gegenwärtigen Augenblick zurückkehren" (541)

Colin Clark (59) ist Zen-Lehrer und engagiert sich im Tierschutz. Er ist verheiratet und hat eine 27jährige Tochter.

8.12.1 Spirituelle Erfahrungen: „Dass es so in Ordnung ist, wie es ist" (966)

Colin Clark ist katholisch aufgewachsen – „eigentlich ein sehr positives Erlebnis im Grossen und Ganzen" (109-110). Religion wurde in seiner Familie ohne Druck praktiziert. Seine Mutter war eine „natürlich religiöse Person" (110), sein Vater war eher „skeptisch" (113) und fand alle Religionen grundsätzlich gut, aber wenn sie zu fanatisch praktiziert würden, auch gefährlich. Mit seiner ersten Beichte als Kind verbindet Colin Clark ein tiefes Erlebnis: Er ging nach seiner Beichte als vielleicht 8jähriger aus der dunklen Kirche heraus und erlebte eine solche Freiheit, dass er alle seine Schulden und Sünden gelöst hatte. Zutiefst glücklich trat er in die Sonne heraus und ging die Treppen der Kirche herunter.

Er erinnert sich auch, wie er einmal als Kind nach dem Mittagessen im frisch geschnittenen Gras lag und den Duft dieses Grases roch. Er war „so happy" (450) und „so eins mit allem" (450).

Irgendwann während der Pubertät wurde Religion für ihn völlig irrelevant. Während seiner Studentenzeit experimentierte er mit Psychedelika und hatte dabei einige tiefe Einsichten, in denen sich alles aufgelöst hat und am Schluss nur noch „reines, nacktes Bewusstsein" (856) da war. In diesen Erfahrungen wurde ihm bewusst, dass „alle diese Wege, die die Menschen einschlagen können und müssen (…), letztlich in sich selber nicht befriedigend sind" (858-861).

In einem dieser Erlebnisse konnte er in verschiedene Disziplinen reinschauen: So sah er, dass er z.B. den Weg der Mathematik verfolgen könnte, und „dass wenn ich mich wirklich darauf konzentriere, dass ich relativ gut werden kann darin. Aber dass es mich als Mensch nicht glücklicher macht" (799-801). Von der Mathematik führte die Erfahrung dann weiter in andere Disziplinen wie zum Kaufmann, zum Maler, zum Schachspieler, zum Rockstar. Er identifizierte sich mit all diesen möglichen Wegen und nahm wahr, wie es sich anfühlt z.B. als Kaufmann „ein reicher Mann zu sein, von dem alle etwas wollen" (812). Und er merkte überall: Nein! „Ich habe einfach gesehen, dass das alles äussere Wege sind, die mich letztendlich nicht be-frieden – Befriedigung geben können" (815-817). „Und das war ein sehr tiefes Erleben" (817). Diese Erfahrung sei für ihn sehr „heilsam" gewesen (845) und führte zusammen mit zwei, drei anderen Erfahrungen, die in die gleiche Richtung gingen, dazu, dass er sein Studium abbrach und sich vorübergehend auf eine Alphütte zurückzog. Er begann Yoga und schliesslich Zen zu praktizieren und lebte viele Jahre in einem Zen-Kloster.

Geprägt durch seine früheren Erfahrungen mit Psychedelika dachte Colin Clark immer, er müsse in der Meditation eine ähnliche Erfahrung haben. Jahrelang bemühte er sich aufrichtig in täglich stundenlanger Meditation und wartete darauf, wieder ein solches Erleben zu haben. Er hatte zwar schöne Erfahrungen, aber keine, die in ihrer Intensität seinen früheren gleichkam.

> Und dann irgendwann - und das war ein einschneidendes Erlebnis - habe ich dann realisiert, dass meine Erleuchtung wahrscheinlich ist, dass ich akzeptieren kann, dass ich nicht erleuchtet bin, dass ich so bin, wie ich bin. Und zu akzeptieren, (…) dass es diese völlig andere Wirklichkeit gibt. Dass es die gibt – das weiss ich ja schon. Das habe ich durch Erfahrung bereits persönlich festgestellt. Dass ich jetzt das noch auf eine andere Art beweisen muss, ist mir dann plötzlich überflüssig vorgekommen. Oder ich habe – das tönt jetzt vielleicht komisch – aber ich habe für mich erfahren, dass meine Erleuchtungserfahrung eigentlich die Erkenntnis ist, dass es so in Ordnung ist, wie es ist. Dass ich als C., unerleuchtet, wie ich bin; struggling, wie ich tue; leidend, wie ich tue - dass das so in Ordnung ist. Dass das in Ordnung so ist. Und das war irgendwie am fünften Tag eines Sesshin. Ich sehe es noch – das war am Morgen vor dem Frühstück noch. Es ist langsam der Tag aufgegangen, und ich habe realisiert, dass ich nirgends anders sein will als jetzt da zu sitzen. Dass ich keine – ich habe nicht den Wunsch gehabt, woanders zu sein, und vor allem habe ich auch nicht den Wunsch gehabt, irgendeine andere Art von Erfahrung zu machen. Die Erfahrung, die ich gehabt habe, war nicht – also die Wände waren nicht so ((macht eine Hin und Herbewegung mit den Händen)), und die Farben waren auch nicht so. Es war eigentlich alles <u>völlig</u> normal. Aber ich war zufrieden damit. Ich wollte nichts anderes. Und dann plötzlich ist ein tiefes, ein warmes, wohliges Gefühl daher gekommen. Die Freiheit, nichts zu wollen. (957-979)

8.12.2 Schwierigkeiten: „Die Leute um dich herum haben ein Bild" (219-220)

Colin Clarks erste spirituelle Erfahrungen, die er mit psychedelischen Substanzen machte, warfen ihn „mit so einer Vehemenz aus den gewohnten Bahnen" (459) und waren so tiefgreifend, dass sie „alles andere relativiert haben" (460-461). Er fühlte sich verwirrt und verunsichert, weil sein Weltbild aus den Fugen geriet:

> Und was nachher davon geblieben ist, war, dass ich zuerst ein wenig verwirrt war, weil, wenn ich nichts machen kann, was soll ich dann machen? Oder wenn alle diese Dinge nicht zielführend sind, die mich irgendwo angesprochen hätten oder die mir als Möglichkeit erschienen wären. Also es war nachher etwas Verwirrung und Unsicherheit, weil eigentlich das zerstört wurde, was ich so gemeint habe oder was ich so als Möglichkeit gesehen habe. (817-823)

Seine spätere Erwartungshaltung, dass er in der Meditation ähnliche Erfahrungen machen müsste wie mit Psychedelika, hinderte ihn lange Zeit:

> Und jahrelang hat mich das irgendwie gehindert auch. Ich habe jetzt immer gewartet. Ich habe das von den Beschreibungen der Zen-Meister aus den alten Schriften gekannt – die haben das Gleiche gesehen, wie ich damals gesehen habe. Und wie sie darüber reden. Und ich habe mich ehrlich und aufrichtig bemüht und jahrelang, stundenlang täglich meditiert und habe einfach – schöne Erfah-

rungen gehabt und alles – aber so in dieser Intensität und in dieser Andersartigkeit ist nichts daher gekommen. (950-956)

Jahrelang erlebte er dadurch „immer so ein wenig einen Frust" (995), bis sich diese Fixierung durch die tiefe Erfahrung, dass es in Ordnung ist, wie es ist, schliesslich löste.

Heute, in seiner Rolle als Zen-Lehrer, haben sich die Schwierigkeiten auf andere Bereiche verlagert. Als Zen-Lehrer wird er z.B. immer wieder mit dem Druck konfrontiert, dass die Menschen, die zu Sesshins kommen, irgendetwas von ihm möchten. In seiner Funktion als Lehrer sieht er auch eine Gefahr darin, dass man mit Erwartungshaltungen konfrontiert wird, die einen auch hindern, sich selber weiter zu wandeln:

> Es ist immer sehr gefährlich, wenn man das – letztlich ist ja das Spirituelle auch eine sehr persönliche Sache, die im Innern vorgeht; ein Prozess, der in erster Linie im Innern vor sich geht. Und der ist ja nicht irgendwann abgeschlossen, und wenn du in eine solche Position eines Lehrers reinkommst, ist es gefährlich, dass du dich selber nicht mehr zu stark wandeln kannst, weil du als Vorbildsrolle gelten solltest und Erwartungshaltungen hast. Und und und. Die persönliche Entwicklung leidet dann manchmal ein wenig darunter. (201-208)

> Also wenn du ganz alleine bist, dich zu ändern, ist nicht leicht. Du hast selber ein Bild von dir. Und das wird von aussen noch verstärkt. Die Leute um dich herum haben ein Bild. Dein Sohn erwartet von dir, dass du eine Mutter bist; dein Mann, dass du seine Frau bist; deine Eltern, dass du ihr Kind bist. Wir müssen ständig irgendwelche Rollen innehaben. (217-222)

Für ihn ist es hier wichtig, zu sich zu stehen und auch einmal etwas nicht wissen zu dürfen als spiritueller Lehrer. Es tut ihm dabei gut, sich manchmal zurückzuziehen, sich wieder zu läutern, niemand sein zu müssen und sich Zeit zu lassen, sich innerlich wieder zu finden.

In seiner Rolle als Lehrer begegnet er auch der Gefahr der Selbstüberhöhung. Er beschreibt, wie man einfach von einem Zen-Lehrer selbstverständlich erwartet, dass es ihm überhaupt nichts ausmacht, wenn Schüler sich in Zeremonien vor ihm verneigen. Aber eine solche Ehrerbietung hat eine Auswirkung, wenn auch vielleicht nur auf subtile Art:

> Dass man dann wirklich das Gefühl hat, doch ich bin doch wirklich eine respektable Person und weiss ich nicht was. Dass man ein Bild von sich schafft wieder, das auch wieder eine Illusion ist. Temporär in dem Moment mag das sein, aber das sind – wenn man dieses Bild dann zu stark festigt in sich – ich bin der Lehrer, vor dem sich die Leute verneigen – das ist irgendwo nicht gesund. (269-274)

Colin Clark praktiziert eine Art Prävention gegen Selbstüberhöhung, indem er sich bewusst immer wieder in Situationen begibt, in denen ihn niemand kennt oder er selber in einer dienenden Funktion ist. Er begibt sich aus diesem Grund auch gerne in Kontexte – wie nachts alleine ins Nachtleben - wo er als etwas älterer Mann eher schräg angeschaut wird, wo ihm ablehnende Gefühle entgegengebracht werden. Diese Spannung ist für ihn sehr nützlich und heilsam.

Colin Clark sieht eine Gefahr darin, dass man versucht, auf andere irgendeinen Eindruck zu machen. Dadurch wird die eigene Entwicklung stark gehemmt oder erschwert. Er sieht es dann als hilfreich an, Verpflichtungen in der Aussenwelt zu reduzieren und sich wieder mehr auf den eigenen Weg einzulassen.

8.12.3 Folgen: „Der neutrale Beobachter meines Lebens – der fast unbeteiligte Beobachter des Lebens" (321-322)

Seine spirituellen Erfahrungen mit psychedelischen Substanzen veränderten Colin Clarks Leben grundlegend. Die anfängliche Unsicherheit und Verwirrung dadurch, dass alles relativiert wurde, was er bisher kannte, führte schliesslich dazu, dass er beschloss, „anstatt ein König ein Weiser zu werden" (146-147). Damals hatte die Erkenntnis begonnen, dass es etwas Formloses gibt, dem er sich von da an widmen wollte. So brach er sein Studium ab, lebte vorübergehend allein in einer Alphütte, begann dann, Yoga und schliesslich Zen zu praktizieren. Jahrelang lebte er in einem Zenkloster und durchschritt in den vergangenen Jahrzehnten die ganze Ausbildung vom Mönch bis zum Zen-Lehrer.

Seine Erfahrung, dass „es so in Ordnung ist, wie es ist" (966) und er keine besondere Erfahrung machen muss, führte dazu, dass sich seine Erwartungshaltung und Fixierung auf intensive Erfahrungen, wie er sie früher erlebt hatte, löste. Kurze Zeit später erhielt er von seinem Lehrer den Auftrag, selber zu lehren:

> Und das war dann irgendwo das Ende von meinem ständig eine Erleuchtungserfahrung zu wollen, wie ich sie gekannt habe. Jetzt bin ich 15 Jahre fleissig gesessen – jetzt muss das doch irgendwo drin liegen. Das habe ich dann aufgegeben. Und das war sehr befreiend. Und kurz darauf habe ich nachher tatsächlich – keine Ahnung, ob das damit zusammen hängt.. Vielleicht hatte das auch gar nichts damit zu tun: Kurz darauf hat mich dann mein Lehrer beauftragt, selber zu lehren. Ich habe immer gesagt: ‚Das kann ich nicht. Ich habe nichts zu sagen.' Oder ich habe gemeint, es gäbe noch etwas zu sagen, nur ich hätte noch nichts zu sagen. So. ((lacht)) (980-989)

Colin Clark wurde vor einigen Jahren durch ein Bild eines jungen, in einem Plexiglasgestell fixierten Schimpansen auf die Gräuel der Tierversuche aufmerksam gemacht. Seine Tochter war damals gerade 2 Jahre alt, und er empfand sie intellektuell und emotionell einem Schimpansen sehr ähnlich. Entsetzt realisierte er, wie viel Leiden wir als menschliche Spezies, oft un- oder halbbewusst, routinemässig, institutionalisiert und milliardenweise, anderen Spezies zufügen und wurde zum aktiven Tierschützer. Für ihn kommt es nicht so sehr darauf an, wie man das Wesen bezeichnet, das leidet – Hauptsache, konkretes Leiden kann gemindert werden.

Colin Clark hat keine grosse Vorstellung davon, wie er sein sollte oder wie die Welt sein sollte. Er findet „wirklich von Tag zu Tag, von Atemzug zu Atemzug fast neu heraus, was und wie man es macht" (1200-1201). Er schreibt diese Tendenz dem Älterwerden zu und seiner spirituellen Praxis, wo er jetzt schon jahrzehntelang Zazen (vgl. Kapitel 3.3.2) praktiziert und übt loszulassen.

Je älter er wird, desto mehr fühlt er sich als Beobachter seines Lebens. Er hat immer weniger das Gefühl, dass er sein Leben auf irgendeine Art im Griff hat oder dass er überhaupt eine Wahl hat. Immer mehr erlebt er, dass alles gegeben ist: „Jeder Augenblick ist ganz – und zwar sowohl was die innere als auch, was die äussere Landschaft betrifft – ist eigentlich <u>gegeben</u>" (325-327).

Manchmal macht er Sachen und staunt eher, was er macht oder wie er es macht. Er hat das Gefühl, er schaut mehr und mehr ins Leben rein und staunt, was dieser

Mensch da alles macht und was ihm alles passiert, in was für Umstände er reinkommt und wie er darauf reagiert.

Er unterscheidet nicht mehr zwischen spirituellem und normalem Leben. Spiritualität hat für ihn mit Lebendigkeit zu tun. „Und ich versuche, mein Leben möglichst lebendig zu gestalten" (642-643).

8.12.4 Hilfreiches für die Integration: „Akzeptiere" (333)

Für Colin Clark ist es wesentlich, sich ab und zu wieder mit dem Bewusstseinsbereich spiritueller Erfahrungen rückzuverbinden und sein Bewusstsein dort zu verankern, da er sonst den Kontakt dazu verliert:

> Bezeichnen wir mal als spirituell das, was wir als die tiefste oder die allumfassendste Erfahrung verstehen, die ich gemacht habe, oder die weiteste, unbegrenzteste Erfahrung – wenn wir jetzt mal da sagen: das ist jetzt vielleicht die spirituelle Erfahrung. Das ist der Ort auch, aus dem heraus mein Sinn fliesst oder von dem her ich meine Motivation beziehe oder von wo her die Energie kommt, warum ich überhaupt etwas mache. Ab und zu muss ich dort wieder hinein schnüffeln, muss meine Nase, meine Seele wieder dort hinein hängen oder mein Bewusstsein dort verankern. Wenn das zu lange nicht passiert, verliere ich den Kontakt zu dieser Wurzel. Wenn das zu lange geht, merke ich, dass etwas nicht mehr in Balance ist. (53-62)

Seine tägliche Rückverbindung hat verschiedene Formen: Zum einen ist es das tägliche Sitzen (Zazen), das er mehr oder weniger regelmässig praktiziert: „Das ist ein guter Punkt, sich wieder auf das Wesentliche zurückzuziehen, auf das Wesentliche zu beschränken." (66-68). Viel häufiger aber geschieht diese Rückverbindung spontan – z.B. wenn er alleine oder in einer Gruppe auf Wanderungen in den Bergen unterwegs ist. Für ihn ist das auch ein Ort, wo er sich dem Geistigen oder der Essenz nähert, wo er wieder auftanken und Dinge loslassen kann, die ihn begrenzen.

Rückverbindung geschieht für ihn jedoch auch während der aktiven Phase im Alltag, wo die ganz gewöhnlichen Alltagstätigkeiten zur spirituellen Praxis werden, wenn er sich ganz darauf konzentriert:

> Und dann während der aktiven Phase oder während man in der Welt drin steht und Dinge macht – auf der einen Seite, wenn man sich wirklich auf das konzentrieren kann, was man macht, dann wird das eben zur spirituellen Praxis. Im Zen haben wir gerne das Beispiel vom Putzen oder vom Geschirr abwaschen. Wenn ich das Geschirr abwasche und mich wirklich auf dieses Geschirr konzentriere und spüre, wie dieses Wasser warm ist und die Seife weich ist und wie sich der Teller anfühlt, dann wird aus einer Tätigkeit, die man erledigen muss, und die vielleicht sogar lästig ist, eine spirituelle Übung. Und durchaus, wenn ich bei der Sache bin, ist das eine Gelegenheit, wo ich mit meinem inneren Freiraum, mit meinem Ort, wo ich Platz habe, wo ich ruhig bin, wo ich zu Hause bin, wo ich ruhe, wo ich nichts suche, wo ich nichts machen muss, wieder Kontakt aufnehme. In der Mitte von meiner täglichen Beschäftigung. Das ist natürlich schon viel schwieriger bei einem riskanten Überholmanöver oder wenn ich in einer hitzigen Diskussion bin über etwas. Aber es ist auch dort schon möglich – nur ist es dort schon viel schwieriger, sich daran zu erinnern, dass wir auch Weite sind, dass wir Gelassenheit sind, dass wir in erster Linie da sind und erst in zweiter Linie etwas machen. (74-91)

Die Basis der spirituellen Praxis ist für ihn, sich immer wieder in den Moment zurückzubringen:

> Die ganze spirituelle Praxis, wie ich sie verstehe, kann man eigentlich darauf begrenzen, immer wieder zurückzukommen in die Gegenwart. Immer wieder in den gegenwärtigen Augenblick zurückzukehren. (539-541)

> Wann immer man drauf kommt, dass man abwesend ist, gedanklich oder emotionell – dass man zurück kommt. Dass man sich wieder zurück bringt dorthin, wo man gerade ist. Das sind sehr hilfreiche, auch praktisch sehr nützliche Übungen. (1697-1700)

Für Colin Clark kann spirituelle Übung hilfreich sein, aber manchmal ist es für ihn gerade nicht die spirituelle Übung, sondern eine Alltagssituation, die ihm hilft, wieder zu sich selbst zurückzufinden. So beobachtet er manchmal, wie er sich in einer Meditation völlig ablenken lässt und sich im Lösen eines Problems verstrickt. Andererseits erlebt er Situationen, in denen er im Alltag präsent ist und dadurch einen ganz leichten und unmittelbaren Zugang zu sich selbst findet.

Eine wichtige Lehre eines seiner früheren Lehrer ist für Colin Clark, das zu akzeptieren, was gerade ist. Dabei geht es ihm nicht darum, irgendwelche Gräueltaten zu befürworten, sondern um ein Annehmen der Tatsachen des Lebens, wie sie nun einmal sind – ohne Beschönigung. Das heisst für ihn aber nicht, sich dann nicht auch für eine Veränderung einzusetzen, wie sein Engagement als Tierschützer zeigt.

Spiritualität im Alltag zu leben, heisst für Colin Clark vor allem, die Wachheit und Präsenz zu fördern, die man in Sesshins oft erlebt. In Retreats[83] gibt es viele kleine Elemente, die diese Präsenz fördern: So etwa, indem man sich verbeugt, bevor man sich hinsetzt oder indem man sorgfältig mit dem Essgeschirr umgeht.

Für ihn gibt es viele kleine Hilfsmittel für die Integration in den Alltag: Beispielsweise, indem man vor einer roten Ampel statt sich zu ärgern, ein paar bewusste Atemzüge macht.

Am Beispiel von zwei Klosterfrauen, bei denen alle 15 Minuten eine Uhr klingelte und die darauf jeweils antworteten mit: „Denke an Gottes Gegenwart – und sei allzeit dankbar", schildert er, wie wichtig es ist, sich immer wieder zurückzubringen und sich nicht im Alltag zu verlieren.

Colin Clark erlebt Geduld und Ausdauer als sehr wichtige Qualitäten auf dem spirituellen Weg. Für ihn bedeuten sie auch, nicht immer sofort etwas zu tun oder auf etwas zu reagieren, weil man es nicht ertragen kann, sondern ein wenig zu warten, wahrzunehmen, was ist und damit zu sein. Damit verbunden ist auch eine Temporeduktion, eine Verlangsamung im eigenen Handeln.

Dankbarkeit zu kultivieren ist für ihn ein wichtiges Hilfsmittel. Das bedeutet auch, Dinge nicht einfach als selbstverständlich hinzunehmen, sondern gewissermassen zum „Punkt Null" (1687) zurückzukehren und eine Dankbarkeit zu entwickeln für Dinge des gewöhnlichen Alltags wie z.B. der Fähigkeit, eine blaue Sofadecke wahrzunehmen. In den Worten eines seiner Lehrers: „Wir sind zufrieden, wenn wir dankbar sein können" (1692).

---

[83] Zeitraum, in dem man sich aus seinem alltäglichen Leben zurückzieht an einen eigens dafür bestimmten Ort, um meist gemeinsam mit anderen spirituell Suchenden eine spirituelle Praxis wie Gebet, Meditation etc. zu praktizieren.

Die spirituelle Praxis des Sitzens sieht er als sehr hilfreich an, weil wir über Bewegung sofort in die Dualität reingehen und das stille Sitzen uns darin unterstützt, die Bewegung, auch die der Gedanken, für einen Moment anzuhalten.

In letzter Zeit sind es für Colin Clark jedoch die ausgesprochen nicht spirituellen Erfahrungen, die für ihn die grösste Hilfe sind – so macht ihn eine Unhöflichkeit seinerseits seiner Frau gegenüber sofort wach und aufmerksam auf das, was gerade ist und darauf, dass er jetzt gerade unhöflich ist. Das rüttle ihn mehr auf als eine spirituelle Erfahrung.

Schliesslich sind aber für ihn alle Anweisungen nur begrenzt hilfreich, und man müsse sie zum richtigen Zeitpunkt auch wieder loslassen können, damit sie nicht zu einem Hindernis werden.

9 Ergebnisse: Kategorienmodell „Kontakt"

> Mich auf der Herzebene berühren lassen von etwas – das ist für mich Spirituali-
> tät. (WW 1037-1038)

Was heisst es nun, spirituelle Erfahrungen zu integrieren? Was ist für Betroffene hier und heute hilfreich? Durch die dargestellten individuellen Zugänge wurde der Weg der Integration spiritueller Erfahrungen jeder einzelnen Interviewpartnerin und jedes Interviewpartners deutlich (Kapitel 8). Dabei stand das je Eigene und Einzigartige eines solchen Prozesses im Vordergrund. In den folgenden Kapiteln wird nun der rote Faden bei allen InterviewpartnerInnen anhand der Methode der Grounded Theory verfolgt (zur Methodik siehe Kapitel 7). Dabei werden bedeutsame Aspekte, Referenzpunkte der Interviews und Gemeinsamkeiten herausgearbeitet und systematisch strukturiert. Auf diese Weise wurde aus den Gesprächen mit allen InterviewpartnerInnen das Kategorienmodell „Kontakt" entwickelt, das in Abbildung 10 zu sehen ist.

Die Kernkategorie als zentrales Phänomen, auf das sich die Prozesse der Integration spiritueller Erfahrungen zurückführen lassen, bildet „Kontakt". *Kontakt* wird hier in seiner ursprünglichen Bedeutung verstanden, abgeleitet vom lateinischen Wort *contingere* (gleichbedeutend mit lat. *tangere*), das *berühren* bedeutet. Das vom Deutschen entlehnte lateinische Wort *contactus* heisst „*Berührung, Verbindung*" (Duden, 2007, S. 438). Kontakt meint hier, dasjenige (innerlich) zu berühren, mit dem ein Kontakt entsteht und zugleich ein Berührtwerden durch das, womit wir in Kontakt kommen. Der Interviewpartner und Hotelier Bernhard Bär spricht von „gefühlt leben" (BB 1138). Kontakt bedeutet, dass eine *Resonanz* im Menschen entsteht – die Berührung wird empfunden, erlebt, erfahren und wirkt sich so auch auf den Menschen aus. Im Kontakt sind wir also zugleich aktiv (wir „berühren") und empfangend (wir werden „berührt"). Kontakt in diesem Sinn basiert auf *Offenheit* für das, womit wir in Kontakt treten.

Eine Integration spiritueller Erfahrungen in diesem Sinn bedeutet also, immer wieder in Kontakt und damit in Verbindung zu kommen mit verschiedenen Aspekten des Lebens. Anhand der Interviews konnten folgende Aspekte herauskristallisiert werden, die sich für eine Integration spiritueller Erfahrungen als essentiell herausstellten:

- Kontakt zum Hier und Jetzt als Basis aller anderen Kontaktaspekte
- Kontakt zu sich und der eigenen Lebensgeschichte
- Kontakt zu anderen Menschen
- Kontakt zum alltäglichen Leben
- Kontakt zur Essenz[84]

Abbildung 10 verdeutlicht die verschiedenen Aspekte der Kernkategorie „Kontakt" und stellt sie zur Veranschaulichung und zur Erleichterung einer unmittelbaren Erfahrbarkeit in einen räumlichen Kontext. Diese räumliche Komponente stellt natürlich eine Vereinfachung der Zusammenhänge dar, und die verschiedenen räumlichen Aspekte stehen auch miteinander in Verbindung, im Kontakt. Raum kann unmmittelbar erfahren werden und ist über den Bewegungsaspekt einer Raumerfahrung mit unserer Le-

---

[84] Der Begriff der Essenz meint das Spirituelle, Transpersonale, das Göttliche, die umfassende Wirklichkeit (Almaas, 1997; 1999; 2001; 2002; 2005; o.J.). Er wird hier gewählt, weil es das Göttliche in Allem am unmittelbarsten wiedergibt – in uns selbst wie auch in allem, was uns umgibt (vgl. hierzu insbesondere die Einführung zum Kapitel 3.3 zum Zen).

bendigkeit und unserem ursprünglichen Menschsein verbunden. Von der Empfängnis bis zu unserem Tod bewegen wir uns in inneren und äusseren Räumen.

- So können wir den Kontakt zum Hier und Jetzt als Raum darstellen, in dem alles andere stattfindet. Unser Kontakt zum Hier und Jetzt bildet das Gefäss, das uns die anderen Aspekte von Kontakt überhaupt erst in ihrer Tiefe ermöglicht.
- Der Kontakt zu uns und unserer Lebensgeschichte richtet unsere Aufmerksamkeit nach Innen.
- Der Kontakt zu anderen Menschen kann als Bewegung nach aussen erlebt werden.
- Der Kontakt zum alltäglichen Leben kann als Verbindung nach unten, zum Materiellen, zur Erde, zu unserer physischen Basis und den Gegebenheiten um uns herum erlebt werden – auch wenn sie nicht alle materiell sind.
- Der Kontakt zur Essenz kann als Verbindung nach oben, zum „Himmel" erfahren werden und wird seit Urzeiten immer wieder so geortet, auch wenn Essenz letztlich in allem existiert.

Abbildung 10: Kategorienmodell „Kontakt"

Ein zentraler Aspekt des Kategorienmodells „Kontakt" ist sein *prozesshafter Charakter*. Eine Integration spiritueller Erfahrungen ist ein ständiger Weg, auf dem wir nie „fertig" sind oder „es erreicht haben". Kontakt in all den dargestellten Aspekten ist ein ständiger Prozess. Kontakt „haben" wir nicht irgendwann ein für allemal. Kontakt entsteht immer wieder neu. Er beinhaltet ein stetes „Üben" – was gerade die mystischen Traditionen sehr betonen -, ein Sich-Öffnen, Sich-Einlassen, ein ständiges Wieder-in-Kontakt-Kommen und Wieder-bewusst-Werden – und damit impliziert es auch immer wieder ein zeitweiliges Verlieren des Kontakts, ein Nicht-bewusst-Sein, ein Nicht-in-Verbindung-Sein. Kontakt im hier gemeinten Sinn kann nicht entstehen, wenn wir in Konzepten, Vorstellungen und Erwartungen gefangen sind. Sobald Konzepte und Vorstellungen über Spiritualität, über uns selbst, andere Menschen, unser alltägliches Leben

– einfach darüber, wie die Dinge sein müssten – uns in Beschlag nehmen, schiebt sich eine Mauer dazwischen. Der Kontakt kann nicht entstehen oder geht uns in gerade diesem Augenblick wieder verloren. In Kontakt zu kommen ist also auch damit verbunden, individuell für sich selbst zu merken, wo wir nicht mehr in Kontakt sind, wo sich etwas dazwischen schiebt und wir die Verbindung verlieren (vgl. etwa Dürckheims „kritische Wachheit" im „Rad der Verwandlung" in Kapitel 4.3.2). Auch das ist ein ständiger Prozess. Ein solcher ständiger Weg ist alles andere als einfach und fordert uns auf allen Ebenen heraus. Es braucht einen langen Atem, viel Geduld, Ausdauer und ein liebevolles Offensein für Unvorhergesehenes und für die angenehmen und unangenehmen Überraschungen auf diesem Weg.

Um eine Übersicht und einen Einstieg ins Kategorienmodell „Kontakt" zu ermöglichen, werden im Folgenden die einzelnen Hauptkategorien – die verschiedenen Aspekte des Kontakts – einführend dargestellt. In den folgenden Kapiteln werden die verschiedenen Aspekte des Kontakts dann näher ausgeführt und mit Interviewpassagen belegt.

All diesen Aspekten von Kontakt ist gemeinsam, dass sie keiner aussergewöhnlichen Umgebung bedürfen, um praktiziert und vertieft zu werden. All diese Aspekte sind für jeden von uns in unserem gewöhnlichen alltäglichen Leben unmittelbar zugänglich. Sie sind im Grunde „jederzeit" verfügbar und praktizierbar, wenn wir versuchen, wach dafür zu sein.

Ein einzelner Aspekt für sich alleine genommen reicht nicht aus, um spirituelle Erfahrungen zu integrieren. Die verschiedenen Aspekte wirken zusammen, manche bilden eine Grundlage für andere. Die einzelnen Aspekte sind bei den unterschiedlichen InterviewpartnerInnen auch nicht gleich wichtig. So erweisen sich manche Aspekte für die betroffenen Menschen als zentraler als andere.

Kontakt zum Hier und Jetzt

Der Kontakt zum Hier und Jetzt erweist sich als Grundlage der Integration spiritueller Erfahrungen und aller anderen Aspekte von Kontakt. Wenn wir nicht mit dem in Kontakt sind, was gerade ist, leben wir an der momentanen Realität vorbei. Kontakt zum Hier und Jetzt meint, in die Gegenwart zu kommen, gegenwärtig zu werden, sich einlassen auf das, was hier und jetzt gerade ist: also die aktuelle äussere Realität in der momentanen Situation, aber auch die augenblickliche innere Realität, der eigene innere Zustand.

Mit einem Kontakt zum Hier und Jetzt sind vor allem Momente des Kontakts gemeint und weniger ein Zustand, in dem man ständig voll und ganz im Hier und Jetzt präsent ist. Letzteres ist wohl für die allermeisten Menschen ein unrealistischer Anspruch und würde nur Konzepte, Vorstellungen und Erwartungen zementieren. Wie alle Aspekte von Kontakt meint Kontakt zum Hier und Jetzt einen fliessenden Prozess, ein ständiges Verlieren und Sich-wieder-Annähern. Und wie jedem Aspekt von Kontakt sind auch hier den Möglichkeiten zur Vertiefung keine Grenzen gesetzt. Jeder Mensch kann seinen Kontakt vertiefen und weiter vertiefen. Das ist nicht als Anstrengung oder Fokus auf ein Ziel hin gemeint, sondern als Möglichkeit, sich hineinzubegeben und sich überraschen zu lassen – immer mit der inneren Haltung von Offenheit, von Berühren, Berührtwerden und Sich-Berühren-Lassen.

Wo kein Kontakt zum Hier und Jetzt da ist, lassen wir uns nicht auf die momentane Realität ein, sondern gehen im Grunde in unseren Gedanken an die Vergangenheit oder die Zukunft verloren. Wir verstricken uns in Wünschen, Ablehnungen und vor allem in unseren Gedanken und Vorstellungen, wie etwas zu sein hätte – aber leider meist nicht ist. Wir lassen uns nicht ein auf die gegebenen Tatsachen des Lebens, sondern rennen einem Hirngespinst nach, das im Moment gar nicht real da ist. Diese Tendenz dürfte eine fast übliche (unbewusste) Grundhaltung in unserem Alltag sein. Oft lehnen wir gerade das ab, was jetzt da ist. Dem spirituell Suchenden mögen die Gegebenheiten des aktuellen Augenblicks zu banal erscheinen, zu wenig spirituell. Wir wünschen uns meist in etwas anderes hinein als in den momentanen Augenblick, und dadurch kommen wir eigentlich nie zur Ruhe. Oder wir wollen – in einem besonders erfüllenden Augenblick wie Goethes Faust (Goethe, 1977, S. 52) - diesen am liebsten andauern lassen: „Werd ich zum Augenblicke sagen: Verweile doch! Du bist so schön!" Und damit sind wir eigentlich schon in Teufels Küche: Wir versuchen, etwas festzuhalten, was keinen Bestand hat. Wir versuchen, der (gottgegebenen) Vergänglichkeit auszuweichen und nehmen damit im Grunde die Grundtatsache des Lebens – eben die Vergänglichkeit – nicht an. Damit stellen wir uns immer wieder selber ein Bein: Entweder wären wir gerade lieber anderswo, oder wir wollen ewig da bleiben – und mit beidem sind wir nicht im Hier und Jetzt.

Ein Versuch, immer wieder ins Hier und Jetzt zurückzukehren, ist sehr schwierig und braucht immer wieder, dass wir uns „zurückholen" aus unseren Gedanken, Vorstellungen und Wertungen.

Ein solches Üben hat nichts mit Verbissenheit zu tun. Es ist nicht als schweisstreibendes Festhalten gemeint, sondern vielmehr als Versuch, immer wieder wach und präsent zu werden. Üben ist verbunden mit dem Versuch einer Kontinuität – einem Immer-wieder-Zurückkehren zur Wachheit und Präsenz für das, was das Hier und Jetzt als unausweichliche Realität ist. In diesem Sinn ist ein ständiges Üben auch anstrengend – es erfordert immer wieder neu, dass wir innerlich nicht einschlafen, sondern immer wieder aufwachen, uns wachrütteln, präsent werden für das äussere und innere Hier und Jetzt – ohne uns dabei zu verlieren. In diesem Sinn ist Üben zweierlei:

- Anstrengung, weil Wachsein und die Bemühung, geistig nicht einzuschlafen, Kraft und viel Aufmerksamkeit erfordert.
- Hingabe (im Sinne eines Annehmens, was ist) an den jeweiligen Augenblick – also ihn weder abzulehnen noch festhalten zu wollen. In diesem Sinn auch ein Geschehenlassen dessen, was eben hier und jetzt Realität ist. Geschehenlassen meint nicht, sich willenlos treiben zu lassen, sondern ein waches und annehmendes Gegenwärtigsein.

Üben in diesem Sinn ist im Grunde eine Kunst. Assagioli würde hier wohl davon sprechen, dass sich Liebe (Annehmen, was ist) und Wille (Entschlossenheit und Anstrengung, wach zu bleiben bzw. immer wieder wach zu werden) sich darin verbinden (vgl. das entsprechende Teilkapitel in 4.2.2). Kommt es zu einer Verzerrung und Überbetonung der Liebe, so kommen wir in ein passives Geschehenlassen oder in ein schwärmerisches, aber realitätsfremdes „Es-ist-ja-alles-gut". Der Übung fehlt dann die Kraft, Entschlossenheit und Klarheit des Willens. Wird der Wille überbetont, wird die Übung hart und unerbittlich. Dann wollen wir etwas erreichen und geraten damit in ein Festhalten-Wollen, das jedem spirituellen Weg entgegengesetzt ist (vgl. die Kapitel 5.2.6 und 6.5).

Kontakt zu sich und der eigenen Lebensgeschichte

Kontakt zu sich und der eigenen Lebensgeschichte meint, in Berührung zu kommen und berührt zu werden von unserem eigenen Innenleben, den eigenen Lebensthemen,

Persönlichkeitsmustern[85], der eigenen, auch einzigartigen Lebensgeschichte. Es ist ein Offenwerden für das, was wir als der individuelle Mensch sind, der wir im Laufe unseres Lebens, unserer persönlichen Geschichte geworden sind. Das beinhaltet im Grunde alles Menschliche, was wir sind und was wir durch die positiven und negativen Erfahrungen in unserem Leben geworden sind: unsere individuellen Eigenheiten, unsere Stärken, aber auch unsere Schwierigkeiten und Schwächen, unsere Schattenseiten, unsere Gefühls-, Gedanken-, Verhaltens- und Lebensmuster: das, was wir als gewordene Persönlichkeit sind. Unter „Persönlichkeit" wird hier nicht etwas Unwandelbares verstanden, sondern ein individuelles Gewordensein bis zum aktuellen Zeitpunkt. In Kapitel 9.2 zeigt sich unter anderem, wie wandelbar die Persönlichkeit im Zusammenhang mit der Integration spiritueller Erfahrungen ist.

Echter Kontakt zu sich braucht viel Ehrlichkeit, damit wir uns vorbehaltlos gerade auch unseren Schattenseiten zuwenden können.

Wo kein – oder zu wenig - Kontakt zu sich und damit auch zur eigenen Menschlichkeit und Unvollkommenheit entsteht, können Tendenzen aufkommen wie Selbstüberhöhung (vgl. Kapitel 6.6.1), Selbsttäuschung (vgl. Kapitel 6.5), idealisierte Spiritualität oder ein „Abheben", wie es oft an spirituell Suchenden kritisiert wird.

Kontakt zu anderen Menschen

Kontakt zu anderen Menschen gehört zum Feld, in dem wir uns in unserem alltäglichen Leben ständig bewegen. Er betrifft die Art und Weise unseres Zusammenseins mit anderen Menschen.

Kontakt zu anderen Menschen meint nicht, ständig von anderen Menschen umgeben sein zu müssen und nicht mehr allein sein zu können. Kontakt zu anderen Menschen meint die Qualität im zwischenmenschlichen Zusammensein, die von einem inneren Berühren und Berührtwerden geprägt ist. Damit ist wiederum nicht ein Verschmelzen mit anderen Menschen gemeint oder eine Tendenz, von anderen alles annehmen oder ertragen zu müssen. Mit anderen Menschen in Kontakt zu sein, kann auch durchaus heissen, klare Grenzen zu setzen, nein zu sagen und sich abzugrenzen.

Je nachdem, wie wir mit anderen Menschen zusammensein können, werden zwischenmenschliche Beziehungen als hilfreich oder als hinderlich erlebt für die Integration spiritueller Erfahrungen. Eine Qualität von echtem Kontakt, das wird in den Interviews deutlich, ist nicht mit jedem Menschen in jeder Situation möglich. Wo aber ein solcher Kontakt möglich ist, unterstützt er die Integration spiritueller Erfahrungen enorm.

Kontakt zum alltäglichen Leben

Spirituell Suchende erliegen nicht selten der Gefahr, den Alltag als allzu banal, farblos und wenig inspirierend zu empfinden. Der Graben zwischen einer alles umfassenden spirituellen Erfahrung und den Begrenzungen des Alltags wird oft als unglaublich gross

---

[85] Unter Persönlichkeitsmustern oder Mustern wird hier folgendes verstanden: In bestimmten inneren oder äusseren Situationen, die individuell verschieden und unterschiedlich sind, klingen immer wieder ähnliche Gefühle, Gedanken, Körperreaktionen oder –empfindungen und Verhaltensweisen an, die oft sehr emotional erlebt werden. Im Grunde reagieren wir in solchen Momenten nicht frei, sondern aus einem konstellierten „Programm" heraus und haben manchmal das Gefühl, wir „können gar nicht anders". Jung (vgl. Hark, 1994, S. 102-104) sprach in diesem Zusammenhang von Komplexen, Assagioli meist von Teilpersönlichkeiten (vgl. Assagioli, 1965/2004, S. 60-61; Dönges & Brunner Dubey, 2005, S. 44; Vargiu, 1974, S. 2). Vgl. dazu insbesondere Kapitel 9.2.5.

empfunden (vgl. Jungs autobiografische Erfahrung in Jung, 1961/2007, S. 298-299)(vgl. Kapitel 6.7.3). Hier besteht eine grosse Versuchung, sich abzuspalten von den lästigen Alltagsbanalitäten und –realitäten und in einer idealisierten Spiritualität gefangen zu werden (vgl. die Dualitätskrise in Kapitel 6.7.3). Was in spirituellen Erfahrungen oft so mühelos geschieht wie ein Erleben einer allumfassenden Liebe, einem Einssein mit allem, ist „in den Schluchten des Alltags" (Stählin, 2002) so schwer umzusetzen. Wie soll denn eine allumfassende Liebe im Alltag aussehen? Wir können ja nicht einfach jeden, der uns begegnet, umarmen. Und es kann auch nicht darum gehen, zu allem Ja und Amen zu sagen und vor lauter Liebe die natürlichen Grenzen zu verlieren.

Kontakt zum Alltag ist mit einer konkreten Bodenhaftung („Erdung") verbunden in den gegebenen Alltäglichkeiten wie Situationen im Beruf, mit Notwendigkeiten wie Einkaufen, Kochen, Putzen etc. Aus den Interviews wird ersichtlich, welche unschätzbare Quelle zur Verankerung gerade diese Alltäglichkeiten für die Integration spiritueller Erfahrungen darstellen.

Kontakt zur Essenz

Im Zusammenhang mit der Integration spiritueller Erfahrungen ist ein Kontakt zur Essenz vielleicht derjenige Aspekt, den man zunächst am stärksten im Vordergrund wähnt. Einen Kontakt zur Essenz immer wieder einzuladen über eine spirituelle Praxis (erzwingen lässt er sich nicht!), gehört zu den Voraussetzungen einer Integration, die am direktesten einleuchten. In den Interviews hat sich gezeigt, dass aber nicht nur ein direktes Pflegen des Kontakts zur Essenz mittels spiritueller Übungen diesen Kontakt einlädt oder vertieft und zur Integration spiritueller Erfahrungen beiträgt, sondern dass wir gerade auch über unser ganzes und echtes Menschsein in unmittelbaren Kontakt zur Essenz kommen. Ein Kontakt zu unserem Körper, unseren Gefühlen (vgl. Hell, 2007) und Gedanken bilden neben einem direkten und bewussten Einladen einer Verbindung zur Essenz die wesentlichen Schlüssel zur Essenz und sind hilfreich für eine Integration spiritueller Erfahrungen. Wenn wir uns ganz auf unsere Menschlichkeit einlassen, auf unsere Körperempfindungen, Gefühle oder Gedanken im Hier und Jetzt, geschieht ein solcher Kontakt oft ganz von selbst. Wir müssen dazu nicht perfekt sein. Gerade über den ehrlichen und unmittelbaren Kontakt zu unserem Unvollkommensein, unserem gewöhnlichen Menschsein kommen wir in Kontakt mit Essenz.

Abbildung 11 stellt den zeitlichen Ablauf des Prozesses der Integration spiritueller Erfahrungen dar, wie er aus den empirischen Interviewdaten herauskristallisiert und systematisiert wurde. Wie in Kapitel 9.2.1 aufgezeigt wird, wurde bei allen InterviewpartnerInnen eine Wechselwirkung zwischen dem Kontakt zu sich und spirituellen Erfahrungen deutlich: So ging ein Kontakt zu sich und der eigenen Lebensgeschichte (etwa in Form eines psychotherapeutischen Prozesses) entweder der spirituellen Erfahrung zeitlich voraus, oder er folgte zeitlich nach der Erfahrung. In Abbildung 11 wird der Zeitraum vor der spirituellen Erfahrung daher durch die beiden Möglichkeiten „Kontakt zu sich und der eigenen Lebensgeschichte" oder mit „keine aktive Auseinandersetzung mit sich und der eigenen Lebensgeschichte" erfasst.

Der weitere zeitliche Ablauf soll exemplarisch anhand des Integrationsprozesses von Sara Sasse veranschaulicht werden: Sara Sasse erlebte im Ashram von Sai Baba eine *spirituelle Erfahrung*, die sie sehr bewegte. In der Folge brachen in ihr bisher nicht zugängliche Erinnerungen an traumatische Erfahrungen sexualisierter Gewalt auf, was eine schwere Krise auslöste *(Schwierigkeiten)*. Ihr damaliger *Integrationsprozess* umfasste vor

allem eine Psychotherapie *(Kontakt zu sich und der eigenen Lebensgeschichte)* und eine verstärkte Auseinandersetzung mit spirituellen Themen *(Kontakt zur Essenz)*. Durch unpro-
fessionelles Verhalten des Therapeuten (erneute Traumatisierung durch sexualisierte
Gewalt) verschlechterte sich ihr Zustand jedoch während dieses Integrationsprozesses
weiter *(Schwierigkeiten)*. Ausserdem förderte ihr Therapeut ihren spirituellen Leistungsdruck und Ehrgeiz *(Schwierigkeiten)*. Während ihres zweiten Indienaufenthaltes bei einem
spirituellen Lehrer traten weitere *spirituelle Erfahrungen* auf. In der Folge geriet sie wiederum in eine schwere Krise durch ein erneutes Aufbrechen der früher erlebten sexualisierten Gewalt *(Schwierigkeiten)*. Die intensive Psychotherapie *(Kontakt zu sich und der eigenen Lebensgeschichte)*, die sie in der Folge begann *(Integrationsprozess)*, erwies sich dann als
fruchtbar. Daneben beschäftigte sie sich weiterhin mit Spiritualität *(Kontakt zur Essenz)*
und tauschte sich mit Gleichgesinnten aus *(Kontakt zu anderen Menschen)*. So merkt sie
heute, dass sie als Folge dieses Integrationsprozesses *(bisherige Form integrierter Spiritualität)* nicht mehr das Gefühl hat, möglichst schnell erleuchtet werden und die Welt retten
zu müssen und ihre Spiritualität alltäglicher und verbundener geworden ist. Sie kann
heute ihre Spiritualität in ihren beruflichen Alltag auf natürliche Weise leben - etwa indem sie sich bei ihrer Arbeit innerlich auf die Essenz ausrichtet. Eine weitere *spirituelle
Erfahrung* war für sie vor kurzer Zeit hilfreich in der alltagspraktischen Klärung ihrer
Wohnsituation.

In Abbildung 11 wird auch die ständige Verbindung zwischen Integrationsprozess
und bisheriger Form integrierter Spiritualität deutlich. Die bisherige Form integrierter
Spiritualität kann als aktuelles Abbild des momentanen Zustandes im Integrationsprozess verstanden werden, wobei der Integrationsprozess damit nicht zu einem Stillstand
kommt, sondern in seinem Prozesscharakter ständig weitergeht. Schwierigkeiten können zu verschiedenen Zeitpunkten des Ablaufmodells auftreten – sie sind meist Bestandteil des Prozesses, müssen es aber nicht notwendigerweise sein.

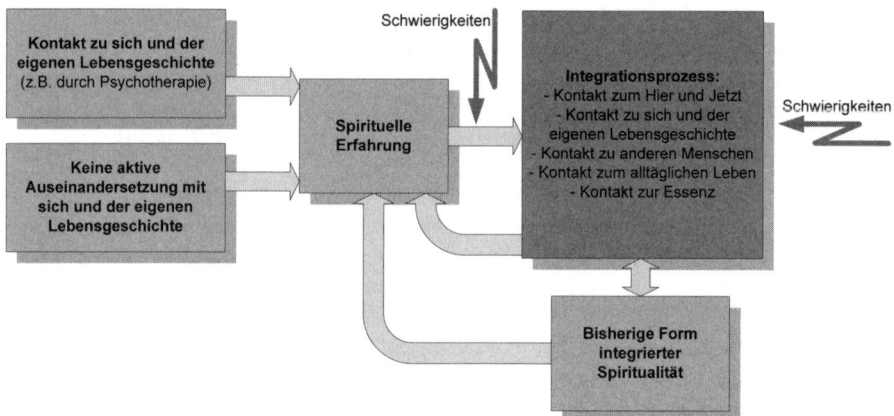

**Abbildung 11: Prozess der Integration spiritueller Erfahrungen in seinem zeitli-
chen Ablauf**

In den folgenden Kapiteln werden anhand der Interviews systematisch die verschiedenen Aspekte des Kategorienmodells „Kontakt" herausgearbeitet. Dazu werden die einzelnen Kapitel inhaltlich jeweils in drei Teile gegliedert:

- Zunächst werden bedeutsame Elemente des jeweiligen Kontaktaspektes (z.B. beim Kontakt zum Hier und Jetzt) aufgezeigt. Dieser Teil umfasst meist mehrere Kapitel.
- Für jeden Aspekt des Kontakts werden in der Folge *Schwierigkeiten* der Integration spiritueller Erfahrungen aufgezeigt, wie sie für die InterviewpartnerInnen in ihrem je eigenen Prozess entstanden waren.
- Anschliessend wird auf die *bisherigen* Formen *integrierter Spiritualität* der InterviewpartnerInnen eingegangen. Mit dem Begriff „bisherig" soll der Prozesscharakter einer Integration spiritueller Erfahrungen nochmals verdeutlicht werden und auch ein Bezug zum Hier und Jetzt der Interviews hergestellt werden: Zum Zeitpunkt des Interviews lebten die Gesprächspartnerin oder der Gesprächspartner ihre Spiritualität auf diese Weise. Neue (Lebens-) Erfahrungen werden hinzukommen, neue Einsichten, vielleicht neue Schicksalsschläge, die Schwierigkeiten, Krisen oder Reifungsmöglichkeiten mit sich bringen. Der Prozess ist nie zu Ende. Mit diesem Verweis auf das Hier und Jetzt soll auch der Kreis zum Ausgangspunkt des Kontakts geschlossen werden – seine Einbettung im Hier und Jetzt. Und es soll damit auch deutlich werden, dass eine Integration spiritueller Erfahrungen immer auch meint, nicht festzuhalten und anzunehmen, dass alles, was Leben ist, immer auch vergänglich und wandelbar ist.

9.1 Kontakt zum Hier und Jetzt als Grundlage der Integration

> (…) genau mit dem in Kontakt sein, worum es jetzt und im Moment geht. (BB 917-918)

Die Integration spiritueller Erfahrungen wird massgeblich unterstützt durch einige Basisprinzipien, die auch die Grundlage bilden für alle weiteren Aspekte des Kontakts, die für dieses Modell relevant sind:

- sich Zeit nehmen
- wahrnehmen, was ist
- annehmen, was ist
- im Alltag üben

Diese Basisprinzipien für die Integration spiritueller Erfahrungen lassen sich zusammenfassen als Elemente, die es ermöglichen, sich wirklich einzulassen auf das, was gerade ist – hier und jetzt. Diese Grundprinzipien können nicht unabhängig voneinander und den nachfolgend beschriebenen weiteren Kategorien des Modells betrachtet werden. Sie sind eng miteinander verbunden und setzen einander teilweise voraus. So ist es zum Beispiel wesentlich, sich Zeit zu nehmen, um überhaupt wahrnehmen zu können, was ist und um im Alltag üben zu können.

Für einen Kontakt zum Hier und Jetzt müssen nicht alle nachstehenden Kategorien erfüllt sein. Sie können bei verschiedenen Betroffenen sehr unterschiedlich stark gewichtet sein. Auch die Konstellation der einzelnen Aspekte ist bei den InterviewpartnerInnen unterschiedlich.

9.1.1 Sich Zeit nehmen

Sich Zeit zu nehmen ist eine wesentliche Voraussetzung dafür, in Kontakt mit dem Hier und Jetzt zu kommen. Es zeigt sich bei den InterviewpartnerInnen, dass es dabei hilfreich ist, alleine zu sein, um möglichst wenig Ausseneinflüssen ausgesetzt zu sein, und langsam zu werden. Eine Verlangsamung ist dabei wesentlich, um sich überhaupt einlassen zu können auf das, was jetzt gerade ist.

Alleine sein

Sich Zeit zu nehmen, um alleine zu sein, ist verbunden damit, Ruhe zu finden und sich nach Innen zu wenden. Alleine sein fördert das Gefühl, Raum zu haben für sich und die eigene Erfahrung. In diesem Raum nur mit sich und der Erfahrung konnte sich Ursula Urben der Integration ihres Erlebens widmen, indem sie Dinge aufschrieb: „da ich viel hinterher am Abend alleine war und da einfach Raum hatte, noch Sachen aufzuschreiben" (UU 1852-1853) [86].

Alleine sein kann einen Kontakt zu sich selber ermöglichen, ohne ständig davon abgelenkt zu werden: „einfach mit mir sein" (UU 1796). Zeit für sich alleine zu haben, wird als eine Basis dafür erlebt, eigene Themen zu verarbeiten und zu integrieren: „Wenn niemand ganz in der Nähe ist, ermöglicht es mir, dann wirklich meinen eigenen Raum zu nehmen" (BB 1402-1403).

---

[86] Die ausgewählten Zitate sollen zur Veranschaulichung und Verdeutlichung der beschriebenen Aspekte dienen. Es wurden jeweils besonders prägnante Beispiele ausgewählt, die exemplarisch auch für die Aussagen anderer InterviewpartnerInnen stehen. Bei 12 durchgeführten Interviews erscheint es aus Gründen der Lesbarkeit nicht sinnvoll, alle entsprechenden Aussagen wieder zu geben.

Ein klarer äusserer Rahmen kann ein Alleine-sein und eine Nach-Innen-Wendung unterstützen und wichtig dafür sein, den erweiterten Bewusstseinszustand einer spirituellen Erfahrung möglichst lange aufrecht zu erhalten – so etwa das Setting in einem Kloster:

> im Meditieren im Kloster (…) – in einem Rahmen, in dem das [eine spirituelle Erfahrung, Anm. der Interviewerin] irgendwo Platz hat und in dem das irgendwo auch nicht so eine – wenn der ganze Tag ein meditativer ist, also auch während der Arbeit grundsätzlich geschwiegen wird und während dem Essen, fällt das natürlich leichter, so eine intensivierte oder eine erhöhte Wahrnehmung eine Zeit lang aufrecht zu erhalten. (CC 482-489)

Langsam werden

Langsam werden ist den Ansprüchen unserer Gesellschaft entgegengesetzt. In unserer leistungsorientierten Gesellschaft ist eines der Grundgesetze, möglichst viel in möglichst kurzer Zeit zu erledigen. Der Zen-Lehrer Colin Clark betont, wie wichtig es ist, ein Gegengewicht zum Tempo unserer Kultur zu schaffen:

> im Allgemeinen, wenn wir die Sachen etwas langsamer machen würden, einen Gang zurückschalten. Wir sind in einer sehr schnellen Gangart. Es kommt auch immer so viel Neues. So viel Neues stürzt auf uns ein. Um mit all dem umzugehen, müssen wir noch schneller sein. Das ist in sich selber eine Gefahr, bei der zwischendurch anhalten oder langsamer machen ein gutes Gegengewicht ist. (CC 1672-1678)

Sich erlauben, langsam zu werden als Gegensatz zu unserem gewohnten Alltagstempo, ist nicht immer einfach. Aber es wird als eine Bedingung dafür erlebt, mit dem Bereich von Spiritualität in Kontakt zu kommen und sein Bewusstsein darauf ausgerichtet zu halten. Dazu müssen gewohnte Verhaltensmuster im Alltag erkannt werden, und man muss ihnen bewusst entgegenwirken:

> Ich muss mich wirklich sehr verlangsamen. Und dazu muss ich raus aus meinem gewohnten Feld mit den Sachen, die ich sage ‚das mache ich noch schnell'. Das ist mein Satz im Alltag: ‚Das mache ich doch noch schnell.' ((lachend)) Und das funktioniert nicht. (UU 1728-1731)

Um dieses Langsamwerden als Bedingung für eine Integration spiritueller Erfahrungen im Alltag umsetzen zu können, müssen manche alltäglichen Dinge in solchen Momenten weggelassen werden. Ursula Urben findet das unmittelbar nach spirituellen Erfahrungen besonders wichtig:

> Dazu muss ich alles weglassen, was meinen Alltag schnell macht. Also eine Struktur, die ich mir gebe. (…) Telefon ist nicht hilfreich, Auto fahren ist überhaupt nicht hilfreich. Also alles, was schneller ist, als zu Fuss gehen, tut mir nicht gut. (UU 1747-1751)

Der Hauptfokus liegt dabei darauf, das Sein zu unterstützen und nicht ins Machen zu geraten oder etwas Leistungsmässiges tun zu müssen:

> Da habe ich einfach gemerkt: Laufen ist gut, mich bewegen, aber nicht schneller als zu Fuss und auch nichts Leistungsmässiges. Sondern einfach laufen um zu

> sein, also alles, was mich im Sein unterstützt, ist gut und alles, was mich ins Tun
> bringt oder ins Machen bringt, ist nicht gut. (UU 1772-1775)

Allerdings können solche Praktiken meist nur über eine gewisse Zeit in dieser Ausschliesslichkeit gelebt werden, da sie mit dem gewohnten Alltag oft nicht vereinbar sind: „Also insofern ist es einfach etwas, was ich mal eine Zeit lang machen kann, aber das ist nicht familienkompatibel und nicht alltagskompatibel" (UU 1797-1799).

Hier zeigt sich auch, dass in spirituellen Erfahrungen ein Kontakt zu einer Ebene des Seins stattfindet, die häufig als eine Diskrepanz zu äusserlichem Tun und zum Alltag empfunden wird. Spirituelle Erfahrungen zu integrieren und somit auch in den Alltag zu integrieren bedeutet auch, den Kontakt zur Dimension des Seins im alltäglichen Tun und Handeln nicht völlig zu verlieren und immer wieder neu daran anzuknüpfen. Das heisst vor allem, sich im Alltag immer wieder Zeit zu nehmen, im Tun immer wieder den Kontakt mit dem Sein einzuladen, weil die Verbindung immer wieder verloren geht, aber auch immer wieder aufgenommen werden kann. In diesem Sinn können Übergangsräume wichtig sein, die es nach einer spirituellen Erfahrung ermöglichen, noch eine gewisse Zeit in einem inneren Raum verweilen zu können und die Erfahrung nachklingen zu lassen. Einen Raum zu haben, wo eine Mischung zwischen irdischem Sein und Tun und dem spirituellen Sein möglich ist, bevor der Alltag mit seinen Anforderungen, Pflichten und oft auch seinem Tempo wieder mehr Raum einnimmt:

> Was auch wichtig war für mich nachher, war Zeit zu haben, Raum zu haben –
> Zeit, Raum, um es noch nachwirken zu lassen. Was ganz schlecht war, nachher
> gleich irgendwohin zu hetzen und gleich ein weiteres Programm zu haben. Ja.
> (KK 1721-1724)

> Da hatte ich gerade nochmals einen Raum, wo ich gut sein konnte. Wo ich nicht
> gerade [etwas tun] musste. (…) Das finde ich grundsätzlich als Übergang ganz
> gut, weil es da eine Mischung gibt zwischen eben dem irdischen Sein und dem
> spirituellen Aspekt. Und es ist nicht gerade wieder mein gewohnter Alltag. (UU
> 1841-1847)

Damit spirituelle Erfahrungen in den Alltag integrierbar werden, wird eine „Entschleunigung" (BB 911) im Alltag als notwendig erlebt. Eine solche Verlangsamung im täglichen Tun stellt für Bernhard Bär die Basis dafür dar, in Kontakt zu sein mit dem, was er gerade tut und nicht in ein Machen oder ein Tun ohne Sein zu geraten:

> Das hat dazu geführt, dass ich merke, ich muss langsamer machen, damit ich
> auch Zeit habe zu fokussieren. Damit ich wirklich in ein Tempo komme innerlich, das es mir erlaubt, wirklich gesammelt zu sein und auch – und das kann die
> kleinste alltägliche Verrichtung sein – mich zu fokussieren und genau mit dem in
> Kontakt sein, worum es jetzt und im Moment geht. (BB 912-918)

9.1.2   Wahrnehmen, was ist

Eine Verlangsamung des sonst meist hohen Alltagstempos und sich Zeit zu nehmen, um zu spüren und zu fühlen, sind die wohl wesentlichsten Voraussetzungen, um wahrnehmen zu können, was ist:

> Ich habe damals sehr viel Zeit gehabt. Ich habe keine Beziehung gehabt. (…) Ich
> habe meine Stelle gehabt, ich hatte schon viel Arbeit, aber ich habe, wenn ich frei

gehabt habe – ((lachend)) im Unterschied zu jetzt – konnte ich mich z.B. aufs Bett legen und einfach spüren, was ist. (...) das war für mich eingeflochten in den Alltag. Ich habe einfach gespürt, was ist. Ich habe dann viel mehr Strömungserfahrungen gehabt. Dann habe ich gemerkt, jetzt tut es da wieder ein wenig und da wieder und jetzt tut der Magen ein wenig, jetzt gluckst es da bei den Därmen.. (PP 744-752)

Wahrnehmen, was ist, ermöglicht Kontakt zu sich selber, zum Alltäglichen, eine Verbindung zur Umgebung und zum spirituellen Bereich. Zusammen mit *Annehmen, was ist* kann es als wesentlichste Grundlage für alle Dimensionen des Kontakts in diesem Modell verstanden werden. *Wahrnehmen, was ist*, kann als Element verstanden werden, das für den Prozess spiritueller Integration eine zentrale Rolle spielt.

Wahrnehmen, was ist, ist charakterisiert durch eine *gefühlte und körperlich erlebte Bewusstheit, ein unvoreingenommenes Gewahrsein dessen, was gerade ist.* Es geht dabei nicht um ein kognitives Erkennen von Zusammenhängen oder um eine vom Kopf kontrollierte oder gesteuerte Analyse, sondern um eine Form ganzheitlichen Erlebens, bei dem die betroffene Person in Berührung kommt mit all dem, was der gegenwärtige Augenblick gerade ist. Wenn dabei Dinge in der Aussenwelt wahrgenommen werden, so liegt der Fokus der Wahrnehmung nicht so sehr in der Aussenwelt als viel mehr in der inneren – körperlich empfundenen oder gefühlsmässig erlebten – Resonanz auf das äusserlich Wahrgenommene. Die Person fällt also bei der Wahrnehmung ihrer Umgebung nicht aus sich selbst heraus, sondern bleibt in Kontakt mit sich. Um das Charakteristikum dieser Kategorie noch mehr zu verdeutlichen: Bei einem mental fokussierten und nach aussen orientierten Erkennen trennt man sich gewissermassen von dem, was gerade ist, man beobachtet vom Kopf her, analysiert und nimmt sich damit als ganzen Mensch gewissermassen raus aus dem Geschehen und Erleben. Bei der hier gemeinten gefühlten und körperlich erlebten Bewusstheit ist der Betroffene als Mensch und mit seinem ganzen Wesen dabei – aufmerksam und verbunden. Den Unterschied zwischen Denken und dem hier fokussierten *Wahrnehmen, was ist*, macht Colin Clark in folgenden Worten deutlich: „Wenn wir wirklich da sind, dann bleibt relativ wenig Energie übrig zum Denken" (CC 547-548).

Wahrnehmen, was ist, wird als hilfreich erlebt, um eine *spirituelle Erfahrung gewissermassen zu verdauen und auch im Körper zu integrieren*. Für Yolanda Yaberg ist es dabei wesentlich, im Alltag immer wieder wahrzunehmen, was man gerade fühlt oder im Körper spürt. Diese verstärkte Selbstwahrnehmung müsse dann aber mit dem alltäglichen Tun und Handeln verbunden werden – also sich selber wahrnehmen, während man etwa Kartoffeln schneidet. Eine solche Verbindung von Wahrnehmen und Handeln ist nicht als eine Spaltung der Aufmerksamkeit halb auf das eine und halb auf das andere zu verstehen, sondern als ganzheitliches Wahrnehmen, bei dem man im Tun in Kontakt mit sich selbst bleibt:

Dass ich aus diesem Zustand weitergehe, in Handlung bleibe und das über die Handlung, was ja letztendlich auch eine Form von Bewegung ist, es auch in meinen Körper integriere. Bei gleichzeitigem Zentriertbleiben. Vielleicht schon Weggefährten oder Lehrer zu haben, zu denen man kurz sagen kann: ‚Schau, das und das ist passiert.' Aber keine Story draus machen. Also die Energie im eigenen System behalten. Im Sinne von: Das in mir kreisen lassen. Aber nicht im Mind, sondern zu schauen: ‚Aha, was war das jetzt? Wo spüre ich das? Was passiert?' Wie ich z.B. beschrieben habe: Dann spüre ich ein Kribbeln überall und ein

> Beobachten, einfach ein ganz feines Beobachten: Was passiert? Ändern sich
> meine Träume? Wie ist denn meine Gemütsverfassung? Wie fühlt sich mein
> Körper an? Wie ist meine Stimmung? Wie ist mein Appetit? Wie ist das alles
> jetzt?

> Und das einfach beobachten und trotzdem weiter tun. Vielleicht auch so Basics.
> Nicht irgendwie etwas Komplexes, was mich wieder ablenkt und von diesem
> Spüren wegbringt, sondern dem schon Raum geben und ‚aha, da war etwas' und
> vielleicht dann mein Essen herrichten und putzen – also so Basics-Sachen ma-
> chen. Aber irgendwo ein Stück weit im Handeln auch bleiben. Und jetzt nicht da
> völlig abdriften und uäääh und nichts mehr tun. Sondern irgendwie da bleiben
> und weiter tun und in den Körper bringen. (YY 2150-2171)

Wahrnehmen, was ist, wird auch als wichtige *Brücke* erlebt *zwischen dem Spirituellen und dem Alltäglichen,* Notwendigen und oft Unliebsamen. Hier kommt es zu einer Verbindung von Qualitäten wie Liebe und Achtsamkeit mit den oft banalen Aktivitäten des tägli-chen Lebens. Und dabei wird oft die alltägliche Welt transparenter für den spirituellen Bereich: Die Schönheit einer Frucht etwa wird plötzlich in erfüllender Weise wahrge-nommen. In diesem Sinn ist *wahrnehmen, was ist eines der grundlegendsten Elemente der Integra-tion spiritueller Erfahrungen* – es schliesst die oft schwer zu überbrückende Kluft zwischen Spiritualität und Alltag:

> Während ich nachher den Satz hatte: ‚So lange du nicht dein WC mit Achtsam-
> keit putzen kannst, musst du gar nicht in irgendeinen Beruf einsteigen.' So lange
> ich nicht – für mich ist WC putzen wirklich eine unangenehme, eine geringe Ar-
> beit. Es stinkt je nach dem oder so – also ja. Aber es ist für mich der Inbegriff
> gewesen von einer niederen Arbeit – und ich hatte den Anspruch an mich: Auch
> die niederste Arbeit oder eine der niederen möchte ich mit Liebe und Achtsam-
> keit machen können, weil es darum geht. Es geht nicht darum, ist diese Arbeit
> nieder oder höher oder was. Sondern es geht um meine Haltung und wie ich es
> mache. Und darum habe ich dann auch gedacht: Das ist die Essenz. Auch bezüg-
> lich meines Berufes. Ich kann etwas Niederes machen oder etwas Höheres oder
> was auch immer. Es kommt nicht so darauf an. Wesentlich ist meine Achtsam-
> keit, wie ich es mache. Und dann habe ich [mich] eigentlich in den zwei Jahren
> Zwischenzeit, die ich hatte (…) sehr damit beschäftigt oder begonnen, achtsam
> zu leben. Achtsam einen Salat zu waschen. Oder wenn ich eine Frucht auf-
> schneide, das wirklich zu erleben, was es heisst, diese Frucht aufzuschneiden.
> Das hat noch nie jemand angeschaut, es ist gewachsen und es ist völlig frisch und
> neu und Wow! Es ist für mich sehr <u>erfüllend,</u> solche Erfahrungen. Und das ist
> für mich eigentlich das Wesentliche, eben diese Alltagsspiritualität, die nicht im
> Grossen ist, sondern im Kleinen. (KK 1312-1334)

Wahrnehmen, was ist – verbunden mit alltäglichen Tätigkeiten - kann ein wichtiges Hilfs-mittel dafür sein, den Kontakt zu sich und seinem Körper wieder zu erleben und sich dadurch zu erden. Auch dadurch wird die Verbindung zwischen Spiritualität und Alltag gestärkt:

> Ich kann mich über viele Haushaltarbeiten gut erden. Wenn ich die achtsam ma-
> che. (…) Und das hat viel zu tun mit achtsam in den Handlungen sein. In den
> Sinnen, mit der Materie verbunden sein. Das ist für mich sehr wichtig. (…) Das

bringt mich ein wenig aus meinem Kopf heraus. Ich bin sehr viel am Denken und so. Es bringt mich in meine Sinne, in meinen Körper. Ich habe das Gefühl, die Energie ist besser verteilt in meinem Körper. Sie ist weniger im Kopf. Sie ist mehr in der Bewegung, im Tun, in der sinnlichen Wahrnehmung und im Austausch mit der Materie. Und so kommt die Energie ein wenig runter. Und verteilt sich besser. Und ich fühle mich nachher einfach gut. Ich fühle mich mehr bei mir selber, zufrieden, ja glücklich in dem Moment dann, wenn ich solche Sachen mache. Das ist für mich das Erden. (KK 1374-1395)

Wahrnehmen, was ist, ist nie abgeschlossen. Es ist ein ständiger Prozess und ein *fortwährendes Üben und Gewahrsein im ganz alltäglichen Leben und Handeln*: „Und ich glaube, was es auch noch braucht, ist ganz viel Aufmerksamkeit, Achtsamkeit, Aufmerksamkeit. Dass man einfach immer wieder schaut: Was läuft jetzt gerade?" (BB 1597-1599).

Wahrnehmen, was ist und sich damit wieder mit dem gegenwärtigen Moment verbinden, muss immer und immer wieder von Neuem geschehen: „Wann immer man drauf kommt, dass man abwesend ist, gedanklich oder emotionell – dass man zurück kommt. Das man sich wieder zurück bringt dorthin, wo man gerade ist. Das sind sehr hilfreiche, auch praktisch sehr nützliche Übungen" (CC 1697-1700).

Allerdings ist es nicht einfach, sich im Alltag immer wieder daran zu erinnern, dass man in den gegenwärtigen Moment zurückkommt – aber es gibt Hilfsmittel. Manchmal muss man etwas erfinderisch sein. Colin Clark schildert ein Beispiel, wie eine solche ständige Rückverbindung im Bereich der Spiritualität spielerisch aussehen könnte:

Oder mit [einem Freund] haben wir mal bei zwei alten Klosterfrauen gewohnt ein paar Tage. Und die hatten eine Glocke, eine Uhr in der Wohnung und die hat alle 15 Minuten einmal geschlagen. Und wer immer schneller war von den zweien, sagte: ‚Denke an Gottes Gegenwart' und die andere hat geantwortet: ‚und sei allzeit dankbar'. Das war ein kleines Spielchen, das die zusammen hatten. Manchmal haben es beide vergessen, aber – ever since – und das ist sicher 20 Jahre seither – der Bruder David und ich, wenn wir zusammen unterwegs sind, wenn wir irgendwo eine Kirchenglocke hören, sagt der eine: ‚Denke an Gottes Gegenwart' und der andere sagt: ‚und sei allzeit dankbar'. Das sind kleine Spielchen, die man sich einbauen muss, um sich wieder zurückzubringen. (CC 524-534)

Mit solchen Hilfsmitteln, die ein Gegenwärtigsein unterstützen, wird auch in Zen-Retreats gearbeitet – Colin Clark erzählt:

Und dann gibt es natürlich auch viele kleine Hilfsmittel – praktische kleine Hilfsmittel. Man kann Elemente davon – also jetzt im Fall eines Zen-Retreats, das ja aus vielen kleinen Elementen besteht, die eben diese Wachheit oder eben diese Präsenz fördern – z.B. bevor man sich hinsetzt oder bevor man auf die Toilette geht, sich vor der WC-Schüssel verbeugt. Oder indem man beim Essen eben diese Schale schon beim Essen wieder wascht und versorgt und einpackt. (CC 504-510)

Im gewöhnlichen Alltag könnte ein Üben des Zurückkommens in den Moment und ein bewusstes *Wahrnehmen, was ist,* beispielsweise so aussehen:

So kann man solche Elemente in den Alltag rübernehmen. Also z.B. wenn das Telefon klingelt, kann man entweder gleich das Telefon nehmen, womöglich noch zugleich den Satz fertig schreiben, den man hat und schon ist man völlig verwirrt in verschiedenen Richtungen. Oder man kann sagen: Okay, jetzt klingelt es. Jetzt lege ich mal den Füllhalter ab. Dann nehme ich einen Atemzug. Das Telefon läutet schon zum zweiten oder dritten Mal. Dann atme ich wieder bewusst aus. Und dann nehme ich das Telefon. Und dann bin ich erstens mal bei mir, weil ich mich durch das Atmen wieder in die Gegenwart gebracht habe, in die jetzige Gegenwart. Beim Schreiben war ich vielleicht in irgendwelchen gedanklichen Konzepten. Jetzt bin ich da, spüre meinen Körper, spüre, was da ist und nehme jetzt bewusst jemanden, der mit mir in Kontakt treten möchte, wahr. Und bin jetzt auch für die Person wirklich da. (CC 511-522)

Wie zentral ein *Wahrnehmen, was ist*, für einen spirituellen Weg ist, beschreibt Colin Clark. Für ihn als Zen-Lehrer ist es das eigentliche Zentrum der spirituellen Praxis: „Die ganze spirituelle Praxis, wie ich sie verstehe, kann man eigentlich darauf begrenzen, immer wieder zurückzukommen in die Gegenwart. Immer wieder in den gegenwärtigen Augenblick zurückzukehren" (CC 539-541).

9.1.3 Annehmen, was ist

Annehmen, was ist, ist eng verbunden mit *wahrnehmen, was ist*. Es kann als Grundhaltung verstanden werden, in dem das Gegenwärtigsein stattfindet. *Annehmen, was ist*, ist charakterisiert durch ein liebevolles Akzeptieren, ein Geschehenlassen, ein Einverstandensein mit den ganz alltäglichen Gegebenheiten und mit dem Fluss des Lebens, in dem sich oft bereits ein Durchscheinen des Spirituellen zeigt: So erklärt Ursula Urben: „Und wenn ich mich da reinfallen lasse in diesen Fluss, dann kann sich etwas ergeben, was ich als einzelner Mensch nie machen könnte" (UU 945-946).

Diese Grundhaltung des Annehmens wird etwa bei Patricia Patterson deutlich, wenn sie davon erzählt, dass sie sich auf ihren spirituellen Weg auch auf ihre Emotionen einlässt und sie einfach akzeptiert, unabhängig davon, ob sie gerade angenehm oder unangenehm sind (PP 310-312).

Ebenso wie *Wahrnehmen, was ist*, stellt *Annehmen, was ist*, eine Verbindung her zwischen den Dimensionen des Kontakts und damit den Gegebenheiten des Hier und Jetzt, wie sie nun einmal sind – manchmal angenehm, manchmal unangenehm, manchmal leicht, manchmal mühsam und schwierig. Dabei geht es nicht darum, Schreckliches zu befürworten, sondern darum, die Gegebenheiten anzunehmen, wie sie sind:

> Ich habe auch einmal einen Indianer-Lehrer gehabt – und der hat mir gesagt: ‚If I have to give you the redman's teaching in a nutshell' – also wenn man die Lehre des roten Mannes in Kurzfassung gibt, dann wäre es das Wort ‚akzeptiere'. Akzeptiere. Was immer ist, du musst es annehmen. Du musst es – du musst es nicht befürworten. Man kann die Vergewaltigung von Frauen und den Mord von Kindern nicht befürworten, aber man muss diese Tatsache, dass es in dieser Welt vorkommt, das muss man erst einmal akzeptieren, annehmen. Und dann kann man immer noch etwas dagegen machen. Aber in einem tiefsten Sinne, muss man alles das – muss man alles Schöne und Schreckliche, wie Rilke sagt, in dieser Welt annehmen, akzeptieren. (CC 329-340)

Annehmen, was ist, ist oft eine zumindest vorübergehende natürliche Folge spiritueller Erfahrungen, erweist sich aber auch als eine sehr nützliche Praxis und Basis für die Integration spiritueller Erfahrungen. Letzteres zeigt sich insbesondere im Umgang mit Schwierigkeiten, worauf in Kapitel 9.1.5 eingegangen wird.

Als *Folge* spiritueller Erfahrungen – und damit auch als Basis für weitere spirituelle Erfahrungen - kann sich *Annehmen, was ist*, als Selbstannahme oder innerer Friede zeigen. So beschreibt Adam Apfelbaum seinen Zustand seit seiner spirituellen Erfahrung: „Und ich glaube, ich bin seit dann in einem anderen Friedenszustand mit mir" (AA 1135-1136).

Oder als ein Einverstandensein mit den äusseren Begebenheiten, in denen sich eine Sinnhaftigkeit erschliesst:

> Wenn etwas ist, kann ich auch denken: Das muss jetzt so sein. Ja. Eigentlich. Das hat seinen Grund. Das hat seinen Sinn. Ich kann mehr so denken, dass alles, was ist, ob es schön ist oder nicht schön ist, es macht einen Sinn. Es macht einen Sinn – aus einem Grunde ist das so. Das hat sich stark verändert. Dass ich das auch leichter nehmen kann – es geht ja wieder weg oder es zeigt mir etwas. (JJ 1392-1397)

Annehmen, was ist, kann als eine Offenheit und Hingabe charakterisiert werden, die sehr eng mit Spiritualität verbunden ist: „Für mich ist Spiritualität eine Art, offen zu sein für Dinge, die mir begegnen. Und spirituelle Erfahrungen sind für mich: Ich bin offen und es begegnet mir etwas" (JJ 1611-1612).

Es kann erlebt werden als Gefühl, dass alles Platz hat und alles so sein darf, wie es ist.

> Es war wie das Maximum an Transparenz, das ich zu mir erreichen konnte. Das ist zusammengekommen und ich bin auf dem Grund meiner Seele angekommen. Und diese Transparenz habe ich erlebt.. Ich bin an diesem Abend oder an einem Tag später an einem Fest gewesen und wir mussten spielen, also wir waren da engagiert. Und ich habe da alles wahrgenommen: Ach, da sind diese Leute. Ach, wie schön. Und es hatte alles Platz und alles durfte so sein. (…) ich habe das Gefühl, das steht direkt in einem Zusammenhang damit. (PP 488-496)

Annehmen, was ist kann einen heiter gelassenen inneren Zustand charakterisieren, der mit integrierter Spiritualität in Verbindung gebracht wird:

> Als ideal stelle ich mir einen heiter gelassenen Zustand vor. Also wenn ich eine Erfahrung in das heiter Gelassene überführen kann, dann ist sie verdaut, muss sie verdaut sein oder integriert sein. Ist es nun mal, dass ich sie sein lassen kann – lassen, gelassen. Ich muss sie sein lassen. Solange ich an dieser Erfahrung noch sehr hange oder sie mich immer wieder beschäftigt oder noch ein Prozess des Verdauens stattfindet, wenn diese Erfahrung dann irgendwie als normal, als Teil von mir akzeptiert und angenommen ist, dann könnte man vielleicht von einem Integriertsein sprechen. Und wenn es eine wirklich tiefe Erfahrung war – und selbst, wenn es eine schwierige, tiefe Erfahrung war – wenn sie verdaut ist – das scheint einfach Gott sei Dank so zu sein – eine gewisse Heiterkeit muss dann damit kommen. Die Weisen haben alle irgendwo letztlich – Buddha lächelt ganz leicht. Hat irgendwie die Komödie gesehen oder akzeptiert, die wir zwangsläufig [inszenieren]. Wir könnten uns wahnsinnig ärgern über das Menschsein, über die menschliche Qualität – wir sind alle unperfekt. Aber wir können sie auch als kindlich [sehen] wie man die Faxen unserer Kinder als herzig und liebend – so

> wie eine Grossmutter ihre Enkel etwa sieht. Wenn wir uns selber so sehen kön-
> nen und die Welt so, dann würde ich sagen, dann ist es integriert. (…) Wenn das
> Aussergewöhnliche zum Gewöhnlichen wird und das Gewöhnliche zum Ausser-
> gewöhnlichen oder wenn wir die unwahrscheinliche ungeheuerliche Tatsache un-
> serer Existenz als solche würdigen können und nicht als selbstverständlich neh-
> men. Und andererseits unsere völlig aussergewöhnlichen Erfahrungen als normal
> empfinden können, dann wäre das ziemlich… (CC 1927-1952)

Die beiden Kategorien *wahrnehmen, was ist* und *annehmen, was ist* sind damit verbunden, *Erwartungen und Vorstellungen loszulassen* und *offen zu sein* für eben das, was hier und jetzt gerade ist – ob wir es nun als angenehm empfinden oder nicht. Mit einer grundlegenden Praxis des Wahrnehmens und Annehmens des Hier und Jetzt – wie sie etwa in der Achtsamkeitspraxis des Buddhismus geübt wird – geht es nicht (mehr) darum, irgendwohin zu kommen oder etwas Bestimmtes zu erreichen. Es geht um ein reines, liebevolles Gewahrsein der eigenen Befindlichkeit, der Aussenwelt, der momentanen Situation etc., wie sie gerade sind – ohne etwas daran verändern zu wollen.

9.1.4   Im Alltag üben

Wie bereits in den Kapiteln 3 und 4 immer wieder deutlich wurde, ist Spiritualität und spirituelle Entwicklung ein Prozess, der nicht irgendwann abgeschlossen ist. Letztlich ist es ein Weg, der immer weiter geht und ein ständiges Üben erfordert (z.B. CC 201-204).

Dass es sich nicht nur beim Kontakt zur Spiritualität, sondern im Grunde bei allen Kontaktdimensionen um einen Prozess handelt, der nicht irgendwann zu Ende ist, erweist sich als eine zentrale Grundhaltung bei der Integration spiritueller Erfahrungen. Wandlung und Veränderung brauchen Übung, Zeit und Geduld:

> Am Anfang ist es mässig erfolgreich. Die ersten Versuche kommen etwas holpe-
> rig daher, manchmal auch für das Vis-a-Vis: ‚Was tut er denn jetzt?' Und so. Und
> da muss man sich einfach gedulden, bis es wirklich verinnerlicht ist, bis es auch
> verkörperlicht ist. Und dann merke ich, ich stelle je länger je mehr fest, dass sol-
> che Sachen einfach irgendwann selbstverständlich werden und automatisch funk-
> tionieren – wie die Muster auch automatisch funktionieren, funktioniert es auf
> dieser Seite auch plötzlich ganz automatisch, ohne dass man gross etwas dazu
> beitragen muss. (BB 1224-1232)

Damit verbunden ist ein mehr oder weniger stark ausgeprägtes ständiges Üben im Alltag, das Disziplin, Geduld und Ausdauer braucht:

> Ich glaube, was es da vor allem braucht, ist Disziplin. Man muss die Fähigkeit
> haben, sich selber zu überwinden und die Widerstände, die immer wieder auftau-
> chen, zu überwinden. (BB 1543-1545)

> Etwas, was ich immer wieder festgestellt habe: Geduld und Ausdauer sind enorm
> hilfreiche Qualitäten in dem Leben. Und das ist natürlich auch etwas, was man
> beim Sitzen [Zazen, Anm. der Interviewerin] auch immer wieder übt. (CC 1644-
> 1646)

Üben bedeutet auch, sich nicht entmutigen zu lassen und auch nach Misserfolgen einfach weiter zu machen. So erzählt Colin Clark, wie er seinen bisherigen Weg gegangen ist: „Immer wieder auf die Nase gefallen, aber immer wieder aufgestanden und weiter gegangen" (CC 1551-1552). Ständig weiter zu machen heisst aber nicht, die eigenen Grenzen zu überschreiten, sondern Möglichkeiten zu finden, wo man im Üben den Kontakt zu den eigenen Grenzen nicht verliert:

> Und das zweite ist – und das musste ich zuerst lernen in dem Prozess – dass man sich von Misserfolgen nicht entmutigen lässt. Dass man das eigene Schwachsein auch akzeptieren kann. Dass man nicht so streng ist mit sich selber, wenn man nicht gerade auf Anhieb Erfolg hat und sich nicht entmutigen lässt dadurch. (BB 1572-1576)

Diese Grundhaltung des Übens im Alltag in einem ständigen Prozess zeigt sich in den Interviews in allen Dimensionen des Kontakts: So etwa bei Adam Apfelbaum im *Kontakt zu sich und seiner Lebensgeschichte*: Er fand in einer körperpsychotherapeutischen Arbeit mit dem Thema seiner Aggressivität und Explosivität eine kleine Handbewegung, die für ihn Beruhigung bedeutete und ihn tatsächlich ruhiger werden liess. Diese kleine Handbewegung wurde für ihn zu einer Übung, auf die er in seinem Alltag immer wieder zurückgriff und für ihn sehr heilsam war: „Und ich habe das benutzt später. Einfach aktiv benutzt, um mich zu beruhigen. Und das hat wunderbar funktioniert" (AA 905-907).

Und auch im *Kontakt zu anderen Menschen* wird ein solches ständiges Üben deutlich. So schildert Patricia Patterson, wie sie sich ihrer Verhaltens- und Erlebensweisen im zwischenmenschlichen Kontakt bewusst wurde und wie sie immer wieder übte, um diese Muster zu lösen:

> Oder ich habe geübt – das war vor der zweiten Erfahrung – z.B. bin ich an den Bahnschalter gegangen und hatte manchmal jemanden Unfreundliches erwischt. Und früher ist mir das einfach rein gegangen. Ich war angewiesen darauf, dass die Leute freundlich sind zu mir. Weil ich fand, ja das muss doch so sein. Und dann habe ich plötzlich gesagt, ob jemand freundlich ist mit mir oder nicht, hat vielleicht gar nichts mit mir zu tun. Ich habe das immer persönlich genommen, wenn Leute barsch waren. (…) ich habe dann richtig geübt: Wenn jemand unfreundlich ist mit mir, dann mache ich eine Grenze und höre einfach zu. Also eben nicht als Opfer, sondern habe einfach eine Grenze gemacht. Und es nicht persönlich genommen. Und früher konnte mich das, wenn jemand unfreundlich war im Laden, ärgerlich etwas sagte, konnte mich das zwei Tage lang beschäftigen. (…) ich habe das einfach geübt, dass das nicht mehr geht. (PP 682-695)

Katharina Kunz übte sich ausdauernd im *Kontakt zum Alltäglichen*, indem sie immer wieder darauf achtete, ihre täglichen Hausarbeiten mit Achtsamkeit auszuführen. So übte sie sich immer wieder darin, den Salat achtsam zu waschen oder das WC mit Liebe und Aufmerksamkeit zu putzen (KK 1312-1334):

> Und dann habe ich gedacht: „Ja, genau, das ist es. Salat waschen." Ich habe eigentlich nie gerne Salat gewaschen vorher. Vor allem nicht Nüssli-Salat. ((lacht)) Und jetzt habe ich wirklich einen anderen Bezug. Ich – wie soll ich sagen? – ich wasche immer noch nicht wahnsinnig gerne Salat, aber ich mache es, und ich erlebe es – also ich habe immer zuerst so einen Widerstand und denke: ‚Muss ich das wieder machen? Wieso macht P. [ihr Ehemann, Anm. der Interviewerin] das nie?' Weil P. dann meistens Fleisch oder etwas anderes macht, wenn wir miteinander kochen. Ich wasche immer den Salat. Und erst recht, wenn es Nüssli-Salat

ist. Aber jetzt Salat waschen mit Achtsamkeit – diese Nüssli, diese Büschelchen
schön machen und so – es tut mir auch einfach gut. Es erdet mich. Ja. (KK
1362-1372)

Besonders deutlich wird in den Interviews das Üben des *Kontakts zum Spirituellen oder zur
Essenz* (vgl. dazu v.a. Kapitel 9.5.4): Das Üben einer spirituellen Rückverbindung kann
in einer formellen Praxis geschehen, bei der man sich ausschliesslich für diese Übung
Zeit nimmt wie in einer Meditation oder während den Meditationszeiten eines Retreats.
So praktizierte Werner Wagner beispielsweise während vielen Jahren intensiv Zen-
Meditation und nahm mindestens vier Wochen pro Jahr an Sesshins teil (WW 390-391).
Für Yolanda Yaberg ist Meditation eine feste Struktur im Verlauf des Tages (YY 2178-
2183).

Spirituelle Rückverbindung wird aber auch als informelle Praxis während alltägli-
cher Handlungen im Haushalt oder in beruflichen Kontakten geübt. So schildert Sara
Sasse, wie sie sich in ihrer Arbeit als Psychiaterin darum bemüht, in einer spirituellen
Verbindung mit sich und dem Patienten zu sein:

> Dass es darum geht, mit der inneren Essenz in Resonanz zu treten und dann
> durch diese Resonanz in Resonanz zu treten mit der inneren Essenz des Gegen-
> übers. So würde ich eigentlich meine Arbeit definieren. Also das ist es, worum
> ich mich bemühe. Diese... Ich komme in der Arbeit mit Menschen in ein starkes
> Liebesgefühl – also mit den psychotischen Menschen jetzt mal. Also sagen wir
> ein Liebeszustand, das ist weniger ein Gefühl. Es ist ein bestimmter Zustand.
> Aber es ist kein abgehobener Zustand. Wir können ganz normal reden und la-
> chen und was weiss ich: blödeln auch. Aber die Essenz ist da. (SS 811-820)

Bei Johanna Jecklin wird deutlich, wie sie ihre Form der Rückverbindung, die aus ihrer
Ausbildung in Alexander-Technik stammt, ständig in ihrem Alltag anwendet:

> (...) es ist nicht ein Meditieren, aber in gewissem Sinn geht ja die Alexander-
> Technik auch in diese Richtung. Also mit meinem Sein bei mir loslassen, was
> mich verspannt. Es ist auch eine Art von Meditation. Es ist mehr als eine Medita-
> tion. Es ist ein Mit-mir-Sein und Mit-dem-anderen-Sein und bei mir innen, das,
> was ich wahrnehme, loslassen und rauflassen. (JJ 1287-1293)

Dieses Wahrnehmen und mit sich sein ist ihr ständiger Begleiter, das sie immer - auch
während des Interviews - praktiziert:

> Und ich bin ja, wenn ich sitze, immer in einer Art... Bewusstheit von mir, vom
> Göttlichen und von draussen. Das sind die drei Sachen. Auch wenn ich jetzt im
> Moment sitze: Ich bin mit mir, ich bin verbunden mit aussen, ich bin verbunden
> mit dir. Es sind immer die drei Sachen. Und ich denke, ich war damals mit mir
> verbunden, auch damit: Was löst es bei mir aus? Was kann ich loslassen? Was
> kann ich behalten? (...) Also immer.. Ich bin auf der Welt und ich bin verbunden
> mit der Aussenwelt. Und mit dem, was daraus heraus noch geht. Also es gibt für
> mich immer ein Ausgespanntsein – ich nenne das Ausgespanntsein in der Welt.
> Und Verbundensein mit dem anderen. (...) Wie gehe ich mit mir um? Was ma-
> che ich mit mir? (JJ 1306-1321)

All diese Formen der Übung brauchen viel Disziplin, Geduld und Ausdauer. Und sie
basieren alle auf dem Kontakt zum Hier und Jetzt. Hier und jetzt müssen wir merken,

wie uns eines unserer gewohnten – und nicht hilfreichen – Muster erfasst und etwas Neues praktizieren. Hier und jetzt erleben wir uns im Kontakt mit anderen Menschen und werden uns bewusst, wie wir gerade reagieren – hier und jetzt können wir es auch verändern. Hier und jetzt können wir unseren Kontakt zum Alltäglichen stärken – indem wir hier und jetzt präsent werden. Hier und jetzt bemerken wir, wie wir nicht mehr in Kontakt zur Essenz sind und können uns bewusst wieder damit verbinden.

9.1.5 Schwierigkeiten: Vom Festhalten zum Annehmen, was ist

Annehmen, was ist, zeigt sich auch als zentral im Umgang mit verschiedenen Schwierigkeiten auf dem spirituellen Weg. Oft kommen Menschen im Zusammenhang mit spirituellen Erfahrungen in Schwierigkeiten, wenn sie versuchen, Erfahrungen wieder zu haben (z.B. AA 1166-1187), wenn sie versuchen, einen Zustand der spirituellen Verbindung aufrecht zu erhalten, der allmählich verblasst (z.B. RR 1840-1895, vgl. dazu Kapitel 9.5.5); wenn sich die Art ihrer Erfahrungen mit der Zeit verändern und sie eine bestimmte Vorstellung davon haben, wie eine spirituelle Erfahrung sein sollte (z.B. CC 947-989) oder wenn sie versuchen, mehr Erfahrungen zu machen (z.B. JJ 1539-1567). Sara Sasse spricht in diesem Zusammenhang auch von ihrer früheren „Erfahrungsgier" (SS 708).

In all diesen Situationen, die durch eine Form des Festhaltens charakterisiert werden können, erweist sich *Annehmen, was ist* als zentrales Element zur Überwindung der Schwierigkeit. Nicht selten geschieht diese Wende durch eine weitere spirituelle Erfahrung: So wollte sich Johanna Jecklin nach ihrer ersten spirituellen Erfahrung einer spirituellen Gruppe anschliessen,

> weil ich gemeint habe, ich möchte jetzt noch mehr davon erfahren. Ich drängte mich dazu, jetzt noch mehr zu erfahren. Das war aber negativ. Ich kam ins Machen rein. Das war nicht gut. (...) Da ist nachher die Erfahrung gekommen mit dem – für mich war das ein – Engel, der gekommen ist in der Nacht. Dieser Bub, der Römer, mit diesen Stiefeln. Dort begann es sich zu verändern. Denn dort habe ich gemerkt: Ja, was habe ich jetzt gemacht, dass das passiert ist? Denn ich hatte vorher den Wunsch danach gehabt. Und dann habe ich gedacht: Ich habe ja gar nichts gemacht. Ich <u>war</u> ja einfach. Und dort hat es sich nachher verändert, dass ich gemerkt habe, man kann das gar nicht machen. Ich kann es mir auch nicht wünschen. Es kommt, wenn es kommt. (...) Das ist ja von alleine gekommen im Schlaf. (...) Und dann habe ich gemerkt: Aha, ich kann das ja gar nicht machen. Im Grunde muss es einfach geschehen. Dann habe ich es wieder sein lassen. Wenn Gott will.. wenn es das Göttliche will, dass ich das erfahre, dann erfahre ich es und wenn ich es nicht erfahren muss, ((lachend)) erfahre ich es nicht. Es ist einfach so. Für mich ist es noch so: Wenn ich Kanal sein soll, soll ich es sein und wenn nicht, dann nicht. (JJ 1539- 1567)

Bei Colin Clark führte eine spirituelle Erfahrung während eines Sesshins dazu, dass sich seine Erwartungshaltung und Fixierung auf eine bestimmte Form spiritueller Erfahrungen, wie er sie aus seinen Erlebnissen mit Psychedelika kannte, auflösen konnte. Diese Erfahrung, die eine Wandlung in seinem inneren Festhalten an einer bestimmten Art spiritueller Erfahrungen nach sich zog, war im Wesentlichen eine tiefe Erfahrung des *Annehmens, was ist*:

> Ja, vielleicht geprägt durch meine Vergangenheit und meine Erfahrungen, die ich mit LSD gemacht habe und mit anderen Psychedelika habe ich immer gedacht, ich müsste in der Meditation eine ähnliche Erfahrung haben. Und jahrelang hat mich das irgendwie gehindert auch. (CC 947-950)

> Oder ich habe – das tönt jetzt vielleicht komisch – aber ich habe für mich erfahren, dass meine Erleuchtungserfahrung eigentlich die Erkenntnis ist, dass es so in Ordnung ist, wie es ist. Dass ich als C., unerleuchtet, wie ich bin; struggling, wie ich tue; leidend, wie ich tue - dass das so in Ordnung ist. Dass das in Ordnung so ist. (…) Die Freiheit, nichts zu wollen. Das war dann irgendwo das Ende davon, ständig eine Erleuchtungserfahrung zu wollen, wie ich sie gekannt habe. (CC 964-982)

Annehmen können, was ist, kann auch eine Folge wiederholter Frustration, Ärger und Enttäuschung darüber sein, dass sich eine spirituelle Erfahrung nicht wiederholen lässt. Für Adam Apfelbaum entstand dadurch die Einsicht, dass spirituelle Erfahrungen nur auftreten, wenn man einfach geschehen lassen kann: „Und mir ist heute klar – nehme ich an, ja – solche Sachen kommen nur dann: Wenn Du irgendwo die innere Freiheit hast, geschehen zu lassen, und nicht zu planen oder etwas Ähnliches" (AA 1184-1187).

Annehmen, was ist, zeigt sich auch darin, keinen Erlebensbereich ausklammern zu müssen, sondern sich eingestehen zu können, dass alles zum Bereich menschlicher Erfahrung gehört und man auch den Kontakt zur Essenz verlieren kann: „(…) ich darf auch in den Emotionen sein, das erlaube ich mir alles voll. Ich darf auch (…) einmal weggehen von dieser Ebene [der spirituellen, Anm. der Interviewerin], sie sein lassen und dann auch wieder zurückkommen auf diese Ebene" (PP 310-312).

9.1.6 Bisherige Form integrierter Spiritualität[87]: Einfachheit oder vom Besonderen zum Alltäglichen

Spirituelle Erfahrungen werden zunächst oft als etwas Aussergewöhnliches, Besonderes erlebt. Bei einer ersten Erfahrung kommen wir in Kontakt mit einer Dimension, mit der wir bisher noch nicht in Berührung gekommen sind. Die Erfahrung ist anders als das, was wir uns in unserem Leben gewohnt sind. Und oft wird sie sehr tief und beglückend erlebt. Kein Wunder also, dass dieser Hauch des Besonderen, eben Nicht-Alltäglichen nachklingt und oft auch dazu verführt, nach weiteren Besonderheiten zu suchen und das Aussergewöhnliche zu pflegen. Aber leider wird durch solche Tendenzen die Spaltung zwischen der Erfahrung und dem Hier und Jetzt vertieft. Diese Spaltung ist ein Zeichen mangelnder Integration einer Erfahrung – und sie steht einer Integration auch im Wege, wenn der Hauch des Besonderen weiterhin gepflegt wird: Die Erfahrung rückt weiter weg und wird zu einem Ideal, das Hier und Jetzt wird dagegen farblos und banal.

Viele InterviewpartnerInnen sprachen diese Thematik spontan an und wiesen zum Teil verschmitzt oder lachend darauf hin, wie sie früher die grosse Erleuchtung suchten und wie sie heute das Einfache umzusetzen versuchen:

> Vor 10 Jahren wollte ich erleuchtet werden. Und heute sage ich mir: Erleuchtet, was heisst das? (…) der Sinn des Meditierens ist für mich eine gute, sinnvolle und auch verantwortungsvolle Art, mein Leben noch zu Ende führen zu können.

---

[87] Die Wahl des Ausdrucks „bisherige Form integrierter Spiritualität" wurde in der Einführung zu Kapitel 9 erläutert.

((lachend)) Das ist für mich heute Spiritualität. Es hat für mich heute viel mehr eine Ebene von Begrenztheit, die drin ist und nicht weiss Gott das Gefühl von.. Mich auf der Herzebene berühren lassen von etwas – das ist für mich Spiritualität. (WW 1031-1038)

Werner Wagner spricht hier auch integrierte Spiritualität als Berührtsein auf der Ebene des Herzens an – und damit als Kontakt zu den verschiedenen Dimensionen.

Ganz ähnlich formuliert auch Sara Sasse, dass sie davon abgekommen ist, die grosse Erleuchtung zu finden: „Ich habe das Gefühl nicht mehr, die Welt retten zu müssen oder erleuchtet werden zu müssen. Das habe ich nicht mehr." (SS 763-764). Das frühere Streben nach der grossen Erleuchtung hat nun in ihrem Alltag Boden gefasst. Sie sieht vor allem in ihrer beruflichen Tätigkeit als Psychiaterin die Möglichkeit, Spiritualität praktisch zu leben. Die frühere Suche ist alltagsnäher und verbundener geworden: „Ja, und da sehe ich jetzt eher meinen Auftrag. Er ist jetzt verbundener, mit dem Beruf und so" (SS 793-794).

Bei Patricia Patterson zeigt sich eine Form integrierter Spiritualität darin, dass für sie manches aus den spirituellen Erfahrungen jetzt zur Gewissheit geworden und nichts „Wahnsinniges" mehr ist. Was früher etwas Besonderes war, ist nun zu einer Realität geworden, mit der sie lebt:

Alles, was an Neuem gekommen war – auch dass wir alle verbunden sind. Das ist für mich jetzt eine Gewissheit, das ist nichts Besonderes mehr [schweizerdeutsch: es isch nüt meh Wahnsinnigs, Anm. der Interviewerin]. Es ist einfach eine Realität und mit der lebe ich. Auf diese Ebene kann ich immer zurückgreifen, aber muss ich auch nicht immer bewusst haben. (PP 291-296)

Auch Katharina Kunz spricht davon, dass es für sie nicht mehr darum geht, aussergewöhnliche Erfahrungen zu machen, sondern dass es bei ihr vielmehr das Unspektakulär-Alltägliche ist, in dem sich Spiritualität vollzieht:

Ich hatte lange das Gefühl, ich müsse das spüren und das müsse dann wahnsinnig sein. Und ich merke langsam, nein. Und meine kleinen Peak-Erfahrungen sind ja auch oft Banalitäten – also ein wenig unspektakulär, meine ich mehr. Und ich merke, für mich vollzieht sich Vieles vom Spirituellen im Alltäglich-Unspektakulären und nicht in irgendwelchen wahnsinnigen Sachen, wo du zuerst 40 Tage fasten musst und weiss nicht was. Das gibt es sicher auch und vielleicht ist es etwas anderes und vielleicht ist es dasselbe, ich weiss es nicht. Aber für mich vollzieht es sich einfach im Unspektakulären. Und das war auch etwas, was ich wie lernen musste. (KK 1225-1235)

Für den Zen-Lehrer Colin Clark schliesslich lässt sich Spirituelles und Profanes nicht trennen, und er kann selber immer weniger zwischen diesen zwei Bereichen unterscheiden – er erlebt beides als eins[88]:

Die Idee, die Welt aufzuteilen in spirituell und weniger spirituell oder in den Alltag, ist an und für sich schon meiner Erfahrung ein wenig fremd. Wir sagen gerne – oder ich habe das selber auch immer gemacht – das ist jetzt spirituell und das ist jetzt profan oder weltlich. Mehr und mehr komme ich darauf oder stelle ich fest, dass ich da nicht so klar unterscheiden kann. Dass eigentlich jede meiner

---

[88] Vgl. dazu auch die Ausführungen zum Zen zu Beginn des Kapitels 3.3.

Erfahrungen eine spirituelle Erfahrung ist. Oder jeder Moment des Bewusstseins ist eigentlich eine zutiefst spirituelle Erfahrung. Das Phänomen Bewusstsein an und für sich ist das, was ich als spirituell bezeichnen würde – das Phänomen des Bewusstseins. (CC 29-38)

9.2 Kontakt zu sich und der eigenen Lebensgeschichte

Eine spirituelle Erfahrung wird vorwiegend unpersönlich erlebt: Ein Berührtwerden von einer tieferen Wirklichkeit geht über uns als individuelle Menschen hinaus und öffnet einen Raum, der weit über uns hinausreicht. Und doch sind wir sowohl vor als auch nach einer spirituellen Erfahrung der individuelle Mensch, der wir im Laufe unseres Lebens geworden sind. Was wir erlebt haben im Verlauf unserer Geschichte und was wir als Menschen geworden sind, lässt sich nicht einfach ausradieren. Auch wenn wir vorübergehend vielleicht meinen, all unsere Schwierigkeiten und Schwächen seien mit der spirituellen Erfahrung verschwunden, so kehren sie irgendwann doch wieder zurück (vgl. Kapitel 6.7.3). Wir kommen also nicht darum herum, uns unserem menschlichen Gewordensein zu stellen und uns mit unserem Innenleben und dem, wie es sich im Aussen in unserem Handeln ausdrückt, auseinander zu setzen. In den Interviews wurde bei allen GesprächspartnerInnen eine solche Auseinandersetzung mit der eigenen Persönlichkeit deutlich. In einer solchen im Grunde psychologisch-psychotherapeutischen Arbeit an sich selbst geht es um einen ehrlichen, unmittelbaren Kontakt zu sich, zu den eigenen Themen und Aspekten der eigenen Lebensgeschichte – kurz: um das, was wir als individuelle Menschen sind und im Laufe unseres Lebens bis zu diesem Zeitpunkt geworden sind, unsere Persönlichkeit.

9.2.1 Wechselwirkungen zwischen dem Kontakt zu sich und spirituellen Erfahrungen

Ich habe eine gute Freundin, Zen-Schwester sozusagen, Joan Halifax, die eine Zen-Lehrerin ist, die soweit gegangen ist (…): Sie nimmt keine Studenten an, die nicht in Psychotherapie sind. Also wenn du Student werden willst bei ihr, musst du dich auch irgendwie [mit dir selbst auseinander setzen] – wie sie sagt: Es kommt sowieso bei jedem ((lachend)), und ich will mich mit dem nicht auseinander setzen. 'Go to your therapist.' (CC 1135-1140)

Im Zusammenhang mit einem Kontakt zu sich wurden in den Interviews zwei Muster deutlich, die eine enge Wechselwirkung zwischen spiritueller Erfahrung und psychologischer Auseinandersetzung aufzeigen. Diese Muster beziehen sich insbesondere auf die erste spirituelle Erfahrung[89], zeigen sich aber immer wieder auch bei späteren Erlebnissen. Bei der ersten spirituellen Erfahrung wird eines dieser beiden Muster bei *jedem* Interviewpartner und *jeder* Interviewpartnerin deutlich:

- Eine spirituelle Erfahrung kann den Beginn einer Auseinandersetzung mit eigenen Lebensthemen und Persönlichkeitsmustern markieren.

---

[89] Es handelt sich hier immer um die spirituellen Erfahrungen, die im Erwachsenenalter aufgetreten sind. Die erhobenen Daten geben Hinweise darauf, dass für spirituelle Erfahrungen in der Kindheit teilweise andere Aspekte wichtig sind, die jedoch nicht Thema der vorliegenden Studie sind und nicht näher untersucht wurden.

- Eine Auseinandersetzung mit eigenen Lebensthemen und Persönlichkeitsmustern kann Wegbereiter für eine spirituelle Erfahrung sein.

Bei ersten oder späteren spirituellen Erfahrungen zeigt sich dann auch eine dritte Form
der Wechselwirkung, die häufig auftritt:

- Spiritualität kann eine Ressource sein in der Auseinandersetzung mit sich
und eigenen Lebensthemen.

All diese Wechselwirkungen machen deutlich, wie essentiell ein Kontakt zu sich im
Sinne einer aktiven Auseinandersetzung mit der eigenen Persönlichkeit für die Integration spiritueller Erfahrungen ist – ein Aspekt, der beim heutigen Spiritualitäts-Boom oft
vernachlässigt wird.

Spirituelle Erfahrung als Beginn der Auseinandersetzung mit sich selbst

Spirituelle Erfahrungen machen Themen bewusst, die verarbeitet und integriert werden
müssen. Durch einen Kontakt zum Transpersonalen in der spirituellen Erfahrung werden Schwierigkeiten im Bereich des Personalen aktiviert, und die Betroffenen spüren
die Notwendigkeit, sich damit auseinander zu setzen. Dabei geht es im Wesentlichen
um die Integration des durch die spirituelle Erfahrung ausgelösten Prozesses auf der
Persönlichkeitsebene und weniger um die Integration der Erfahrung selbst. So sagt Sara
Sasse: „der ganze Prozess, der ausgelöst wurde, musste irgendwie integriert werden" (SS
163-164).

Der Fokus verschiebt sich nach der spirituellen Erfahrung also auf Aspekte der eigenen Lebensgeschichte, auf die eigenen Muster, die Ebene der Persönlichkeit und deren Schwierigkeiten.

Grundsätzlich kann man sagen, dass eine Erschütterung durch die spirituelle Erfahrung stattfindet, die dann zu einer Suche im psychologischen Bereich oder einer
Auseinandersetzung mit der eigenen Persönlichkeit führt, wobei das Ausmass dieser
Erschütterung stark variiert: die Bandbreite reicht von Fragen zu spiritueller Authentizität, die zu einer Suche auch im psychologischen Bereich führen, bis zu schweren Krisen, die psychotherapeutische Unterstützung nötig werden lassen.

So kann der eigene spirituelle Kontakt *Fragen nach der Authentizität religiös-spiritueller
Autoritätspersonen* aufwerfen und in der Folge zu einer eigenen Suche im psychologischen Bereich führen. Die Psychologin Birgit Becker erzählt:

> Das waren die Reibungspunkte, bei denen ich gemerkt habe.. Ich meine jetzt aus
> der Erwachsenensicht von heute – das war eine ganz wichtige Auseinanderset
> zung, aber aus heutiger Sicht sehe ich auch, dass es einfach zutiefst menschlich
> ist. Ich meine, man kann nicht überall gleich aufmerksam und authentisch sein.
> Und manchmal ist das ein Mensch eher im aussen und der X. z.B. als Pfarrer der
> hat auf dem Kirchentag Tausende von Menschen angesprochen. Das war seine
> Qualität, sehe ich aus heutiger Sicht. Das musste er tun. Das war sein Auftrag:
> Vielen Menschen einen Impuls zu geben und zu bewegen. So. Und er ist
> menschlich. Er hat Fehler. Aber da habe ich mich damals so dran gerieben, dass
> ich dachte: Aber das ist es einfach, worum es auch geht. Und das hat mich sicher
> dann auch mehr zum Psychologischen gebracht später. (BiB 249-260)

Eine spirituelle Erfahrung kann auch zu der Erkenntnis führen, dass es nicht ausreicht,
eine spirituelle Öffnung erlebt zu haben, sondern dass man *mit all den Themen aus dem eigenen biografischen Hintergrund einen Umgang finden muss*:

> Und dann kam aber nochmals ein eigener Prozess – ich meine, mal ein spirituel-
> les Erlebnis gehabt zu haben, zu spüren, dass ich mehr bin als mein Körper und
> dass es mehr gibt, als das, was man sieht, ist ja schön und gut, aber was heisst das
> mit dem ganzen alten Zeug im Hintergrund, was ich auch mitbringe? Dann ist
> zuerst einmal mein eigener Prozess losgegangen. (UU 1269-1273)

Für Ursula Urben ist klar, dass ihre persönliche Auseinandersetzung durch ihre spirituellen Erfahrungen hervorgerufen wurde und sie ohne ihre spirituellen Erfahrungen keinen therapeutischen Beruf gewählt hätte:

> Also es ist nicht ein Verarbeiten eines Erlebnisses, sondern dessen, was darunter
> lag. Ich glaube, wenn ich diese Erlebnisse nicht gehabt hätte, wäre ich überhaupt
> nicht mit dem Therapeutischen in Kontakt gekommen. (UU 1382-1385)

Eine solche Auseinandersetzung beinhaltet selbstverständlich die Bereitschaft, sich *auch
unangenehmen inneren Themen zuzuwenden*. Ursula Urben schildert, wie dabei *Klarheit und
Ehrlichkeit sich selbst gegenüber* wichtige Aspekte sind und es darum geht, sich dem Wahren
in sich zu widmen und nicht unbedingt dem Schönen (UU 2183-2185). Und Patricia
Patterson schildert, wie das unwillkürliche Zeichnen nach ihren spirituellen Erfahrungen ihr eine Ebene jenseits von Zeit und Raum und auch jenseits von Emotionen erschloss, die ihr „unerbittlich" (PP 300) und „unbestechlich" (PP 305) vor Augen führte,
was ist – auch wenn es ihr unangenehm sein mochte (PP 297-304).

Spirituelle Erfahrungen können auch eine starke *Irritation und Verunsicherung* im
bisherigen Welt-, Menschen- und Selbstbild und den bisherigen Werthaltungen auslösen, die dazu führen können, dass man Vieles in Frage stellt und in diesem Zusammenhang psychotherapeutische Unterstützung sucht:

> (…) ich habe einfach alles in Frage gestellt. Ich habe gemerkt, mein Leben, wie
> ich lebe, in welchen Beziehungen ich lebe – irgendwie dieses Gefühl: ‚Das
> stimmt einfach alles nicht. Es fühlt sich alles ungut an. Das ist irgendwie nicht
> richtig.' Und dann hatte ich zu vielen Sachen ein ganz distanziertes Verhältnis.
> Das heisst, ich konnte es wie nicht mehr einbetten in eine Realität, die ich vorher
> hatte. Vorher hatte ich ein bestimmtes Bild von Sachverhalten oder von Leuten
> und habe gesagt, das ist so und so und so und so. Das hat sich auf einmal aufge-
> löst und dann dachte ich: ‚Hä, das ist gar nicht so. Das fühlt sich anders an. Aber
> wie ist es denn jetzt?' Und [das war] eine Irritation. Oder ‚Wer bin ich eigentlich?'
> Und dann [waren] auf einmal in mir Fragen, wo ich gemerkt habe, das ist alles ir-
> gendwie ein bisschen durcheinander. (YY 1971-1983)

Nicht zuletzt können spirituelle Erfahrungen auch zu einer Aktivierung oder sogar erst
zu einer Erinnerung an frühere biografische Verletzungen führen und *schwere Krisen* auslösen, die psychotherapeutische Hilfe nötig werden lassen – so bei Sara Sasse: Bei ihr
wurde durch die spirituelle Erfahrung viel Angst und das lange nicht erinnerte Thema
der sexualisierten Gewalt ausgelöst. Sie geriet dadurch psychisch in einen so kritischen
Zustand, dass eine Psychotherapie dringend notwendig wurde (SS 454-458).

Der Kontakt zum Bereich des Spirituellen kann also zu einer Bewusstheit persönlicher Themen oder zu einer verunsichernden Neuorientierung führen und dazu veranlassen, dass die Betroffenen über eine Form der psychologischen oder psychotherapeutischen Arbeit daran gehen, sich mit ihren persönlichen Schwierigkeiten und Themen
auseinander zu setzen. Für Sara Sasse ist es ganz klar, dass das Licht der spirituellen Er-

fahrung und die Dunkelheit ihrer lange Zeit nicht erinnerten traumatischen Erfahrungen zusammen gehören und die spirituelle Erfahrung auch die Verarbeitung ihrer biografischen Themen notwendig machte - dass also Spiritualität auch die Arbeit mit persönlichen Themen bedingt (SS 476-482).

Aber nicht nur erste spirituelle Erfahrungen können zu einer solchen Auseinandersetzung mit sich selbst führen. Auch spätere spirituelle Erfahrungen können Ausgangspunkt dafür werden, sich noch vertiefter oder intensiver den eigenen Themen zuzuwenden. Hier kann – gerade bei mehreren spirituellen Erfahrungen - auch das Gefühl ausschlaggebend werden, dass sich Spiritualität und Alltag trotz vielfältiger Erfahrungen nicht recht verbinden lassen und die Erfahrungen nicht richtig „greifen". So merkte etwa Yolanda Yaberg, dass sie ihre spirituellen Erfahrungen nicht in ihre Alltagsrealität einbauen konnte, nachdem sie in der spirituellen Gemeinschaft schon diverse Erfahrungen gehabt hatte. Und sie entschied sich nach einer besonders intensiven spirituellen Erfahrung, eine körperpsychotherapeutische Ausbildung zu machen (YY 1224-1237). Sie hatte beobachtet, dass ohne diese psychotherapeutische Arbeit die Energie, die durch die spirituellen Erfahrungen freigesetzt wurde, nur wieder in psychische Strukturen floss, die bereits in ihrer Persönlichkeitsstruktur vorhanden waren. Ohne die körperpsychotherapeutische Arbeit hätten ihre spirituellen Erfahrungen weiterhin nur ihre Persönlichkeitstruktur unterstützt, sie aber nicht wirklich verwandelt (YY 1255-1258).

Auseinandersetzung mit eigenen Persönlichkeitsmustern als Wegbereiter für eine spirituelle Erfahrung

Eigene psychologische Auseinandersetzung und spirituelle Erfahrungen können auch in umgekehrter Weise miteinander verknüpft sein. So kann eine Arbeit mit der eigenen Lebensgeschichte und mit Persönlichkeitsthemen Wegbereiter für eine spirituelle Erfahrung sein. Hier findet eine Verarbeitung eigener Themen statt, die gewissermassen transparent macht für einen Kontakt zum spirituellen Bereich. Diese Verbindung von Auseinandersetzung mit eigenen Themen und spiritueller Erfahrung kann sowohl die erste spirituelle Erfahrung betreffen als auch die Zeit unmittelbar vor weiteren Erlebnissen.

Hinschauen oder die Suche nach Wahrheit

Wesentlich für eine solche Auseinandersetzung mit sich selber und den eigenen (Lebens-) Themen ist eine *Bereitschaft, bei sich selber hinzuschauen.* Damit ist ein starker Impuls gemeint, sich einzulassen auf das, was in einem selbst geschieht – gerade jetzt oder in bestimmten Situationen. Hinschauen bedeutet hier, sich mit dem auseinander zu setzen, was man gerade erlebt oder erfährt, ohne etwas auszuschliessen – seien das eigene Gefühle, Gedanken und Verhaltensmuster oder äussere Situationen und Einflüsse. Hinschauen in diesem Sinn ist also eng mit der erlebten Wahrheit in diesem Moment verbunden. Es meint den Impuls für eine psychologische Auseinandersetzung mit Themen, die zunächst meist unangenehm erscheinen, sich aber schliesslich als wichtiger Schlüssel erweisen: So erweist sich der spontane Impuls, hinzuschauen und einer Sache auf den Grund zu gehen oder sich etwas Unangenehmem zu stellen, als wesentlicher Faktor unmittelbar vor einer spirituellen Erfahrung. Es scheint ein innerer Zusammenhang zu bestehen zwischen diesem Hinschauen als einer Suche nach Wahrheit und dem Eintreten einer spirituellen Erfahrung. Dieser innere Zusammenhang könnte in der Offenheit und dem vorbehaltlosen Mut liegen, sich auf das einzulassen, was gerade ist. Dabei scheint es eine wichtige Rolle zu spielen, sich auf etwas Unbekanntes wirklich einzulassen. Psychologisch gesprochen könnte man davon ausgehen, dass in solchen Momenten der Offenheit sämtliche Abwehrmechanismen ruhen und sich dadurch auch das Tor zu einer tieferen Dimension öffnet.

So findet bei vielen Interviewten vor den spirituellen Erfahrungen eine intensive Auseinandersetzung mit sich selber statt, die etwa bei Patricia Patterson dazu führte, sich für eine Psychotherapie zu entscheiden, weil sie bei sich selber hinschauen wollte: „Jetzt will ich der Sache auf den Grund gehen. (…) weshalb ist das so? Was kann ich unternehmen? Also einfach: Ich will der Sache auf den Grund gehen. (…) ich will bei mir hinschauen. Dass ich meines mehr mache, mache, was ich kann" (PP 708-712).

Ein solches Hinschauen zeigt sich auch als ein Bedürfnis zu verstehen, was sich in bestimmten Momenten in einem selbst abspielt und was in manchen Lebenssituationen in einem selbst vorgegangen ist: „(…) und habe mich damit befasst, was da eigentlich los gewesen war und habe einfach daran gearbeitet: Was ist passiert dann? Und wieso ist das so und so? (…) ich wollte einfach verstehen für mich, was da los ist" (PP 39-45).

Oft braucht es Mut, hinzuschauen – insbesondere, wenn bestimmte Situationen grosse Angst auslösen. So ging Werner Wagners spiritueller Sterbe-Erfahrung grosse Angst und Panik voraus, sich auf die Übung in einer Selbsterfahrungsgruppe einzulassen, im Grab zu liegen. Er stellte sich seinen starken Panikgefühlen, weil er das Gefühl hatte, es sei irgendwie wichtig:

> Und ich hatte wirklich das Gefühl, jetzt sterbe ich. (…) Es war eine ganz eigenartige Stimmung dort für mich. Ich habe mich dann in dieses Grab gelegt und ihm gesagt, ich flippe aus, das halte ich nicht aus. (…) Und ich habe irgendwie gemerkt, es gibt bei mir Momente, wenn ich etwas nicht will, dann sage ich: ‚Ich steige nicht in dieses Grab, was soll's? Ich bin ein freier Mann. Ich kann mich entscheiden.' Ich habe gewusst, das muss jetzt irgendwie sein. Das muss irgendwie sein. Ich hatte das Gefühl, ich flippe aus und.. ich bin da irgendwie.. ja. Und dann bin ich dort drin gelegen und bin innert kürzester Zeit in eine totale Ruhe reingekommen. (WW 535-548)

Besonderen Mut brauchte es auch für Johanna Jecklin, einmal wortwörtlich hinzuschauen, als sie nachts über längere Zeit immer wieder wahrnahm, wie jemand neben ihrem Bett stand. Während sie bisher bei diesem Phänomen erwachte, schrie und aufsprang, stellte sie sich eines Nachts ihrer Angst, blieb da und schaute hin statt wegzurennen:

> Ich habe mich dann irgendwann – später habe ich mich dann dem gestellt. Ich habe dann immer geschrien. Ich bin erschrocken, erwacht und habe gemerkt, es ist etwas da. Ich habe geschrien, bin erwacht, aufgestanden, raus gesprungen. Ich kann mich erinnern. Und irgendwann habe ich gedacht, jetzt stelle ich mich dem. Jetzt springe ich nicht weg. Ich hatte auch Angst. Ich bin erwacht, es war jemand im Zimmer und ich habe gedacht, jetzt bleibe ich da. (JJ 272-278)

Sie sah einen Engel und erlebte dabei eine tiefe spirituelle Erfahrung.

Leichtere Integrierbarkeit durch vorausgehende und begleitende psychotherapeutische Arbeit

In vielen Fällen führte eine Auseinandersetzung mit wichtigen eigenen Themen oder generell eine psychologisch-psychotherapeutische Arbeit zu einer spirituellen

Erfahrung[90]. Charakteristisch für diese enge Verbindung von psycholotherapeutischer Arbeit und spiritueller Erfahrung scheint in fast allen betroffenen Fällen die leichtere Integrierbarkeit dieser Erlebnisse zu sein. Also spirituelle Erfahrungen, denen eine Auseinandersetzung mit eigenen Themen vorausging und/oder den Prozess weiter begleitete, konnten in der Folge meist leichter integriert werden[91] als Erfahrungen, die ohne einen Kontext psychotherapeutischer Arbeit stattfanden. Dabei scheint vor allem die *innere Bereitschaft zur Auseinandersetzung mit sich selbst* entscheidend zu sein (vgl. dazu das vorangehende Unterkapitel: „Hinschauen oder die Suche nach Wahrheit") und nicht unbedingt die Tatsache, in einer psychotherapeutischen *Behandlung* zu sein. Dieser Zusammenhang zwischen eigener Auseinandersetzung und spiritueller Erfahrung soll exemplarisch an zwei InterviewpartnerInnen verdeutlicht werden, bei denen eine psychotherapeutische Arbeit der spirituellen Erfahrung sowohl vorausging als auch nach dem Erleben weiterhin stattfand.

So zeigt sich etwa bei Patricia Patterson, wie eng verbunden eine eigene psychologische Auseinandersetzung mit einer spirituellen Erfahrung sein kann. Patricia Patterson setzte sich vor ihrer ersten spirituellen Erfahrung mit einem Konflikt mit ihrer Arbeitskollegin auseinander, bei dem es um Selbstbehauptung ging (PP 21-25). Der erste Teil ihrer spirituellen Erfahrung tauchte in einem Traum auf („jetzt bin ich auf dem Grund.. meiner Seele" PP 59-60). Daran schloss sich eine eigene psychologische Arbeit an, in der sich Patricia Patterson mit einer unglücklichen, kürzlich beendeten Liebesbeziehung auseinandersetzte (PP 30-41, 65-82). Dabei tauchte die Einsicht auf „Liebe ist Erkennen" (PP 76). Patricia Patterson beobachtete, wie in diesem Prozess ihre Hand begann, unwillkürliche Zeichnungen zu machen, die unverarbeitete, schwierige biografische Themen zum Inhalt hatten. Sie „hatte wie das Gefühl, der Schlüssel von den problematischen Emotionen zum Inneren ist die Liebe" (PP 106-107). Damit verbunden war der zweite Teil ihrer spirituellen Erfahrung (PP 21-148). Patricia Patterson denkt selbst, dass diese unverarbeiteten Themen bis zu jenem Zeitpunkt nicht zugelassen hatten, dass sie ihren eigenen Wert erkannte. Unmittelbar nachdem diese Themen ihr zu Bewusstsein gekommen waren über unwillkürliche Zeichnungen, denen sie ganz vertraute, erlebte Patricia Patterson ein tiefes Gefühl und ein Erkennen ihres eigenen Wertes und eine alles umfassende Liebe (PP 84-146).

Ihrer zweiten spirituellen Erfahrung ging eine eigene psychologische Arbeit mit dem Thema Grenzen voraus. Diese direkte Auseinandersetzung mit diesem damals für sie schwierigen Thema führte unmittelbar zur spirituellen Erfahrung – „alles ist eins" (PP 361, 344-383). Interessant ist in der Erzählweise von Patricia Patterson, dass sie die zweite spirituelle Erfahrung damit einleitet, auf ihre damalige Schwierigkeit mit dem Thema Grenzen hinzuweisen, und sie schildert, wie sie sich mit dieser Thematik auseinanderzusetzen begann (PP 344-361). Zentral in ihrem ganzen Prozess war dabei, dass sie selber immer die Gewissheit hatte, dass ein guter Prozess abläuft – auch wenn manche Phänomene für sie völlig neu und merkwürdig waren (PP 198-199). So sagt sie

---

[90] Wie einleitend zu diesem Kapitel bereits erwähnt, muss es sich dabei nicht um die erste spirituelle Erfahrung handeln.

[91] Hier sei auf eine wichtige Ausnahme verwiesen, die sich bei einer Interviewpartnerin zeigte: sind frühe spirituelle Erfahrungen (in der Kindheit) unmittelbare Quellen problematischer biografischer Erfahrungen, stellt die Integration eine besonders grosse Herausforderung für die Betroffene dar. So bei Ramina Ranatov, deren Spiritualität in der Kindheit von ihren nächsten Bezugspersonen vehement als Lüge abgelehnt wurde.

auch an anderer Stelle in Bezug auf ihre erste spirituelle Erfahrung: „Also ich habe einfach gespürt, es geschieht etwas ganz Gutes mit mir" (PP 121-122). Bei Patricia Patterson ging also jeder spirituellen Erfahrung eine psychologische Arbeit voraus – und es bestand im ganzen Prozess eine enge Wechselwirkung zwischen psychologischer Arbeit und spiritueller Erfahrung. Sie konnte ihre Erfahrungen relativ leicht integrieren, und ihre Spiritualität führte zu wesentlichen und tiefgreifenden Veränderungen in ihrem Leben.

Auch bei Adam Apfelbaum zeigt sich eine enge Verknüpfung von psychologischer Arbeit und spiritueller Erfahrung sowie eine unproblematische Integration. Er war in einer körperpsychotherapeutischen Ausbildung, die einen wesentlichen Teil an Selbsterfahrung beinhaltete, als seine spirituelle Erfahrung auftrat. Direkt vor der spirituellen Erfahrung hatte eine Selbsterfahrungssitzung stattgefunden, in der er zu einer Lösung für sein damals intensivstes Problem fand – einer grossen Explosivität und fast suchtartig-destruktiven Auseinandersetzung mit der Nachkriegsjustiz in Bezug auf die Judenverfolgung des Zweiten Weltkriegs. Adam Apfelbaum spricht von sich damals als eine „Zeitbombe" (AA 774) und von seiner „Obsession" (AA 780). Nach seiner spirituellen Erfahrung („Geborgenheit, im Kosmos zu sein", AA 991-992) fand weiterhin kontinuierliche psychologische Arbeit statt, und zugleich nahm er während eines Jahres eine regelmässige spirituelle Praxis auf (täglich eine Stunde Meditation). Die spirituelle Praxis behielt er nur begrenzte Zeit bei, die eigene psychologische Auseinandersetzung dauerte zum Zeitpunkt des Interviews noch an (AA 767-789, 1148-1160).

Spiritualität als Ressource in der Auseinandersetzung mit sich und mit der eigenen Lebensgeschichte

Spiritualität kann in der Auseinandersetzung mit sich selbst und eigenen Lebensthemen eine wichtige Ressource darstellen und diese Arbeit sehr unterstützen und erleichtern. In diesem Sinn kann Spiritualität in einem psychotherapeutischen Prozess oder auch in der eigenen Arbeit mit sich eine Art Katalysator werden – allerdings nur, wenn tatsächlich die Bereitschaft besteht, bei sich selbst hinzuschauen und sich auch unangenehmen eigenen Themen zu stellen.

So erlebt etwa Werner Wagner seine Sterbe-Erfahrung noch heute als wichtige Quelle, wieder in Kontakt mit sich selbst zu kommen. Wenn er sich nicht klar ist, was gerade in ihm vorgeht, praktiziert er diese Sterbe-Übung und findet zu einem unmittelbaren Kontakt zu sich. Er nimmt dann eine „Klärung der Grundstimmung, der Grundgefühle" (WW 753-754) wahr und erlebt den Tod dann als eine „Art Katalysator" (758-759).

Katharina Kunz kam in ihrer Psychotherapie mit dem Ausgangspunkt biografischer Themen in Kontakt mit transpersonalen Erfahrungen. Sie kam dabei nicht so sehr an ihre eigenen Schwierigkeiten und Ängste heran als vielmehr an allgemeinmenschliche Schmerzen. Im Verlauf dieses Prozesses fasste sie den Entschluss für ihren heutigen Berufsweg als Psychotherapeutin. Sie begann ein Studium und wurde dort massiv mit ihren psychodynamischen Ängsten aus ihrer Lebensgeschichte konfrontiert. Ihre Ängste wurden damals so stark, dass sie fürchtete, verrückt zu werden. In dieser Situation wurde ihre Spiritualität für sie zu einer zentralen Ressource: Die Methode der Desidentifikation, die sie in ihrer transpersonalen Psychotherapie erfahren hatte, gab ihr die Sicherheit, trotz all ihrer überflutenden Ängste zu wissen, dass nur ein innerer Film in ihr abläuft und dieser wieder vorüber geht. Sie konnte sich innerlich sagen, dass all diese Ängste im Grunde nur „Geflunker" (KK 1634) ihres Bewusstseins sind. Ohne ihre transpersonalen Erfahrungen hätte sie diesen Anker nicht zur Verfügung gehabt und hätte damals ihr Studium abgebrochen (KK 1454-1496, 1569-1647, 1823-1831, 1848-1866). In der Psychotherapie, die sie in dieser schwierigen Lebensphase begann, konnte sie dann ihre biografischen Themen, die in diesen Ängsten anklangen, konkret bearbeiten. Sie erlebte also eine „Bewegung von der Spiritualität zu den Lebensthemen" (KK 1646).

Seit einer intensiven spirituellen Erfahrung, die Yolanda Yaberg - mit ihrer damaligen Tendenz, aus dem Körper zu gehen - sehr *in* ihren Körper brachte, kann sie anders damit umgehen, wenn sich Stellen in ihrem Körper dumpf oder taub anfühlen oder sie Körperbereiche nicht wirklich wahrnehmen kann. Sie kann sich besser desidentifizieren und spürt dann mit Achtsamkeit in die Körperstellen hinein, die sich zunächst dumpf anfühlen. Wenn sie mit dieser Achtsamkeit wahrnimmt, werden die Körperstellen sofort wieder präsent. Anders als früher sind diese Stellen für sie nicht mehr permanent blockiert, sondern nur gerade unbewusst oder etwas taub (YY 1479-1488). Die spirituelle Erfahrung wurde für sie also zu einer wichtigen Unterstützung für den Kontakt zu ihrem Körper.

Für Adam Apfelbaum führte seine spirituelle Erfahrung zu einer umfassenden „Wende" (AA 1036) in seinem Leben – sie wurde zu einer zentralen Ressource und einem Transformator für sein damals stärkstes Persönlichkeitsmuster: Sein Umgang mit der Welt und mit sich selbst hat sich dadurch völlig verändert: „Sie [die spirituelle Erfahrung, Anm. der Interviewerin] erlaubte eine Veränderung in meinem Muster. Also diese tiefe, starke Erfahrung" (AA 1040-1041).

9.2.2 Ausdruck der spirituellen Erfahrung

> Ich glaube, dass der Ausdruck sehr wichtig ist – egal, was es für einer es ist. Ob es schreiben ist oder reden oder malen. Das ist egal. Oder töpfern. Aber ich glaube, es ist wichtig, das, was in Worten oft schwer zu fassen und zu begreifen ist, irgendwie greifbar zu machen oder sichtbar zu machen. Auf irgendeine Art. (UU 2192-2196)

In einer spirituellen Erfahrung findet ein Kontakt zu einem Bereich statt, der physisch weder greifbar noch sichtbar ist. Das Erleben einer inneren Realität jenseits von Form und die Tiefe der Erfahrung können eine Kommunikation darüber erschweren. Dennoch oder gerade deshalb erleben Betroffene es als sehr hilfreich, einen Ausdruck für die Erfahrung zu finden, der Erfahrung des Formlosen eine Form zu geben, das Unsichtbare sichtbar zu machen, um es erden und integrieren zu können.

Als Formen des Ausdrucks werden meistens Schreiben, Zeichnen oder Malen[92] gewählt. Bewegung als weitere mögliche Form des Ausdrucks hingegen wird von den interviewten Personen nicht als Form eines nachträglichen Ausdrucks der Erfahrung erwähnt. Bewegung wird jedoch im Zusammenhang mit dem Suchen einer spirituellen Rückverbindung (siehe Kapitel 9.5.4) in die Meditations- oder Gebetspraxis einbezogen oder in der spirituellen Erfahrung selbst berichtet (z.B. PP, AA). Es mag sein, dass Bewegung als Form des nachträglichen Ausdrucks nicht in Erwägung gezogen oder nicht explizit als solche erwähnt wird, weil sie nur im gegenwärtigen Moment Bestand hat

---

[92] Beim Reden als weitere mögliche Form des Ausdrucks steht der zwischenmenschliche Aspekt im Vordergrund, so dass darauf in Kapitel 9.3.1 eingegangen wird.

und sich nicht für eine spätere Wiederbetrachtung und Erinnerung der Erfahrung eignet.

Damit ist schon ein wesentlicher Aspekt des Ausdrucks einer spirituellen Erfahrung erwähnt: die Möglichkeit, in Kontakt mit dem Erlebten bleiben zu können, es später wieder anschauen zu können, *sich daran erinnern zu können* – möglichst in der ursprünglichen Authentizität und nicht in einer nachträglichen „Verzerrung": „Und wenn es nur ist, um es besser behalten zu können" (UU 2196). „Ich konnte es auch mehrmals lesen" (KK 1708). Oder:

> So habe ich das dann eher für mich behalten und halt ins Tagebuch geschrieben. (…) Das hat mir gut getan. Das war nochmals ein Schauen: ‚Was war da eigentlich?' Und für mich selber zu beschreiben, was da passiert ist. (…) Dann finde ich es manchmal auch spannend, es nochmals nachzulesen und zu sehen: ‚Aha, schau mal, so ging es dir da.' Weil sich das auch ändert. Ich merke, meine Erzählungen über Ereignisse, die ändern sich mit meinem zunehmenden Lebensalter oder mit neuen Erfahrungen, die dazu kommen. Wo z.B. die Erfahrung aus I. damals ganz anders klang, als ich das heute sage. ((lachend)) Ich habe auch mittlerweile ein anderes Erfahrungsfeld. Ich interpretiere natürlich die Erfahrung von damals auch anders. Da finde ich es dann auch ganz spannend, nochmals zu schauen und zu sehen: ‚Aha, schau mal, damals hat es dich noch genervt, oder es war so und so.' Das finde ich dann ganz spannend. (YY 2319-2341)

Eng mit diesem Aspekt der Erinnerung der Erfahrung verbunden ist das Bedürfnis, die *Erfahrung zu verstehen* und sie irgendwo *einordnen zu können*. So findet bereits während des Ausdrucks ein Sortieren statt, das mehr Klarheit bringt: „Nach diesen Atemsitzungen habe ich oft aufgeschrieben. Dinge geschrieben, um es nochmals sortieren zu können. Und das war auch ein Erdungsprozess für mich" (KK 1706-1708).

Ausdruck einer Erfahrung kann als eine Form der Erdung verstanden werden, bei der ein inneres Erleben nach aussen gebracht wird und die betroffene Person meist nachträglich wählen kann, ob sie diesen Ausdruck anderen Menschen zugänglich machen möchte oder nicht. In diesem Sinne sind die meisten Ausdrucksmedien wie Malen, Zeichnen, Schreiben oder Töpfern Möglichkeiten, in einem nach aussen geschützten Rahmen das Unsichtbare sichtbar werden zu lassen und es nach dieser Erdung auch für sich behalten zu *können,* ohne es in einem sozialen Kontakt auch ausdrücken zu *müssen.* In diesem Sinn findet ein Ausdruck für sich selber oft auch *vor* einer Kommunikation der Erfahrung im zwischenmenschlichen Kontakt statt und kann als eine Art Vorbereitung zwischenmenschlichen Austauschs betrachtet werden, ohne dass allerdings während dem eigenen Ausdruck dieses Ziel verfolgt würde. Das *nachträgliche Einbringen* des Ausdrucks der spirituellen Erfahrung *in einen zwischenmenschlichen Kontakt* kann für die betroffene Person Verschiedenes bedeuten: So kann es manchmal sehr wichtig sein, durch den Ausdruck der spirituellen Erfahrung gesehen zu werden, so dass das Ausdrücken der Erfahrung zwei Prozesse beinhaltet: Ein *Sichtbarmachen* der Erfahrung für sich selber und das *Sichtbarwerden* damit im zwischenmenschlichen Kontakt. Beides kann sehr berührend und heilsam erlebt werden:

> Dann hat mir das Malen natürlich sehr geholfen. Und das Schreiben. Also das zu erden. Meine Gefühle erden. Und auch, dass das dann gesehen wird. Es war auch ein wichtiges Spiegelungsthema – dass ich dann auch gesehen werde. Das war für mich auch noch so wie ein Anwalt, der bestätigt: Es wird gesehen. Das war aus

meiner Biografie heraus ganz wichtig. Ich wurde nie gesehen in dem, was ich mache. Und der Wunsch gesehen zu werden, war einfach gross. (...) Einfach gesehen werden. (RR 1804-1813)

Oder es kann für die Person nachträglich ein Bedürfnis sein, die *Essenz der Erfahrung anderen Menschen zugänglich zu machen.* Das Ausdrucksmedium kann anderen Menschen einen Kontakt zur spirituellen Erfahrung ermöglichen, der die Essenz des Erlebens fühlbar werden lässt und andere Menschen dadurch berührt. So begann Ursula Urben nach einer spirituellen Erfahrung, Gedichte zu schreiben: „Ich habe in der Folge angefangen Gedichte zu schreiben, sehr berührende Gedichte. Die haben nicht nur mich berührt, sondern auch die Menschen, denen ich sie vorgelesen habe" (UU 1502-1504).

Ausdruck kann auch unmittelbar während der spirituellen Erfahrung erfolgen und der betroffenen Person selber *neue Erkenntnisse oder tiefere Einsichten ermöglichen* – sowohl auf der Ebene der eigenen Biografie als auch Einsichten spiritueller Art:

Ich war da [während der spirituellen Erfahrung, Anm. der Interviewerin] noch weiter in einem Zustand von.. ich war sehr offen, aber auch hellwach und klar – es war eine eigenartige Mischung. Und ich habe da so gesinnt und habe plötzlich gemerkt, wie meine Hand auszuschlagen begann – also wie Telefonzeichnungen gemacht [hat]. Aber ich merkte, es geht in etwas anderes rein. Und.. ich sah, es macht Figuren plötzlich.. und musste dann wie eine Übersetzung finden für das, was da herauskommt. Ich holte dann einen Stapel Papier und es kamen dann etwa 50 solche Zeichnungen aus mir heraus, die alle mit meiner frühen Kindheit (...) zu tun hatten. (...) Ich wusste auch sofort ... Wie kann ich das beschreiben... Es war wie magnetisch. Ich konnte nicht voraussagen, was es gibt. Ich folgte einfach den Impulsen (...) Und das alles in dem Zusammenhang: Ich bin wertvoll. Da kam etwas zusammen. Ich spürte auch, da ist eine Wahnsinnsenergie, die durch mich fliesst. Und.. ich hatte wie das Gefühl, der Schlüssel von den problematischen Emotionen zum Inneren ist die Liebe. (PP 80-107)

Manchmal erlebt sich jemand als *„Kanal" für das Spirituelle* und aus diesem inneren Kontakt heraus kann ein Schreiben oder Malen entstehen. Diese Form des Ausdrucks wird von den Betroffenen erlebt als ein Geführtwerden, verbunden mit dem Gefühl, selbst nicht bewusst oder persönlich gefärbt zu schreiben. So formuliert Ramina Ranatov: „Das war schon dieses Schreiben als Kanal. Also ich habe diese Sachen nicht bewusst geschrieben. Es sind Sachen, die einfach gekommen sind" (RR 1821-1822). Der Zustand bei einer solchen Form verbundenen Schreibens wird als tiefer innerer Kontakt erlebt, von dem die Person völlig absorbiert und ganz darin versenkt sein kann:

Ich war total weg. Ich habe nur geschrieben. Ich war einfach völlig - ich habe gar nichts wahrgenommen. Ich habe kein Telefonklingeln gehört. Ich war einfach am Schreiben. Das ist einfach durch. Das ist so stark geflossen. Also das ist – viele Bilder auch. Dass ich manchmal auch nachts aufgestanden bin und geschrieben habe, weil ein Bild gekommen ist, das ich aufschreiben musste. Dann habe ich mich hingesetzt und einfach losgelassen. Oft habe ich nachts geschrieben. (RR 863-869)

Schreiben aus einer spirituellen Verbindung heraus kann der betroffenen Person eine *Quelle innerer Führung* erschliessen und sie in ihrem Vertrauen stärken.

> Und bei [der weiblichen Engelsgestalt, Anm. der Interviewerin] – sie hat mich dann wirklich eine Zeit lang geführt. Dass sie gesagt hat: ‚Deshalb und deshalb ist das passiert.' Oder: ‚Diese Botschaft musst du so und so anschauen.' Oder: ‚Mach das und das. Schau mal dorthin.' Also wie eine innere Therapeutin. (…) Ich habe ein ganzes Buch darüber. Es sind so viele Sachen gekommen damals, die mir eine innere Führung waren. (RR 827-851)

> Ich habe eine innere Sicherheit gespürt. Ich habe das Gefühl gehabt: Da ist jemand, der <u>wirklich da</u> ist. Es hat mich immer wieder in meinem Vertrauen gestärkt. (RR 875-877)

9.2.3 Zu sich selber stehen und sich abgrenzen

Für manche InterviewpartnerInnen ist es nach spirituellen Erfahrungen sehr zentral, sich von gewissen Ausseneinflüssen abzugrenzen und zu sich selber zu stehen. Dabei geht es um Aspekte wie sich selber treu zu bleiben, mehr bei sich selber zu bleiben im zwischenmenschlichen Kontakt und anderen Grenzen zu setzen oder Verantwortung zurückzugeben. Wo diese Abgrenzung und das Gefühl für sich selber und das eigene Erleben als bedeutsam erwähnt werden, beziehen sie sich meist auf die spirituelle Erfahrung selbst oder deren unmittelbare Folgen und sind mit einem Einstehen für die innere Wahrheit verbunden. Manchmal werden sie in einer späteren Phase wichtig, wenn die Person über eine Arbeit mit ihren biografischen Themen und Persönlichkeitsmustern mehr Selbstvertrauen und klarere Grenzen aufbauen kann und eine Abgrenzung dadurch vermehrt möglich wird.

Inwiefern unterstützt ein Sich-Abgrenzen die Integration spiritueller Erfahrungen? Es kann einen *Schutz* vor Misstrauen und Skepsis anderer Menschen gegenüber der eigenen spirituellen Erfahrung darstellen und dem eigenen Erleben einen *sicheren Raum* ermöglichen: So zweifelte Patricia Pattersons Psychotherapeut an ihrer Erfahrung und stellte ihre eigene Wahrnehmung in Frage, was für sie überhaupt nicht stimmte. Sie blieb ihrer eigenen Wahrnehmung treu und grenzte sich gegen seine Einwände ab, was schliesslich zum Beenden der Therapie führte (PP 153-166).

Sich abzugrenzen kann auch eine Basis dafür sein, die *eigene Form von Spiritualität* für sich selbst oder mit anderen gemeinsam leben und praktizieren zu können:

> die ganzen (…) Jahre, die wir hier wohnen, ist ein evangelikaler Pfarrer hier gewesen. Und am Anfang habe ich versucht, mich mit ihm auseinander zu setzen. Und habe aber einfach gemerkt, das geht nicht. Also sie haben in grundsätzlichen Fragen andere Meinungen. Er eher so das Ausschliessende und du musst dauernd von deiner Bekehrung reden und so. Und ich habe gesagt: ‚Nein, für mich ist es anders.' (…) Und dann haben wir so eine Art Opposition oder eine Alternativ-Kirchengemeinde geführt. (KK 406-415)

Eine Abgrenzung kann auch eine Möglichkeit schaffen, mehr sich selber sein zu können. Wo jemand mit Erwartungen und Vorstellungen anderer Menschen stark konfrontiert ist, kann wieder *Raum für das Eigene* entstehen, indem man sich von solchen Ansprüchen distanziert. Colin Clark erzählt von seiner Rolle als Zen-Lehrer:

> Und dann muss man sich manchmal wieder zurückziehen und wieder läutern und sich wieder die Freiheit nehmen, nichts zu wissen und niemand zu sein und Schritt für Schritt herauszufinden, was man ist. Natürlich erwartet man von ei-

nem guten Lehrer, dass er das sowieso macht. Deshalb ist er ja ein Lehrer und sonst wäre er das nicht. (CC 233-238)

So erlebt Colin Clark, wie er ständig mit Erwartungen an ihn als spirituellen Lehrer konfrontiert wird. In solchen Momenten zu sich selber stehen zu können und entsprechende Vorstellungen anderer nicht zu erfüllen, erfordert auch Mut:

> Wir müssen ständig irgendwelche Rollen innehaben. Und wenn die sehr stark sind – und das ist gerade, wenn du in einer zentralen Rolle bist – wenn du der Chef bist – dann wirst du sehr stark geprägt auf das. Alle wollen, dass du der Chef bist und sagst, was geht und als Vorbild-Funktion agierst. Es braucht schon eine gewisse Reife, dass du hinstehen kannst und mit verwirrtem Gesicht sagen kannst: ‚Ich weiss eigentlich auch nicht.' Oder: ‚Heute weiss ich es auch nicht, und ich fühle mich jetzt gerade nicht so gut.' (CC 221-228)

Sich abgrenzen zu können kann auch ein wichtiger Schlüssel im *Umgang mit einer erweiterten Wahrnehmungsfähigkeit* sein. So erlebt etwa Johanna Jecklin das Wohlbefinden anderer Menschen am eigenen Körper. Hier stellt es eine besondere Herausforderung für sie dar, sich auch wieder davon zu distanzieren und nicht die Verantwortung für den Zustand der anderen Person zu übernehmen. Diese Abgrenzung ist für Johanna Jecklin sehr essentiell für ihr eigenes Wohlbefinden:

> Und dann war es für mich so: Jeder muss seine Sachen erleben, auch wenn es ihm jetzt schlecht geht, um zu reifen. Für mich ist es heute so, wenn es jemandem schlecht geht, ist es für mich keine Katastrophe mehr. Damals habe ich halt noch gedacht, ich müsse helfen. Oder ich muss anrufen oder Verantwortung übernehmen. Und heute kann ich sagen, das ist nicht meine Verantwortung. Das ist nicht meins. Und die Person muss damit umgehen und lernt etwas dabei. Das gibt mir selber ein inneres Dasein. Ich bin da und das ist das. Also ich und das. Es gibt ich und das. Und das ist bei mir heute gut. So kann ich gut umgehen damit. So ein Abgrenzen dabei. Nicht so stark abgrenzen, aber so, dass ich sagen kann: Das ist nicht meins, das gehört dem anderen. Ich sage das jeweils so (…): Ich vergleiche es jeweils mit einem Geschenk: Also der hat jetzt ein Geschenk und dieses Geschenk geht mich nichts an. Also ((lachend)) das ist das Päcklein des anderen und das geht mich eigentlich nichts an. (…) wenn jemand ein Geschenk hat, darf ich das nicht öffnen. Das ist das Geschenk des anderen und wenn er Lust hat, kann er es mir zeigen. (JJ 386-402)

Anderen Grenzen setzen zu können ermöglicht es, einen inneren Boden und innere Sicherheit aufzubauen. Dies ist insbesondere dann von Bedeutung, wenn die eigenen Grenzen biografisch bedingt wiederholt durch andere massiv überschritten worden waren. Klar zu sein in Bezug auf die eigenen Grenzen kann dann einen inneren Boden schaffen, in dem sich auch eine spirituelle Erfahrung stärker verankern kann. So war es für Sara Sasse sehr wichtig in ihrem Prozess, dass sie lernte, ihre eigenen Grenzen zu wahren und auch auf dem spirituellen Weg nicht zu viel zu schnell zu wollen und damit über ihre eigenen Grenzen hinaus zu gehen (SS 696-704, 740-757).

Was ermöglicht es nun aber Betroffenen, sich abgrenzen zu können? Wo durch biografische Erfahrungen (wie z.B. das Erleben von Gewalt und Übergriffen) die eigenen Grenzen unsicher sind und die Person ihre Grenzen wenig wahrnimmt und dadurch auch nicht für sie einstehen kann, wird eine psychotherapeutische Arbeit mit diesen Themen als hilfreich erlebt. Ein liebevoller Umgang mit sich selber kann dabei eine wichtige Voraussetzung für eine klare Abgrenzung sein:

> Der ganze Weg jetzt (…), auf dem es ja sehr darum ging, einen liebevollen Umgang mit sich selber zu lernen, Grenzen besser zu spüren. Ich habe (…) viel zu meinem Ich gearbeitet und zu den Grenzen. Ich glaube, je mehr ich meine Geschichte geklärt habe und auch je mehr ich geklärt habe – Klarheit eigentlich, wie ich dieses grenzüberschreitende Verhalten introjiziert habe - also was das für Introjekte sind - je besser ich mein Ich gespürt habe und meine Grenzen. Und so erlaube ich mir auch, die zu wahren und langsamer zu werden und auch je selbstbewusster ich geworden bin. (SS 740-748)

Sich angenommen zu fühlen und sich auch in aussergewöhnlichen Wahrnehmungen akzeptiert zu wissen, kann eine weitere Unterstützung dafür sich, nein sagen zu können und sich selber in dieser Abgrenzung auch als handelnd zu erfahren. Auf dieser Basis kann ein neues Selbstvertrauen entstehen, das auch einen vertrauensvollen Umgang mit den eigenen spirituellen Erfahrungen ermöglicht:

> Mein Therapeut war für mich wichtig, weil er mir das Gefühl gegeben hat (…) dass er mich mag. Also es gibt Menschen, die mich mögen – das ist komisch. Und erst noch einer, der studiert hat, der mag mich. Das ist komisch. (…) Und hat mir gezeigt, dass ich.. eben auch, dass ich normal bin, dass ich recht bin. Dass auch das Feinstoffliche normal ist, dass es nicht krank ist. Dass ich damit leben darf, dass ich darüber reden darf, dass ich deswegen nicht in ein Heim oder in eine Klinik komme, was ich dachte. Er hat mich viel unterstützt darin, dass das normal ist, dass es Menschen gibt, die das haben und dass das nicht krank ist. Und ich durfte erzählen davon und wurde nicht ausgelacht. Er hat mich einfach wunderbar begleitet. Und zeigte mir, dass ich auch selber handeln kann, also ich kann auch etwas bewirken. Also ich kann auch nein sagen hauptsächlich. (JJ 597-613)

> Und er hat mich auch gelehrt, auf mich zu hören, was ich will, was ich kann, was ich mache. (JJ 625-626)

Ein solches Vertrauen in sich selber und die eigene Wahrnehmung scheint eine ganz zentrale Voraussetzung für Abgrenzungsfähigkeit zu sein. Wo dieses Vertrauen vorhanden ist bei den InterviewpartnerInnen, zeigt sich auch eine klare Abgrenzung, wenn es darum geht, für die eigene spirituelle Erfahrung einzustehen:

> Und das andere, was mir gut getan hat, ist, dass ich mir da selber vertraut habe. Also ich habe mich von dem bewegen lassen, was da war und habe dem Raum gegeben und habe auch vertraut, dass es wichtig ist. Und alles, was mich in dem nicht unterstützt hätte, hätte ich auch von mir gewiesen. (UU 2212-2216)

Dieses Vertrauen in die eigene Erfahrung war auch für Patricia Patterson wesentlich dafür, dass sie ihrem Therapeuten gegenüber für ihre Erfahrung einstand: „Ich in mir hatte die Gewissheit, dass ein guter Prozess abläuft" (PP 198-199).

Der eigenen Wahrnehmung zu vertrauen ist ein zentrales Element bei der Integration spiritueller Erfahrungen. Wo es mangelhaft vorhanden ist, kann die spirituelle Erfahrung, die ja ausschliesslich über die eigene Wahrnehmung erfahren werden kann, nie wirklich Boden fassen und wird gewissermassen ständig wieder entwurzelt. Was es Betroffenen ermöglicht, der eigenen Wahrnehmung zu vertrauen oder eben ihr vertrauen zu lernen, ist Thema des folgenden Kapitels.

9.2.4 Der eigenen Wahrnehmung vertrauen

Der eigenen Wahrnehmung zu vertrauen ist gerade im Zusammenhang mit spirituellen Erfahrungen keine Selbstverständlichkeit. Insbesondere in ersten spirituellen Erfahrungen sieht sich die betroffene Person einer bisher unbekannten Erfahrungsdimension gegenüber und kann sich vielleicht in der Folge fragen, ob sie sich das alles nur eingebildet hat oder gar an sich selbst zu zweifeln beginnt. Eine besondere Herausforderung stellen in diesem Zusammenhang Phänomene erweiterter Wahrnehmung dar wie beispielsweise Pseudohalluzinationen oder das Erleben der Befindlichkeit anderer Menschen am eigenen Körper. Dennoch zeigt sich in den Interviews, dass gerade das Vertrauen und Ernstnehmen der eigenen Wahrnehmung ein wesentlicher Aspekt für die Integration spiritueller Erfahrungen darstellt. Ist dieses Vertrauen nicht vorhanden, führt die damit verbundene Unsicherheit zu einem intensiven inneren Ringen und Suchen (z.B. bei RR, JJ).

Was erschwert es, dass jemand seiner eigenen Wahrnehmung vertrauen kann? Was unterstützt dieses Vertrauen? Wie gehen Betroffene mit einer Verunsicherung durch erweiterte Wahrnehmung um?

Was das Vertrauen in die eigene Wahrnehmung erschweren kann

Mangelndes Vertrauen in die eigene Wahrnehmung ist für Betroffene dann ein Thema, wenn ein Bezugsrahmen für die spirituelle Erfahrung fehlt. Dies kann verbunden sein mit einer inneren Verunsicherung oder mit der Angst, dass die eigene Wahrnehmung krankhaft sei. In den Interviews zeigt sich dieser fehlende Bezugsrahmen in folgenden Bereichen:

- in einem kognitiven Kontext,
- in einem sozialen Kontext,
- im Kontext biografischer Erfahrungen.

Auf *kognitiver Ebene* kann eine spirituelle Erfahrung dazu führen, dass das bisherige Weltbild und die eigenen Vorstellungen über den Sinn des Lebens in Frage gestellt werden. Dieser Prozess kann verunsichernd bis krisenhaft erlebt werden (vgl. z.B. die Kapitel 6.4 und 6.7.3). Er kann dazu führen, dass sich die betroffene Person auf einer intellektuellen Ebene mit der Thematik auseinander zu setzen beginnt. So sah Ursula Urben durch ihr intuitives Wissen als Hebamme, wie eine bestimmte Frau gebären wird, ihr medizinisches Weltbild in Frage gestellt. In ihrem bisherigen Weltbild war es nicht möglich, dass sie dieses Wissen im voraus hatte. So begann sie auf einer Wissensebene nach einem Bezugsrahmen zu suchen, in den sie ihre Erfahrung einordnen konnte, wurde aber auf einer kognitiven Ebene nicht fündig (UU 310-372). Über ihren Intellekt konnte sie keine Erklärung finden, was damals ein verunsicherndes Element war:

> Ich habe mich dann auch viel mit der Frage nach dem Zufall beschäftigt – so: Was ist Zufall? Was bilde ich mir ein? Was ist nachweisbar? Wo habe ich jetzt halt richtig geraten? Was ist meine innere Führung? Was ist meine innere Stimme? Was ist meine Erfahrung? Mit solchen Geschichten habe ich mich in meiner Zweifelphase viel auseinander gesetzt. Und intellektuell bin ich da noch auf keinen grünen Zweig gekommen. (UU 362-367)

Eine starke Verunsicherung im *sozialen Kontext*, aber auch im *Kontext biografischer Erfahrungen* erlebte Ramina Ranatov: Bereits als Kind wurden ihre spirituellen Erfahrungen von engen Bezugspersonen in Frage gestellt und deren Wahrheitsgehalt abgesprochen. Als junge Erwachsene wurden ihre spirituellen Erfahrungen als krankhaft erklärt und entsprechend psychiatrisch behandelt. Lange Zeit in ihrem Leben rang Ramina Ranatov darum, ihren Wahrnehmungen zu trauen (RR z.B. 16, 224-246, 512-540, 991-1022, 1700-1705).

> Ich bin nicht mehr in dieser Kraft, in dieser Kraft, die meine ist. Ich bin in einer fremden Kraft drin. Und das ist das, was ich als Kind immer erlebt habe. (…) Und nie eigentlich gestärkt wurde: ‚Das, was ich wahrnehme, ist richtig. Ich nehme so wahr.' Das durfte nie sein. Und ich glaube, das hat mich in – wirklich in zwei Teile gespalten. Ich habe mich nicht mehr spüren dürfen, weil ich es nicht aushielt.

> Und immer, wenn wieder dieser spirituelle Teil kam, wenn ich es spürte, wenn ich wusste auch und das Kloster im Hintergrund – das kann nicht sein – das kann nicht sein. Also wie zwei Ebenen (…), als ich [dann auch] in der Psychiatrie war (…). Und gelitten habe wie ein Tier natürlich. Dort ist es nochmals in Frage gestellt worden – also wieder gesagt worden: ‚Du nimmst falsch wahr. Deine Wahrnehmung ist falsch.' (RR 517-531)

Johanna Jecklin hatte verschiedene Phänomene erweiterter Wahrnehmung: So etwa von Gestalten, die nachts neben ihrem Bett standen oder von Verstorbenen. Zu Beginn machten ihr diese Phänomene Angst, und sie hatte zunächst keinen Umgang damit (JJ 249-277, 307-343). Für Johanna Jecklin war es auch schwierig, ihrer eigenen Wahrnehmung zu vertrauen. Sie machte in ihrer Kindheit die Erfahrung, dass sie immer wieder anders behandelt wurde als ihre Geschwister (*Kontext biografischer Erfahrung*). In ihr entstand ein schmerzhaftes Gefühl, anders zu sein als andere. Als ihre ersten spirituellen Erfahrungen und erweiterten Wahrnehmungen auftraten, wurde in ihr dieses schmerzhafte Gefühl wieder aktiviert: Sie fühlte sich mit ihren Erfahrungen anders als die anderen Menschen und hatte auf Grund dieser Andersartigkeit die Befürchtung, krank zu sein (JJ z.B. 676-685, 725-739, 789-805): „dass ich deswegen nicht in ein Heim oder in eine Klinik komme, was ich dachte" (JJ 607-608).

Was wird als hilfreich erlebt, um der eigenen Wahrnehmung zu vertrauen?

Wo bei den Interviewten ein Bezugsrahmen für die eigene Wahrnehmung vorhanden war oder aufgebaut werden konnte, konnte sich auch Vertrauen entwickeln. So werden spirituelle Erfahrungen von den Betroffenen selbst nicht in Frage gestellt, wenn sich die Person in einem sozialen oder Wissenskontext bewegt, in dem Spiritualität als normaler Erlebensbereich gilt und eigene Erfahrungen sogar erwünscht sind. So war es beispielsweise für Adam Apfelbaum wohl auch deshalb selbstverständlich, nicht an seiner Erfahrung in einer Selbsterfahrungsgruppe zu zweifeln, weil der Bereich von Spiritualität auch von anderen Gruppenteilnehmern erlebt wurde (AA z.B. 835, 838, 916, 932-1064, 1074-1135). Yolanda Yaberg erlebte ihre ersten spirituellen Erfahrungen als verunsichernd. Damals war sie sehr rational orientiert, und Spiritualität war für sie kein Thema gewesen. Einige Zeit nach diesen Erfahrungen trat sie einer spirituellen Gemeinschaft bei. In diesem spirituellen Bezugsrahmen war es für sie keine Frage, ob sie ihren Wahrnehmungen vertraute oder nicht (YY z.B. 316-369).

Welche Bezugsrahmen unterstützen ein Vertrauen in die eigene Wahrnehmung? Es lassen sich anhand der Interviews folgende Kontexte unterscheiden:

- innerer Kontext
- sozialer Kontext
- Wissenskontext
- Handlungs- und Alltagskontext

Betroffene können sich an einem *inneren Bezugsrahmen* orientieren wie Patricia Patterson, die in sich die Gewissheit hatte, dass es gut war, was hier mit ihr geschah – gerade auch deshalb, weil ihr Prozess durch wichtige Erkenntnisse ausgelöst worden war (PP 198-199, 417-419). Hier stärken ein Bewusstsein für den eigenen Prozess und für gewonnene Erkenntnisse das eigene Vertrauen.

Eine Differenzierung der eigenen Wahrnehmungsfähigkeit kann für ein Einordnen von Phänomenen erweiterter Wahrnehmung sehr hilfreich sein. So beobachtet Ursula Urben an sich selber, dass sie in ihrer Arbeit mit KlientInnen zwischen verschiedenen Formen von innerer Wahrnehmung wählen kann und diese anhand ihres eigenen inneren Zustands unterscheiden kann (UU 1689-1724). Auch für Johanna Jecklin war die Entwicklung von Unterscheidungsvermögen wichtig: Da ihre erweiterte Wahrnehmungsfähigkeit für sie belastend wurde, entschied sie sich für eine Ausbildung, in der sie ihre körperliche Wahrnehmungsfähigkeit differenzieren konnte. So lernte sie mit der Zeit zu unterscheiden, wann sie ihr eigenes Befinden körperlich wahrnimmt und wann sich ihre Wahrnehmungen auf die Befindlichkeit anderer Menschen richteten:

> Ich konnte das dann mit der Zeit sortieren. Ich habe zuerst gemeint, ich sei es. Später konnte ich dann sortieren, dass nicht ich es bin. Es war ein anderes Gefühl, ob ich es war oder dieser Mensch. (…) Mir hat geholfen, nicht alles zu mir zu nehmen. Das heisst, es hat mir geholfen zu sagen, aha ja, der geht es vermutlich jetzt schlecht. Und ich spürte, es ist einfach ein ((lachend)) anderes Material, das kommt, als wenn ich es bin. Ich fragte mich, bin ich es, bin ich es nicht. Ist es etwas bei mir, ist es etwas bei jemand anderem? Und dann spürte ich, es ist nicht meines. (JJ 363-383)

Hilfreich ist auch die Bestätigung der eigenen Wahrnehmung durch andere, insbesondere durch Fachpersonen (*sozialer Kontext*). So wurde Patricia Patterson in der Wahrnehmung ihrer starken Körpervibrationen bestätigt, die in der Folge einer spirituellen Erfahrung aufgetreten waren (PP 389-391).

Auch eine Überprüfung der eigenen Wahrnehmung im zwischenmenschlichen Kontakt kann helfen, Vertrauen darin aufzubauen:

> Und für mich war es dann auch so, dass ich dann gefragt habe, wenn ich den Menschen getroffen habe: Ist es dir damals nicht so gut gegangen oder wie geht es dir oder so? Und dann sagten sie: Ich hatte eine schlechte Zeit, aber jetzt geht es mir wieder gut. (JJ 404-407)

Oder: „Wo Leute auch sagen: ‚Ja, das sehe ich auch.' Oder: ‚Ich habe an dem Ort das und das Gefühl auch gehabt.'" (RR 1259-1261).

Eine Übereinstimmung der eigenen Wahrnehmung mit bereits vorhandenem spirituellem Wissen oder eigenen Glaubensvorstellungen (*Wissenskontext*) macht ein Vertrauen in die Erfahrung selbstverständlich. So sagt Katharina Kunz: „Weil ich glaube, dass es so ist. Ich weiss zwar nicht, warum ich das glaube, aber ich glaube, es ist wirklich so" (KK 854-855).

Bewährt und bestätigt sich die eigene Wahrnehmung im alltäglichen Leben und Handeln (*Handlungs- und Alltagskontext*), wird ein Vertrauen darin sehr erleichtert. So merkte Ursula Urben mit der Zeit, dass ihr intuitives Wissen, wie eine Frau gebären würde, meist stimmte und es für sie als Hebamme hilfreich war, diesen Eingebungen zu vertrauen und danach zu handeln. Sie konnte also ihre eigene Wahrnehmung direkt in den Situationen überprüfen (UU 368-372). Patricia Patterson beobachtete Zusammenhänge, die sie mit einer erweiterten Wahrnehmungsfähigkeit entdeckte, in ihrer beruflichen Tätigkeit als Musikerin. So erkannte sie, dass sich die Körperhaltung auf den Instrumentenklang auswirkt und konnte diesen Zusammenhang in ihrer Arbeit jeweils direkt anwenden und über den Klang überprüfen (PP 256-284).

Insgesamt zeigt sich, dass ein Vertrauen in die eigene Wahrnehmung eng mit einer inneren Sicherheit und Klarheit assoziiert ist, die eine Basis für die Integration spiritueller Erfahrungen bilden.

9.2.5 Mit den eigenen Lebensthemen Freundschaft schliessen

> Ich hatte am Anfang immer das Gefühl (…), das [eine psychotherapeutische Arbeit, Anm. der Interviewerin] sei für Leute, die Hilfe nötig haben. Und ich habe [mich dann aber doch] ganz eingelassen darauf (…). Und ich würde es jedem empfehlen – einfach als Unterstützung in seiner Entwicklung. Oder auch als Hilfsmittel, die eigene Lebensqualität massiv zu verbessern. Für mich ist der Prozess ein riesiges Geschenk. (BB 1058-1074)

Kontakt zu sich und der eigenen Lebensgeschichte ist damit verbunden, mit den eigenen Mustern und (schwierigen) Lebensthemen in Kontakt zu kommen. An irgendeinem Punkt geht es beim Kontakt mit sich darum, sich mit ebendiesen Themen auseinanderzusetzen, sie zu verarbeiten und mit den eigenen Gefühls-, Gedanken- und Verhaltensmustern zu arbeiten. Wie Bernhard Bär in dem obigen Zitat feststellt, ist eine solche (psychotherapeutische) Arbeit nicht nur für Menschen unterstützend, die Hilfe benötigen, sondern ist im Grunde für jeden Menschen auf dem spirituellen Weg sehr hilfreich. Psychotherapie richtet sich nicht nur an psychisch speziell belastete Menschen, sondern sie ist auch in der Auseinandersetzung mit Lebensthemen auf dem spirituellen Weg eine grosse Unterstützung. Wie oben (Kapitel 9.2.1) bereits deutlich wurde, steht diese Auseinandersetzung in einer engen Wechselwirkung mit spirituellen Erfahrungen.

Der Kontakt zu den eigenen Themen und die Auseinandersetzung damit gestalten sich individuell sehr verschieden. Ehrlichkeit sich selbst gegenüber und ein wirkliches Sich-Einlassen auf die eigenen Themen im Sinne eines unvoreingenommenen Hinschauens sind hier wesentlich. Dabei spielt der innere Rhythmus des Betroffenen eine zentrale Rolle. So war es etwa für Sara Sasse wesentlich, dass sie sich in der Aufarbeitung ihrer traumatischen Erfahrungen nicht drängen liess, sondern lernte, ihrem eigenen Rhythmus darin zu folgen und ihr Tempo zu verlangsamen: „Also bis ich verstanden habe, dass ich nicht schneller gehen kann, als ich gehe und wenn es mein ganzes Leben dauert, dass ich bestimmte Sachen erzählen kann" (SS 727-729). Auch das bedeutet, in Kontakt mit sich selber zu sein: zu merken, wann etwas zu schnell geht, über die eigenen Grenzen hinausgeht oder einen überfordert. Das Tempo zu verlangsamen ist insbesondere in der Arbeit mit traumatischen Erfahrungen (Konzept des „Repacing" („ein neues Tempo finden") bei Boadella, 2004), aber auch im Zusammenhang mit dem sehr verbreiteten spirituellen Leistungsdruck (vgl. dazu auch Kapitel 6.5) ein wesentlicher Faktor im Kontakt mit sich selber.

Hilfreiche Schritte in der Arbeit mit eigenen Mustern

Bernhard Bär (BB 1139-1233) und Katharina Kunz (KK 1648-1690) beschreiben unabhängig voneinander auf ähnliche Weise, wie sie mit ihren Mustern und Lebensthemen im Alltag einen Umgang finden. Beide bemerken, dass sie aus ihren Mustern heraus nicht mehr ganz der realen Situation entsprechend handeln, dass sie überreagieren in bestimmten Momenten oder wie ein innerer Film abläuft. Inhaltlich sind ihre Muster verschieden. In ihrem praktischen Vorgehen in ihrem Alltag jedoch kristallisieren beide folgende Schritte heraus, die sie als hilfreich in der Veränderung ihrer Muster erleben:

- Ein Wissen darüber zu haben, um was für ein Muster es sich handelt. Das Muster also kennen und erkennen können. Dazu gehört auch ein Wissen darüber, was sich in einem selbst abspielt, wenn das entsprechende Muster aktiviert wird: das können entsprechende Gedanken sein, Gefühle, Körperempfindungen und Bewegungs- oder Haltungsmuster.
- Im Alltag erkennen können, wann das Muster auftaucht. Es an sich selber wahrnehmen können (etwa die Veränderung in der Körperhaltung, in der Stimme, im Gesamtbefinden etc.).
- Ein Wissen darüber zu haben – etwa aus einer psychotherapeutischen Arbeit damit -, was einen darin unterstützt, wieder aus diesem Muster herauszufinden.

Ausserdem stellt Bernhard Bär in der praktischen Arbeit mit einem Muster fest:

- Dass er nicht zehn Muster gleichzeitig verändern kann: „Es geht nicht mit der Brechstange" (BB 1291). Er nimmt sich Schritt für Schritt jeweils ein Muster vor, das ihn gerade am stärksten beschäftigt (BB 1291-2196).
- Die Veränderung eines Musters braucht Zeit: „Also es ist wirklich Schrittchen-, Schrittchen-, Schrittchen-Arbeit" (BB 1305).
- Seine Meditation morgens und abends ist ihm dabei eine grosse Unterstützung. Sie dient ihm zur Sammlung: Er arbeitet damit, „den Geist heimzubringen" (BB 1310) und lässt in sich Ruhe und Leere entstehen (BB 1305-1315). Aus dieser Haltung heraus kann er anders in den Alltag gehen (BB 1329-1365). Seine spirituelle Praxis zeigt sich in diesem Zusammenhang also als Ressource in der Arbeit mit seinen Mustern (vgl. Kapitel 9.2.1).

Um die Auseinandersetzung mit eigenen Mustern als wesentlichen Aspekt im Kontakt zu sich selbst zu veranschaulichen, werden im Folgenden exemplarisch einige Muster (oder Aspekte davon) von InterviewpartnerInnen und individuell Hilfreiches in der Veränderung dieses Musters aufgezeigt. Dabei wird immer wieder die enge Verbindung und Wechselwirkung von Spiritualität und psychologisch-psychotherapeutischer Arbeit deutlich.

So gerät Katharina Kunz immer wieder in ihrem Alltag in ein Leistungsmuster, in dem sie Dinge nicht gut genug machen kann und sich sehr unter Druck setzt: „Es reicht nie. Es ist nicht gut genug. Ich bin nicht gut genug" (KK 1420-1421) und „Falschsein, nicht vertrauen können, alles kontrollieren müssen... auch ja nicht mich entspannen oder ausruhen" (KK 1417-1419). In ihrer körperorientierten Psychotherapie hat sie sich ein Wissen darüber erworben, wie sich ihr Leistungsmuster in ihrem Alltag anfühlt und in welchen Situationen es vorwiegend auftritt. Sie nimmt es über ihre Körperwahrnehmung detailliert an sich selber wahr – so etwa, wenn es in ihrer Arbeit auftaucht:

> Wenn ich arbeite (…) und da wieder das Leistungsprinzip drückt – es drückt immer so von hinten nach vorne und lastet mir so im Genick -, dann (…) komme ich automatisch nach vorne ((schiebt den Kopf nach vorne und neigt den Oberkörper leicht nach vorne)) und rede in dieser Haltung. Meine Stimme erhöht sich und ((hechelt)), diese Haltung. Und dann merke ich: ‚Aha, du bist in deinem Muster.' Und dann merke ich das und lehne mich zurück und nehme mein Kinn ein wenig zurück, lehne an – versuche meine Flügel – also meine Schulterblätter sind für mich wie Engelsflügel – wie so in diesen Engelsfedern anzulehnen. Und das ist gut. Das ist ein guter Trick auch. (KK 1680-1690)

In ihrer Strategie zur Veränderung ihres Leistungsmuster innerhalb einer aktuellen Situation zeigen sich sowohl körperpsychotherapeutische (sich anlehnen statt sich nach vorne neigen) als auch spirituelle Aspekte (die Engelsflügel als spirituelle Ressource). Sie schildert, wie sie dabei auch ihr hohes Tempo, das sie in ihrem Leistungsmuster jeweils hat, reduzieren muss – eine Erkenntnis, die sie ebenfalls aus ihrer Psychotherapie gewonnen hat: „Und das ist auch wieder so eine Verbindung von dem, was ich gelernt habe in der Psychotherapie: anlehnen ist wichtig, mich nach hinten anlehnen und nicht ((hechelt)) und immer noch mehr Aktivismus und so. Sondern nach hinten anlehnen, mich zurücknehmen, verlangsamen, anlehnen" (KK 1671-1675).

Bernhard Bär schildert ein Muster, das er aus der Beziehung zu seiner Mutter kennt: das Gefühl, dass (auch unausgesprochene) Erwartungen an ihn gestellt werden, die er erfüllen muss – und Schuldgefühle, wenn er sie nicht erfüllt:

> Ich kann Ihnen ein Muster sagen von mir – ganz klar: Ich mache z.B. in meiner Schwägerin immer wieder eine Übertragung auf meine Mutter. Also meine Schwägerin – sie macht ja gar nichts, aber bei mir macht es. Oft so, dass ich das Gefühl habe: ‚Oh, jetzt habe ich etwas nicht gut gemacht.' Oder: ‚Oh, jetzt habe ich Erwartungen nicht erfüllt.' Und zu erkennen, dass meine Mutter unglaublich viele Erwartungen hatte an mich und ich – oder vielleicht hatte sie sie nicht einmal – aber ich das Gefühl hatte, sie hat viele Erwartungen an mich und ich alles unternommen habe, um diese Erwartungen zu erfüllen. Und ich immer wieder auch Schuldgefühle hatte, weil ich eben das Gefühl hatte, ich habe diese Erwartungen nicht zur Genüge erfüllen können. Das hatte ich lange. Und das ist jetzt ein Muster, das ich lange hatte, das ich erkannt habe; gesehen habe, das ist vor allem bei mir, das ist ein Gefühl bei mir, dass da Erwartungen da sind. (BB 1139-1152)

Seine psychotherapeutische Arbeit an diesem Thema hat es ihm ermöglicht, dieses Muster zu erkennen. Dabei war das Erkennen eines Musters zunächst in seinem Alltag meist recht zufällig und oft erst im Nachhinein möglich. Dann wurden das Erkennen und das entsprechende Reagieren immer sicherer und schneller. Bernhard Bär schildert, wie er zuerst noch nicht genau wusste, wie er reagieren soll, er es aber mit der Zeit gelernt hat und dass mit der Zeit sein Muster nur noch selten ausgelöst wurde (BB 1244-1266).

In seinem Alltag hat er längere Zeit damit gearbeitet, dieses Muster in konkreten Situationen zu erkennen – also unmittelbar, wenn es auftaucht. Dabei hat er auch immer wieder seine individuelle Lösungsmöglichkeit für diese Thematik angewandt. Für ihn war das, die Erwartung als solche zu erkennen und sie gewissermassen an die Mutter zurückzugeben und sie nicht aufzunehmen und stillschweigend zu erfüllen:

> Das heisst, ich gehe in meinen Alltag rein und wenn jetzt die Mutter mir gegenüber tritt und ich schon das Gefühl habe: ‚Ups, da kommt eine Erwartung‘, sagen: ‚Okay – nicht mein Problem – ihr Problem. Sie hat eine Erwartung. Wenn sie die nicht erfüllt bekommt, muss sie selber damit zurecht kommen. Ich schaue für mich. Ich schaue es mir aber noch an – sie wünscht sich das, wenn ich es als Wunsch formuliert haben kann, kann ich mir überlegen, ob ich den erfüllen will oder nicht‘. (BB 1161-1167)

Dieser Prozess brauchte viel Übung und ständige Aufmerksamkeit und Wiederholung der Veränderung seines Musters. Und mittlerweile merkt Bernhard Bär, dass sein stetiges Üben erfolgreich ist: Sein Muster springt nur noch selten an – und es läuft nicht mehr automatisch ab:

> Und da immer wieder, immer wieder durch diese Schlaufe. Und da bin ich jetzt mit der Mutter an einem so guten Ort heute – also das macht mir richtig Freude – dass eigentlich das Gefühl, dass sie irgendeine Erwartung hat an mich, nur noch ganz selten kommt. Das kommt irgendwann mal zwischendurch. Wenn sie es dann auch mal ausspricht: ‚Du, ich hätte schon gedacht, du machst dann das‘ oder ‚Das hättest du jetzt schon tun sollen‘, dann kann ich sagen: ‚Ja, Mutter, das ist deine Idee. Aber ob ich das jetzt von mir her gleich sehe, das ist nicht so. Aber wenn du dir das wünschst, dann höre ich das und ich schaue, was ich machen kann.‘ Oder so.
>
> Ich kann ihr dann das auch entgegnen. Und vor allem: Ich lasse mich nicht mehr einladen – also es macht bei mir nicht mehr einfach klick, und ich bin schon im Schuldgefühl. (BB 1172-1184)

Bernhard Bär macht sehr positive Erfahrungen in der Arbeit mit seinen Mustern. Dennoch bleibt er realistisch und konstatiert, dass seine Muster nicht einfach verschwinden, sondern nach wie vor vorhanden sind, aber nicht mehr wie auf Knopfdruck ablaufen, sondern in gewissem Sinn kontrollierbar geworden sind: „Aber die Muster sind nach wie vor da. Aber es kickt einen nicht mehr. Oder vielleicht kickt es einen nur noch in gewissen unerwarteten und ganz heftigen Situationen. Es braucht dann ein wenig mehr, bis einem die Knöpfe gedrückt werden können vom Umfeld" (BB 1110-1113).

Durch diese bewusste Arbeit mit den eigenen Mustern erlebt Bernhard Bär eine grosse Freiheit und viele Veränderungen. Für ihn war die psychotherapeutische Arbeit *eine* Sache, die Umsetzung in den Alltag eine *weitere*. Er betont, wie zentral es für ihn ist, dass die Erkenntnisse aus der Psychotherapie im Alltag auch wirklich umgesetzt werden, indem mit den Mustern in der oben beschriebenen Weise gearbeitet wird. Für ihn hat sich damit ein „anderes Leben" erschlossen:

> Und das bringt – so wie ich es erfahren habe – enorm viel Freiheit, persönliche Freiheit ins Leben. Es verändert natürlich ganz viel, weil man sich dabei auch selber sehr stark verändert und das kann im Umfeld auch dann natürlich in der Konsequenz sehr viele Veränderungen nach sich ziehen (...) Ja, ich glaube, es erschliesst einem einfach wirklich ein anderes Leben. Aber wichtig ist, dass man es

integriert. Wer es nachher im Alltag nicht umsetzt, nimmt wenig mit (...) (BB
1110-1125)

Bernhard Bär formuliert deutlich, dass sich für ihn psychotherapeutische Arbeit und
spirituelle Erfahrung unmittelbar ergänzen:

> Und das habe ich da aus dem Prozess mitgenommen, da spielen auch die [spiri-
> tuellen] Erfahrungen mit hinein. Denn die Sicherheit, die ich da drin gewinne,
> wirklich für mich einzustehen, die schöpfe ich z.B. auch aus der Berg-Erfahrung
> – über den Grat zu gehen – die Sicherheit, die es da braucht – die hole ich mir
> dort. Und das Wissen, wie ich damit umgehen kann, mit diesen Mustern, schöpfe
> ich aus dem Erkennen der Muster aus dem [psychotherapeutischen] Prozess oder
> einfach – ja, man hat ja nachher auch die Fähigkeit, die Muster besser zu erken-
> nen – die schöpfe ich dort heraus. (BB 1212-1219)

Und er fügt hinzu: „Und das in Kombination schafft eine völlig neue Lebensqualität"
(BB 1220).

Auch der Zen-Lehrer Colin Clark weist auf die Verbindung zwischen einer
Auseinandersetzung mit den eigenen Mustern und spiritueller Entwicklung hin: „(...)
Schwächen oder Fehler, die wir haben (...): gerade wenn sie die Kraft haben, uns
wirklich zu ärgern oder aus dem Busch zu holen oder zu mobilisieren in irgendeiner Art
und Weise, dann können das grosse Hilfen werden. Genau das Tor, durch das man
dann durchkommt" (CC 1420-1424). Für ihn selbst sind heute häufig die
ausgesprochen *nicht* spirituellen Erfahrungen die grössten Hilfen – etwa wenn er
unhöflich ist zu seiner Frau. Dann ist das ein Vorfall, wo er wach wird, und der ihn
aufmerksam macht auf sein aktuelles Verhalten und Dasein (CC 782-790). Oder wenn
ihn etwas stark anspricht und ihn etwa ärgert, fragt er sich: Warum ärgert mich das jetzt
so? Diese Dinge erlebt er als hilfreicher als Momente, in denen er besonders positive
Gefühle hat (CC 1371-1383).

Wichtige Aspekte einer entsprechenden Psychotherapie

Für die Integration spiritueller Erfahrungen erweist es sich also als essentiell, nicht nur
eine spirituelle Arbeit und Praxis zu verfolgen, sondern auch auf der Ebene der Persönlichkeit und deren Mustern zu arbeiten. Nicht jede Form psychologischer-
psychotherapeutischer Arbeit ist hier jedoch gleichermassen hilfreich, wobei anhand der
vorliegenden Studie nicht verschiedene Psychotherapie-Richtungen in ihrem Unterstüt-
zungs-Grad differenziert werden können. Vielmehr lassen sich auch auf Grund der Interviews anhand von erlebten Prozessen und Schwierigkeiten in psychologischer Arbeit
Elemente herauskristallisieren, die Betroffene als wesentlich und unterstützend erlebten:

Die grundlegendste Bedingung ist selbstverständlich, dass die Therapeutin spirituellen Erfahrungen gegenüber nicht nur offen ist, sondern auch über *persönliche Erfahrung
und ein solides Wissen über spirituelle Prozesse* verfügt. Ist diese Voraussetzung nicht erfüllt,
ist die Wahrscheinlichkeit gross, dass spirituellen Erfahrungen und damit einhergehen-
den erweiterten Wahrnehmungsphänomenen mit Unverständnis, grosser Skepsis, Misstrauen oder Zweifel begegnet wird oder die Erfahrung gar psychopathologisch gedeutet
oder zugeordnet wird. So erlebte es Patricia Patterson als problematisch, dass sie nach
ihren spirituellen Erfahrungen niemanden hatte, der ihr Erleben nachvollziehen konnte
und ihr damaliger Psychotherapeut beschwichtigend und mit Skepsis auf ihre Erfah-

rung reagierte (PP 161-164). Wenn von Seiten des Therapeuten wenig oder kein Verständnis für Spiritualität vorhanden ist, kann das in einer Therapie schwierig und blockierend erlebt werden (YY 2083-2111, 2109-2110, 2050-2061).

Eigene Erfahrung und Verständnis für Spiritualität wird im Sinne einer *Resonanz der Therapeutin auf die eigene Thematik erfahren*, die hilfreich empfunden wird:

> Und ich denke mal, ich habe dann meinen Weg selbst gefunden, wie ich damit umgehe. Ich glaube, dass die Therapie dann eine Möglichkeit war. Wobei ich heute im Rückblick einfach sehe, dass das nicht das Richtige war. Weil da kein Verständnis war [für die spirituelle Erfahrung, Anm. der Interviewerin]. (…) Und was ich auch heute wieder merke mit meiner momentanen Lebenssituation, dass es total wichtig ist, Kontakt mit Leuten zu haben, die einen wirklich verstehen können. Im Sinne von: Das Ganze einbetten können in eine eigene Erfahrung. Total schwierig, jemanden zu fragen, der selbst diese Erfahrungen nicht gemacht hat oder nie bewusst gemacht hat. Der kann mir nicht helfen. Weil es da einfach ganz viele Dinge gibt, die sind im Bereich dessen, was schwer in Worte zu fassen ist. Und wo ich aber mittlerweile weiss, wenn jemand die Erfahrung gemacht hat, dann verändert das das Sein. Und wenn der andere dann mit seiner Erfahrung sich verbindet und dann schwingt dieses gleiche Sein mit. Und dann fühle ich mich verstanden. Aber das ist ganz schwer zu finden. (YY 2099-2116)

In ähnlicher Art von Resonanz versucht Colin Clark in der Begleitung seiner Zen-SchülerInnen, selber möglichst in der Gegenwart zu sein und seinem Gegenüber mit wohlwollendem Grundton entgegenzutreten. So kreiert er ein Feld, in dem man gegenwärtig ist und auch seine SchülerInnen besser gegenwärtig sein können. Es kann ein Raum entstehen, der sehr heilend und hilfreich sein kann (CC 561-567, 601-627).

Spiritualität kann in einer Therapie jedoch auch überbetont und verzerrt werden. So etwa, wenn von therapeutischer Seite her Druck gemacht wird in Bezug auf die spirituelle Entwicklung der Klientin oder spiritueller Ehrgeiz allzu sehr gefördert wird:

> Der Therapeut, das war auch so, der hatte einen wahnsinnigen spirituellen Ehrgeiz gehabt, finde ich. Und hat auch versucht, mich zu pushen. So in Richtung: Ja, die Welt… Er hat versucht, irgendwie.. Also ich habe sehr lange gebraucht, um Dinge aussprechen zu können [in Bezug auf ihre traumatischen Erfahrungen, Anm. der Interviewerin], und es waren so viele Sachen, die so schambesetzt waren, und er hat gesagt, ich soll da nicht so herumzicken. Die Welt kann sich den Luxus nicht leisten, dass man sich so aufhält an diesen irdischen Dingen. Ja, also ich soll da jetzt mal reinen Tisch machen und mich frei machen von diesen alten Sachen und nicht im Sumpf herum steigen und so. Das war mir sicher zu viel und zu schnell. Und das hat mir eher sehr geschadet, dass er so gepusht hat. (SS 204-213)

Zentral ist es für eine Psychotherapie auch, dass *kein therapeutischer Druck* von aussen kommt, der dazu veranlassen soll, die eigenen Grenzen zu überschreiten. Sara Sasse erlebte das nicht nur in Einzeltherapien, sondern auch in Gruppentherapien, wo die Teilnehmenden veranlasst wurden, alles auszusprechen und rauszulassen, was schlecht und belastend war. Sie erlebte das als schwierig und sehr grenzüberschreitend sich selbst gegenüber. Dieses Übergehen der eigenen Grenzen warf sie in der Auseinandersetzung mit ihren Themen stark zurück und führte zu intensiven Schamgefühlen, Selbstabwertung und Verzweiflung (SS 715-720, 725-732).

9.2.6 Schwierigkeiten durch nicht-integrierte persönliche Themen

Schwierigkeiten, die im Zusammenhang mit dem Kontakt zu sich und den eigenen biografischen Themen auftreten, äussern sich bei den Interviewten in folgenden Formen:

- frühere Verletzungen oder Traumata kommen hoch
- eigene Muster oder biografische Themen behindern den spirituellen Weg

Aktivierung von früheren Verletzungen oder Traumata durch die spirituelle Erfahrung

Spirituelle Erfahrungen scheinen manchmal eine solche Öffnung zu bewirken, dass alte Themen gewissermassen „ungefragt" hochkommen. So erzählt Yolanda Yaberg, wie bei ihr am Anfang viel aufgewühlt wurde an alten Verletzungen und Persönlichkeitsmustern: „Und dann war am Anfang einfach ganz viel Aufrütteln von Persönlichkeit, von alten Verletzungen, einfach (…) diese ganze Geschichte auf einer Ego-Ebene. Das wurde dann einfach alles aufgewühlt" (YY 371-374).

Besonders intensiv erlebte Sara Sasse eine Aktivierung früherer traumatischer Erfahrungen. Durch die tiefe Erfahrung von Liebe und Angenommensein von Sai Baba, verbunden mit einer grossen spirituellen Öffnung, erinnerte sie sich plötzlich an Erlebnisse sexualisierter Gewalt, die über viele Jahre stattgefunden hatten. Bis zu diesem Zeitpunkt hatte sie keinerlei Erinnerung mehr daran gehabt. Diese Erinnerungen stürzten sie in eine schwere Krise, die sich wiederum durch sexualisierte Gewalt von zwei Therapeuten weiter verschlimmerte. Sie würde ihre damaligen Zustände heute zum Teil als psychotisch bezeichnen (SS 84-87, 90-92, 118-128). Bei ihrer zweiten starken spirituellen Erfahrung während eines Meditationsretreats wusste sie, dass es parallel zu ihrem damaligen Zustand von Glückseligkeit eine absolute Dunkelheit in ihr gibt, die mit ihren biografischen Erfahrungen zu tun hat. Sie wusste damals, dass sie das nicht aussprechen konnte, dass es noch nicht erlöst und völlig desintegriert war. Sie hatte damals das Gefühl, das alles nicht zusammenzubringen (SS 362-393). Nach ihrer Rückkehr aus diesem Meditationsretreat kam sie in einen kritischen Zustand, den sie heute zum Teil auch wieder als Psychose bezeichnen würde: „eine absolute Hölle hat sich aufgetan" (460). „Das war so wirklich die allerdunkelste Nacht, die ich jemals erlebt hatte.. in meinem Leben…" (SS 473-474). Sie sieht ihre beiden schweren Krisen in einem unmittelbaren Zusammenhang mit ihren spirituellen Erfahrungen: „Aber wenn man so krasse Erfahrungen gemacht hat irgendwie oder so gebrochen ist von klein auf, glaube ich, dass so eine starke Lichtenergie diesen Schatten auch so extrem hervorholt" (SS 478-480). Und: „Das, was ich spüre, ist, dass etwas in Bewegung gekommen ist durch die Erfahrung vom Angenommensein und durch die Liebe. (…) Dass das in mir so wie ein Vertrauen gemacht hat, mich weiter zu öffnen dem Leben gegenüber" (SS 115-119). So ging es bei ihr nicht primär darum, die spirituellen Erfahrungen zu integrieren, „sondern der ganze Prozess, der ausgelöst wurde, musste irgendwie integriert werden" (SS 163-164).

Hindernisse durch eigene Muster oder biografische Themen

> (…) da habe ich das Gefühl, dass mir schon meine Lebensthemen, meine Prägungen oft auch im Wege stehen. (KK 1648-1650)

Auf dem spirituellen Weg wird man seine eigenen Themen nicht einfach wie durch ein Wunder los. Wenn sie nicht bearbeitet werden, zeigen sie sich früher oder später auch im spirituellen Bereich und werden dort zu einem Hindernis und Stolperstein. Es ist also auf einem spirituellen Weg wesentlich, sich mit den eigenen Themen und Mustern auseinanderzusetzen und damit zu arbeiten – sonst zeigen sie sich früher oder später im spirituellen Bereich und verhindern ein Weitergehen auf diesem Weg.

So merkte Ursula Urben, dass sie sehr viel von anderen Menschen wahrnahm. All das konnte sie aber nicht wirklich fühlen und liess es auch nicht an sich heran. Das wurde für sie sehr hinderlich. In ihrer Psychotherapie dauerte es lange, bis sie an ihre Gefühle und auch an ihre Körpergefühle herankam: „und das war ein ewiger Weg" (UU 1287). Heute sagt sie lachend:

> Also da habe ich das Gefühl gehabt, da lag – das war zwar die härteste Arbeit und die, die mich am meisten ausgehebelt hat, weil eine gute Erdung hatte ich damals echt nicht. Aber es hat sich gelohnt. ((lachend)) Aber es hat damals in meinem Empfinden ewig gedauert. Aber es hat sich schon gelohnt. (UU 1299-1303)

Eine andere Thematik, aber auch verbunden mit mangelnder Erdung, spricht Bernhard Bär an. So kennt er es von sich, dass er innerlich immer wieder von sich weggeht, was er als kontraproduktiv empfindet und woran er für sich arbeitet: „Ich habe immer Mühe, mich wirklich zu erden. Ich lasse mich ganz leicht einladen – eben von Kind auf – irgendwo wegzugehen. Und daran muss ich arbeiten, weil in der Umsetzung meiner Aufgabe: da muss ich geerdet sein" (BB 1046-1049).

Unter mangelnder Erdung hat auch Yolanda Yaberg lange Zeit gelitten. Sie hatte früher die Tendenz, raus aus dem Körper zu gehen. Diese fehlende Erdung führte bei ihr dazu, dass sie durch ihre spirituellen Erfahrungen zwar immer wieder in euphorische Zustände kam, die dann aber immer wieder „verpufften" (2234) und in ihrem alltäglichen Leben nicht Fuss fassen konnten. Oft hatte sie das Gefühl, dass spirituelle Erfahrungen sie aus der Struktur „völlig raus blasen" (YY 2184-2185) und sie dann in einem Zustand ist, in dem „löst sich alles auf" (YY 2185). Im Verlauf ihres Prozesses stellte sie fest, dass die Energie aber eigentlich in den Körper rein will und es dafür Erdungsarbeit braucht. Sie gebraucht das Bild von Brücken oder Verbindungen im Körper, die blockiert oder eben frei sein können (vgl. dazu Boadella, 1991). Sie schildert, wie Erdung Verbindung und Raum schafft und dass dadurch auch die spirituelle Energie besser gehalten werden kann:

> Energie, die auch kommt mit einer spirituellen Erfahrung, kann gar nirgends hin, wenn all die Brücken blockiert sind. Das heisst, da ist kein space. Und dann ist oft ein Gefühl von ‚ich bin überflutet von der Energie'. Und dann ist das zu viel und dann will man es fast wieder loswerden. Und in dem Masse, in dem ich diese Areale aber wieder zugänglich mache, habe ich Raum, wo das hinfliessen kann. Und wenn alle Areale erschlossen sind, dann kann es noch weiter fliessen. Und dann ist irgendwo auch – wenn das in mir vervollkommnet ist – dann auch zu sehen: ich bin letztendlich auch verbunden – mit der Erde. Und dann ist <u>noch</u> mehr Raum da.

> Das heisst, dieser Erdungsprozess <u>schafft</u> unheimlich viel Raum. Und wenn dieser Weg in die Erde, auf der wir stehen, einfach frei ist, dann ist der space von oben – ich polarisiere das mal – von oben die Energie kommen zu lassen und ihr Raum zu geben ohne Ende. Ansonsten glaube ich, kann das anders nicht funktionieren. (YY 2250-2265)

Typische Hindernisse, mit denen vermutlich viele auf dem spirituellen Weg ringen, weil sie in unserer westlichen Leistungsgesellschaft gefördert werden, sind Leistungdruck, Ehrgeiz, Erwartungshaltungen und Stress. Wer diese Themen aus seinem Leben kennt, wird sie mit grösster Wahrscheinlichkeit auch auf den spirituellen Weg übertragen. Sara Sasse erzählt von ihrem früheren Leistungsdruck und Stress, möglichst schnell ihren Auftrag zu finden, um mithelfen zu können, die Welt zu retten. Sie hatte das Gefühl, sie müsse möglichst schnell ihre traumatischen Erlebnisse aufarbeiten, damit sie dann spirituell arbeiten und erleuchtet sein kann. Das setzte sie auch sich selbst gegenüber unter Druck. Sie litt unter ihrer eigenen Strenge sich selbst und ihren eigenen Forderungen gegenüber, wie sie sein müsste:

> Das andere ist, dass ich einen Stress gehabt habe zum Teil: ‚Was ist jetzt mein Auftrag oder wofür bin ich jetzt auf der Welt, und ich muss vorwärts machen' – also eben so wie.. aber eben, das war, als ich noch sehr jung war. Das hat sich jetzt gelegt. Abgesehen davon, dass ich jetzt das Gefühl habe, ich habe ihn schon ein Stück weit gefunden, meinen Auftrag, und ich bin da ruhiger geworden. Aber damals hatte ich das Gefühl – so wie Erlösungsgedanken: Die Welt muss geheilt werden. Sie muss gerettet werden. Ich muss meinen Beitrag leisten. Ich muss..
>
> Und habe aber gemerkt, ich kann das nicht. Das überfordert mich. Ich bin da noch an einem ganz anderen Punkt. Und hatte da ein komisches Modell von: Ich muss zuerst alles überwunden haben, damit ich dann etwas Positives raus tragen kann. Und drum muss ich meine Traumata und alles möglichst schnell aufgearbeitet haben, damit dann der Kanal wie rein ist, damit das alles durchkann. Und dass ich möglichst schnell erleuchtet bin. Das weiss ich, dass mich das sehr gestresst hat und eher kontraproduktiv war. Und ich mich da sehr unter Druck gesetzt habe. Also etwas, was ich eh schon mein ganzes Leben war: Nämlich sehr unter Druck und sehr im Stress, dass sich da noch etwas verstärkt hat. Und dass eben dieser Therapeut das noch gefördert hat. Ja, das war sicher eine Schwierigkeit. Und auch eine gewisse Strenge mit mir selber, wie ich sein sollte und wie ich bin. Also dass ich noch nicht in dieser Liebe bin oder in diesem Frieden bin oder dass ich den nicht halten konnte, sondern mich mit diesem Schatten beschäftigen muss. Also viel Stress. Das habe ich als Schwierigkeit erlebt. (SS 662-687)

Dieser spirituelle Leistungsdruck und Stress war für Sara Sasse sehr schädlich. Sie überging sich auf diese Weise oft selbst und ging weit über ihre Grenzen hinaus – auch indem sie Dinge über ihr Trauma erzählte, für die sie noch gar nicht bereit war. Oder sie pushte sich, in ihrer Therapie Wut auszudrücken, damit sie schneller vorwärts komme. Sie könnte „noch heute im Boden versinken" (SS 702), wenn sie sich daran erinnert. Sie hatte damals grosse Schamgefühle, war in tiefer Verzweiflung und wertete sich selbst stark ab. Viel zu viel habe sie damals erzählt und sich zu wenig geschützt. Durch ihre Psychotherapie hat in der Zwischenzeit viel Stress nachgelassen in allen Richtungen – auch im spirituellen Bereich (SS 696-732, 797).

Auch Katharina Kunz kennt das Leistungsthema aus ihrem Leben und erlebte es auch lange Zeit in ihrer Spiritualität. Sie erzählt, wie ihr das bei der Suche nach ihrer Berufung bewusst wurde:

> Ich hatte so ein Bild, ich müsse sitzen auf meinem Meditationsteppich und warten, bis das kommt, was ich machen soll. Und ich habe einerseits gemerkt, dass ich sehr getrieben bin von einem Leistungsmuster, einem biografischen: Ich

müsse da wahnsinnig viel noch auf die Welt bringen und etwas Gescheites machen, möglichst Professorin weiss nicht was. Und dann habe ich gemerkt, das ist Ego-behaftet. (KK 615-620)

Es gab auch immer wieder Momente in ihrem Leben, wo sie sehr grosse Erwartungen hatte und sich eine Erwartungshaltung bezüglich einer spirituellen Erfahrung aufbaute. Sie dachte, sie müsse jetzt die ultimative Erleuchtungserfahrung haben, die sich jedoch nie in dieser Art einstellte (KK 1225-1334). Mit der Zeit stellte sich eine Ernüchterung ein: „es ist auch langsam so eine Ernüchterung gewesen. So zu merken, bei mir passiert das jetzt nicht in riesigen Dingern" (KK 1292-1293). Sie stellte mit der Zeit fest, dass bei ihr die Dinge unspektakulär passieren. Und dass das auch in Ordnung ist so. Sehr entlastend war es für Katharina Kunz, irgendwann zu merken, dass sie in ihrer Spiritualität nirgendwohin zu gelangen braucht, dass sie nicht irgendwelche Erleuchtungserfahrungen machen muss in ihrer Meditation, sondern dass sie einfach meditiert, wie sie auch ihre Zähne putzt. Aber bis dahin war es für sie ein langer Leidensweg, auf dem sie immer wieder das Gefühl hatte, sie müsse eben nur mehr meditieren, in ein Kloster gehen, aus ihrem bisherigen Leben aussteigen und in die Einsamkeit gehen etc. Der Gedanke: „Nein, ich mus ja gar nirgends ankommen" (KK 1038-1039) kam als Gedankenblitz plötzlich, unspektakulär und banal zu Beginn ihrer regelmässigen Meditationspraxis in einem neu zu diesem Zweck verwendeten Zimmer in ihrem Haus. Seither ist der Leistungsdruck in der Meditation weg (KK 1016-1048). Diese Haltung ist für sie eine grosse Hilfe im Umgang mit dem Leistungsmuster, das sie auch auf ihre Spiritualität übertragen hatte und in dem sie das Gefühl hatte, immer etwas leisten und erreichen zu müssen (KK 976-997). In ähnlicher Weise ist sie bezüglich ihrer Meditationspraxis zu einer für sie wesentlichen Einsicht gekommen: „es geht nicht darum, das Abschweifen zu verhindern, sondern das Wesentliche ist, Meisterschaft darin zu gewinnen, wieder zurück zu kommen" (KK 1133-1135). So ist ihr heute eine „Alltagsspiritualität" wichtig, die „nicht im Grossen, sondern im Kleinen" ist (KK 1333-1334).

Colin Clark wird eher von aussen mit Erwartungshaltungen an ihn als Zen-Lehrer konfrontiert, was er oft als nicht einfach empfindet. So muss er sich immer wieder innerlich davon distanzieren, um in seinem eigenen spirituellen Weg nicht gehemmt zu werden (CC 396-427). Er erachtet es auch als sehr wichtig, sich als spiritueller Lehrer nicht von einer Selbstüberhöhung gefangen nehmen zu lassen, die sich leicht einstellen kann durch das uneingeschränkte Vertrauen der Schüler und durch Zeremonien, in denen sich die Schüler vor dem Lehrer verneigen. Hier findet er es wichtig, sich dieser Gefahr bewusst zu sein und auch immer wieder Lebenssituationen aufzusuchen, in denen er in einer völlig anderen Rolle ist – in der er vielleicht sogar eher abschätzig von anderen behandelt oder zumindest schief angeschaut wird (CC 201-303, 420-426):

> Das hat eine Auswirkung. Wenn ich so in Zeremonien – da sitze ich vor dem Altar und dann verbeugt sich der Schüler vor mir und da.. Das wäre eine Illusion zu glauben, dass das nicht irgendwo etwas auf subtile Art in mir macht. Und wenn das immer wieder passiert, dann denke ich irgendwann hmhmhm. Dann ist es sehr hilfreich, irgendwann in einer Situation zu sein, wo dich niemand kennt und dich niemand respektiert und vielleicht du dich jemandem niederwirfst und Verehrung bezeugst oder vielleicht dich wieder mal in einer dienenden Funktion wieder triffst. (CC 253-261)

9.2.7 Bisherige Form integrierter Spiritualität: Sich selber sein und den eigenen Weg gehen

Für die meisten InterviewpartnerInnen hat ihre Spiritualität dazu geführt, dass sie heute authentischer sein können und viel stärker ihren eigenen Weg gehen. Sie sind sich viel klarer, was ihnen entspricht und was nicht und versuchen, das in ihrem alltäglichen Leben umzusetzen – auch wenn sie damit vielleicht mal aus der Reihe tanzen. Das zeigt sich auch darin, dass sie unabhängiger geworden sind von Normen und Meinungen anderer.

So kann etwa Patricia Patterson echter sein und mehr in Übereinstimmung mit ihren eigenen Gefühlen, Empfindungen und Bedürfnissen handeln (PP 1416-1434). Sie kann mehr sich selber sein und das im zwischenmenschlichen Kontakt auch ihrem Gegenüber zugestehen: „Ich kann so viel mehr leben in jeder Beziehung, dass ich so bin, wie ich bin und auch dem anderen das zugestehe" (PP 1431-1432). In ihrem Beruf als Musikerin hat sie ihre eigene Spieltechnik entwickelt und ist damit unkonventionelle Wege gegangen (PP z.B. 268-284, 509-535).

Beruflich andere Wege zu gehen als die konventionellen ist auch für Sara Sasse durch ihre spirituellen Erfahrungen ein Thema geworden: So kann sie sich als Psychiaterin nicht (mehr) mit der Dopaminhypothese[93] im Zusammenhang mit psychotischen Erkrankungen zufrieden geben, weil sie merkt, wie psychotische Menschen zum Teil tiefe spirituelle Erfahrungen gemacht haben (SS 769-795). Sie geht hier ihren eigenen Weg: „Weil ich das bei manchen Patienten so tief spüre, das ist nicht nur eine Psychose – die haben echt etwas gesehen oder da ist echt etwas – die sehen etwas. Da ist so eine Sehnsucht da. Da werden Bilder gespiest aus dem Herzen und nicht aus dem Wahnsinn" (SS 777-780).

Und bei Werner Wagner haben seine spirituellen Erfahrungen dazu geführt, dass er sich heute mehr seinem Eigenen widmet. Prestige, Arbeiten, Leistung, Erfolg haben, Geld verdienen haben für ihn stark an Bedeutung verloren. Stattdessen widmet er sich heute mehr Dingen, die ihn im Innersten beglücken und mehr mit ihm als Mensch zu tun haben – so hat er begonnen, künstlerisch tätig zu werden (WW 737-744). Wenn er sein Eigenes macht, spielt es ihm auch keine Rolle, was die anderen darüber denken: „Sondern wirklich mehr Sachen wieder gemacht aus mir selbst heraus - unabhängig davon, wie das dann von aussen angeschaut wird" (WW 742-744).

Yolanda Yabergs spirituelle Erfahrungen haben dazu geführt, dass sie mehr in Kontakt mit sich selber ist, was mit grösserer Autonomie und vermehrtem Selbstwertgefühl verbunden ist:

> (…) das Selbstwertgefühl, das hat sich verändert. Das ist ein anderes geworden. Also mehr Selbstwertgefühl und vielleicht auch ein Stück weit selbstbewusster und ein Stück weit mutiger. Und ich denke ein Stück weit autonomer – also das

---

[93] Die Dopaminhypothese der Schizophrenie wurde anfangs 70er Jahre von S.H. Snyder bzw. A. Carlsson formuliert. Sie hat in verschiedenen Umformulierungen und teilweise mit Einbezug anderer Transmittersysteme im Bereich der neurochemischen Erklärungsmodelle für die Schizophrenie immer noch die grösste heuristische Bedeutung. Die Dopaminhypothese postuliert Regulationsstörungen des Dopaminstoffwechsels im Gehirn, die zu einer dopaminergen Überaktivität in limbischen Hirnregionen führt und auch möglicherweise in dopaminerger Unteraktivität im Frontalhirn resultiert (Olbrich et al., 1999, S. 423). Allerdings ist bei der Dopaminhypothese zu beachten, dass sich dabei grundsätzlich die Frage stellt, ob die Regulationsstörungen des Dopaminstoffwechsels im Gehirn die Ursache oder die Wirkung der Krankheit sind.

hat mich mehr zu <u>mir</u> selbst gebracht. Und vielleicht auch mehr zu dem stehen, was in mir gerade abläuft. (YY 1408-1413)

Dieses unmittelbare Bei-sich-Sein ist auch für Bernhard Bär heute wesentlich: Wenn er sich ganz einlässt auf das, was er gerade tut, kann er ganz authentisch bei sich sein – und das kommt auch bei anderen positiv an (BB 924-946).

Für Katharina Kunz ist durch ihre spirituellen Erfahrungen ihr ganz eigener Weg wichtig geworden. Sie merkt, dass sie selbst der Ausgangs- und Referenzpunkt ihres spirituellen Weges ist: Was auch immer sie für eine spirituelle Praxis verfolgt, es muss in *ihr* eine Resonanz dafür geben und für *sie* stimmen. Wenn ihre spirituellen Übungen nicht bei ihr ankommen, kann sie nicht praktizieren:

> Und ich habe dann zu merken begonnen – oder mich nochmals bestärkt gefühlt darin, dass ich den Weg gehe <u>von mir</u> zu dieser Tradition. Ich frage diese Tradition nach Weisheit und so, aber es muss bei mir auch auf der Herzebene ankommen. Ich kann nicht einfach etwas praktizieren, das nicht ankommt. Und das hat sich in dieser Zeit nochmals verstärkt. (KK 536-541)

Katharina Kunz beschreibt ihre Entwicklung als ein „Mich-Loslösen von diesem Traditionellen in mein ganz Eigenes" (KK 603-604). Heute fühlt sie sich autorisiert, ihren eigenen spirituellen Weg zu gehen und diesen ganz mit ihrem Alltag zu verbinden. Diese Entwicklung zu ihrem ganz Eigenen hin ist eine Folge ihrer spirituellen Erfahrungen (KK 951-962). Ihr eigener Weg spiegelt sich auch in ihrer spirituellen Praxis, die sehr mit ihren eigenen Erfahrungen verbunden ist: Darin prägen schamanistische, christliche und buddhistische Elemente ein ganz persönliches Ritual, in dem ihr eigener Kontakt dazu deutlich spürbar wird (KK 1063-1203). „Und ich glaube, das ist eigentlich die Hauptkonsequenz aus diesen Erfahrungen, dass ich mir die Erlaubnis gegeben habe, <u>meine eigene</u> Praxis zu machen" (KK 974-976).

In ähnlicher Weise wird bei Ursula Urben ihre ganz eigene spirituelle Praxis deutlich. Sie merkt, dass Reiki ihre „spirituelle Heimat" (UU 2392-2393) geworden ist, die ihr viel Freiheit lässt, die Dinge so zu tun, wie sie es für stimmig erlebt. Durch dieses Gefühl von Heimat merkt sie, dass sie keinen äusseren spirituellen Lehrer braucht, sondern es im Prinzip darum geht, dass „du dich in deinem Entwicklungsprozess damit [begleitest], in Frieden zu sein mit dem Leben und den Menschen" (UU 2431-2431).

Den eigenen Weg zu finden, ist auch für Ramina Ranatov zentral (RR 1902-1904, 1909-1936). Sie kann heute authentisch sein und viel mehr zu sich selber stehen. Heute sagt sie, dass sie auf dem Weg ist „zurück zu meinem wirklichen Ursprung" (RR 1925-1926) – zurück zu ihrem Kern.

9.3 Kontakt zu anderen Menschen

Eine spirituelle Erfahrung ist zunächst einmal eine innere Erfahrung und betrifft vor allem den unmittelbar erlebenden Menschen. Aber so innerlich diese Erfahrung auch sein mag – der Mensch lebt nicht in einem luftleeren Raum. Früher oder später kommt er nach einer spirituellen Erfahrung wieder in Kontakt mit anderen Menschen. Vielleicht mit Menschen, die selber auch spirituelle Erfahrungen gemacht haben. Vielleicht aber mehrheitlich mit Menschen, die solche Erfahrungen nicht kennen und sie vielleicht auch für ziemlich abgehoben, exotisch, verrückt oder gar krank halten.

Manchmal kann eine Veränderung durch eine spirituelle Erfahrung unmittelbar für andere Menschen spürbar werden. So schilderten einige InterviewpartnerInnen, wie sie von anderen entsprechende Rückmeldungen erhielten. In all diesen Fällen betrug der zeitliche Abstand zur spirituellen Erfahrung einige Tage bis wenige Wochen – die Erfahrung war zu diesem Zeitpunkt also noch frisch.

So wurde Patricia Patterson einige Tage nach einer tiefen spirituellen Erfahrung von einer Kollegin auf ihre veränderte, transparente Ausstrahlung angesprochen: „Und es hatte alles Platz und alles durfte so sein. (…) Und eine, die ich gut kenne, ist an diesem Abend zu mir gekommen und hat gesagt, ich sehe so schön aus – ich sehe so transparent aus, ich hätte so ein Leuchten" (PP 494-498).

Die Schwester und die Freundin von Sara Sasse hatten nach deren Rückkehr aus einem Meditationsretreat in Indien das Gefühl, sie sei damals zumindest für kurze Zeit erleuchtet gewesen:

> Und [meine Freundin] hat gesagt, wie ich heimgekommen bin, hat meine Umgebung stark auf mich reagiert, die haben das stark gespürt. Also meine Schwester und [meine Freundin] haben gesagt, sie haben das Gefühl gehabt, ich war zu dem Zeitpunkt zumindest wie kurz erleuchtet. So. Das war sehr stark spürbar. (SS 432-436)

Auch Adam Apfelbaums spirituelle Erfahrung wurde für seine Umgebung einige Tage danach deutlich spürbar. Für ihn selber war die Veränderung durch die spirituelle Erfahrung nachhaltig und dauert noch heute an:

> Das war für mich eine wesentliche Erfahrung, dass... Sie musste so eine Wirkung auf mich gehabt haben, dass das auch transparent wurde nach aussen in gewisser Form. Denn ich weiss, am letzten Tag, bei der Verabschiedung... (…) Ich habe wahrscheinlich in einer solchen stoischen Ruhe gesprochen, dass nach mir, glaube ich, mehrere Minuten Pause war, nachdem ich gesprochen hatte. Und [ein Kollege] hat sich dann gemeldet und gesagt: ‚Nach diesem Frieden ist es schwierig, etwas zu sagen.' Und das war mein Gefühl. Und ich glaube, ich bin seit dann in einem anderen Friedenszustand mit mir. (AA 1125-1135)

Und Yolanda Yaberg hatte nach einer spirituellen Erfahrung eine so offene und freudige Ausstrahlung, dass sie mehrfach darauf angesprochen wurde (YY 1416-1419).

Ob nun aber eine Veränderung durch eine spirituelle Erfahrung für andere Menschen unmittelbar spürbar wird oder nicht: Für eine Integration spiritueller Erfahrungen ist es wesentlich, *wie* sich der Kontakt zu anderen Menschen gestaltet. Denn die soziale Einbettung der Erfahrung und des Menschen mit seiner Erfahrung ist für die Integration und den weiteren spirituellen Weg zentral. Aber was genau ist hilfreich im Kontakt zu anderen Menschen für eine Integration spiritueller Erfahrungen? Was kann schwierig sein? Und wie sehen zwischenmenschliche Kontakte von Menschen aus, die ihre Spiritualität zumindest schon teilweise integriert haben?

9.3.1 Aspekte der sozialen Einbettung

Für alle InterviewpartnerInnen ist die soziale Einbettung ihrer Spiritualität und ihrer spirituellen Erfahrung wichtig. In den meisten Fällen steht dabei die direkte Kommunikation über die spirituelle Erfahrung oder über Spiritualität im Vordergrund und ist für die Integration von grosser Bedeutung. Bei einigen wird nicht so sehr die explizite Mitteilung der eigenen Erfahrung, sondern vielmehr das Aufsuchen eines *sozialen Umfeldes erwähnt, in dem Spiritualität im Zentrum steht* und damit eine soziale Einbettung selbstverständlich ist. So lebte etwa Colin Clark jahrelang in einem Kloster und ist heute als spiritueller Lehrer tätig. Yolanda Yaberg war während fast zehn Jahren in einer spirituellen Gemeinschaft. Und Werner Wagner praktiziert seit vielen Jahren Zazen und nahm während langer Zeit regelmässig an Sesshins teil.

Obwohl die soziale Einbettung ihrer Spiritualität und ihrer spirituellen Erfahrung für alle Interviewten von Bedeutung ist, sprechen die einzelnen InterviewpartnerInnen insgesamt nur selten über ihre Erfahrungen. Wo eine spirituelle Erfahrung im direkten zwischenmenschlichen Kontakt eingebracht wird, gehen die Betroffenen sehr selektiv vor und wählen genau aus, wem sie von ihrer Erfahrung erzählen. So bemerkt Birgit Becker: „Ich weiss dann schon, mit wem ich darüber reden kann und mit wem nicht" (BiB 1385-1386). Denn spirituelle Erfahrungen sind nicht jedermanns Sache. Und für die Betroffenen sind sie zu kostbar, als dass man sie jemandem erzählen möchte, der nicht damit umzugehen weiss. Aber einen Menschen zu finden, dem man seine Erfahrung anvertrauen möchte, ist nicht einfach. Johanna Jecklin stellt fest: „Und man findet auch nicht so leicht solche Leute. Man trifft nicht solche Leute, mit denen man so reden kann" (JJ 1481-1482).

Wem werden also spirituelle Erfahrungen mitgeteilt? Unter welchen Umständen teilen Betroffene ihre Erfahrungen überhaupt mit? Welche Bedingungen müssen hierfür erfüllt sein?

Mitteilen von spirituellen Erfahrungen

Zunächst muss die betroffene Person überhaupt ein Bedürfnis haben, ihre Erfahrung jemandem mitzuteilen. Manchmal kann gerade die Intensität einer Erfahrung dazu veranlassen, *nicht* darüber zu reden. So behielt etwa Sara Sasse eine besonders intensive spirituelle Erfahrung zunächst lange Zeit für sich (SS 195-196). Die Erfahrung kann auch innerlich gehalten werden, um damit ihre Wirkung nicht zu mindern. So erlebte es Yolanda Yaberg bei besonders starken Erfahrungen hilfreicher, sie für sich zu behalten und für sich aufzuschreiben, statt darüber zu reden:

> Aber je stärker die Erfahrungen waren, desto weniger habe ich mich ausgetauscht. Das war irgendwie vielleicht auch so (…): Dass ich glaube, es ist wichtig, die Energie auch zu halten, wenn man so eine Erfahrung gemacht hat. Und dass zu viel darüber reden letztendlich das wieder vergehen lässt. Wenn ich es einfach mal für eine Weile bei mir halte, kann das in mir wirken. Und bei manchen Erfahrungen fand ich das einfach gut. Da hatte ich das Gefühl, ich lass das in mir. (…) So habe ich das dann eher für mich behalten und halt ins Tagebuch geschrieben. (YY 2305-2320)

Vertrauen ins Gegenüber zu haben wird als grundlegend erlebt für die Mitteilung einer spirituellen Erfahrung. So wird nur mit nahestehenden Menschen, Freunden, Therapeuten oder in einem geschützten Rahmen wie spirituellen Ausbildungsgruppen darüber gesprochen, und es wird genau ausgewählt, wem eine Erfahrung mitgeteilt wird (z.B. AA 1347-1354; 1360-1377; BiB 1377-1386; JJ 1337-1348; SS 195-196; YY 831-835; WW 800-802). Birgit Becker begründet ihre Selektivität: „das ist ja auch sehr persönlich und vor allem, wenn die dann gar nichts damit anfangen können, dann verletze ich mich ja selber…" (BiB 1392-1393).

Ein Wissen darum, dass der andere selber auch spirituelle Erfahrungen gemacht hat und das eigene Erleben *nachvollziehen* kann, wird von vielen als wichtig erlebt. Ebenso das damit verbundene Gefühl, *verstanden zu werden*:

> Ich habe mich verstanden gefühlt, weil ich das Gefühl hatte, sie kennt sich auch aus in diesen inneren Räumen. Das war oft mein Gefühl, dass ich mich nur so weit auf die Äste raus lasse, weil sie da ist und weil sie diese inneren Räume ein Stück weit auf ihre Art kennt bei sich. (KK 1747-1751)

Für die Betroffenen kann es wichtig sein, das *Interesse* des Gegenübers an der eigenen Erfahrung zu spüren und zu merken, dass der Erfahrung mit *Wertschätzung* begegnet wird:

> Wertschätzen – also Wertschätzung bekommen dafür. Weil das sind – ich finde – das sind solche Kostbarkeiten. Und das ist für mich wichtig, das auch so zu behandeln. Wenn ich rede oder auch die Reaktion vom anderen – dass das auch als etwas Kostbares angeschaut wird. (KK 1740-1743)

Allerdings wird es als unangenehm erlebt, wenn die Erfahrung überhöht wird und das Gegenüber versucht, etwas daraus zu machen: So war es Yolanda Yaberg immer unangenehm, wenn sie solche Tendenzen bei ihrem Gegenüber wahrnahm: „Oder dann versucht haben, etwas draus zu machen. Im Sinne von: ‚Jetzt musst du das.' Oder: ‚Oh, das ist ja ein Ding!' Und das hat mir nie so behagt.."(YY 2317-2319).

Betroffene schätzen es also, mit einem Menschen über ihr spirituelles Erleben zu reden, dem sie vertrauen und der das Erzählte möglichst aus eigener Erfahrung nachvollziehen kann. Jemand, der ihrer Erfahrung mit Interesse und Wertschätzung begegnet, ohne sie aber zu überhöhen oder Erwartungen damit zu verbinden.

Die gezielte Auswahl des Gesprächspartners ist entscheidend dafür, ob sich der zwischenmenschliche Kontakt hilfreich für eine Integration der Erfahrung auswirkt. So können grosse Skepsis oder Zweifel des Gegenübers unter Umständen stark verunsichernd wirken, ein Misstrauen in die eigene Wahrnehmung fördern und eine Integration somit vorerst stark erschweren (vgl. Kapitel 9.2.4).

Inwiefern wird soziale Einbettung unterstützend für die Integration erlebt?

Auf Grund der Interviews lassen sich hier zwei verschiedene Formen sozialer Einbettung unterscheiden:

- Einbringen der Erfahrung in eine therapeutische Beziehung als KlientIn oder in eine Lehrer-Schüler-Beziehung
- Austausch mit Gleichgesinnten

Viele InterviewpartnerInnen erwähnen beide Formen. Die Schwerpunkte liegen dabei etwas anders, es gibt jedoch Überschneidungen. So entstehen bei einem Einbringen der Erfahrung in eine therapeutische oder in eine Lehrer-Schüler-Beziehung eine innere Sicherheit, ein Verstehen der Erfahrung oder das Gefühl, die eigene Spiritualität bekomme Raum. Der Austausch mit Gleichgesinnten hingegen ermöglicht oft eher eine Vertiefung der eigenen Spiritualität, ein Miteinander-Lernen, gegenseitige Unterstützung und Ermutigung oder ein Gefühl des Aufgehobenseins.

Unabhängig davon, ob es sich bei der sozialen Einbettung um einen Austausch mit Gleichgesinnten oder innerhalb einer therapeutischen oder Lehrer-Schüler-Beziehung handelt, lassen sich folgende Aspekte herauskristallisieren:

- Containment (vgl. dazu Boadella, 2002; Lüders, 2002; Winnicott, 2001b)[94]
- Die Erfahrung kognitiv einordnen können und Verbindung zum eigenen Leben herstellen
- Anregender, entwicklungsfördernder Austausch
- Kritische Rückmeldungen als Entwicklungsmöglichkeiten

Containment

Eine spirituelle Erfahrung braucht einen Boden, in dem sie sich verwurzeln kann. Ein solcher Boden bietet im zwischenmenschlichen Kontakt das, was hier mit Boadella (vgl. z.B. Boadella, 2002) als Containment bezeichnet wird. Hier geht es um basale Erfahrungen von Halt, Gehaltensein, Sicherheit, Verstandensein, Normalsein, Richtigsein, Raum haben. Bildlich gesprochen bildet Containment den Erdboden, auf den der Samen der spirituellen Erfahrung fällt. Der Samen wird aufgefangen und gehalten, er kann hier ruhen, und wenn genügend Licht und Wärme, Nährstoffe und erfrischender Regen vorhanden sind, beginnt er zu keimen, Wurzeln zu schlagen, sich zu verankern, zu wachsen und sich zu entfalten. Aus dem Samen entsteht irgendwann ein Baum – tief verankert in der Erde und weit geöffnet zum Himmel. Und neue Samen beginnen zur Erde zu fallen...

Spirituelle Erfahrungen müssen nicht unbedingt erschüttern, damit Containment wichtig wird. Manchmal verunsichern spirituelle Erfahrungen, sie werfen Fragen auf, sie stellen eine materialistisch ausgerichtete Weltsicht auf den Kopf oder sie beängstigen. „Kann das sein? Ist das noch normal? Bin *ich* noch normal? Bin ich verrückt? Halten mich die anderen für verrückt?" Unabhängig davon, in welcher Intensität solche Fragen auftauchen, erweist sich Containment im zwischenmenschlichen Kontakt auf Grund der Interviews mit Betroffenen als absolut grundlegend. Containment legt den Grundstein für jede weitere soziale Interaktion in Bezug auf spirituelle Erfahrungen und Spiritualität. Ist kein oder zu wenig Containment vorhanden, ist die betroffene Person auch nicht bereit, sich zu fragen, wie sie das Erlebte in ihren Alltag einbringen kann oder wie sie sich anregend mit anderen über ihre Spiritualität austauschen könnte. Solche Fragen tauchen dann schlichtweg nicht auf. Ist zu wenig Containment vorhanden, fehlt die Basis dafür.

Containment zeigt sich als wesentlicher Faktor bei allen Interviewten. Von den meisten wird es explizit als hilfreich erwähnt und findet dort in einem persönlichen zwischenmenschlichen Kontakt statt. Vereinzelt wird es nicht explizit erwähnt, lässt sich aber im Kontext der spirituellen Erfahrung klar nachweisen. Bei diesen einzelnen Interviewten ist das Containment oft situational gegeben und nicht so sehr an eine persönliche Interaktion mit einem anderen Menschen gebunden. Hier scheint es aus der damaligen Lebenssituation des Betroffenen heraus - wie etwa dem Leben in einer spirituellen Gemeinschaft - für den Interviewten selbstverständlich.

Bei Werner Wagner zeigt sich anschaulich, wie sich fehlendes und vorhandenes Containment auswirken können: Seine erste spirituelle Erfahrung nach einem Vortrag von Dürckheim wirkte sich zwar als fulminante Lebensveränderung von einem Tag auf den anderen aus - ein fast unbeschreibliches Hochgefühl – aber nach einigen Monaten

---

[94] Das Holding-Konzept von Winnicott (2001b), das Container-Contained-Modell von Bion (Lüders, 2002) und das Containment-Konzept von Boadella (z.B. 2002) stehen sich inhaltlich sehr nahe. Hier wurde der Begriff des Containments gewählt, weil die folgenden Ausführungen sich am stärksten an Boadellas Containment orientieren.

hörte diese Wirkung auf, und sein Leben war wieder wie zuvor, die Veränderungen hatten keinen Bestand - sie fanden keinen Boden. Werner Wagner begann zwar in dieser Zeit, in Dürckheims Schriften zu lesen und probierte Übungen aus, was aber offenbar der Erfahrung zu wenig Boden gab (WW 47-116, 156-187). Anders bei seiner zweiten Erfahrung 20 Jahre später: Hier hatte er sich bereits eine Zeit lang in einer Körperpsychotherapie mit sich und seinen Themen auseinandergesetzt und begann eine Zen-Schulung. Die Erfahrungen, die jetzt auftraten, fielen auf einen ganz anderen Boden und wirkten zwar weniger fulminant, dafür sehr nachhaltig. Sein Leben veränderte sich schrittweise und verändert sich auch heute weiter (WW 245-268, 342-409). Den wichtigsten Unterschied zwischen seiner ersten und seiner zweiten Erfahrung sieht Werner Wagner darin, dass er für die zweite Erfahrung eine „Handhabe" und einen Kontext gehabt habe – oder eben ein Containment – und sie dadurch viel integrierter und umfassender war:

> Und einfach der Unterschied vom ersten und dem zweiten. Beim zweiten Mal hatte ich das Gefühl, ich habe eine Handhabe dafür. Beim ersten Mal ist es mir einfach passiert. Und da habe ich es einfach genommen, so lange es da ist und konnte es aber nicht anwenden oder damit arbeiten, damit es länger andauert. Das ist der Unterschied. (WW 333-337)

> Aber was auch spannend ist: der Unterschied zwischen diesen beiden Erfahrungen: (…) Ich habe wenig äusseren Kontext zur ersten Erfahrung. Ich weiss einfach, wie ich damals war. Aber ich weiss nicht mehr, was ausserhalb von mir selbst passiert ist, was ich damals für Beziehungen hatte. (…) ich weiss auch gar nicht mehr, was das für eine Lebensphase war für mich. Ich weiss wirklich nur noch diesen Flash. Und das zweite Mal ist es einfach viel integrierter, viel umfassender. (WW 361-368)

Containment zeigt sich bei den InterviewpartnerInnen auf verschiedene Weise. So ist es ganz grundlegend für die Betroffenen, sich mit der spirituellen Erfahrung *verstanden* zu fühlen und zu wissen, dass das Gegenüber solche Erfahrungen auch kennt, sie *nachvollziehen* und etwas damit anfangen kann (z.B. BB 1017-1024, 1372-1377; KK 1747-1752; RR 1136-1150, 1155-1163, 1729-1730; YY 2089-2091 – vgl. auch oben in Kapitel 9.3.1). Ramina Ranatov erlebte ein solches Verstandensein in ihrer Psychotherapie: Sie machte die für sie neue Erfahrung, dass Spiritualität sein darf und ihre spirituellen Erfahrungen Platz haben (RR 924-943, 1116-1121).

Gerade wenn Erfahrungen beängstigend oder neu sind, ist es wichtig, im Kontakt zu anderen Menschen damit eine *Sicherheit* zu erleben. So war es etwa für Katharina Kunz nach einer aufwühlenden Nacht auf einem Kraftort am nächsten Morgen wesentlich, mit einer Freundin zu reden und ihr zu erzählen, wie es ihr in der Nacht ergangen ist: „um mich wieder zu erden im Kontakt, um wieder anzukommen. Und mich auch wieder distanzieren zu können" (KK 512-514). Und in der Psychotherapie bei ihrer transpersonalen Therapeutin erlebte sie es als zentral, dass sie „mir auch Sicherheit geben kann" (KK 1751) in Bezug auf ihre spirituellen Erfahrungen.

Containment im Kontakt mit einem anderen Menschen zu erleben kann auch bedeuten, sich mit der spirituellen Erfahrung *nicht alleine zu fühlen* (JJ 1337-1348; RR 1246-1255; SS 179-180), *sich unterstützt zu wissen* (RR 1136-1150, 1155-1163), *sich aufgehoben zu fühlen* im zwischenmenschlichen Kontakt (SS 178-179), sich tief *geliebt zu fühlen von etwas Grösserem*, Übergeordneten durch einen anderen Menschen hindurch (SS 898-909). Für

Sara Sasse war die Erfahrung einer solchen unpersönlichen Liebe, die sie in der Person ihres Psychotherapeuten erfuhr, sehr heilsam (SS 898-909).

Manchmal geht es auch um ein *Containment durch einen kollektiven Raum:* So kann es hilfreich sein, die eigene spirituelle Erfahrung als etwas bestätigt zu bekommen, was Menschen gemeinsam ist und zum Menschsein gehören kann (z.B. RR 1628-1631). Hier ist der Bezug zum kollektiven Kontext angesprochen, der etwa in traditionellen Geschichten oder Symbolen oder spirituellen Praktiken enthalten ist: „damit diese spirituellen Erfahrungen auch einen Container haben" (KK 1773-1774). Für Katharina Kunz war es etwa wichtig, dass ihre Therapeutin ihr Geschichten und Mythen zu Gestalten erzählte, die Katharina Kunz in ihren inneren Bildern erlebt hatte: „Und das war auch hilfreich, mich so zu ankern in den Geschichten, die es schon gibt in der Menschheit" (KK 1760-1761). Das Element des Menschengemeinsamen spielt hier eine wesentliche Rolle: „in der Menschengemeinschaft auch noch auszutauschen oder berichten zu können" (KK 1718-1719).

Einer der wesentlichsten Aspekte von Containment besteht darin, dass das Gegenüber die Erfahrung und die betroffene Person für normal hält – dass sich der Betroffene also nicht pathologisiert fühlt. Dieser Aspekt ist nicht für alle InterviewpartnerInnen wichtig, weil die meisten keine Befürchtung hatten, sie seien krank auf Grund ihrer spirituellen Erfahrungen. Wo das Thema auftaucht – aus welchen Gründen auch immer – ist es für eine Integration der Erfahrungen zentral, dass diese nicht pathologisiert werden. Für Johanna Jecklin und Ramina Ranatov etwa war es wesentlich, dass sie von jemandem – bei beiden unter anderem von ihren PsychotherapeutInnen – gesagt bekamen, das sei normal und nicht krankhaft. So hatte Ramina Ranatov mit ihren spirituellen Erfahrungen immer wieder das Gefühl, sie sei falsch, etwas stimme nicht mit ihr, sie sei krank:

> Also ein wichtiges Thema war immer wieder, dass ich das Gefühl hatte, ich sei falsch. Das kam immer wieder. Das ging so weit, dass ich das Gefühl hatte, ich bin krank. Ich merke einfach manchmal, dass ich früher Sachen spüre als andere. Das merke ich z.B. auch bei der Arbeit. Ich merke z.T. Jahre vorher, was bald kommen wird. Das ist oft nicht einfach, denn wenn ich das anderen erzähle, dann sagen die anderen: ‚Nein, das wird nie so kommen.' Und dann kommt es doch so. Gut ist, dass ich langjährige Mitarbeiter habe, die das jetzt allmählich von mir wissen und erlebt haben, dass das oft stimmt, was ich früh spüre. Aber am Anfang war das schon schwierig. (RR 1659-1668)

Für Ramina Ranatov war es zentral, ein Containment im Kontakt zu anderen Menschen zu haben – über Menschen, die selbst auch solche Erfahrungen gemacht haben und wissen, worum es geht. Es gab ihr Halt und Sicherheit zu wissen, dass andere das auch haben und sie nicht die einzige mit solchen Erfahrungen ist: „Und ich glaube, dass es ganz wichtig ist, dass man Menschen hat, die das verstehen und wissen, worum es geht. Ich habe lange Zeit geglaubt: ‚Ich bin die Einzige, die das hat.' Und dann wird das pathologisiert" (RR 1961-1963).

Ein solches Containment fand Ramina Ranatov etwa bei ihrer Psychotherapeutin. Hier durfte alles sein, hier wurde sie verstanden mit ihrer Spiritualität: „Mit [meiner Psychotherapeutin] habe ich wieder, ähnlich wie damals bei den Nonnen, gemerkt, ich finde wieder einen Boden, wo ich verstanden werde. Wo nichts ausgegrenzt wird, wo der Boden da ist, wo alles sein darf" (RR 1112-1115).

Auch Kontakte zu Gleichgesinnten waren dabei sehr hilfreich. Hier merkte Ramina Ranatov, dass sie mit diesen Erfahrungen nicht alleine ist, andere das auch haben und sie vor allem nicht krank ist – dass es normale menschliche Erfahrungen sind:

> Also ich glaube, dass ich durch diese Beziehungen erkannt habe, dass andere das auch haben – also dass andere auch ähnliche spirituelle Erfahrungen haben oder ähnliche Empfindungen. Oder dass sie z.B. auch mit Karten arbeiten oder Rituale machen oder in Verbindung gehen. Ich habe wirklich das Gefühl gehabt, ich bin nicht alleine damit. Das kennen andere auch. Und auch zu merken, nicht nur ich falle da auch wieder raus, andere fallen da auch wieder raus. Also wie einfach zu merken über den Kontakt mit anderen, das ist normal, ich bin nicht krank. Es hat mir geholfen, aus dem Krankheitsbild heraus zu kommen, zu merken, das ist nicht krank! (RR 1246-1255)

Auch Johanna Jecklin befürchtete auf Grund ihrer spirituellen Erfahrungen zunächst, krank zu sein. Für sie war es sehr heilsam - und für die Integration ihrer Erfahrungen wesentlich - zu hören, dass ihr Erleben nicht krankhaft und sie nicht krank sei (JJ 604-611).

Der haltgebende Aspekt eines Containments wird nicht von allen Interviewten explizit erwähnt. Für Colin Clark scheint ein Containment selbstverständlich gewesen zu sein. Seine Erkenntnis in einer LSD-Erfahrung, dass der Weise über dem König steht, führte ihn zu dem Entschluss, „anstatt ein König ein Weiser zu werden" (CC 146-147), worauf er sein Studium abbrach und sich ganz seiner Spiritualität zu widmen begann. Schliesslich führte ihn das in ein Zen-Kloster, wo er 10 Jahre blieb. Und als sein Zen-Lehrer starb, wurde er sein Nachfolger (CC 141-171).

Dass eine spirituelle Gemeinschaft ein grosses Containment bietet, erlebte auch Yolanda Yaberg. Seit ihrem Weggang aus der spirituellen Gemeinschaft wird ihr bewusst, dass es „in der Welt (…) ein Stück weit wieder schwieriger wird" (YY 1723). Sie merkt, wie ihre Wahrnehmung in ihrem Leben ausserhalb der spirituellen Gemeinschaft dumpfer wird, sich ihre Körperwahrnehmung verringert, und manchmal bemerkt sie, dass ihre Offenheit sich mindert. Sie erklärt sich diesen Unterschied dadurch, dass in der spirituellen Gemeinschaft unterstützende Energie ständig sehr präsent war und ihr immer wieder geholfen hat, genau wahrzunehmen. Jetzt ist sie vermehrt mit Menschen zusammen, die – wie sie selber früher auch – eine solche Wahrnehmung nicht haben und „einfach nichts mitkriegen" (YY 1727). Durch dieses fehlende Containment der spirituellen Gemeinschaft (sie selber spricht hier ein energetisches an) wird ihre eigene Wahrnehmung etwas vermindert (YY 1722-1744).

Ursula Urben fand in der Zeit ihrer ersten spirituellen Erfahrungen im Reiki eine Unterstützung und ein Containment für ihre Spiritualität (UU 1247-1249). Allerdings war es für sie in dieser Zeit schwierig, niemanden in ihrem näheren Umfeld zu haben, mit dem sie hätte darüber reden können (UU 991-994). Später erweiterte sich dann das Feld, und auch der Austausch mit ihrer Freundin war hier ganz wichtig (UU 1885-1891).

Adam Apfelbaums spirituelle Erfahrung fand in einem äusseren Rahmen statt, der bereits ein Containment bot: Er war damals in einer Gruppe, in der auch andere TeilnehmerInnen einen spirituellen Erfahrungshintergrund hatten oder im Gruppenkontext solche Erfahrungen einbrachten. Containment fand Adam Apfelbaum auch in der Beziehung zu seiner Therapeutin, die von grossem Vertrauen geprägt war. Nach seiner spirituellen Erfahrung in einer Selbsterfahrungssitzung brauchte er Zeit für sich und auch Zeit für einen unmittelbaren Austausch mit seiner begleitenden Therapeutin. Die Selbsterfahrungsgruppe dauerte nach seiner spirituellen Erfahrung noch einige Tage an. Hier war also im weiteren und unmittelbaren Kontext *vor* der Erfahrung sowie *nach* der Erfahrung viel Containment vorhanden (AA 767-1053, 1081-1135, 1199-1225).

Einen wichtigen Halt im Umgang mit ihren Körpersymptomen fand Patricia Patterson nach ihren spirituellen Erfahrungen durch die Ermutigung einer Therapeutin, die ihr riet: „Trust your body" (PP 397).

Sein nährendes Umfeld stellt für Bernhard Bär ein wichtiges Containment-Element dar: Er hat Menschen um sich, die ähnlich denken wie er, wo er auftanken und sich erholen kann und merkt, dass es auch ein Sein mit Menschen geben kann, das nicht oberflächlich ist, sondern Tiefe hat, wo ein gegenseitig nährender Austausch stattfindet. Hier kann er innere Nahrung holen und fühlt sich immer wieder gestärkt und genährt (BB 1588-1596). Ein solches Containment können ihm neben seinen zwischenmenschlichen Beziehungen auch einmal eine Ausbildung, ein Kurs oder ein gutes Buch zum Thema geben:

> Ich brauche [meine Partnerin], ich brauche mein Beziehungsnetz. Ich brauche auch mal ein Gefäss, eine Ausbildung oder – wie soll ich sagen – eine therapeutische Sitzung, in der ich die ganzen Sachen dann verarbeiten kann – in der ich auch Nahrung holen kann, aus der ich schöpfen kann. Und dann komme ich wieder genährt zurück und wieder gestärkt in dem, was ich will. Sonst läuft es sich irgendwie auch tot, weil ich mich sonst zu stark isoliere, und ich bin zu stark auf mich alleine gestellt. Und das spüre ich noch nicht, dass ich es alleine, einfach so von mir aus machen kann. Da bin ich noch nicht. Da brauche ich immer mal wieder eine Unterstützung. Es kann aber auch eben ein gutes Buch sein, das mir die Inspiration gibt, um nicht stehen zu bleiben. Oder es kann eben auch das Zusammensein mit Freunden oder es kann auch mal ein Besuch in einem Kurs sein irgendwo. (BB 1652-1664)

Die Erfahrung kognitiv einordnen können und Verbindung zum eigenen Leben herstellen

Mit spirituellen Erfahrungen können Betroffene auf ein inneres Neuland stossen, das ihnen weitgehend unbekannt ist. Insbesondere bei ersten spirituellen Erfahrungen, aber auch später bei unerwarteten, neuartigen Erlebnissen mögen sich Betroffene fragen: Was war jetzt das? Was ist mir da passiert? Hier ist es wichtig, die Erfahrung einordnen und verstehen zu können. Für manche InterviewpartnerInnen war es auch wichtig, eine Verbindung zum eigenen Leben herzustellen und sich zu fragen: Wie hängt das mit meinem Leben zusammen? Wie kann ich das in mein Leben einbringen? Wie lebe ich das? Um Antworten auf diese Fragen zu finden, erleben es Betroffene als wesentlich, mit anderen Menschen darüber zu sprechen, die sich mit spirituellen Erfahrungen auskennen und selber ähnliche Erfahrungen gemacht haben. Für die meisten Interviewten waren hier entsprechend ausgebildete Psychotherapeuten oder spirituelle Lehrer hilfreich - oder sie *wären* es gewesen -, manchmal auch nahestehende Freunde mit ähnlichem spirituellem Hintergrund.

So war es für Patricia Patterson hilfreich, als sie nach ihren spirituellen Erfahrungen jemanden fand, der ihr neutral zuhörte und dann aus seiner eigenen Erfahrung heraus fand, was sie da erzähle, töne wie ein LSD-Trip (PP 413-416). Und als sie von einer Therapeutin am Gerda Boyesen-Institut die Rückmeldung bekam, ihre Symptome seien auf die Kundalini zurückzuführen und sie solle einfach ihrem Körper vertrauen, begleitete diese Aussage sie über lange Zeit durch ihre verschiedenen Körperwahrnehmungen hindurch. Das gab ihr die Möglichkeit, ihre Erscheinungen einzuordnen und zu verstehen – und es stärkte ihr Vertrauen in ihren Körper, der manchmal doch ziemlich merkwürdige Stellungen einnahm:

> Einfach am Anfang war es sehr heftig den Rücken hoch. Ich war dann einmal am Gerda Boyesen-Institut in London und die Therapeutin dort sagte mir, es sei Kundalini. Und als sie – sie hat mir aber auch, sie war die erste Person, die ganz ruhig war, als ich erzählt habe, die aber auch auf eine gewisse Art zugehört hat, dass es stärker losgegangen ist, sobald ich mich hingelegt hatte – also das mit den noch heftigeren Bewegungen. Und das hat am Anfang schon ein wenig Angst ausgelöst. Und ich habe sie dann nochmals angerufen und ihr gesagt, es sei sehr heftig geworden. Und sie hat dann gesagt: Trust your body. Es sei am Schmelzen (…). (PP 388-397)

> Also beim zweiten Mal noch viel mit Körperstellungen. Also ich bin in anderen Körperstellungen erwacht. Ich bin aufgewacht und dann hat der Körper irgendeine Stellung eingenommen. (…) Ich habe gedacht: ‚Trust your Body'. (PP 455-458)

Für Katharina Kunz war es wichtig, ihre spirituellen Erfahrungen mit ihrer transpersonalen Psychotherapeutin besprechen zu können. Diese half ihr, ihr Erleben einordnen zu können und unterstützte sie auch darin, eine Verbindung zu ihrem aktuellen Lebenskontext herzustellen: „Was ist der Lebensbezug zu mir, mein aktueller? Und den einfach mit ihr besprechen und herstellen. Und dann auch erinnert werden an die Fragen, die ich sonst mit ihr bespreche" (KK 1737-1739). Für sie war es auch hilfreich, einen Bezug zu spirituellen Erfahrungen von anderen zu machen. Hier tauschte sie sich mehr mit ihrer Freundin aus (KK 1744-1745). Und mit Freunden tauscht sie sich auch heute im weitesten Sinn über Spiritualität aus: „Wie lebe ich das? Was hat es für einen Einfluss im Alltag und so" (KK 1943-1944).

Nach ihren ersten spirituellen Erfahrungen hatte Yolanda Yaberg niemanden, der ihr dazu etwas hätte sagen können. Sie fragte sich, was denn da Merkwürdiges mit ihr passiere und hatte keine Antwort. Sie denkt, es wäre damals für sie hilfreich gewesen, einen spirituellen Lehrer zu haben oder Menschen, die selber solche Erfahrungen gemacht haben. Dadurch hätte sie all das Neue besser einbetten können. Ein Gegenüber zu haben für ihre spirituellen Erfahrungen hätte ihr geholfen, die Erfahrungen einzuordnen als etwas, was möglich ist und was manche Menschen manchmal spüren. Hier geht es auch um die Vermittlung, dass solche Erfahrungen „normal" sind:

> Ich denke mir, wenn ich zu der Zeit schon einen Lehrer gehabt hätte, das hätte mir bestimmt geholfen. Zum einen ein Lehrer, sprich – oder Mitsucher, nenne ich es jetzt einmal, einfach Leute, die Erfahrung haben mit solchen Happenings, die einem passieren. Und dass ich das vielleicht einbetten kann. Was ich jetzt beschreibe, ist natürlich rückblickend auch eine Erklärung. Wobei ich aber weiss, damals hat mich das eher irritiert oder wo ich dann so: ‚Hä, was war denn das jetzt? Ich verstehe das gar nicht. Ist das merkwürdig. Was passiert denn da?' Und ich konnte mir das nicht erklären. Und ich war damals jemand, also ich habe für alles Erklärungen gewollt und Beschreibungen, dass das einfach auch mein <u>Kopf</u> verstehen kann. Ich denke mir, mir hätte es wirklich geholfen, vielleicht zum ei-

nen auch Literatur – wobei ich glaube, dass mir viel stärker auch der Kontakt über Menschen, die ähnliche Erfahrungen haben, geholfen hätte. Dass ich das einbetten kann. Das wäre zwar dann die Erfahrung von anderen gewesen, aber zumindest so ähnlich. Und dann vielleicht in mir das Gefühl: ,Ja, das ist schon alles okay. Das ist eine Erfahrung. Das ist im Bereich des Möglichen. Das ist zwar eine Erfahrung, die hat man nicht jeden Tag und manche Leute spüren die gar nicht so. Aber das gibt es. Und da kann man so und so damit umgehen.' Das hätte mir geholfen. (YY 2078-2097)

Auch für Birgit Becker wäre es nach ihrer Rückkehr aus ihrem amerikanischen Studienjahr wichtig gewesen, wenn ihr jemand in ihrem bisherigen Umfeld vermittelt hätte, dass ihre Erfahrungen und ihr momentaner Prozess normal seien. Sie fühlte sich oft falsch und daneben mit ihren neuen Erfahrungen in ihrem früheren Umfeld. Es hätte ihr geholfen, wenn jemand ihr ihre Situation gespiegelt hätte als eine Übergangssituation, die nicht einfach ist. Eine solche Orientierung und Sicherheit hätten ihr mehr Boden für die damalige Krise gegeben:

> Ich glaube, noch in der Phase, das war anfangs 20 – es ist sicher auch unterschiedlich, so was braucht man wann – da hätte es mir schon sehr geholfen, einen Spiegel von aussen zu haben: Menschen, die mir, an mich wirklich geglaubt haben in dem Sinne: ,Ja, du gehst einen anderen Weg. Du suchst einen anderen Weg und das ist ganz wichtig und suche deinen Weg.' Also da. Und nicht wie: ,Also du hast jetzt das Studium angefangen und jetzt musst du irgendwie gucken, dass du es beendest, und so ist halt die Welt jetzt hier und das ist die Realität und..' Menschen, die mich letztendlich wirklich gesehen haben oder einfach das gespiegelt hätten: ,Du bist jetzt einfach in einer schweren Übergangsphase und du hast einfach etwas ganz Schönes erlebt oder etwas Intensives und', die mich letztendlich da getroffen hätten. Es war wahrscheinlich auch sehr schwer, mich da zu treffen. Aber das hätte mir schon sehr viel mehr Orientierung und Sicherheit gegeben im Sinne von: Auch das ist normal. Und das ist.. Ja. Ich habe mich halt ganz oft falsch gefühlt. So als ob ich: Ich muss mich da jetzt anpassen und alle kommen mit dem Studium zurecht und alle.. Also da hat es mir auch gefehlt an differenziertem Blick, aber ich habe es halt so empfunden: Man studiert, man arbeitet und man.. das ist das Leben. Ich habe halt rechts und links gefragt und.. Ja. Also das hätte mir, glaube ich, geholfen. Menschen, die da mich getroffen hätten…

> Ja und letztlich an mich geglaubt. (…) ich war einfach noch nicht stark genug in mir, um zu sagen: ,So, und das ist jetzt mein Weg und da möchte ich jetzt lang oder ich mache jetzt etwas anderes.' Aber ich wusste auch gar nicht was. Ich wusste nicht, was es sein könnte. (BiB 529-553)

Anregender, entwicklungsfördernder Austausch

Ist genug Halt und Verständnis da für die spirituelle Erfahrung, dann wird das Bedürfnis nach einem anregenden Austausch mit Gleichgesinnten wach. So hat etwa Sara Sasse nach ihren spirituellen Erfahrungen begonnen, mit anderen MedizinstudentInnen zusammen zu experimentieren und zu forschen mit Lichtmeditationen, Bach-Blüten, Tanzen, Tarot (SS 183-186). Oder Katharina Kunz hat viele Kontakte zu Gleichgesinnten gesucht, gefunden und sehr aktiv gepflegt. Sie schildert, wie es aus der Auseinandersetzung mit einem evangelikalen Pfarrer mit extremen Ansichten zu einer Art Opposition gekommen ist, die für sie sehr fruchtbar und entwicklungsfördernd war:

> Und dann haben wir so eine Art Opposition oder eine Alternativ-Kirchengemeinde geführt. Und eigentlich entstanden ist das für mich aus persönlichen Kontakten auch mit einer anderen Familie. Die hatten auch gerade kleine Kinder wie ich. Und wir haben – mit dieser Frau habe ich oft Kinderhütedienst ausgetauscht. Also sie hatte mal meine und ich mal ihre. Und wir haben jede Woche einmal zusammmen Mittagessen gegessen. Und da sind noch andere Leute dazu gekommen – also Single-Leute. Beziehungsweise auch noch Leute – wir haben hier am Anfang in einer WG gewohnt im alten Haus, da sind noch zwei andere da gewesen. Und das waren auch Leute mit einem christlichen Hintergrund. Und dann haben wir hier miteinander Hauskreis angefangen. Bibelstudium und so. Aber es war eine sehr freie Art. Es war sehr so irgendwie: Es geht von uns aus und unseren Erfahrungen. Und mit dem – und mit unseren Fragen gehen wir an diese Texte heran. Also sehr kritisch. Und ja, kreativ, haben wir das gemacht. Und dann ist aus diesem Hauskreis heraus das Bedürfnis entstanden, in die Kirche zu gehen. Weil diese Kirche war für mich von Anfang an ein heiliger Ort. Ich habe dann mal später herausgefunden, dass auch vorne im Chor ein Kraftplatz ist. Und dann haben wir im Chor Abendmeditationen gemacht – zuerst nur für uns. Und dann haben wir gemerkt, das ist so schön. Und dann haben andere Leute gehört davon, und dann haben wir das geöffnet, und dann war das Abendmeditation für Leute, die sich interessiert haben. (KK 414-435)

Für Bernhard Bär ist seine Partnerschaft eine Quelle von gegenseitig anregendem Austausch und von grosser gegenseitiger Unterstützung. Hier erlebt er, wie er seiner Partnerin viel geben kann und er immer wieder von ihr lernt:

> Ich glaube, dass Beziehung ein ganz wesentlicher Aspekt ist im Zusammenhang mit Spiritualität. Ich erfahre mit [meiner Partnerin] in ganz wunderbarer Weise, wie wir miteinander wachsen und uns entwickeln. Und der eine dem anderen immer wieder Spiegel und Unterstützung ist, um ihm wirklich zu helfen, den nächsten Schritt zu machen. Ich sage, sie ist mir spirituelle Begleiterin. Sie ist mir lange auch Lehrerin gewesen. Ich habe viel von ihr gelernt. Und ich glaube, sie hat auch von mir viel gelernt. Sie hat mir viele dieser Räume gezeigt, die es da gibt. Und ich habe ihr, glaube ich, viel natürliches Grundvertrauen zeigen können, das ich einfach als Bub in der Natur draussen geschöpft habe. Das <u>habe</u> ich einfach – so etwas Urtümliches, so etwas Ursprüngliches. So. Und ich glaube, was sie bei mir ganz viel nutzen konnte. Und das finde ich etwas vom Schönsten in Beziehung mit einem Menschen. (…) Ich habe im Moment so eine gute Verbindung zu ihr und auch selbst das ist einfach eine tolle Erfahrung. Einfach eine schöne Erfahrung, mit einem Menschen so verbunden zu sein im Herzen, dass er wirklich wie ein Teil von einem selber ist. Das ist schön. Ich liebe sie auch. (BB 1914-1934)

Kritische Rückmeldungen als Entwicklungsmöglichkeiten

Kritische Rückmeldungen von nahestehenden Menschen, denen man vertraut, können für die Integration spiritueller Erfahrungen sehr hilfreich sein. Sie können den betroffenen Menschen auf mögliche blinde Flecken aufmerksam machen oder Schwierigkeiten aufzeigen, die durch eine bestimmte Einstellung oder ein Verhalten auf dem spirituellen Weg entstehen können. Dadurch bieten sie grosse Entwicklungsmöglichkeiten. Kritische Rückmeldungen bergen aber auch die Gefahr in sich, dass die betroffene Person sich darauf verschliesst, sich zurückzieht oder allenfalls den Kontakt ganz abbricht. So ist für eine fruchtbare Kritik vor allem entscheidend, ob sie für die betroffene Person nachvollziehbar ist und sie sich in der Thematik wirklich wahrgenommen fühlt. Stimmt eine Kritik nicht mit der eigenen Erfahrung überein – wie etwa bei Patricia Patterson, als ihr Therapeut ihren spirituellen Erfahrungen mit Skepsis begegnete und sie anders deuten wollte (PP 160-166) – dann ist eine Distanzierung von dieser Kritik nicht nur angemessen, sondern oft auch im Sinne einer Integration das einzig Hilfreiche.

Damit eine kritische Rückmeldung unterstützend für die Integration einer spirituellen Erfahrung ist, muss sich die betroffene Person also grundsätzlich verstanden und wahrgenommen fühlen (BiB 1834-1847; 1950-1954) oder sie als eine herausfordernde Möglichkeit einer Auseinandersetzung willkommen heissen (BB 1552-1596). So spricht Bernhard Bär auch von einem herausfordernden Umfeld, das er für die Integration seiner Erfahrungen neben einem nährenden Umfeld als hilfreich erachtet. Das nährende Umfeld unterstützt ihn in seiner inneren Balance und hilft ihm aufzutanken, während das herausfordernde Umfeld ihn immer wieder konfrontiert mit seinen eigenen Themen und ihn dadurch auch weiterbringt. Hier handelt es sich nicht um direkte kritische Rückmeldungen, sondern um indirekte Kritik und Herausforderung im alltäglichen Handeln. Bernhard Bär sieht sein herausforderndes Umfeld sehr positiv:

> das Glück ist auch, wenn man das entsprechende Umfeld hat. Und ich glaube, ich habe das optimale Umfeld dazu. Ich habe ein Umfeld, in dem relativ wenig Bewusstsein vorhanden ist und in dem ich total gefordert bin von allen Seiten, sehr stark bei mir zu bleiben. (BB 1584-1587)

> Also indem wenig Bewusstsein da ist und man mir gnadenlos und rücksichtslos eigentlich – weil unbewusst – mich stets mit meinen eigenen Mustern wieder konfrontiert. Ich bin in der unentwegten Auseinandersetzung, hier zu bestehen. Und immer mal wieder auch an dem Punkt, wo ich für mich entscheiden muss: Bleibe ich jetzt stehen oder weiche ich jetzt aus? Bleibe ich bei mir oder gehe ich von mir weg? Und da bin ich wirklich gefordert.

> Arbeite ich in einem Umfeld, wo die, die mit mir sind, den Blick dafür haben, was bei mir läuft und dann mitfühlend auf mich eingehen und mich entlasten, wo sie können, also im Guten mich entlasten – indem sie anders umgehen mit mir – dann habe ich das Gefühl, dann kann ich gar nicht so gut üben. Es ist für mich viel schwieriger, hier zu bestehen als in einem Umfeld, wo alle etwa vom Gleichen reden.

> Also wenn ich mit meinen Freunden zusammen bin, wo ich jetzt sage, und wir so Diskussionen haben, da können wir unterschiedlicher Meinung sein, aber da ist der eine dem anderen gegenüber sehr tolerant und greift ihn nicht an in seiner Meinung. Er sagt aber ganz klar: ‚He, ich habe hier einen anderen Standpunkt.‘ Da, wenn es das Gleiche ist – zwei unterschiedliche Meinungen – dann werde ich vom Vis-à-Vis angefahren: ‚Geht's dir eigentlich noch, so einen Mist zu denken? Spinnst du eigentlich?‘ Also da wird dann sofort angegriffen. Da werden andere Mittel gezückt, um quasi den Standpunkt, also nicht zu klären, sondern den eigenen Standpunkt über meinen Standpunkt [zu stellen]. Und da bin ich gefordert,

> um dann stehen zu bleiben und dann nicht ins Gegengleiche zu gehen – nicht auch in den Gegenangriff, sondern einfach stehen bleiben und mit den richtigen Worten und das Herz in dem Moment nicht zumachen, sondern offen behalten, und dann von dort weg einfach meine klare Argumentation einbringen. Und manchmal habe ich so schon Situationen auflösen können, wo das Vis-à-Vis dann einfach irgendwann verstummt ist. Und wenn er es nur hat stehen lassen, ist es ja schon gut.

> Darum sage ich, ist dieses Umfeld für mich eigentlich das Richtige, um mich wirklich entwickeln zu können. (BB 1612-1646)

Für Birgit Becker ging es nicht um die Herausforderung durch ein kritisches Umfeld. Hilfreich erlebte sie kritische Rückmeldungen ihrer besten Freundin. Diese setzte sich mit denselben spirituellen Richtungen wie Birgit Becker auseinander, war einige Jahre älter als sie und war für Birgit Becker ein Vorbild in der Verbindung zwischen einem sehr spirituellen und doch sehr irdischen und geerdeten Menschen. Diese Freundin konnte ihr helfen, eine Brücke zwischen ihrer Spiritualität und ihrem Alltag zu bauen. Vermutlich waren all diese Faktoren hilfreich dafür, dass die Kritik auf fruchtbaren Boden fiel. Ihre Freundin machte sie jeweils darauf aufmerksam, wenn sie dazu neigte, nur noch das Spirituelle zu wollen und alles andere abzuwerten und sagte ihr immer wieder, dass es kein Entweder-Oder gibt und wir nun einmal hier auf der Erde leben. Sie zeigte Birgit Becker auch deutlich auf, wann sie in einem solchen Entweder-Oder-Denken war und sich vom Irdischen abtrennte. Birgit Becker taten diese kritischen Rückmeldungen sehr gut und waren ihr bei der Integration ihrer Spiritualität überaus hilfreich (BiB 1834-1837; 1950-1954).

9.3.2 Schwierigkeiten im Kontakt zu anderen Menschen

Schwierigkeiten im Zusammenhang mit dem Kontakt zu anderen Menschen zeigen sich bei den InterviewpartnerInnen in fehlender sozialer Einbettung nach einer spirituellen Erfahrung und dem Gefühl, allein zu sein damit oder dadurch, dass ihre spirituellen Erfahrungen zu einem Rückzug in ihren bisherigen zwischenmenschlichen Beziehungen führen und sie dadurch trennend wirken.

Alleine sein

So schildert Ursula Urben, wie sie bei ihren spirituellen Erfahrungen in der Sterbebegleitung ihres Vaters zwar viele Austauschmöglichkeiten in Bezug auf die medizinisch-körperliche Ebene hatte – aber in Bezug auf ihre spirituellen Erfahrungen war sie völlig alleine: „Und auf der anderen war ich mausbeinallein. Also da habe ich echt das Gefühl gehabt, ich begebe mich in etwas hinein, da war ich noch nie. Und ich hätte auch nicht gewusst, mit wem ich es teilen soll" (UU 991-994). Ihre spätere Erfahrung in der Wallfahrtskirche löste einen Selbsterfahrungsprozess in ihr aus, in dem sie sich sehr die Anwesenheit von jemandem gewünscht hätte. Aber sie war damals weit weg von ihrem sozialen Umfeld, und es war niemand da. So musste sie mit ihrer Erfahrung alleine zurecht kommen, was nicht einfach war (UU 1885-1937).

Auch Johanna Jecklin fühlte sich nach ihrer ersten spirituellen Erfahrung sehr alleine damit. Niemandem davon erzählen zu können, war sehr schwierig für sie. Schliesslich konnte sie es ihrem Psychotherapeuten erzählen, was sie sehr entlastete und eine heilsame Erfahrung war (JJ 1453-1467).

Nach einer spirituellen Erfahrung kann es ein grosses Bedürfnis sein, darüber zu sprechen. So war es für Patricia Patterson problematisch, dass sie ihr Erleben niemandem mitteilen konnte, weil kaum jemand das nachvollziehen konnte (PP 150-153). So war es für sie „ein bisschen ein Schock" (219), als sie über inspiriertes Zeichnen mit einer Ebene ausserhalb von Zeit und Raum in Kontakt kam und Präkognitionen hatte (PP 197-244). Leider war sie mit all ihren Erfahrungen überwiegend alleine. Nur wenige Menschen konnten ihr darin ein Gegenüber sein (PP 412). Dadurch fehlten ihr zunächst auch Möglichkeiten, ihre Erfahrungen zu verstehen und einzuordnen. Sie behalf sich mit Literatur zum Thema und konnte dadurch viel integrieren (vgl. Kapitel 9.5.3).

Von der trennenden Erfahrung des Einsseins

Spirituelle Erfahrungen, die ja oft Erfahrungen des Einsseins sind, können auch trennend wirken. So verbindend sie auf einer spirituellen Ebene erlebt werden, so trennend können sie sich unter Umständen auf den Kontakt zu anderen Menschen auswirken. In manchen Fällen scheinen hier frühere biografisch bedingte Erlebens- und Verhaltensmuster ausschlaggebend zu sein. So etwa bei Johanna Jecklin. Durch ihre spirituellen Erfahrungen wurde ein früheres Lebensthema wieder aktiviert: Ihr schmerzliches Gefühl, anders zu sein als die anderen. Das distanzierte sie von ihren Geschwistern, ihrer ganzen Familie und von ihrem Mann, denen ihre Erfahrungen fremd und unverständlich waren:

> [Das] hat mich auch noch mehr distanziert von meinen Geschwistern. Im Grunde hat es mir noch mehr gezeigt: Du bist anders. Eigentlich war ich schon immer anders gewesen – aber im negativen Sinn von zu Hause: Du bist anders, du bist blöd, du bist dumm, du bist das. Und da hat es mir gleich nochmals gezeigt: Jetzt bin ich wieder anders. Also im Grunde bin ich wieder anders. Und dort hat es bei mir gewisse Sachen ausgelöst wie: Jetzt bin ich wieder anders. Und das war nicht so einfach. (JJ 1470-1476)

> Ich bin ganz anders als er [ihr Mann, Anm. der Interviewerin], so dass wir nicht zusammen passen. (JJ 1489-1490)

Ramina Ranatov fand als Kind von ihren Eltern kein Verständnis für ihre spirituellen Erfahrungen. Während sie zu Beginn ihre Erlebnisse erzählt hatte, begann sie deshalb später, ihre Erfahrungen für sich zu behalten und darüber zu schweigen. So schnitt sie sich im Kontakt mit anderen von ihrer Spiritualität ab – ausser bei den Nonnen. Mit der Zeit schnitt sie sich ganz von ihrem inneren Zugang ab und erblindete mit neun Jahren für einige Monate. Sie wurde schwer krank: „Und nachher ist für mich etwas zusammengebrochen. Ich hatte das Gefühl: Es existiert nichts mehr in meinem Leben" (RR 248-249)

Das Gefühl, mit ihrer Spiritualität irgendwie anders zu sein als die anderen, begleitete auch Birgit Becker über lange Zeit ihres Lebens. Das führte auch dazu, dass sie sich von anderen getrennt fühlte:

> (…) dass ich nicht so einen guten Kontakt zu anderen finden konnte, weil ich immer das Gefühl habe: Da ist etwas, was ich nicht zeigen darf oder nicht sagen darf oder nicht.. Wo ich anders bin. Wo ich das Gefühl habe: Die anderen kommen doch klar mit ihrem Leben, und mir ist das nicht genug. Ich habe immer das Gefühl: Aber darum geht es doch nicht – es geht doch noch um etwas anderes. Und da habe ich mich schon oft alleine gefühlt (…). Also das hat schon eine

Trennung zwischen mir und anderen gemacht. Also ich war sicherlich nicht ein isolierter Mensch in meiner Biographie, aber das hat schon auch eine Trennung gebracht. (BiB 1003-1012)

Punktuell stärkere Beeinträchtigungen im Kontakt zu anderen Menschen erlebte Birgit Becker dann nach ihrer Rückkehr aus ihrem Studienjahr an einer amerikanischen Universität, an der Spiritualität eine zentrale Rolle gespielt hatte. In der ersten Zeit nach ihrer Rückkehr gelang es ihr nicht, die Kluft zwischen ihrer Spiritualität und ihrem Alltag zu überbrücken (siehe Kapitel 9.4.2). Da sie sich in ihren zwischenmenschlichen Kontakten nicht verstanden fühlte, zog sie sich in dieser Phase stark zurück: „Und auch von meinem sozialen Umfeld konnte es keiner nachvollziehen, was da eigentlich mit mir passiert. Da habe ich mich sehr isoliert. Das war.. das war sehr schwer." (BiB 522-524).

9.3.3 Bisherige Form integrierter Spiritualität: Veränderungen im zwischenmenschlichen Kontakt

Alle InterviewpartnerInnen ausser Colin Clark (CC 1222-1263) berichten von grösseren Veränderungen im zwischenmenschlichen Kontakt. So sagt etwa Ursula Urben: „also da hat es einen ziemlichen Unterschied gegeben" (UU 2006-2007), und Bernhard Bär spricht von „massivsten Veränderungen" (BB 462) im zwischenmenschlichen Bereich.

Die grösseren Veränderungen im Kontakt zu anderen Menschen sind auf zwei Faktoren zurückzuführen, die für jeden Interviewten ein unterschiedliches Gewicht haben und in einer Wechselwirkung zueinander stehen und miteinander zusammenspielen (vgl. Kapitel 9.2.1):

- die spirituellen Erfahrungen
- eine Auseinandersetzung mit sich selbst, den eigenen Mustern und biografischen Themen (meist in einer begleitenden Psychotherapie)

Diese beiden Faktoren lassen sich nicht vollständig voneinander abgrenzen. Zeitlich gesehen traten die spirituellen Erfahrungen bei allen zuerst auf – also bevor es zu grösseren Veränderungen im zwischenmenschlichen Bereich kam. Da sich alle jedoch auch mit sich selbst, ihren Mustern und ihren biografischen Themen auseinanderzusetzen begannen, lassen sich die beiden Einflüsse nicht ganz voneinander abgrenzen. Ebenso sind ähnliche Veränderungen bei verschiedenen InterviewpartnerInnen mal auf den einen und mal auf den anderen Faktor zurückzuführen: So ist etwa die grössere Klarheit, die Ursula Urben beschreibt, für sie ganz klar die Folge ihrer spirituellen Erfahrung in der Wallfahrtskirche (UU 2006-2007). Sara Sasse hingegen kam zu grösserer Klarheit und klareren Grenzen durch ihre Auseinandersetzung mit ihren traumatischen Erfahrungen in einer Psychotherapie (SS 1046-1054). Bei manchen Interviewten steht vor allem der Einfluss der eigenen Auseinandersetzung in einer Psychotherapie im Vordergrund. So bei Johanna Jecklin, Ramina Ranatov und bei einigen Veränderungen im zwischenmenschlichen Kontakt bei Sara Sasse. Bei Johanna Jecklin zeigte sich diese Veränderung durch die Psychotherapie etwa darin, dass sie aktiver wurde im zwischenmenschlichen Kontakt und sich eher traute, ihre Meinung zu sagen, nachdem sie bisher mit Minderwertigkeitsgefühlen und Rückzug gekämpft hatte. Durch die Unterstützung ihres Therapeuten merkte sie, dass sie im Kontakt etwas bewirken kann und ihre Meinung sogar gefragt sein kann. So begann sie, mehr Bezug zu anderen Menschen zu machen und traute sich mehr (JJ 675-772).

Die Tatsache, dass spirituelle Erfahrung und eigene Auseinandersetzung mit sich und den eigenen Lebensthemen in diesem Bereich so eng zusammenspielen, stellt einen wichtigen Hinweis auf die Bedeutsamkeit einer psychologischen Auseinandersetzung mit sich selbst im Zusammenhang mit der Integration spiritueller Erfahrungen dar (vgl. Kapitel 9.2.1).

Welche Veränderungen erlebten die unterschiedlichen InterviewpartnerInnen nun im Kontakt zu anderen Menschen nach ihren spirituellen Erfahrungen? Auf Grund der Aussagen der InterviewpartnerInnen lassen sich folgende Aspekte herauskristallisieren:

- Mehr Offenheit, Toleranz, Gelassenheit, Freiheit im Kontakt zu anderen Menschen. Kontakte sind mehr von einer Herzensqualität und von grösserer Leichtigkeit geprägt.
- Mehr Klarheit, Ehrlichkeit, Direktheit und klarere Grenzen in der Interaktion mit anderen.
- Im Kontakt mit anderen auch in Kontakt mit sich selbst sein können und dabei mehr Akzeptanz für sich selbst haben.
- Vertiefung zwischenmenschlicher Kontakte, neue Gewichtung bisheriger Kontakte, neu entstehende Kontakte.

Mehr Offenheit

Offener durchs Leben gehen, toleranter anderen Menschen gegenüber, mit offenerem Herzen in Kontakt sein, gelassener, leichter und freier in zwischenmenschlichen Beziehungen sein – von solchen Veränderungen erzählen viele InterviewpartnerInnen. Es ist, als ob sich durch die spirituelle Erfahrung ein neuer Raum öffnet, in dem manches kleiner und unbedeutender wird, was sonst so sehr im Zentrum steht. Und dadurch scheint mehr innerer Raum und Weite für die Betroffenen zu entstehen. So sagt Ursula Urben nach ihrer spirituellen Erfahrung während der Sterbebegleitung ihres Vaters: „also die Art, wie mir das Herz aufgegangen ist in diesem Vergebensprozess rund ums Sterben, also so zu spüren, dass es auch in der Beziehung um etwas anderes geht als um das, womit wir uns im Alltagskram normalerweise aufhalten. Also das, woran ich mich gerieben habe im Kontakt vorher" (UU 1192-1196). Und Yolanda Yaberg kann heute viel mehr das Verbindende zwischen Menschen sehen, wo sie früher mehr die Unterschiede gesehen hat (YY 615-621), oder wie sie es an anderer Stelle formuliert: „auch einfach eine grössere Offenheit" (512).

Wo Yolanda Yaberg früher im Kontakt zu anderen Menschen oft „zugemacht" hat und eine Schutzburg um sich herum baute, um nicht verletzt zu werden, und deswegen in permanentem Stress lebte, konnte sie in den letzten Jahren durch ihre körperpsychotherapeutische Arbeit und ihre spirituellen Erfahrungen viel Neues auf- und viel Misstrauen abbauen. Durch ihre Spiritualität wurde ihr bewusst, dass es im Kontakt zu anderen manchmal Dinge gibt, die sie wütend machen oder ihr unangenehm sind, aber dass da auch ein Urgrund ist in ihr und in anderen, der von all dem nicht berührt wird. Früher, als sie diesen Urgrund noch nicht spürte, war sie in ihrem Gefühl einem anderen Menschen gegenüber gefangen und meinte, es gebe nichts anderes als dieses Gefühl und sie käme da nie wieder raus. Der Kontakt zu diesem spirituellen Urgrund ermöglicht es ihr heute, nicht mehr so gefangen zu sein in ihren Gefühlen. Dadurch kann sie mit mehr Leichtigkeit im zwischenmenschlichen Kontakt sein und Dinge auch mal anders tun, ihr Verhalten im Kontakt also verändern. Ihr Verhalten anderen Menschen gegenüber ist dadurch nicht mehr so rigid, sondern viel leichter veränderbar. So kann sie heute spielerischer sein im Kontakt zu anderen (YY 521-621).

Auch Patricia Patterson merkt, dass sie heute durch ihre spirituellen Erfahrungen viel mehr Handlungsmöglichkeiten im Kontakt hat, weil sie weiss, dass alles eins ist. Dadurch erlebt sie sich weniger schuldig oder als Opfer in zwischenmenschlichen Beziehungen: „Einfach viel mehr Möglichkeiten – Handlungsmöglichkeiten. Und viel weniger in einer Opferrolle als früher. Und das nur durch die spirituelle Ausrichtung. Dass ich weiss, alles ist eins" (PP 1435-1437). Ihre veränderte Sichtweise lässt sie in ihren zwischenmenschlichen Kontakten viel gelassener sein. So sind Denkmuster von ihr abgefallen, die sie heute nicht mehr behindern. Nach wie vor tauchen zwar Reibungspunkte im zwischenmenschlichen Miteinander auf, aber diese sind kein Problem mehr für sie. Diese grössere Freiheit ermöglicht es ihr auch, manchmal unkonventionell zu handeln (PP 1448-1453).

Auch Sara Sasse arbeitete als Ärztin in einem Krankenhaus zeitweise ziemlich unkonventionell: So begleitete sie bei ihrer Arbeit auch Menschen im Sterben und sang ihnen Mantras vor als direkte Folge ihrer spirituellen Erfahrungen in Indien. Auch heute erlebt sie ihre Beziehung zu ihren PatientInnen sehr aus dem Herzen heraus. Sie arbeitet damit, in ihnen das anzusprechen, was heil und gesund ist und ihnen in einer Herzensverbindung zu begegnen (SS 1055-1064).

Auch Werner Wagners Beziehungen wurden als Folge seiner spirituellen Erfahrungen offener und freier: So erlebt er heute, dass er toleranter ist anderen Menschen gegenüber und dass ihm viele Menschen wirklich etwas bedeuten und er sie sehr gerne hat. Heute kann er solche Gefühle äussern, was er früher nicht getan hätte (WW 1197-1204). Wenn er jemanden verletzt, tut ihm das heute sehr weh. In diesem Bereich ist er mitfühlender und empfindsamer geworden als früher (WW 1216-1218).

Integrierte Spiritualität kann einen ganz anderen Boden für den zwischenmenschlichen Kontakt bereiten. Spiritualität kann einen zwischenmenschlichen Kontakt in einen grösseren Kontext stellen, der „Grosses grösser und Kleines kleiner erscheinen lässt". So kann ein zwischenmenschlicher Kontakt auf dieser Basis geprägt sein von einer unmittelbareren Begegnung aus einer Offenheit heraus, Respekt und Akzeptanz, einem Weniger-Tun-Müssen und Mehr-Sein-Können, einer bewussten Kontaktaufnahme mit der eigenen spirituellen Einbettung und derjenigen des Gegenübers. Im zwischenmenschlichen Kontakt gelebte Spiritualität kann auch eine Basis für die Arbeit mit schwierigen Themen bieten, da sie das Vertrauen in etwas Grösseres stärkt – etwas, das über den Konflikt und die daran beteiligten Menschen hinausgeht und davon unberührt bleibt. Spiritualität in diesem Sinn ist wie der Boden, der im zwischenmenschlichen Kontakt alle Beteiligten trägt, wenn man den Mut hat, sich ihm anzuvertrauen. So schildert Katharina Kunz ihre Veränderungen im zwischenmenschlichen Kontakt durch ihre Spiritualität und ihre spirituellen Erfahrungen:

> Also ich finde schon, es [die Spiritualität, Anm. der Interviewerin] hat es [die zwischenmenschlichen Beziehungen, Anm. der Interviewerin] sehr beeinflusst. Dass ich *freier bin, Menschen zu begegnen.* Also auf eine Art durch meine Spiritualität gelernt habe, Menschen *unvoreingenommener* zu begegnen. Und auch der *Respekt*, was alles sein kann in einem Menschen. Auch meine Vorstellungskraft oder meine *Einfühlkraft* in die unterschiedlichsten Zustände sind (…) wirklich gefördert worden. Auch meine Bereitschaft, einfach etwas auszuhalten mit Menschen – also *Akzeptanz*, das ist einfach weiter geworden. Ich habe auch nicht immer das Gefühl, ich müsse etwas machen. Ich habe *oft das Gefühl, es ist gut, einfach auch zu sein, da zu sein*, ein Zeuge zu sein vom anderen. Ich kann auch auf andere Arten in

Kontakt sein mit Menschen. Früher fand ich vielleicht, ich müsse etwas sagen oder das Gespräch ist vor allem das Wichtige. Und jetzt merke ich oder habe noch mehr gelernt: ‚Nein, *es gibt noch ganz andere Dimensionen.*' Bis jetzt hin dazu, dass ich, wenn ich manchmal z.b. mit Klienten rede, dass ich manchmal versuche, *Kontakt aufzunehmen mit unserer je spirituellen Einbettung.* Dass ich quasi meine Wesen, meine Engelbegleiter zu spüren versuche und merke, der andere hat auch einen solchen Hintergrund. Und dass diese Welten auch miteinander kommunizieren. Dass wir nicht alles machen müssen miteinander. Dass da wie eine riesige Welt auch hintendran ist, und die ist auch wichtig. Dass ich einfach merke, *das öffnet mein Bewusstsein, mein Gewahrsein für was da alles sein kann im Kontakt.* Und das gibt auf eine Art – das relativiert das, was da sichtbar hin und her geht. Das entlastet mich auch ein wenig. Und es … ja, es relativiert, entlastet und zeigt auch irgendwie wieder wichtige Dimensionen für mich auf. Also relativieren tönt ein wenig: ‚Ja, das ist nicht so wichtig.' Ich finde nicht, es ist nicht wichtig, was läuft zwischen zwei Leuten, aber *es stellt das wie in einen grösseren Kontext hinein.* Und das tut mir gut.

Und ich habe auch das Gefühl, ich habe *mehr Vertrauen gewonnen, dass auch Konflikte, die entstehen, in Ordnung sind* und dass es einen Sinn hat im Prozess drin, diese Konflikte auch anzusprechen oder mit ihnen etwas zu machen. Ich glaube, ich bin *weniger konfliktscheu* als früher. Und dass ich manchmal auch das Gefühl gehabt habe, ich kann etwas einfach mal sagen, ohne gerade schon verstehen zu müssen, wie ich es lösen muss. Weil ich auch die Erfahrung gemacht habe oftmals, dass sich daraus etwas Gutes entwickelt, auch wenn es zwischendurch auch mal schwierig ist. (KK 1952-1989) [Hervorhebungen durch die Autorin]

Manchmal wird eine Offenheit und Herzlichkeit unmittelbar durch ein spirituelles Umfeld verstärkt, ohne dass sich diese Eigenschaften längerfristig im Leben manifestieren können. So erlebte Birgit Becker während ihres Aufenthaltes in einer spirituellen Gemeinschaft, in der sie sich spirituell sehr genährt gefühlt hatte und sehr in Kontakt mit sich selber war, dass sie auch anders nach aussen strahlte und anderen Menschen anders begegnen konnte: Sie erlebte mehr Offenheit, Neugierde, eine Wachheit für den anderen, Präsenz und Herzensqualitäten wie Freude, Herzlichkeit (BiB 1070-1100). Nach ihrem Studienjahr an einer amerikanischen Universität folgten dann dauerhaftere Veränderungen in zwischenmenschlichen Beziehungen über eine spirituelle Praxis von Mitgefühl. Sie entwickelte mehr Mitgefühl sich selbst und anderen Menschen und Wesen gegenüber (BiB 1036-1043).

Bemerkenswert zu diesem Aspekt der Offenheit als Folge spiritueller Erfahrungen ist, dass sich nicht selten eine Interviewte unmittelbar nach einer spirituellen Erfahrung verliebt oder eine neue Beziehung eingeht (z.B. RR 784-803; SS 453-482; UU 1591-1595; YY 1374-1375). Es ist, als ob die Betroffenen in der spirituellen Erfahrung mit einer solchen Liebe und Verbundenheit in Kontakt kommen, dass sich diese auch nach aussen zeigt und sich dann im Kontakt mit einem anderen Menschen manifestiert.

Mehr Klarheit

Neben einer grösseren Offenheit, Leichtigkeit und Toleranz im zwischenmenschlichen Kontakt ist Klarheit eine Qualität, die bei einigen InterviewpartnerInnen den Kontakt zu anderen prägt. So erlebt Sara Sasse durch ihre psychotherapeutische Arbeit mit ihren traumatischen Erfahrungen ein stärkeres Gefühl von „Ich bin", was sich im zwischenmenschlichen Kontakt als grössere Klarheit und bessere Abgrenzung zeigt (SS 1046-1054). Ursula Urben erlebt seit ihrer spirituellen Erfahrung in der Wallfahrtskirche eine grosse Klarheit im Kontakt zu anderen. Vor diesem Erlebnis war sie jahrelang in einer sehr schwierigen Dreiecksbeziehung gewesen, die stark von Abhängigkeit geprägt war. Nach ihrer spirituellen Erfahrung begann sie eine neue Beziehung zu einem Mann, in der sie von Anfang an sehr klar war. Für sie und auch für ihn war das eine völlig neue Erfahrung. Diese Beziehung hat noch heute Bestand und ist für beide sehr erfüllend. Ihre Klarheit und die klaren Vereinbarungen zu Beginn der Beziehung schafften eine tragfähige Basis. Für Ursula Urben ist diese Beziehung geprägt von dieser Klarheit, aber auch von Verbindlichkeit und zugleich viel Raum für beide:

> Es hat ihn sehr gefordert. Das war er überhaupt nicht gewohnt. Und es war auch wenig romantisch und wenig irgendwie – ja, halt ohne den üblichen Schmus. Aber ich wollte einfach wirklich wissen, woran ich bin und wollte ihm sagen, woran er mit mir ist. Und das, was wir an den beiden Abenden vereinbart haben, das hat nach wie vor Bestand und das ist das Beste, was ich je hatte an Partnerschaft. Echt. Es hat einfach auch diese Klarheit drin. Und eine Verbindlichkeit, obwohl wir beide jeder sehr ein eigenes Leben führen. (UU 2086-2093)

Und sie findet: „Je klarer wir sind, desto einfacher geht es" (UU 2107-2108). So ist sie insgesamt in ihren zwischenmenschlichen Beziehungen kompromissloser geworden und hat das Gefühl, ihr und den Menschen in ihrer Umgebung bekommt das gut. Für sie hat das mit Ehrlichkeit sich selber und anderen Menschen gegenüber zu tun (UU 2112-2116). Sie drückt sich seit jener spirituellen Erfahrung auch anders aus: Sie redet viel weniger, drückt sich klarer und unmissverständlicher aus. Sie drückt sich nicht mehr so diplomatisch aus, macht auch die höflichen Umwege nicht mehr – dafür hat sie weniger Missverständnisse (UU 2120-2135). Das zeigt sich auch in ihrer beruflichen Arbeit – so stellt sie viel klarere und direktere Fragen, macht keine Umschweife. „Mir ist das Leben zu kostbar geworden, um es mit Umwegen zu füllen, wenn es nicht unbedingt sein muss. In jeder Hinsicht" (UU 2149-2151). Diese Klarheit prägt seit ihrer spirituellen Erfahrung nicht nur ihre zwischenmenschlichen Beziehungen, sondern alle Bereiche ihres Alltags: Sie hat seither Ordnung in ihrer Wohnung, macht ihre Buchhaltung zur Zeit, hat persönlich auch „keine grossen Baustellen mehr" (UU 2158). Wenn sie Schwierigkeiten hat, bemüht sie sich um Klarheit und geht die Dinge an, ohne sie aufzuschieben. Dann ist sie halt mit diesen schwierigen Themen beschäftigt und macht es so, wie sie es zu diesem Zeitpunkt tun kann (UU 2153-2175).

Auch Patricia Patterson erlebt sich im zwischenmenschlichen Kontakt klarer. So kann sie heute anderen gegenüber klare Grenzen setzen. Die Basis für diese Veränderung liegt für sie darin, auch in zwischenmenschlichen Begegnungen in Kontakt mit sich selber zu bleiben. So wird es ihr möglich, früher fälschlicherweise übernommene Verpflichtungen und Verantwortung nun nicht mehr zu übernehmen:

> Jemand darf auch mal über die Schnur hauen – wenn ich Grenzen setzen kann – wie ich in der zweiten Erfahrung gelernt habe, kann ich sagen: ‚Jetzt bist du zu weit.' Und gebe es zurück. Während ich früher zu verletzt war. Und wehrlos. Machtlos habe ich mich gefühlt. Und jetzt erlaube ich dem anderen, über die Grenze zu kommen, denn ich kann ja Grenzen machen. Wenn er nicht kann, kann ich. Und wenn es mir nicht gut tut, kann ich ja die Person sein lassen, aber ich kann mich irgendwo anders hinwenden. Ich suche nicht den Kontakt. Früher

habe ich manchmal gemeint, ich müsse mich moralisch verhalten, jetzt sei doch da jemand Armes und habe mich immer aufgeregt, wenn die Person immer gejammert hat und nichts ändern wollte. Und ich habe dann Veränderungsvorschläge gemacht und so – also ((lachend)) so ein wenig co-abhängig würde ich heute sagen. Und ich habe da gemeint, ich müsse das aushalten. Bis ich gemerkt habe, also nein, wenn jemand in dieser Situation verharren will und vielleicht auch die Möglichkeiten nicht hat oder wenn ich nicht mag oder es für mich anstrengend ist, muss ich doch den Kontakt nicht suchen. Also etwas, was mir nicht gut tut – dann gehe ich doch dorthin, wo es mir gut tut. Und früher habe ich wie eine Verpflichtung gespürt. Ich hatte das Gefühl, ich sei verpflichtet, gegen meinen Willen und unterschwellig mit Groll. Und dadurch, dass ich mir mehr Freiheit gebe, wird auch das einfacher. (PP 1397-1419)

Mehr bei sich bleiben im zwischenmenschlichen Kontakt

Wie Patricia Patterson erleben auch andere InterviewpartnerInnen, dass sie im Kontakt mit anderen mehr bei sich bleiben können und dadurch auch mehr in einem inneren Gleichgewicht sein können. Sie bleiben in Kontakt mit sich selbst und ihren eigenen Bedürfnissen. Als Musikerin beschreibt Patricia Patterson ihre Entdeckung, bei sich zu bleiben im Zusammensein mit anderen und nicht aus sich heraus und gewissermassen in den anderen hineinzufallen. Sie versuchte, das in ihrem Orchester-Umfeld umzusetzen:

> Wenn ich ganz bei mir bin - also dass ich eigentlich nur ganz zu mir kommen kann. Ich habe früher immer versucht, den anderen zu verstehen, also eine Art mich nach vorne zu neigen. Und dann habe ich gemerkt, auch energetisch, ich muss ganz bei mir sein, und dann hat der andere auch die Chance, eher auch die Chance, bei sich zu sein. Sobald ich mehr bei ihm bin, dann ist es viel schwieriger. Also dann bin schon mal ich aus dem Lot – und der andere eventuell auch. Aber das entzieht sich meiner Verantwortung. Aber eigentlich kann nur ich ganz bei mir sein. Und das hat mir dann auch die ganze Berufssituation – also dass der Dirigent ständig auf einem herummacht. Ich habe dann gemerkt, dass er eigentlich die Aufgabe hätte, das in sich zu spüren, und das hat dann natürlich auch einen Bruch gegeben. Also ich habe dann begonnen, viel mehr zu hinterfragen, was so als normal gilt. (…) Also lerne ich bei mir sein beim Spielen. Das ist die einzige Chance, dass wir uns treffen können. Das war eine ganz wichtige Erkenntnis. Auch um energetisch zu spielen in einem Ensemble. Und halt relativ unüblich. Also als ich dann beginnen wollte, so zu proben, bin ich zuerst auf Unverständnis gestossen. (PP 509-533)

Patricia Patterson liess sich jedoch nicht beirren und experimentierte viel mit ihrem Instrumentenspiel. Sie spielte in Kontakt mit sich und ihrer Körperwahrnehmung und beobachtete etwa Zusammenhänge zwischen Klang und Atmung. Mit der Zeit wurde ihre veränderte Spieltechnik auch für andere hörbar, und sie bekam viele positive Rückmeldungen zu ihrem veränderten Spiel und Klang (PP 265-284).

Seit seiner spirituellen Erfahrung erlebt auch Adam Apfelbaum eine grössere Achtsamkeit dafür, was im zwischenmenschlichen Kontakt mit ihm passiert. Er ist achtsamer geworden sich selbst gegenüber und ist weniger stark nach aussen und auf andere ausgerichtet – ein Verhaltensmuster, das er von seiner Mutter übernommen hatte:

> (…) ich hatte mehr Gleichgewicht. (…) vorher, wenn jemand irgendetwas brauchte, dann sprang ich hin, um ihm zu helfen. Nach dieser Erfahrung schaute ich auch, ob es jetzt für mich passt… nicht in einem egoistischen Sinne… Ich weiss, dass es in der Gruppe Zeiten gab, wo es mir sehr wichtig war, andere nicht zu stören, und später fand ich, was ich tue, ist meine Sache und was sie tun, wenn sie gestört… wie soll ich das… also auf dem surface war es, als wäre ich weniger sozial – aber das war überhaupt nicht mein Gefühl. Ich bin achtsamer mir selbst gegenüber – also als Resultat (…) … das heisst, ich fühle mich gleich mit den anderen und nicht wie vorher, dass die anderen zuerst kommen. Das war die attitude, die ich erlebt habe mit meiner Mutter. (…) für sich hat sie überhaupt nichts Gutes gemacht… So eine Form von … (…) ‚ich kann viel ertragen, also kommt der andere zuerst'… Also das war schon eine Veränderung in den [zwischenmenschlichen Beziehungen, Anm. der Interviewerin]. (…) das war mehr mit einer Achtsamkeit, was mit mir passiert. (…) Also in anderen Worten, ich glaube, in dieser Erfahrung, die ich hatte, bin ich erwachsener geworden – also durch diese sehr kurze Erfahrung… (AA 730-749)

Auch Werner Wagner kann im zwischenmenschlichen Kontakt mehr bei sich bleiben. Wo er früher Schwierigkeiten mit Nähe und Distanz hatte und in Beziehungen unberechenbar war, fühlt er sich heute viel ausgewogener und ausgeglichener im Kontakt zu anderen. Wo er sich früher oft stark zurückzog, gibt es zwar auch heute noch Phasen, in denen er alleine sein möchte, aber er kommt auch wieder in den zwischenmenschlichen Kontakt zurück. Seit kurzem erlebt er auch eine schüchterne und unsichere Seite an sich, was er sich früher wohl einfach nicht zugestanden habe (WW 1152-1186). Eigentlich mag er heute diese Seite an sich: „ich kann einfach auch mehr von dem akzeptieren, wie ich halt bin, als ich das früher konnte" (WW 1167-1168).

Ramina Ranatov spricht davon, dass sie heute einen anderen Boden hat im Kontakt mit anderen Menschen. Sie kann mehr bei sich bleiben. Früher verlor sie sich in Beziehungen, hatte das Gefühl, nicht zugehörig zu sein, nicht zu genügen und nicht da sein zu dürfen. Sie hatte immer wieder das Gefühl, sie müsse etwas geben, wenn sie da ist – und dass es aber auch nie reiche, was sie anbietet. Durch eine psychotherapeutische Begleitung hat sie gelernt, sich selbst und ihre Fähigkeiten besser einzuschätzen und mehr bei sich zu bleiben. Die therapeutische Beziehung zu ihrer Psychotherapeutin unterstützte sie darin, einfach sich selber zu sein. Diese Erfahrungen haben ihr Gefühl gestärkt, dass etwas sein darf, wie es ist und auch sie selber so sein darf wie sie ist – auch im zwischenmenschlichen Kontakt (RR 1184-1197, 1202-1220, 1229-1241).

Vertiefung und Neuerungen

Spirituelle Erfahrungen können eine ganz neue Tiefe im Kontakt mit anderen Menschen ermöglichen. So führten Erfahrungen des Einsseins Bernhard Bär dazu, dass er sich heute in seinem Alltag immer wieder ins Bewusstsein bringt, dass er mit seinem Gegenüber verbunden ist. Er versucht dann, sein Herz zu öffnen, damit diese Verbindung wirklich entstehen kann:

> Es ist heute so, dass ich mir immer wieder in Alltagssituationen das zu Bewusstsein bringe – einfach dass ich mir wieder bewusst mache, dass ich mit dem Vis-à-Vis im Grunde genommen verbunden bin. Und dass das, was uns trennt, eigentlich nur die Muster sind und die Begrenzungen, die wir entweder mitgebracht haben oder die wir uns noch zugelegt haben auf dem Weg. Und da bemühe ich

mich einfach immer wieder, und es gelingt manchmal und oft gelingt es halt auch nicht, dass ich im Vis-à-Vis halt wie dahinter sehe und dahinter spüre. Und in dem Moment mich auch bemühe, das Herz zu öffnen, damit auch wirklich diese Verbindung entstehen kann - also das Gemeinsame. Dass ich wieder diesen Faden spinnen kann – spannen, spinnen. (BB 449-459)

Er versucht, in seinem Gegenüber „die Energie" zu erfassen: „also den anderen zu spüren im Kern, also im Wesen. Dann versuche ich, zu dem eine Verbindung zu machen" (BB 969-970). Wenn eine solche Verbindung im zwischenmenschlichen Kontakt entsteht, ist das oft sehr berührend. Für Bernhard Bär geht diese Verbindung vom Herzen aus und hat ihren Ausgangspunkt in einer spirituellen Erfahrung, an die er in solchen Momenten bewusst anknüpft:

Und das macht oft dann ein ganz schönes – es ist auch sehr berührend in vielen Situationen – das kann manchmal nur ein Augenblick sein. Es kann nur ein Augenkontakt sein in einem Gespräch. Oder es kann eine Reaktion sein beim Gegenüber auch, wo ich merke: Jetzt bin ich angekommen. Jetzt ist die Verbindung da – jetzt ist es geflossen. Also es ist schon – ich glaube, ich fokussiere sehr stark in dem Moment einfach auf mein Herz. Ich fokussiere sehr in mich rein. Ich versuche mich wie da zu sammeln und komme dann von da auf das Vis-à-Vis zu. Für mich ist wie dieser Zustand (…) von Verbundensein [in der spirituellen Erfahrung, Anm. der Interviewerin] [die Basis dafür] (…) – an das erinnere ich mich zurück. (BB 972-985)

Bernhard Bär spürt auch, dass es im zwischenmenschlichen Kontakt einen Unterschied macht, ob er sich gerade geerdet fühlt. Wenn er von seiner Körperhaltung her geerdet ist, wird sein Fokus klarer, und er ist viel mehr in Kontakt mit dem, was er gerade tut, und vor allem auch mit seinem Gegenüber (BB 1483-1508). So merkt Bernhard Bär, dass er sein Gegenüber besser wahrnehmen und erfassen kann: „Ich sehe hinter das, was sich vordergründig manchmal zeigt, und dahinter liegt ja immer oder oftmals etwas ganz Anderes und etwas ganz Gutes. Und das macht es einfach viel, viel leichter" (BB 477-479).

Insgesamt stellt Bernhard Bär fest, dass er eine ganz andere Tiefe im Kontakt mit anderen Menschen erlebt und dass auch andere Menschen in seinem Leben auftauchen (BB 488-514): „zwischenmenschliche Beziehungen sind völlig anders geworden. Mein Freundeskreis hat sich auch verschoben. Ich habe heute ein ganz anderes Sozialnetz als noch vor Jahren" (BB 488-490). „Da gibt es ganz andere Tiefen" (BB 495).

Auch Yolanda Yaberg nimmt heute andere Menschen ganz anders wahr, während sie früher andere oft wegen Äusserlichkeiten verurteilt hatte. Sie sieht diese Veränderung in einem engen Zusammenhang mit ihrem eigenen Sein und ihrem Bewusstsein:

Zum einen ist mein eigenes Sein ein anderes und kann aber über dieses Bewusstsein auch andere anders wahrnehmen. Dass ich früher ganz oft im Verurteilen war von Äusserlichkeiten und dass ich jetzt, wenn ich tief verankert bin, auch andere anders wahrnehmen kann. (YY 507-511)

Und Sara Sasse erlebt eine Vertiefung ihrer zwischenmenschlichen Beziehungen zu anderen Frauen. Gemeinsame Visionen sind ihr im Vergleich zu früher wichtiger geworden (SS 1042-1045).

Interessanterweise wird eine Vertiefung der Beziehung nicht nur zu Lebenden, sondern von einigen InterviewpartnerInnen auch zu verstorbenen Familienangehörigen geschildert. So erlebte etwa Ramina Ranatov nach einer spirituellen Erfahrung nach dem Tod ihres Vaters ein Gefühl einer Verbindung zu ihrem Vater und einer Versöhnung mit ihm, die sehr heilsam war für sie. Sie hat bis heute das Gefühl, er ist da und unterstützt sie. Bei manchen Schwierigkeiten fragt sie ihren Vater innerlich um Rat – das gibt ihr Kraft (RR 1296-1310).

Auch Birgit Becker erlebt einen vertieften Kontakt zu ihrem verstorbenen Vater – auch sie hatte bei dessen Tod eine spirituelle Erfahrung. So gibt es heute Momente, in denen sie mit ihm bewusst in Kontakt geht und ihn um Unterstützung bittet. Dann spürt sie den Kontakt zu ihm und ist zugleich in Frieden damit, dass er jetzt nicht mehr da ist (BiB 1302-1327; 1331-1334).

Werner Wagner konnte sich mit seinem Vater in den letzten Jahren vor dessen Tod versöhnen. Nach seinem Tod spürte er eine ganz starke Verbindung und eine grosse Nähe zu seinem Vater:

> Und der Tod meines Vaters war für mich etwas ganz Bewegendes. Das hat mich sehr bewegt. Und das.. hat auch irgendeine spirituelle Komponente.. gehabt. Ihn so zu sehen als.. er hatte immer etwas sehr Trotziges gehabt, mein Vater, also etwas sehr Negatives. Und ihn tot zu sehen, seinen Stolz. Als der Trotz weg war, dieser Stolz, der mit so einer Entlastung, einer Entspannung im Gesicht. Das vergesse ich nie mehr. Das ist wirklich tief reingegangen. Da habe ich auch <u>ganz viel</u> Verbindung gespürt zu ihm. Das spüre ich immer noch – eine <u>sehr</u> starke Verbindung. Und.. ja. Ich habe auch das Gefühl, es geht darum, auch einen Teil von dem, was er nicht leben konnte und nicht entfalten und entwickeln konnte, wie ein Stück weiterzuentwickeln. Also ich fühle mich ihm sehr nahe. (WW 1100-1111)

9.4 Kontakt zum alltäglichen Leben – „Holz hacken, Wasser tragen"

Damit Spiritualität gelebt werden kann und nicht ein Konzept oder eine Erfahrung bleibt ohne konkrete Auswirkung im eigenen Leben, muss sie in den alltäglichen Bezug eingebettet werden können. Das heisst, es muss ein Kontakt geschaffen werden zu Erfahrungsbereichen des alltäglichen Lebens, die dadurch zu einem Gefäss und zu einem Boden für die spirituelle Erfahrung werden können, die zu einer Verankerung der Erfahrung werden.

9.4.1 Im Alltag verwurzelt bleiben

Von allen InterviewpartnerInnen wird ein konkreter Alltagsbezug in der Zeit der spirituellen Erfahrungen und danach aufrechterhalten – sie bleiben im Alltag verwurzelt. Von den meisten wird die Bedeutung eines konkreten Alltagsbezugs – meist in Form einer beruflichen Tätigkeit – jedoch nicht *explizit* als hilfreich hinsichtlich der Integration spiritueller Erfahrungen erwähnt. In diesen Fällen scheint ein solcher Bezug selbstverständlich zu sein, da ein Ausführen alltäglicher Tätigkeiten für sie gar nie in Frage gestellt wurde. Einige InterviewpartnerInnen (BB, SS, UU, YY) erwähnen jedoch die Bedeutsamkeit eines konkreten Alltagsbezugs für ihren eigenen Prozess explizit. Eine mögliche Ursache dafür mag darin liegen, dass die betroffenen InterviewpartnerInnen den strukturauflösenden Aspekt spiritueller Erfahrungen besonders stark erlebt haben – sei das in der Erfahrung selbst oder in nachträglichen krisenhaften Entwicklungen.

Ein konkreter Alltagsbezug wird dabei erlebt:

- als haltgebende Struktur und Fokussierhilfe, um sich nach spirituellen Erfahrungen wieder im Alltag einzufinden,
- als Ankerpunkt in kritischen Zuständen,
- als Prävention spirituellen „Abhebens" und
- als direkte Erdung des spirituellen Zustands in einfachen Tätigkeiten.

All diesen Fällen ist eine haltgebende Funktion und ein Zustand von Klarheit und Fokus gemeinsam, der über die Aufrechterhaltung des Kontakts zum Alltag erlebt wird.

So wird der *haltgebende Aspekt einer Alltagsstruktur* etwa sehr geschätzt, wenn es darum geht, einen inneren Raum im Alltag zu schaffen, wo ein Kontakt zu Spiritualität möglich werden kann. Damit kann die spirituelle Dimension im alltäglichen Handeln mehr Raum bekommen. So erlebt es Ursula Urben etwa als hilfreich, sich nach einer spirituellen Erfahrung selbst eine Alltagstruktur zu geben, weil sie ihr Halt gibt: „Das heisst, ich muss mir selber eine Alltagstruktur geben. Also ich brauche ein Gerüst an Alltagstruktur, was mich hält" (UU 1781-1783).

Für einen solchen Übergang von einem inneren spirituellen Raum zu einem alltäglichen Raum, wie er bei der Arbeit besteht, wird es unterstützend erfahren, eine klar strukturierte, einfache Tätigkeit auszuführen. Eine solche *Fokussierhilfe* erleichtert es etwa Bernhard Bär, nach einer spirituellen Erfahrung im Alltag wieder Fuss fassen zu können, ohne deswegen den spirituellen Bezug zu verlieren:

> Also mir hilft dann, wenn ich etwas hernehme zum Arbeiten, das sehr strukturiert ist. Buchhaltung ist da eben eigentlich ein gutes Gefäss. Das ist etwas, wo ich nicht sehr kreativ sein muss, aber wo es darum geht, ganz genau zu sein. Und da kann ich dann gut eine halbe Stunde, Stunde Buchhaltung machen, und wenn das aufgeht, dann merke ich, dann kommt auch die Freude, wenn das zu stimmen kommt. Und dann ist auch Befriedigung, weil ich das Gefühl habe, ich habe schon etwas gemacht, und dann kann ich mich auch wieder einlassen auf die Arbeit und das, was es zu tun gibt. (BB 1826-1835)

Wenn Krisen auftreten nach spirituellen Erfahrungen, wird es von der betroffenen Person besonders wichtig erlebt, ihr alltägliches Leben trotz Schwierigkeiten weiter zu führen. So war für Sara Sasse ihr Studium und ihre Arbeit ein wichtiger Anker in kritischen Zuständen: „Und… ja, habe auch immer versucht, mein Studium ordentlich weiter zu machen, meine Prüfungen zu machen" (SS 168-170).

Einen konkreten Alltagsbezug in Form einfacher Tätigkeiten aufrechtzuerhalten kann eine grosse Hilfe dabei sein, *spirituell nicht abzuheben* und sich in spirituellen Dimensionen zu verlieren oder daran hängen zu bleiben. So brachte Yolanda Yabergs spiritueller Lehrer sie immer wieder auf den Boden zurück, indem er beispielsweise sagte: Mach mir mal einen Kaffee. Oder: Geh ins Büro zur Arbeit. Das half ihr, nicht abzuheben und nicht an einer Erfahrung hängen zu bleiben, wenn sie durch ein spirituelles Erleben innerlich aufgelöst war. So war sie gewissermassen durch ihren Lehrer gezwungen, den inneren Zustand der Erfahrung in den Alltag einzubringen. Wichtig war für sie dabei, dass sie keine komplexen Aufgaben ausführen musste, sondern einfache Tätigkeiten wie spülen, putzen oder im Garten hacken, die es ihr erlaubten, sich während dem Tun immer wieder mit dem erfahrenen Seinszustand zu verbinden. Solche einfachen Tätigkeiten erlebte Yolanda Yaberg als sehr hilfreich für eine Erdung ihrer Erfahrung (YY 882-891).

Im Handeln zu bleiben in einem konkreten Alltagsbezug wird als sehr wichtig erachtet für eine Integration einer spirituellen Erfahrung. Dabei geht es darum, nicht im Zustand der spirituellen Erfahrung hängen zu bleiben und daran festzuhalten, sondern weiterzugehen ins Handeln und sich im Handeln mit dem inneren Zustand rückzuverbinden. Auf diese Weise können sich das äussere Handeln und Bewegen als körperliche Handlungen und der innere Zustand verbinden. Der spirituelle Zustand kann sich so *direkt in einfachem Tun erden* und dabei in einem ersten Schritt integriert werden (YY 2149-2153).

Ebenfalls zur Vorbeugung eines spirituellen Abhebens wendet Colin Clark bewusst eine Strategie an, mit der er insbesondere der *Gefahr einer Selbstüberhöhung* als spiritueller Lehrer *entgegenwirkt*: So begibt er sich in seinem Alltag bewusst in Situationen, in denen er sehr kritisch und misstrauisch betrachtet wird:

> Und dann ab und zu gehe ich bewusst an einen Ort, also in der Nacht, wo mich niemand kennt. Dann bin ich plötzlich der Alte, etwas Ältere nicht mehr so Beliebte – man schaut mich dann eher mit schrägen Augen an – was macht der da noch? Dort bekomme ich dann eher so ablehnende Gefühle. Und das finde ich sehr, sehr nützlich – also diese Spannung. (…) in eine (…) Situation zu gehen, in der mich niemand kennt und wenn ich dann zu irgendjemandem etwas sage – was will jetzt der von mir? Dann ist das – ich bin ja mehr oder weniger derselbe. Und dieser Unterschied ist für mich sehr heilsam. (CC 290-300)

9.4.2 Schwierigkeiten: Kluft zwischen Spiritualität und Alltag

Nach spirituellen Erfahrungen wird manchmal zwischen Alltag und Spiritualität eine Kluft empfunden, die kaum überbrückbar scheint. Neue Einsichten und Erkenntnisse, manchmal eine neue Sicht der Welt und der Menschen, können zu einer (vorübergehenden) Unvereinbarkeit zwischen Spiritualität und Alltag führen. Solange die beiden Bereiche nicht auf irgendeine Art zusammengebracht werden können, bleibt eine Kluft bestehen, die von den Betroffenen schmerzhaft empfunden wird.

Ein grösseres Leiden an dieser Situation wurde von den InterviewpartnerInnen nur in wenigen Fällen angesprochen. Viele hingegen erzählten davon, wie das Bestreben, Spiritualität in ihren Alltag zu integrieren, zu Veränderungen in ihrem beruflichen Handeln führte (vgl. Kapitel 9.4.3). Sie sprechen damit eine Lösungsmöglichkeit dieser Kluft an. Ausführlicher über die Schwierigkeiten dieses Kontakts zum Alltag äusserten sich etwa Birgit Becker und Ursula Urben.

So war eine Kluft zwischen Spiritualität und Alltag für Birgit Becker über viele Jahre ein Thema. Sie wertete Menschen ab, die sich für banale Alltäglichkeiten wie Gartenpflege oder Hausbau und nicht für einen spirituellen Weg interessierten. Und sie schnitt sich von vielem Irdischen, Alltäglichem, aber auch von Unbeschwertem, Freudigem ab – so gingen ihr damals auch Dinge verloren wie einfach mal zusammen Spass zu haben oder tanzen zu gehen. Auf diese Weise hat ihre Spiritualität sie „vom Leben auch abgehalten. Auf jeden Fall. Vom Geniessen auch und vom Irdischen auch" (BiB 1819-1820).

Nach ihrer Rückkehr aus ihrem Studienjahr an einer amerikanischen Universität geriet Birgit Becker dann in eine Krise. Spiritualität war an dieser Universität ein allgegenwärtiges Thema gewesen, es wurde gemeinsam meditiert, und der Studieninhalt war stark spirituell geprägt. Zurück in Europa und in ihrem früheren Studiengang in Psychologie erlebte Birgit Becker ein sehr schweres Jahr, geprägt von Orientierungslosigkeit, Zweifeln und Fremdheitsgefühlen. Es gelang ihr nicht, eine Brücke zu schlagen zwischen ihren Erlebnissen an der amerikanischen Universität und ihrem Leben an ihrem früheren Wohnort. Im ersten Jahr gelang es ihr kaum, ihren Studiengang an der Universität wieder aufzunehmen. Sie suchte Anschluss an ähnlich Denkende über Kurse in Yoga und Reiki, sie besuchte Workshops und suchte entsprechende Kreise auf. Aber es half ihr nichts – sie konnte die Kluft nicht überbrücken und geriet in ein „ganz tiefes Loch" (BiB 521-522). In ihrem Umfeld konnte niemand ihren Zustand richtig nachvollziehen, was für sie sehr schwierig war. Sie fühlte sich depressiv, zog sich zurück, hatte wenig Antrieb, war orientierungslos. Sie fühlte sich abgeschnitten von den eigenen Kräften. Sie idealisierte die Zeit an der amerikanischen Universität, in der sie sich „so gut wie noch nie in meinem Leben gefühlt" (BiB 591) hatte. In Amerika waren ihre Visionen und ihr Glaube an sich selber sehr unterstützt worden. Nach ihrer Rückkehr wurde sie hingegen von ihrem Umfeld in diesen Vorstellungen von einer Lebensführung gebremst. Sie sagt zu dieser Zeit: „es hat einfach so geklafft" (BiB 589-590). Sie passte sich in der Folge sehr an und versuchte, „Boden unter die Füsse zu kriegen" (BiB 614), was ihr mit der Zeit dann auch besser gelang (BiB 507-659).

Für Ursula Urben war es schwierig, nach ihren ersten spirituellen Erfahrungen in der Sterbebegleitung ihres Vaters diese spirituelle Seite mit ihrem Beruf als Hebamme zusammenzubringen. Sie beschreibt diese schwierige Zeit als einen Übergang, bei dem sie noch in alten Strukturen steckte, die ihr aber zunehmend weniger behagten – aber das Neue war auch noch nicht greifbar. Sie spricht im Zusammenhang mit dieser Kluft zwischen Spiritualität und Alltag vom „Niemandsland" (UU 1224):

> … diese Entwicklungszeit fand ich ganz schwierig. Also wo ich gemerkt habe auf der einen Seite: Ich bin nicht mehr nur medizinische Hebamme, sondern da fängt sich in mir an ein neuer Bereich aufzutun, aber da war ich halt noch nirgendwo. Also das war jetzt, ich meine, dieses Erlebnis oder diese Zeit mit meinem Vater, die war halt einfach eine sehr prägende, und die hat mich sehr berührt, und an dem habe ich ganz viel gelernt. Aber das war ein Zeitraum von 4 Wochen. Und davor und danach waren Jahre, und da haben solche Erlebnisse nicht stattgefunden. Und ich hing einfach irgendwo im Niemandsland. Also ich habe einfach gemerkt, was ich im normalen Alltag mache, das ist nur ein Teil der Wahrheit, und vom anderen wusste ich eben noch nicht so genau. Und ich habe nicht gewusst, wie bringe ich das irgendwie zusammen. (UU 1216-1227)

> Aber für mich waren das damals einfach zwei getrennte Sachen – also dieses Spirituelle, Geistige und dieses Bodenständig-Medizinische und dieses Alltagsleben. Und jetzt eben mit solchen Alltagssituationen so umzugehen, wie ich das heute mache, das habe ich in der Zwischenzeit gelernt, und das fand ich sehr schwierig. (UU 1231-1235)

Ihre neuen Erfahrungen veränderten auch ihre berufliche Sichtweise. Und sie merkte, dass sie in ihrem Beruf nicht mehr so weiterarbeiten kann wie bisher, wenn sie diese neue Sichtweise ernst nimmt, weil das ethische Konflikte in ihr auslöste. So führte bei Ursula Urben die sehr schwierig empfundene Kluft zwischen Spiritualität und Alltag schliesslich dazu, dass sie sich ein neues Arbeitsfeld suchte (vgl. Kapitel 9.4.3).

9.4.3 Bisherige Form integrierter Spiritualität: Verbindung von Spiritualität und beruflichem Handeln

In einem Bereich zeigen sich die Handlungsfolgen der spirituellen Erfahrungen am prägnantesten: im beruflichen Handeln. So führen die spirituellen Erfahrungen bei den meisten InterviewpartnerInnen zu beruflichen Veränderungen, die sich aber sehr unterschiedlich gestalten. Folgende Varianten können dabei unterschieden werden:

- Im beruflichen Handeln wird bewusst eine innere spirituelle Ausrichtung gesucht und versucht, in dieser inneren Haltung zu arbeiten.
- Die spirituelle Erfahrung führt zu einem vertieften Verstehen in einem Berufsbereich.
- Konventionelles im eigenen Beruf oder der Arbeitsstelle wird hinterfragt und Eigenes wird entwickelt.
- Es findet eine berufliche Neuorientierung statt.

Bei manchen InterviewpartnerInnen zeigen sich auch verschiedene dieser Varianten in unterschiedlichen Lebensphasen. So kann eine spirituelle Erfahrung zunächst zu einer bestimmten Berufswahl (z.B. KK, die sich für ein Psychologie-Studium entschied) oder einer beruflichen Neuorientierung führen (z.B. UU, die sich als Hebamme therapeutisch auszubilden begann), und in einer späteren Lebensphase wird ein Schwerpunkt darauf gelegt, eine innere spirituelle Ausrichtung in diesem beruflichen Handeln zu praktizieren (z.B. KK, UU). Oder eine weitere Erfahrung führt zu einem vertieften Verstehen eines bestimmten Berufsbereich – so gewann Ursula Urben tiefe Erkenntnisse durch ihre spirituelle Erfahurng in der Wallfahrtskirche zu prä- und perinatalen Themen, die dann auch in ihre Berufstätigkeit einflossen.

Spirituelle Ausrichtung im beruflichen Handeln

Hier zeigt sich eine *Veränderung in der inneren Haltung*, die in die bisherige berufliche Tätigkeit integriert wird. Die Betroffenen praktizieren dabei eine Form der spirituellen Rückverbindung und versuchen, aus dieser inneren Ausrichtung heraus zu arbeiten. So arbeitet Katharina Kunz als Psychotherapeutin heute vermehrt aus einer bewusst praktizierten spirituellen Haltung heraus, indem sie in der Arbeit mit KlientInnen versucht, mit ihrer eigenen spirituellen Einbettung und der des Klienten Kontakt aufzunehmen (KK 1966-1974).

Auch bei Sara Sasse haben eigene spirituelle Erfahrungen dazu geführt, dass sie eine spirituelle Verbindung in ihre Arbeit als Psychiaterin einbezieht. So versucht sie, mit ihrer eigenen Essenz und der ihres Gegenübers in Resonanz zu kommen. Sie erlebt das nicht als einen abgehobenen Zustand, sondern als eine Möglichkeit, mit ihren psychotischen PatientInnen einen Kontakt herzustellen (SS 811-822).

Aus einer spirituellen Ausrichtung heraus zu arbeiten kann auch damit verbunden sein, sich im beruflichen Handeln geführt zu wissen und auf innerlich gestellte Fragen eine konkrete Antwort zu bekommen. Johanna Jecklin spürt diese innere Führung bei ihrer Arbeit als Lehrerin für Alexander-Technik:

> Also ich spüre das auch energetisch, diese Verbindung. Also für mich ist es eine energetische Verbindung, die immer da ist. Die ich auch fragen kann z.B. Oder auch bei der Arbeit mit Leuten: Ich bin nicht alleine entscheidend. Ich mache das nicht alleine. Also, ich bin einfach ein Werkzeug, im Grunde. Ich verbinde mich dann auch mit dem Göttlichen bei der Arbeit. Und ich bin einfach. Ja. Ich bekomme auch gesagt teilweise oder werde geführt, was ich jetzt machen soll oder

nicht. Und das ist leichter geworden, weil ein Vertrauen ins Göttliche entstanden ist. (JJ 1399-1406)

Dass sich die gleichen Handlungen anders anfühlen und sich auch anders auswirken, stellt Bernhard Bär als Hotelier immer wieder fest. Schreibt er Briefe oder Offerten aus einer Haltung innerer Präsenz und Verbundenheit mit sich selbst heraus und lässt sich ganz darauf ein, stösst das bei seinem Gegenüber auf eine viel tiefere Resonanz (BB 923-945).

Vertieftes Verstehen im bisherigen Berufsfeld

Eine spirituelle Erfahrung kann in der Folge neue Erkenntnisse im eigenen Berufsfeld erschliessen und zu einem vertieften Verstehen führen. So hat Birgit Becker seit ihrer spirituellen Erfahrung beim Tod ihres Vaters einen anderen inneren Boden für ihre Arbeit mit zum Teil schwerkranken Menschen gefunden. Wo sie zuvor über ein intellektuelles Wissen von Spiritualität im Bereich von Sterben und Tod verfügte, hat sich ihr Verständnis durch ihre eigene Erfahrung sehr vertieft (BiB 1338-1367).

Ursula Urben erkannte in ihrer spirituellen Erfahrung in der Wallfahrtskirche tiefe Zusammenhänge im Bereich von Geburt und vorgeburtlichen Themen, die sie dann auch in ihre berufliche Tätigkeit einbrachte (UU 1531-1537, 1620-1637).

Konventionelles hinterfragen und Eigenes entwickeln

Ein Erkennen neuer Zusammenhänge im bisherigen Berufsfeld kann dazu führen, Konventionelles zu hinterfragen und die eigenen Erkenntnisse im beruflichen Handeln umzusetzen, zu überprüfen und weiterzuentwickeln. So kann sich Sara Sasse als Psychiaterin mit der konventionellen Dopaminhypothese nicht (mehr) zufrieden geben. Aus ihren eigenen spirituellen Erfahrungen heraus merkt sie, dass psychotische Menschen oft wirkliche Erfahrungen gemacht haben im spirituellen Bereich. Sie möchte im Bereich von Psychosen noch viel forschen und verstehen, um in eine solche Richtung weiterarbeiten zu können:

> (…) mein Ziel ist es, dass ich so viel verstehe von diesen Welten, dass ich mich da drinnen auch aufhalten kann mit den Menschen. Und da auch eine Führung übernehmen kann in dieser Welt. Ohne die andere zu verlieren. Also ich möchte noch ganz viel verstehen darüber, was eine Psychose ist oder woher die kommen oder was das für Erfahrungen sind. (SS 777-780)

Patricia Patterson stellte als Musikerin konventionelle Techniken und Grundhaltungen beim Spielen in einem Orchester in Frage. In differenzierter Beobachtung und ständiger Überprüfung ihrer Erkenntnisse entwickelte sie schliesslich eine neue Technik und spielt mit einer anderen Grundhaltung in einem Orchester. Die Umsetzung ihrer Erkenntnisse stiess dabei zunächst auf Unverständnis. Sie kündigte ihre damalige Stelle und gründete eine eigene Schule. Heute bekommt sie viele positive Rückmeldungen darüber, dass ihr Spiel ganz anders klinge (PP 507-533, 1322-1359, 1364-1372).

Berufliche Neuorientierung

Spirituelle Erfahrungen können das bisherige Weltbild so stark verändern, dass die bisherige berufliche Tätigkeit nicht mehr als stimmig erlebt wird und Betroffene sich beruflich neu orientieren. So veranlassten verschiedene spirituelle Erfahrungen Colin Clark dazu, sein Studium aufzugeben und „statt ein König ein Weiser zu werden" (CC

146-147). Er lebte dann jahrelang in einem Kloster und arbeitet heute als spiritueller Lehrer (CC 141-158).

Yolanda Yaberg liess nach ihren ersten spirituellen Erfahrungen als Erwachsene ihren Beruf als Architektin hinter sich und schloss sich der spirituellen Gemeinschaft ihres Lehrers an, in der sie fast zehn Jahre lang lebte. In dieser Zeit begann sie eine neue Berufsausbildung. Heute arbeitet sie in ihrem neuen therapeutischen Beruf und lebt nicht mehr in der spirituellen Gemeinschaft (YY 38-53, 339-482, 1224-1242).

Bei Ursula Urben führten erste spirituelle Erfahrungen dazu, dass sie ihr medizinisches Berufsverständnis als Hebamme in Frage stellte. Ihre Erfahrungen führten zu ethischen Konflikten bei ihrer bisherigen Arbeit. Da es für die Umsetzung ihrer inneren Erkenntnisse im Bereich vorgeburtlicher und geburtlicher Themen in ihrem Berufsfeld keinen Platz gab, musste sie sich ein neues Arbeitsfeld erschliessen. Heute arbeitet sie mit demselben Schwerpunkt im Bereich der Psychotherapie:

> Also beruflich hat es sich dann ja ausgewirkt, dass ich einfach gemerkt habe, das, was ich mache, ist einfach eine – sage ich mal – eine Notfallgeburtshilfe. Auf der kann ich stehen bleiben, aber wenn ich das andere ernst nehme, dass es da noch mehr gibt, dann kann ich einfach nicht immer so weiter arbeiten. Also ich kann einfach – da habe ich einfach gemerkt, das hat dann wie ethische Konflikte in mir ausgelöst. Wenn ich weiss, dass es psychische und seelische Zusammenhänge in diesem Geburtsverlauf hat, dann kann ich nicht auf alles mit Wehentropf reagieren. Dann braucht es einfach da etwas anderes. Diese Möglichkeit hatte ich nicht. Also das hat dann einfach bedingt, dass ich mir wie ein neues Arbeitsfeld erschliessen musste. (UU 1257-1269)

9.5 Kontakt zur Essenz

Alle InterviewpartnerInnen wenden Strategien an, die einen Kontakt zur Essenz[95] unterstützen. Ganz im Sinne der eingangs beschriebenen Berührung und Resonanz, die charakteristisch sind für die Kernkategorie „Kontakt", geht es dabei um ein Sich-Einlassen auf im Grunde alltägliche menschliche Erfahrungen wie die eigene momentane Körperwahrnehmung oder das eigene augenblickliche Gefühl, über die ein Kontakt zur Essenz entsteht und wiederum auf diese Bereiche zurückwirkt. Es zeigen sich in diesem Sinn verschiedene Wege, die zu Brücken zur Essenz werden und die wiederum Verbindung zu alltäglichen Erfahrungsbereichen unterstützen, über die spirituelle Erfahrungen im täglichen Leben integriert und verankert werden können. Diese Wege beinhalten den Kontakt von folgenden Bereichen menschlicher Erfahrung und Spiritualität:

- Körper: den eigenen Körper wahrnehmen
- Gefühl: zulassen, etwas wirklich zu fühlen
- Denken: Spiritualität begreifen und verstehen
- Spiritualität: sich mit der Essenz rückverbinden

9.5.1 Den eigenen Körper wahrnehmen

Die unmittelbare Wahrnehmung des eigenen Körpers ist für viele Interviewte eine relativ einfach zur Verfügung stehende Möglichkeit, mit dem Hier und Jetzt und mit sich

---

[95] Zur Verwendung des Begriffs Essenz siehe die Einführung in Kapitel 9.

selbst in Kontakt zu kommen – und damit auch mit der Essenz. So ist das Wahrnehmen des eigenen Körpers eine wesentliche Brücke zur Essenz. Ramina Ranatov schildert beispielsweise, wie ein Wahrnehmen ihres Körpers eine zentrale Möglichkeit ist, ihren spirituellen Kontakt herzustellen:

> Und einfach wieder zurückfinden zu mir und meinen Körper wieder zu spüren. Oder Sauna machen zum Beispiel. Da merke ich, ich nehme mich wieder mehr wahr. Ich bin wieder mehr im Körper drin. (…) manchmal brauche ich Hilfsmittel – sei das Massage oder die Sauna oder Baden im warmen Wasser. Da merke ich einfach, das hilft mir, wieder in die Wahrnehmung zu kommen. (RR 994-1003)

Sie beschreibt, wie sie früher dachte, es brauche den Körper nicht für Spiritualität. Heute merkt sie, wie wichtig er für diese Verbindung ist:

> Ich habe das Gefühl, den Körper braucht es eben auch, um in diesen Kanal zu kommen. (…) manchmal [hat man] das Gefühl, den Körper braucht es nicht, man ist ja mit dem Geistigen verbunden – aber das reicht nicht. Aber der Körper ist eben – das ist mir bewusst geworden - auch ein wichtiger Bestandteil dieser Verbindung, dass man im Kanal drin sein kann – dass man die Erdung hat und nach oben offen ist. Dass man wie diese Verbindung durchfliessen lassen kann. Das habe ich früher ganz anders gesehen. Ich hatte das Gefühl, das brauche es gar nicht: (…) also wenn man weg ist, dann ist man einfach vergeistigt. Und das wird mir jetzt bewusster. (RR 1012-1022)

Eine *fehlende* Wahrnehmung des eigenen Körpers kann den Kontakt zur Essenz auch verhindern. Nichts spüren kann dann bedeuten, auch die eigene Spiritualität abzuspalten: „(…) wenn ich zurückschaue: meine Selbstverletzungen, meine ganzen körperlichen Sachen, die ich gemacht habe, waren im Grunde genommen ja wie eine Flucht, nicht spüren zu müssen – auch die Spiritualität wie abzuschneiden" (RR 1009-1012).

Den eigenen Körper wahrnehmen kann eine Möglichkeit sein, gerade auch dann einen Kontakt zur Essenz wieder aufzubauen, wenn dieser Zugang durch viele Gedanken und Emotionen erschwert wird. So beschreibt Katharina Kunz, wie sie über die Wahrnehmung ihres Körpers in der Meditation wieder eine Verbindung zum Hier und Jetzt erlebt und dadurch einen Kontakt zur Essenz erfährt. Der Körper dient hier als wichtiger Anker für den Kontakt zum Hier und Jetzt und zur Essenz:

> Dass wenn ich am Meditieren bin und merke, ich bin dauernd in Filmen, und diese Filme sind sehr energetisch-emotional geladen – ich komme fast nicht los davon, ich kann mich schlecht desidentifizieren – ich merke zwar, es geht ein Film ab, aber ich kann nicht aussteigen – dass ich dann Stop! sage. Ich mache ein Standbild von dem Film, und ich schaue: Wie manifestiert sich dieses Standbild hier und jetzt in meinem Körper. Und ohne die Intention, etwas zu verändern. Auch nicht zu sagen: ‚Ich will das wegmachen', sondern einfach: ‚Lass uns mal schauen, wie sich das gerade anfühlt.' Wie einfrieren einen Moment lang. Und dann merke ich: ‚Pah, ich habe da Spannungen und da und aha, und so fühlt sich mein Körper jetzt an. Da ist es kalt und da ist es sehr heiss und so.' Und dass ich wirklich ein paar Sekunden - vielleicht eine halbe Minute oder ein wenig länger, je nachdem, einfach, wenn ich finde, es reicht - diesen Zustand von diesem Standbild im Körper exploriere. Und bis ich merke: ‚Aha, jetzt spüre ich ihn gut. Jetzt

> spüre ich meinen Körper wieder gut. So, wie es jetzt gerade ist. Aha. Das ist der Zustand, den dieser Film hinterlässt in meinem Körper.' Und dann bin ich eigentlich mit der Achtsamkeit schon ganz bei meinem Körper und nicht mehr bei meinem Film, sondern mehr beim Resultat meines Filmes im Hier und Jetzt. Und so ist der Körper und was ich jetzt gerade empfinde eine Brücke, um wieder ins Hier und Jetzt zu kommen. Wenn ich das dann vielleicht eine halbe Minute gemacht habe, dann kann ich sagen: ‚So, jetzt darf es sich lösen. Ich entlasse meinen Körper aus diesem frozen-Zustand.' Und dann atme ich meistens ein-, zweimal, und dann geht auch Spannung weg, und dann meditiere ich weiter. Aber diese Brücke über den Körper bringt mich wieder in Kontakt, wenn eine so grosse Erregung da ist. (KK 1519-1544)

Um sich in starken emotionalen Situationen über eine Wahrnehmung des eigenen Körpers wieder zu spüren und damit die eigene Verbindung zur Essenz wieder zu erleben, können verschiedene Zugänge hilfreich sein. So etwa Sexualität, Bewegung im Freien, die Natur oder Gartenarbeit:

> Ich war immer in meinem Film. Für mich war eigentlich in Kontakt kommen mit dem Göttlichen - mit dem, was ist, - ins Hier und Jetzt kommen. In meinen Körper kommen. Und die Sexualität half sehr, weil es einfach etwas ist, wo viel Energetisches passiert. Und spazieren hat mir geholfen, nach draussen gehen. Und manchmal alleine, aber auch oft mit P. Einfach gehen. Durch die Natur gehen. Bäume anschauen, der Kontakt auch überhaupt mit den Bäumen. Ich bin auch viel nach draussen gegangen und habe Bäume umarmt und gelauscht, in die Bäume hinein gelauscht. Ich bin in den Garten arbeiten gegangen. Also sehr Erdiges. Aber das ist für mich auch Spiritualität eben. (KK 1503-1512)

Bei Patricia Patterson spielte der Körper von ihrer ersten spirituellen Erfahrung an eine zentrale Rolle: So ging bereits ihre Initialerfahrung mit bestimmten Körperhaltungen einher, was für sie recht ungewöhnlich war. Für sie war es hier wesentlich, ihren eigenen Körper wahrzunehmen und diesen spontanen körperlichen Äusserungen zu vertrauen:

> Und dann weiss ich noch, ich hörte das und erwachte in dem Moment und spürte, wie sich meine Beine aufrichteten, und ((lachend)) ich lag dann plötzlich mit den Beinen in der Höhe. Und ich hatte die Bettdecke über mir – sonst hätte ich es vielleicht nicht geglaubt, weil alles ganz schwerelos war. Und hatte mit ((lachend)) diesen Beinen in der Luft das Gefühl: Jetzt bin ich auf dem Grund.. meiner Seele… (PP 54-59)

Aussergewöhnliche Körperwahrnehmungen begleiteten ihren spirituellen Prozess dann auch weiter über Jahre hinweg:

> Während Jahren hatte ich nachts oft starke Strömungsgefühle, manchmal begleitet von Muskelzucken oder Vibrationen (oft zwischen Rumpf und Beinen, wo ich dann jeweils im Halbschlaf die Hände hinlegte). Diese tauchten fast immer im Zusammenhang mit intensiven Träumen auf. (PP 583-586)

> Vibrationen in den Beinen, die Wirbelsäule hoch, den ganzen Rücken hoch, muskulär, die Füsse – man sah die vibrieren. Also ich sah, dass sich etwas bewegt, also das war nicht Einbildung. (PP 380-383)

Ohne ein grundlegendes Vertrauen in ihren Körper – in dessen unwillkürliche Bewegungen und in ihre eigene Körperwahrnehmung – wäre dieser Prozess für sie wohl sehr viel schwieriger und befremdlicher gewesen. Ihr vertrauensvoller Bezug zu ihrem Körper gab ihr Sicherheit. Für ihren Umgang mit diesen Phänomenen war es zusätzlich erleichternd, dass sie in spiritueller Literatur schliesslich Bestätigung für ihr Körpererleben fand: „Und habe dann erst später gesehen, dass sie das im Yoga machen, und im Satori ist das typisch. Also ich habe zuerst die Erfahrung gemacht, und erst nachher habe ich begonnen, über Yoga zu lesen, über Zen und so weiter…" (PP 458-460)

9.5.2   Zulassen, etwas wirklich zu fühlen

Zulassen, etwas wirklich zu fühlen, kann als wesentlicher Faktor erlebt werden, der den Ausgangspunkt für eine Integration einer spirituellen Erfahrung bildet. So schreibt es Ramina Ranatov ihrem tiefen Erleben während der Erfahrung zu, dass diese sich nachhaltig auf ihr Leben auswirkte (RR 1897-1902). Hier geht es also darum, wieweit sich jemand auf sein Fühlen in diesem Moment einlassen kann. Durch ein solches Sich-Einlassen findet zugleich ein Loslassen und ein Sich-Öffnen statt, was ein wesentliches Moment für den Kontakt zur Essenz darstellt.

Es sind also wiederum wechselwirkende Aspekte in dieser Kategorie zu finden: Einerseits öffnet ein *Zulassen, etwas wirklich zu fühlen,* den Kontakt zur Essenz. Andererseits findet dadurch auch eine Integration statt. So schildert Bernhard Bär, wie eine spirituelle Erfahrung dazu führte, dass er sich tief einlässt auf das, was gerade ist. Dieses Zulassen führt dann nicht nur zu einem Gefühl von Zufriedenheit, sondern ist zugleich das Mittel, durch das er seine Spiritualität in seinem konkreten Alltag erden kann:

> Und dass ich merke, dass, wenn ich mich so einlasse - und das meine ich jetzt wirklich energetisch - wenn ich mich einlasse auf das, was vor mir liegt, auf diese Verrichtung, dann entsteht auch ein Gefühl von grosser Befriedigung, innerer Befriedigung, Zufriedenheit. Ich habe dann auch das Gefühl, ich sei unglaublich produktiv. Ich bin es dann auch, wenn ich so konzentriert arbeite. (BB 923-928)

Die wesentlichen Faktoren scheinen dabei in einem Loslassen, einer Öffnung und einem Sich-Einlassen zu liegen. All diese Aspekte ermöglichen es, ganz mit der Erfahrung im Hier und Jetzt in Kontakt zu sein.

Hier wird besonders deutlich, dass ein tiefes Zulassen einer aktuellen Erfahrung, die zunächst nicht spirituell ist, zu einem Tor werden kann zu einer spirituellen Erfahrung, oder wie Colin Clark es formuliert:

> Plötzlich kann irgendein Satz oder eine Handlung oder ein Muster sehr zentral werden und du identifizierst dich damit. Im Grunde ist es egal, was du nimmst. Du kannst dieses kleine Gerät nehmen und wenn du dich wirklich darauf konzentrierst – lange genug und tief genug – dann wird das für dich das Dharma-Tor. Das kann für dich der Zugang zu einem weiten, offenen Bewusstsein sein. Zu einem erleuchteten Zustand. Du kannst im Grunde genommen das Telefonbuch lesen. Wenn du das mit der richtigen Offenheit liest, dann ist es genauso informativ wie die Bibel oder irgendeine Sutra oder irgendein Weisheitsbuch. Dann siehst du plötzlich all die Leute, die auf der Welt existieren und wie die – Welten und Welten können dir da aufgehen. (CC 762-772)

Ein gefühlsmässiges „Sich-Einlassen" auf eine Erfahrung wird als Gegenpol zu einem kognitiven Zugang oder intellektuellen Verständnis empfunden, und es wird befreiend erlebt, wenn „der Kopf" nicht steuernd einwirkt. Auch hier zeigen sich Aspekte des Loslassens im Unterschied zu einer Kontrolle durch den Kopf: „Und das Positive war, dass das wirklich mein Erlebnis war und nichts vom Kopf gesteuert war. Also das ist wirklich von innen gekommen, diese Erfahrung" (PP 463-465).

Sich „kopflos" (BB 618) einzulassen scheint ein wichtiges Kriterium für die Erfahrungstiefe und Hingabe zu sein, die Betroffene in ihrem spirituellen Kontakt erleben. Dabei muss es nicht immer so weit gehen wie bei Bernhard Bär, der als Kind in seinen tiefen Erfahrungen in der Natur derart in diesem Seinszustand und dieser Glückseligkeit aufging, dass er dabei vergass, aufs WC zu gehen (BB 611-638).

Eine wichtige *Bedingung*, um sich auf eine Erfahrung wirklich einlassen zu können, stellt *Vertrauen* dar. So war es für Adam Apfelbaums spirituelle Erfahrung in einer Selbsterfahrungssitzung wesentlich, dass er grosses Vertrauen in seine begleitende Therapeutin hatte und auch eine für ihn peinliche Situation zuvor im therapeutischen Kontakt aufgefangen werden konnte. Auf Grund dieses Vertrauens entstand eine Entspannung, die er als sehr wichtig dafür empfand, sich auf die für ihn neue Dimension spiritueller Erfahrungen einzulassen (AA 932-946, 1053-1060, 1199-1215, 1549-1569). Man könnte hier sagen, dass das zwischenmenschliche Vertrauen ein Loslassen und einen Kontakt zu sich ermöglichte, der schliesslich in einen Kontakt zur Essenz mündete.

9.5.3 Spiritualität begreifen und verstehen

> Was wirklich hilfreich und unterstützend war, war, dass ich begonnen habe, mich
> auch auf der mentalen Ebene mit Spiritualität zu beschäftigen. (SS 135-136)

In einer ersten spirituellen Erfahrung kommen Betroffene mit einer Erfahrungsdimension in Kontakt, die ihnen bisher unbekannt war und die unter Umständen auch ihr bisheriges Welt- und Menschenbild in Frage stellt. Bisherige Werthaltungen können ins Wanken geraten. Und die neuen Erfahrungen sind ins bisherige Welt- und Menschenbild nicht direkt integrierbar. Die Erfahrungen können noch nicht eingeordnet und verstanden werden. Das wird zunächst oft als verunsichernd erlebt. Eine naheliegende Möglichkeit besteht darin, sich Wissen über Spiritualität anzueignen, um einen Interpretationsrahmen für die eigene Erfahrung zu bekommen.

So führten bei allen InterviewpartnerInnen spirituelle Erfahrungen dazu, dass sie sich mit dem Bereich der Spiritualität auf intellektueller Ebene vertiefter auseinanderzusetzen begannen. Bei den meisten spielt dabei eine Aneignung von Wissen über Spiritualität mittels entsprechender Literatur die Hauptrolle. Weitere wichtige Quellen stellen Kurse und Workshops mit spirituellen Themen dar.

Inhaltlich erweist es sich für Betroffene als hilfreich, einen Interpretationsrahmen für ihre Erfahrungen zu haben und die eigene Erfahrung kognitiv irgendwo einordnen und verstehen zu können, sich aber auch gefühlsmässig damit verstanden zu wissen. Ein solches Verständnis für den eigenen Prozess wird integrierend und erdend für die Erfahrung erlebt:

> Und dann bin ich in die Buchhandlung und auf Gerda Boyesen gestossen. () Also
> ihr erstes Buch. Und unter anderem auf David Boadellas Buch ‚Befreite Lebens-
> energie' gestossen. Und da hatte ich sofort das Gefühl, (…) – also schon die Art
> wie es geschrieben ist – da hat mein Erlebnis Platz. Also da kann ich es platzie-
> ren. Und.. habe mich dann über diese Bücher erden können. (PP 177-183)

In diesem Prozess des kognitiven Verstehens der Erfahrung wirkt es befreiend und beruhigend, die eigenen Erfahrungen in der Literatur reflektiert zu sehen und sich dadurch im persönlichen Erleben bestätigt zu fühlen: „[ich] habe mich dort sehr bestätigt gefühlt" (PP 288).

In manchen Fällen kann die Auseinandersetzung mit Literatur sogar das wesentlichste Mittel der Integration darstellen – so bei Patricia Patterson: „Ja, eigentlich alles – alle Phänomene, die passiert sind, habe ich über viel Lesen in den letzten 10 Jahren gut integrieren können" (PP 290-291).

Dabei kann es für die Betroffenen wichtig sein, die Einordnung einer Erfahrung erst nach dem eigentlichen Erleben zu suchen. Während der Erfahrung ein spirituelles Modell im Kopf zu haben, wäre für ein echtes Erleben hinderlich: „Also ich habe zuerst die Erfahrung gemacht und erst nachher habe ich begonnen, über Yoga zu lesen, über Zen und so weiter…" (PP 458-460).

Neben einem Verstehen und der Einordnung der eigenen Erfahrung sowie einem Gefühl des Bestätigtseins werden von Betroffenen auch spirituelle Modelle als hilfreich empfunden, die ein Verständnis darüber vermitteln, wie spirituelle *Prozesse* funktionieren. Eine Beschäftigung mit spirituellen Modellen kann dabei wie eine Landkarte erlebt werden, anhand derer eine Orientierung möglich wird – auch für eine weitere spirituelle Arbeit. So war es für Sara Sasse hilfreich, sich mit dem Modell der Kundalini zu befassen (SS 136-146).

Die Auseinandersetzung mit spirituellen Modellen kann auch ein grösseres *zwischenmenschliches Verständnis* unterstützen und zu einer Revidierung eigener Vorurteile führen. So gelangte Birgit Becker über ein Modell von Menschentypen zu einer neuen Sichtweise anderer Menschen, was ihr half, aus einer abwertenden Haltung herauszufinden. So ermöglichte diese intellektuelle Auseinandersetzung mit Menschentypen einen vertieften Kontakt zu anderen Menschen und unterstützte damit indirekt die Integration ihrer Spiritualität:

> Als ich diese Ausbildung gemacht habe mit dem esoterischen Heilen, da haben wir halt über diese verschiedenen Menschen und Typen nach den 7 Strahlen [gesprochen] (…). Das war für mich damals schon auch neu, und da habe ich dann ein grösseres Verständnis bekommen: Ah, das ist einfach, warum manche auch unterschiedlich sind. Einfach vor dem Hintergrund: Da haben wir ja ganz unterschiedliche Qualitäten und Aufgaben. Und das hat für mich schon auch manches in eine Gelassenheit oder auch in ein Verständnis umgewandelt - aber das war mehr über eine Informationsebene, aber die kam von einem spirituellen Hintergrund dann. Das mehr einordnen zu können, warum manche ganz anders denken oder warum - also das auch nicht abzuwerten dann. Bei mir war viel dann auch mit Abwertung verbunden – um mich zu schützen, musste ich damals andere auch noch mehr abwerten: Also wie kann man nur BWL studieren? (…) Also so, dass ich andere ganz stark verurteilt habe für ihren Weg. Und das einzig Wahre sind dann spirituelle Wege oder eben Psychologie - und das ist ja kompletter Quatsch. Und das hat mir da dann schon geholfen. (BiB 1047-1063)

Interessanterweise begannen sich die meisten Betroffenen nach spirituellen Erfahrungen über Literatur mit bisher *fremden* Religionen wie Buddhismus, Hinduismus, Sufismus und Schamanismus auseinander zu setzen. Der Grund für diese Suche im zunächst Fremden scheint darin zu liegen, dass die Interviewten über ihre eigene spirituelle Erfahrung mit einem Bereich in Kontakt kamen, der ihnen bisher unbekannt und fremd war und für den sie in ihrem eigenen bisherigen – meist kirchlich-institutionell geprägten - religiösen Kontext keinen Erklärungsrahmen fanden. So spürte beispielsweise Sara Sasse nach einer spirituellen Erfahrung, dass sie Gott nicht im Aussen, sondern nur in ihrem eigenen Innern finden kann. Diese Sichtweise war ihr bisher im Christentum, das ihr aus kirchlich-institutionellem Kontext her vertraut war, nicht begegnet. Und so begann sie sich auf Grund dieser Erkenntnis mit anderen Philosophien und Religionen zu befassen, bei denen Gott im Innern gesucht wird:

> (…) dass Gott nicht mehr etwas war, was ich im Aussen gesucht habe, sondern im Innern. (…) Das war nach diesem Erlebnis anders. Das hat wie einen Wechsel gegeben in dem, was ich über Gott verstehe oder vom Gottesbegriff verstehe. (SS 246-249)

> Ich habe diesen tiefen Glauben, dass es so ist und habe das im Aussen dann auch erforscht über verschiedene Glaubensrichtungen, die das auch so sehen, dass Gott in uns ist. Und dass man zur Erleuchtung gelangt, indem man Gott in sich selber erkennt. (SS 288-291)

> Also was sicher viel ausgemacht hat, dass ich mich anderen Philosophien oder anderen Religionen zugewandt habe, die dieses andere Prinzip [Gott im Innern zu suchen, Anm. der Interviewerin] verkörpern, was ja die Kirche nicht unbedingt macht – da sucht man ja Gott nicht unbedingt in sich selber. Also wenn ich das richtig verstanden habe. In der römisch-katholischen Kirche betet man etwas an, was aussen ist. (SS 267-272)

Eine vertiefte, aber erst nachträgliche Auseinandersetzung mit *christlichem* Gedankengut – das bei den meisten Interviewten die ursprüngliche religiöse Einbettung darstellt – zeigt sich bei Patricia Patterson und bei Katharina Kunz. Patricia Patterson begann sich nach einer Beschäftigung mit spiritueller Literatur auf der Basis ihrer eigenen Erfahrung und ihrem vertieften Verständnis neu mit der Bibel auseinanderzusetzen. Auf Grund ihres eigenen Erlebens verstand sie vieles in der Bibel neu und gewann für sie sehr wichtige Einsichten über Bibelstellen, die sie bisher nicht in ihrer Tiefe hatte erfassen können. Ihr eigenes, erfahrungsbasiertes Verständnis versetzte sie zuweilen auch in Wut darüber, wie die Kirche als Institution mit spirituellem Wissen umgeht (PP 1005-1042).

Für Katharina Kunz war es in ihrer vertieften Auseinandersetzung mit Buddhismus, Schamanismus und Hinduismus irgendwann ein Bedürfnis, ihre eigenen spirituellen Wurzeln besser kennen zu lernen und für sich herauszufinden, in welcher Tradition ihre eigene spirituelle Heimat ist. So begann sie sich auch mit christlicher Theologie zu beschäftigen und erkannte schliesslich für sich, dass sie sich nach wie vor im christlichen Kontext zu Hause fühlt, auch wenn Elemente verschiedener spiritueller Ausrichtungen in ihre spirituelle Praxis einfliessen (KK 543-577).

Die Beschäftigung mit Reinkarnation[96] spielt in diesem Zusammenhang für manche eine wichtige Rolle. Der Reinkarnationsgedanke kann dabei als eine grundlegend neue Sichtweise erlebt werden, welche die eigene spirituelle Perspektive stark verändert. So erzählt Sara Sasse: „Und ich habe dann begonnen, mich mit Reinkarnation zu be-

---

[96] Unter Reinkarnation wird hier die Vorstellung an eine Wiedergeburt verstanden. Reinkarnationsvorstellungen trifft man in vielen Kulturen an, systematisch durchdacht insbesondere im Hinduismus und Buddhismus (von Brück, 1999a).

schäftigen. Und es hat - also meine philosophische Ausrichtung hat sich sehr verändert. Also mir ist diese Idee so plausibel erschienen" (SS 285-287).

Der Reinkarnationsgedanke kann auch einen Rahmen dafür bieten, dass bisher unerklärliche Phänomene für die Betroffenen plötzlich Sinn machen, verstanden und eingeordnet werden können:

> Das hat mich lange beschäftigt, bis ich es irgendwann einfach mal als Fähigkeit angenommen habe, dass ich eben <u>weiss</u>. Und das hat sich (...) mir erst eröffnet, als ich mich angefangen habe mit alternativer Medizin zu beschäftigen. Und auch in dem Bereich angefangen habe mich zu öffnen von Reinkarnation. Da habe ich das Gefühl gehabt – das hat mir eine Türe aufgemacht, mir zu erlauben: ‚Vielleicht weiss ich die Sachen ja, weil ich sie schon ganz oft gemacht habe. Also vielleicht habe ich ja schon mehr geburtshilfliche Erfahrung als jetzt einfach die paar Jahre, die ich es bis dahin gemacht hatte.' Und indem ich da für mich den Rahmen weiter aufgemacht habe, konnte ich dem, was ich da gespürt habe, viel mehr vertrauen, und da bin ich einfach ganz oft richtig gelegen. (UU 322-333)

Spirituelle Literatur, Modelle zur spirituellen Entwicklung und zu entsprechenden Prozessen bieten also einen Rahmen, in dem die eigene Erfahrung und manchmal auch die Eigenheiten anderer Menschen verstanden oder eingeordnet werden können oder in dem man Bestätigung für das eigene Erleben finden kann. Durch diese kognitive Auseinandersetzung wird nicht nur die Verbindung zum Spirituellen vertieft, indem man dem Bereich der Spiritualität gedanklich Raum gibt, sondern das Spirituelle findet in der erweiterten und vertieften Gedankenwelt der Betroffenen auch einen Boden, in dem es Fuss fassen kann[97].

9.5.4   Sich mit der Essenz rückverbinden

Wie in den vorangehenden Kapiteln dargestellt, kann ein Kontakt zur Essenz über den eigenen Körper, das eigene Fühlen oder über das Denken entstehen. In den Interviews mit Betroffenen zeigt sich noch eine weitere Möglichkeit, eine Verbindung zum Spirituellen zu schaffen, die man als ein Einladen eines direkten Kontakts bezeichnen könnte. Dieser Weg wird von den InterviewpartnerInnen benutzt, wenn sie bereits über eine spirituelle Erfahrung mit diesem Bereich in Kontakt gekommen sind. Es geht dabei um eine Erneuerung, Stärkung und Vertiefung der spirituellen Verbindung, bei der sich die Betroffenen direkt dem Spirituellen zuwenden. Es zeigen sich folgende Möglichkeiten, die genutzt werden, um einen solchen direkten Kontakt einzuladen:

- ein unmittelbares Ansprechen und In-Verbindung-Treten mit der Essenz mitten im alltäglichen Handeln
- ein Anknüpfen an einer früheren spirituellen Erfahrung, die eine Art Ankerfunktion bekommt
- die Verbindung zu einem spirituellen Lehrer suchen
- eine weitere spirituelle Erfahrung als Unterstützung bei der Integration
- eine formelle Rückverbindung während einer eigens dafür bestimmten Zeit in Form einer Meditation oder einer Gebetspraxis

---

[97] Die kognitive Auseinandersetzung mit Spiritualität kann auch zu einer Quelle von Schwierigkeiten werden, die von den Interviewten aber kaum angesprochen wurde. Auf diese Schwierigkeiten wird in Kapitel 10.4 eingegangen.

Eine Rückverbindung mit dem Spirituellen wird als wesentlich erlebt, weil ohne eine solche Rückkoppelung der Kontakt zu diesem Bereich verloren geht:

> Das [die spirituelle Erfahrung, Anm. der Interviewerin] ist auch der Ort, aus dem heraus mein Sinn fliesst oder von dem her ich meine Motivation beziehe oder von wo her die Energie kommt, warum ich überhaupt etwas mache. Ab und zu muss ich dort wieder hinein schnüffeln, muss meine Nase, meine Seele wieder dort hinein hängen oder mein Bewusstsein dort verankern. Wenn das zu lange nicht passiert, verliere ich den Kontakt zu dieser Wurzel. Wenn das zu lange geht, merke ich, dass etwas nicht mehr in Balance ist. (CC 56-62)

„Den Kontakt zu dieser Wurzel" (CC 61) nicht zu verlieren, bringt die Thematik der Integration spiritueller Erfahrungen auf den Punkt. Den Kontakt zur Essenz einladen und aus dieser Verbindung heraus zu leben versuchen, ist ein Hauptziel spiritueller Wege.

Sich mitten im alltäglichen Handeln mit der Essenz verbinden

> Im Grunde ist das Mich-Mehr-Verbinden mit dem Göttlichen dazu gekommen..
> (JJ 1524-1525)

Nach spirituellen Erfahrungen ist es für die meisten Interviewten ein grosses Bedürfnis, mit dem erlebten spirituellen Bereich in ihrem alltäglichen Leben wieder Kontakt aufnehmen zu können. Die Formen, wie eine solche Verbindung mitten im Alltag gesucht wird, sind verschieden. Gemeinsam ist ihnen die bewusste Kontaktaufnahme mit dem Spirituellen im alltäglichen Handeln, die immer wieder praktiziert wird.

Eine solche Verbindung kann als etwas erlebt werden, das ständig da ist und an das man sich bewusst anschliessen kann. In dieser bewussten Verbindung kann ein Gefühl entstehen, geführt zu sein – auch bei der alltäglichen Arbeit (JJ 1400-1407).

Bei Ramina Ranatov geschieht diese Rückverbindung in Form einer unmittelbaren Kontaktaufnahme zu Engeln. Durch diesen Kontakt vertieft sich Ramina Ranatovs Kontakt zu sich selbst im Alltag. Sie erlebt dabei Qualitäten wie Leichtigkeit und Geführtsein:

> Oder ich kontaktiere meine Helfer [Engel, Anm. der Interviewerin]. Und da spüre ich dann meine Helfer. Ich versuche mich einfach zu verbinden und in dieser Verbindung zu sein. Und dann fühle ich mich bestärkt. (RR 1313-1316)

> Also ich bin ruhiger. Ich habe das Gefühl, ich bin mehr bei mir. Ich bin mir auch selber viel bewusster. Es ist dann auch, wie wenn ich mich führen lassen kann. Ich habe auch das Gefühl, ich habe dann keine Ängste, es fühlt sich an, wie ich jemanden neben mir habe. Ich habe das Gefühl, ich bin leichter, wohler auch. Ich finde es auch schön, in Kontakt zu sein mit diesen Wesen. (RR 1330-1335)

Rückverbindung kann auch die Form eines inneren Gesprächs annehmen, das als ein ständiger Dialog erlebt wird:

> Ich rede halt dann mit der Schöpfung. Also das ist – ich bete heute nicht mehr im klassischen Sinn, wie ich es als Kind gelernt habe, sondern ich rede dann halt mit denen da oben. Ich weiss nicht, wie sie ausschauen. Ich weiss auch nicht, wie sie heissen. Aber ich weiss, dass sie mich genau hören. Dass sie sich immer wie-

der ausschütten vor lauter Lachen über mich – ((lachend)) das glaube ich auch.
((beide lachen)) (UU 1080-1086)

Die Art und Weise, wie ich damit umgehe, da habe ich wirklich das Gefühl: ‚Ich
bin im Dialog mit da oben.' (UU 1079-1080)

Ursula Urben schildert, wie ein solcher Dialog aussieht:

Ganz profan. Also überhaupt gar nicht heilig. Und da brauche ich kein Räucher-
werk und keine Kirche und gar nichts, sondern das ist halt, wenn es um so Sachen geht wie mit [meiner Arbeit]. Dann sage ich: Ja, was wollt ihr denn jetzt?
Soll ich es annehmen? Soll ich es nicht annehmen? Nach was für Kriterien soll
ich denn jetzt entscheiden? Ich gehe mal davon aus, ihr wollt nur mein Bestes.
Und die Räumlichkeiten, die jetzt halt da sind, sind einfach die besten, die ich im
Moment kriegen kann. Auch wenn ich es überhaupt noch nicht sehen kann. Ich
gehe davon aus, ihr wollt einfach nur mein Bestes. Was mache ich jetzt damit?'
Und dann warte ich halt, bis irgendeine Antwort kommt. Irgendwie kommt sie
dann immer. (UU 1090-1099)

Dieses Warten auf eine Antwort ist verbunden mit einer sehr klaren Wahrnehmung der
eigenen Gefühle, Gedanken und Körperempfindungen. Die Wahrnehmungen, die dann
als „Antwort von der Schöpfung" auftreten, nimmt Ursula Urben ernst. Sie sind rich-
tungsweisend für ihr Handeln im Alltag.

Sich mit dem Spirituellen im Alltag zu verbinden kann auch sehr spontan geschehen und mit einer Erfahrung des Loslassens verbunden sein. So erlebt das Colin Clark
oft in den Bergen:

Aber viel häufiger ist das auch sehr spontan. Ich bin viel in den Bergen – ich bin
Bergsteiger und Skitourengänger. Ich gehe oft auch alleine – oder wenn man zu
zweit oder in Gruppen geht, ist man oft schweigend unterwegs, weil man ja den
Atem braucht. Das sind auch Orte, wo man sich dem Geistigen oder der Essenz
nähert. Und wo man wieder auftanken kann oder Dinge loslassen kann, die einen
begrenzen. (CC 68-73)

Und auch Katharina Kunz erzählt, wie diese Rückverbindung in alltäglichen, völlig unspektakulären Situationen spontan geschieht:

Bei mir passiert es [die spirituelle Rückverbindung, Anm. der Interviewerin] eher
völlig unspektakulär – da schaut es um die Ecke herum. Also mitten in meinem
Badezimmer – ((lachend)) mitten in meinem Alltag drin. Oder beim Salat waschen. Das ist auch mein Bezug, wo ich angefangen habe, diesen Bezug zu merken zur Achtsamkeit. (KK 1298-1303)

Kontakt aufzunehmen mit dem, was jetzt gerade ist und was man jetzt gerade tut, wie
Katharina Kunz beim Salat waschen -, ist eine wichtige Möglichkeit spiritueller Verbindung mitten im Alltäglichen. Dieser Aspekt hat viel damit zu tun, sich der gegenwärtigen Erfahrung ganz zu öffnen und zuzulassen, etwas ganz wahrzunehmen (vgl. Kapitel
9.1.2):

Wenn ich das Geschirr abwasche und mich wirklich auf dieses Geschirr
konzentriere und spüre, wie dieses Wasser warm ist und die Seife weich ist und

wie sich der Teller anfühlt, dann wird aus einer Tätigkeit, die man erledigen muss und die vielleicht sogar lästig ist, eine spirituelle Übung. (CC 78-82)

Sich mitten im alltäglichen Handeln mit dem Spirituellen zu verbinden erfordert viel Bewusstheit und ist mit einer Offenheit verbunden, sich auf das unmittelbare Erleben einzulassen und dabei nicht aus sich herauszufallen und sich zu verlieren, sondern in Kontakt mit sich selber zu bleiben (vgl. Kapitel 9.1.2).

Anknüpfen an eine frühere spirituelle Erfahrung

Oft wird die Rückverbindung zum Spirituellen durch ein Anknüpfen an eine frühere spirituelle Erfahrung gesucht. Dabei kann ein früheres Erleben als eine Art Anker für den Aspekt des Spirituellen dienen, den jemand einlädt. Der spirituelle Kontakt, der dadurch entsteht, wird dabei meist als weniger intensiv und tief erlebt als in der ursprünglichen Erfahrung. Dennoch stellen diese Ankerpunkte des Anknüpfens für die Betroffenen wichtige Möglichkeiten dar, ihre spirituelle Verbindung zu stärken und zu vertiefen.

Die frühere spirituelle Erfahrung kann dabei als eine *gefühlte, körperlich-energetisch empfundene* und oft auch *bildhafte Erinnerung* im aktuellen Moment eingeladen, kontaktiert und neu erlebt werden:

> Ich habe dann mal gearbeitet mit jemandem in der Ausbildung. Und dann habe ich das Gefühl gehabt von Ganzsein, ein Teil sein des Gesamten – ein Gefühl von ‚Ich bin ein Teil des Gesamten'. Und oftmals hole ich dieses Gefühl wieder her. Wenn ich weiss, es kommt jemand [eine Klientin, Anm. der Interviewerin]. Dann setze ich mich hin und meditiere und verbinde mich mit diesem Gefühl vom Gesamtsein – das Gefühl, das ich damals hatte. Das war ein ganz interessantes Gefühl: Ich bin ein Teil des Gesamten. Das war am Meer gewesen – als ich mal am Meer gesessen bin. Und irgendwie hole ich dieses Gefühl. (…) Ich spüre dann meine innere Energie, die wie weitergeht - wie in einer Verbindung. Ich spüre wie.. ich spüre eigentlich einen Kanal. Und wenn ich in Verbindung kommen will mit dem Göttlichen, erinnere ich mich an dieses Ganze und an den Kanal. Und dann spüre ich das in mir drin. Ich spüre das in mir aussen, und ich spüre es in mir drinnen. Es ist wie eine Energie, die ich spüre. (…) Es ist schon wie ein innerer Kanal, zu dem ich eine Verbindung habe (…) – zum Göttlichen einfach. Auch zu dieser Energie, die dort ist. Es ist dieselbe Energie. Es ist dieselbe Energie im Grunde. Wenn ich das spüre – ich spüre es jetzt auch - dann ist es so eine Fülle - (…) Diese Fülle. (…) Wenn ich mich verbinde mit dem Göttlichen, dann ist es ein Kanal, durch den ich in die gleiche Energie komme, die ich in mir drin spüre. Es ist keine andere Energie. (JJ 1419-1442)

Ein solches Anknüpfen kann über ein *inneres Bild* der eigenen Erfahrung erfolgen, das eine starke innere Orientierung geben kann – so für Katharina Kunz: „Und dieses Bild von ‚Gott schaut aus meinen Augen heraus' ist wie ein Leuchtturm – der steht vor mir als Orientierung. Es ist einfach ein Geschenk des Himmels gewesen dort einen Moment lang" (KK 859-862).

Mit der Verbindung zu einem *inneren Bild* der spirituellen Erfahrung sind meist auch noch weitere Sinneswahrnehmungen verbunden, was sich vertiefend auf den spirituellen Kontakt auswirkt:

(…) für mich ist das Bild des Erlebens des Einsseins, als ich durch diesen Wald gehe und einfach das spüre, wie der Wind wirklich durch die Hand, wirklich durch alles durch geht, durch alles durch streicht, mich auch liebkost, mich streichelt und so. Dieses Gefühl von Verbundensein ist in dem Moment dann – an das erinnere ich mich zurück. Das rufe ich ab. (BB 979-984)

Auch *Gegenstände* können als Anker für eine spirituelle Erfahrung dienen. So war beispielsweise für Birgit Becker nach der spirituellen Erfahrung beim Tod ihres Vaters eine Meditationsecke mit Gegenständen ein wichtiger Anker sowohl für ihre Trauerarbeit als auch für ihre Rückverbindung mit der spirituellen Dimension, die sie in seinem Tod tief erlebt hatte:

> Ich habe mir halt erst mal eine Meditationsecke mit Gegenständen von meinem Vater oder die ich wichtig fand in dieser Abschiedsphase (…) eingerichtet, um dann einfach wieder da mehr hinzugehen und um den Prozess zu unterstützen von.. ja letztendlich ist es ja Trauerarbeit, trotzdem in Verbindung mit Liebe, aber trotzdem ja auch.. ja, dem auch Raum geben und eine Hinwendung zu diesem Gefühl – sowohl im Schmerzhaften als auch in dieser Gewissheit, dass alles gut ist. (BiB 1406-1413)

Gegenstände können auch als Symbol für eine spirituelle Erfahrung dienen, das auch als wirksam erfahren wird, *ohne dass eine bewusste und willentliche Verbindung dazu hergestellt werden muss*. So hat beispielsweise Katharina Kunz an ihrem Meditationsplatz und auch an verschiedenen anderen Orten in ihrem Haus Gegenstände, die sie an wichtige spirituelle Erfahrungen erinnern und diese auch vergegenwärtigen – so z.B. einen Stein oder Kerzen als Symbole für die Transformation von Materie in Licht und Wärme: „Diese Erfahrung ist da deponiert und gegenwärtig, und das heisst nicht, dass ich immer daran denken muss, wenn ich diesen Stein sehe – also ganz bewusst. (…) Ich schaue ihn an und dann glaube ich einfach, ist das auch gleich wieder da" (KK 926-930).

Für Ursula Urben ist ein *Foto* der Mutter Gottes aus der Wallfahrtskirche, die Ort einer tiefen spirituellen Erfahrung war, hilfreich, um sich immer wieder mit dieser Energie zu verbinden und mit sich selber in Kontakt zu kommen. Dabei dient das Foto lediglich als ein Anknüpfungspunkt und kann die Erfahrung von damals nicht in ihrer früheren Intensität und Tiefe wiederholen:

> Ich habe das Foto auch deswegen herumstehen, weil es mich einfach verbindet. Also es ist ein Stück Erinnerung an das, was war, und das ist aber auch ein emotionales Anknüpfen. Und wenn ich sie sehe, kann ich leichter in Kontakt gehen. Und dann macht sich der Raum langsam auf. Er hält sich nicht so tief und nicht so stabil, wie ich das damals erfahren habe. Aber ich habe wieder einen Anknüpfungspunkt an mich selber, und wenn ich es da spüren kann, dann kann ich wieder zu mir schauen. Ich benutze sozusagen das Foto, um dort anzuknüpfen, um dann in diese Resonanz zu mir zu kommen. Und wenn ich da bin, dann bin ich wieder bei mir. Das ist einfach ein Hilfsmittel, aber das ist ganz gut. (UU 1659-1669)

Eine Möglichkeit, die Verbindung zu einer spirituellen Erfahrung zu vertiefen, kann auch die *Frage nach der Essenz der Erfahrung* sein. Diese Essenz zu benennen, sie in die Handlungen des konkreten Alltags zu übersetzen und sie immer wieder neu umzusetzen, wird von Ursula Urben als wesentliches Element der Integration ins tägliche Leben empfunden:

> Und was mir auch geholfen hat, war für mich die Frage nach der Essenz. Also was ist die Essenz aus der Erfahrung gewesen? Und für mich war die Essenz aus der Erfahrung eben das Sehen und die Klarheit. Und dass im Leben wie ein Faden auch – einfach, das heisst für mich integrieren, dass ich heute meinen Wahrnehmungen traue, dass ich sie äussere, wenn sie gefragt werden und dass ich mich bemühe, wirklich Klarheit in mein Leben zu bringen in allen Bereichen. Das hilft mir, das auch ein Stück lebendig zu halten. Also ich kann nicht auf der einen Seite sagen, ich habe da ein spirituelles Erlebnis und dann lebe ich im absoluten Saustall. Das passt einfach für mich nicht zusammen. (UU 2223-2232)

Eine Verbindung zu einer früheren spirituellen Erfahrung kann auch als eine Art der *Übung* im Alltag Platz finden. So praktiziert Werner Wagner seine spirituelle Übung des Sterbens in grösseren zeitlichen Abständen immer wieder in seinem Alltag:

> Ich mache das ganz häufig immer noch. (…) Ich bewege dann gar nichts. Ich atme auch fast nicht mehr. Ich bewege nicht die kleinste Zehe. Es ist eine völlige Bewegungslosigkeit. Und dann verliere ich das Zeitgefühl, und irgendwann kommt dieser Lebenshauch wieder (…) (WW 586-591)

Wie bereits deutlich wurde, kann der Anknüpfungspunkt an eine frühere spirituelle Erfahrung verschieden sein. Sind für manche Betroffene innere Bilder, Gegenstände oder Fotos wichtige Hilfsmittel, so können für andere bestimmte Konstellationen wichtig sein. Bei Werner Wagner beispielsweise spielt sein Entscheid „Ich gehe jetzt ins Grab" (599) eine einleitende Rolle, worauf er sich immer an denselben Ort begibt, um seine spirituelle Übung zu praktizieren. Entscheidend in diesem Prozess ist dann ein innerer Rückzug und eine Entkoppelung von äusseren Reizen, was sich in der Verbindung zu seiner früheren spirituellen Erfahrung einstellt:

> Und ich habe eigentlich keine Bilder. Ich habe immer denselben Teppich neben dem Bett. Ich muss auch immer am selben Ort sein. Keine Kissen, nichts. Und es gibt eine… wie soll ich… keine Bilder, aber es konstelliert sich dann so eine Art Entreizung von aussen. Ich kopple mich dann immer mehr ab auch von aussen. Ich nehme nichts mehr wahr. Also ich höre nicht mehr, wenn es klingelt. Das ist dann anders beim Meditieren. Da höre ich es dann. Also ich höre es, aber ich reagiere nicht darauf. Und da höre ich dann nicht, dass es klingelt. Schon einige Male ist dann die Post gekommen (…) und dann war ein Brief im Briefkasten mit einer Abholungseinladung (…) nichts gehört. Und sonst höre ich das problemlos. Es ist wie ein Mich-Entziehen von dieser realen Welt und von diesen Reizen. (WW 613-624)

Eine solche individuelle spirituelle Praxis kann als tiefere spirituelle Verbindung erlebt werden als sie in einer Meditation erfahren wird – so bei Werner Wagner: „Und das mache ich hin und wieder. Anstelle des Meditierens. Es hat für mich fast noch eine tiefere Dimension" (WW 605-606).

Die Verbindung zu einem spirituellen Lehrer suchen als Mittler von Spiritualität

Eine Form der Rückverbindung zur Essenz, die auch an einer eigenen Erfahrung anknüpfen kann, aber nicht muss, ist eine Verbindung zu einem spirituellen Lehrer, zu dem ein innerer Bezug besteht. Der spirituelle Lehrer wird dabei von den Betroffenen als eine Art Mittler zum Spirituellen erlebt oder als eine menschliche Verkörperung eines spirituellen Aspekts:

> Ich habe diesen inneren Dialog zu Sai Baba gehalten und ein Bild von ihm mit mir herumgetragen – immer. Das tue ich auch jetzt noch oft oder wenn ich auf Reisen gehe. Und ich habe auch in der Wohnung immer eines von ihm hängen. (SS 228-231)

Der Kontakt zur Essenz über den Lehrer als eine Art Brücke und als Verkörperung eines spirituellen Aspekts kann über das direkte Anschauen eines Bildes erfolgen. Durch diesen Konakt über die Augen und die entstehende innere Verbindung findet eine Ausrichtung auf die Essenz statt, bei der Unwichtiges wegfällt, was für diesen Kontakt hinderlich ist:

> Also ich merke, wenn ich mich verbinde mit dem Bild von [meinem spirituellen Lehrer], dann… (…) wird es einfach still. Ich würde sagen, es resoniert die grosse Stille. (…) Es ist einfach Stille. Es wird ruhiger. Und es fühlt sich an wie ein.. ein bisschen wie in meine Mitte zu kommen. (…) das ist wie ein wenig ein Bündel. Und das ist ähnlich bei der Statue und bei [meinem Lehrer]. Also ich schaue dann, und dann bündelt sich etwas und fokussiert sich auf eine Stille hin, und dann fällt rechts und links der Lärm und der Wirbel so ein bisschen weg. (YY 1592-1599)

Damit ein innerer Kontakt zum spirituellen Lehrer möglich wird, wird eine gewisse innere Vorbereitung als notwendig erlebt. So ist es für Yolanda Yaberg wichtig, sich zunächst von den eigenen Emotionen zu distanzieren, um in eine gewisse innere Stille zu kommen, die sich dann in der Verbindung zum Lehrer vertieft und erweitert:

> Weil die Emotionen – das ist alles sehr laut und bewegt. Aber es ist interessant: Wenn ich zu sehr in den Emotionen bin, dann muss ich zuerst über Bewegung überhaupt an einen Punkt kommen, wo ich zulassen kann, in Kontakt zu kommen mit dem Foto. Aus einer Emotionalität heraus könnte ich das nicht. Da in Kontakt zu gehen mit [meinem spirituellen Lehrer] – das bringt mir nichts. Dann merke ich, dann bleibt es weiterhin laut. Das heisst, ich muss mich erst in einen Zustand bringen, ein bisschen Distanz zu den Emotionen zu bekommen. Und wenn ich dann ein bisschen Distanz habe, dann kann ich mich connecten mit [meinem Lehrer], und dann kann die Stille resonieren. Dann geht wie die Emotion noch ein Stück weiter weg. Und ich denke mir, dass der Beobachter und die Stille an einem ähnlichen Ort sitzen. Ja. Dass die einfach an einem ähnlichen Ort sitzen. Dass ich dann natürlich in dem Masse, in dem ich zu der Stille über [meinen spirituellen Lehrer] finde, dann auch zu meinem inneren Beobachter besser finden kann. (YY 1604-1617)

Der spirituelle Lehrer wird hier auch als eine äussere Verkörperung einer inneren Qualität oder eines Bewusstseinszustandes erlebt, zu dem er einen tieferen Zugang ermöglichen kann.

Weitere spirituelle Erfahrungen als Unterstützung bei der Integration

Manche InterviewpartnerInnen erwähnen explizit, dass eine weitere spirituelle Erfahrung die Integration einer früheren Erfahrung direkt unterstützte. Ein inneres Verstehen einer früheren Erfahrung kann dann dazu führen, dass deren Essenz im konkreten Alltag umgesetzt werden kann – was zuvor nicht möglich war:

> Und es gibt bei mir manchmal Erkenntnisse, die ich habe, und ich sehe es zwar, ich habe sie dann auch, aber ich habe es noch nicht wirklich verstanden. Es ist wie: Ich kann es anschauen, aber ich habe es noch nicht begriffen. (…) Und dann braucht es Zeit, und dann gibt es irgendwann später – 3, 4 Monate später oder vielleicht manchmal auch ein Jahr später wie ein Aha-Erlebnis, in dem ich eine neue Erfahrung mit der damals gemachten Erfahrung verbinden kann. Und das Zusammenspiel dieser beiden Erfahrungen erschliesst mir wieder ein neues ,Aha, genau so ist es doch!' Und dann kann ich es integrieren. Also ich kann nicht jede Erfahrung, die ich mache, grundsätzlich sofort verwenden, weil ich im Moment vielleicht noch nicht am Ort bin, an dem ich sie verwerten kann, an dem ich sie verstehen kann. Ich sage nicht gerne ,verstehen', weil das sehr kopfig ist: Ich kann es dann richtig erfühlen, worum es geht. (BB 1958-1971)

Spirituelle Erfahrungen und deren Integration ins tägliche Leben können auch als ein sich wechselseitig unterstützender Prozess erlebt werden. Spirituelle Erfahrungen führen zu einem anderen Bewusstsein im Alltag, und dieses wiederum fördert tiefere Erfahrungen:

> Und ich glaube, dass das eine das andere gegenseitig unterstützt. Also indem ich solche Erfahrungen in meinem Alltag umsetzen kann, integrieren kann, komme ich in eine erweiterte Wahrnehmungsfähigkeit. Und ich glaube, das eröffnet auch wieder den Raum für noch tiefere Erlebnisse und Erfahrungen. Und das wird mich wieder weiter tragen im Alltag. Und wenn das so hin und her gehen kann, dann wird einfach der Raum immer offener und immer weiter. (BB 1022-1028)

Rückverbindung als formelle Übung

> Meine tägliche Rückbindung (…) hat verschiedene Formen: Also eines ist das tägliche Sitzen, das ich mehr oder weniger regelmässig mache. Das ist ein guter Punkt, sich wieder auf das Wesentliche zurückzuziehen, auf das Wesentliche zu beschränken. (CC 65-68)

Eine formelle spirituelle Praxis wie Meditation oder Gebet zu einer eigens dafür bestimmten Zeit während des Tages wird von etwa der Hälfte der InterviewpartnerInnen geübt. Vermutlich weil eine formelle Praxis bei wohl allen spirituellen Traditionen als Bestandteil eines spirituellen Lebens betrachtet wird, äussern einige Interviewte Bedauern darüber, dass es ihnen nicht gelingt, die Disziplin aufzubringen, regelmässig zu praktizieren.

> Das war immer phasenweise gewesen, dass ich das machen wollte jeden Tag, und dann ist es relativ schnell auch wieder abgebrochen. Da habe ich nicht so eine gute Disziplin leider. Das würde ich mir auch sehr wünschen für mich. Weil ich auf jeden Fall weiss, dass das sehr prägt oder sehr schult einfach – den Geist und das Herz. Aber das ist einfach nicht so. Aber, wie gesagt, ich habe immer wieder Zeiten, wo ich regelmässiger meditiere. (BiB 702-708)

Oder Meditation wird als Möglichkeit betrachtet, aber auf später verschoben, weil zur Zeit anderes wichtiger ist oder weil die eigene Unentschlossenheit dafür zu gross ist:

Aber einige Sachen sind tatsächlich wegen der Lebensumstände - durch meine Faulheit eigentlich oder meine Unentschlossenheit – denn es gibt die Möglichkeit, Meditation auf später zu verschieben. Ich tendiere auch dazu, sie zu verschieben. (AA 1459-1463)

In anderen Fällen wird eine formelle Meditationspraxis nicht als stimmig erlebt, dafür eine eigene Form der Rückverbindung angewendet, die ins tägliche Leben organisch einfliesst und stark im eigenen Leben verankert ist:

Die [Reiki-]Meditation läuft über die Selbstbehandlung (…) Da gehst du mit dir in Körperkontakt oder über die Fernheilung auch in einen Meditationskontakt. Und für mich hat sich da einfach eine Welt daraus erschlossen – da merke ich: Was ist Reiki-Energie? Reiki-Energie ist Lebensenergie. Es ist auch wieder mal eine Möglichkeit, das grosse Leben begreifen zu wollen – aber eine, die mir halt sehr liegt, weil sie sehr frei ist und weil man eben nichts muss. Und da drüber geht es einfach am leichtesten. Das umgeht meinen Trotz ((lacht)). (…) das ist etwas, was in meine Arbeit und in meine Arbeit mit mir selber einfach Eingang findet. Also das ist mir so in Fleisch und Blut übergegangen wie das Zähne putzen. Das mache ich halt einfach. Aber es ist nicht jeden Tag 10 Minuten oder eine halbe Stunde oder dass ich dann irgendwie mit untergeschlagenen Beinen sitze. Sondern eben, ich behandle mich halt damit und damit schliesse ich mich an. Und damit verbinde ich mich auch. Und dazu gehören auch meine Gespräche, wie ich es dir vorhin demonstriert habe mit dem Leben, wenn ich mit dem Leben rede. (UU 2444-2465)

Eine auf diese Weise individuell angepasste informelle Praxis kann als passender für den eigenen Alltag erlebt werden. So stellt Ursula Urben fest: „Also so ist es für mich am alltagstauglichsten geworden" (UU 2478) und: „Für mich ist es einfach das Leben" (UU 2488).

Auch Colin Clark als Zen-Lehrer betont, dass formelle spirituelle Praxis zwar sehr hilfreich sein kann, dass sie aber auch zu einer Falle werden kann. Alltagssituationen können, entsprechend genutzt, zu wichtigen spirituellen Toren werden:

Manchmal kann eine sogenannte spirituelle Übung bei mir, also wenn ich sitze und meditiere – bin ich völlig abgelenkt und bin vielleicht am Lösen irgendeines Problems, das ich habe oder.. und bin alles andere – verstricke mich hoffnungslos in meinem Geist und in der Welt. Und andererseits kann eine Situation, bei der ich mittendrin stehe – eben, wo ich irgendetwas mache – ein Tor sein oder ein Sprungbrett, dass ich wieder in mich selber zurückfinde. Das ist nicht so klar abgegrenzt. Was als spirituelle Praxis formell gemacht wird – das kann helfen, aber manchmal führt das auch nirgends hin oder im Gegenteil, ich verstricke mich dort drin. (CC 93-101)

Dennoch kann eine formelle Meditationspraxis wie das stille Sitzen im Zen zentral sein, um sich mit dem Bereich des Spirituellen wieder zu verbinden, weil stilles Sitzen auch aus der Dualität herausführt, in der wir sonst immer gefangen sind. Nach solchen Zeiten des Zazen ist es aber auch wichtig, diese innere Haltung in das tägliche Tun zu integrieren:

(…) der Ausdruck ist immer begrenzt. Sobald ich irgendetwas sage, sage ich schon nur die Hälfte – sonst kann ich gar nichts sagen. Sobald wir etwas machen,

machen wir alle anderen Sachen nicht. Sobald wir in Bewegung sind, beginnt die Dualität. Darum ist es vielleicht auch so hilfreich, wenn man einfach still sitzt und die Bewegung anhält. Und dann auch die gedankliche Welt – zumindest für einen Moment – anhält. Und dann nichts Spezielles passiert. Aber dieses Gefühl eben, dieses Gefühl von nichts Spezielles passieren – das kann man dann auch rübernehmen in die Tätigkeit. Ein gewisser Teil davon muss irgendwie durchdringen. (CC 1912-1921)

Eine formelle Meditationspraxis kann im Rahmen einer spirituellen Tradition geschehen wie bei Werner Wagner, der über viele Jahre regelmässig Zazen praktizierte und an Sesshins teilnahm. Oder sie kann eine ganz individuelle Form annehmen wie bei Katharina Kunz. In ihrer Meditations- und Gebetspraxis verbinden sich christliche, buddhistische und schamanistische Elemente zu einem Ganzen, das sie als sehr stimmig für sich erlebt und in dem sie sich aufgehoben fühlt (KK 1063-1205).

Wichtig ist bei einer formellen spirituellen Praxis, dass die Betroffenen sie als praktikabel in ihrem alltäglichen Leben empfinden. So musste Katharina Kunz zunächst einen Raum in ihrem Haus finden, in dem sie ungestört regelmässig praktizieren kann (KK 1004-1008). Und es war für sie wesentlich, sich eine klar definierte Zeit innerhalb ihres Tagesablaufs zu nehmen und einen festen Raum in ihrem Haus zu haben für ihre spirituelle Praxis: „Es muss einen festen Platz haben in meinem Leben. Und das ist am Morgen, nachdem ich aufgestanden bin und geduscht habe. Da mache ich das jetzt" (KK 972-974). „Aber es ist auch wichtig gewesen, den Rahmen dazu zu haben, nämlich den Raum" (KK 999-1000). Sie entschied sich, an den 5 Werktagen zu praktizieren, was mit ihrem Lebensrhythmus gut übereinstimmt und ihre Kapazität auch nicht überfordert. Dieser begrenzte Rahmen ermöglicht es ihr auch, aus einem inneren Bedürfnis und nicht aus einem Pflichtgefühl heraus zu praktizieren:

> Es war auch gut, mir zu sagen: ‚Ich mache es an 5 Tagen, nämlich an den Alltagstagen. Und Samstag, Sonntag, wenn P. mehr hier ist oder es einen anderen Ablauf gibt auch zeitlich von der Familie her, dass ich es dann nicht mache und auch nicht irgendwie verlange von mir.' Auch zu merken: ‚Aha, das reicht ja eigentlich auch – 5mal pro Woche. Es muss nicht jeden Tag sein.' Das war auch noch gut, diesen Rahmen vernünftig abzustecken. Und es hat auch dazu geführt, dass ich es gerne mache. Es ist ein Bedürfnis geworden, das zu tun und nicht eine Pflicht. (KK 1050-1558)

Betroffene erleben es manchmal auch als hilfreicher, kürzer und dafür regelmässig zu meditieren, statt sich lange Meditationszeiten vorzunehmen, die sie dann aus alltagspraktischen Gründen nicht einhalten können:

> Ich habe dann vor etwa 2 Jahren – schätze ich mal – zu meditieren begonnen. Aber dann habe ich oftmals eine halbe Stunde meditiert. Und das hat sich dann oft irgendwann wieder im Alltag verloren. (…) Und dann hat sich das aber wieder ein wenig verloren und ist sehr unregelmässig geworden. Und jetzt habe ich den Hinweis bekommen in dem Buch, dass es eigentlich nicht um die Zeit geht – also dass 5 Minuten meditieren durchaus ihre Wirkung zeigen. Und jetzt sitze ich jeden Morgen, wenn es geht. Es ist nicht nahtlos. Es gibt manchmal einen Morgen, wo irgendetwas ansteht und bumm! dann bin ich im Alltag. Aber wenn es geht, nehme ich mir die Zeit und setze mich hin. (BB 1453-1468)

Dabei wird die formelle Übung der Meditation zu bestimmten Zeiten als wichtiges strukturgebendes Element verstanden, das gerade auch bei strukturauflösenden Tendenzen spiritueller Erfahrungen Halt geben kann und dadurch eine Integration erleichtert:

> Und dass es einfach strukturgebend ist. Also je nachdem, wenn ich sage, ich mache regelmässig Meditation, dass ich dann einen bestimmten Rhythmus auch habe oder eine bestimmte Verbindlichkeit: jeden Morgen um 7 mache ich meine Meditation. Das gibt eine Struktur. Und wo ich oft erlebe, dass spirituelle Erfahrungen einem ein Stück weit aus der Struktur völlig raus blasen. Ich war dann eher in einem Zustand von ‚es löst sich alles auf‘. Und hatte eigentlich gar nicht mehr das Gefühl, irgendetwas tun zu müssen. (…) oft das Gefühl: Es löst sich auf und – ja, alles weg. Alles weg, also braucht es auch nichts – also lass es auch weg schwimmen. Und da ist Meditation auch ein Anker, der mich wieder so zurück bringt: ‚Tu wieder, setz dich hin, halte Zeiten ein.‘ Ja, so. Das ist jetzt im Sinne von Meditation als konkrete ritualisierte Form. (YY 2180-2194)

Formelle spirituelle Übung wird von den meisten praktiziert, um eine dauerhafte Bewusstseinsveränderung zu erreichen, die sich im täglichen Leben auswirkt, und nicht primär, um spirituelle Erfahrungen zu haben. Dafür ist ständiges Üben erforderlich (YY 902-904). Eine kontinuierliche Meditationspraxis, die auch das Üben inmitten alltäglicher Tätigkeiten umfasst, wird als notwendig erlebt, damit sich der eigene Bewusstseinszustand allmählich in die Richtung verändert, wo man in einer Präsenz leben kann, ohne an dem, was gerade geschieht, festzuhalten. Eine solche innere dauerhafte Haltung wird als völlige Veränderung des eigenen Seins verstanden:

> Ja, und dadurch ändert sich einfach mein Sein komplett. Also, ich vermag das nicht zu leben, aber ich spüre: ‚Das wäre klasse.‘ Weil ich dann in jedem Moment zwar da bin und schneide die Zwiebeln, aber weiss: Auch das geht vorüber und dann kommt das Nächste. Dann bin ich traurig, auch das geht vorüber. Und dann putze ich die Zähne. Und das alles irgendwie mitzukriegen, aber nicht daran festzukleben. Dann einfach step by step – aha, next one, next one, next one. (YY 2208-2214)

Wenn Meditation mit dem Fokus praktiziert wird, spirituelle Erfahrungen zu haben oder eine frühere spirituelle Erfahrung wieder zu haben, führt die Praxis fast zwangsläufig zu Enttäuschungen. Das Ausbleiben weiterer Erfahrungen kann einer der Gründe sein, dass die Übung wieder aufgegeben wird – so bei Adam Apfelbaum: „[Das Aufgeben der Meditation, Anm. der Interviewerin] hat auch damit zu tun, dass ich merkte, ((lachend)) diese Erfahrung kommt nicht wieder" (AA 1467-1469).

Auch wenn spirituelle Erfahrungen nicht primär das Ziel einer formellen Praxis sind, kann sich ein eigenes spirituelles Erleben doch sehr motivierend auf einen spirituellen Übungsweg auswirken und sehr hilfreich dafür sein, immer wieder die Disziplin und Ausdauer aufzubringen, weiter zu praktizieren (CC 1826-1856):

> Vielleicht könnte man es ein wenig vergleichen damit: Wenn man sagt, man möchte auf einen Berg hinauf: lange spirituelle Reise. Man liest zwar über diesen Gipfel und wie toll das ist, was es da alles gibt. Aber eigentlich gehst du da im Nebel herum und weißt nicht so genau. Du hast keine direkten Erfahrungen. Mit so einer Erfahrung kann man den Nebel mal für einen Moment aufmachen. Du

> siehst tatsächlich den Gipfel oder du bist sogar oben, aber du siehst ihn zumindest. Und du siehst, dass es da einen Weg gibt. Du musst dann immer noch den ganzen Weg gehen – der Nebel geht wieder zu. Aber dann weißt du, dass dieser Gipfel existiert. Nicht nur vom Hörensagen oder aus Beschreibungen von anderen oder so ein intuitives Gefühl. Sondern ganz konkret, wenn du mal so ein Erlebnis gehabt hast, so eine tiefe Erfahrung gehabt hast (…), dann kann das eine enorme Ermunterung sein, dass sich die Leute wieder mit frischer Energie und Begeisterung an ihr Leben heran wagen (CC 1841-1855)

So begann auch Birgit Becker nach einer spirituellen Erfahrung, sich mehr mit Spiritualität zu beschäftigen: Sie verband sich immer wieder mit Engeln und betete in dieser Zeit mehr (BiB 1436-1452; 1472-1476).

In der Regel wird eine formelle Meditationspraxis im Sinne der Veränderung eines „Dauerzustandes" (YY 903) auch kombiniert mit einer Rückverbindung ans Spirituelle während des täglichen Handelns. Letztendliches Ziel dieses Praktizierens ist es, dieses Bewusstsein in jedem Moment zu üben und die Präsenz im Moment bei allen Tätigkeiten des Alltags anzustreben. Für Yolanda Yaberg bedeutet das auch, *in* der Welt, aber nicht *von* dieser Welt zu sein – hier und jetzt präsent, aber nicht anhaftend, sondern frei:

> Dann denke ich, ist einfach Meditation letztendlich für mich, das in jedem Moment zu machen. Und das wiederum würde für mich bedeuten, diesen Beobachter in jedem Moment zu kultivieren. Also dass ich an einen Punkt komme, wo ich mir immer bewusst bin, was gerade ist. Und dass ich aber trotzdem nicht das bin, was gerade ist. Das wäre für mich ein angestrebtes Ziel, das in jedem Augenblick – also da gibt es ja diesen schönen Satz: ‚Ich bin in der Welt, aber nicht von dieser Welt.' Ja, das bedeutet für mich, das so zu integrieren. (YY 2196-2203)

Inhaltlich wird spirituelle Praxis von den meisten als eine spirituelle Rückverbindung erlebt, die mit Wahrnehmen assoziiert ist. So schildert Yolanda Yaberg, was Meditation für sie ist: „Also ich denke, dass Meditation (…) viel mit Wahrnehmen zu tun hat, also den Körper wahrnehmen und das Tun wahrnehmen und beobachten" (YY 2178-2180). Dieses Verständnis von Meditation ist damit verbunden, sich im Alltag immer wieder zu fragen: „Was spüre ich jetzt gerade in meinem Körper?" (YY 896-897) und die spirituelle Rückverbindung auf diese Weise in den Alltag zu integrieren.

9.5.5 Schwierigkeiten: Den Kontakt verlieren, Erfahrungen verblassen

Eine spirituelle Erfahrung verblasst mit der Zeit oder verschwindet irgendwann ganz. Manchmal kann auch ein Gefühl entstehen, ganz von der eigenen Spiritualität abgeschnitten zu sein. Solche Prozesse werden nicht immer als einfach erlebt. Manchmal entsteht daraus grosser Schmerz und Leid. So erzählt Ramina Ranatov, dass sie immer wieder aus ihrem spirituellen Kontakt herauskippt, was für sie sehr schwierig ist. Dann spürt sie nichts mehr und kann in solchen Momenten auch den Kontakt zur Spiritualität nicht mehr herstellen. Das ist mit grossem Schmerz verbunden:

> Ich bin so überzeugt, dass das da ist, dass diese Stimmen da sind, dass diese Helfer da sind – wenn ich bei mir bin. Das Problem ist einfach, wenn es mich rauskippt. Dann spüre ich nichts mehr. Und dann habe ich wie auch den Bezug nicht mehr. Ich kann dann nicht sagen: ‚Aber ich habe doch die andere Erfahrung gemacht, trau doch.' Das ist dann wie weg. Und das ist das, was mich manchmal dann so traurig macht. Und ich denke: ‚Ich weiss es doch. Warum kann ich es

jetzt nicht herbeiholen. Warum kann ich es nicht dann holen, wenn ich es brauche?' Das geht wie nicht. (RR 885-893)

Ramina Ranatov spürt dabei, dass es um einen Prozess der Übereinstimmung von ihrem Handeln mit ihren spirituellen Werten und ihrer spirituellen Grundhaltung geht: Wenn ihr Handeln nicht ihrer Spiritualität entspricht, geht es ihr nicht mehr gut – sie erlebt das bis zum körperlichen Schmerz und einer grossen Erstarrung (RR 469-475). So arbeitet sie für sich daran, ihr Leben und ihr konkretes Handeln mehr in Übereinstimmung mit ihren spirituellen Grundhaltungen zu bringen, um im konkreten Alltag nicht immer wieder in die Situation zu geraten, wo sie ihre spirituellen Werte – die sie als sehr verbunden mit ihrem Wesenskern erlebt – nicht immer wieder selber verrät:

> Also diese Kugel [ein Symbol für ihre Spiritualität, Anm. der Interviewerin], bei der ich das Gefühl habe, darin wird etwas getragen. Es geht wahrscheinlich um diese Essenz. Wenn ich das mehr lebe, also wenn ich mehr diese Kugel bin, dass ich dann weniger rausfalle. Es geht darum: ‚Warum falle ich raus?' Das ist im Moment wirklich mein Prozess, an dem ich dran bin. Um sagen zu lernen: ‚Das stimmt jetzt einfach nicht für mich, und ich kann nicht.' Und dann wirklich dabei zu bleiben. Und dann falle ich auch weniger raus. (RR 908-914)

Zur Zeit des Interviews wurden diese Bestrebungen zusätzlich dadurch erschwert, dass Ramina Ranatov seit einiger Zeit merkte, dass eine lange Phase inspirierten Malens und Schreibens zu Ende ging. Über lange Zeit hatte sie sich einfach in einer spirituellen Verbindung hinsetzen können, und es flossen Texte und Bilder aus ihr heraus, die sie künstlerisch umsetzte. Dieses Malen und Schreiben war mit wunderschönen Gefühlen verbunden gewesen, es floss einfach durch sie und sie war jeweils voller Energie. Dann hörte diese Inspiration plötzlich auf. Ramina Ranatov versuchte immer wieder, diese Verbindung wieder herzustellen, aber es gelang nicht mehr. Es kam nichts mehr. Sie fürchtete, diesen Kontakt vielleicht nie mehr zu haben. Ein schmerzhafter und schwieriger Prozess für sie. Sie merkte dann, dass ein solcher Kontakt und dieses Malen und Schreiben nicht „machbar" sind (RR 851-858, 1832-1855, 1870-1872):

> Es kamen so viele Sachen damals, die mir eine innere Führung waren. ((flüsternd)) Und dann hörte das auf. Plötzlich kam nichts mehr. Ich konnte nicht mehr schreiben. Ich malte nicht mehr. Es hörte alles wieder auf. Und ich probierte immer und dachte: ‚Das muss doch wieder gehen.' Und setzte mich hin und dachte: ‚Jetzt kommt dann sicher wieder etwas.' Und nichts. Es kam einfach nichts mehr. Jetzt seit längerer Zeit eigentlich auf diesem Weg – (…) über Schreiben und Malen – kommt nichts. Und ich kann es auch nicht machen. (RR 850-857)

Ramina Ranatov spürt, dass dabei vieles im Geschehenlassen liegt, aber das fällt ihr schwer. Sie bemerkt ihre Tendenz, die Leere, in der für sie die Essenz liegt, sofort wieder zu füllen mit irgendetwas:

> Ja, alles darf sein, die Leere muss nicht gefüllt werden, es liegt alles im Geschehenlassen. Etwas was für mich oft schwierig ist. So schnell versuche ich die Leere, in welcher eigentlich die Essenz liegt, mit etwas zu füllen, was nicht stimmig ist. (RR 1501-1504)

In den Fällen, in denen ein Verblassen einer spirituellen Erfahrung oder auch ein Verlust des Kontaktes zur Spiritualität nicht problematisch erlebt wurde, scheint es für die Betroffenen eine Tatsache zu sein, dass diese Erfahrungen nur vorübergehend sind und irgendwann vorbeigehen. So erzählt etwa Birgit Becker, wie ihre spirituelle Erfahrung beim Tod ihres Vaters über etwa zwei Monate stark spürbar war und dann nachliess (BiB 1279-1281). Oder Adam Apfelbaum stellt nüchtern fest, dass die Zeitdistanz den Effekt reduziert (AA 1277-1279). Und Ursula Urben schildert, wie die tiefe Ruhe und Klarheit, die ihren Alltag nach ihrer spirituellen Erfahrung in der Wallfahrtskirche über etwa vier Monate anhielt und danach das schnellere Alltagstempo wieder zurückkam: „Dann hat mich der Alltag wieder aufgefressen gehabt. Aber es hat ziemlich lange gehalten" (UU 1588-1589). Sara Sasse erzählt, wie ihre Umgebung nach ihrer Rückkehr aus Indien das Gefühl hatte, sie sei zumindest *vorübergehend* erleuchtet gewesen (SS 432-436). Oder Katharina Kunz gibt eine realistische Selbsteinschätzung ihrer Spiritualität: „Und es gibt so viele Momente, in denen ich das wieder vergesse, in denen ich mich immer wieder getrennt fühle und zugedeckt von meinen neurotischen Geschichten und Ängsten und so" (KK 856-859).

Sie akzeptieren den Verlust der Erfahrung (vgl. Kapitel *Annehmen, was ist* 9.1.3 und 9.1.5). Bei Katharina Kunz wird ein weiterer Aspekt deutlich, der vermutlich auch für andere ausschlaggebend ist, mit diesem Verlust umzugehen. Sie erlebte durch eine spirituelle Erfahrung ein tiefes *Vertrauen in den Fluss des Lebens*, in das Werden und Vergehen des Lebens. Dieses Vertrauen führte dazu, dass sie auch in ihrem persönlichen Leben zu mehr Vertrauen gekommen ist. Dieses Vertrauen ist zwar in manchen Stresssituationen nicht unmittelbar spürbar, aber es gibt ihr die Sicherheit, dass auch diese Stressmomente wieder vorbeigehen und sie dann wieder dieses Vertrauen spürt:

> Und ich habe das Gefühl, durch diese Erfahrungen habe ich wie ein Stück weit doch gelernt, auf einer anderen Ebene zu vertrauen in diesen Fluss von Werden und Vergehen. So, aber ich merke, wenn ich jetzt wieder [in einer Stresssituation bin] dass mir das dann wieder so abhanden kommt, dieses Vertrauen oder der Kontakt zu diesen Erfahrungen. Ich drehe dann einfach in meinem alten Muster. Aber ich weiss dann jeweils auch, es geht wieder vorbei, und ich komme auch wieder in Kontakt damit, ich bin gut aufgehoben. Das kommt dann schon wieder. (KK 687-695)

Dieses grundlegende Vertrauen könnte gerade in Erfahrungen des Verlusts – auch des spirituellen Verlusts – wichtig sein, um sich in diesem Verlust nicht zu verlieren, sondern einen Boden und Halt zu behalten.

Patricia Patterson macht deutlich, weshalb das Verblassen der Erfahrungen für sie kein Thema ist: Bei ihren beiden spirituellen Erfahrungen verschwanden die aussergewöhnlichen Phänomene - wie etwa über Zeichnen Antworten auf ihre Fragen zu erhalten -, sie nahmen ab oder sie veränderten sich, wurden unklarer. Aber *das Wissen darum bleibt*. Wenn auch die Unmittelbarkeit und Intensität der Erfahrung sich mit der Zeit verliert – die Erkenntnis selbst bleibt und hilft ihr in ihrem Leben immer wieder, Dinge von diesem spirituellen Standpunkt aus anzuschauen. Dadurch erlebt sie eine neue Freiheit, ihr Leben zu wagen und einfach zu leben:

> Zeit war eigentlich nur jetzt. Es ist nur jetzt. Alles war nur jetzt. Also es hat keine Vergangenheit und keine Zukunft gegeben. Sondern nur Jetzt. So. Und das habe ich einfach ganz stark.. verstanden.. in dem Zustand (…). Jetzt gibt es natürlich

wieder Vergangenheit und Zukunft. Aber.. da habe ich wie etwas.. [verstanden]. Das war mir ganz klar in dem Moment. So klar, wie es mir jetzt nicht mehr ist. ((lachend)) Ich weiss, dass es mir damals klar war. Aber es wird mir nie mehr ganz so.. [klar sein]. Also ich weiss es jetzt, weil ich es so erfahren habe. Aber in dieser Klarheit werde ich es vielleicht nie mehr verstehen. In dieser Stärke, in dieser Unmittelbarkeit auch.

(…) das ist eine Erweiterung für mich um eine spirituelle Dimension. Das hilft mir, anders zu denken oder die Sache auch wieder von diesem Standpunkt anzuschauen, wenn ich hier irgendwie festgefahren bin (…) Und dann sagen, wieder das Leben zu wagen und auszuprobieren, Fehler, Irrtum, so. Ich glaube, das hat mir mehr Freiheit gegeben darin, Sachen anzuschauen oder eben einfach zu leben - das Leben zu wagen. (PP 809-832)

Und ganz in diesem Sinn fügt auch Adam Apfelbaum seinen Schilderungen zur spirituellen Erfahrung hinzu: „Aber im Grundgefühl ist es [die Essenz aus der spirituellen Erfahrung, Anm. der Interviewerin] immer da. Es ist immer zugänglich. Ich finde jetzt nicht den Schlüssel, aber es ist immer zugänglich. Es ist ein grundstabiles Gefühl" (AA 1491-1493).

9.5.6 Bisherige Form integrierter Spiritualität: Ein verändertes „Lebensgrundgefühl"

Für die meisten Interviewten wurden nach einer spirituellen Erfahrung neu entdeckte Qualitäten deutlich, die ihr Leben seither dauerhaft begleiten. Es handelt sich dabei nicht um spirituelle Höhenflüge, sondern man könnte von veränderten Grundhaltungen oder von „Lebensgrundgefühlen" sprechen, die in ihrem Leben wirksam zu werden begannen. Diese veränderten „Lebensgrundgefühle" lassen sich in folgende Aspekte gliedern:

- Vertrauen
- Sinn
- Sein
- Berührtsein, Dankbarkeit

So spürt etwa Johanna Jecklin seit einer spirituellen Erfahrung ein tiefes inneres Wissen und ein *Vertrauen*, dass immer etwas da ist, auch wenn etwas in ihrem Leben einmal sehr schwer ist. Sie weiss seither, dass sie geführt und geleitet wird und sie nicht alleine entscheidet. Dieses Vertrauen, von einer göttlichen Gegenwart getragen zu sein und nicht alleine zu sein, hat sie seither begleitet (JJ 1375-1383). Durch ihre Erfahrungen hat sich auch ihr Glaube verstärkt – nicht in einem kirchlich-institutionellen Sinn, denn von der Kirche wendete sie sich in der Folge ab, sondern im Sinne eines Vertrauens ins Göttliche (JJ 1555-1557).

Ursula Urben wurde sich nach der Sterbebegleitung ihres Vaters bewusst, dass es noch eine andere Ebene gibt als unsere alltägliche. Sie spürte, dass sie sich dem Leben anvertrauen kann:

Das Leben besteht aus mehr als das, was wir sehen. Und wenn wir uns dem wirklich anvertrauen können, wenn ich mich dem anvertrauen kann, dann komme ich in einen Fluss, wo es sich ergeben kann, wie es richtig ist. Und das hat schon Alltagsauswirkungen gehabt. (…) Also das hat für mich ganz viel mit Alltag zu tun. Da geht es nicht ums Spirituelle, sondern darum: Was will mir das

> Leben sagen? Womit will mich das Leben gerade beschenken? Und wo habe ich
> halt Mühe, ((lachend)) das zu sehen als Geschenk? (UU 1060-1072)

Diese Veränderung in ihrem alltäglichen Leben erfährt sie als ein Gottvertrauen: „Das
andere Wort ist schon auch Gottvertrauen: Es gibt etwas Höheres, was auf mich
schaut. Also da bin ich auf einer seelischen Ebene in Interaktion" (UU 1075-1077).

Auch bei Bernhard Bär hat sich sein Grundvertrauen seit einer spirituellen Erfahrung nachhaltig verändert. Er erlebt es als eine Stärkung des Vertrauens in sich selbst
und seine Fähigkeiten auf der Grundlage eines tiefen inneren Getragenseins:

> Das hat es gehabt: Vertrauen, Vertrauen. Und zwar indem ich an mich glaube.
> Indem ich ganz fest an meine Fähigkeiten glaube und indem ich fest darauf ver-
> traue, dass ich getragen bin, dass ich gehalten bin, gelingt es mir. Und das habe
> ich auch – das ist jetzt etwas, was ich in den Alltag übernommen habe. Dass ich
> sage: ‚Aha, das habe ich jetzt gelernt. Schritt für Schritt. Ganz fokussiert. Ganz
> konzentriert. Und einfach gehen – im Vertrauen, dass der Boden, auf dem ich
> stehe, dass der mich trägt.' Dass ich mich selber trage – im Grunde genommen.
> Und das habe ich im Alltag. (BB 886-893)

Und Birgit Becker erlebte nach einer Engel-Erfahrung während einer Meditation ihr
Vertrauen auf verschiedenen Ebenen gestärkt: So fühlte sie sich darin versichert, dass
andere Dimensionen existieren und es diese Realität einfach gibt: „das hat (...) wieder
mehr Boden geschaffen für mehr Vertrauen in mein Leben, in meinen Lebensweg, (...)
dass da wie etwas Grösseres... ja, eine grössere Weisheit (...) existiert und in die ich
mich (...) hineinbegeben kann, auch in schwierigen Zeiten. Aber das hat eben etwas
mit Vertrauen zu tun" (BiB 1604-1609). Durch dieses vertiefte Vertrauen fühlt sie sich
nicht mehr so alleine, was auch ein Gefühl innerer Gewissheit in ihr verstärkt hat. Ihr
Vertrauen ins Göttliche ist seitdem gewachsen, und sie spürt immer wieder, dass alles
einen *Sinn* hat (BiB 1603-1644; 1671).

Dieser Aspekt der *Sinn*haftigkeit – auch schwieriger Situationen – wird etwa auch
bei Johanna Jecklin deutlich. Seit der spirituellen Erfahrung während der lebensbedrohlichen Krankheit ihrer Tochter sieht sie einen Sinn in dieser Krankheit. Sie begleitet ihre
Tochter noch heute in den körperlichen Folgen dieser Krankheit (JJ 1191-1197, 1219-
1223).

Aber auch ein verändertes Lebensgrundgefühl von *Sein* zeigt sich als dauerhafte
Wirkung einer spirituellen Erfahrung. In den Interviews wurde diese Qualität auf zwei
verschiedenen Ebenen deutlich: Sein als eine Grunddimension von Spiritualität und
Sein als existentielle Grundlage. So erlebte etwa Ramina Ranatov nach einer lebensbedrohlichen Krankheit durch eine spirituelle Erfahrung eine starke Entscheidung für ihre
Existenz: Sie war damals in einer grossen Zerrissenheit, ob sie leben oder sterben wolle
– und die Erfahrung beendete diesen Zwiespalt: „Und dann ist die Entscheidung gekommen. Und (...) die habe nicht ich gefällt. Das ist einfach gekommen" (RR 326-
328).

Bei Johanna Jecklin zeigt sich seit einer spirituellen Erfahrung ein veränderter Zugang zum Sein als einer spirituellen Qualität in ihrem täglichen Leben: „mit dem Göttlichen einfach sein. Ich war mehr. Ich bin mehr. Ich kann sein." (JJ 1528-1529). Dieser
Kontakt zum Sein verstärkt sich dadurch, dass sie sich in ihrem Alltag immer wieder
bewusst mit dem Göttlichen verbindet (JJ 1524-1530-1531).

Bei Colin Clark zeigt sich dieses Sein als Grunddimension von Spiritualität darin, dass er sich immer mehr als Beobachter seines Lebens erlebt – also gewissermassen von einer Meta-Ebene des Seins sein eigenes Handeln, Fühlen, Denken wahrnimmt:

> (…) je älter ich werde, desto mehr erfahre ich mich als Beobachter meines Lebens. Ich habe weniger das Gefühl, dass ich mein Leben auf irgendeine Art im Griff habe, oder ich mache Sachen, aber ich staune eher, was ich mache oder wie ich es mache. Im Rückblick kann man dann sagen, eigentlich mehr und mehr schaue ich in das Leben rein und staune, was der alles macht da und wie er es macht und was ihm alles passiert und in was für Umstände er reinkommt und wie er dann reagiert darauf. (CC 305-311)

Zugleich wird bei Colin Clark auch der prozesshafte Charakter eines Seins-Zustandes deutlich. So hat er heute keine Vorstellung mehr davon, wie er sein sollte oder wie die Welt sein sollte (CC 1173-1201). Er findet „wirklich von Tag zu Tag, von Atemzug zu Atemzug fast neu heraus, was und wie man es macht" (CC 1200-1201).

Einige InterviewpartnerInnen erleben in der Folge einer spirituellen Erfahrung eine nachhaltige Veränderung, die etwa mit einem „*Berührtsein*" (WW 749) oder einem „Herzöffnungsprozess" (UU 1567) umschrieben wird. Hier wird eine grössere Sensitivität und Weichheit, eine stärkere Resonanz auf die Umgebung oder ein grundlegendes Gefühl von Dankbarkeit beschrieben. Diese Veränderungen werden von fast allen interviewten Männern beschrieben. Das mag mit unserer westlichen Sozialisierung zusammenhängen, in der Jungen oft nicht so sehr in ihren empfindsamen Qualitäten unterstützt werden. Wenn solche Aspekte dann durch spirituelle Erfahrungen zugänglich werden, mag die Veränderung zum bisherigen weniger sensitiven Zustand umso stärker erlebt werden. So spricht etwa Werner Wagner davon, dass er heute eine bisher kaum gekannte Sensibilität und ein tiefes Berührtsein erlebt:

> Und einfach auch eine Sensibilität.. viel mehr Sensibilität entwickelt gegenüber Menschen oder auch Tiere, die schwach sind, die vor dem Sterben sind. (…) Auch z.B. das Wort „Berührtsein" das ist gekommen. Das habe ich früher wenig gehabt. Einfach Berührtsein.. ja, einfach Berührtsein, von was auch immer… (WW 746-751)

Auch *Dankbarkeit* gehört zu diesen sich verändernden Grundgefühlen. So erlebt etwa Bernhard Bär in der Folge seiner spirituellen Erfahrungen eine Dankbarkeit: „Dankbar für das, was sein darf" (BB 1421). Und Colin Clark erzählt von seinem christlichen Lehrer, wie dieser Dankbarkeit als Weg sieht: Ein ständiges Kultivieren von Dankbarkeit gegenüber Alltäglichkeiten, die für uns normalerweise so selbstverständlich sind wie die Wahrnehmung der Farbe Blau, führt zu einer grösseren Offenheit und zu einer grundlegenden Zufriedenheit. So können wir unser ganz konkretes Leben mit anderen Augen sehen:

> Wow, das ist ein intensives Blau, und ich habe die Fähigkeit, das zu sehen! Und wenn ich ein Gefühl der Dankbarkeit dafür entwickeln kann, dann bin ich glücklich. Es ist nicht so, dass man dankbar ist, weil man zufrieden ist und glücklich ist, sondern – das sind die Worte meines Lehrers und Freundes – er sagt: wir sind zufrieden, wenn wir dankbar sein können. (CC 1691).

Auch Ursula Urben erlebte eine tiefe Dankbarkeit während einer spirituellen Erfahrung, die von vielen Tränen begleitet war:

Und es hat mich sehr durchgespült. Es hat mich sehr weich gemacht. (…) ich kann nicht sagen, ich habe um etwas oder wegen irgendetwas geweint. Ich habe einfach das Gefühl gehabt, es war ein Herzöffnungsprozess, bei dem es halt einfach Tränenseen geleert hat ohne irgendwelche biografischen Bilder oder Gefühle. Es war sehr viel mit Dankbarkeit verbunden. Ich bin in der Zeit auch an einen inneren Ort gekommen, an dem ich gemerkt habe: ‚Wenn ich jetzt sterben sollte, dann habe ich so etwas von einem reichen Leben gehabt, was ich alles erleben durfte in diesen damals 35 Jahren, da kann man sich echt nur bedanken'. (1564-1572)

Dieser Herzöffnungsprozess führte zu einer dauerhaften Veränderung in dem, was sie ihre „Herzfähigkeit" (UU 1644) nennt. Ursula Urben macht hier noch einen weiteren Punkt deutlich, der in Zusammenhang mit dauerhaften Veränderungen besonders hervorgehoben werden soll: Mit dauerhaften Veränderungen ist nicht gemeint, dass die Betroffene immer im Zustand der spirituellen Gipfelerfahrung lebt. Gipfelerfahrungen bleiben Gipfelerfahrungen. Was sich ändert, sind „Lebensgrundgefühle", das Wissen um diese grössere Dimension und die Ausrichtung des eigenen Lebens – in möglichst vielen, konkreten, banalen Alltäglichkeiten - auf diese umfassende Wirklichkeit, was sich in einer Wandlung des Menschen manifestiert.

Meine Herzfähigkeit – die hat sich einfach verändert seitdem. Also da habe ich wirklich das Gefühl gehabt, da habe ich einen inneren Schritt gemacht, hinter den falle ich nicht mehr zurück. Klar hebelt es mich im Alltag manchmal raus. Klar bin ich manchmal weit weg von meinem Herzen und viel zu schnell und völlig zerstoben, wenn irgendetwas schwierig ist. Das meine ich nicht. Sondern einfach dieses, was sich gehalten hat. Die Sicherheit, dass ich da drin im Herzen spüren kann, ob etwas richtig ist und wie die Dinge sind. Das weiss ich einfach jetzt. Und da finde ich auch immer wieder hin. Das weiss ich auch. Und da hat sich ganz viel Suchen aufgelöst. ((lachend)) Und das habe ich alles der Mutter Gottes zu verdanken. (UU 1643-1654)

10 Diskussion

Spiritualität in unserer leistungsorientierten Gesellschaft – welche Herausforderungen und Schwierigkeiten sind mit diesem Kontext von Spiritualität verbunden? Welchen Herausforderungen begegnet ein spirituell Suchender in diesem gesellschaftlichen Zusammenhang? In der folgenden Diskussion werden zunächst diese Fragen nach Spiritualität im Kontext unserer westlichen Gesellschaft aufgegriffen (Kapitel 10.1). Anschliessend werden die Aspekte des in dieser Studie entwickelten Kategorienmodells „Kontakt" in einen Kontext zu mystischen Traditionen und Richtungen der Transpersonalen Psychologie gestellt und auf ihre Bedeutung für eine Integration spiritueller Erfahrungen eingegangen (Kapitel 10.2). Dabei zeigt sich ein Kontaktaspekt, der auf spirituellen Wegen nicht selten vernachlässigt wird und dessen Bedeutung auf Grund der vorangegangenen Ausführungen in dieser Studie jedoch ganz zentral ist: der Kontakt zu sich und der eigenen Lebensgeschichte. Wird dieser Aspekt vernachlässigt, zieht das verschiedenste Schwierigkeiten nach sich – wird er angemessen umgesetzt, entfaltet sich eine grosse Tiefe auf dem spirituellen Weg. Wer in spirituellen Erfahrungen oder einer Idealisierung von Spiritualität verhaften bleibt und sich nicht mit den eigenen Lebensthemen, Mustern, Schwächen, Schattenseiten und natürlich dem eigenen Verhalten im Alltag, in zwischenmenschlichen Beziehungen etc. auseinandersetzt, kann Spiritualität und Alltag nicht wirklich zusammenbringen – und seine spirituellen Erfahrungen damit nicht wirklich integrieren. Hier wird die Bedeutung einer (transpersonalen) Psychotherapie für eine Integration spiritueller Erfahrungen deutlich (Kapitel 10.3).

Das Modell „Kontakt" ist nicht nur ein theoretisches Erklärungsmodell zur Integration spiritueller Erfahrungen, es lässt sich auch im Alltag praktisch umsetzen. Implizite Anregungen dazu wurden durch die konkreten Beispiele aus den Interviews in Kapitel 9 bereits vielfach deutlich. Welche Möglichkeiten für die Praxis bietet das Modell? Wie kann es praktisch angewendet werden? Wie kann es zur Unterstützung einer Integration spiritueller Erfahrungen konkret nutzbar gemacht werden? Auf diese Fragen wird in Kapitel 10.4 eingegangen. Und schliesslich bleibt noch, den Grundtenor aller in dieser Studie dargestellten mystischen Traditionen und transpersonalen Psychologie-Richtungen aufzunehmen: Es ist ein Weg des ständigen Übens (Kapitel 10.5).

10.1 Spiritualität im Kontext unserer westlichen Gesellschaft

Unsere westliche Gesellschaft ist sehr leistungsorientiert. Belschner (2001a, S. 86) spricht von einer „Lebensform des Tuns", welche die „kulturelle Leitidee der Kontrolle" impliziert. Eine solche extravertierte Ausrichtung der westlichen Zivilisation sieht Assagioli (2008, S. 3) als Grund für die mangelnde Beachtung des Selbst. Der Leitende Psychologe der Psychiatrischen Universitätsklinik Zürich Hans-Martin Zöllner (2008a, S. 1) stellt anlässlich der Preisverleihung der Dr. Margrit Egnér-Stiftung 2008 die Frage: „'Die Rettung der Seele': Ist sie denn bedroht?" und gibt darauf die Antwort: „Ja, sie ist bedroht durch die Vereinnahmung des physikalistischen Denkens". Im Bereich der Psychotherapie stellen der Psychologe und Psychotherapeut Ludwig J. Grepmair und der Psychiater und Psychoanalytiker Marius K. Nickel (2007) fest, dass wir in unserer westlichen Zivilisation von einem „Maschinendenken" (S. 94) befallen sind – und dieses wirke sich auch auf die Psychotherapie aus: Die Psychotherapie verkommt zu einer

Psychotechnik (S. 152-156): „Unser Problem und *das* Problem der Patienten liegt in der Seinsdimension. Wir lassen uns nicht da sein, wir halten uns beschäftigt, tun etwas, um etwas zu erreichen, aber wir kommen nie an, sind nie da" (S. 94). Und der Professor für Klinische Psychiatrie und Klinikdirektor Daniel Hell (2005, S. 12) stellt angesichts unseres Lebens in der modernen westlichen Kultur fest: „Von aussen gesehen haben wir Erfolg. Wir führen in einem noch nie dagewesenen Wohlstand mit immer perfekteren technischen Hilfsmitteln ein immer längeres Leben. Aber gleichzeitig wissen wir weniger denn je, wer wir sind". Hier wird ein „alternatives Welt- und Menschenverständnis" (Hell, 2005, S. 12) notwendig:

> Es [das alternative Welt- und Menschenverständnis, Anm. der Autorin] nimmt zum Ausgangspunkt, was uns eigen ist, nämlich das, was wir innerlich spüren, fühlen und bedenken können. Es setzt kein imaginäres Ich voraus, das der Welt gegenübersteht, sondern erfasst sich und die Welt als ein bedingtes Ganzes, das von einem unbedingten Absoluten – in religiöser Sprache: von Gott – umfasst wird. In dieser Sichtweise wird der Stellenwert des Ich relativiert, aber der Mensch erhält eine unhinterfragbare Gewissheit, was er ist, indem er sich vom Absoluten umfasst und angesprochen weiss. Ein solcher Zugang zur Welt und zum Umfassenden lässt sich nicht sichtbar machen. Man kann ihn nur zu leben suchen. (Hell, 2005, S. 12)

Und Belschner (2001a, S. 89-101) stellt in ähnlicher Weise der Leitidee der Kontrolle in unserer westlichen Lebensform des Tuns das *Vertrauen* als Leitidee der Lebensform des *Lassens* gegenüber. Diese Ansätze führen in dieselbe Richtung wie das in dieser Studie entwickelte Kategorienmodell „Kontakt". Hell (2008a) schreibt ganz in diesem Sinn:

> Wir sind, was wir sind, weil wir das, was sich von aussen an uns wahrnehmen lässt, mit unserem eigenen, inneren Leben verbinden können. Je stärker der Druck von aussen wird, desto wichtiger wird auch die Stärkung unseres inneren Erlebens: Man könnte schlagwortartig sagen: ‚Hightech macht Hightouch umso wichtiger.' (S. 53)

Was diese Ansätze für die westliche Kultur als Ganzes verdeutlichen, zeigt das in Kapitel 9 entwickelte Modell „Kontakt" für die Integration spiritueller Erfahrungen im Besonderen. Denn die Tendenzen, die sich in unserer westlichen Kultur abzeichnen, übertragen sich auch auf den Bereich der Spiritualität, wie insbesondere in Trungpas (1989) Darstellung des spirituellen Materialismus deutlich wird (Kapitel 6.5). Wir übertragen – zumindest in unserer westlichen Kultur – unsere gängigen „Werte" wie Kontrolle, Tun, Konsumhaltung oder Leistung auch auf den spirituellen Weg, wo sie zu einem Hindernis für eine Integration spiritueller Erfahrungen werden. Sicherlich sind nicht alle Schwierigkeiten bei einer Integration spiritueller Erfahrungen kulturbedingt. Jeder Mensch hat seine persönliche, ganz individuelle Geschichte, die manchmal auf diesem Weg auch hinderlich wird. Und doch sind einige unserer persönlichen Themen auch vor dem Hintergrund unserer westlichen Gesellschaft und den gängigen Werthaltungen zu sehen und davon geprägt. So wollen Menschen heute im Westen möglichst schnell und mit möglichst wenig Aufwand „erleuchtet" werden. Das hohe Tempo, das unsere Leistungsgesellschaft kennzeichnet, schlägt sich auch auf die Spiritualität nieder. Viele Menschen auf diesem Weg wollen sich nicht mit alltäglichen Banalitäten aufhalten, sondern „ihre Aufgabe erfüllen", spirituelle Erfahrungen haben, und beginnen irgendwann auf dem spirituellen Weg, gewisse Aspekte, Schwächen oder Schattenseiten von sich selbst auszuklammern und nicht mehr anzuschauen. Sie fangen irgendwann an – meist wenn besonders intensive spirituelle Erfahrungen zu verblassen beginnen – eigene schwierige Themen und Schattenseiten auszublenden, sie vor sich selbst zu leugnen und für die eigenen Schwächen nicht mehr offen zu sein. Oder sie beginnen, ihrem eigenen biografischen, aktuellen oder spirituellen Schmerz auszuweichen – auch dem Schmerz, dass die Erfahrung verblasst ist. All diese Tendenzen führen zu einem verzerrten spiritualisierten Selbstbild – im Grunde also zum Gegenteil eines echten Kontakts zu sich und der eigenen Lebensgeschichte (vgl. Kapitel 9.2). Wenn wir unseren jetzt gerade spürbaren Verletzungen – welcher Art auch immer diese sein mögen – ausweichen, dann sind wir auch nicht wirklich hier und hindern uns selbst immer wieder an einem Kontakt zum Hier und Jetzt. Um unsere ganz eigenen, nicht immer angenehmen Gefühle wieder spüren zu können, braucht es aber oft viel Mut.

Der Theologe und Religionswissenschaftler Georg Schmid (1995, S. 94) bringt die „Erlebnisbereitschaft" und den „Erlebnishunger" der zeitgenössischen Spiritualität in Verbindung mit der heutigen „identitätsfeindlichen Zeit", in der es nur selten gelingt, „unmittelbar und überzeugend in die eigene Mitte zu finden". In seinen Ausführungen wird deutlich, wie den Menschen in unserer heutigen Gesellschaft das abhanden gekommen ist, was in dieser Studie mit „Kontakt" bezeichnet wird: der Kontakt zu sich (in einem Mangel an echter Identität), der Kontakt zu anderen Menschen (in der „Begegnungsscheu der modernen Gesellschaft"), der Kontakt zum Hier und Jetzt (im „Gehetze" der heutigen Zeit) und der Kontakt zum alltäglichen Leben (in dem „andauernden Miteinander von Alltagsmonotonie und Alltagszerstreuung"). Als Reaktion auf diesen Mangel an Kontakt wird die erwähnte Erlebnisbereitschaft verstehbar: „Wenn schon nicht in meiner Alltagswelt, dann möchte ich mich zumindest in meiner Religiosität spüren, erleben, auch andere spüren und ihnen wirklich begegnen" (Schmid, 1995, S. 95). Man könnte mit Schmid (1995, S. 94) also sagen, dass in der heutigen Spiritualität versucht wird, über spirituelle Erfahrungen (Kontakt zur Essenz) den mangelnden Kontakt zu all den anderen, oben erwähnten Lebensbereichen auszugleichen: Spiritualität als Ersatz für echten, alltagsbasierten Kontakt. Das führt jedoch zwangsläufig in eine nicht-integrierte, „ungeerdete" Spiritualität, der das wesentliche verloren gegangen ist: die Verankerung als Mensch im Kontakt.

Mangel an wirklichem Kontakt zeigt sich nach Schmid (1995, S. 100-104) auch in manchen zeitgenössischen Meister-Schüler-Beziehungen. Hier wird der spirituelle Meister zu einer Projektionsfläche (vgl. dazu auch Kapitel 6.1.4) – gerade durch seine Begegnungs- und Beziehungslosigkeit: „Der Meister ist da und lässt sich doch nicht erreichen" (Schmid, 1995, S. 101). Zusätzlich wird dieser Mangel an wirklicher Begegnung mit dem spirituellen Meister durch die Grösse der zeitgenössischen Ashrams gefördert (Schmid, 1995, S. 101): Hier leben die Schüler mit ihrem Meister, „ohne ihm auch nur einmal zu begegnen" (Schmid, 1995, S. 102). So umfassen dann auch die „Kriterien hilfreicher Meisterschaft" (Schmid, 1995, S. 102) überwiegend die Kontaktaspekte des Meisters. Schmid (1995, S. 104-105) nennt dabei unter anderem:

- Der spirituelle Meister muss selbst ins eigene Erleben finden und auch dem eigenen Erleben des Schülers trauen (Kontakt zur Essenz und Kontakt zu sich).
- Der Meister muss bereit sein, seinen Schülern wirklich zu begegnen und sie auch wieder aus der Bindung an ihn zu entlassen (Kontakt zu anderen Menschen).

- Der Meister muss sich auch eigene Fehler eingestehen können (Kontakt zu sich), sich korrigieren lassen und kein bedingungsloses Einverständnis seiner Schüler verlangen.
- Der Meister soll bereit sein, von anderen Meistern und mit ihnen zusammen zu lernen (Kontakt zu anderen Menschen).
- Der Meister soll „selbst bewusst den Weg einer weltoffenen und begegnungsfreudigen Alltagsmystik gehen" (Kontakt zum alltäglichen Leben, Kontakt zu anderen Menschen) (Schmid, 1995, S. 105).

„Erleuchtung" ist heute ein Begriff, der modern und „in" geworden ist (vgl. z.B. Caplan, 2002, S. 31-32) – sogar die Werbung spielt mit diesem Begriff und mit Bildern von Buddha in Meditationshaltung. Menschen jagen Gipfelerlebnissen oder eben Erleuchtungserfahrungen nach und möchten möglichst ständig im Zustand der Gipfelerfahrung bleiben. Die Tiefe und Beglückung durch eine solche Erfahrung macht ein solches Verhalten auch völlig verständlich. Was sich so wunderbar anfühlt, möchten wir wieder haben – und das möglichst oft und lange. So wird oft versucht, die spirituelle Erfahrung festzuhalten oder sie wiederzuhaben. Dabei spielen Vorstellungen und Erwartungen, wie eine spirituelle Erfahrung sein sollte, eine wesentliche Rolle (vgl. z.B. die Kapitel 6.5.2, 9.1.5 und auch eine spirituelle Erfahrung von CC 957-979 in Kapitel 8.12.1). Hier schleichen sich aus meiner Praxis-Erfahrung in der Arbeit mit spirituell Suchenden nicht selten suchtartige Tendenzen ein. Spiritualität wird etwas, was man *haben* will, was man *besitzen* will, was man *zur Verfügung* haben will. So kann sie zu einer Art „Gegendroge" zum grauen, mühsamen und banalen Alltag werden. Oder es stellt sich in diesem Zusammenhang spiritueller Ehrgeiz und Leistungsdruck ein (vgl. z.B. Kapitel 8.7.2 oder den entsprechenden Abschnitt in Kapitel 9.2.6), weil die Menschen davon ausgehen, dass spirituelle Erfahrungen ein Qualitätszeichen des spirituellen Weges sind und sie möglichst viele davon haben sollten, um wirklich spirituell zu sein. Die für das Christentum charakteristische Frage, die Schmid (2007b, S. 137) in seinem Buch „das ärgerliche Christentum" aufgreift „Was muss ich tun, damit ich in den Himmel komme?", kann im Zusammenhang mit der heutigen Spiritualität umformuliert werden in: „Was muss ich tun, um möglichst schnell erleuchtet zu werden?" In ihrer Ichbezogenheit (Schmid, 2007b, S. 137) widerspiegelt diese Frage wiederum die Leistungsorientiertheit unserer westlichen Gesellschaft – und steht dem Ziel eines spirituellen Weges (genauso wie einem wirklich christlichen Christentum) diametral gegenüber: „Eine Erleuchtung, die primär mich meint, ist noch so ichverfallen wie mein ganzes Sein vor der Erleuchtung. Erleuchtung gilt allen, oder sie ist keine Erleuchtung" (Schmid, 1998, S. 176).

Die Aussergewöhnlichkeit mancher spiritueller Erfahrungen hat eine besondere Anziehungskraft, und manche Menschen mögen von Spiritualität gerade wegen dieses Hauchs des Aussergewöhnlichen fasziniert sein. Statt bungee-jumping beginnen sie, Meditation zu praktizieren – möglichst eine Form, die schnell zu aussergewöhnlichen Erfahrungen führt – oder sie beginnen, ihre Medialität zu schulen, weil sie damit über besondere Fähigkeiten verfügen. Hier kann man mit Zöllner (persönliche Mitteilung am 24. November 2008) von einem „spirituellen sensation seeking" sprechen. Leider ist gerade der Bereich der spirituellen Erfahrungen der Ort, an dem die meisten spirituell Suchenden stecken bleiben, weil sie sich in der Faszination der spirituellen Erfahrungen verlieren und so den weiteren Weg aus den Augen verlieren (vgl. Kapitel 6.3).

Eine Integration spiritueller Erfahrungen bedeutet nicht, Gipfelerfahrungen aufrechterhalten zu wollen, sondern deren Essenz im Alltag zu *leben*. Das heisst vor allem, unser alltägliches Leben aus einer anderen inneren Haltung - einem anderen „Lebensgrundgefühl" (vgl. Kapitel 9.5.6) - heraus zu leben und zu gestalten. Gipfelerfahrungen bleiben Gipfelerfahrungen. Irgendwann beginnen sie zu verblassen – und doch haben diese spirituellen Erfahrungen Folgen im Leben der Betroffenen (vgl. die individuellen Folgen für die Interviewten in Kapitel 8 und die „Bisherigen Formen integrierter Spiritualität" in Kapitel 9). In meiner Praxis mache ich die Erfahrung, dass Menschen, die besonders stark versuchen, im Zustand der spirituellen Erfahrung zu bleiben und nicht akzeptieren können, dass die Erfahrung selbst vergänglich ist (vgl. dazu v.a. die Kapitel 6.5 und 9.1.5), stärker dazu neigen, in ihrer Spiritualität „abzuheben" und auch eher dazu neigen, ihre eigene Menschlichkeit mit den jedem Menschen eigenen Schwächen vor sich selbst zu verleugnen. Ein solches „Abheben" ist meist mit einer mehr oder weniger stark ausgeprägten psychischen Inflation verbunden und damit einer Selbstbezogenheit, die dem spirituellen Weg im Grunde entgegengesetzt ist. Vorübergehende Phasen einer gewissen psychischen Inflation sind nach meiner Praxis-Erfahrung kaum zu vermeiden – insbesondere nach dem ersten „Anfangsrausch" einer ersten oder besonders intensiven spirituellen Erfahrung. Wichtig ist jedoch, mit der Zeit wieder den Boden der Realität unter die Füsse zu kriegen. Dabei sind der Alltag und zwischenmenschliche Beziehungen eine grosse Hilfe (vgl. Kapitel 6.6.1).

Manchmal können auch Schwierigkeiten auf dem spirituellen Weg eine Unterstützung für die Integration spiritueller Erfahrungen darstellen: So hat etwa die dunkle Nacht (vgl. Kapitel 3.1.2 und 6.7.5) nach Schraut (2001, S. 82-83) viel mit Erdung zu tun, indem der nach Gott suchende Mensch menschlicher wird und damit geerdeter – und er hebt nicht mehr ab. Auch Themen wie Selbstüberhöhung, an Erfahrungen festhalten und Erfahrungen machen wollen, werden im Leiden an der Unverfügbarkeit Gottes in der dunklen Nacht überwunden. Dabei ist es wichtig, die Dynamik der Erfahrung und ihres Verlustes in der dunklen Nacht zu akzeptieren. In diesem Sinn gibt es auf dem spirituellen Weg keinen „erreichten Zustand", den wir endgültig „haben". Die Erfahrung der Transzendenz bleibt nie statisch, ist nie sicher und endgültig, sie bleibt immer dynamisch (Schraut, 2001, S. 83).

Eine Integration spiritueller Erfahrungen hat nichts mit Aussergewöhnlichkeit zu tun – im Gegenteil: Je einfacher und gewöhnlicher Spiritualität im Alltag geworden ist, desto integrierter ist sie (vgl. Kapitel 9.1.6). Eine Integration spiritueller Erfahrungen ist ein Weg, der keine schnelle „Erleuchtung" verspricht, sondern ein Weg der kleinen, aber geerdeten Schritte. Und obwohl Spiritualität heute boomt, sind nur sehr wenige Menschen bereit, diesen Weg in der nötigen Tiefe, mit der notwendigen Ehrlichkeit sich selbst gegenüber zu gehen und sich mit sich selbst, ihrem Alltag, ihren zwischenmenschlichen Beziehungen und ernsthaft mit einer nicht abgehobenen, sondern erdnahen Spiritualität auseinanderzusetzen.

„Kontakt" als Kern des Modells zur Integration spiritueller Erfahrungen bringt uns zurück zum Unmittelbaren, zu einem Hier-Sein als Mensch mit unseren Stärken und Schwächen, der sich in einer tieferen Wirklichkeit aufgehoben und von ihr getragen fühlt (vgl. Hell, 2005, S. 12; Ruch, 2001, S. 140-143). In einer inneren Haltung des Seins, die über die verschiedenen Kontaktaspekte immer wieder neu praktiziert wird, heisst das nicht, dass wir im Aussen nichts mehr tun, aber dass wir im Tun immer wieder in einen inneren „Kontakt" zurückfinden und uns im äusseren Tun nicht dauerhaft verlieren. Diese innere Haltung des „Kontakts" als seelisches Berühren und Berührt-werden (vgl. Hell, 2005, S. 12) ist eng verbunden mit einer inneren Haltung des Loslas-sens und steht dem Vertrauen als Leitidee der Lebensform des Lassens bei Belschner (2001a, S. 89-101) sehr nahe.

Eine Integration spiritueller Erfahrungen umfasst mehr als ein paar gezielte Übun-gen oder Strategien im Umgang mit den Erfahrungen selbst. Integrierte Spiritualität be-deutet eine Veränderung des „Lebensgrundgefühls". Sie umfasst eine Veränderung in den verschiedensten Lebensbereichen, die die verschiedenen Kontaktaspekte des Mo-dells betreffen: Veränderungen in der eigenen Präsenz im Hier und Jetzt (Kontakt zum Hier und Jetzt), im Kontakt zu sich selbst und der eigenen Lebensgeschichte, Verände-rungen im Umgang mit anderen Menschen (Kontakt zu anderen Menschen), in unse-rem Erleben und Verhalten im alltäglichen Leben (Kontakt zum alltäglichen Leben) und im Umgang mit Spiritualität selbst (Kontakt zur Essenz). Eine Integration spirituel-ler Erfahrungen ist – das wurde bereits im Theorieteil deutlich – nicht direkt „mach-bar", sondern hat viel mit Offenheit, Annehmen, einer Suche nach Wahrheit und Los-lassen zu tun (vgl. Kapitel 3, 4, 5, 6).

10.2 Kontakt

> Das Wesentliche dabei ist …, eine *wirkliche* Beziehung zu sich selbst, zur eigenen Erfahrung herzustellen. Wenn das unterbleibt, wird der spirituelle Weg gefährlich und zu einer rein äusserlichen Unterhaltung anstatt zu einem organischen, ganz persönlichen Erleben. (Trungpa, 1989, S. 27)

10.2.1   Kontakt als Wurzel von Religion und Spiritualität

Kontakt als Kern des hier entwickelten Modells zur Integration spiritueller Erfahrungen wird bereits als Wurzel von Religion deutlich: Dabei umfasst Kontakt beide Bedeutun-gen von Religion auf Grund ihrer etymologischen Herleitungen von lateinisch *religere* – „sorgsam beachten" – und von lateinisch *religare* – „wiederverbinden dessen, was ge-trennt war" (vgl. Heiler, 1959/1999, S. 17; Heiler, 1979, S. 2) (vgl. die Einführung zu Kapitel 2.1). Kontakt ist eine innere Haltung, in der eine grosse Offenheit und Acht-samkeit besteht – also ein „sorgsames Beachten". Und Kontakt führt zu einer Verbin-dung, einer Berührung und einem Berührtwerden – Kontakt „verbindet wieder, was ge-trennt war".

Religion hat also – genau wie Kontakt - viel mit einer achtsamen Verbindung zu tun: mit einer Beziehung zum Heiligen, einer Verbindung zum Göttlichen. Religion verbindet den Menschen mit dem Göttlichen. Sind wir mit den Menschen, den Dingen, unserem alltäglichen Leben, mit uns selbst in Kontakt, dann ereignet sich etwas, was Eliade (1956/1998, S. 13-15) in der Manifestation des Heiligen anspricht (vgl. Kapitel 2.1.1): Das Heilige und das Profane treffen sich dann im selben Gegenstand – und auf das Modell ausgeweitet: im Kontakt zu anderen Menschen, zu sich selbst, zum Alltag. Wenn wir in Kontakt sind, beginnt sich also das „Heilige" zu manifestieren, das im Grunde schon immer da war – aber im Augenblick des Kontakts wird es für uns in ir-gendeiner Weise spürbar. Diese Sichtweise wird insbesondere im Zen deutlich (vgl. Ka-pitel 3.3): Hier sind die alltägliche Wirklichkeit, die Welt der Formen („Shih") und das Absolute („Li") deckungsgleich – sie durchdringen einander vollständig (Schmid, 1991,

S. 79). Und indem wir wirklich mit den Menschen und Dingen um uns in Kontakt kommen, wird das Absolute in manchen Augenblicken auch fühlbar.

Kontakt kann in seinem Aspekt der Unmittelbarkeit auch als Wurzel der *Weltreligionen* verstanden werden (vgl. Schmid, 1995, S. 7-11): So zeigt Schmid (1995, S. 7-8) auf, wie jede Weltreligion mit einer unmittelbaren Erfahrung eines Einzelnen begann – sei das nun die Erfahrung des Erwachens des Buddha, Christi Erfahrung, Sohn Gottes zu sein, oder Mohammeds Visionen und Auditionen. „Unmittelbarkeit ist seit den Zeiten des Buddha und den Tagen Jesu des Menschen tiefste religiöse Bestimmung" (Schmid, 1995, S. 10). „Unmittelbarkeit zu erleben und damit die tiefste persönliche Bestimmung des Menschen zu entdecken und zu entfalten, ist das eigentliche Anliegen aller Weltreligionen ..." (Schmid, 1995, S. 9).

In den Weltreligionen verbinden sich nach Schmid (1995, S. 80) Mystik und Glaube als „vielleicht die beiden schönsten Früchte am Baum weltreligiöser Spiritualität": „Sie [die Weltreligionen, Anm. der Autorin] sind gläubige Mystik und mystischer Glaube. Sie leben von alle Bindungen transzendierender, erfüllter Hingabe und erleben Wahrheit zutiefst persönlich und zutiefst unvorstellbar, als unfassbares Du" (Schmid, 1995, S. 83). Auch diese Verbindung von Mystik und Glaube widerspiegelt Kontakt als zentrales Element der Weltreligionen – dabei betont Schmid (1995, S. 80) in der Mystik insbesondere den Kontakt zum Hier und Jetzt in Verbindung mit dem Kontakt zur Essenz; im Glauben steht der Kontakt zur Essenz als göttliches Du im Zentrum:

> *Mystik* nennen wir Präsenz als reines Dasein, als Wagnis des radikalen Loslassens. ... Das mystische Erleben ist reines Hiersein ohne jede Vorstellung und ohne jeden Gedanken, die sich zwischen dieses Hier und meinen Geist stellen könnten. ... *Glaube* nennen wir die Präsenz beim göttlichen Du ... Glaube ist Liebe zu jener Gestalt oder Vorstellung, in der die höchste Wahrheit sich in schönster Weise spiegelt. Glaube ist ... liebende Hingabe an die schönste und reinste Form" (S. 80).

Dabei ist Glaube „persönlichste Beziehung zur persönlichsten Wahrheit. In ihrem Glauben ist Weltreligion erfüllte Beziehung des Menschen zu seinem menschlichen Gott" (Schmid, 1995, S. 82).

Kontakt ist also eine Grunddimension von Religion. Kontakt meint eine Verbindung einer tieferen Wirklichkeit mit den Gegebenheiten des alltäglichen Lebens. Und um diese Verbindung geht es bei der Integration spiritueller Erfahrungen.

Dieser Kern von Spiritualität wird auch in neueren empirischen Forschungen deutlich: So resümiert Bucher (2007, S. 24-31) zahlreiche empirische Studien, die Spiritualität etwa als Verbunden- und Einssein (connectedness) verstehen, als Beziehung zu Gott oder einem höheren Wesen, als Verbundensein mit der Natur, als Beziehung zu anderen, als Selbsttranszendenz (die wiederum Verbundenheit mit einem höheren Wesen, aber auch mit den Mitmenschen ermöglicht) oder als Beziehung zum Selbst. Bucher (2007, S. 33-34) kommt zum Schluss, dass sich Spiritualität „als vielschichtiges, facettenreiches Phänomen" erweist, deren Kernkomponente „Verbundenheit" (connectedness) ist.

Trungpa (2006a) spricht in ähnlicher Weise auch davon, „ganz Mensch zu werden" (S. 181), was für ihn etwa bedeutet: „Dieser Ansatz verlässt sich weniger auf eine theoretische oder begriffliche Perspektive, sondern auf *unser persönliches Erleben der eigenen Existenz.* Wir können *unser Leben voll und ganz fühlen,* so dass wir es schätzen lernen, *au-*

thentische und *wirklich wache menschliche Wesen* zu sein" (S. 182)[Hervorhebungen durch die Autorin]. Er spricht hier den Kontakt zu sich an, den er als Basis sieht für den Kontakt zu anderen Menschen. Trungpa (1989, z.B. S. 24, S. 36, S. 59-60, S. 65, S. 84, S. 90-91, S. 96-97, S. 100, S. 110-115, S. 167-171, S. 177, S. 227, S. 249) spricht meist von Hingabe und Sich-Öffnen im Zusammenhang mit dem hier gemeinten Kontakt. Bei ihm kommt Kontakt dadurch zum Ausdruck, dass wir uns in Hingabe immer wieder dem öffnen, was ist – und auch auf dem spirituellen Weg nicht nach dem Wunderbaren suchen, sondern uns für das öffnen, was jetzt gerade ist – auch wenn das manchmal unangenehm oder mühsam ist. Wenn wir wirklich in Kontakt kommen mit etwas oder jemandem, dann vergessen wir dabei uns selbst, was Trungpa (1989, S. 24) als „vollkommene Versenkung" bezeichnet.

Hell (2008a, S. 53) spricht im Zusammenhang mit der Seele des Menschen davon, dass das Seelische mit Beziehung zu tun hat: „Es schafft Resonanz und lässt mitschwingen", und es steht in der Symbolik der Taube auch für das „Zwischen, das personale Dritte, das Menschen, die sich lieben, als Einheit erleben lässt, ohne dass sie ihr Selbstsein verlieren". Das führt uns zu einem weiteren Aspekt von Kontakt: Kontakt als Ich-Du-Beziehung.

10.2.2   Kontakt als Ich-Du-Beziehung

Im Werk des jüdischen Philosophen Martin Buber nimmt die Thematik des Kontakts eine zentrale Stellung ein und widerspiegelt Kontakt in der hier gemeinten Weise exakt. So wird im Folgenden etwas ausführlicher darauf eingegangen. Seine Schrift „Ich und Du" - das die zwei grundlegenden Möglichkeiten eines Menschen behandelt, in einen Bezug zu anderen zu treten - wird von Alfred Doppler (2006) als „Schlüssel zu allen philosophischen und theologischen Werken Bubers" verstanden.

Im Sinne Bubers (2006) würde „integrierte Spiritualität" bedeuten, in einer Ich-Du-Beziehung zu Gott, den Menschen, den Dingen und Wesen zu leben und sich diese im Alltag immer wieder zu vergegenwärtigen. In der Ich-Du-Beziehung ist „die Beziehung zum Du unmittelbar" (Buber, 2006, S. 15). Wir selbst und das Du sind darin in unserem ganzen Wesen gemeint – und daraus entsteht echte Begegnung – Kontakt:

> Das Grundwort Ich-Du kann nur mit dem ganzen Wesen gesprochen werden.
> Die Einsammlung und Verschmelzung zum ganzen Wesen kann nie durch mich,
> kann nie ohne mich geschehen. Ich werde am Du; Ich werdend spreche ich Du.
> *Alles wirkliche Leben ist Begegnung.* (Buber, 2006, S. 15) [Hervorhebungen durch die
> Autorin]

Im Unterschied dazu klingt im „Grundwort Ich-Es" nie das ganze Wesen an (Buber, 2006, S. 7). Ich-Es steht in einem Gegensatz zu einer Ich-Du-Beziehung. Wird ein Mensch, ein Ding, ein Wesen oder sogar Gott für uns zu einem Es, dann verdinglichen wir unser Gegenüber und auch uns selbst dabei. Durch diese Verdinglichung entsteht eine Distanz zwischen uns und unserem Gegenüber. Dann sind wir von unserem Gegenüber, dem Es, getrennt (Buber, 2006, S. 27). Wir sind nicht mehr in Kontakt. Ich-Du und Ich-Es sind aber keine festen Tatbestände. Es ist ein dynamischer Prozess: „Das einzelne Du *muss,* nach Ablauf des Beziehungsvorgangs, zu einem Es werden. Das einzelne Es *kann,* durch Eintritt in den Beziehungsvorgang, zu einem Du werden" (Buber, 2006, S. 37). Ob wir also ein Es oder ein Du vor uns haben, entscheidet einzig und allein die Tatsache, ob wir in Kontakt sind mit unserem Gegenüber oder nicht – ob wir uns also von unserem Gegenüber innerlich berühren lassen und es in unserem Wesen berühren. In Momenten, in denen wir in Kontakt sind, wird unser Gegenüber zu einem Du – sind wir nicht in Kontakt, wird es zu einem Es. So vollzieht sich jeder echte Kontakt in einem Wechsel: „jedes einzelne Du muss sich zum Es verpuppen, um wieder neu zu beflügeln" (Buber, 2006, S. 101). In einem wirklichen Kontakt jedoch bleibt das Du präsent, weil es immer da ist und nur wir in unserer Menschlichkeit zwischenzeitlich immer wieder ein Es daraus machen: „Das ewige Du ist es seinem Wesen nach; nur unser Wesen nötigt uns, es in die Eswelt und Esrede zu ziehen" (Buber, 2006, S. 101).

Ich-Es ist an sich keine schlechte Konstellation (Buber, 2006, S. 49). Es ist einfach eine menschliche Tatsache. Wir brauchen das Es auch – aber ohne echten Kontakt zum Du sind wir nicht wirklich Mensch: „Und in allem Ernst der Wahrheit, du: ohne Es kann der Mensch nicht leben. Aber wer mit ihm allein lebt, ist nicht der Mensch" (Buber, 2006, S. 38).

Es gibt nur *ein* Du, das seinem Wesen nach immer Du bleibt: Gott. „Nur ein Du hört seinem Wesen nach nie auf, uns Du zu sein. Wohl kennt, wer Gott kennt, die Gottferne auch und die Pein der Dürre über dem geängstigten Herzen; aber die Präsenzlosigkeit nicht. *Nur wir sind nicht immer da*" (Buber, 2006, S. 100, Hervorhebungen durch die Autorin). Auch wenn Gott seinem Wesen nach nie zu einem Es werden kann, so machen wir doch „das ewige Du immer wieder zum Es, zum Etwas, machen Gott zum Ding" (Buber, 2006, S. 114). Das geschieht, weil wir Gott *haben wollen*. Wir möchten ihn verfügbar haben, immer wieder auf ihn zurückgreifen können. Wir möchten Kontinuität (Buber, 2006, S. 114-115). Wenn wir Gott zu einem Es machen, sind wir in die Klauen des spirituellen Materialismus geraten (vgl. Kapitel 6.5). Buber rät hier, dass wir nach einer spirituellen Erfahrung – einer „Gottesbegegnung" (Buber, 2006, S. 117) – nicht beginnen sollten, uns mit Gott kognitiv zu befassen und schon gar nicht, sich mit Gott statt mit der Welt zu befassen. Denn dann wird Gott zum Es. Stattdessen sollen wir immer wieder eine Ich-Du-*Beziehung* zu Gott suchen, um diese in der Welt zu bewähren: „Die Gottesbegegnung widerfährt dem Menschen nicht, auf dass er sich mit Gott befasse, sondern auf dass er den Sinn an der Welt bewähre. Alle Offenbarung ist Berufung und Sendung" (Buber, 2006, S. 117). Indem wir immer wieder in Kontakt kommen mit Gott, mit der Welt und den Menschen, mit uns selbst und unserem alltäglichen Leben, bleibt Gott uns gegenwärtig, und unsere Nähe zu Gott nimmt zu: „Im Ausgesandtsein bleibt Gott dir Gegenwart; der in der Sendung Wandelnde hat Gott stets vor sich: je treuer die Erfüllung, um so stärker und stetiger die Nähe; befassen kann er sich freilich mit Gott nicht, aber unterreden kann er sich mit ihm" (Buber, 2006, S. 117). Wie in der Einführung zu Kapitel 9 aufgezeigt, hat also Kontakt – auch der Kontakt zu Gott – mit Berühren und Berührtwerden, mit Nähe und Unmittelbarkeit zu tun und nicht mit einem rationalen Erfassen, Wissen oder Verstehen[98].

In einer Ich-Du-Beziehung sind wir immer auch mit dem Göttlichen verbunden (Buber, 2006):

---

[98] Allerdings kann auch ein rationales Verstehen – insbesondere bei ersten spirituellen Erfahrungen - für deren Integration hilfreich sein (siehe Kapitel 9.5.3).

> In jeder Sphäre[99], in jedem Beziehungsakt, durch jedes uns gegenwärtig Werden-
> de blicken wir an den Saum des ewigen Du hin, aus jedem vernehmen wir ein
> Wehen von ihm, in jedem Du reden wir das Ewige an, in jeder Sphäre nach ihrer
> Weise. Alle Sphären sind in ihm beschlossen, es in keiner. Durch alle strahlt die
> eine Gegenwart. Aber wir können jede der Gegenwart entheben. (S. 103)

Eine spirituelle Erfahrung beschreibt Buber (2006) als eine Begegnung mit Gott, die
den Menschen verändert. Durch diesen tiefen Kontakt empfängt er nicht einen Inhalt,
sondern eine Gegenwart, die ihm Verbundensein (Kontakt) vermittelt, Sinn und die
Bewährung des Sinns in der Welt. Dieser Sinn muss von uns Menschen in unserer Einzigartigkeit in dieser Welt gelebt werden:

> Was ist das ewige: das im Jetzt und Hier gegenwärtige Urphänomen dessen, was
> wir Offenbarung nennen? Es ist dies, dass der Mensch aus dem Moment der
> höchsten Begegnung nicht als der gleiche hervorgeht, als der er in ihn eingetreten
> ist. Der Moment der Begegnung ist nicht ein ‚Erlebnis', das sich in der empfäng-
> lichen Seele erregt und selig rundet: es geschieht da etwas im Menschen. Das ist
> zuweilen wie ein Anhauch, zuweilen wie ein Ringkampf, gleichviel: es geschieht.
> Der Mensch, der aus dem Wesensakt der reinen Beziehung tritt, hat in seinem
> Wesen ein Mehr, ein Hinzugewachsenes, von dem er zuvor nicht wusste und
> dessen Ursprung er nicht rechtmässig zu bezeichnen vermag. ... Die Wirklichkeit
> ist, dass wir empfangen, was wir zuvor nicht hatten, und es so empfangen, dass
> wir wissen: es ist uns gegeben worden. ...

> Der Mensch empfängt, und er empfängt nicht einen ‚Inhalt', sondern eine Ge-
> genwart, eine Gegenwart als Kraft. Diese Gegenwart und Kraft schliesst dreierlei
> ein, ungeschieden und doch so, dass wir es als drei gesondert betrachten dürfen.
> Zum ersten die ganze Fülle der wirklichen Gegenseitigkeit, des Aufgenommen-
> werdens, des Verbundenseins; ohne dass man irgend anzugeben vermöchte, wie
> das beschaffen sei, womit man verbunden ist, und ohne dass das Verbundensein
> einem das Leben irgend erleichterte, - es macht das Leben schwerer, aber es
> macht es sinnschwer. Und das ist das zweite: die unaussprechliche Bestätigung
> des Sinns. Er ist verbürgt. Nichts, nichts kann mehr sinnlos sein. Die Frage nach
> dem Sinn des Lebens ist nicht mehr da. Aber wenn sie da wäre, wäre sie nicht
> etwa zu beantworten. Du weißt den Sinn nicht aufzuzeigen und weißt ihn nicht
> zu bestimmen, du hast keine Formel und hast kein Bild für ihn, und doch ist er
> dir gewisser als die Empfindungen deiner Sinne. Was meint er nur mit uns, was
> begehrt er von uns, der offenbare und verhohlene? Nicht gedeutet – das vermö-
> gen wir nicht -, nur getan will er von uns werden. Dies ist das dritte: es ist nicht
> der Sinn eines ‚andern Lebens', sondern dieses unseres Lebens, *nicht der eines*
> *‚Drüben', sondern dieser unserer Welt*, und er will in diesem Leben, an dieser Welt von uns
> *bewährt werden*. Der Sinn kann empfangen werden, aber er kann nicht erfahren
> werden; er kann nicht erfahren werden, aber *er kann getan werden*; und dies meint
> er mit uns. Die Bürgschaft will nicht in mir verschlossen, sondern *durch mich in die*
> *Welt geboren werden*. ... Zu bewähren vermag den empfangenen Sinn jeder nur *mit*
> *der Einzigartigkeit seines Wesens und in der Einzigkeit seines Lebens.* (S. 110-112) [Her-
> vorhebungen durch die Autorin]

---

[99] Buber (2006, z.B. S. 103) unterscheidet drei Sphären: das Leben mit der Natur, das Leben mit
den Menschen und das Leben mit den geistigen Wesenheiten.

Buber spricht hier also auch die Integration spiritueller Erfahrungen an, die eben nur in *dieser* Welt stattfinden kann und in der jeder Mensch seiner *individuellen* Beziehung zum Göttlichen und seinem *einzigartigen inneren Wesen* in seinem *individuellen Leben* Gestalt geben kann. Diese Thematik zeigte sich bereits deutlich in Kapitel 5.2.5, in dem es um die individuelle Manifestation des transpersonalen Selbst ging.

Die Integration spiritueller Erfahrungen kann sich nur vollziehen, indem wir jeden Tag neu den Kontakt zur Essenz in unserem täglichen Leben verwirklichen. Und das bedeutet, immer wieder neu in eine Ich-Du-Beziehung zu allem uns Umgebenden zu treten – also in Kontakt zu sein: in Kontakt mit dem Hier und Jetzt, mit uns selbst, mit anderen Menschen, dem alltäglichen Leben, der Essenz. Auch bei Buber bedeutet diese Ich-Du-Beziehung zu allem nicht ein ständiges In-Kontakt-Sein, wir fallen immer wieder in Ich-Es-Konstellationen hinein, aber das In-Kontakt-Sein gewinnt durch das täglich neue Pflegen von Ich-Du-Beziehungen immer mehr an Kraft und Stetigkeit. Wir müssen uns also immer wieder neu auf dieses In-Kontakt-Sein ausrichten, es ist ein ständiger Prozess, ein ständiges Üben:

> Der Mensch kann der Beziehung zu Gott, deren er teilhaftig geworden ist, nur gerecht werden, wenn er nach seiner Kraft, nach dem Mass jedes Tages neu Gott in der Welt verwirklicht. Darin liegt die einzige echte Bürgschaft für Kontinuität. Die echte Bürgschaft der Dauer besteht darin, dass die reine Beziehung erfüllt werden kann im Du-werden der Wesen, in ihrer Erhebung zum Du, dass das heilige Grundwort sich in allen austönt; so bildet sich die Zeit des Menschenlebens zu einer Fülle der Wirklichkeit auf, und ob es auch das Esverhältnis nicht überwinden kann und soll, ist das Menschenleben dann so von Beziehung durchwirkt, dass sie in ihm eine strahlende, durchstrahlende Stetigkeit gewinnt; die Momente der höchsten Begegnung sind da nicht Blitze in der Finsternis, sondern wie aufsteigender Mond in der klaren Sternennacht. (Buber, 2006, S. 116)

10.2.3 Kontakt in den mystischen Traditionen und Richtungen der Transpersonalen Psychologie

Werden nun die verschiedenen mystischen Traditionen und Richtungen der Transpersonalen Psychologie näher betrachtet, die in dieser Studie dargestellt wurden, so wird deutlich, dass alle Kontaktaspekte des Kategorienmodells „Kontakt" in jeder Tradition und Richtung vorkommen – jedoch in sehr unterschiedlicher Gewichtung. Tabelle 6 gibt einen stichwortartigen Überblick über die Kontaktaspekte in den verschiedenen Traditionen und Richtungen anhand der Quellen, die für diese Studie verwendet wurden. Dabei werden für jeden Kontaktaspekt exemplarisch relevante Themen aufgezeigt ohne Anspruch auf Vollständigkeit. Die verschiedenen Schwerpunkte einer mystischen Tradition oder transpersonalen Psychologie-Richtung werden dabei aus der Sicht der Autorin herausgearbeitet und in der Tabelle 6 grau schattiert wiedergegeben: In dunklerer Grauschattierung werden starke Betonungen, in schwächerer Schattierung etwas untergeordnet erscheinende Schwerpunkte dargestellt.

Tabelle 6: „Kontakt" in mystischen Traditionen und Richtungen der Transpersonalen Psychologie

	Kontakt zum Hier und Jetzt	Kontakt zu sich und der eigenen Lebensgeschichte	Kontakt zu anderen Menschen	Kontakt zum alltäglichen Leben	Kontakt zur Essenz
Christliche Mystik (Johannes vom Kreuz): Kontakt als zentraler Aspekt des spirituellen Weges: „Lieben heisst für ihn: in Beziehung treten, auf Zuwendung antworten, sich einlassen auf das jeweilige Gegenüber, auf jedes Er-Sie-Es als einem Du" (Dobhan & Körner, 2003, S. 14) (vgl. Einführung zu Kapitel 3.1).	Sich nicht auf das Angenehme bei der spirituellen Praxis ausrichten, sondern auf das, was gerade ist – auch auf das „Mühsame an ihnen" (vom Kreuz, 2008, S. 163). „Warum wartest du noch und schiebst es noch weiter hinaus, da du Gott in deinem Herzen doch schon jetzt lieben kannst?" (vom Kreuz, 2008, S. 112).	Der Mensch soll sich von seinem Besitzdenken frei machen (vom Kreuz, 2003a, S. 155). Der Weg der Gotteinung besteht wesentlich darin, „sich in seinem innerlichen und äusserlichen Verhalten wirklich zurücknehmen zu können" (vom Kreuz, 2003a, S. 155) (vgl. Kapitel 3.1.2). „Sanftmütig ist, wer den Nächsten zu ertragen weiss und auch sich selbst ertragen kann" (vom Kreuz, 2008, S. 140). Bei sich bleiben – auch im Kontakt zu anderen Menschen (vom Kreuz, 2008, S. 164).	Bei Johannes vom Kreuz (2003a, S. 398) wird der Zusammenhang zwischen dem Mass der Läuterung und Gotteinung des Menschen und seinem Umgang mit anderen Menschen deutlich. Fortschreitende Gotteinung bedeutet auch *wachsende Nächstenliebe*. Der Mensch soll „beziehungsfähig" (Dobhan & Körner, 2003, S. 13) werden im Kontakt zu Gott, zu den Menschen und zur ganzen Schöpfung. Auf dem Weg der Gotteinung geht es um eine „persönlich-personale Hinwendung zum anderen Menschen und zur gesamten Schöpfung, getragen von der Beziehung zu Gott" (Dobhan & Körner, 2003, S. 14) (vgl. Einführung zu Kapitel 3.1). „Es geht um das innere Freiwerden für Gott, das nicht zuletzt auch zur Klärung der zwischenmenschlichen Beziehungen beiträgt" (Peeters, 2008c, S. 100). Das Zusammenleben mit anderen Menschen soll auch als spirituelle Herausforderung verstanden werden, indem wir	„Beziehungsfähig" (Dobhan & Körner, 2003, S. 13) zu werden umfasst auch den Kontakt zur ganzen Schöpfung. Johannes vom Kreuz lebte selbst diesen Kontakt zum alltäglichen Leben und schien ein Mann der Tat zu sein: So konnte er stundenlang Maurer- oder Malerarbeiten ausführen, die jeder andere auch hätte tun können statt etwa seine schriftlichen Werke zu vollenden (Dobhan & Körner, 2003, S. 11-12). Dinge tun, die getan werden müssen – auch wenn man sie nicht gerne tut (vom Kreuz, 2008, S. 162). In allem Tun auf Gott ausgerichtet bleiben: „Bemühen Sie sich deshalb, ständig im Gebet zu bleiben und unterlassen Sie es auch nicht inmitten der körperlichen Arbeiten. Ob Sie nun essen oder trinken oder sprechen oder mit [anderen Menschen] umgehen oder was immer Sie tun ..." (vom Kreuz, 2008, S. 169).	Meditation, Kontemplation, Gebet (z.B. Dobhan et al., 2003, S. 481; vom Kreuz, 2003a, S. 186-198, S. 206-208; vom Kreuz, 2003b, S. 66; vom Kreuz, 2008, S. 128). In der dunklen Nacht und beim Aufstieg geht es zentral um Läuterung (Kapitel 3.1.2) und das ist immer ein Loslassen von dem, was der Gotteinung im Wege steht (Dobhan & Körner, 2003, S. 14-15; Peeters, 2008b, S. 183-186; vom Kreuz, 2003a, z.B. S. 41-42, S. 61, S. 65 S. 105, S. 155-157; vom Kreuz, 2003b, z.B. S. 59-60, S. 100). Der Mensch soll „himmelsfähig" (Dobhan & Körner, 2003, S. 13) werden in der Vereinigung mit Gott. „Eingehen einer existentiell-personalen Beziehung zum verborgenen und doch gegenwärtigen dreieinigen Gott" (Dobhan & Körner, 2003, S. 14) (vgl. Einführung zu Kapitel 3.1).

	Kontakt zum Hier und Jetzt	Kontakt zu sich und der eigenen Lebensgeschichte	Kontakt zu anderen Menschen	Kontakt zum alltäglichen Leben	Kontakt zur Essenz
			an den Schwierigkeiten in zwischenmenschlichen Beziehungen wachsen können (vom Kreuz, 2008, S. 165-167). Johannes vom Kreuz (2008, S. 156-158) gibt etwa in seinen „Klugheitsregeln" konkrete Anweisungen im Umgang mit anderen Menschen: z.B. die Aufforderung, sich vor Kritiksucht zu hüten, sich nicht in die Angelegenheiten anderer einzumischen oder nicht über andere zu reden.		*Dhikr*: Konzentration auf die göttliche Gegenwart, Gedenken Gottes (z.B. Corbin, 1989, S. 100-104; Schimmel, 1975/1995, S. 239, S. 243-245, S. 249, S. 252-253; Schimmel, 1989, S. 102, Schimmel, 1994/1995, S. 193-195; Schmid, 1991, S. 175-178; Vaughan-Lee, 1993, S. 134-138; Vaughan-Lee, 2004/2005, S. 6; z.B. Vaughan-Lee, o.J., S. 4, S. 6, S. 8) (vgl. Kapitel 3.2.2), *Einsamkeit in der Menge (khalwat dar anjuman)*: unabhängig von äusseren Situationen bleibt der Sufi auf Gott ausgerichtet (Vaughan-Lee, o.J., S. 3) (vgl. Einführung zu Kapitel 3.2). Station der Armut: Sie wird - als ein Loslassen - in ihrer höchsten Form mit dem Entwerden in Gott *(fana)* fast gleichgesetzt (Schimmel, 1975/1995, S. 181), „Wahre Armut besteht … im Nichthaften. Das ist die Armut des Herzens" (Vaughan-Lee, 1990, S. 22).
Sufismus (Naqshbandi)	*Gewahrsein für den Atem / Gewahrsein für den Augenblick (hush dar dam)*: Über ein Bewusstwerden des eigenen Atems zur Gegenwärtigkeit im Augenblick kommen (Vaughan-Lee, o.J., S. 1) (vgl. Einführung zu Kapitel 3.2). *Gewahrsein des eigenen Geisteszustandes / seiner Zustände in der Zeit (wuquf-i-zamani)*: Sich seiner verändernden inneren Zustände bewusst sein – das führt zu einem Gewahrsein der Gegenwart zurück (Vaughan-Lee, o.J., S. 7) (vgl. Einführung zu Kapitel 3.2). Der Sufi wird auch als Sohn des Gegenwärtigen Moments bezeichnet, „d.h. er überlässt sich vollkommen dem Moment, um das anzunehmen,	*Reise heimwärts, innere mystische Reise 'safar dar watan)*: der Sufi beobachtet sich selbst, untersucht die eigenen Reaktionen und sieht, wie sie sich auf ihn auswirken. Innere Stadien, Zustände und Prozesse werden bewusst (Vaughan-Lee, o.J., S. 2) (vgl. Einführung zu Kapitel 3.2). *Wachsamkeit, seine Gedanken überwachen (nigah dasht)*: Sich bewusst werden, was die eigene Aufmerksamkeit auf sich zieht. Lernen, seine Aufmerksamkeit zu lenken (Vaughan-Lee, o.J., S. 5) (vgl. Einführung zu Kapitel 3.2), Arbei: mit Träumen: neben spirituellen Aspekten wird auch mit psychologischen gearbeitet (Vaughan-Lee, 1990, S. 11-	Mitglieder der eigenen spirituellen Gruppe unterstützen einander – was auch durch die Person des Lehrers geschieht – auf dem spirituellen Weg und werden auch als Hilfe dargestellt, „die Kluft zwischen den Geheimnissen des Herzens und dem Alltagsleben zu überbrücken" (Vaughan-Lee, 1993, S. 69). In der spirituellen Gruppe konstellieren sich Situationen, aus denen jeder einzelne etwas für seinen Weg lernen kann – die Gruppe gilt also auch als Herausforderung für spirituelle Entwicklung und als Aufforderung, die eigenen Projektionen zurückzunehmen (Kaiser, 2002, S. 110-111).	„Richten wir unser Augenmerk auf das normale Leben, erdet das die Energie des Pfades" (Vaughan-Lee, 2004/2005, S. 6) (vgl. Kapitel 3.2.2). Wichtig, die Alltäglichkeit und Normalität des spirituellen Weges anzunehmen und unsere Vorstellungen über ein spirituelles Leben immer wieder loszulassen (Vaughan-Lee, 2004/2005, S. 10) (vgl. Kapitel 3.2.3). Die Dinge, die uns in unserem Alltag aussen geschehen, werden als „Reflexion eines inneren Zustandes" verstanden, damit er uns bewusst wird (Kaiser, 2002, S. 111).	

	Kontakt zum Hier und Jetzt	Kontakt zu sich und der eigenen Lebensgeschichte	Kontakt zu anderen Menschen	Kontakt zum alltäglichen Leben	Kontakt zur Essenz
	was Gott ihm schickt, ohne über Gegenwart, Vergangenheit und Zukunft zu grübeln" (Schimmel, 1975/1995, S. 190) (vgl. Kapitel 3.2.3).	18.) Umwandlung der *nafs* (Triebseele, niederen Eigenschaften): Reinigung der *nafs* von ihren negativen Eigenschaften und Ersetzen dieser durch positive Qualitäten (Schimmel, 1975/1995, S. 16-169). Mittel dazu sind etwa Fasten, Schlafentzug, psychologische Methoden und der Weg zur Liebe zu Gott (Schimmel, 1975/1995, S. 170-173, S. 206; Tweedie, 1979/2006, S. 16; Vaughan-Lee, 2004) (vgl. Kapitel 3.2.1).	Im Kontakt mit anderen Menschen ist es wichtig, zu unterscheiden, wem man was mitteilen möchte. Stossen innere Erfahrungen auf ungläubige, rationale Zuhörer, so kann es geschehen, dass auch wir selbst die Verbindung zu unserer eigenen Erfahrung verlieren (Vaughan-Lee, 1993, S. 98-100).		Bleiben in Gott *(baqa)* (Schimmel, 1975/1995, S. 209). Erkenntnis: „Alles ist Er" *(tauhid)* (Schimmel, 1975/1995, S. 212-214) (vgl. Kapitel 3.2.1).
Zen (Soto)	Wenn wir das wirklich wahrnehmen, was jetzt gerade ist, dann erfahren wir die allumfassende Wirklichkeit: „… gerade der Augenblick, der jetzt da ist, [ist] die Buddha-Natur, die sich vor euch offenbart" (Dogen, 2003, S. 31) (vgl. Einführung zu Kapitel 3.3). Anfänger-Geist (Baker, 1970/1997, S. 13; Suzuki, 1970/1997, S. 21-22). Die Dinge annehmen, wie sie sind (Suzuki, 1970/1997, S. 33, S. 41). In der Übung des Zazen werden der Körper und insbesondere die Atmung sehr betont. Shikantaza („einfach sitzen") ist das, was im Hier und Jetzt geschieht (Beck, 2000, S. 49; Kapleau, 1965/2000, S. 90, S. 421-426; Suzuki, 1970/1997, S. 25-32). „Geist hier und jetzt ist Budd-	Beim Üben des Zazen beginnen wir, unsere Muster zu erkennen und an deren Auflösung zu arbeiten (Beck, 2000, S. 22-24, S. 49-51, S. 56, S. 77, S. 92-104; Suzuki, 1970/1997, S. 36-37, S. 94) (vgl. Kapitel 3.3.2). „Jeder hat seine eigene Erleuchtung" (Suzuki Roshi zit. nach Baker Roshi, 1999, S. 160). Zen ist „nicht einfach ein Weg angeleiteter Verwirklichung, es ist ein Weg des individuellen und gemeinsamen Entdeckens" (Baker Roshi, 1999, S. 160).	Gefühle von Vertrautheit und Verbundenheit mit der Welt und mit anderen gehören zu den Zeichen sich entwickelnder Einsicht und Verwirklichung (Baker Roshi, 1999, S. 156). Nach Jahren auf den Zen-Weg werden wir nicht zu „gefühllosen Wunderwesen … Ganz im Gegenteil. Wir haben dann viel ursprünglichere Emotionen und stärkeres Mitgefühl für die Menschen" (Beck, 2000, S. 99) (vgl. Kapitel 3.3.3).	Deckungsgleichheit und völlige gegenseitige Durchdringung von Shih („Form", „Ereignis") und Li („Leere") (Schmid, 1991, S. 79). „Nichtgetrenntsein von Erleuchtung und Alltag" (Schmid, 1991, S. 81). „Erleuchtung ist nicht über oder jenseits der Welt der Erscheinungen zu finden, sondern in ihr. Und der Erleuchtete findet nicht zu einem höheren Bewusstsein, sondern zur Einsicht in die wahre Natur der Dinge. Der Erleuchtete entdeckt das Menschsein des Menschen und das Weltsein der Welt" (Schmid, 1991, S. 80). Alles, was existiert, ist Buddha-Natur (Dogen, 2003, S. 28) (vgl. Einführung zu Kapitel 3.3).	Zazen: Die Trennung zwischen der spirituellen Übung des Zazen und dem Ziel der Erleuchtung ist aufgehoben – sie sind eins. Es geht im Zazen nicht darum, etwas Bestimmtes zu erreichen, sondern seine wahre Natur möglichst frei zum Ausdruck zu bringen. Zazen ist die Vergegenwärtigung unserer wahren Natur selbst (Dumoulin, 1976, S. 106; Kapleau, 1965/2000, S. 49; Suzuki, 1970/1997, S. 25-29) (vgl. Einführung zu Kapitel 3.3 und Kapitel 3.3.2).

	Kontakt zum Hier und Jetzt	Kontakt zu sich und der eigenen Lebensgeschichte	Kontakt zu anderen Menschen	Kontakt zum alltäglichen Leben	Kontakt zur Essenz
	ha" („soku shin ze butsu") (Dogen, 2001, S. 74-80) (vgl. Kapitel 3.3.2). Immer wieder in den jetzigen Augenblick zurückkehren (z.B. Beck, 2000, S. 27-30, S. 34, S. 39), Wichtigstes Mittel, um in den Augenblick zurückzukehren, ist ungeteilte Aufmerksamkeit – bei den Einzelheiten unseres alltäglichen Lebens (Beck, 2000, S. 57, S. 59; Kapleau, 1965/2000, S. 120, S. 204). Die „leuchtende Perle" *(ikka no myoju)*: unmittelbare Erfahrung der wirklichen Welt hier und jetzt (Dogen, 2001, S. 62-69) (vgl. Kapitel 3.3.3).			In all unserem Handeln und Tun, in jeder Lage und Alltagssituation den Kontakt zum Einen suchen (vgl. Ohnsu, 2004, S. 88). Das „grosse Ja zu allem Anwesenden" (Ohnsu, 2004, S. 116) (vgl. Kapitel 3.3.1). Zen im Alltag ist Zazen in Bewegung. Zazen soll im konkreten Alltag umgesetzt werden mit all den Beschränkungen, die der Alltag nun einmal hat (Kapleau, 1965/2000, S. 52, S. 279; Suzuki, 1970/1997, S. 43) (vgl. Kapitel 3.3.2). „Ziel" des *Mujodo-no Taigen*: „Verwirklichung des Erhabenen Weges mit unserem gesamten Sein in all unseren täglichen Verrichtungen" (Kapleau, 1965/2000, S. 83). Damit ist insbesondere das Wie im gewöhnlichen Alltag gemeint (Beck, 2000, S. 61) (vgl. Kapitel 3.3.3).	
Indische Mystik (Ramana Maharshi)	„Du sprichst, als seiest du hier und das Selbst irgendwo anders, und als müsstest du dort hingehen, um es zu erreichen … Doch in Wirklichkeit ist das Selbst hier und jetzt, und du bist immer Es" (Maharshi, 2008, S. 38-39). „Meditation ist deine wahre Natur – jetzt!" (Maharshi, 2008, S. ...)	Durch die Frage „Wer bin ich?" führt der Weg zum Selbst – das Ich ist also gewissermassen der rote Faden, der zum Selbst führt. Ohne das Ich als Ausgangspunkt ist ein Eintauchen in das Selbst nicht möglich (vgl. Kapitel 3.4.1).	Die Präsenz des spirituellen Lehrers ist ein sehr hilfreicher Aspekt auf dem spirituellen Weg (z.B. Maharshi, 2006, S. 13). Es wird in diesem Zusammenhang auch von „schweigender Unterweisung" gesprochen (Godman, 2002, S. 131).	Selbstergründung und das Gewahrsein des Selbst sind nicht an bestimmte äussere Umstände gebunden. Das bisherige Leben (mit Beruf, Familie etc.) soll weitergeführt werden (Godman, 2002, S. 163-164; Maharshi, 2006, S. 65, S. 223; Zimmer, 1997, S. 115-116, S. 173, S. 186, S. 209-212). Was von Bedeutung ist, ist die innere Haltung; „Welt-	Selbstergründung: Wer bin ich? (z.B. Godman, 2002, S. 63, S. 72-73, S. 91, S. 73; Ramanan, 1982, S. 4-5; Zimmer, 1997, S. 93, S. 114, S. 146, S. 157, S. 161, S. 171-172, S. 177, S. 193, S. 204). Das Selbst als die eine Wirklichkeit (z.B. Godman, 2002, S. 16; Ramanan, 1982, S. 6; Zimmer, 1997, S. 135) (vgl. Kapitel 3.4.1).

	Kontakt zum Hier und Jetzt	*Kontakt zu sich und der eigenen Lebensgeschichte*	*Kontakt zu anderen Menschen*	*Kontakt zum alltäglichen Leben*	*Kontakt zur Essenz*
	116).			entsagung (sannyasa) besteht nicht darin, dass man die äusseren Dinge abstreift, aber dass man das Aufsteigen des Ich austilgt" (Zimmer, 1997, S. 186) (vgl. Kapitel 3.4.3). Die Unterschiede in der Welt werden im Zustand der Selbstverwirklichung wohl gesehen, aber als Schein erkannt, weil alle Dinge und Wesen in ihrem Kern nur eines sind: die höchste Wirklichkeit des Selbst (Zimmer, 1997, S. 134). Im selbstverwirklichten Menschen wirkt das Selbst in seinem alltäglichen Handeln und Tun, weil er mit dem Selbst eins ist (Zimmer, 1997, S. 192) (vgl. Kapitel 3.4.3).	
Analytische Psychologie	Die Bewusstwerdung des eigenen Schattens und von Animus/Anima beinhaltet immer auch deren Bewusstwerdung in konkreten Situationen im Hier und Jetzt des Alltags – also diese Aspekte dann wahrzunehmen, wenn sie gerade auftauchen (Kast, 2001, S. 21-23) (vgl. Kapitel 4.1.1).	Akzeptieren des eigenen Schattens (Jung, 1951, S. 22; Jung, 1995, S. 184. S. 202; Kast, 2001, S. 9, S. 11-17, S. 21-25, S. 30, S. 166; von Franz, 1994, S. 265-266). Schattenakzeptanz führt zu mehr Echtheit, Authentizität, einem Annehmen der eigenen Grenzen und einer Übernahme von Verantwortung für uns selbst (Kast, 2001, S. 166). Integration von Animus/Anima (Jung, 1995, S. 203-213, S. 232-234, S. 239; von Franz, 1994, S. 244-247, S. 267-269, S. 339-351, S. 394). Dabei wird das Einzigartige	„Selbstwerdung ist immer auch Beziehungsgestaltung" (Kast, 1998, S. 17). Kontakt zu anderen ist auch eine Folge des Kontakts zu sich: »Je mehr wir uns individuieren, d.h. wirklich unser wahres Selbst werden, desto besser können wir uns auf unsere Mitmenschen beziehen, desto näher kommen wir ihnen. Wir können, wie Jung betonte, innere Ganzheit nur durch die Seele erreichen, und die Seele des Menschen kann	Die Auseinandersetzung mit dem eigenen Schatten und mit Animus/Anima hat ihren Ausgangspunkt in den Gegebenheiten des Alltags. Schattenakzeptanz wird auch hier konkret umgesetzt, indem bewusst wahrgenommen wird, in welchen Situationen des Alltags sich ein Schattenaspekt konstelliert und wie damit umgegangen werden kann (Kast, 2001, S. 21-23) (vgl. Kapitel 4.1.1). Mittel zur Bewusstwerdung	Erfahrung und Beziehung zum Selbst (Hark, 1994, S. 72; Jung, 1951, S. 382; Jung, 1961/2007, S. 297-298; Jung, 1971a, S. 512-513; Jung, 1971b, S. 641; Jung, 1972, S. 59, S. 547; Jung, 1995, S. 187, S. 245-247; Kast, 2007, S. 46-47; von Franz, 1994, S. 269-271, S. 352, S. 364, S. 396-398, S. 402, S. 409) (vgl. Kapitel 4.1.1). Der Wirklichkeit des Selbst tägliche Beachtung zu schenken bedeutet, auf zwei Ebenen zu leben: Wir widmen uns auf der alltäglichen Ebene unseren Aufgaben und Pflichten und achten in Träumen und Geschehnissen auf die Winke, durch die sich das

	Kontakt zum Hier und Jetzt	*Kontakt zu sich und der eigenen Lebensgeschichte*	*Kontakt zu anderen Menschen*	*Kontakt zum alltäglichen Leben*	*Kontakt zur Essenz*
		und Individuelle des Weges der Individuation für jeden Menschen betont. So zeigte Jung einen Weg auf, wie man „ohne Vorschriften, allein und frei zu seinem eigenen inneren Wesen gelangen kann" (von Franz, 1994, S. 368) (vgl. Kapitel 4.1.1). Individualität als Ziel des Individuationsprozesses (vgl. Kapitel 4.1.3). Arbeit mit Träumen, Symbolen, Märchen und Aktiver Imagination unterstützen den Kontakt zum Unbewussten und zum Selbst (vgl. Kapitel 4.1.2).	nicht ohne Beziehung zu anderen Menschen existieren. Aber der Mensch kann keine echte Beziehung zu einer anderen Person haben, bevor er nicht durch einen innerpsychischen Prozess der Gegensatzvereinigung ganz er selbst geworden ist" (von Franz, 1994, S. 277). Die Arbeit mit dem Schatten, aber auch mit Animus/Anima hat eine starke Wirkung auf unseren Umgang mit anderen Menschen: Wir werden im zwischenmenschlichen Kontakt bescheidener und echter (von Franz, 1994, S. 265) (vgl. Kapitel 4.1.1). Die Entfaltung der individuellen Eigenart im Individuationsprozess kommt letztlich auch dem Kollektiven wiederum zu gute (Jung, 1995, S. 184) (vgl. Kapitel 4.1.3). Individuation als Basis echter menschlicher Beziehungen (von Franz, 1994, S. 277).	wie die Aktive Imagination sollen im alltäglichen Leben Früchte tragen (Jung, 1995, S. 231) (vgl. Kapitel 4.1.2). „Individuation bedeutet, im gelebten Alltag zu entdecken, wer wir wirklich sind, was an ganz spezifischen Möglichkeiten in uns angelegt ist" (Kast, 1998, S. 9) (vgl. Kapitel 4.1.3).	Selbst zeigt und uns eine bestimmte Richtung weist (von Franz, 1994, S. 368) (vgl. Kapitel 4.1.3).
Psychosynthese	„Die Freiheit muss jeden Tag, ..., in jedem Augenblick aufs Neue erobert und behütet werden..." (Assagioli, 1988/1992, S. 112) (vgl. Kapitel 4.2.1). Die Umsetzung ins tägliche Leben erfordert einen hohen	Personale Psychosynthese. Ohne die Arbeit auf der personalen Ebene ist eine Selbstverwirklichung im Sinne der Psychosynthese nicht möglich: Gründliche Kenntnis der eigenen Persönlichkeit (Assagioli,	Interpersonale Psychosynthese: Spiritualität muss sich in der Art und Weise äussern, wie wir mit anderen Menschen umgehen und wie wir mit ihnen zusammenarbeiten (Assagioli, 1965/2004, S. 261-268; Assagioli, 1965/2005; Parfitt, 1992, S. 139-	Konkrete Realisierung einer spirituellen Erfahrung im alltäglichen Leben u.a. durch die Anwendung und Schulung des Willens (z.B. Assagioli, 1965/2004, S. 69, S. 88-89; Assagioli, 1988/1992, S. 33, S. 159-160; Assagioli, 1988/1992, S. 167-168; Assagioli, 1994; Pfluger-Heist, 1998) (vgl. Kapitel 4.2.2).	Transpersonale Psychosynthese: Verwirklichung unseres wahren Selbst – die Entdeckung oder Schaffung eines vereinigenden Zentrums (Assagioli, 1965/2004, S. 69, S. 88-89; Assagioli, 1988/1992, S. 33, S. 159; Donges & Brunner Dubey, 2005, S. 290-292; Ferrucci, 1981/1986, S. 185-186).

	Kontakt zum Hier und Jetzt	Kontakt zu sich und der eigenen Lebensgeschichte	Kontakt zu anderen Menschen	Kontakt zum alltäglichen Leben	Kontakt zur Essenz
	Grad an Aufmerksamkeit und Präsenz im Hier und Jetzt (z.B. Erkennen und Arbeit mit den verschiedenen Elementen der Persönlichkeit, sich immer wieder mit dem transpersonalen Selbst im alltäglichen Handeln verbinden).	1965/2004, S. 65-66; Dönges & Brunner Dubey, 2005, S. 279-280). Kontrolle der verschiedenen Elemente der Persönlichkeit: Desidentifikation und Selbstidentifikation (Assagioli, 1965/2004, S. 66-67, S. 147-151, S. 153, S. 155; Assagioli, 1988/1992, S. 47; Dönges & Brunner Dubey, 2008, S. 4, S. 7; Dönges & Brunner Dubey, 2005, S. 281) (vgl. Kapitel 4.2.1). Individueller Ausdruck von Spiritualität (vgl. Kapitel 4.2.3).	156).	Inneres und äusseres Wirken (Assagioli, 1988/1992, S. 56, S. 112-113) (vgl. Kapitel 4.2.1).	Psychosynthese – die Bildung oder Wiederherstellung der Persönlichkeit um das vereinigende Zentrum (Assagioli, 1965/2004, S. 71-75; Assagioli, 1988/1992, S. 191). Vereinigung (Assagioli, 1988/1992, S. 320; Assagioli, 1994, S. 115-118). Sieben Wege der Selbstverwirklichung (vgl. Kapitel 4.2.2).
Initiatische Therapie	Das Üben im Alltag erfordert ein Präsentsein und differenziertes Wahrnehmen im Hier und Jetzt (fünf Schritte des „Rades der Verwandlung") (Dürckheim, 1966/2001/2004, S. 73-130). Die gesonderte Übung z.B. in Form des meditativen Sitzens ist sehr leiborientiert und setzt das Wahrnehmen des Leibes im Hier und Jetzt voraus (Dürckheim, 1987, S. 123-131). Eine Zentrierung im Hara, wie sie aus den (Leib-)Übungen der Initiatischen Therapie entsteht, ist mit einer Präsenz im Hier und Jetzt verbunden: Das bedeutet, da zu sein bei dem, was gerade ist, gegenwärtig im jetzigen Augenblick und aus dem eigenen Wesen heraus da zu sein (Dürckheim, 1987, S. 126) (vgl. Kapitel 4.3.2).	„Bereinigung des Grundes" (Dürckheim, 1975/2001, S. 149), Arbeit mit dem Schatten, Arbeit mit der eigenen neurotischen Struktur (Dürckheim, 1945/1992, S. 34, S. 76-80, S. 95). Das überraumzeitliche Sein auf individuelle Weise in der Endlichkeit des eigenen Daseins ausdrücken: Person wetten (z.B. Dürckheim, 1954/2006, S. 54; Dürckheim, 1966/2001/2004, S. 50) (vgl. Kapitel 4.3.1).	Der Mitmensch wird als „Mittler zum Wesen" verstanden (Dürckheim, 1945/1992, S. 60-80). Für die Arbeit mit der eigenen neurotischen Struktur ist ein menschliches Gegenüber nötig. Wir brauchen ein menschliches Gegenüber, damit eine Seinserfahrung aufblühen und sich entfalten kann (Dürckheim, 1945/1992, S. 95, S. 76-80).	Übung im Alltag als Möglichkeit, wie wir in der Welt aus der Verbindung mit unserem Wesen heraus handeln können. Dabei spielt der Leib als einen „Einleiben erleuchtender Erlebnisse" (Dürckheim, 1975/2001, S. 152) für die Integration in den Alltag eine zentrale Rolle (Dürckheim, 1945/1992, S. 42, S. 46; Dürckheim, 1966/2001/2004, S. 13, S. 25, S. 33-34, S. 51-52; Dürckheim, 1975/2001, S. 152-164; Dürckheim, 1987, S. 106) (vgl. Kapitel 4.3.2). Üben im Alltag („Rad der Verwandlung") (Dürckheim, 1966/2001/2004, S. 73-130): ▪ kritische Wachheit ▪ Loslassen ▪ Einswerden mit dem Grund ▪ Neuwerden aus dem Grund ▪ Bezeugung und Bewährung im Alltag	Übung z.B. in Form des meditativen Sitzens oder als Übung des rechten Atems (Dürckheim, 1966/2001/2004; Dürckheim, 1987, S. 123-131, S. 146) (vgl. Kapitel 4.3.2). Seinserfahrungen (Dürckheim, 1945/1992, S. 70, S. 83-88; Dürckheim, 1966/2001/2004, S. 28; Dürckheim, 1975/2001, S. 147-148). Wie im Anfänger-Geist im Zen geht es auch hier immer wieder darum, das Erreichte loszulassen und uns dem Unbekannten immer wieder neu zu öffnen (vgl. Dürckheim, 1966/2001/2004, S. 128; Dürckheim, 1975/2001, S. 150).

Tabelle 6 zeigt auf, wie die hier dargestellten mystischen Traditionen und transpersonalen Psychologie-Richtungen alle Kontaktaspekte umfassen und wie sich die Traditionen und Richtungen in der Gewichtung der verschiedenen Kontaktaspekte deutlich unterscheiden.

Kontakt zur Essenz. Bei allen hier aufgeführten mystischen Traditionen und Richtungen der Transpersonalen Psychologie liegt ein Schwerpunkt auf dem *Kontakt zur Essenz* – dem Kern jedes spirituellen Weges. Abgesehen von dieser Gemeinsamkeit bestehen jedoch erhebliche Unterschiede in den Schwerpunkten bezüglich der Kontaktaspekte. Während in der indischen Mystik von Ramana Maharshi der Kontakt zur Essenz einen so zentralen Stellenwert einnimmt, dass die anderen Aspekte eher untergeordnet erscheinen, bilden im Soto-Zen durch die Einheit von Erleuchtung, Alltag und Hier und Jetzt neben dem *Kontakt zur Essenz* auch der *Kontakt zum Hier und Jetzt* sowie der *Kontakt zum alltäglichen Leben* wesentliche Schwerpunkte. Eine ähnlich starke Gewichtung all dieser Kontaktaspekte sowie des Kontakts zu sich findet sich in der Initiatischen Therapie, die ja wesentlich vom Zen-Buddhismus beeinflusst wurde.

Kontakt zum Hier und Jetzt. Neben Soto-Zen und Initiatischer Therapie wird auch im Sufismus (Naqshbandi-Pfad) der *Kontakt zum Hier und Jetzt* immer wieder erwähnt. Zwei der elf Prinzipien des Naqshbandi-Pfades (Vaughan-Lee, o.J.) fokussieren auf den Kontakt zum Hier und Jetzt.

Kontakt zum alltäglichen Leben. Dieser Kontaktaspekt bildet nur im Soto-Zen und der Initiatischen Therapie einen besonderen Schwerpunkt. Es liegt wohl an der Betonung dieses Aspekts, dass Soto-Zen und die Initiatische Therapie auf den ersten Blick praktikabler, konkreter und im Alltag direkter anwendbar erscheinen als andere Traditionen und Richtungen.

Kontakt zu anderen Menschen. Im Vergleich zu den anderen mystischen Traditionen scheint der *Kontakt zu anderen Menschen* in der christlichen Mystik am stärksten betont zu sein. Innerhalb der Richtungen der Transpersonalen Psychologie stellt der Kontakt zu anderen Menschen in der Analytischen Psychologie und in der Psychosynthese einen der Schwerpunkte dar. In der Initiatischen Therapie wird dieser Aspekt auch thematisiert, scheint aber im Vergleich zu den anderen Kontaktaspekten eine eher untergeordnete Rolle zu spielen.

Kontakt zu sich und der eigenen Lebensgeschichte. Ein *Kontakt zu sich* findet in der christlichen Mystik von Johannes vom Kreuz und in der indischen Mystik von Ramana Maharshi wenig differenzierte Erwähnung. Die spirituelle Übung besteht bei Ramana Maharshi darin, durch ein Fragen nach dem eigenen Ich („Wer bin ich?") zum Selbst zu gelangen. In diesem Sinn ist das Ich *(Kontakt zu sich)* als Ausgangspunkt für einen Kontakt zum Selbst und zur Selbstverwirklichung zu verstehen *(Kontakt zur Essenz)*. In der christlichen Mystik von Johannes vom Kreuz nimmt Gott dem Menschen nach spirituellen Erfahrungen *(Kontakt zur Essenz)* den Geschmack an diesen Erfahrungen im Laufe der Zeit wieder zum Zweck der Läuterung *(Kontakt zu sich)* – damit der Mensch von seiner eigenen Selbstbezogenheit zu einem Kontakt zum grösseren Ganzen findet. In der dunklen Nacht wird der Mensch auf sich selbst zurückgeworfen und muss sich mit seiner menschlichen Natur und insbesondere mit seinen Schwächen auseinandersetzen *(Kontakt zu sich)*. Der Mensch wird sich auf dem Weg der Gotteinung der Allpräsenz, aber auch der Unverfügbarkeit Gottes (in der dunklen Nacht) bewusst (vgl. Schraut, 2001, S. 80).

Im Sufismus des Naqshbandi-Pfades und im Soto-Zen finden sich hingegen konkretere Hinweise auf Möglichkeiten eines Kontakts zu sich. So wird die Auseinandersetzung mit der *nafs* (Triebseele, niedere Eigenschaften) im Sufismus als ständiger Begleiter des spirituellen Weges verstanden. Bei den heutigen westlichen Vertretern der Naqshbandi-Mujaddidiyya-Linie hat diese Auseinandersetzung stark psychologische Züge erhalten – so wird etwa davon gesprochen, Projektionen zurückzunehmen und die Geschehnisse im aussen als Spiegel des eigenen inneren Zustandes zu verstehen, die zur Bewusstwerdung und zur Arbeit an sich selbst dienen. Ausserdem wird mit Träumen gearbeitet – allerdings mit einem stärkeren Fokus auf spirituellen als auf psychologischen Aspekten, obwohl beide integriert werden. Im Soto-Zen wird im Zazen „einfach sitzen" *(Shikantaza)* geübt: Die Basis dieser Übung ist ein Kontakt zum Hier und Jetzt über das Gewahrsein des eigenen Atems und der eigenen Körperhaltung. Dabei findet auch ein Gewahrsein der eigenen Gedanken und Gefühle statt, die unwillkürlich immer wieder während der spirituellen Praxis auftauchen. Hier wird im Zen auch eine Bewusstwerdung der eigenen Gefühls- und Gedankenmuster angesiedelt sowie deren Auflösung – also der erwähnte *Kontakt zu sich* einbezogen.

Deutlich wird in Tabelle 6 in diesem Zusammenhang ein wesentliches Unterscheidungsmerkmal zwischen mystischen Traditionen und Richtungen der Transpersonalen Psychologie: Wo in mystischen Traditionen die Thematik eines *Kontakts zu sich* zwar, wie erwähnt, in verschiedenen Ausprägungen vorkommt, kann von einem echten Schwerpunkt nur in den Richtungen der Transpersonalen Psychologie gesprochen werden. Diese betonen durchgehend die Notwendigkeit und Bedeutung des Kontakts *zu sich und der eigenen Lebensgeschichte* für einen spirituellen Weg und bieten differenzierte und vertieft dargestellte Möglichkeiten für diesen Kontakt zu sich an. So schildern die Analytische Psychologie und die Psychosynthese verschiedene Stadien des *Kontakts zu sich und der eigenen Lebensgeschichte*, die sie als Basis der Individuation bzw. Selbstverwirklichung sehen. Die Initiatische Therapie greift Jungs Konzept des Schattens auf. Die Arbeit mit dem Schatten oder die „Bereinigung des Grundes" (Dürckheim, 1975/2001, S. 149) nimmt in der Initiatischen Therapie eine zentrale Stellung ein und wird als essentielle Voraussetzung auf dem initiatischen Weg gesehen. Gerade auch Schwierigkeiten der Integration spiritueller Erfahrungen können wesentlich auf einen mangelnden Kontakt zu sich und der eigenen Lebensgeschichte zurückgeführt werden (vgl. Kapitel 6 und die negative Transzendenz in der Initiatischen Therapie in Kapitel 4.3.2).

10.3 Bedeutung einer (transpersonalen) Psychotherapie für die Integration spiritueller Erfahrungen

> Ohne unserem Schatten… gegenüberzutreten, mit ihm zurechtzukommen, sind wir so gut wie unfähig, jenen Vorgang einzuleiten, der uns letztendlich – umgangssprachlich ausgedrückt – zur Selbstverwirklichung oder Erleuchtung führen wird. (Tweedie, 1979/1992, S. 5)˘

Kontakt zu sich und der eigenen Lebensgeschichte stellt einen Schwerpunkt in den Richtungen der Transpersonalen Psychologie[100] dar (vgl. Kapitel 10.2.3, Tabelle 6). So

---

[100] Insgesamt ist ein Kontakt zu sich und der eigenen Lebensgeschichte ein Bereich der - insbesondere psychodynamisch arbeitenden – Psychotherapie. Im Zusammenhang mit der Integration spiritueller Erfahrungen ist es aber aus genannten Gründen (Kapitel 9.2.5) wesentlich, von einem Men-

ist in der Analytischen Psychologie die Arbeit hin zu einer Akzeptanz des eigenen Schattens und zur Integration von Animus oder Anima zentral, in der personalen Psychosynthese geht es anhand der gründlichen Kenntnis der eigenen Persönlichkeit und durch die Kontrolle der Elemente der Persönlichkeit darum, den Klienten auf dem Weg zu einer integrierten Persönlichkeit zu begleiten. Und in der Initiatischen Therapie spielt angelehnt an die Analytische Therapie die Auseinandersetzung mit dem eigenen Schatten eine wesentliche Rolle.

10.3.1 Psychotherapie als notwendige Voraussetzung und Begleitung bei der Integration spiritueller Erfahrungen

> Als ich mit meiner Lehrtätigkeit [als spiritueller Lehrer, Anm. der Autorin] begann, hatten die Leute phänomenale Erfahrungen, aber es veränderte sich nichts – weder ihre Gewohnheiten noch ihre Neurosen. Es wurde klar, dass die Leute in einem bestimmten Stadium einfach blockiert waren, wenn sie nicht an ihrer Psychologie arbeiteten, egal wie hingebungsvoll und aufrichtig sie auch sein mochten. Wenn wir uns nicht auf wirkungsvolle Weise mit unserer Psyche auseinandersetzen, können wir die spirituelle Arbeit vergessen. Nicht, dass wir keine Erfahrungen haben können, aber wir kommen immer wieder daraus zurück. (Lee Lozowick zit. nach Caplan, 2002, S. 189-190)

Im Grunde sind sich alle hier dargestellten mystischen Traditionen und transpersonalen Psychologie-Richtungen einig darin, dass so etwas wie die Persönlichkeit des Menschen (wie auch immer sie in der jeweiligen Richtung benannt werden mag) auf dem spirituellen Weg nicht unberücksichtigt bleiben darf, da sie sonst zu einem grossen – wenn nicht dem grössten! – Hindernis wird (vgl. auch die Einleitungen zu Kapitel 5 und 6).

> Wenn wir die grundlegenden Entwicklungsaufgaben unseres emotionalen Lebens nicht abgeschlossen haben oder in Beziehung zu unseren Eltern und Familien immer noch sehr unbewusst sind, werden wir feststellen, dass wir unfähig sind, unsere spirituelle Übung zu vertiefen. Wenn wir uns nicht mit diesen Themen befassen, dann werden wir nicht fähig sein, uns während der Meditation zu konzentrieren, oder wir stellen fest, dass wir nicht in der Lage sind, das, was wir in der Meditation gelernt haben, in unseren Umgang mit anderen zu integrieren. (Jack Kornfield, zit. nach Caplan, 2002, S. 188-189)

Die Umsetzung dieses Wissens gestaltet sich dann aber je nach mystischer Tradition und transpersonaler Psychologie-Richtung unterschiedlich und mit deutlich anderem Schwerpunkt. Von einem echten Schwerpunkt kann im Grunde nur in den Richtungen der Transpersonalen Psychologie gesprochen werden. Verschiedene Autoren betonen, dass in mystischen Traditionen die Psychodynamik der spirituell Suchenden nicht oder zu wenig in die spirituelle Arbeit einbezogen wird, was sich schliesslich als manchmal subtiles, aber doch grosses Hindernis erweist (Almaas, 2001, S. 449; Almaas, 2005, S. 17-36; Walach, 2000, S. 63; Wilber, 2007, S. 169-170). So wird nach Almaas (2001, S. 449) in spirituellen Traditionen gewöhnlich nicht beachtet, dass auch Kontakt zu formlosen spirituellen Dimensionen des Seins[101] oft erst durch eine Lösung psychodynami-

---

schen begleitet zu werden, der selber Wissen, Kompetenz und Erfahrung im Bereich spiritueller Erfahrungen mit sich bringt (vgl. dazu auch z.B. Belschner & Galuska, 1999, S. 92).

[101] Als formlose spirituelle Dimension des Seins erwähnt Almaas (2001, S. 433-436) etwa das kosmische Bewusstsein mit Eigenschaften wie Liebe, Grenzenlosigkeit, Licht, Präsenz, Bewusstheit.

scher Konflikte möglich wird. Psychodynamisch-psychotherapeutische Arbeit wird hier also für den spirituellen Weg als essentiell betrachtet, weil sich sonst manche spirituellen Aspekte gar nicht erst erschliessen.

Die empirischen Daten aus den Interviews in dieser Studie machen die Wechselwirkungen zwischen spiritueller Erfahrung und einer Auseinandersetzung mit sich und der eigenen Lebensgeschichte deutlich (vgl. Kapitel 9.2.1). Sie zeigen die Zentralität einer psychotherapeutischen Arbeit auf (v.a. Kapitel 9.2.5) und machen deutlich, dass erhebliche Schwierigkeiten auf dem spirituellen Weg durch nicht-integrierte persönliche Themen auftreten können (vgl. Kapitel 9.2.6). Kontakt zu sich und der eigenen Lebensgeschichte dürfte der am häufigsten vernachlässigte Aspekt des spirituellen Weges sein (Caplan, 2002, S. 187). Mangelnder Kontakt zu sich dürfte dann auch zu den hinderlichsten und hartnäckigsten Schwierigkeiten auf dem spirituellen Weg gehören (vgl. auch Caplan, 2002, S. 188).

> Wenn wir nicht fähig waren, eine Beziehung zu unserem Leid, unserer Frustration und unseren Neurosen zu schaffen, ist die Durchführbarkeit einer Transmission fern, äusserst fern, denn wir haben noch nicht einmal eine richtige Beziehung zur grundlegendsten Ebene unserer Erfahrung geschaffen. (Trungpa zit. nach Caplan, 2002, S. 187)

So können nach Norbert Mayer (2001) - einem ehemaligen Schüler und Mitarbeiter Dürckheims, der sich auf Themen der frühen Existenz insbesondere auf prä- und perinatale Erfahrungen spezialisiert hat - auch unverarbeitete prä- und perinatale Themen uns daran hindern, dass Spiritualität wirklich in unserem konkreten Leben Fuss fassen kann – sprich uns an deren Integration hindern:

> Erst wenn die persönliche Biographie mit einer klaren Entscheidung für das Leben beginnt, kann die spirituelle Dimension im irdischen Dasein Fuss fassen. Das mystische Potential wird reaktiviert, der Mensch wird transparent für Transzendenz. (S. 53)

Kontakt zu sich und der eigenen Lebensgeschichte beinhaltet auch, die eigenen Gefühle wahrzunehmen, sie ernst zu nehmen und achtsam mit ihnen umzugehen. Dazu gehört auch, anzunehmen, was gerade da ist – also die eigenen Gefühle anzunehmen, wie sie eben gerade sind, sie nicht abzuwerten. Das hat mit Ehrlichkeit sich selbst gegenüber zu tun, mit einem mitfühlenden Hinschauen auf das, was gerade da ist – auch wenn es gerade nicht angenehm ist. So kann „Selbstbejahung [als Kontakt zu sich, Anm. der Autorin] ... [als] Vorstufe zur Selbsthingabe [auf dem spirituellen Weg, Anm. der Autorin]" (Schmid, 1995, S. 79-80) verstanden werden: „Die Selbstfindung ist das Tor zur Selbstlosigkeit" (Schmid, 1995, S. 80). Wo ein solcher Kontakt zu sich und der eigenen Lebensgeschichte nicht geschieht, lauern nicht nur Gefahren auf dem spirituellen Weg – wir können auch wirklich psychisch krank werden (vgl. Hell, 2007, z.B. S. 230-232; Zöllner, 2008b, S. 9).

Die Persönlichkeitsstruktur wird auch als Gefäss für die spirituelle Arbeit verstanden – auch deshalb ist es wichtig, sich mit ihr auseinanderzusetzen: „Ausgangspunkt ist ... der konkrete Mensch. Seine Persönlichkeitsstruktur ist das Gefäss, in dem sich die spirituelle Dynamik entfalten will. Sie zu erfassen ist daher die Voraussetzung. Eine spirituelle Entwicklung geschieht nicht neben, über oder unter, sondern in und mit der ganzen Person" (Fischer, 2003, S. 131).

Auch ein stabiles Ich als Voraussetzung eines spirituellen Weges ist in diesem Zusammenhang zentral (vgl. Kapitel 5.2.1) (vgl. v.a. Engler, 1988). So muss eine Ich-Schwäche nicht unbedingt in einer pathologischen Ausprägung vorliegen, sondern kann in der Tendenz vorhanden sein, was einen spirituellen Weg nicht verunmöglicht, aber erschwert. Hier ist es zentral, an einer Stärkung des Ichs psychotherapeutisch zu arbeiten. Aber nicht nur die Psychotherapie betont die Bedeutung eines stabilen Ichs als Voraussetzung eines spirituellen Weges. Auch etwa aus christlich-theologischer Perspektive braucht es eine Verankerung im eigenen Ich: Wir müssen zuerst „wirklich Ich" (Schmid, 1998, S. 166) sein, damit wir unser Ich dann auch loslassen können: „Aber der christliche Glaube weiss auch, dass nur das geliebte Ich sterben kann und dass ich nur das loslassen kann, was ich wirklich bejahte" (Schmid, 1998, S. 165). Die Bedeutung eines starken Ichs zeigte sich auch in den Ergebnissen dieser empirischen Untersuchung: So war es für einige InterviewpartnerInnen zentral, dass sie sich nach spirituellen Erfahrungen etwa von Ausseneinflüssen abgrenzen, zu sich selber stehen, sich selbst treu bleiben und anderen gegenüber Grenzen setzen konnten (vgl. Kapitel 9.2.3).

In einem therapeutischen Setting bestehen auch Möglichkeiten zu einer sozialen Einbettung der spirituellen Erfahrung durch die therapeutische Beziehung. Dies ist insbesondere dann von zentraler Bedeutung, wenn die betroffene Person ausserhalb der Psychotherapie kaum Gleichgesinnte hat und somit wenige Möglichkeiten einer Verankerung der Erfahrung im zwischenmenschlichen Kontakt findet. So erlebten viele InterviewpartnerInnen dieser Studie die therapeutische Beziehung als wesentliches Element einer sozialen Einbettung (vgl. Kapitel 9.3.1).

Meditation kann keine Psychotherapie ersetzen. Das macht Wilber (2007, S. 169-198) in seinem Buch „Integrale Spiritualität" deutlich. Da Wilbers Argumentation im Zusammenhang mit einer Integration spiritueller Erfahrungen zentral erscheint, wird sie hier ausführlicher aufgegriffen: Er vertritt den Standpunkt, dass die Arbeit mit dem Schatten für eine authentische Spiritualität zentral sei, jedoch in keiner der grossen spirituellen Traditionen vorhanden sei. Ein Verständnis der Entstehung des Schattens und die therapeutische Arbeit damit seien der ausschliessliche Beitrag der westlichen Psychologie. In den spirituellen Richtungen fehle dieser Zugang, auch wenn sie bisweilen das Gegenteil behaupten würden. Wilber (2007) schreibt:

> Das Verständnis von psychodynamischer Unterdrückung und ihrer Behandlungsmethoden ist ein ausschliesslicher Beitrag der modernen westlichen Psychologie. Viele Meditationslehrer behaupten, Ähnliches zu bieten, aber wenn Sie sich genauer anschauen, was sie damit meinen, stimmt es nicht. Deshalb werden selbst fortgeschrittene Meditierende und spirituelle Lehrerinnen und Lehrer oft von der Psychopathologie verfolgt, während ihre Schatten sie zur Erleuchtung hetzen und wieder zurückholen und überall am Weg Opfer hinterlassen. (S. 169-170)

Wenn Aspekte des Ichs verleugnet werden, weil sie uns unangenehm sind und nicht in unser Bild passen, das wir von uns gerne hätten – also unser Schatten -, dann werden sie zu einem grossen Hindernis auf dem spirituellen Weg. Das Problem nun, das Wilber (2007) formuliert, ist, dass Meditation nicht mit dem Schatten umzugehen versteht und ihn oft sogar noch vergrössert:

> Durch meditatives und kontemplatives Bemühen kommen wir einfach nicht an die ursprüngliche Schwierigkeit heran … Durch schmerzliche Erfahrung hat sich

immer wieder gezeigt, dass *Meditation den ursprünglichen Schatten einfach nicht zu fassen bekommt,* sondern ihn tatsächlich häufig noch verstärkt. (S. 179)

So verweist Wilber (2007, S. 180) darauf, dass selbst Menschen, die schon jahre- oder jahrzehntelang meditieren, noch „beträchtliche Schattenelemente haben". Die Hauptschwierigkeit besteht dabei darin, dass in der Meditation versucht wird, sich von allem zu lösen, was hochkommt. Dieser Prozess ist vergleichbar mit der ursprünglichen Entstehung des Schattens: Unser Schatten entsteht dadurch, dass wir Teile von uns abspalten oder zu irgendeinem Zeitpunkt unserer Lebensgeschichte von uns abgespalten haben, die wir nun nicht mehr als zu uns gehörig betrachten, weil sie uns so unangenehm oder gar bedrohlich sind. Dennoch sind es ja Aspekte von uns, die uns ganz persönlich eigen sind. Über Meditation wird nun diese Form von Abspalten und der Prozess, sich von Aspekten des eigenen Ichs zu dissoziieren, verstärkt (Wilber, 2007, S. 179-184). Das mag dazu führen, dass wir das Gefühl haben, über all den menschlichen Emotionen, Schwächen und Unvollkommenheiten zu stehen – in Wahrheit haben wir jedoch nur unsere eigene Verdrängung verstärkt und haben unseren Schatten unbewusst vergrössert.

Etwas praktischer ausgedrückt: Wenn wir Aspekte unseres Ichs verleugnen, weil wir sie an uns nicht haben wollen, tauchen sie in Form von Projektionen wieder auf. Wir erleben etwa unseren unterdrückten Ärger von aussen oder leiden unter Albträumen von Monstern oder sonstigen schrecklichen Gestalten, die unseren unterdrückten Ärger repräsentieren und bei uns als eine Art Sekundäremotion schliesslich zu Angst führen. Angst kann dann unser Hauptsymptom werden, das auch in unseren Meditationen immer wieder spürbar wird. Je nach Meditationstechnik kann nun mit dieser Angst gearbeitet werden, indem wir uns etwa ganz in diese Angst einfühlen, uns völlig in sie hineinentspannen, so dass sie sich zu lösen beginnt und sich in eine ihr entsprechende transzendentale Qualität umwandelt. Die Angst mag dann vorübergehend weg sein – das Grundmuster, der unterdrückte Ärger, bleibt jedoch bestehen (Wilber, 2007, S. 189-191).

Auch wenn wir in der Meditation auf die ursprüngliche Emotion des Ärgers meditieren, arbeiten wir nicht wirklich mit dem Schattenaspekt, sondern unterstützen damit eher die Abspaltung und Dissoziation davon (Wilber, 2007):

> Der Ärger, der als ein ‚Ich' begann, ist jetzt in meinem Bewusstsein ein ‚Es' [ich erlebe ihn nicht mehr als etwas zu mir Gehöriges, sondern als etwas, was nicht zu mir gehört, Anm. der Autorin], und ich kann auf diesen Es-Ärger so lange meditieren, wie ich will, in meiner Vipassana-Praxis ‚reines Gewahrsein' üben und einfach beobachten, ‚wie Ärger hochkommt, Ärger hochkommt, Ärger hochkommt' – doch erreiche ich damit lediglich, dass ich den Ärger in meinem Gewahrsein verfeinert und verstärkt *als ein Es* erlebe. (S. 179)

Meditation bekommt also den Schatten nicht zu fassen, sondern nur die Symptome (Wilber, 2007, S. 188). Das Problematische daran ist, dass damit nicht nur der Schatten bestehen bleibt oder sich verstärkt, sondern dass durch Meditation auf diese Weise eine „doppelte Abspaltung" (Wilber, 2007, S. 187) stattfindet.

Das Desidentifizieren[102], das in der Meditation praktiziert wird, ist also aus psychologischer Sicht ein grosses Problem. Dennoch ist es der Weg, der letztendlich zu einem spirituellen Ziel führt. Wie ist mit diesem Widerspruch umzugehen? Wilber (2007) greift diese Problematik auf und kommt zu folgendem Schluss:

> Wer die Psychologie von Meditation studiert hat, ist sich schon lange über zwei wichtige Faktoren im Klaren, die scheinbar völlig widersprüchlich sind: Der Erste ist, dass das Ziel von Meditation darin besteht, sich von allem, was hochkommt, zu lösen oder sich nicht damit zu identifizieren. Transzendenz wurde lange Zeit definiert als Prozess der Desidentifikation. Und man brachte Meditationsschülerinnen und –schülern tatsächlich bei, die Identifikation mit jedem Ich, Mir oder Mein, die auftauchte, zu lösen.
>
> Die zweite Tatsache aber besteht darin, dass es in der *Pathologie* eine Desidentifizierung oder Dissoziation mit oder von Teilen meines Selbst gibt, also *ist das Nichtidentifizieren das Problem,* nicht die Heilung. Was denn jetzt, soll ich mich nun mit meinem Ärger identifizieren oder nicht? *Beides,* aber der richtige Zeitpunkt ist entscheidend – und das betrifft in diesem Fall den Zeitpunkt, an dem sich die Entwicklung befindet. Taucht mein Ärger im Gewahrsein auf, und ich erlebe ihn authentisch als *meinen* Ärger, *dann* besteht das Ziel darin, die Identifizierung damit zu lösen (den Ärger und das Selbst, das ihn erlebt, loszulassen – und so dieses ‚Ich' in ein ‚Mich/Mir/Mein' umzuwandeln, was gesund ist).
>
> Aber wenn *mein* Ärger-Gewahrsein auftaucht und ich erlebe ihn als *deinen, seinen* oder *Es*-Ärger [im Sinne einer Abspaltung und Projektion auf andere, Anm. der Autorin] – aber nicht als *meinen* Ärger -, dann besteht das Ziel darin, sich zuerst mit dem Ärger zu identifizieren und ihn sich wieder anzueignen (… den gottverdammten Ärger *wirklich* als meinen zu erleben) -, und *dann* können wir unsere Identifikation mit dem Ärger und mit dem Selbst, das ihn erlebt, lösen …
>
> Doch wenn ich mir den Schatten nicht zuerst wieder aneigne, dann *verstärkt* das Meditieren auf den Ärger die *Entfremdung* – Meditation wird zu einem Prozess des ‚Transzendierens und Verleugnens', und das ist genau die Definition von pathologischer Entwicklung.
>
> Das ist tatsächlich der Grund dafür, warum selbst fortgeschrittene Meditierende oft viele Schatten haben, die einfach nicht zu verschwinden scheinen. Und jeder kann das sehen, nur sie selbst nicht. (S. 181-182)

Problematisch ist also „der Versuch, die Identifikation mit einem Impuls zu lösen, *bevor* er als eigener Impuls anerkannt und gefühlt wurde; und dieses Wegschieben erzeugt Symptome, keine Befreiung" (Wilber, 2007, S. 184). Hat dieser Prozess des Wegschiebens erst einmal begonnen, wird die Meditationspraxis des Desidentifizierens und Loslösens ihn wahrscheinlich verstärken. Auf jeden Fall dringt aber Meditation hier nicht zur Wurzel und dem Ursprung des Schattens vor (Wilber, 2007, S. 184).

---

[102] Die Desidentifikation, die in der Psychosynthese praktiziert wird (vgl. Kapitel 4.2.1), wird erst in der Phase nach einer gründlichen Kenntnis der eigenen Persönlichkeit angewendet und ist damit in diesem Sinne unproblematisch bzw. hilfreich (siehe dazu die folgenden weiteren Ausführungen von Wilber).

Der Weg besteht darin, dass wir uns unseren Schatten wieder aneignen, ihn erleben und wirklich spüren. Dabei ist der Prozess der Aneignung entscheidend: Ich muss wissen und wirklich fühlen: Das ist *mein Ärger!* Es geht also darum, ganz in Kontakt mit der authentischen Emotion zu kommen, und dann merken wir vielleicht, um zum obigen Beispiel zurückzukehren: „Ich bin ein wütendes Monster!" Wenn wir zu unserer ursprünglichen Emotion oder Thematik, die wir als Schatten verdrängt haben, zurückkehren und uns auf diese Weise unseren Schatten wirklich aneignen, dann arbeiten wir mit der „Verdrängungsbarriere" (Wilber, 2007, S. 192) und nicht mit allfälligen Sekundäremotionen wie in diesem Beispiel Angst oder mit einem meditativen Gewahrsein der Emotion. „… denn all das besiegelt den Schatten und sorgt dafür, dass er sich auf dem ganzen Weg zur Erleuchtung und noch darüber hinaus an Ihre Fersen heftet" (Wilber, 2007, S. 192). Haben wir uns unseren Schatten wirklich angeeignet und sind in echtem Kontakt zu unseren Emotionen, dann kann der Prozess der Desidentifikation einsetzen, wie er auch in der Meditation praktiziert wird. Dann ist er hilfreich und fördert eine authentische Spiritualität (Wilber, 2007):

> … wenn wir versuchen, das Ego zu transzendieren, bevor wir es uns richtig angeeignet haben, können wir zuschauen, wie der Schatten wächst. Hat diese Identifikation jedoch zuerst einmal auf gesunde Weise stattgefunden, dann kann die Desidentifizierung passieren; wenn nicht, verstärkt die Desidentifizierung die Spaltung. (S. 189)

Wilber (2007, S. 187) fasst das kurz und bündig zusammen: „Die Desidentifizierung mit einem Selbst, das ich als zu mir gehörig betrachte, ist Transzendenz; die Desidentifizierung mit einem verstossenen Selbst ist doppelte Abspaltung. Meditation tut beides."

Authentische Spiritualität heisst also, ganz Mensch zu sein, ganz in Kontakt zu sein mit all meinen Facetten – den angenehmen wie auch den unangenehmen – und mich in meinem Menschsein ganz auf die Transzendenz auszurichten. Ganz Mensch zu sein ist gleichsam der Boden und das Gefäss, in dem sich der Bezug zur Transzendenz und letztlich die Einswerdung vollzieht. Oder wie Schraut (2001) es formuliert: „Je mehr ein Mensch … mit Gott eins wird, desto mehr wird er Mensch".

Eine psychotherapeutische Arbeit ist – das wurde mehrfach deutlich - auch deshalb so wichtig, weil die Arbeit mit Essenz auf dem spirituellen Weg eine Dynamik zwischen Persönlichkeit und Essenz auslöst, der in einer spirituellen Arbeit unbedingt Rechnung zu tragen ist. Dazu braucht es in der Arbeit am Kontakt mit sich und der eigenen Lebensgeschichte vor allem eine innere Haltung der Achtsamkeit – also den Kontakt zum Hier und Jetzt, der die Basis des Kategorienmodells „Kontakt" darstellt.

10.3.2 Kontakt zum Hier und Jetzt als Basis einer spirituell orientierten Psychotherapie

Almaas (1997) zeigt diese Dynamik deutlich auf: Essenz wird im Laufe unseres Lebens - beginnend mit der Kindheit – verdrängt, und die Arbeit zur Wiedergewinnung von Essenz - also der Kern der spirituellen Arbeit - besteht entsprechend darin, das unbewusst Verdrängte bewusst zu machen. „Doch das verändert die Struktur der Persönlichkeit und ihre Stellung innerhalb der Ökonomie des menschlichen Organismus im Ganzen" (Almaas, 1997, S. 154). Um nun Unbewusstheit in Bewusstheit zu verwandeln, braucht es Achtsamkeit (Almaas, 1997):

> Um diesen Prozess überhaupt nur zu beginnen, muss man lernen, wie man achtsam ist und wie man sich innerer und äusserer Ereignisse bewusst wird. Bewusstheit braucht man, um Beobachtungen zu sammeln, die man dann für psychodynamisches Verstehen nutzen kann. Ohne Bewusstheit weiss man nicht, welche Gedanken einem durch den Kopf gehen, welche Gefühle das Herz erfüllen oder was der Körper wahrnimmt. Wenn man sich nicht bewusst genug ist, hat man keine Eindrücke und kein Material für den Verstehensprozess. (S. 154)

Almaas versteht hier Bewusstheit oder Bewusstsein als ein Gewahrsein (engl. awareness) dessen, was gerade ist. Bewusstheit ist nötig für alle Aspekte der Arbeit an innerer Entwicklung. Bewusstheit brauchen wir auch für unser praktisches Leben im Alltag – und sie ist ein „wesentliches Charakteristikum aller Aspekte von Essenz" (Almaas, 1997, S. 155). Bewusstheit – im dargestellten Modell der Kontakt zum Hier und Jetzt – ist für die Arbeit sowohl auf persönlicher als auch auf spiritueller Ebene zentral. Unsere Ich-Identität basiert auf einem Mangel an Bewusstheit (Almaas, 1997):

> Bewusstheit nimmt unter den essentiellen Aspekten einen besonderen Platz ein. In gewissem Sinn kann man die Entwicklung als ganze – die Arbeit an der Persönlichkeit und mit Essenz – als Befreiung und Erweiterung von Bewusstheit sehen. Der Grund dafür ist, dass die grundlegendste Funktion der Persönlichkeit die Verminderung von Bewusstheit ist. Der tiefste Aspekt der Persönlichkeit ist in der Tat eine Einschränkung von Bewusstheit. Die Ich-Identität, die normalerweise das Selbst genannt wird, existiert auf der tiefsten Ebene als Kontraktion von Bewusstheit, als Einschränkung des Bewusstseins. Genauer gesagt ist die Ich-Identität (das Ich) als Struktur auf der tiefsten Ebene ein Loch von Bewusstheit, oder ein Mangel an Bewusstheit, wegen des Verlustes intrinsischer und grundlegender Wachheit. Das ist das tiefste und am meisten abgewehrte Loch der Persönlichkeit. (S. 155)

Aber die Kultivierung von Bewusstheit allein reicht nicht aus, um Unbewusstes wirklich bewusst zu machen, da wir so nicht an unsere verdrängten Aspekte herankommen, die für das gewöhnliche Bewusstsein unzugänglich sind. Hier ist der Kontakt zur Essenz zentral. Kommen wir mit Essenz in Berührung, werden tiefere Schichten der Persönlichkeit freigelegt (vgl. Kapitel 9.2.6) (Almaas, 1997):

> Essenz kann zu diesen tiefen, dunklen Winkeln der Persönlichkeit vordringen. Essenz kann das, weil sie die Tiefe *ist.* Und weil Essenz im Innersten durch Bewusstheit charakterisiert ist, kann sie unser Bewusstsein zu diesen tiefen und normalerweise unzugänglichen Stellen des Unbewussten führen und sie für Wahrnehmung und Verstehen freilegen. (S. 156-157)

Hier findet eine Wechselwirkung statt zwischen Persönlichkeit und Essenz, die für den spirituellen Weg sehr zentral ist (Almaas, 1997):

> Wir sehen hier den Prozess einer Wechselwirkung, bei dem Verstehen der Persönlichkeit die Essenz hervorbringt, dann die Essenz tiefere Schichten der Persönlichkeit freilegt und so weiter. Dieser Prozess schreitet voran und Bewusstheit erweitert sich, bis die ganze Persönlichkeit verstanden ist, bis zur Erfahrung ihres eigenen Todes und ihrer eigenen Nichtexistenz. Ausserdem werden alle Aspekte von Essenz erkannt und während des Prozesses entwickelt. So wird auf natürli-

che Weise der Boden dafür bereitet, dass die Wahrnehmung von Erleuchtung spontan entstehen kann. (S. 157)

Essenz leistet also ihrerseits einen wichtigen Beitrag bei der Arbeit zum Kontakt mit sich und der eigenen Lebensgeschichte (vgl. „Spiritualität als Ressource in der Auseinandersetzung mit sich und der eigenen Lebensgeschichte" in Kapitel 9.2.1).

10.3.3 Wechselwirkung zwischen spiritueller und psychotherapeutischer Arbeit

Auf die Notwendigkeit psychotherapeutischer Arbeit und auf die Wechselwirkung zwischen spiritueller und psychotherapeutischer Arbeit weist auch Walach (2000) in seinem Artikel „Narzissmus – der Schatten der Transpersonalen Psychologie" hin: So betont er, dass gerade bei narzisstischer Problematik spirituelle Arbeit ohne psychologische Arbeit unzureichend ist und sogar gefährlich sein kann. Umgekehrt kann spirituelle Arbeit und damit verbundene Erfahrungen psychologische Arbeit beschleunigen und unterstützen, wenn das mit Sachverstand geschieht. So können spirituelle Erfahrungen bei narzisstischer Thematik etwa helfen, ein narzisstisch angeschlagenes Selbst zu heilen, weil sie eine Erfahrung eines unbedingten Wertes enthalten können (Walach, 2000, S. 63).

Es kann davon ausgegangen werden, dass im spirituellen Kontext narzisstische Problematik besonders häufig ist – das gilt für Lehrer und für Schüler. Walach (2000) betont, wie wichtig es ist, dem Rechnung zu tragen und sich dieses Schattens der Transpersonalen Psychologie bewusst zu sein. Spirituelle Erfahrung schützt nicht vor narzisstischer Verzerrung – im Gegenteil. Insbesondere wenig bewusste narzisstische Verletzungen sind ideale Nährböden dafür, dass spirituelle Erfahrungen missbräuchlich verwendet werden – bei spirituellen Lehrers häufig inflationär (psychische Inflation), bei Schülern auch deflationär (Moseskomplex) (Walach, 2000, S. 63)(vgl. Kapitel 6.6).

Auch andere Autoren heben die Bedeutung von Spiritualität als Ressource in der Psychotherapie hervor (z.B. Belschner & Galuska, 1999, S. 92; z.B. Galuska, 1999, S. 169-173; Winkler, 2001, S. 130). So zeigt etwa Winkler (2001, S. 130) in einer empirischen Studie auf, dass „Patienten mit transpersonalen Erfahrungen während ihres Therapieaufenthaltes im Vergleich zu Patienten ohne solche Erfahrungen signifikant höhere Therapieergebnisse aufweisen". Winkler (2001, S. 130) sieht Hinweise darauf, dass „den nicht mystischen, nicht visionären und ‚geerdeteren' transpersonalen Erfahrungen eine höhere Heilwirkung in der Psychotherapie zuzuschreiben ist". Die Erfahrungen, die in einem positiven Zusammenhang mit den Ergebnismassen stehen, wurden „andere aussergewöhnliche Erfahrungen (nicht-mystisch, nicht-visionär)" genannt (Winkler, 2001, S. 120). Dabei ging es etwa um Körpererfahrungen, in denen sehr tiefe existentielle Gefühle erlebt wurden wie tiefe Vertrautheit, Liebe – reine Gefühle ohne wertende Gedanken, die mit einem subjektiven Gefühl von Wahrheit verbunden waren.

Trotz dieser positiven Effekte von Spiritualität auf eine Psychotherapie sollte nicht der Schluss gezogen werden, dass spirituelle Praxis eine Auseinandersetzung mit sich und der eigenen Lebensgeschichte ersetzen kann. So schreibt Reincke (2002, S. 26), dass in der Meditation eigene Schwierigkeiten zwar oft verschwinden. Sie sind aber nicht unbedingt gelöst – das Ich hat einfach die Identifikation damit gelöst. Das kann ein positiver Effekt von Meditation sein. Wichtig ist dabei jedoch, sich bewusst zu sein, dass *das Problem damit nicht gelöst ist und die Schwierigkeit weiter bestehen bleibt.* Sie muss auf der Ebene des Ichs durchgearbeitet und gelöst werden. Und dazu braucht es Psychotherapie (vgl. Kapitel 10.3.1).

10.4 Praktische Relevanz des Kategorienmodells „Kontakt"

Ein Gramm Kontakt ist wichtiger als eine Tonne Energie. (Boadella, o.J.)

Das Kategorienmodell „Kontakt" vermag nicht nur als theoretisches Erklärungsmodell zu einem Verständnis der Integration spiritueller Erfahrungen beizutragen, sondern lässt sich auch in der therapeutischen Praxis als diagnostisches und therapeutisches Instrument anwenden. Die folgenden Ausführungen sind als Thesen und Anregungen zur Arbeit mit der Integration spiritueller Erfahrungen zu verstehen. Um gesicherte Aussagen machen zu können, müsste die therapeutische Wirksamkeit des Modells empirisch überprüft werden.

10.4.1 Differentialdiagnostik

Bevor das Kategorienmodell „Kontakt" zur praktischen Anwendung kommt, sollte geklärt sein, ob es sich bei der Thematik des Klienten hauptsächlich um eine spirituelle Thematik handelt oder nicht. Die Differenzierung zwischen Schwierigkeiten in einem spirituellen Kontext und klassischen psychischen Beeinträchtigungen oder Störungen (zum Gesundheits-Krankheitsbegriff vgl. Scharfetter, 1996, S. 12-13) ist in der therapeutischen Praxis nicht immer einfach, weil psychische Symptome progressiven Charakters (im Zusammenhang mit Schwierigkeiten der spirituellen Entwicklung) und Symptome regressiven Charakters (im Zusammenhang mit klassischen psychischen Störungen) auch gleichzeitig vorhanden sein können und sich mischen (Assagioli, 1965/2004, S. 96-98, S. 100) (vgl. dazu die Einleitung zu Kapitel 6).

So stellt der Jesuit und Gestalttherapeut Johannes Fischer (2003) fest, dass die Diagnostik bezüglich subjektiver spiritueller Suche ein längerfristiger, komplexer Prozess ist:

> Vor allem sollte die Frage zu beantworten sein, ob es sich um einen spirituellen Prozess handeln könnte, wie die Berücksichtigung und die Passung mit der Persönlichkeitsstruktur möglich ist. Die inneren / äusseren Ressourcen und wichtige Lebensereignisse sollten einbezogen und berücksichtigt werden. Folgende Fragen können dazu helfen:
>
> Geht es um eine spirituelle Entwicklung oder um etwas anderes?
>
> Wo ist jemand gefährdet und was muss zuerst entwickelt werden, bevor ein spiritueller Prozess beginnen kann?
>
> Wo ist jemand gefährdet, was muss entwickelt werden und welche spirituellen Prozesse oder religiösen Formen sind gleichzeitig förderlich?
>
> Welche Persönlichkeitsstruktur muss akzeptiert werden und welche religiöse Formen und Strukturen helfen einer Verankerung?
>
> Was hilft der spirituellen Entwicklung, welche Interventionen, welche religiösen Formen?
>
> Welcher spirituell-religiöse Weg führt den Suchenden tatsächlich weiter? (S. 139)

Auf Modelle zur Unterscheidung zwischen den differentialdiagnostisch am schwierigsten zu unterscheidenden Bereichen von spirituellen Krisen und psychischen Störungen wurde bereits eingegangen (vgl. Kapitel 6.4.3). Diese Phase der Differentialdiagnostik sollte immer auch die aktuelle Lebenssituation, die konkreten Schwierigkeiten und Ziele der Person sowie deren Lebenshintergrund miteinbeziehen und auch auf das zeitliche Umfeld einer spirituellen Erfahrung Bezug nehmen wie den lebensgeschichtlichen Kontext und die Situation beim Auftreten einer spirituellen Erfahrung, den Bewusstseinszustand während der Erfahrung sowie die Folgen im Leben des Betroffenen (vgl. Scharfetter, 2004, S. 123-124, S. 129).

Da spirituelle Prozesse labilisieren können, empfiehlt Fischer (2003, S. 131) eine sorgfältige Ressourcenanalyse: z.B. der lebensweltliche Kontext, die tragenden sozialen Bezüge, das soziale Netz; externe und interne Ressourcen sind zu erfragen.

Symptome progressiven und regressiven Charakters können sich also stark ähneln, obwohl sich ihre Ursachen und ihre Bedeutung deutlich unterscheiden und auch eine andere Behandlung verlangen (vgl. dazu z.B. Assagioli, 1965/2004, S. 96-101; Assagioli, 1988/1992, S. 119-150; Scagnetti-Feurer, 2004; Scharfetter, 1997, S. 84-90). Dennoch beschäftigen den Klienten im Umfeld klassischer psychischer Beeinträchtigungen und Störungen eher Fragen, wie er seinen Alltag wieder bewältigen und seine Funktionsfähigkeit in seinem alltäglichen Leben wieder gewinnen kann. Für einen Klienten mit primär spiritueller Thematik stehen eher Aspekte im Vordergrund, die eine Neuausrichtung seines Lebens im Einklang mit seinen spirituellen Werten betreffen, verbunden mit einem Ringen mit Hindernissen und Schwierigkeiten bei deren konkreter Umsetzung.

Da diese Themen in der Praxis jedoch nicht selten vermischt auftreten, ist in der Begleitung solcher Prozesse ein breites Wissen und Erfahrung nötig, das sowohl den psychologisch-psychotherapeutischen als auch den spirituellen Bereich umfasst. In der Anwendung des Modells „Kontakt" wird im Falle einer gemischten Thematik insbesondere der Aspekt des Kontakts zu sich und der eigenen Lebensgeschichte als klassischer psychotherapeutischer Bereich einer stärkeren Gewichtung bedürfen, je nach Symptomatik und Bedürfnis des Klienten meist in Verbindung mit einer Stärkung des Kontakts zu anderen Menschen und des Kontakts zum alltäglichen Leben.

Nach dieser Phase einer differentialdiagnostischen Abgrenzung kann das Kategorienmodell „Kontakt" zur Anwendung kommen. Dabei kann es sowohl diagnostisch als auch therapeutisch in der Begleitung von Menschen mit spirituellen Erfahrungen eingesetzt werden.

10.4.2 Diagnostik anhand des Kategorienmodells „Kontakt"

Ist anhand der Differentialdiagnostik geklärt, dass es sich bei der Thematik eines Klienten (auch) um eine spirituelle Suche handelt, kann das Kategorienmodell „Kontakt" als diagnostisches Instrument im Zusammenhang mit der Integration spiritueller Erfahrungen eingesetzt werden. Dabei geht es nicht nur um eine *Diagnostik problematischer Bereiche*, sondern ebenso um ein *Erkennen von Ressourcen anhand der fünf Kontaktaspekte des Modells*: In welchen Kontaktaspekten bestehen Schwierigkeiten, die eine Integration spiritueller Erfahrungen erschweren? Also wo kommt der betroffene Mensch nicht in einen wirklichen Kontakt? Und wo fällt es ihm leicht, in Kontakt zu sein? In welchen Kontaktaspekten bestehen Stärken?

Therapeutische Grundhaltung in der Diagnostik

„Diagnostik" (vom griechischen Verb *dia-gi-gnoskein*) bedeutet „durch und durch erkennen, beurteilen" (Duden, 2007, S. 144). Eine Diagnostik anhand des Kategorienmodells „Kontakt" ist als ein solches „Durch-und-durch-Erkennen" prozesshaft und in ihrer Tiefe nicht in den ersten Sitzungen in Form von konkreten Fragen abhandelbar. Manche Aspekte werden erst in der konkreten therapeutischen Zusammenarbeit mit einem Menschen deutlich. In diesem Sinn begleitet diese Art von Diagnostik den therapeutischen Prozess. Nach einer anfänglichen vorläufigen Diagnostik in Form einer Arbeitshypothese (z.B. „für eine Integration spiritueller Erfahrungen scheint der Alltag zu wenig berücksichtigt zu werden" und „der Kontakt zur Essenz fällt der Person leicht und ist eine wichtige Ressource") kann diese in der konkreten Zusammenarbeit immer wieder neu überprüft werden – meist nicht anhand konkreter rationaler Fragen, sondern anhand des Erlebens und Verhaltens des Klienten. Diagnostik und Therapie gehen auf diese Weise Hand in Hand (vgl. dazu die „therapeutische Diagnostik" bei Zöllner, 1980, S. 55-57). Zöllner (1980, S. 57) schreibt in diesem Sinn: „Diagnostik soll etwas eröffnen, nicht etwas abschliessen".

Eine solche prozesshafte vorläufige Diagnostik hat den Vorteil, den Klienten nicht zu schubladisieren und auch als Therapeutin nicht an einem festen Konzept festzuhalten, sondern immer die Möglichkeit offen zu lassen, sich im Therapieprozess von sich neu entwickelnden Seiten des Klienten überraschen zu lassen und ihn immer wieder neu wahrzunehmen und zu erleben in den Veränderungen, die er durch seinen Prozess ständig macht. Diagnostik soll zur Strukturierung und Zielfokussierung der therapeutischen Zusammenarbeit dienen und nicht zu einer Verfestigung und Stagnation des Therapieprozesses auf Grund vorschneller diagnostischer Zuordnungen. In dieser Art der Diagnostik geht es für die Therapeutin um Offenheit und um einen *Kontakt zum Hier und Jetzt*, der sich an der aktuellen inneren Wahrheit des Klienten orientiert. Obwohl selbstverständlich diagnostisches Wissen und therapeutische Kompetenz und Erfahrung der Therapeutin vorhanden sein sollten, auf das sie immer wieder zurückgreift und das ihr Orientierung und Struktur gibt, ist es hier doch wichtig, sich nicht an Konzepten und eigenen theoriegeleiteten Vorstellungen über die Thematik und den Prozess des Klienten zu klammern. Im Grunde spiegeln der diagnostische Prozess und diese diagnostische Haltung der Offenheit und des *Kontakts zum Hier und Jetzt* die innere Haltung des Loslassens wieder, wie sie in Kapitel 5.2.6 beschrieben wurde (vgl. dazu auch die Kapitel 10.3.2 und 10.4.3). Diese Art der Diagnostik hat ihren Fokus nicht darauf, etwas zu „reparieren" oder wieder „funktionsfähig" zu machen, was defekt war, sondern sie hat ihren Fokus auf einem Entwicklungsprozess – dem inneren Entwicklungsprozess des Klienten.

Diagnostische Zugangsweisen

Wie kann nun erfasst werden, welche Kontaktaspekte wenig und welche als Ressourcen stark ausgeprägt sind? Dazu eignet sich eine Kombination

- von diagnostischen Fragen
- und der angesprochenen prozesshaften Diagnostik, die begleitend zum theapeutischen Prozess stattfindet und in enger praktischer Zusammenarbeit mit dem Klienten erfolgt.

Diagnostische Fragen können etwa folgende Themen beinhalten:

Kontakt zum Hier und Jetzt:

- Wie ist der Bezug zum Hier und Jetzt? Wann fällt es der Person leicht, hier und jetzt präsent zu sein, wann ist sie sehr von Konzepten und Vorstellungen absorbiert, wann grübelt sie über Vergangenes und Zukünftiges nach?
- Nimmt sich die Person zwischendurch Zeit, einfach zu sein und wahrzunehmen? Verlangsamt sie bewusst ihr Tempo, um mehr im Hier und Jetzt sein zu können?
- Bestehen Bestrebungen irgendeiner Form der Übung im Alltag – z.B. sich immer wieder in der Wahrnehmung des eigenen Körpers zu üben, sich immer wieder bewusst zu werden, was gerade geschieht, die eigenen Reaktionen in zwischenmenschlichen Beziehungen zu beobachten und Neues darin zu üben etc.?
- Schwierigkeiten: Wie geht die Person mit einem Verlust oder einem Verblassen ihrer spirituellen Erfahrungen um? Hat sie bestimmte Vorstellungen oder Konzepte, wie eine spirituelle Erfahrung sein müsste? Hält sie an einer früheren spirituellen Erfahrung fest?

Kontakt zu sich und der eigenen Lebensgeschichte:

- Welches sind für die Person wichtige Themen aus ihrer Lebensgeschichte?
- Wie ist sie aufgewachsen?
- Bestehen psychotherapeutische Vorerfahrungen? Welche Themen standen dabei im Vordergrund?
- Welche Gefühls-, Denk- oder Verhaltensmuster kennt die Person von sich?
- Bestehen Tendenzen, sich und die eigenen Fähigkeiten (spiritueller und nicht-spiritueller Art) eher zu überschätzen - oder zu unterschätzen?
- Schwierigkeiten: Sind nach der spirituellen Erfahrung schwierige Lebensereignisse bewusst oder aktualisiert worden? Gibt es Muster, von denen sich die Person bewusst ist, dass sie ihre Spiritualität behindern (z.B. Leistungsmuster, suchtartige Tendenzen, Ehrgeiz etc.)?

Kontakt zu anderen Menschen:

- Wie erlebt die Person zwischenmenschliche Beziehungen? Welche Aspekte erlebt sie als einfach, welche als schwierig in ihren Beziehungen und Begegnungen? Sieht sie hier Querverbindungen zu ihrer eigenen Lebensgeschichte und der Beziehung zu Bezugspersonen aus ihrer Biografie?
- Wie stehen die Menschen in ihrem sozialen Umfeld zu (ihrer) Spiritualität? Hat sie Menschen in ihrem Umfeld, die Spiritualität gegenüber offen sind oder mit denen sie sich diesbezüglich austauschen kann?
- Schwierigkeiten: Fühlt sie sich in ihrer Spiritualität von anderen Menschen allein, getrennt oder unverstanden?

Kontakt zum alltäglichen Leben:

- Wie lebt die Person in ihrem Alltag (berufliche Tätigkeit, Wohnsituation, Familie, Aktivitäten, Gewohnheiten, Hobbys, Vorlieben in ihrem Alltag)? Was ist ihr wichtig?

- Wie gestaltet sich der Bezug zum Alltag: Wird der Alltag als mehr oder weniger mühsames Hindernis für die eigene Spiritualität empfunden oder als Möglichkeit der Umsetzung der eigenen Spiritualität erlebt?
- In welchen Bereichen oder in welchen Situationen fällt es der Person leicht, ihre Spiritualität in ihren Alltag einzubringen? Wo fällt es ihr schwer?
- Schwierigkeiten: Bestehen Tendenzen, den Alltag gering zu schätzen und Spiritualität entsprechend zu idealisieren? Empfindet die Person eine Kluft zwischen Spiritualität und ihrem Alltagsleben?

Kontakt zur Essenz:

- Wie gestaltet sich der Kontakt zur Essenz: Ist er unbeschwert, leicht, einfach oder mühsam und von Konzepten und Vorstellungen belastet?
- Auf welche Weise lädt die Person einen Kontakt zur Essenz ein? Übt sie eine spirituelle Praxis – meditiert sie, betet sie? Wenn ja, wie regelmässig?
- Besteht neben einer zeitlich festgelegten formellen Praxis auch eine informelle, in der die Person sich während des Tages in ihrem Tun und Handeln rückverbindet?
- Welche Möglichkeiten, sich mit der Essenz zu verbinden, sind für die Person besonders hilfreiche Eingangstore: Die Wahrnehmung des eigenen Körpers? Die Verbindung zu den eigenen Gefühlen? Ein Zugang über das Denken durch ein Begreifen und Verstehen von Spiritualität?[103]
- Schwierigkeiten: Hadert die Person mit einem Verlust einer spirituellen Erfahrung? Leidet sie darunter, dass ihre Erfahrungen verblassen? Fühlt sie sich manchmal überflutet, ungeerdet oder verwirrt durch spirituelle Erfahrungen? Hat sie angstvolle spirituelle Erfahrungen erlebt?

Die oben erwähnte prozesshafte Diagnostik orientiert sich an aktuellen, lebenspraktischen Themen, von denen der Klient aus seinem Alltag berichtet oder die im Therapieprozess in den Sitzungen deutlich werden. Meist handelt es sich um Themen, die immer wieder – oft in unterschiedlicher Form – auftauchen wie z.B. subtile Abwertungen des Alltagslebens meist mit entsprechender Idealisierung der Spiritualität.

Prozesshafte Diagnostik ist auch deshalb von grosser Bedeutung bei der Integration spiritueller Erfahrungen, weil manche Aspekte dem Klienten – wie etwa seine innere Haltung seinem Alltagsleben gegenüber - nicht bewusst zugänglich sind und nur in der konkreten therapeutischen Arbeit mit ihm, in beiläufigen Bemerkungen oder in seinem berichteten Verhalten im Alltag erkennbar werden. So ist den meisten KlientInnen – nach den Erfahrungen aus meiner eigenen Praxis - nicht bewusst, wie sehr sie in Konzepten, Vorstellungen oder in Wissen über Spiritualität gefangen sind und wie sehr dies eine Integration spiritueller Erfahrungen verhindert.

In einem diagnostischen Prozess ist es also besonders wichtig, zwischen Konzepten, Vorstellungen und dem Wissen des betroffenen Menschen zum spirituellen Weg und der konkreten, ganz alltagspraktischen Umsetzung im täglichen Leben zu unterscheiden – also zwischen Vorstellungen und gefühltem, praktiziertem Alltagsleben! In der Praxis besteht oft ein erheblicher Graben zwischen Wissen, Konzepten und Vorstellungen Betroffener zu Spiritualität und deren Integration in ihr Leben einerseits und

---

[103] Bei einem präferierten Zugang übers Denken ist es wichtig, im Auge zu behalten, dass sich die Person nicht zu sehr an Konzepten, Vorstellungen, Wissen und Erwartungen bezüglich Spiritualität orientiert, die zu einem Hindernis für einen wirklichen Kontakt zur Essenz führen können.

der praktischen Umsetzung im konkreten Alltag andererseits. Erfahrungsgemäss wird diese Diskrepanz von den Betroffenen selbst oft nicht bewusst wahrgenommen. So werden die meisten spirituell Suchenden der Meinung sein, es sei wichtig, den Alltag als Übungsfeld zu nutzen, aber bei Vielen finden wenig konkrete Bestrebungen in diese Richtung statt. Theorie und Praxis klaffen auseinander.

Diese Thematik wird von mystischen Traditionen und Richtungen der Transpersonalen Psychologie wiederholt angesprochen, indem sie etwa betonen, dass Vorstellungen und Konzepte grosse Hindernisse für den spirituellen Weg darstellen (vgl. z.B. Chang, 2000, S. 16; Godman, 2002, S. 91; Maharshi, 2006, S. 13, S. 65; Ramanan, 1982, S. 7; Schimmel, 1975/1995, S. 38, S. 204; Schmid, 1991, S. 89; Schumann, 2000, S. 285; Zimmer, 1997, S. 122-123, S. 145, S. 164, S. 166-167, S. 170, S. 177). Auch aus dem Kategorienmodell „Kontakt" ist dieser Zusammenhang unmittelbar ableitbar, wie im Folgenden noch deutlich werden wird. In der praktischen Arbeit mit Menschen erscheint sie so zentral, dass hier ausführlicher darauf eingegangen wird.

Konzepte als Verhinderung von Kontakt

Was den ganzen diagnostischen und therapeutischen Prozess begleiten sollte, ist die – oft sehr subtile – Differenzierung von Kontakt und Konzepten.

Konzepte entstehen aus unserem Denken und erlauben uns, Dinge zu erfassen, zu begreifen, zu verstehen oder sie einzuordnen. Sie können in Bezug auf eine Integration spiritueller Erfahrungen sehr nützlich sein in der Phase einer Erschütterung durch eine spirituelle Erfahrung. Meist handelt es sich dabei um die erste spirituelle Erfahrung oder eine, die völlig ausserhalb alles bisher Erfahrenen liegt und damit unerwartet Neues und Unbekanntes auftauchen lässt. In diesen Fällen geben Konzepte – und insbesondere spirituelle Konzepte natürlich – Halt, Sicherheit, Verstehen dessen, was passiert ist. Sie erlauben es, die Erfahrung einzuordnen und bieten einen Interpretationsrahmen und oft auch eine Struktur für eine weitere Auseinandersetzung mit Spiritualität. Hier sind Konzepte über Spiritualität also sehr wichtig und hilfreich (vgl. Kapitel 9.5.3).

Im weiteren Verlauf einer Integration spiritueller Erfahrungen werden sie dann aber oft zu einem Hindernis. So war es etwa für einen der Interviewpartner dieser Studie, Colin Clark, ein grosses Hindernis, dass er auf Grund früherer spiritueller Erfahrungen jahrelang eine ganz bestimmte Vorstellung in sich trug, wie eine spirituelle Erfahrung sein müsste. Diese Vorstellung, die an eine aussergewöhnliche spirituelle Erfahrung gebunden war, verhinderte lange Zeit, dass er einen für ihn ganz neuen, geerdeteren Aspekt spiritueller Erfahrungen erleben konnte: Die Erfahrung, dass alles, so wie es ist, gut ist. In diesem Sinn sagt auch der Zen-Meister Suzuki (2003, S. 17): „Wenn wir überhaupt nichts erwarten, dann können wir wir selbst sein".

In meiner Praxis erlebe ich immer wieder, dass spirituell Suchende so viele Konzepte, Wissen und Erwartungen über Spiritualität im Kopf haben, dass sie ständig versuchen, ihr Erleben und Handeln in diese Konzepte einzuordnen statt in Kontakt zu kommen mit ihrem ganz persönlichen Erleben. Indem sie sich an Konzepten, Erwartungen, Vorstellungen, an ihrem Wissen über Spiritualität orientieren, können sie Spiritualität nicht mehr *leben* und *erleben*. Spiritualität ist dann wie ein ausgestopftes Tier in einem Museum: Wir können es anschauen und darüber etwas lernen, aber es lebt nicht mehr, wir können nicht mehr mit ihm in Kontakt treten. Dabei geht die Unmittelbarkeit des Lebendigen verloren. Statt unserer unmittelbaren spirituellen Erfahrung halten wir irgendwann nur noch eine „Konserve" (Hanspeter Ruch, persönliche Mitteilung im

Sommer 2007) unseres Erlebens in den Händen. Und damit verlieren wir den Kontakt bzw. sind wir nicht mehr in Kontakt. Dann lassen wir uns innerlich nicht mehr berühren vom Hier und Jetzt, von uns selbst, anderen Menschen, unserem alltäglichen Leben oder unserer Essenz, sondern wir *wissen* und *denken* nach über das Hier und Jetzt und alle anderen Kontaktaspekte. Dürckheim (1966/2001/2004, S. 86) schreibt dazu: Das Festhalten von Vorstellungen, wie etwas sein sollte, „ist eine der Hauptblockaden auf dem Weg zur Einswerdung mit dem Sein".

Die Transaktionsanalytikerin Ang Lee und der Analytische Psychologe Theodor Seifert (2005, S. 47) sprechen humorvoll an, wie Menschen, die sich manchmal unter Kundgebung und offiziell auf den Weg zur Erleuchtung gemacht haben, plötzlich einen glückseligen Gesichtsausdruck bekommen und man das Gefühl bekommt, nun könne sie nichts mehr erschüttern und alles Übel der Welt könne nun in liebender Güte betrachtet werden. Und wie man sich als ganz gewöhnlicher Mensch daneben doch ziemlich unentwickelt und viel zu weltlich vorkommt. Sie betonen, dass es gerade im Zusammenhang mit spiritueller Praxis sehr wichtig ist, der persönlichen Wahrheit – und damit dem Kontakt zu sich und dem Kontakt zum Hier und Jetzt und nicht irgendwelchen Konzepten dazu - „immer zuerst den Vorzug" zu geben. „Und es ist immer wieder sinnvoll, sich und seine Motivationen zu überprüfen und gegebenenfalls auch Zweifel, Ärger und Schmerz genau so zuzulassen wie Glücksgefühle" (Lee & Seifert, 2005, S. 47).

Konzepte schaffen innere Distanz. Kontakt ist Unmittelbarkeit. Menschen auf dem spirituellen Weg wissen oft sehr viel über Spiritualität. Manche können Abhandlungen darüber erzählen, was auf dem spirituellen Weg wichtig ist. Aber sie können es nicht umsetzen – sie können ihre spirituellen Erfahrungen nicht integrieren -, weil sie vor lauter Wissen und Konzepten den unmittelbaren Kontakt verloren haben. Sie kommen nicht mehr wirklich in Berührung und werden nicht mehr wirklich berührt von dem, worüber sie gut Bescheid wissen. Konzepte blockieren irgendwann den Kontakt in all seinen Aspekten – und an deren Wurzel den Kontakt zum Hier und Jetzt, weil wir in Konzepten nicht wirklich hier sind, sondern immer anderswo – eben im Nachdenken über ein Konzept zu irgendetwas.

Durch Konzepte halten wir auch etwas fest. Wir halten ein Bild, eine Vorstellung von etwas fest und sind damit nicht in der Wirklichkeit des Hier und Jetzt. Von Brück (1999b, S. 195) zitiert in diesem Zusammenhang Rilkes Erste Duineser Elegie und daraus die Stelle „Ist es nicht Zeit, dass wir liebend uns vom Geliebten befreien und es bebend bestehen: wie der Pfeil die Sehne besteht, um gesammelt im Absprung mehr zu sein als er selbst. Denn Bleiben ist nirgends." Von Brück (1999b, S. 195) schreibt dazu: „Das heisst die Vergänglichkeit, das Weiterschreiten akzeptieren" und weiter:

> Das Geliebte ist das, *was wir festhalten. Es ist nicht das, was ist,* wie z.B. dieser bestimmte Mensch oder der Gott oder die Lebenskraft. *Was wir festhalten, ist nicht die Wirklichkeit, sondern ein Bild von ihr.* Das Bild ist immer unsere Projektion, gezimmert aus unserer vergangenen Erfahrung. Wir basteln uns eine kleine bekannte Ewigkeit zusammen und halten verzweifelt daran fest, weil wir uns nicht trauen, uns auf das Leben einzulassen. (S. 195-196) [Hervorhebungen durch die Autorin]

Durch ein solches Festhalten an unseren Bildern, Vorstellungen und Konzepten töten wir das Leben in uns (von Brück, 1999b, S. 196). Es braucht Mut, sich vom Festhalten zu befreien. Es geht nicht darum, dass dieser Befreiungsakt ein Akt der Gewalt wird, sondern ein „liebend uns vom Geliebten befreien". Und diesen Akt liebender Befreiung können wir nur bestehen, wenn wir den Mut haben, uns auf das Leben einzulassen und dabei mit unserer eigenen Verletzlichkeit und Sanftheit in Kontakt bleiben – wir bestehen nicht kraftvoll und glorreich, sondern mit Rilke „bebend" (von Brück, 1999b, S. 196).

So ist es zentral, im ganzen diagnostischen und therapeutischen Prozess dafür offen zu sein, wo ein Klient in Konzepten gefangen ist und wo er wirklich in Kontakt ist. Formal kann der Klient dasselbe sagen, aber es fühlt sich sowohl für ihn selbst als auch für eine entsprechend geschulte Therapeutin ganz anders an. Hier ist es sehr relevant, sowohl als Klient als auch als Therapeutin das Sensorium dafür zu entwickeln, wann ein Klient in Konzepten spricht und wann er wirklich in Kontakt ist. Das ist nur möglich, wenn man als Therapeutin selbst aus eigener Erfahrung unterscheiden kann zwischen dem Erleben, konzeptuell zu denken, und der Erfahrung, unmittelbar mit etwas in Kontakt zu sein. Hier kann auch die Wahrnehmung der eigenen Gegenübertragung als Therapeutin hilfreich sein. So schreibt etwa Fischer (2003, S. 129), dass in der Begleitung von Menschen in spirituellen Prozessen die spirituelle Erfahrung und Offenheit des Begleiters und die Wahrnehmung der eigenen Gegenübertragung eine wesentliche Rolle spielen. Dabei sind eigene spirituelle Erfahrungen des Begleiters auch deshalb notwendig, „damit der Begleiter empfänglich und Container für spirituelle Prozesse werden kann" (Fischer, 2003, S. 138).

Ein Erkennen von Konzepten ist also oft sehr subtil und schwierig. Ein wichtiger Ansatzpunkt in der therapeutischen Arbeit mit einem Klienten besteht aus meiner beruflichen Erfahrung darin, immer und immer wieder seinen Kontakt zum Hier und Jetzt zu unterstützen. In Konzepten gefangen wird ein Klient zunächst über sein Erleben weiterreden, bis er schliesslich vom Darüber-Reden zum unmittelbaren Fühlen, Empfinden, Wahrnehmen kommt und damit im Hier und Jetzt ankommt. Erfahrungsgemäss ist das der einfachste Weg, von Konzepten zu einem unmittelbaren Kontakt zu kommen, und über den Kontakt zum Hier und Jetzt erschliessen sich nach und nach auch die anderen Kontaktaspekte. Was hier kurz erwähnt wird, ist oft ein sehr langer Weg, der viel Geduld und Ausdauer braucht.

Hier wird deutlich, wie zentral der Kontakt zum Hier und Jetzt auch in einem therapeutischen Kontext wird. Darauf wird im folgenden Kapitel näher eingegangen.

10.4.3   Therapeutische Arbeit mit dem Kategorienmodell „Kontakt"

In der therapeutischen Anwendung des Kategorienmodells „Kontakt" scheinen folgende Aspekte besonders relevant, auf die im Weiteren Bezug genommen wird:

- Unterstützung des Kontakts zum Hier und Jetzt als Ausgangspunkt und ständiger Begleiter des ganzen therapeutischen Prozesses.
- Unterstützung, Stärkung von Kontaktaspekten, die bisher wenig entwickelt sind. Das beinhaltet auch die Arbeit mit den Schwierigkeiten, die den entsprechenden Kontaktaspekt hindern.
- Besonders stark ausgeprägte Kontaktaspekte können als Ressourcen für die Arbeit mit den wenig entwickelten Aspekten genutzt werden.

Kontakt zum Hier und Jetzt als Basis

Bald nach dem Tode Rabbi Mosches von Kobryn wurde einer seiner Schüler von dem ‚alten Kozker', Rabbi Mendel, gefragt: ‚Was war für Euren Lehrer das Wich-

tigste?' Er besann sich, dann gab er die Antwort: ‚Womit er sich gerade abgab.'
(Buber, 2003, S. 25)

Was in dieser Studie als Kontakt zum Hier und Jetzt bezeichnet wird, wird meist unter dem Begriff der Achtsamkeit diskutiert und wurde bereits als Basis einer spirituell orientierten Psychotherapie aufgegriffen (vgl. Kapitel 10.3.2).

Der Begriff der Achtsamkeit stammt vor allem aus dem buddhistischen Kontext, obwohl „nahezu alle Kulturen Praktiken kennen, die Menschen helfen, ein Bewusstsein für den Moment zu entwickeln" (Siegel, 2007, S. 11)[104]. Der Arzt, Gründer der Stress Reduction Clinic und Lehrer für Achtsamkeitsmeditation Jon Kabat-Zinn schreibt in seinem Buch „Gesund und stressfrei durch Meditation", dass sich diese Methode gut eignet, auch ausserhalb eines buddhistischen Kontextes verwendet zu werden, weil sie unabhängig von einem religiös-spirituellen Kontext funktioniert (zit. nach Reincke, 2002, S. 26).

Auch der Benediktiner und Zen-Meister Willigis Jäger (1999, S. 149) betont Achtsamkeit als Kern jedes spirituellen Weges[105]: „Achtsamkeit ist die Grundforderung eines jeden … [spirituellen, Anm. der Autorin] Weges" und: „Achtsamkeit ist das Tor in die Erfahrung der Wirklichkeit". Jäger beschreibt sein Verständnis von Achtsamkeit, das eine Präsenz im Augenblick meint, wach, verbunden, aber nicht an etwas *ge*bunden:

> Gewöhnlich wollen wir irgendwo hin. Wenn wir zur Arbeit gehen, zum Bahnhof, zum Einkaufen – wir wollen ankommen. Gehen, ohne anzukommen! Achtsamkeit, wohl die schwerste, aber auch wichtigste Übung auf einem Weg. Die ständige Unterbrechung der Ich-Befriedigung. Der Mensch fliesst dann nicht mehr mit dem Strom seiner Gewohnheit, er lässt seinem Bewusstsein nicht den willkürlichen Lauf. Dieser willkürliche Lauf ist es, der uns die Tiefe verschliesst. Wir werden mit dieser Übung der Achtsamkeit in unser wahres Wesen geführt. Es geht also um die Präsenz im Augenblick, um diese Bewusstseinswachheit. Präsenz im Augenblick ist nicht Konzentration. Konzentration ist eine aktive Tätigkeit des Geistes, sie ist ein Werkzeug gleich einem guten Messer. Man kann es benützen für künstlerische Tätigkeit, man kann es benützen, um jemandem zu schaden. Konzentration hat ein Objekt. Man konzentriert sich auf etwas. Präsenz im Augenblick ist eine Form der Bewusstseinswachheit, eine rein rezeptive Tätigkeit, eine Wachheit, die sich an nichts bindet. Eine Wachheit, die mehr ein Spüren ist, ein Wahrnehmen mit einer breiten Aufmerksamkeit. Ein Spüren durch alle Poren des Leibes – alle Objekte gleichermassen in der Wahrnehmung haben. (Jäger, 1999, S. 149)

In seinen obigen Worten „eine Wachheit, die mehr ein Spüren ist" und „ein Spüren durch alle Poren des Leibes" wird die enge Verbindung zum hier gemeinten „Kontakt" besonders deutlich.

Achtsamkeit ist nicht nur eine *zentrale Basis* eines spirituellen Weges, sondern nach Jäger (1999, S. 149) steht Achtsamkeit auch im Zentrum der *Übungen* aller mystischen Traditionen: „alle … [spirituellen, Anm. der Autorin] Wege haben diese Achtsamkeit als den Kern ihrer Übungen".

---

[104] Zu zeitgenössischer praxisorientierter Literatur zu Achtsamkeit vgl. z.B. Grün (2007), Salzberg (1999), Thich Nhat Hanh (1997).

[105] Er benutzt das Wort „esoterisch", fokussiert inhaltlich aber auf einen spirituellen Weg.

Wie kann nun aber Achtsamkeit als Kontakt zum Hier und Jetzt geübt und praktiziert werden? Zentrale Aspekte dieser Übung des Kontakts zum Hier und Jetzt, die auch in Bezug auf die therapeutische Anwendung des Modells „Kontakt" wesentlich sind, sind nach Jäger (1999, S. 150):

- Alles anzunehmen – auch Negatives (was nicht bedeutet, es gutzuheissen!).
- Nichts verdrängen, nicht zu werten.
- Offen zu sein, sich nach innen zu wenden.
- Nichts festzuhalten, was meint, sich an nichts zu klammern und mit der inneren Haltung des Loslassens verbunden ist.
- Keine Erwartungen, Konzepte, Vorstellungen von etwas Bestimmtem (vgl. das entsprechende Kapitel in 10.4.2).
- Kontakt zum Hier und Jetzt ist immer praktizierbar – aber unglaublich schwierig.

Von Brück (1999b) hebt hervor, dass wir beim konkreten Üben von Achtsamkeit meist dazu neigen, zwar etwas zu spüren, aber sogleich wieder beim nächsten Eindruck sind. Er betont, wie wichtig es ist, dass wir hier zulassen, etwas ganz zu spüren, es mit allen Sinnen erfassen (vgl. dazu auch Dürckheim, 1945/1992, S. 19-21) und uns nicht gehetzt bereits dem Nächsten zuwenden – auch dieser Aspekt ist für die therapeutische Anwendung des Modells und damit für eine Integration spiritueller Erfahrungen zentral:

> Und wenn wir es denn schon spüren, sind wir meist sogleich beim nächsten Eindruck, statt diesen einen wirklich einmal in uns hineinzulassen, ‚sein' zu lassen. Dieser Herbstduft, ganz intensiv gespürt, dieses besondere Farbenspiel des abschiedsgefärbten Goldes im Herbst, wo doch das Gold gleichzeitig schon die Strahlung des Künftigen in sich trägt, dies wirklich tief mit allen Sinnen erfassen: das ist die spirituelle Übung. (S. 194)

Uns immer wieder im Kontakt zum Hier und Jetzt zu üben, ist im Grunde eine relativ banale Übung, und doch ist es ausserordentlich schwierig, uns immer wieder einzulassen und präsent zu sein. In einer solchen Hingabe an den Augenblick, der mit der inneren Haltung des Loslassens verbunden ist, kommen wir auch in Kontakt mit der Essenz: „Im Grunde genommen tun wir auf unserem spirituellen Weg nichts Besonderes. Wir versuchen, in den Augenblick zu kommen und eins zu werden mit dem, was wir gerade ausführen. Dort aber ist Gott uns am nächsten" (Jäger, 1999, S. 148).

Heute sind viele Bestrebungen in Gang, Achtsamkeit in die Psychotherapie zu integrieren (vgl. z.B. Grepmair & Nickel, 2007; Hell, 2006, S. 110-129; Hundt, 2007; Linehan, 1996; Reddemann, 2007; Siegel, 2007; van Quekelberghe, 2008). Hell (2006, S. 112-113) weist darauf hin, dass Achtsamkeit nicht nur eine „wichtige Grundlage spiritueller und religiöser Entwicklung" ist, sondern auch eine „Lebenshilfe allgemeiner Art, die dem Leben Tiefe und Sinnhaftigkeit geben kann. Wer sich seiner leiblichen Empfindungen, seiner Gefühle und des Stromes seiner Gedanken bewusst ist, erfährt eine Verankerung in sich selbst". Wer zu wenig achtsam mit sich selbst umgeht, droht, sich von sich selbst zu entfremden (vgl. Hell, 2002, S. 61-92). So schreibt Hell (2002, S. 61) in seinem Buch „Die Sprache der Seele verstehen. Die Wüstenväter als Therapeuten", wie die christlichen Wüstenväter den achtsamen Umgang mit sich selbst als Mittel gegen die Entfremdung verstanden: „Sie sahen die Menschen in Gefahr, sich selbst zu verlieren, weil sie zu wenig achtsam mit sich umgehen". Hell (2006, S. 126) zeigt auch die Bedeutung von Achtsamkeit für die Bewältigung von Depressionen auf: Dabei ist nicht das Leid, das ein Mensch empfindet, „des Lebens grösster Feind, sondern die Unempfindlichkeit gegenüber Entfremdung und Leere". Ein „achtsames Innewerden" (Hell, 2006) der eigenen leib-seelischen Befindlichkeit, der eigenen Gefühle – auch wenn sie leidvoll sind – ist dabei ein wichtiger Schlüssel zu einem Weg aus der Depression heraus: „Dann kann es – bei nicht allzu schweren Depressionen – geschehen, dass die depressive Erfahrung von Antriebsarmut, herabgestimmten Gefühlen und innerer Leere der Entdeckung einer grösseren und allumfassenderen Wirklichkeit weicht" (Hell, 2006, S. 129).

Im Rahmen einer Psychotherapie ist der Kontakt zum Hier und Jetzt nicht nur für den Klienten selbst, sondern auch indirekt für die Therapeutin zentral: Achtsamkeit der Therapeutin hat laut einer empirischen Untersuchung von Grepmair und Nickel (2007) positive Auswirkungen auf die Behandlungsergebnisse ihrer Klienten. Grepmair und Nickel zeigten in dieser Doppelblindstudie, dass die PatientInnen von Psychotherapeuten, die an einem Zen-Kurs teilnahmen, signifikant positive Ergebnisse aufwiesen. Hier erweist sich also die innere Haltung der Therapeutin, deren Präsenz durch ihren Kontakt zum Hier und Jetzt als sehr bedeutsam.

Achtsamkeit im Sinne eines Annehmens, was ist (vgl. Kapitel 9.1.3), ist auch wesentlich verbunden mit einem Kontakt zu sich und der eigenen Lebensgeschichte. Kast (1998) betont diese Verbindung im Zusammenhang mit dem Individuationsprozess:

> Der Individuationsprozess ist in diesem Sinne ein Differenzierungsprozess: Die Besonderheit eines Menschen soll zum Ausdruck kommen, seine Einzigartigkeit. Dazu gehört ganz wesentlich das Annehmen von sich selbst mit den jeweils damit verbundenen Möglichkeiten, aber auch den Schwierigkeiten – wobei gerade die Schwierigkeiten wesentlich sind, sie machen ja unsere Besonderheit weitgehend aus. Das Annehmen von sich selbst, samt den Möglichkeiten und den Schwierigkeiten, ist eine Grundtugend, die im Individuationsprozess verwirklicht werden will. (S. 17)

Es geht darum, einverstanden zu sein mit dem, was man ist – aber hier nicht als ein passives Erdulden, sondern als Basis, über sich selbst hinauszuwachsen (Kast, 1998):

> Zum Individuationsprozess gehört, sich einverstanden zu erklären mit dem, was man ist (nicht aber in dem Sinne, dass man nichts verändern will), sich einverstanden zu erkären mit gewissen Grundbedingungen, die nicht wegzudiskutieren sind. Gerade indem man diese Grundbedingungen akzeptiert, kann man beharrlich Grenzüberschreitung üben. (S. 18)

Carl Gustav Jung beschreibt diese Selbstannahme in seiner Autobiografie: Er hatte im Jahr 1944 Visionen, die in einem Zustand von unmittelbarer Todesgefahr (er hatte einen Herzinfarkt) begannen. In diesen spirituellen Erfahrungen erlebte er einen „Zustand grösster Seligkeit" (Jung, 1961/2007, S. 297). Er spricht auch von einer „unaussprechlichen Heiligkeit" (Jung, 1961/2007, S. 299) im Raum. Nach der Zeit seiner Krankheit „begann eine fruchtbare Zeit der Arbeit für mich. Viele meiner Hauptwerke sind erst danach entstanden". Er hatte den „Mut zu neuen Formulierungen" und vertraute sich „dem Strom der Gedanken an" (S. 300). Was sich aber vor allem wandelte in seinem Leben nach seiner Krankheit und seinen Visionen, war eine Selbstannahme und ein Annehmen dessen, was ist (Jung, 1961/2007):

> Ich könnte es formulieren als ein Ja-sagen zum Sein – ein unbedingtes ‚Ja' zu
> dem, was ist, ohne subjektive Einwände. Die Bedingungen des Daseins anneh-
> men, so wie ich sie sehe – so wie ich sie verstehe. Und mein eigenes Wesen ak-
> zeptieren, so wie ich eben bin. (S. 300)

Ein Kontakt zum Hier und Jetzt und insbesondere auch dessen zentrale Komponente
des Annehmens, was ist, führen zu einem verstärkten Realitätsbezug – und damit zum
Gegenteil eines spirituellen Abhebens. Vaughan-Lee (2004/2005, S. 6) spricht in diesem Zusammenhang von einer „reifen Beziehung zum Leben": „Das Gefäss, das wir
auf dem Pfad heranbilden, ist eine reife Beziehung zum Leben. Wir werden nie in der
Lage sein, das Paradox, wie das Gewöhnliche und das Aussergewöhnliche zusammen-
kommen, zu leben, wenn wir nicht willens sind, das Leben anzunehmen, wie es ist".
Kontakt zum Hier und Jetzt und insbesondere auch ein Annehmen, was ist, führt uns
also von unseren Wunsch-Vorstellungen eines spirituellen Lebens hin zur Realität.

Stärkung von wenig entwickelten Kontaktaspekten

Wenig entwickelte Kontaktaspekte, die sich im diagnostischen Prozess als Hindernis für
die Integration spiritueller Erfahrungen erweisen, können durch therapeutische Arbeit
gestärkt werden. Wie diese Unterstützung im Detail aussieht, ist individuell sehr verschieden und richtet sich nach den Schwierigkeiten und Bedürfnissen des Klienten und
dessen Möglichkeiten zu einer Veränderung. Der Zen-Lehrer Colin Clark drückte das
im Interview folgendermassen aus: „Aber vielfach, was für den einen eine Gefahr ist,
wo er aufpassen muss, ist für den anderen genau das, was er braucht, was er tun sollte."
(CC 597-599). Und der Körperpsychotherapeut und Begründer der Biosynthese David
Boadella formuliert es pointiert: „One man's gift is another man's poison" (Boadella,
o.J.). Letztlich gilt also: „Wie man erfüllt und gut lebt, ist nicht theoretisch zu lehren.
Jeder hat seinen eigenen Weg zu finden" (Hell, 2002, S. 80).

So war es für einen der Interviewpartner dieser Studie, Adam Apfelbaum, im Zusammenhang mit seiner spirituellen Erfahrung wesentlich, dass er aus seiner Wut, die
ihn lange Zeit belastete, herausfinden konnte. Dabei unterstützte ihn der Kontakt zu
sich über eine psychotherapeutische Intervention, die zu einer grossen Beruhigung
führte, ebenso wie der Kontakt zur Essenz in der spirituellen Erfahrung (vgl. Kapitel
8.2). In umgekehrter Weise war es für Amanda[106], eine meiner KlientInnen in meiner
psychotherapeutischen und spirituell ausgerichteten Praxis, für die Integration einer
angstvoll erlebten spirituellen Öffnung (Kontakt zur Essenz) zentral, ihre biografisch
verdrängte Wut und Aggression wieder erlebbar zu machen (Kontakt zu sich). Die ex-
pansive Kraft, die sie durch eine schrittweise Annäherung an bisher unzugängliche Gefühle von Wut erfuhr, verminderte ihre Angst und unterstützte sie wesentlich in der Integration ihrer spirituellen Erfahrung – und parallel auch in einem vertieften Kontakt zu
sich und ihrer Lebensgeschichte.

Für die zeitgenössische Muslimin Michaela M. Özelsel war nach ihrer 40tägigen
Sufi-Klausur (türk. *halvet*) eine Verbindung ihres Kontakts zur Essenz und dem Kontakt
zum alltäglichen Leben hilfreich: Sie fürchtete nach der intensiven Zeit ihrer Klausur,
im Alltag all ihre für sie sehr kostbaren Erkenntnisse und Einsichten und ihre spirituellen Erfahrungen aus dieser Zeit wieder zu vergessen und den Kontakt dazu zu verlieren
und fragte ihren *shaikh* um Rat. Ihr *shaikh* schenkte ihr als Antwort darauf einen traditi-

---

[106] Zum Schutz der hier erwähnten Personen wurden die Fallbeispiele anonymisiert.

onellen Derwisch-Gegenstand, der ihr helfen sollte, sich zu „erinnern" (Kontakt zur Essenz) (Özelsel, 1993, S. 128). Er empfahl ihr dazu eine alte Derwisch-Übung: sich jeden Abend vor dem Schlafengehen etwas Zeit zu nehmen, den vergangenen Tag an sich vorüberziehen zu lassen und zu prüfen, ob ihre Handlungen im Licht ihrer *halvet*-Erfahrung angebracht waren (Kontakt zum alltäglichen Leben, aber auch zur Essenz). „So werden im Laufe der Zeit Ihre Handlungen mehr und mehr diesem Geist entsprechen, die Schleier werden immer dünner werden" (Özelsel, 1993, S. 128).

Wenn eine Person noch keine konkrete spirituelle Praxis hat, kann es einen Versuch wert sein, sich eine mystische Tradition oder transpersonale Psychologie-Richtung anzuschauen, welche den am wenigsten entwickelten Kontaktaspekt besonders stark unterstützt (vgl. dazu auch Schraut, 2002). Dazu kann Tabelle 6 nützliche Anregungen bieten (siehe dazu insbesondere die schraffierten Felder). So könnte etwa eine Ausrichtung auf Zen und die damit verbundene Praxis des Zazen besonders hilfreich sein, wenn der Kontakt zum Alltag wenig entwickelt ist. Allerdings muss natürlich auch eine Affinität und eine Motivation der betroffenen Person für einen solchen Weg vorhanden sein, da sonst auch eine solche Möglichkeit in der Theorie steckenbleibt und nicht ständig übend umgesetzt wird. In diesem Zusammenhang wird immer wieder empfohlen, dass spirituell Suchende sich verbindlich für *einen* spirituellen Weg entscheiden, damit sie ein System umfassend kennenlernen und einen Bezugsrahmen für ihre spirituellen Erfahrungen und allfällig auftauchende Schwierigkeiten haben (vgl. z.B. Fischer, 2003, S. 128-129; Schraut, 2002, S. 403): „Um spirituell zu reifen, sollte ein Mensch sich entscheiden, ob er oder sie über einen längeren oder langen Zeitraum den Zen-Weg, den Weg der ignatianischen Exerzitien oder des Yoga gehen möchte oder verbindlich am liturgischen Jahr teilnimmt oder einen anderen Weg geht" (Fischer, 2003, S. 129). Und der eine oder die andere wird vielleicht *innerhalb* der eigenen ursprünglichen Religion eine Vertiefung und Neuausrichtung erfahren (vgl. Schmid, 2007a, S. 1) – wie das die Interviewpartnerin Katharina Kunz in Bezug auf ihre christlichen Wurzeln schildert. Für welche Ausrichtung sich ein Mensch auch immer entscheidet, ein solcher klarer Bezugsrahmen wird für eine Vertiefung der eigenen Spiritualität und für eine Integration spiritueller Erfahrungen als sehr hilfreich erachtet.

Zu einer Stärkung wenig entwickelter Kontaktaspekte kann allerdings manchmal auch ganz einfach das Leben selbst beitragen – so im Fall von Claudia. Als Claudia bei mir eine Therapie begann, fiel mir ihr grosses spirituelles Interesse auf. Sie besuchte entsprechende Workshops, las Bücher, meditierte und berichtete von intensiven spirituellen und feinstofflichen Erfahrungen. Ihre Schwierigkeiten, die vor allem ihre berufliche Tätigkeit betrafen, versuchte sie immer wieder aus einer spirituellen Sicht zu betrachten und auf diese Weise zu lösen. Ihr Kontakt zur Essenz war für sie eine wichtige Ressource, der Kontakt zum alltäglichen Leben ein Aspekt, der weniger entwickelt war. Was in der Therapie an konkreten Wandlungen geschah, schien in ihrem Alltag bis zu einem gewissen Grad immer wieder zu versiegen und konnte nicht vollständig Fuss fassen, obwohl sie es als sehr hilfreich erlebte. Dann erkrankte sie lebensbedrohlich. Diese unerwartete Konfrontation mit dem Tod löste eine unmittelbare Erdung aus: Sie begann das, was sie sich zuvor in der Therapie erarbeitet hatte, in ihrem Alltag konsequent umzusetzen. Auch ihr spiritueller Bezug veränderte sich: er wurde konkreter, handfester, alltagsbezogener, geerdeter. Ihre spirituellen Erfahrungen wurden weniger intensiv, dafür umsetzbarer. Ihre Spiritualität wurde alltäglicher und integrierter.

Stark ausgeprägte Kontaktaspekte als Ressourcen für die Arbeit mit wenig entwickelten Kontaktaspekten

Kontaktaspekte, die sich im diagnostischen Prozess als besonders stark ausgeprägt erweisen, können für die Integration spiritueller Erfahrungen sehr hilfreich sein, sofern sie nicht als ausschliessliche Möglichkeit zu einem Kontakt genutzt werden, sondern als Ressource für wenig entwickelte Kontaktaspekte dienen können. Bei Dagmar, die buddhistische Meditation praktizierte und zu mir in die Praxis kam, um die Hindernisse und Schwierigkeiten, die sich ihr dabei stellten, zu überwinden, war ihr Kontakt zur Essenz eine grosse Ressource. Dagmar war sich bewusst, dass eines ihrer grossen Hindernisse – gerade auch auf ihrem spirituellen Weg, aber auch sonst in ihrem Leben – die Folgen verschiedener Erfahrungen sexualisierter Gewalt waren, die sie in ihrem Leben erlebt hatte. So stiess sie in zwischenmenschlichen Beziehungen immer wieder auf unüberwindbar erscheinende Schwierigkeiten. In unserer Zusammenarbeit konnte ihr ausgeprägter Kontakt zur Essenz immer mehr zu einer Quelle von Sicherheit, Aufgehobensein und Vertrauen werden. Dieser Kontakt zur Essenz ermöglichte es ihr im therapeutischen Prozess mit der Zeit, auf diese innere Sicherheit auch in zwischenmenschlichen Begegnungen zurückzugreifen. Die Anknüpfung an diese Ressource wurde zu einem Ausgangspunkt, ihre Grenzen anderen Menschen gegenüber zu wahren und sie notfalls auch zu verteidigen, was ihr zuvor nicht möglich gewesen war. Schritt für Schritt erlebte sie dadurch zwischenmenschliche Begegnungen weniger bedrohlich, was ihr eine neue Art des Kontakts zu anderen Menschen ermöglichte. Damit wurde auch ihre Meditationspraxis ruhiger und klarer und sie traute sich mehr, sich mit anderen buddhistisch orientierten Menschen auszutauschen, ohne sich von vornherein unverstanden zu fühlen. Was hier in verkürzter Form so einfach klingt, ist oft ein langfristiger Prozess und ein Weg der kleinen Schritte, auf dem auch immer wieder Rückschläge vorkommen.

Aber auch bei religiös-spirituell orientierten KlientInnen muss der Kontakt zur Essenz nicht unbedingt eine Ressource sein – er kann sogar ein Hindernis werden wie bei Tim, einem meiner Klienten. Tim war vor einiger Zeit Mitglied einer spirituellen Institution gewesen, in der Sexualität und ein Zusammenleben mit einer Partnerin vor der Ehe nicht toleriert wurden. Da er merkte, dass er dieser Forderung nicht entsprechen konnte und wollte, trat er schliesslich aus dieser Institution aus. Sein spiritueller Bezug war für ihn in der Zeit seiner Mitgliedschaft jedoch zu einer wichtigen Ressource geworden, die ihm auch in seinem sehr anspruchsvollen Beruf viel Unterstützung gab. In der Therapie nun, die insbesondere berufliche Themen zum Inhalt hatte, tauchte in Imaginationen immer wieder ein göttliches Licht auf, das zunächst sehr hilfreich erschien. Regelmässig entpuppte sich dieses innere Bild nach einer gewissen Zeit jedoch als Saboteur seines inneren Prozesses, weil er sich irgendwann von dieser göttlichen Quelle ausgeschlossen fühlte oder diese ihm seine Unzulänglichkeit spüren liess. So wurde eine ursprüngliche Ressource zu einem Hindernis. Im therapeutischen Prozess erschloss sich Tim andere, neue Ressourcen wie einen äusserst heilsamen Kontakt zu anderen Menschen: Sein vor einigen Jahren verstorbener Patenonkel spielte dabei eine zentrale Rolle. Von diesem hatte er – insbesondere in seiner Kindheit – ein uneingeschränktes Angenommensein erlebt. Das Wachwerden dieser Erinnerungen wurde für Tim eine Quelle von grosser Liebe, innerer Kraft und Stärke. Über diesen Kontakt war es ihm möglich, eine innere Geborgenheit und einen Halt zu erleben, was über die inneren Bilder von göttlichem Licht durch seine biografischen Erfahrungen immer wieder scheiterte. Parallel dazu konnte er die Beziehung zu seinem Vater aufarbeiten, von dem er – wie von der spirituellen Institution - immer wieder unerfüllbare Forderungen erlebt hatte. Tim fühlte sich auf diese Weise im Verlauf der Zeit auch freier in seiner beruflichen Tätigkeit und innerlich gestärkter, darin seinen eigenen Weg zu gehen.

In der Arbeit mit Kontaktaspekten als Ressource ist es wichtig zu beachten, dass eine Klientin nicht in ihrer Stärke hängenbleibt und diese zu einer Art Fluchtort vor der Entwicklung anderer Kontaktaspekte wird (vgl. Schraut, 2002). So hätte es in Dagmars Fall auch sein können, dass sie sich auf ihre Spiritualität zurückzieht und sich dadurch anderen Menschen gegenüber mehr verschliesst und sich unverstanden fühlt. Hier braucht es Einfühlungsvermögen von Therapeutin und Klient, um herauszuspüren, wann eine starke Pflege eines ausgeprägten Kontaktaspekts sich hilfreich für den ganzen Prozess auswirkt und wo er seinerseits zu einem Hindernis für die Entwicklung anderer Aspekte wird. Hier muss sich der Therapieprozess sehr abgestimmt nach den echten Bedürfnissen der Klientin richten und ein achtsames Begleiten auch kleiner und kleinster Schritte sein.

10.5 „Der Alltag als Übung"

> Spirituelle Übung im Alltag heisst: da zu sein. (von Brück, 1999b, S. 194)

> Wir sollten den Alltag zelebrieren wie einen Gottesdienst. Aber damit meine ich nicht ein feierliches Gehabe, sondern das Allergewöhnlichste des Alltags. Jesus sagt im Thomas-Evangelium: ‚Spalte ein Stück Holz, und ich bin da. Heb' einen Stein auf, du findest mich dort'. Und Eno, der sechste Patriarch in China, rief aus: ‚Wie wunderbar! Ich spalte Holz, ich trage Wasser.' (Jäger, 1999, S. 150)

Spirituelle Erfahrungen – „Erleuchtungserlebnisse" – können plötzlich und intensiv eintreten, aber ihre Integration ist keine schnelle Sache. Erlebnis und Wandlung sind nicht dasselbe. Auf das Erlebnis muss eine schrittweise Wandlung folgen (Dürckheim, 1945/1992). Und das braucht Zeit, Ausdauer und viel Geduld. So erlebte etwa die Mystikerin Juliane von Norwich ihre fünfzehn Visionen zwar an einem einzigen Tag und eine bestätigende und beendende in der Nacht darauf. Es dauerte dann aber über 20 Jahre, bis sich ihr der Sinngehalt der inhaltlich zusammenhängenden visionären Erfahrungen erschloss und sie diese integrieren konnte. In diesem langen Zeitraum traten auch keine neuen Visionen mehr auf (Benz, 1969, S. 182).

Für eine Wandlung durch spirituelle Erfahrungen und damit deren Integration brauchen wir auch viel Geduld und Mitgefühl mit uns selbst, weil dieser Weg oft schmerzhaft ist. So schreibt Trungpa (2006b, S. 20): „Es ist schmerzlich, den spirituellen Weg zu beschreiten. Es ist eine ununterbrochene Demaskierung, das Abschälen einer Schicht von Masken nach der anderen. Es beinhaltet Kränkung auf Kränkung".

Eine echte Integration spiritueller Erfahrungen ist kein „Urlaubstrip" (Trungpa zit. nach Caplan, 2002, S. 21), sondern kontinuierliche, harte Arbeit – Knochenarbeit: konkret, bodenständig, in Kontakt – und oft nicht sehr erhebend. Sie ist kein ständiger Höhenflug mit einer aussergewöhnlichen Erfahrung nach der anderen. Im Gegenteil: Solange Spiritualität noch etwas Aussergewöhnliches ist und noch nicht etwas ganz Alltägliches geworden ist, ist sie noch nicht wirklich integriert. Die spirituelle Lehrerin Marie-Pierre Chevrier äussert sich in diesem Sinn:

> Integration geschieht dadurch, dass man die Erfahrung wirklich schmeckt und
> fühlt, statt über sie nachzudenken oder sie zu verstehen. Das Ausmass, in dem
> du deine Erfahrung verstanden und integriert hast, kannst du an den konkreten
> Beispielen des täglichen Lebens sehen. (zit. nach Caplan, 2002, S. 200)

Und in ähnlicher Weise beschreibt der Theologe, Philosoph, Jesuit und Psychotherapeut Bruno Lautenschlager (2003) die Ausrichtung der spirituellen Entwicklung, wie sie
sich beim christlichen Mystiker Ignatius von Loyola zeigt:

> Die Bewegung verläuft vom Besondern, Aussergewöhnlichen zum Alltäglichen,
> Gewöhnlichen. Zu Beginn steht die überwältigende visionäre Fülle des neube-
> kehrten Ignatius mit dem Gipfelerlebnis am Cardoner. Es folgen vielerlei numi-
> nose Erfahrungen und visuelle Erscheinungen, aber mit einer klaren Tendenz zu
> immer grösserer Nüchternheit und Schlichtheit. Am Ende steht die geeinte Ruhe
> eines spirituell gereiften Menschen, der über alle asketischen und mystischen
> Sonderheiten hinausgewachsen ist. Sein Leben vollzieht sich in der Gewöhnlich-
> keit eines arbeitsreichen, von Mühen und Krankheit gezeichneten Alltags. Hier
> ist der Ort seiner Gottesbegegnung, hier sucht und findet er Gott in allen Dingen.
> (S. 149)

Und Vaughan-Lee (1993) schreibt:

> Wir haben die Begrenzungen des Lebens akzeptiert und wissen, dass wahres
> Dienen heisst, auf das zu antworten, was der Augenblick von uns verlangt, und
> nicht irgendein zusammenphantasiertes spirituelles Schicksal leben zu wollen.
> Wir haben unsere Träume von Erleuchtung aufgegeben, damit wir im Alltag Fuss
> fassen. (S. 10)

Eine Integration spiritueller Erfahrungen beinhaltet ein ständiges Üben, ein ständiges
Bewusstwerden, Aufwachen, Offenwerden für das, was gerade ist - kurz: immer wieder
in Kontakt kommen. Wenn wir ehrlich sind, werden wir in unserem Alltag immer wieder mit unseren Themen, Schwächen und Schattenseiten (natürlich neben unseren Stärken und Ressourcen!) konfrontiert und mit der Schwierigkeit, immer wieder in den gegenwärtigen Augenblick und in Kontakt zurückzukehren. Das ist nicht einfach und verlangt einen hohen Grad an Motivation, Entschlossenheit, Wille (im Sinne Assagiolis
1994) und Disziplin (vgl. v.a. Kapitel 3). Aber was es vor allem braucht, ist Hingabe.
Ohne Hingabe wird die spirituelle Praxis schnell festgefahren, verbissen und hart. Dann
ist sie geprägt von einem Festhalten, das gerade nicht im Sinne eines spirituellen Weges
ist. Um zu üben, ohne verbissen zu werden - also zu wollen, ohne zu wollen – muss unsere innere Haltung von einer grossen Offenheit und Hingabe geprägt sein. Diese innere Haltung ist stark mit Loslassen verbunden (Kapitel 5.2.6 und Einführung zum Kapitel 6). In diesem Sinn schreibt Trungpa (zit. nach Chödrön, 2007):

> Die Übung im Alltag besteht einfach darin, vollkommene Hingabe an und totale
> Offenheit für alle Situationen und Gefühle sowie für alle Menschen zu entwi-
> ckeln – alles ganz und gar und rückhaltlos, ohne mentale Blockaden, auf eine
> Weise zu erfahren, bei der man sich niemals entzieht oder sich auf sich selbst zu-
> rückzieht. (S. 16)

Wie bereits deutlich wurde (in der Einführung zum Kapitel 9 und in Kapitel 10.2), spiegeln sich diese Offenheit, Hingabe und diese innere Haltung des Loslassens im Kategorienmodell „Kontakt" wieder, das in dieser Studie entwickelt wurde.

Mit einem ähnlichen Fokus konkretisiert von Brück (1999b, S. 196-199) fünf Aspekte des Übens im Alltag:

- Vergänglichkeit, Leiden: „… die Vergänglichkeit ermöglicht das Weiterschreiten, und dieses erlaubt uns, in jedem Augenblick zu sein" (von Brück, 1999b, S. 196-197).

- Im Hier und Jetzt anwesend sein, loslassen, nicht anhaften: „Erfahrung von Schönheit gelingt nur durch Teilhabe, das ist die spirituelle Befreiung des Nicht-Anhaftens, des Loslassens" (von Brück, 1999b, S. 197).

- Erfahrung der Nicht-Dualität (dass ich das, was ich jetzt gerade wahrnehme, selber bin)

- „aktive Passivität": aktives Loslassen. Empfänglich sein, sich leer machen und sich für den Augenblick öffnen. „Die Haltung des Lassens bedarf auch des Willens. Es ist ein aktives Loslassen" (von Brück, 1999b, S. 198).

- Hingabe : Sein können, wie man ist, ohne Bewertung, „hingegeben an das Geschehen des Lebens" (von Brück, 1999b, S. 198)

Ein Üben im Alltag meint nicht, dass wir uns etwa einen neuen, „spirituelleren" Beruf suchen müssen (obwohl das für manche Menschen auch angebracht sein mag) oder wir nichts mehr tun und nur noch sein wollen. Integrierte Spiritualität meint vor allem das *Wie* im Alltag – unsere innere Haltung bei dem, was wir tun – und ist bis zu einem gewissen Grad unabhängig davon, *was* wir tun:

> Es kommt nur darauf an – im Alltag wie in der konkreten Übung -, wie wir mit den einzelnen Impulsen, die das Leben in uns weckt, umgehen, und zwar auf der physischen Ebene, auf der psychischen Ebene und auf der Ebene des Mentalen. In diesem Wörtchen ‚wie' steckt die ganze spirituelle Übung. Es ist die Frage, *wie* ich dieses Glas Wasser anschaue, genauso entscheidend und genauso spirituell wie die Frage, *wie* ich diese Gottesvision oder Ähnliches, eine Engelsvision vielleicht in mir aufnehme und damit umgehe. Nicht der Inhalt, sondern dieses ‚Wie' ist die Spiritualität. (von Brück, 1999b, S. 189)

Lee und Seifert (2005) betonen in ihrem Artikel „Den Unus Mundus im Alltag erleben" die zentrale Bedeutung der Aufmerksamkeit und Achtsamkeit im alltäglichen Leben für die Integration spiritueller Erfahrungen – und damit ebenfalls das *Wie* im Alltag. Und dabei wird auch deutlich, dass diese Übung alles andere als einfach ist:

> Unserer Erfahrung nach – sowohl was die eigene anbelangt als auch die, welche wir in unserem Berufsfeld machen – ist das die schwerste Übung: Sich ganz und gar, mit Haut und Haaren auf den jeweiligen Alltag einlassen – auf Haushalt, Büro, eine Baustelle, ein Heim oder Krankenhaus – und gleichzeitig die Energie halten, die es braucht, um zum Einheitserleben zu gelangen bzw. dieses Einheitserlebens, das ja stets vorhanden ist, gewahr zu bleiben. (S. 48)

Wenn die Grundlage unseres Alltags immer wieder ein Zurückkehren zu einer achtsamen Haltung ist, dann ist es im Grunde auch gleichgültig, was wir konkret tun – das Wie und nicht das Was sind entscheidend (Lee & Seifert, 2005):

> Man muss das Ziel vor Augen haben, zu dem man strebt und man muss bereit
> sein, diesem Ziel zu dienen. Dann ist es gleichgültig, was man im Leben macht,
> ob man regelmässig meditiert, in eine Aktive Imagination geht, oder ob man
> ganz einfach nur seine Mitmenschen freundlich anlächelt. Wichtig ist, mit viel
> Aufmerksamkeit und Achtsamkeit durchs Leben zu gehen und das, was es zu tun
> gibt, gerne und mit Hingabe zu machen. (S. 49)

Um das Wie im Alltag zu leben, braucht es keinen bestimmten Zeitpunkt. Jeder Augenblick wird zum Übungsfeld:

> Das aber bedeutet, den Alltag als Übung zu leben. Dazu bedarf es keiner beson-
> deren Zeit. Jeder Augenblick ruft uns zur Besinnung und zur Bewährung. Und es
> gibt kein Tun, welchem äusseren Zweck es auch diene, das für uns nicht die
> Chance enthielte, uns immer tiefer in die Wahrheit zu geben. (Dürckheim,
> 1966/2001/2004, S. 47)

Üben im Alltag hat mit einer Lebensorientierung zu tun: Wir richten unser alltägliches Leben immer wieder nach unserer inneren Haltung aus. Das ist ein Weg, ein Prozess, der nicht irgendwann zu Ende ist. Das Ziel ist offen, und in diesem Sinn ist der Weg das Ziel. So schreibt Kast (1998, S. 9, S. 15; 2007, S. 44), dass wir nie abschliessend wissen, wer wir sind und dass Individuation zwar Prozess und Ziel ist, aber ein Ziel, das wir nie wirklich erreichen. „Ganzwerden ist eine Utopie. Wir sind bestenfalls auf dem Weg" (Kast, 1998, S. 15). „Der Weg der Übung kennt und duldet kein irdisches Ende" (Wehr, 1991, S. 24). Das stellt uns vor die grosse Herausforderung, mit dieser Offenheit umzugehen und nicht irgendwann danach zu greifen und sie festzuhalten versuchen, indem wir glauben, wir hätten es erreicht. Diese Offenheit und dieses Immer-weiter-Gehen in Kontakt mit uns selbst und unseren Schwierigkeiten machen uns aber auch bescheiden – und was auf diesem Weg besonders wichtig ist: ganz und gar menschlich!

So ist die Integration spiritueller Erfahrungen - und ein spiritueller Weg insgesamt - nie wirklich abgeschlossen. „Integrierte Spiritualität" ist weniger ein erreichbares und endgültiges Ziel als vielmehr ein ständiger Prozess, der sich vertieft und erweitert. Es geht immer wieder neu um eine *Annäherung* an eine tiefere Wirklichkeit.

10.6 Ausblick

Spiritualität liegt heute im Trend – Zulehner (2004) spricht sogar von einem Megatrend. Immer mehr Menschen erleben Spiritualität - auf Grund der neueren gesellschaftlichen Entwicklungen im Umfeld von Spiritualität - ausserhalb eines klar vorgegebenen religiös-spirituellen Bezugsrahmens (vgl. Baas, 2004, S. 5-7, S. 9-10; Bischof, 2003, S. 3, S. 15-16; Bochinger, 1994, S. 376-398; Elgin & LeDrew, 1997, S. 16; Fischer, 2003, S. 127-128; Hemminger, 2003, S. 135-136; Jäger, 1999, S. 150; Schmid, 1991, S. 125; Schmid, 1995, S. 93-95; Walach, 2003, S. 59; Zulehner, 2003, S. 90). Und viele Menschen machen spirituelle Erfahrungen. Diese verstärkte Erfahrungsorientierung im Bereich der Spiritualität weist auf einen Forschungsbedarf hin bezüglich der Frage, wie mit spirituellen Erfahrungen umgegangen werden kann, wie sie ins eigene Menschsein und ins alltägliche Leben integriert werden können - kurz: Wie spirituelle Erfahrungen nicht ein isoliertes Erlebnis bleiben, sondern zu einer Wandlung des betroffenen Menschen führen können.

Der Sinn und Zweck einer solchen Integration spiritueller Erfahrungen kann in folgenden Schwerpunkten gesehen werden, wobei sich die ersten drei auf eine psychologische und der vierte auf eine religiös-spirituelle Sichtweise beziehen:

- *Präventiv:* Eine Integration spiritueller Erfahrungen kann gravierenderen Schwierigkeiten auf dem spirituellen Weg vorbeugen (vgl. z.B. Kapitel 3, 4, 6).
- *Salutogenetisch:* Spirituelle Erfahrungen können ein heilsames Potential haben, wenn sie integriert werden können, und zu wichtigen Ressourcen im Leben der Betroffenen werden (vgl. z.B. Kapitel 9.2.1).
- *Therapeutisch:* Ein therapeutisches Ziel steht dann im Vordergrund, wenn nach spirituellen Erfahrungen Schwierigkeiten aufgetreten sind (vgl. z.B. Kapitel 6).
- *Religiös-spirituell:* Hier geht es um die Bewusstwerdung unserer Beziehung zu einer tieferen (göttlichen) Wirklichkeit und der Gestaltung unseres alltäglichen Lebens im Einklang damit (vgl. z.B. Kapitel 2, 3, 4).

Die vorliegende Studie zeigt anhand einer breitgefächerten theoretischen und empirischen Datenbasis Möglichkeiten zur Integration spiritueller Erfahrungen auf. Mit dem verwendeten qualitativen Untersuchungsdesign wurde das Ziel verfolgt, ein möglichst breites Spektrum von erfahrungsbezogenen, lebensgeschichtlich und alltagspraktisch relevanten Daten zu evaluieren. Das auf dieser Grundlage entwickelte Modell „Kontakt" zur Integration spiritueller Erfahrungen macht deutlich, dass es sich dabei um einen weitreichenden Prozess handelt, der die verschiedensten Lebensbereiche (die verschiedenen Kontaktaspekte) umfasst. Die verwendete Datenbasis lässt die Schlussfolgerung zu, dass das Modell „Kontakt" eine von spezifischen mystischen Traditionen oder transpersonalen Psychologie-Richtungen unabhängige Gültigkeit besitzt. Diese These könnte durch ein weiterreichendes Forschungsdesign mit Vertretern bestimmter mystischer Traditionen und bestimmter transpersonaler Psychologie-Richtungen in einem Quervergleich überprüft werden. Da die religiös-spirituelle Ausrichtung der InterviewpartnerInnen in der Stichprobe dieser Studie dem in den Kapiteln 2.3 und insbesondere 2.4 dargestellten Begriff der neuen Religiosität bzw. Spiritualität weitgehend entspricht, wäre eine Überprüfung des Modells an einer Stichprobe mit einer ganz anders ausgerichteten Form von Spiritualität wie etwa einer charismatisch-evangelikalen, kirchlichpersonalen oder insgesamt personalen Formen zeitgenössischer Spiritualität ebenfalls interessant. Eine solche Forschung im Bereich der Integration spiritueller Erfahrungen muss interdisziplinär ausgerichtet sein und bildet eine Verbindung von Psychologie und Religionswissenschaft.

Durch weitere Forschungen könnten die Kategorien des Modells „Kontakt" weiter ausdifferenziert werden. Dabei wäre eine vertieftere Ausdifferenzierung der Kategorie „Kontakt zu sich und der eigenen Lebensgeschichte" als zentraler Kontaktaspekt, der auf spirituellen Wegen jedoch immer wieder vernachlässigt wird (vgl. z.B. Almaas, 2001, S. 449; Almaas, 2005, S. 17-36; vgl. z.B. Walach, 2000, S. 63; Wilber, 2007, S. 169-170), für die Praxisrelevanz des Modells sicherlich besonders aufschlussreich.

Das Modell „Kontakt" zur Integration spiritueller Erfahrungen wurde in dieser Studie unter anderem auch in seinen praktischen Anwendungsmöglichkeiten beleuchtet (Kapitel 10.4). Eine empirische Überprüfung der praktischen Relevanz dieses Modells und dessen Wirksamkeit bei der Integration spiritueller Erfahrungen könnte einen wesentlichen Beitrag für die spirituelle und psychotherapeutische Praxis leisten und letztlich eine grosse Unterstützung für betroffene Menschen bedeuten.

Die Kategorie „Kontakt zu sich und der eigenen Lebensgeschichte" macht die Notwendigkeit einer Verbindung von Spiritualität und Psychotherapie (zur Verbindung von Spiritualität und Psychotherapie vgl. z.B. Bucher, 2007, S. 170; Grom, 2008; Helg, 2000; Hundt, 2007; Kohls, 2004, S. 513-519; Utsch, 2008; Zundel, 2008) nicht nur für die Forschung, sondern auch für die alltagspraktische Umsetzung einer Integration spiritueller Erfahrungen deutlich. Eine solche engere Verbindung und Zusammenarbeit der Bereiche von Spiritualität und Psychotherapie würde einerseits eine weitere Öffnung der Psychotherapie für den Bereich spiritueller Wege, spiritueller Erfahrungen und deren Integration bedeuten als auch den Einbezug von Psychotherapie in einen spirituellen Weg beinhalten. Eine Verbindung von Spiritualität und Psychotherapie kann einen unschätzbaren Beitrag zur Prävention von Schwierigkeiten und Hindernissen sowie zum Umgang mit Schwierigkeiten der Integration spiritueller Erfahrungen beitragen und letztlich eine Wandlung eines Menschen durch die Integration seiner spirituellen Erfahrungen wesentlich unterstützen.

11 Literaturverzeichnis

Almaas, A. H. (1997). *Essenz. Der diamantene Weg zur inneren Verwirklichung.* Freiamt im Schwarzwald: Arbor.

Almaas, A. H. (1999). *Essentielle Befreiung.* Freiamt im Schwarzwald: Arbor.

Almaas, A. H. (2001). *The pearl beyond price. Integration of personality into being: An object relations approach.* Boston & London: Shambhala.

Almaas, A. H. (2002). *Essentielle Verwirklichung. Der Diamantene Weg des Herzens.* Freiamt: Arbor.

Almaas, A. H. (2005). *Das wirkliche Leben beginnt jetzt.* Freiamt im Schwarzwald: Arbor.

Almaas, A. H. (o.J.). *Das Elixier der Erleuchtung.* Freiamt im Schwarzwald: Arbor.

Assagioli, R. (1940). *Freiheit im Gefängnis [on-line].* Aufzeichnungen von Roberto Assagioli und überarbeitet von Richard Schaub und Bonney Gulino Schaub. Abrufbar über: http://www.aeon.ch/freiheit-im-gefaengnis.htm [Zugriff: 2.4.2008].

Assagioli, R. (1965/2004). *Handbuch der Psychosynthese. Grundlagen, Methoden und Techniken.* Rümlang: Nawo. (Original erschienen 1965: Psychosynthesis - a Manual of Principles and Techniques).

Assagioli, R. (1965/2005). Die Psychosynthese der Nation und der Menschheit. *Psychosynthese* (12), 17-23.

Assagioli, R. (1974). Jung and Psychosynthesis. *Journal of Humanistic Psychology* 14(1), 35-55.

Assagioli, R. (1988/1992). *Psychosynthese und transpersonale Entwicklung.* Paderborn: Junfermann. (Original erschienen 1988: Lo Sviluppo Transpersonale).

Assagioli, R. (1992). *Typologie der Psychosynthese. Die 7 Grundtypen.* Adliswil/Zürich: Astrologisch-Psychologisches Institut. (Original erschienen o.A.: I tipi umani).

Assagioli, R. (1994). *Die Schulung des Willens. Methoden der Psychotherapie und der Selbsttherapie.* Paderborn: Junfermann. (Original erschienen o.A.: The act of will).

Assagioli, R. (2003). Psychosynthese in der Welt. *Psychosynthese* (9), 3-4.

Assagioli, R. (2008). Gespräche über das Selbst. Eine Unterhaltung mit Roberto Assagioli. *Psychosynthese* (18), 3-15.

Assagioli, R. (o.J.). *Psychosynthesis: Individual and Social. Some suggested lines of research [on-line].* Avaliable: http://www.synthesiscenter.org/articles/0116.pdf [access: 5.4.2008].

Auffarth, C. (2006b). Synkretismus. In Auffarth, C., Kippenberg, H.G. & Michaels, A. (Hrsg.), *Wörterbuch der Religionen* (S. 507). Stuttgart: Alfred Kröner.

Aurobindo, S. (1975). *Alles Leben ist Yoga.* Bern, München, Wien: Otto Wilhelm Barth.

Avalon, A. (1975). *Die Schlangenkraft. Die Entfaltung schöpferischer Kräfte im Menschen.* Bern, München, Wien: Barth.

Baas, B. (2004). Megatrend Religion? Vom religiösen Bedarf im säkularen Zeitalter. *Transpersonale Psychologie und Psychotherapie* 10(1), 5-10.

Bach, D. (2003). Ego und "Ich". *Psychosynthese* (8), 22.

Bailey, A. A. (1936/1993). *Eine Abhandlung über die sieben Strahlen.* Genf: Lucis Trust. (Original erschienen 1936: A treatise on the seven rays).

Baker, R. (1970/1997). Einführung. In Suzuki, S. (Hrsg.) *Zen-Geist, Anfänger-Geist. Unterweisungen in Zen-Meditation* (S. 12-8). Zürich, München, Berlin: Theseus. (Original erschienen 1970: Zen Mind, Beginner's Mind. Informal talks on Zen meditation and practice).

Baker Roshi, Z. (1999). Lehrer und "westliches Selbst". In Loomans, P. (Hrsg.) *Meditation und Transpersonale Psychotherapie. Der Alltag als Übung* (S. 155-60). Petersberg: Via Nova.

Bartosch, E. (2007). Ich. In Stumm, G. & Pritz, A. (Hrsg.), *Wörterbuch der Psychotherapie* (S. 289-90). Wien: Springer.

Baumeister, R. F. (1991). *Escaping the self. Alcoholism, spirituality, masochism, and other flights from the burden of selfhood.* United States of America: Basic Books.

Beck, J. C. (2000). *Zen im Alltag.* München: Droemersche Verlagsanstalt Th. Knaur Nachf.

Becker, D. (1999). Esoterik. In Waldenfels, H. (Hrsg.) *Lexikon der Religionen. Phänomene, Geschichten, Ideen* (S. 155). Freiburg im Breisgau: Herder.

Belschner, W. (2001a). Tun und Lassen: Ein komlementäres Konzept der Lebenskunst. *Transpersonale Psychologie und Psychotherapie* 7(2), 85-102.

Belschner, W. (2002). Die vergessene Dimension in Grawes Allgemeiner Psychotherapie. In Belschner, W., Galuska, J., Walach, H. & Zundel, E. (Hrsg.), *Transpersonale Forschung im Kontext* (S. 167-216). Oldenburg: Bibliotheks- und Informationssystem der Universität Oldenburg.

Belschner, W. (2005). Von der "Transpersonalen Psychologie" zur "Psychologie des Bewusstseins". *Transpersonale Psychologie und Psychotherapie* 11(1), 16-24.

Belschner, W. & Galuska, J. (1999). Empirie spiritueller Krisen - erste Ergebnisse aus dem Projekt RESCUE. *Transpersonale Psychologie und Psychotherapie* 5(1), 78-94.

Benz, E. (1969). *Die Vision. Erscheinungsformen und Bilderwelt.* Stuttgart: Klett.

Berner, U. (1999). Religion. In Waldenfels, H. (Hrsg.) *Lexikon der Religionen. Phänomene, Geschichten, Ideen* (S. 531-2). Freiburg im Breisgau: Herder.

Besserman, P. & Steger, M. (1999). *Verrückte Wolken. Zen-Meister, Zen-Rebellen.* Berlin: Theseus.

Beuys, B. (2001). *Denn ich bin krank vor Liebe. Das Leben der Hildegard von Bingen.* München, Wien: Carl Hanser.

Bischof, M. (2003). Vom integralen Weltbild zu einer neuen Wissenschaft. Der Wandel in Gesellschaft und Wissenschaft und die neue Religiosität. In Utsch, M. & Fischer, J. (Hrsg.), *Im Dialog über die Seele. Transpersonale Psychologie und christlicher Glaube* (S. 3-51). Münster: LIT.

Blanck, G. & Blanck, R. (1979/1989). *Ich-Psychologie II. Psychoanalytische Entwicklungspsychologie.* Stuttgart: Klett-Cotta. (Original erschienen 1979: Ego psychology II).

Boadella, D. (1991). *Befreite Lebensenergie. Einführung in die Biosynthese.* München: Kösel (Neuauflage als Schirner Taschenbuch im April 2009).

Boadella, D. (2002). *Geburt.* Unveröffentlichtes Trainingsmaterial aus dem Trainingsblock 26.10.-2.11.2002 der Ausbildung in Biosynthese, somatisch und tiefenpsychologisch fundierte Psychotherapie, Internationales Institut für Biosynthese IIBS in Heiden, Schweiz.

Boadella, D. (2003). Spirituelle Erdung in der Biosynthese - ein Beitrag zur spirituellen Dimension in der Körperpsychotherapie. In Galuska, J. (Hrsg.) *Den Horizont erweitern. Die transpersonale Dimension in der Psychotherapie* (S. 231-43). Berlin: Ulrich Leutner.

Boadella, D. (2004). *Trauma-Therapie*. Fortbildung vom 11. - 14. 11. 2004 am Internationalen Institut für Biosynthese IIBS in Heiden, Schweiz.

Boadella, D. (o.J.). *Totalisation und Detotalisation*. Aus unveröffentlichtem Trainingsmaterial, Internationales Institut für Biosynthese IIBS, Heiden, Schweiz.

Bochinger, C. (1994). *"New Age" und moderne Religion. Religionswissenschaftliche Analysen.* Gütersloh: Chr. Kaiser/Gütersloher Verlagshaus.

Bolen, I. (2000). Selbstaktualisierung. In Stumm, G. & Pritz, A. (Hrsg.), *Wörterbuch der Psychotherapie* (S. 622). Wien: Springer.

Borchert, B. (1997). *Mystik. Das Phänomen - Die Geschichte - Neue Wege.* Freiburg im Breisgau: Herder.

Boyesen, G. (1987). *Über den Körper die Seele heilen. Biodynamische Psychologie und Psychotherapie. Eine Einführung.* München: Kösel.

Bragdon, E. (1991). *Spirituelle Krisen. Wendepunkte im Leben.* Freiburg im Breisgau: Bauer.

Brunnhuber, S. & Wagner, R. (2006). Zur Differentialdiagnostik spiritueller Krisen (ICD 10: F44.3; DSM IV: V 62.89). *Transpersonale Psychologie und Psychotherapie. Wissenschaft des Bewusstseins* 12(1), 34-44.

Buber, M. (2003). *Hundert chassidische Geschichten.* Zürich: Manesse.

Buber, M. (2006). Ich und Du. In Buber, M. (Hrsg.) *Das dialogische Prinzip: Ich und Du, Zwiesprache, Die Frage an den Einzelnen, Elemente des Zwischenmenschlichen, Zur Geschichte des dialogischen Prinzips* (S. 7-136). Gütersloh: Gütersloher Verlagshaus.

Bucher, A. A. (2007). *Psychologie der Spiritualität.* Weinheim, Basel: Beltz, Psychologie Verlags Union.

Buss, J. (2006). Nirvana. In Auffarth, C., Kippenberg, H.G. & Michaels, A. (Hrsg.), *Wörterbuch der Religionen* (S. 377-8). Stuttgart: Alfred Kröner.

Caplan, M. (2002). *Auf halbem Weg zum Gipfel der Erleuchtung. Die Gefahren und Irrtümer verfrühter Ansprüche erleuchtet zu sein.* Petersberg: Via Nova.

Chadwick, A. W. (2004). *Ramana Maharshi: Erinnerungen eines Sadhus.* Berlin: Pro Business.

Chang, C.-Y. (2000). *Zen. Die Lehre der grossen Meister nach der klassischen 'Aufzeichnung von der Weitergabe der Leuchte'.* Frankfurt am Main: Wolfgang Krüger.

Chödrön, P. (2007). *Tonglen. Der tibetische Weg mit sich selbst und anderen Freundschaft zu schliessen.* Freiamt: Arbor.

Corbin, H. (1989). *Die smaragdene Vision. Der Licht-Mensch im persischen Sufismus.* München: Diederichs.

Deuser, O. (1989). Geführtes Zeichnen. In Zundel, E. & Fittkau, B. (Hrsg.), *Spirituelle Wege und Transpersonale Psychotherapie* (S. 307-12). Paderborn: Junfermann.

Dilling, H., Mombour, W. & Schmidt, M. H. (2008). *Internationale Klassifikation psychischer Störungen. ICD-10 Kapitel V (F). Klinisch-diagnostische Leitlinien / Weltgesundheitsorganisation.* Bern, Göttingen, Toronto, Seattle: Huber.

Dobhan, U. (2003). Anhang: Erklärung wichtiger Begriffe. In vom Kreuz, J. (Hrsg.) *Die Dunkle Nacht* (S. 204-22). Freiburg im Breisgau: Herder.

Dobhan, U. (2003a). Einführung. In vom Kreuz, J. (Hrsg.) *Aufstieg auf den Berg Karmel. Vollständige Neuübertragung. Gesammelte Werke Band 4* (S. 12-40). Freiburg im Breisgau: Herder.

Dobhan, U., Hense, E. & Peeters, E. (2003). Anhang: Erklärung wichtiger Begriffe. In vom Kreuz, J. (Hrsg.) *Aufstieg auf den Berg Karmel. Vollständige Neuübertragung. Gesammelte Werke Band 4* (S. 471-94). Freiburg im Breisgau: Herder.

Dobhan, U. & Körner, R. (2003). Einführung. Der Autor der "Dunklen Nacht" - sein Leben und sein Vermächtnis. In vom Kreuz, J. (Hrsg.) *Die Dunkle Nacht. Vollständige Neuübersetzung. Sämtliche Werke Band 1* (S. 9-20). Freiburg im Breisgau: Herder.

Dogen, Z. (2001). *Shobogenzo. Die Schatzkammer des wahren Dharma-Auges. Band 1.* Heidelberg-Leimen: Werner Kristkeitz.

Dogen, Z. (2003). *Shobogenzo. Die Schatzkammer des wahren Dharma-Auges. Band 2.* Heidelberg-Leimen: Werner Kristkeitz.

Dönges, S. & Brunner Dubey, C. (2005). *Psychosynthese für die Praxis. Grundlagen, Methoden, Anwendungsgebiete.* München: Kösel.

Doppler, A. (2006). Kommentar zum Buch "Ich und Du" von Martin Buber. In Buber, M. (Hrsg.) *Das dialogische Prinzip* (S. 325). Gütersloh: Gütersloher Verlagshaus.

Dreisbach, U. (1999). Meister-Schüler-Beziehung im Zen. *Transpersonale Psychologie und Psychotherapie* 5(2), 27-32.

Dröge, C. (1999). Meditation / Mystik: Griechisch. In Waldenfels, H. (Hrsg.) *Lexikon der Religionen. Phänomene, Geschichte, Ideen* (S. 395-6). Freiburg im Breisgau: Herder.

Duden. (2007). *Das Herkunftswörterbuch. Etymologie der deutschen Sprache.* Mannheim, Leipzig, Wien, Zürich: Dudenverlag.

Dumoulin, H. (1976). *Der Erleuchtungsweg des Zen im Buddhismus.* Frankfurt am Main: Fischer.

Dumoulin, H. (1995). *Spiritualität des Buddhismus. Einheit in lebendiger Vielfalt.* Mainz: Matthias-Grünewald.

Dürckheim, K. (1945/1992). *Erlebnis und Wandlung. Grundfragen der Selbstfindung.* Frankfurt am Main: Suhrkamp.

Dürckheim, K. (1954/2006). *Durchbruch zum Wesen.* Bern: Hans Huber.

Dürckheim, K. (1966/2001/2004). *Der Alltag als Übung. Vom Weg zur Verwandlung.* Bern, Göttingen, Toronto, Seattle: Huber.

Dürckheim, K. (1973/2005). *Vom doppelten Ursprung des Menschen.* Freiburg im Breisgau: Herder.

Dürckheim, K. (1975/2001). *Der Ruf nach dem Meister. Die Bedeutung geistiger Führung auf dem Weg zum Selbst.* Bern, München, Wien: O.W. Barth.

Dürckheim, K. (1987). *Hara. Die Erdmitte des Menschen.* Bern, München, Wien: Otto Wilhelm Barth.

Dürckheim, K. (1989). Transzendenz als Erfahrung. In Zundel, E. & Fittkau, B. (Hrsg.), *Spirituelle Wege und Transpersonale Psychotherapie* (S. 277-89). Paderborn: Junfermann.

Ein Kurs in Wundern. Textbuch, Übungsbuch, Handbuch für Lehrer.(1994). Gutach im Breisgau: Greuthof.

Elgin, D. & LeDrew, C. (1997). *Global Consciousness Change. Indicators of an Emerging Paradigm.* San Anselmo: Available: www.awakeningearth.org [access: 29.9.2007].

Eliade, M. (1949/1998). *Die Religionen und das Heilige. Elemente der Religionsgeschichte.* Frankfurt am Main: Insel.

Eliade, M. (1956/1998). *Das Heilige und das Profane. Vom Wesen des Religiösen.* Frankfurt am Main: Insel.

Eliade, M. (1962/1999). *Das Yoga des Patanjali. Der Ursprung östlicher Weisheitspraxis.* Freiburg im Breisgau: Herder. (Original erschienen 1962: Patanjali et le Yoga).

Eliade, M. (1985). *The encyclopedia of religion*. New York: Mc Millan. Vol. 14, 19-29.

Engler, J. (1988). Therapeutische Ziele in Psychotherapie und Meditation: Entwicklungsstadien der Selbstrepräsentation. In Wilber, K., Engler, J. & Brown, D.P. (Hrsg.), *Psychologie der Befreiung* (S. 31-66). Bern, München, Wien: Scherz.

Enomiya-Lasalle, H. M. (1991). *Erleuchtung ist erst der Anfang. Texte zum Nachdenken*. Freiburg im Breisgau: Herder.

Fahlberg, L. L., Wolfer, J. & Fahlberg, L. A. (1992). Personal crisis: growth or pathology? *American Journal of Health Promotion* 7(1), 42-52.

Ferrer, J. (2007). Embodied spirituality: now and then. In Belschner, W., Büssing, A., Piron, H. & Wienand-Kranz, D. (Hrsg.), *Achtsamkeit als Lebensform* (S. 85-103). Hamburg, Münster: LIT.

Ferrucci, P. (1981/1986). *Werde was du bist. Selbstverwirklichung durch Psychosynthese*. Reinbek bei Hamburg: Rowohlt. (Original erschienen 1981: Crescere).

Ferrucci, P. (1994). *Unermesslicher Reichtum. Wege zum spirituellen Erwachen*. Reinbek bei Hamburg: Rowohlt.

Feuerstein, G. (1996). *Heilige Narren. Über die Weisheit ungewöhnlicher Lehrer*. Frankfurt am Main: Wolfgang Krüger.

Findeisen, P. (2002). Retreat als Element der Transpersonalen Psychologie. In Belschner, W., Galuska, J., Walach, H. & Zundel, E. (Hrsg.), *Transpersonale Forschung im Kontext* (S. 269-91). Oldenburg: Bibliotheks- und Informationssystem der Universität Oldenburg.

Fischer-Tiné, H. (2006a). Ramana Maharshi. In Auffarth, C., Kippenberg, H.G. & Michaels, A. (Hrsg.), *Wörterbuch der Religionen* (S. 420). Stuttgart: Alfred Kröner.

Fischer-Tiné, H. (2006b). (Satya) Sai Baba. In Auffarth, C., Kippenberg, H.G. & Michaels, A. (Hrsg.), *Wörterbuch der Religionen* (S. 467). Stuttgart: Alfred Kröner.

Fischer, J. (2003). Kriterien spiritueller Unterscheidung in der postsäkularen Gesellschaft. In Utsch, M. & Fischer, J. (Hrsg.), *Im Dialog über die Seele. Transpersonale Psychologie und christlicher Glaube* (S. 127-40). Münster: LIT.

Frager, R. & Fadiman, J. (1975). Personal growth in Yoga and Sufism. *The Journal of Transpersonal Psychology* 1, 66-80.

Frei, A. (1998). *Sufismus*. Evangelische Informationsstelle: Kirchen - Sekten - Religionen [on-line]. Abrufbar über: www.relinfo.ch/sufismus/infotxt.html [Zugriff: 15.12.2008].

Freud, S. (2007a). *Die Traumdeutung*. Frankfurt am Main: Fischer Taschenbuch.

Freud, S. (2007b). *Das Ich und das Es. Metapsychologische Schriften*. Frankfurt am Main: Fischer.

Galuska, J. (1995). Ich, Selbst und Sein. *Transpersonale Psychologie und Psychotherapie* 1(1), 38-51.

Galuska, J. (1999). Meditative Versenkung und transpersonales Bewusstsein. In Loomans, P. (Hrsg.) *Meditation und Transpersonale Psychotherapie. Der Alltag als Übung* (S. 161-73). Petersberg: Via Nova.

Galuska, J. (2003). *Religiöse und spirituelle Störungen [on-line]*. Bad Kissingen: Fachklinik Heiligenfeld. Abrufbar über: http://www.heiligenfeld.org/kliniken/Fachvortraege/religioese_und_spirituel le_stoerungen.pdf [Zugriff: 28.1.2008].

Galuska, J. (2003a). Die erwachte Seele und ihre transpersonale Struktur. *Transpersonale Psychologie und Psychotherapie* 9(2), 6-17.

Galuska, J. (2005). "Heute würde ich lieber davon sprechen, dass wir unsere Seele wecken". *Transpersonale Psychologie und Psychotherapie* 11(1), 85-97.

Galuska, J. (2006). Beseelte Psychotherapie - die transpersonale Dimension. *Transpersonale Psychologie und Psychotherapie. Wissenschaft des Bewusstseins* 12(2), 64-70.

Gamborg, H. (1998). *Das Wesentliche ist unsichtbar. Heilung durch die Energiezentren des menschlichen Körpers.* Reinbek bei Hamburg: Rowohlt.

Gebauer, G. & Wulf, C. (1992). *Mimesis: Kultur - Kunst - Gesellschaft.* Reinbek bei Hamburg: Rowohlt.

Gengnagel, J. (2006). Mantra. In Auffarth, C., Kippenberg, H.G. & Michaels, A. (Hrsg.), *Wörterbuch der Religionen* (S. 323-4). Stuttgart: Alfred Kröner.

Giovetti, P. (1995/2007). *Roberto Assagioli. Leben und Werk des Begründers der Psychosynthese.* Rümlang/Zürich: Nawo. (Original erschienen 1995: La vita e l'opera del fondatore della psicosintesi).

Glaser, B. G. & Strauss, A. L. (1967/2005). *Grounded Theory. Strategien qualitativer Forschung.* Bern: Verlag Hans Huber, Hogrefe AG.

Godman, D. (Hrsg.) (2002). *Ramana Maharshi: Sei, was du bist! Die wichtigsten Unterweisungen des grossen indischen Weisheitslehrers über das Wesen der Wirklichkeit und den Pfad der Selbstergründung.* Bern, München, Wien: O.W. Barth.

Goethe, J. W. (1977). *Faust. Eine Tragödie. Erster und zweiter Teil.* München: Deutscher Taschenbuch Verlag.

Govinda, L. A. (1966/1973). *Der Weg der weissen Wolken.* Weilheim: Wilhelm Barth. (Original erschienen 1966: The way of the white clouds).

Grepmair, L. J. & Nickel, M. K. (2007). *Achtsamkeit des Psychotherapeuten.* Wien: Springer.

Grof, C. & Grof, S. (1990a). Beistand bei spirituellen Krisen. In Grof, C. & Grof, S. (Hrsg.), *Spirituelle Krisen. Chancen der Selbstfindung* (S. 228-35). München: Kösel.

Grof, S. (1987). *Das Abenteuer der Selbstentdeckung. Heilung durch veränderte Bewusstseinszustände. Ein Leitfaden.* München: Kösel.

Grof, S. (1994). Das Heilungspotential aussergewöhnlicher Bewusstseinszustände. Beobachtungen aus der psychedelischen und holotropen Therapie. In Zundel, E. & Loomans, P. (Hrsg.), *Psychotherapie und religiöse Erfahrung. Konzepte und Methoden transpersonaler Psychotherapie* (S. 159-204). Freiburg im Breisgau: Herder.

Grof, S. (2005). Der Werdegang der Transpersonalen Psychologie. *Transpersonale Psychologie und Psychotherapie* 11(1), 5-15.

Grof, S. & Grof, C. (1990). *Spirituelle Krisen. Chancen der Selbstfindung.* München: Kösel.

Grof, S. & Grof, C. (1991). *Die stürmische Suche nach dem Selbst. Praktische Hilfe für spirituelle Krisen.* München: Kösel.

Grom, B. (2008). Wunder sind nicht zu erwarten. Wie spirituell kann Psychotherapie sein? *Psychologie Heute* Februar 2008, 56-9.

Grün, A. (2007). *Vom Zauber des Alltäglichen.* Stuttgart: Kreuz.

Haack, S.-J. (2005). Kompetenz zur spirituellen Begleitung. Die Wüstenväter und Wüstenmütter am Anfang christlicher Spiritualität. *Kontemplation und Mystik* 6(1), 32-7.

Haas, A. M. (1989). Die dunkle Nacht der Sinne und des Geistes. Mystische Leiderfahrung nach Johannes vom Kreuz. In Fuchs, G. (Hrsg.) *Die dunkle Nacht der Sinne. Leiderfahrung und christliche Mystik* (S. 108-25). Düsseldorf: Patmos.

Häcker, H. & Stapf, K. H. (1998). *Dorsch Psychologisches Wörterbuch.* Bern, Göttingen, Toronto, Seattle: Huber.

Hanefeld, E. (1982). Die Begründung der Transpersonalen Psychologie. *Zeitschrift für Transpersonale Psychologie* 1(1), 1-13.

Hanh, T. N. (1997). *Das Wunder der Achtsamkeit. Einführung in die Meditation.* Berlin: Theseus.

Hardy, J. (1989). *Psychology with a Soul. Psychosynthesis in evolutionary context.* Middlesex: Arkana.

Hark, H. (1994). *Lexikon Jungscher Grundbegriffe.* Solothurn und Düsseldorf: Walter.

Haronian, F. (1967). *The repression of the sublime [on-line].* Presented at a seminar of the Psychosynthesis Research Foundation, on December 15, 1967. Available: http: www.synthesiscenter.org/articels/0130.pdf [access: 5.4.2008].

Hauth, R. (1999). Spiritismus. In Waldenfels, H. (Hrsg.) *Lexikon der Religionen. Phänomene, Geschichte, Ideen* (S. 616-7). Freiburg im Breisgau: Herder.

Heiler, F. (1959/1999). *Die Religionen der Menschheit.* Stuttgart: Reclam.

Heiler, F. (1979). *Erscheinungsformen und Wesen der Religion.* Stuttgart: Kohlhammer.

Helg, F. (2000). *Psychotherapie und Spiritualität. Östliche und westliche Wege zum Selbst.* Düsseldorf: Walter.

Helke, W. (1989). Die personale Leibtherapie. In Zundel, E. & Fittkau, B. (Hrsg.), *Spirituelle Wege und Transpersonale Psychotherapie* (S. 291-8). Paderborn: Junfermann.

Hell, D. (2002). *Die Sprache der Seele verstehen. Die Wüstenväter als Therapeuten.* Freiburg im Breisgau: Herder.

Hell, D. (2005). *Leben als Geschenk und Antwort. Weisheiten der Wüstenväter.* Freiburg im Breisgau: Herder.

Hell, D. (2006). *Aufschwung für die Seele. Wege innerer Befreiung.* Freiburg im Breisgau: Herder.

Hell, D. (2007). *Seelenhunger. Vom Sinn der Gefühle.* Freiburg im Breisgau: Herder.

Hell, D. (2008a). Wenn alles erklärt ist, bleibt noch die Seele. *Tages-Anzeiger*, 14. November 2008, 53.

Hell, D. (2008b). *Die Seele, die es gibt, gibt es nicht.* Vortrag anlässlich der Preisverleihung 2008 der Dr. Margrit Egnér-Stiftung, 13. November 2008, Aula der Universität Zürich.

Hell, D. (2008c). *Depression. Was stimmt? Die wichtigsten Antworten.* Freiburg im Breisgau: Herder.

Hell, D. (2008d). *Welchen Sinn macht Depression? Ein integrativer Ansatz.* Reinbek bei Hamburg: Rowohlt.

Hemminger, H. (2003). *Grundwissen Religionspsychologie. Ein Handbuch für Studium und Praxis.* Freiburg im Breisgau: Herder.

Hippius, M. (1996). *Geheimnis und Wagnis der Menschwerdung. Schriften zur Initiatischen Therapie.* Schaffhausen: Novalis.

Hohagen, F., Stieglitz, R.-D., Bohus, M. & Berger, M. (1999). Psychotherapie. In Berger, M. & Stieglitz, R.-D. (Hrsg.), *Psychiatrie und Psychotherapie* (S. 131-218). München, Wien, Baltimore: Urban & Schwarzenberg.

Humbert, C.-A. (2004). *Religionsführer Zürich. 370 Kirchen, religiös-spirituelle Gruppierungen, Zentren und weltanschauliche Bewegungen der Stadt Zürich.* Zürich: Orell Füssli.

Hundt, U. (2007). *Spirituelle Wirkprinzipien in der Psychotherapie. Eine qualitative Studie zur Arbeitsweise ganzheitlicher Psychotherapeuten.* Münster: LIT.

Izutsu, T. (1971). The basic structure of metaphysical thiniking in Islam. In Mohagh-ghegh, M. & Landolt, H. (Hrsg.), *Collected papers on Islamic philosophy and mysticism* (S. 39 ff.). Teheran: o.A.

Jacobi, J. (1993). *Die Psychologie von C. G. Jung. Eine Einführung in das Gesamtwerk.* Frankfurt am Main: Fischer.

Jaeggi, E., Faas, A. & Mruck, K. (1998). Denkverbote gibt es nicht! Vorschlag zur interpretativen Auswertung kommunikativ gewonnener Daten (2. überarb. Fassung). *Veröffentlichungsreihe der Technischen Universität Berlin: Forschungsbericht aus der Abteilung Psychologie im Institut für Sozialwissenschaften* 98-2.

Jäger, R. (2006). *Die Beziehung zwischen dem spirituellen Lehrer und seinem Schüler.* Vortrag gehalten in der Ev. Taborgemeinde Berlin Kreuzberg am 16.2.2006 im Rahmen der Vortragsreihe "Spiritualität im Gespräch" [on-line]. Abrufbar über: http://www.rosmarie-jaeger.de/downloads/SpirituellerLehrerUndSchueler2006.pdf [Zugriff: 26.1.2008].

Jäger, W. (1999). Der Alltag als Übung oder das Sakrament des Augenblicks. In Loomans, P. (Hrsg.) *Meditation und Transpersonale Psychotherapie. Der Alltag als Übung* (S. 145-53). Petersberg: Via Nova.

James, W. (1901/1902/1997). *Die Vielfalt religiöser Erfahrung. Eine Studie über die menschliche Natur.* Frankfurt am Main und Leipzig: Insel.

Jung, C. G. (1929). In Wilhelm, R. (Hrsg.) *Das Geheimnis der goldenen Blüte.* Zürich: Rascher.

Jung, C. G. (1951). *Aion. Untersuchungen zur Symbolgeschichte.* Zürich: Rascher.

Jung, C. G. (1961/2007). *Erinnerungen, Träume, Gedanken.* Düsseldorf und Zürich: Walter.

Jung, C. G. (1963). *Zur Psychologie westlicher und östlicher Religion.* Zürich: Rascher.

Jung, C. G. (1971a). *Psychologische Typen.* Olten: Walter.

Jung, C. G. (1971b). *Symbole der Wandlung.* Olten: Walter.

Jung, C. G. (1972). *Psychologie und Alchemie.* Olten: Walter.

Jung, C. G. (1976). *Die Archetypen und das kollektive Unbewusste.* Olten: Walter.

Jung, C. G. (1981). *Das symbolische Leben (I).* Olten: Walter.

Jung, C. G. (1995). *Zwei Schriften über analytische Psychologie.* Solothurn und Düsseldorf: Walter.

Kaiser, A. (2002). *Der Weg hat keinen Namen. Leben und Vision einer Sufi-Lehrerin.* Berlin: Theseus.

Kaiser, A. (2004). *Jenseits aller Pfade. Visionen einer neuen Spiritualität.* Berlin: Theseus.

Kane, B. A. (2006). Spiritual emergency and spiritual emergence: Differentiation and interplay. *California Inst Integral Studies, US* Dissertation Abstracts International: Section B: The Sciences and Engineering. Vol 66 (10-B), 2006, pp. 5685.

Kapleau, P. (1965/2000). *Die drei Pfeiler des Zen. Lehre - Übung - Erleuchtung.* München: O.W. Barth. (Original erschienen 1965: The three pillars of Zen).

Kapleau, P. (1997). *Der vierte Pfeiler des Zen. Der Weg, das Wunderbare im Alltäglichen zu entdecken.* Bern, München, Wien: O.W. Barth.

Kast, V. (1995). *Imagination als Raum der Freiheit. Dialog zwischen Ich und Unbewusstem.* München: dtv.

Kast, V. (1998). *Wir sind immer unterwegs. Gedanken zur Individuation.* Zürich: Walter.

Kast, V. (2001). *Der Schatten in uns. Die subversive Lebenskraft.* Zürich und Düsseldorf: Walter.

Kast, V. (2007). *Die Tiefenpsychologie nach C.G. Jung.* Stuttgart: Kreuz.

Kennett, J. R., Radha, S. & Frager, R. (1975). How to be a transpersonal teacher without becoming a guru. *The Journal of Transpersonal Psychology* (1), 48-65.

Klatt, O. (2005). *Die Reiki-Systeme der Welt.* Aitrang: Windpferd.

Knoblauch, H. (2006a). Definitionen der Religion. In Auffarth, C., Kippenberg, H.G. & Michaels, A. (Hrsg.), *Wörterbuch der Religionen* (S. 431). Stuttgart: Alfred Kröner.

Knoblauch, H. (2006c). Säkularisierung. In Auffarth, C., Kippenberg, H.G. & Michaels, A. (Hrsg.), *Wörterbuch der Religionen* (S. 457). Stuttgart: Alfred Kröner.

Kohls, N. B. (2004). *Aussergewöhnliche Erfahrungen - Blinder Fleck der Psychologie? Eine Auseinandersetzung mit aussergewöhnlichen Erfahrungen und ihrem Zusammenhang mit geistiger Gesundheit.* Münster: LIT.

Kohut, H. (1977/1981). *Die Heilung des Selbst.* Frankfurt am Main: Suhrkamp. (Original erschienen 1977: The restoration of the self).

Krotz, F. (2005). *Neue Theorien entwickeln. Eine Einführung in die Grounded Theory, die Heuristische Sozialforschung und die Ethnographie anhand von Beispielen aus der Kommunikationsforschung.* Köln: Herbert von Halem Verlag.

Krusche, D. (1999). *Haiku. Japanische Gedichte.* München: Deutscher Taschenbuch Verlag.

Kruse, J. & Wenzler-Cremer, H. (2006, Juli). *Interviews auf Computer überspielen und transkribieren. Ein Manual für die Aufnahme und Transkription von Interviews mit einfachen EDV-basierten Lösungen [on-line].* Abrufbar über: http://www.audiotranskription.de [Zugriff: 8.9.2006].

Kubota, J. u. (o.J.). *Teisho zu: Die zehn Bilder vom Ochsenhirt mit den Versen von Kakuan Zenji [on-line].* Abrufbar über http://www.sanbo-zen.org/cow_d.html [Zugriff: 26.6.2008].

Kuckartz, U. (2005). *Einführung in die computergestützte Analyse qualitativer Daten.* Wiesbaden: VS Verlag für Sozialwissenschaften / GWV Fachverlage GmbH.

Laplanche, J. & Pontalis, J.-B. (1998). *Das Vokabular der Psychoanalyse.* Frankfurt am Main: Suhrkamp.

Lautenschlager, B. (2003). Möglichkeiten und Grenzen einer Integration der transpersonalen Psychologie aus christlicher Sicht. In Utsch, M. & Fischer, J. (Hrsg.), *Im Dialog über die Seele. Transpersonale Psychologie und christlicher Glaube* (S. 142-51). Münster: LIT.

Lee, A. & Seifert, T. (2005). Den Unus Mundus im Alltag erleben. *Transpersonale Psychologie und Psychotherapie* 11(1), 43-50.

Leuba, H. J. (1912). *A Psychological Study of Religion, its Origin, Function, and Future.* New York.

Linehan, M. M. (1996). *Dialektisch-Behaviorale Therapie der Borderline-Persönlichkeitsstörung.* München: CIP-Medien.

Loomans, P. (1991). Der Weg-Leib - Instrument initiatischer Lebensgestaltung. In Loomans, P. (Hrsg.) *Opus Magnum - Stufengang der Menschwerdung. Festschrift zu Ehren des 80. Geburtstages von Maria Hippius-Gräfin Dürckheim* (S. 162-80). Stuttgart, Berlin, Köln: W. Kohlhammer.

Loomans, P. (1994). Initiatische Therapie nach Graf Dürckheim und M. Hippius-Gräfin Dürckheim. In Zundel, E. & Loomans, P. (Hrsg.), *Psychotherapie und re-*

ligiöse Erfahrung. Konzepte und Methoden transpersonaler Psychotherapie (S. 137-58). Freiburg im Breisgau: Herder.

Loomans, P. (1999). Werden und Sein. Üben für den Alltag jenseits der Übung. In Loomans, P. (Hrsg.) *Meditation und Transpersonale Psychotherapie. Der Alltag als Übung* (S. 135-44). Petersberg: Via Nova.

Loomans, P. (2000). Initiatische Therapie. In Stumm, G. & Pritz, A. (Hrsg.), *Wörterbuch der Psychotherapie* (S. 309-10). Wien: Springer.

Loomans, P. (2005). Neuere Entwicklungen in der Initiatischen Therapie. *Transpersonale Psychologie und Psychotherapie* 11(1), 51-3.

Lüders, K. (2002). Bions Container-Contained-Modell. In Kennel, R. & Reerink, G. (Hrsg.), *Klein - Bion. Eine Einführung* (S. 85-100). Tübingen: edition diskord.

Lukoff, D. (1985). The diagnosis of mystical experiences with psychotic features. *The Journal of Transpersonal Psychology* 17(2), 155-81.

Lukoff, D. (1988). Transpersonal perspectives on manic psychosis: creative, visionary, and mystical states. *The Journal of Transpersonal Psychology* 20(2), 111-39.

Lukoff, D., Lu, F. & Turner, R. (1998). From spiritual emergency to spiritual problem: the transpersonal roots of the new DSM-IV category. *Journal of Humanistic Psychology* 38(2), 21-50.

Maharshi, R. (2006). *Gespräche des Weisen vom Berge Arunachala.* München: Lotos.

Maharshi, R. (2008). *Die essenziellen Lehren.* Bielefeld: Kamphausen.

Maslow, A. H. (1969). The farther reaches of human nature. *The Journal of Transpersonal Psychology* 1(1), 1-9.

Maslow, A. H. (1982). Die umfassendere Reichweite der menschlichen Natur. *Zeitschrift für Transpersonale Psychologie* 1(1), 21-31.

Maslow, A. H. (1982/83a). Lernerfahrungen aus Gipfelerlebnissen. *Zeitschrift für Transpersonale Psychologie* 1(2), 131-45.

Maslow, A. H. (1982/83b). Die Plateau-Erfahrung. *Zeitschrift für Transpersonale Psychologie* 1(2), 147-50.

Maslow, A. H. (1982/83c). Theorie Z. *Zeitschrift für Transpersonale Psychologie* 1(2), 89-113.

Mayer, N. J. (2001). Die Seinserfahrun g als mystisches Erleben. *Transpersonale Psychologie und Psychotherapie* 1(7), 47-55.

Meier, F. (1994). *Zwei Abhandlungen über die Naqshbandiyya: 1. Die Herzensbindung an den Meister, 2. Kraftakt und Faustrecht des Heiligen.* Stuttgart: Steiner.

Merz, B. (2004). *Orte der Kraft in der Schweiz.* Aarau: AT Verlag.

Michaels, A. (1998). *Der Hinduismus. Geschichte und Gegenwart.* München: Beck.

Michaels, A. (2006). Veda. In Auffarth, C., Kippenberg, H.G. & Michaels, A. (Hrsg.), *Wörterbuch der Religionen* (S. 550). Stuttgart: Alfred Kröner.

Miura, I. & Fuller Sasaki, R. (1965). *The Zen Koan.* New York: o.V.

Nanyar (Hrsg.) (2007). *Ramana Maharshi: Die Quintessenz der spirituellen Unterweisung (Upadesa Saram).* o.A.: BoD.

Ohtsu, D. R. (2004). *Der Ochs und sein Hirte. Eine altchinesische Zen-Geschichte erläutert von Meister Daizohkutsu R. Ohtsu mit japanischen Bildern aus dem 15. Jahrhundert.* Stuttgart: Klett-Cotta.

Olbrich, H. M., Fritze, J., Lanczik, M. H. & Vauth, R. (1999). Schizophrenien und andere psychotische Störungen. In Berger, M. & Stieglitz, R.-D. (Hrsg.), *Psychiatrie und Psychotherapie* (S. 405-81). München, Wienb, Baltimore: Urban und Schwarzenberg.

Olson, B. (2003). *A. Hammeed Ali - the person. Interview by Bob Olson, Fall 2003 [on-line].* Available: http://www.ahalmaas.com/Extracts/person.htm [access: 20.11.2008].

Otto, R. (1917/2004). *Das Heilige. Über das Irrationale in der Idee des Göttlichen und sein Verhältnis zum Rationalen.* München: C.H. Beck.

Özelsel, M. M. (1993). *40 Tage. Erfahrungsbericht einer traditionellen Derwischklausur.* München: Diederichs.

Painadath, S. (2004). *Der Geist reisst Mauern nieder. Die Erneuerung unseres Glaubens durch interreligiösen Dialog.* München: Kösel.

Panikkar, R. (1989). *Den Mönch in sich entdecken.* München: Kösel.

Parfitt, W. (1992). *Psychosynthese.* Braunschweig: Aurum.

Pawlowsky, G. (2000). Selbst. In Stumm, G. & Pritz, A. (Hrsg.), *Wörterbuch der Psychotherapie* (S. 618-9). Wien: Springer.

Peeters, E. (2007). Einführung. In vom Kreuz, J. (Hrsg.) *Die lebendige Liebesflamme. Vollständige Neuübersetzung. Gesammelte Werke Band 5* (S. 11-43). Freiburg im Breisgau: Herder.

Peeters, E. (2008a). Allgemeine Einführung. Johannes vom Kreuz als geistlicher Begleiter. In vom Kreuz, J. (Hrsg.) *Worte von Licht und Liebe. Briefe und kleinere Schriften. Vollständige Neuübertragung. Sämtliche Werke Band 2* (S. 9-13). Freiburg im Breisgau: Herder.

Peeters, E. (2008b). Der Berg der Vollkommenheit oder Berg Karmel. Einführung. In vom Kreuz, J. (Hrsg.) *Worte von Liebe und Licht. Briefe und kleinere Schriften. Vollständige Neuübertragung. Sämtliche Werke Band 2* (S. 183-6). Freiburg im Breisgau: Herder.

Peeters, E. (2008c). Die Merksätze von Liebe und Licht. Einführung. In Kreuz, J.v. (Hrsg.) *Worte von Liebe und Licht. Briefe und kleinere Schriften. Vollständige Neuübertragung. Sämtliche Werke Band 2* (S. 95-104). Freiburg im Breisgau: Herder.

Perry, J. W. (1999). Formen der Selbst-Heilung in spirituellen Krisen. Der Erneuerungsprozess. *Transpersonale Psychologie und Psychotherapie* 5(2), 4-14.

Pfluger-Heist, U. (1998). Der Wille zur Liebe und die Liebe zum Willen. *Transpersonale Psychologie und Psychotherapie* 4(1), 41-58.

Pfluger-Heist, U. (2000). Wilber Meets Assagioli. Höheres Selbst und transpersonale Entwicklung. *Transpersonale Psychologie und Psychotherapie* 6(1), 49-69.

Polak, R. (2002). *Megatrend Religion? Neue Religiositäten in Europa.* Ostfildern: Schwabenverlag.

Prevatt, J. & Park, R. (1990). Das Spiritual Emergence-Netzwerk (SEN). In Grof, C. & Grof, S. (Hrsg.), *Spirituelle Krisen. Chancen der Selbstfindung* (S. 270-8). München: Kösel.

Quekelberghe, R. v. (2001). Erweiterung der Transpersonalen Psychologie und Psychotherapie. Die wissenschaftliche Grundlegung der spirituellen Schulen. In Belschner, W., Galuska, J., Walach, H. & Zundel, E. (Hrsg.), *Perspektiven transpersonaler Forschung* (S. 23-31). Oldenburg: Bibliotheks- und Informationssysteme der Universität Oldenburg.

Rahner, K. (1958). *Visionen und Prophezeihungen.* Basel, Freiburg, Wien: Herder.

Ramanan, V. S. (Hrsg.) (1982). *Who am I? (Nan Yar?). The teachings vo Bhagavan Sri Ramana Maharshi.* Tiruvannamalai, South India: Sri Ramanasramam.

Ramanan, V. S. (Hrsg.) (1994). *Self-enquiry (Vicharasangraham) of Bhagavan Sri Ramana Maharshi.* Tiruvannamalai, South India: Sri Ramanasramam.

Reddemann, L. (2007). Wozu Achtsamkeit in der Psychotherapie? In Belschner, W., Büssing, A., Piron, H. & Wienand-Kranz, D. (Hrsg.), *Achtsamkeit als Lebensform* (S. 1-18). Hamburg, Münster: LIT.

Reincke, U. (2002). Ichentwicklung und Eignung zur Meditation. *Transpersonale Psychologie und Psychotherapie* 8(1), 17-28.

Rhyner, B. (1997). Zen-Krankheit. In Scharfetter, C. (Hrsg.) *Der spirituelle Weg und seine Gefahren* (S. 90-5). Stuttgart: Enke.

Riedel, I. (1999). Weibliche Spiritualität bei Hildegard von Bingen. *Transpersonale Psychologie und Psychotherapie* 5(1), 4-14.

Roberts, B. (1997). *Jenseits von Ego und Selbst. Erfahrungsbericht einer spirituellen Reise.* Freiamt im Schwarzwald: Arbor.

Rosenthal, G. (1998). Das Phänomen der psychischen Inflation im spirituellen Bereich. In Wilber, K., Ecker, B. & Anthony, D. (Hrsg.), *Meister, Gurus, Menschenfänger. Über die Integrität spiritueller Wege* (S. 83-101). Frankfurt am Main: Fischer Taschenbuch.

Ruch, H. (2001). *Unsere Geschichte - unser Potential. Wie vorgeburtliche Erlebnisse und Geburt unser Leben prägen.* Petersberg: Via Nova.

Ruch, H. (2005). *Im Fluss des Lebens sein. Von der Enge des Ich zur Offenheit des Seins.* Petersberg: Via Nova.

Salzberg, S. (1999). *Ein Herz so weit wie die Welt. Buddhistische Achtsamkeitsmeditation als Weg zu Weisheit, Liebe und Mitgefühl.* Freiamt im Schwarzwald: Arbor.

Sanella, L. (1990). Kundalini: Klassisch und klinisch. In Grof, S. & Grof, C. (Hrsg.), *Spirituelle Krisen. Chancen der Selbstfindung* (S. 145-57). München: Kösel.

Sannella, L. (1987). *Kundalini-Erfahrung und die neuen Wissenschaften.* Essen: Synthesis.

Sass, H., Wittchen, H.-U., Zaudig, M. & Houben, I. (2003). *Diagnostisches und Statistisches Manual psychischer Störungen -Textrevision - DSM-IV-TR.* Göttingen, Bern, Toronto, Seattle: Hogrefe.

Scagnetti-Feurer, T. (2004). *Religiöse Visionen.* Würzburg: Königshausen & Neumann.

Scharfetter, C. (1995a). Religiös-spirituelle Krisen. In Leuner, H. & Schlichting, M. (Hrsg.), *Jahrbuch des Europäischen Collegiums für Bewusstseinsstudien* Berlin: Verlag für Wissenschaft und Bildung.

Scharfetter, C. (1995b). Krisen auf dem Weg. Sogenannte spirituelle Krisen aus der Sicht eines Psychiaters. In Matzner, M., Riedel, L. & Schäflein, O. (Hrsg.), *Mit Krisen leben. Luzerner Psychotherapie Tage 1995* (S. 36-42). Goldach: Luzerner Psychotherapie Tage.

Scharfetter, C. (1996). *Allgemeine Psychopathologie. Eine Einführung.* Stuttgart, New York: Thieme.

Scharfetter, C. (1997). *Der spirituelle Weg und seine Gefahren.* Stuttgart: Enke.

Scharfetter, C. (2004). *Das Ich auf dem spirituellen Weg. Vom Egozentrisumus zum Kosmozentrismus.* Sternenfels: Verlag Wissenschaft & Praxis.

Schimmel, A. (1975/1995). *Mystische Dimensionen des Islam. Die Geschichte des Sufismus.* Frankfurt am Main und Leipzig: Insel. (Original erschienen 1975 in englischer Sprache o.A. des Originaltitels).

Schimmel, A. (1989). Sufismus. In Zundel, E. & Fittkau, B. (Hrsg.), *Spirituelle Wege und Transpersonale Psychotherapie* (S. 99-107). Paderborn: Junfermann.

Schimmel, A. (1994/1995). *Die Zeichen Gottes. Die religiöse Welt des Islam.* München: Beck. (Original erschienen 1994: Deciphering the signs of God).

Schimmel, A. (1999). Sufismus. In Waldenfels, H. (Hrsg.) *Lexikon der Religionen. Phäno-mene, Geschichte, Ideen* (S. 620-2). Freiburg im Breisgau: Herder.

Schimmel, A. (2003). *Rumi. Ich bin Wind und Du bist Feuer. Leben und Werk des grossen Mys-tikers.* Kreuzlingen/München: Heinrich Hugendubel.

Schmid, G. (1991). *Die Mystik der Weltreligionen. Eine Einführung.* Stuttgart: Kreuz.

Schmid, G. (1992). *Im Dschungel der neuen Religiosität. Esoterik, östliche Mystik, Sekten, Islam, Fundamentalismus, Volkskirchen.* Stuttgart: Kreuz.

Schmid, G. (1995). *Zwischen Wahn und Sinn: Halten die Weltreligionen, was sie versprechen?* Solothurn, Düsseldorf: Benziger.

Schmid, G. (1995a). Spiritualität als Therapie und Therapie als Spiritualität in den Krisen der modernen Zivilisation. In Matzner, M., Riedel, L. & Schäflein, O. (Hrsg.), *Mit Krisen leben. Luzerner Psychotherapie Tage 1995* (S. 52-8). Riehen: Luzerner Psychotherapie Tage.

Schmid, G. (1998). *Plädoyer für ein anderes Christentum. Nach 2000 Jahren: anders erleuchtet, anders mündig, anders denken.* Zürich: Kreuz.

Schmid, G. (2000). *Sehnsucht nach Spiritualität. Neue religiöse Zentren der Gegenwart.* Stuttgart: Kreuz.

Schmid, G. (2001). *Shambala.* Abrufbar über: http://www.relinfo.ch/shambala/infotxt.html [Zugriff: 14.3.2009].

Schmid, G. (2007a). Das Hin und Her zwischen den Religionen. *zVisite* (1), 1.

Schmid, G. (2007b). *Das ärgerliche Christentum. Irritierende Einsichten und provozierende Absichten.* Stuttgart: Kreuz.

Schmid, G. & Schmid, G. O. (Hrsg.), (2003). *Kirchen, Sekten, Religionen. Religiöse Gemeinschaften, weltanschauliche Gruppierungen und Psycho-Organisationen im deutschen Sprachraum. Ein Handbuch, begründet von Oswald Eggenberger.* Zürich: TVZ: Theologischer Verlag Zürich.

Schneider, J. (2005). Rudolf Otto: Religion als Begegnung mit dem Heiligen. In Drehsen, V., Gräb, W. & Weyel, B. (Hrsg.), *Kompendium Religionstheorie* (S. 97-107). Göttingen: Vandenhoeck & Ruprecht.

Schraut, B. (2001). Pantheistische Versuchung - Narzisstische Kränkung. Mystische Erfahrung als Erfahrung der Transzendenz aus der Sicht der Theologie. *Transpersonale Psychologie und Psychotherapie* 7(2), 79-84.

Schraut, B. (2002). Spiritueller Verbraucherschutz. Chancen und Risiken des Meditierens. In Belschner, W., Galuska, J., Walach, H. & Zundel, E. (Hrsg.), *Transpersonale Forschung im Kontext* (S. 393-403). Oldenburg: Bibliotheks. und Informationssystem der Universität Oldenburg.

Schreiner, P. (1998). *Im Mondschein öffnet sich der Lotus. Der Hinduismus.* München: Deutscher Taschenbuch Verlag GmbH & Co. KG.

Schuller, M. (1988). *Psychosynthesis in North America: the Story of the Movement, the People and the Issues.* Doctoral Dissertation, Schuller, 173 Cedar Street, Lexington, MA 02173.

Schulze, R. (2006). Tariqa. In Auffarth, C., Kippenberg, H.G. & Michaels, A. (Hrsg.), *Wörterbuch der Religionen* (S. 514). Stuttgart: Alfred Kröner.

Schumann, H. W. (2000). *Handbuch Buddhismus. Die zentralen Lehren: Ursprung und Gegenwart.* Kreuzlingen, München: Hugendubel (Diederichs).

Segal, S. (2000). *Kollision mit der Unendlichkeit.* Reinbek bei Hamburg: Rowohlt.

Siegel, D. J. (2007). *Das achtsame Gehirn.* Freiamt im Schwarzwald: Arbor.

Soni, J. & Soni, L. (1997). Yoga-Sutra des Patanjali. In Scharfetter, C. (Hrsg.) *Der spirituelle Weg und seine Gefahren* (S. 49-52). Stuttgart: Enke.

Stählin, C. (2002). *In den Schluchten des Alltags [On-line].* Hinweis auf das "Gedankentheater" des Schriftstellers, Liedermachers und Kabarettisten Christof Stählin. Abrufbar über: http://www.christof-staehlin.de/index1280_2.html [Zugriff: 1.12.2008].

Steurich, M. (2003). Die Sache mit dem Ego. Ich-Stärke oder Ich-Losigkeit? *Psychosynthese* (8), 19-21.

Stolz, F. (1997). *Grundzüge der Religionswissenschaft.* Göttingen: Vandenhoeck und Ruprecht.

Strauss, A. & Corbin, J. (1996). *Grounded Theory. Grundlagen qualitativer Sozialforschung.* Weinheim: Psychologie Verlags Union.

Sundaresa Iyer, T. K. (2007). *Mein Leben mit Ramana Maharshi: Aus dem Tagebuch eines Schülers.* Norderstedt: BoD.

Sutich, A. J. (1969a). Some considerations regarding Transpersonal Psychology. *The Journal of Transpersonal Psychology* 1(1), 11-20.

Sutich, A. J. (1969b). The American Transpersonal Association. *The Journal of Transpersonal Psychology* 1(2), 103-7.

Sutich, A. J. (1982a). Bemerkungen zur Transpersonalen Psychologie. *Zeitschrift für Transpersonale Psychologie* 1(1), 50-62.

Sutich, A. J. (1982b). Die 'American Transpersonal Assiciation' (Amerikanische Transpersonale Vereinigung). (Später: Association for Transpersonal Psychology - Vereinigung für Transpersonale Psychologie). *Zeitschrift für Transpersonale Psychologie* 1(1), 63-9.

Suzuki, D. T. (2001). *Die grosse Befreiung. Einführung in den Zen-Buddhismus.* Bern, München, Wien: O.W. Barth.

Suzuki, S. (1970/1997). *Zen-Geist, Anfänger-Geist. Unterweisungen in Zen-Meditation.* Zürich, München, Berlin: Theseus. (Original erschienen 1970: Zen Mind, Beginner's Mind, Informal talks on Zen meditation and practice).

Suzuki, S. (2003). *Seid wie reine Seide und scharfer Stahl. Das geistige Vermächtnis des grossen Zen-Meisters.* München: Lotos.

Thannippara, A. (1999). Siddhi. In Waldenfels, H. (Hrsg.) *Lexikon der Religionen. Phänomene, Geschichte, Ideen* (S. 612). Freiburg im Breisgau: Herder.

Thannippara, A. (1999a). Vedanta. In Waldenfels, H. (Hrsg.) *Lexikon der Religionen. Phänomene, Geschichte, Ideen* (S. 690-3). Freiburg im Breisgau: Herder.

Thannippara, A. (1999b). Mantra. In Waldenfels, H. (Hrsg.) *Lexikon der Religionen. Phänomene, Geschichte, Ideen* (S. 389). Freiburg im Breisgau: Herder.

Tolle, E. (1997). *The power of now - a guide to spiritual enlightment.* Vancouver, British Columbia: Namaste Publishing Inc.

Trungpa, C. (1989). *Spirituellen Materialismus durchschneiden.* Zürich, München, Berlin: Theseus.

Trungpa, C. (2006a). *Achtsamkeit, Meditation und Psychotherapie. Einführung in die buddhistische Psychologie.* Freiamt: Arbor.

Trungpa, C. (2006b). *Der Mythos Freiheit und der Weg der Meditation. Eine Einführung in den tibetischen Buddhismus.* Reinbek bei Hamburg: Rowohlt.

Tweedie, I. (1979/1992). *Wie Phönix aus der Asche. Mein Abenteuer der Selbstfindung auf dem Weg der Sufis - dem "Pfad der Liebe"*. Reinbek bei Hamburg: Rowohlt. (Original erschienen 1979: The Chasm of Fire).

Tweedie, I. (1979/2006). *Der Weg durchs Feuer. Tagebuch einer spirituellen Schulung durch einen Sufi-Meister*. München: Wilhelm Heyne. (Originalausgaben: "The chasm of fire" (erste gekürzte Ausgabe) und "Daughter of fire" (erste ungekürzte Ausgabe)).

Tweedie, I. (1990). Vorwort. In Vaughan-Lee, L. (Hrsg.) *Spirituelle Traumarbeit. Träume als Ratgeber und Wegweiser auf dem Sufi-Pfad des Herzens* o.A.: Ansata.

Tworuschka, U. (1999). *Lexikon: Die Religionen der Welt*. Gütersloh: Gütersloher Verlangshaus.

Underhill, E. (1928). *Mystik. Entwicklung des religiösen Bewusstseins im Menschen*. Bietigheim: Turm.

Utsch, M. (2003). Transpersonale Psychologie und christlicher Glaube: Gemeinsames und Trennendes. In Utsch, M. & Fischer, J. (Hrsg.), *Im Dialog über die Seele. Transpersonale Psychologie und christlicher Glaube* (S. 153-64). Münster: LIT.

Utsch, M. (2008). Spirituelle Psychotherapie: Modetrend oder Modell mit Zukunft? *Psychologie Heute* Februar 2008, 52-5.

van der Braak, A. (2004). *Liegestütz zur Erleuchtung. Lehrjahre bei einem amerikanischen Guru*. Winterthur: Edition Spuren.

van Quekelberghe, R. (2008). Psychotherapierelevante Metaphern der Meditation - "Ich als Inhalt" und "Ich als Kontext". *Transpersonale Psychologie und Psychotherapie. Wissenschaft des Bewusstseins* 14(1), 5-17.

Vargiu, J. (1974). *Subpersonalities. [on-line]*. Available: http://www.synthesiscenter.org/articles/1660.pdf [access: 20.5.2008].

Vaughan-Lee, L. (1990). *Spirituelle Traumarbeit. Träume als Ratgeber und Wegweiser auf dem Sufi-Pfad des Herzens*. o.A.: Ansata.

Vaughan-Lee, L. (1993). *Der Liebesbund. Psychologische und spirituelle Aspekte des mystischen Weges*. Interlaken: Ansata. (Original erschienen 1993: The Bond with the Beloved. The Mystical Relationship of the Lover and the Beloved).

Vaughan-Lee, L. (2004). *Staub zu Seinen Füssen [on-line]*. Auszug aus dem Buch "Gasping for air in a vacuum" von Lee Lozowick. Abrufbar über: http://www.goldensufi.org/A-Staub_Fussen.html [Zugriff: 30.8.2008].

Vaughan-Lee, L. (2004/2005). Spirituelle Reife [on-line]. *Sufi* (64). Abrufbar über: www.goldensufi.org/A-Spirituellereife.html [Zugriff: 31.7.2008]).

Vaughan-Lee, L. (2008). *Attending to space [on-line]*. Deutsche Übersetzung des Vortrages vom 25. Juni 2008 Omega Institute, Rhinebeck, New York. Available: http://www.goldensufi.org/A-Deutsch_Omega2008.html [access: 31.7.2008].

Vaughan-Lee, L. (o.J.). *Die elf Prinzipien des Naqshbandi-Pfades [on-line]*. Abrufbar über: http://www.goldensufi.org/German11Principles.html [Zugriff 31.7.2008].

Vaughan, F. (1990). *Die Reise zur Ganzheit. Psychotherapie und spirituelle Suche*. München: Kösel.

Vaughan, F. (1998). Eine Frage des Gleichgewichts - Gesundes und Pathologisches in den neuen religiösen Bewegungen. In Wilber, K., Ecker, B. & Anthony, D. (Hrsg.), *Meister, Gurus, Menschenfänger. Über die Integrität spiritueller Wege* (S. 63-81). Frankfurt am Main: Fischer Taschenbuch.

vom Kreuz, J. (2003a). *Aufstieg auf den Berg Karmel. Vollständige Neuübertragung. Gesammelte Werke Band 4.* Freiburg im Breisgau: Herder.

vom Kreuz, J. (2003b). *Die Dunkle Nacht. Vollständige Neuübertragung. Sämtliche Werke Band 1.* Freiburg im Breisgau: Herder.

vom Kreuz, J. (2003c). *Der Geistliche Gesang. Vollständige Neuübertragung. Gesammelte Werke Band 3.* Freiburg im Breisgau: Herder.

vom Kreuz, J. (2007). *Die lebendige Liebesflamme. Vollständige Neuübersetzung. Gesammelte Werke Band 5.* Freiburg im Breisgau: Herder.

vom Kreuz, J. (2008). *Worte von Liebe und Licht. Briefe und kleinere Schriften. Vollständige Neuübertragung. Sämtliche Werke Band 2.* Freiburg im Breisgau.

von Avila, T. (1979). *Die innere Burg.* Zürich: Diogenes.

von Brück, M. (1999a). Reinkarnation. In Waldenfels, H. (Hrsg.) *Lexikon der Religionen. Phänomene, Geschichte, Ideen* (S. 525-31). Freiburg im Breisgau: Herder.

von Brück, M. (1999b). Spiritualität im Alltag: Christentum, Buddhismus und Hinduismus im Gespräch. In Loomans, P. (Hrsg.) *Meditation und Transpersonale Psychotherapie. Der Alltag als Übung* (S. 187-99). Petersberg: Via Nova.

von Brück, M. (2005). Das Ich, das Personale und das Transpersonale. *Transpersonale Psychologie und Psychotherapie* 11(1), 31-41.

von Brück, M. (2006). Erleuchtung. In Hartlieb, G., Quarch, C. & Schellenberger, B. (Hrsg.), *Spirituell leben. Haltungen - Übungen - Inspirationen* (S. 43-9). Freiburg im Breisgau: Herder.

von Franz, M.-L. (1977/1992). *Die Suche nach dem Selbst. Individuation im Märchen.* München: Knaur. (Original erschienen 1977: Individuation in Fairytales).

von Franz, M.-L. (1994). *Archetypische Dimensionen der Seele.* Einsiedeln: Daimon.

von Heydwolff, A. (2000). Analytische Psychologie. In Stumm, G. & Pritz, A. (Hrsg.), *Wörterbuch der Psychotherapie* (S. 26-7). Wien: Springer.

von Stuckrad, K. (2006a). Esoterik. In Auffarth, C., Kippenberg, H.G. & Michaels, A. (Hrsg.), *Wörterbuch der Religionen* (S. 133-5). Stuttgart: Alfred Kröner.

von Stuckrad, K. (2006b). Channeling. In Auffarth, C., Kippenberg, H.G. & Michaels, A. (Hrsg.), *Wörterbuch der Religionen* (S. 90). Stuttgart: Alfred Kröner.

von Stuckrad, K. (2006c). Spiritismus. In Auffarth, C., Kippenberg, H.G. & Michaels, A. (Hrsg.), *Wörterbuch der Religionen* (S. 496). Stuttgart: Alfred Kröner.

Waardenburg, J. (1986). *Religionen und Religion. Systematische Einführung in die Religionswissenschaft.* Berlin, New York: de Gruyter.

Walach, H. (2000). Narzissmus - Der Schatten der Transpersonalen Psychologie. *Transpersonale Psychologie und Psychotherapie* 6(2), 53-67.

Walach, H. (2001). Bausteine für ein spirituelles Welt- und Menschenbild. *Transpersonale Psychologie und Psychotherapie* 7(2), 63-77.

Walach, H. (2003). Transpersonale Psychologie - Chancen und Probleme. In Utsch, M. & Fischer, J. (Hrsg.), *Im Dialog über die Seele. Transpersonale Psychologie und christlicher Glaube* (S. 53-76). Münster: LIT.

Walach, H. & Reich, H. K. (2005). Reconnecting science and spirituality: Toward overcoming a taboo. *Zygon* 40(2), 423-41.

Walch, S. (1999). Was verstehen wir unter den Begriffen Ich, Ego und Selbst? *Transpersonale Psychologie und Psychotherapie* 5(2), 76-87.

Walch, S. (2000). Selbst. In Stumm, G. & Pritz, A. (Hrsg.), *Wörterbuch der Psychotherapie* (S. 621-2). Wien: Springer.

Waldenfels, H. (1999). *Lexikon der Religionen. Phänomene, Geschichte, Ideen.* Freiburg im Breisgau: Herder.

Watson, K. W. (1994). Spiritual emergency: Concepts and implications for psychotherapy. *Journal of Humanistic Psychology* 34(2), 22-45.

Wehr, G. (1991). Einleitung. In Enomiya-Lasalle, H.M. (Hrsg.) *Erleuchtung ist erst der Anfang. Texte zum Nachdenken* (S. 9-25). Freiburg im Breisgau: Herder.

Wehr, G. (1995). *Spirituelle Meister des Westens. Leben und Lehre.* München: Eugen Diederichs.

Weidinger, H. P. (2000). Transpersonale Psychotherapie. In Stumm, G. & Pritz, A. (Hrsg.), *Wörterbuch der Psychotherapie* (S. 716-7). Wien: Springer.

Weis, H.-W. (1995). Sehnsucht nach Sein und negative Transzendenz. *Transpersonale Psychologie und Psychotherapie* 1(2), 77-96.

Weis, H.-W. (1996). Graf Dürckheims Werdegang zum Theoretiker und Praktiker des Transpersonalen. *Transpersonale Psychologie und Psychotherapie* 2(2), 5-17.

Widengren, G. (1969). *Religionsphänomenologie.* Berlin: Walter de Gruyter.

Wilber, K. (1988a). Das Spektrum der Entwicklung. In Wilber, K., Engler, J. & Brown, D.P. (Hrsg.), *Psychologie der Befreiung* (S. 77-116). Bern, München, Wien: Scherz.

Wilber, K. (1988b). *Die drei Augen der Erkenntnis. Auf dem Weg zu einem neuen Weltbild.* München: Kösel.

Wilber, K. (1988c). Das Spektrum der Psychopathologie. In Wilber, K., Engler, J. & Brown, D.P. (Hrsg.), *Psychologie der Befreiung* (S. 117-36). Bern, München, Wien: Scherz.

Wilber, K. (1996). *Eros, Kosmos, Logos. Eine Vision an der Schwelle zum nächsten Jahrtausend.* Frankfurt am Main: Wolfgang Krüger.

Wilber, K. (1997). Eine Spiritualität, die transformiert. *Transpersonale Psychologie und Psychotherapie* 3(2), 58-62.

Wilber, K. (2007). *Integrale Spiritualität. Spirituelle Intelligenz rettet die Welt.* München: Kösel.

Wilke, A. (2006). Mystik. In Auffarth, C., Kippenberg, H.G. & Michaels, A. (Hrsg.), *Wörterbuch der Religionen* (S. 359-61). Stuttgart: Alfred Kröner.

Winkler, N. (2001). Das Heilpotential transpersonaler Erfahrungen. Eine Reanalyse der Daten der Fachklinik Heiligenfeld (FKH). In Belschner, W., Galuska, J., Walach, H. & Zundel, E. (Hrsg.), *Perspektiven transpersonaler Forschung* (S. 117-33). Oldenburg: Bibliotheks- und Informationssystem der Universität Oldenburg.

Winnicott, D. W. (2001a). Ich-Verzerrung in Form des wahren und des falschen Selbst. In Winnicott, D.W. (Hrsg.) *Reifungsprozesse und fördernde Umwelt* (S. 182-99). Giessen: Psychosozial-Verlag.

Winnicott, D. W. (2001b). *Reifungsprozesse und fördernde Umwelt.* Giessen: Psychosozial-Verlag.

Witzel, A. (2000, Januar). Das problemzentrierte Interview [26 Absätze]. *Forum Qualitative Sozialforschung / Forum: Qualitative Social Research [On-line-Journal]*: Abrufbar über: http://www.qualitative-research.net/fqs [Zugriff: 4.11.2006].

Yamada, K. (1989). *Mumonkan. Die torlose Schranke. Zen-Meister Mumons Koan-Sammlung neu übertragen und kommentiert von Zen-Meister Koun Yamada.* München: Kösel.

Zimmer, H. (1997). *Der Weg zum Selbst. Lehre und Leben des Shri Ramana Maharshi.* München: Eugen Diederichs.

Zöbeli, J. (2001). Wieviel Ego braucht der Mensch? - Therapeutische Ichstärkung und spirituelle Ichtranszendenz. *Transpersonale Psychologie und Psychotherapie* 7(1), 33-46.

Zöbeli, J. (2002). Werde, der du bist. Therapeutische Selbstwerdung und spirituelle Seinsverwirklichung. In Belschner, W., Galuska, J., Walach, H. & Zundel, E. (Hrsg.), *Transpersonale Forschung im Kontext* (S. 155-66). Oldenburg: Bibliotheks- und Informationssystem der Universität Oldenburg.

Zöbeli, J. (2007). Spiritualität als Minenfeld - Vom Schatten auf dem Weg zur Erleuchtung. *Transpersonale Psychologie und Psychotherapie. Wissenschaft des Bewusstseins* 13(2), 44-55.

Zöllner, H.-M. (1980). *Beurteilen und Behandeln in der Klinischen Psychologie.* Stuttgart: Enke.

Zöllner, H.-M. (2008a). *Einführung ins Thema: "Anthropologische Psychologie und Psychopathologie - Die Rettung der Seele".* Manuskript zum einleitenden Vortrag anlässlich der Preisverleihung und den Vorträgen 2008 der Dr. Margrit Egnér-Stiftung, 13. November 2008, Aula der Universität Zürich.

Zöllner, H.-M. (2008b). *Laudatio an Professor Daniel Hell anlässlich der Preisverleihung der Dr. Margrit Egnér-Stiftung 2008.* Manuskript zum Vortrag, gehalten am 13. November 2008 in der Aula der Universität Zürich.

Zulehner, P. M. (2003). Megatrend Religion. *Stimmen der Zeit* Band 88(2), 87-96.

Zulehner, P. M. (Hrsg.) (2004). *Spiritualität - mehr als ein Megatrend.* Ostfildern: Schwabenverlag.

Zundel, E. (1989). Einleitung. In Zundel, E. & Fittkau, B. (Hrsg.), *Spirituelle Wege und Transpersonale Psychotherapie* (S. 11-29). Paderborn: Junfermann.

Zundel, E. (1994). Einleitung. In Zundel, E. & Loomans, P. (Hrsg.), *Psychotherapie und religiöse Erfahrung. Konzepte und Methoden transpersonaler Psychotherapie* (S. 9-38). Freiburg im Breisgau: Herder.

Zundel, E. (1998). Marie-Louise von Franz - Nachruf. *Transpersonale Psychologie und Psychotherapie* 4(2), 4-6.

Zundel, E. (2000a). Transpersonale Psychologie. In Stumm, G. & Pritz, A. (Hrsg.), *Wörterbuch der Psychotherapie* (S. 715-6). Wien: Springer.

Zundel, E. (2000b). Philosophia perennis. In Stumm, G. & Pritz, A. (Hrsg.), *Wörterbuch der Psychotherapie* (S. 516-7). Wien: Springer.

Zundel, E. (2008). Psychotherapie und religiöse Erfahrung. *Transpersonale Psychologie und Psychotherapie. Wissenschaft des Bewusstseins* 14(2), 77-83.

12 Anhang

Interviewleitfaden

Einleitung

Vielen Dank für Ihre Bereitschaft zu diesem Interview. Wie ich Ihnen bereits mitteilte, geht es in dieser Studie um spirituelle Erfahrungen und ihre Integration. Dazu werden Menschen befragt, die spirituelle Erlebnisse hatten.

Bevor wir mit dem Interview beginnen, möchte ich Ihnen die Gelegenheit geben, mir vielleicht ein paar Fragen zu stellen: Möchten Sie etwas von mir oder zu meinem Hintergrund wissen? Haben Sie Fragen zur Studie?

Haben Sie irgendwelche Bedenken bezüglich des Interviews oder möchten Sie dazu noch etwas fragen?

I. Leitthemen und Fragen zur Lebensgeschichte und zum religiös-spirituellen Hintergrund

Aktuelle Lebenssituation:
- Wie sieht Ihre aktuelle Lebenssituation aus (berufliche Tätigkeit, Beziehungssituation, Familie, Wohnsituation)?
- Welche Bedeutung hat Spiritualität in Ihrem Alltag? Wie sieht Spiritualität in Ihrem Alltag aus?

Spiritualität / Religiosität im lebensgeschichtlichen Verlauf:
- Mit welchen spirituellen oder religiösen Einflüssen sind Sie aufgewachsen?
- Was war diesbezüglich prägend für Sie?
- Welche Bedeutung hatte Spiritualität / Religiosität für Sie im Verlauf Ihrer Lebensgeschichte? Welche Bedeutung hat sie heute für Sie persönlich?
- Gibt es Veränderungen Ihrer Spiritualität / Religiosität im biographischen Verlauf?

Wichtige Stationen im lebensgeschichtlichen Verlauf:
- Einige grundlegende Angaben: Wie sind Sie aufgewachsen? Ausbildungen und berufliche Tätigkeiten?
- Was sind für Sie die wichtigsten Stationen und Ereignisse in Ihrer Lebensgeschichte?

Zwischenmenschliche Beziehungen:
- Wie haben Sie zwischenmenschliche Beziehungen früher erlebt, wie heute?
- Gibt es Veränderungen in der Art und Ihrem Erleben zwischenmenschlicher Beziehungen im lebensgeschichtlichen Verlauf?

II. Leitthemen und Fragen zu spirituellen Erfahrungen

Spirituelle Erfahrungen: lebensgeschichtliche Situation, Art und Erleben der Erfahrungen:
- In welchen lebensgeschichtlichen Situationen traten Ihre spirituellen Erfahrungen auf?
- Traten die Erfahrungen für Sie plötzlich und unerwartet auf? Oder waren Sie darauf vorbereitet?
- Waren sie eingebettet in eine spirituelle Praktik? Was und wie häufig haben Sie praktiziert? Wenn ja, haben Sie in dieser Zeit oder danach mit einem spirituellen Lehrer gearbeitet?
- Welcher Art waren diese Erfahrungen? Können Sie sie mir beschreiben?
- Was empfanden Sie dabei? Was danach?
- Sprachen Sie mit jemandem darüber? Wenn ja, mit wem?

Folgen, Auswirkungen der spirituellen Erfahrungen:
- Wie haben Sie auf diese Erfahrung reagiert?
- Was geschah nach einer solchen Erfahrung? Hatte dieses Erleben in irgendeiner Weise einen Einfluss auf Ihr Leben? Hat sich in Ihrem Leben seither etwas verändert?
- Welchen Einfluss haben Ihre spirituellen Erfahrungen auf Ihr aktuelles alltägliches Leben?
- Was war nach einer solchen Erfahrung für Sie hilfreich, was nicht? Was war für Sie unmittelbar nach der Erfahrung hilfreich? Was längerfristig?
- Veränderte sich Ihre spirituelle Praktik durch diese Erfahrungen?
- Tauschen Sie sich mit anderen Menschen über Ihre spirituellen Erfahrungen aus? Sprechen Sie mit anderen darüber? Wenn ja, mit wem?
- Was hat Ihnen dabei geholfen, die Erfahrung oder Aspekte davon zu integrieren? Was, denken Sie, war ausschlaggebend dafür, dass sich nach dieser Erfahrung etwas in Ihrem Leben verändert hat?
- Inwiefern war für Sie psychologische Prozessarbeit / Selbsterfahrung / Psychotherapie für die Integration bzw. den Umgang mit einer spirituellen Erfahrung hilfreich?
- Was, denken Sie, könnte generell hilfreich sein für eine Integration – also auch für andere Menschen? Was, denken Sie, ist wichtig nach einer solchen Erfahrung?

Schwierigkeiten nach den spirituellen Erfahrungen:
- Gab es Aspekte, die für Sie schwierig waren in den spirituellen Erfahrungen selbst oder in der Folge des Erlebens? Gab es Aspekte, die Sie als hinderlich oder problematisch erlebten (z.B. die Tendenz, die Erfahrung wiederhaben zu wollen oder daran festzuhalten; sich einsam fühlen damit;

sich von der Welt distanzieren; Aufbrechen alter biografischer Verletzungen oder Themen etc.)?

- Wie sind Sie mit diesen Schwierigkeiten umgegangen? Was war für Sie hilfreich?
- Was hätten Sie sich in diesem Zusammenhang gewünscht? Was wäre für Sie persönlich unterstützend gewesen?

Persönliches Verständnis von Spiritualität oder spirituellen Erfahrungen:
- Was verstehen Sie persönlich unter Spiritualität oder spirituellen Erfahrungen?
- Wenn man eine spirituelle Erfahrung definieren würde als Erfahrung von etwas Göttlichem oder Gottähnlichem, würden Sie Ihr(e) Erlebnis(se) als spirituelle Erfahrungen bezeichnen?
- Was verstehen Sie persönlich unter der Integration von Spiritualität oder einer spirituellen Erfahrung?

III. Abschluss

Möchten Sie zum Schluss noch etwas ergänzen?

Gibt es etwas zur Thematik, was Ihnen wichtig ist und im Interview nicht angesprochen wurde?

Wie geht es Ihnen nach diesem Interview?

Ganz herzlichen Dank für das Interview.